U0485880

襄樊考古文集

（第一辑）

襄樊市文物考古研究所 编

科学出版社
北京

内 容 简 介

本文集是襄樊市文物考古研究所近5年来的部分考古成果集，收录考古学简报、报告、论文26篇，以考古发掘简报或报告为主，调查简报、研究论文各1、3篇，地域上主要涉及南阳盆地、襄宜平原、随枣走廊等襄樊文化遗存分布十分丰富的三个地理单元，以及鄂西山地的河谷盆地，时代上基本涵盖了从新石器时代到清代除夏、商以外的各个时代。

汉水中游河谷地区新石器时代遗址的调查简报一定程度上反映了本区该时期遗址的文化面貌，牌坊岗遗址展现了新石器时代末期文化的渗透，周台遗址既揭示了新石器时代随枣走廊中部的文化特征，又体现了自西周晚期到战国中期当地的文化脉络发展状况。而小马家、南杨家遗址及沈岗西周墓、彭岗东周墓等邓城城址外围的周代遗存为研究邓、楚文化的发展提供了基础资料，贾巷、上岗、松鹤路等东汉至宋代墓地提供了同时期邓城、樊城的社会群体构成情况，在襄阳城内外发掘的城内遗址及东街、真武山、檀溪、羊祜山、曾家巷、唐家巷墓地等清晰地勾勒出古襄阳城从战国时期"楚之北津戍"到清代襄阳城的变迁过程。其他零散的发掘也使我们对当时当地的文化特征有所了解。3篇论文是作者在长期从事本区考古工作中对其研究对象的一点认识，有利于更多研究者借鉴。

本书可供从事考古学、历史学研究的专家学者，以及大专院校相关专业的师生阅读、参考。

图书在版编目（CIP）数据

襄樊考古文集. 第1辑 / 襄樊市文物考古研究所编. —北京：科学出版社，2007

ISBN 978-7-03-020156-0

Ⅰ. 襄… Ⅱ. 襄… Ⅲ. 考古工作-襄樊市-文集 Ⅳ. K872.633.4-53

中国版本图书馆CIP数据核字（2007）第173118号

责任编辑：王光明 / 责任校对：张 琪
责任印制：赵德静 / 封面设计：王 浩

科学出版社 出版
北京东黄城根北街16号
邮政编码：100717
http://www.sciencep.com

中国科学院印刷厂 印刷

科学出版社发行 各地新华书店经销

*

2007年12月第 一 版　　开本：889×1194　1/16
2007年12月第一次印刷　印张：33 1/2　插页：33
印数：1—1 500　　　　　字数：965 000

定价：268.00元

（如有印装质量问题，我社负责调换〈科印〉）

《襄樊考古文集》（第一辑）编委会

主　任　　陈千万
副主任　　王先福　王道文　杨　力
委　员　　（以姓氏笔画为序）
　　　　　王　伟　王　强　王志刚　王道文
　　　　　王先福　朱丹红　刘江生　杨　一
　　　　　杨　力　陈　坤　陈千万　陈明芳
　　　　　梁　超　曾宪敏　释贵星
主　编　　王道文
副主编　　杨　力　陈　坤

前　言

　　襄樊市位于鄂西北、汉江中游，地理坐标为北纬31°14′~32°37′，东经110°45′~113°43′，现辖枣阳、宜城、老河口3个县级市和谷城、南漳、保康3个县以及3个城区、2个开发区，总面积1.97万平方公里，人口580万。襄樊系汉江南岸襄阳城和北岸樊城的合称，其城市建成区面积95平方公里，人口120万，现为湖北省第二大城市，鄂、豫、陕、渝四省毗邻地区中心城市，国家历史文化名城。

　　襄樊正处在我国东西地形第二阶梯向第三阶梯的过渡带和南北自然气候区分界线的交点上。其西部为荆山山脉和武当山余脉的山区，东部为大洪山和桐柏山之间的低山丘陵区，北部是武当山、桐柏山之间的岗地，汉水流域及南部地区为较开阔的冲积平原。全区属亚热带季风气候，年均气温15~16℃，年降水量1000毫米左右，全年无霜期226.5天。境内山区、丘陵、平原与江河交织，土地肥沃，气候温和，降水量适宜，资源充足，物产丰富。

　　优越的地理位置和良好的自然生态环境，为这里社会历史文化发展提供了丰富的物质条件。自古以来，襄樊既是关中、中原与江汉平原之间交往的十分重要的水陆交通通道和历代兵家必争之地，又是我国南北文化交流、融合、发展的重要区域。

　　据目前的考古资料显示，早在10万年前的旧石器时代中晚期，这里已有人类开拓生息。

　　新石器时代，这里的文化十分发达。黄河流域的仰韶文化与长江流域的大溪、屈家岭文化在这里激荡、交融，推陈出新，形成了以枣阳雕龙碑遗址为代表的原始社会氏族聚落文化。其以使用石灰、混凝土材料和推拉门为典型特征的房屋建筑以及大量的精美彩陶器，充分体现了文明程度。

　　先秦时期，襄樊曾是邓、曾、楚、卢、罗、谷等多个诸侯国的领地。这里既受中原文化的熏陶，又受到南方文化风俗的深刻影响。楚国在荆山"筚路蓝缕"、艰苦跋涉，使楚文化在这里发展并向南传播，而这里的楚国物质文化却一直具有相对浓厚的中原文化因素。

　　秦汉时期，襄樊分属南阳郡和南郡。自汉末荆州牧刘表徙治于襄阳始，襄樊历为府、郡、道、州、路和县的治所。襄樊建市始于1950年，1983年实行以市带县的现行体制。1986年被列为国家历史文化名城。

　　秦汉以后的襄樊，曾发生过多次重要的争夺战，但在相对和平时期，始终是我国南北文化交流的中心城市。来自于不同方向的诸多文人雅士、商贾富绅在这里聚集，使得不同的哲学思想、学术观点、巫术礼仪、文学艺术在这里交流、碰撞、融合、创新，产生了许多重要的思想家、政治家、军事家、文学家，同时也产生了许多攸关全局的重大谋略和历史事件。正是由于南北文化的交合，本地才会充分显示出不同文化艺术风格兼收并蓄的典型特征。如汉晋隋唐时代南北不同风格的陶器等生活器具长期并用；宋元以后南北不同窑口的瓷器异彩纷呈、交相辉映；明清时期的建筑、石刻等文物，在视觉艺术上熔北方的厚重、粗犷、雄伟气派和南方的纤秀、精致、小巧玲珑于一炉；在听觉艺术上，襄樊人既爱听北方的戏曲（如曲剧、豫剧、京剧），又爱哼江南小调，还将戏曲与小调结合，创造出襄阳小曲。这些都是本地独特历史文化面貌的具体体现。

人文蕴含博大、历史积淀深厚的襄樊，物质文化遗产十分丰富。特别是地下文物不仅数量众多、分布密集、门类齐全，而且享誉海内外。有效保护、合理利用这些物质文化遗产，是一代又一代工作在襄樊的文物考古同仁们的神圣职责。近年来，出于这种责任感，襄樊市文物考古研究所（原名襄樊市考古队）在市委、市政府正确领导下，抢抓经济建设快速发展的机遇，扎实工作，迎接挑战，准确把握经济建设与文物保护的结合点，积极化解"建设"与"保护"的矛盾，勘探发掘了大批重要文物。如襄樊汽车工业园牌坊岗新石器时代遗址、襄樊高新产业园黄家村两周遗址和沈岗两周墓地、南漳峡口电站淹没区通城河汉墓，等等。这些配合基本建设进行的考古工作，既避免了对文物的建设性破坏，又获得了大批珍贵的文物和考古资料，有力地促进了基本建设与文物保护的协调发展。现阶段的襄樊，不仅是经济建设快速发展的最好时期，同时也是发现文物最多、保护文物最有效的时期。

考古资料的整理发表，本来与田野调查发掘这类基础工作具有同样的重要性。但是，由于配合基本建设进行的田野考古勘探与发掘异常繁忙，资料整理发表的任务长期拖后的现象实在是太多了。加之，我国考古期刊的容量小，许多重要考古报告的发表，不仅需要花很长时间排队，而且报告的篇幅往往又受到限制，使一些有价值的信息资料不能完整地从报告中反映出来。因此，我们决定从2007年开始，不定期编纂《襄樊考古文集》，分期分批地发表本地区积压的考古资料。

现在奉献给读者的《襄樊考古文集》（第一辑），是我们的初步尝试。我们的意图是客观详实地报道材料，尽量全面反映考古发掘的认知和收获，而在编写体例上不作限制。由于初次编写，时间紧，难免存在质量和水平问题，但总算是迈出了"千里之行"的第一步，相信以后会做得越来越好。

陈千万
2007年8月16日

目 录

前言 ·· 陈千万（i）

考古调查

汉水中游河谷地区新石器时代遗址调查 ········ 襄樊市文物考古研究所　襄樊市博物馆（1）

考古发掘

襄樊牌坊岗新石器时代遗址发掘简报 ························· 襄樊市文物考古研究所（20）
枣阳周台遗址发掘报告 ················ 襄樊市文物考古研究所　枣阳市文物考古队（34）
襄阳黄集小马家遗址发掘简报 ········ 襄樊市文物考古研究所　襄阳区文物管理处（102）
襄樊沈岗西周墓发掘简报 ······································ 襄樊市文物考古研究所（127）
襄阳伙牌南杨家遗址灰坑清理简报 ······· 襄樊市文物考古研究所　襄阳区文物管理处（132）
襄樊彭岗墓地第六次发掘简报 ···································· 襄樊市文物考古研究所（138）
襄阳城内遗址发掘报告 ··· 襄樊市文物考古研究所（152）
襄樊付岗墓地第二次发掘报告 ···································· 襄樊市文物考古研究所（198）
老河口狮子岗遗址汉代窑址清理简报 ········ 襄樊市文物考古研究所　老河口市博物馆（226）
南漳通城河汉墓发掘简报 ················ 襄樊市文物考古研究所　南漳县博物馆（235）
襄樊松鹤路墓地发掘简报 ·· 襄樊市文物考古研究所（246）
襄阳城东街汉晋墓地发掘报告 ···································· 襄樊市文物考古研究所（268）
襄樊贾巷墓地发掘报告 ··· 襄樊市文物考古研究所（299）
襄樊真武山 M20 发掘简报 ··· 襄樊市文物考古研究所（340）
襄樊唐家巷墓地发掘简报 ·· 襄樊市文物考古研究所（347）
襄樊檀溪墓地第二次发掘报告 ···································· 襄樊市文物考古研究所（355）
襄樊上岗唐宋墓葬发掘简报 ······································· 襄樊市文物考古研究所（398）
南漳旧县铺唐墓清理简报 ················ 南漳县博物馆　襄樊市文物考古研究所（409）
襄樊羊祜山墓地第三次发掘简报 ·································· 襄樊市文物考古研究所（415）
襄樊曾家巷宋墓清理简报 ·· 襄樊市文物考古研究所（440）
襄阳别家庄遗址发掘简报 ············ 襄樊市文物考古研究所　襄阳区文物管理处（468）

襄阳城内民主路遗址明代遗存发掘简报 ……………………… 襄樊市文物考古研究所（478）

考古学研究

随枣走廊两周遗址典型陶器的分期 ……………………………………… 王先福（499）
楚文化在宜城平原发展的考古学观察 ……………………………………… 王先福（513）
湖北谷城发现的邓国铜器及相关问题 ……………………………………… 陈千万（519）

后记 ………………………………………………………………………………（526）

汉水中游河谷地区新石器时代遗址调查

襄樊市文物考古研究所
襄樊市博物馆

作为长江第一大支流的汉水，发源于秦岭山脉，沿陕东南、鄂西北进入襄樊市，浩荡于老河口市和谷城县之间，横穿襄樊市区，在唐白河汇注处南折后分隔襄樊市区与襄阳区境，其下纵贯宜城市境进入荆门市，形成了中游比较开阔的冲积平原，西靠鄂西北丘陵山地，东连随枣走廊。两岸支流汇集，河渠密布，加上适宜的气候，使该区域自古以来就成为人类生活的理想区域。

通过大面积的文物普查和配合工程建设进行的文物补查、勘探、发掘工作，我们基本掌握了该区域内文化遗存的分布状况。为较全面地反映本区域内新石器时代遗存的文化面貌，现选择地层堆积较厚、内涵较为丰富的八处新石器时代遗址简报如下（图一）。

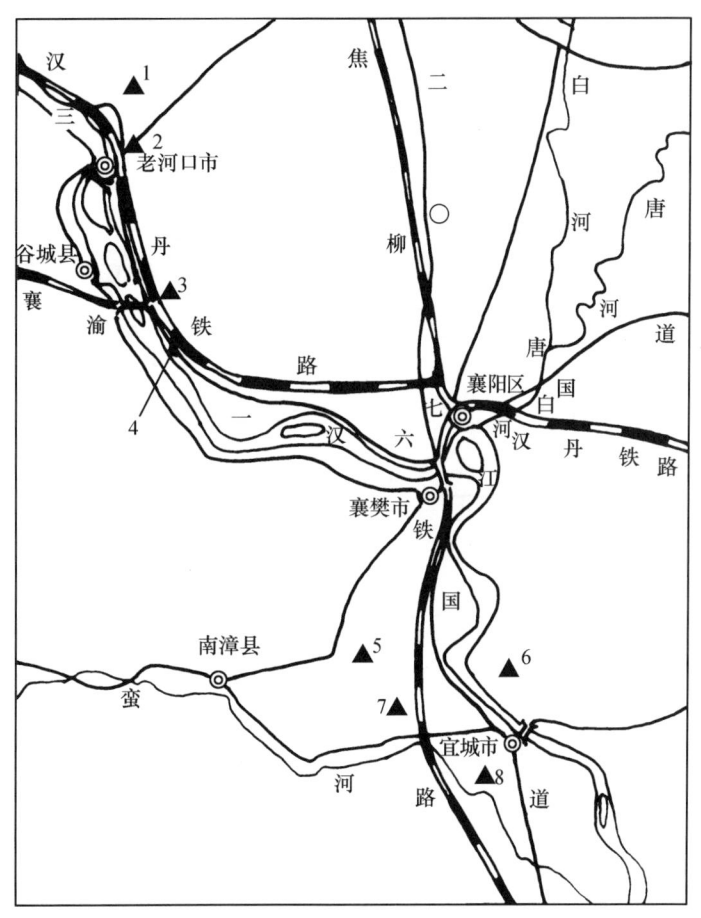

图一　遗址分布示意图

1. 监生坡遗址　2. 新滩遗址　3. 江坟晏遗址　4. 王家堤遗址　5. 三步两道桥遗址　6. 熊家湾遗址　7. 东棚遗址　8. 沈家湾遗址

一、监生坡遗址

遗址位于老河口市光化街道办事处槐树湾村监生坡东约 300 米处，地处汉水北岸的平缓台地上，东临余家河，四周地表略有起伏。其分布范围南北长约 400、东西宽约 100 米，河岸断面可见文化层厚约 1 米。地表暴露遗物不多，采集标本可分为石、陶器两类。

1. 石器

仅斧 1 件。采:11，上部残断。青石质，表面光滑。体较厚，平面近长方形，双面弧刃。残长 10、宽 5.6、最厚处 4.4 厘米（图二，1）。

2. 陶器

全系残件，陶质以夹砂陶为主，泥质陶次之；陶色多灰陶，红、黄褐陶次之，偶见黑陶；纹饰有篮纹、方格纹、弦纹、附加堆纹、绳纹、按窝纹；器类有纺轮、鼎、盘、豆、杯、罐、瓮、缸等。

纺轮　1 件。采:12，泥质红陶。素面。面平，平缘，单穿孔。直径 4、厚 0.6 厘米（图二，2）。

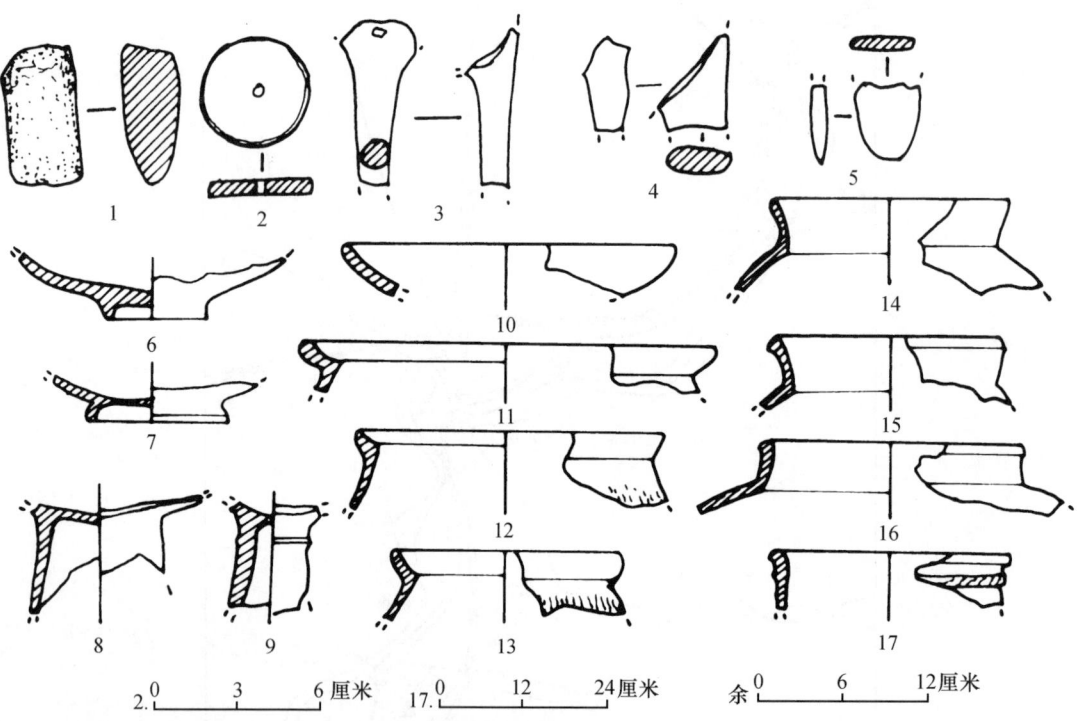

图二　监生坡遗址采集标本

1. 石斧（采:11）　2. 陶纺轮（采:12）　3~5. 陶鼎足（采:2、采:5、采:26）　6、7. 陶盘圈足（采:9、采:22）　8、9. 陶豆圈座（采:25、采:10）　10. 陶豆盘（采:23）　11~13. A 型陶罐口沿（采:17、采:18、采:20）　14、15. B 型陶罐口沿（采:15、采:16）　16. 陶瓮口沿（采:1）　17. 陶缸口沿（采:7）

鼎足　12件。采:2,夹砂黄褐陶。细高圆锥状,下部残断。足根饰一按窝纹（图二,3）。采:5,夹砂黄褐陶。侧扁足,足较宽。足脊上端饰按窝纹（图二,4）。采:26,夹砂红陶。素面。宽扁足,体扁薄,下端两侧中部收成锋状（图二,5）。

盘圈足　2件。泥质灰陶。素面。采:9,腹径大,斜收,平底,浅窄圈足。圈足径8厘米（图二,6）。采:22,弧腹内收,尖圜底,浅宽圈足。圈足径10.4厘米（图二,7）。

豆盘　1件。采:23,泥质灰陶。素面。敞口,圆唇,浅弧腹。口径26厘米（图二,10）。

豆圈座　4件。均残。采:10,泥质灰陶。圜底近平,圈足稍细,直壁。圈足上部饰一道凸弦纹（图二,9）。采:25,泥质灰陶。素面。圜底,粗高圈足,壁较直,微外撇（图二,8）。

罐口沿　8件。可分二型。

A型　6件。敛口折沿罐。仰折沿,沿面微凹,圆唇,溜肩,鼓腹。采:17,夹砂灰陶。素面。沿面有一道浅凹槽。口径32厘米（图二,11）。采:18,夹砂黄褐陶。外饰篮纹。口径24厘米（图二,12）。采:20,泥质灰陶。外饰绳纹。口径18厘米（图二,13）。

B型　2件。侈口高领罐。泥质灰陶。素面。溜肩。采:15,折沿,平唇。口径18厘米（图二,14）。采:16,卷沿,圆唇。口径17.6厘米（图二,15）。

瓮口沿　1件。采:1,泥质黄褐陶。素面。微侈口,翻折沿,尖唇,高领,广肩。口径19.2厘米（图二,16）。

缸口沿　1件。采:7,泥质灰陶。侈口,翻卷沿,圆唇,深腹微鼓。上端饰一道附加堆纹。口径36厘米（图二,17）。

监生坡遗址面积虽不大,但内涵丰富。其中圆锥形鼎足为仰韶文化常见形制,侧扁状鼎足则在屈家岭文化中较为常见,无镂孔豆圈足及敛口折沿罐为石家河文化典型器形。可见,该遗址应是一处延续时间较长并受到多种文化影响的新石器时代遗址。

二、新滩遗址

遗址位于老河口市光化街道办事处徐家滩村东,地处汉水东岸的冲积畈地上,地势平坦而开阔,西北部与低岗相连,孟桥川河自北向南穿过遗址中部。其分布范围南北长约400、东西宽约100米,自河床断面可见文化层厚约1米。因河水冲刷及土地耕种的影响,遗址中部及表面已遭到一定程度的破坏。地表暴露遗物较多,采集标本有石、陶器两类。

1. 石器

4件。由角页岩、砂岩磨制而成,器类有斧、锛、凿等。

斧　1件。采:43,砂岩质,表面光滑。体大而厚重,面隆,长条形,双面弧刃。长26.8、宽9.4、最厚处6.8厘米（图三,1）。

锛　2件。角页岩质,表面打磨兼用。体较扁,梯形,单面刃。采:39,弧顶,斜刃。长

12、刃宽5.8、厚2.4厘米（图三，2）。采：40，平顶，刃微弧。长5、刃宽3.6、厚0.9厘米（图三，3）。

凿　1件。采：41，角页岩质，表面光滑。侧扁状，上部较厚。长10.8、宽1.2、厚3.2厘米（图三，4）。

2. 陶器

采集标本均为残陶片。其陶质以泥质陶多见，夹砂陶次之，偶见夹植物陶；陶色以灰陶为主，红、黑陶次之，黄褐陶偶见；纹饰有方格纹、戳印纹、篮纹、按窝纹、附加堆纹及镂孔；器类有纺轮、鼎、鬶、盘、碗、豆、杯、钵、盆、器盖等。

纺轮　1件。采：32，泥质红陶。素面。面平，三角缘，单穿孔。径3.2、厚1.1厘米（图三，5）。

鼎足　9件。采：1，夹植物红陶。宽扁反梯形足，足两侧外卷呈瓦面状。足根中部饰一按窝纹（图三，7）。采：4，夹砂灰陶。素面。宽扁方形足，中部略凹（图三，8）。采：5，夹砂红陶。侧扁三角足。足根饰一按窝纹（图三，6）。

鬶足　1件。采：7，残。泥质灰陶。素面。细高尖袋足，壁较薄（图三，12）。

盘口沿　2件。素面。采：19，泥质灰陶。敞口，圆唇，弧盘极浅。口径26厘米（图三，9）。采：20，泥质黑陶。敞口，翻折沿，圆唇，浅弧腹。口径28厘米（图三，10）。

碗圈足　1件。采：12，泥质灰陶。深高圈足，下端外撇。壁饰镂孔及一道凹弦纹。圈足径12厘米（图三，14）。

豆圈座　3件。采：33，泥质灰陶。高圈足，喇叭状。壁饰镂孔（图三，13）。

杯圈足　2件。采：15，泥质灰陶。素面。矮宽杯圈足，下端呈喇叭状。圈足径7厘米（图三，15）。

杯底　1件。采：42，泥质红陶。素面。斜直壁，平底。底径3.6厘米（图三，11）。

钵口沿　1件。采：31，泥质红陶。素面。敛口，圆唇，弧腹渐收。口径19.6厘米（图三，17）。

盆口沿　4件。采：17，泥质灰陶。敞口，仰折沿，方唇，斜直壁内收。外饰戳印纹。口径41.4厘米（图三，19）。采：22，泥质灰陶。素面。微敛口，卷沿，圆唇，弧腹内收。口径24厘米（图三，18）。

器盖　1件。采：26，夹砂灰陶。素面。覆碗状，锯齿边圈足状握手。顶圈足径14厘米（图三，16）。

新滩遗址采集标本种类、数量较多，特征也较明显。无论是鼎足，还是碗、杯、豆圈座、器盖等都与青龙泉屈家岭文化[1]器形极为相近。由此推断，该遗址是一处以屈家岭文化为主体的新石器时代文化遗址。

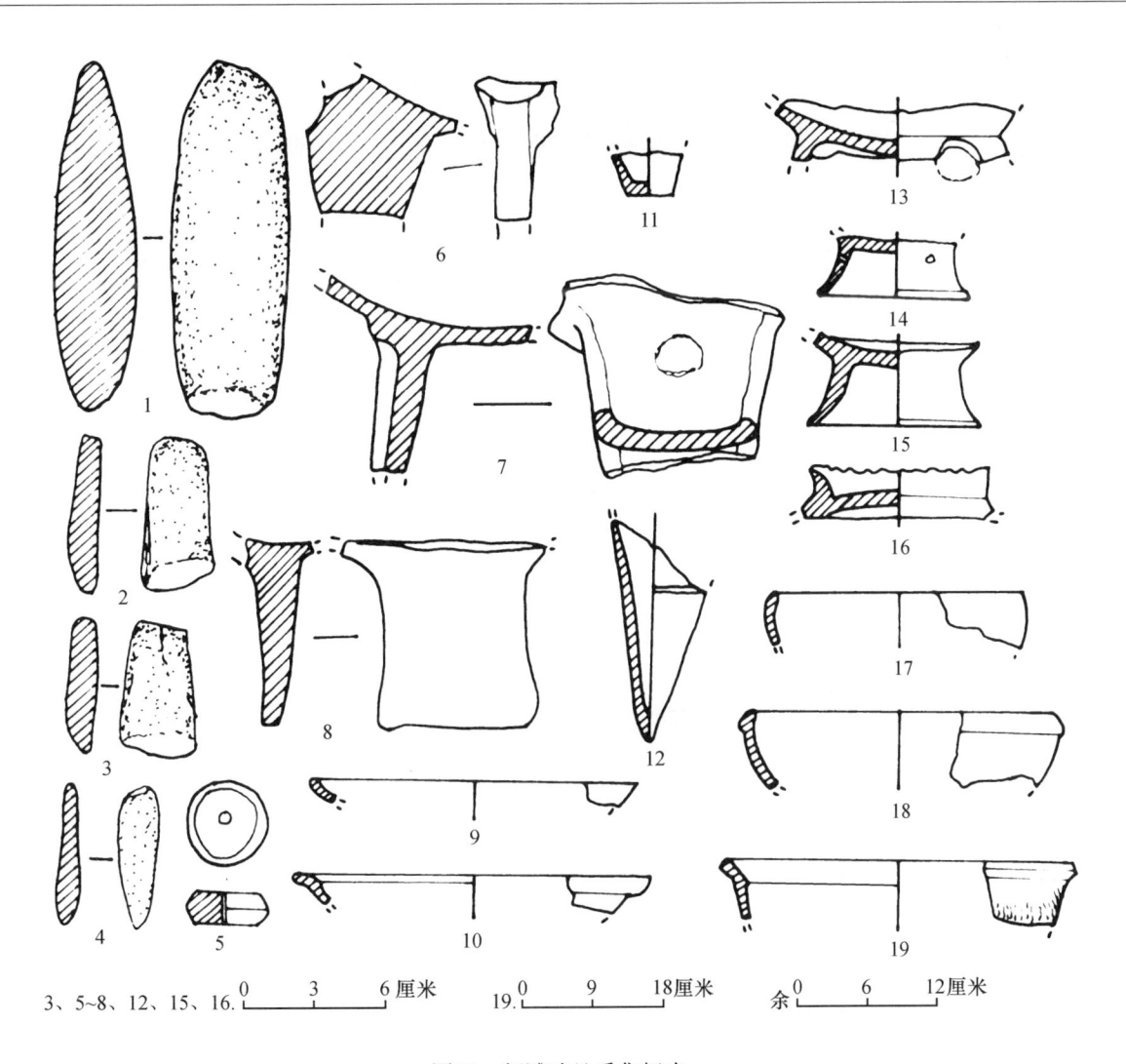

图三 新滩遗址采集标本

1. 石斧（采：43） 2、3. 石锛（采：39、采：40） 4. 石凿（采：41） 5. 陶纺轮（采：32） 6~8. 陶鼎足（采：5、采：1、采：4） 9、10. 陶盘口沿（采：19、采：20） 11. 陶杯底（采：42） 12. 陶斝足（采：7） 13. 陶豆圈座（采：33） 14. 陶碗圈足（采：12） 15. 陶杯圈足（采：15） 16. 陶器盖（采：26） 17. 陶钵口沿（采：31） 18、19. 陶盆口沿（采：22、采：17）

三、江坟晏遗址

遗址位于老河口市仙人渡镇安家岗村西约160米处，地处汉水东岸的冲积平原上，地势平坦而开阔。其分布范围南北长约160、东西宽约100米，自断面处可见文化层厚1~2米。暴露出红烧土和灰坑遗迹。采集标本较多，全为陶器。

陶片之陶系多为泥质灰陶，有少量泥质红、褐陶及夹砂红、黄、褐陶；大多素面，少量饰篮纹、附加堆纹、方格纹及窝点纹；器类有鼎、豆、杯、盘、碗、钵、罐、盆、瓮及器座等。

鼎足　6件，均残。采：34，夹砂灰陶。宽扁状，足面两侧各有一道尖状凸棱，上部有三角状穿孔（图四，4）。采：35，夹砂灰陶。素面。窄扁状。上部有三角状穿孔（图四，1）。

采：37，夹砂黄陶。素面。窄扁状（图四，2）。采：38，夹砂红陶。窄扁状。足面饰窝点纹（图四，3）。

豆圈座　2件，均残。泥质灰陶。素面。圜底，粗高圈足，喇叭状。采：6，残高6.8厘米（图四，5）。采：7，残高4.5厘米（图四，6）。

杯　5件。小喇叭口，尖唇，斜直壁，小平底。采：22，泥质灰陶。口径6、底径2.4、通高8.2厘米（图四，7）。采：23，泥质灰陶。口径3.6、底径2.4、通高8厘米（图四，8）。

盘口沿　1件。采：20，泥质灰陶。素面。敞口，翻折沿下压，平唇，浅弧盘。口径26.8厘米（图三，9）。

盘圈足　1件。采：21，泥质灰陶。素面。圜底近平，圈足极宽，下部内敛（图四，10）。

碗圈足　1件。采：28，泥质灰陶。素面。弧壁，圜底近平，浅宽圈足。圈足径1.2厘米（图四，15）。

钵口沿　1件。采：18，泥质红陶。素面。敛口，尖唇，溜肩，微鼓腹。口径22厘米（图四，11）。

罐口沿　9件。可分二型。

A型　5件。敛口仰折沿罐。沿面微凹，溜肩，鼓腹。采：5，泥质褐陶。尖唇。外壁饰篮纹。口径21.6厘米（图四，12）。采：17，泥质黑陶。尖唇。外壁饰多道凹弦纹。口径21.6厘米（图四，13）。

B型　4件。侈口束高领罐。颈内束，溜肩。采：3，泥质褐陶。沿面有一道浅凹槽，方唇。口径16厘米（图四，14）。采：9，泥质灰陶。素面。平折沿，内沿面有一道浅宽凹槽。口径14厘米（图四，16）。

盆口沿　3件。微敛口，翻折沿。采：1，泥质灰陶。唇面有五道浅凹槽，深腹微鼓。外壁饰多道凹弦纹。口径26厘米（图四，21）。采：10，泥质黑陶。沿面有一道浅宽凹槽，深腹微鼓。外壁饰篮纹。口径32厘米（图四，22）。采：12，泥质红陶。素面。浅弧腹内收。口径24厘米（图四，17）。

缸口沿　2件。采：2，泥质灰陶。素面。微敛口，仰折沿，沿面微凹，溜肩，深腹微鼓。口径48厘米（图四，18）。采：4，夹砂红陶。微侈口，尖唇，深腹略鼓。上腹饰二道附加堆纹。口径28厘米（图四，19）。

器座　1件。采：31，夹砂褐陶。素面。壁上厚下薄，喇叭状。座底径28厘米（图四，20）。

江坟晏遗址采集遗物中，宽扁状鼎足与郧县青龙泉三期[2]出土同类鼎足一致，而Ⅰ式鼎足可能早至屈家岭文化时期，筒形杯、缸口沿及器座在较为典型的石家河文化遗址中均能找到，如肖家屋脊遗址[3]就出土了大量的同种形制的筒形杯。看来，该遗址是一处以石家河文化为主体的新石器时代文化遗址。

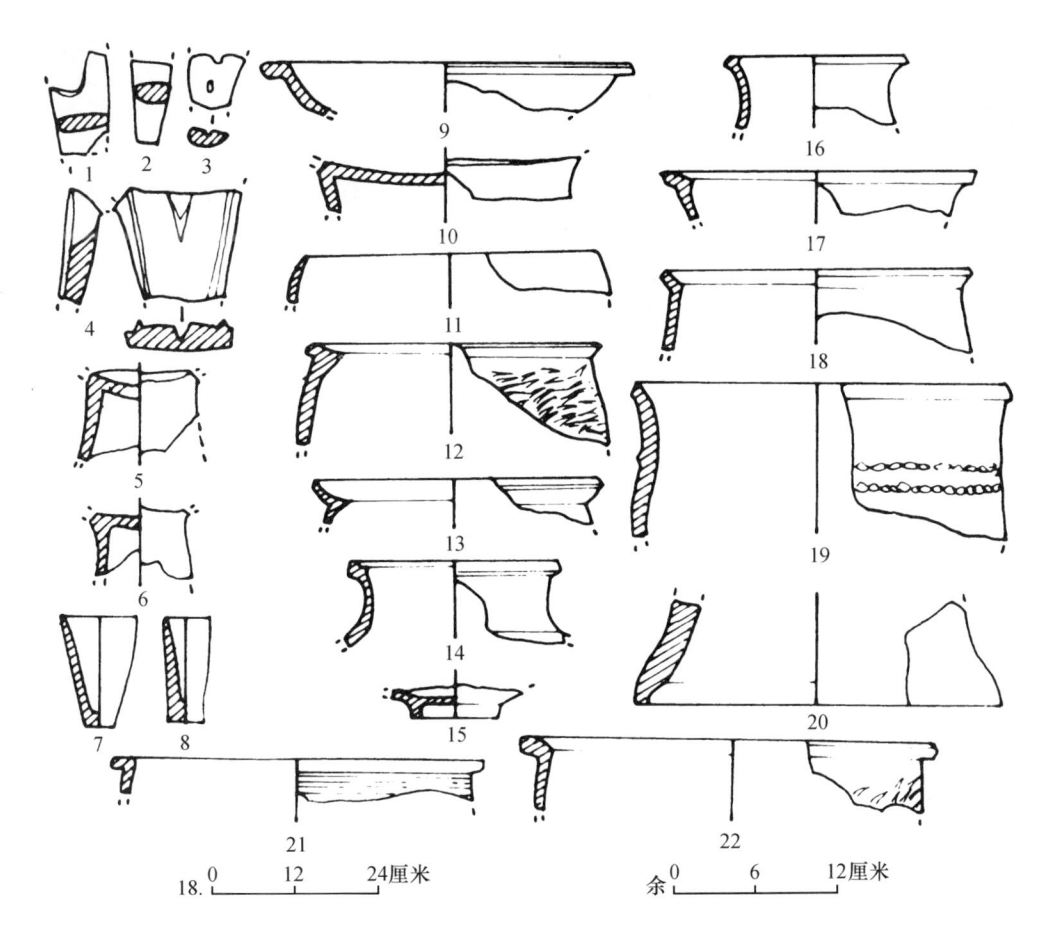

图四 江坟晏遗址采集陶器标本

1~4. 鼎足（采:35、采:37、采:38、采:34） 5、6. 豆圈座（采:6、采:7） 7、8. 杯（采:22、采:23） 9. 盘口沿（采:20）
10. 盘圈足（采:21） 11. 钵口沿（采:18） 12、13. A型罐口沿（采:5、采:17） 14、16. B型罐口沿（采:3、采:9） 15. 碗圈足（采:28） 17、21、22. 盆口沿（采:12、采:1、采:10） 18、19. 缸口沿（采:2、采:4） 20. 器座（采:31）

四、王家堤遗址

遗址位于樊城区太平店镇王家堤村邹家畈东南约100米处，地处汉水北岸的冲积平原上，地势平坦而开阔。其分布范围东西长约300、南北宽约200米，断面处可见文化层厚约1.5米。地表暴露遗物不多，标本多自断面处采集，有石、陶器两类。

1. 石器

5件。多有残损，有斧、刀两种器形。

斧 4件。平面近梯形，仅刃部磨光，双面弧刃。采:10，青石质。长12.9、宽4.6~5.7、最厚处2.6厘米（图五，1）。采:34，上部残断。角页岩质。残长5.7、宽6.6、厚3厘米（图五，2）。采:37，刃部略残。青石质。长13、宽4.6~6.9、最厚处3.3厘米（图五，3）。采:38，角页岩质。长8、宽5.7~7.7、最厚处2.3厘米（图五，4）。

刀　1件（采：20）。青石质，通体磨光。长条形，体扁薄，平背，平刃。长 4.8、宽 1.4、厚 0.4 厘米（图五，5）。

2. 陶器

采集标本均为残片。陶质以泥质陶为主，夹砂陶次之，有少量夹炭陶；陶色多黑陶，灰、红陶次之，黄陶少见；大多素面，纹饰有附加堆纹、弦纹、篮纹、绳纹和镂孔；器类有纺轮、杯、盘、钵、罐、釜、盆、瓮、盂形器、器盖等。

纺轮　1件。采：19，泥质红陶。素面。面平，弧缘，中部圆形穿孔。径 4、厚 0.4 厘米（图五，6）。

高柄杯　1件。采：18，泥质黑陶。素面。侈口，直壁，下部略宽，细高柄。下腹饰一道凸弦纹。残口径 7.2、圈足径 4.8、残高 9.4 厘米（图五，7）。

杯底　1件。采：21，泥质黑陶。素面。斜直壁内收，圜底，浅圈足。圈足径 5.6 厘米（图五，8）。

盘口沿　3件。均素面。敞口，折沿。采：2，夹砂黑陶。斜弧腹内收。口径 36 厘米（图五，9）。采：3，夹炭红陶。双折腹。口径 36 厘米（图五，10）。采：5，泥质黑陶。口径 26.4 厘米（图五，11）。

钵口沿　2件。泥质磨光红陶。素面。敛口，尖唇，弧腹。采：35，口径 20 厘米（图五，16）。

罐口沿　8件。均素面。可分二型。

A 型　7件。敛口折沿罐。采：1，夹炭黑陶。宽沿仰折，沿顶略外翻，尖圆唇，沿面微凹，内侧下端起一周凸棱，圆肩，鼓腹。口径 29.4 厘米（图五，19）。采：4，夹砂黑陶。圆唇，仰折沿，沿面呈凹弧，斜溜肩。口径 27 厘米（图五，18）。采：7，夹砂黑陶。尖唇，斜折沿较宽，沿面起三周凸棱，溜肩。口径 25.2 厘米（图五，17）。

B 型　1件。采：17，侈口高领罐。泥质灰陶。直口微侈，翻折沿，沿面略凹，高领。肩饰一道附加堆纹。口径 18 厘米（图五，20）。

釜口沿　1件。采：15，泥质灰陶。敞口，尖圆唇，斜弧腹内收。下腹饰一道附加堆纹。口径 26.4 厘米（图五，21）。

盆口沿　6件。可分二型。

A 型　3件。敞口，折沿，深弧腹。采：27，夹砂灰陶。素面。宽平折沿，平唇。口径 22 厘米（图五，22）。

B 型　3件。敛口，卷沿，圆唇，弧腹渐收。采：8，夹砂灰陶。素面。口径 18 厘米（图五，23）。

瓮口沿　1件。采：30，夹砂黄陶。素面。拿口，卷沿，圆唇，广肩，大鼓腹。口径 19.2 厘米（图五，24）。

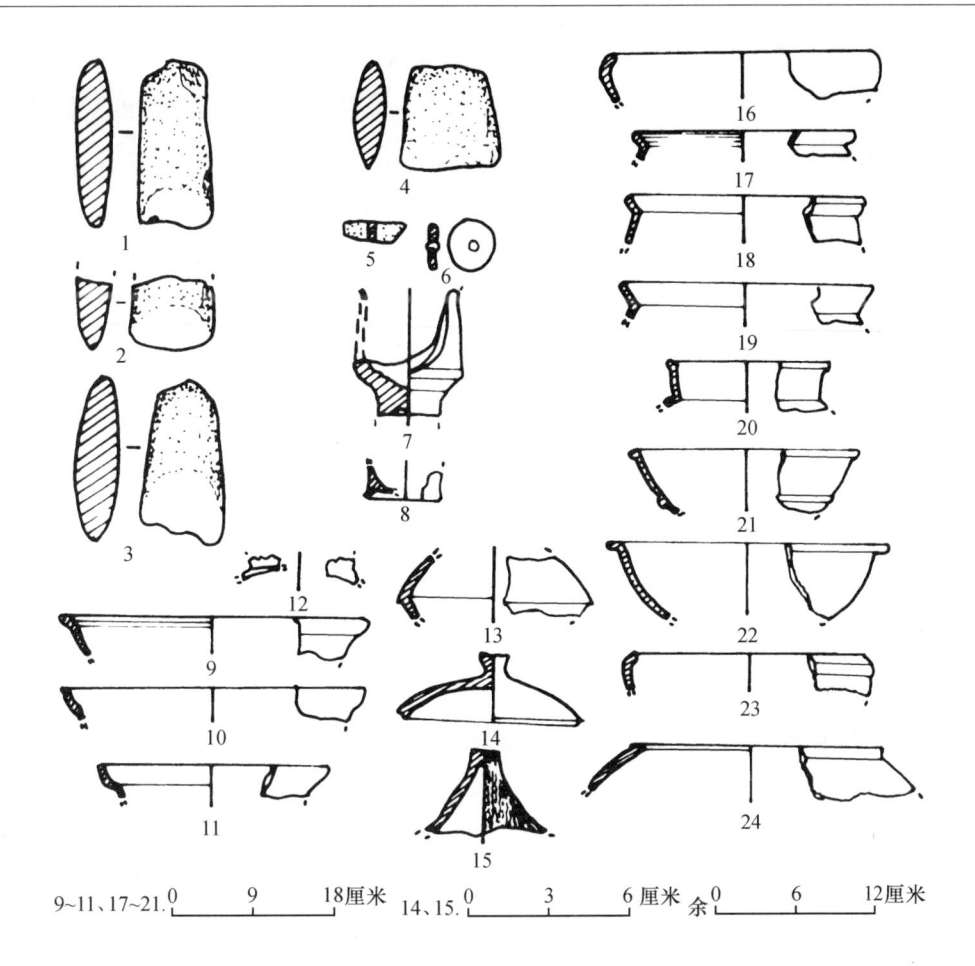

图五 王家堤遗址采集标本

1~4. 石斧（采:10、采:34、采:37、采:38） 5. 石刀（采:20） 6. 陶纺轮（采:19） 7. 陶高柄杯（采:18） 8. 陶杯底（采:21） 9~11. 陶盘口沿（采:2、采:3、采:5） 12、14、15. 陶器盖（采:28、采:24、采:26） 13. 陶盂形器（采:22） 16. 陶钵口沿（采:35） 17~19. A型陶罐口沿（采:7、采:4、采:1） 20. B型陶罐口沿（采:17） 21. 陶釜口沿（采:15） 22. A型陶盆口沿（采:27） 23. B型陶盆口沿（采:8） 24. 陶瓮口沿（采:30）

盂形器 1件（采:22），残。泥质黑陶。素面。扁折腹，上下腹结合处有一道凸棱（图五，13）。

器盖 4件。采:24，泥质灰陶。素面。浅盘状，子口，细实柱状握手。口径6.6、高2.6厘米（图五，14）。采:26，残。泥质灰陶。伞状，斜壁，小平顶。外壁饰绳纹（图五，15）。采:28，夹砂黑陶。素面。覆碗状，浅宽顶圈足，花瓣式握手。顶径22厘米（图五，12）。

王家堤遗址内涵较为丰富，特征较为明显，其高柄杯、双腹盘、盂形器、花瓣状纽器盖等为屈家岭文化常见器形，而较大型敛口仰折沿罐则在石家河文化中较为流行。该遗址是一处包含有屈家岭、石家河这两种文化风格的新石器时代文化遗址。

五、三步两道桥遗址

遗址位于襄城区欧庙镇赵山村南约1公里处，地处汉水西岸低矮岗地上，整个地势东高西低。其分布范围东西长约400、南北宽约250米，小部分被三同水库淹没。断面可见文化层厚约1.5米，地层可分三层：上层为灰色松土层，厚约0.3米；中层为黑灰色软土层，厚约0.7米；下层为灰白色硬土层，厚约0.5米。各层均夹杂有丰富的陶片及红烧土块、炭屑、草木灰等。地表及断面暴露遗物较多，采集标本有石、陶器两类。

1. 石器

仅2件斧，青灰石磨制而成。上窄下宽呈梯形，双面刃，刃部残。采：4，通体磨光，面微隆。长10.8、宽2.8~6、最厚处2.9厘米（图六，1）。采：46，表面较糙。长10.4、宽4~6、最厚处2.6厘米（图六，2）。

2. 陶器

采集标本大多为残件，陶质以泥质陶为主，有少量夹砂陶；陶色以灰陶居多，红、黑陶次之，黄陶少见；纹饰有弦纹、附加堆纹、刻划纹；器类有纺轮、鼎、杯、豆、碗、钵、罐、缸、盂形器、器圈足等。此外还发现有蛋壳黄彩陶及蛋壳黑陶残片，最薄处仅1毫米，施彩方法有外施和内外兼施两种，纹样有斜方格、弧线纹等。

纺轮 4件。泥质灰陶。素面。体扁平，弧缘，对穿孔。采：49，径4、厚0.4厘米（图六，4）。采：50，径3.6、厚1.2厘米（图六，3）。采：51，径4.5、厚0.4~0.7厘米（图六，6）。采：52，径3、厚0.3厘米（图六，5）。

鼎足 2件。夹砂红陶。素面。采：44，小侧扁三角足。高5.4厘米（图六，8）。采：53，反梯形足，两侧外卷。高7.2厘米（图六，7）。

杯 2件。素面。采：54，泥质黑陶。喇叭形，大敞口，圆唇，斜壁，小平底。口径7、底径3、高5.4厘米（图六，12）。采：57，泥质灰陶。筒形，近直口，圆唇，近直壁，底略内凹，上半部内外有烟炱痕迹。口径5.2、底径4、高5.4厘米（图六，13）。

豆盘 2件，均残。泥质黑皮陶。素面。敞口，尖圆唇，双折腹。采：5，口径22厘米（图六，19）。采：6，口径20厘米（图六，20）。

豆圈座 4件。均残。素面。采：27，上部残。泥质黑陶。喇叭状圈座，斜壁，足底外撇呈浅盘状。底径14、残高4.8厘米（图六，10）。采：28，上部残。泥质灰陶。折弧盘状圈座，直壁。底径10、残高2.8厘米（图六，11）。采：48，下部残。泥质灰陶。残高3.5厘米（图六，9）。

碗口沿 3件。均素面。敞口，斜弧壁内收。采：13，夹砂黄陶。卷沿。口径18厘米（图六，21）。采：19，泥质红陶。翻沿下压。口径20厘米（图六，22）。采：21，泥质黑陶。翻沿上仰。口径18厘米（图六，23）。

钵口沿 1件。采：18，泥质红陶。素面。敛口，折沿，沿面有一道浅凹槽，圆鼓腹。口径21.6厘米（图六，24）。

罐口沿 14件。均素面。可分二型。

A型 13件。敛口仰折沿罐。溜肩，鼓腹。采：22，夹砂灰陶。器形较小，小敛口，窄沿。

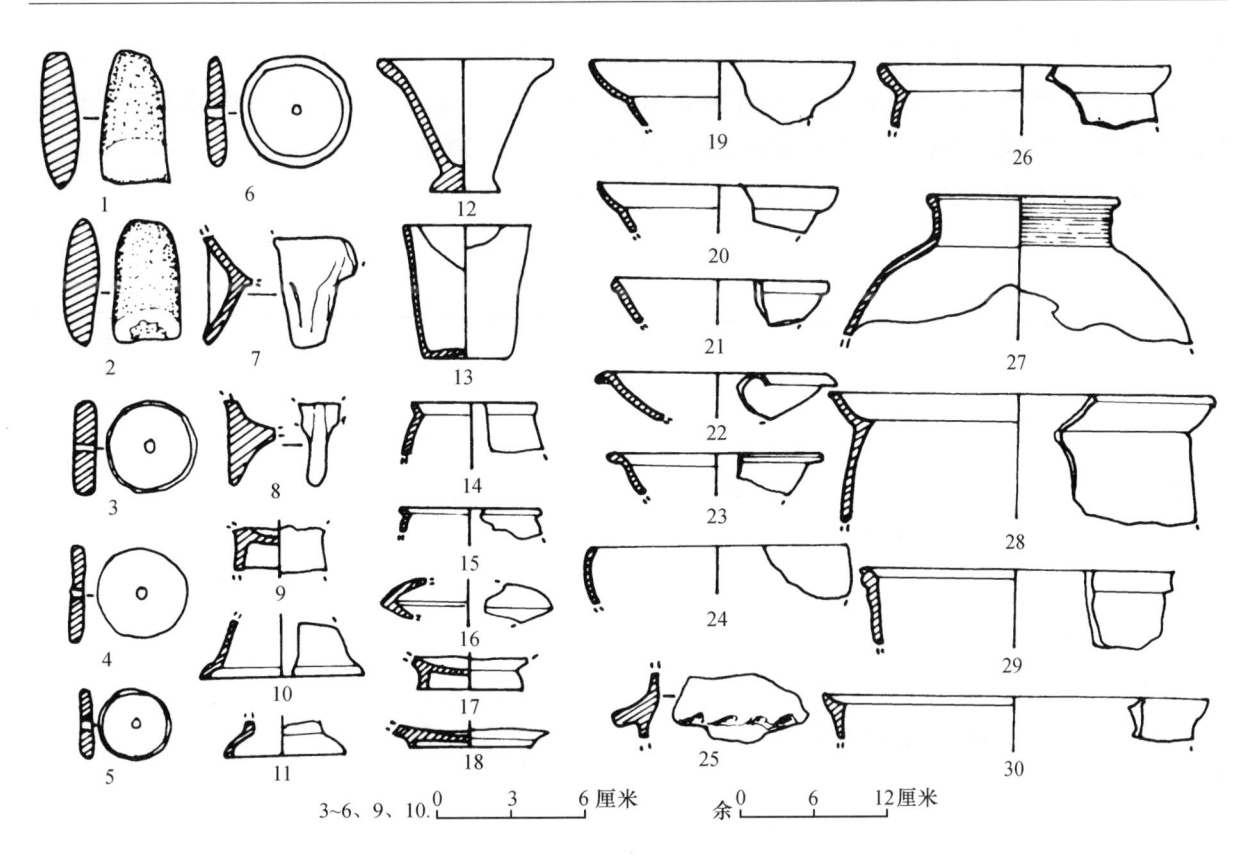

图六　三步两道桥遗址采集标本

1、2. 石斧（采:4、采:46）　3～6. 陶纺轮（采:50、采:49、采:52、采:51）　7、8. 陶鼎足（采:53、采:44）　9～11. 陶豆圈座（采:48、采:27、采:28）　12、13. 陶杯（采:54、采:57）　14、15、26、28. A 型陶罐口沿（采:22、采:25、采:37、采:33）　16. 陶盂形器（采:30）　17、18. 陶器圈足（采:2、采:3）　19、20. 陶豆盘（采:5、采:6）　21～23. 陶碗口沿（采:13、采:19、采:21）　24. 陶钵口沿（采:18）　25. 陶器鋬（采:43）　27. B 型陶罐口沿（采:55）　29、30. 陶缸口沿（采:14、采:29）

口径 10 厘米（图六，14）。采:25，泥质灰陶。器形极小，窄沿。口径 12 厘米（图六，15）。采:33，泥质灰陶。器形大，宽沿。口径 32.2 厘米（图六，28）。采:37，泥质红陶。器形较大，宽沿。口径 24.6 厘米（图六，26）。

B 型　1 件。采:55，直口高领罐。泥质黑陶。直口微侈，窄折沿，尖唇，高直领，圆肩，大鼓腹。颈饰多道凹弦纹。口径 16 厘米（图六，27）。

缸口沿　2 件。均素面。直口微敛，卷折沿，尖圆唇，斜直壁。采:14，泥质红陶。口径 23.5 厘米（图六，29）。采:29，泥质灰陶。下端内敛。口径 32.4 厘米（图六，30）。

盂形器　1 件。采:30，残。泥质灰陶。素面。扁折腹，折腹处有一道凸棱。最大腹径 14 厘米（图六，16）。

器圈足　7 件。均素面。圜底，浅宽圈足。采:2，泥质红陶。圈足径 8.6 厘米（图六，17）。采:3，泥质灰陶。下端内敛。圈足径 10 厘米（图六，18）。

器鋬　1 件。采:43，夹砂红陶。素面。鸡冠式（图六，25）。

三步两道桥遗址曾先后做过三次调查[4]，每次采集标本都较为丰富。从采集遗物看，其圈足器发达，三足器少，为屈家岭文化基本特征，且所采集的双腹豆、反梯形卷边和侧扁三角形足、薄壁筒形杯、盂形器等均为屈家岭文化较为典型的器物，而敛口折沿罐可一直延续至石家河文化晚期。此外，该遗址还采集有链条式附加堆纹残陶片多块，这似乎可将其时代更往前推，以前所采集的细锥状鼎足又有仰韶文化的风格。由地层堆积和采集标本分析，该遗址是一处堆积较厚、内涵丰富且延续时间较长并兼具多种文化风格的新石器时代文化遗址。

六、熊家湾遗址

遗址位于宜城市鄢城街道办事处土城村熊家湾西南侧，地处汉水东岸一南北走向的矮岗上，地势南高北低。其分布范围南北长约300、东西宽约100米，断面可见文化层厚约1米。北部暴露有较密集的灰坑遗迹，开口平面呈不规则状或椭圆形，最长处约2~3米，多为灰黄色填土，含较多的红烧土块和少量陶片。地表暴露遗物十分丰富，采集标本全为陶器残件。

采集陶器之陶质以泥质陶为主，夹砂陶稍次，并有少量夹植物陶；陶色以灰陶居多，橙黄、灰白陶次之，橙红、褐、黑陶少见；纹饰多为篮纹、弦纹和附加堆纹，有部分绳纹、按窝纹，少量为刻槽及镂孔；器类有纺轮、鼎、豆、盘、钵、杯、罐、盆、缸、擂钵、鸟等。

纺轮　2件。泥质红褐陶。素面。面平，三角缘。采:28，周边起棱，单穿孔。径2.7、厚0.6厘米（图七，1）。采:38，对穿孔。径2.4、厚0.7厘米（图七，2）。

鼎足　9件。采:24，夹植物褐红陶。素面。宽扁足，足面微隆，内面平（图七，6）。采:25，夹植物黄褐陶。铲形足，上端窄厚，下部宽扁。足根部饰三按窝纹（图七，3）。采:26，夹植物褐红陶。体薄。足根部饰一按窝纹（图七，7）。

豆圈座　4件。圜底，粗高喇叭形圈足。采:41，泥质灰陶。素面。中部略隆（图七，9）。采:42，泥质黑陶。壁饰镂孔（图七，8）。

盘圈足　2件。均残。采:21，泥质黑陶。薄壁外弧，大喇叭形，圈足高，底边外卷。壁上饰镂孔。足径24厘米（图七，10）。

钵口沿　1件。采:56，泥质黄褐陶。素面。敞口，圆唇，深弧腹内收。口径20厘米（图七，11）。

杯　2件。均素面。采:22，泥质黄褐陶。胎较薄，侈口，尖圆唇，斜壁，浅凹底。口径8、底径4、高7.2厘米（图七，4）。采:23，口残。泥质橙红陶。厚胎，斜直壁，厚底微凹。底径2.8、残高5.6厘米（图七，5）。

高柄杯　1件。采:44，残。泥质灰陶。素面。斜直壁外扩，平底，细柄，中空（图七，19）。

罐口沿　10件。可分二型。

A型　9件。敛口仰折沿罐。溜肩，鼓腹。采:2，夹植物橙黄陶。外壁饰交错篮纹。口径34.4厘米（图七，13）。采:3，夹砂橙黄陶。素面。口径24.8厘米（图七，12）。

B型　1件。采:18，直口高领罐。夹砂灰陶。素面。直口微侈，卷沿，沿面有浅凹槽，圆唇，溜肩。口径15.6厘米（图七，15）。

盆口沿　8件。微敛口，翻折沿，深弧腹渐收。采:7，夹植物灰陶。外壁饰交错篮纹。口

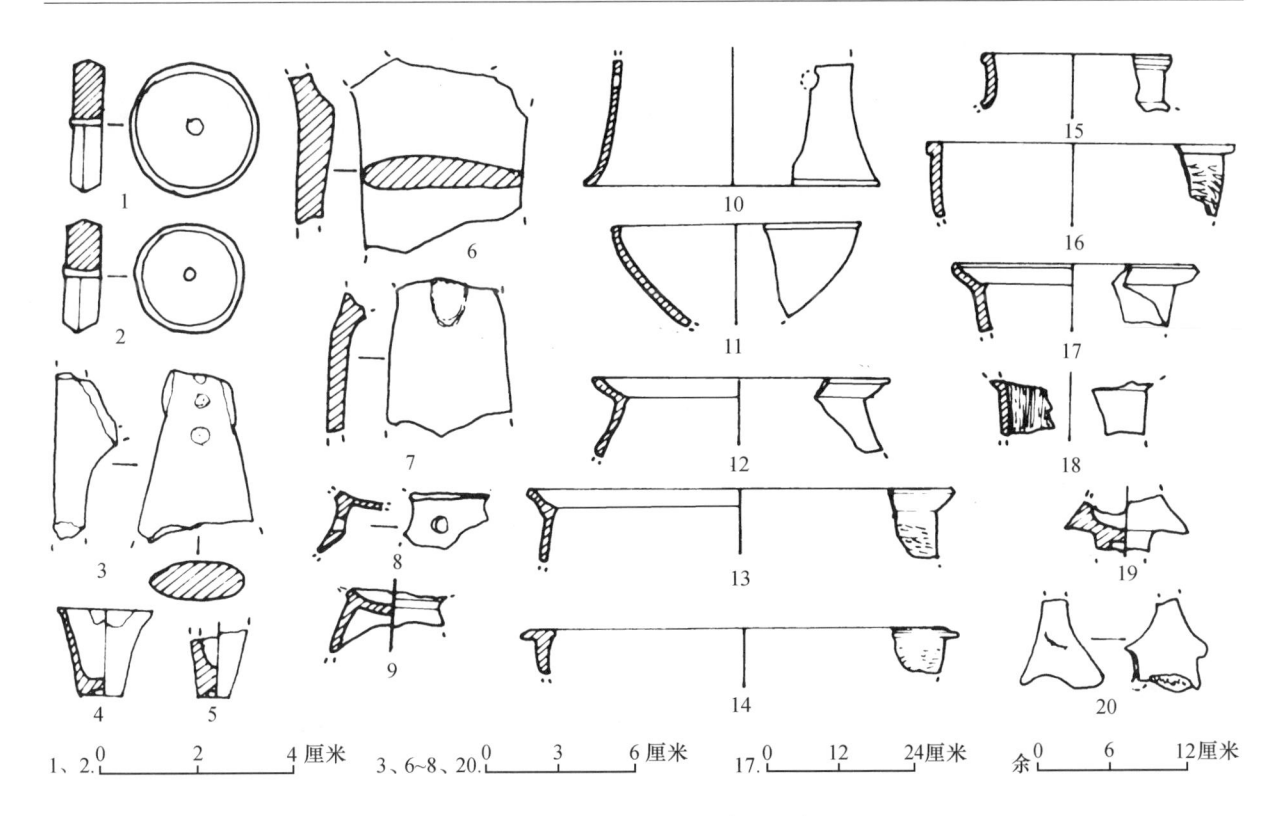

图七 熊家湾遗址采集陶器标本

1、2. 纺轮（采:28、采:38） 3、6、7. 鼎足（采:25、采:24、采:26） 4、5. 杯（采:22、采:23） 8、9. 豆圈座（采:42、采:41） 10. 盘圈足（采:21） 11. 钵口沿（采:56） 12、13. A型罐口沿（采:3、2） 14、16. 盆口沿（采:14、采:7） 15. B型罐口沿（采:18） 17. 缸口沿（采:58） 18. 擂钵（采:48） 19. 高柄杯（采:44） 20. 鸟（采:54）

径25.6厘米（图七，16）。采:14，泥质灰陶。沿面起四道凹槽。外壁饰篮纹。口径33.6厘米（图七，14）。

缸口沿 1件。采:58，夹砂灰黄陶。素面。微敛口，宽仰折沿，尖唇，斜直壁内收。口径40厘米（图七，17）。

擂钵 1件。采:48，残。泥质灰陶。素面。上腹斜折，下腹直，内壁有多道竖凹槽（图七，18）。

鸟 1件。采:54，残。泥质橙黄陶。素面。细颈，双短翅，双足撑地（图七，20）。

熊家湾遗址虽然面积不大，但内涵丰富。从采集标本的陶系、纹饰、器类及器物形制分析，该遗址应是一处典型的新石器时代晚期石家河文化遗址。

七、东棚遗址

遗址位于宜城市小河镇杨岗村东棚西约200米处，地处汉水西岸两条南北向小土岗上，中间以一宽约百米的冲沟相隔，地势低缓。其分布范围东半部南北长约150、东西宽约50米，西半部东西长约70、南北宽约50米。断面可见文化层厚约1米，含有较多的红烧土块及少量陶片。采集标本有石、陶器两类。

1. 石器

仅 2 件残断石斧。青石质，通体磨光。采:1，体宽厚，面平，双面平刃。残长 9.1、宽 8.2、最厚处 3.4 厘米（图八，1）。采:2，体较薄，凹弧顶，面略隆，刃部残。残长 4.6、残宽 3.4~5.2、最厚处 1.4 厘米（图八，2）。

2. 陶器

除 1 件纺轮外，全为残件。陶质以泥质陶为主，夹砂陶较少；陶色以灰陶居多，橙红、黑陶少见；大多素面，纹饰有弦纹、网格纹、附加堆纹和镂孔等；器类有纺轮、鼎、豆、杯、碗、盘、盆、罐、缸等。

纺轮 2 件。泥质橙红陶。素面。面平，三角缘。采:3，周边起棱，对穿孔。径 3.6、厚 1 厘米（图八，3）。采:4，残一半。径 4.8、厚 0.7 厘米（图八，5）。

鼎足 2 件，残。素面。宽扁状。采:5，泥质橙红陶。足面微隆（图八，4）。采:6，泥质灰陶。足面一侧外卷（图八，6）。

豆圈座 1 件。采:20，残。泥质灰陶。底近平，粗高圈足。壁饰多个镂孔（图八，9）。

高圈足杯 3 件，均残。采:19，上下均残。泥质灰陶。素面。直壁，腹底交接处有一道凸棱，细高柄，中空（图八，7）。采:23，泥质红陶。微侈口，翻沿，圆唇，斜直壁外扩，圜底，浅窄圈足。外壁饰细篦纹。口径 5.2、圈足径 4.8、高 8.2 厘米（图八，8）。

曲腹杯口沿 2 件。泥质磨光黑陶。素面。敞口，圆唇，曲腹。采:8，沿圆卷。口径 10 厘米（图八，10）。采:9，口径 20 厘米（图八，12）。

碗口沿 3 件。泥质灰陶，素面。敞口，卷沿，斜弧腹内收。采:20，口径 20 厘米（图八，20）。采:29，口径 18.4 厘米（图八，13）。

盘圈足 1 件。采:18，泥质灰陶。素面。斜弧腹，圜底，浅宽圈足。圈足径 20 厘米（图八，11）。

盆口沿 5 件。均素面。采:12，泥质灰黄陶。敞口，翻折沿，沿面微隆，尖圆唇，深直腹渐收。口径 36 厘米（图八，14）。采:25，泥质灰陶。微敛口，卷沿，弧腹内收。口径 25.6 厘米（图八，15）。

罐口沿 4 件。可分二型。

A 型 2 件。微侈口仰折沿罐。宽沿面略凹，外沿面下一周凸棱明显，弧腹内收。采:28，泥质黑陶。素面。口径 32 厘米（图八，16）。

B 型 2 件。直口高领罐。泥质灰陶。翻折沿，圆唇，广肩。采:13，颈底有一道凹槽。肩饰一道附加堆纹。口径 14 厘米（图八，17）。

缸口沿 2 件。泥质灰陶。采:17，弇口，圆唇，折肩，鼓腹。口外饰两道凹弦纹。口径 23.3 厘米（图八，18）。采:30，敛口，内卷沿，双圆唇，微鼓腹。口、肩各饰一道附加堆纹，唇上各有一道锯齿状凸棱。口径 28.9 厘米（图八，19）。

东棚遗址采集标本器物形制明显，其中，部分器物壁薄，可见泥质磨光黑陶，圜底、平底、圈足器较多，三足器少，这些为屈家岭文化的普遍特征，而采集的高圈足杯、曲腹杯、镂孔豆、斜壁碗等为屈家岭文化较为典型的器物，其中高圈足杯与郧县青龙泉[5]屈家岭文化晚期细泥陶高圈足杯几乎完全一致。而仰折沿宽扁足罐形鼎则为石家河文化典型器物。可见，该遗址是一处包涵屈家岭、石家河文化特征的新石器时代文化遗址。

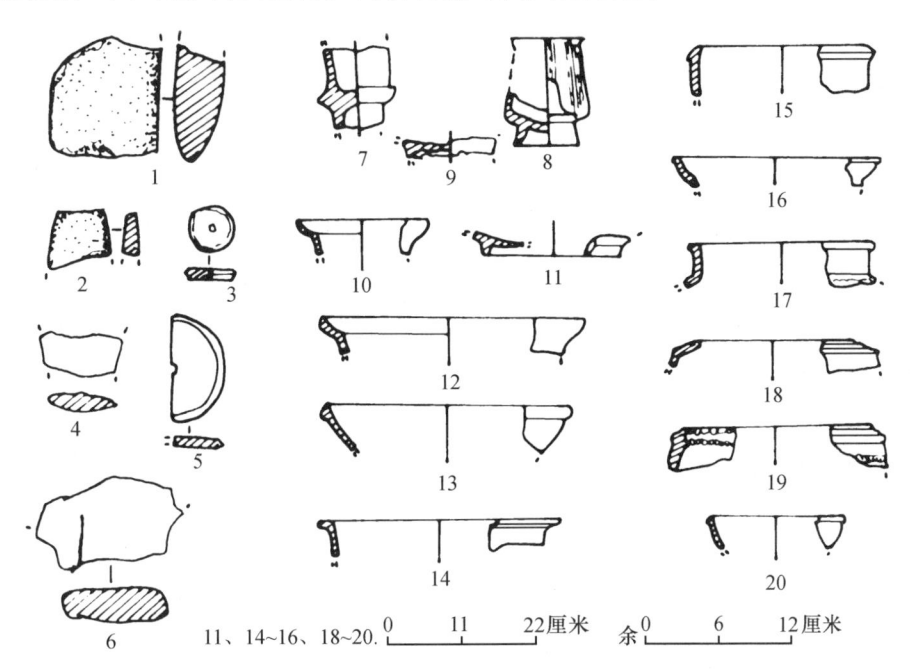

图八　东棚遗址采集标本

1、2. 石斧（采:1、采:2）　3、5. 陶纺轮（采:3、采:4）　4、6. 陶鼎足（采:5、采:6）　7、8. 陶高圈足杯（采:19、采:23）　9. 陶豆圈座（采:20）　10、12. 陶曲腹杯口沿（采:8、采:9）　11. 陶盘圈足（采:18）　13、20. 陶碗口沿（采:29、采:20）　14、15. 陶盆口沿（采:12、采:25）　16. A型陶罐口沿（采:28）　17. B型陶罐口沿（采:13）　18、19. 陶缸口沿（采:17、采:30）

八、沈家湾遗址

遗址位于宜城市鄢城街道办事处七里村沈家湾北约250米处，地处汉水西岸一块平缓台地上，地势中部较高，四周较低，东、北两面临水。其分布范围南北长约250、东西宽约150米，断面可见文化层厚约1米。地表暴露灰坑遗迹多处，一般平面为椭圆形，直径1.2~2.5米，填疏松的灰褐色土，含少量陶片。采集标本有石、陶器两类。

1. 石器

3件。均为斧，磨制，面平。采:1，青灰色砂岩质，表面较光滑。弧顶，双面弧刃，刃部略残。长12.8、刃宽5.2、最厚处3.5厘米（图九，1）。采:2，青灰色砂岩质，表面较粗糙。平顶，双面平刃，刃部略残。长11.6、刃宽7、最厚处3厘米（图九，2）。采:3，青石质，表面较粗糙。体窄长，弧顶，刃残。残长10.8、宽3.7、最厚处2.4厘米（图九，3）。

2. 陶器

除2件纺轮外，全为残件。陶质多为泥质陶，有少量夹砂陶和夹植物陶；陶色以灰陶为主，橙黄、橙红、灰白陶次之，黑陶少见；大多素面，少量饰弦纹、刻划纹、附加堆纹、按窝纹及镂孔等；器类有纺轮、鼎、豆、杯、碗、三足碟、罐、盆、缸、器座等。

纺轮　2件。素面。弧缘，对穿孔。采:4，泥质橙黄陶。中部稍厚，周边略薄。径4、厚0.4厘米（图九，4）。采:5，泥质橙红陶。面平。径3.3、厚0.3厘米（图九，5）。

鼎足　2件，残。宽扁形。采:22，夹砂灰陶。足面中部饰链条式附加堆纹（图九，8）。采:23，夹植物灰黄陶。素面（图九，9）。

豆圈座　3件。圜底或近平，较高圈足。采:17，泥质黑陶。筒形圈足较粗，微束腰，下端呈浅覆盘状。壁饰镂孔。足径9.6、高8厘米（图九，6）。采:21，泥质橙黄陶。素面。圜底，喇叭状圈足（图九，7）。采:29，泥质灰陶。素面。喇叭状圈足稍细（图九，10）。

曲腹杯口沿　1件。采:13，泥质灰白陶。素面。直口，圆唇，上腹曲折，下腹渐收。口径14厘米（图九，11）。

高柄杯　1件。采:26，残。泥质灰白陶。素面。杯体瘦高，折腹，细柄中空。残高8.6厘米（图九，12）。

碗口沿　1件。采:14，泥质灰白陶。素面。敞口，翻沿，圆唇，浅弧腹内收。口径18厘米（图九，13）。

碗圈足　2件。泥质灰陶。素面。斜弧腹内收，圜底，浅宽圈足。采:19，碗内有刻槽。圈足径5.2厘米（图九，17）。采:20，圈足径5.6厘米（图九，18）。

三足碟底　1件。采:18，泥质黑陶。素面。弧腹内收，圜底，底有三乳头状小足（图九，16）。

罐口沿　2件。可分二型。

A型　采:6，泥质灰陶。素面。敛口，宽仰折沿，沿面略凹，尖唇，唇外侧有一道浅凹槽，溜肩，鼓腹。口径29.4厘米（图九，23）。

B型　采:12，泥质黑陶。素面。侈口，翻沿，高直领。口径17.6厘米（图九，14）。

盆口沿　1件。采:16，泥质黑陶。素面。侈口，翻沿，圆唇，折腹。口径26厘米（图九，15）。

缸口沿　3件。均素面。采:7，泥质灰白陶。直口微敛，宽沿斜折，尖唇，直壁。沿面起两道锯齿状凸棱。口径48厘米（图九，20）。采:8，泥质灰陶。侈口，翻沿，沿面微隆，下端有一道凸棱，微鼓腹。口径36厘米（图九，21）。采:9，夹植物灰陶。直口微侈，斜折沿上翘较甚，圆唇，深直腹微收。口径28厘米（图九，22）。

器座　1件。采:15，泥质灰白陶。素面。体较矮宽，直壁，下端外卷。口径19.6、底径20、高4厘米（图九，19）。

沈家湾遗址采集标本相对较少，除少量东周遗物外，新石器时代遗物特征也较明显，曲腹杯、三足碟、镂孔豆为屈家岭文化标型器，宽扁足敛口仰折沿罐形鼎、深腹缸、器座有石家河文化风格。

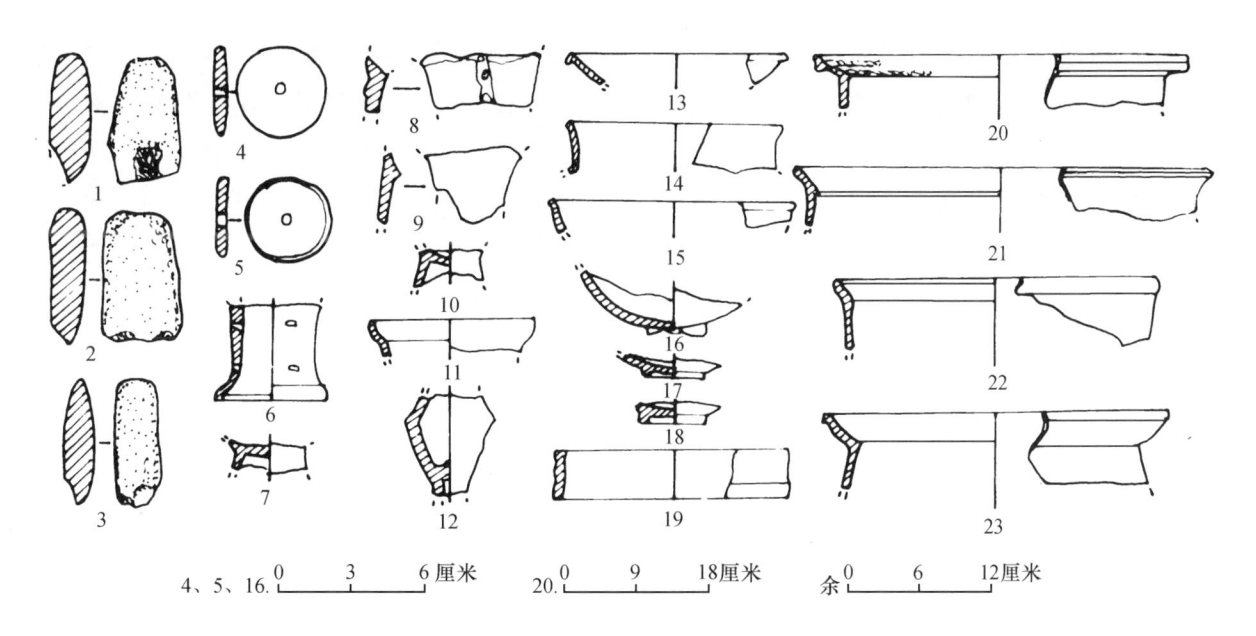

图九　沈家湾遗址采集标本

1~3. 石斧（采:1、采:2、采:3）　4、5. 陶纺轮（采:4、采:5）　6、7、10. 陶豆圈座（采:17、采:21、采:29）　8、9. 陶鼎足（采:22、采:23）　11. 陶曲腹杯口沿（采:13）　12. 陶高柄杯（采:26）　13. 陶碗口沿（采:14）　14. B型陶罐口沿（采:12）　15. 陶盆口沿（采:16）　16. 陶三足碟底（采:18）　17、18. 陶碗圈足（采:19、采:20）　19. 陶器座（采:15）　20~22. 陶缸口沿（采:7、采:8、采:9）　23. A型陶罐口沿（采:6）

九、结　　语

（1）本区新石器时代文化遗存的分布及工作概况

正是由于本区域地理位置和自然环境的优越性，使这里自旧石器时代晚期以来成为一个开发水平高、文化发达的区域。从考古学的角度来讲，本区第一次文化高潮的兴起就发生在新石器时代晚期，分布广泛而密集的新石器时代晚期遗址[6]就充分说明了这一点。截至目前已进行的调查情况表明，汉水中游河谷地区新石器时代文化遗址达100多处，其中以晚期遗存为主体，数量多且内涵丰富，而早期遗存尚未发现，中期遗存也少见。其分布状况从地域上讲，以河谷北部的老河口市和南部的宜城市较多而集中，中部的襄樊市区和襄阳区则相对少而分散，这种情况可能与汉水在此突然南折引起河床变动改道有关，由此使河沙土壤大量淤积，地面不断抬高，从而覆盖了原有的新石器时代遗址。从地形地貌上讲，以河流两岸的一、二级台地为主，向外延伸至低岗矮丘地带，靠近汉水河道的低谷区则少见。

尽管本区有着丰富的新石器时代文化遗存，但除了经过两次大规模的文物普查及陆续进行的小范围考古调查外，经正式发掘的有宜城曹家楼[7]、老鸦仓[8]、冢子包[9]、顾家坡遗址[10]、高新牌坊岗遗址[11]、襄城钱营[12]、王树岗遗址[13]、谷城水星台[14]、下新店遗址[15]、襄阳邵家棚[16]、王庄遗址[17]，其中，大多数遗址处于整理阶段，迄今发表资料的只有曹家楼、老鸦仓遗址两处。

（2）本区新石器时代文化遗存的性质

由于所处的独特地理位置，本区的新石器时代文化遗存具有南北兼备、东西兼容的特点。从文物调查并结合已发掘的新石器时代文化遗址情况可以看出，兴起于长江中游的屈家岭文化、石家河文化对本区影响最大，其特征也最为明显，而且也出现了更早时期的大溪文化因素，黄河流域的仰韶文化、河南龙山文化的影响因素也糅合其中，可能还有从石家河文化或龙山文化向二里头文化过渡时期的"后石家河文化"因素，同时加上自身所拥有的一些地方特点，从而使本区的新石器时代文化遗存有着较为复杂的文化性质。

从地域上讲，各遗存与邻近的不同考古学文化中心区距离的远近，也是其所受影响程度的一个标尺，由此，也形成了各考古学文化的不同类型。汉水中游河谷地区愈靠近南阳盆地，所受仰韶文化的影响愈大，而愈靠近江汉平原，其受屈家岭文化、石家河文化的影响愈大。根据本区新石器时代遗址文化面貌分析，其仰韶文化的影响因素接近于下王冈类型，而屈家岭文化、石家河文化的文化特征则接近于青龙泉类型。

（3）本区新石器时代文化遗存的仰韶文化因素

从已发掘的淅川下王冈[18]、郧县青龙泉及大寺[19]、枣阳雕龙碑[20]等遗址看，其仰韶文化地层一般叠压于屈家岭文化、石家河文化（或称龙山文化、青龙泉三期文化）之下，地表所见遗物极少，调查采集的标本多为断面所得，数量也有限，故难以窥其全貌。这些遗物中能反映仰韶文化因素影响的器物基本上只有素面或足根部饰按窝纹的圆锥形鼎足、红顶碗（钵）、小口瓶及少量饰黑彩的陶片等。

（4）本区新石器时代文化遗存的大溪文化因素

发掘资料表明，大溪文化是长江中下游土生土长的新石器时代文化，它与后来的屈家岭文化有着明显的继承关系，故仅从采集资料尤其是残碎陶片中难以将二者完全剥离出来，其中具有屈家岭文化早期特征的部分器物如高领球腹罐、曲腹杯、花瓣式纽器盖等可能还有大溪文化的成分在内，只是因为未经正式发掘没有明确的地层关系而难以确定。近期宜城顾家坡遗址大溪文化至屈家岭文化墓地的发掘表明，大溪文化对本区的影响程度还是较大的。

（5）本区新石器时代文化遗存的屈家岭文化因素

屈家岭文化为本区新石器时代文化遗存的主体之一，采集标本的数量、种类较多，特征也十分明显。陶色方面，基本以灰陶为主，黑陶也占一定数量；纹饰方面，大多素面，少量饰弦纹、压印窝纹、镂孔等；器形方面，有卷边鼎足、双腹碗、镂孔圈足（双腹）盘（豆）、曲腹杯、高圈足（柄）杯、薄胎喇叭形杯、盂形器、花瓣纽器盖等，这些典型的屈家岭文化风格说明该文化对本区新石器时代文化影响之深。由此可以肯定，本区尽管并非屈家岭文化的中心区，但将其纳入屈家岭文化的发展区是没有问题的。

（6）本区新石器时代文化遗存的石家河文化因素

考古资料表明，作为继承屈家岭文化发展起来的石家河文化，其影响力虽然较屈家岭文化为小，但在本区的发展脉络基本与屈家岭文化一致，也是本区新石器时代文化遗存的主体之一。采集标本陶系中尽管保持了屈家岭文化以泥质灰陶为主的特点，但也有相当数量的泥质、夹砂红陶，纹饰中有较多的篮纹、绳纹，器形方面，有多种型式的宽扁鼎足、厚胎筒形杯、敛口折沿罐、刻槽盆、厚重器座等，这些都是典型的石家河文化风格。

(7) 本区新石器时代文化遗存的地方特征

由于本区所处地理位置的特殊性，容易受到多方位文化的影响，在有着多源文化产生和发展的新石器时代，本区同时代文化的地方特征应该是十分浓厚的，但鉴于本区经正式发掘的新石器时代文化遗存的考古资料很少，难以全面、系统地勾画出本区新石器时代文化遗存的地方特征，仅从《湖北宜城曹家楼新石器时代遗址》[21]发掘报告中就可窥见一斑。尽管曹家楼遗址属于较为典型的屈家岭文化遗址，但其两期遗存在遗迹及遗物方面均与典型的屈家岭文化有着一定的差异，如墓葬可能存在"割体葬仪"，第一期陶系以夹砂灰陶为主，明显区别于屈家岭遗址下层以泥质黑陶为主的现象，部分器形如第一期的红顶钵、花边圈足碗、花边纽器盖、扁平竖压印纹鼎足不见于屈家岭遗址等，典型屈家岭文化、石家河文化中的一些典型器物如彩陶纺轮、蛋壳陶杯、橄榄形罐、大陶缸等较为少见。

总之，本区新石器时代文化遗存的发现、发掘对研究我国新石器时代文化的产生、发展将起到一定的促进作用。相信随着本区新石器时代文化遗存考古资料的不断积累，其文化面貌将逐步清晰地展现出来。

执笔：王先福　范文强

注　释

[1] [2] [5] [19]　中国社会科学院考古研究所：《青龙泉与大寺》，科学出版社，1991年。

[3]　湖北省荆州博物馆等：《肖家屋脊》，文物出版社，1999年。

[4]　湖北省博物馆：《襄阳三步两道桥遗址调查》，《江汉考古》1984年第2期。

[6]　襄樊市文物普查办公室等：《襄樊市文物史迹普查实录》，今日中国出版社，1995年。

[7] [21]　武汉大学历史系考古教研室等：《湖北宜城曹家楼新石器时代遗址》，《考古学报》1988年第1期。

[8]　湖北省文物考古研究所等：《湖北宜城老鸹仓遗址试掘简报》，《江汉考古》2003年第1期；襄樊市文物考古研究所2003年发掘资料。

[9] [12] [13]　襄樊市文物考古研究所发掘资料。

[10] [14] [15] [16] [17]　湖北省文物考古研究所发掘资料。

[11]　襄樊市文物考古研究所：《襄樊牌坊岗新石器时代遗址发掘简报》，见本文集。

[18]　河南省文物研究所等：《淅川下王岗》，文物出版社，1989年。

[20]　中国社会科学院考古研究所：《枣阳雕龙碑》，科学出版社，2006年。

襄樊牌坊岗新石器时代遗址发掘简报

襄樊市文物考古研究所

牌坊岗新石器时代遗址位于襄樊高新技术产业开发区米庄镇米庄村七组东侧的岗地上，地势起伏不大，较开阔。遗址南距汉水约11.5公里，东距唐白河约12公里，西距小清河约3.8公里（图一）。

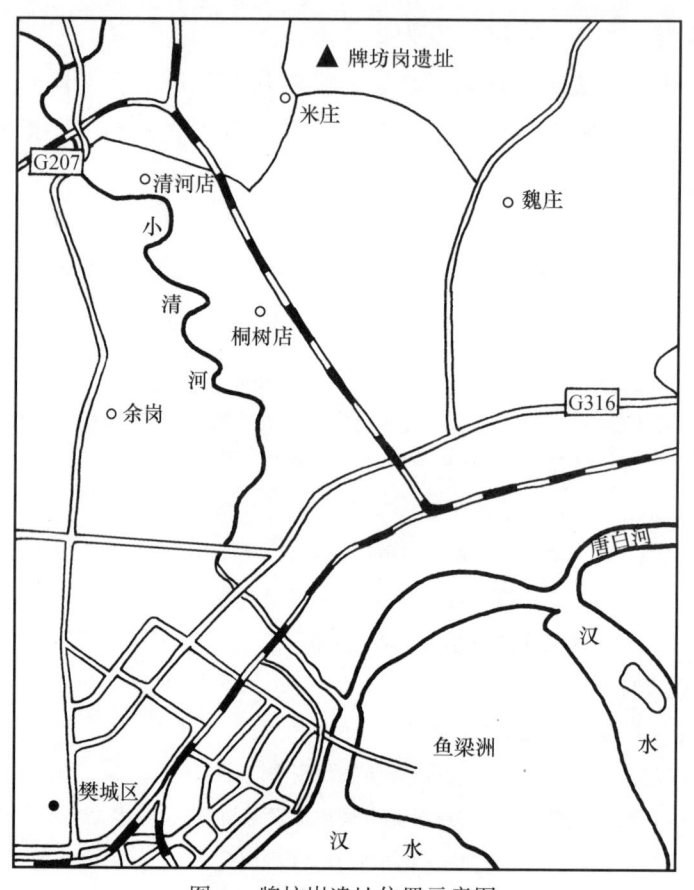

图一 牌坊岗遗址位置示意图

该遗址未见于襄樊市历次文物普查资料，2004年春襄樊高新技术产业开发区于该地建设汽车工业园区道路等基础设施时发现。后经初步调查，遗址面积约1.2万平方米，堆积较薄，可能早年土地平整时被破坏不少，现存部分呈片状分布。

2004年4月16日，襄樊市考古队（襄樊市文物考古研究所前身）组织人员对遗址被压在道路下且文化层堆积相对集中的区域进行了发掘，在已开始施工的园区14号公路中段（Ⅰ区）布探方3个（编号为2004XPT1~T3），西段（Ⅱ区）布探方4个（编号为2004XPT4~T7），探方均为5米×5米，发掘面积共175平方米（图二）。现将发掘情况简报如下。

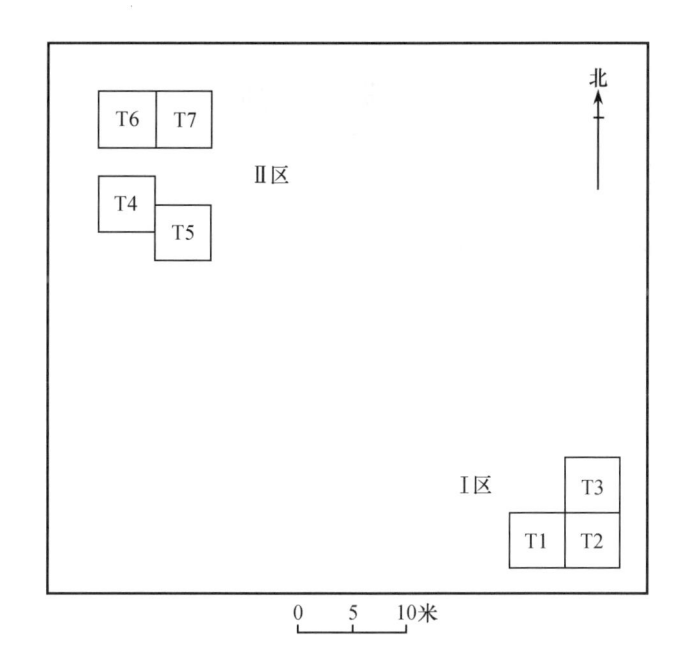

图二　牌坊岗遗址探方分布图

一、地层堆积

整个遗址区的地层堆积较为简单。Ⅰ区基本位于岗地中央，地层破坏较严重，堆积分为5层：第①层为扰乱层；第②层为晚期堆积层，未见包含物；第③~⑤层为新石器时代文化层，各层分布不均，厚度在20厘米左右，包含物极少，且零碎。Ⅱ区位于岗地西侧，文化层保存相对较好，堆积较厚，包含物也较为丰富，分为3层，现以T6、T7南壁为例对地层堆积情况加以说明（图三）。

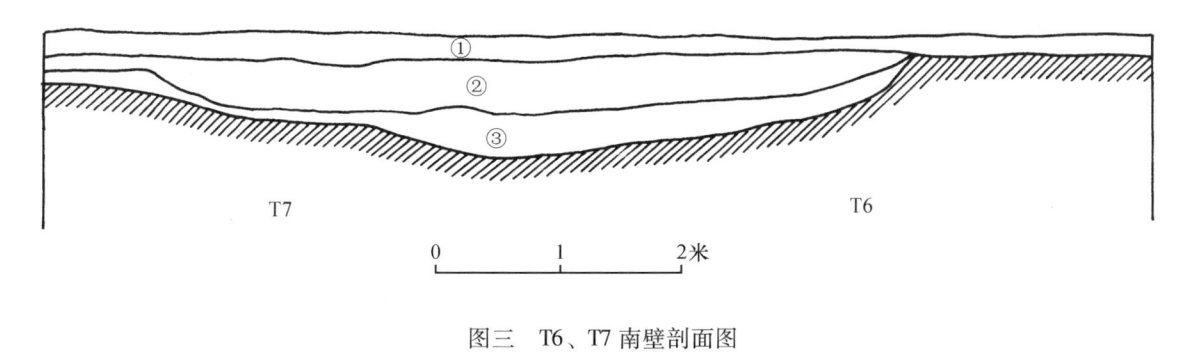

图三　T6、T7南壁剖面图

第①层：褐灰土。扰乱层。厚10~20厘米。含现代的混凝土块和少量的新石器时代陶片。

第②层：新石器时代文化层。黑灰土，较松软，含较多的红烧土块和炭屑。厚0~45、深10~20厘米。包含物最为丰富，有陶鼎、盘、钵、杯、缸、瓮及拍、网坠等。

第③层：新石器时代文化层。灰褐夹黄色斑点土，较硬，夹少量红烧土块。厚0~35、深20~65厘米。包含物较少，有陶瓮、缸、器盖等。

二、遗　　迹

本次发掘共清理遗迹3处，其中房址1处（F1），灰坑2座（H1、H2）。

F1　位于T3的中部，开口层位不明，直接暴露于地表，打破生土层，被H1打破。破坏较严重，仅发现2个柱洞（D1、D2）和1条沟槽，未见其他痕迹。2个柱洞呈东北至西南向分布，间距1.84米，D1直径0.32、深0.06米，D2直径0.3、深0.2米。沟槽位于两个柱洞之间，南北向，平面略弧，圜底，较窄浅，残长2.3、宽0.12、深0.06米（图四）。

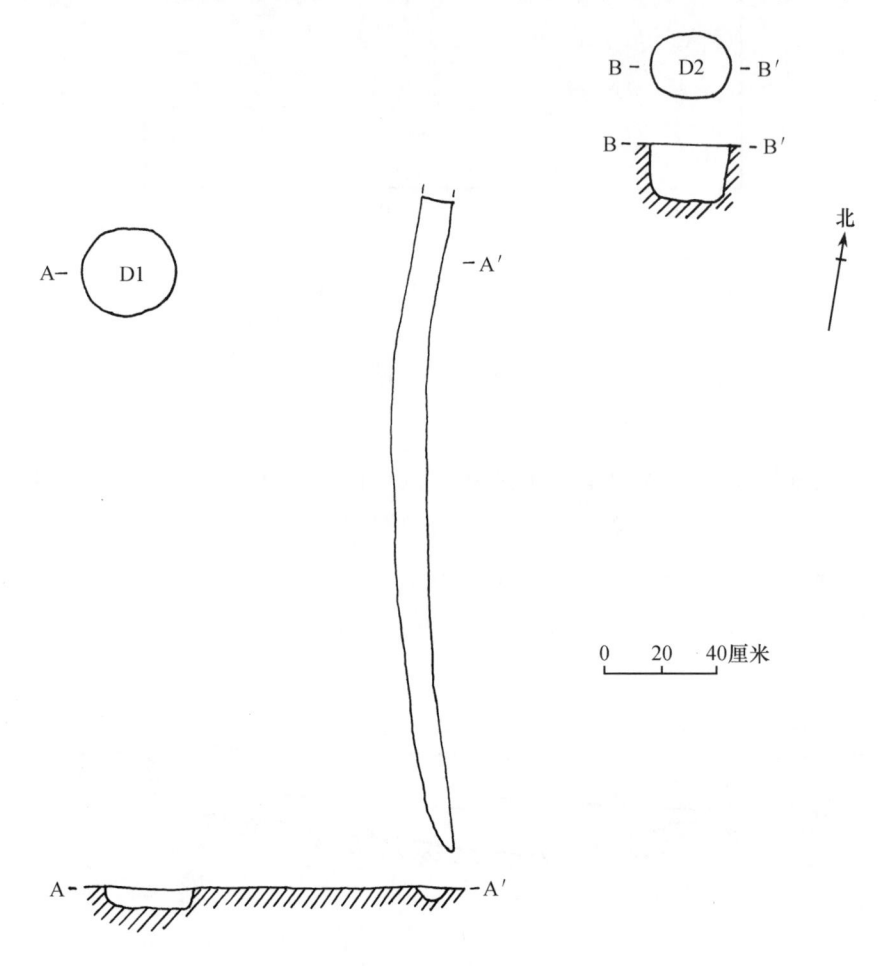

图四　F1平、剖面图

H1　位于T3东南部，开口层位不明，直接暴露于地表，打破F1和生土层。平面残缺，北部被破坏，推测为不规则圆形，斜壁，底较平。东西最长4、深0.4米。坑内填土仅一层，为黑灰色土，包含物较少，有陶豆、罐等器物残片（图五）。

H2　位于T7东北部，开口于②层下，打破生土层。坑北端被破坏，现平面呈长方形略显椭圆，东、西边较直，直壁略内斜收，南边外弧，弧壁内收，坑底北部较平坦，南部圜凹。南北长2.1、东西最宽1.06、最深0.35米。坑内填灰色土，土质较松，夹有较多的炭屑，在坑底中部发现有两块猪颌骨，坑内还出有陶鼎、罐、豆、盘、纺轮等器物残片（图六）。

图五　H1 平、剖面图

图六　H2 平、剖面图

三、遗　物

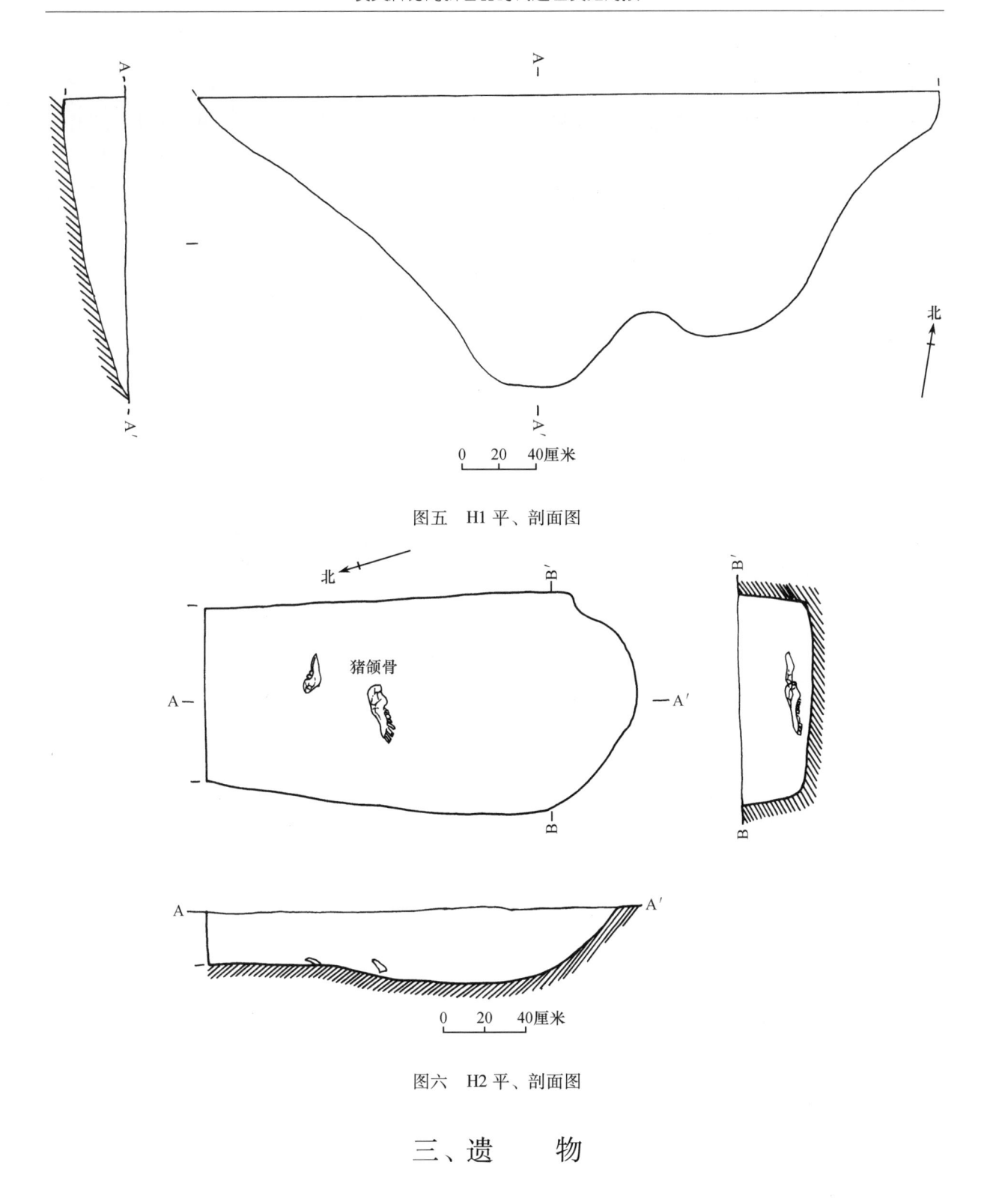

出土遗物有陶器和石器两类，选取标本 72 件。

（一）陶器

65 件。主要为生活用具，其次为生产工具，并有个别陶塑动物。

1. 生活用具

55件。统计表明，在陶系方面，泥质陶占80%，其中泥质灰陶占37%，泥质红陶占23%，泥质褐陶占11%，泥质黑陶占9%；夹砂陶占20%，其中夹砂红陶占16%，夹砂灰陶占2%，夹砂褐陶、黑陶各占1%。纹饰方面素面陶占50%；绳纹占44%，其中中绳纹居多，占30%，粗、细绳纹各占7%；篮纹、叶脉纹、方格纹、瓦垄、按窝、镂孔等占6%。器类有鼎、鬶、碗、杯、豆、壶、钵、盘、罐、瓮、缸、器盖、器座等。能复原的器物较少。

鼎　11件。均未能复原，大部分为鼎足。

罐形鼎　2件。T4②:24，存上半部分。夹砂黑衣灰陶。素面。敛口，仰折沿，沿面内凹，尖唇，长颈略内束，深腹。口径19.6厘米（图七，1）。T7②:12，存下腹部。泥质红褐陶。垂鼓腹，圜底较平，侧扁足。足根部正面有圆形按窝，底部有两道划痕。残高10.4厘米（图七，2）。

鼎足　9件。上端或下端残。有四种形状。

宽扁足　1件。T2④:1，夹砂灰陶。素面。呈倒梯形。残高9.1厘米（图七，3）。

侧扁足　4件。夹砂红褐陶，足根部两侧内凹，正面起脊，多有一按窝。T2④:2，残高7.2厘米（图七，4）。T4②:20，根部无按窝。残高8厘米（图七，5）。T4②:33，足下端外翘。残高4.6厘米（图七，7）。H2:5，根部按窝较浅。残高7.1厘米（图七，6）。

柱状足　3件。夹砂红陶，足根有一个或两个按窝。T2④:3，足根一个按窝，较小。残高5厘米（图七，9）。T4②:11，足根一个按窝，较大。残高5.5厘米（图七，8）。T4②:21，足根两个按窝。残高6.4厘米（图七，10）。

锥状足　1件。T4②:16，夹砂红褐陶。素面。残高5.2厘米（图七，11）。

鬶　仅见2件足。均为泥质红陶。素面。T4②:9，实足根较浅。残高3.2厘米（图八，2）。T4②:10，实足根较深。残高2.6厘米（图八，1）。

碗　3件。均为泥质灰陶。T4②:2，素面。敞口，圆唇，斜弧壁，平底，浅宽圈足。口径18.4、圈足径6.4、高4厘米（图八，4；图版一，2）。T4②:7，直口，圆唇，斜直壁，平底。外壁饰多道弦纹。口径20、底径8、高5.4厘米（图八，3；图版一，1）。T4②:14，口残，斜壁微弧，平底略内凹。底径7.2、残高3.6厘米（图八，5）。

杯　1件。T7②:7，泥质红陶。口残，斜直壁，厚底有较深的凹窝。底径2.8、残高6厘米（图八，6）。

豆　3件。均为泥质灰陶。素面。T4②:5，口残，弧腹，高柄较细，座残。残高11.2厘米（图八，9）。T5②:11，盘残，座粗矮。圈座径12、残高6厘米（图八，7）。H2:7，敞口，圆唇，弧腹，柄较粗，座残。口径24.8、残高8厘米（图八，8）。

壶　1件。T5②:13，夹砂灰陶。存口及肩部。侈口，尖唇，沿面内凹，束颈，溜肩。口径8、残高6.4厘米（图八，10）。

钵　2件。敞口，厚圆唇，斜壁。T7②:6，夹砂灰褐陶。素面。凹圜底。口径25.6、底径10、高8厘米（图九，1；图版一，3）。T7②:11，泥质灰陶，内涂黑衣。下部残。中腹饰交错中绳纹。口径38.4、残高7.8厘米（图九，2）。

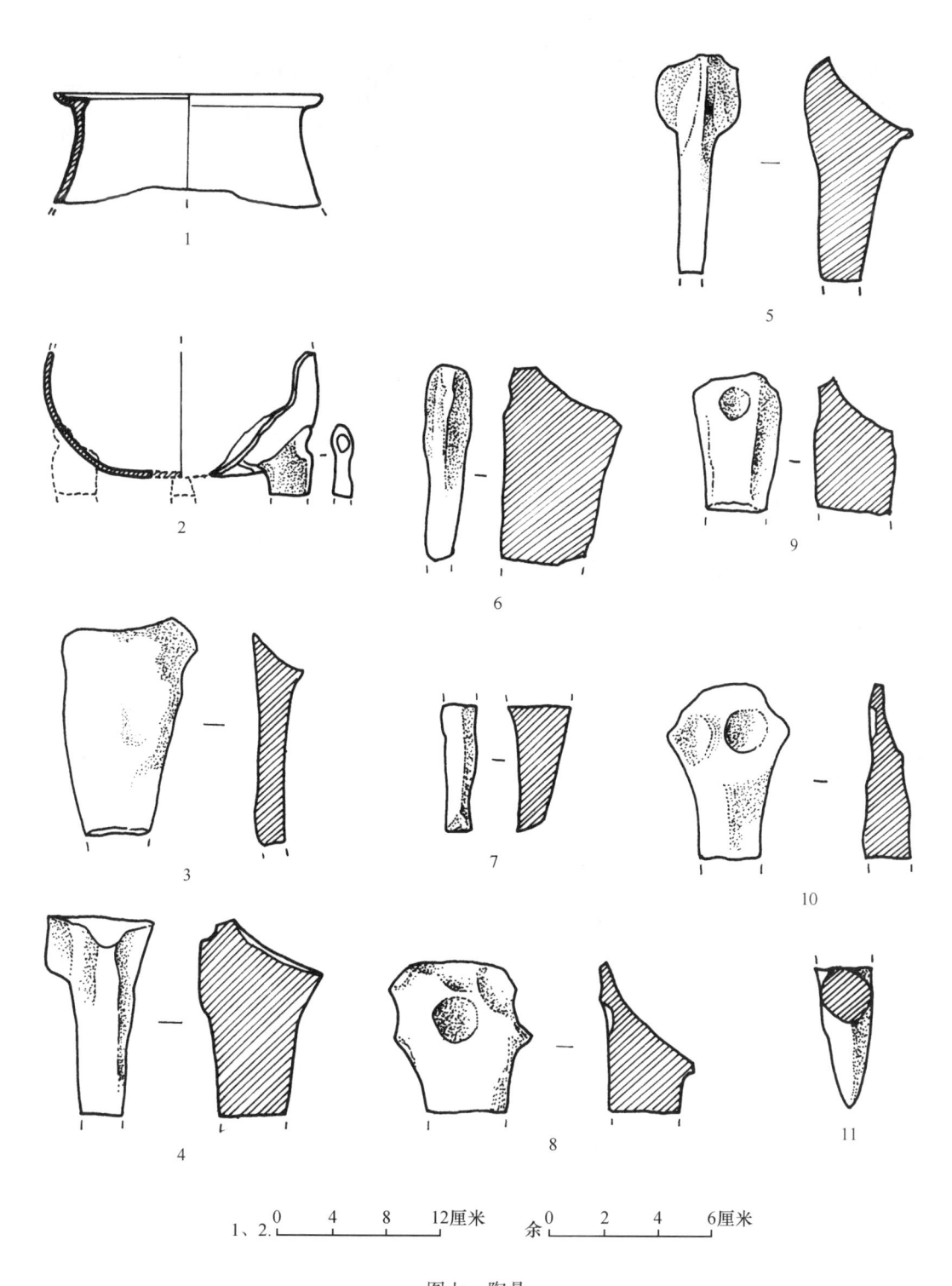

图七 陶鼎

1、2. 罐形鼎（T4②:24、T7②:12） 3. 宽扁鼎足（T2④:1） 4~7. 侧扁鼎足（T2④:2、T4②:20、H2:5、T4②:33） 8~10. 柱状鼎足（T4②:11、T2④:3、T4②:21） 11. 锥状鼎足（T4②:16）

图八 陶器

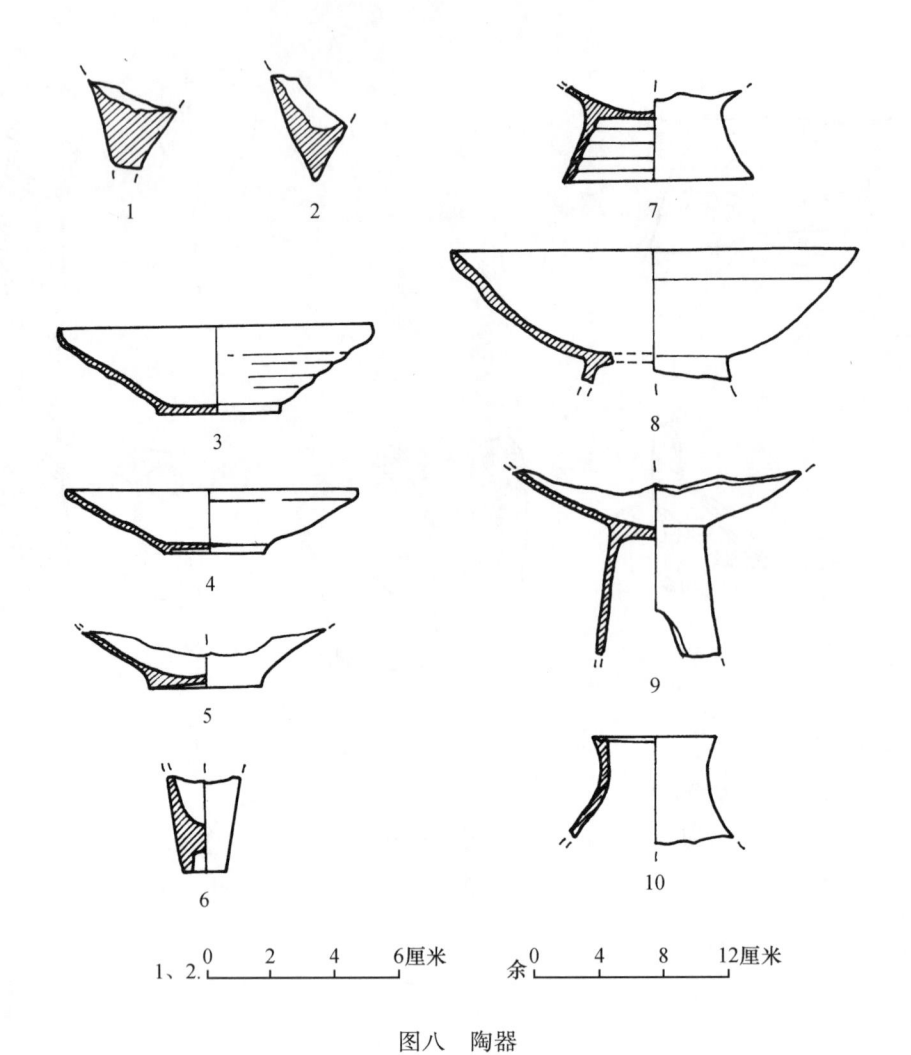

1、2. 鬶足（T4②:10、T4②:9） 3~5. 碗（T4②:7、T4②:2、T4②:14） 6. 杯（T7②:7） 7~9. 豆（T5②:11、H2:7、T4②:5） 10. 壶（T5②:13）

盘 4件。弧壁，圜底近平，宽圈足。T4②:8，泥质黑陶。素面。口、腹残，圈足较高，下端外撇。圈足径25.6、残高5.4厘米（图九，6）。T5②:9，泥质灰陶。素面。敞口，卷沿，尖唇，圈足浅，足底内敛。口径30、圈足径21、高4.2厘米（图九，5；图版一，5）。T5②:12，泥质灰陶。素面。口、腹残，圈足高，下端内敛，圈足外壁起两道凸棱。圈足径20、残高6厘米（图九，3）。T7②:5，泥质黑衣灰陶。圆唇，圈足较浅，下端内敛，圈足底一周锯齿边。圈足外壁饰两道凸弦纹。口径24、圈足径15、高5.5厘米（图九，4；图版一，4）。

罐 9件。均残存口沿。可分大、中、小口罐和直领罐四种。

大口罐 2件。溜肩，鼓腹。T4②:25，夹砂灰陶。侈口，翻沿，圆唇，束颈。颈部以下饰竖中绳纹。口径26.4、残高6厘米（图一〇，2）。H2:6，夹砂红褐陶。素面。敛口，宽沿仰折，方唇。口径27.2、残高8厘米（图一〇，1）。

图九 陶钵、盘

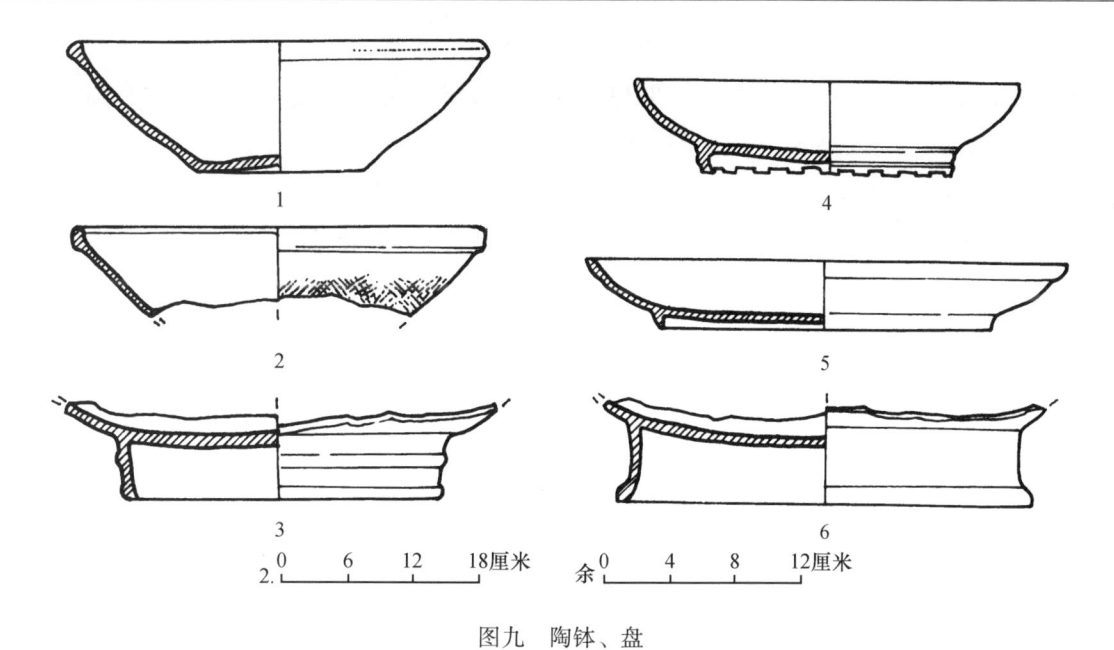

1、2. 钵（T7②:6、T7②:11） 3～6. 盘（T5②:12、T7②:5、T5②:9、T4②:8）

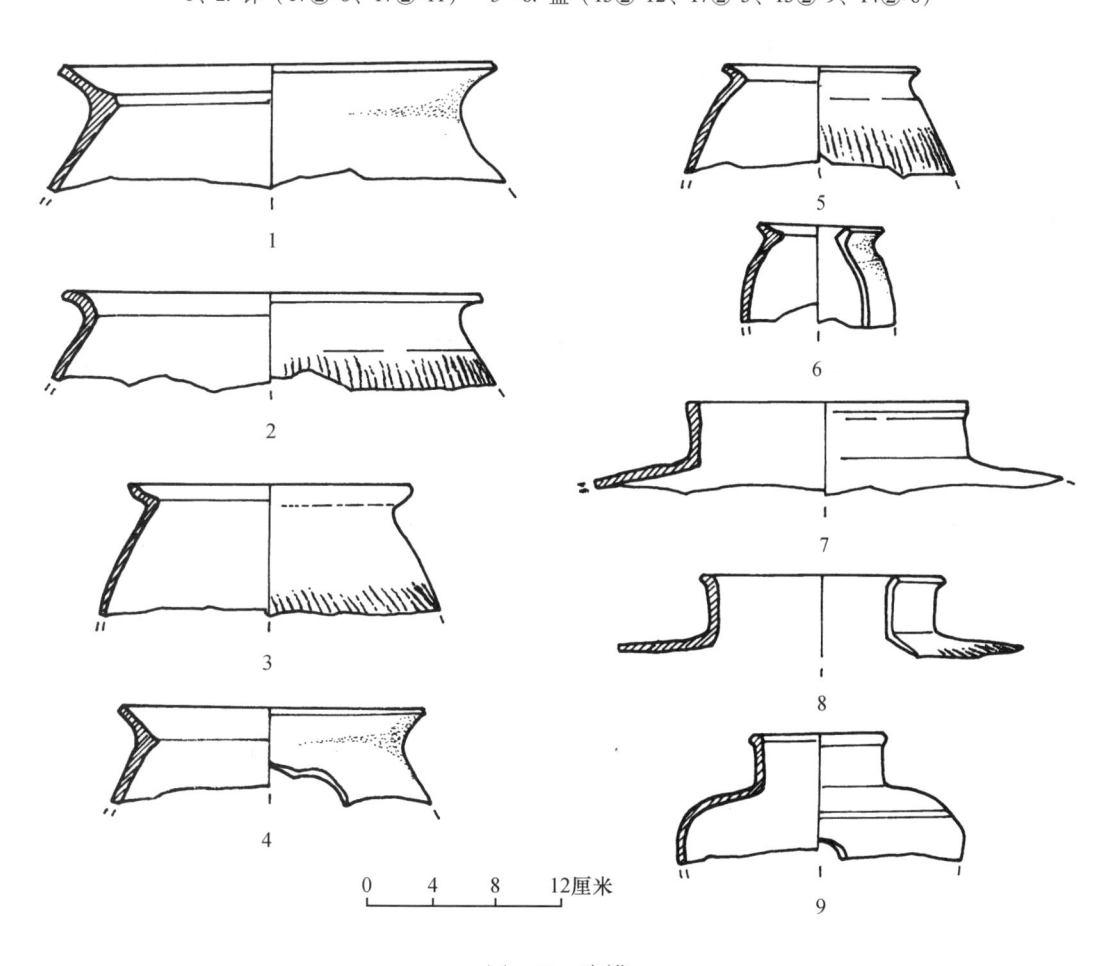

图一〇 陶罐

1、2. 大口罐（H2:6、T4②:25） 3、4. 中口罐（T4③:30、T4②:26） 5、6. 小口罐（T4②:27、H2:4）
7～9. 直领罐（T4②:19、H2:3、T4②:12）

中口罐　2件。溜肩，鼓腹。T4②:26，泥质红褐陶。素面。侈口，折沿，方唇，束颈。口径19.2、残高6.4厘米（图一〇，4）。T4③:30，夹砂黑衣灰陶。敛口，仰折沿，圆唇。腹部饰中绳纹。口径17.6、残高8厘米（图一〇，3）。

小口罐　2件。夹砂灰褐陶。溜肩，鼓腹。T4②:27，侈口，方唇，束颈。腹部饰竖中绳纹。口径12、残高7.8厘米（图一〇，5）。H2:4，敛口，仰折沿，圆唇。口径8、残高6厘米（图一〇，6）。

直领罐　3件。直口，领较高，广肩，鼓腹。T4②:12，泥质黑衣灰陶。翻沿，圆唇。肩部饰两道弦纹。口径8、残高8厘米（图一〇，9）。T4②:19，泥质灰陶。素面。折沿，方唇。口径17.6、残高6厘米（图一〇，7）。H2:3，泥质灰陶。翻沿，圆唇。肩部饰细绳纹。口径15.2、残高4.8厘米（图一〇，8）。

瓮　7件。分为高领瓮和无领瓮两种。

高领瓮　5件。近直口，高领，鼓腹。T4②:22，泥质灰褐陶。存口和肩部。口微敛，圆唇，广肩外斜，大鼓腹。口沿外侧及肩部各有一周凸棱，肩部饰叶脉纹和附加堆纹。口径28.8、残高8厘米（图一一，1）。T4②:23，泥质灰陶。存口和肩部。口微敛，翻卷沿。肩部饰中绳纹。口径28、残高8厘米（图一一，4）。T4②:28，夹砂黄褐陶，火候较高。下腹及底残。口微敛，翻沿，圆唇。器身间隔饰六周附加堆纹夹错乱中绳纹。口径30、腹径60、残高45厘米（图一一，5）。T4③:29，泥质灰陶。存口和肩部。口微侈，翻折沿，圆唇，平肩。肩部贴饰宽堆纹和中绳纹。口径32、残高4.8厘米（图一一，2）。H2:2，夹砂灰陶。存口和肩部。口微侈，圆唇。肩部饰一道宽堆纹。口径20、残高5.6厘米（图一一，3）。

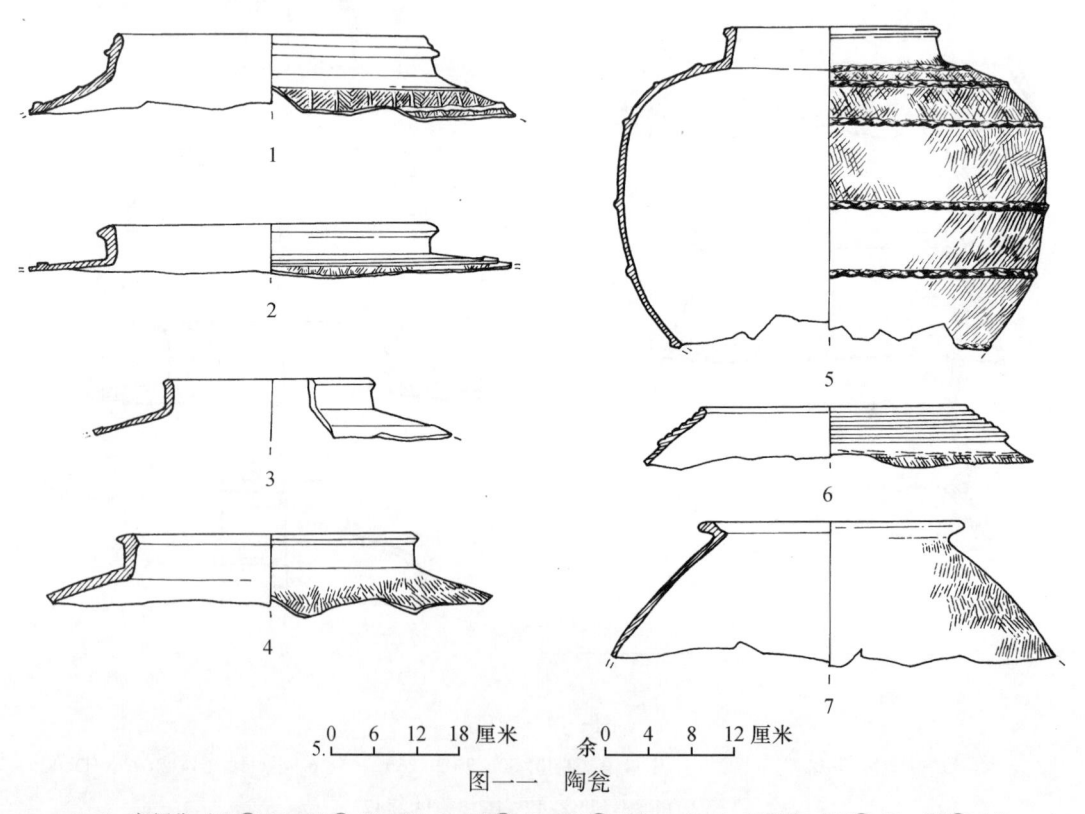

图一一　陶瓮

1～5. 高领瓮（T4②:22、T4③:29、H2:2、T4②:23、T4②:28）　6、7. 无领瓮（T7②:10、T7③:14）

无领瓮 2件。敛口，溜肩，鼓腹。T7②:10，泥质红褐陶。方唇。沿外饰宽带状瓦垄纹，器身饰中绳纹。口径24、残高6厘米（图一一，6）。T7③:14，泥质灰褐陶。仰折沿，圆唇，束颈。器身饰中绳纹。口径24.8、残高13.6厘米（图一一，7）。

缸 5件。T4②:17，泥质黑衣灰褐陶。直口微敛，方唇，斜腹内收。唇面有一道凹弦纹，沿外一宽带瓦垄纹，腹部饰方格纹。口径39.2、残高8厘米（图一二，2）。T4②:18，泥质红褐陶。敛口，圆唇，斜腹内收。沿外一宽带瓦垄纹。口径32、残高4.8厘米（图一二，3）。T7②:8,泥质灰陶。敛口，翻折沿，鼓腹。腹部饰粗绳纹。口径43.2、残高7.2厘米（图一二，4）。T7②:9，泥质灰陶。直口微敛，圆唇，斜直腹。沿外饰三道凹弦纹，腹部饰叶脉纹。口径43.2、残高8厘米（图一二，5）。T7③:15，泥质灰陶。敛口，宽卷沿，溜肩，鼓腹。肩、腹饰中绳纹。口径39.2、残高7.6厘米（图一二，1）。

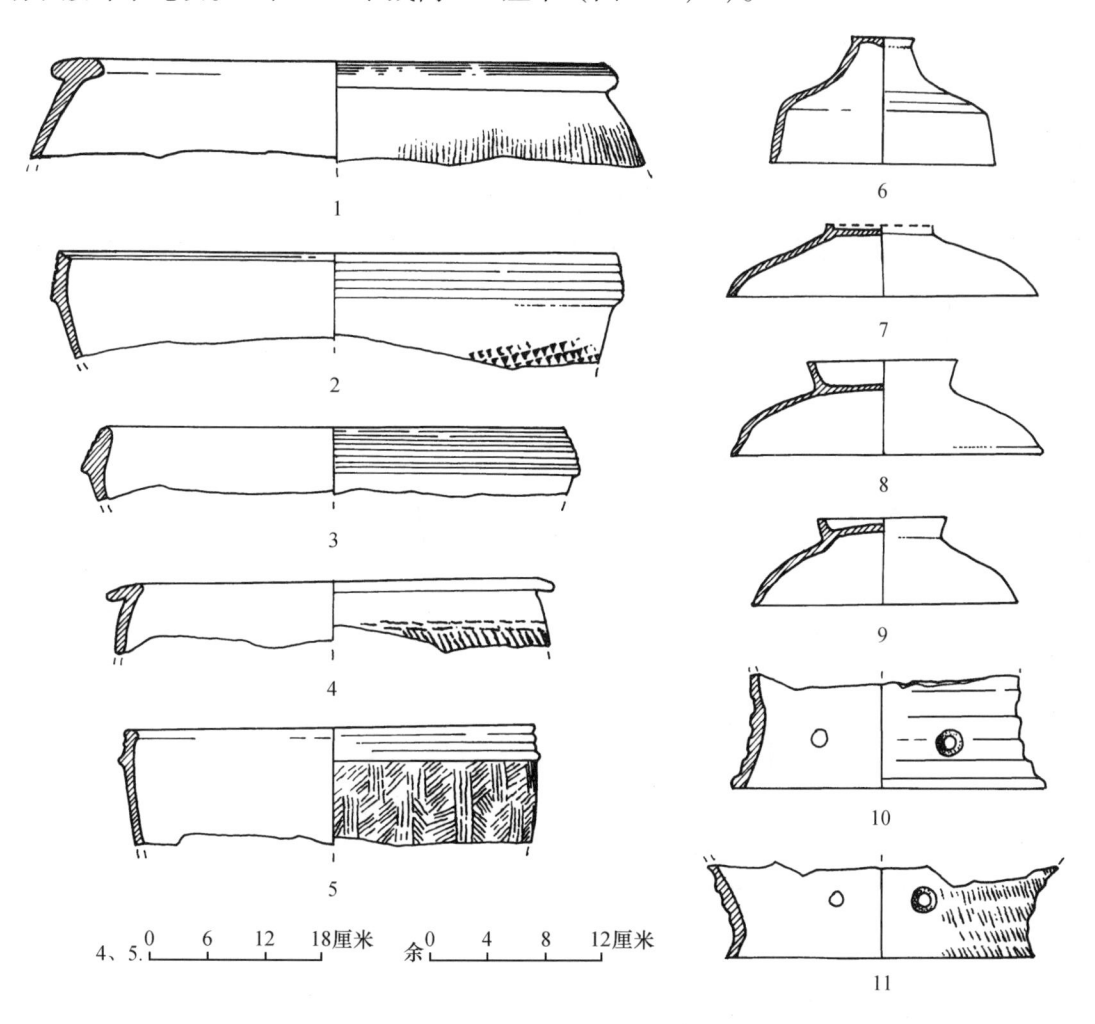

图一二 陶器

1~5. 缸（T7③:15、T4②:17、T4②:18、T7②:8、T7②:9） 6~9. 器盖（T6③:2、T4②:1、T4②:6、T7②:3）
10、11. 器座（T4③:32、T5②:10）

器盖　5件。T4②:1，泥质灰陶。覆盘状。敞口，平唇，弧腹上收，弧顶上一周矮圈足形握手。口径22、顶径7.6、高5.2厘米（图一二，7）。T4②:6，泥质灰陶。覆碗状。敞口，方唇，弧腹上收，弧顶上一周外撇的圈足形握手。口径22、顶径10.8、高6.6厘米（图一二，8；图版二，1）。T6③:2，泥质灰陶。帽状。敞口，尖唇，折腹上收，小平顶。上腹饰两道凹弦纹。口径16、顶径4.4、高8.8厘米（图一二，6；图版一，6）。T7②:3，泥质灰陶。覆碗状。敞口，尖唇，弧腹上收，弧顶上一周外撇的矮圈足形握手。口径18.8、顶径8.8、高6厘米（图一二，9；图版二，2）。

器座　2件。T4③:32，泥质灰陶。上口残，中部束腰，下口外侈。外壁有数周凸棱，近下口有两圆形穿孔。下口径22.4、残高8厘米（图一二，10）。T5②:10，泥质黑陶。上口残，上大下小，下口外侈。器表饰斜绳纹，器身中部有两圆形穿孔。下口径22.4、残高7.2厘米（图一二，11）。

2. 生产工具

9件。有纺轮、拍、网坠等。均素面。

纺轮　7件。均为泥质陶。圆形，中部有一圆孔。T5②:1，红褐陶。弧缘。直径3.2、厚0.9厘米（图一三，1；图版二，3）。T5②:4，灰陶。平缘。直径4、厚0.6厘米（图一三，5）。T5②:8，黄褐陶。平缘，一面中部圆孔周围起台。直径3.2、厚0.6厘米（图一三，2）。T6②:1，红褐陶。弧缘。直径4、厚0.5厘米（图一三，4；图版二，4）。H2:1，红褐陶。三角缘。直径3.4、厚0.9厘米（图一三，3）。

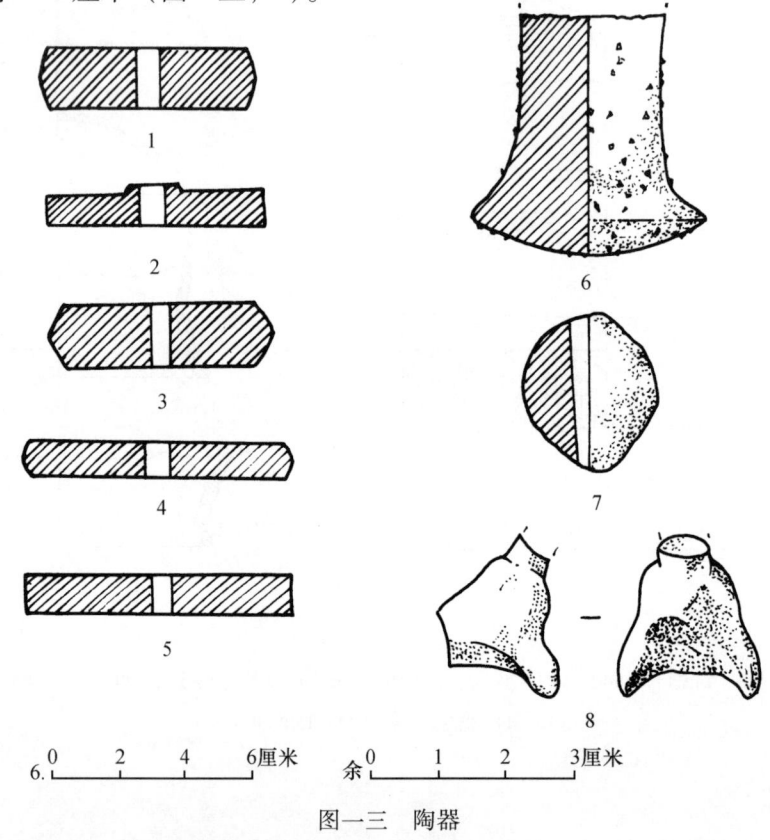

图一三　陶器

1～5. 纺轮（T5②:1、T5②:8、H2:1、T6②:1、T5②:4）　6. 陶拍（T7③:13）　7. 网坠（T7②:4）　8. 小鸟（T4②:13）

拍　1件。T7③:13，夹粗砂黄褐陶。圆弧形拍面，圆柱形柄，柄上端残。拍面直径7、残高6.8厘米（图一三，6；图版二，5）。

网坠　1件。T7②:4，泥质黄灰陶。椭圆球体，中部穿孔。长径2.2、短径2厘米（图一三，7；图版二，6）。

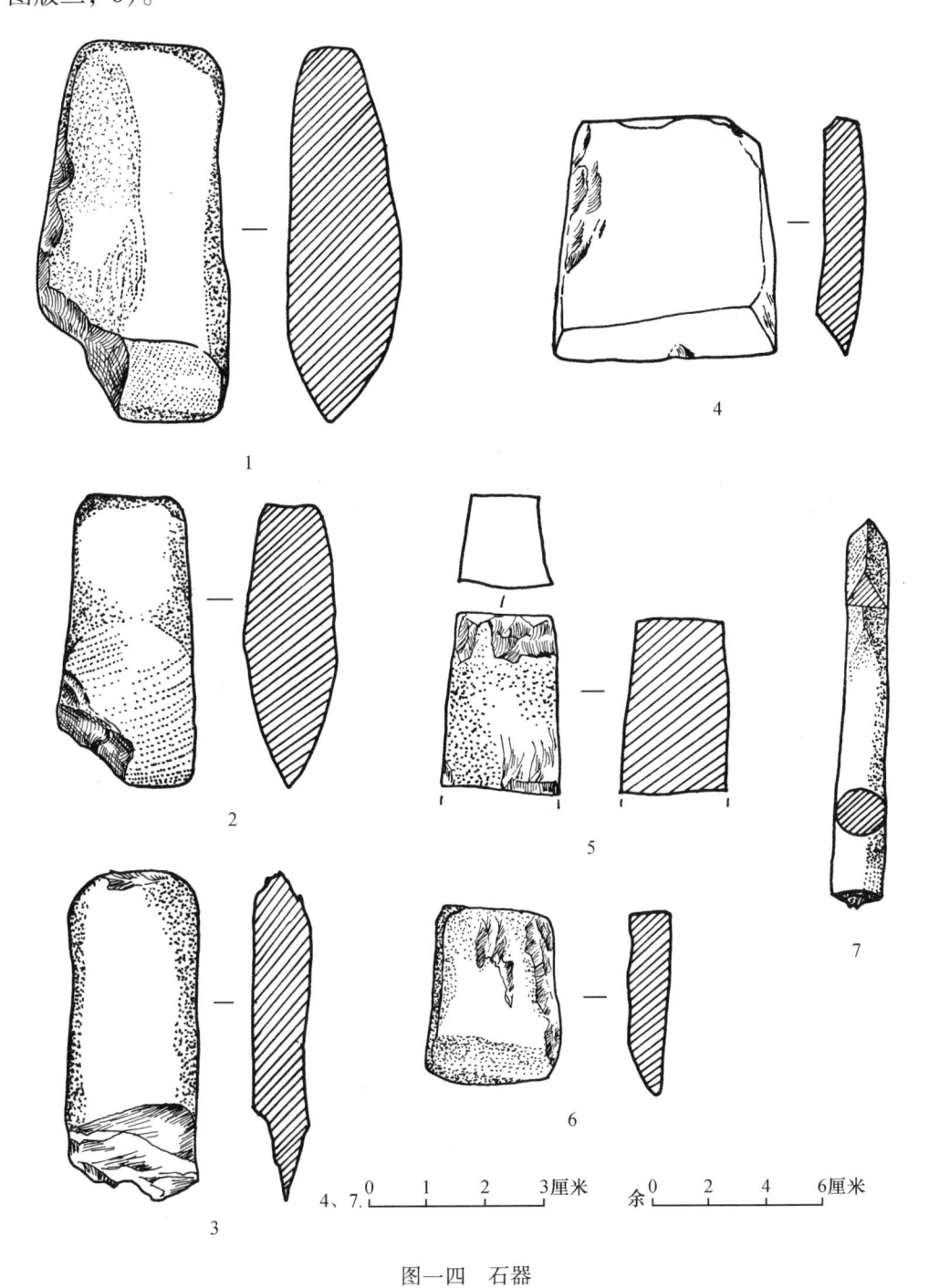

图一四　石器

1~3. 斧（T4②:4、T4②:3、T4③:31）　4、6. 锛（T5②:3、T5②:5）　5. 石器（T5②:6）
7. 镞（T5②:7）

3. 陶塑动物

仅小鸟1件。T4②:13，泥质红陶。首、尾残。两脚站立，昂首。残长1.6、残高2.3厘米（图一三，8）。

（二）石器

7件。均为生产工具。器类有斧、锛、镞等。均磨制而成，部分残。

斧　3件。T4②:3，灰白色。长条梯形，刃部较柄部宽，刃双面磨成。长9.6、刃宽4.6、厚3.2厘米（图一四，2；图版三，2）。T4②:4，青色。长条梯形，刃部较柄部宽，双面刃。长12.8、刃宽6.8、厚3.8厘米（图一四，1；图版三，1）。T4③:31，黑色。长条扁圆形，刃部残。残长11.2、宽4.4、厚2厘米（图一四，3；图版三，3）。

锛　2件。绿色。宽扁梯形，平顶，单面刃较锋利。T5②:3，长4、刃宽3.8、厚0.8厘米（图一四，4；图版三，5）。T5②:5，长6、刃宽4.4、厚1.4厘米（图一四，6；图版三，4）。

镞　1件。T5②:7，灰色。三棱短锥锋，镞身圆柱形，铤残断。残长6.6厘米（图一四，7；图版三，6）。

石器　1件。T5②:6，青色。近长方体，平顶，前部残断。长6、宽4、厚3.8厘米（图一四，5）。

四、结　　语

牌坊岗遗址位于汉水以北、南阳盆地的南部边缘，处于南过汉水直达襄宜平原、江汉平原和东进随枣走廊的交叉地带，位置十分重要。新石器时代遗址的发掘在该区域尚属首次，它对于了解该地区的新石器时代文化面貌具有较为重要的意义。

该遗址的面积不大，文化堆积较为单一，主要属石家河文化遗存。陶系、纹饰方面，泥质陶占绝大多数，其中灰陶较多，红陶其次，在夹砂陶中红、褐陶所占比例较大。纹饰则以中绳纹居多，篮纹数量相对减少，有少量在石家河文化晚期才出现的叶脉纹。器类中占主导地位的有鼎、罐、豆、盘、缸等。器形方面罐形鼎、高柄豆、圈足盘、直领罐、直领瓮、圈足形握手器盖以及束腰器座在天门肖家屋脊[1]、随州西花园[2]等石家河文化晚期的遗址中均可找到相同或相似者。遗址的年代相当于石家河文化晚期。而从锯齿状底边圈足盘及多道附加堆纹瓮的装饰风格在与河南龙山文化一脉相承的二里头文化中出现较多的情况看，该遗址的时代应接近新石器时代末期。

遗址的文化面貌可以从所出陶器进行分析，陶器以泥质灰陶为主，纹饰中的叶脉纹，以及罐形侧扁足鼎、圈足盘、直领罐、厚胎斜壁红陶杯、泥塑小鸟等大量石家河文化的典型器形都凸现了石家河文化的主导性；绳纹所占比例远远超出篮纹，柱状鼎足、矮粗圈足豆以及与下王岗龙山文化的Ⅱ式瓮[3]极为相近的直领瓮（T4②:28）也显现出较强的龙山文化因素影响。由此也可以看出本区域在新石器时代晚期仍是以源于江汉地区的石家河文化为主体，因地缘关系，必然会受到来自北面的龙山文化的强烈冲击，从而显现出一种具有区域特征的边缘文化现象。

附记：参加遗址发掘工作的有襄樊市文物考古研究所王志刚、王伟，宜城市博物馆易泽林、杨明宝，老河口市博物馆徐昌寅等，陶器修复和陶片统计由曾平完成，器物绘图及描图王志刚，照相杨力，审稿王先福。

执笔：王志刚

注　释

［1］　湖北省荆州博物馆等：《肖家屋脊》，文物出版社，1999年。
［2］　武汉大学历史系考古教研室等：《西花园与庙台子》，武汉大学出版社，1993年。
［3］　河南省文物研究所等：《淅川下王岗》，文物出版社，1989年。

枣阳周台遗址发掘报告

襄樊市文物考古研究所
枣阳市文物考古队

一、地理位置与工作情况

周台遗址位于枣阳市兴隆镇周台村南200米处，南靠耿家湾，东抵刘家岗（图一）。遗址处汉水较大的支流——滚河以北、随枣走廊西部的一条南北向矮丘岗地上，地势较为平缓，中部为一较高山包，东部是一"U"形岗地所包围的凹地，向南敞开，西部为自山包高处向西渐低的坡地。

从调查和发掘资料看，遗址所处岗地南侧的滚河冲积平原上有一不大的高台地，整个台地被忠义寨东周城址[1]占据；西侧有两条同样走向的岗地，自东向西分别为墓葬分布密集的郭家庙西周、春秋曾国贵族墓地[2]和九连墩战国楚墓地[3]（图二）。

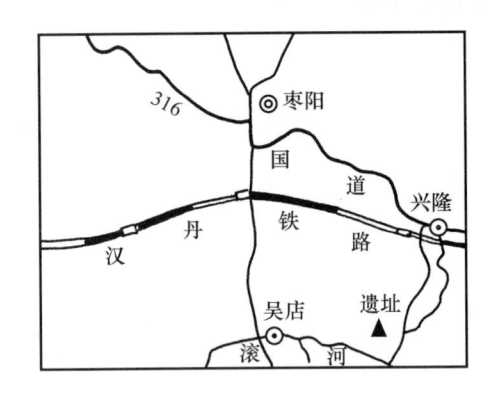

图一 周台遗址位置示意图

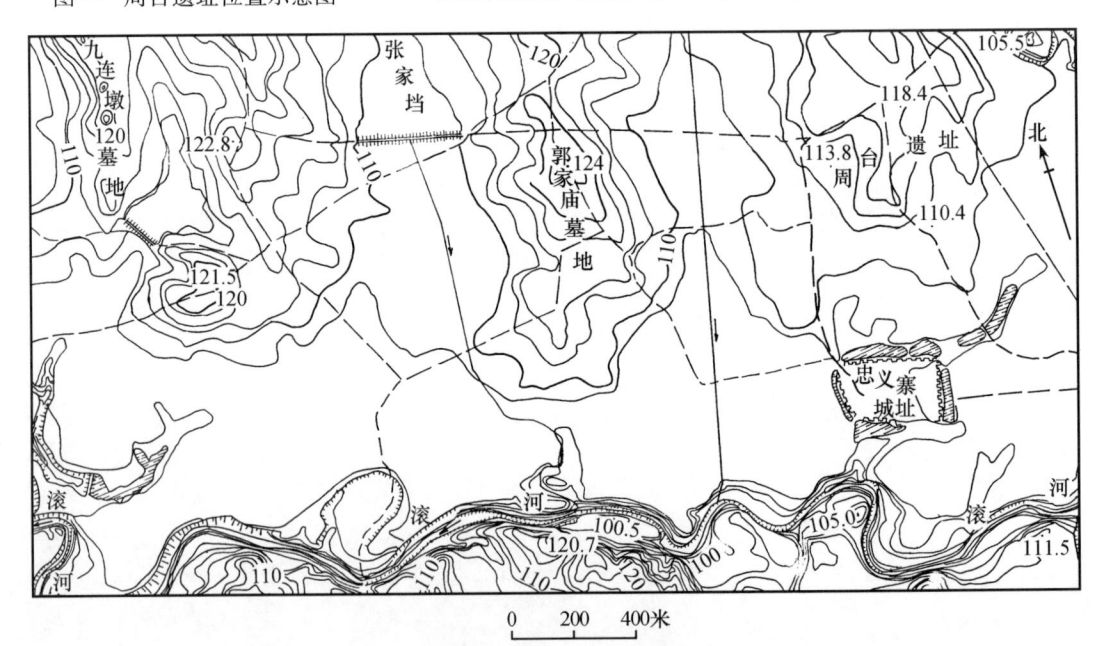

图二 周台遗址及周围遗址、墓地地形、地貌图

周台遗址分布范围较大，东西长约 1500、南北宽约 600 米。2001 年，为配合孝（感）襄（樊）高速公路建设对沿线文物点进行调查时发现该遗址。2002 年 7~9 月，襄樊市考古队（襄樊市文物考古研究所前身）受湖北省文物考古研究所委托组织力量对其进行了正式发掘。

为保证高速公路正线范围内的文化遗存得到揭露，整个发掘工作都在高速公路正线路基内布方进行，并以遗址所处的地形将其分为 I、II、III 区，分别处于遗址的东部凹地、中部山包、西部坡地上（图三）。

根据考古勘探对遗址文化层的了解，发掘工作主要在 I 区进行，I 区文化层成片分布，布探方 23 个，分别编号 2002ZZT1~T23，其中 T1~T8 为一个整体，未扩方，且大多数探方的隔梁未发掘（图四）；T9~T23 为一个整体，位于 T1~T8 的西南侧，在发掘过程中为了解完整的

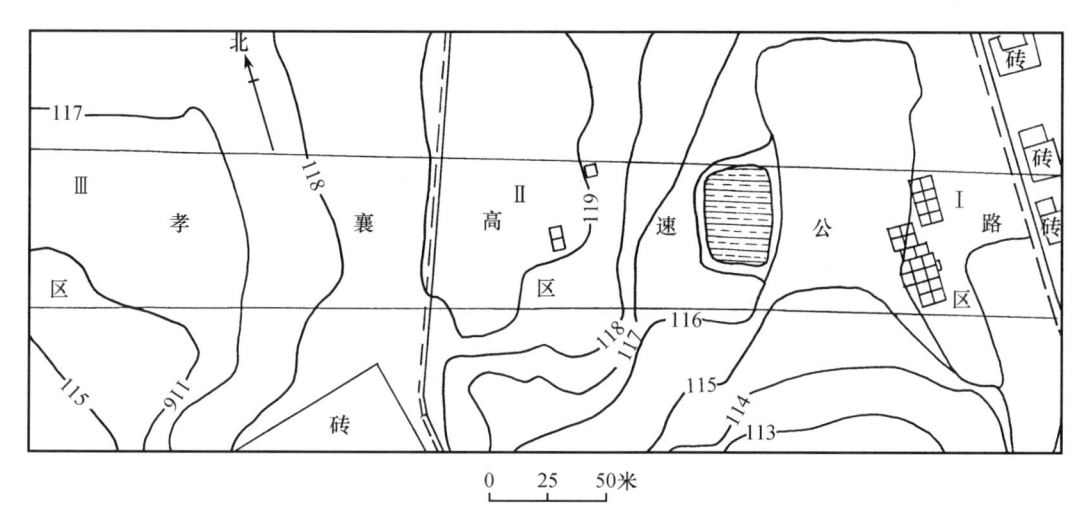

图三 周台遗址分区及探方分布图

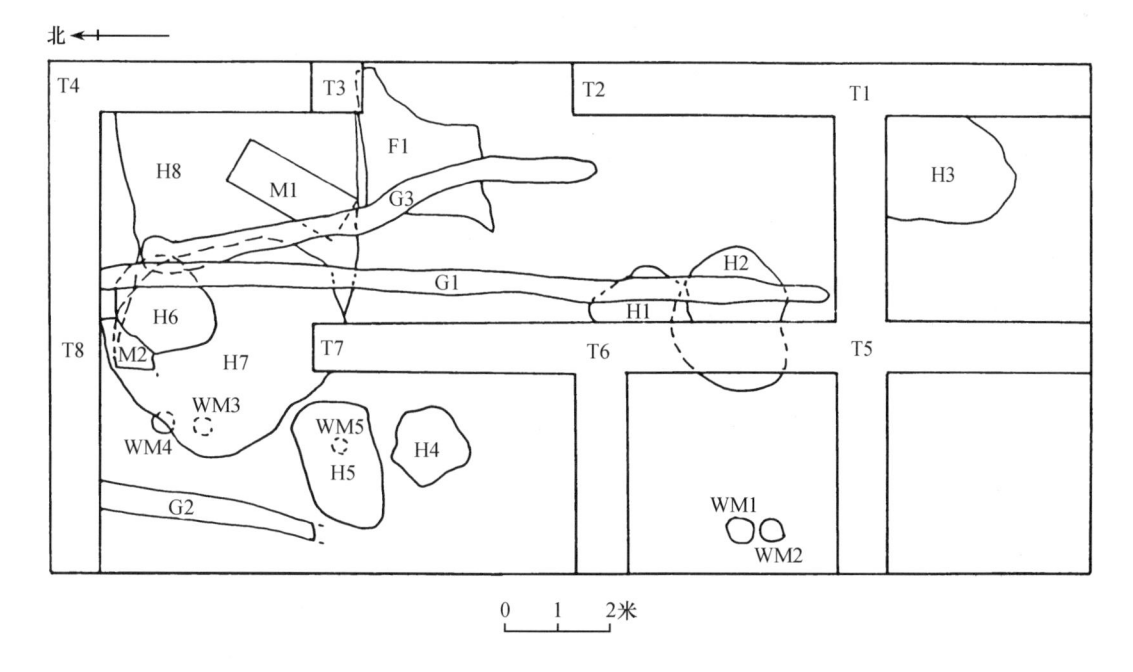

图四 I 区 T1~T8 遗迹分布图

遗迹现象发掘了大部分探方的隔梁，并分别在 T9、T10、T14 东部和 T15、T19 西部扩方，发掘总面积 598.9 平方米（图五）。Ⅱ 区地表因被平整，文化层被破坏殆尽，布探方 3 个，分别编号 2002ZZT24～T26，仅清理出两处遗迹（图六）；Ⅲ 区也因被平整并与 Ⅱ 区原被平整而扰乱的文化堆积搅和在一起而未布方。

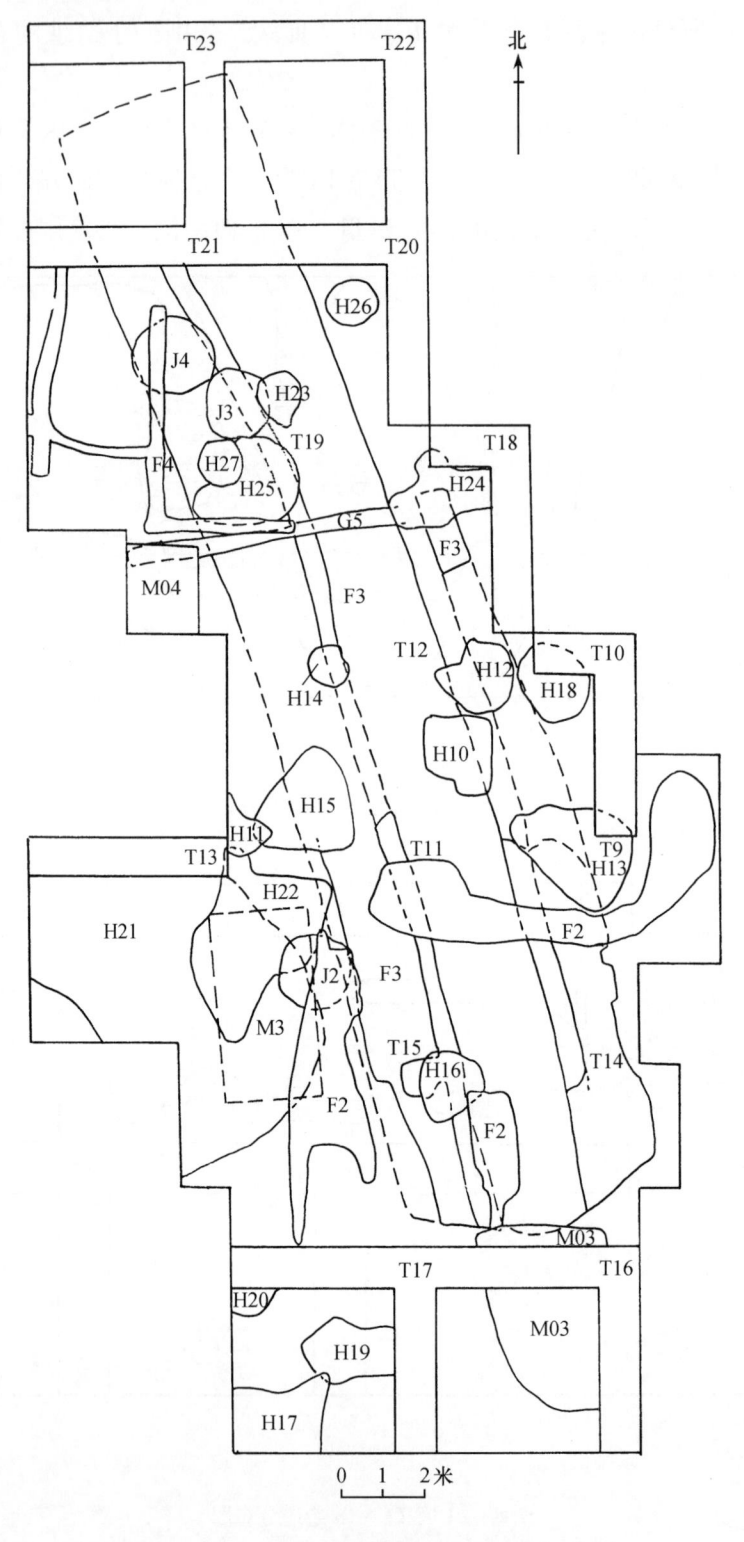

图五　Ⅰ 区 T9～T23 遗迹分布图

二、地层堆积

遗址发掘区域不同，地层堆积也不一样，Ⅰ区文化层堆积较厚，Ⅲ区较薄，Ⅱ区在耕土层下有少量遗迹，再下即为生土，未见文化层。因Ⅲ区未予发掘，该遗址的地层堆积只能通过Ⅰ区得到反映。即使同在Ⅰ区，地层堆积也略有不同，主要表现在部分地层分布不均。以下分别以T3、T4东壁和T18、T19南壁为例加以说明。

1. T3、T4东壁

整个地层可分为四大层。

第①层：现代耕土层。黄褐色黏性土，含较多的腐殖质及植物根系。厚约0.15～0.2米。包含物有近现代瓷片及少量早期陶片。

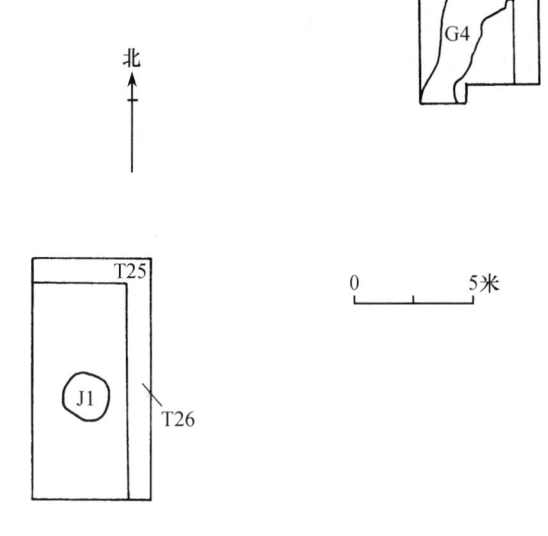

图六　Ⅱ区探方遗迹分布图

第②层：宋代扰乱层。分两小层。

第②A层，浅黄色土层，土质较软，夹极少量红烧土颗粒。上距地表约0.15～0.2米，厚0.08～0.32米。整个区域均有分布。包含物有少量宋代铜钱、瓷片及较多的早期陶片。该层下遗迹有G1、G2等。

第②B层，浅灰色细泥质软土层，较纯。上距地表约0.3～0.45米，厚0.12～0.25米。整个区域均有分布。包含物与第②A层基本相同。该层下遗迹有H1～H3等。

第③层：周代文化层。分两小层。

第③A层，深灰色土层，较软，夹较多的炭屑及大块红烧土颗粒。上距地表约0.55米，厚0～0.6米。本区域大部分地方都有分布。包含物十分丰富，有石、铜质生产工具和陶质生活用器等。该层下遗迹有H4～H7、G3、M1、M2、F1等（图版四，1）。

第③B层，浅灰褐色土层，较硬，均匀夹杂有较多的细小红烧土粒及炭屑。上距地表约0.58～1.30米，厚0～0.35米。仅分布于本区域的东部部分地方。包含物较为丰富，类别、器形与第③A层差不多。该层下遗迹有H8等。

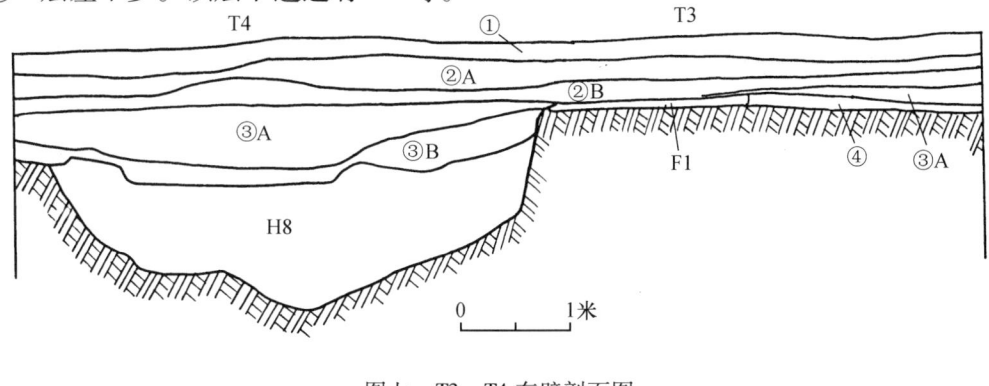

图七　T3、T4东壁剖面图

第④层：新石器时代文化层。红褐色硬土，即次生土，夹少量红烧土块。上距地表约 1.06～1.2 米，厚 0～0.13 米。除 T4、T8 被较深的 H8 打破仅余少许外，本区域内的其他探方基本都有分布。包含物有石斧及少量细碎陶片，可辨器形有鼎足、豆圈足、罐口沿等。该层下遗迹有 WM1～WM5 等。

第④层下为深褐色黏土夹少量红砂岩片生土层（图七）。

2. T18、T19 南壁

整个地层同样分为四大层。

第①层：现代耕土层。黄褐色黏性土，含较多的腐殖质及植物根系。厚 0.11～0.3 米。包含物有近现代瓷片及少量早期陶片。该层下遗迹有 H9。

第②层：宋代扰乱层。仅有第②A 层，浅黄色土层，土质较软，夹极少量红烧土颗粒。上距地表约 0.11～0.5 米，厚 0.06～0.22 米。整个区域均有分布。包含物有少量宋代青砖、陶罐、瓷片及较多的早期陶片。该层下遗迹有被破坏的唐墓 M03、M04 及 H10～H12 等。

第③层：周代文化层。分三小层。

第③A 层，深灰色土层，较软，夹较多的炭屑及大块红烧土颗粒。上距地表约 0.25～0.65 米，厚 0.08～0.38 米。整个区域都有分布。包含物十分丰富，有石、铜、铁质生产工具和陶质生活用器等。该层下遗迹也最多，有 H13～H17、H19、H20、H22、F2、F4、J2 等。

第③B 层，浅灰褐色土层，较硬，均匀地夹杂有较多的细小红烧土粒及炭屑。上距地表约 0.3～1 米，厚 0.18～0.55 米。整个区域都有分布。包含物较为丰富，类别、器形与第③A 层差不多。该层下遗迹有 H21、H24～H27、G5、M3、J3、J4 等。

第③C 层，浅黄色砂性土层，夹有灰褐色土斑，较纯。上距地表约 0.6～1.25 米，厚 0.1～0.21 米。整个区域的中北部有分布。包含物较少，且较碎，有陶鬲、豆、罐等。该层下遗迹有 H18、F3 等。

第④层：新石器时代文化层。红褐色硬土，即次生土，夹少量红烧土块。上距地表约 0.85 米，厚 0～0.08 米。仅在整个区域的中部有少量分布。包含物有石斧及少量细碎陶片，可辨器形有鼎足、豆圈足、罐口沿等。

第④层下为深褐色黏土夹少量红砂岩片生土层（图八）。

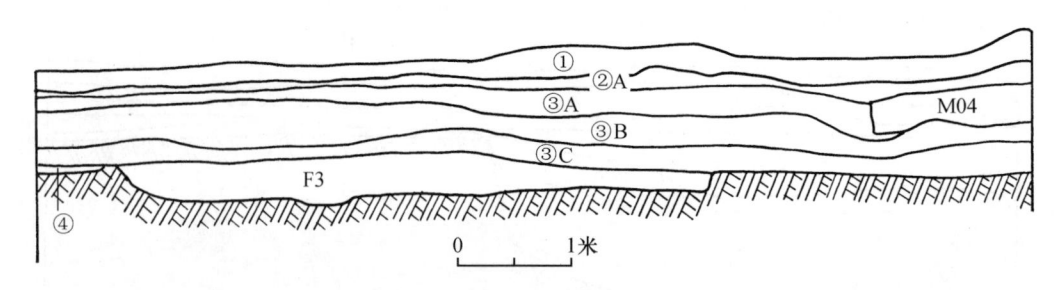

图八　T18、T19 南壁剖面图

三、新石器时代文化遗存

本时期遗存仅在Ⅰ区有少量分布,地层较薄,遗迹单位发现不多,出土遗物少而零碎。

(一)遗迹

房址1座,瓮棺葬5座。

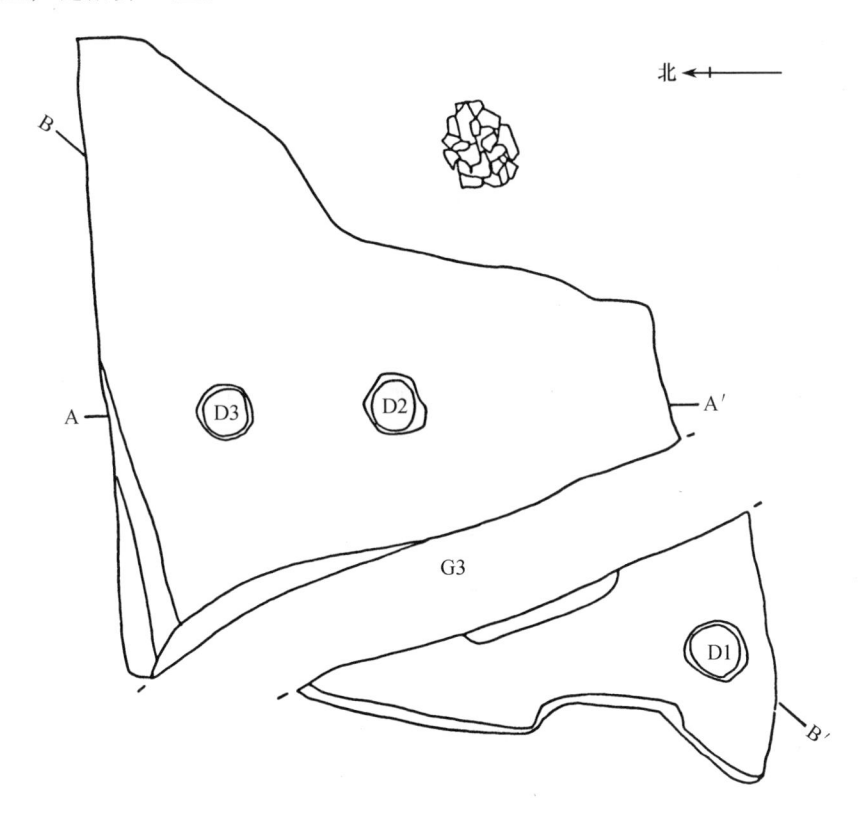

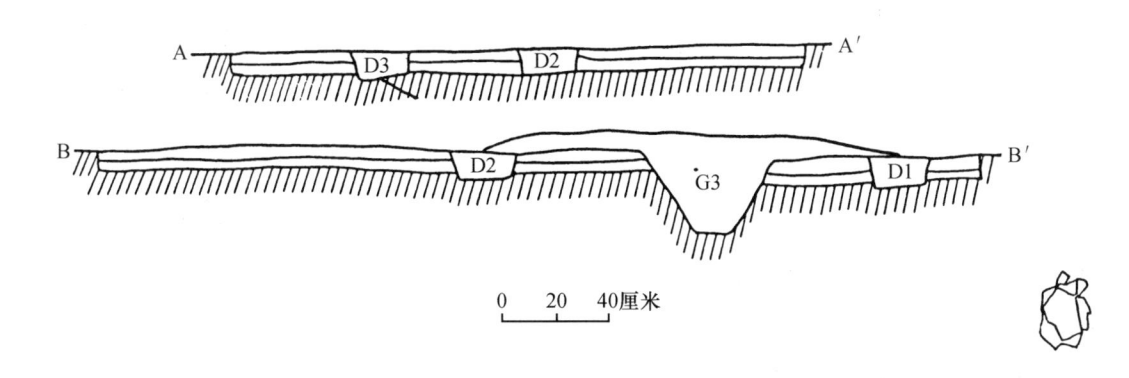

图九 F1平、剖面图

1. 房址

F1　位于 T3 中、东部及东、北隔梁中，中部自南向北被 G3 打破，开口于第③A 层下，打破第④层。顶面上距地表约 0.6 米。房址仅残存部分居住面，平面近菱形，边长约 2.5 米，厚 0.08~0.1 米。表面经人工平整而显得较光滑，居住面由红褐色硬土分两层夯筑而成，每层各厚 0.04~0.05 米，下层夯面清晰，夯窝分布无规律，直径 0.04 米左右。居住面中部自南向北有三个圆形柱洞，直径约 0.2 米，深 0.2 米，填灰褐色土夹少量红烧土颗粒。居住面西部南段有一内凹区域，可能是门道，宽 0.52 米，凹进 0.1 米。房址东西外侧各有一大块红烧土，可能为灶址残留（图九）。

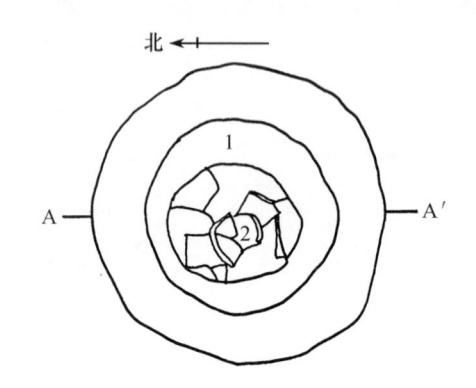

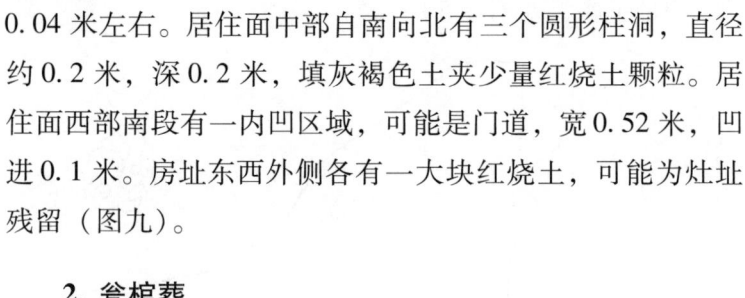

2. 瓮棺葬

5 座瓮棺葬均开口于第④层下，打破生土层。上部被破坏。墓葬形制及大小差别不大，全为圆形土坑竖穴，墓口直径最大者为 0.6 米，最小者为 0.3 米，最深者也只有 0.48 米。以陶罐为棺，竖放于土坑中，仅一座墓用器盖封口。罐内各盛装小儿骨架一具，保存较差，葬式呈坐式，未见其他随葬器物。

WM1　位于 T6 南部中段。口大底小，口部直径 0.6 米，底面平，底径 0.34 米，残深 0.43 米。填黄褐色硬土，较纯。坑中部有一陶罐竖放，上承器盖，罐内积满泥土，并有残存的牙齿和叠放的细小肢骨，基本呈粉状（图一○）。

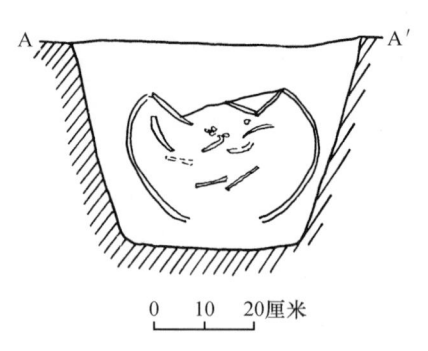

图一○　WM1 平、剖面图
1. 陶罐　2. 陶器盖

WM5　位于 T7 北隔梁中段。上大部被 H5 打破。口大底小，弧壁，浅圜底。口部直径 0.3 米，残深 0.1 米。填灰褐色硬土。坑中部有一陶罐竖放，罐被压扁，口部不存，残存牙齿和叠放的头骨、细小肢骨，大多仅能见到骨痕（图一一）。

图一一　WM5 平、剖面图
1. 陶罐

（二）遗物

1. 生产工具

数量少，全为石器，器类有铲、刀等

铲　1 件。T14④:3，上部残断。灰色砾石质，磨制，表面较光滑，双面弧刃。残长 6、最宽 5.3、最厚 1.2 厘米（图一二，1）。

刀　1 件。T5④:7，残甚。灰色石灰石质，表面较光滑，微凹背。残长 6.8、残宽 4.9、厚 1.1 厘米（图一二，2）。

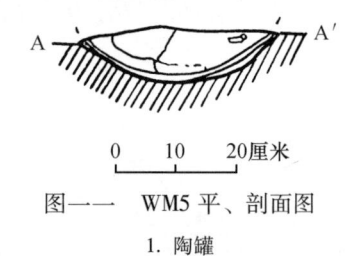

2. 生活用具

数量不多，全为残陶片，且陶片较为细碎。其陶系以泥质灰陶、夹砂红陶居多，泥质黑陶次之，并有一定数量的夹砂黑、褐陶和泥质红、褐陶，夹砂灰陶较少；器表大多素面，装饰纹样以绳纹为主，篮纹次之，还有少量的弦纹、刻划纹、附加堆纹；器类有鼎、豆、圈足盘、碗、曲腹杯、罐、盆、瓮、刻槽盆、器盖等。

鼎　因鼎口沿与罐口沿形制相近，能确定的只有鼎足，数量相对较多。根据整体形制的不同可分为四型。

A型　细柱状侧扁足。数量最多，足较高，横断面呈扁圆形或圆角长方形。T6④:9，夹砂红陶。素面。两侧面中部内凹。残高8.6厘米（图一二，3）。T7④:13，夹砂红陶。素面。两侧面平。高7.4厘米（图一二，4）。T9④:17，下部残断。夹砂红陶。素面。内侧较厚。残高5.4厘米（图一二，5）。

B型　细圆柱状足。数量较少，足较高，横断面近圆形。T4④:17，夹砂红陶。素面。足脊尖凸，脊侧面斜平。残高4.7厘米（图一二，6）。T7④:15，夹砂红陶。素面。足底平。高7.2厘米（图一二，8）。T9④:18，下部残断。夹砂红陶。素面。残高8.5厘米（图一二，9）。

C型　宽扁足。下部均残断，数量极少。体薄。T9④:19，夹砂红陶。素面。横断面呈瓦形，足面外弧内凹。残高7.2厘米（图一二，10）。

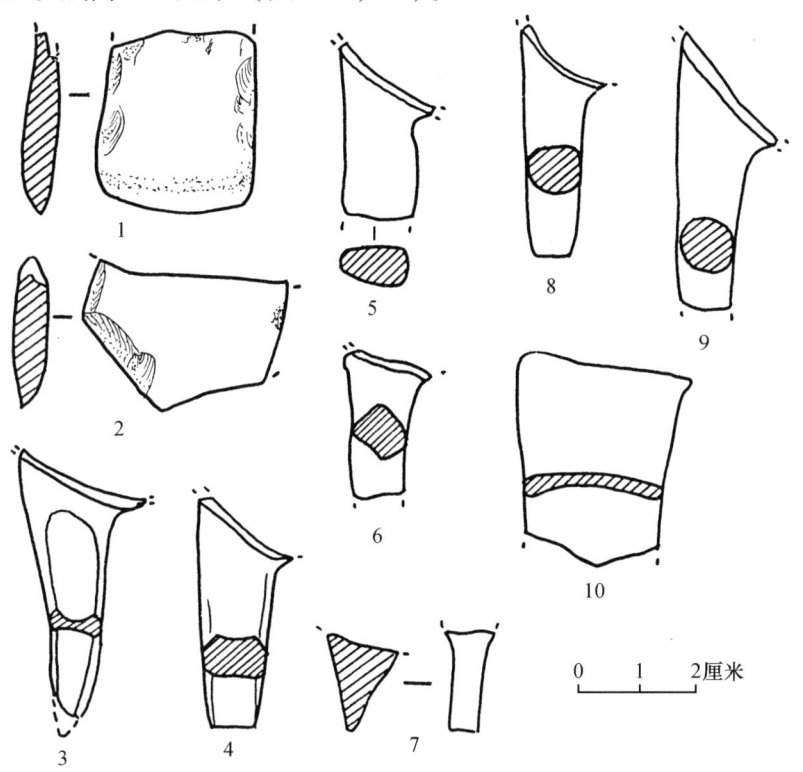

图一二　新石器时代器物
1. 石铲（T14④:3）　2. 石刀（T5④:7）　3~5. A型陶鼎足（T6④:9、T7④:13、T9④:17）　6、8、9. B型陶鼎足（T4④:17、T7④:15、T9④:18）　7. D型陶鼎足（T6④:10）　10. C型陶鼎足（T9④:19）

D型　铲形足。仅个别。T6④:10，较矮。泥质红陶。素面。高3.4厘米（图一二，7）。

豆　数量相对较多。除1件可基本复原外，其余多为圈足，并有少量豆盘。T5④:13，泥质黑陶。敞口，圆唇，弧盘，圈足上部相对较细，下部呈喇叭状。圈足中部饰两道凹弦纹。口径19.2、圈足径12、高约16.4厘米（图一三，1）。

豆盘　盘较浅。T6④:11，泥质褐陶。素面。敞口，平唇，弧盘。口径21.6厘米（图一三，2）。T7④:16，泥质灰陶。素面。近直口，平唇，折盘。口径16.8厘米（图一三，3）。

豆圈座　较粗高，下部略外扩。T1④:14，仅存圈足。泥质灰陶。素面。圈足底呈浅盘口状（图一三，5）。T2④:3，仅存圈足，下部残断。泥质褐陶。上部饰一道凸弦纹（图一三，6）。T9④:20，仅存盘底及圈足，下部残断。泥质灰陶。素面（图一三，7）。

圈足盘　数量较少，除1件可基本复原外，其余或为口沿，或为圈足。T2④:4，泥质黑陶。素面。敞口，圆唇，浅弧盘，圜底近平，浅宽圈足。口径27.2厘米（图一三，9）。

盘口沿　数量极少。浅盘。T5④:14，泥质褐陶。素面。直口，尖唇，折肩，斜直壁内收。口径28厘米（图一三，10）。

盘圈足　数量不多。宽圈足。T1④:15，泥质红陶。覆盆状圈足。壁上部饰一道凸弦纹，下饰三道凹弦纹。圈足径29.2厘米（图一三，11）。T7④:17，泥质灰陶。素面。圈足较高。圈足上部直径26厘米（图一三，12）。

碗　数量相对较多，基本为底部。根据底部的不同可分为二型。

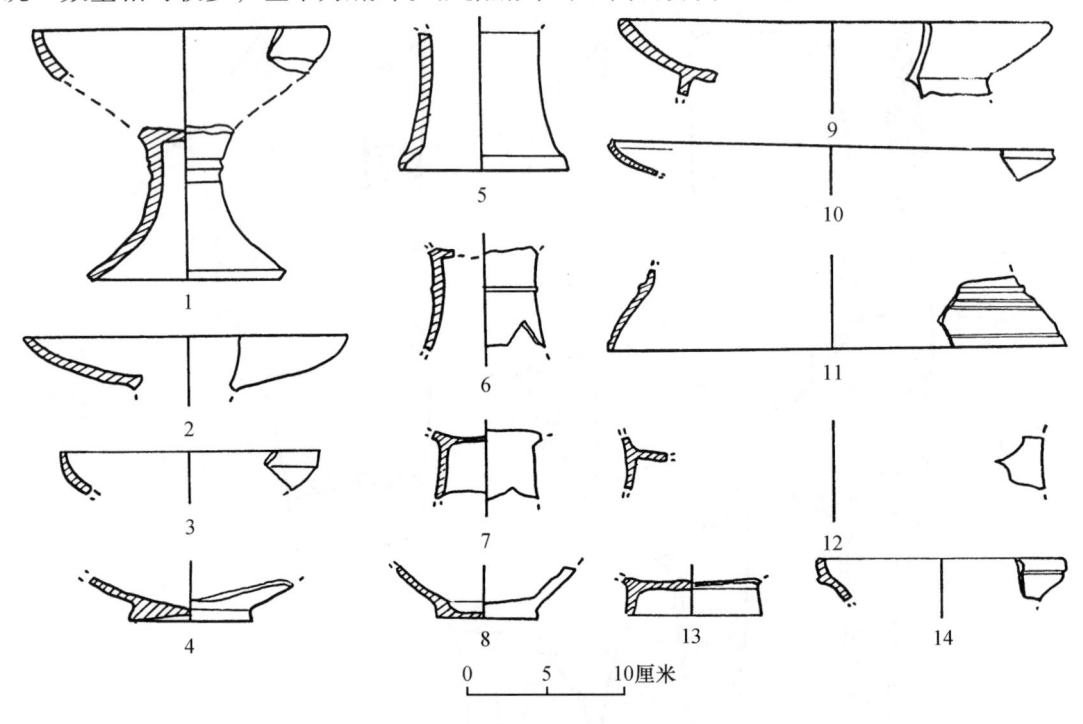

图一三　新石器时代陶器

1. 豆（T5④:13）　2、3. 豆盘（T6④:11、T7④:16）　4、8. A型碗底（T2④:5、T6④:12）　5～7. 豆圈座（T1④:14、T2④:3、T9④:20）　9. 圈足盘（T2④:4）　10. 盘口沿（T5④:14）　11、12. 盘圈足（T1④:15、T7④:17）　13. B型碗底（T2④:6）　14. 曲腹杯口沿（T2④:8）

A型 斜弧壁内收，近底部时曲收，平底或浅凹底。T2④:5，泥质褐陶。素面。浅凹底。底径8厘米（图一三，4）。T6④:12，泥质黑陶。素面。平底。底径6.4厘米（图一三，8）。

B型 斜弧壁内收，浅圈足较宽。T2④:6，泥质灰陶。素面。圈足径8.8厘米（图一三，13）。

曲腹杯 仅见1件口沿。T2④:8，泥质黑陶。直口，圆唇，上腹壁向内折收，中腹弧收。上腹内折处饰一道凹弦纹。口径16厘米（图一三，14）。

罐 本期出土数量最多的器物，除1件可基本复原外，其余大多为口沿，并有少量器底。T4④:18，夹砂褐陶。素面。敛口，仰折沿上卷，圆唇，溜肩，下腹鼓，圜底。口径21.8、高约26厘米（图一四，1）。

罐口沿 数量较多。根据口、沿、颈的不同可分为三型。

A型 敛口，仰折沿，溜肩。按照沿面、颈的变化可分为三式。

Ⅰ式 沿上翘较甚，沿面下凹较甚，无颈。T4④:19，夹砂灰陶。尖唇。素面。口径18.2厘米（图一四，2）。T7④:18，夹砂灰陶。素面。方唇。口径19.2厘米（图一四，3）。T12④:12，夹砂黑陶。素面。内沿起一周凸棱，尖唇。口径18.8厘米（图一四，4）。

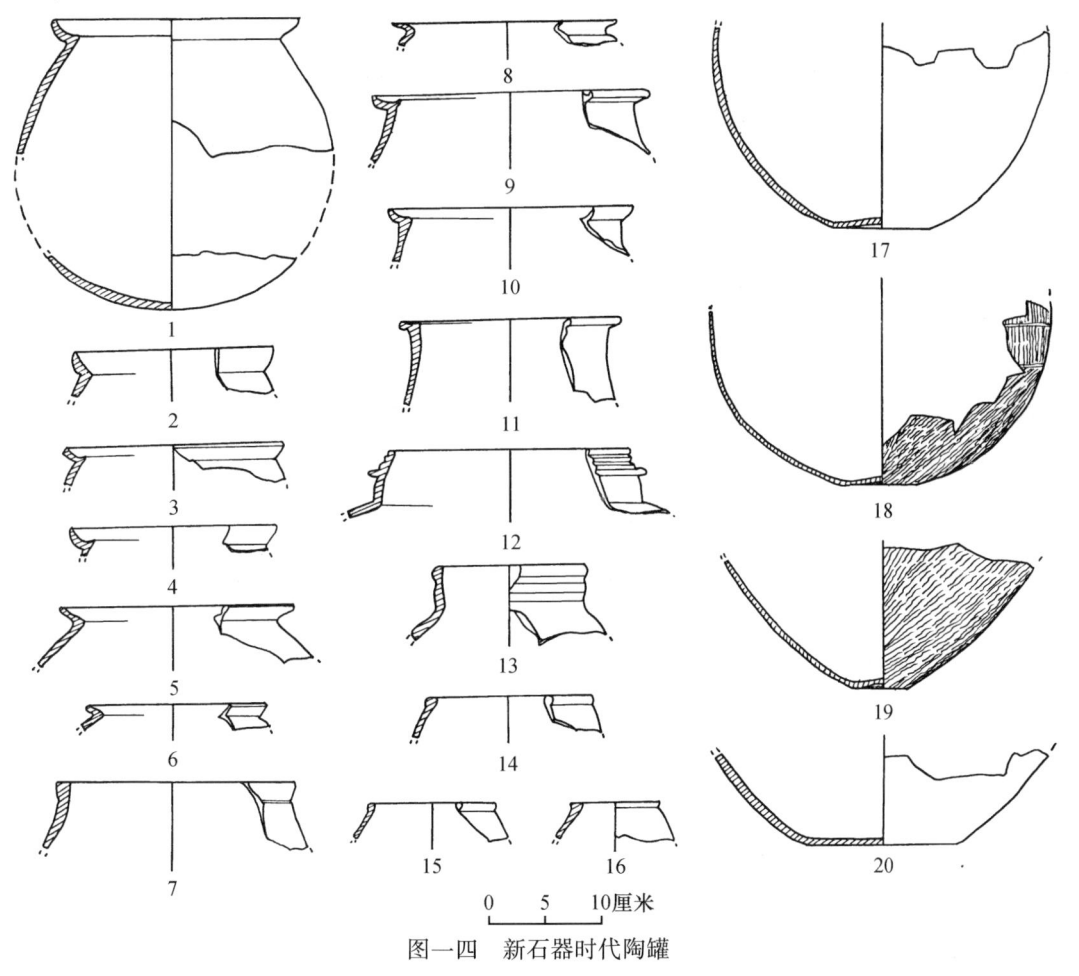

图一四 新石器时代陶罐

1. 罐（T4④:18） 2~4. A型Ⅰ式罐口沿（T4④:19、T7④:18、T12④:12） 5、6、8. A型Ⅱ式罐口沿（T2④:9、T5④:15、T6④:13） 7、16. B型Ⅱ式罐口沿（T7④:22、T2④:12） 9~11. A型Ⅲ式罐口沿（T2④:10、T5④:16、T7④:20） 12. C型Ⅰ式罐口沿（T5④:17） 13. C型Ⅱ式罐口沿（T2④:13） 14、15. B型Ⅰ式罐口沿（T2④:11、T6④:14） 17~20. 罐底（WM1:1、WM3:1、WM2:1、WM5:1）

Ⅱ式　沿上翘相对不甚，沿面微凹或近平，无颈。T2④：9，夹砂褐陶。素面，沿面微凹，圆唇。口径21.2厘米（图一四，5）。T5④：15，夹砂灰陶。素面。沿面微凹，方唇。口径16厘米（图一四，6）。T6④：13，夹砂红陶。素面。沿面微隆，方唇，外沿面饰一周凹弦纹。口径21.6厘米（图一四，8）。

Ⅲ式　沿略上翘，沿面相对较平，长颈。T2④：10，夹砂褐陶。素面。内沿有一周尖凸棱，方唇，颈壁外扩。口径25.2厘米（图一四，9）。T5④：16，夹砂红陶。素面。沿面微凹，圆唇，颈壁外扩。口径22厘米（图一四，10）。T7④：20，夹砂红陶。素面。沿面近平，圆唇，颈壁微扩，中部略凹。口径20.2厘米（图一四，11）。

B型　敛口，无颈，溜肩，鼓腹。按照口沿的变化可分为二式。

Ⅰ式　卷沿，圆唇。T2④：11，泥质灰陶。素面。口径15.2厘米（图一四，14）。T6④：14，夹砂灰陶。素面。口径11.2厘米（图一四，15）。

Ⅱ式　平折沿，平唇。T2④：12，夹砂红陶。素面。口径8厘米（图一四，16）。T7④：22，夹砂红陶。肩上部饰一周凹弦纹。口径21.8厘米（图一四，7）。

C型　长颈近直，鼓腹。按照口沿、肩部的变化可分为二式。

Ⅰ式　敛口，圆唇，颈略斜扩，广肩，大鼓腹。T5④：17，泥质红陶。颈上部饰三道凸弦纹。口径21.6厘米（图一四，12）。

Ⅱ式　直口，圆唇，直颈，颈壁凹凸相间，溜肩。T2④：13，泥质灰陶。素面。口径13.2厘米（图一四，13）。

罐底　数量较少，主要为瓮棺葬具，其上部因被周代文化遗存破坏而仅余底部，又因质地差而多难以修复。鼓腹，斜弧腹内收，平底或略凹。WM1：1，夹砂褐陶。素面。中腹圆鼓。底径8.8厘米（图一四，17）。WM2：1，夹砂红陶。腹、底满饰绳纹。底径5.2厘米（图一四，19）。WM3：1，夹砂灰陶。中腹圆鼓，腹壁较直。腹、底满饰绳纹。底径6.8厘米（图一四，18）。WM5：1，夹砂红陶。素面。大鼓腹。底径14厘米（图一四，20）。

盆　数量较多，也仅1件可基本复原，其余大部分为口沿，少量为盆底。T9④：20，泥质黑陶。素面。微敛口，卷沿，双圆唇，弧腹内收，浅凹底。口径36、底径27.6、高约17厘米（图一五，1）。

盆口沿　数量相对较多。根据口沿的不同可分为三型。

A型　敛口，宽卷沿，外沿下压，上腹鼓，下腹弧收。沿面呈瓦棱状。T2④：13，泥质褐陶。中腹饰斜绳纹。口径25.2厘米（图一五，2）。T5④：18，泥质黑陶。上腹饰斜交错绳纹。口径12.8厘米（图一五，3）。

B型　近直口，窄沿外卷，近直壁缓收。T2④：14，泥质褐陶。素面。口径26厘米（图一五，4）。T5④：19，夹砂红陶。外沿下部饰一道深凹弦纹，中腹饰竖绳纹。口径21.6厘米（图一五，5）。

C型　敛口或近直口，宽沿外折。T2④：15，泥质灰陶。素面。沿仰折，沿面微凹，方唇，束颈极短，腹弧收。口径26.4厘米（图一五，6）。T2④：16，泥质褐陶。素面。平折沿，平唇，束颈，溜肩，鼓腹。口径26厘米（图一五，7）。T9④：21，夹砂红陶。翻折沿外压，圆唇，上腹微鼓。上腹饰竖绳纹。口径37.2厘米（图一五，8）。

盆底 仅出土1件（T2④：17）。泥质褐陶。素面。斜弧腹内收，平底。口径12.4厘米（图一五，9）。

瓮 数量少，且仅见口沿。根据口沿大小的不同可分为二型。

A型 口相对较大，敛口，圆唇，溜肩，鼓腹。T1④：16，泥质灰陶。厚卷沿，微鼓腹。上腹饰竖绳纹。口径40.8厘米（图一五，10）。T2④：18，泥质褐陶。口外侧呈凹凸相间的瓦棱状。口径41.2厘米（图一五，11）。T5④：20，夹砂红陶。口外侧呈凹凸相间的瓦棱状。上腹饰篮纹。口径32.8厘米（图一五，12）。

B型 口相对较小，弇口，圆唇，广肩，大鼓腹。F1：1，泥质红陶。口外侧呈凹凸相间的瓦棱状。肩及上腹饰斜、竖相间绳纹、间被弦纹隔断组成的叶脉纹。口径14厘米（图一五，18）。

刻槽盆 数量少，仅能从残片中分辨出盆壁。弧壁。外壁素面，内壁刻划浅槽。T6④：15，泥质黑陶。于横向槽间刻一一相对的竖槽（图一五，14）。T7④：18，泥质灰陶。槽呈交叉状（图一五，15）。

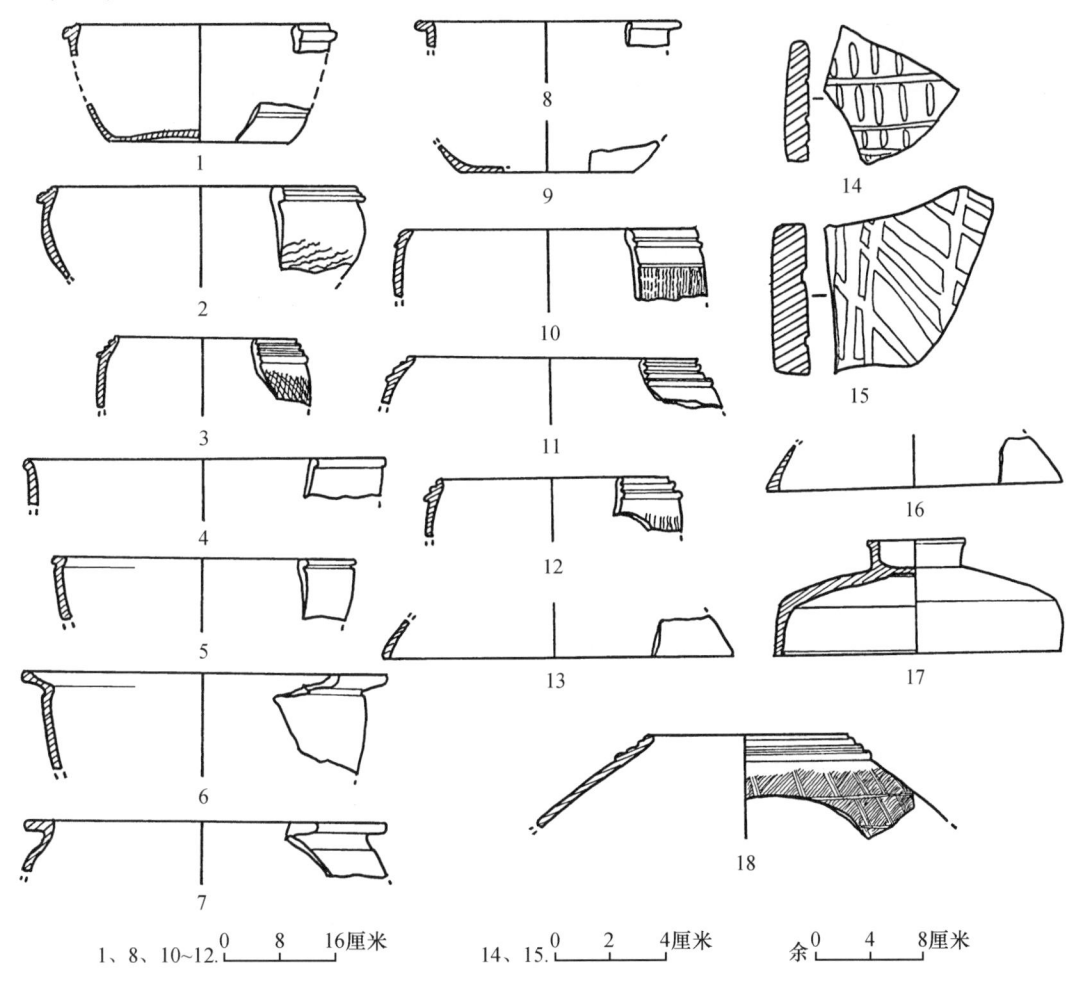

图一五 新石器时代陶器

1. 盆（T9④：20） 2、3. A型盆口沿（T2④：13、T5④：18） 4、5. B型盆口沿（T2④：14、T5④：19） 6~8. C型盆口沿（T2④：15、T2④：16、T9④：21） 9. 盆底（T2④：17） 10~12. A型瓮口沿（T1④：16、T2④：18、T5④：20） 13、16. A型器盖（T2④：19、T2④：20） 14、15. 刻槽盆壁（T6④：15、T7④：18） 17. B型器盖（WM1：2） 18. B型瓮口沿（F1：1）

器盖　数量少。根据整体形制的不同可分为二型。

A型　浅弧盘状，弧壁。T2④:19，泥质黑陶。素面。圆唇。口径25.2厘米（图一五，13）。T2④:20，泥质灰陶。素面。尖唇，唇内侧有一道浅凹槽。口径21.6厘米（图一五，16）。

B型　覆碗状，折壁，浅圈足状握手。WM1:2，泥质黑陶。素面。尖唇。口径21.2、顶圈足径7、高8厘米（图一五，17）。

（三）相对年代

本遗址发现的新石器时代文化遗存仅较薄的一层文化堆积和少量被破坏的遗迹，出土器物不多，除2件石器外全为残陶片，仅复原个别器物。陶片多粗糙，纹饰中绳纹占多数；器物特征不甚典型，可确定的鼎足有细柱形、宽扁形、铲形三种，流行仰折沿罐或鼎，豆盘较浅，圈足相对较高，不见镂孔，圈足盘体及圈足均浅宽，曲腹杯自口部内曲，多见卷沿盆，并有少量刻槽盆，仰折沿盆极少。以上特征似乎都可在邻近发掘的淅川下王岗[4]、郧县青龙泉[5]、随州西花园[6]、宜城曹家楼[7]、枣阳雕龙碑[8]等遗址相应期别的文化遗存中找到，从总体特征上考察，其特征应更接近于石家河文化，绳纹的主体地位说明其已有向更晚时代发展的趋势，而个别曲腹杯的存在意味着屈家岭文化的残留，故其时代以石家河文化早期为宜。

四、周代文化遗存

（一）主要遗迹

周代文化遗存是本遗址的主体，遗迹类型较多，有灰坑、灰沟、房址、水井、墓葬，遗物也十分丰富，有多种质地的生产工具和生活用具。

1. 灰坑

25座。分别编号H1～H8、H10～H22、H24～H27。灰坑形状多样，其中H1、H3、H11、H17、H20、H21因大部分伸出探方外而形状不明，可看清形状者有圆形或近圆形、近椭圆形、圆角长方形、亚腰形、不规则形等。

（1）圆形或近圆形

6座。分别为H4、H6、H7、H14、H26、H27，除个别直壁外，大多为斜壁，全为圜底，有的底中部略凸，坑内填土大多仅一层，个别有两层，并有个别坑壁经人工加工过，用途基本为垃圾坑。

H4　位于T7东北部，开口于第③A层下，打破第④层和生土层。坑口上距地表约1.2米。坑口平面近圆形，口大底小，斜壁，底中部上凸。坑口径1.33～1.47米，最深处在东北部，深0.12米。坑壁、底未见加工痕迹。坑内填土一层，为灰黑色土，土质较软，夹大量草木灰和炭屑、红烧土颗粒。包含物较少，全为残陶片，可辨器类有鬲、豆、盆、罐等（图一六）。

H27　位于T19北端中部及北隔梁中部，开口于第③B层下，依次打破H25、③C层、F3

及生土层。坑口上距地表约1米。坑口平面呈圆形，口大底小，直壁，圜底。坑口径1.06米，最深处在中部，深1.4米。坑壁有加工痕迹。坑内填土分两层，上层为灰黑色软土，厚约0.4米；下层为灰褐色土，较纯净，土质较硬。从H27与J3紧邻和它本身的形状看，该坑可能原准备挖制成井，由于某种原因废弃成坑。上层包含物较多，下层较少，全为残陶片，可辨器类有鬲、甗、罐、筒瓦等（图一七）。

（2）近椭圆形

3座。分别为H2、H8、H18。

图一六 H4平、剖面图

H2 位于T2西部、T6东部及隔梁中，开口于第②B层下，北部被H1打破，打破③A层。坑口上距地表约0.65米。坑口平面近椭圆形，一边略内凹，口大底小，斜壁，圜底近平。坑口长径2.82、短径2.04米，最深处在中部，深0.41米。坑壁、底未见加工痕迹。坑内填土一层，为以黄褐色为主的杂色土，土质较硬，夹少量红烧土颗粒。包含物较少，全为残陶片，可辨器类有鬲、簋、豆、罐等（图一八）。

H8 位于T3、T7北隔梁及T7东部、东隔梁和T4大部、东隔梁，并向东伸出探方外，开口于第③B层下，南部被G3、M1打破，西部被H6、H7打破，打破生土层。坑口上距地表1.05~1.4米。坑口现平面近椭圆形，口大底小，斜壁，底部凹凸不平。坑口现最长处6.5、最短处4.56米，最深处在东

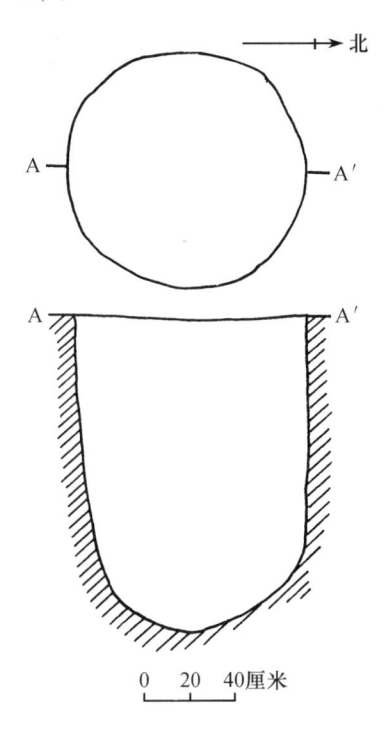

图一七 H27平、剖面图

部，深1.67米。坑壁、底未见加工痕迹。坑内填土分三层，上层为浅灰色软土，均匀夹杂铁锈土斑，厚0.25~0.5米，分布于全坑；中层为黄褐杂色土，土质较硬，夹少量生土块和风化石块，厚0~0.5米，分布于坑内中、南部；下层为灰褐色泥质软土，夹较多炭屑，厚0~0.43米，分布于坑内中、北部。包含物较多，全为残陶片，可辨器类有纺轮、鬲、豆、罐、瓮、缸等（图一九）。

（3）圆角长方形

仅1座，即H5。位于T8西部、T7东部及隔梁中，开口于第③A层下，打破第④层、WM5和生土层。坑口上距地表约0.94米。口大底小，斜壁，圜底。坑口长径2.66、短径2.1米，最深处在中部，深0.35米。坑壁、底未见加工痕迹。坑内填土一层，为灰黑色软土，夹大量草木灰、炭屑和红烧土颗粒。包含物较多，全为残陶片，可辨器类有鬲、甗、簋、豆、盆、罐等（图二〇）。

图一八　H2 平、剖面图

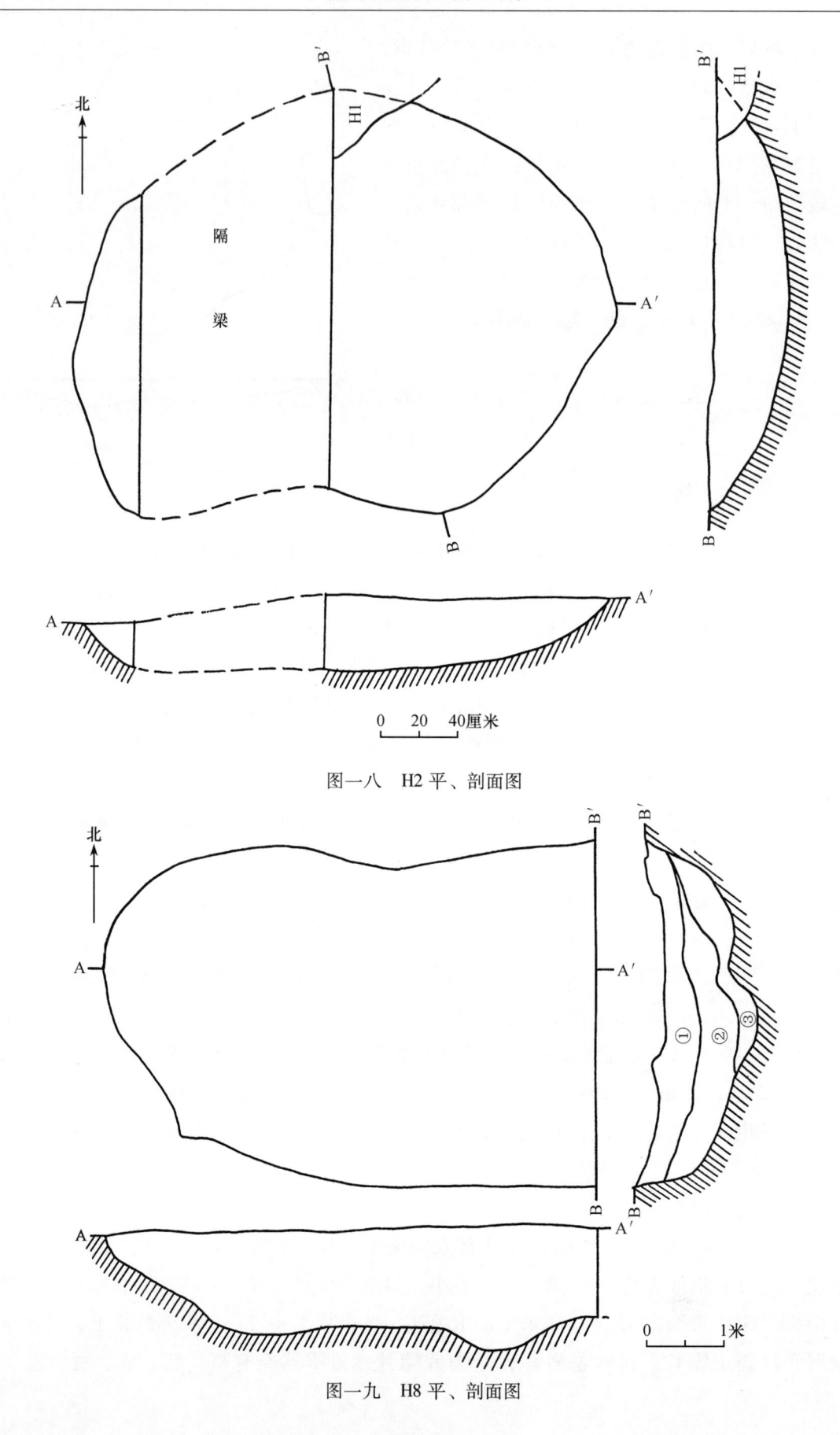

图一九　H8 平、剖面图

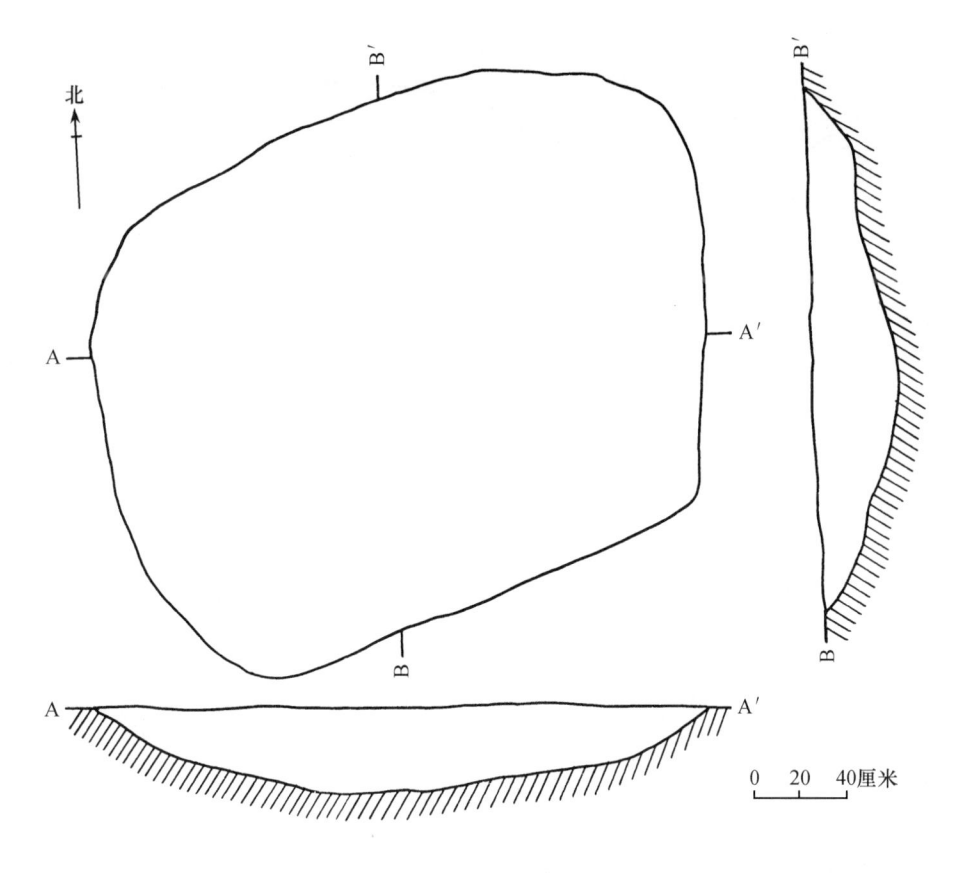

图二〇　H5 平、剖面图

（4）三角形

3 座。分别为 H13、H15、H16，均口大底小，斜壁，底部或凹凸不平，或近平底，或凸圜底，填土均为一层。

H15　位于 T11 北隔梁及 T12 中、南部，开口于第③A 层下，西部被 H11 打破，打破第③B、③C 层、F3 和生土层。坑口上距地表约 0.55 米。口大底小，斜壁，底近平。坑口最长 2.76、最宽处 2.36 米，最深处在中部，深 0.76 米。坑壁、底未见加工痕迹。坑内填土一层，为深灰色土，土质较硬，夹大量炭屑和红烧土颗粒。包含物较多，全为残陶片，可辨器类有饼、鬲、鼎、甗、簋、豆、盂、盆、罐、瓮、缸等（图二一）。

（5）亚腰形

仅 1 座，即 H19。位于 T17 中、东部，并向东伸出探方外，开口于第③A 层下，被 H17 打破，打破第③B 层和生土层。坑口上距地表约 1.1 米。口大底小，斜壁，圜底。坑口现长 2.2、最宽处 1.53、最窄处 1.21 米，现最深处在东部，深 0.35 米。坑壁、底未见加工痕迹。坑内填土一层，为灰黑色软土，夹较多的草木灰。包含物有石铲和较多的残陶片，可辨陶器器类有鬲、豆、盆等（图二二）。

（6）不规则形

5 座。分别为 H10、H12、H22、H24、H25，形状多样，均口大底小，斜壁，底部或凹凸不平，或近平底，或凸圜底，填土大多为一层，有个别为两层。

图二一　H15 平、剖面图

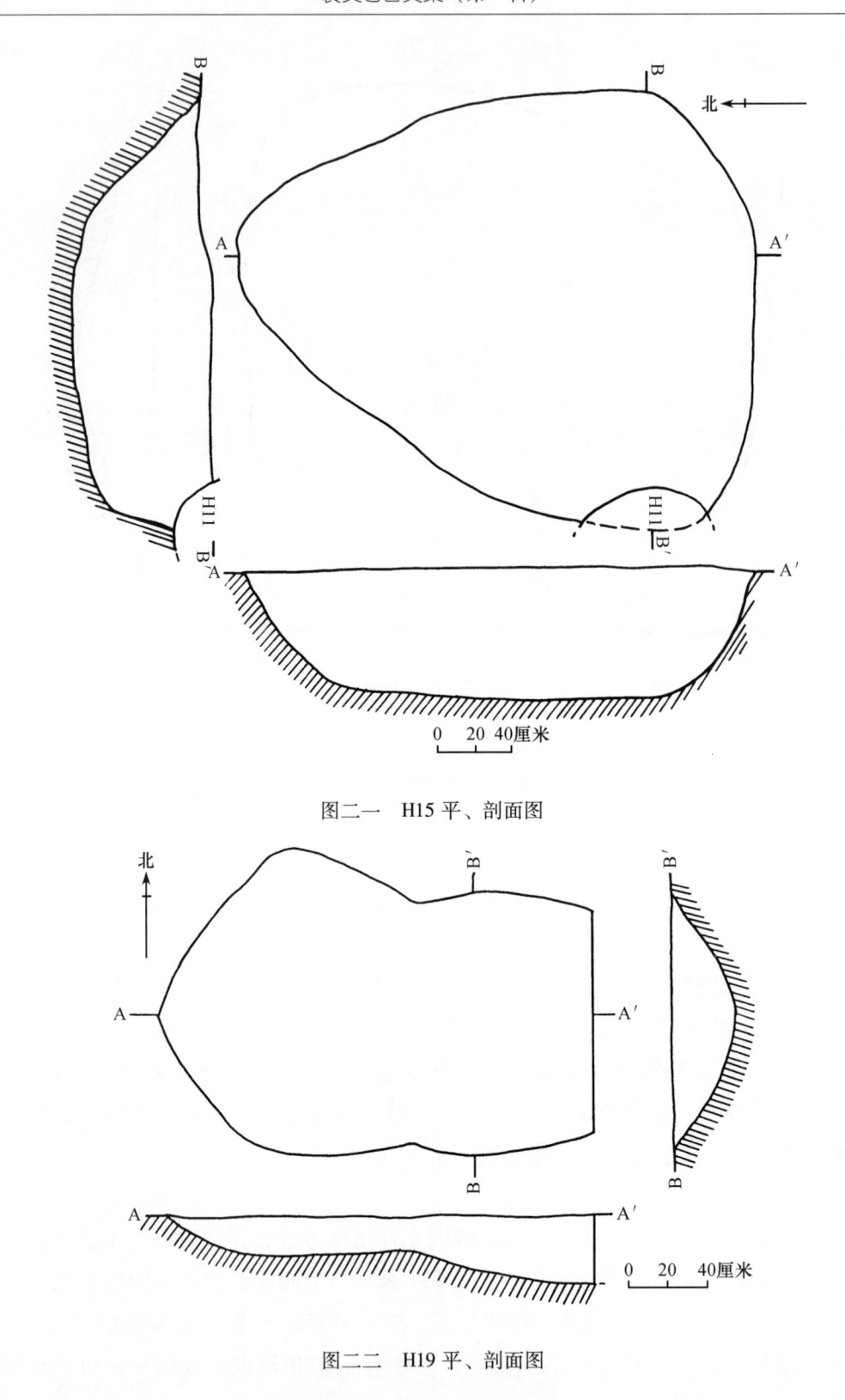

图二二　H19 平、剖面图

H10　位于 T10 西部和 T12 东隔梁中，开口于第②A 层下，打破第③A、③B、③C 层。坑口上距地表约 0.4 米。坑口平面近曲尺形，口大底小，斜壁，壁及底凹凸不平。坑口最长 1.9、最宽 1.7 米，最深处在南部，深 0.41 米。坑壁、底未见加工痕迹。坑内填土一层，为深灰色软土，夹较多炭屑和红烧土颗粒。包含物有少量铁块和较多残陶片，可辨陶器器类有饼、鬲、鼎、甗、簋、豆、盆、罐、瓮等（图二三）。

H22　位于 T11 西部、北隔梁和 T13 东隔梁中，开口于第③A 层下，打破第③B 层、H21、M3 和生土层。坑口上距地表约 1.1 米。口大底小，斜壁，圜底。坑口最长 4.8、最宽 3.45 米，最深处在中部，深 0.75 米。坑壁、底未见加工痕迹。坑内填土分两层，上层为黑色软土，夹大量炭屑和草木灰，厚 0.15～0.52 米；下层为深灰色软土，较纯，厚 0～0.24 米。包含物主要集中于上层，有少量石器和较多残陶片，可辨陶器器类有纺轮、鬲、鼎、甗、簋、豆、盂、盆、罐、缸、器盖等（图二四）。

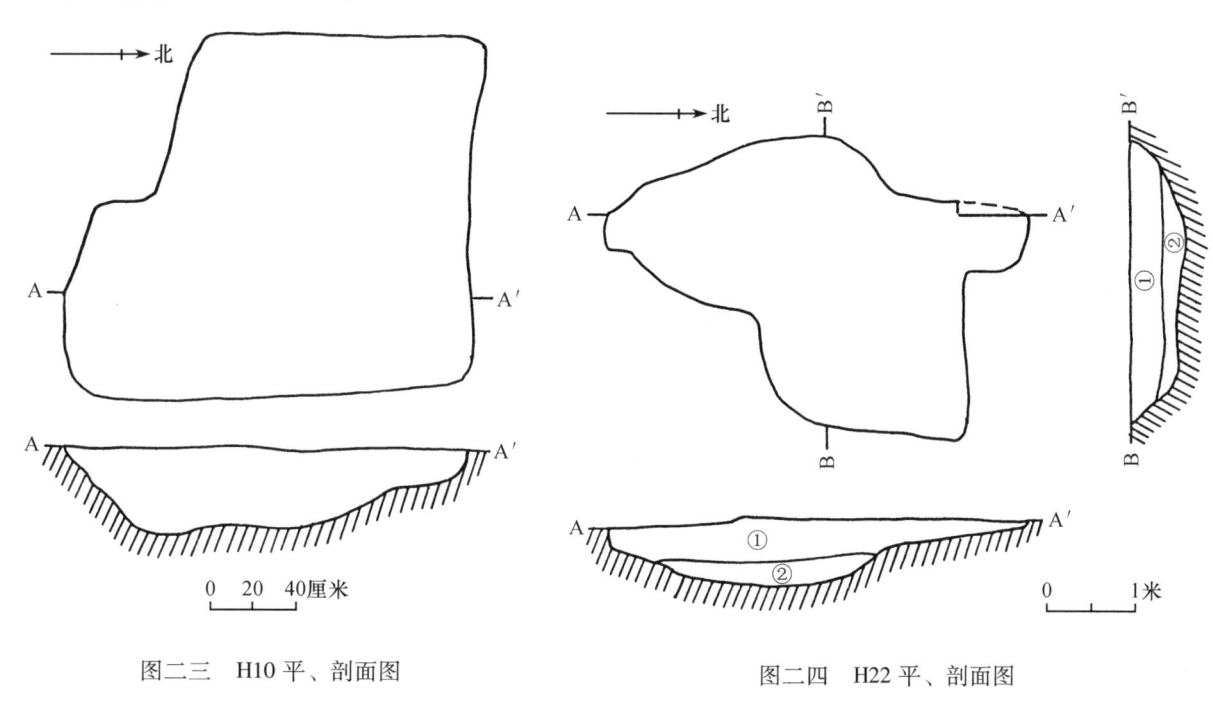

图二三　H10 平、剖面图

图二四　H22 平、剖面图

H25　位于 T19 东北角及东、北隔梁中，开口于第③B 层下，被 H27 打破，打破第③C 层、F3。坑口上距地表约 0.85 米。口大底小，斜壁，底中部略高出四周。坑口最长 2.97、最宽 2.08 米，最深处在东北部，深 0.27 米。坑壁、底未见加工痕迹。坑内填土一层，为黑灰色软土，夹少量草木灰。包含物有石斧和较多残陶片，可辨陶器器类有鬲、甗、簋、豆、盆、罐、缸、板瓦等（图二五）。

2. 灰沟

3 条。分别编号 G3～G5，均为长条形，较浅，G4 伸出已发掘的探方外。

G3　位于 T2 北隔梁及 T3、T4 中，开口于第③A 层下，打破 H6～H8、M1、F1 和第④层、生土层。坑口上距地表约 0.2 米。沟呈南北向，平面相对较宽，沟边不规则，现北部稍宽于南部，口大底小，弧壁，底近平。沟口现长 8.95、宽 0.36～0.65 米，深 0.1～0.18 米。坑壁、底未见加工痕迹。坑内填土一层，为灰黑色软土，夹大量草木灰及红烧土粒。包含物较少，除少量碎骨外全为残陶片，可辨器类有鬲、豆、罐等（图二六）。

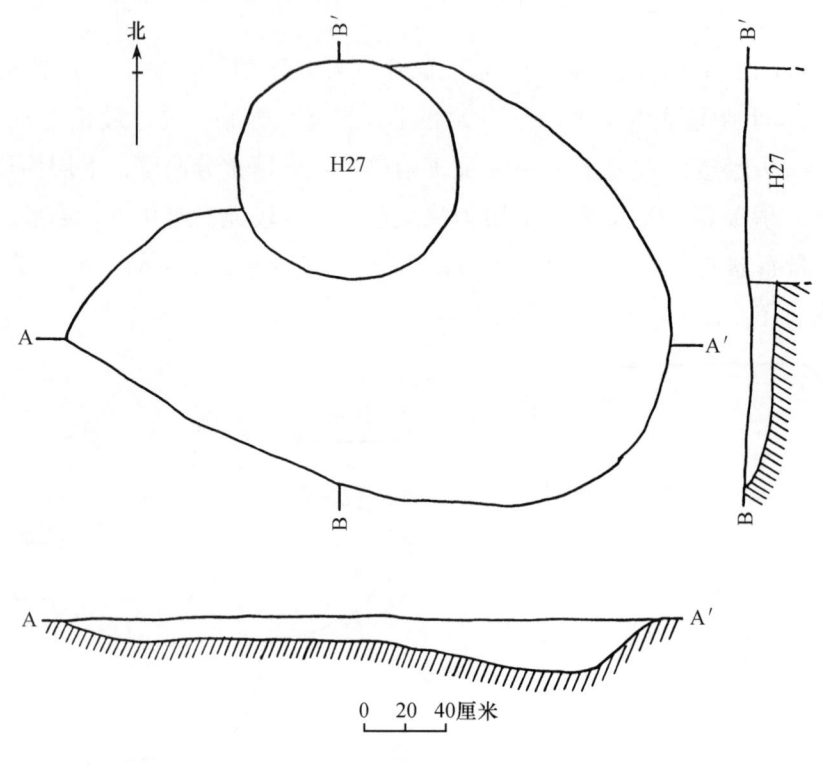

图二五　H25 平、剖面图

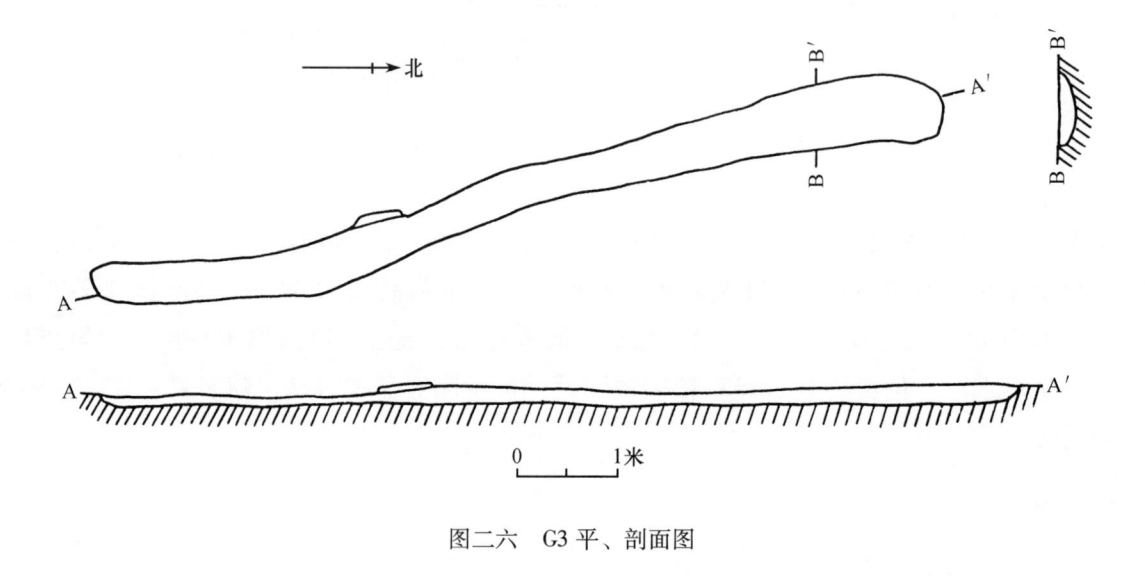

图二六　G3 平、剖面图

G4　位于 T24 及北隔梁中，并分别向南、北伸出探方外，开口于第①层下，直接打破生土层。坑口上距地表约 0.9 米。沟呈东北至西南向，平面窄长，北部稍宽于南部，南端略曲，口大底小，斜壁，底凹凸不平。沟口现长 5.3、宽 0.62～0.94、深 0.25～1.02 米。坑壁、底未见加工痕迹。坑内填土一层，为深灰色软土，夹少量草木灰、红烧土粒。包含物较多，全为残陶片，可辨器类有鬲、豆、盂、罐等（图二七）。

图二七　G4 平、剖面图

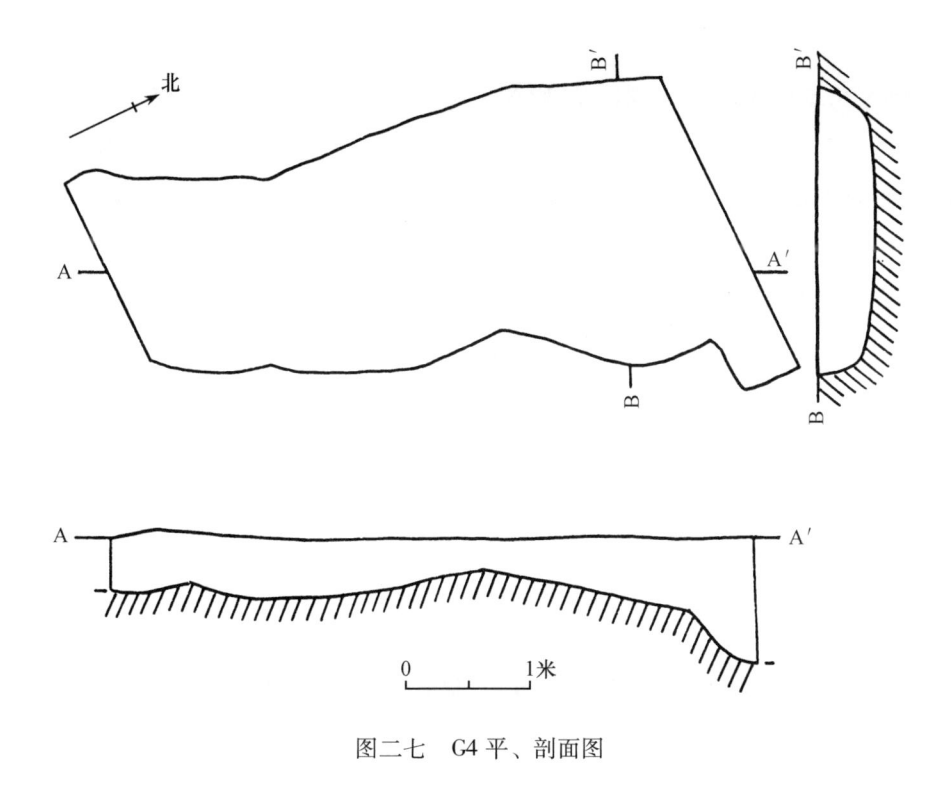

G5　位于 T18、T19 中，开口于第③B 层下，东部被 H24 打破，打破第③C 层和 F3。坑口上距地表约 0.75 米。沟为东西向，平面窄长，东部略向北弯曲，口大底小，弧壁，近平底。沟口残长 6.4、宽 0.4～0.45 米，深 0.16 米。沟内存完整的排水陶管一节及少量残片。陶管圆形，泥质红陶，外壁饰斜绳纹，两端稍粗，直径 0.2 米，中部略细，直径 0.16 米。管外对压两块板瓦，再外面又压盖陶管残片。坑内填土一层，为灰褐色软土，夹少量红烧土粒，除水管及瓦残片外基本不见包含物（图二八）。

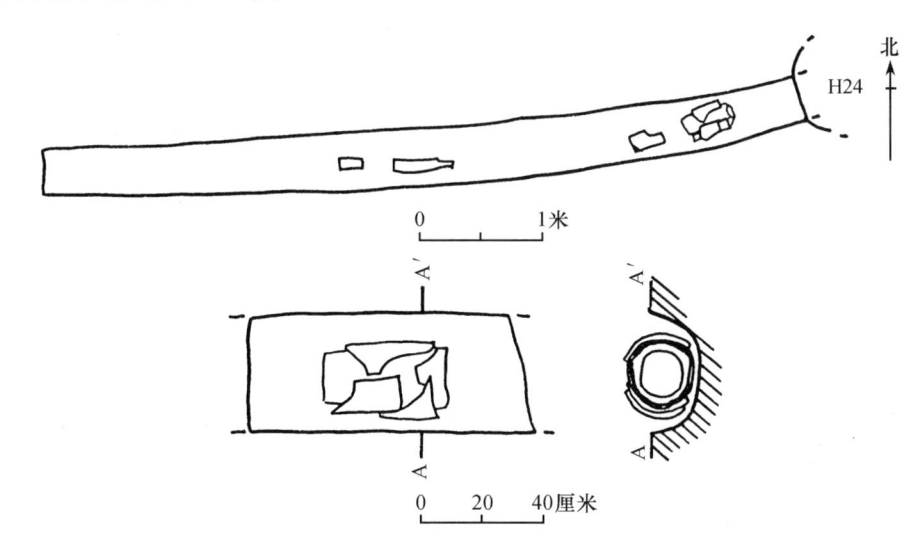

图二八　G5 平面及陶水管区段平、剖面图

3. 房址

3座。分别编号F2～F4，其形制与结构各不相同，保存状况也不一样。

F2　位于T9、T11、T14、T15及T9东侧扩方内，开口于第③A层下，打破第③B、③C层及F3。顶面上距地表约0.55～0.85米。房址被严重破坏，残存四处基槽、一处居住面、四个柱洞和坍塌的瓦片堆积。北部基槽呈东西向"八"字形，往北敞开，通长8.75米，弧壁，圜底近平。东、西端较宽深，宽分别为1.9、1.4米，深分别为0.57、0.25米；中部窄浅，宽0.6～0.9米，深0.12～0.3米。基槽上部填红砂岩石块，西端下部垫三层草木灰拌炭屑夹两层陶片；东端下部自上而下分别各垫一层草木灰拌炭屑和陶片。中部有两个同大的圆形柱洞（D1、D2），口略大于底，直壁，平底，口、底径分别为0.47、0.44米，东、西柱洞各深0.31、0.22米，填土分四层，自上而下依次为小红砂岩石块、草木灰拌炭屑、陶片、草木灰拌炭屑。从基槽及两柱洞的位置、大小等情况推测，该基槽中部可能即门道。该基槽西部南侧又有一与之垂直的极浅基槽，残长1.1、宽0.25、深0.04米，填灰褐色土夹少量细小红砂岩石块。南部基槽呈南北向"甲"字形，北距北部基槽约5.2米，并与其垂直。残长1.75米，北宽南窄，北、南部分别宽0.82、0.38米，深0.17米。中部东侧有一圆形柱洞（D3），口、底同大，直径0.45、深0.14米，填土分两层，上层为灰褐土夹小红砂岩石块，下层为大红砂岩石块。现存居住面较小，略呈长方形，残长2.6、最宽1.45、厚0.05～0.1米。填纯净的黄褐色硬土，并经夯打，面平。中部被一道东西向基槽分隔，残长1.7、宽0.14～0.18、深0.13米，填灰褐色土夹细小红砂岩石块。基槽西端有一圆形小柱洞（D4），直径0.2、深0.1米，填红褐土。坍塌的瓦片在整个房址的西部，高出居住面0.14米。平面基本呈南北向长方形分布，为一层散乱的筒、板瓦堆积，长7.75、宽2.15、厚0.1米。北部堆积较密集，南部较稀疏。房址内包含物基本出土于基槽内，除1件钻孔石器外，全为陶片，数量较多，可辨器类有鬲、豆、罐、瓮等（图二九；图版五，1）。

F3　位于T9～T12、T14、T15、T18～T23内，并分别穿过南北向相邻探方的相应隔梁，开口于第③C层下，被H23、H25、H27、G5、J2～J4、F2等遗迹打破，打破第④层和生土层。顶面上距地表约1米。房址遭到严重破坏，仅残存台基，台基南部因被晚期遗迹破坏而不明，北部在T22、T23的部分虽因水位过高未发掘到台基面，但通过勘探了解到了它的边缘部位。

台基依托原有地势打破第④层并直接在生土上构筑，西北至东南走向，长方形，残长29、宽6～6.4、厚0.15～0.5米。台基以黄色沙性土板筑夯打而成。

台基中、南部的底部正中先在生土上挖一条同向沟槽，横断面呈倒梯形，残长17.1、上口宽0.55～0.65、底宽0.35～0.45、深0.12～0.25米。填土分两层，上层为黄砂粒夹碎陶片，下层为黄色砂性土。

台面也有两条同向沟槽，贯穿整个台基，东沟槽稍宽，约0.50～0.75米，西沟槽稍窄，约0.4～0.65米，均深约0.15～0.2米，填灰褐色土，较软，较纯净。两沟槽将台基分为东、中、西三部分，其中东部北大半已被破坏，西部中段也有损坏，中部保存较好。中部台基中、南段有两条同向的窄黄砂粒夹碎陶片堆积，较薄，间距约0.5～0.85、宽0.12～0.3、厚0.05～0.1米。

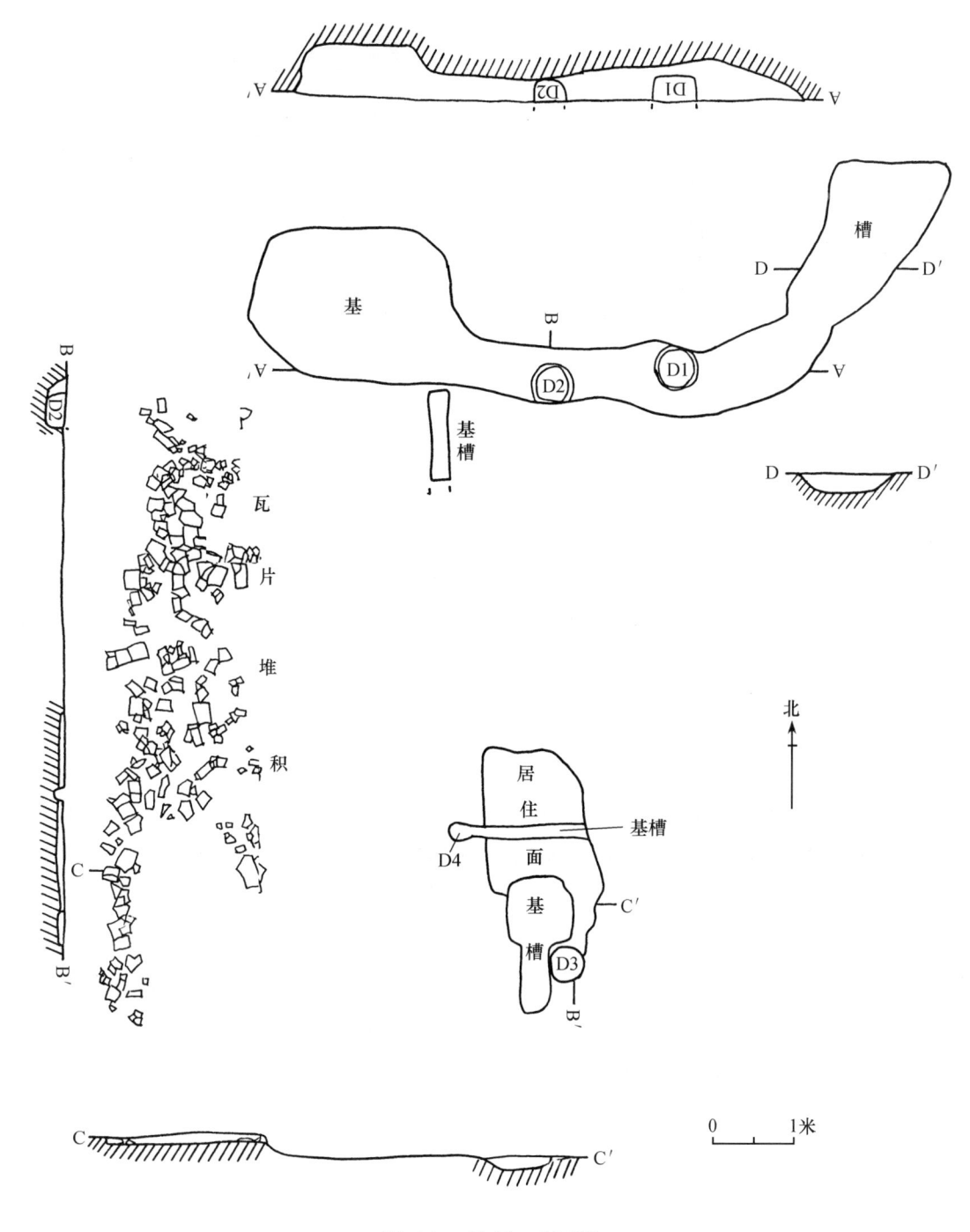

图二九　F2平、剖面图

　　台基填土内有五至八道纵向侧立的灰痕，一般宽0.3、厚0.02~0.04米左右，推测为起加固作用的板筑之木板朽烂所致，尤其是在中部台基的两条同向窄黄砂粒夹碎陶片堆积两侧均有板夹痕。

　　仅在北部见一小圆形柱洞，直径0.25米，深0.28米。

　　房址内包含物极少，除少量碎陶片外，就是在沟槽内出土有少量残陶片，可辨器类有鬲、豆、罐等（图三〇；图版五，2）。

图三〇　F3 平、剖面图

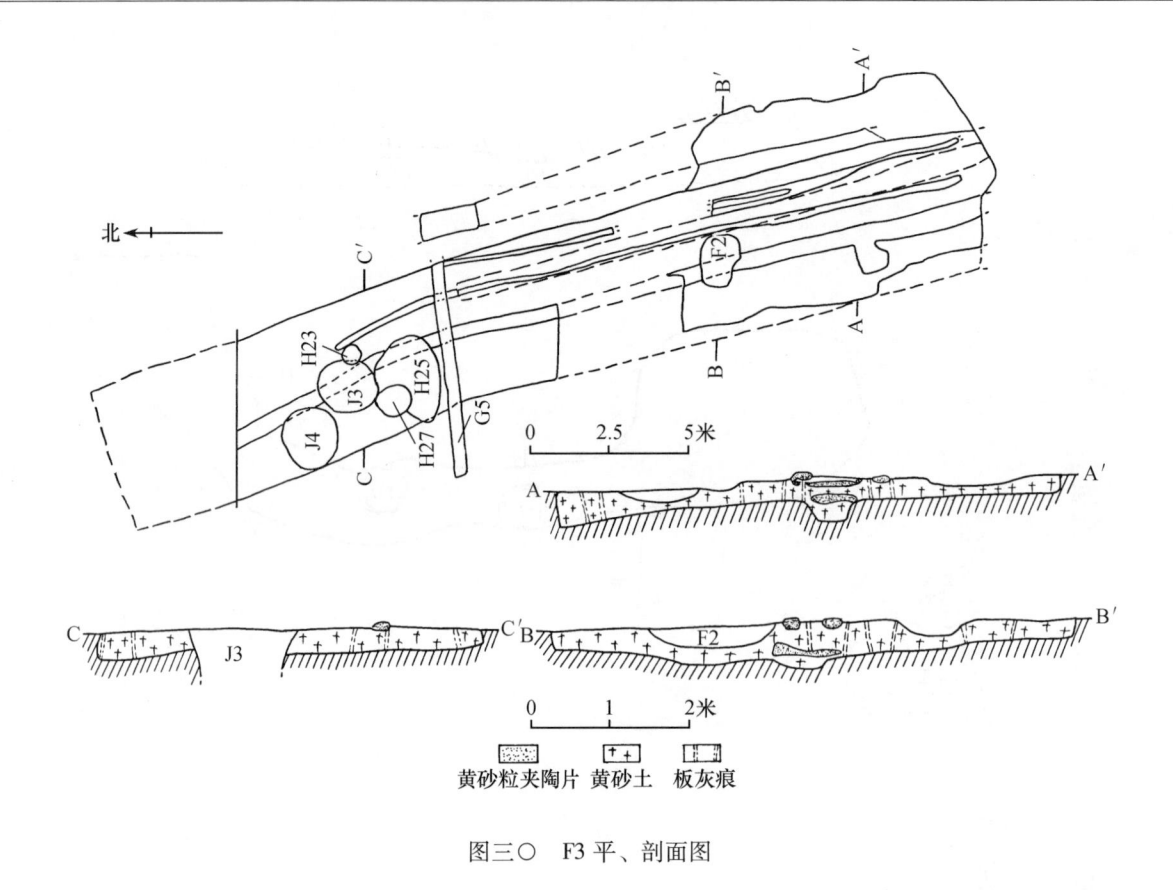

F4　位于 T19、T21 中，并向西伸出探方外，开口于第③A 层下，打破第③B 层。顶面上距地表约 0.85 米。房址残存基槽、排水沟及柱洞。现存基槽平面略呈"H"形，为两条南北向基槽夹一条东西向基槽，东、西两条南北向基槽分别长 5.5、5.2 米，宽 0.3、0.25~0.47 米，均深 0.15 米，东西向基槽长 2.55、宽 0.2~0.35、深 0.15 米。斜弧壁，圜底，填黄褐色硬土，较纯。排水沟与东基槽的南端相连，呈东西走向，长 3.4、宽 0.22、深 0.1 米左右。弧壁，平底，填浅灰色软土。东部有六块筒瓦首位相接，扣于沟底。柱洞四个，东基槽东西侧各两个，圆形，直径 0.25~0.36 米，深 0.08~0.1 米。直壁，圜底，填红砂岩石块，夹少量浅黄色硬土。房址内包含物极少，仅有筒瓦（图三一）。

4. 水井

4 眼。分别编号 J1~J4，其中 J1 位于Ⅱ区，J2~J4 位于Ⅰ区。每眼井下部均打到砂岩层。井口平面为圆形或椭圆形，井壁因所处深度的不同或斜或直或鼓。

J1　位于 T25 南部和 T26 北部及北隔梁中，开口于第①层下，打破生土和红砂岩层。坑口上距地表约 0.8 米。井口平面近圆形，长径 2.1、短径 1.95 米，井底平面呈圆形，直径 0.9 米，深 8.8 米。自井口向下至 2.8 米处凿于生土上，斜壁；以下至井底凿挖红砂岩而成，直壁。红砂岩层顶面井壁四面两两相对各凿有一脚窝，脚窝宽 0.3、高 0.25、深 0.17 米。西壁分别自井口到 4.8、6.1、7.3 米及东壁 6.5 米深处也各有一脚窝，除西壁 7.3 米深处的脚窝宽 0.2、高 0.3、深 0.13 米外，其余三个脚窝均宽 0.17、高 0.2、深 0.1 米。井口以下 0.8 米深处开始于井

图三一 F4 平、剖面图

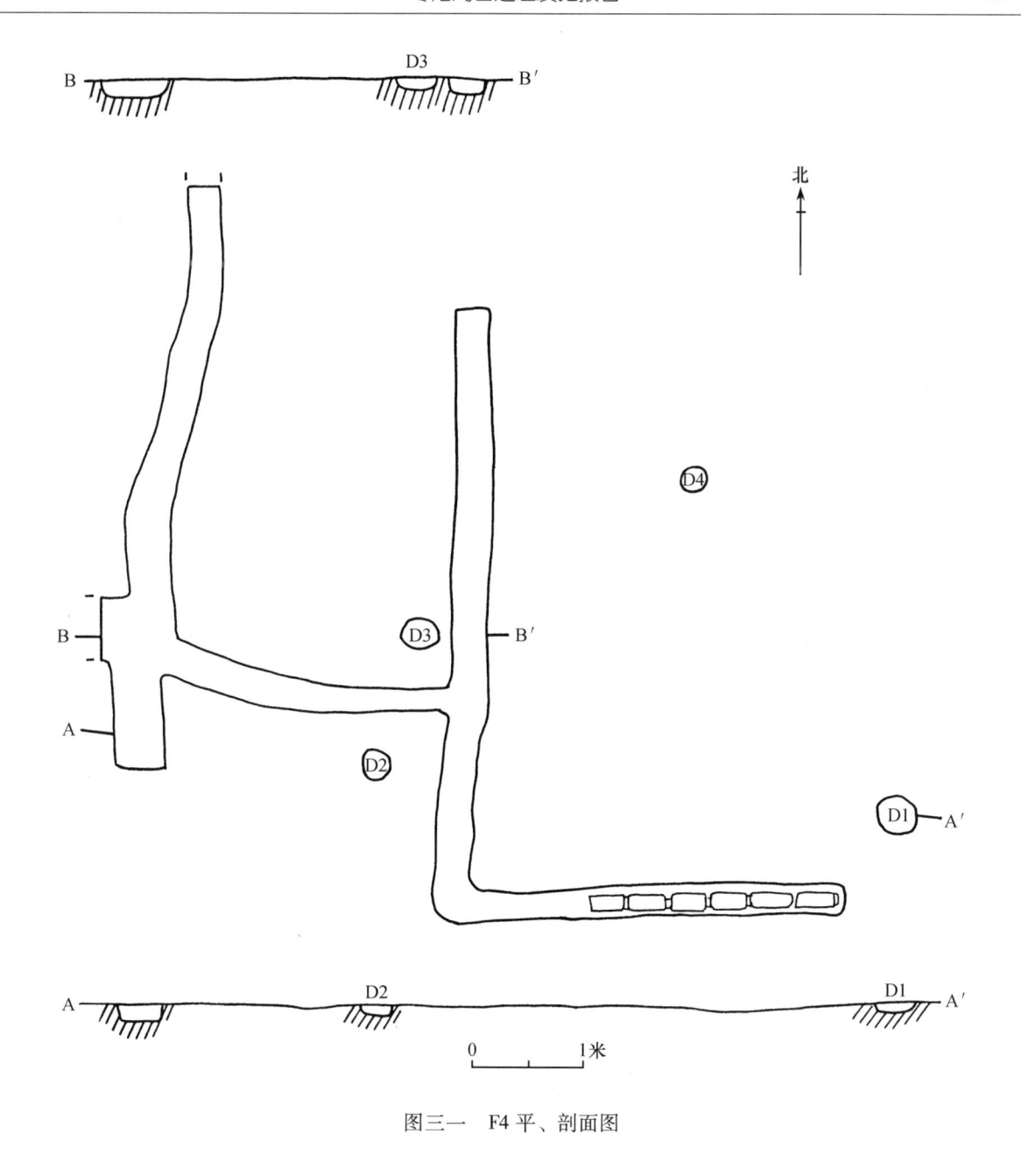

内中部设置陶井圈，共五节，井圈直径0.6、高0.6米。井内填土基本一致，为浅灰色土，较软。包含物较多，全为陶器或残陶片，主要集中于井下部，中、下部有较多的泥质灰陶筒、板瓦残片，井底有较多可复原的陶器（图三二）。

J2　位于T11中部，开口于第③A层下，被F2打破，打破第③B层、M3、F3和生土层。井口上距地表约0.75米。井口、底平面均呈圆形，直径分别为1.8、0.53米，深3.6米。自井口向下至2.9米处凿于生土上，以下至井底凿挖红砂岩而成，井壁斜直，东半壁光滑。井内填土分两层，上层为红砂岩石块，呈上大下小的倒锥形，最厚处0.8米，从它与F2基槽填土一致并结合该井被F2打破的情况推测，该井是在建筑F2时所填；下层为灰黑色土，较软。包含物较少，全为陶器或残陶片，仅个别可复原，可辨器类有纺轮、鬲、甗、豆、盆、罐、瓮等。由

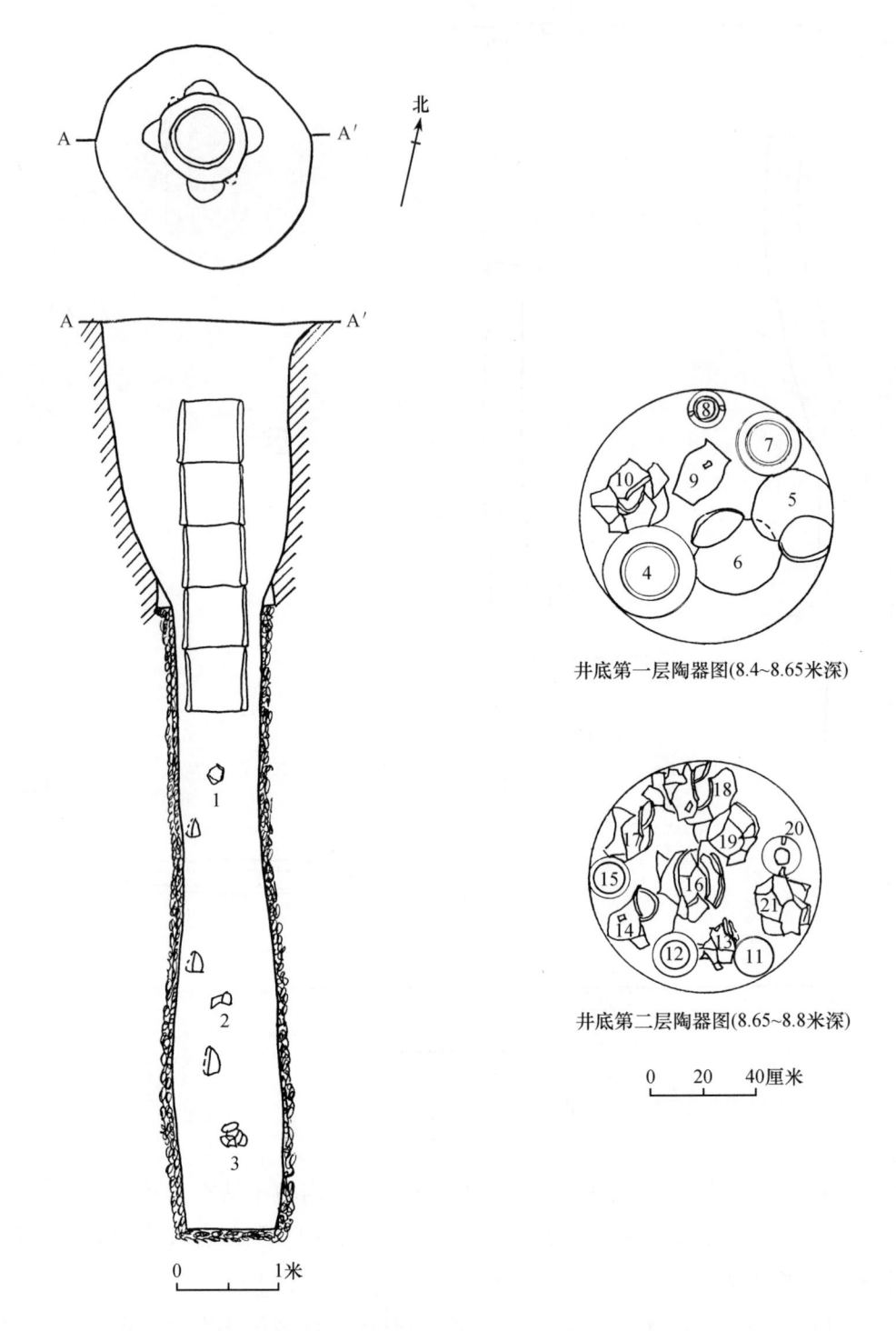

图三二　J1 平、剖面图
1、2. 瓦当　3. 陶壶　4~6、10、16. 陶缸　7~9、11~15、18~20. 陶罐　17. 陶鬲　21. 陶瓮

于该井近一半打在 M3 墓室内，井底仅稍高于墓底，而 M3 的随葬器物与墓葬规模不相配，似曾被盗过，再结合其遗址以西郭家庙墓地墓葬盗洞的位置和挖掘盗洞的方法看，J2 最初应是 M3 的盗洞，后被人就地用作水井（图三三）。

J3 位于T19北隔梁、T20西南角和T21东隔梁中，开口于第③B层下，打破第③C层、F3及第④层、生土层。井口上距地表约1.15米。井口平面基本呈圆形，直径1.65～1.85米，斜壁逐渐内收，乳头状尖底，井底平面呈圆形，直径0.25米，深5.4米。东、西壁分别自井口向下至3.5、4米处凿于生土上，以下至井底凿挖红砂岩而成。井内填土分两层，上层为灰黑色软土，紧贴井壁有一层草木灰，多夹炭屑，厚2.5米，包含物较多，全为残陶片，可辨器类有陶鬲、簋、甗、盂、豆、盆、罐、瓮、缸等；下层为浅灰褐色土，相对较硬较纯，包含物均为可复原的陶双耳汲水罐（图三四）。

J4 位于T21东部及东隔梁中，开口于第③B层下，打破第③C层、F3及第④层、生土层。井口上距地表约1.2米。井口平面呈椭圆形，长径2、短径1.7米，斜壁渐收，凸圜底，井底平面近圆形，直径0.9、深5.4米。井壁自井口向下至4米处凿于生土上，以下至井底凿挖红砂岩而成。井内填土分两层，上层为浅黄褐色土，相对较硬，厚3.5米，包含物较少，全为残陶片，可辨器类有鬲、盂、豆、盆、甗、罐、瓮、缸、器盖、板瓦等；下层为灰褐色土，较软，包含物仅4件可复原的陶双耳汲水罐。该井与J3并列，无打破关系，开口层位、深度相同，大小差不多，但出土陶双耳汲水罐形制有别，推测其中一井废弃后又另凿一井，二者是同属一个遗址且有早晚关系的水源（图三五）。

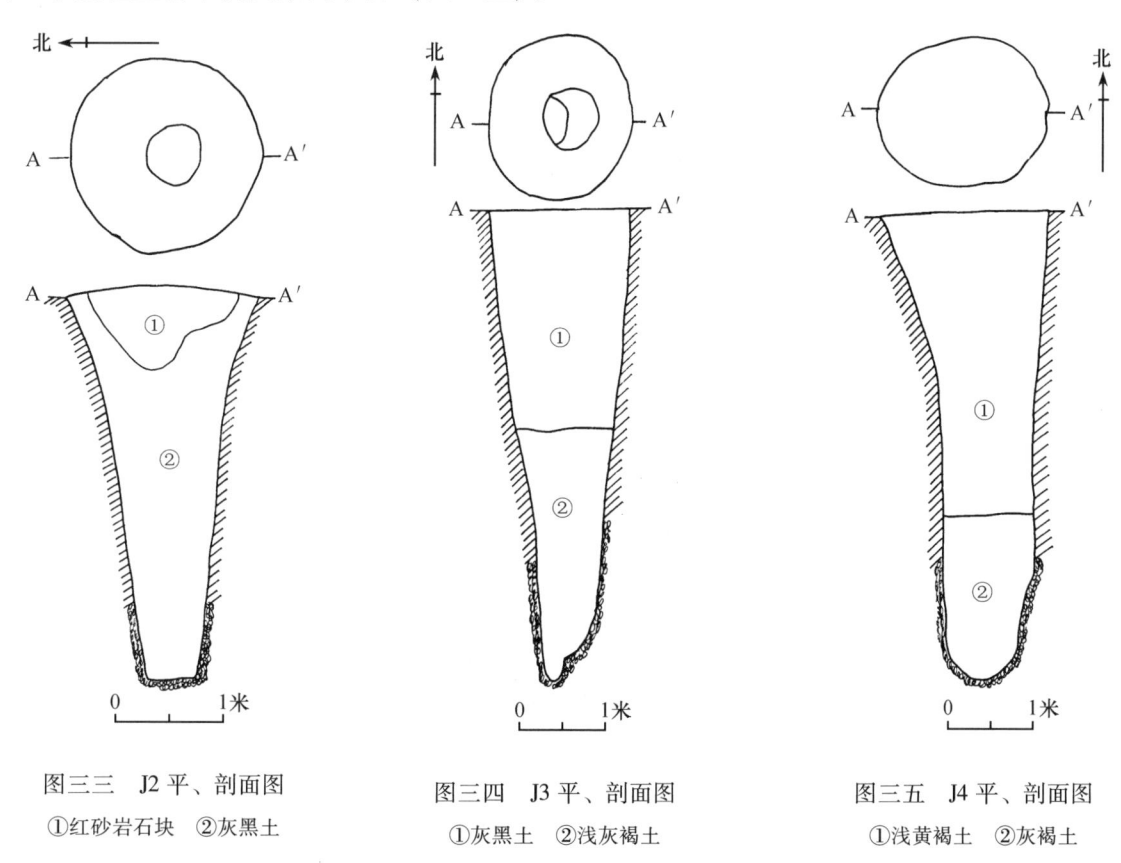

图三三 J2平、剖面图
①红砂岩石块 ②灰黑土

图三四 J3平、剖面图
①灰黑土 ②浅灰褐土

图三五 J4平、剖面图
①浅黄褐土 ②灰褐土

5. 墓葬

3座。分别编号M1～M3，均为长方形竖穴土坑墓。

M1 位于T3北隔梁和T4中南部，开口于第③A层下，西南角被G3打破，打破第③B层和 H8。墓口上距地表约 0.85 米，方向 30°或 210°，墓口底同大，长 2.3、宽 0.96 米，南、北部分别残深 0.2、0.11 米。直壁，平底。葬具及人骨架已朽尽，仅在墓底中部发现几枚残牙，葬式不明。随葬陶罐 2 件，1 件置墓室中部，1 件被翻出放在墓东北角外侧（图三六）。

M2 位于 T8 东隔梁北部，开口于第③A 层下，东南角被 H6 打破，打破 H7。墓口上距地表约 1.1 米，方向 75°。墓西部被破坏，口底同大，残长 1.14～1.22、宽 0.7、残深 0.1 米。直壁，平底。葬具已朽尽，人骨架尚存，头向东，面朝上，仰身直肢葬。未见随葬器物（图三七）。

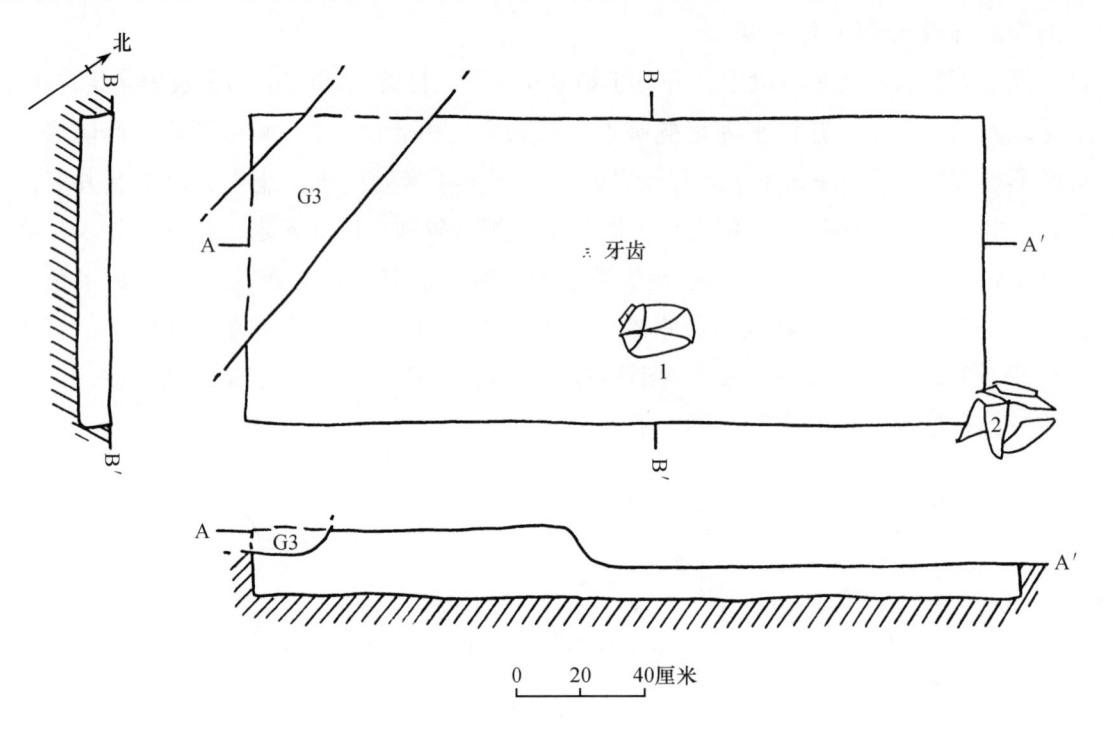

图三六 M1 平、剖面图
1、2. 陶罐

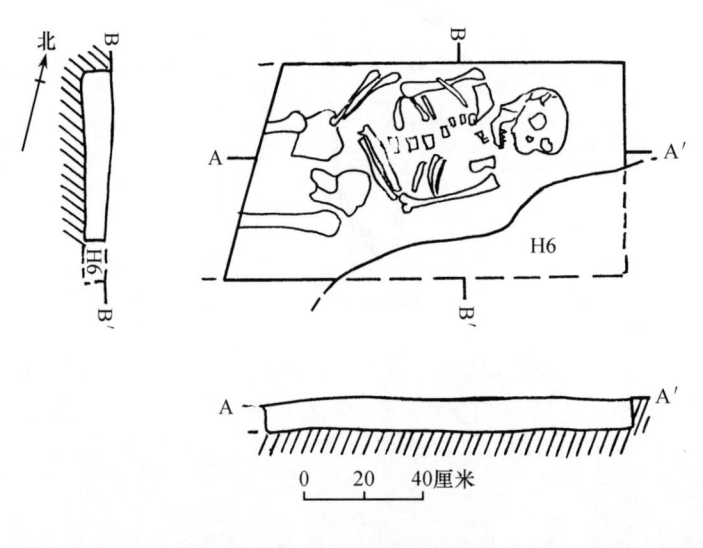

图三七 M2 平、剖面图

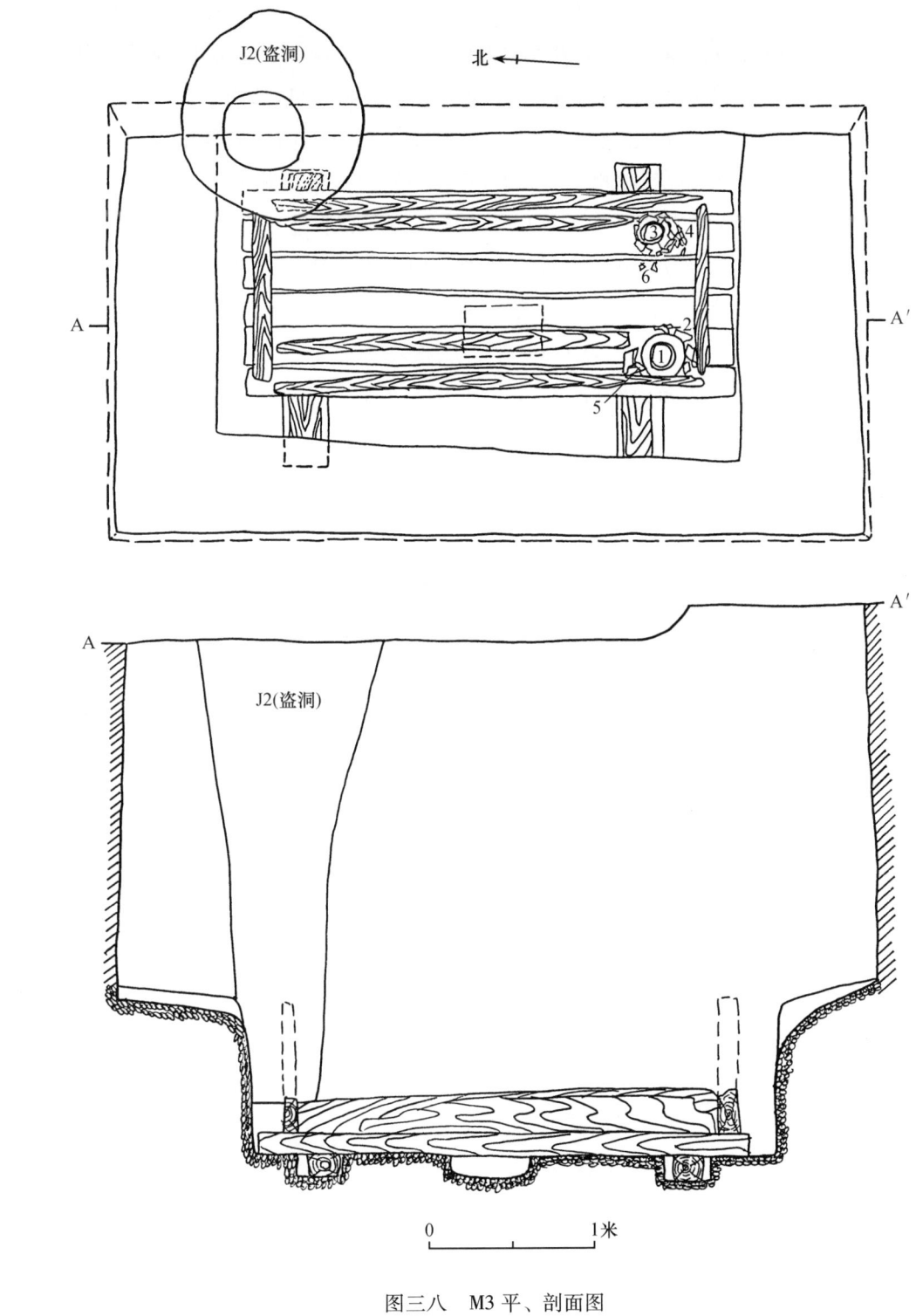

图三八　M3 平、剖面图
1、3. 陶罐　2、4. 陶盆　5. 铅块　6. 铜铃

M3　位于 T11 西南部、T13 东隔梁和 T15 西北部，开口于第③B 层下，被 H21、J2 打破，打破生土和红砂岩层，其中 J2 靠西侧一半正好打在墓室东北部，井底略高于墓底，它原应是该墓的盗洞。墓口上距地表约 1.65 米，方向 175°。墓口西北侧残存 2.5 米见方、约 0.15 米高的

黄褐相间的五花封土。墓口大底小，口长4.44~4.6、宽2.46米，墓底长3.2、宽1.82~2米，深3.14~3.34米。四壁自墓口向下分别外斜0.04~0.12米，至红砂岩层面或稍下部位时往内斜溜成二层台。东、南、西、北二层台面分别上距墓口2.4、2.1、2.1、2.3米，台面分别宽0.2、0.48、0.52、0.44米，然后略斜至底。2.1米深的红砂岩层面以上墓壁因经人工修整而显得光滑，以下壁面不甚规整，也较粗糙，墓底较平。葬具为一棺一椁，下部保存较为完整。椁室平面呈长方形，长3、宽1.24、残高0.37米，从朽痕看，椁室原高0.94米。木椁由盖板、挡板、侧墙板和底板组成，均为长方体木板，其中盖板无存，南、北挡板及东、西侧墙板各残存一块，侧立于底板上，南、北挡分别残长1.04米，高0.21、0.27米，厚0.08、0.12米，东、西侧墙板均残长2.66、高0.24、厚0.08米；底板基本完整，为六块板纵向平铺，单块板长3、宽0.15~0.24、厚0.14米；底板下墓底南北两端各有一块垫木嵌进岩槽中，北槽西端凹进岩层内，槽长1.8、宽0.28、深0.13米，垫木长1.77、宽0.24、厚0.13米。木棺为平底方棺，长2.2、宽0.8、残高0.31米，仅残存东、西侧墙板，各为一块长方形木板，残长2.04米，分别高0.31、0.24米，厚0.07米。因椁、棺板表面均腐烂而不明板与板之间的连接方式。墓底中部有一长方形腰坑，长0.48、宽0.31、深0.15米，内未发现其他遗物。人骨已朽尽，无法判明葬式。随葬器物共7件，有陶盆、罐及铜铃各2件，铅块1件，放置于椁内棺外南端的头箱中，据此推测墓葬头向南（图三八；图版四，2）。

（二）遗物

出土数量较多，按用途主要分为生产工具和生活用器两大类，并有建筑材料及服饰器、饰品等其他类别；按质地可分为石、铜、铁、陶四种，其中少量石、铜、铁器因残甚而不明形制，有的只是铜、铁块。

1. 生产工具

51件。分石、铜、铁、陶等质地。

（1）石器

26件。均磨制，表面较光滑，绝大多数残损，仅少量较为完整，有的甚至连器物形制也无法分辨。器类有斧、锛、铲、凿、刀、镞、钻孔器等。

斧 6件。均有使用痕迹。体相对较厚，面平，双面刃。T1③A:1，上部残。灰色砾石质，通体磨光。平刃。残长4.8、最宽4.8、最厚1.6厘米（图三九，1）。T6③A:3，深灰色石灰石质，表面较为粗糙。长方体，弧刃。长11.4、最宽5.8、最厚1.6厘米（图三九，2）。H25:1，灰色砾石质，通体磨光。梯形，平刃。长8、最宽6、最厚3.1厘米（图三九，3）。

锛 5件。通体磨光，均有使用痕迹。体相对较薄，面平，单面刃。T6③A:1，上部残。黑色砾石质。平刃。残长5.9、最宽4、最厚0.9厘米（图三九，4）。T19③A:6，灰色石灰石质。刃稍弧。残长3.3、最宽4.4、最厚0.9厘米（图三九，5）。H3:1，灰色砾石质。长方体，平刃。长7.9、最宽4.2、最厚1厘米（图三九，6）。

铲 2件。均有使用痕迹。通体磨光。体较宽薄，面平，单面弧刃。T10③A:2，下部残。

灰色砾石质。残长8、最宽5、最厚1.6厘米（图三九，7）。H19∶1，上部残。灰黑色石灰石质，梯形，弧刃。残长6.9、最宽5.9、厚0.7厘米（图三九，8）。

凿 7件。体较窄，长方体，面平，双面刃。T6③A∶2，灰色砾石质，通体磨光。弧刃。长6.65、最宽2.4、最厚1.6厘米（图三九，9）。T7③A∶5，灰绿色砂岩质。弧刃。长4、最宽2.05、最厚0.35厘米（图三九，10）。T18③A∶4，灰色砾石质。平刃。长6、最宽1.8、厚1.2厘米（图三九，11）。

刀 2件。均残甚。体较宽薄。T14③B∶2，灰色石灰石质。双面较光滑，弧背。残长8、残宽3.3、最厚0.8厘米（图三九，15）。T18③A∶2，灰色砾石质，一面通体磨光，一面较粗糙。平背。残长11.6、残宽3.2、厚0.7厘米（图三九，14）。

镞 2件。下部均残断。尖锥状。T4③A∶1，灰色砾石质。横断面呈扁圆形。残长4.3、最宽1.4、厚0.9厘米（图三九，13）。H3∶2，灰色砾石质，表面光滑。横断面呈圆形。残长2.5、下部直径0.8厘米（图三九，12）。

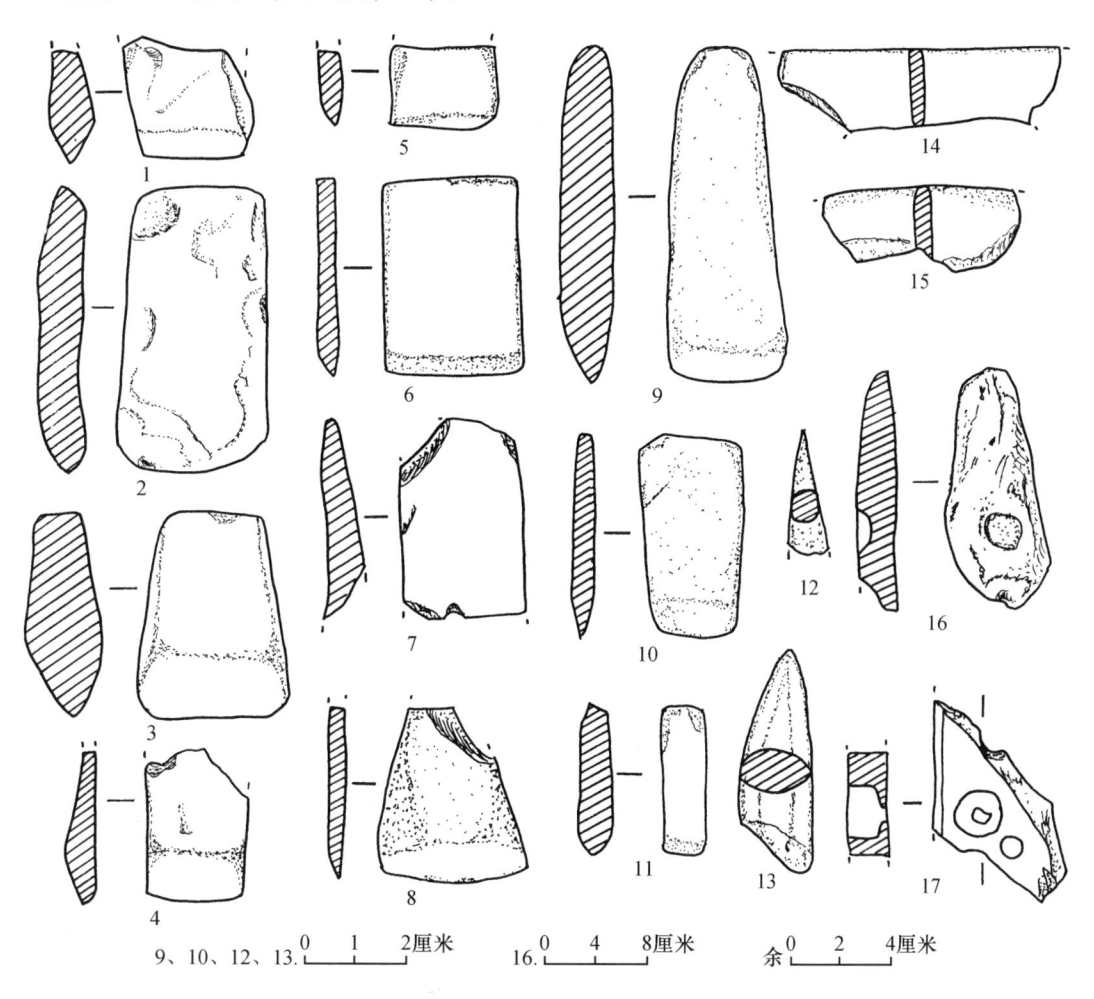

图三九 周代石质生产工具

1~3. 斧（T1③A∶1、T6③A∶3、H25∶1） 4~6. 锛（T6③A∶1、T19③A∶6、H3∶1） 7、8. 铲（T10③A∶2、H19∶1）
9~11. 凿（T6③A∶2、T7③A∶5、T18③A∶4） 12、13. 镞（H3∶2、T4③A∶1） 14、15. 刀（T18③A∶2、T14③B∶2）
16、17. 钻孔器（H22∶5、F2∶1）

钻孔器　2件。残甚，体扁平。H22:5，浅灰色砂岩质。一面平，一面中部钻两圆孔，孔未穿。残长18.8、最宽8.8、最厚3厘米（图三九，16）。F2:1，灰色砾石质，表面光滑。中部钻两圆形对穿孔，一端大，一端小。残长8、残宽5.4、厚1.6厘米（图三九，17）。

（2）铜器

5件。均残，器类仅见削刀和镞。

削刀　4件。两端均残断，平背略弧，厚背薄刃。T19③A:3，残长2.1、背厚0.4厘米（图四〇，1）。T18③B:5，残长2、背厚0.15厘米（图四〇，2）。T20③A:1，环首。残长6.7、背厚0.4厘米（图四〇，3）。

镞　1件。T15③A:1，两端均残。尖锥状，横断面呈凹边四边形，即四面有血槽，圆形实铤。残长4.8厘米（图四〇，4）。

（3）铁器

2件。均残，且锈蚀严重，器类有削刀、锸等。

削刀　1件。T5③A:5，残存柄中段。平背，横断面呈扁圆形。残长9.6、柄宽1.5、厚0.5厘米（图四〇，5）。

锸　1件。T7③A:6，残甚。内侧凹口。残长9.1、残宽3.1厘米（图四〇，6）。

（4）陶器

18件。均为纺轮。少部分直接由陶片打制，圆形，中部穿圆孔。T8③A:2，泥质红陶。面平，弧缘。直径3.7、厚1厘米（图四〇，7）。T10③A:4，夹砂红陶。面弧，弧缘。直径3.7、最厚1.2厘米（图四〇，8）。T10③B:5，泥质黑陶。面平，三角缘。直径3.9、厚1.1厘米（图四〇，9）。T10③C:7，用陶片敲击而成。泥质褐陶。一面稍外弧，一面稍内凹，平缘。直径4.3、厚0.5厘米（图四〇，10）。

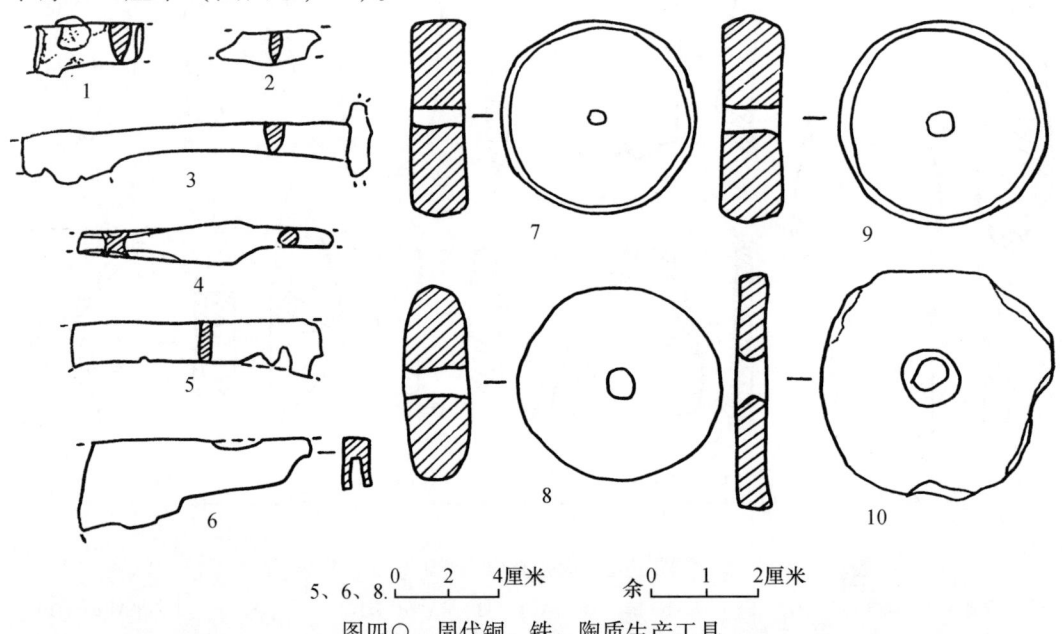

图四〇　周代铜、铁、陶质生产工具

1～3. 铜削刀（T19③A:3、T18③B:5、T20③A:1）　4. 铜镞（T15③A:1）　5. 铁削刀（T5③A:5）　6. 铁锸（T7③A:6）　7～10. 陶纺轮（T8③A:2、T10③A:4、T10③B:5、T10③C:7）

2. 生活用具

生活用具十分丰富，全为陶器，不仅数量多，而且器类全，时代跨度也较大。

（1）典型单位陶系、陶色、纹饰统计

由于时代不同的缘故，各单位在陶系、陶色、纹饰及器类上有所区别，考虑到本遗址在整个随枣走廊中所处的重要地位，我们按照地层叠压的早晚关系尽量选取出土陶片数量多、器物典型、时代特征明显的单位以数据予以说明（详见下表）。

典型单位陶质、陶色、纹饰统计表

单位	数量（片）	陶质（%）		陶色（%）				纹饰（%）						
		泥质	夹砂	红陶	灰陶	褐陶	黑陶	中绳纹	粗绳纹	细绳纹	凹弦纹	凸弦纹	附加堆纹	素面
G4	553	69.08	30.92	14.65	41.77	11.39	32.19	80.53		3.62	0.66		1.45	13.74
F3 基址	17	70.59	29.41	29.41	52.94		17.65	58.82						41.18
F3 沟槽	95	78.95	21.05	38.95	35.79	5.26	20.00	51.58		5.26		3.16	5.26	34.74
H8	116	59.48	40.52	21.55	50.86		27.58	53.45			5.17	2.59	2.59	36.20
T10③C	309	83.82	16.18	31.71	29.78	23.95	14.56	58.18			2.24	0.65	0.32	38.51
J3	402	78.12	21.88	68.91	22.14	4.48	4.47	69.40		12.19	1.49	0.50		16.42
H21	626	50.64	49.36	28.60	27.30	25.10	19.00	60.30	2.4	4.63	1.76	0.96		30.51
T11③B	411	67.39	32.61	40.97	16.06	19.22	23.75	65.45			0.73	1.46		32.36
T21③B	336	68.75	31.25	41.12	41.02	10.71	7.14	57.74		1.49	2.38			38.39
H22	414	74.04	25.96	16.18	50.00	21.5	12.32	43.48			1.69	2.17	0.24	52.42
H17	345	73.62	26.38	34.20	39.13	8.12	18.55	57.10	1.16		2.32	4.35	0.39	34.78
J1	951	98.42	1.58	24.50	67.40	5.37	2.73	77.50		0.74	0.74	0.20		20.82
F2	810	50.74	49.26	51.48	30.74	12.72	5.06	66.91		0.99	1.23	2.59	0.25	28.02
T5③A	1152	48.26	51.74	50.70	37.33	8.68	3.29	63.11			1.04	0.26	0.61	34.98
T11③A	880	63.29	36.71	46.25	32.04	10.57	11.14	64.55		0.34	0.91	0.68		33.52
H10	1799	57.03	42.97	32.41	41.14	13.79	12.66	58.42		1.33	1.72	0.66	0.06	37.85

（2）出土器物形制

本次发掘出土的器物有鼎、敦、壶、鬲、甗、甑、簋、豆、盂、盆、罐、瓮、缸、器盖等。

鼎 数量较少，除个别为复原者及盖外，主要为鼎足。

鼎 1件。H21:11，可基本复原。夹砂灰陶。微敛口，平唇，附长方形耳，微鼓腹，底残，较高圆形蹄足。足根部饰多个圆圈纹。口径21.8、高约24厘米（图四一，1）。

鼎盖 1件。T22③B:8，泥质黑陶。素面。浅折盘弧顶盖，顶面残存一圆纽。口径21.2厘米（图四一，5）。

鼎足 蹄足，横断面呈圆形。按照鼎足高矮的变化可分为三式。

Ⅰ式 整体较高，足根部饰多个圆圈纹。T19③B:17，夹砂灰陶。足中部往内弯曲。高9.2

厘米（图四一，2）。

Ⅱ式　整体较矮，足中部往内弯曲，足根部饰多个圆圈纹。T21③B:8，下部残断。夹砂灰陶。残高4.4厘米（图四一，6）。H10:9，夹砂灰陶。高5厘米（图四一，7）。

Ⅲ式　素面，整体高且较细、直。T17③A:5，下部残断。泥质红陶。残高6.6厘米（图四一，8）。T19③A:15，下部残断。泥质灰陶。残高10.6厘米（图四一，9）。

敦　1件。T13③A:1，仅存盖沿。泥质灰陶。素面。整体略呈半圆形，敞口，平唇，弧腹上收，口沿边缘残存一枚卡扣，对称双环耳。口径22.4厘米（图四一，3）。

壶　1件。J1:3，泥质灰陶。素面。侈口，翻沿，平唇，束颈较长，溜肩，鼓腹，下腹曲收，平底。肩及中腹各有一耳，但均残断。口径12.6、底径10.4、高26.6厘米（图四一，4；图版七，6）。

鬲　数量多，是本遗址出土数量最多的器物之一。根据整体形制的不同可分为五型。

A型　大口中高足鬲。数量最多，可复原或基本复原的19件。整体近方体，口径与腹径基本相等，侈口，微鼓腹，瘪裆，柱足。按照口沿、颈、裆、足的变化可分为六式。

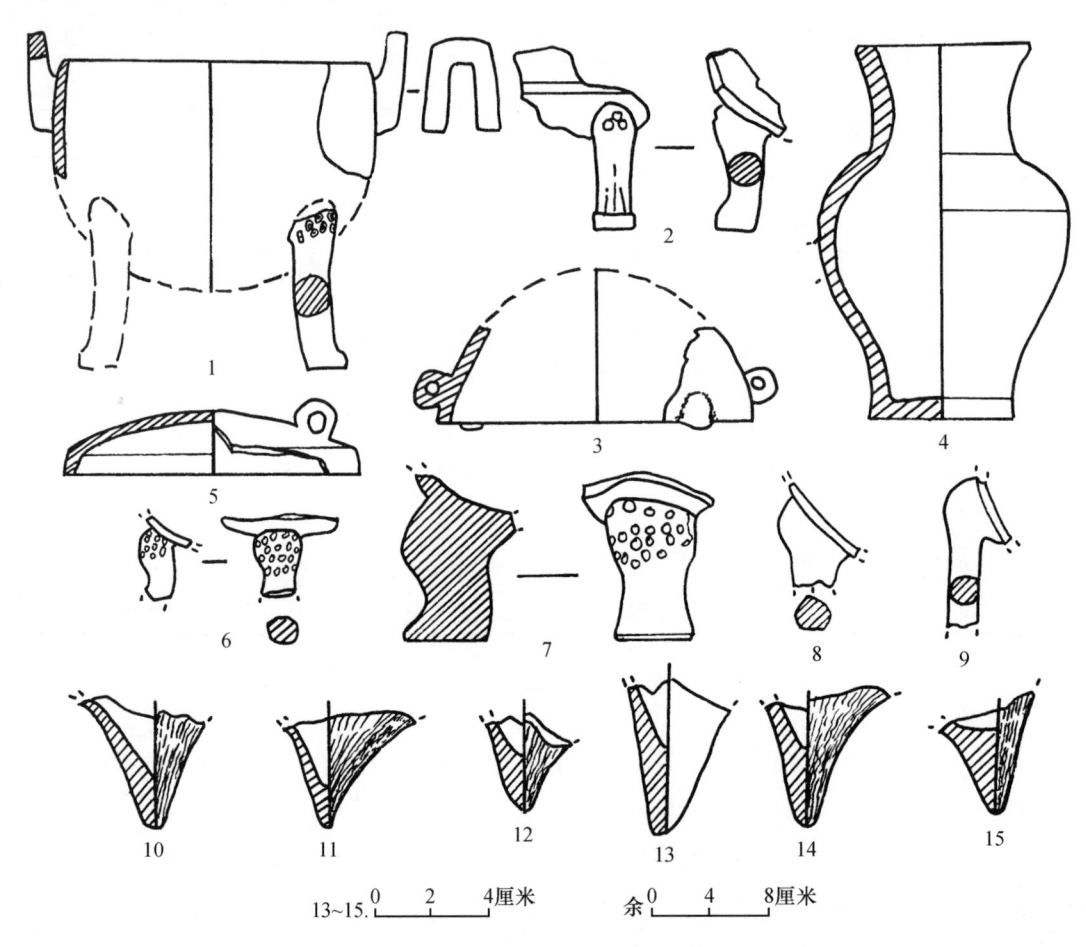

图四一　周代陶器
1. 鼎（H21:11）　2. Ⅰ式鼎足（T19③B:17）　3. 敦（T13③A:1）　4. 壶（J1:3）　5. 鼎盖（T22③B:8）　6、7. Ⅱ式鼎足（T21③B:8、H10:9）　8、9. Ⅲ式鼎足（T17③A:5、T19③A:15）　10、11. E型Ⅰ式鬲（H24:3、H25:4）　12～14. E型Ⅱ式鬲（H21:15、T9③B:12、T9③A:11）　15. E型Ⅲ式鬲（H3:6）

Ⅰ式 1件。G4:1，夹砂灰陶。翻沿，下沿面略弧，无颈，溜肩近直，肩腹分界不明显，最大颈在中腹，裆自肩部内瘪且十分厉害，矮截锥状柱足，足腔深。口沿以下满饰绳纹，颈中部绳纹模糊，肩、上腹各间一道抹痕。口径30.4、高29.2厘米（图四二，1；图版六，1）。

Ⅱ式 1件。G4:5，夹砂灰陶。除裆内瘪程度稍小和柱足较高、足腔较浅外，其余特征与Ⅰ式相同。口沿以下满饰绳纹，足底面绳纹模糊。口径23.2、高22厘米（图四二，2；图版六，2）。

Ⅲ式 6件。翻折沿，多方唇，个别圆唇，束颈极短，溜肩外扩，最大径在中腹偏上，裆内瘪程度较小，柱足较矮，足腔较深。颈以下满饰绳纹，肩部饰一周附加堆纹。F3:1，夹砂灰陶。颈部饰模糊绳纹，间抹两道。口径34厘米（图四二，3）。H8②:1，夹砂灰陶。口径43.2、高41.2厘米（图四二，4；图版六，3）。T1③B:6，夹砂红陶，至足部渐变灰。足部有削痕。口径25.2、高24.4厘米（图四二，5；图版六，4）。

Ⅳ式 2件。仅见口沿。除沿翻折并外卷、下沿面平厚外，其余形制特征与Ⅲ式基本相同。H26:1，夹砂黑陶。肩、腹部满饰绳纹，肩部饰一周附加堆纹。口径30.6厘米（图四二，8）。

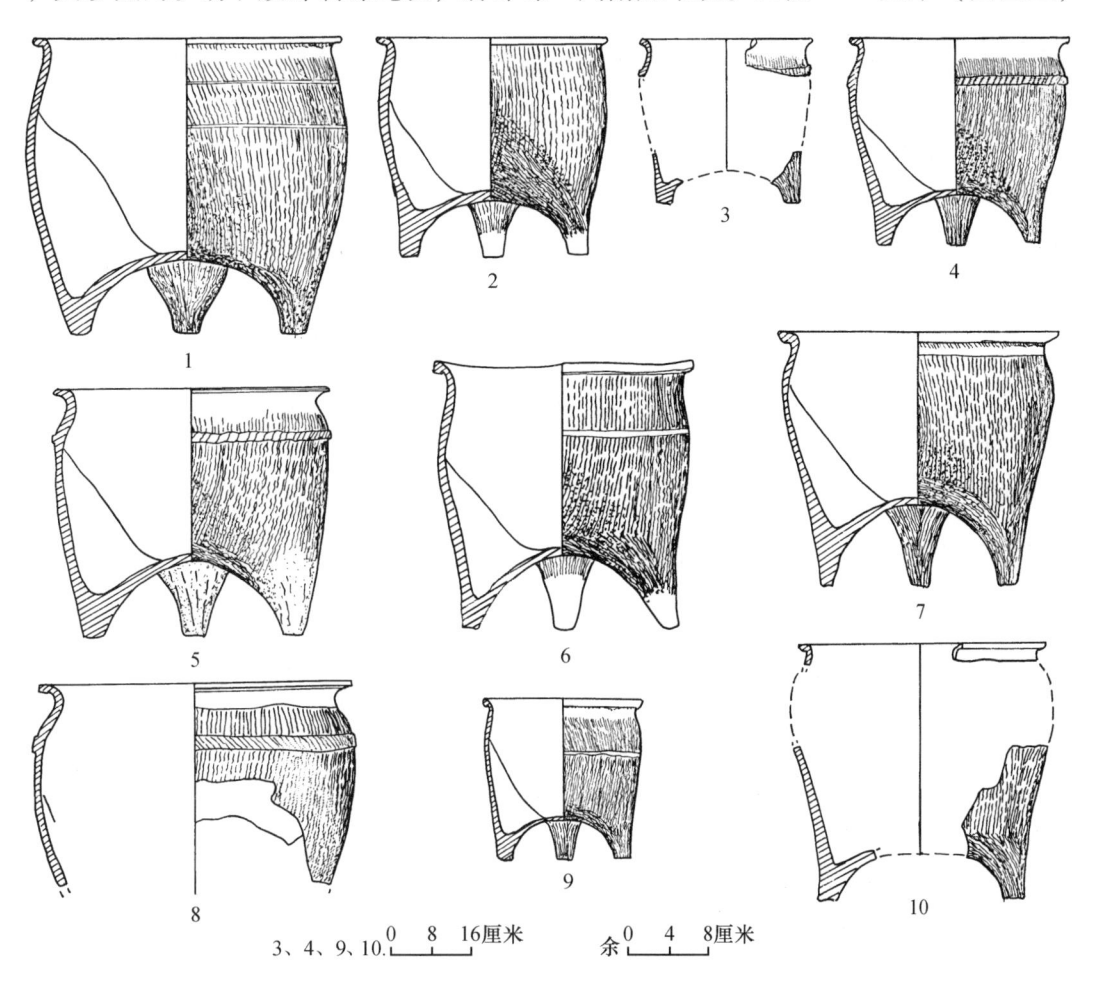

图四二 周代A型陶鬲
1.Ⅰ式（G4:1） 2.Ⅱ式（G4:5） 3~5.Ⅲ式（F3:1、H8②:1、T1③B:6） 6、7、9.Ⅴ式（F2:4、T13③A:5、H15:2）
8.Ⅳ式（H26:1） 10.Ⅵ式（H10:6）

Ⅴ式　8件。侈口，翻卷沿，沿圆厚，圆唇，束短颈，颈壁较直，圆肩，上腹鼓，下腹缓收，最大径在上腹，裆微内瘪，裆底部较高，柱足有高有矮，足腔有深有浅。口沿以下满饰绳纹，除个别外颈中部绳纹抹去，大多肩或腹部间一道抹痕。H15:2，夹砂红陶。足腔较深。口径30.6、高31.6厘米（图四二，9；图版六，6）。F2:4，夹细砂红陶。口沿不规整，足腔深。口径26、高26厘米（图四二，6；图版六，5）。T13③A:5，夹砂红陶。足腔较浅。口径28、高25厘米（图四二，7）。

Ⅵ式　1件。H10:6，上腹部无法复原。夹砂红陶。微敛口，翻卷沿，圆唇，束颈外扩，裆底较矮，矮柱足，足腔较浅。下腹、足面饰绳纹。口径50.2、高约50厘米（图四二，10）。

B型　小口罐形中高足鬲。数量较少，复原1件。侈口，翻折沿，束短颈，圆肩，上腹鼓，下腹弧收，最大径在上腹，腹径明显大于口径，裆线较低。颈以下满饰绳纹。按照颈部的变化可分为二式。

Ⅰ式　颈较短。T9③C:16，泥质褐陶。外沿面有一周浅凹槽，方唇。口径22.8厘米（图四三，1）。H25:3，夹砂红陶。尖圆唇。口径22厘米（图四三，3）。F2:3，夹砂灰陶。外沿面有一周浅凹槽，方唇，弧裆，柱足较矮，足腔较浅。口径17.2、高21.4厘米（图四三，2；图版七，1）。

Ⅱ式　颈较长。T6③A:7，夹砂红陶。口径14.4厘米（图四三，5）。

C型　釜形矮足鬲。可确定者仅1件。T20③B:3，残存下部。夹砂褐陶。深腹，下腹缓收，矮平裆，三小乳状足。腹、底满饰绳纹。残高约20厘米（图四三，4）。

D型　小口罐形矮足鬲。3件，复原1件。泥质灰陶。微侈口，翻折沿，平唇，矮领，圆肩，浅腹，上腹鼓，下腹弧收，矮平裆，空锥状足。J1:17，泥质灰陶。肩及上腹各饰一道凹弦纹，其间夹饰网格状划纹。口径19.2、高16厘米（图四三，6；图版七，2）。

E型　仅见鬲足，数量相对较多。锥状足。按照整体及裆线、足腔和纹饰的变化可分为三式。

Ⅰ式　整体较高，裆线高，足腔深。足面满饰绳纹。H24:3，夹砂灰陶。残高9.2厘米（图四一，10）。H25:4，夹砂灰陶。残高8.2厘米（图四一，11）。

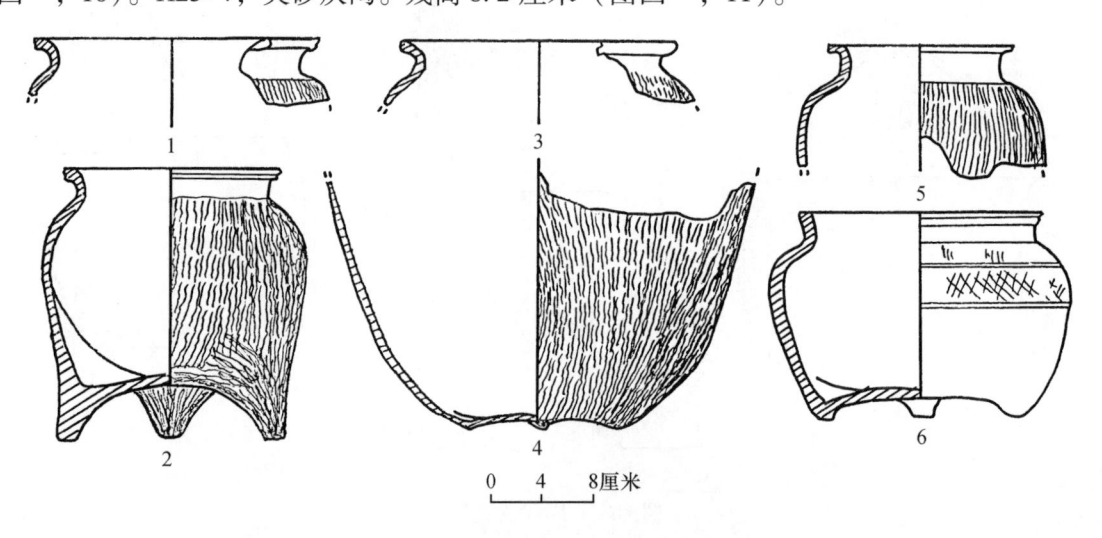

图四三　周代陶鬲
1~3.B型Ⅰ式（T9③C:16、F2:3、H25:3）　4.C型（T20③B:3）　5.B型Ⅱ式（T6③A:7）　6.D型（J1:17）

Ⅱ式　整体稍矮，裆线较高，足腔变浅。H21:15，夹砂红陶。足面满饰绳纹。残高7.2厘米（图四一，12）。T9③B:12，夹砂灰陶。素面。残高5.5厘米（图四一，13）。T9③A:11，夹砂红陶。足面满饰绳纹。残高5.2厘米（图四一，14）。

Ⅲ式　整体较矮，裆线较低，足腔浅。素面。H3:6，夹砂灰陶。残高4.3厘米（图四一，15）。

甗　数量较多，但能复原的数量不多。束腰，中高柱足，足腔普遍较深。按照甗体颈、腹及腰和鬲体裆、足的变化可分为五式。

Ⅰ式　仅见腰部。腰部较短细，甗体下腹缓收，鬲体溜肩。G4:7，泥质灰陶。残存部分满饰绳纹。腰径10.4厘米（图四四，1）。T1③B:3，夹粗砂褐陶。素面。腰径12.8厘米（图四四，2）。

Ⅱ式　甗体侈口，翻折沿，短颈，溜肩，上腹微鼓，口径与腹径基本相等；腰部较短细，腰底与鬲肩交接处有明显凹折棱；鬲体溜肩圆鼓，中腹鼓，裆底较高。自甗体颈以下除腰中部外满饰绳纹。J3:13，夹砂红陶。裆微内瘪。鬲体上腹部间两道抹痕。口径36.4、腰径15.6、高64厘米（图四四，3；图版七，3）。J3:17，仅存甗体，甗体中腹残。泥质红陶。沿面中部有一道浅凹槽，颈部饰模糊绳纹。口径39.2、腰径16厘米（图四四，4）。

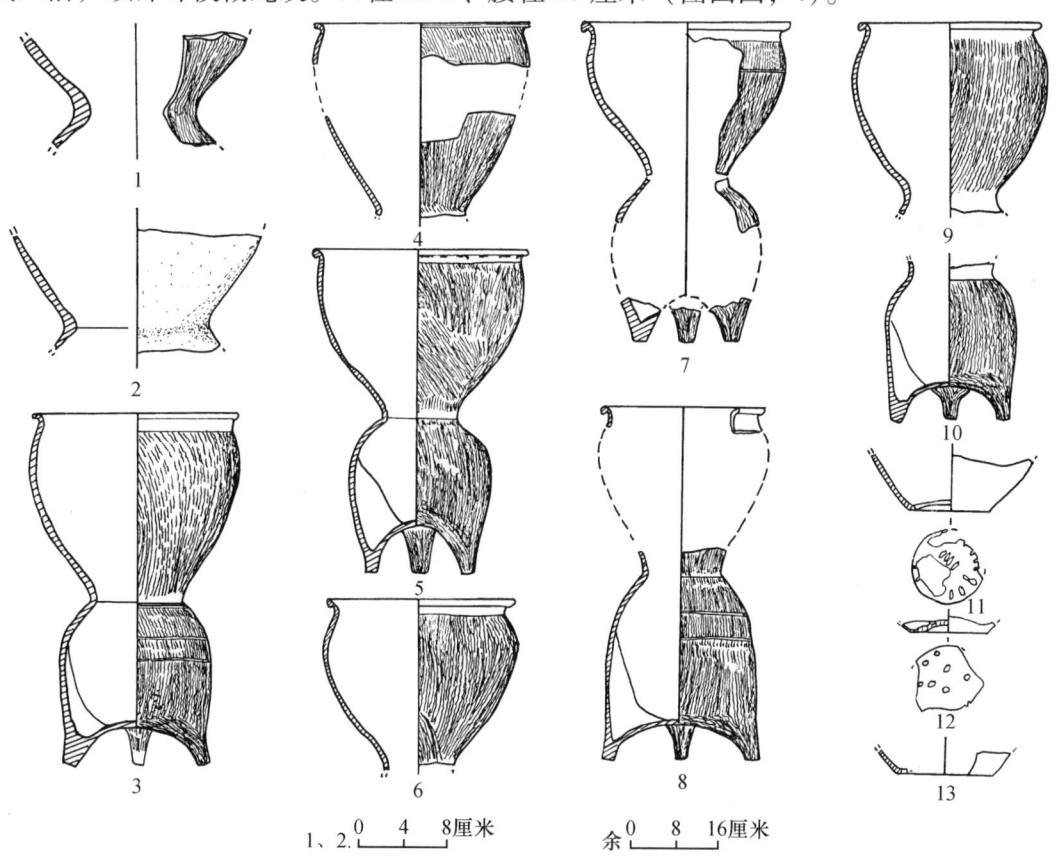

图四四　周代陶甗、甑

1、2. Ⅰ式甗（G4:7、T1③B:3）　3、4. Ⅱ式甗（J3:13、J3:17）　5、7. Ⅲ式甗（J3:3、H22:8）　6、8. Ⅳ式甗（H5:2、T8③A:10）　9、10. Ⅴ式甗（H3:2、T4③A:2）　11～13. 甑底（T17③A:8、T21③A:2、H11:3）

Ⅲ式　除沿翻卷外，其余形制及纹饰特征与Ⅱ式相同。J3：3，夹砂红陶。裆内瘪程度较大，甗体颈部饰模糊绳纹，中部绳纹抹去。口径39.2、腰径13.2、高58.8厘米（图四四，5；图版七，4）。H22：8，可基本复原，鬲体中、下腹残。夹砂红陶。甗体上腹间一道抹痕。口径37.6、腰径14.4、高约58厘米（图四四，7）。

Ⅳ式　在Ⅲ式基础上，上腹外鼓较甚，即上腹径明显大于口径，腰部较长，裆底较矮。H5：2，仅存甗体。夹砂红陶。口径34.4、腰径12.8厘米（图四四，6）。T8③A：10，夹砂红陶。微瘪裆。甗体颈部饰模糊绳纹，中部绳纹抹去，鬲体上腹间两道抹痕。口径30、腰径13.6厘米（图四四，8）。

Ⅴ式　除腰较粗、裆底较平外，其余特征与Ⅳ式基本相同。腰部全素面。T4③A：2，仅存鬲体。夹砂红陶。裆微内瘪。腰径15.2厘米（图四四，10；图版七，5）。H3：2，仅存甗体。夹砂红陶。口径33.6、腰径16.4厘米（图四四，9）。

甑　未见复原器物，因残损缘故，只能从底部看出其形制，数量极少。斜弧腹内收，凹圜底，底部有箅孔。T17③A：8，夹砂红陶。长条形箅孔。中腹饰绳纹。底径13.6厘米（图四四，11）。T21③A：2，泥质灰陶。圆形箅孔，下腹及底素面。底径13.6厘米（图四四，12）。H11：3，泥质黑陶。素面。椭圆形箅孔。底径17.2厘米（图四四，13）。

簋　数量相对较多。根据能否承盖的不同可分为二型。

A型　口部内敛，可承盖。按照口沿及上腹壁纹饰的变化可分为五式。

Ⅰ式　均仅存上部，簋座残。子口，圆唇，折肩，圜底。上腹壁除纹饰外的壁面平。T10③C：20，泥质灰陶。微鼓腹，腹较深。肩部各饰一道上凸下凹弦纹，中腹分饰两凹夹一凸弦纹。口径16厘米（图四五，1）。T18③C：18，泥质灰陶。上腹缓收，下腹急收，腹较浅。肩下及上腹各饰一道凹弦纹，中腹分饰两凹夹一凸弦纹。口径16厘米（图四五，2）。

Ⅱ式　均仅存上部，簋座残。子口，上腹直，下腹急收，圜底。口沿下饰一道凸弦纹，弦纹下壁面呈宽带状内凹。H25：3，泥质灰陶。口径19.2厘米（图四五，3）。H13：4，泥质灰陶。口径18.2厘米（图四五，4）。

Ⅲ式　直口或微敛口，圆唇，微鼓腹，圜底，矮粗柄，阶梯状喇叭形圈座。纹饰特征与Ⅱ式相同。H22：10，夹砂灰陶。直口。口径19.8、圈座径12.8、高18.8厘米（图四五，6；图版八，1）。H22：11，泥质灰陶。微敛口。口径20、圈座径13.2、高18.4厘米（图四五，9）。

Ⅳ式　口内敛较甚，折沿，方唇，折肩，腹壁自肩部弧收，底、圈座形制与Ⅴ式基本相同。口沿下饰一道凸弦纹。H5：1，泥质灰陶。口径18.4、圈座径12.8、高18.8厘米（图四五，7；图版八，2）。F2：10，泥质灰陶。口径16.8、圈座径11.6、高18厘米（图四五，8）。

Ⅴ式　除口近直外，其余特征与Ⅳ式相同。T8③A：8，泥质褐陶。口径19.6、圈座径13.2、高20.6厘米（图四五，10；图版八，3）。

B型　仅见1件。J3：18，不承盖。泥质褐陶。敞口，平折沿，平唇，口沿下壁面呈宽带状内凹，弧腹内收，圜底。凹壁面饰上下两组压印方块纹。口径20厘米（图四五，5）。

豆　本次发掘出土数量最多的器物。根据盘的不同可分为二型。

A型　近直口，微折盘，浅腹。按照柄的变化可分为四式。

图四五 周代陶豆

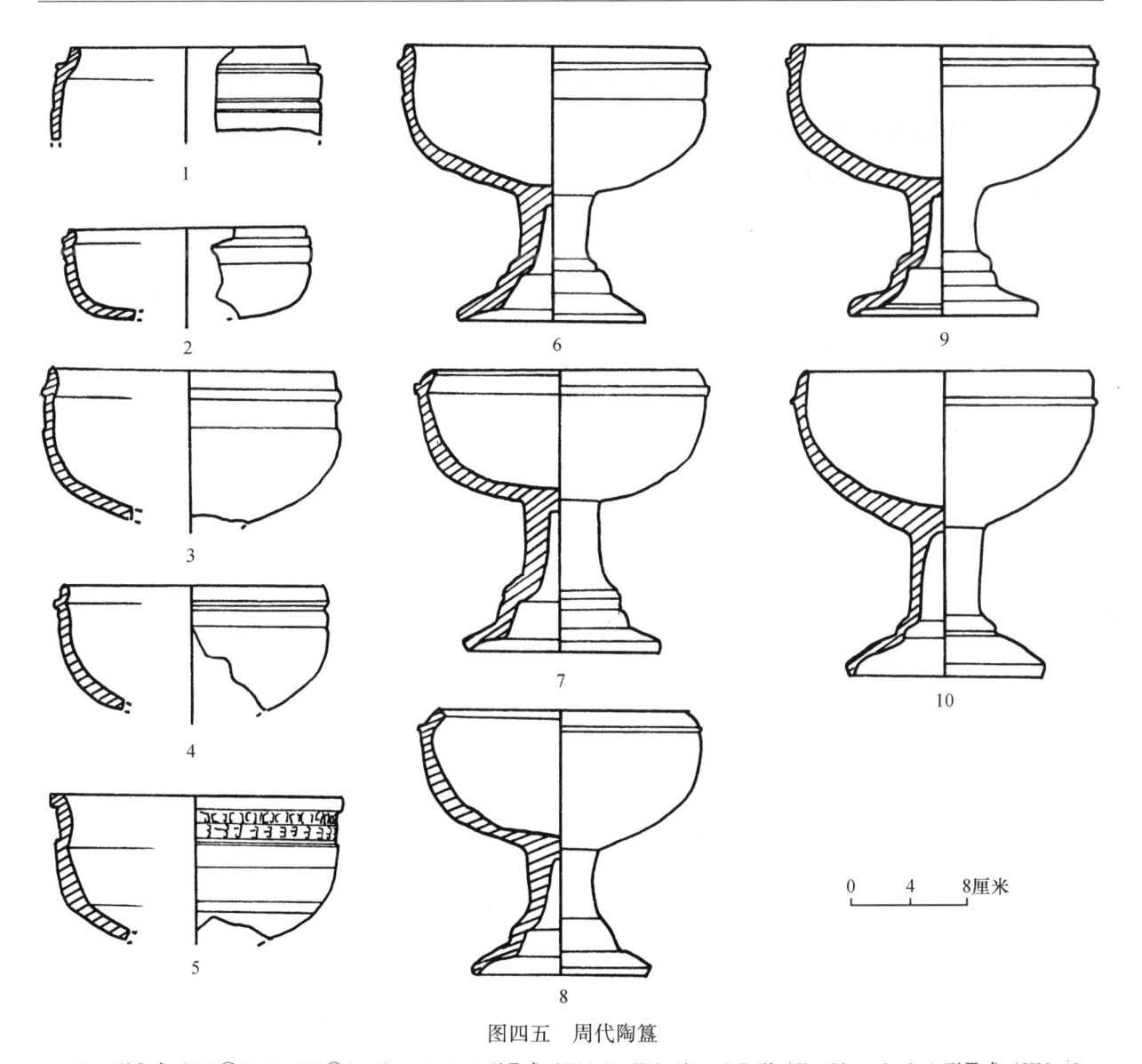

1、2. A型Ⅰ式（T10③C:20、T18③C:18） 3、4. A型Ⅱ式（H25:3、H13:4） 5. B型（J3:18） 6、9. A型Ⅲ式（H22:10、H22:11） 7、8. A型Ⅳ式（H5:1、F2:10） 10. A型Ⅴ式（T8③A:8）

Ⅰ式 粗高柄，柄内空较大。G4:3，柄上部残。泥质黑陶。近直口，喇叭状圈足，柄有三角形镂孔。圈足分饰一道凸、凹弦纹。口径17.6、圈足径12、高约15.2厘米（图四六，1）。

Ⅱ式 均仅存豆柄。粗柄较矮，柄中空较大并至盘底。H8②:8，泥质黑陶。柄上部有一周凸棱（图四六，2）。H8①:6，泥质黑陶。素面。喇叭状圈足（图四六，3）。

Ⅲ式 近直口或微敛口，柄较高细，柄中空较小，喇叭状圈足。均素面。J3:5，泥质灰陶。近直口。口径12、圈足径7.2、高12.4厘米（图四六，4）。H24:1，泥质灰陶。喇叭状圈足。口径13.2、圈足径8、高10.8厘米（图四六，5；图版八，4）。T11③B:20，泥质灰陶。浅覆盘状圈足。口径16.8、圈足径8.2、高10.8厘米（图四六，6）。

Ⅳ式 近直口，柄较细高，柄中空呈锥状至柄上部，内底平，喇叭状圈足。均素面。H14:1，泥质黑陶。口径19.2、圈足径8.4、高约14.8厘米（图四六，7）。T13③A:7，泥质灰陶。口径13.2、圈足径8.4、高13.6厘米（图四六，8）。

B型 敞口，弧盘。按照腹深、柄的变化可分为三式。

Ⅰ式 盘腹较深，粗高柄，柄中空较大并至盘底。G4:2，泥质褐陶。圆唇，喇叭状圈足。上腹饰一道凹弦纹。口径15.8、圈足径9.6、高约15.6厘米（图四六，9）。F3:3，下部残。夹砂褐陶。圆唇。上腹饰一道凹弦纹。口径14.6厘米（图四六，10）。

Ⅱ式 腹相对较浅，柄较细矮，柄中空较小，圈足较窄。均素面。T9③C:15，泥质褐陶。喇叭状圈足。口径13.2、圈足径5.8、高8.8厘米（图四六，11）。J3:15，泥质黑陶。覆盘状圈足。口径14、圈足径8.8、高10.8厘米（图四六，12；图版八，5）。F2:5，泥质灰陶。覆盘状圈足。口径14.4、圈足径8、高9.2厘米（图四六，13）。H3:4，泥质灰陶。覆盘状圈足。口径14.8、圈足径7.2、高11.2厘米（图四六，14）。

图四六 周代陶豆

1. A型Ⅰ式（G4:3） 2、3. A型Ⅱ式（H8②:8、H8①:6） 4~6. A型Ⅲ式（J3:5、H24:1、T11③B:20） 7、8. A型Ⅳ式（H14:1、T13③A:7） 9、10. B型Ⅰ式（G4:2、F3:3） 11~14. B型Ⅱ式（T9③C:15、J3:15、F2:5、H3:4） 15~18. B型Ⅲ式（H24:2、J1:36、H5:4、H21:12）

Ⅲ式　腹相对较浅，柄较细高，柄中空小，圈足较窄。均素面。H24∶2，泥质黑陶。覆盘状圈足。口径 13.2、圈足径 7.2、高 12 厘米（图四六，15）。H21∶12，泥质灰陶。喇叭状圈足。口径 13、圈足径 8.6、高 16 厘米（图四六，18）。H5∶4，泥质灰陶。浅覆盘状圈足。口径 13.2、圈足径 9、高 12.4 厘米（图四六，17）。J1∶36，泥质灰陶。覆盘状圈足。口径 13.6、圈足径 9.6、高 15.2 厘米（图四六，16；图版八，6）。

盂　数量较少，仅能复原 1 件，一些仅为器底。根据口沿整体形制的不同可分为三型。

A 型　侈口，深腹，上腹鼓，下腹斜收。按照沿、颈的变化可分为二式。

Ⅰ式　平折沿，平唇，无颈。J3∶1，泥质褐红陶，素面。平底。口径 14.4、底径 7.2、高 11.2 厘米（图四七，1；图版九，1）。

Ⅱ式　沿上翘，圆唇，束颈极短，溜肩。T5③B∶11，泥质灰陶。肩及下腹饰绳纹。口径 20 厘米（图四七，2；图版九，2）。T19③A∶13，泥质灰陶。肩及上腹饰六道凹弦纹。口径 15 厘米（图四七，3）。

B 型　敛口，平折沿，平唇，浅腹，下腹急收。按照腹部的变化可分为二式。

Ⅰ式　扁折腹。T22③B∶7，泥质红陶。素面。口径 22.2 厘米（图四七，4）。

Ⅱ式　扁鼓腹。T15③A∶5，泥质黑陶。素面。口径 21.6 厘米（图四七，5）。

C 型　圆唇，浅腹，腹壁自近口部急收。按照口沿变化可分为三式。

Ⅰ式　敛口，圜底。J4∶9，夹砂灰陶。素面。口径 13.6 厘米（图四七，8）。

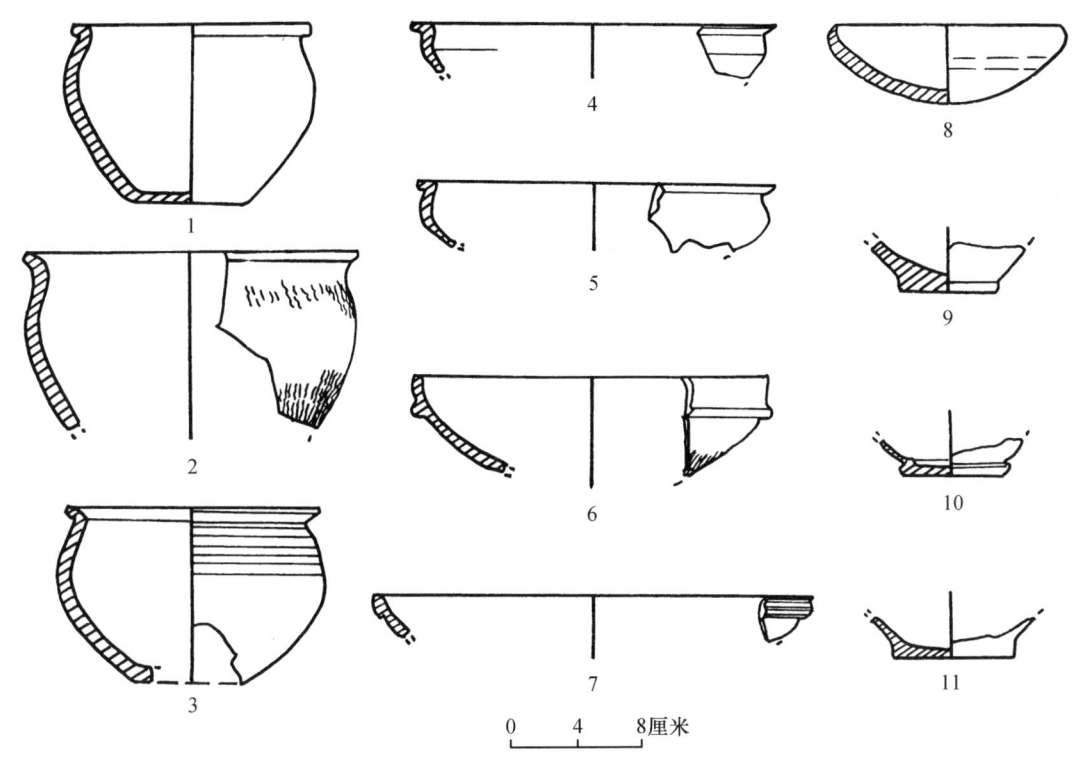

图四七　周代陶盂
1. A 型Ⅰ式（J3∶1）　2、3. A 型Ⅱ式（T5③B∶11、T19③A∶13）　4. B 型Ⅰ式（T22③B∶7）　5. B 型Ⅱ式（T15③A∶5）　6. C 型Ⅱ式（T8③A∶6）　7. C 型Ⅲ式（T9③A∶6）　8. C 型Ⅰ式（J4∶9）　9~11. 盂底（F3∶2、T10③C∶21、T9③A∶8）

Ⅱ式　直口微侈。T8③A:6，上腹饰一道凸弦纹，下腹饰绳纹。口径21.2厘米（图四七，6）。

Ⅲ式　敞口，卷沿。T9③A:6，外沿面饰三道凹弦纹。口径26.4厘米（图四七，7）。

盂底　下腹弧收，平底。均素面。F3:2，泥质灰陶。底径6厘米（图四七，9）。T10③C:21，泥质褐陶。腹、底交接处呈一道凹槽。底径6.4厘米（图四七，10）。T9③A:8，泥质灰陶。底径7.2厘米（图四七，11）。

盆　数量较多，也是本次发掘出土数量最多的器物之一。根据颈、肩、腹部的不同可分为三型。

A型　束颈折肩或折腹盆，腹壁自折肩或折腹部位斜弧内收。按照口沿、颈、肩、腹部的变化可分为五式。

Ⅰ式　敛口，翻折沿，短束颈，颈壁呈斜直状外扩下折，折肩。M3:2，泥质黑衣灰陶。凹圜底较浅。下腹以上满饰绳纹，大多因质地较差模糊不清。口径20.8、底径9.6、高12厘米（图四八，2）。M3:4，泥质黑衣灰陶。凹圜底较深。中腹饰绳纹，大多因质地较差模糊不清。口径22.4、底径10.4、高12.4厘米（图四八，1；图版九，3）。

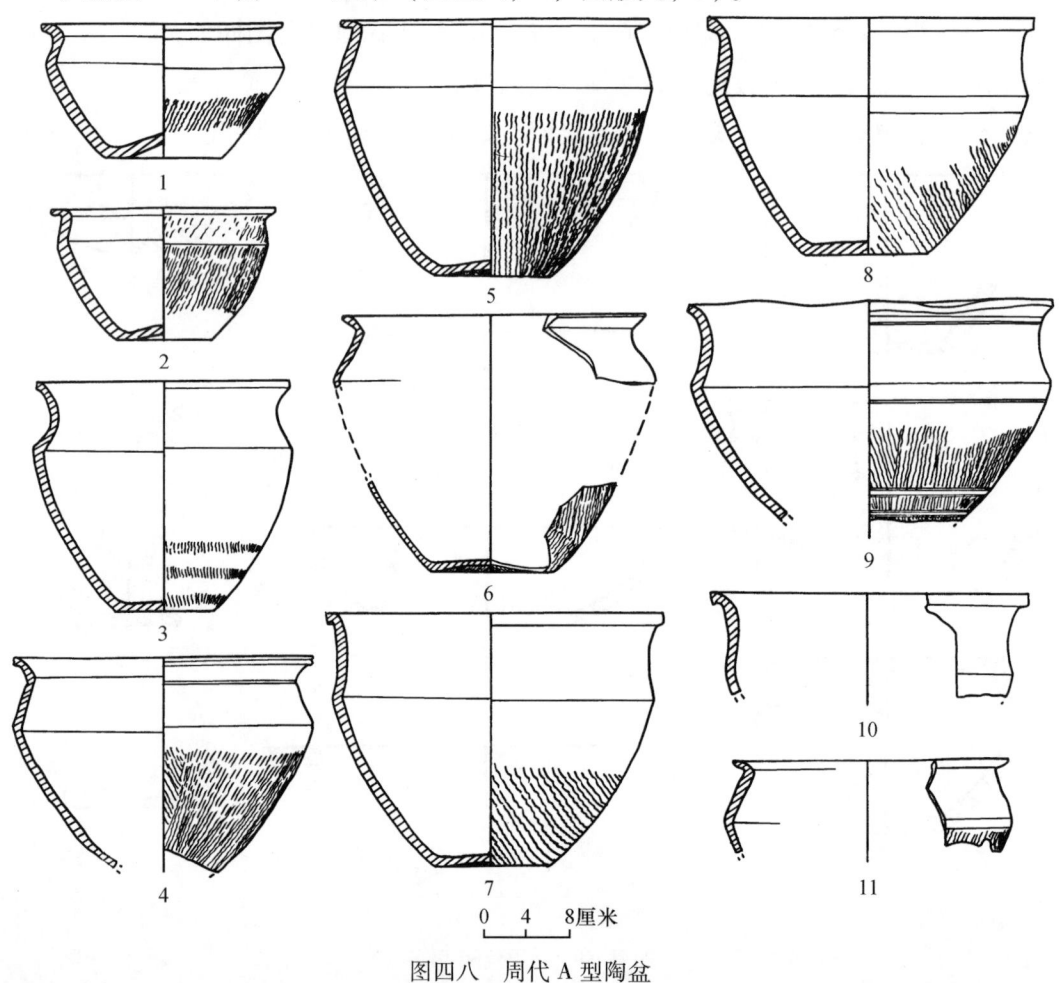

图四八　周代A型陶盆

1、2. Ⅰ式（M3:4、M3:2）　3、8、9. Ⅲ式（H13:2、J3:4、H21:5）　4、11. Ⅴ式（T2③A:2、H3:8）
5、6. Ⅱ式（G4:4、G4:9）　7、10. Ⅳ式（H5:3、F2:14）

Ⅱ式　敛口，沿外翻，束颈变长，颈壁仍呈斜直状外扩下折，折肩，肩径明显大于口径。G4:4，泥质灰陶。翻折沿，方唇，浅凹圜底，肩下至底部满饰绳纹。口径28.6、底径10.4、高23.6厘米（图四八，5；图版九，4）。G4:9，中腹部残。泥质灰陶。下腹至底部满饰绳纹。口径28厘米（图四八，6）。

Ⅲ式　侈口，翻折沿，方唇，长颈微束，颈壁略呈弧形外扩，折肩外凸不甚，肩径基本等于口径。J3:4，夹细砂灰陶。平底。肩下饰一道凹弦纹，以下至底满饰绳纹。口径30.4、底径11.6、高21.6厘米（图四八，8；图版九，5）。H21:5，底残。泥质灰陶。口部凹凸不平。颈上部及肩下部各饰一道凹弦纹，中、下腹满饰绳纹，下腹分别被上下两道弦纹间断。口径33.6厘米（图四八，9）。H13:2，泥质黑陶。颈中壁内弧较甚，平底。下腹饰三组间断绳纹。口径23.4、底径9.2、高21.2厘米（图四八，3）。

Ⅳ式　侈口，翻折沿，方唇，微束颈更长，颈壁略内弧，折肩略外凸，肩径明显小于口径。H5:3，泥质灰陶。浅凹底。中、下腹满饰绳纹。口径31.2、底径10.4、高23.6厘米（图四八，7）。F2:14，下部残。泥质灰陶。素面。口径29.6厘米（图四八，10）。

Ⅴ式　敛口，宽沿翻折，束颈极短，溜肩，上腹扁折。T2③A:2，泥质褐陶。方唇。沿面及颈各饰一道凹弦纹，中、下腹满饰绳纹。口径28厘米（图四八，4）。H3:8，泥质黑陶。尖圆唇。中、下腹满饰绳纹。口径26厘米（图四八，11）。

B型　束颈弧腹盆。侈口，沿外翻，束颈，溜肩，鼓腹，下腹弧收。按照颈、肩、腹部的变化可分为三式。

Ⅰ式　束颈较长，圆肩，最大径在上腹。T10③C:18，泥质灰陶。翻折沿，方唇。颈下部及肩、腹满饰绳纹。口径36.8厘米（图四九，1）。J4:5，泥质灰陶。翻折沿，尖唇，唇内沿面有三道浅凹槽，凹圜底。中、下腹饰绳纹。口径41厘米（图四九，2）。

Ⅱ式　均为口沿。束颈较短，溜肩，最大径在中腹或略偏上。T19③B:20，泥质灰陶。翻折沿，方唇，内沿面有一道浅凹槽。肩部饰一道凸弦纹，上、中腹饰三道凹弦纹，下腹饰绳纹。口径24厘米（图四九，6）。H22:21，夹砂红陶。翻折沿，方唇。口沿以下满饰绳纹。口径36.2厘米（图四九，3）。

Ⅲ式　均为口沿。束颈较短，圆肩或折肩，最大径在肩部或上腹部。H5:13，泥质黑陶。翻折沿，尖唇，折肩。肩部以下满腹饰绳纹，中部间一道抹痕。口径33厘米（图四九，7）。T11③A:5，泥质黑陶。翻折沿，平唇，折肩。上腹饰一周连续竖"W"纹。口径27.6厘米（图四九，8）。

C型　无颈弧腹盆。底均残。按照口沿、腹部的变化可分为二式。

Ⅰ式　微侈口，翻折沿，深腹，腹壁微鼓。T18③B:13，泥质黑陶。圆唇，唇内沿面有一周浅宽凹槽。腹饰瓦棱纹。口径20.2厘米（图四九，4）。J2:9，夹砂灰陶。沿外压，尖唇，唇内沿面有四道浅凹槽。口沿以下饰间断绳纹。口径33.6厘米（图四九，5）。

Ⅱ式　微敛口，平折沿，平唇，腹较浅，腹壁自口部缓收。T7③A:8，泥质灰陶。上腹壁饰两道凸弦纹。口径29.2厘米（图四九，9）。

罐　数量较多，也是本次发掘出土数量最多的器物之一。根据整体形制的不同可分为

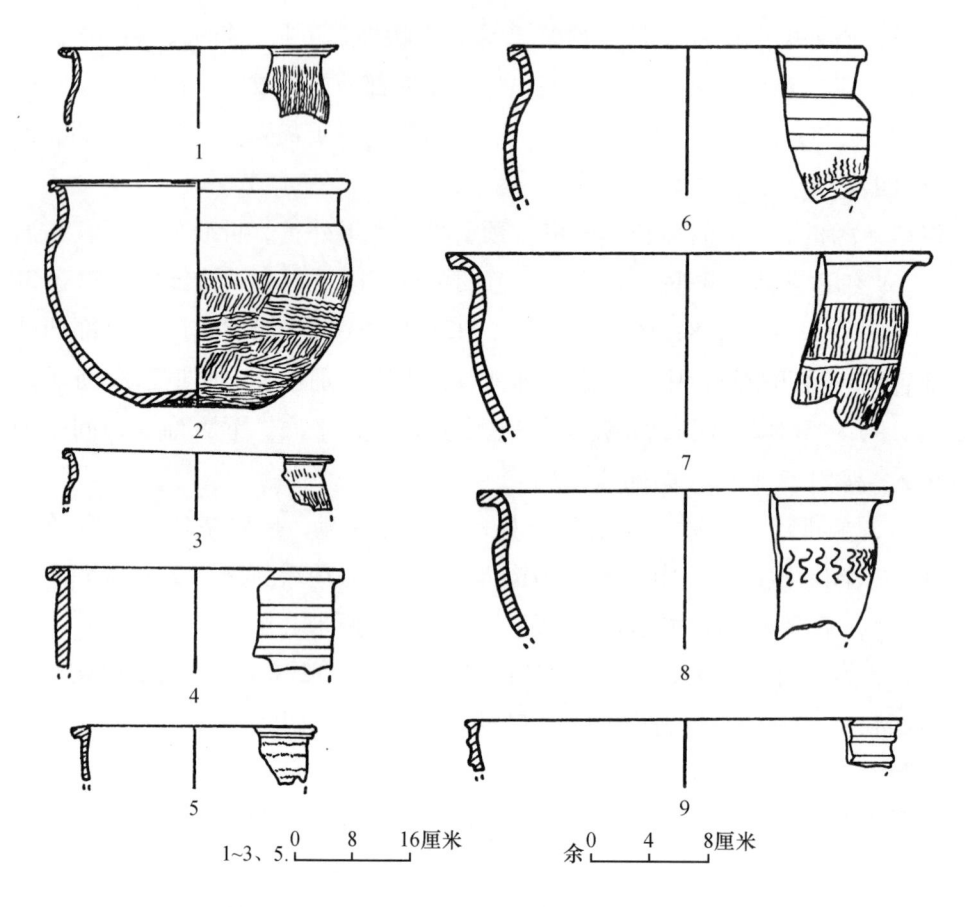

图四九 周代陶盆

1、2.B型Ⅰ式（T10③C:18、J4:5） 3、6.B型Ⅱ式（H22:21、T19③B:20） 4、5.C型Ⅰ式（T18③B:13、J2:9） 7、8.B型Ⅲ式（H5:13、T11③A:5） 9.C型Ⅱ式（T7③A:8）

四型。

A型 束颈折腹罐。侈口，翻沿，圆唇，束短颈，斜溜肩外扩，折腹径明显大于口径，凹圜底。按照整器、口沿、腹部的变化可分为二式。

Ⅰ式 整器较矮，宽沿近平，折腹处最大径与口径的比差大，腹较浅。M3:1，泥质黑衣灰陶。腹壁自内折处近斜直状内收，凹圜底较深。颈、肩下端各饰两道凹弦纹，中腹饰绳纹，肩部残存少量彩绘朱砂。口径14.4、底径12.8、高21厘米（图五〇，1；图版一〇，1）。G4:10，仅残存口部。泥质灰陶。颈部饰绳纹，间一道凹弦纹。口径19.8厘米（图五〇，2）。

Ⅱ式 整器高，翻卷沿上昂，折腹处最大径与口径的比差相对较小，深腹，下腹呈弧形缓收，平底。M1:1，泥质黑陶。颈以下满饰绳纹，肩部间一道凹弦纹。口径24.8、底径16.8、高32.2厘米（图五〇，3；图版一〇，2）。F2:2，泥质红陶。口沿以下及器底满饰绳纹。口径23.2、底径14.2、高32厘米（图五〇，4）。

B型 束颈深鼓腹罐。侈口，翻沿，束颈，深腹，腹壁外鼓。按照口沿、颈部的变化可分为三式。

Ⅰ式 均残存口沿。口外侈相对较甚，平折沿，颈较短，颈壁较大弧度内凹。T10③C:27，泥质灰陶。沿翻折，平唇，圆肩。口沿以下满饰绳纹，颈部绳纹模糊。口径15.2厘米（图五〇，5）。

Ⅱ式　均残存口沿。口略外侈，翻折沿，颈较长，颈壁微呈弧形内凹。T10③B:13，泥质红陶。沿翻折，方唇，溜肩，外沿面有一周浅凹槽。口沿以下满饰绳纹，颈部绳纹模糊。口径19.2厘米（图五〇，6）。H5:17，泥质灰陶。沿翻折，方唇。颈部饰模糊绳纹。口径15.8厘米（图五〇，7）。

Ⅲ式　口略外侈，沿翻折，方唇，颈较长，颈壁直，溜肩。泥质灰陶。口沿以下满饰绳纹，颈部绳纹模糊，上腹间一道抹痕。J1:7，口径18.6、底径9.6、高28厘米（图五〇，11）。J1:37，残存口沿。口径18厘米（图五〇，8；图版一〇，3）。

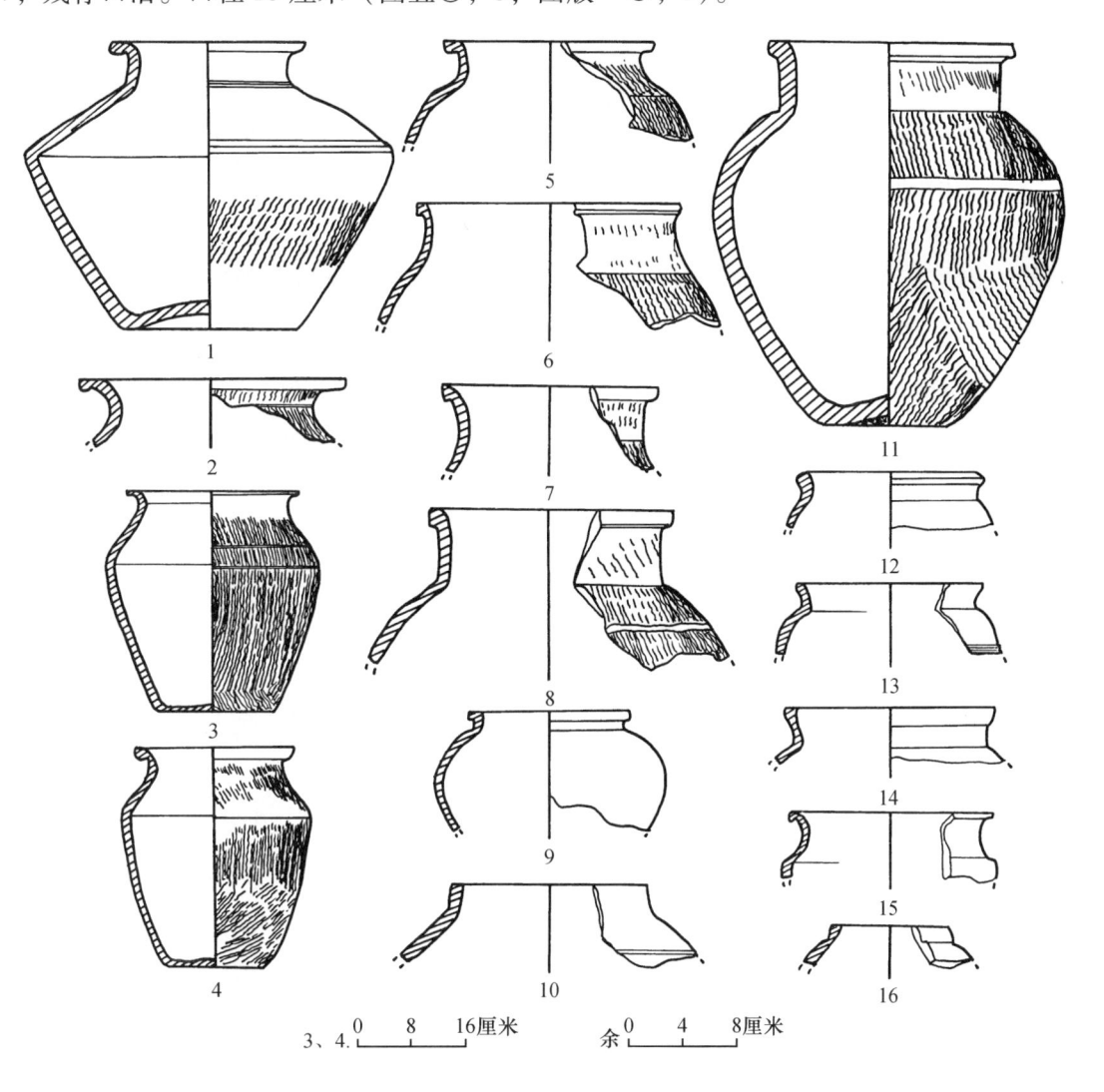

图五〇　周代陶罐

1、2. A型Ⅰ式（M3:1、G4:10）　3、4. A型Ⅱ式（M1:1、F2:2）　5. B型Ⅰ式（T10③C:27）　6、7. B型Ⅱ式（T10③B:13、H5:17）　8、11. B型Ⅲ式（J1:37、J1:7）　9. Ca型Ⅰ式（G4:6）　10. Cb型Ⅱ式（T4③B:12）　12、13. Ca型Ⅱ式（H8③:13、T22③B:9）　14. Ca型Ⅲ式（T7③A:7）　15. Ca型Ⅳ式（T9③A:9）　16. Cb型Ⅰ式（T10③C:26）

C 型　短颈扁鼓腹罐。均残存口沿，短颈，溜肩，扁鼓腹。依据口沿的不同可分为二亚型

Ca 型　侈口，沿外翻，束颈。按照口沿、颈、肩部的变化可分为三式。

Ⅰ式　微侈口，宽折沿，平唇，短直颈，溜肩。G4∶6，泥质灰陶。素面。口径12.2厘米（图五〇，9）。

Ⅱ式　微侈口，窄沿略外翻，圆唇，短直颈，溜肩。H8③∶13，泥质灰陶。素面。口径14厘米（图五〇，12）。T22③B∶9，泥质灰陶。中腹部饰两道凹弦纹。口径13.6厘米（图五〇，13）。

Ⅲ式　近直口，窄沿平折，平唇，短直颈，溜肩。T7③A∶7，泥质灰陶。素面。口径15.2厘米（图五〇，14）。

Ⅳ式　口外侈较甚，沿外翻厉害，圆唇，颈相对较长，并呈弧形内凹，圆折肩。T9③A∶9，泥质黑陶。素面。口径15.2厘米（图五〇，15）。

Cb 型　敛口，窄平折沿，平唇，短斜颈外扩，斜溜肩。按照口沿的变化可分为二式。

Ⅰ式　口内敛较甚。T10③C∶26，泥质黑衣红陶。素面。口径8.8厘米（图五〇，16）。

Ⅱ式　口微敛近直。T4③B∶12，泥质黑陶。肩部饰一道凹弦纹。口径14.5厘米（图五〇，10）。

D 型　双耳罐。依据整体、口沿、颈部、双耳的不同可分为五个亚型。

Da 型　中长颈深腹双鼻耳罐。整体匀称，侈口，翻折沿，束中长颈，溜肩，肩有双鼻耳，深腹，上腹鼓，下腹弧收，腹径大于口径，凹圜底。按照口沿、颈部的变化可分为三式。

Ⅰ式　平折沿，平唇，颈较长，颈壁近直。肩、腹满饰绳纹。J3∶12，口残。泥质灰陶。凹圜底较浅。颈及底均满饰绳纹。底径9.2厘米（图五一，1）。J4∶4，泥质灰陶。凹圜底较深。底饰绳纹。口径14.4、底径9.2、高20.4厘米（图五一，2；图版一〇，4）。J1∶19，泥质黑陶。凹圜底近平。颈部饰模糊绳纹，耳上下各间一道抹痕。口径15.6、底径9.2、高20厘米（图五一，3）。

Ⅱ式　翻折沿，方唇，颈稍短，颈壁呈弧形内凹。T5③A∶6，泥质灰陶。深凹圜底，唇内沿面有一周浅凹槽。口沿以下至器底满饰绳纹，颈部绳纹模糊，耳上下各间一道抹痕。口径20.8、底径10.4、高25.2厘米（图五一，5；图版一〇，5）。H1∶2，泥质灰陶。凹圜底近平。口沿以下满饰绳纹，耳下部间两道凹弦纹。口径20.8、底径10.4、高30.4厘米（图五一，6）。

Ⅲ式　整体瘦高，翻折沿，方唇，颈稍短，颈壁自上部斜外扩。H10∶7，泥质灰陶。凹圜底近平，穿耳孔饰一道凹弦纹，下腹饰绳纹。口径12.8、底径7.2、高21厘米（图五一，7；图版一〇，6）。

Db 型　长颈深腹双鼻耳罐。5件，2件完整，其余3件口部残，均出自J1。整体瘦高，长颈，溜肩，肩有双鼻耳，深腹，凹圜底近平。按照口沿、颈、腹部的变化可分为二式。

Ⅰ式　2件。微侈口，窄平折沿，平唇，颈壁略弧，上腹微鼓，下腹近斜直状弧收。J1∶14，泥质灰陶。颈上部饰模糊绳纹，上、中腹及下腹上部饰绳纹。口径12.4、底径7.2、高24.4厘米（图五一，8；图版一一，1）。

Ⅱ式　3件。大侈口，翻折沿，方唇，唇内、外沿面各有一道浅凹槽，颈壁呈较大弧度内凹，上腹鼓，下腹呈内曲弧形缓收。J1∶9，泥质灰陶。肩至中腹饰绳纹，耳上下各间一道抹痕。口径19.2、底径9.2、高26.4厘米（图五一，9；图版一一，2）。

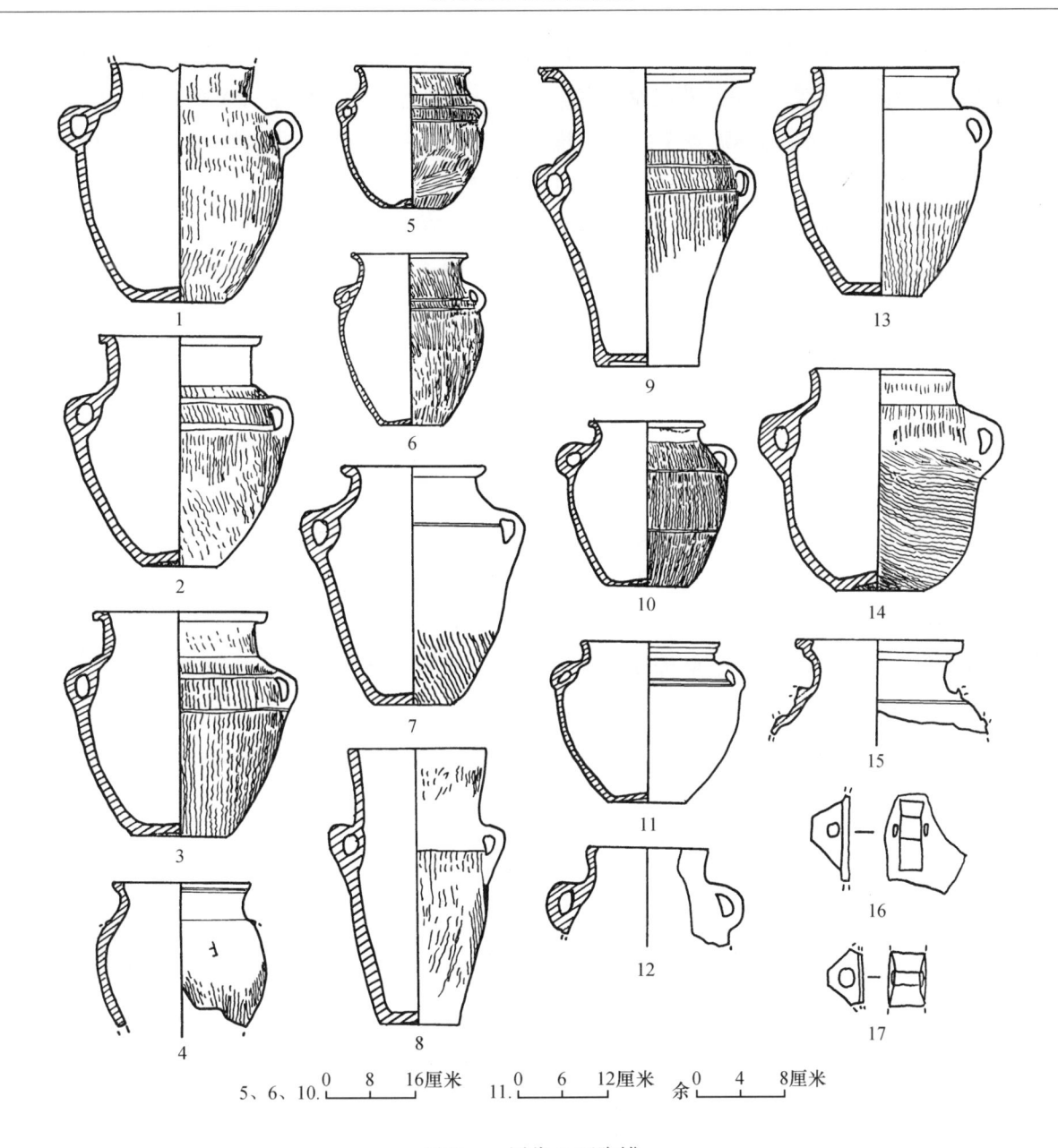

图五一 周代 D 型陶罐

1~3. Da 型 I 式（J3:12、J4:4、J1:19） 4、13. Dc 型 II 式（T19③B:18、J3:11） 5、6. Da 型 II 式（T5③A:6、H1:2） 7. Da 型 III 式（H10:7） 8. Db 型 I 式（J1:14） 9. Db 型 II 式（J1:9） 10. Dd 型 I 式（J3:14） 11. Dc 型 I 式（H21:10） 12. Dd 型 II 式（T7③A:10） 14. Dc 型 III 式（J2:2） 15. Dc 型 IV 式（T9③A:10） 16、17. De 型（T10③C:22、T15③A:6）

Dc 型 小口短颈双鼻耳罐。整体相对较矮胖，窄折沿，束短颈，圆肩，肩有双鼻耳，腹相对较浅，上腹鼓，下腹弧收，最大腹径明显大于口径，凹圜底。按照口沿、颈、腹部的变化可分为四式。

I 式 整体矮胖，侈口，平折沿，平唇，最大腹径在上腹，凹圜底较深。H21:10，泥质灰陶。外沿面有一道浅凹槽，颈及耳孔处分别饰一、二道凹弦纹。口径 18.4、底径 9.6、高 21.2 厘米（图五一，11；图版一一，3）。

Ⅱ式　整体相对瘦高，微侈口，最大腹径在上腹，凹圜底较浅。J3:11，泥质灰陶。平折沿，平唇，凹圜底较浅。下腹及器底饰绳纹。口径13.6、底径7.2、高20厘米（图五一，13；图版一一，4）。T19③B:18，耳及下腹残。泥质灰陶。平折沿，平唇，唇面有一道浅凹槽。下腹饰绳纹，上腹有一刻划的"F"形符号。口径12.2厘米（图五一，4）。

Ⅲ式　整体变矮胖，外沿下压，最大腹径在中腹，凹圜底较深。J2:2，泥质灰陶。翻折沿，尖唇，凹圜底较深。口沿至器底满饰绳纹，颈部绳纹模糊。口径13.4、底径8.4、高19.8厘米（图五一，14；图版一一，5）。

Ⅳ式　残存口沿，微侈口，内侧内敛，平折沿，平唇。T9③A:10，泥质灰陶。穿耳孔饰一道凹弦纹。口径15.2厘米（图五一，15）。

Dd型　短颈深腹双弓耳罐。可复原者仅1件，其余大多为罐耳。按照口沿、颈部的变化可分为二式。

Ⅰ式　耳孔内壁平，孔纵断面呈半圆形。J3:14，泥质褐陶。翻折沿，方唇，束短颈，上腹鼓，下腹弧收，凹圜底较浅。口沿以下至器底满饰绳纹，颈部绳纹模糊，上、中腹各间一道抹痕。口径20.8、底径13.6、高29.2厘米（图五一，10；图版一一，6）。

Ⅱ式　耳孔内壁内凹，孔纵断面呈椭圆形。T7③A:10，泥质灰陶。素面。平折沿，沿内侧内敛，平唇，束短颈，上腹鼓。口径14.4厘米（图五一，12）。

De型　仅见罐耳，桥形耳，耳纵断面呈梯形，耳孔小，呈圆形。T10③C:22，泥质灰陶。素面。孔径0.9厘米（图五一，16）。T15③A:6，泥质灰陶。素面。孔径1.5厘米（图五一，17）。

瓮　数量较少。根据整体形制的不同可分为二型。

A型　敛口，翻沿，束短颈，鼓腹。按照口沿和颈、肩、腹部的变化可分为三式。

Ⅰ式　翻沿外压，外沿面形成一周凸棱，尖圆唇，颈相对较长，溜肩。J2:5，夹砂褐陶。圜底。肩及上腹饰竖绳纹，间两道抹痕，中腹至底饰横绳纹。口径24、高35厘米（图五二，1；图版九，6）。T6③A:6，仅残存口沿。泥质黑陶。口径28厘米（图五二，2）。

Ⅱ式　均残存口沿。翻折沿，外沿下压，颈相对稍短，圆肩，腹外鼓较甚。J1:27，夹砂褐陶。素面。方唇，唇内沿面有三道浅凹槽。口径30厘米（图五二，3）。T21③A:3，泥质灰陶。肩部饰竖绳纹。口径28厘米（图五二，5）。

Ⅲ式　均残存口沿。平折沿，短颈，广肩近平，大鼓腹。H16:4，夹砂灰陶。肩部饰竖绳纹。口径28厘米（图五二，6）。H10:14，夹砂红陶。尖唇，唇内侧沿面有一周浅宽凹槽。肩部饰竖绳纹。口径25.6厘米（图五二，7）。

B型　除个别残存器底外，其余基本上仅能分辨出口沿。口内敛，无颈，鼓腹。依据口沿的不同可分为二亚型。

Ba型　宽卷沿，沿面有多道凸棱，使其形成凹凸相间的瓦楞形，圆唇。按照口沿、腹部的变化可分为二式。

Ⅰ式　口内敛成弇口，广肩，大鼓腹。H8③:11，泥质灰陶。素面。口径38.1厘米（图五二，10）。T10③C:24，泥质灰陶。素面。口径33.2厘米（图五二，11）。

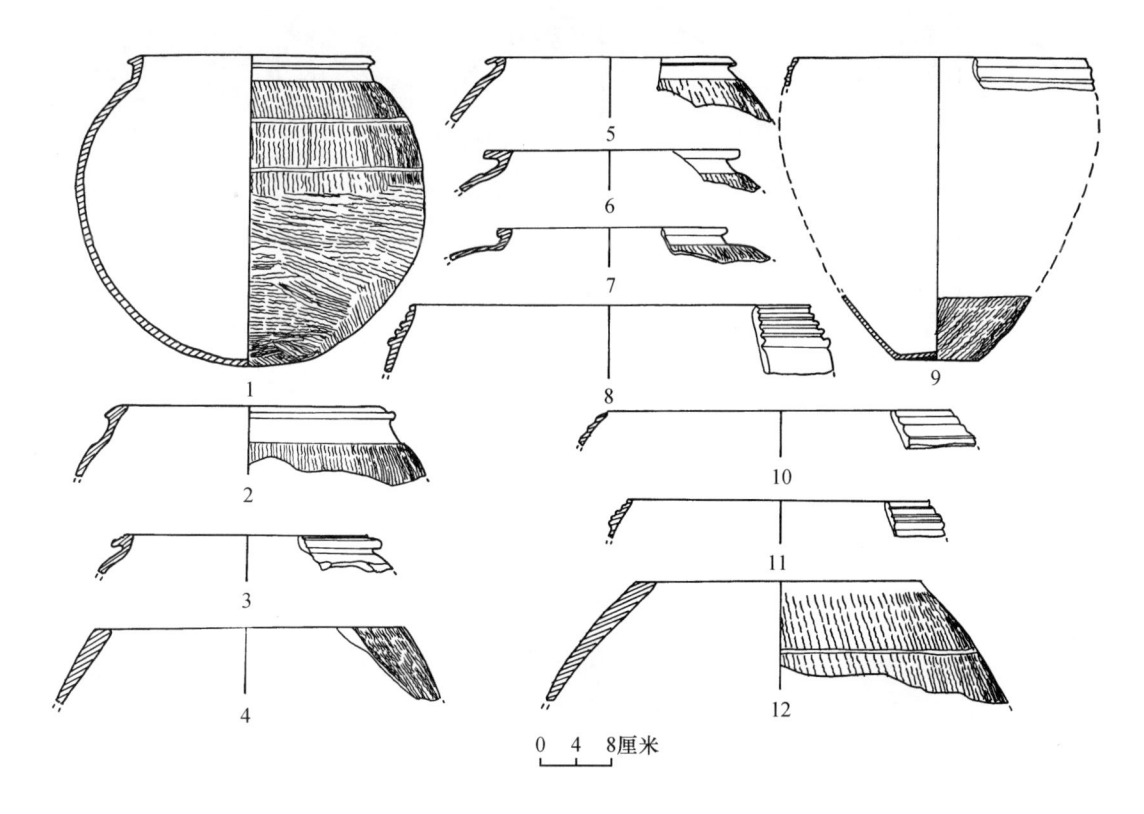

图五二　周代陶瓮

1、2. A型Ⅰ式（J2∶5、T6③A∶6）　3、5. A型Ⅱ式（J1∶27、T21③A∶3）　4、12. Bb型（T22③A∶6、J3∶19）　6、7. A型Ⅲ式（H16∶4、H10∶14）　8、9. Ba型Ⅱ式（T9③B∶14、T6③A∶4）　10、11. Ba型Ⅰ式（H8③∶11、T10③C∶24）

Ⅱ式　口内敛程度不大，溜肩，微鼓腹。T9③B∶14，夹砂灰陶。素面。口径44.4厘米（图五二，8）。T6③A∶4，残存口沿和底部。泥质灰陶。下腹弧收，凹圜底。下腹及底饰绳纹。口径32.4、底径9.6厘米（图五二，9）。

Bb型　敛口，窄折沿，平唇，溜肩，大鼓腹。口沿以下满饰绳纹。J3∶19，泥质红陶。口径32.2厘米（图五二，12）。T22③A∶6，夹砂红陶。口径34厘米（图五二，4）。

缸　数量较少。根据口沿、底部的不同可分为二型。

A型　侈口，翻沿，束短颈，深腹，腹壁大鼓。按照口沿、底部的变化可分为四式。

Ⅰ式　沿翻折，尖唇，溜肩，凹圜底较深。T10③C∶28，仅存口沿。泥质灰陶。口沿以下满饰绳纹，颈部声间模糊，肩部间一道抹痕。口径20.6厘米（图五三，1）。J1∶10，泥质灰陶。肩以下满饰绳纹，上、中腹间四道抹痕。口径24.2、底径16、高43.6厘米（图五三，2；图版一二，1）。

Ⅱ式　翻卷沿，圆唇，溜肩，凹圜底较浅。H21∶14，泥质红陶。凹底较浅。口沿以下满饰绳纹，颈部绳纹模糊。口径32、底径24.8厘米（图五三，3）。

Ⅲ式　平折沿，平唇，广肩，大鼓腹，凸圜底。J1∶16，泥质褐陶。中腹壁较直，最大径在中腹。口沿以下满饰绳纹，颈部绳纹模糊。肩及上腹间三道抹痕。口径23.8、高54厘米（图五三，6；图版一二，2）。

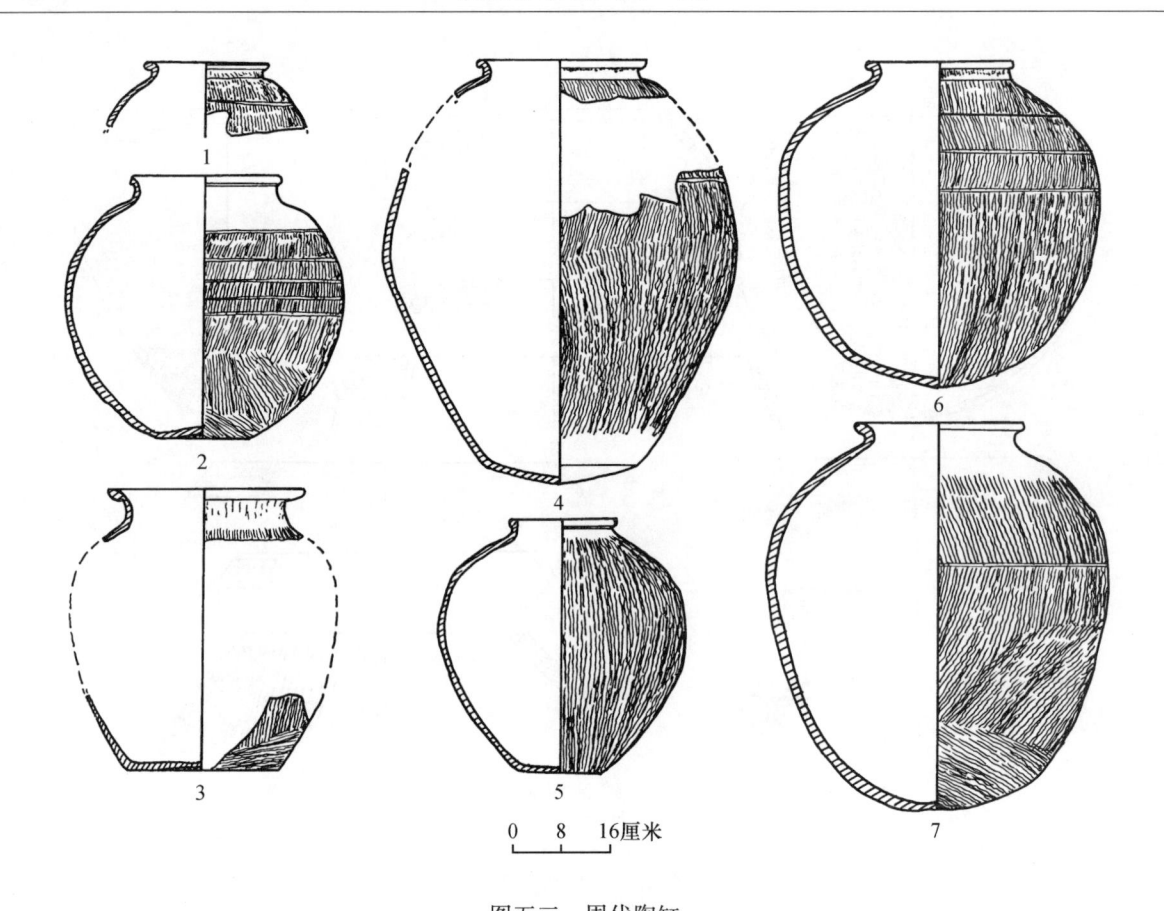

图五三 周代陶缸

1、2. A型Ⅰ式（T10③C:28、J1:10） 3. A型Ⅱ式（H21:14） 4、7. A型Ⅳ式（H15:1、J1:5） 5. B型（H21:9） 6. A型Ⅲ式（J1:16）

Ⅳ式 翻折沿，方唇，溜肩，最大径在中腹偏上，凸圜底。H15:1，泥质红陶。颈以下至底以上满饰绳纹，上腹间一道抹痕。口径27.2、高69.6厘米（图五三，4）。J1:5，泥质红陶。颈以下满饰绳纹，中腹间一道抹痕。口径27.2、高64厘米（图五三，7；图版一二，3）。

B型 直口，窄平折沿，平唇，短直颈，广肩，大鼓腹，平底。H21:9，夹砂褐陶。颈部饰一道凹弦纹，颈以下满饰绳纹。口径16.8、底径12.8、高42厘米（图五三，5；图版一二，4）。

器盖 数量较少。根据有无抓纽的情况可分为二型。

A型 均残，仅可分辨出抓纽。素面。圈足状抓纽。按照抓纽的形状、深浅可分为三式。

Ⅰ式 浅宽圈足状抓纽，外壁近直，顶面仰折沿呈斜坡状，外高内低。T10③B:12，泥质红陶。顶径7.6厘米（图五四，1）。

Ⅱ式 窄圈足状抓纽较深，外壁外斜或曲收，顶面仰折或翻折沿。T19③B:22，泥质红陶。顶径7.2厘米（图五四，2）。F2:15，泥质褐陶。顶径7.2厘米（图五四，3）。

Ⅲ式 窄圈足状抓纽较浅，外壁外斜，顶面平折沿。T13③A:10，泥质灰陶。顶径6.4厘米（图五四，4）。H3:5，泥质褐陶。顶径5.4厘米（图五四，5）。

B型 J4:10，泥质黑陶。浅弧盘状，凸圜顶。壁饰两道凹弦纹。口径19.2、高4厘米（图五四，6）。

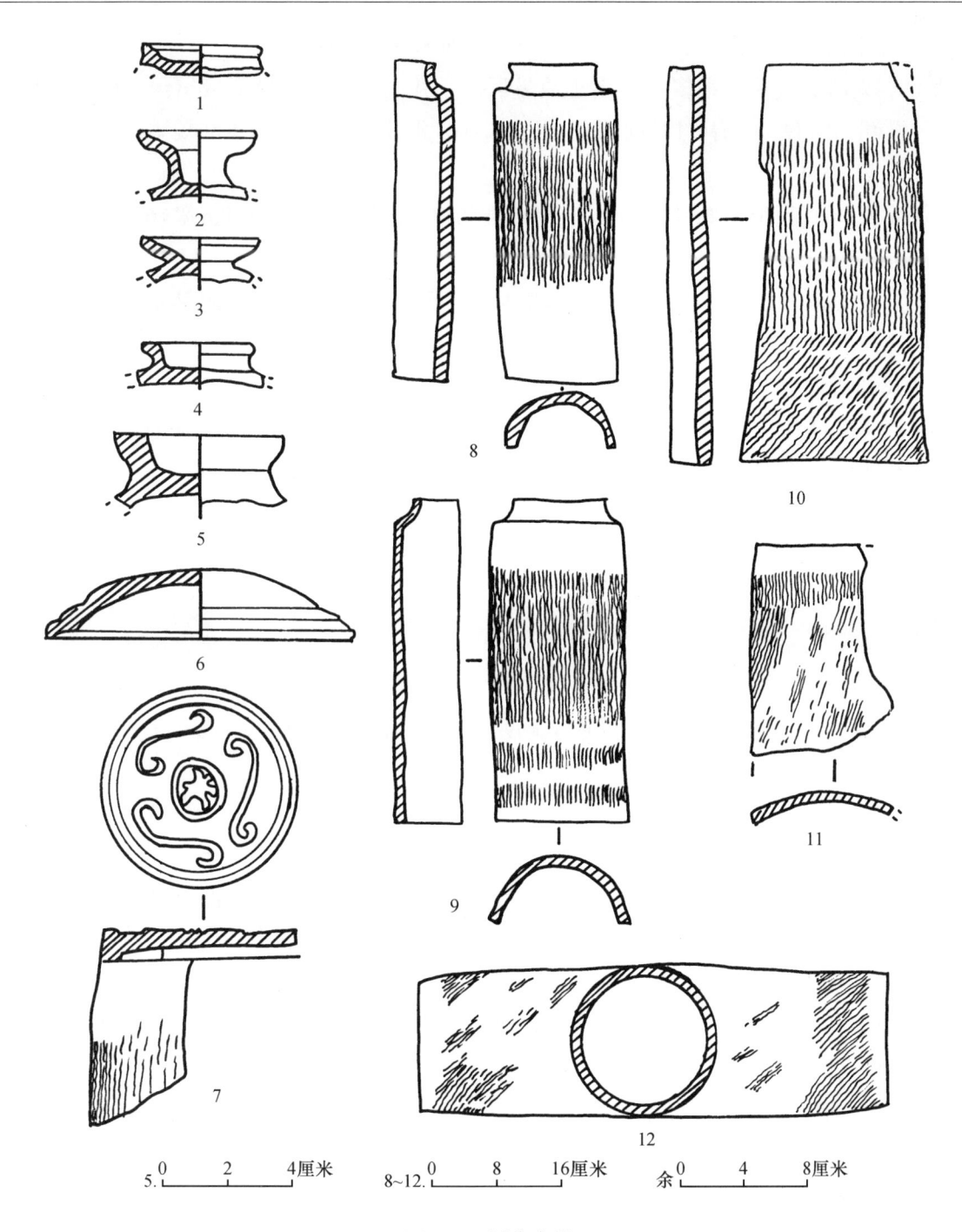

图五四　周代陶器

1. A 型 Ⅰ 式器盖（T10③B：12）　2、3. A 型 Ⅱ 式器盖（T19③B：22、F2：15）　4、5. A 型 Ⅲ 式器盖（T13③A：10、H3：5）　6. B 型器盖（J4：10）　7. 瓦当（J1：1）　8、9. 筒瓦（F2：6、F4：1）　10、11. 板瓦（F2：7、G5：3）　12. 排水管（G5：1）

3. 建筑材料

全为陶质，数量相对较多，有瓦当、筒瓦、板瓦、排水管等。

瓦当　仅在 J1 中发现 2 件。形制、大小相同。泥质灰陶，圆形，当面中部浮雕圆圈套

"米"字纹，周围环三"S"形纹。J1:1，直径12厘米（图五四，7）。

筒瓦 以F2出土数量最多，J1出土数量居次，其他部分单位有少量出土。横断面呈半圆形，瓦舌微翘，圆唇，折肩，内壁凸凹不平。F2:6，泥质灰陶。制作不甚规整。瓦面中、前部饰竖绳纹。长38.1～39.1、宽13.2～15、厚1.2～1.5厘米（图五四，8；图版一二，5）。F4:1，泥质灰陶。瓦面中部满饰竖绳纹，后部饰两组间断绳纹。长39.4、宽16.2、厚0.8～1.4厘米（图五四，9）。

板瓦 出土数量也以F2、J1为主。均残。瓦面除前部小部分外的其他部分满饰绳纹。F2:7，泥质灰陶。瓦舌略上翘。长48.8、厚1.1～2.5厘米（图五四，10）。G5:3，泥质灰陶。厚0.6～0.8厘米（图五四，11）。

排水管 出自G5，复原1件。圆筒状，两端略小，中部略大。G5:1，泥质红陶。壁面除两端外满饰斜绳纹。长58、直径16～17.2厘米（图五四，12；图版一二，6）。

4. 其他

数量较少，有铜、陶、铅、漆木四种质地。

（1）铜器

8件。器类有鼎足、铃、带钩、环、管、笄等。

鼎足 1件。T13③B:2，下部残断。蹄足，横断面呈扁圆形。残高4.7厘米（图五五，1）。

铃 2件。前部均残断，纽亦残。平面呈长方形，前部略宽，横断面呈椭圆形，体内中孔，两面中部纵向对穿长条形孔。M3:6-1，残长4.6、底面长径4.3、短径1.6厘米（图五五，2）。

带钩 2件。钩首残，鸟形，中部起脊，背有圆纽。T22③A:2，下部也残。颈横断面呈圆形。残长2.4厘米（图五五，3）。T22③A:3，颈横断面呈三角形，鸟身宽短。身饰人面纹。残长2.4厘米（图五五，4）。

环 1件。T15③A:2，残半。横断面呈圆形。直径1.5厘米（图五五，7）。

管 1件。T11③B:3，残。圆管状。残长1.5、管径1.2厘米（图五五，5）。

笄 2件。细条状，横断面呈圆形。T8③A:2，上下均残。残长3.4厘米（图五五，8）。T9③B:4，一端残且稍细。残长5.4厘米（图五五，6）。

饰件 1件。H13:1，残。半圆形，一侧有角外突，面平。一面饰卷云纹。直径2.4厘米（图五五，9）。

（2）陶器

21件。器类有饼、珠、祖等。

饼 18件。用陶片敲打而成，一面饰绳纹。T9③C:3，泥质灰陶。直径4厘米（图五五，10）。T19③A:7，夹砂灰陶。直径4.5厘米（图五五，11）。T21③A:1，夹砂红陶。直径4.8厘米（图五五，12）。

珠 1件。T19③A:5，泥质褐陶。素面。圆球体，实心。直径1.4厘米（图五五，13）。

祖 1件。T20③A:2，一端残。夹砂灰陶。素面。圆柱体，实心，前端弧突。直径1.4厘米（图五五，15）。

（3）铅器

仅1件铅块。M3:5，体扁薄，中部略厚，平面近圆角方形。长6.5、宽5.8、最厚0.5厘米（图五五，16）。

（4）漆木器

仅1件漆木棒。J3:2，棒体已朽尽，残余一段漆皮。棒呈圆柱体，一断弧突。残长9.4、直径3.2厘米（图五五，14）。

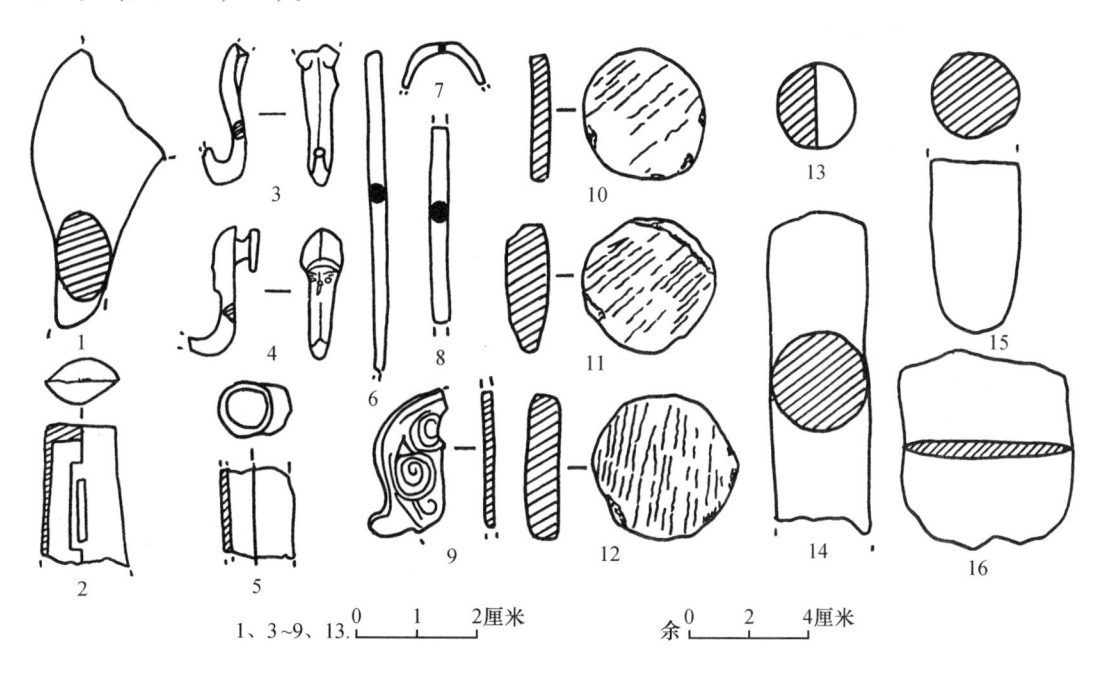

图五五　周代器物

1. 铜鼎足（T13③B:2）　2. 铜铃（M3:6-1）　3、4. 铜带钩（T22③A:2、T22③A:3）　5. 铜管（T11③B:3）　6、8. 铜笄（T9③B:4、T8③A:2）　7. 铜环（T15③A:2）　9. 铜饰件（H13:1）　10～12. 陶饼（T9③C:3、T19③A:7、T21③A:1）　13. 陶珠（T19③A:5）　14. 漆木棒（J3:2）　15. 陶祖（T20③A:2）　16. 铅块（M3:5）

（三）分期与年代

本次发掘的周代文化遗存中，除分布于Ⅱ区的G4和J1外，在Ⅰ区的其他遗迹单位和地层保持着直接的叠压和部分打破关系，这种地层学依据为我们对出土器物进行分型分式和分期奠定了基础，再通过出土十分丰富的遗物特别是主要陶质生活用器的形态演变以及与其他同时代遗址出土同类型器物的对比，我们可大致推测出本遗址周代文化遗存各期的相对年代。

1. 层位关系

从层位关系上看，Ⅱ区的G4、J1均是相对独立的，直接开口于耕土层下，打破生土层。Ⅰ区发掘的具有直接叠压、打破关系的遗迹与地层单位可直观地分为六组，部分组内遗迹单位还存在着打破关系。现将六组遗迹与地层单位的叠压、打破关系按从上到下的顺序分列如下（—表示叠压，→表示打破关系）：

（1）H1～H3、H10～H12→③A

　　H1→H2

（2）③A—H4～H7、H13～H17、H19、H20、H22、G3、J2、F2、F4

（3）H13～H17、H19、H20、H22、G3、J2、F2、F4→③B

　　H4～H6→④

　　H7→生土

　　G3→H6→M2→H7→H8

　　　F2→J2→H22→H21

　　　G3→M1→H8

　　　H17→H19

（4）③B—H8、H21、H24～H27、G5、J3、J4、M3

（5）H24～H27、G5、J3、J4→③C

　　H8、H21、M3→生土

　　H21→M3

　　H24→G5

　　H27→H25

（6）③C—H18、F3

尽管以上六组单位层位关系明确，但由于整个地层与遗迹的叠压、打破关系较为复杂，比如，有的遗迹虽开口于同一层位下，但其打破层位不同，他们在时代上就可能不一致，还有的遗迹独立存在等，这样就需要借助遗址出土十分丰富的遗物特别是主要陶质生活用器的时代特征来进行区分。

2. 陶质生活用器演变序列

依据以上考古地层学确立的层位关系，并结合考古类型学建立的器物形制演变特征，可将整个遗址周代文化遗存划分为六组。

第一组：包括M3、G4。器物组合为A型Ⅰ、Ⅱ式鬲，Ⅰ式甗，A型Ⅰ式、B型Ⅰ式豆，A型Ⅰ、Ⅱ式盆，A型Ⅰ式、Ca型Ⅰ式罐。

第二组：包括H8、H18、F3。器物组合有A型Ⅲ式鬲，A型Ⅱ式豆，盂（底），Ca型Ⅱ式罐，Ba型Ⅰ式瓮。

同时，B型Ⅰ式豆、A型Ⅰ式罐在本组继续使用。

第三组：包括③C层和H24～H27、G5、J3、J4。器物组合有A型Ⅳ式、B型Ⅰ式、E型Ⅰ式鬲，Ⅱ、Ⅲ式甗，A型Ⅰ、Ⅱ式、B型簋，A型Ⅲ式、B型Ⅱ、Ⅲ式豆，A型Ⅰ式、C型Ⅰ式盂，A型Ⅲ式、B型Ⅰ式盆，B型Ⅰ式、Cb型Ⅰ式、Da型Ⅰ式、Dd型Ⅰ式、Dc型Ⅱ式、De型罐，Bb型瓮，A型Ⅰ式、B型缸，B型器盖。

同时，A型Ⅱ式盆、Ba型Ⅰ式瓮在本组继续使用。

第四组：包括③B层和H7、H21、H22、J2、M1、M2。器物组合有Ⅰ、Ⅱ式鼎，A型Ⅴ

式、C 型、E 型Ⅱ式鬲，A 型Ⅲ式簋，A 型Ⅱ式、B 型Ⅰ式盂，B 型Ⅱ式、C 型Ⅰ式盆，A 型Ⅱ式、B 型Ⅱ式、Cb 型Ⅱ式、Dc 型Ⅲ式、Dd 型Ⅱ式罐，A 型Ⅰ式、Ba 型Ⅱ式瓮，A 型Ⅱ、Ⅲ式、B 型缸，A 型Ⅰ、Ⅱ式器盖。

前组在本组继续使用的器形较多，有Ⅲ式甗，A 型Ⅲ式、B 型Ⅱ、Ⅲ式豆，A 型Ⅲ式、B 型Ⅰ式盆，Ca 型Ⅱ式、Dc 型Ⅱ式罐。

第五组：包括 H4～H6、H13～H17、H19、H20、J1、F2、F4。器物组合有 D 型鬲，Ⅳ式甗，A 型Ⅳ式簋，A 型Ⅳ式豆，A 型Ⅳ式、B 型Ⅲ式盆，B 型Ⅲ式、Db 型Ⅰ、Ⅱ式罐，A 型Ⅱ、Ⅲ式瓮，A 型Ⅳ式缸。

前组在本组继续使用的器形也很多，有 A 型Ⅴ式、B 型Ⅰ式鬲，Ⅲ式甗，A 型Ⅱ式簋，B 型Ⅱ、Ⅲ式豆，A 型Ⅲ式盆，A 型Ⅱ式、B 型Ⅱ式、Ca 型Ⅱ式、Da 型Ⅰ式、Dc 型Ⅲ式、Dd 型Ⅰ、Ⅱ式罐，A 型Ⅱ、Ⅲ式缸，A 型Ⅱ式器盖等。

第六组：包括③A 层和 H1～H3、H10～H12、G3。器物组合有Ⅲ式鼎，敦，A 型Ⅵ式、E 型Ⅲ式鬲，Ⅴ式甗，甑，A 型Ⅴ式簋，B 型Ⅱ式、C 型Ⅱ、Ⅲ式盂，A 型Ⅴ式、C 型Ⅱ式盆，Ca 型Ⅲ、Ⅳ式、Da 型Ⅱ、Ⅲ式、Dc 型Ⅳ式罐，A 型Ⅲ式器盖。

前组在本组继续使用的器形依然不少，有Ⅱ式鼎，A 型Ⅴ式、D 型、E 型Ⅱ式鬲，Ⅳ式甗，A 型Ⅱ、Ⅲ、Ⅳ式簋，A 型Ⅳ式、B 型Ⅱ、Ⅲ式豆，A 型Ⅱ式盂，B 型Ⅲ式、C 型Ⅰ式盆，B 型Ⅱ、Ⅲ式、Dc 型Ⅲ式、Dd 型Ⅱ式、De 型罐，A 型Ⅰ、Ⅱ、Ⅲ式、Ba 型Ⅰ、Ⅱ式、Bb 型瓮等。

当然，由于这一时期遗存文化层堆积较厚，延续时间较长，以上分组并非绝对化，在前后组之间器物还存在着过渡形态，后组器物仍继续使用前组器物就是很好的证明。

3. 分期与相对年代

与以上六组器物演变序列相对应的是，本遗址的周代文化遗存可大致分为六期，各期的相对年代推测如下（图五六）。

第一期：本期陶器中，A 型Ⅰ式鬲就其形态而言，是本遗址周代遗存中最早的，翻沿、无颈、深瘪裆、矮截锥状柱足的形制有西周中期作风，与襄樊真武山 H36 所出 B 型Ⅰ式鬲[9]相近，这种形制的鬲还可在黄陂鲁台山 H1 之Ⅲ式鬲[10]上找到许多共同点；而 A 型Ⅱ式鬲与 A 型Ⅰ式鬲作风一致，只是裆内瘪程度相对较小，柱足变高，时代应稍晚，基本与宜城郭家岗 H109 之 A 型Ⅰ式鬲[11]相近。A 型Ⅰ式、B 型Ⅰ式豆也分别与襄樊真武山 G3[12]、宜城郭家岗 H109[13]所出同型豆接近。A 型Ⅰ、Ⅱ式盆翻折沿、斜折腹、下腹弧收，其中 A 型Ⅰ式盆整体较矮，折腹近口部，A 型Ⅱ式盆整体较高，折腹处离口部较长，他们分别与沣西地区西周中、晚期同型盆[14]类似，而 A 型Ⅰ式盆凹圜底较深，器表饰绳纹，与沣西地区 1992 年发掘的 M18[15]所出Ⅰ式盂相比，只是折肩处稍高，时代可能略晚；从本遗址陶盆的发展序列看，这种形制的盆较与本遗址 A 型Ⅲ式盆接近的襄樊真武山 A 型Ⅰ式盆[16]为早。M3 之 A 型Ⅰ式罐除凹圜底较深、中腹饰绳纹不同于沣西张家坡 M304 之 B 型Ⅺb 式罐[17]的平底、下腹素面作风外，其余形制及纹饰特征几乎完全相同。由此，本期年代不晚于西周晚期，而 M3 的时代特征还明显偏早，或可到西周中、晚期之际。

期别＼器类	鼎	敦	壶	鬲 A	鬲 B	鬲 C	鬲 D	甑
一				Ⅰ(G4:1) Ⅱ(G4:5)				Ⅰ(G4:7)
二				Ⅲ(H8②:1)				
三				Ⅳ(H26:1)	Ⅰ(T9③C:16)			Ⅱ(J3:13)
四	Ⅰ(H21:11)			Ⅴ(H22:9)		T20③B:3		Ⅲ(H22:8)
五			J1:3	Ⅴ(H15:2)	Ⅰ(F2:3)		J1:17	Ⅳ(H5:2)
六	Ⅲ(T19③A:15)	T13③A:11		Ⅵ(H10:6)	Ⅱ(T6③A:7)			Ⅴ(H3:2) Ⅴ(T4③A:2)

枣阳周台遗址发掘报告

豆	盆		罐				缸
B	A	B	A	B	Ca	Da	A
Ⅰ(G4:2)	Ⅰ(M3:2) Ⅱ(G4:4)		Ⅰ(M3:1)		Ⅰ(G4:6)		
					Ⅱ(H8③:13)		
Ⅱ(J3:15)	Ⅲ(J3:4)	Ⅰ(J4:5)		Ⅰ(T10③C:27)		Ⅰ(J4:4)	Ⅰ(T10③C:28)
Ⅲ(H21:12)	Ⅲ(H21:5)	Ⅱ(H22:21)	Ⅱ(M1:1)	Ⅱ(T10③B:13)	Ⅱ(T22③B:9)		Ⅱ(H21:14)
Ⅲ(H5:4)	Ⅳ(H5:3)	Ⅲ(H5:13)	Ⅱ(F2:2)	Ⅲ(J1:7)		Ⅰ(J1:19)	Ⅲ(J1:16)
	Ⅴ(T2③A:2)	Ⅲ(T11③A:5)			Ⅲ(T7③A:7)	Ⅱ(T5③A:6) Ⅲ(H10:7)	

第二期：本期所出A型Ⅲ式鬲翻折沿、方唇、束短颈、瘪裆不深、矮柱足或高柱足，其延续西周晚期风格，整体形制与随州庙台子遗址春秋前期A型Ⅱ式鬲[18]相近，除整体形制外在肩部贴附加堆纹的做法又与宜城肖家岭春秋早期H18之Ⅰ型1、2式鬲[19]几乎一致。同出的A型Ⅱ式豆即H8所出的这种矮粗把特别是中间带箍的豆柄与沣西张家坡墓地西周晚期墓出土的豆柄[20]有着一致的风格。此外，Ba型Ⅰ式瓮口沿与沣西张家坡西周晚期居址T130:4之陶豆口沿[21]形制极近。综合上述因素，我们认为，本期时代以春秋早期为宜。其中F3出土的A型Ⅲ式鬲出自房址上部的沟槽填土中，该沟槽的填土很有可能是F3被废弃后形成的，其时代应晚于F3本身，则F3的时代还要偏早，或许可到两周之际。

第三期：本期陶器有相当部分由前期演变而来，也有少量新出现的器类。A型Ⅳ式鬲与A型Ⅲ式鬲相比，只是口沿和颈部有小的变化，其余特征基本一致，E型Ⅰ式鬲仅见鬲足，其高裆深腹锥足形制显然具有西周锥足鬲特点，与沣西张家坡墓地西周中期晚段、西周晚期早段的同型锥足[22]颇为相近。J3之Ⅱ、Ⅲ式甗分别与襄樊真武山Ⅰ、Ⅲ式甗[23]相比，甗体颈部较短，按照本遗址鬲、甗的变化趋势，时代应相当或略早。簋为新出现的器物，其形态特征显然与沣西、洛阳地区出土西周簋差别较大，整体形制虽与当阳赵家湖[24]、江陵九店甲组墓[25]出土簋较为相似，但A型簋口部呈子口或敛口、无颈，B型簋平折沿、直颈，这种做法又各有区别。至于豆，无论是A型Ⅲ式折盘豆，还是B型Ⅱ、Ⅲ式弧盘豆，豆盘普遍变浅，豆柄变高变细，其形制虽在春秋早期已然出现，但由于其沿用时间长，时代特征上不是很强，似乎更多地具有春秋中期的特点。A型Ⅲ式盆翻折沿，颈部略凹，其形制介于襄樊真武山A型Ⅰ、Ⅱ式盆[26]之间，B型Ⅰ式盆也有与以上对比遗址所出同型盆一致的特征。Da型Ⅰ式罐与大悟吕王城T2③:48之Ⅱ式罐[27]类似。按照本期陶器群的总体特征，结合所对比器物的时代，本期年代应在春秋中期。

第四期：鼎在本期首次出现，Ⅰ式鼎的整体形制较为特别，与本地乃至周边地区已发掘出土的同时期鼎的风格不一，单从蹄足看，有春秋早期至战国早期特点，以其与江陵九店同时代楚墓[28]出土同风格鼎足对比，本鼎蹄足则较矮直，时代应相当或稍早；以其与陕县战国早期鼎[29]对比，本鼎蹄足又显较高，时代同样要早。A型Ⅴ式鬲在前期基础上继续发展，主要反映在翻卷沿上，这种沿在甗上也同步流行，相对于本遗址而言，是一种全新的风格，与黄陂鲁台山M9之Ⅰ式鬲[30]相近；而大深腹、弧裆近平、矮乳状足的B型鬲可从曲阜鲁国故城春秋中、晚期遗址、墓葬出土的陶鬲中[31]找到许多共同点；E型Ⅱ式鬲足裆线变低，足腔变浅。A型Ⅲ式簋与前期簋的形制一脉相承且变化不大。B型盆全为口沿，C型盆宽折沿、无颈、深腹微鼓的特征有较晚的作风。A型Ⅱ式罐与A型Ⅰ式罐之间有较大的缺环。A型Ⅰ式瓮与曲阜鲁国故城春秋晚期遗址所出陶釜[32]类似。M2虽未出随葬器物，但其层位关系与M1相同，被第五组的H6打破，打破同组的H7，其时代与M1应大致相当。综此，本期年代约当春秋晚期，其中H21时代最早，③B层及H7、H22稍晚，M1、M2更晚，而J2因利用M3的盗洞所致，其开挖的年代应相对较早，可能与M1、M2同时或更早，在使用一段时间后废弃，废弃的时间约接近本期的末段。

第五期：从出土的陶器群看，本期与前期衔接十分紧密，也不见新的器类。D型鬲较多地见于本地及江陵地区的春秋晚期到战国早期遗址、墓葬中，其形制介于襄樊真武山H46:1[33]和宜城郭家岗 T7②:19[34]之间。Ⅳ式甗之甑体作风与宜城郭家岗之Ⅶ式甗[35]较近。A 型Ⅳ式簋、A 型Ⅲ式盆分别接近于随州庙台子战国遗存 C 型豆和Ⅰ、Ⅱ式尊之形制[36]，J1 所出Ⅳ式缸形制近似于曲阜鲁国故城春秋晚期至战国早期遗址所出缸[37]。卷云纹瓦当及折肩、舌上翘的筒瓦具有战国早期瓦当、筒瓦的特点。据以上标型器的形制特征推测，本期年代约为战国早期。

第六期：本期在本遗址中时代最晚，新出现的器类和器形有明显的时代特征。沿用的Ⅱ式鼎足及 A 型Ⅵ式鬲分别与西安客省庄战国 T40:3、T35:2[38]的风格较近，只是细部特征有所变化，而Ⅲ式细高蹄足表明其所处层位的时代较晚，该式鼎足还具有较明显的楚文化特色，同处一层的双环纽卡口敦盖更是战国时期楚文化的一种典型器物，有战国早、中期特征。Ⅴ式甗之甑体肩部外鼓较甚，鬲体瘦高，裆略瘦，裆底较低平，明显较Ⅳ式为晚。甑是本期新出现的炊器，与宜城郭家岗[39]同样在战国时期开始出现甑的情形相同。A 型Ⅴ式簋除口部外，基本特征与 A 型Ⅳ式一致。豆的变化不大。A 型Ⅴ式盆折肩处外凸，其特征与随州庙台子 B 型盆 T4②:2[40]基本相同。依据以上时代特征明显的器物形制可知，本期年代约当战国中期偏早阶段。

五、结　　语

本次发掘规模相对较大，发现了新石器时代和周代两个时期的文化遗存。其中，新石器时代文化遗存分布范围小，地层堆积薄，出土器物少；周代文化遗存分布面积大，堆积厚，遗迹多，出土遗物丰富，是本次发掘的重要收获，为我们研究本遗址的性质以及与周围一些重要遗址、墓地的关系提供了十分重要的资料。

新石器时代陶器的形制特征更多地带有屈家岭文化的遗风，如器壁普遍较薄，器表以素面为主，流行仰折沿罐或罐形鼎，发现个别曲腹杯等，但又不见屈家岭文化的典型双腹器、蛋壳高柄杯，未发现彩陶；它虽处石家河文化时期，但篮纹少见，并少有石家河文化的凸棱宽扁足罐形或盆形鼎、喇叭口筒形杯、深腹罐、厚胎缸等典型器物；较多的细柱状鼎足似乎又是传承仰韶文化发展而来；除此之外，它还有着一定的地方特色，如绳纹占主体地位，流行无圈足浅凹底碗、敛口卷沿罐等。如果撇开陶系和纹饰所占的比例不谈，单从器物形制上看，本遗址的新石器时代器物与随州西花园石家河文化器物[41]有更多的相似之处，这或许与二者同处古代文化交流的重要通道——随枣走廊有关。

周代文化遗存是本次发掘的主要收获。在已往的工作中，随枣走廊地区经发掘的周代遗址主要是枣阳毛狗洞遗址[42]和随州庙台子遗址[43]，他们与周台遗址反映出文化面貌上的一致性，但毛狗洞遗址属西周早期，庙台子虽有西周、春秋、战国文化遗存之分，但上下层位间存在着较大缺环，时代序列不连贯。周台遗址的层位堆积丰富，文化发展序列清楚，从西周晚期开始到战国中期结束的六个阶段从地层学和类型学两个方面完善了本区域的周代文化发展序列。

周台遗址的周代文化遗存具有鲜明的文化特征，这种特征还随着时代发展发生着变化。总的来说，整个周代文化遗存表现出强烈的传统姬周文化风格，不仅反映在生活用器的质、色、纹饰与中原姬周文化的西周遗存基本相同且一脉相承，而且表现在器类组合和各主要器类形制演变特点的一致性上。

就器物组合而言，其主要组合为鬲、甗、簋、豆、盆、罐，它们占据着整个遗址陶质生活用器的主体，且伴随遗址发展的始终。作为炊器的鬲、甗，反映典型周文化的瘪裆特征也是连续发展到战国中期，只是裆内瘪的程度不断减弱，这一点也正是时代特征的反映；还有周原地区西周时期流行的锥形鬲足，在本遗址春秋中期到战国中期的地层和遗迹中也多有发现。同样，作为主要标型器的簋、A型折盘豆、A型折肩盆、A型折肩罐，其渊源无疑也是中原姬周文化，除簋外，其余器物也是自西周晚期连续不断地使用到战国中期。可见，本遗址的周代文化遗存与中原地区的姬周文化存在着广泛的一致性，其西周晚期遗存可能是直接渊源于传承自典型姬周文化的本区域西周早期遗存如毛狗洞遗址[44]等，而更晚的春秋、战国各期遗存又明显继承于同遗址的早期遗存，文化面貌一脉相承。从东周时期中原三晋地区的文化面貌看，本遗址似乎更强烈地打上了传统姬周文化的印记，也就是说，本遗址对西周文化的继承更为完全，即使在中原及其他地区文化面貌发生变异的情况下仍然顽强地坚守着姬周文化的传统。无独有偶，邻近的随州庙台子遗址[45]也反映出相同的特点。

西周初年，周王朝为加强对南土的控制，开始在南阳盆地、汉水流域分封诸侯，"当成周者，南有荆蛮、申、吕、应、邓、陈、蔡、随、唐……"[46]，形成了"汉阳诸姬"。按文献记载，这里正是"汉东大国"随国的统辖区域，而本地及周边地区历年出土的铭文青铜器表明，这里应是曾国地域，先后出土的十余批青铜器的时代自西周晚期至战国中期，正好与本遗址的时代相同，而曾侯乙墓的发掘说明，曾国至少在战国早期依然存在。这些青铜器的组合、纹饰、形制特征及铭文风格和采用的礼制与传统的中原姬周文化几乎完全相同，这种情况与本遗址发掘的周代陶质生活用器的风格发展是同步的。其原因正如随州庙台子遗址结语部分所分析的那样："这当是春秋初叶开始，周王室衰微，楚在南方兴起，曾国（原为随国）与中原诸国的正常联系中断，汉阳诸姬文化与中原周文化为标准同步发展的步伐被打断的客观原因造成的。"[47]

同时，正是由于楚的强大和楚曾国境的相邻，两国之间的联系和交往必然较为频繁，这在本遗址中也得到反映。自春秋中期开始出现的B型小口弧裆鬲、B型弧肩弧腹盆以及战国早期出现的壶、战国中期出现的高蹄形鼎足、敦等都是典型的楚式器，这显然是受楚文化影响的结果，其所处的时代与楚国对曾国形成强大攻势并最终灭亡曾国的历史进程大体一致。而C、D型矮乳状足鬲、小口深腹缸的原型仍可追溯到沣西地区的传统周文化中，不过，它更多地见于中原三晋、齐鲁地区，应是沣西地区同型器物的变体。本遗址所出的这些器物可能也是继承后变化发展，或与以上地区文化交流所致。

除此之外，敛口附耳矮蹄足鼎、D型双耳罐在本遗址的春秋中期至战国早期遗存中发现较多，这种形制在其他地区则较为少见，当是地方特征的一种反映，尤其是前者在其西部的郭家庙墓地西周晚期至春秋早期墓葬[48]中也有发现。

从周台遗址的保存现状和发掘情况看，该遗址是一处面积大、延续时间长的大型遗址，发现了F2、F3这类建筑规模较大、建筑等级较高的房屋基址和M3这样等级较高的墓葬，还在发掘面积不大的范围内发现了四眼水井，也出土了十分丰富的遗物。遗址西部不到一公里的岗地为郭家庙曾国高级贵族墓地，墓地出有多件曾国铭文重器，其中包括"曾伯陭"钺，这里可能是西周晚期到春秋早期曾国国君的墓地。种种迹象表明，周台遗址绝不是一般的村落遗址，而应是曾国的一处重要聚落，因未发现城垣，尚无法确定其是否为王都，即墓主人"曾伯陭"的生前居所。不过，在其南部的"忠义寨城址"或许在同一时期曾为王都，周台遗址则是拱卫"忠义寨城址"的外围重地。

遗址最高处在Ⅱ区，即中部的高包上，其上发现了本遗址时代最早、处西周晚期的G4。而东部不远处的低岗上发现了处同一时代的M3，再结合G4所出A型Ⅰ式鬲有西周中期特征，推测本聚落很可能在西周中期开始建立，其时，居住区在中部高包上（Ⅱ区）东部低岗（Ⅰ区）则作为墓地存在。之后，随着聚落的发展，居住区范围也以Ⅱ区为中心向四周扩展，东部的原有墓区被占用，加上可能住在"忠义寨城址"内的曾国高级贵族甚至国君在西部约一公里远处的一条同向岗地上下葬，致使居住区的统治者重新选择墓地，郭家庙墓地也因此形成。

春秋早期以后，随着西邻楚国的强大，这里又成为曾国抗击楚国的一处重要军事据点，而此时因受到强楚的挤压，曾国国都东移，郭家庙墓地不见春秋早期以后的墓葬，原因或许就在此。再结合本遗址最早的M3约在春秋晚期被盗，其盗洞与郭家庙墓地几乎每一座墓葬的盗洞方式完全相同，即都在墓圹一条边上下打盗洞，并基本到墓底，上大下小，壁较直。此外，Ⅰ区还发现有2座春秋晚期的墓葬。由此推测，可能在春秋晚期该聚落和郭家庙墓地同时遭到一次集团式洗劫，洗劫者很可能就是楚国军队。其时，聚落也因受到沉重打击而萎缩，待其再度繁荣时已加入了诸多楚文化因素。

进入战国时期，楚灭曾的步伐加快，战事也频繁起来，很可能在曾被楚灭亡后，聚落因此荒废并最终消亡。

总之，本遗址的发掘补充、完善了随枣走廊两周文化遗存的发展序列，揭示了传承中原姬周文化的曾国文化的面貌，印证了曾国的历史发展进程，为本区域两周文化研究提供了重要而翔实的资料。

附记：本遗址的发掘领队为王先福，参加发掘的人员有襄樊市文物考古研究所王先福、杨力、王志刚，枣阳市文物考古队姜波，南漳县博物馆孙义宏，技工张贵龙、黄红凡等，陶片数据统计孙义宏、王先福，器物修复曾平、黄红涛，照相杨力，绘图孙义宏、王先福，描图王先福。

执笔：王先福

注　释

[1]　襄樊市文物普查办公室等：《襄樊市文物史迹普查实录》，今日中国出版社，1995年。
[2][48]　襄樊市考古队等：《枣阳郭家庙曾国墓地》，科学出版社，2005年。
[3]　湖北省文物考古研究所2002年发掘资料。
[4]　河南省文物研究所等：《淅川下王岗》，文物出版社，1989年。

[5]　中国社会科学院考古研究所:《青龙泉与大寺》,科学出版社,1991年。

[6][18][36][40][41][43][45][47]　武汉大学历史系考古教研室等:《西花园与庙台子》,武汉大学出版社,1993年。

[7]　武汉大学历史系考古教研室等:《湖北宜城曹家楼新石器时代遗址》,《考古学报》1988年第4期。

[8]　中国社会科学院考古研究所:《枣阳雕龙碑》,科学出版社,2006年。

[9]、[12][16][23][26][33]　湖北省文物考古研究所等:《湖北襄樊真武山遗址》,《考古学集刊》第9集。

[10][30]　黄陂县文化馆等:《湖北黄陂鲁台山两周遗址和墓葬》,《江汉考古》1982年第2期。

[11][13][34][35][39]　武汉大学历史系考古教研室等:《湖北宜城郭家岗遗址发掘》,《考古学报》1997年第4期。

[14]　中国社会科学院考古研究所丰镐工作队等:《1997年沣西发掘报告》,《考古学报》2000年第2期。

[15]　中国社会科学院考古研究所沣镐队:《1992年沣西发掘简报》,《考古》1994年第11期。

[17][20][22]　中国社会科学院考古研究所:《张家坡西周墓地》,中国大百科全书出版社,1999年。

[19]　湖北省文物考古研究所等:《湖北宜城县肖家岭遗址的发掘》,《文物》1999年第1期。

[21][38]　中国科学院考古研究所:《沣西发掘报告》,文物出版社,1962年。

[24]　湖北省宜昌地区博物馆等:《当阳赵家湖楚墓》,文物出版社,1992年。

[25][28]　湖北省文物考古研究所:《江陵九店东周墓》,科学出版社,1995年。

[27]　孝感地区博物馆:《大悟吕王城重点调查简报》,《江汉考古》1985年第3期。

[29]　中国社会科学院考古研究所:《陕县东周秦汉墓》,科学出版社,1994年。

[31][32][37]　山东省文物考古研究所等:《曲阜鲁国故城》,齐鲁书社,1982年。

[42][44]　襄樊市博物馆:《湖北枣阳毛狗洞遗址调查》,《江汉考古》1988年第3期。

[46]　《国语·郑语第十六》。

附表一　周台遗址灰坑登记表

编号	探方	层位关系 上	层位关系 下	形状 口	形状 壁	形状 底	尺寸（米）长×宽－深	主要遗物	时代	备注
H1	T2	②B	③A	不明	斜壁	圜底近平	？－0.32	陶鬲、甗、豆、盆、罐	战国中期	西部伸入隔梁中
H2	T2、T6	②B	③A	近椭圆形	斜壁	圜底近平	2.82×2.04－0.41	陶鬲、簋、豆、罐	战国中期	被H1打破
H3	T1	②B	③A	不明	斜壁	圜底	？－0.33	石锛、镞、陶鬲、甗、簋、豆、盆、罐	战国中期	东、北部伸入隔梁中
H4	T7	③A	④	近圆形	斜壁	凸圜底	1.47×1.33－0.12	陶鬲、豆、盆、罐	战国早期	
H5	T7、T8	③A	④	圆角长方形	斜壁	圜底	2.66×2.1－0.35	陶鬲、甗、簋、豆、盆、罐	战国早期	
H6	T8	③A	④	近圆形	斜壁	圜底	1.9×1.5－0.55	陶鬲、甗、豆、盆、罐	战国早期	被G3打破
H7	T8	③A	生土	近圆形	斜壁	圜底	4.35×3.95－0.65	陶鬲、豆、盆、瓮、缸	春秋晚期	被G3、H6打破
H8	T3、T4、T7	③B	生土	近椭圆形	斜壁	凹凸不平	6.5×4.56－1.67	陶纺轮、鬲、豆、罐、瓮、缸	春秋早期	被G3、M1、H6、H7打破
H10	T10、T12	②A	③A	不规则形	斜壁	凹凸不平	1.9×1.7－0.41	铁块、陶饼、鬲、鼎、甗、簋、豆、盆、罐、瓮	战国中期	
H11	T12	②A	③A	不明	斜壁	凹凸不平	？－0.3	铜块、陶鬲、豆、盆、罐	战国中期	西部伸出探方外

续表

编号	探方	层位关系 上	层位关系 下	形状 口	形状 壁	形状 底	尺寸（米）长×宽-深	主要遗物	时代	备注
H12	T10	②A	③A	不规则形	斜壁	圜底	1.85×1.85-0.36	陶鬲、豆、盆、罐	战国中期	
H13	T9、T10	③A	③B	三角形	斜壁	凹凸不平	3×2.6-0.4	铜块，陶鬲、簋、豆、盆、罐	战国早期	东部伸入T10东隔梁中
H14	T12	③A	③B	近圆形	斜壁	圜底	1×1-0.4	陶豆、盆	战国早期	
H15	T11、T12	③A	③B	三角形	斜壁	近平底	2.76×2.36-0.76	陶饼、鬲、鼎、瓿、簋、豆、盂、盆、罐、瓮、缸	战国早期	被H11打破
H16	T14	③A	③B	三角形	斜壁	圜底	1.6×1.6-0.4	陶鬲、豆、盆、罐、瓮	战国早期	
H17	T17	③A	③B	不明	斜壁	凹凸不平	?-0.29	陶纺轮、鬲、豆、罐、缸	战国早期	西、南部伸出探方外
H18	T10	③C	生土	近椭圆形	斜壁	近平底	2.08×1.66-0.27	陶鬲、豆、罐	春秋早期	北部伸入T10北隔梁中
H19	T17	③A	③B	亚腰形	斜壁	圜底	2.2×(1.21~1.53)-0.35	石铲，陶鬲、豆、盆	战国早期	被H17打破
H20	T17	③A	③B	不明	斜壁	近平底	?-0.31	陶鬲、瓿、豆、盆	战国早期	西部伸出探方外，北部伸入T17北隔梁中
H21	T11、T13	③B	生土	不明	斜壁	凹凸不平	?-0.62	石凿，陶纺轮、鬲、鼎、瓿、簋、豆、碗、盆、罐、缸	春秋晚期	大部伸出探方外
H22	T11、T13	③A	③B	不规则形	斜壁	圜底	4.8×3.45-0.75	石锛、凿、钻孔器，陶纺轮、鬲、鼎、瓿、簋、豆、盂、盆、罐、缸、器盖	春秋晚期	
H24	T18	③B	③C	不规则形	斜壁	圜底	2.5×1.9-0.29	陶鬲、瓿、簋、豆、盆、罐、缸	春秋中期	东部伸入T18东隔梁中
H25	T19	③B	③C	不规则形	斜壁	凹凸不平	2.97×2.08-0.27	石斧，陶鬲、瓿、簋、豆、盆、罐、缸、板瓦	春秋中期	被H27打破
H26	T20	③B	③C	圆形	斜壁	尖圜底	1.2×1.08-0.52	陶鬲、豆、盆、罐	春秋中期	
H27	T19	③B	③C	圆形	直壁	圜底	1.06×1.06-1.4	陶鬲、瓿、罐、筒瓦	春秋中期	推测为未完成之井

附表二 周台遗址灰沟一览表

编号	探方	层位关系 上	层位关系 下	结构	尺寸（米）长×宽-深	填土	主要遗物	时代	备注
G3	T2~T4	③A	④	斜壁内收，圜底	8.95×(0.36~0.65)-(0.1~0.18)	灰黑色软土，夹大量草木灰、红烧土粒	陶鬲、豆、罐	战国中期	
G4	T24	①	生土	斜壁，底部凸凹不平	(现)5.3×(0.62~0.94)-(0.25~1.02)	深灰色软土，夹少量草木灰及红烧土粒	陶鬲、豆、盂、罐	西周晚期	
G5	T18、T19	③B	③C	弧壁内收，近平底	(残)6.4×(0.4~0.45)-0.16	灰褐色土，较软，夹少量红烧土粒	陶排水管、板瓦	春秋中期	被H24打破

附表三 周台遗址房址一览表

编号	探方	层位关系上	层位关系下	基槽	门道	居住面	台基	柱洞	其他	性质	时代	备注
F1	T3	③A	④		居西部，凹进0.1米，宽0.52米	残面近菱形，边长约2.5米，表面平整，分两层夯筑		居住面中间有圆形柱洞3个，直径约0.2、深0.2米	房址东西各有一大块红烧土，可能为灶址残留	普通民房	新石器时代	被G3打破
F2	T9、T11、T14、T15	③A	③B	北部有东西向"八"字形基槽，东、西部宽深，中部窄深，其西部南侧有一南北向浅基槽；居住面中有一东西向窄直基槽；南部有一道"甲"字形基槽	位于北部"八"字形基槽的中部，宽约1米	位于南部，被中部窄基槽分隔，长方形，残长2.6、宽1.45米，黄褐色硬土，经夯打		门道两侧各一，南部基槽东侧一个，窄基槽西部一个	房址西部为倒塌的屋顶瓦片堆积，南北长7.75、东西宽2.15米	宫殿或礼仪性建筑	战国早期	
F3	T9~T12、T14、T15、T18~T23	③C	④				西北至东南走向，长方形，长29、宽6~6.4、厚0.15~0.5米。台面有两条同向沟槽，中部有两条同向窄黄沙粒夹碎陶片堆积，较薄。台基底部正中有一条同向沟槽。台基填土内有5~8道纵向板痕	北部仅见一小圆形柱洞，直径0.25、深0.28米		大型宫室之附属廊庑式建筑台基	春秋早期或偏早	被H23、H25、H27、J2~J4、G5、F2打破，北部未发掘，经勘探确认
F4	T19、T21	③A	③B	两条南北向沟槽南部夹一条东西向沟槽。现存部分呈"H"字形			东部沟槽两侧各两个，圆形，直径0.25~0.36、深0.08~0.1米	南部有一条排水沟，以筒瓦覆盖		可能为F2之配房	战国早期	西部伸出探方外，北部伸入T21北隔梁中

附表四 周台遗址水井一览表

编号	探方	层位关系 上	层位关系 下	形状 口	形状 壁	形状 底	尺寸（米）长×宽-深	填土	主要遗物	时代	备注
J1	T25、T26	①	生土	近圆形	上部斜壁，中部直壁，下部弧壁外鼓	平底	口2.1×1.95-0.8 底0.9×0.9-9.6	浅灰色软土	陶鬲、瓮、罐、壶、缸、筒瓦、板瓦	战国早期	上部有5节陶井圈。2.8米上、下分别凿于生土、红砂岩上
J2	T11	③A	③B	圆形	斜直壁	平底	口1.8×1.8-0.75 底0.53×0.53-4.35	口部以下0.8米填红砂岩块，下部填灰黑色软土	陶纺轮、鬲、甗、豆、盆、罐、瓮	春秋晚期	被F2打破。2.9米上、下分别凿于生土、红砂岩上。可能原为M3盗洞
J3	T19~T21	③B	③C	圆形	斜壁	尖底	口1.85×1.65-1.15 底0.25×0.25-6.55	2.5米上下分别填黑灰、黄褐色软土	陶鬲、簋、甗、盂、豆、盆、罐、瓮、缸	春秋中期	与J4并列。3.5~4米上、下分别凿于生土、红砂岩上
J4	T21	③B	③C	椭圆形	上部斜壁，下部直壁	尖底	口2×1.7-1.2 底0.9×0.9-6.6	3.5米上下分别填黄褐、灰褐色土	陶鬲、盂、豆、盆、甑、罐、瓮、缸、器盖、板瓦	春秋中期	打破F3，与J3并列。4米上、下分别凿于生土、红砂岩上

附表五 周台遗址墓葬一览表

编号	探方	层位关系 上	层位关系 下	形制	方向	尺寸（米）长×宽-深	人骨架	葬式	葬具	随葬品	时代	备注
M1	T3、T4	③A	③B	长方形竖穴土坑墓	30°或210°	2.3×0.96-(0.11~0.2)	残存几枚牙齿	不明	已朽	陶罐2	春秋晚期	被G3打破
M2	T8	③A	③B	长方形竖穴土坑墓	75°	（残）(1.14~1.22)×0.7-0.1	1具，较完整	仰身直肢	已朽		春秋晚期	被H6打破，西部被破坏
M3	T11、T13、T15	③B	生土	长方形竖穴土坑木椁墓	175°	口(4.44~4.6)×2.46-1.65 底3.2×(1.82~2)-(4.79~4.99)	1具，已朽尽	不明	一椁一棺	陶盆2、罐2，铅块，铜铃2	西周晚期或偏早	被H21、J2打破，并在早年被盗
WM1	T6	④	生土	圆形土坑瓮棺葬		0.6×0.6-0.43	较差	坐式		陶罐、器盖（瓮棺）	新石器时代	上部被破坏
WM2	T6	④	生土	圆形土坑瓮棺葬		0.55×0.55-0.48	较差	坐式		陶罐（瓮棺）	新石器时代	上部被破坏
WM3	T8	④	生土	圆形土坑瓮棺葬		0.36×0.36-0.2	较差	坐式		陶罐（瓮棺）	新石器时代	上部被破坏
WM4	T8	④	生土	圆形土坑瓮棺葬		0.44×0.44-0.2	较差	坐式		陶罐（瓮棺）	新石器时代	上部被破坏
WM5	T7	④	生土	圆形土坑瓮棺葬		0.3×0.3-0.1	较差	坐式		陶罐（瓮棺）	新石器时代	上部被H5打破

附表六 周台遗址Ⅰ区完整探方层位关系表

探方	层 位 关 系
T1	①→②A→②B→③A→H3→③B→④→生土
T2	①→②A→②B→G1→H1→H2→③A→④→生土
T3	①→②A→②B→③A→G1, G3→F1→④→生土; M1→③B; H7→H8
T4	①→②A→②B→③A→G1, M1, G3, H6, H7, ③B→H8→生土
T5	①→②A→②B→③A→④→生土
T6	①→②A→②B→H2→③A→④→WM1, 生土, WM2
T7	①→②A→②B→③A→H7→H8, H4→④, H5→WM5→生土
T8	①→②A→②B→③A→G2, M2, H6, H7→H8, ③B, H5→④→WM3, 生土, WM4
T9	①→②A→③A→F2, ③B→③C→F3→生土; H13
T10	①→②A→H10, H12→③A→H13→③B→③C→H18, ④→F3→生土

续表

探方	层 位 关 系
T11	①→②A→③A→H11, H15, F2, ③B→③C→F3, J2, H22, M3→生土, H21
T12	①→②A→③A(H11,H10)→③B(H15,H14)→③C→F3→④→生土
T13	①→②A(H9)→③A→③B(H22)→H21, M3→生土
T14	①→②A→②B(M03)→③A→③B(H16,F2)→③C→F3→④→生土
T15	①→②A→②B→③A→③B(H16,F2)→③C→F3, H21, M3→生土
T16	①→②A→②B(M03)→③A→③B→生土
T17	①→②A→②B→③A→(H17,H19,H20)→③B→生土
T18	①→②A→③A→③B→H24→G5→③C→F3→④→生土
T19	①→②A→③A(M04)→③B(F4,G5)→(J3,H27,H25)→③C→F3→生土
T20	①→②A(H23)→②B→③A→③B(F4)→③C(H26,J3)→F3→④→生土
T21	①→②A→②B→③A→③B(F4)→③C→(J3,J4)→F3→④→生土

附表七　周代陶质生活用器组合序列一览表

期别	单位	鼎	敦	壶	鬲 A	鬲 B	鬲 C	鬲 D	鬲 E	甗	甑	簋 A	簋 B	豆 A	豆 B	盂 A	盂 B	盂 C	盆 A	盆 B	盆 C	罐 A	罐 B	罐 C a	罐 C b	罐 D a	罐 D b	罐 D c	罐 D d	罐 D e	瓮 A	瓮 B a	瓮 B b	缸 A	缸 B	器盖 A	器盖 B
一	M3																		Ⅰ			Ⅰ															
	G4				Ⅰ	Ⅱ		Ⅰ						Ⅰ	Ⅰ				Ⅱ			Ⅰ	Ⅰ														
	F3						Ⅲ							Ⅰ																							
	H8③																					Ⅱ							Ⅰ								
二	H8②				Ⅲ										Ⅱ																						
	H8①														Ⅱ							Ⅰ															
	H18													Ⅰ																							
	③C				Ⅳ	Ⅰ								Ⅰ					Ⅱ			Ⅱ	Ⅱ		Ⅰ	Ⅰ	Ⅰ				√			Ⅰ	Ⅰ		
	H24							Ⅰ						Ⅱ		Ⅲ	Ⅲ												Ⅰ								
	H25					Ⅰ		Ⅰ						Ⅱ		Ⅱ																					
	H26				Ⅳ																																
三	H27																																				
	G5																																				
	J3									Ⅱ Ⅲ			√	Ⅲ	Ⅱ	Ⅰ				Ⅲ					Ⅰ	Ⅲ	Ⅰ					√					
	J4													Ⅲ			Ⅰ		Ⅰ			Ⅰ															√
	H21	Ⅰ			Ⅴ			Ⅱ											Ⅲ						Ⅰ									Ⅱ	√		
	③B	ⅠⅡ			Ⅲ	√	Ⅱ	Ⅰ						Ⅲ		Ⅱ	Ⅰ		Ⅲ Ⅲ Ⅰ			Ⅲ Ⅳ Ⅱ									Ⅱ			Ⅰ	Ⅱ		
	H7																																	Ⅲ			
四	H22					Ⅴ								Ⅲ		Ⅲ			Ⅱ Ⅲ			Ⅱ												Ⅱ	Ⅱ		
	M1																					Ⅱ															
	J2																		Ⅱ Ⅲ			Ⅱ Ⅰ					Ⅲ Ⅲ Ⅱ	Ⅰ									
	H4																																				
	H5					Ⅴ								Ⅳ		Ⅳ			Ⅱ Ⅲ			Ⅲ Ⅳ	Ⅲ			Ⅱ											
	H6					Ⅴ								Ⅳ																							
	H13														Ⅱ							Ⅲ							Ⅰ								
	H14														Ⅳ																						
五	H15					Ⅴ									Ⅱ				Ⅱ												Ⅱ					Ⅳ	
	H16																		Ⅲ Ⅲ											Ⅲ					Ⅱ		
	H17																										Ⅲ								Ⅱ		
	H19														Ⅲ																						
	H20																																				
	J1		√				√								Ⅱ Ⅲ				Ⅳ Ⅲ			Ⅱ Ⅲ	Ⅱ		Ⅰ Ⅱ	Ⅰ					Ⅱ			ⅠⅢ Ⅳ			
	F2				Ⅴ	Ⅰ		Ⅲ		Ⅳ				Ⅱ			Ⅳ		Ⅱ				Ⅲ												Ⅱ		
	F4																																				

续表

期别	单位	鼎	敦	壶	鬲A	鬲B	鬲C	鬲D	鬲E	甗A	甗B	甑	簋A	簋B	豆A	豆B	盂A	盂B	盆A	盆B	盆C	罐A	罐B	罐C-a	罐C-b	罐D-a	罐D-b	罐D-c	罐D-d	罐D-e	瓮A	瓮B-a	瓮B-b	缸A	缸B	器盖A	器盖B
六	③A	Ⅲ	√		Ⅴ	Ⅱ		Ⅱ	Ⅳ~Ⅴ	√	Ⅱ~Ⅴ		Ⅳ	Ⅱ Ⅲ	Ⅱ	Ⅱ	Ⅱ Ⅲ		Ⅴ	Ⅲ	Ⅰ Ⅱ	Ⅱ Ⅲ Ⅳ		Ⅱ		Ⅲ Ⅳ	Ⅱ	√	Ⅰ Ⅱ	Ⅰ Ⅱ	√				Ⅲ	
	H1							Ⅳ														Ⅱ														
	H2																																			
	H3						√	Ⅲ	Ⅴ					Ⅱ			Ⅴ																	Ⅲ	
	H10	Ⅱ			Ⅵ						Ⅴ			Ⅱ			Ⅴ Ⅲ					Ⅲ						Ⅲ							
	H11									√											Ⅲ														
	H12													Ⅲ			Ⅲ																		

襄阳黄集小马家遗址发掘简报

襄樊市文物考古研究所
襄阳区文物管理处

一、地理环境与工作经过

小马家遗址位于襄樊市襄阳区黄集镇耿坡村小马家自然村南北侧，北距耿坡村约 300 米，西南至陶岗自然村约 800 米（图一）。遗址处襄北岗地，海拔为 105～115 米，地势较为平缓。马河自遗址中部东西向穿过，并将遗址分隔在南、北两个台地上。马河现仅为宽不足 10 米的小河沟，但从施工挖开的剖面看，它在两周时期宽愈百米，河面宽阔，河水充沛，河床较现在为低，两岸作为河流的一级台地，适宜于人类居住和生活。

遗址所在位置地处汉水以北，大的范围属南阳盆地南端，古代是连接中原与南方地区的交通要道，也是中原文化南下的必经之地，新石器时代以降，这里一直是南北文化交融的重要区域。小马家遗址的形成应与此有关。

遗址南北长约 1000、东西宽约 400 米，以马河为界分为南、北两部分，南部为西周文化遗存，北部为东周文化遗存。因早年改田的原因，遗址的文化层堆积已所剩无几，现存文化层成分散的点状，无法连接成片，堆积最深处也只有 0.7 米。

2001 年 11 月，为配合（襄）樊魏（集）高速公路建设，湖北省文物考古研究所与襄樊市考古队（襄樊市文物考古研究所前身）、襄阳区文物管理处联合组队对沿线文物点进行调查时发现该遗址。2002 年 11 月，襄樊市考古队受湖北省文物考古研究所委托对其进行了正式发掘。

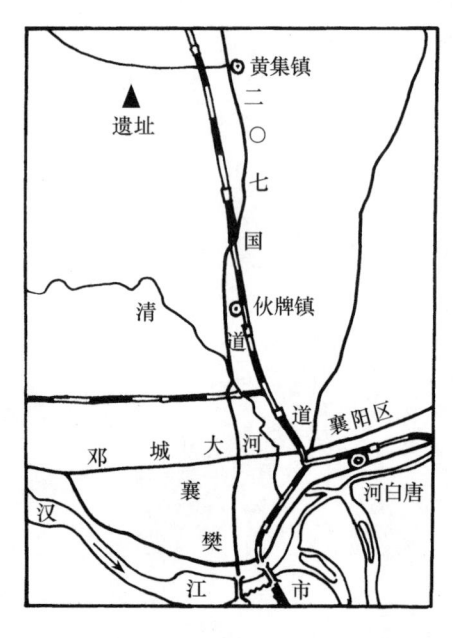

图一 小马家遗址位置示意图

为保证高速公路正线范围内的文化遗存得到揭露，同时结合发掘工作的实际，我们先在正线路基内暴露文化层的地方进行布方，并分别以马河和北部台地的分水线为界将遗址分为南、中、北区。之后，通过勘探发现线外的文化层堆积与发掘区域的情况无多大差别，故未再继续布方发掘。

南区未发现文化层堆积，只是直接对暴露在外的 3 座灰坑进行了清理，分别编号 2002XXH1～H3；中区沿路基西边沟南北向布 5 米×5 米探方 9 个，分别编号 2002XXT1～T9，其中前 8 个探方两两相连，凡有文化层堆积的探方隔梁均进行了发掘，发现灰坑3座，分别编号2002XXH4～H6，另外清理出清代墓葬7座（这里不予报道）；北区同样沿路基西边沟南北向布不相连的5米×5米探方2个，分别编号2002XXT10、T11（图二）。现将周代文化遗存发掘情况报告如下。

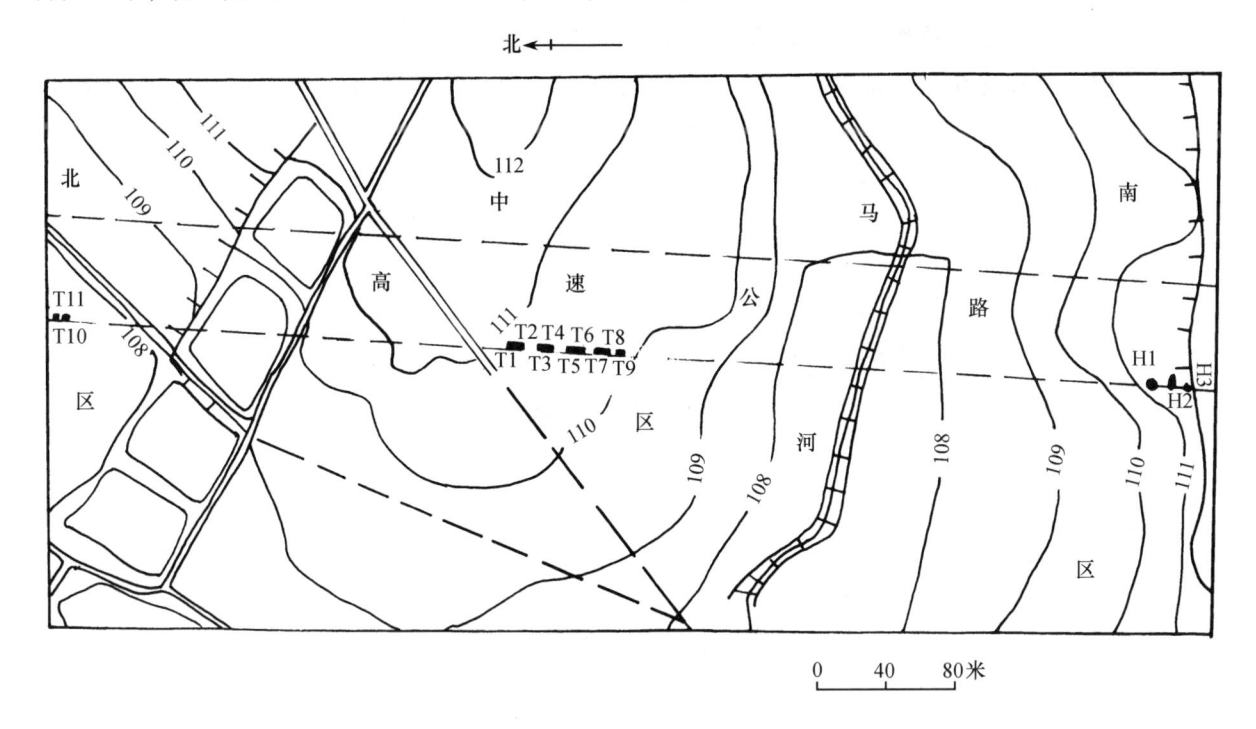

图二 小马家遗址地形、分区及探方、灰坑分布图

二、地层堆积

整个遗址文化层残存于中、北区，地层未予对应。

1. 中区

以T1西壁为例加以说明。

第①层：耕土层。黄褐色黏土，较软。厚约0.2～0.3米。探方内该层下发现2座清代墓葬。

第②层：晚期扰乱层。浅褐色土，较硬。上距地表约0.2～0.3米，厚约0.2米。包含物有宋、明、清时期瓷片、砖瓦残片及少量东周时期陶片。该层下遗迹有H4。

第③层：东周文化层。深灰色土。上距地表约0.4～0.5米，厚约0.2～0.35米。包含物较为丰富，全为残陶片，器类有鬲、豆、罐等。

第③层下为黄色生土（图三）。

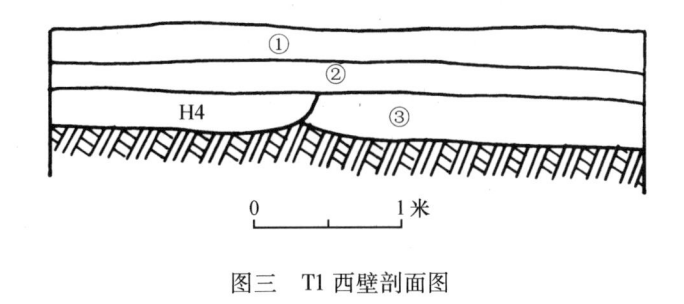

图三 T1西壁剖面图

2. 北区

以 T10 西壁为例加以说明。

第①层：耕土层。黄褐色黏土，较软。厚 0.3~0.55 米。

第②层：东周文化层。深灰色土。上距地表 0.3~0.55 米，厚 0.12~0.45 米。包含物较少，除 1 件残石斧外，全为残陶片，器类有鬲、豆、罐等。

第②层下为黄色生土（图四）。

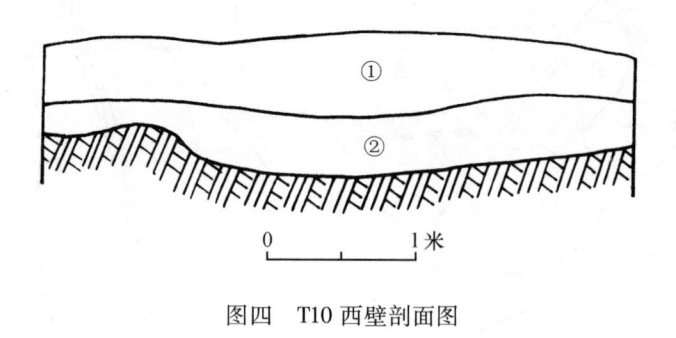

图四　T10 西壁剖面图

三、西周文化遗存

（一）遗迹

仅有 3 座灰坑，分别编号 H1~H3。

H1　位于樊魏高速公路正线 K10+48.5 米处，开口于第①层即耕土层下，打破生土层。坑口距地表约 0.2 米，上部因改田和开挖排水沟而被破坏。坑口平面近圆形，口大底小，斜弧壁内收，近平底。坑口径 2.3~2.5、最深 0.34 米。坑壁、底未见加工痕迹。坑内填土仅一层，为灰黑色软土，含较多的草木灰，夹极少量红烧土块、炭屑。包含物较少，除个别动物骨骼外，全为残陶片，可辨器类有鬲足 3 件、簋口沿 2 件、簋圈足 1 件、罐口沿 1 件、盆底 1 件等（图五）。

H2　位于樊魏高速公路正线 K10+35 米处，开口于第①层即耕土层下，打破生土层。坑口距地表约 0.2 米，上部因改田和开挖排水沟而被破坏。坑口平面呈不规则椭圆形，口大底小，斜弧壁内收，锅底。坑口长径 4.2、短径 2.25、最深 0.65 米。坑壁、底未见加工痕迹。坑内填土仅一层，为灰黑色软土，夹少量炭屑、草木灰和极少量红烧土块。包含物相对较多，除少量动物骨骼外，全为残陶片，可辨器类有鬲口沿 9 件、鬲（甗）裆 5 件、鬲（甗）足 18 件、甗口沿 2 件、甗腰 5 件、簋口沿 1 件、盂口沿 2 件、盆口沿 16 件、盆底 1 件、罐 1 件、罐口沿 1 件等（图六）。

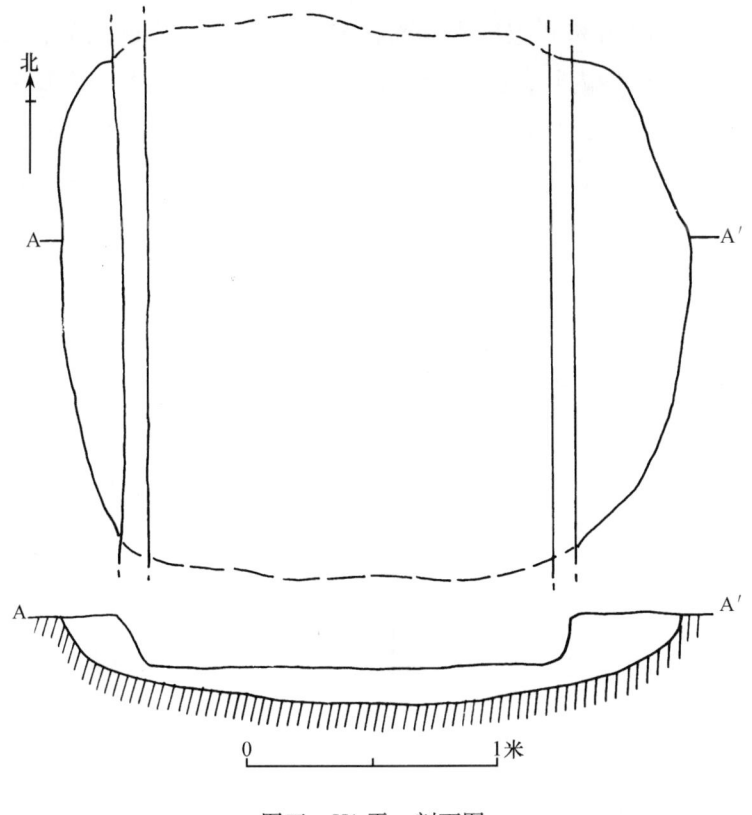

图五 H1 平、剖面图

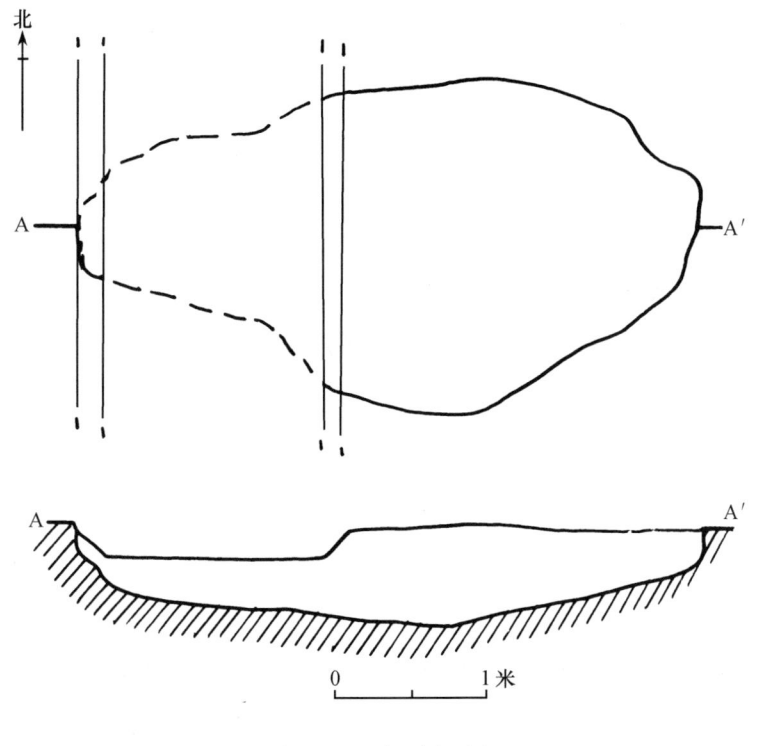

图六 H2 平、剖面图

H3　位于樊魏高速公路正线 K10+15 米处，开口于第①层即耕土层下，打破生土层。坑口距地表约 0.2 米，上部因改田和开挖排水沟而被破坏。坑口平面近圆形，口大底小，斜直壁，除西壁下部往外掏挖外，余均内收，圜底近平。坑口径 1.72~1.85、最深 0.6 米。坑壁、底未见加工痕迹。坑内填土仅一层，为灰黑色软土，含大量草木灰，夹少量炭屑和红烧土颗粒。包含物较少，除个别动物骨骼外，全为残陶片，可辨器类有鬲 1 件、盆口沿 1 件、瓮口沿 1 件等（图七）。

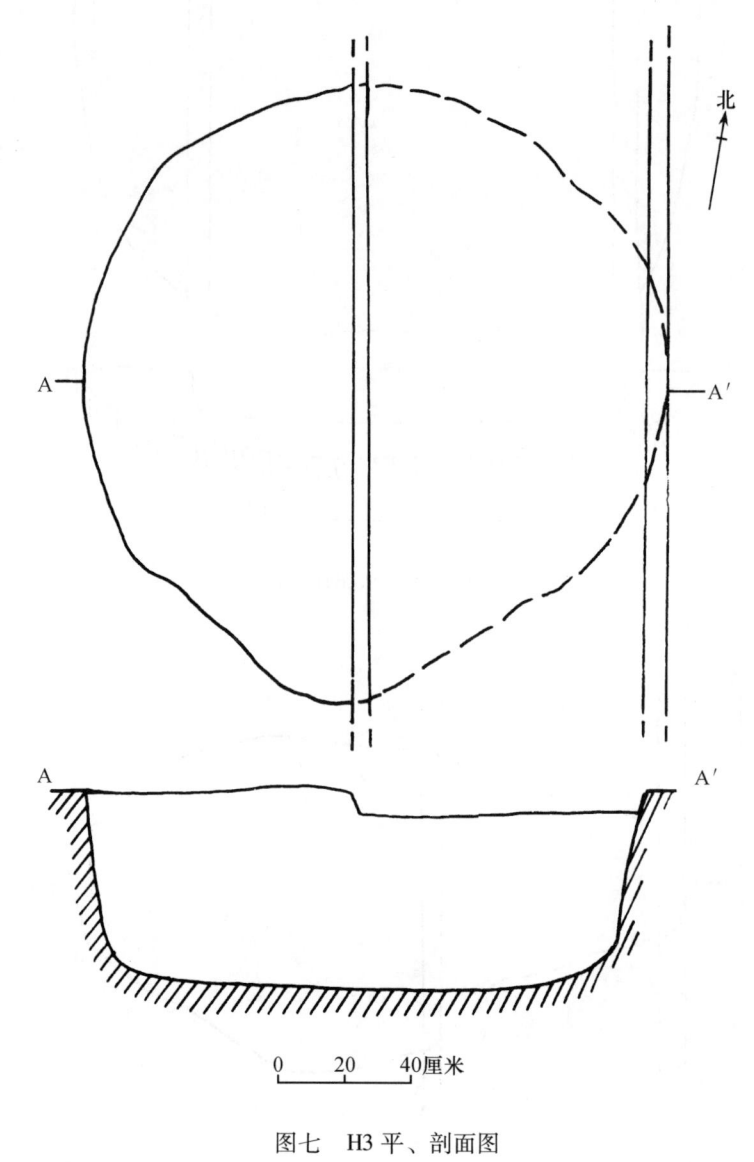

图七　H3 平、剖面图

（二）遗物

除少量零碎且种属难辨的动物骨骼外，全为残陶片，选取标本 65 件。

陶片中夹砂陶所占比例较大，达 2/3 或以上，一般为细砂，泥质陶不到 1/3；陶色则因灰坑不同而有所区别，其中 H1、H2 以红陶居多，在 60% 以上，黑陶次之，并有少量褐、黄、灰陶，H3出土陶片中黑陶虽占一半强，但陶胎有大半为红色，红陶也占一定比例，还有少量的褐、灰陶；陶片大多装饰有纹样，素面陶最多只有总数的30%强，而装饰纹样又以绳纹为大宗，达到90%，H1仅见细绳纹，H2、H3中绳纹为细绳纹的两倍，H2还有少量粗绳纹，其他装饰纹样不仅数量少，而且种类也少，只有凹弦纹和附加堆纹两种；器类有鬲、甗、簋、盆、盂、罐、瓮等。

鬲 基本复原2件。侈口，翻沿，束颈，斜腹内收，柱足，足腔较深。足外壁素面。按照整体和颈、肩、裆部的变化可分为二式。

Ⅰ式 H3：1，足残断。体夹细砂黑陶，足夹细砂红陶。整器瘦高，通高大于口径。微束颈，溜肩不甚明显，分裆，袋状柱足。肩上部饰两道凹弦纹，肩下部及腹部饰水波状竖绳纹。口径25.6、残高24.4厘米（图八，1）。

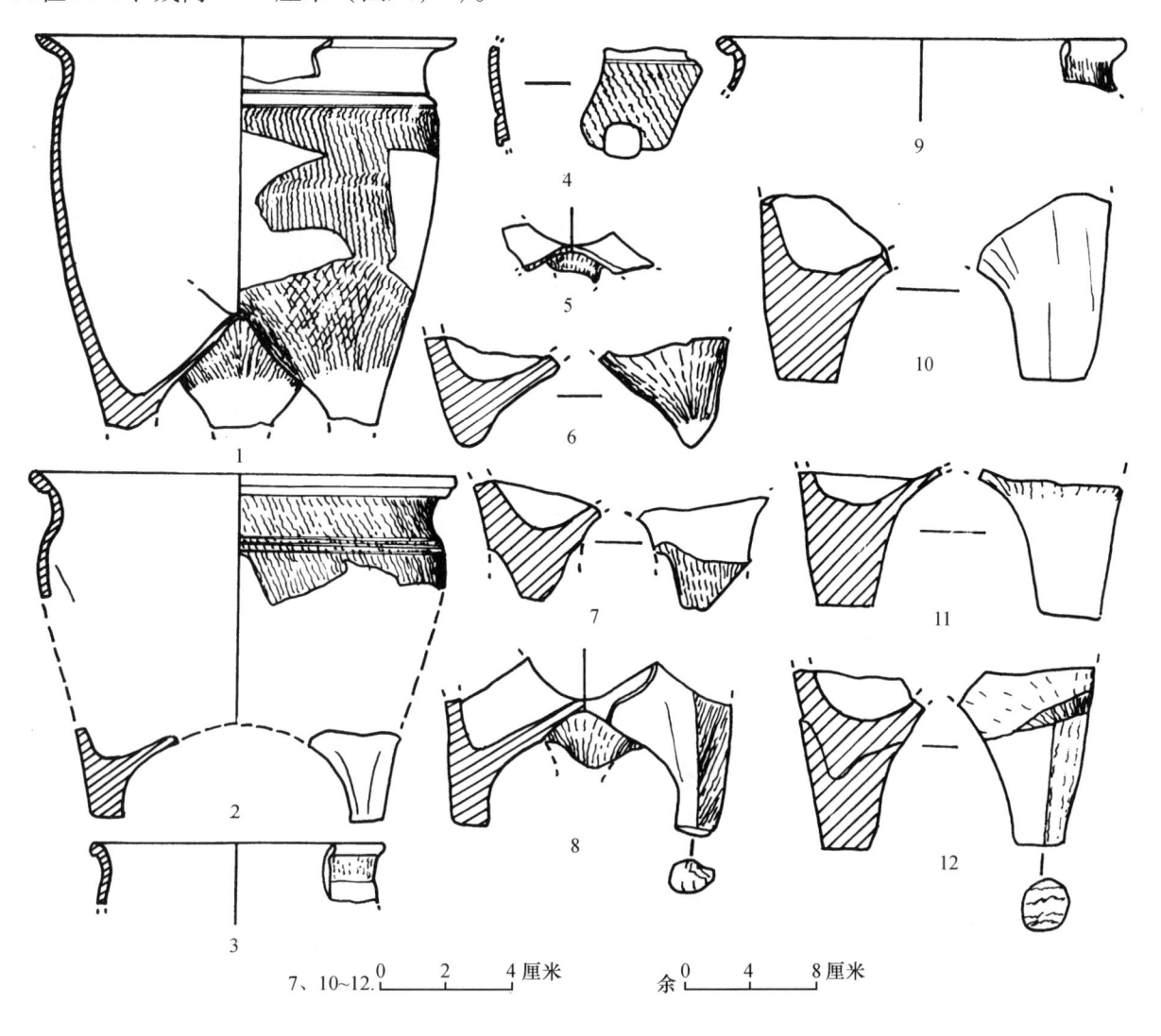

图八 西周陶鬲
1. Ⅰ式鬲（H3：1） 2. Ⅱ式鬲（H2：1） 3、9. 鬲口沿（H2：2、H2：9） 4. 鬲肩（H2：3） 5、8. 鬲裆（H2：4、H2：5）
6. A型鬲足（H2：6） 7、10~12. B型鬲足（H2：7、H1：1、H1：2、H2：8）

Ⅱ式　H2:1，体及足内壁夹细砂黑陶，足外壁夹细砂浅红陶。整器较宽矮，通高小于口径。颈内束明显，圆肩凸起，瘪裆，矮柱足，外壁有削痕。颈部饰抹印斜行绳纹，肩、腹部饰斜行绳纹，肩上部压三道凹弦纹。口径25.6、高约21.2厘米（图八，2）。

鬲口沿　6件。侈口，翻沿，束颈，溜肩。H2:2，夹砂红陶。微束颈，颈部饰模糊绳纹。口径17.6厘米（图八，3）。H2:9，夹砂黑陶。颈内束较甚。颈部饰细绳纹。口径24.8厘米（图八，9）。

鬲肩　1件。H2:3，夹砂褐陶。束颈，圆肩，斜弧壁内收。上腹有一圆饼状堆饰，肩、腹饰细绳纹（图八，4）。

鬲裆　5件。分裆。H2:4，夹砂灰陶。裆底饰中绳纹（图八，5）。H2:5，夹砂红陶。裆底及足面、底饰细绳纹，足面部分被削平，并有削痕，足底有压痕（图八，8）。

鬲足　18件。依据整体形制的不同可分为二型。

A型　1件。H2:6，夹砂红陶。乳状尖袋足，足部较肥大，推测为分裆。足面除下端外饰细绳纹（图八，6）。

B型　17件。矮柱足，足腔较深。H1:1，夹砂黑陶。素面，足面有削痕（图八，10）。H1:2，夹砂红陶。足面上部饰模糊绳纹，下部素面（图八，11）。H2:7，夹砂浅红陶。二次包制，残存上部。尖底饰细绳纹（图八，7）。H2:8，夹砂浅红陶。二次包制。足面饰模糊中绳纹，足底饰中绳纹，上部尖底饰细绳纹（图八，12）。

甗　可基本复原2件。甑体侈口，翻卷沿，微束颈，溜肩，上腹微鼓，束腰较细，鬲体溜肩，微鼓腹，分裆，矮柱足，足腔较深。颈部饰模糊绳纹，足壁素面，并有削痕。H2:9，夹砂黑陶。甑体肩、腹部及腰部饰竖行中绳纹，肩部在绳纹上按压一排小条状凹槽，凹槽竖向，两两一组间距较小，足底饰中绳纹。口径31.2、腰径14、高约36厘米（图九，1）。H2:10，夹砂黄陶。肩部饰斜行细绳纹，肩部在绳纹上按压两排小凹槽，凹槽横向，甑体腹部饰交错细绳纹，间隔抹压一道凹弦纹，鬲体肩部饰竖行细绳纹。口径28、腰径12.8、高约36厘米（图九，2）。

甗腰　3件。束腰。H2:11，夹砂褐陶。鬲体溜肩，鼓腹。鬲体肩、上腹饰竖行细绳纹。腰径13.6厘米（图九，3）。

簋　可基本复原1件。H1:3，夹砂红陶。素面。敞口，卷沿，厚圆唇，斜弧腹内收，浅腹，细高圈足，圈足下端呈喇叭状。口径14.4、圈足径8、高约10厘米（图九，4）。

簋口沿　2件。敞口，卷沿，厚圆唇，斜弧腹内收，浅腹。H1:4，泥质黑陶。素面。口径15.2厘米（图九，5）。H2:12，夹砂黑陶。腹外壁饰绳纹。口径13.6厘米（图九，6）。

盆口沿　17件。按照口部、颈部的变化可分为三式。

Ⅰ式　1件。H3:2，夹砂黑陶。大敞口，宽平折沿，无颈，弧壁内收。上壁饰斜行细绳纹。口径38.4厘米（图一〇，1）。

Ⅱ式　12件。微侈口，翻卷沿，束长颈，微折肩。H2:13，泥质黑陶。颈部饰竖行细绳纹，下部被三道凹弦纹划断，肩部饰斜行细绳纹。口径36.8厘米（图一〇，2）。H2:14，泥质红陶。颈中、下部饰竖行细绳纹，下部被三道凹弦纹划断，肩部饰斜行细绳纹。口径32厘米（图一〇，3）。

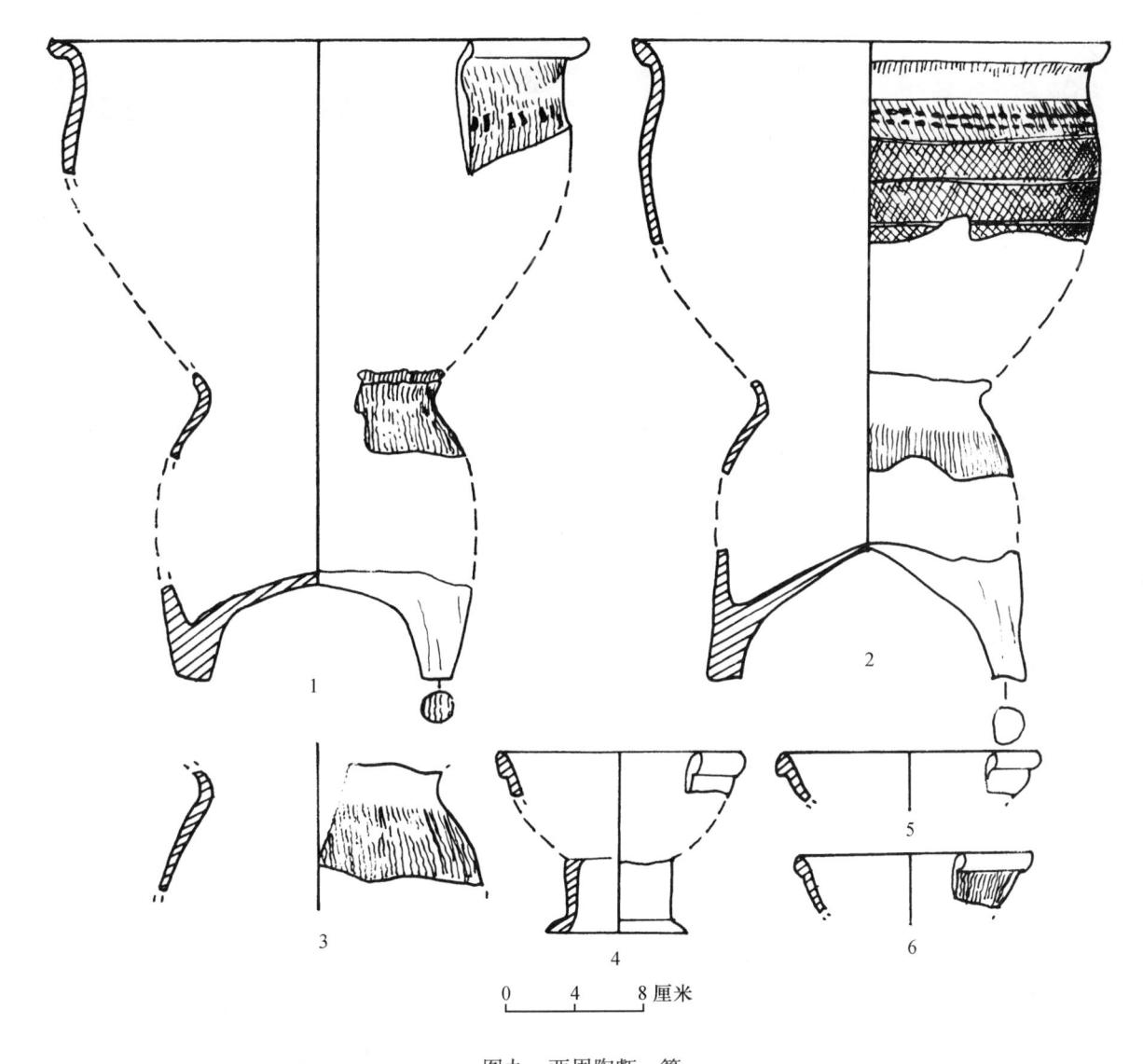

图九　西周陶甗、簋

1、2. 甗（H2:9、H2:10）　3. 甗腰（H2:11）　4. 簋（H1:3）　5、6. 簋口沿（H1:4、H2:12）

Ⅲ式　4件。侈口，翻折沿，短颈内束稍甚，圆肩。H2:15，夹砂粗红陶。颈部饰交错状模糊细绳纹，肩、腹部饰斜行细绳纹。口径32.8厘米（图一〇，4）。

盆底　2件。凹圜底较深。底饰细绳纹。H1:5，夹砂红陶。底较宽。下腹饰竖行细绳纹。底径15.2厘米（图一〇，5）。H2:16，夹砂褐陶。底较窄。底径10.4厘米（图一〇，6）。

盂口沿　2件。侈口，翻沿，束短颈，圆肩，鼓腹。H2:17，夹砂褐陶。肩饰一道凹弦纹。口径18.4厘米（图一〇，7）。H2:18，泥质浅红陶。素面。口径24厘米（图一〇，8）。

罐　可看出形制者1件。H2:19，夹砂粗红陶。素面。陶质呈粉碎状，于坑壁上绘出线图。侈口，翻折沿，束长直颈，溜肩，圆鼓腹，凸圜底。口径16、腹径20.8、高约26厘米（图一一，1）。

罐口沿　2件。侈口，翻沿，颈内收较甚，折肩。按照口沿、颈、肩的变化可分为二式。

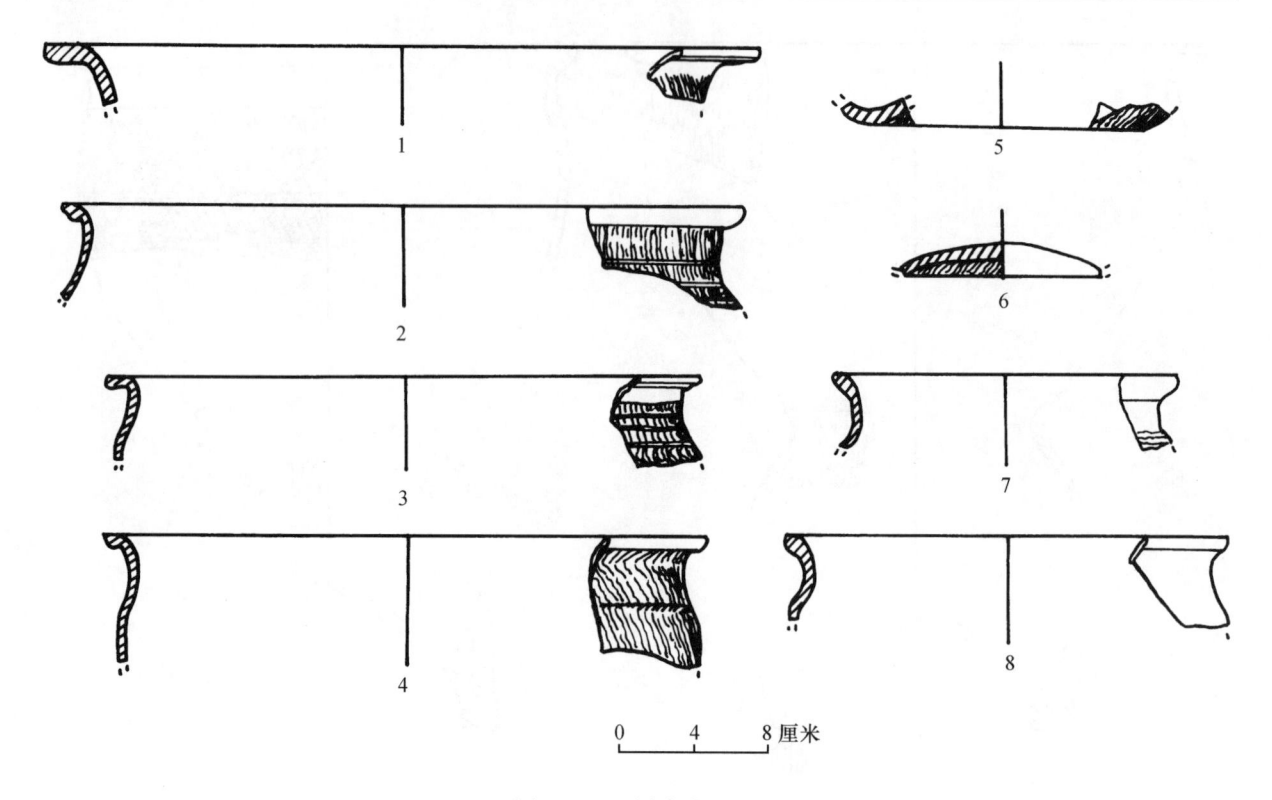

图一〇 西周陶盆、盂

1. Ⅰ式盆口沿（H3:2） 2、3. Ⅱ式盆口沿（H2:13、H2:14） 4. Ⅲ式盆口沿（H2:15） 5、6. 盆底（H1:5、H2:16） 7、8. 盂口沿（H2:17、H2:18）

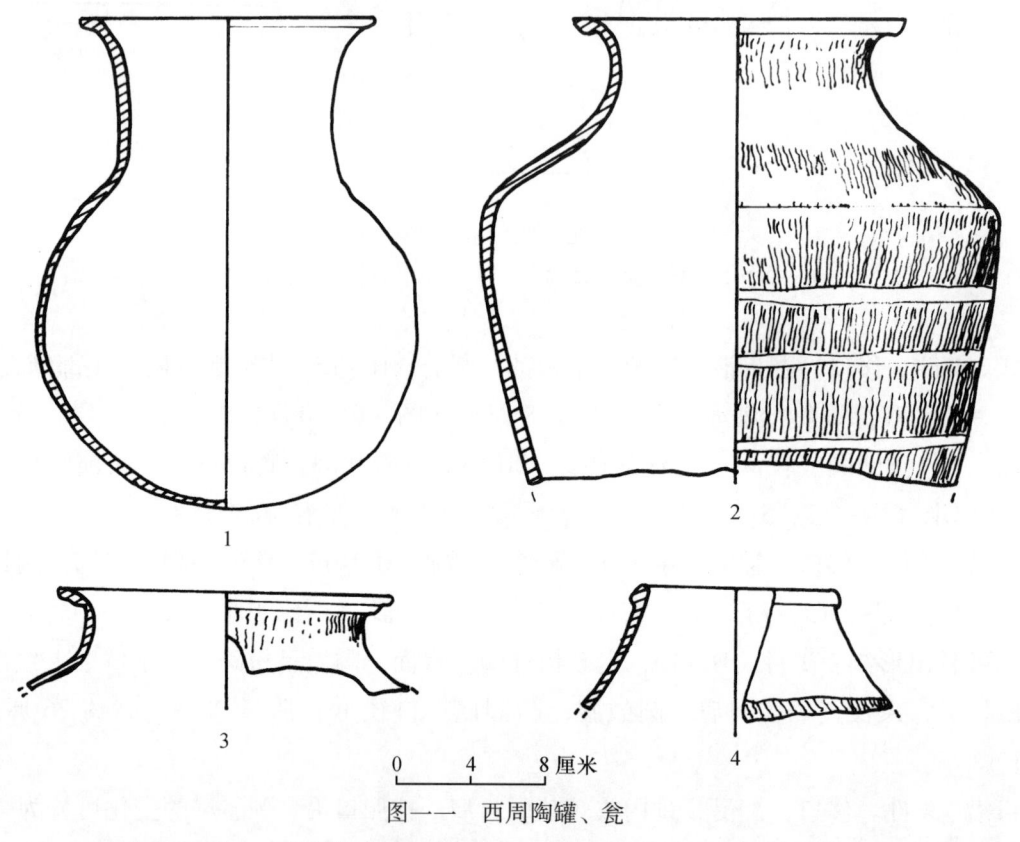

图一一 西周陶罐、瓮

1. 罐（H2:19） 2. Ⅰ式罐口沿（H1:6） 3. Ⅱ式罐口沿（H2:20） 4. 瓮口沿（H3:3）

Ⅰ式　H1∶6，泥质红陶。沿翻卷，颈稍长，肩稍窄。颈上部及肩、腹部饰竖行细绳纹，腹部间多道抹痕。口径18、肩径27.2厘米（图一一，2）。

Ⅱ式　H2∶20，夹砂黑陶。沿翻折，外沿面有一周浅凹槽，颈稍短粗，肩较宽。颈上部饰竖行模糊中绳纹。口径18.4厘米（图一一，3）。

瓮口沿　1件（H3∶3）。泥质褐陶。侈口，卷沿，溜肩外扩。肩下部饰斜行中绳纹。口径10.4厘米（图一一，4）。

（三）分期与年代

此次发掘的西周文化遗存仅见于南区，且只有3个灰坑。其出土遗物虽不多，但特征明显。

从总的特征上看，陶片的陶质以夹砂陶为主，泥质陶较少，一般夹细砂，砂质均匀，也有不少粗陶；陶色中红陶居多；绳纹陶片占总数的大半，绳纹线条一般纤细紧密，排列整齐，多为竖行，个别交拍，粗绳纹少见；器类仅有鬲、甗、簋、盆、盂、罐、瓮等。这些与枣阳毛狗洞西周初年或早期的H1[1]出土器物存在着许多共同点，而在器物形制上则具有稍晚的时代特征。通过比较，我们认为将这3座灰坑的时代定在西周中期前后较为适宜。如果从出土器物的形制特征分析，3个灰坑在时代上还有早晚之别。

H3的时代最早，该灰坑出土陶片少，器物标本也少，只有鬲、盆、瓮各1件。鬲整体瘦高，通高大于口径，窄高裆，裆间断面呈锐角三角形，足间距较小，近空袋状分裆柱足，有西周早期特征，与西安张家坡C型Ⅱb式鬲M285∶3[2]相仿；盆为宽沿深腹，与沣西客省庄四号基址出土的盆T4∶1[3]接近。其时代约相当于西周早期后段，大约在康王时期。

H1的时代稍晚于H3，该灰坑出土器物有鬲、簋、盆、罐，不见甗、盂。鬲仅见足，为矮柱足，足面及足底均无纹饰，时代特征较早；簋为敞口厚唇的碗状素面圈足簋，与西安张家坡墓地出土的A型簋[4]风格相近，此型簋是继承商文化发展而来，流行于西周早期和中期偏早阶段；罐为束长颈折肩绳纹罐，其形制较黄陂鲁台山Ⅱ式罐H1③∶15[5]更为瘦长，依据黄陂鲁台山出土同型罐的演变趋势，本灰坑所出罐的时代应稍早。综此，本灰坑的时代不晚于西周中期偏早阶段，大致相当于昭、穆王时期。

H2的时代在3座灰坑中最晚，其出土器物较为丰富，器类也较多，有鬲、甗、簋、盂、盆、罐。鬲为宽体，通高小于口径，宽矮裆，裆间断面呈钝角三角形，足间距较大，瘪裆，矮柱足，足面无纹，形制接近于西安张家坡C型Ⅱc式鬲M37∶1[6]；张家坡墓地多在西周中期或以前多见的肩部贴圆饼状堆饰的鬲也在本灰坑中有所发现；鬲足大多为矮柱足，部分足面及足底饰绳纹，并有较多的削足现象，除柱足外还有一件乳状袋足，与西安张家坡墓地B型Ⅲ、Ⅳ式鬲足[7]基本相同；2件甗的形制一致，整体及甑部特征比黄陂鲁台山Ⅱ式甗H1①∶1[8]显得宽胖，时代应稍晚；簋的形制虽与H1出土簋基本相同，但本器有绳纹装饰；新出现了盂，西安张家坡墓地的发掘表明[9]，盂一般不与簋同出，在遗址中同出的情况也极少见，盂的出现实际上代替了簋，其时代自然相对较晚，本灰坑簋、盂同出可能正反映了两器交接的现象。由这组出土器物的特征分析，该灰坑的时代以定在西周中期偏晚阶段为宜，大约相当于共、懿、孝王时期。

四、东周文化遗存

（一）遗迹

仅发现 3 座灰坑，分别编号 H4~H6。

H4　位于 T1 西南部、T2 西北部，向西伸出探方外。开口于第②层下，打破第③层和生土层。坑口距地表 0.4~0.5 米，上部因开挖排水沟而被少量破坏。坑口平面呈不规则形，口大底小，斜弧壁，底部不平。坑口现长 5.3、宽 1.1~1.58、最深处 0.27 米。坑壁、底未见加工痕迹。坑内填土仅一层，为黑色土，土质较硬，含较多的草木灰和少量红烧土块、炭屑。包含物较少，除个别动物骨骼外，全为残陶片，可辨器类有鬲、豆、罐等（图一二）。

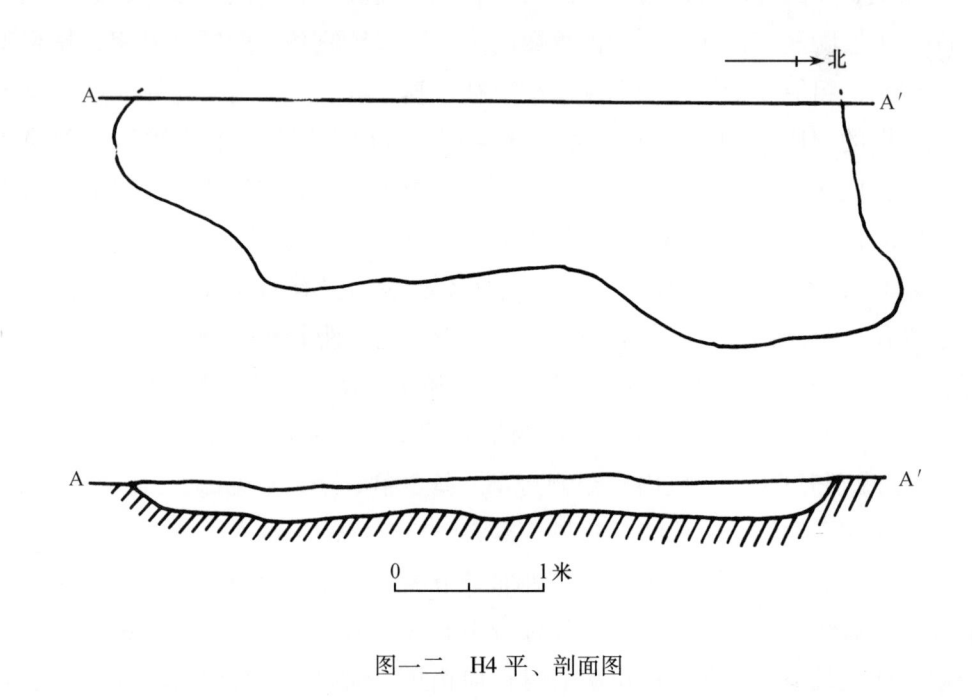

图一二　H4 平、剖面图

H5　位于 T8 西北部，向西、北伸出探方外。开口于第③层下，打破生土层。坑口距地表 0.5~0.6 米，上部因开挖排水沟而被少量破坏。坑口平面呈不规则形，口大底小，斜弧壁，底部不平。坑口现长 2.7、最宽 2.15、最深 0.4 米。坑壁、底未见加工痕迹。坑内填土仅一层，为灰黑色软土，含少量草木灰、红烧土颗粒、炭屑。包含物较丰富，全为残陶片，可辨器类有鼎、鬲、盂、豆、罐等（图一三）。

H6　位于 T7 东部，并向东伸入隔梁中。开口于第③层下，打破生土层。坑口距地表 0.45 米。坑口平面近圆形，口大底小，斜弧壁，圜底。坑口径 2、最深 0.35 米。坑壁、底未见加工痕迹。坑内填土仅一层，为灰黑色软土，含少量草木灰、红烧土块、炭屑。包含物较少，除个别石器外，全为残陶片，可辨器类有鬲、盂、豆、罐等（图一四）。

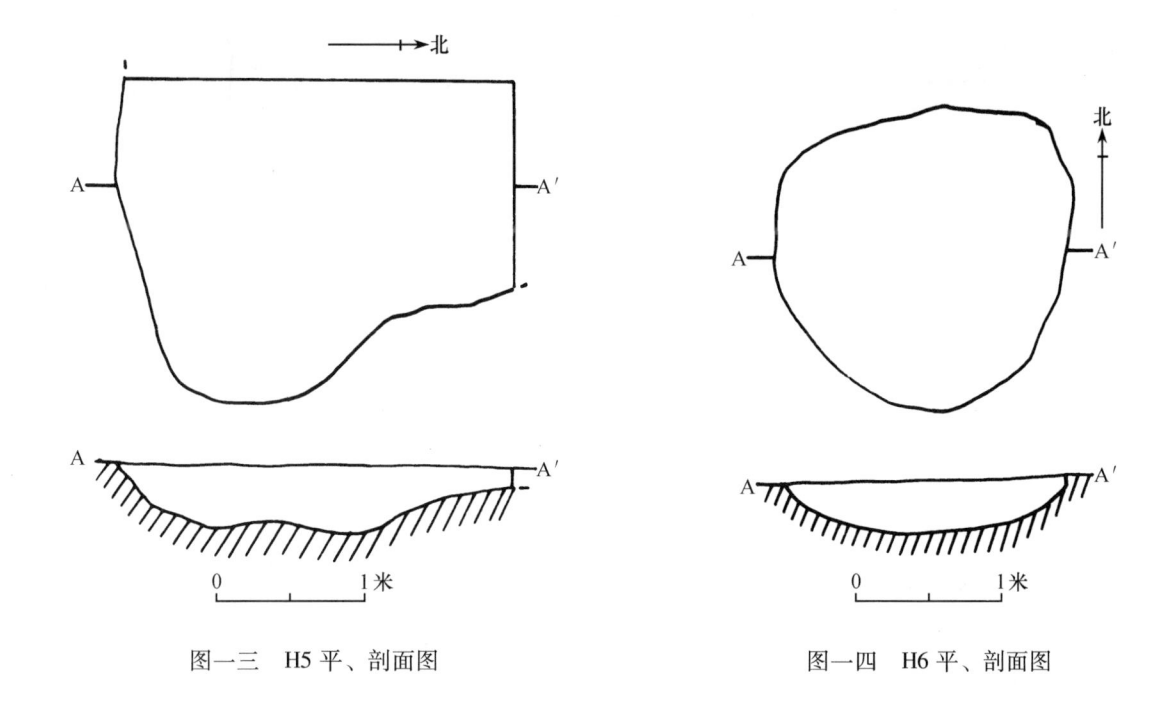

图一三　H5 平、剖面图　　　　　　图一四　H6 平、剖面图

（二）遗 物

按用途可分为生产工具和生活用器两大类，按质地可分为石、铜、铁、陶四种。

1. 生产工具

7件。有石、铜、铁、陶等质地，器类有石斧、片，铜削刀，铁锸、削刀，陶纺轮、球等。

石斧　1件。T7③∶6，顶端残。灰色石灰石磨制，通体磨光。长方体，双面平刃。残长6.3、最宽3.1、最厚2.2厘米（图一五，1）。

石片　1件。H6∶1，残。青石磨制，宽平面磨光。平面及横断面呈三角形。残长6.3、最宽2.1、最厚0.7厘米（图一五，2）。

铜削刀　1件。T11②∶1，前后端均残。体扁薄。厚弧背，双面弧刃。残长9.4厘米（图一五，4）。

铁锸　1件。T5③∶2，残甚且锈蚀严重，仅余一侧面。应为凹口，长銎，中空。残长6.8厘米（图一五，3）。

铁削刀　1件。T7③∶2，前后端均残。体扁薄。平背，双面弧刃。残长3、残宽2.2厘米（图一五，6）。

陶纺轮　1件。T7③∶1，泥质褐陶。素面。算珠形，两面平，三角缘，对穿孔。直径4.2、厚1.9厘米（图一五，5）。

陶球　1件。T7③∶5，泥质黑陶。素面。实心，表面磨光。直径2.1厘米（图一五，7）。

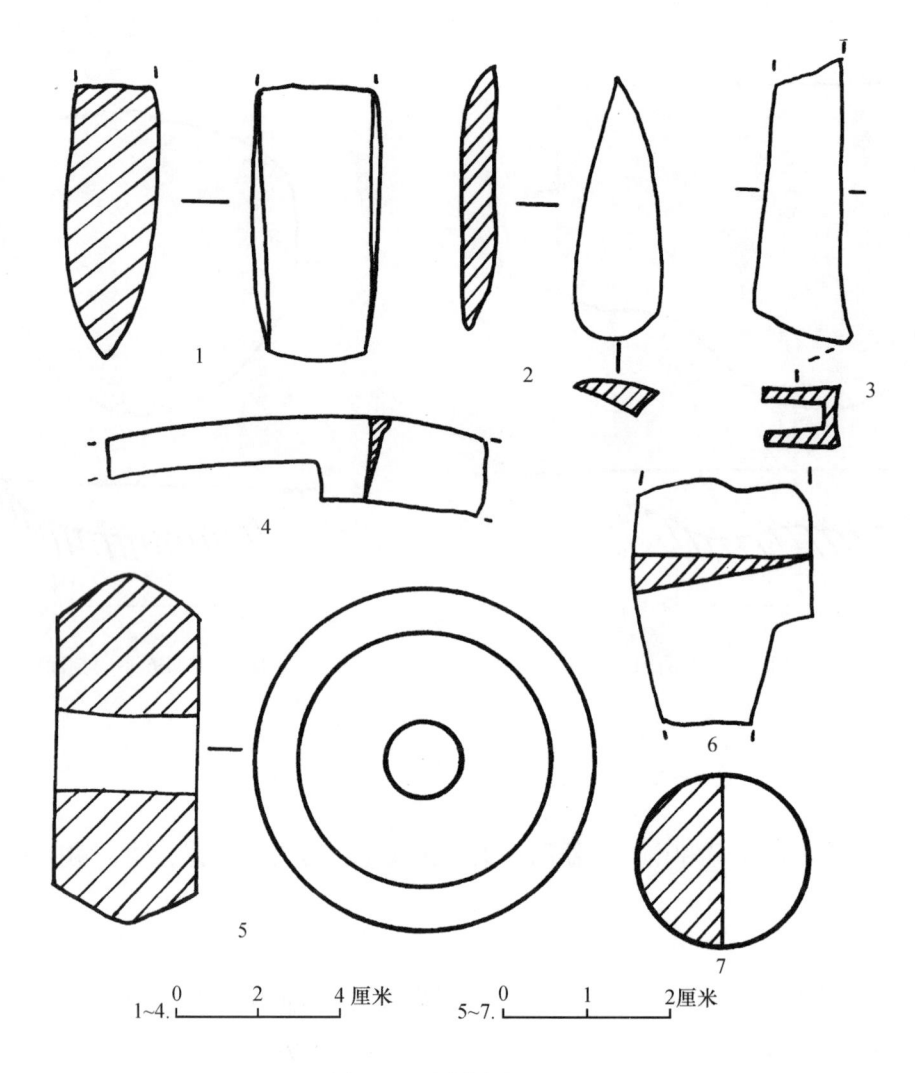

图一五　东周生产工具

1. 石斧（T7③:6）　2. 石片（H6:1）　3. 铁锸（T5③:2）　4. 铜削刀（T11②:1）　5. 陶纺轮（T7③:1）
6. 铁削刀（T7③:2）　7. 陶球（T7③:5）

2. 生活用器

全为陶器，可复原的器物不多。陶质以泥质陶为主，约占总数的60%以上，夹砂陶相对较少；陶色中褐陶居多，黑、灰陶次之，红陶也占一定比例，不少的陶器内外壁及中间颜色不一；器表素面的约有一半左右，装饰纹样以中绳纹为大宗，达90%以上，绳纹一般竖行，部分有抹痕，另有极少量的附加堆纹和凹、凸弦纹；器类有鬲、甗、鼎、甑、豆、盂、盆、罐、瓮等，其中鬲、甗多为夹砂陶。鬲、豆、盂、盆、罐数量都较多。选取标本70件。

鬲　基本复原4件。依据整体形制的不同可分为二型。

A型　3件。侈口，翻沿，束短颈，弧裆，中高柱足。肩部以下满饰竖绳纹。按照肩、腹、足的变化可分为三式。

Ⅰ式　H5:6，夹砂黑陶。沿面及外侧各有一周凸棱，溜肩，足腔相对较宽深。口径28厘米（图一六，1）。

Ⅱ式　H6:2，夹砂灰陶。沿面有一道浅凹槽，圆肩，足腔相对较宽浅，上腹鼓。上腹有两道抹痕。口径27.2、腹径29.2、高26.8厘米（图一六，2；图版一三，1）。

Ⅲ式　T6③:1，体夹砂黑陶，足夹砂红陶。沿面外侧有一道浅凹槽，圆肩，足腔相对较窄深，上腹鼓。上腹有抹痕。口径46.4厘米（图一六，3）。

B型　1件。T9③:1，盆形鬲。夹砂褐陶。侈口，翻沿，沿面有一道浅凹槽，圆肩，圜底，矮乳头状足。颈饰模糊绳纹，肩以下满饰绳纹。口径33.6厘米（图一六，6）。

鬲口沿　3件。均为侈口，翻沿，束短颈，溜肩。T9③:2，泥质黑陶。沿面平。颈饰模糊竖绳纹，肩饰竖绳纹。口径36厘米（图一六，7）。T10②:1，泥质红陶。沿面有一道浅凹槽。肩饰竖行粗绳纹。口径26.4厘米（图一六，8）。T3③:1，夹砂灰陶。沿面有两道浅凹槽，并相应有三道凸棱。肩饰竖绳纹。口径16厘米（图一六，9）。

鬲裆　1件。H4:1，夹砂褐陶。弧裆近平，柱足，足腔浅。外壁满饰竖绳纹（图一六，10）。

鬲足　7件。依据整体形状的不同可分为三型。

A型　3件。中高柱足，足腔较浅。T7③:9，夹砂红陶。足腔相对较宽深。外壁饰竖绳纹（图一六，12）。T9③:4，夹砂红陶。足腔较深。外壁及足底饰绳纹（图一六，5）。T10②:5，夹砂红陶。足腔较浅。外壁上部饰模糊绳纹，下部有削痕（图一六，4）。

B型　3件。尖锥足。T6③:4，泥质灰陶。外壁满饰竖绳纹（图一六，13）。T6③:6，泥质黑陶。素面。外壁下部有削痕（图一六，15）。T11②:5，泥质红陶。素面（图一六，11）。

C型　1件。T6③:3，夹砂红陶。小乳头状足。器底饰模糊绳纹，足壁饰绳纹（图一六，14）。

甗口沿　1件。H5:5，夹砂黑陶。侈口，翻沿，束颈，溜肩，上腹鼓，中下腹斜收。肩及上、中腹饰竖行绳纹，间两道抹痕，下腹饰斜行绳纹（图一七，1）。

甗腰　3件。甗体下腹斜弧内收，细束腰。T9③:5，夹砂红陶。下腹饰竖、斜行绳纹，腰饰模糊竖绳纹。腰径12.8厘米（图一七，3）。T11②:6，夹砂红陶。外壁中部饰模糊粗绳纹，下部素面。腰径18厘米（图一七，4）。H6:3，夹砂灰陶。中腹饰竖行绳纹。腰径12.8厘米（图一七，5）。

鼎　基本复原1件。H5:16，耳残。体上半部泥质黑陶，下半部及足根部夹砂黑陶，足中、下部夹砂红陶。子口，折肩，腹壁微鼓，圜底，三高蹄足，足面根部模刻"U"形凹槽，中部有一道横行浅凹槽。中腹有一周凸棱，肩下及凸棱上分别饰二、一道凹弦纹。口径33.6、残高32.8厘米（图一七，2；图版一三，2）。

鼎足　1件（T3③:6），中下部残。棱形高蹄足，横断面呈七边形，内面平（图一七，6）。

图一六 东周陶鬲

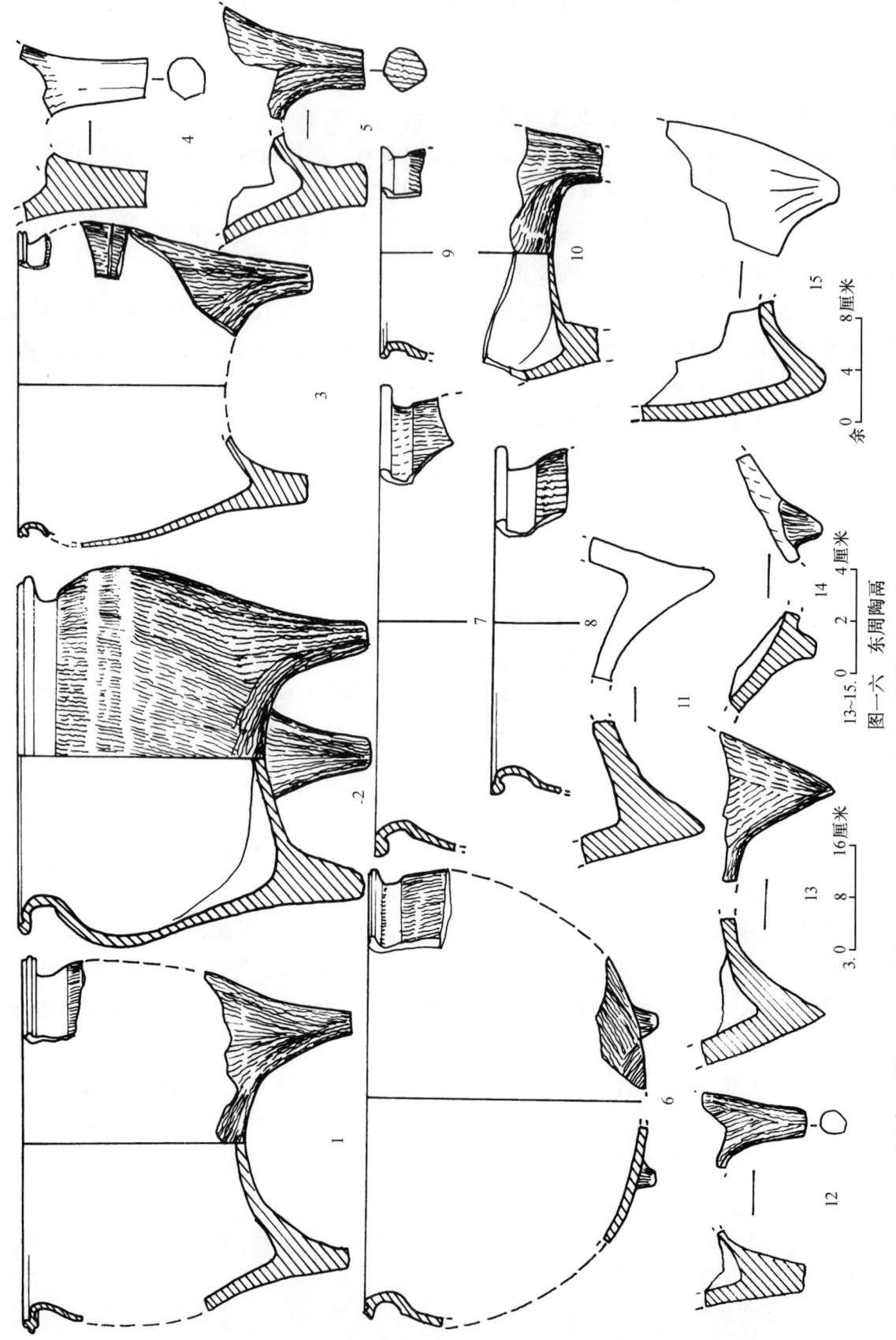

1. A型Ⅰ式鬲（H5:6） 2. A型Ⅱ式鬲（H6:2） 3. A型Ⅲ式鬲（T6③:1） 4、5、12. A型鬲足（T10②:5、T9③:4、T7③:9） 6. B型鬲（T9③:1）
7~9. 鬲口沿（T9③:2、T10②:1、T3③:1） 10. 鬲裆（H4:1） 11、13、15. B型鬲足（T11②:5、T6③:4、T6③:6） 14. C型鬲足（T6③:3）

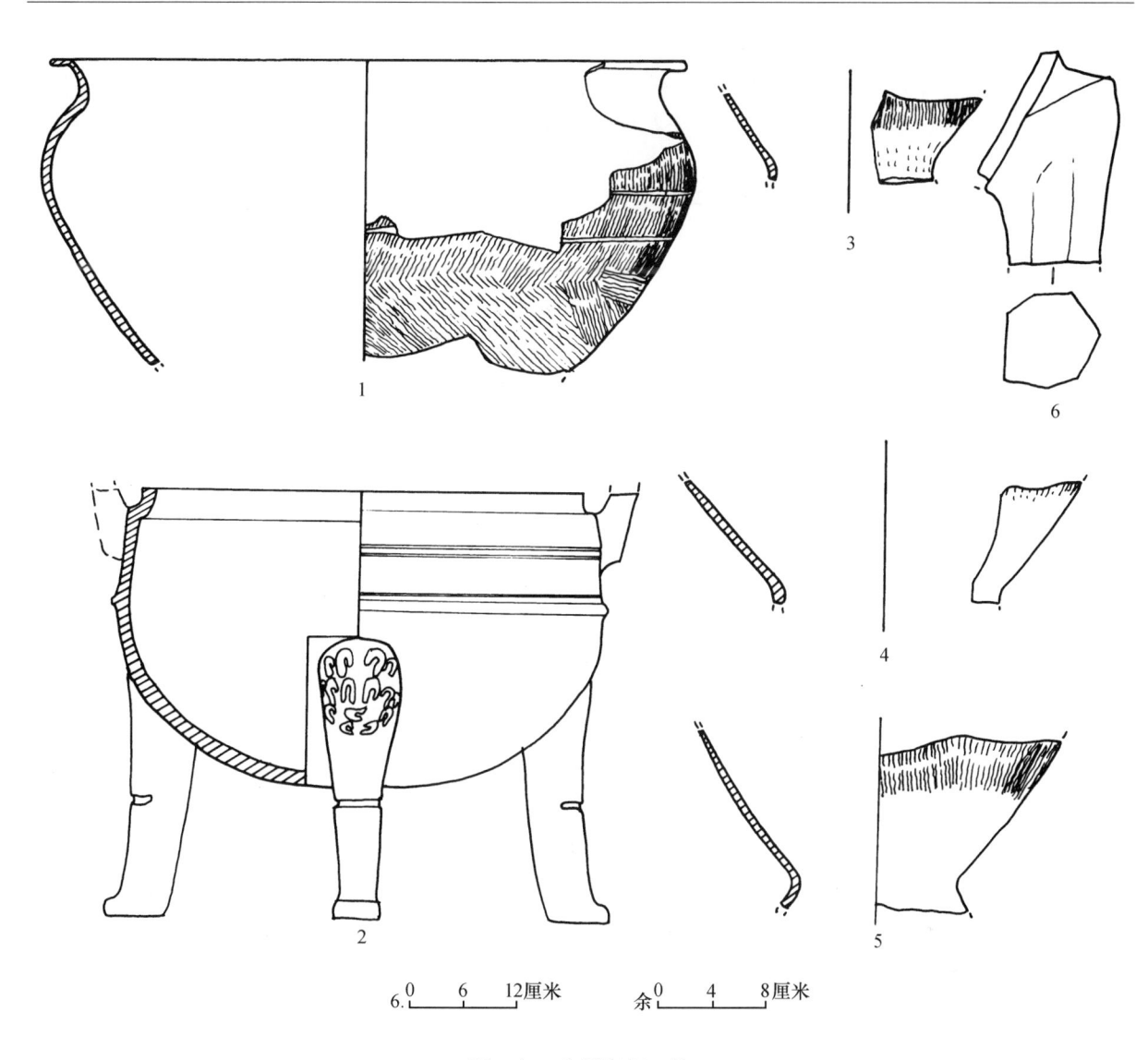

图一七 东周陶甗、鼎

1. 甗口沿（H5:5） 2. 鼎（H5:16） 3~5. 甗腰（T9③:5、T11②:6、H6:3） 6. 鼎足（T3③:6）

甗 基本复原3件。侈口，翻沿，束颈，溜肩，上腹鼓，中下腹弧收，底穿长椭圆形箅孔。肩至中腹饰竖绳纹。H5:3，泥质褐陶。浅凹底。口径40.8、底径15.2、高约29厘米（图一八，1）。H5:4，夹砂黑陶。平底。口径50.4、底径14.4、高约30厘米（图一八，3）。T7③:19，泥质灰陶。浅凹底。肩部有两道抹痕。口径38.4、底径13.6、高26.6厘米（图一八，4）。

甗底 1件。T9③:16，泥质黑陶。弧壁，浅凹底，底部穿圆形箅孔。底径13.6厘米（图一八，2）。

豆 9件。均素面。依据整体形制的不同可分为二型。

A型 1件。T9③:10，带盖深腹豆。微敛口，折肩，肩部有一周尖凸棱，中腹鼓，下腹弧收。中腹饰一道凹弦纹。口径15.2厘米（图一九，1）。

B型 8件。浅盘豆。敞口，高柄，喇叭状圈足。依据盘的不同又可分为二亚型。

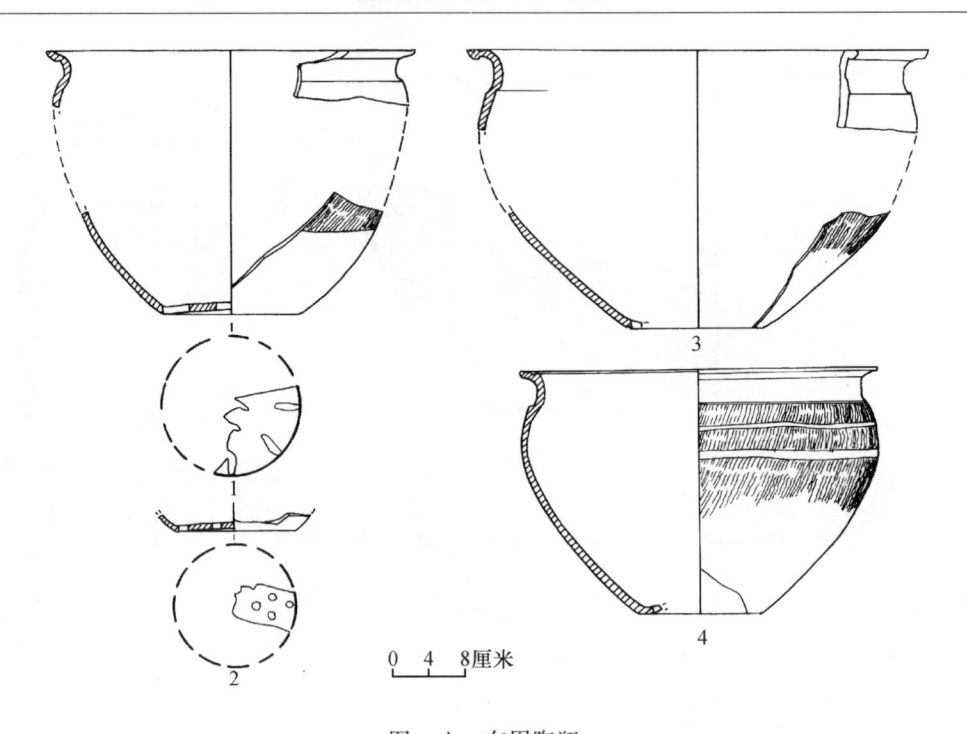

图一八　东周陶甗

1、3、4. 甗（H5:3、H5:4、T7③:19）　2. 甗底（T9③:16）

Ba 型　3 件。折盘。按照盘、柄的变化可分为二式。

Ⅰ式　2 件。折棱在中下部，柄较粗，内空较大。H5:1，泥质灰陶。口径 11.4、残高 10.8 厘米（图一九，2）。H6:3，泥质褐陶。口径 11.6、残高 7.5 厘米（图一九，3）。

Ⅱ式　1 件。H5:2，泥质灰陶。折棱在上部，柄较细，内空较小。口径 14.2、圈足径 8、高 12.5 厘米（图一九，4）。

Bb 型　5 件。弧盘。按照口、盘、柄的变化可分为三式。

Ⅰ式　2 件。口微敛，盘较深，柄较粗矮。T7③:3，泥质灰陶。口径 13.8、圈足径 6.4、高 10.4 厘米（图一九，5）。T7③:4，泥质褐陶。口径 14.2、圈足径 7.6、高 9.6 厘米（图一九，8；图版一三，3）。

Ⅱ式　2 件。近直口，盘较浅，柄较细矮。T7③:18，泥质褐陶。口径 14.4、圈足径 6.2、高 9.5 厘米（图一九，9）。H5:14，泥质红陶。口径 14、圈足径 6.4、高 9.8 厘米（图一九，10）。

Ⅲ式　1 件。T11②:7，泥质灰陶。口外敞，浅盘，柄细高。口径 12.6、圈足径 6.8、高 13 厘米（图一九，11；图版一三，4）。

盂　9 件，大多为口沿。依据整体形制的不同可分为三型。

A 型　6 件。侈口，翻沿，束颈，圆溜肩，弧腹内收。按照颈、肩、腹部的变化可分为三式。

Ⅰ式　2 件。整体较宽扁，短颈，圆肩，斜弧腹急收。T1③:2，泥质褐陶。中腹饰斜绳纹。口径 20.8 厘米（图一九，7）。H5:7，泥质红陶。素面。口径 22.4、残高 8 厘米（图一九，6）。

图一九 东周陶豆、盂

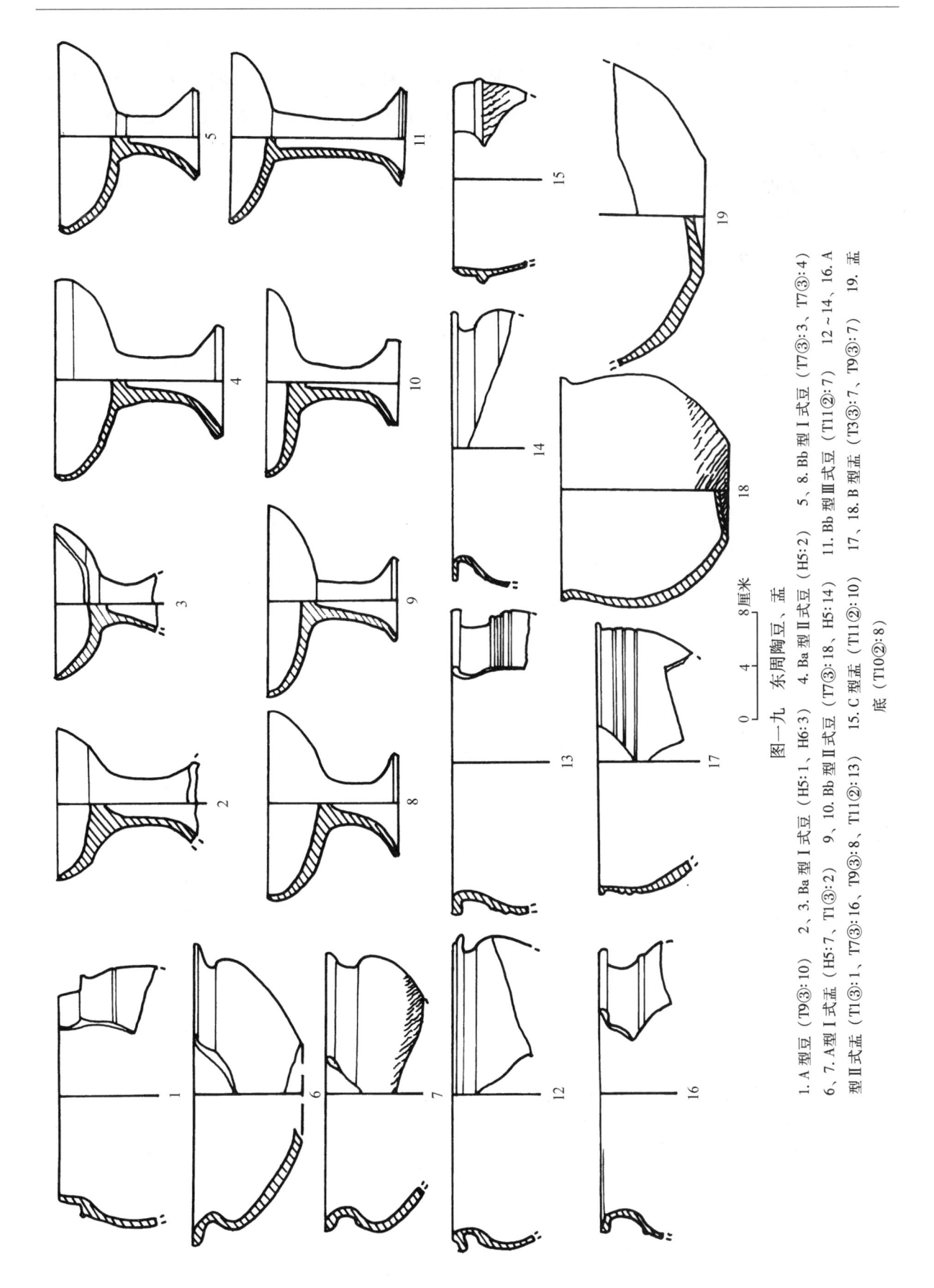

1. A型豆（T9③:10） 2、3. Ba型Ⅰ式豆（H5:1、H6:3） 4. Ba型Ⅱ式豆（H5:2） 5、8. Bb型Ⅰ式豆（T7③:3、T7③:4） 6、7. A型Ⅰ式盂（H5:7、T1③:2） 9、10. Bb型Ⅱ式豆（T7③:18、H5:14） 11. Bb型Ⅲ式豆（T11②:7） 12～14、16. A型Ⅱ式盂（T1③:1、T7③:16、T9③:8、T11②:13） 15. C型盂（T11②:10） 17、18. B型盂（T3③:7、T9③:7） 19. 盂底（T10②:8）

Ⅱ式 4件。整体较高，颈较短，圆肩，中腹鼓，下腹缓收。T1③:1，泥质褐陶。素面。口径21.6厘米（图一九，12）。T7③:16，泥质红陶。肩部有三周凸棱，间三道凹弦纹。口径22.4厘米（图一九，13）。T9③:8，泥质褐陶。上腹微折。口径20厘米（图一九，14）。T11②:13，泥质褐陶。肩部有一周凸棱。口径21.2厘米（图一九，16）。

B型 2件。微侈口，翻折沿，中腹壁折进，腹较深。T3③:7，泥质黑陶。上腹饰三道凹弦纹。口径20厘米（图一九，17）。T9③:7，泥质褐陶。浅凹底。下腹及底饰模糊斜绳纹。口径16.4、底径6.7、高11.5厘米（图一九，18）。

C型 1件。T11②:10，敛口，中腹鼓，下腹弧收，上腹壁有一周凸棱。中腹饰斜行粗绳纹。口径13.6厘米（图一九，15）。

盂底 1件。T10②:8，泥质红陶。素面。弧腹缓收，凹圜底。底径8.4厘米（图一九，19）。

盆 8件，仅基本复原2件，大多为口沿。依据整体形制的不同可分为二型。

A型 7件。侈口，翻沿，束颈，弧腹缓收。按照颈、肩、腹部的变化可分为二式。

Ⅰ式 4件。颈较短深，圆肩，鼓腹。T2③:2，泥质黑陶。沿面有一周浅宽凹槽。肩及上腹饰竖绳纹，间一道抹痕。口径40厘米（图二〇，4）。T7③:11，泥质红陶。沿面外侧有一周凸棱。肩及上腹饰瓦棱纹。口径29.6厘米（图二〇，6）。T11②:15，泥质褐陶。沿面有一周浅宽凹槽。肩上有一周尖凸棱。口径33.6厘米（图二〇，5）。H5:15，泥质褐陶。沿翻卷，凹圜底。下腹及底饰斜绳纹。口径33.8、底径14.4、高24.6厘米（图二〇，1；图版一三，5）。

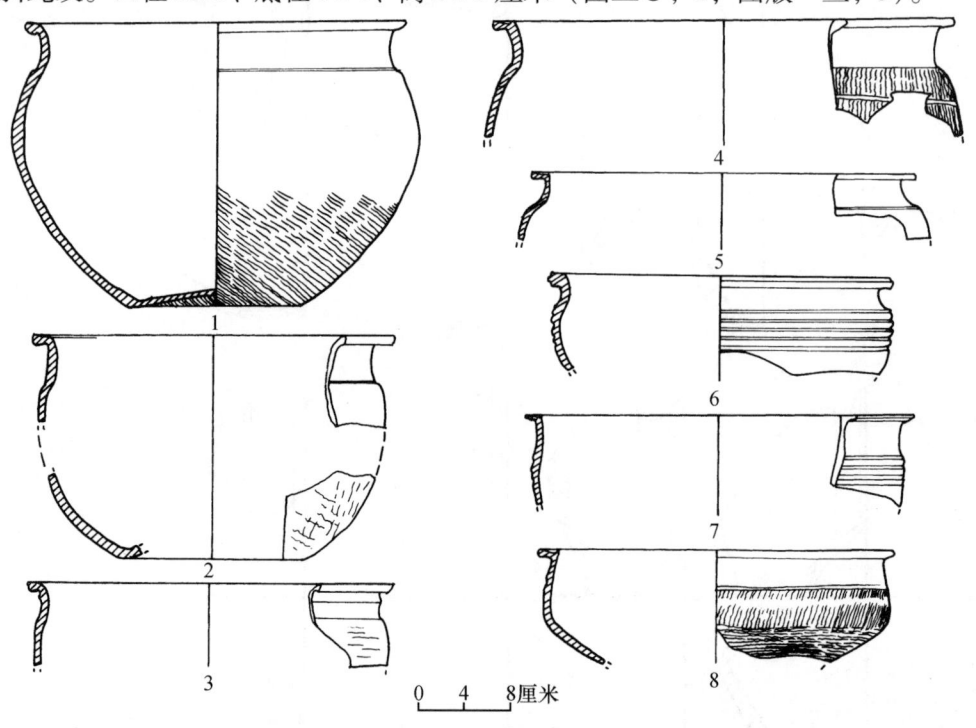

图二〇 东周陶盆
1、4~6. A型Ⅰ式（H5:15、T2③:2、T11②:15、T7③:11） 2、3、7. A型Ⅱ式（T3③:9、T9③:11、T8③:2） 8. B型（T7③:12）

Ⅱ式　3件。颈较长浅，微溜肩，微鼓腹。T3③：9，泥质灰陶。沿面外端有一周尖凸棱，浅凹底，颈底有一道浅凹槽。下腹饰模糊交错绳纹。口径32、底径16厘米（图二〇，2）。T8③：2，夹砂红陶。沿面有一道浅宽凹槽，肩及上腹饰瓦棱纹。口径34厘米（图二〇，7）。T9③：11，泥质黑陶。颈部有一周凸棱，肩及上腹有多道旋痕。口径32.8厘米（图二〇，3）。

B型　1件。T7③：12，夹砂黑陶。微敛口，翻折沿，沿面有一道浅宽凹槽，内外侧各有一周尖凸棱，上壁斜扩，折腹，下腹斜行急收。上腹饰一道凹弦纹，凹弦纹下饰竖绳纹，间一道抹痕，下腹饰横行绳纹。口径31.2厘米（图二〇，8）。

罐　9件，仅复原1件，大多为口沿。侈口，翻沿，束颈。依据颈、腹部的不同可分为二型。

A型　4件。长颈较直，鼓腹不甚。按照腹部的变化可分为二式。

Ⅰ式　1件。H6：4，泥质灰陶。斜溜肩，腹外鼓相对较甚。翻折沿。颈部饰竖行模糊绳纹，肩及上腹饰竖行绳纹，间一道抹痕。口径14.4厘米（图二一，1）。

Ⅱ式　3件。圆肩微折，微鼓腹。肩及上腹饰竖行绳纹。T2③：1，泥质灰陶。平折沿。口径14.4厘米（图二一，2）。T10②：7，泥质灰陶。沿面有一周尖凸棱。口径10.4厘米（图二一，3）。T11②：11，泥质褐陶。沿面内侧微凹。颈部饰模糊竖绳纹。口径15.2厘米（图二一，4）。

B型　5件。斜颈外扩，近扁鼓腹。按照颈、肩、腹部的变化可分为二式。

Ⅰ式　2件。整体较窄高，颈较长，腹外鼓相对不甚。H5：13，泥质黑陶。颈部饰竖行模糊绳纹。口径17.6厘米（图二一，5）。H6：5，泥质褐陶。下腹弧收，凹圜底。肩及上、中腹饰竖行绳纹，间两道抹痕，下腹及底饰斜行绳纹。口径14、底径9.6、高19.6厘米（图二一，8；图版一三，6）。

Ⅱ式　3件。整体较宽扁，短颈，圆肩，鼓腹较甚。T6③：8，夹砂褐陶。斜折沿上昂。肩部饰一道凹弦纹。口径16.8厘米（图二一，6）。T7③：14，泥质褐陶。素面。沿面有一道浅宽凹槽。口径19.2厘米（图二一，9）。T7③：15，泥质黑陶。素面。平折沿。口径18.4厘米（图二一，10）。

罐耳　1件。T3③：5，弓形耳（图二一，12）。

瓮　5件，均为口沿。近直口，翻折沿，束颈，广肩，大鼓腹，肩及上腹饰竖绳纹，间一道抹痕。按照口、颈、肩、腹部的变化可分为三式。

Ⅰ式　2件。口微敛，平折沿，颈较短，肩斜溜，腹外鼓相对较小。H5：9，泥质灰陶。沿面外侧有一周尖凸棱。口径25.2厘米（图二一，15）。T7③：17，泥质灰陶。颈饰模糊竖绳纹。口径25.6厘米（图二一，14）。

Ⅱ式　2件。口微侈，平折沿，颈较短，肩斜溜，腹外鼓相对较小。T2③：3，泥质褐陶。颈饰模糊竖绳纹，口径24.8厘米（图二一，17）。H4：3，泥质褐陶。颈饰竖绳纹。口径19.2厘米（图二一，16）。

Ⅲ式　1件。H4：2，泥质褐陶。口微侈，翻折沿，沿面有一道浅凹槽，长颈外扩，肩近平，腹外鼓相对较大。颈下端饰三道凹弦纹。口径33.2厘米（图二一，18）。

器盖　2件。T7③：13，泥质褐陶。素面。浅微折盘，斜直壁。口径21.6厘米（图二一，

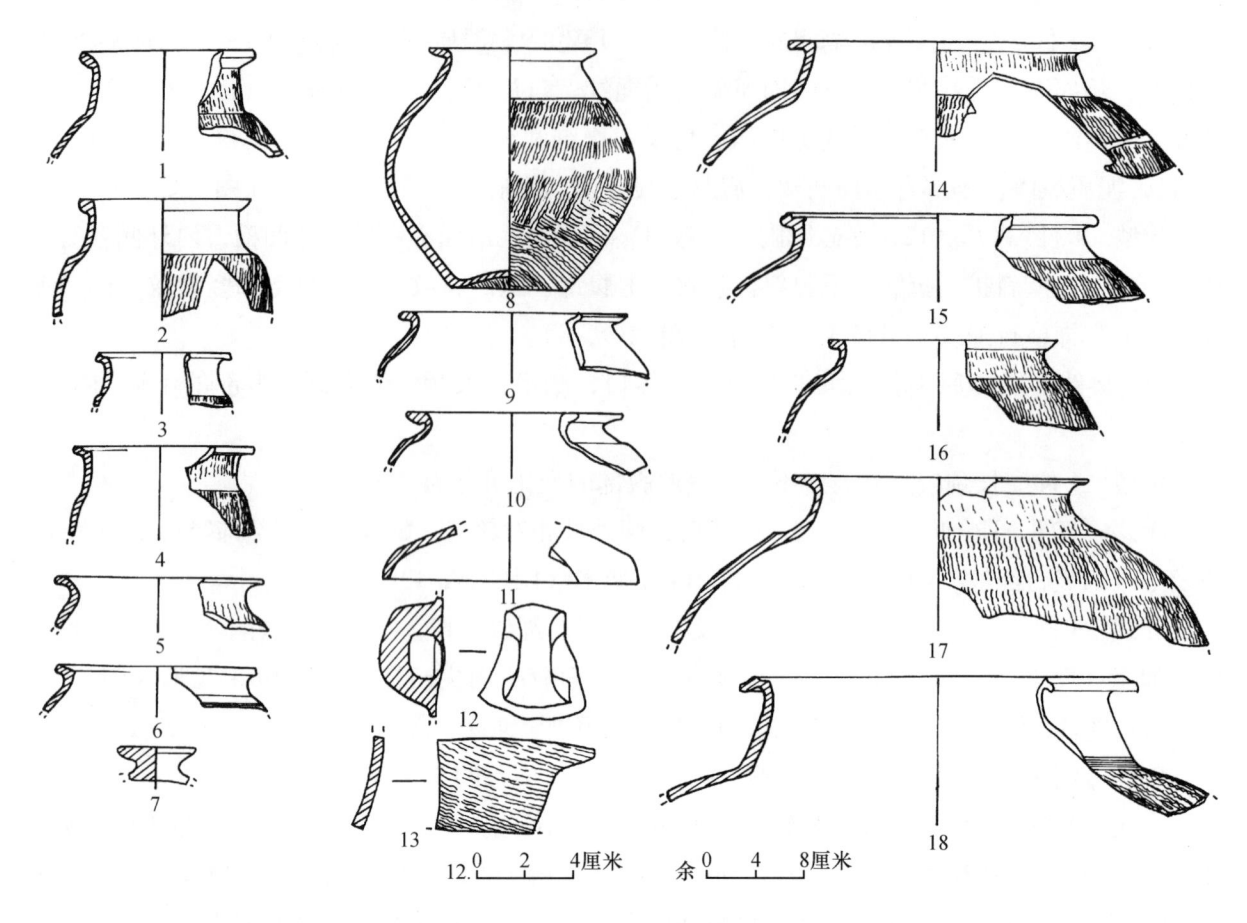

图二一 东周陶器

1. A型Ⅰ式罐（H6:4） 2~4. A型Ⅱ式罐（T2③:1、T10②:7、T11②:11） 5、8. B型Ⅰ式罐（H5:13、H6:5）
6、9、10. B型Ⅱ式罐（T6③:8、T7③:14、T7③:15） 7、11. 器盖（T9③:6、T7③:13） 12. 罐耳（T3③:5）
13. 板瓦（T8③:1） 14、15. Ⅰ式瓮（T7③:17、H5:9） 16、17. Ⅱ式瓮（H4:3、T2③:3） 18. Ⅲ式瓮（H4:2）

11）。T9③:6，泥质黑陶，仅余圆饼状握纽。素面。纽顶径6.4厘米（图二一，7）。

板瓦 1件。T8③:1，残。泥质黑陶。瓦面饰斜行绳纹（图二一，13）。

（三）分期与年代

东周文化遗存主要分布于中区和北区，且在地层上各仅为一层，即中区第③层、北区第②层，从两者的土质、土色及包含的遗物看，他们处于同一时代。本期出土器物以陶鬲、甗、甑、豆、盂、罐、瓮居多，并有少量鼎，各单位出土物的形制特征较为接近，时代应基本一致。

陶质生活用器中以鬲为标型器，其形制特征较为明显，A型鬲即侈口弧裆柱足鬲之整体较为宽扁，口沿外侧或有凸棱，或有浅凹槽，束短颈，裆近平，柱足中高，足腔较浅，具有春秋晚期至战国早期的时代特征。其中A型Ⅰ、Ⅱ式鬲与宜城郭家岗B型Ⅳ式鬲[10]相比，整体稍矮，A型Ⅲ式鬲与宜城肖家岭Ⅲ型3式鬲[11]相近，只是前者足较高，足腔较浅，他们的时代应与所对比鬲的时代相当或略晚；B型鬲为盆形矮乳头足鬲，该型鬲在它地少见，宜城郭家岗虽也出盆形鬲（E型V式），但鬲足仍有不同，本遗址所出盆形鬲应早于郭家岗所出同型鬲；B型尖锥状鬲足分别与襄樊真武山H46:1[12]、宜城郭家岗F型鬲足T7②:19[13]完全相同。通过标型器鬲的对比可以看出，本期遗存的时代上限不过春秋晚期，下限不过战国早期。

其他器物中甗的数量少，较残，特征不甚明显。子口深腹高蹄足鼎与当阳赵家湖E型Ⅰ式鼎JM229:1[14]相比，只是足稍偏高，时代应相当或略晚，并与江陵九店[15]、长沙楚墓[16]战国早期同型鼎特征相近，多棱蹄形鼎足的特征也不早，一般流行于战国时期的楚墓中。A型盖豆、B型浅盘豆及盂、盆、罐、瓮、器盖等在襄樊真武山、宜城郭家岗等遗址的春秋晚期至战国早期遗物中多见。其中瓮口沿可能也是瓮形鬲之口沿，该型鬲足也为矮乳头状足。

综合各型陶质生活用器的时代特征，我们认为将该遗址东周文化遗存的时代定在战国早期为宜。这一点也能通过生产工具削刀、凹口锸的形制得到印证。

五、结　　语

本次发掘的西周文化遗存具有较多的中原周文化风格，即使不将它完全纳入中原周文化体系，至少也是受中原周文化强烈影响的地方变体。无论是陶质、陶色、纹饰，还是器物类别，都充分说明了这一点。即使是器物形制也与沣西地区出土同类器物形制有着许多共同点，尤其是标型器鬲，如乳状袋足、矮柱足和分裆、瘪裆特征，鬲肩贴圆饼状堆饰的做法，还有簋的存在和盂与簋的交接，小口折肩罐的风格等等。时代愈早，这种文化的传承体现得愈紧密。不过，这种传承也不是全盘的，在沣西地区出土较多的豆则不见于本次发掘的遗物中。

同时，本地在继承中原周文化的基础上又有新的发展，主要体现在：①鬲整体显得较为高大，柱足鬲十分发达，具有绝对统治地位，袋足鬲则只处于从属地位，柱状鬲足由较矮渐高，与沣西地区同型鬲足的演变相反，而且新出现了二次包制的鬲足；②甗所占的比重更大，甗腰细，加上在肩部横向按压一排或多排小凹槽的做法等与南阳地区同期同类器的做法基本相同，其祖型可能源于南阳地区；③簋虽仍为敞口厚唇碗形圈足簋，但又非沣西地区在西周早期直接继承的较为典型的殷式簋，本区簋沿外卷、腹浅、圈足较高、素面，是上述簋在本地进一步发展后的变体；④盂一般为外翻沿、圆凸肩，这种特征为本区晚期盂所沿用，与沣西地区斜折沿、折肩的风格有较大差异；⑤小口折肩罐与沣西地区的小巧、短颈、斜长折肩或折腹、最大径一般在中腹等不同，而是显得较高宽、颈长、折肩在上部、最大径在肩部。

从某种意义上讲，这种发展实际上就是自身特色的形成，其中红陶所占比重较大，器类较为单纯，鬲、甗、罐等主型器物较为粗大，不见豆。这些风格与枣阳毛狗洞H1十分接近，反映出本区西周文化发展的同步性。

这一时期，本区作为西周王朝的重要屏障，为周王朝的南土，"当成周者，南有荆蛮、申、吕、应、邓、陈、蔡、随、唐……"[17]。按石泉先生的考证，这里当时正是邓的国土[18]，邓文化主源正是中原周文化体系。

不过，这3座灰坑尤其是 H2 在文化内涵上已体现出了楚文化的一些因素，标志就是二次包制鬲足的出现。关于楚式鬲，苏秉琦先生总结出："器体的腹底连接在一起，空足由核心和外壳两部分构成，核心部分略呈浅凹顶圆锥体，外壳部分略呈空心圆锥体，足间裆部实际就是器体的腹底，空足很浅，有的甚至若有若无。"[19]这一点为考古发掘所证实，并得到学术界的普遍认同。

当然，由于本遗址时代上存在着大的缺环，其发展的趋势不连贯，这种鬲的演变在南阳龚营遗址（西周中期至春秋中期）[20]看得较为清楚。

东周文化遗存出土器物与西周文化遗存相比，不仅在器类上有变化，而且器物的形制特征也有很大变化。到这一时期，无论是器物组合，还是器物形制，都反映出强烈的楚文化特色。他们与本地乃至江陵、宜昌等地的同时代楚文化遗存具有高度的一致性。

尽管遗址本身的延续发展关系因存在缺环而无法弄清楚，但从遗址出土最多也最能反映其文化面貌的标型器鬲的形制可以看出，东周文化遗存所出的柱足鬲还是能从西周文化遗存所出的同型鬲中找到其祖型。

小马家遗址地处南阳盆地南端，正是中原周文化南下的重要通道，它的发掘将为早期楚文化的研究提供较为重要的实物资料。

附记：樊魏高速公路考古发掘工作由湖北省文物考古研究所委托襄樊市考古队进行，领队王先福，参加发掘的人员有王先福、王志刚、刘江生、付强、张贵龙、黄红凡等，基础资料整理陈坤，器物修复王先福、曾平、黄红涛，绘图、描图王先福。

执笔：王先福　陈　坤

注　释

[1]　襄樊市博物馆：《湖北枣阳毛狗洞遗址调查》，《江汉考古》1988 年第 3 期。

[2][4][6][7]　中国社会科学院考古研究所：《张家坡西周墓地》，中国大百科全书出版社，1999 年。

[3]　中国社会科学院考古研究所沣西发掘队：《陕西长安沣西客省庄西周夯土基址发掘报告》，《考古》1987 年第 8 期。

[5][8]　黄陂县文化馆等：《湖北黄陂鲁台山两周遗址和墓葬》，《江汉考古》1982 年第 2 期。

[9]　中国社会科学院考古研究所丰镐工作队：《1984～1985 沣西西周遗址、墓葬发掘报告》，《考古》1987 年第 1 期；中国社会科学院考古研究所沣西发掘队：《1967 年长安张家坡西周墓地的发掘》，《考古学报》1980 年第 4 期。

[10][13]　武汉大学考古教研室等：《湖北宜城郭家岗遗址发掘》，《考古学报》1997 年第 4 期。

[11]　湖北省文物考古研究所等：《湖北宜城县肖家岭遗址的发掘》，《文物》1999 年第 1 期。

[12]　湖北省文物考古研究所等：《湖北襄樊真武山周代遗址》，《考古学集刊》第 9 集，1995 年。

[14]　湖北省宜昌地区博物馆等：《当阳赵家湖楚墓》，文物出版社，1992 年。

[15]　湖北省文物考古研究所：《江陵九店东周墓》，科学出版社，1995 年。

[16]　湖南省博物馆等：《长沙楚墓》，文物出版社，2000 年。

[17] 《国语·郑语第十六》。
[18] 石泉：《古代荆楚地理新探》，武汉大学出版社，1988年。
[19] 苏秉琦：《从楚文化探索中提出的问题》，《江汉考古》1982年第1期。
[20] 武汉大学考古系资料。

附表一　小马家遗址灰坑登记表

编号	探方	层位上	层位下	形状口	形状壁	形状底	尺寸（米）长×宽-深	主要遗物	时代
H1		①	生土	近圆形	斜弧壁	近平底	2.5×2.3-0.34	陶鬲、簋、盆、罐	西周中期偏早
H2		①	生土	不规则椭圆形	斜弧壁	锅底	4.2×2.25-0.65	陶鬲、甗、簋、盂、盆、罐	西周中期偏晚
H3		①	生土	近圆形	斜直壁	近平底	1.85×1.72-0.6	陶鬲、盆、瓮	西周早期后段
H4	T1、T2	②	③	不规则形	斜弧壁	底部不平	5.3×(1.1~1.58)-0.27	陶鬲、豆、罐	战国早期
H5	T8	③	生土	不规则形	斜弧壁	底部不平	2.7×2.15-0.4	陶鼎、鬲、盂、豆、罐	战国早期
H6	T7	③	生土	近圆形	斜弧壁	圜底	2×2-0.35	石器及陶鬲、盂、豆、罐	战国早期

附表二　小马家遗址H1陶系、纹饰统计表

纹饰＼陶系	夹砂红陶	泥质红陶	夹砂黑陶	泥质黑陶	夹砂褐陶	合计	百分比（%）
细绳纹	34	16	10		5	65	67.71
素面	8	13	6	2	1	30	31.25
附加堆纹	1					1	1.04
合计	43	29	16	2	6	96	
百分比（%）	44.79	30.21	16.67	2.08	6.25		100

附表三　小马家遗址H2陶系、纹饰统计表

纹饰＼陶系		夹砂红陶	泥质红陶	夹砂黑陶	泥质黑陶	夹砂褐陶	泥质褐陶	泥质灰陶	夹砂黄陶	合计	百分比（%）
绳纹	粗	6	2	1					3	12	2.13
	中	138	22	56	1	9	2	1	45	274	48.58
	细	45	23	29	3	7	1		5	113	20.04
素面		91	12	13	7	6	9	2	3	143	25.35
附加堆纹		4		2						6	1.06
凹弦纹			2	8	3	1	2			16	2.84
合计		284	61	109	14	23	14	6	53	564	
百分比（%）		50.35	10.82	19.33	2.48	4.08	2.48	1.06	9.40		100

附表四 小马家遗址 H3 陶系、纹饰统计表

纹饰 \ 陶系		夹砂红陶	泥质红陶	夹砂黑陶	泥质黑陶	夹砂褐陶	泥质褐陶	泥质灰陶	合计	百分比（%）
绳纹	中	5	4	22	4	2		3	40	50.00
	细	4	2	4	2	5		2	19	23.75
素　面		4		6	1	2	1		14	17.50
附加堆纹		2							2	2.50
凹弦纹				4		1			5	6.25
合　计		15	6	36	7	10	1	5	80	
百分比（%）		18.75	7.50	45.00	8.75	12.50	1.25	6.25		100

襄樊沈岗西周墓发掘简报

襄樊市文物考古研究所

沈岗墓地位于襄樊市高新技术产业开发区团山镇余岗村沈岗自然村西南部的一条东北至西南走向的低岗——沈岗上，其西距古邓城城址约1500米，北与余岗墓地相邻，东南与彭岗墓地相接（图一）。

自2004年3月以来，为配合襄樊高新工业园区建设，襄樊市考古队（襄樊市文物考古研究所前身）先后对该墓地进行了8次抢救性发掘，共清理西周至隋唐时期墓葬900余座。其中2006年8月中旬，在配合大力公司建设过程中发掘1座西周墓葬，编号2006XSM694。现将该墓发掘情况简报如下。

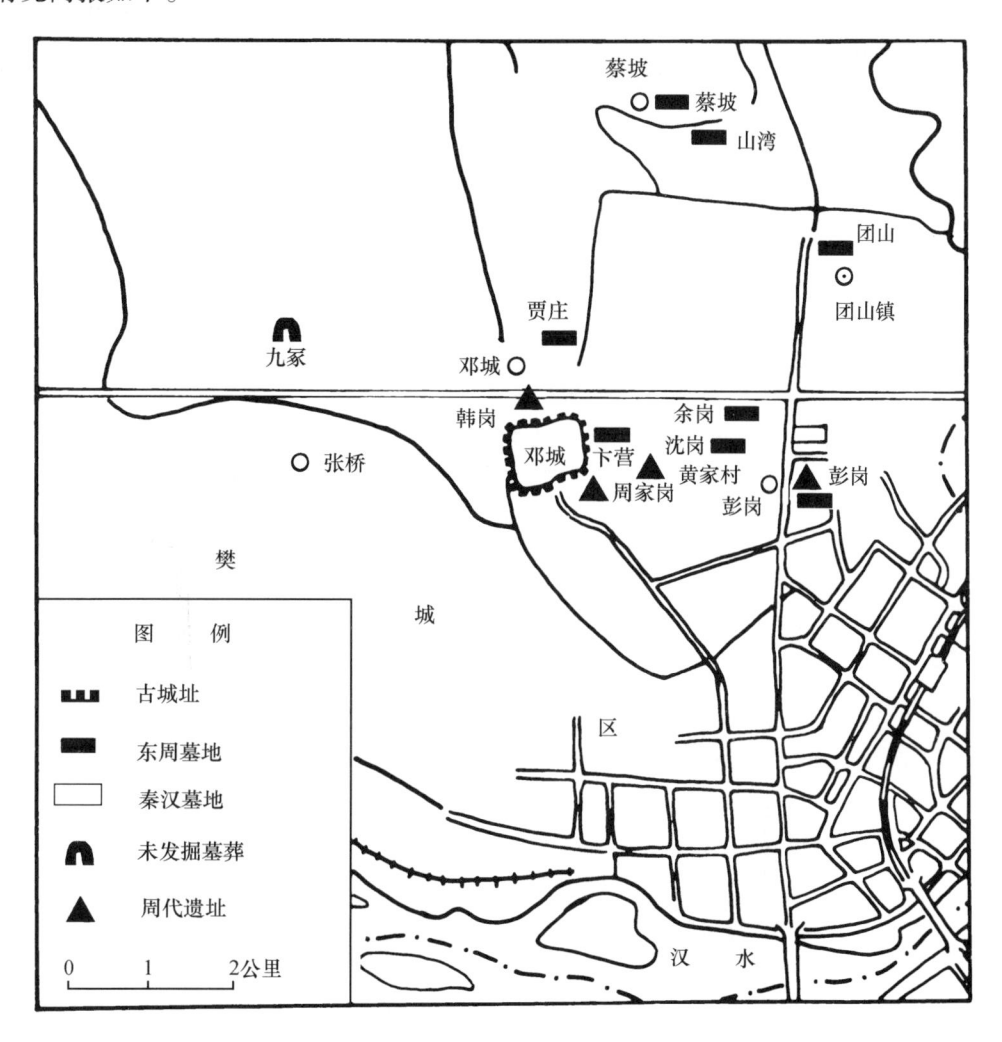

图一　沈岗墓地位置示意图

一、墓葬形制

该墓为长方形竖穴土坑墓，方向30°。开口于现地表以下0.4米深处。墓圹口略大于底，现存墓口长3.2、南宽1.66、北宽1.7米，墓底长3.1、南宽1.56、北宽1.6米，深1.96米。坑壁较规整光滑，底部平坦。

墓底中部设一椭圆形锅底状腰坑，南边距椁南（内）壁0.67、东边距椁东（内）壁0.15米、西边距椁西（内）壁0.12米。南北长径0.91、东西短径0.72、最深0.1米。腰坑内未见动物骨架，或许完全腐烂。

坑内填黄褐色五花土，质密，较硬。

葬具为单椁单棺，已朽，仅存灰色腐痕。椁痕长2.64、宽1.1、残高0.14米。棺痕长1.92、宽0.5、残高0.06米。

未见人骨架及腐痕，葬式不明。

随葬器物共计12件。置于椁内棺外北端的有陶簋4件、罐2件、豆2件，棺内北部葬有玉玦2件、贝2件（图二）。

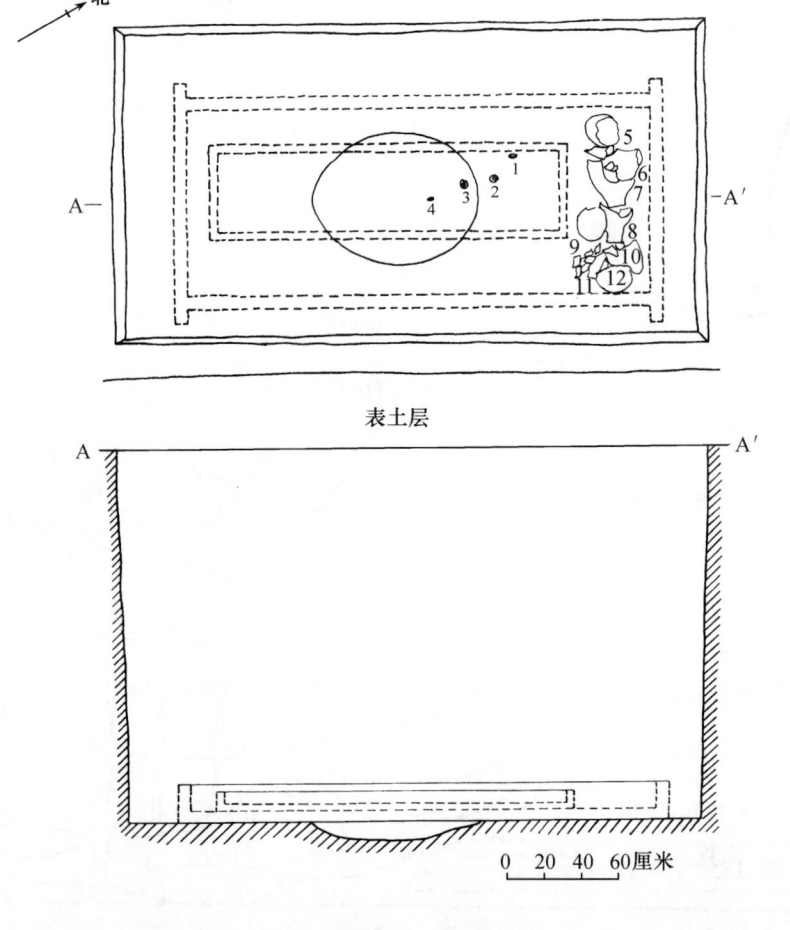

图二 M694平、剖面图

1、4. 玉贝　2、3. 玉玦　5、9. 陶罐　6~8、10. 陶簋　11、12. 陶豆

二、随葬器物

随葬器物共12件，按质地分有陶、玉器两类。

（一）陶器

8件。均为泥质红陶，火候不高，易碎。除2件陶豆外，余器表均饰竖直或斜直细密绳纹。器类有簋、豆、罐三类。

簋 4件，形制、大小基本相同。簋身碗状，敞口，翻沿，尖圆唇，弧腹内收，圜底，喇叭状高圈足。M694:6，外壁口至下腹及圈足外壁下部饰竖绳纹。口径17.2、底径10.6、高12.8厘米（图三，1；彩版一，1左一）。M694:7，簋身外壁饰斜绳纹。口径17.6、底径10.4、高13.2厘米（图三，2；彩版一，1右一）。M694:8，外壁口至下腹及圈足外壁中部饰竖绳纹。口径18.2、底径11.2、高13.2厘米（图三，3；彩版一，1左二）。M694:10，外壁口部至圈足下端满饰竖绳纹。口径17.2、底径10.4、高12.5厘米（图三，4；彩版一，1右二）。

豆 2件。口直而微外撇，圆唇，浅折盘，短柄较粗，上部有一周凸箍，中空，喇叭状圈足。M694:11，口径19.4、柄径4.8、圈足径10.7、高12厘米（图三，5；彩版一，2左）。M694:12，口径19.6、柄径4.8、圈足径12、高12厘米（图三，6；彩版一，2右）。

罐 2件。小侈口，翻沿，束颈，溜肩微折。器表满饰竖绳纹。M694:5，圆唇，腹较浅，最大径在上腹，凹圜底较深。口径10.8、腹径20.5、底径9.4、高15.4厘米（图三，7；彩版一，3左）。M694:9，尖圆唇，肩较窄，垂鼓腹，最大径在中腹，底略内凹。口径11.2、腹径17.6、底径9.2、高17.6厘米（图三，8；彩版一，3右）。

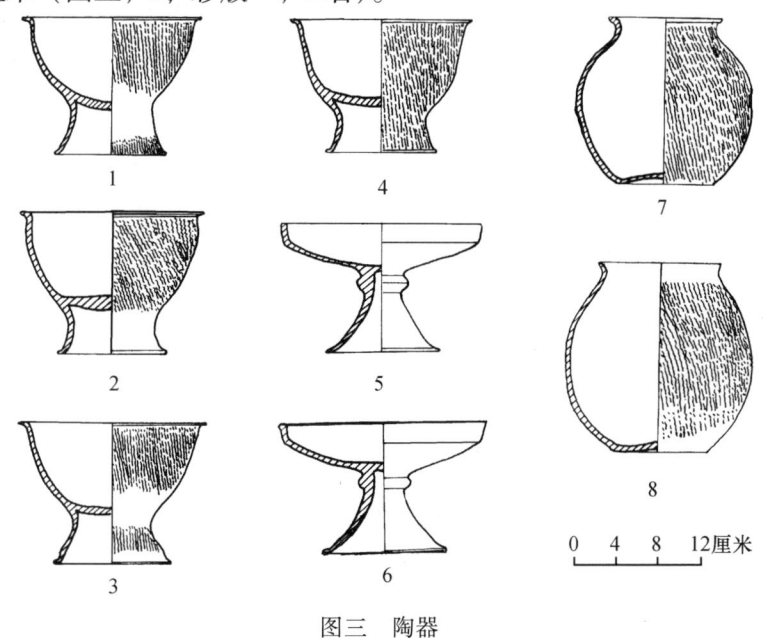

图三 陶器

1~4. 簋（M694:6、M694:7、M694:8、M694:10） 5、6. 豆（M694:11、M694:12）
7、8. 罐（M694:5、M694:9）

（二）玉器

4件。均为青玉，黄色，质硬，素面。器类有玦、贝两类。

玦　2件。有沁斑，透明度差。平面圆环状，横断面长方形，肉上开一缺口。M694:2，缺口外宽内窄。外径2.4、好径0.7、厚0.48厘米（图四，1；彩版一，4）。M694:3，缺口内外基本相同。外径2.3、好径0.8、厚0.38厘米（图四，2）。

贝　2件，1件完整，1件残。M694:1，平面长椭圆形，不甚规整，一端稍尖。一面平，一面隆起，隆起面中部纵向开一条形浅槽。长2、最宽1.3、厚0.58厘米（图四，3）。

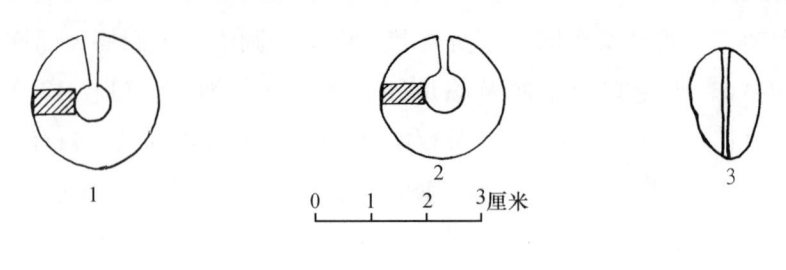

图四　玉器
1、2. 玦（M694:2、M694:3）　3. 贝（M694:1）

三、结　语

该墓所出陶器的组合形式为簋、豆、罐，应为鬲、簋、豆、罐的简省。其出土器物具体组合簋4、罐2、豆2与北京琉璃河M13、M17的器物组合鬲2、簋4、罐2、豆2类似[1]。同时，M13有腰坑，M17无腰坑，M13、M17伴出有蚌片和贝。本墓出土玉玦、贝及带腰坑的现象也与上述墓葬相近。从所对比两座墓葬的陶器组合流行于西周晚期看，沈岗M694的时代与之相差应不会太远。

除组合形式外，推测墓葬的时代更需要从器物的形制特征方面考察。此墓出土的陶簋在形制方面与西周中期前段的洛阳北窑村H1:1陶簋类似[2]，只是其器足较矮，厚三角唇，腹壁较斜直，通体饰绳纹，领部抹去，比早期簋高瘦，圈足增高。相比之下，沈岗M694出土之陶簋应较其为晚。

另外，沈岗M694:11陶豆的形制与张家坡M358:01陶豆颇为相似[3]，《张家坡西周墓地》将发掘的西周墓分为五期：第一期相当于武成康时期；第二期相当于昭穆时期；第三期相当于共懿孝时期；第四期相当于夷厉共和时期；第五期相当于宣幽时期。张家坡西周墓所出陶簋仅见于一、二期墓葬当中，三期以后的墓葬未见陶簋。其中M358定为第四期。综上所述，在可对比资料相对较为匮乏的情况下，将沈岗M694定为西周中期晚段——夷厉共和时期似较为恰当。

此次发掘的西周墓位于西周时期邓国都城——邓城东侧[4]，其出土器物具有比较典型的中原周文化风格，结合出土玉器的情况看，该墓应是邓国最低级贵族墓。

该墓与早年在邓城以北多次发现西周晚期邓国铭文青铜器的区域有别，发现于邓城外围东侧不远处，似乎表明了邓国墓地因生前身份的不同而有等级不同的区别。同时，它的发掘不仅在区域上填补了邓城外围西周墓葬科学发掘的空白，而且因其是襄樊区域目前所知时代最早的周代墓葬，对邓城时代和性质的判定也具有十分重要的参考意义。

附记：参加发掘的有襄樊市文物考古研究所王伟、老河口市博物馆徐昌寅，绘图徐昌寅，器物照相杨力，审稿王先福。

执笔：王　伟

注　释

[1]　北京市文物研究所：《琉璃河西周燕国墓地》（1973～1977），文物出版社，1995年。
[2]　洛阳市文物工作队：《洛阳北窑西周墓》，文物出版社，1999年。
[3]　中国社会科学院考古研究所：《张家坡西周墓地》，中国大百科全书出版社，1999年。
[4]　石泉：《古邓国邓县考》，《古代荆楚地理新探》，武汉大学出版社，1988年。

襄阳伙牌南杨家遗址灰坑清理简报

襄樊市文物考古研究所
襄阳区文物管理处

南杨家遗址位于襄樊市襄阳区伙牌镇冯家村南杨家东约250米处的平缓台地上，南侧有一条小河沟南北向绕遗址而过。遗址东西长约200、南北宽约150米（图一）。

2002年11月，为配合樊魏高速公路建设对公路正线及取土场文物点分布情况进行复查时，发现南杨家遗址位于樊魏高速公路正线K4+150~350米处，在正线路基西侧排水沟中暴露出3座灰坑（图二）。随后，襄樊市考古队（襄樊市文物考古研究所前身）对发现的灰坑进行了清理，分别编号2002XNH1~H3。现将清理情况简报如下。

一、灰坑形制

H1 位于樊魏高速公路正线K4+260米处，开口于第①层即耕土层下，打破生土层。坑口距地表0.15米，上部因改田和开挖排水沟而被破坏。坑口平面近圆形，口大底小，斜弧壁内收，近平底。坑口径1.33~1.7米，最深处0.55米。坑壁未见加工痕迹。坑内填土仅一层，为灰黑色软土，夹极少量红烧土颗粒。包含物较少，全为残陶片，可辨器类有鬲足2件、甗腰2件、豆柄4件、豆座1件等（图三）。

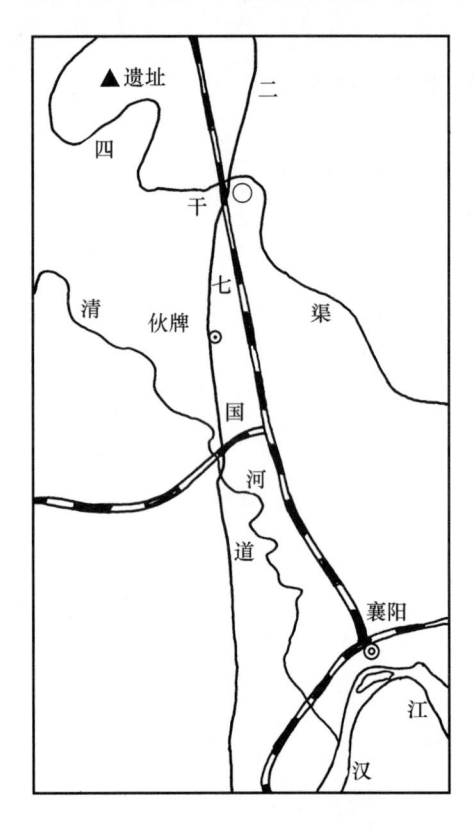

图一 南杨家遗址位置示意图

H2 位于樊魏高速公路正线K4+250米处，开口于第①层即耕土层下，打破生土层。坑口距地表0.2米，口部因改田而被破坏。坑口平面近弧边三角形，口大底小，斜壁内收，平底，底平面呈椭圆形。坑口最长1.2、最宽1.07米，坑底长径0.55、短径0.45米，最深处0.25米。坑壁未见加工痕迹。坑内填土仅一层，为深灰色软土，夹极少量红烧土颗粒。包含物较少，全为残陶片，可辨器类有鬲裆残片1件、甗腰1件、豆柄壁1件等（图四）。

图二 灰坑分布平面图

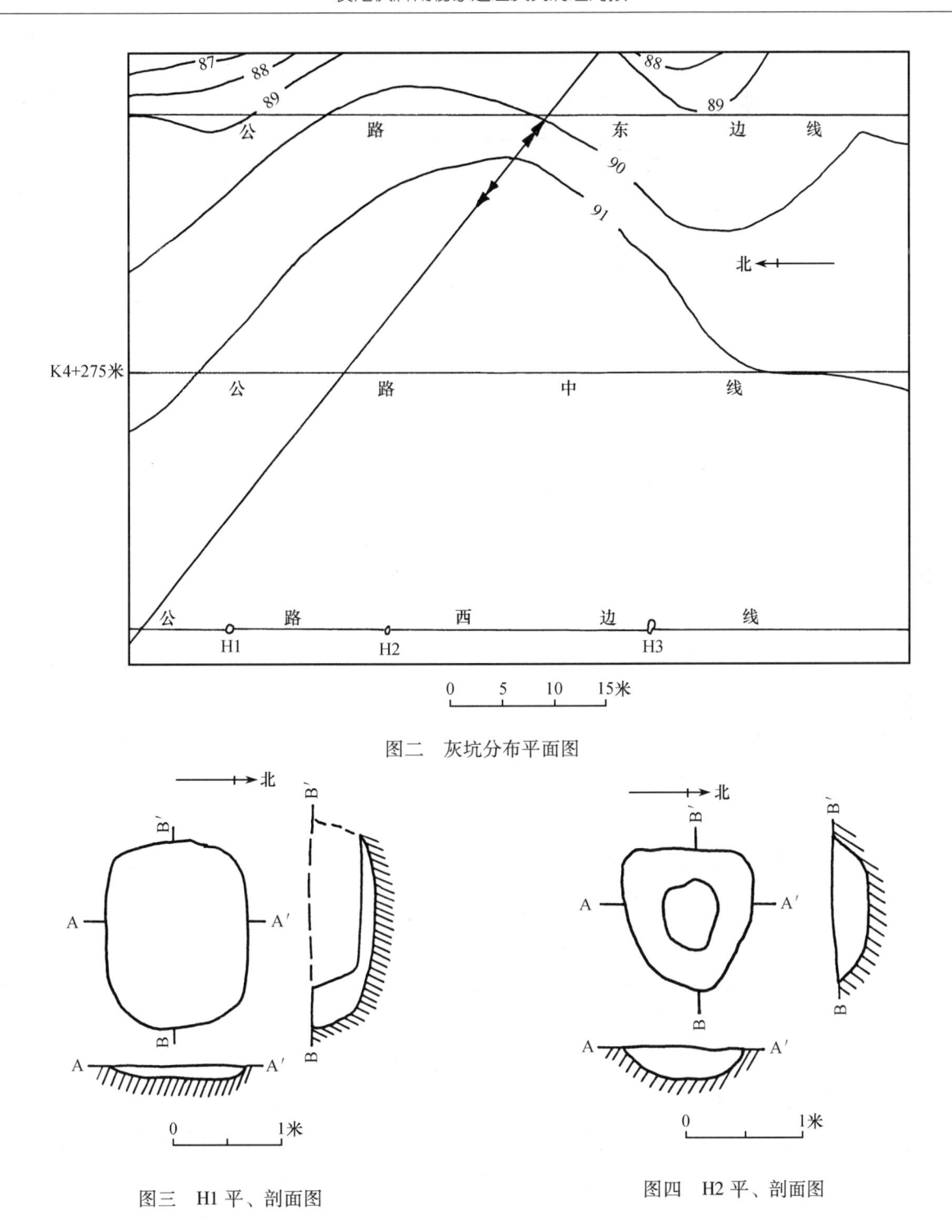

图三 H1 平、剖面图

图四 H2 平、剖面图

H3 位于樊魏高速公路正线 K4+230 米处，开口于第①层即耕土层下，打破生土层。坑口距地表 0.2 米，中部因开挖高速公路排水沟而被破坏。坑口平面呈长椭圆形，口大底小，斜弧壁内收，锅底。坑口最长 3.3、最宽 1.49 米，最深处 0.8 米。坑壁未见加工痕迹。坑内填土仅一层，为灰黑色软土，夹少量木炭屑和红烧土颗粒。包含物较多，全为残陶片，可辨器类有鬲（甗）口沿 3 件、鬲（甗）足 16 件、甗腰 2 件、豆盘 2 件、豆柄 16 件、罐耳 1 件、盆口沿 1 件、盆底 1 件等（图五）。

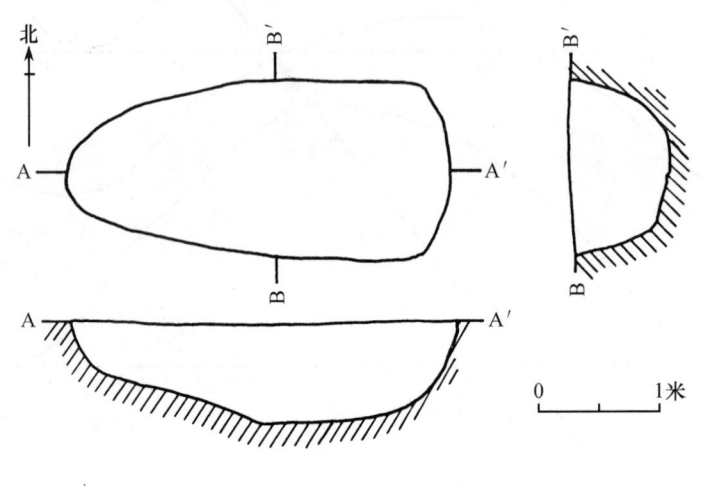

图五　H3平、剖面图

二、出土遗物

3座灰坑出土遗物全为残陶片，陶片均薄，质地普遍较差，火候不高，且多半内外层与中间的颜色不一，外层又多易剥离脱落。陶质中夹砂、泥质相差不大，陶色以红陶居多，灰、褐陶也占相当比例，黑陶较少。素面陶片约占一半，有纹饰者以绳纹占绝大多数，并有个别附加堆纹、凹弦纹。器类有鬲、甗、豆、盆、罐等。

鬲　基本复原1件。H3∶1，夹砂红皮灰陶。侈口，仰折沿，内沿面有一浅宽凹槽，束颈，圆肩，上腹鼓，下腹斜收，推测为弧裆，柱足下部残，足腔较浅。足部以上满饰绳纹。口径35.2、残高约29厘米（图六，1）。

鬲足　数量较多。均为夹砂红陶，部分内外层为红陶，中间层为灰陶。柱足，足腔较浅。H1∶1，足下部残。外壁满饰绳纹。残高4.8厘米（图六，2）。H3∶2，足素面，腹、裆部饰粗绳纹。残高6.8厘米（图六，3）。

甗　基本复原1件。H3∶3，夹砂红皮灰陶。甑体侈口，仰折沿，内沿面有一浅宽凹槽，束颈，圆肩，上腹鼓，下腹斜收，束腰；鬲体溜肩，微鼓腹，弧裆，柱足较矮，足腔较浅，内部腰上搁置一圆形甑箅，箅中间高周边低，正中间为一菱形箅孔，周围有一周圆形箅孔，圆形箅孔上部小，下部大。甑体中部贴一周泥条附加堆绳纹，颈部饰模糊绳纹，颈以下除腰部外满饰绳纹。口径33.6、腰径14.4、高约35.2厘米（图六，6）。

甗腰　4件。束腰，鬲体溜肩。除腰部素面外均饰绳纹。H1∶2，夹砂灰陶。腰径12厘米（图六，4）。H2∶1，夹砂红陶。腰径11.6厘米（图六，5）。H3∶4，夹砂黑陶。腰径11.2厘米（图六，8）。

豆　基本复原2件。敞口，浅弧盘，高直柄，喇叭状圈足。H1∶3，泥质褐陶。口径14、圈足径9.6、高约12厘米（图六，7）。H3∶5，泥质红陶。圈足残。口径14.4、残高12.8厘米（图六，10）。

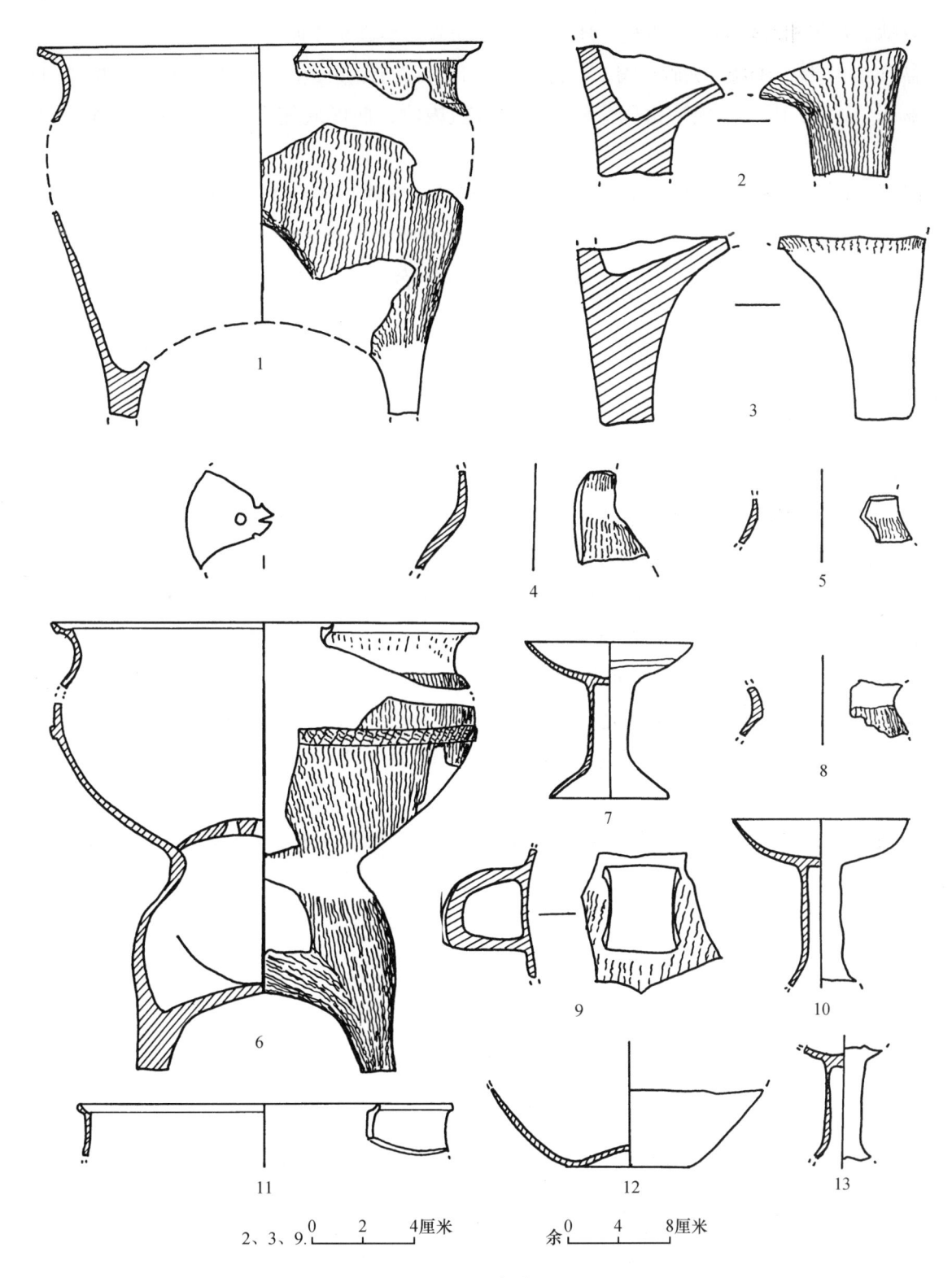

图六 陶器

1. 鬲（H3∶1） 2、3. 鬲足（H1∶1、H3∶2） 4、5、8. 甗腰（H1∶2、H2∶1、H3∶4） 6. 甗（H3∶3） 7、10. 豆（H1∶3、H3∶5） 9. 罐耳（H3∶8） 11. 盆口沿（H3∶6） 12. 盆底（H3∶7） 13. 豆柄（H1∶4）

豆柄　数量相对较多，高直柄。H1:4，泥质灰陶。残高9.2厘米（图六，13）。

盆口沿　1件。H3:6，夹砂红陶。素面。微侈口，斜折沿，束颈。口径29.6厘米（图六，11）。

盆底　1件。H3:7，泥质褐陶。素面。斜弧腹内收，凹圜底较深。底径9.6厘米（图六，12）。

罐耳　1件。H3:8，泥质红陶。弧腹，宽弓形耳。壁饰竖行粗绳纹（图六，9）。

三、结　语

由于3座灰坑均开口于耕土层下，并直接打破生土层，无地层作为参照，只能依据器类和器物形制的对比推测其相对年代。

3座灰坑出土陶片少且薄、碎，器类不多。从出土陶片的陶系、纹饰及同类器物形制基本相同的情况看，这3座灰坑的时代应相同。

作为标准断代器物的陶鬲、甗各有1件可基本复原，均宽体，弧裆，柱足高矮适中，足腔较浅，有春秋晚期风格。其中陶鬲的整体形制与襄樊真武山遗址B型Ⅵ式鬲[1]相近，陶甗在肩部贴泥条的做法一般见于春秋及以前的同类器物上。鬲足形制基本相同，豆柄普遍较高直，盆凹圜底较深，它们的形制也具备春秋晚期的特征。

3座灰坑出土遗物不多，器类也较单一，以鬲、甗、豆为主，其形制显然是继承中原周文化发展而来，大口、联裆的作风与楚式大口鬲一致，将其纳入楚文化的范畴是不成问题的。相信随着对该遗址正式发掘工作的开展，它的文化内涵会进一步显现出来。

附记：樊魏高速公路考古发掘工作由湖北省文物考古研究所委托襄樊市考古队进行，领队王先福，参加发掘的人员有王先福、王志刚、刘江生、付强、张贵龙、黄红凡等，基础资料整理陈坤，器物修复王先福、曾平、黄红涛，绘图、描图王先福。成文过程中得到了王先福研究员的指导，在此表示感谢。

执笔：陈　坤

注　释

[1] 湖北省文物考古研究所等：《湖北襄樊真武山周代遗址》，《考古学集刊》第9集，1995年。

附表一　2002XNH1陶系、纹饰统计表

纹饰＼陶系	夹砂红陶	泥质红陶	夹砂灰陶	泥质黑陶	泥质灰陶	泥质褐陶	合计	百分比（％）
绳纹	6	3	1	4		2	16	34.78
素面	3	12		8	3	4	30	65.22
合计	9	15	1	12	3	6	46	
百分比（％）	19.57	32.61	2.17	26.09	6.52	13.04		100

附表二 2002XNH2 陶系、纹饰统计表

纹饰＼陶系	夹砂红陶	泥质红陶	夹砂灰陶	泥质黑陶	合计	百分比（%）
绳纹	2		1		3	27.27
素面	4	2		2	8	72.73
合计	6	2	1	2	11	
百分比（%）	54.55	18.18	9.09	18.18		100

附表三 2002XNH3 陶系、纹饰统计表

纹饰＼陶系	夹砂红陶	泥质红陶	夹砂灰陶	泥质灰陶	夹砂褐陶	泥质褐陶	夹砂黑陶	泥质黑陶	合计	百分比（%）
绳纹	49	53	27	56	12	32	10	19	258	51.81
素面	37	74	4	28	6	57	6	21	233	46.79
附加堆纹	1	1	3					1	6	1.21
凹弦纹		1							1	0.20
合计	87	129	34	84	18	89	16	41	498	
百分比（%）	17.47	25.90	6.83	16.87	3.61	17.87	3.21	8.23		100

襄樊彭岗墓地第六次发掘简报

襄樊市文物考古研究所

彭岗墓地位于襄樊市区北约0.5公里的高新区团山镇余岗村彭岗自然村南（图一）。它坐落在襄北一低矮岗地南段，岗地呈南北走向，长约3、宽约1.5公里，中部最高处高出周围地面约4米，外围为汉水及其支流冲积而成的平原。

该墓地于1995年发现，1995~1997年分别为配合襄樊市建行、襄樊市邮政处理中心及铁道部电气化二处建设进行了五次发掘[1]，清理出东周、汉代、宋代、清代等不同时期墓葬155座，以东周墓葬为主。

2004年2月，襄樊艺苑房地产公司在墓地西部征地建房，襄樊市考古队（襄樊市文物考古研究所前身）经考古勘探发现墓葬10座，随后组织力量进行了发掘，分别编号M156~M165，除M158为清墓外，其余均为东周墓葬，但M161、M162破坏十分严重。2006年9月，相邻的襄樊晨强房地产公司工地再次发掘出东周墓葬1座，编号M166（图二）。现将此次发掘保存较好的8座东周墓简报如下。

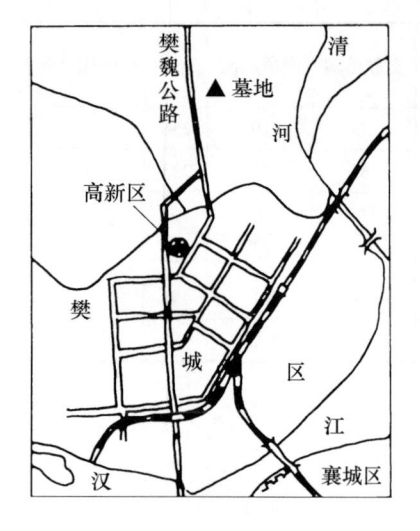

图一 彭岗墓地位置示意图

图二 墓葬分布图

一、墓葬形制

本次发掘的8座东周墓均为土坑竖穴木椁墓，其中带墓道者1座，不带墓道者7座，方向较为凌乱。根据葬具可划分为单棺墓1座、单椁单棺墓7座。人骨架全部腐烂，葬式不明，单椁单棺墓随葬器物一般摆放在头厢。现举例介绍如下。

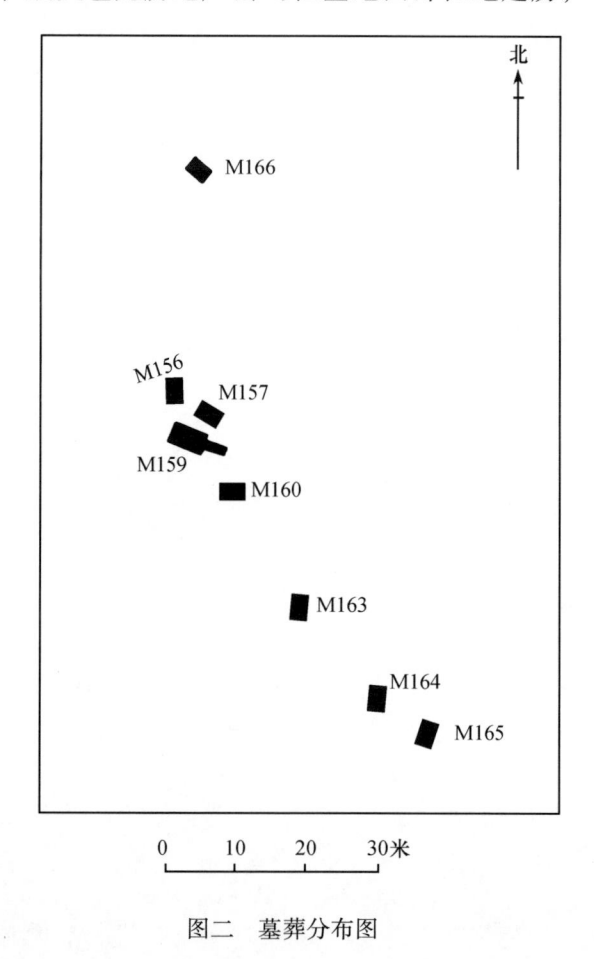

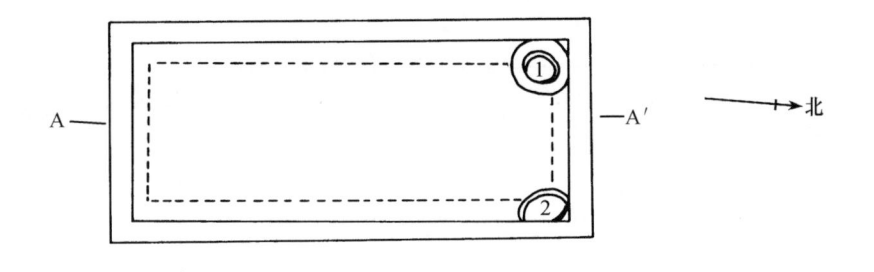

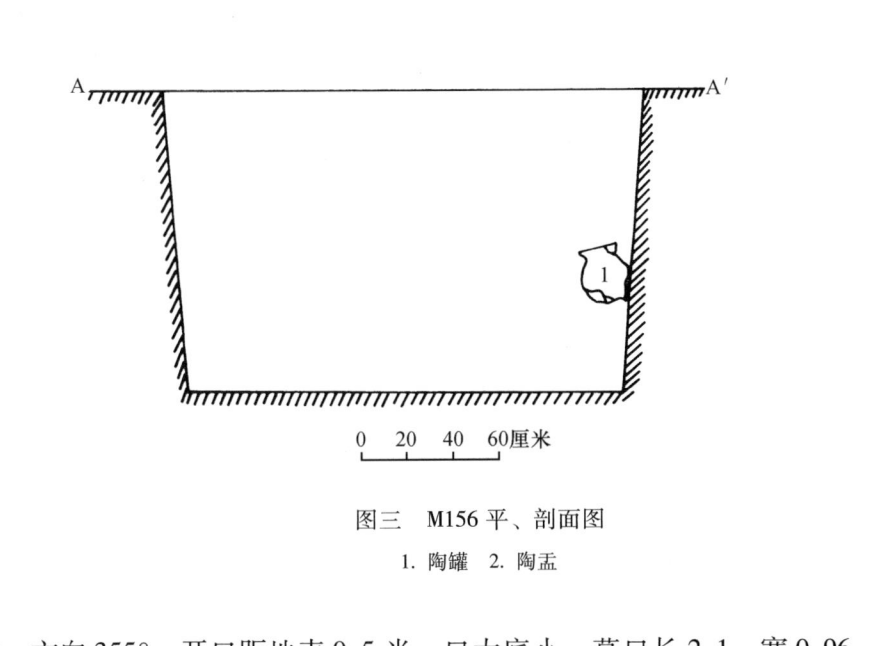

图三　M156 平、剖面图
1. 陶罐　2. 陶盂

M156　方向 355°。开口距地表 0.5 米。口大底小，墓口长 2.1、宽 0.96、墓底长 1.9、宽 0.8、深 1.3 米。红褐色五花填土。葬具腐朽无存，仅见棺痕，长 1.77、宽 0.6 米。随葬陶器 2 件，均在距墓底 0.4 米高处的两角，根据腐痕判断应放置在棺盖板上（图三）。

M157　方向 120°。开口距地表 1.1 米。口大底小，墓口长 3.2、宽 2、墓底长 2.82、宽 1.3、深 2.76 米。四壁距墓口 1.22 米深处设生土台，东、西分别宽 0.22、0.3 米，南、北分别宽 0.1、0.16 米。填土分两层，上层为红褐色五花土，下层为青膏泥，青膏泥厚 1～1.22 米。葬具保存相对较好，单椁单棺，均由盖板、挡板、侧墙板、底板组合而成。椁室长 2.45、宽 1.04、残高 0.72 米。椁盖板腐烂。挡板单块长 1.23、宽 0.5、厚 0.06 米，其两端内侧开宽 0.06、深 0.03 米凹口卡放侧墙板。侧墙板长 2.38、宽 0.5、厚 0.06 米。底板由 4 块长木板并排纵向平铺，单块长 2.54、宽 0.2～0.32、厚 0.1 米。椁底板下两端各有 1 根方形垫木，长 1.28、宽 0.12、厚 0.12 米。棺位于椁内西南部，棺室长 1.8、宽 0.6、高 0.36 米。棺已散开，挡板朽尽，其他部位均不同程度腐烂。平底弧棺，盖板、侧墙板均内平外弧。盖板长 1.8、宽 0.56、最厚 0.09 米；底面近边缘四周开通槽，宽 0.04、深 0.02 米，卡放挡板、墙板。侧墙板长 1.8、宽 0.36、最厚 0.09 米；上端内侧出宽 0.03、高 0.02 米的榫头；两端自上而下开宽 0.04、深 0.03 米的通槽卡放挡板，通槽中部并穿两长方形孔，长 0.07 米，套挡板榫头；下部于两卡放挡板通槽间开一同样宽的浅槽，卡放底板。底板长 1.55、宽 0.34、厚 0.02 米，直接嵌入侧墙板下部浅槽内。棺外东侧有一隔板，将椁室分成头箱、棺室两部分。隔板长 0.92、宽 0.42、厚 0.04 米。随葬陶器 2 件，放置于头箱内（图四）。

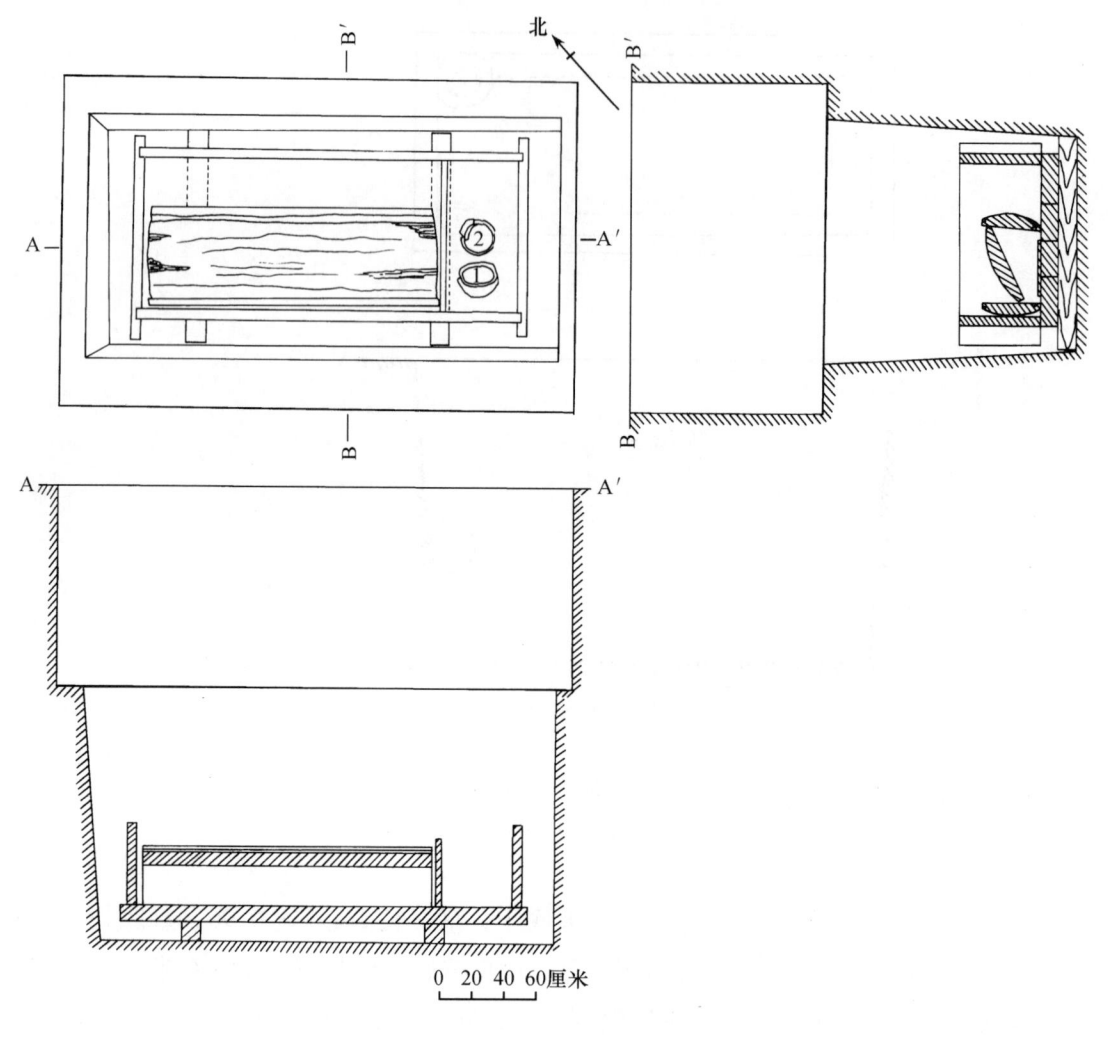

图四　M157 平、剖面图
1. 陶盂　2. 陶鼎

M159　方向105°。开口距地表1米。口大底小，墓口长4.03、宽3.3、墓底长3.16、宽2.06、深3.5米。距墓口0.6米深处设一级台阶，东、西分别宽0.56、0.54米，南、北分别宽0.36、0.32米。东部设斜坡墓道，上口长4.07、前宽1.34、后宽1.44米，下底斜坡长4.7、下宽1.16、下深1.89米，坡度23°（图五）。填土分两层，上层为红褐色五花土，下层为青膏泥，填于椁盖板上，中间厚四周薄，青膏泥厚1.42~1.72米；椁室外填红褐色五花土。棺、椁基本保存完好，均由盖板、挡板、侧墙板、底板组合而成。椁室长2.12、宽0.9、高0.77米。盖板以9根木板并排横铺，局部残损，单根长1.45、宽0.22~0.3、厚0.07米，盖板上满铺一层竹席。椁挡板、侧墙板均由4块木板侧立叠垒。挡板单块长1.37~1.4、宽0.14~0.24、厚0.16米，其两端内侧开宽0.09、深0.03米凹口卡放侧墙板。侧墙板长2.23、宽0.19、厚0.16米。底板亦由4块长木板并排纵向平铺，单块长2.41、宽0.2~0.36、厚0.13米。椁底板下两端各有1根半圆形垫木，长1.3、最宽0.12、最厚0.08米。棺室长1.85、宽0.77、高0.77米。悬底弧棺，盖板、侧墙板平面近梯形，均内平外弧。盖板长1.96、宽0.62~0.68、最厚0.18米；

图五 M159 平、剖面图

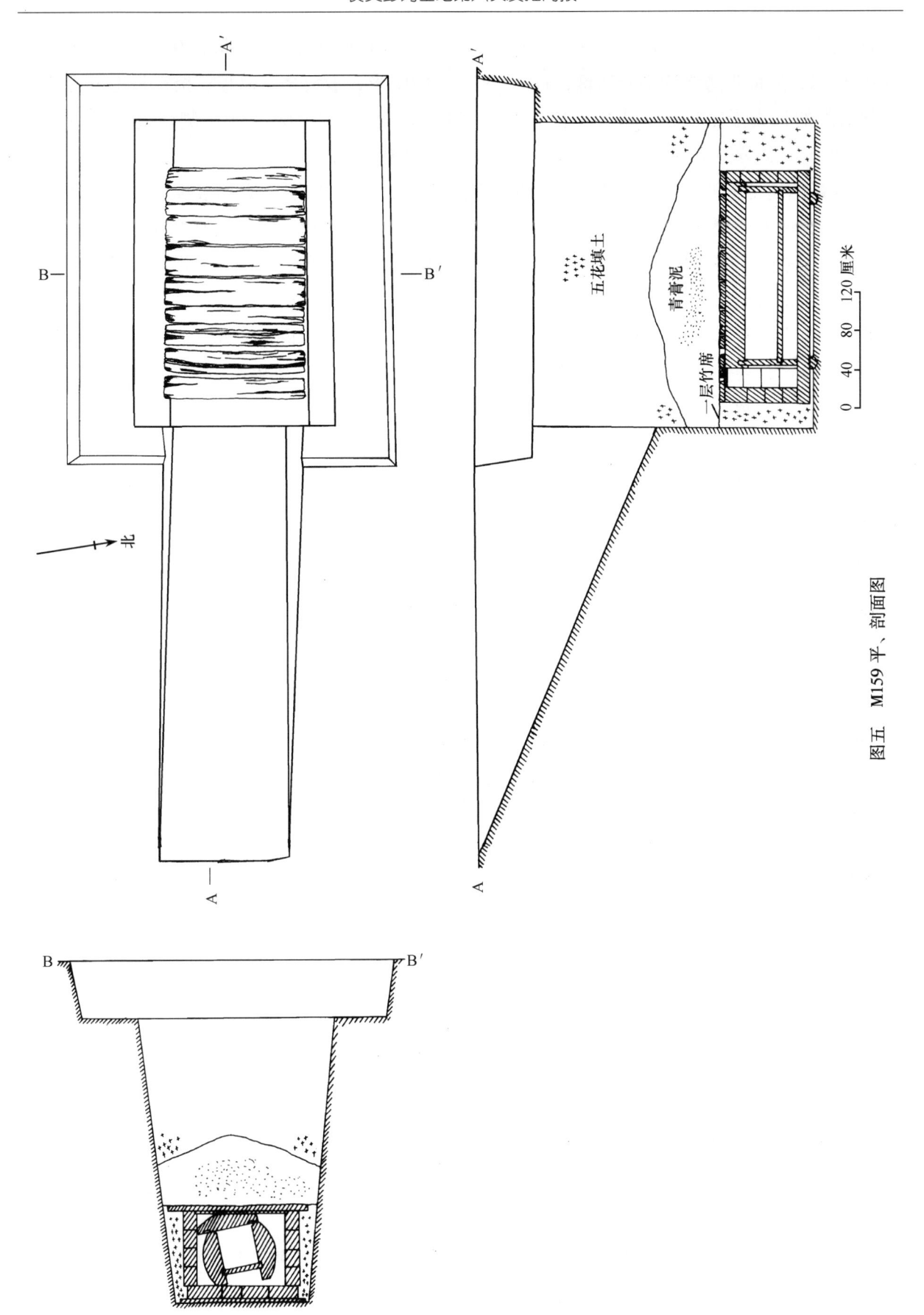

顶面两侧缘前、中、后部间距 0.65 米各开一长方形凹槽卡放棺束，凹槽最长 0.1、宽 0.06、最深 0.05 米；底面近边缘四周开通槽，宽 0.05、深 0.02 米，卡放挡、墙板；棺盖板上残存一根捆紧棺束的长方形木楔，一头尖，长 0.17、宽 0.04、厚 0.03~0.18 米。侧墙板长 1.96、宽 0.54~0.66、最厚 0.2 米；上端内侧出宽 0.05、高 0.02 米的榫头；两端自上而下开宽 0.05、深 0.03 米的通槽卡放挡板，通槽中部并穿两长方形孔，长 0.07 米，套挡板榫头；下部于两卡放挡板通槽间开一同样宽的浅槽，卡放底板。挡板平面呈长方形，前挡板高 0.66、宽 0.4、厚 0.07 米，后挡板高 0.54、宽 0.4、厚 0.07 米；两侧缘及上缘开通榫，嵌入盖、墙板对应凹槽内；两侧中部各凸出两长方形榫头，长 0.19、宽 0.07、厚 0.05 米，穿入侧墙板对应孔内。底板平面长方形，长 1.75、宽 0.36、厚 0.04 米，直接嵌入侧墙板下部浅槽内。棺外东部有较窄的头箱，顶面横盖一块分板，长 1.1、宽 0.18、厚 0.02 米；北部为边箱。随葬品主要分三层放置于头箱内，少数器物放置于边箱头端（图六）。

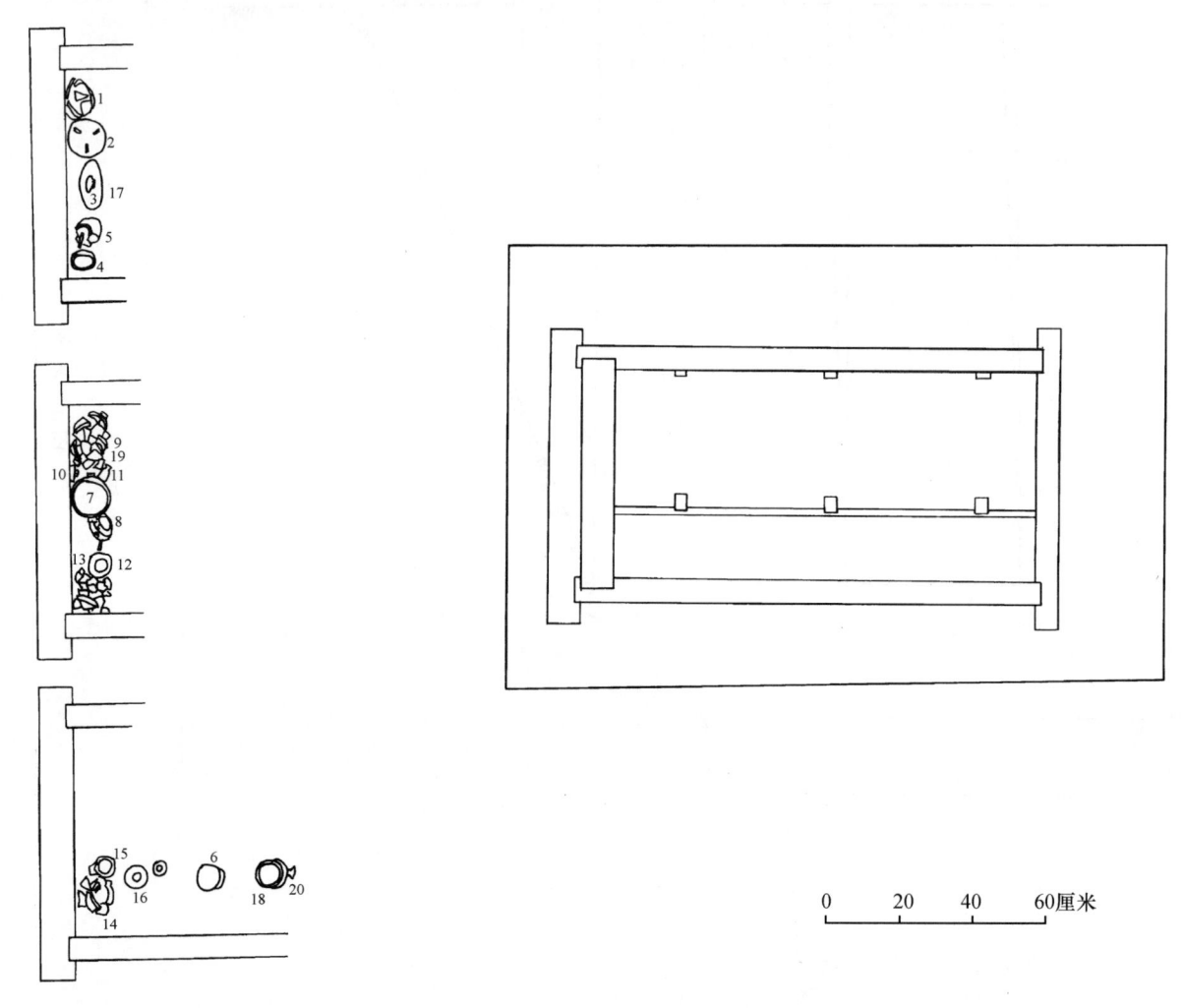

图六　M159 椁棺平面图及器物分层分布图

1、2. 陶敦　3. 陶匜　4、10. 漆木豆　5、14. 陶罐　6、13. 陶壶　7~9. 陶鼎　11、19. 陶杯　12、16. 陶高足小壶　15. 陶盉　17. 陶盘　18、20. 陶豆

M166 方向310°。开口距地表1.3米。墓口长3.25、宽2.05、墓底长2.66、宽1.5、深2.15米。距墓口0.45米深处设一级台阶,东、西均宽0.22米,南、北均宽0.28米。红褐色五花填土。葬具腐朽无存,依据痕迹判断为单椁单棺,椁长2.1、宽0.7、高0.3米,棺长1.65、宽0.47、高0.1米。随葬陶器5件,均放置于头箱内(图七)。

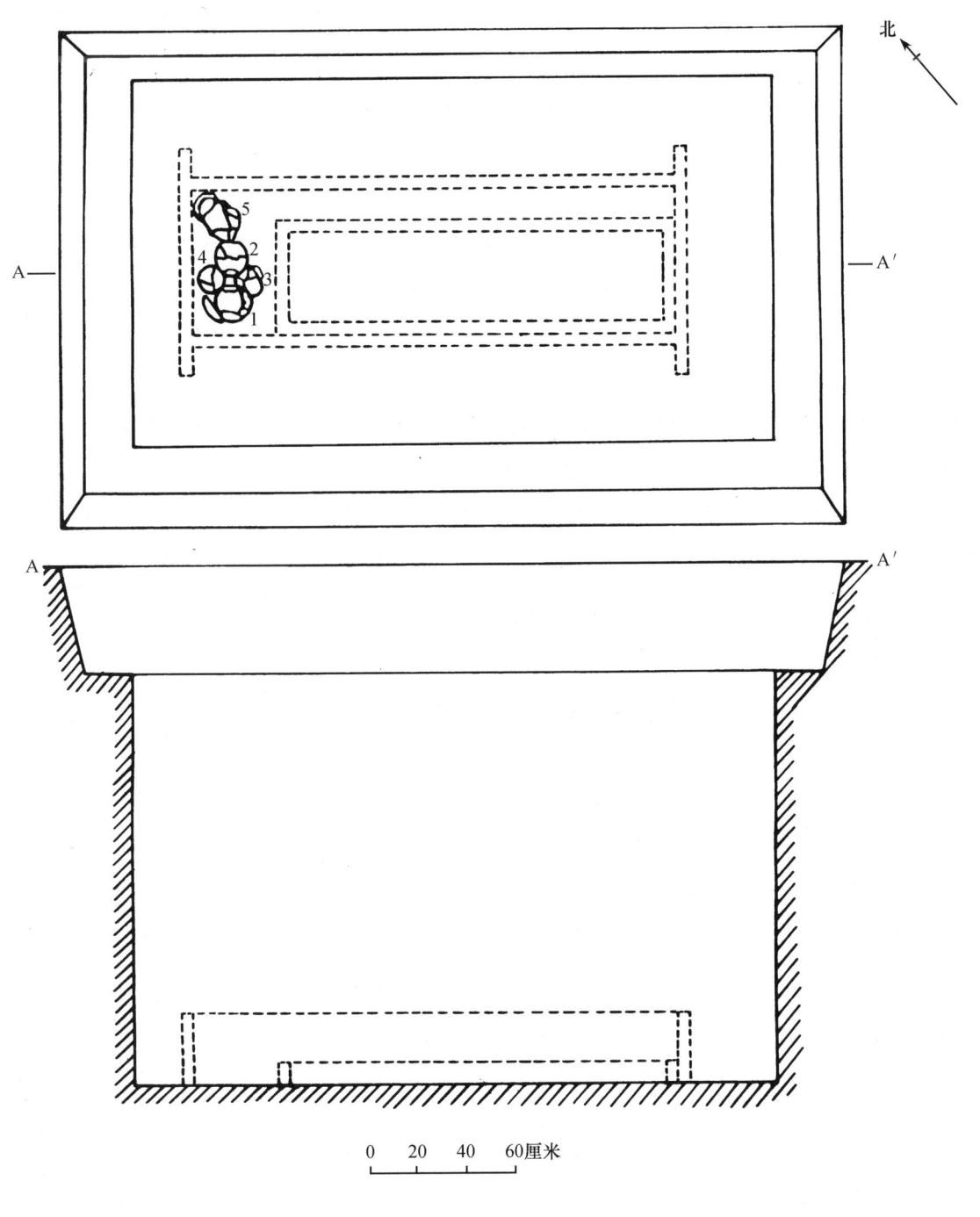

图七 M166平、剖面图
1、2.陶鼎 3、4.陶敦 5.陶罐

二、随葬器物

8座墓共出土器物50件，分陶、漆木两大类。

（一）陶器

47件。以泥质灰陶为主，少量泥质红陶；素面陶占多数，少数饰绳纹或弦纹，极少数在足部刻划兽首；制法以轮制为主，少量为手制；器类有鬲、簋、盂、豆、罐、鼎、敦、壶、盉、盘、匜、杯、高足小壶等。

鬲 4件，修复2件。泥质灰陶。侈口，翻沿，束颈，溜肩，肩上有一道凸棱，鼓腹，弧裆。颈以下满饰绳纹。按照沿、唇、裆、足的变化可分为二式。

Ⅰ式 M163:1，沿上翻较甚，尖圆唇，裆较弧，截锥状柱足，足腔深。口径11.2、高13.6厘米（图八，1；图版一四，1）。

Ⅱ式 M165:3，沿近平，圆唇，折沿，束颈，折肩，鼓腹，弧裆近平，柱足，足腔较浅。口径16.4、高16.8厘米（图八，2；图版一四，2）。

簋 1件。M163:7，泥质灰陶。素面。子母口，方唇，折肩，弧腹内收，凸圜底，高宽圈足。上承覆碗状盖。口径21.6、圈足径15.6、通高19.5厘米（图八，3；图版一四，3）。

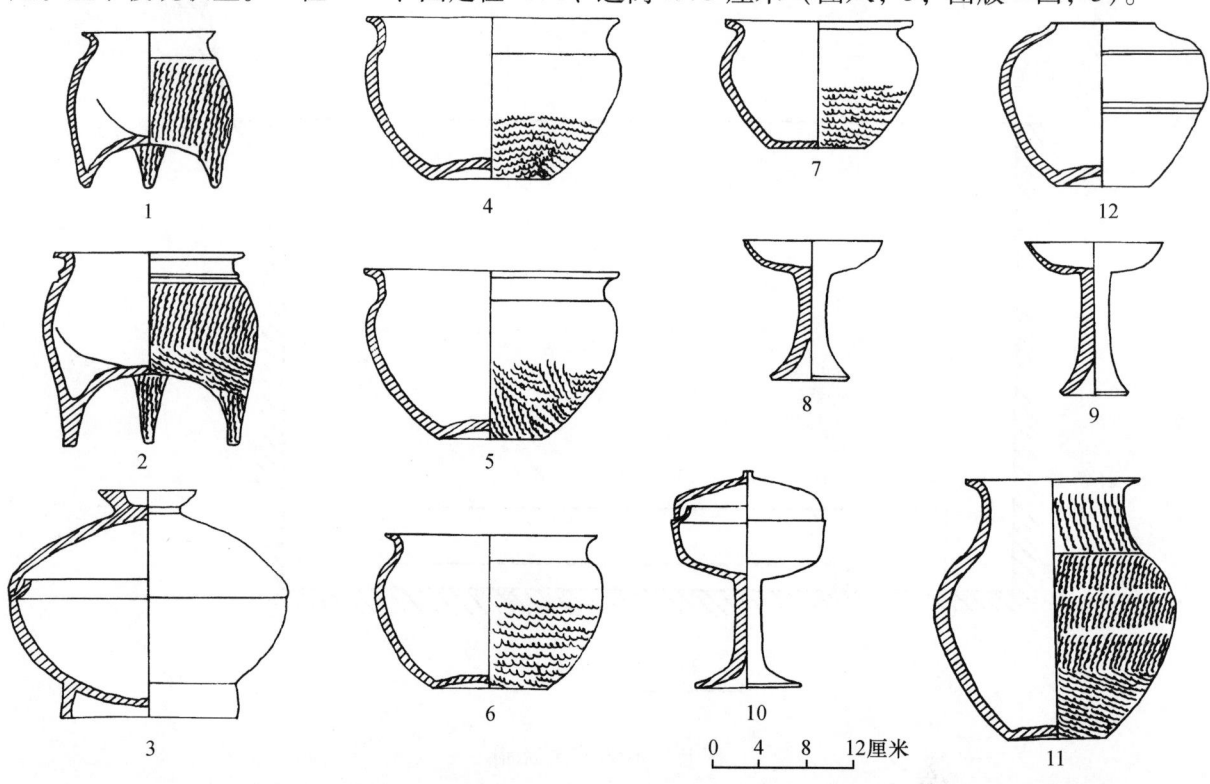

图八 陶器
1. Ⅰ式鬲（M163:1） 2. Ⅱ式鬲（M165:3） 3. 簋（M163:7） 4～6. Ⅰ式盂（M156:2、M157:1、M163:3） 7. Ⅱ式盂（M165:2） 8、9. A型豆（M163:2、M163:4） 10. B型豆（M159:18） 11. A型Ⅰ式罐（M156:1） 12. B型罐（M159:5）

盂　4件。侈口，圆唇，束颈，圆肩，上腹鼓，下腹弧收。下腹至底满饰横行或交错绳纹。按照沿、唇、颈、肩、腹、底的不同可分为二式。

Ⅰ式　3件。沿较平，尖圆唇，颈相对较长，肩圆鼓，腹壁外弧，凹底。M156:2，泥质灰陶。口径22.1、底径10.4、高14厘米（图八，4；图版一四，4）。M157:1，泥质灰陶。口径22、底径9.2、高14.6厘米（图八，5；图版一四，5）。M163:3，泥质红陶。口径18.4、底径10.2、高13.2厘米（图八，6；图版一四，6）。

Ⅱ式　1件。M165:2，泥质黑衣灰陶。沿上翻较甚，方唇，短颈，扁圆鼓肩，腹壁近平，平底。口径16、底径8.2、高11.2厘米（图八，7；图版一五，1）。

豆　6件，修复4件。泥质黑衣红陶。细高实豆柄，喇叭式圈足，圈足外缘上翘。根据整体形状及口、腹部的不同可分为二型。

A型　2件。均出自M163，形制相同，大小略异。敞口，圆唇，弧盘。M163:2，口径12、圈足径6.2、高12厘米（图八，8；图版一五，2左）。M163:4，口径11、圈足径5.6、高13.2厘米（图八，9；图版一五，2右）。

B型　2件。均出自M159，形制、大小相同。子母口，折肩，斜直壁，下腹斜折内收。上承浅折盘式盖，顶中心有小圆柱纽。M159:18，口径13.2、圈足径9、通高18.6厘米（图八，10；图版一五，3）。

罐　4件。根据整体形制的不同可分为二型。

A型　3件。泥质灰陶。侈口，翻沿，束长颈，溜肩，鼓腹，浅凹底。根据沿、颈、腹部的变化可分为三式。

Ⅰ式　M156:1，沿面平，颈壁中部微束，最大径在上腹，上腹外鼓较甚。颈至中腹满饰竖绳纹，颈部绳纹模糊，下腹及底满饰横绳纹。口径15、底径8.4、高22.7厘米（图八，11；图版一五，4）。

Ⅱ式　M166:5，沿面有一周凹槽，颈壁中部内束较甚，最大径近中腹，腹外鼓稍甚。中腹满饰竖绳纹，下腹及底满饰横绳纹。口径15.2、底径9.6、高26厘米（图九，1）。

Ⅲ式　M159:14，施黑衣。沿面有一周凹槽，颈壁近直，最大径近中腹，腹外鼓不甚。颈饰模糊竖绳纹，肩至下腹饰竖间断绳纹。口径14.4、底径9.2、高21.6厘米（图九，2）。

B型　1件。M159:5，泥质黑衣黄陶。敛口，圆唇，矮领，圆肩，上腹鼓，下腹弧收，深凹底。颈及肩有红彩绘，脱落。肩及中腹分别饰一、二道凹弦纹。口径9.1、底径8、高14.2厘米（图八，12；图版一五，5）。

鼎　8件。根据整体形制的不同可分为三型。

A型　6件。子母口，折肩，深鼓腹，圜底，三蹄足，承浅弧盘状盖，盖顶一实纽，周缘三或四纽。按照耳、腹及足的变化可分为三式。

Ⅰ式　2件。均出自M160，形制、大小相同。泥质黑衣灰陶。环形附耳，深腹，足较粗，下端外撇。盖周缘三纽，中部饰一道凹弦纹。M160:1，口径14.8、通高20.3厘米（图九，3；图版一六，1）。

Ⅱ式　2件。均出自M166，形制、大小相同。泥质灰陶，素面。窄长方形附耳，浅腹，足

图九　陶器

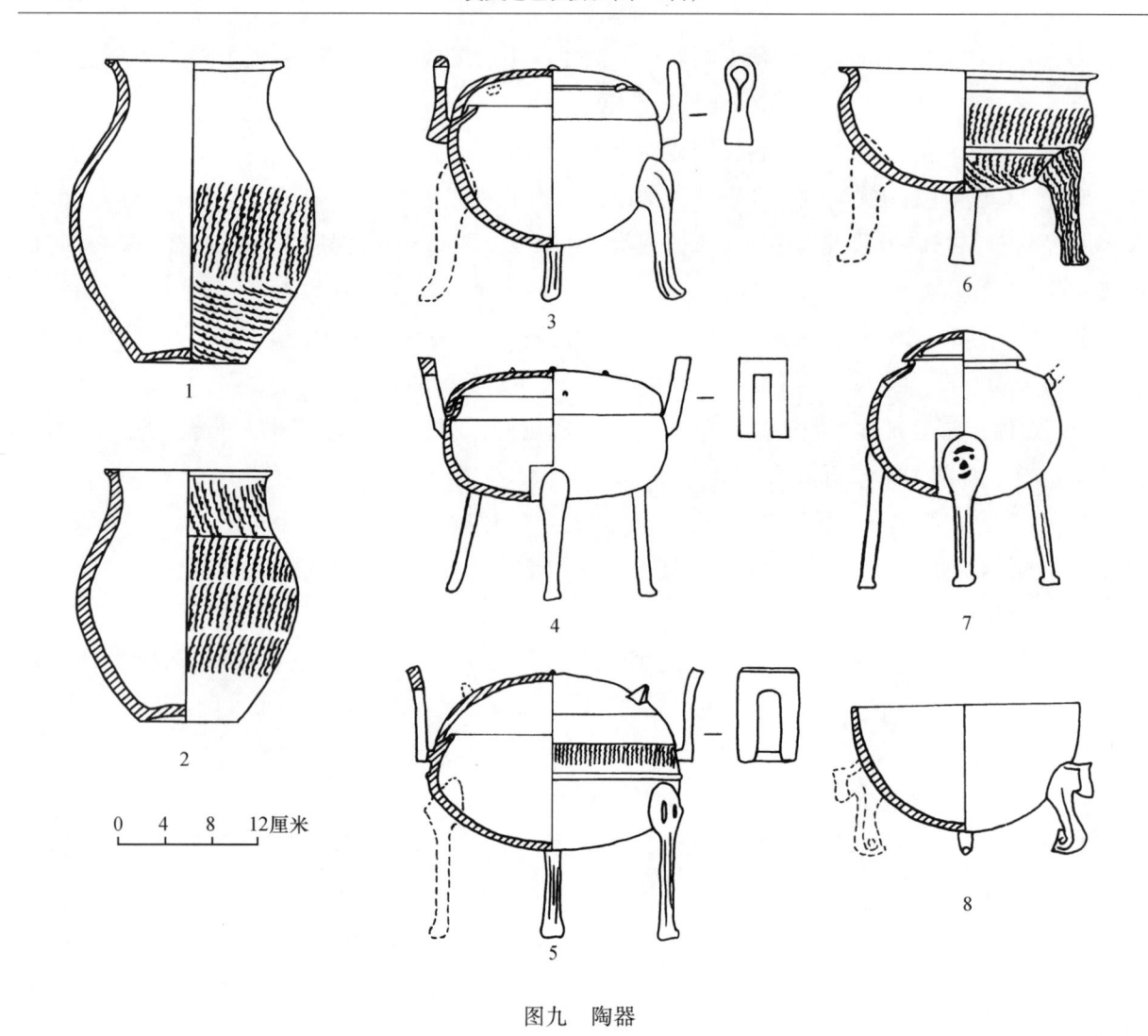

1. A型Ⅱ式罐（M166:5）　2. A型Ⅲ式罐（M159:14）　3. A型Ⅰ式鼎（M160:1）　4. A型Ⅱ式鼎（M166:1）
5. A型Ⅲ式鼎（M159:7）　6. B型鼎（M157:2）　7. C型鼎（M159:8）　8. Ⅰ式敦（M160:5）

较细高，下端外撇。盖周缘四纽。M166:1，口径16.8、通高20厘米（图九，4；图版一六，2）。

Ⅲ式　2件。均出自M159，形制、大小相同。泥质黑衣红陶。窄长方形附耳，上部外撇，腹较浅，多棱形细高足直立。上腹饰一周竖绳纹，中腹饰一道凸弦纹。盖周缘三，中部饰一道凹弦纹。M159:7，口径18、通高22.8厘米（图九，5；图版一六，3）。

B型　1件。M157:2，盆形鼎。泥质灰陶。微侈口，平折沿，平唇，束短颈，圆肩，鼓腹，圜底，三兽蹄形足。下腹饰一道凹弦纹。腹、底及足满饰绳纹。口径22.4、通高16.8厘米（图九，6；图版一五，6）。

C型　1件。M159:8，小口鼎。泥质灰陶。素面。直口，圆唇，矮领，圆肩，深鼓腹，圜底，三多棱形蹄足，足面根部饰人面，下部细长。承浅盘状盖，子口，弧顶。口径9.2、通高22.1厘米（图九，7；图版一六，4）。

敦　6件。由形制相同的体、盖上下合扣，均敞口，折沿，弧腹、圜底，体三足，盖三纽。均素面。按照整体形状及唇、腹、底的不同可分为三式。

Ⅰ式　1件。M160:5，复原一半。泥质黑衣灰陶。整体近圆形，平唇，腹至底外弧近半圆形，三立鸟形纽、足。口径19.6、复原通高24厘米（图九，8）。

Ⅱ式　3件。泥质灰陶。整体呈椭圆形，尖唇，腹外弧程度减小，底稍尖圜。M164:2，三象征性鸟首形纽、足。口径19.2、通高28.2厘米（图一〇，1；图版一七，1）。M166:3，三细长圆锥形纽、足外撇。口径18、通高22.8厘米（图一〇，2；图版一七，2）。

Ⅲ式　2件。均出自M159，形制、大小相同。泥质黑衣红陶。整体近弧边菱形，平唇，腹近斜直，尖底。三象征性立鸟形纽、足。M159:1，口径19.2、通高24厘米（图一〇，3；图版一七，3）。

壶　7件，修复6件。根据整体形制的不同可分为三型。

A型　1件。M165:1，泥质黑衣灰陶。侈口，平唇，束长颈，溜肩，鼓腹，下腹斜收，圜底微内凹。颈及肩部饰八道凹弦纹。口径11.2、底径5.6、高24.4厘米（图一〇，4；图版一七，4）。

B型　3件。泥质灰陶。侈口，平唇，束长颈，溜肩，折腹，下腹曲收，平底。按照腹部的变化可分为二式。

Ⅰ式　1件。M163:5，最大径在上腹，上腹折，中腹弧收。肩及腹部饰四道凸弦纹。上承浅覆盘状盖，子口，弧顶。口径12、底径12、通高34.4厘米（图一〇，5；图版一八，1）。

Ⅱ式　2件。均出自M164，形制、大小相同。上腹折下近直壁，中腹折收，下腹内曲较甚。肩及腹部饰四周凹弦纹。M164:4，口径9.7、底径10、高20厘米（图一〇，6）。

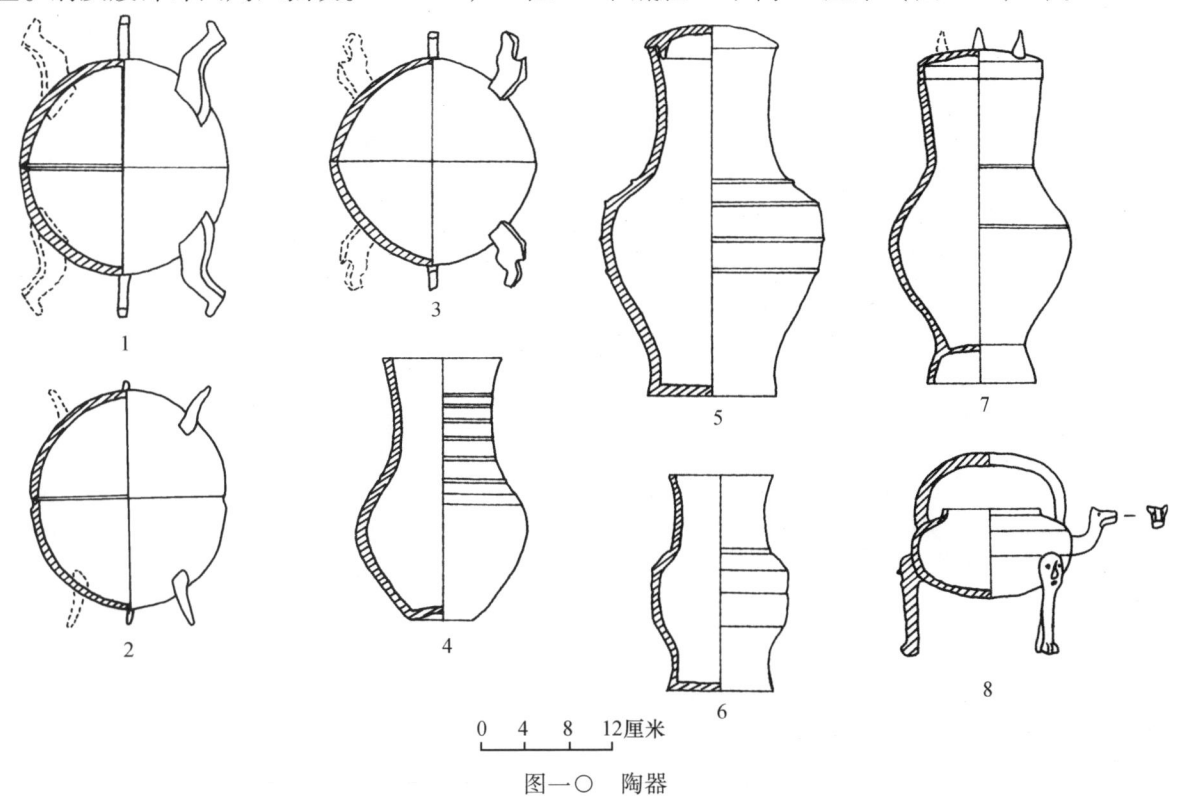

图一〇　陶器

1、2. Ⅱ式敦（M164:2、M166:3）　3. Ⅲ式敦（M159:1）　4. A型壶（M165:1）　5. B型Ⅰ式壶（M163:5）　6. B型Ⅱ式壶（M164:4）　7. C型壶（M160:2）　8. 盉（M159:15）

C型　2件。均出自M160，形制、大小相同。泥质灰陶。侈口，平唇，束长颈，溜肩，鼓腹，下腹斜收，平底微内凹，高圈足。颈下部及腹部各饰一道凹弦纹。上承浅折盘状盖，弧顶，三尖锥状纽。M160：2，口径11、圈足径10.4、通高32.6厘米（图一〇，7；图版一八，2）。

盉　1件。M159：15，泥质黑衣灰陶。侈口，圆唇，广肩，鼓腹，下腹斜内收，圜底。肩部横贯一半圆提梁，前置兽首形假流，三人面兽蹄形足。腹部饰两道凹弦纹。口径9.2、通高18.8厘米（图一〇，8；图版一六，5）。

盘　1件。M159：17，泥质灰陶。素面。敞口，尖唇，口部外撇，浅腹，弧壁，下腹内收，圜底。口径23.6、高4.5厘米（图一一，3；图版一六，6下）。

匜　1件。M159：3，泥质红陶。素面。整体平面呈"凸"字形，体椭圆形，敞口，弧腹，圜底，长方形流上翘。长径10.4、短径7.6、流长3.4、高3.7厘米（图一一，1；图版一六，6上）。

杯　2件。均出自M159，形制、大小相同。泥质黑衣灰陶。敞口，尖唇，斜腹内收，壁较直，平底深凹。M159：11，口径8.8、底径5.2、高14厘米（图一一，2；图版一八，3）。

高足小壶　2件。泥质黑衣灰陶。素面。微侈口，圆唇，近直领较高，圆肩，圆鼓腹，下腹斜收，圜底，矮空柄，喇叭状圈足。M159：12，上承浅盘状盖，子口，弧顶。口径6、圈足径9.6、通高19.8厘米（图一一，5；图版一八，4左）。M159：16，口径6、圈足径8.8、通高20厘米（图一一，4；图版一八，4右）。

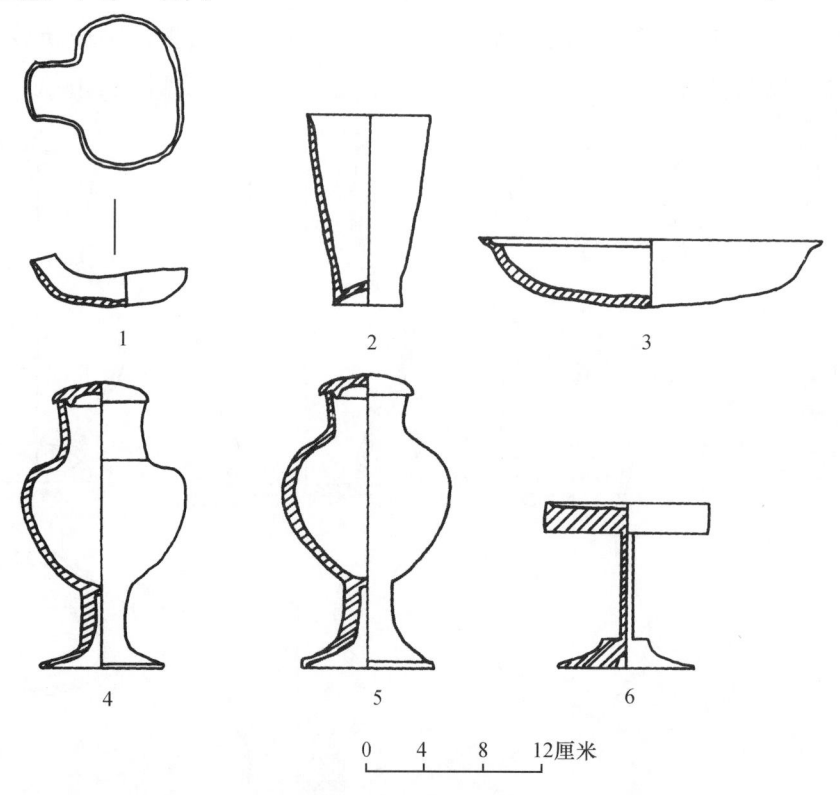

图一一　陶、漆木器
1. 陶匜（M159：3）　2. 陶杯（M159：11）　3. 陶盘（M159：17）　4、5. 陶高足小壶（M159：16、M159：12）　6. 漆木豆（M159：4）

（二）漆木器

3件。器类包括豆、耳杯。耳杯已腐朽，未提取。

豆　2件。均出自M159，形制、大小相同。严重收缩。盘、柄、圈足分制扣合而成。近圆饼形豆盘，敞口，尖唇，盘极浅，四方柱状柄，喇叭状圈足。M159:4，口径11.2、圈足径9.2、高11.2厘米（图一一，6）。

三、结　语

本次发掘的8座墓均出土有随葬器物，且以陶器为主体，漆木器仅3件。陶器组合主要为日用陶器和仿铜陶礼器两大类，即鬲、盂、（豆）、罐（壶）和鼎、敦、壶或加盘、匜，此外还有两类器物混用的组合。这批墓葬虽然出土器物不多，但组合较为复杂。根据各种器型的演变序列可将它们分为四期。

第一期：M163；

第二期：M156、M157、M165；

第三期：M160、M164、M166；

第四期：M159。

第一期：仅1座墓葬，随葬器物组合为较齐全的日用陶器组合Ⅰ式鬲、簋、Ⅰ式盂、A型豆、B型Ⅰ式壶，特别是有簋参与组合在本地尚属首次，是时代特征较早的表现。其中Ⅰ式鬲整体较瘦，沿上昂，裆较高，截锥足，与本墓地第三次发掘的Ⅰ式鬲较为接近[2]；Ⅰ式盂与以上对比的A型Ⅲ式盂风格相同。推测该墓的时代相当于春秋晚期。

第二期：墓葬的随葬器物全为日用陶器，但组合多不全。Ⅱ式鬲较为矮胖，与本墓地第三次发掘之M38所出A型Ⅲ式鬲[3]近似；Ⅰ式盂的形制与上期相同，Ⅱ式盂变化不大；B型鼎即盆形鼎出现；A型壶具有较早的长颈壶的特征；A型Ⅰ式罐与本墓地第三次发掘的A型Ⅱ式罐[4]较为相近。根据该期器物特征推测其时代以战国早期为宜。

第三期：墓葬随葬器物有仿铜陶礼器组合，也有日用陶器与仿铜陶礼器混合组合，似乎具有过渡期的特点。A型Ⅰ式鼎接近于襄阳山湾B型Ⅳ式鼎[5]，A型Ⅱ式鼎与前者相比，时代略晚；Ⅰ、Ⅱ式敦的风格在本墓地第一次发掘出土的Ⅱ式敦上都有反映[6]，只是时代略有早晚而已；B型Ⅱ式壶与本墓地第一次发掘出土的B型Ⅲ式壶[7]相比，时代似稍早。推测该期墓葬的时代在战国中期，其中M160可能在早段，M164、M166可能在晚段。

第四期：也仅1座墓葬，随葬器物为仿铜陶礼器加少量日用陶器，以及漆木豆。仿铜陶礼器中A型Ⅲ式鼎、Ⅲ式敦、C型鼎（小口鼎）、盂、盘、匜、杯、高足小壶等都具有战国晚期的特点，B型矮领罐与墓地北部彭岗遗址第②层所出F型Ⅱ式罐[8]几乎完全相同。其时代当在战国晚期，但不晚于白起拔邓（公元前279年）。

本次发掘的墓葬除M159外，其余均属不带墓道的竖穴土坑墓，出土器物较少，组合简单，墓主人身份地位不高，应该是平民或低级贵族阶层。M159为带墓道的一棺一椁土坑墓，出土器物较多，陶器组合比较典型，为鼎、敦、壶、盘、匜组合，墓主人应该是"士"一级的低等贵族。

无论从墓葬形制、器物组合还是器物特征看，这几座东周墓都是比较典型的楚墓。

本次发掘的墓葬尽管数量不多，但也发现了一些新的因素，如有中原文化因素的簠、盖豆、高足小壶及秦文化因素的"亚"字形壶等，这些为对彭岗墓地的整体研究提供了新的资料。

附记：参加本次发掘的有梁超、释贵星、刘江生，器物修复曾平，绘图、描图梁超，器物照相杨力，审稿王先福。

执笔：梁 超

注 释

[1] 湖北省文物考古研究所等：《湖北襄樊市彭岗东周墓群第三次发掘》，《考古》1997年第8期；襄樊市文物管理处等：《襄樊彭岗东周墓地第一次发掘简报》，《江汉考古》1999年第4期；襄樊市考古队：《襄樊彭岗汉墓群发掘简报》，《江汉考古》2000年第2期；襄樊市博物馆1995年发掘资料；襄樊市考古队1996年发掘资料。

[2][3][4] 湖北省文物考古研究所等：《湖北襄樊市彭岗东周墓群第三次发掘》，《考古》1997年第8期。

[5] 湖北省博物馆：《襄阳山湾东周墓发掘报告》，《江汉考古》1983年第2期。

[6][7] 襄樊市文物管理处等：《襄樊彭岗东周墓地第一次发掘简报》，《江汉考古》1999年第4期。

[8] 襄樊市考古队：《襄樊市彭岗东周遗址发掘简报》，《江汉考古》2000年第2期。

附表　彭岗墓地第六次发掘东周墓葬登记表

墓号	形制	方向	墓口尺寸（长×宽－距地表深）（米）	墓底尺寸（长×宽－距墓口深）（米）	葬具保存状况	葬具尺寸（长×宽－高）（米）	随葬品	分期	备注
M156	长方形竖穴土坑墓	355°	2.1×0.96－0.5	1.9×0.8－1.3	仅存朽痕	棺：1.77×0.6	陶Ⅰ盂、AⅠ罐	二	
M157	长方形竖穴土坑墓	120°	3.2×2－1.1	2.82×1.3－2.76	局部残损	椁：2.45×1.04－0.72　棺：1.8×0.6－0.36	陶Ⅰ盂、B鼎	二	四壁有生土台
M159	带一级台阶及斜坡墓道的竖穴土坑墓	105°	8.1×3.3－1	3.16×2.06－3.5	基本完好	椁：2.12×0.9－0.77　棺：1.85×0.77－0.77	陶AⅢ鼎2、C鼎、Ⅲ敦2、壶2、B豆2、盘、匜、盂、杯2、高足小壶2、AⅢ罐、B罐，漆木豆2	四	
M160	长方形竖穴土坑墓	95°	2.66×1.64－1.5	2.56×1.4－2.06	大部残损	椁：2.19×0.82－0.26　棺：1.73×0.37－0.2	陶AⅠ鼎2、Ⅰ敦、C壶2、漆木耳杯（朽）	三	

续表

墓号	形制	方向	墓口尺寸（长×宽-距地表深）（米）	墓底尺寸（长×宽-距墓口深）（米）	葬具 保存状况	葬具 尺寸（长×宽-高）（米）	随葬品	分期	备注
M163	长方形竖穴土坑墓	15°	2.66×1.66-0.3	2.58×1.6-1	仅存椁朽痕	椁：2.3×0.91-0.2	陶Ⅰ鬲、簋、Ⅰ盂、AⅡ豆2、BⅠ壶	一	
M164	长方形竖穴土坑墓	188°	2.7×1.6-0.55	2.54×1.5-0.8	仅存朽痕	椁：2.06×0.82-0.32 棺：1.77×0.56-0.18	陶鬲、Ⅱ敦、豆2、BⅡ壶2	三	
M165	长方形竖穴土坑墓	200°	3.4×2.1-0.3	2.83×1.35-2.35	局部残损	椁：2.18×0.84-0.43 棺：1.86×0.64-0.12	陶Ⅱ鬲、Ⅱ盂、A壶	二	
M166	带一级台阶的长方形竖穴土坑墓	310°	3.25×2.05-1.3	2.66×1.5-2.15	仅存朽痕	椁：2.1×0.7-0.3 棺：1.65×0.47-0.1	陶AⅡ鼎2、Ⅱ敦2、AⅡ罐	三	

注：未注明数量者均为1件。

襄阳城内遗址发掘报告

襄樊市文物考古研究所

一、地理位置与工作经过

襄阳城位于湖北省襄樊市襄城区，北隔汉江与樊城相望，是襄樊市的政治、文化中心（图一）。城内主要街道呈"十"字形布局，分东、西、南、北四条大街，这四条街道也是襄阳古城历代的主要街道。

1996～2003年，为配合襄阳城内多个基本建设项目，同时了解古城的文化内涵，襄樊市考古队（襄樊市文物考古研究所前身）先后多次根据勘探情况在城内选点进行考古发掘。文化内涵较为丰富的发掘地点有古城西北角的许指巷北侧和东区的荆州北街南段西侧、南区的南街中段西侧、中区的运动路中段北侧等四处，分别开2米×5米探沟2条和5米×5米探方7、4、4个（图二），分别清理出灰坑4、3、16、12座。探方或遗迹均按发掘地点分别编号，前面加各发掘地点的第一个汉字以示区别。

由于襄阳城内地下水位较高，部分探方（沟）未能发掘到底，同时，因发掘地点处于城内不同位置，各处的地层堆积和文化内涵也不尽相同。

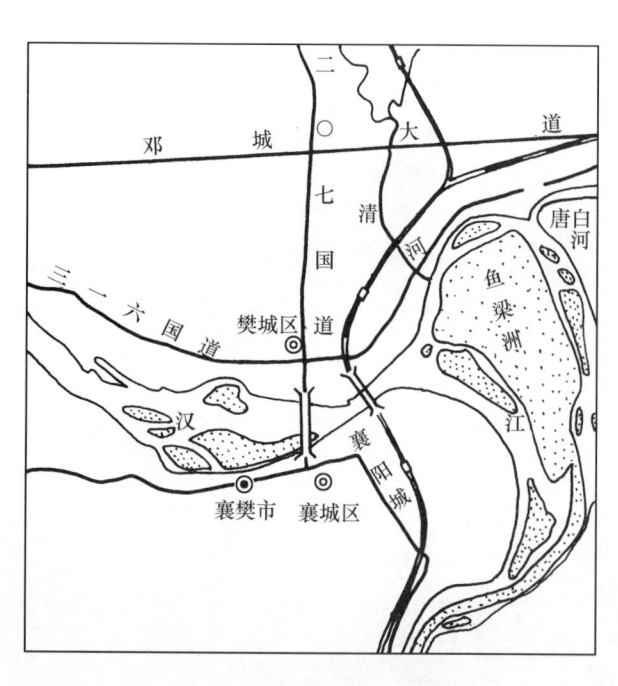

图一　襄阳城地理位置示意图

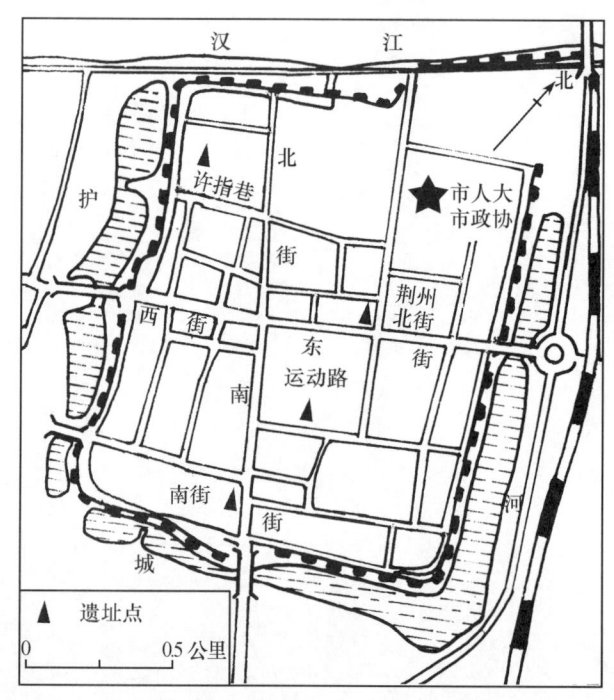

图二　襄阳城内遗址发掘点分布图

二、地层堆积

因发掘地点位置不同，其地层未统一，均按各自的叠压关系编列。

1. 许指巷遗址

以 T1 南壁为例加以说明。

第①层：表土层。杂色黏土，较硬。厚 0~0.54 米。内含较多的现代砖瓦、混凝土块及少量早期瓷片。该层下遗迹有 H2。

第②层：黄褐色土，相对较硬。厚 0~0.61 米。包含物较多，有大量的残砖碎瓦及少量青花瓷片、硬陶和陶器残片。该层下遗迹有 H3。

第③层：浅黄色土，较硬，色较纯。厚 0.06~0.85 米。包含物较少，有少量的白釉、青白釉瓷片及硬陶、灰陶残片。

第④层：灰褐色土，较细密。厚 0.49~0.65 米。包含物较多，有大量的砖瓦、灰陶残片及较多的青瓷片。

第⑤层：灰黄色土，较松软，夹少量草木灰、红烧土颗粒。厚 0.44~1.05 米。包含物较少，有少量的砖瓦、灰陶残片及青瓷片。

以下为次生黄土，色纯，未见出土物（图三）。

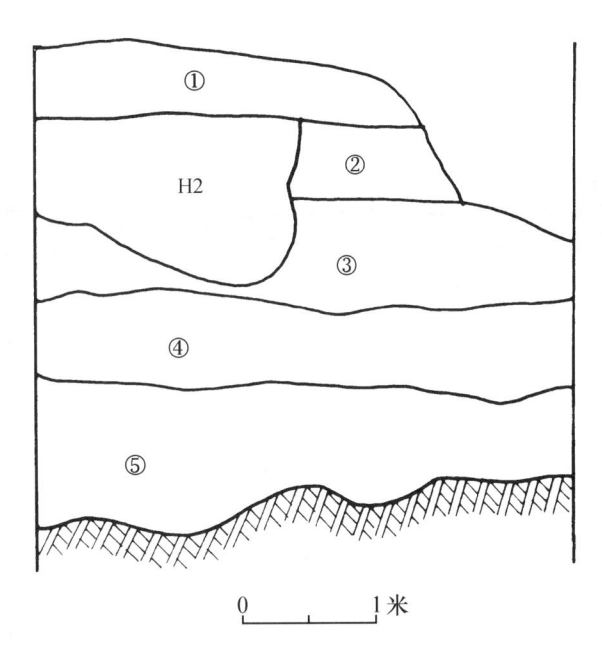

图三 许 T1 南壁剖面图

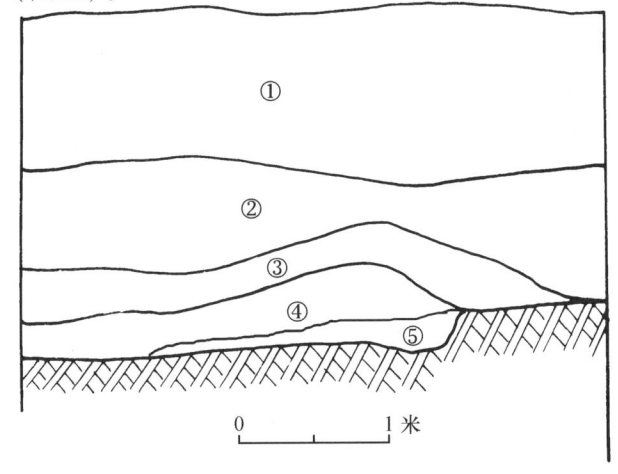

图四 荆 T7 东壁剖面图

2. 荆州北街遗址

以 T7 东壁为例加以说明。

第①层：表土层。黄褐色土，较硬，色杂。厚 1~1.2 米。内含较多的现代红砖瓦及早期瓷片。

第②层：浅灰色土，相对较软，夹少量红烧土颗粒。厚 0.24~0.81 米。包含物较多，有砖瓦及硬陶、灰陶残片和青白釉、白釉瓷片。

第③层：灰黑色土，较软，夹较多的草

木灰及少量红烧土颗粒。厚 0～0.36 米。包含物与第②层差不多。

第④层：灰黄色土，较硬，夹少量红烧土颗粒。厚 0～0.32 米。包含物相对较少，有白釉、黑釉、青白釉瓷片以及灰陶、硬陶残片。

第⑤层：浅黄色土，较松，相对较纯。厚 0～0.24 米。包含物少，有青釉瓷片及灰陶残片。

以下因水位过高、无法继续发掘而不明（图四）。

3. 南街遗址

以 T2 东壁为例加以说明。

第①层：表土层。黄褐夹深灰色土，较硬。厚 0.28～0.57 米。内含较多的现代红砖青瓦、彩瓷片及混凝土块。

第②层：灰褐色土，相对较硬。厚 0.06～0.33 米。包含物较少，有少量的青砖瓦及青花瓷、釉陶和陶器残片。该层下遗迹有 H2。

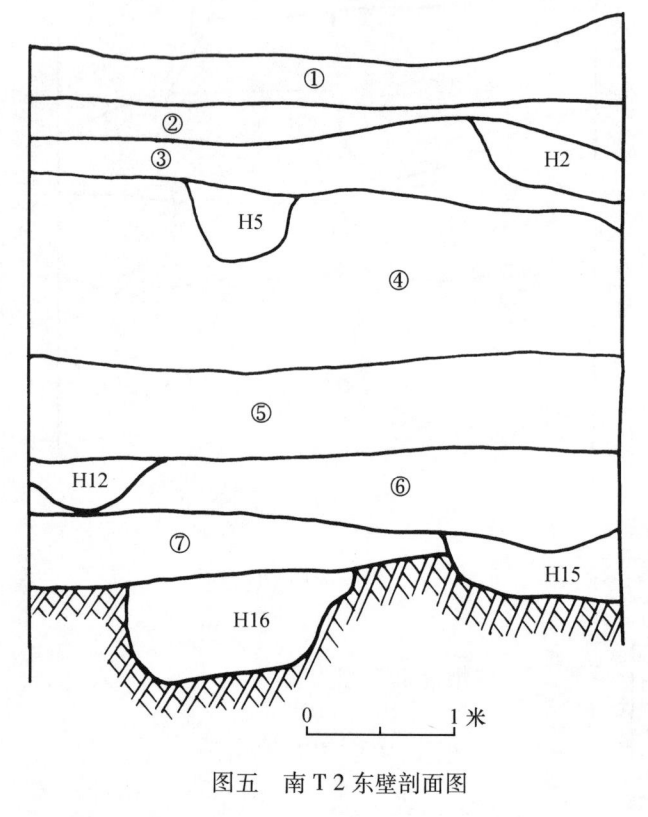

第③层：黄褐色土，较硬，夹少量红烧土颗粒。厚 0.14～0.56 米。包含物较少，有少量的青花瓷片及硬陶、灰陶残片。该层下遗迹有 H5。

第④层：灰黑色土，较松软，夹较多的炭屑、草木灰和红烧土颗粒。厚 0.86～1.3 米。包含物丰富，有大量的砖瓦、灰陶、釉陶残片及较多的青白釉、白釉、青釉、黑釉瓷片。

第⑤层：浅灰色土，较松软，夹少量草木灰、红烧土颗粒。厚 0.57～0.71 米。包含物较多，有部分砖瓦、灰陶残片及青白釉、白釉、青釉、黑釉瓷片。该层下遗迹有 H12。

第⑥层：深灰色土，较松软，夹少量草木灰、红烧土颗粒。厚 0.35～0.63 米。包含物较少，有少量砖瓦、灰陶残片及白釉、青釉瓷片。该层下遗迹有 H15。

图五 南 T2 东壁剖面图

第⑦层：浅黄色土，较松，夹极少量炭屑。厚 0～0.53 米。包含物不多，有少量筒瓦、板瓦及灰陶残片和青绿釉瓷片。该层下遗迹有 H16。

以下为次生黄土，色纯，未见出土物（图五）。

4. 运动路遗址

以 T1 东壁为例加以说明。

第①层：表土层。黄褐色土，较硬。厚 0.32～0.35 米。内含较多的现代砖瓦、混凝土块和少量青花瓷片。

第②层：浅灰夹黄褐色土，相对较硬。厚0.26~0.41米。包含物较少，有少量砖瓦及青花瓷、釉陶和陶器残片。该层下遗迹有H1。

第③层：浅灰色土，较软，夹少量草木灰。厚0.44~0.63米。包含物较少，有少量的青花瓷片及砖瓦、硬陶、灰陶残片。该层下遗迹有H4。

第④层：灰褐色土，较硬。厚0.4~0.52米。包含物丰富，有大量的砖瓦、灰陶、釉陶残片及较多的青白釉、白釉、青釉、黑釉瓷片和铜钱。

第⑤层：深灰色土，较松软，夹少量草木灰、红烧土颗粒。厚0.51~0.83米。包含物与第④层差别不大。该层下遗迹有H12。

第⑥层：灰褐色土，较硬，色较纯。厚0.6~0.63米。包含物较少，有少量砖瓦、灰陶残片及白釉、青白釉瓷片。

第⑦层：灰黑色土，较松软，夹较多炭屑、草木灰。厚0.2~0.43米。包含物不多，有少量筒瓦、板瓦及灰陶残片和青绿釉瓷片。该层下遗迹有H16。

第⑧层：浅黄色土，砂性较大，色较纯。厚0~0.13米。包含物较少，有少量筒瓦及灰陶残片。

以下为次生黄土，色纯，未见出土物（图六）。

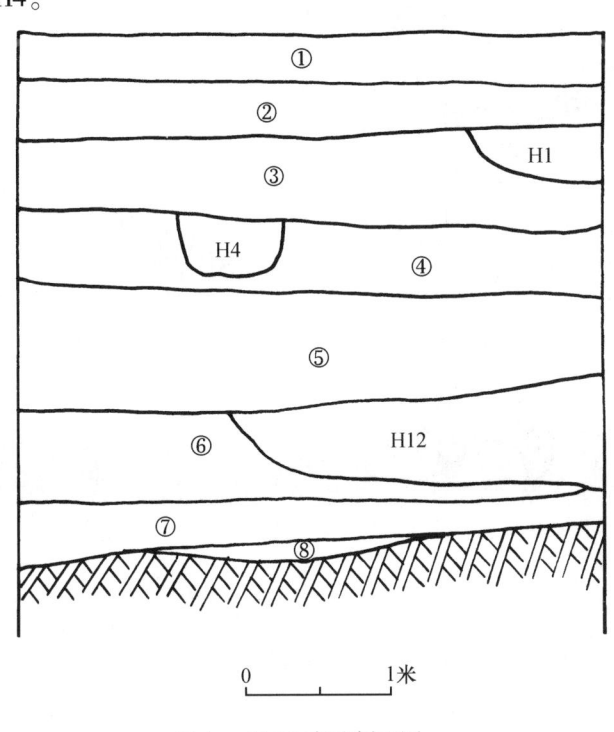

图六 运T1 东壁剖面图

三、战国文化遗存

本期文化遗存未发现地层和遗迹，仅发现少量掺杂于所发掘点最早地层中的遗物。全为陶器残片，器类有鬲、豆、筒瓦、板瓦等。

鬲 1件。许T2⑤:52，残存鬲足。夹砂红陶。为二次包制鬲足的下部，柱形。外壁饰细绳纹，内壁绳纹较浅（图七，1）。

豆 2件，残存豆柄上部。柄较细，内空呈锥形。许T2⑤:53，泥质黑衣灰陶（图七，2）。

筒瓦 1件。运T1⑧:94，残甚。泥质灰陶，外壁饰竖绳纹，内壁饰横绳纹（图七，5）。

板瓦 1件。运T1⑧:96，残甚。泥质灰陶，内、外壁饰斜绳纹（图七，4）。

以上5件陶器标本具有明显的战国特征，是目前襄阳城内发现时代最早的遗物，其中二次包制鬲足是"楚式鬲"的典型风格。

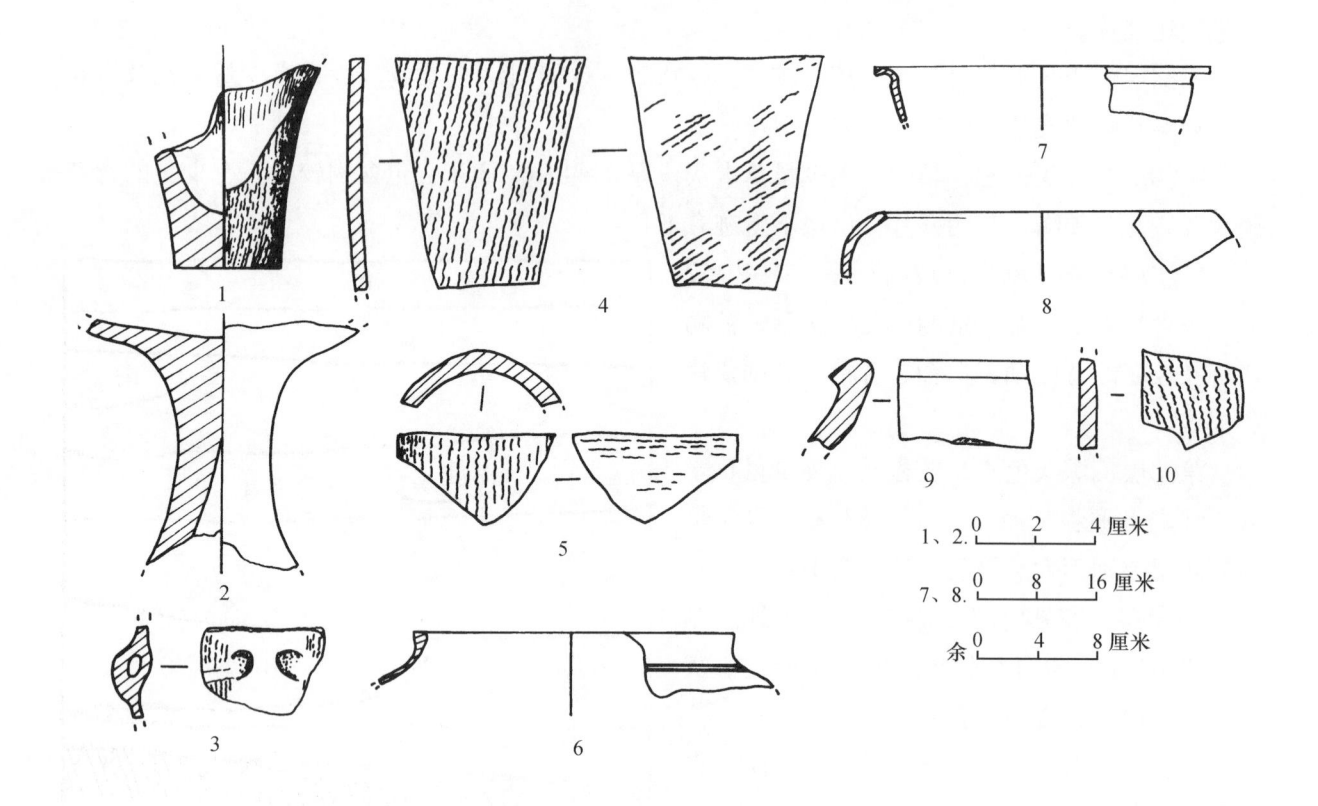

图七 战国、汉代陶器

1. 战国鬲（许T2⑤:52） 2. 战国豆（许T2⑤:53） 3、6. 汉代罐（运T1⑧:90、运T1⑧:92） 4. 战国板瓦（运T1⑧:96）
5. 战国筒瓦（运T1⑧:94） 7. 汉代盆（运T1⑧:93） 8. 汉代瓮（运T1⑧:91） 9. 汉代缸（运T1⑧:95） 10. 汉代板瓦
（运T1⑧:88）

四、汉代文化遗存

本期文化遗存地层仅有运动路遗址第⑧层，未见遗迹。遗物数量不多，仅6件，器类有罐、盆、瓮、缸、板瓦等。

罐 2件，残存罐口沿、耳各1件。泥质灰陶。

罐口沿 运T1⑧:92，敛口，平唇，矮领，溜肩，鼓腹。肩上部饰两道凹弦纹。口径22.4厘米（图七，6）。

罐耳 运T1⑧:90，鼻耳。壁饰竖绳纹（图七，3）。

盆 1件。运T1⑧:93，残存口沿。泥质灰陶，素面。敞口，翻折沿，平唇，唇面有一周浅凹槽，短颈，微折肩，弧腹内收。口径44.8厘米（图七，7）。

瓮 1件。运T1⑧:91，残存口沿。泥质灰陶。弇口，圆肩，鼓腹。外壁饰模糊绳纹。口径44厘米（图七，8）。

缸 1件。运T1⑧:95，残存口沿。泥质灰陶，素面。敛口，翻卷沿，平唇，溜肩，鼓腹（图七，9）。

板瓦 1件。运T1⑧:88，残甚。泥质灰陶，外壁饰粗绳纹，内壁素面（图七，10）。

汉代遗物不仅数量少，而且时代特征不甚明显。陶器的质地较为粗松，硬度不高，鼻耳罐壁饰间断绳纹，板瓦外壁绳纹不甚规整，内壁素面，器物特征多为西汉风格。推测其时代大致在西汉中晚期。

五、六朝隋唐文化遗存

本期文化遗存地层包括许指巷遗址第④、⑤层，荆州北街遗址第⑤层，南街遗址第⑥、⑦层，运动路遗址第⑦层。

（一）遗迹

仅发现 2 座灰坑，即南街遗址 H15、H16。

南 H16　位于南 T2 东部，开口于第⑦层下，直接打破次生土层。坑口平面近圆形，东部伸入探方东隔梁内，弧壁，底近平。坑口直径约 1.5、最深 0.67 米。填灰黑色土，土质疏松，夹大量草木灰和红烧土颗粒，内含少量砖及泥质灰陶瓮、甑、筒瓦、板瓦和青瓷碗、四系罐等残片（图八）。

（二）遗物

遗物数量相对较多，但器类不多。质地有瓷、陶、硬陶等。

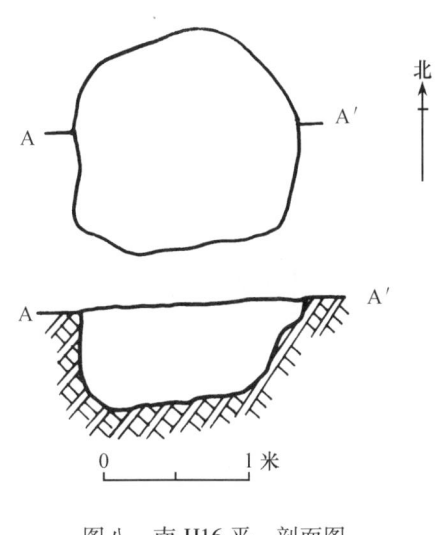

图八　南 H16 平、剖面图

1. 瓷器

160 件，几乎占出土遗物的一半。基本上全为日用生活器具，大多为灰胎，青绿釉，釉色淡，极少量酱釉、白釉。主要器类有盘口壶、四系罐、双系盖罐、鸡首罐、双耳罐、单耳罐、执壶、碗、杯、盂、盘、碟、砚、器盖等。

盘口壶　7 件，均残甚。浅盘口，圆唇，短颈较粗，广肩。内、外壁施青绿釉。许 T1④:15，胎近灰陶，瓷化程度不高。表面有较多疵点。口径 16 厘米（图九，1）。

四系罐　16 件，均残存口沿。直口或微敛，圆唇，矮领，圆肩，鼓腹。肩一周均匀分布四横系，系大多残。外壁及内壁近口部施青绿釉。许 T2⑤:45，耳缺失。肩部以灰白釉饰凹弦纹夹网格纹，近口部饰一道凹弦纹。口径 13.8 厘米（图九，2）。许 T2④:8，口径 13.8 厘米（图九，3）。南 H16:2，口径 10.1 厘米（图九，4）。

双系盖罐　1 件。荆 T1⑤:32，直口，圆唇，矮领，溜肩，肩有双横系，鼓腹，平底。内壁近口部及外壁上、中部施青绿釉。肩部饰一道凹弦纹。承浅折盘状盖，斜壁略内凹，平顶，顶中部有一纽，内壁中部有一周凸棱。外壁施青绿釉。外壁近口部饰一道凹弦纹。罐口径 9.2、底径 9.6、通高 14 厘米（图九，5；彩版二，1）。

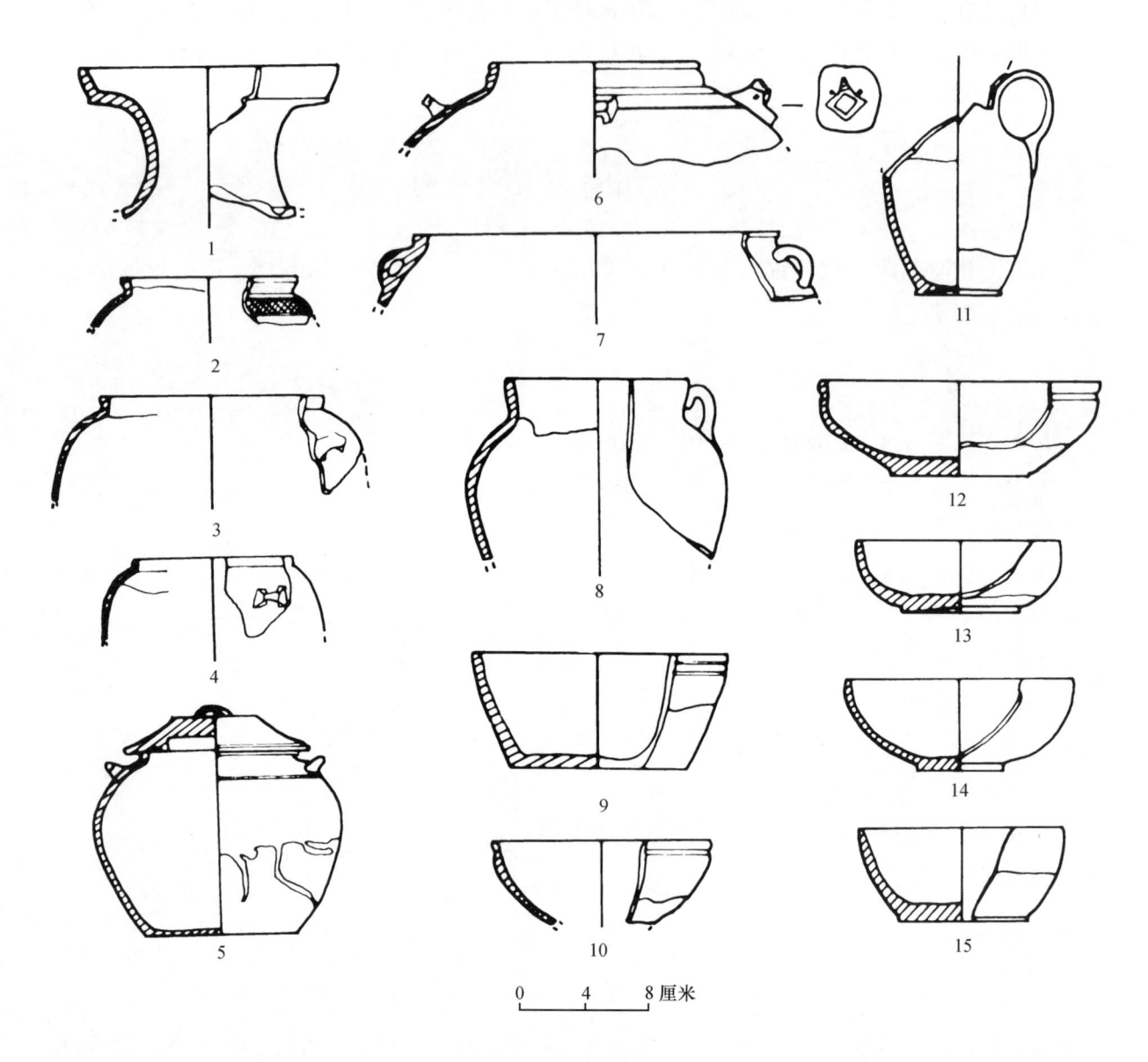

图九 六朝隋唐瓷器

1. 盘口壶（许T1④：15） 2~4. 四系罐（许T2⑤：45、许T2④：8、南H16：2） 5. 双系盖罐（荆T1⑤：32） 6. 鸡首罐（运T4⑦：65） 7. 双耳罐（许T2⑤：43） 8. 单耳罐（荆T1⑤：31） 9. Ⅰ式碗（南H16：5） 10、12. Ⅱ式碗（许T2⑤：41、许T2④：15） 11. 执壶（荆T1⑤：30） 13~15. Ⅲ式碗（许T2⑤：49、许T1④：9、运T1⑦：84）

鸡首罐 1件。运T4⑦：65，残存口沿。微敛口，圆唇，矮领，领上部有一周凹槽，溜肩，肩一周均匀分布三横系和一鸡首形流，鼓腹。内、外壁施青绿釉。肩部饰一道凹弦纹。口径12.8厘米（图九，6）。

双耳罐 4件，残存口沿或耳。双耳在肩部。内、外壁施青绿釉。许T2⑤：43，微敛口，平唇，矮领，溜肩，弓形耳。口径22.4厘米（图九，7）。

单耳罐 1件。荆T1⑤：31，残存口沿。微侈口，圆唇，矮领，溜肩，上腹鼓，下腹弧收，一侧于领、肩间设一执柄。内壁近口部及外壁施青灰釉。口径11.2厘米（图九，8）。

执壶 2件。荆T1⑤:30，口残，溜肩，鼓腹，下腹曲收，一侧有流，一侧有长执柄，浅宽圈足。内壁肩以上及外壁下腹以上施青绿釉。圈足径9厘米（图九，11）。南T2⑥:34，残存口部。侈口，翻沿、细长颈。施绿釉。口径8厘米（图一〇，18）。

碗 71件。仅少量可复原，其余或为口沿，或为底。圆唇。按照口、腹、底的变化可分为六式。

Ⅰ式 1件。南H16:5，敞口，斜弧腹内收，腹较浅，平底，壁、底基本同厚。内壁及外壁中、上部施青绿釉。上壁饰两道凹弦纹。口径16、底径11.4、高7厘米（图九，9）。

Ⅱ式 12件。敞口，斜弧腹内收，上腹近圆折或斜内折，下腹近底部微曲收，腹较浅，平底，底部加厚。口沿外侧有一道浅凹槽。内壁及外壁中、上部施青绿釉。许T2⑤:41，残存口沿。口径13.2厘米（图九，10）。许T2④:15，口径18.4、底径8.4、高5.6厘米（图九，12）。

Ⅲ式 14件。敞口，弧腹内收，上腹较直或斜弧，浅腹，浅宽饼状实圈足。内壁及外壁中、上部施青绿釉。许T2⑤:49，外底内凹。口径12.8、圈足径7.2、高4.4厘米（图九，13）。许T1④:9，底平。口径15、圈足径5.2、高5.6厘米（图九，14）。运T1⑦:84，底平。口径12.8、圈足径8、高5.6厘米（图九，15）。

Ⅳ式 41件。敞口，弧腹内收，上腹较直，下腹急收，腹相对较深，窄小饼状实圈足，外底平或略凹或有一道浅凹槽。内壁及外壁中、上部施釉。内、外壁有细开片纹。许T1④:21，釉色灰黄。口径15、圈足径4.8、高9厘米（图一〇，1）。运T2⑦:46，釉色青绿。口径13、圈足径4.8、高8厘米（图一〇，2）。

Ⅴ式 2件。敞口外撇，斜弧腹内收，腹相对较深。运T1⑦:75，浅宽饼状实圈足，平底略凹。内壁上部及外壁上、中部施酱黄釉。外壁近口部饰三道凹弦纹。口径17.4、圈足径6.8、高7.6厘米（图一〇，3）。运T4⑦:61，残存口沿。内壁上部及外壁上、中部施青绿釉。口径16厘米（图一〇，4）。

Ⅵ式 1件。南T2⑥:33，敞口，翻卷沿，圆唇，斜弧腹内收，浅腹，浅宽圈足。内壁及外壁上、中部施灰白釉。口径11.8、圈足径4.8、高3.4厘米（图一〇，10）。

杯 17件。器形较小。近直口，圆唇，上腹较直，下腹缓收，腹相对较深，窄小饼状实圈足，外底平或略凹或有一道浅凹槽。内壁及外壁中、上部施釉，釉色除个别淡黄外，其余均为青绿色。内、外壁有细开片纹。许T1⑤:31，淡黄釉。口径7.2、圈足径3.2、高5.2厘米（图一〇，5）。许T2④:14，青绿釉。口径7.6、圈足径3.2、高4.6厘米（图一〇，6）。

盂 5件。圆唇。根据口、腹、圈足的不同分为二型。

A型 4件，均残存口沿。敛口，溜肩，鼓腹。内、外壁有细开片纹。按照腹和施釉的变化可分为二式。

Ⅰ式 3件。扁鼓腹。内壁近口部及外壁上、中部施青绿釉。运T1⑦:85，外壁近口部饰一道凹弦纹。口径16厘米（图一〇，11）。运T4⑦:63，外壁中部一周刻花叶纹，朵花与叶片交错间隔，近口部饰两道凹弦纹。口径16厘米（图一〇，12）。

Ⅱ式 1件。南H15:4，肩有一周凸棱，上腹鼓，下腹弧收。内外壁满施绿釉。口径11.2

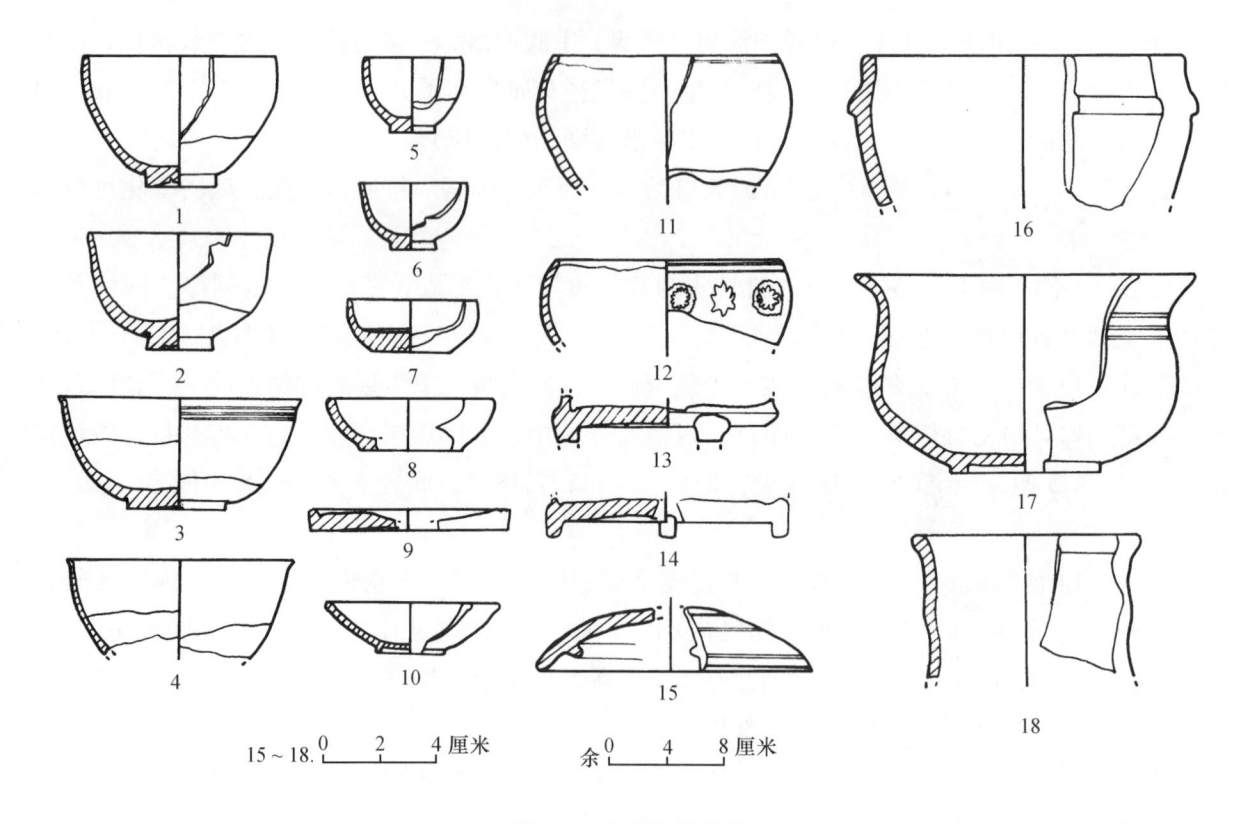

图一〇　六朝隋唐瓷器

1、2. Ⅳ式碗（许T1④:21、运T2⑦:46）　3、4. Ⅴ式碗（运T1⑦:75、运T4⑦:61）　5、6. 杯（许T1⑤:31、许T2④:14）　7、8. 碟（许T2⑤:47、运T4⑦:62）　9. 盘（许T1④:26）　10. Ⅵ式碗（南T2⑥:33）　11、12. A型Ⅰ式盂（运T1⑦:85、运T4⑦:63）　13、14. 砚（许T1④:18、许T2④:10）　15. 器盖（许T2④:9）　16. A型Ⅱ式盂（南H15:4）　17. B型盂（南T2⑥:35）　18. 执壶（南T2⑥:34）

厘米（图一〇，16）。

B型　1件。南T2⑥:35，侈口，微束颈，溜肩，扁鼓腹，近平底，浅宽圈足。除外底面露胎外满施灰白釉。颈饰三道凹弦纹。口径11.8、圈足径5.2、高6.8厘米（图一〇，17）。

盘　17件，均残甚。近直口，圆唇，盘极浅，内底均由外往内略凹，外底平或略内凹，外底中部有一道浅凹槽。内壁及外壁近口部施青绿釉。许T1④:26，外壁下端饰一道凹弦纹。口径7.3、底径7、高1.5厘米（图一〇，9）。

碟　6件，复原3件。近直口，圆唇，弧腹，下腹略曲收，平底较厚。除外底露胎外满施青绿釉。许T2⑤:47，上腹近直。内壁近底部饰一道凹弦纹。口径9、底径5.6、高3.6厘米（图一〇，7）。运T4⑦:62，口径12、底径7.2、高3.6厘米（图一〇，8）。

砚　11件，均残甚。口残，盘极浅，内、外底均由外往内略凹，底有三或四个矮足。除内底中部露胎外，余满施青绿釉。许T1④:18，三蹄足。外底中部呈圆形并列一周支钉痕。底径14厘米（图一〇，13）。许T2④:10，四柱足。底径16.8厘米（图一〇，14）。

器盖　1件。许T2④:9，圆唇，浅弧盘状盖，内壁中部有一突棱。外壁施青绿釉。外壁间隔饰四道凹弦纹。口径10厘米（图一〇，15）。

2. 陶器

75件。绝大多数为泥质灰淘，颜色偏深，硬度较高，另有少量泥质红陶；纹饰有弦纹、刻划纹、绳纹、莲花纹、附加堆纹、草叶纹等；器类包括日用器、窑具、建筑材料等。

（1）日用器

53件。器类有碗、甑、盆、罐、瓮、香薰、烛台等。

碗 5件。泥质深灰陶，素面。圆唇，弧腹内收，平底或微凹。按照口外有无凹槽、腹深、底圈足的变化可分为二式。

Ⅰ式 2件。口沿外侧有一道浅凹槽，腹较浅。许T2⑤:34，上腹近直，平底。口径10.8、底径5.4、高4.3厘米（图一一，1）。许T2⑤:39，残存口沿，腹较斜。口径16厘米（图一一，2）。

Ⅱ式 3件。口沿外侧无凹槽，腹较深，上腹近直，下腹底部略曲收呈实圈足。许T2④:19，口径13.2、圈足径6、高6.8厘米（图一一，3）。运T1⑦:83，口径12.8、圈足径7.2、高7.2厘米（图一一，4）。

甑 1件。运T1⑦:82，残存底部。泥质灰陶，素面。斜壁内收，平底，底有七圆形箅孔。底径14.8厘米（图一一，8）。

盆 15件。均残，或为口沿，或为底。泥质灰陶。

盆口沿 10件。沿外翻，斜弧腹内收。根据口、颈、腹部的不同可分为二型。

A型 3件。素面。微侈口，宽平折沿，平唇，短颈，折肩，深腹。许T2④:20，口径42.4厘米（图一一，10）。南H16:8，口径52厘米（图一一，9）。

B型 7件。微敛口，翻沿下卷，圆唇，无颈。按照腹深的变化可分为二式。

Ⅰ式 3件。腹较深。南H16:3，肩部饰细划纹。口径34.4厘米（图一一，13）。

Ⅱ式 4件。腹较浅。运T4⑦:54，外壁呈瓦棱状。口径22.2厘米（图一一，14）。

盆底 5件。斜弧腹内收，腹较深，平底。许T2⑤:40，底径20厘米（图一一，6）。南H16:9，底径18厘米（图一一，5）。运T4⑦:86，底径16厘米（图一一，11）。

罐 10件。泥质灰陶。根据有无耳的不同可分为二型。

A型 3件。均为口沿。无耳。素面。近直口，平唇，矮领，溜肩，鼓腹。许T2④:25，口径15.8厘米（图一一，15）。

B型 7件。双耳罐。根据口、颈、腹的不同可分为二亚型。

Ba型 5件，均残存耳部。宽鼻耳，大鼓腹。许T2⑤:38，壁饰间断绳纹（图一一，7）。

Bb型 2件。素面。敛口，圆唇，溜肩，窄弓耳，上腹鼓，下腹斜收，深腹，平底。许T2④:24，口径22.2、底径12、高29.6厘米（图一一，12）。

瓮 15件，均残存口沿。短颈，广肩，大鼓腹。许T2⑤:32，泥质灰陶。直口微敛。壁饰抹印绳纹。口径36.8厘米（图一一，16）。南H16:6，泥质灰陶。直口微侈。肩部饰细划纹。口径25.4厘米（图一一，17）。

香薰 2件，均残存炉座。泥质灰陶。斜壁，平底，中空承炉柱。许T2⑤:31，直口，上腹

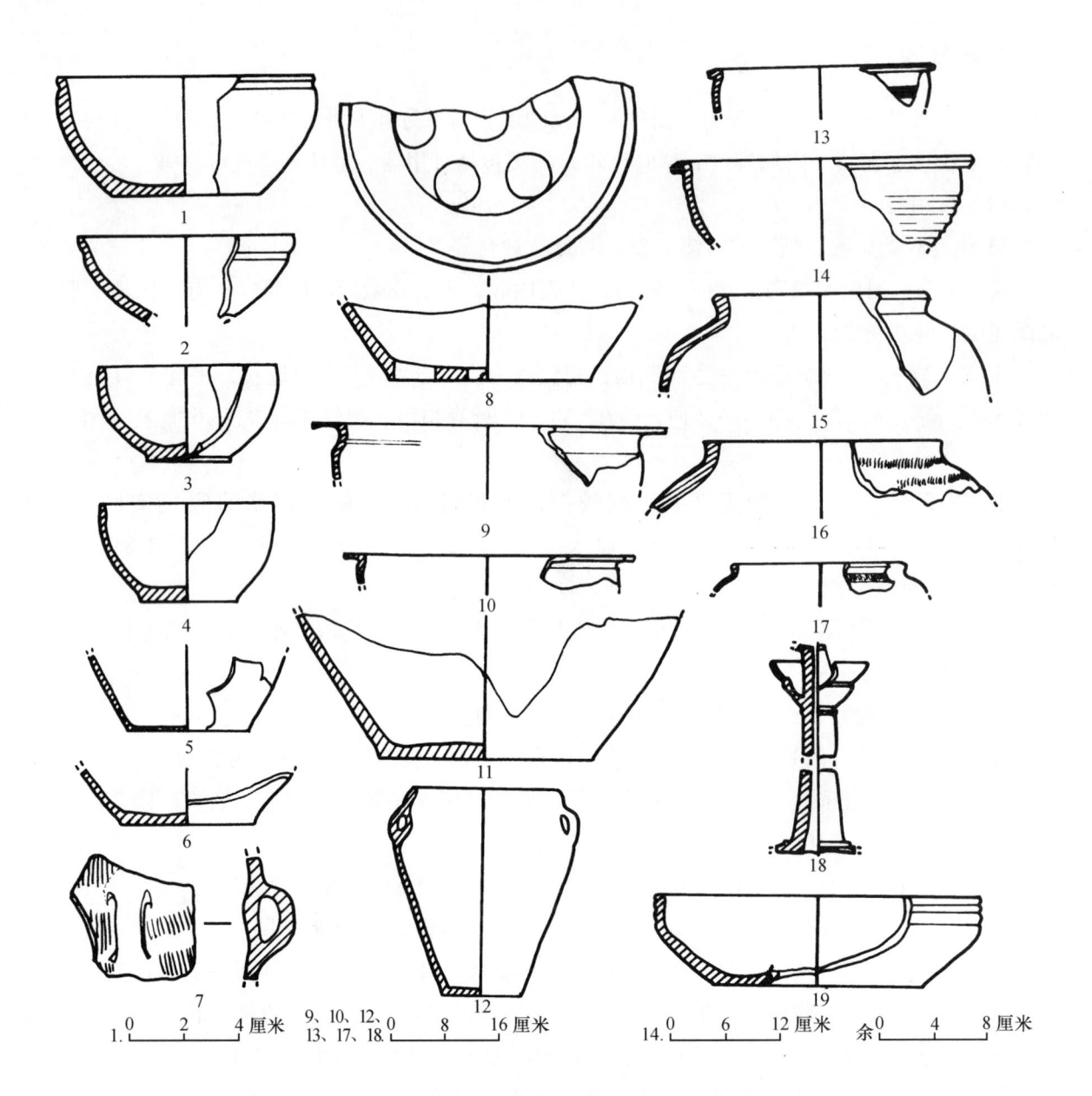

图一一 六朝隋唐陶日用器

1、2. I式碗（许T2⑤:34、许T2⑤:39） 3、4. II式碗（许T2④:19、运T1⑦:83） 5、6、11. 盆底（南H16:9、许T2⑤:40、运T4⑦:86） 7. Ba型罐（许T2⑤:38） 8. 甑（运T1⑦:82） 9、10. A型盆口沿（南H16:8、许T2④:20） 12. Bb型罐（许T2④:24） 13. B型I式盆口沿（南H16:3） 14. B型II式盆口沿（运T4⑦:54） 15. A型罐（许T2④:25） 16、17. 瓮（许T2⑤:32、南H16:6） 18. 烛台（许T1④:5） 19. 香熏（许T2⑤:31）

直，中腹内折并斜收。外壁上部饰三道凹弦纹。口径23.6厘米（图一一，19）。

烛台 5件，均残。泥质灰陶，素面。高柄中空，喇叭状圈座。上部有碗状烛盘。许T1④:5，残高30厘米（图一一，18）。

（2）窑具

6件。全为垫具。泥质红陶。器形较小，壁厚。

钵形垫具　1件。许 T2⑤:23，敞口，圆唇，斜壁，平底。外壁饰交错绳纹。口径 12.8、底径 7.6、高 6.8 厘米（图一二，1）。

杯形垫具　5件。敛口，圆唇，微鼓腹，圜底近平。许 T2⑤:22，口径 3.6、高 4 厘米（图一二，2）。许 T1④:4，口径 3.3、高 4.9 厘米（图一二，3）。

(3) 建筑材料

16件。器类有筒瓦、板瓦、瓦当等。

筒瓦　6件。泥质灰陶，外壁素面，内壁印布纹。折肩，瓦舌较平。许 T1④:13，内壁上端有一周凸棱。长 36、宽 13.6 厘米（图一二，6）。运 T1⑦:40，舌面呈瓦棱状。长 29、宽 14.4 厘米（图一二，8）。

板瓦　3件，均残。泥质灰陶，外壁素面，内壁印布纹。运 T1⑦:79，长 40.2 厘米（图一二，7）。

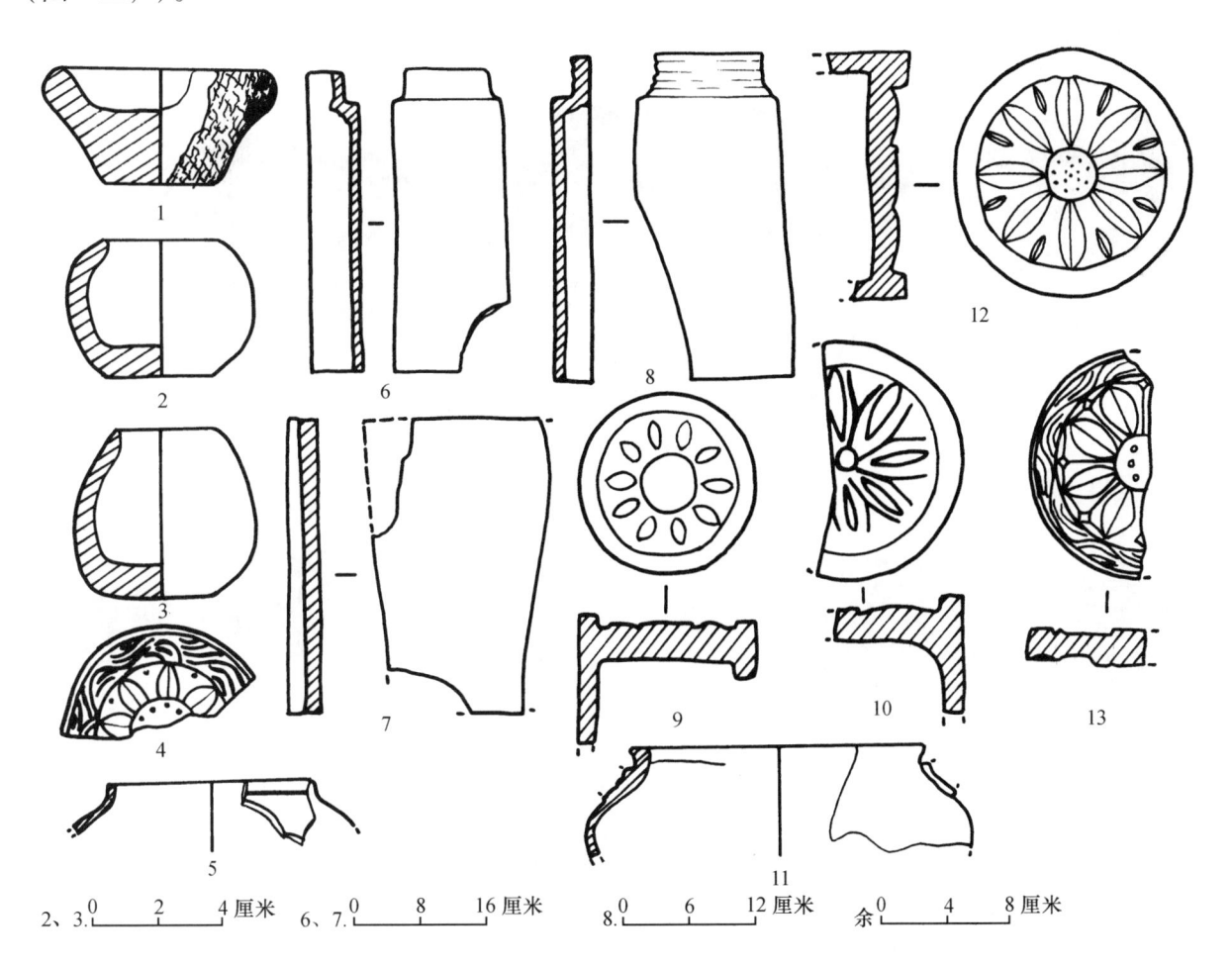

图一二　六朝隋唐陶、硬陶器

1. 陶钵形垫具（许 T2⑤:23）　2、3. 陶杯形垫具（许 T2⑤:22、许 T1④:4）　4、9、12. A 型陶瓦当（许 T2④:21、运 T1⑦:77、运 T1⑦:78）　5、11. 硬陶罐（南 H16:1、运 T4⑦:64）　6、8. 陶筒瓦（许 T1④:13、运 T1⑦:40）　7. 陶板瓦（运 T1⑦:79）　10、13. B 型陶瓦当（许 T1④:8、运 T2⑦:54）

瓦当 7件。泥质灰陶。圆形，中部圆形凸台，凸台外饰单瓣莲花一周，外缘突出。根据莲瓣装饰的不同可分为二型。

A型 5件。普通莲花纹。莲瓣呈椭圆形。许T2④:21，残。莲蓬式凸台，凸台边缘有一周莲籽，凸台外侧单瓣莲花间单个莲籽，外缘饰波曲纹。直径13.2厘米（图一二，4；图一三，1）。运T1⑦:77，圆珠式凸台，外缘素面。直径10.8厘米（图一二，9）。运T1⑦:78，莲蓬式凸台，台面分布多枚莲籽，凸台外侧单瓣大莲花间单瓣小莲花，外缘素面。直径14.6厘米（图一二，12；图一三，2）。

B型 2件。宝相莲花纹。莲瓣外侧有宝相装饰图案。许T1④:8，残。圆珠式凸台，凸台外侧单个细长莲瓣间"丫"字形图案，外缘素面。直径14厘米（图一二，10；图一三，3）。运T2⑦:54，残。莲蓬式凸台，台面分布多枚莲籽，凸台外侧单瓣大莲花外为宝相边并间单个菱形珠，外缘饰波曲纹。直径13.6厘米（图一二，13）。

此外还发现一些几何纹砖（图一三，4）和草叶纹砖。

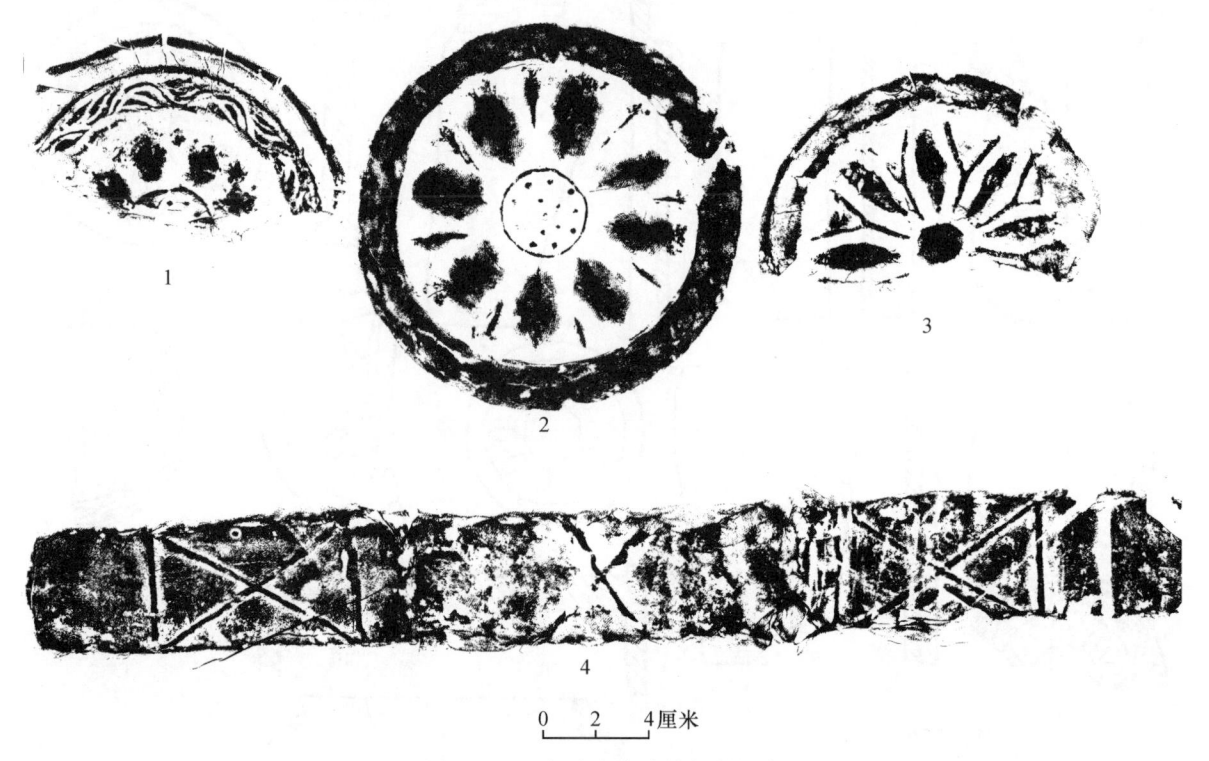

图一三 六朝隋唐陶建筑材料拓本

1、2. A型瓦当（许T2④:21、运T1⑦:78） 3. B型瓦当（许T1④:8） 4. 砖（许T2④:6）

3. 硬陶器

仅2件罐口沿。灰硬陶，素面。直口，广肩，鼓腹。内壁口部及外壁施浅黄釉。南H16:1，圆唇。口径13.2厘米（图一二，5）。运T4⑦:64，平唇，肩残存一横系，扁鼓腹。口径18厘米（图一二，11）。

（三）分期与年代

本期遗物所见瓷器器类大多流行于六朝至唐代早期，属南方窑系，更与越窑的风格接近。盘口壶、四系罐、双系盖罐、鸡首罐、双耳罐及Ⅰ、Ⅱ式碗有明显的两晋风格。其中鸡首罐与西晋时期的鄂州综合原料厂 M27:3 鸡首罐[1]接近，肩部饰网格纹的四系罐无论是形制还是纹饰特征都有西晋特点，与扬州胥浦 M8 之Ⅰ式罐[2]风格一样。其他器形则具备突出的东晋特征，与江苏镇江谏壁砖瓦厂东晋墓[3]和东晋"咸和十年"湖南长沙新港晋墓[4]出土同型器风格基本一致。Ⅲ式碗和凹底盘、凹底多足砚虽出现于东晋晚期，但南朝风格似乎更浓；Ⅳ式碗和盏出现于南朝中期，流行于南朝晚期和隋代，同种形制的碗和盏在湖北武昌马房山隋墓[5]中可以见到，本地在襄樊檀溪隋墓中[6]也出土较多；A 型Ⅰ式刻花盂与湖北武汉东湖岳家嘴隋墓[7]出土刻花盂形制基本相同。Ⅴ式碗和素面盂有唐代早期风格，素面盂与武昌石牌岭 M33[8]出土盂较为接近。执壶及单耳罐、Ⅵ式碗、A 型Ⅱ式盂、B 型盂有唐代中晚期特征，其中执壶与浙江慈溪石马弄窑址[9]Ⅱ式执壶形制差别很小，时代应大体相当。

陶器中有时代特征的Ⅰ、Ⅱ式碗与Ⅱ、Ⅲ式青瓷碗形制相同，时代应一致；普通莲花纹瓦当和宝相莲花纹瓦当同样具有六朝隋唐风格，与洛阳地区同时期的同型瓦当[10]装饰纹样基本一致。陶盆保持两汉以来的风格。

虽然本时期地层及遗迹出土的器物形制十分接近，并有不少早期器形混杂于晚期地层或遗迹中，但根据遗物的形制特征仍可大致划分出地层及遗迹的早晚。其中许指巷遗址第⑤层和南街遗址 H16 约在东晋时期，许指巷遗址第④层和南街遗址第⑦层约在南朝时期，许指巷遗址 T2④出土了一枚剪轮"五铢"可作为参考，运动路遗址第⑦层的时代属隋至唐代早期，荆州北街遗址第⑤层和南街遗址第⑥层、H15 的时代约在唐代中晚期。

六、宋元文化遗存

本期文化遗存是整个古襄阳城文化遗存的主体，地层包括许指巷遗址第③层，荆州北街遗址第②、③、④层，南街遗址第④、⑤层，运动路遗址第④、⑤、⑥层，还有众多的遗迹。

（一）遗迹

本期遗迹全为灰坑，有许指巷遗址 H4，荆州北街遗址 H3，南街遗址 H4~H14，运动路遗址 H4、H5、H7~H12。

灰坑形状有近圆形、椭圆形、近三角形、不规则形四种，坑壁多弧收，底多近平。填土大多为灰黑色软土，夹较多的炭粒、草木灰。除个别灰坑填埋兽骨外，其余灰坑的包含物有较多的陶瓷片及少量兽骨等。

许 H4　位于许 T2 东部，开口于第②层下，打破第③层。坑口平面呈不规则形，南部因伸出探沟外而不明，弧壁，底呈一级阶梯状，北部近平底且较浅，南部呈锅底且较深。现存坑口长 2.35、最宽 2、最深 0.83 米。填灰黑色土，土质疏松，夹较多的炭屑，内含大量布纹板瓦及泥质灰陶盆、高足盘、盆、缸和青瓷青釉、白釉碗、盘等残片（图一四）。

南 H10　位于南 T4 中部，开口于第⑤层下，打破第⑥层和次生土。坑口平面近椭圆形，弧壁，锅底。坑口长 3.6、最宽 2、最深 0.88 米。填灰黑色土，土质松软，夹较多的草木灰及红烧土颗粒。包含物有泥质灰陶盆、瓮、瓶，硬陶执壶、盆，青白釉碗、白釉盘等残片（图一五）。

运 H8　位于运 T3 中部，开口于第④层下，打破第⑤、⑥层。坑口平面近三角形，近直壁，底平。坑口最长 2.06、最宽 1.92、最深 1.22 米。填浅灰色土，土质松软，夹较多的炭屑及少量红烧土颗粒。包含物十分丰富，有泥质灰陶瓶、刻槽盆，硬陶罐，青白釉碗、盘、杯，白釉碗、盘，

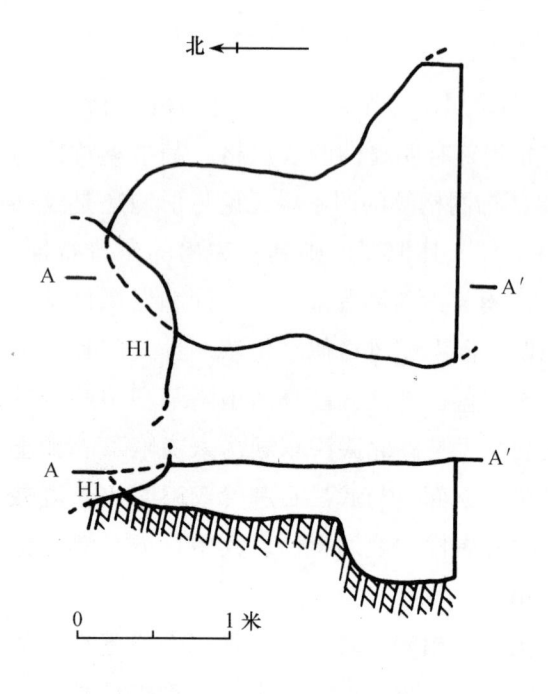

图一四　许 H4 平、剖面图

黑釉盏、罐等残片（图一六）。

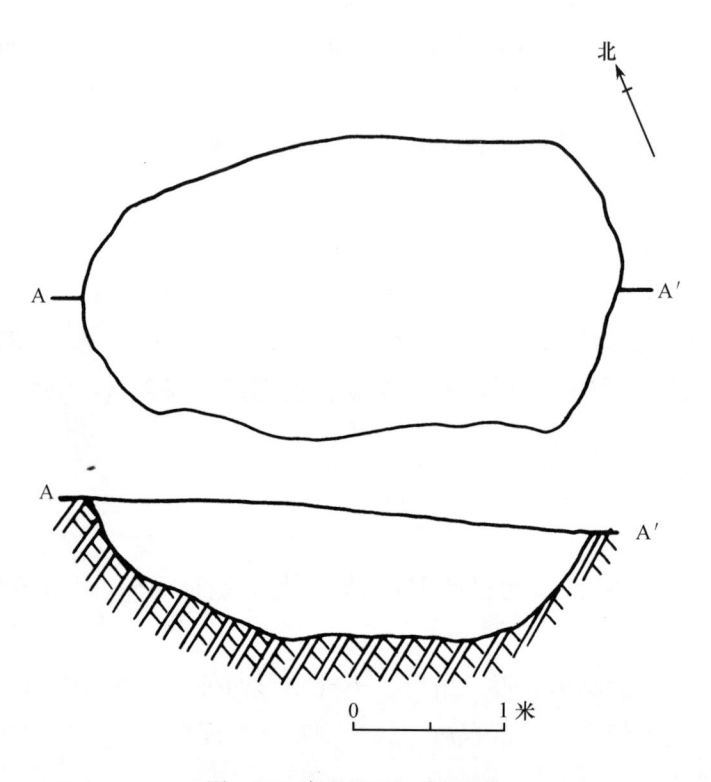

图一五　南 H10 平、剖面图

（二）遗物

本期遗物十分丰富，可看清形制的器物标本有364件，质地有瓷、陶、硬陶、铜、铁等。

1. 瓷器

238件。是整个出土遗物的主体。基本上全为日用生活器具，多浅灰胎或灰白胎，釉色多样，主要器类有碗、盘、盏、碟、高足碗等。现按整器主体釉色的不同分类叙述。

（1）青釉

数量较少，共42件。主要为青绿釉、青黄釉，部分颜色偏深成酱色，器类有碗、盘、小罐、单耳罐、执壶等。

碗　27件。根据釉色的不同可分为四类。

青绿釉碗　13件。浅灰胎。均平底。施青绿釉。根据口、腹的不同可分为二型。

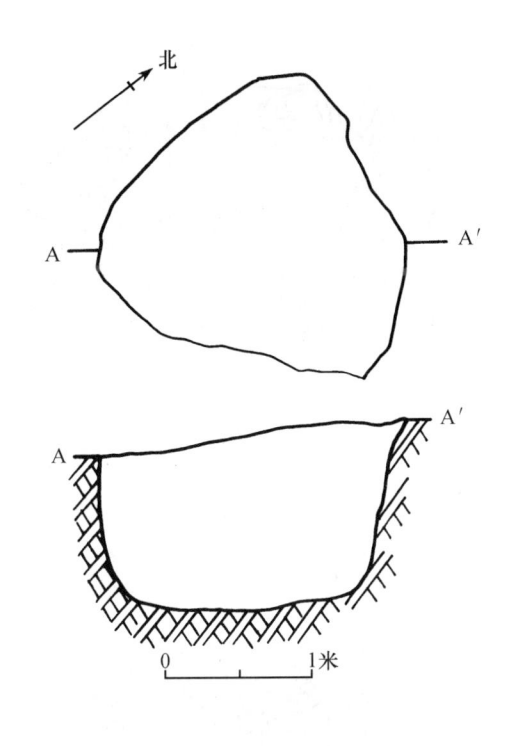

图一六　运H8平、剖面图

A型　10件。圆口碗。敞口，圆唇，斜腹内收。按照腹、圈足和纹饰的变化可分为三式。

Ⅰ式　4件。灰胎。腹壁微弧，浅腹，浅宽圈足。圈足壁及外底心露胎。内壁除近口部外满刻缠枝花叶纹，以梳篦纹充实叶片。内外壁有疏长冰裂纹。运T1⑤:32，口径22.4、圈足径6、高6.2厘米（图一七，1）。运T1⑤:42，口径22.4、圈足径5.6、高6.2厘米（图一七，2；彩版二，2）。

Ⅱ式　3件。形制、大小基本相同。浅灰胎。腹壁微弧，腹相对较深，浅宽圈足。内底外圈一周、圈足壁及外底心露胎。内壁均分六道竖向凸棱。荆T7③:16，口径20、圈足径6.8、高7.6厘米（图一八，1）。

Ⅲ式　3件。腹壁弧度较大，腹较深，圈足较窄深。外壁下腹及底露胎。运H4:4，紫红胎。口径19.4、圈足径6.4、高9.2厘米（图一八，2）。

B型　3件。撇口碗。敞口外撇，按照腹的变化可分为二式。

Ⅰ式　1件。运T1⑤:31，斜直腹至下腹部内折，腹较浅，圈足较深。内壁饰缠枝花叶纹，以梳篦纹充实叶片。内外壁有疏长冰裂纹。口径21、圈足径6、高5厘米（图一七，3）。

Ⅱ式　2件。南T1④:26，残存口沿，口部加厚，斜弧腹内收，下腹部微折。口径13.2厘米（图一八，3）。南T3⑤:35，内、外壁刻变形花叶纹。口径16.2、圈足径6.6、高8.4厘米（图一八，4）。

青黄釉碗　11件。深灰胎。平底，浅宽圈足。施青黄釉，釉色深，外壁施半釉。根据口部不同可分为二型。

A型　5件。圆口碗。敞口，圆唇。按照腹部的变化可分为二式。

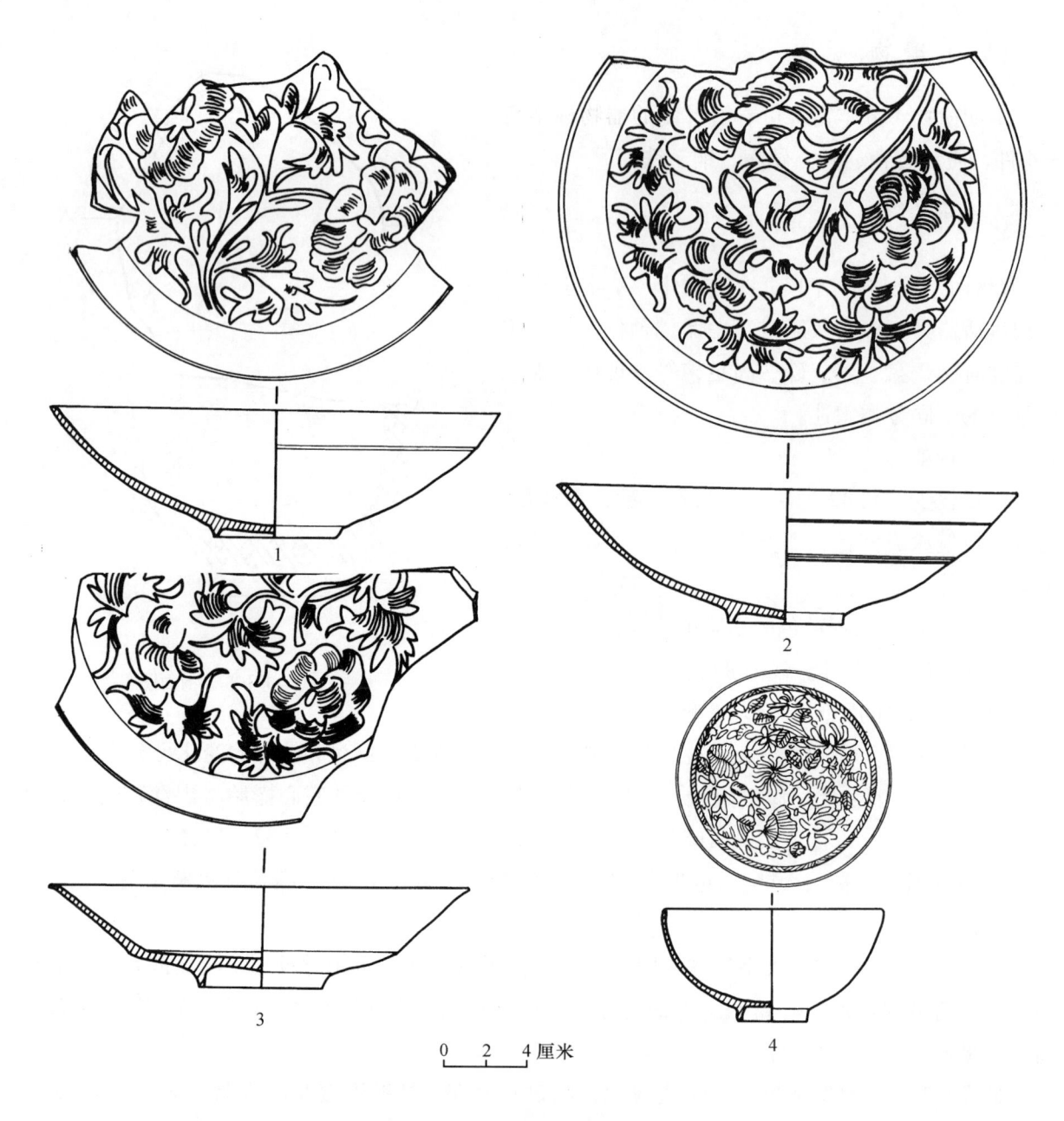

图一七　宋元青釉瓷碗

1、2. A 型Ⅰ式青绿釉碗（运T1⑤:32、运T1⑤:42）　3. B 型Ⅰ式青绿釉碗（运T1⑤:31）　4. 青蓝釉碗（运H10:13）

Ⅰ式　2件。斜直壁内收，浅腹。南T1⑤:49，外底心下凸，上腹饰三道凹弦纹。口径20、圈足径6.6、高6.8厘米（图一八，6）。运H10:20，内壁模印花朵纹，内底心为团花，外围菊花，团花周边有五支钉痕。口径13.8、圈足径4.2、高3.2厘米（图一八，5）。

Ⅱ式　3件。斜弧腹内收，内底下凹，边缘残存支钉痕。荆T1④:19，口径17.2、圈足径7.2、高5.6厘米（图一八，8）。南H5:3，口径16.8、圈足径8、高6.4厘米（图一八，7）。

B型　6件。撇口碗。敞口外撇，方唇，口沿外侧内凹，斜弧壁内收，腹较深。运T4⑤:24，外壁上部施釉，内壁近口部残存九个黑釉点组成的圆圈，正中一点，外围八点，上腹饰一道凹弦纹。口径20.8、圈足径8、高7.6厘米（图一八，9）。运H7:6，外壁无釉，上腹饰一道凹弦纹。口径20、圈足径6.6、高6.8厘米（图一八，10）。

青釉窑变碗 2件。敞口，圆唇，弧壁内收，平底，浅圈足。胎较糙，釉层厚。除圈足及外底露胎外，余满施青釉，有紫色窑变斑块。南T3⑤:36，整体青绿釉，色较浅，内、外壁各有一窑变斑块。口径18.4、圈足径5.6、高7.2厘米（图一八，12；彩版二，3）。运T4⑤:39，整体青紫釉，近口部釉色较浅，内壁残存一窑变斑块。口径19.2、圈足径6、高8厘米（图一八，11）。

青蓝釉碗 1件。运H10:13，器形较小。直口，圆唇，弧腹内收，平底，窄小圈足。除外底心外满施青蓝釉。内底印团花，内壁印荷花、荷叶纹。口径10.6、圈足径3.4、高5.4厘米（图一七，4；彩版二，4）。

盘 5件。根据整体的不同可分为二型。

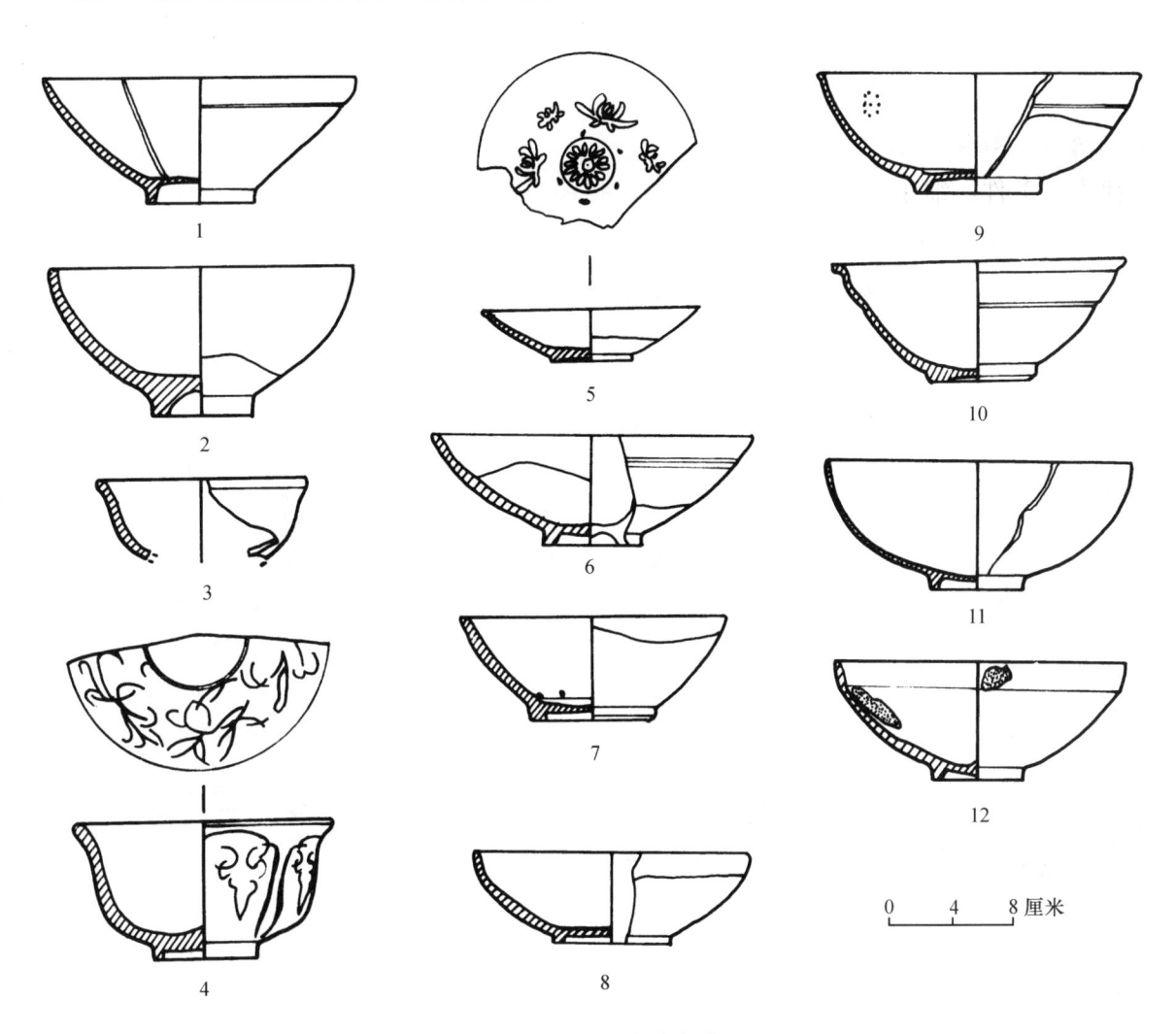

图一八 宋元青釉瓷碗
1. A型Ⅱ式青绿釉碗（荆T7③:16） 2. A型Ⅲ式青绿釉碗（运H4:4） 3、4. B型Ⅱ式青绿釉碗（南T1④:26、南T3⑤:35）
5、6. A型Ⅰ式青黄釉碗（运H10:20、南T1⑤:49） 7、8. A型Ⅱ式青黄釉碗（南H5:3、荆T1④:19） 9、10. B型青黄釉碗
（运T4⑤:24、运H7:6） 11、12. 青釉窑变碗（运T4⑤:39、南T3⑤:36）

A 型　1 件。南 T2⑤：12，残存口沿。敞口，圆唇，双折腹，弧腹内收，内壁中部有一周尖凸棱。内壁上部露胎，下部施酱釉，外壁施青紫釉。口径 16 厘米（图一九，1）。

B 型　4 件。浅宽圈足。主体施青绿釉。按照口、腹的变化可分二式。

Ⅰ式　1 件。运 T1⑥：61，深灰胎。侈口，腹极浅，上腹壁内折并曲收。外壁施半釉。口径 17.2、圈足径 7.2、高 2.8 厘米（图一九，2）。

Ⅱ式　3 件。灰白胎。敞口，浅腹，弧壁内收。南 T2⑤：7，芒口，方唇，实圈足。外底心露胎。口径 16、圈足径 5.4、高 3 厘米（图一九，4）。运 T4⑤：25，圆唇，口沿及两侧施白釉，外壁下部及圈足露胎。口径 15、圈足径 6、高 3.2 厘米（图一九，3）。

小罐　1 件。运 H8：25，深灰胎。侈口，翻沿，圆唇，短直颈，溜肩，扁鼓腹，下腹曲收，平底，外底中心下突，浅宽圈足。内壁及外壁下腹曲收处以上满施青绿釉，间隔加施并列四道深色竖线釉。口径 8.6、圈足径 5.6、高 8 厘米（图一九，6）。

单耳罐　1 件。运 H8：27，紫红胎。侈口，一侧有流，一侧有执柄，圆唇，束颈，溜肩，鼓腹，下腹曲收，平底。内壁及外壁中腹以上满施酱釉。口径 6.4、底径 7.2、高 11.2 厘米（图一九，7；图版一九，5）。

执壶　3 件。细束颈，溜肩，鼓腹，下腹曲收，一侧有长管流，一侧有长执柄。运 T2⑤：38，深灰胎。敛口，平底。施酱釉。口径 5、底径 7.2、通高 24 厘米（图一九，8）。运 H8：29，浅盘口，平底。施青绿釉。口径 7、底径 8.6、高 17.8 厘米（图一九，10）。

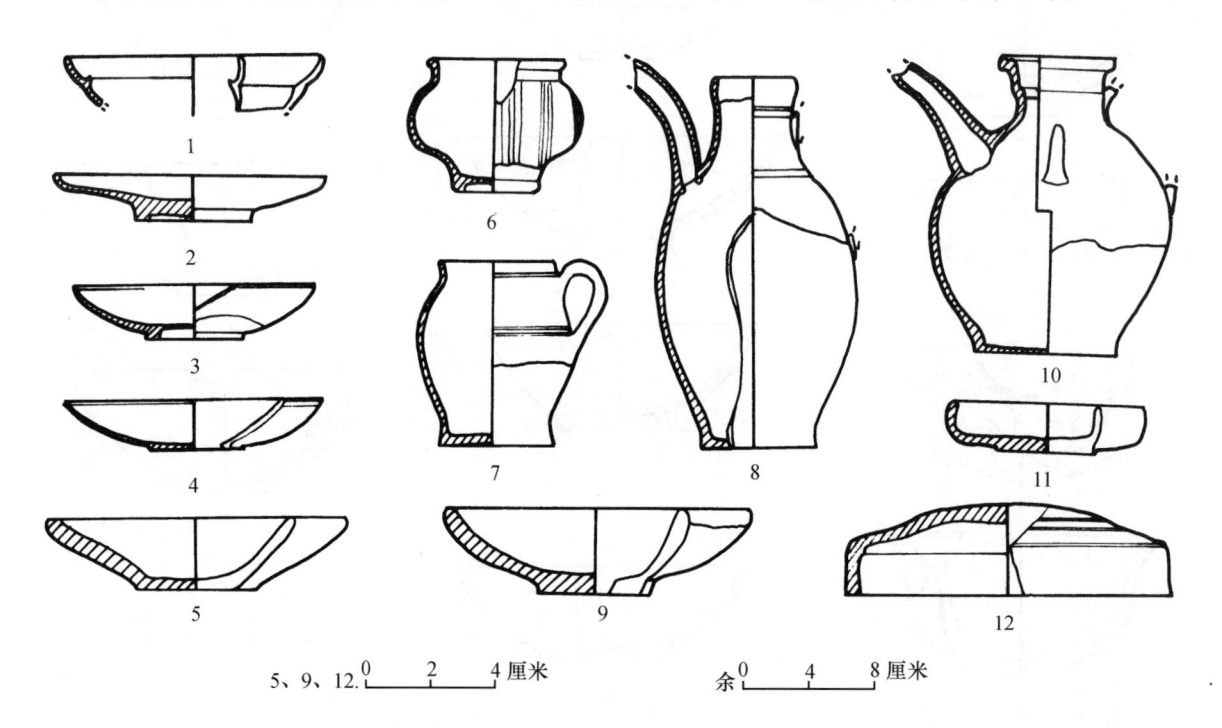

图一九　宋元青釉瓷器

1. A 型盘（南 T2⑤：12）　2. B 型Ⅰ式盘（运 T1⑥：61）　3、4. B 型Ⅱ式盘（运 T4⑤：25、南 T2⑤：7）　5、9. 碟（南 H9：6、南 T3④：7）　6. 小罐（运 H8：25）　7. 单耳罐（运 H8：27）　8、10. 执壶（运 T2⑤：38、运 H8：29）　11. 匜钵（荆 H3：9）　12. 器盖（许 H4：4）

碟 3件。敞口，圆唇，斜壁，平底，内底略凹。内壁及外壁上部施青黄釉。南 H9：6，口径 9.2、底径 3.6、高 2.2 厘米（图一九，5）。南 T3④：7，口径 9.2、底径 3.4、高 2.6 厘米（图一九，9）。

器盖 1件。许 H4：4，浅折壁覆盘状盖。圜顶近平，无圈足。外壁施青黄釉。饰两道凹弦纹。口径 10、高 2.8 厘米（图一九，12）。

匣钵 1件。荆 H3：9，深灰胎。直口，圆唇，浅腹，直壁内折，浅宽圈足。除外底心露胎外，余满施淡绿釉，釉层薄。口径 23.2、圈足径 12.2、高 5.8 厘米（图一九，11）。

（2）青白釉

青白釉即影青瓷，数量较多，共 62 件，一般为白胎略偏青，内、外壁施青白釉。器类以碗居多，盘次之，并有少量碟、器盖和个别洗、盒、杯、高足碗等。

碗 40 件。均为平底。根据口、腹、圈足的不同可分为四型。

A 型 14 件。圆口弧腹碗。敞口，圆唇或方唇，斜弧腹内收。按照腹、圈足的变化可分为四式。

Ⅰ式 1件。运 T1⑤：35，芒口，腹稍深，下腹壁微折。外底心露胎。内壁细刻枝叶纹。口径 16.6、圈足径 6、高 4.8 厘米（图二〇，1）。

Ⅱ式 6件。芒口，深腹，下腹微折，浅宽圈足。南 T1⑤：31，外壁刻交错叶纹。口径 13.2、圈足径 6、高 7 厘米（图二〇，3）。运 H10：15，口径 12.8、圈足径 6、高 7.2 厘米（图二〇，2）。

Ⅲ式 6件。腹稍浅，圈足稍窄。运 T1⑤：34，外底心露胎。内壁刻水波纹。口径 19.6、圈足径 6、高 7 厘米（图二一，1）。运 H7：3，芒口。口径 15、圈足径 6、高 7 厘米（图二〇，4）。

Ⅳ式 1件。运 H8：18，芒口，腹较深，窄深圈足。口径 9.2、圈足径 3.6、高 5.2 厘米（图二〇，5）。

B 型 15 件。撇口弧腹碗。口外撇，弧腹。按照口、腹、圈足的变化可分为二式。

Ⅰ式 3件。口微侈，尖唇，腹较浅，壁较直，浅宽圈足。外底心露胎。运 H12：3，口径 15.4、圈足径 5.2、高 5.6 厘米（图二〇，6）。运 T1⑤：33，内壁刻海水波涛纹。口径 20.4、圈足径 6、高 5.6 厘米（图二一，2）。

Ⅱ式 11 件。口撇折，方唇，腹相对较深，壁弧，饼状实圈足。外壁刻莲瓣纹。荆 T5③：20，口径 18、圈足径 5.6、高 5.4 厘米（图二〇，8）。南 H9：2，芒口，内壁刻枝叶纹。口径 16、圈足径 5.2、高 5.6 厘米（图二〇，9）。运 T1④：19，内壁刻枝叶纹。口径 15.6、圈足径 4.8、高 6.2 厘米（图二〇，7）。

Ⅲ式 1件。运 T4④：6，口微折，芒口，方唇，浅腹，宽圈足极浅。外壁上、下腹各饰一道凹弦纹。口径 15、圈足径 5.2、高 4 厘米（图二〇，10）。

C 型 6件。葵口弧腹碗。口微侈，口部极薄，尖唇，腹壁较直，厚平底，圈足极浅。外底心露胎。内壁刻枝叶纹。运 H8：8，六葵口，以细密梳箆纹充实叶片。口径 18.8、圈足径 6、高 6 厘米（图二〇，11；彩版二，5）。运 H8：9，八葵口，缠枝纹。口径 18、圈足径 5.6、高 6.4 厘米（图二〇，12）。

D型 5件。笠形碗。敞口，尖唇，斜直壁，浅实圈足。外底心露胎。按照口、腹的变化可分为二式。

Ⅰ式 4件。口较宽，腹较浅。南T3⑤:13，内底略下凹，壁刻开片纹。口径16、圈足径5、高5.2厘米（图二〇，13）。运H10:22，内壁印四朵菊花，近口部印一周"回"纹。口径16、圈足径3.2、高4.4厘米（图二〇，15）。运T1⑤:30，内壁刻花叶纹。口径13.6、圈足径4、高3.6厘米（图二〇，16）。

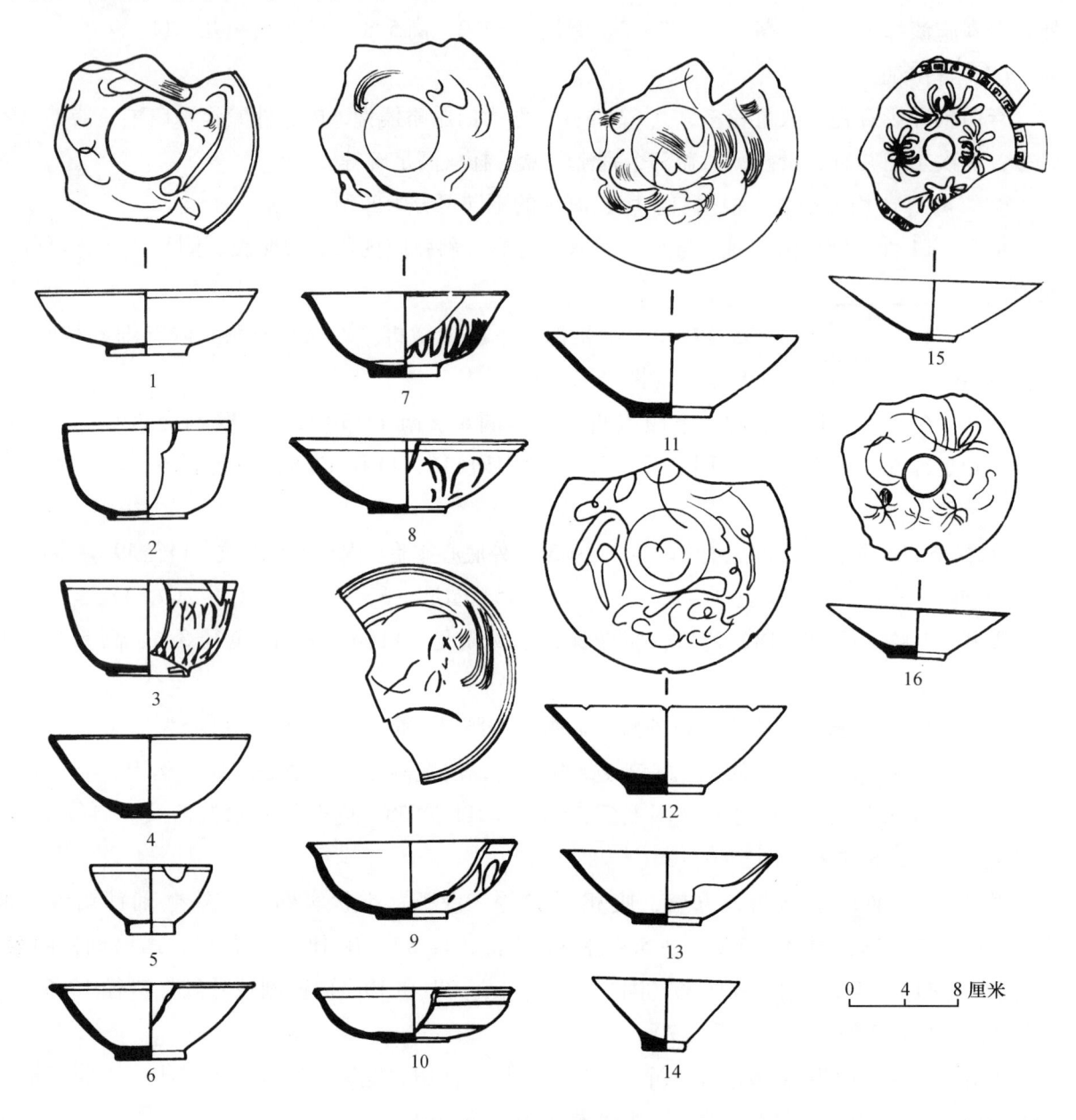

图二〇 宋元青白釉瓷碗

1. A型Ⅰ式（运T1⑤:35） 2、3. A型Ⅱ式（运H10:15、南T1⑤:31） 4. A型Ⅲ式（运H7:3） 5. A型Ⅳ式（运H8:18）
6. B型Ⅰ式（运H12:3） 7～9. B型Ⅱ式（运T1④:19、荆T5③:20、南H9:2） 10. B型Ⅲ式（运T4④:6） 11、12. C型（运H8:8、运H8:9） 13、15、16. D型Ⅰ式（南T3⑤:13、运H10:22、运T1⑤:30） 14. D型Ⅱ式（运T1⑤:46）

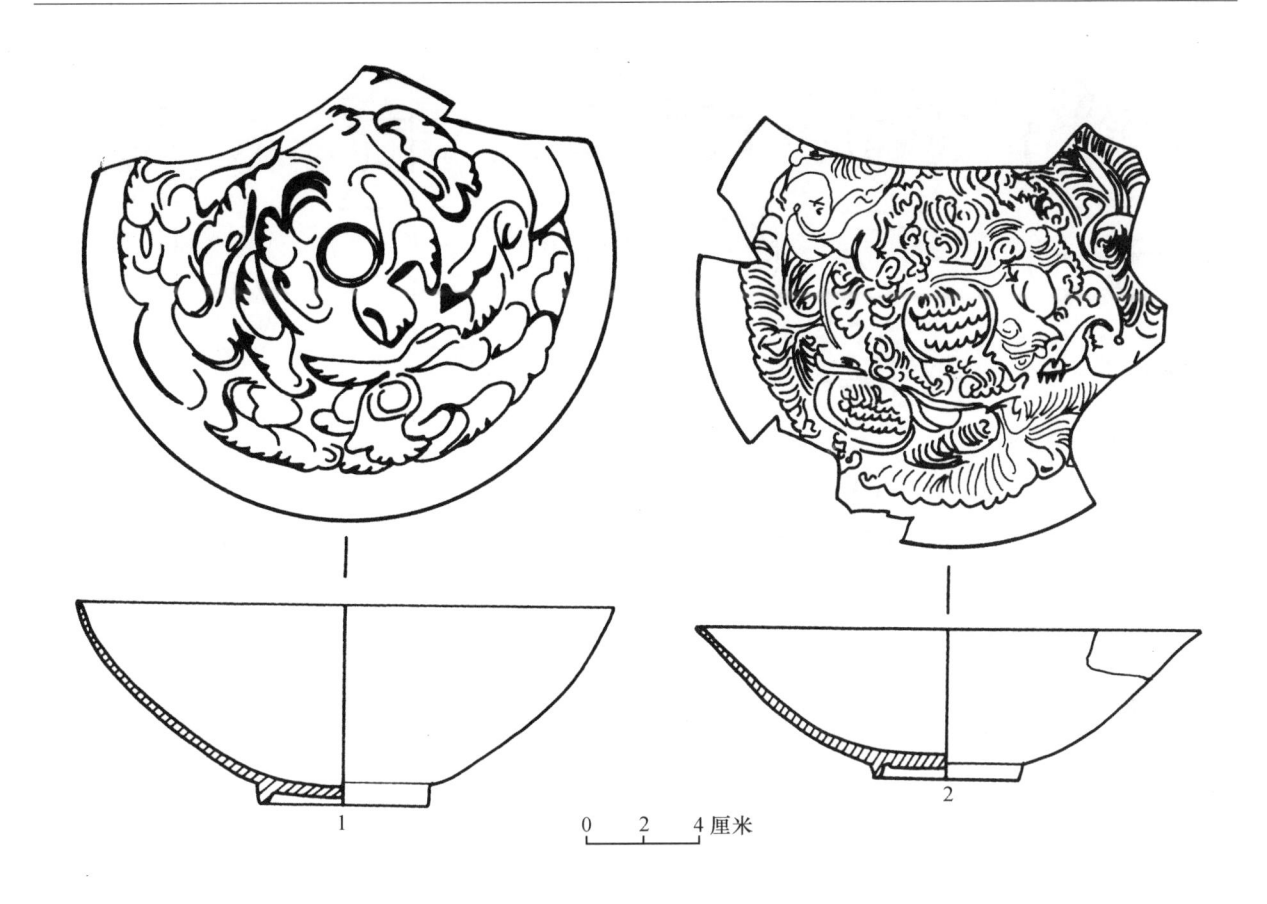

图二一　宋元青白釉瓷碗
1. A型Ⅲ式（运T1⑤:34）　2. B型Ⅰ式（运T1⑤:33）

Ⅱ式　1件。运T1⑤:46，口较窄，腹较深，底较厚。口径11.2、圈足径3.2、高5.2厘米（图二〇，14）。

盘　8件。芒口外撇，尖唇，斜壁，浅腹，微凹底。按照口、腹壁及内壁纹饰的变化可分为二式。

Ⅰ式　2件。口相对较窄，腹直。南T3⑤:32，口径13、底径10、高2.6厘米（图二二，2）。运H10:21，内底模印枝叶纹。口径11.8、底径9.2、高2.4厘米（图二二，1）。

Ⅱ式　6件。口较宽，壁较弧。内底模印花叶纹，内壁模印三周三角状乳丁纹。运H8:12，口径14.8、底径10、高2.8厘米（图二二，3）。

碟　3件。根据口、腹、底的不同可分为二型。

A型　2件。芒口外敞，尖唇，斜弧壁，浅腹，浅凹底。内底刻花叶纹。运H8:16，口径7.2、底径5.6、高1.2厘米（图二二，4）。

B型　1件。运T2④:16，侈口，尖唇，上腹内折，下腹弧收，圜底近平。内壁模印莲瓣纹。口径10.4、高2厘米（图二二，5）。

杯　1件。运H8:21，直口，斜壁，壁横断面呈七边形，平底，底下四小足。外底心露胎。口最宽6.6、底径3.4、高4.2厘米（图二二，6）。

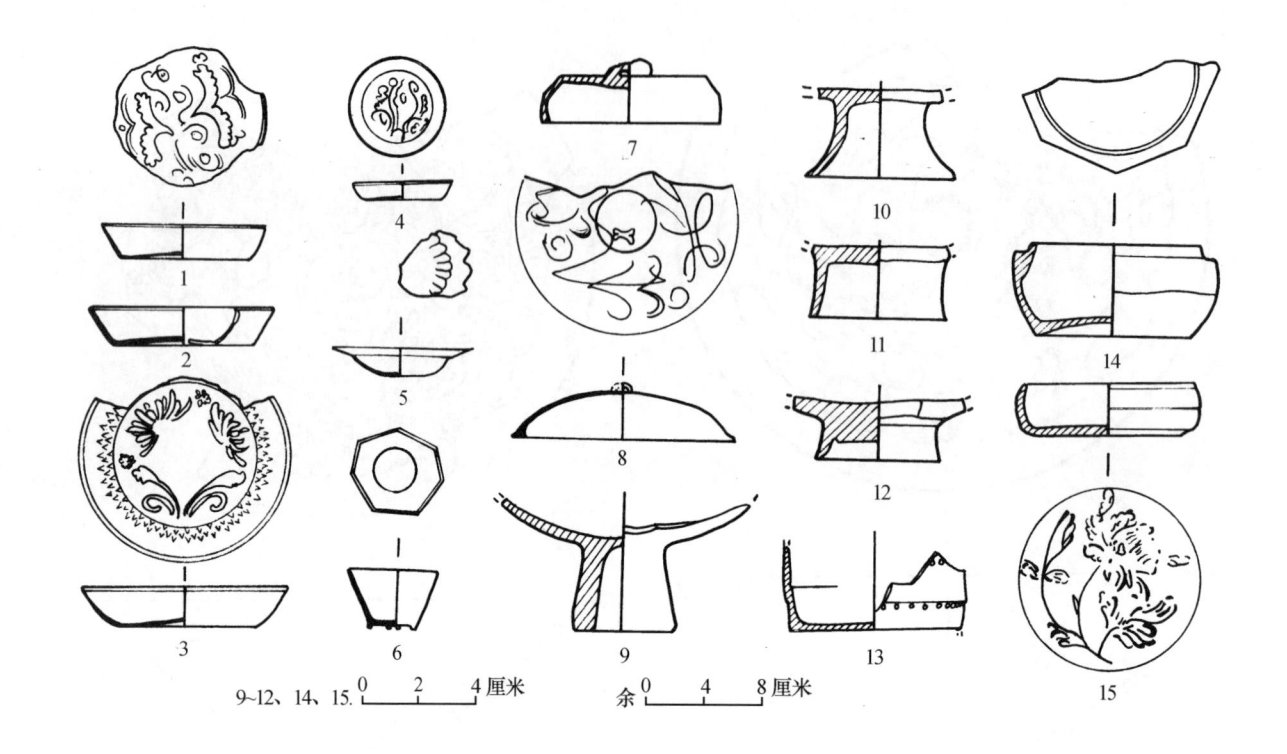

图二二　宋元青白釉瓷器

1、2. Ⅰ式盘（运 H10：21、南 T3⑤：32）　3. Ⅱ式盘（运 H8：12）　4. A 型碟（运 H8：16）　5. B 型碟（运 T2④：16）　6. 杯（运 H8：21）　7. A 型器盖（运 T4⑥：52）　8. B 型器盖（运 H10：19）　9. Ⅰ式高足碗（南 T3⑤：31）　10～12. Ⅱ式高足碗（运 T4④：19、南 T4④：1、荆 T1④：17）　13. 洗（南 H12：4）　14. A 型盒（运 T1④：23）　15. B 型盒（荆 T1③：13）

器盖　3 件。根据口、壁、顶的不同可分为二型。

A 型　1 件。运 T4⑥：52，敛口，浅折盘状盖，平顶，顶中心有一半环状纽。满釉。口径 6.4、高 2.2 厘米（图二二，7）。

B 型　2 件。子口，浅弧盘状盖，弧顶，顶中心有一弓形纽。子口外壁露胎。运 H10：19，外壁刻细枝叶纹。口径 13.6、高 4 厘米（图二二，8）。

高足碗　4 件。仅余圈足。按照圈足的变化可分为二式。

Ⅰ式　2 件。圈足较细高，下端外撇。南 T3⑤：31，圈足内壁及底面露胎。圈足径 3.6、足高 3 厘米（图二二，9）。

Ⅱ式　2 件。圈足较粗矮。荆 T1④：17，满釉。圈足径 4.4 厘米（图二二，12）。南 T4④：1，圈足外壁露胎。圈足径 4.8 厘米（图二二，11）。运 T4④：19，满釉。圈足径 5.2、高 4.8 厘米（图二二，10）。

洗　1 件。南 H12：4，残存底部。直壁至底部略曲收，大平底。中、下壁各有一周乳丁，底下原有三足残。外底面露胎。底径 12 厘米（图二二，13）。

盒　2 件。口内敛，浅腹，腹壁微鼓。根据整体的不同可分为二型。

A 型　运 T1④：23，子口，折肩，外壁呈八边形，凹底。口沿外侧及外壁下部和底露胎。

口径6、底径5.6、高3.2厘米（图二二，14）。

B型　荆T1③：13，芒口，近平底。内底及外壁施釉，内壁施白衣。外底模印枝叶纹。口径6、底径5.4、高1.8厘米（图二二，15；图版一九，1）。

（3）白釉

84件。以灰白胎居多，有少量浅灰胎，绝大多数为纯白釉，即器壁无纹饰，少量内壁刻花，以及于白釉地上用黑花或彩绘装饰等。器类大多为碗，另有盘、碟、瓶等。

碗　69件。根据装饰纹样的不同分为两类。

白釉素面碗　62件。敞口，圆唇，弧腹内收，浅圈足。内壁满釉，外壁半釉，余露胎或施白衣。根据口部的不同可分为二型。

A型　15件。圆口碗。按照腹部、内底的变化可分为三式。

Ⅰ式　1件。运H11：3，浅腹，腹壁较直，内底弧。口径18、圈足径6.8、高4.8厘米（图二三，1）。

Ⅱ式　9件。腹相对较深，腹壁较直，内底较平。运T4⑤：38，外壁有滴釉现象。口径19、圈足径6.8、高6.4厘米（图二三，2）。

Ⅲ式　5件。深腹，腹壁弧，内底略下凹，周边有五支钉痕。运H8：23，外壁中部施白衣，下部及底露胎。口径20.8、圈足径6.2、高8厘米（图二三，3）。

B型　47件。撇口碗。敞口外撇，平底，浅宽圈足。按照口、腹的变化可分为四式。

Ⅰ式　6件。口略撇，圆唇，唇部与壁同厚，浅腹，斜直壁，内底略下凹，周边有五支钉痕。运T2⑥：45，外壁下部施白衣，圈足露胎。口径14.6、圈足径6.4、高3.4厘米（图二三，4）。运T2⑤：32，口径14.8、圈足径6、高3厘米（图二三，5）。

Ⅱ式　13件。口外撇明显，唇部与壁同厚，腹相对较深，中腹壁微折。南T1⑤：32，外壁下部露胎。口径20、圈足径7.6、高6.2厘米（图二三，8）。运T1⑥：51，外壁中部施白衣，下部及圈足露胎。口径15.6、圈足径8.4、高4.2厘米（图二三，6）。运T4④：10，外壁中部施白衣，下部及圈足露胎。口径18、圈足径6.8、高5厘米（图二三，7）。

Ⅲ式　20件。口外撇明显，唇部与壁同厚，弧腹内收。南T1④：23，口径18.4、圈足径6.4、高5.6厘米（图二三，11）。运T4⑤：36，内底外圈足有五支钉痕。口径19.4、圈足径7、高6.4厘米（图二三，9）。运T4④：14，口径19.6、圈足径6.8、高7.2厘米（图二三，10）。

Ⅳ式　8件。口外撇不甚，唇部加厚，腹相对较深，斜弧腹内收，内底略下凹。南T4④：5，周边有四支钉痕。口径17、圈足径4.4、高5.8厘米（图二三，13）。运T2④：10，口径18.6、圈足径6.8、高5.8厘米（图二三，12）。

白釉刻花碗　4件。均为撇口碗，浅宽圈足，内、外壁施白釉，下半部或外底心露胎。于内壁刻花叶纹。按照口、腹的变化可分为三式。

Ⅰ式　2件。口略外撇，尖圆唇，近斜直壁至下腹折收。运H11：2，口径20、圈足径7.2、高7.2厘米（图二三，14）。

Ⅱ式　1件。运T1⑤：44，口外撇，尖唇，斜弧腹内收，外底心墨书"田"字。口径18.6、圈足径5.6、高5.6厘米（图二三，15；彩版二，6）。

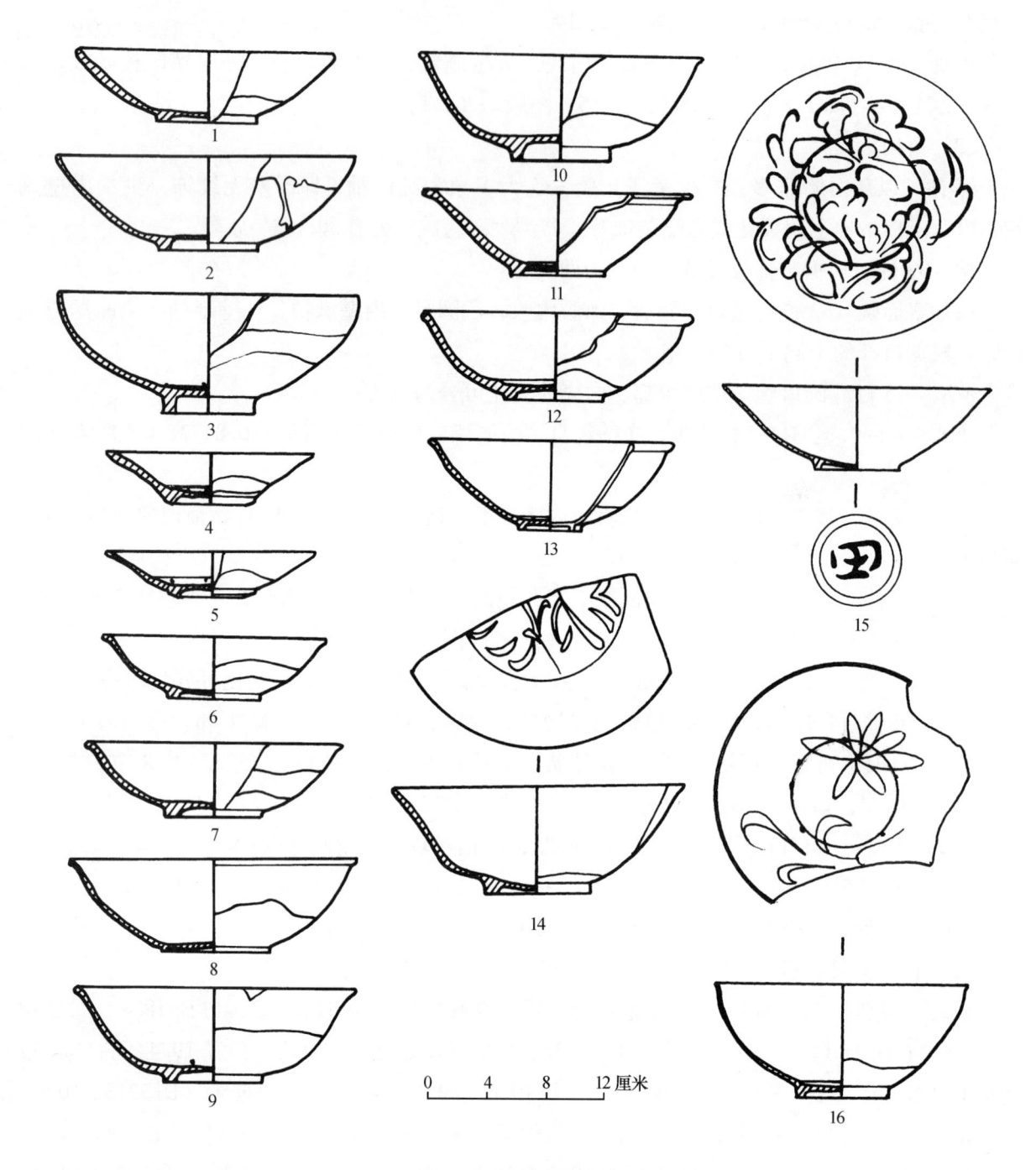

图二三 宋元白釉瓷碗

1. A型Ⅰ式素面碗（运H11∶3） 2. A型Ⅱ式素面碗（运T4⑤∶38） 3. A型Ⅲ式素面碗（运H8∶23） 4、5. B型Ⅰ式素面碗（运T2⑥∶45、运T2⑤∶32） 6~8. B型Ⅱ式素面碗（运T1⑥∶51、运T4④∶10、南T1⑤∶32） 9~11. B型Ⅲ式素面碗（运T4⑤∶36、运T4④∶14、南T1④∶23） 12、13. B型Ⅳ式素面碗（运T2④∶10、南T4④∶5） 14. Ⅰ式刻花碗（运H11∶2） 15. Ⅱ式刻花碗（运T1⑤∶44） 16. Ⅲ式刻花碗（运T1⑤∶48）

Ⅲ式　1件。运T1⑤∶48，口外撇，尖圆唇，腹较深，上壁近直，中腹弧收，内底略下凹，外圈一周有六支钉痕。口径17.6、圈足径6.4、高7.6厘米（图二三，16）。

白釉红彩碗　3件。敞口，尖圆唇，斜弧腹内收，平底，浅圈足。内壁白釉地上彩绘纹饰。运 T4⑤:23，芒口，外壁半釉，内壁芒口下及上壁分别施一、二周红彩线，下壁至底彩绘枝叶纹，枝及叶边以红彩勾画，叶片内以绿彩填实。绿彩多脱落。口径 15.8、圈足径 5.2、高 5.6 厘米（图二四，1）。运 H9:1，内壁以红彩绘三道线，下部到底彩绘枝叶纹，枝、叶边以红彩勾画，叶片用绿彩填实。口径 15.2、圈足径 5.6、高 5.6 厘米（图二四，2）。运 T3④:1，内壁上部以红彩双线勾画七葵瓣，以下至底用红彩行书三行文字，字迹多因脱落而不明，仅最后三字"玉福人"依稀可辨。口径 15.6、圈足径 5.6、高 6 厘米（图二四，3；图版一九，2）。

执壶　1件。荆 T1③:14，颈以上残。广肩，扁鼓腹，下腹略曲收，平底，一侧有流，一侧有执柄。外壁中腹以上施釉。底径 3.2 厘米（图二四，12）。

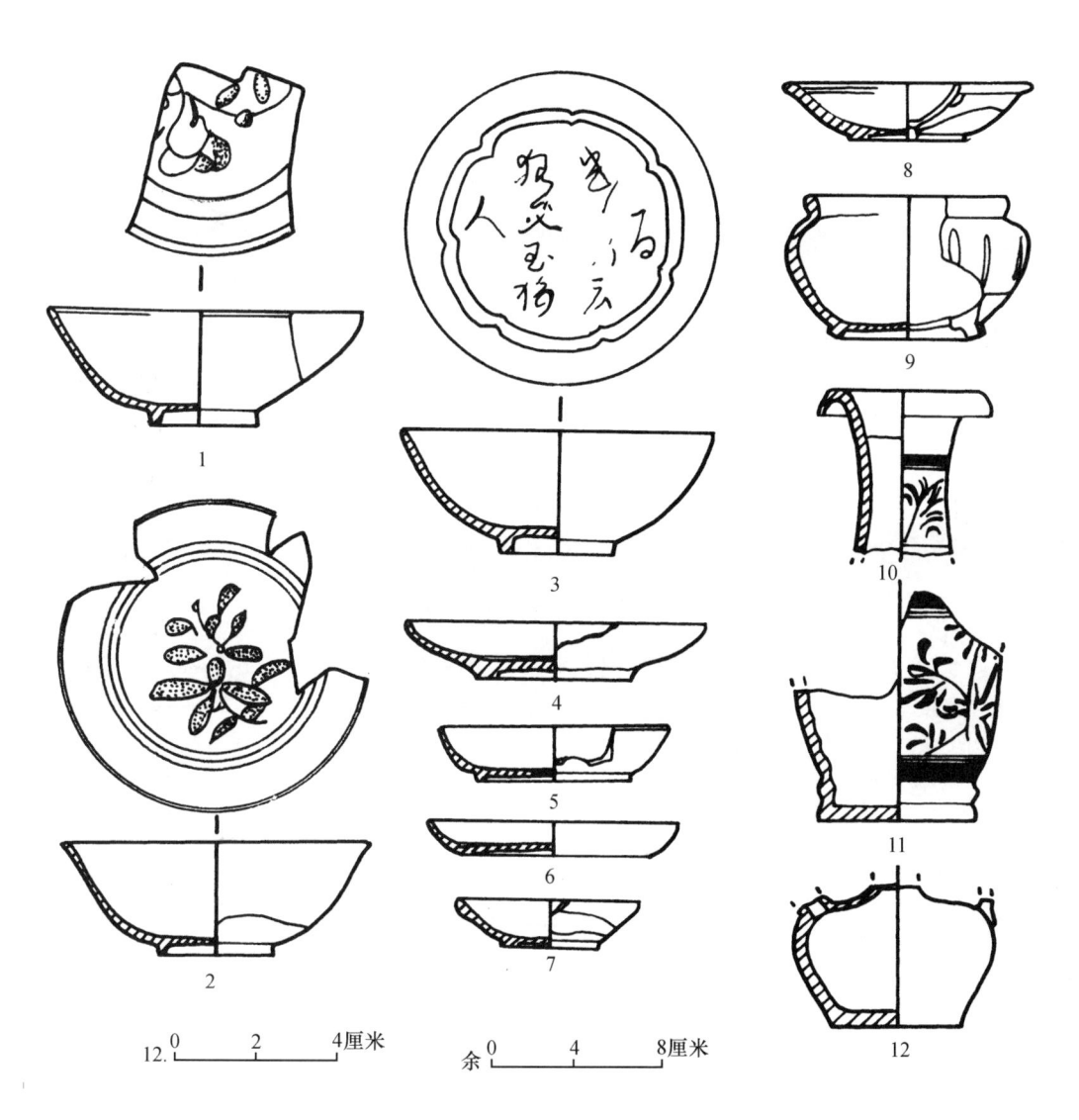

图二四　宋元白釉瓷器

1~3. 红彩碗（运 T4⑤:23、运 H9:1、运 T3④:1）　4、5. A 型素面盘（运 T2④:19、南 H10:7）　6. B 型素面盘（运 T2④:14）　7、8. 碟（运 T2⑤:31、南 H12:3）　9. 洗（南 T2⑤:11）　10、11. 瓶（运 H8:26、运 T2⑤:37）　12. 执壶（荆 T1③:14）

盘　8件。敞口，圆唇，浅腹，弧壁内收。根据有无装饰纹样的不同可分为两类。

白釉素面盘　5件。根据有无圈足的不同可分为二型。

A型　4件。平底，浅宽圈足，内底略凹。南H10∶7，口径11.6、圈足径7.6、高2.6厘米（图二四，5）。运T2④∶19，内底外圈一周及圈足底露胎。口径15、圈足径8、高2.8厘米（图二四，4）。

B型　1件。运T2④∶14，浅凹底，无圈足。满釉。口径12.6、底径9.2、高1.6厘米（图二四，6）。

白釉印花盘　3件。器壁薄，满施釉。浅腹，浅宽圈足。内壁满印纹饰。运H10∶23，芒口。内壁印花卉纹，内底印鸭嬉荷叶纹。口径18、圈足径5.8、高3.6厘米（图二五，1）。运H10∶24，芒口。内壁、底印缠枝菊花纹，近口部印"回"纹。口径17.8、圈足径5.8、高3.6厘米（图二五，2）。运H8∶1，芒口。内底印花卉纹，内壁近口部印"回"纹，其间印凤鸟花叶纹。口径18、圈足径5.6、高4厘米（图二五，3）。

碟　3件。敞口，圆唇较厚，斜壁，近平底，宽圈足极浅。南H12∶3，内壁口沿面施青黄釉，其下一周白釉，再下满施灰白釉，外壁有滴釉。口径12.4、圈足径5.6、高2.8厘米（图二四，8）。运T2⑤∶31，外壁中部施白衣，下部露胎。口径9、圈足径4.8、高2.4厘米（图二四，7）。

洗　1件。南T2⑤∶11，微侈口，圆唇，矮领，圆肩，扁鼓腹，腹壁呈瓜形，浅宽圈足，圈足下端外撇。外壁上、中部及内壁口部施釉，内壁口部白釉下施白衣。口径10、圈足径7.8、高7.2厘米（图二四，9；图版一九，6）。

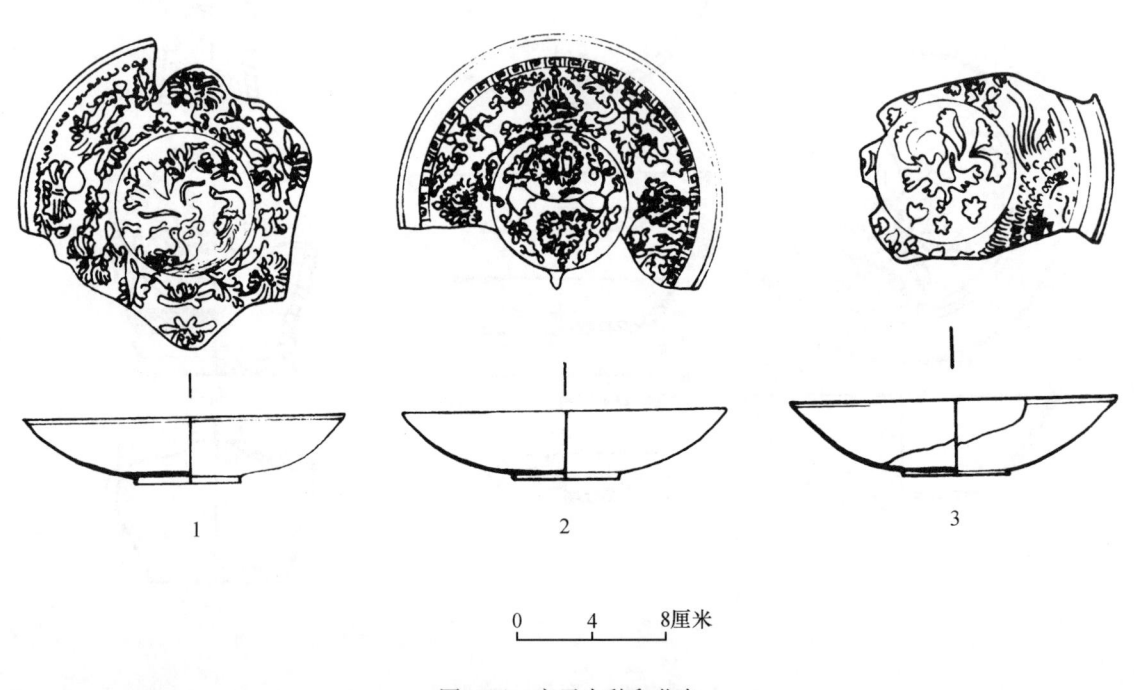

图二五　宋元白釉印花盘

1. 运H10∶23　2. 运H10∶24　3. 运H8∶1

瓶 2件，均残。外壁于白釉地下饰黑衣，以黑线分隔。1件为口沿（运H8∶26），侈口，翻卷沿，束长颈，内壁口部施白釉，以下露胎。口径8.8厘米（图二四，10）。1件为底（运T2⑤∶37），鼓腹，平底。内壁及外壁下端、底露胎。底径8.2厘米（图二四，11）。

（4）黑釉

50件。大多为浅灰胎，有少量红胎。器类绝大部分为盏，另有个别碗、罐、碟、盒等。

盏 43件。口微侈，圆唇，斜弧腹内收，圈足较厚而窄小。外壁施半釉。根据局部釉色的不同可分为四类。

素面黑釉盏 32件。形制上基本无变化。南T1⑤∶34，饼状实圈足。口径14、圈足径3.6、高5.6厘米（图二六，2）。运T4⑤∶40，内底略下凹，圈足极浅。口径11.6、圈足径3.4、高5.2厘米（图二六，1）。

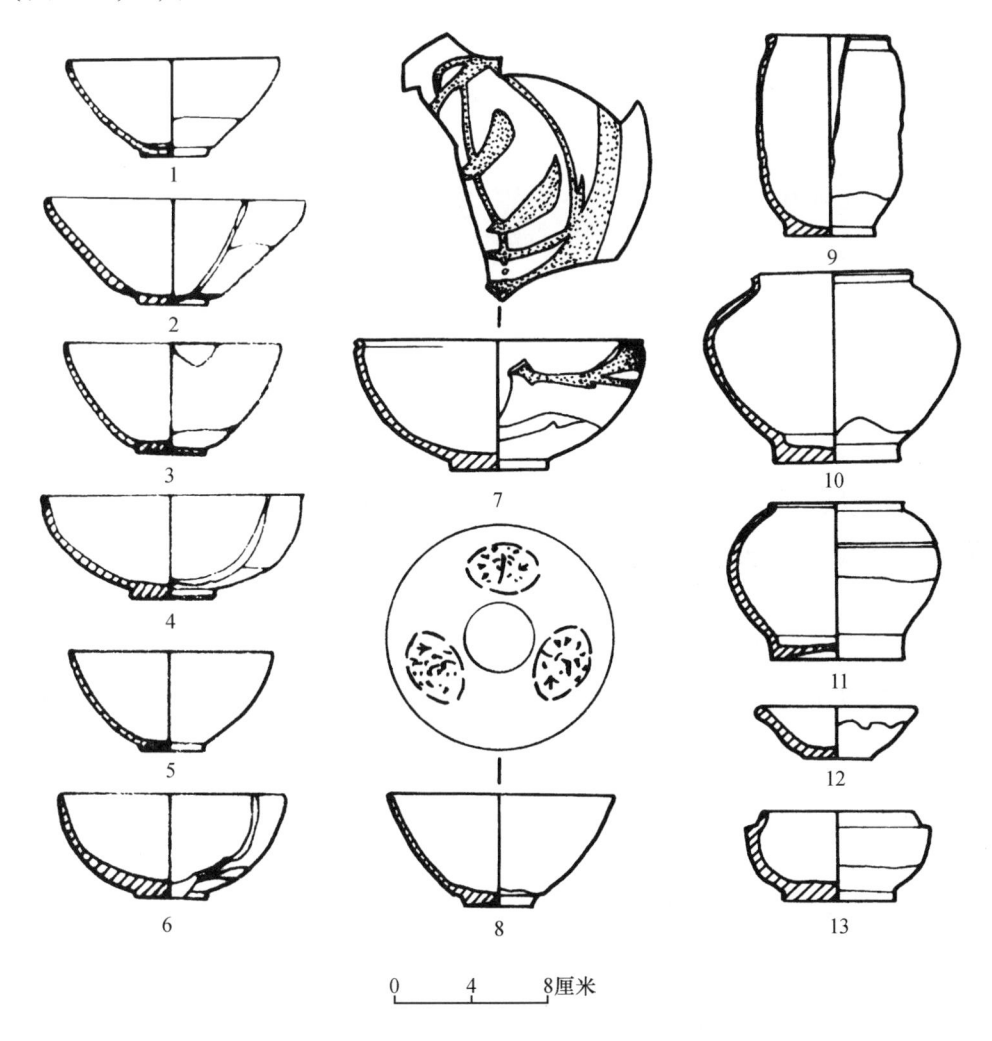

图二六 宋元黑釉瓷器

1、2.素面盏（运T4⑤∶40、南T1⑤∶34） 3、4、7.兔毫釉盏（运T4⑤∶30、南T2⑤∶17、南T3⑤∶11） 5、6.玳瑁釉盏（运T4⑤∶49、南H9∶4） 8.贴花盏（运T4⑤∶48） 9. A型罐（运H10∶1） 10、11. B型罐（运T1⑤∶40、运H8∶24） 12.碟（运T2④∶22） 13.盒（许H4∶6）

兔毫黑釉盏　7件。南T2⑤:17，饼状实圈足，外下角斜削，内、外部施黄黑相间兔毫釉。口径14、圈足径4.5、高5.6厘米（图二六，4）。南T3⑤:11，口外侧有一周浅凹槽，饼状实圈足。内壁于黑釉地施青紫兔毫釉叶纹，外壁上部施青紫兔毫釉间黑釉块，中部施黑釉夹青黄釉块。口径15.2、圈足径5、高6.8厘米（图二六，7）。运T4⑤:30，圈足极浅，外底有一周浅凹槽，内壁施黄紫釉相间兔毫釉。口径11.6、圈足径3.6、高6厘米（图二六，3）。

玳瑁黑釉盏　3件。内、外壁施黑釉间黄斑釉。南H9:4，饼状实圈足，黄斑点釉。口径12、圈足径3.8、高5.6厘米（图二六，6）。运T4⑤:49，圈足极浅。黄斑釉块较大。口径10.8、圈足径3.2、高5.2厘米（图二六，5）。

贴花黑釉盏　1件。运T4⑤:48，内底略凹，圈足极浅。于内壁黑釉下贴三副剪纸花样。口径12.2、圈足径3.2、高6厘米（图二六，8；图版一九，3）。

罐　4件。圆唇，矮领，溜肩，下腹曲收。除外壁下部及底露胎外，余满釉。根据腹深浅的不同可分为二型。

A型　1件。运H10:1，敛口，圆唇，深腹，腹壁微鼓，平底。口径7、底径4.8、高10.8厘米（图二六，9）。

B型　3件。侈口，浅扁鼓腹。运T1⑤:40，平底。口径8.6、底径6.8、高10厘米（图二六，10）。运H8:24，浅凹底。口径7.2、底径7.2、高8.4厘米（图二六，11；图版一九，4）。

碟　2件。敞口，斜壁内收，小平底。外壁施半釉。运T2④:22，圆唇加厚。口径8.8、底径3.2、高2.8厘米（图二六，12）。

盒　1件。许H4:6，缺盖。浅灰胎。子口，圆唇，折肩，上腹直，下腹斜收，平底，饼状实圈足。内壁及外壁肩至中腹间施釉。口径8.2、圈足径6、高4.8厘米（图二六，13）。

2. 陶器

85件。以泥质灰陶为主，火候较高，并有少量泥质红陶。大多素面，部分施釉。器类多为日用器，有少量窑具、建筑材料和工具。

（1）日用器

65件。器类有盆、碗、高足盘、碟、罐、小罐、瓶、小瓶、盒、提梁壶、瓮、缸等。

盆　16件。均为泥质灰陶。根据口、腹的不同可分为二型。

A型　7件。素面。敛口，翻卷沿，圆唇，浅腹、上腹鼓、下腹弧收，平底。荆T1④:35，口径41.2、底径28、高15.6厘米（图二七，3）。南H10:3，残存口沿。口径44.8厘米（图二七，2）。运T4④:21，口径25.2、底径14.4、高8.8厘米（图二七，1）。

B型　9件。敞口，翻折沿，深腹，壁较斜直。按照腹部的变化可分为二式。

Ⅰ式　3件。平唇，腹相对较浅，壁较斜。荆T6③:27，残存口沿。外壁饰竖行划纹，间被六道弦纹隔断。口径32厘米（图二七，6）。运T2⑤:40，素面。平底微凹。口径19.6、底径11.8、高7.6厘米（图二七，4）。

Ⅱ式　6件。素面。腹较深，壁较陡直。南 H12∶8，平唇。口径 23.2、底径 20、高 18 厘米（图二七，5）。运 T4④∶22，外沿面有一道浅凹槽。口径 29.2、底径 21.2、高 18.4 厘米（图二七，7）。

碗　2件。敞口，圆唇，斜弧腹内收，浅圈足。运 T1⑥∶69，泥质灰陶，素面。卷沿，圈足极浅。口径 10.8、圈足径 4.4、高 3 厘米（图二七，9）。运 T4⑤∶47，泥质红陶。内壁施酱黄釉。口径 10.4、圈足径 3.2、高 3.6 厘米（图二七，8）。

高足盘　1件。许 H4∶7，泥质灰陶，素面。敞口，宽沿外折，上腹直，下腹内折并斜收，喇叭状实圈足。口径 8.6、圈足径 4、高 4.4 厘米（图二七，10）。

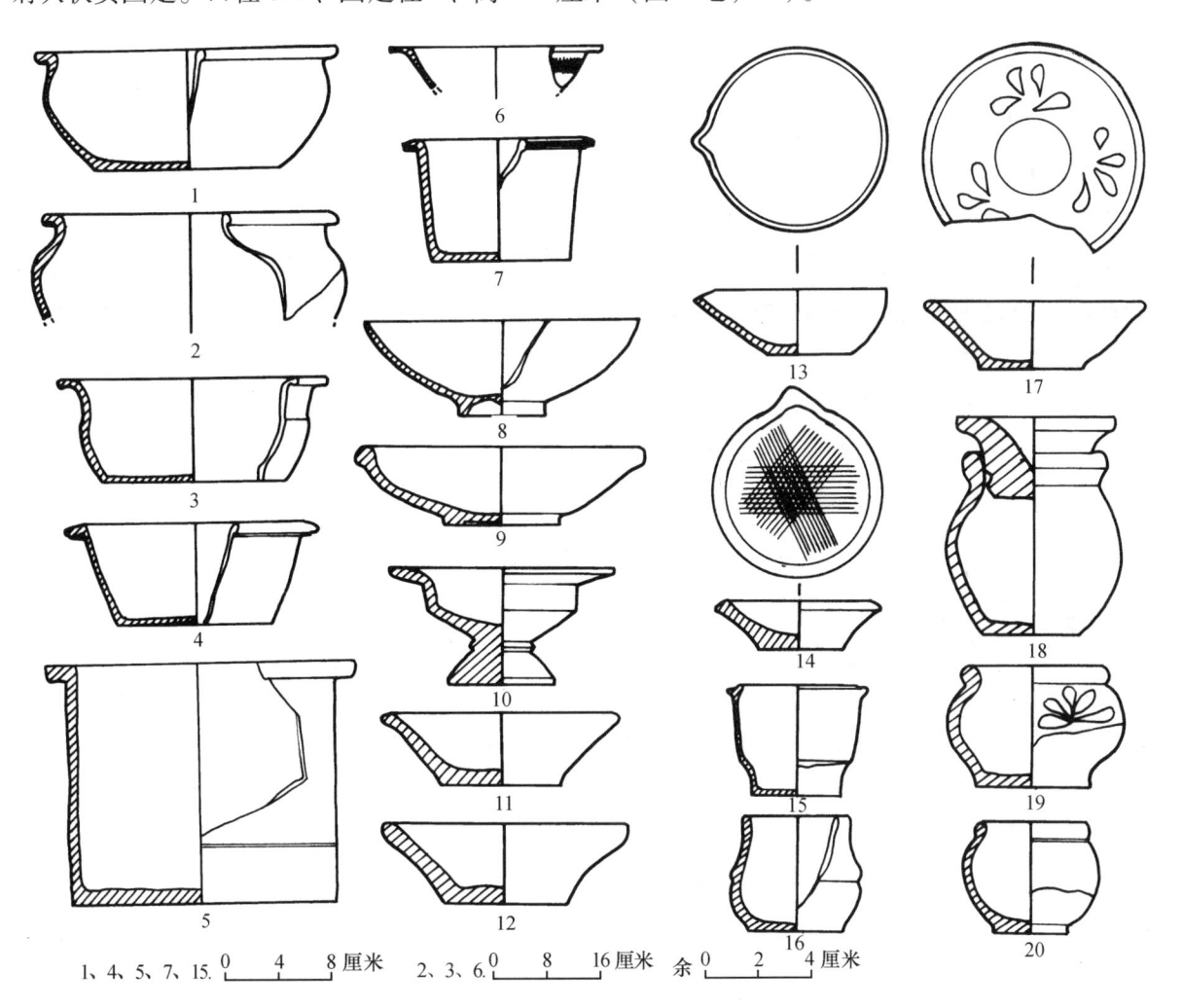

图二七　宋元陶器

1~3. A型盆（运 T4④∶21、南 H10∶3、荆 T1④∶35）　4、6. B型Ⅰ式盆（运 T2⑤∶40、荆 T6③∶27）　5、7. B型Ⅱ式盆（南 H12∶8、运 T4④∶22）　8、9. 碗（运 T4⑤∶47、运 T1⑥∶69）　10. 高足盘（许 H4∶7）　11、12、17. B型碟（运 H11∶7、荆 T1③∶9、运 H10∶5）　13、14. A型碟（运 T4⑤∶26、运 T2④∶23）　15. 罐（运 H10∶2）　16. 杯（荆 T7③∶22）　18. A型小罐（荆 T1④∶23）　19、20. B型小罐（运 H10∶3、运 T1④∶25）

碟　9件。器形较小。敞口，圆唇，斜壁，浅腹，平底。根据有无流的不同可分为二型。

A型　2件。泥质红陶。口一侧有小流。运T4⑤:26，内壁施橘红釉。口径6.6、底径3.2、高2.4厘米（图二七，13）。运T2④:23，内壁施青黄釉，内壁有细密篦纹。口径6.4、底径3.2、高2厘米（图二七，14；图版二〇，1）。

B型　7件。口部无流。内壁施釉。荆T1③:9，泥质灰陶，素面。口径9.2、底径4.7、高3厘米（图二七，12）。运H11:7，泥质红陶。红釉。口径9.2、底径4.4、高2.8厘米（图二七，11；图版二〇，2）。运H10:5，泥质红陶。橘红釉上用黄釉勾画出三组各四片树叶。口径8.6、底径4、高4.6厘米（图二七，17）。

罐　1件。运H10:2，泥质红陶。微侈口，圆唇，微束颈，鼓腹，中腹有一道浅凹槽，平底。外壁上、中部施酱釉。口径9、底径6.8、高8.2厘米（图二七，15；图版二〇，3）。

小罐　7件。泥质红陶。侈口，翻沿，圆唇，矮领，溜肩。根据腹部的不同可分为二型。

A型　1件。荆T1④:23，唇部较厚，腹较深，中腹鼓。上承倒喇叭形柄状盖。外壁施酱釉，盖无釉。口径5.2、底径3.8、通高10.2厘米（图二七，18）。

B型　6件。扁鼓腹，下腹曲收。运H10:3，外壁上部施橘红釉，并用黄釉勾画出三组各五片树叶。口径5.6、底径4.4、高4.6厘米（图二七，19；图版二〇，4）。运T1④:25，外壁上部施深绿釉。口径4.2、底径2.8、高4.2厘米（图二七，20）。

杯　1件。荆T7③:22，泥质红陶。微侈口，圆唇，微束颈，鼓腹，中腹有一道浅凹槽，平底。外壁上、中部施红褐釉。口径4.2、底径3.7、高4.3厘米（图二七，16）。

瓶　7件。根据整体的不同可分为二型。

A型　6件。泥质灰陶，素面。侈口，翻折沿，方唇，束短颈，溜肩，深腹，上腹鼓，下腹微曲收，平底。下壁略呈瓦棱状。南T4④:7，口径4.4、底径4、高18厘米（图二八，2）。运T2⑤:39，口径9.2、底径6.2、高29.2厘米（图二八，1）。

B型　1件。荆T1③:10，下部残。侈口，圆唇，束长颈，微鼓腹，颈肩处有对称爬兽形耳，腹部浮雕一花朵。口沿部位施天蓝釉，内壁颈部施白衣，外壁施淡绿釉。口径5.2、残高14.4厘米（图二八，3；图版二〇，5）。

小瓶　2件。溜肩，平底。根据口、颈、腹的不同可分为二型。

A型　运T4⑤:34，泥质灰陶，素面。直口，圆唇，直领，肩残存一耳，上腹鼓，中、下腹壁斜收，外腹壁呈瓦棱状。口径3.2、底径4、高8.8厘米（图二八，4）。

B型　运T4⑤:53，口残。泥质红陶。长颈，上部微束，扁鼓腹，下腹壁曲收。外壁下腹以上施酱黄釉。底径2.4、残高5.4厘米（图二八，5）。

盒　1件。运T1⑥:62，泥质灰陶，素面。子口较长，折肩，浅腹，弧壁内收，平底。口径10.8、底径12、高4厘米（图二八，6）。

提梁壶　1件。南H4:1，泥质灰陶。敛口，圆唇，矮领，溜肩，扁鼓腹，下腹曲收，凹底。肩有一拱形提梁，一侧有短管流。外壁中腹以下饰两道凹弦纹，弦纹上部及内壁口部施酱黄釉。口径9.2、底径9.6、高15.2厘米（图二八，7）。

瓮　12件，均为口沿。泥质灰陶，素面。小侈口，翻折沿，方唇，束短颈，广肩。南

H10:2，口径21.6厘米（图二八，8）。

缸　5件，均为口沿。泥质灰陶，素面。南T2⑤:24，大直口，翻沿，沿面有一道较深凹槽，微束颈外扩。口径44厘米（图二八，9）。

（2）窑具

6件。器类有匣钵、印模等。

匣钵　4件。敛口，圆唇，浅腹，斜弧腹内收，平底。荆T1④:21，泥质灰陶，素面。口径18.2、底径12、高7.2厘米（图二八，11）。运T2④:15，泥质红陶。内壁施青黄釉。口径9.6、底径4.4、高2.8厘米（图二八，10）。

印模　2件。形体小，浅盘状。泥质红陶。近直口，圆唇，浅腹，弧壁近直，近平底。内底阴刻花叶纹。荆T1④:34，正中为一五角形凹孔，中间分列七枚叶片，外围四线八连弧纹。口径4.1、底径3.2、高1厘米（图二八，13）。运T4⑤:44，中心为五枚叶片，周围为放射线纹。口径3.4、底径3.6、高1厘米（图二八，12）。

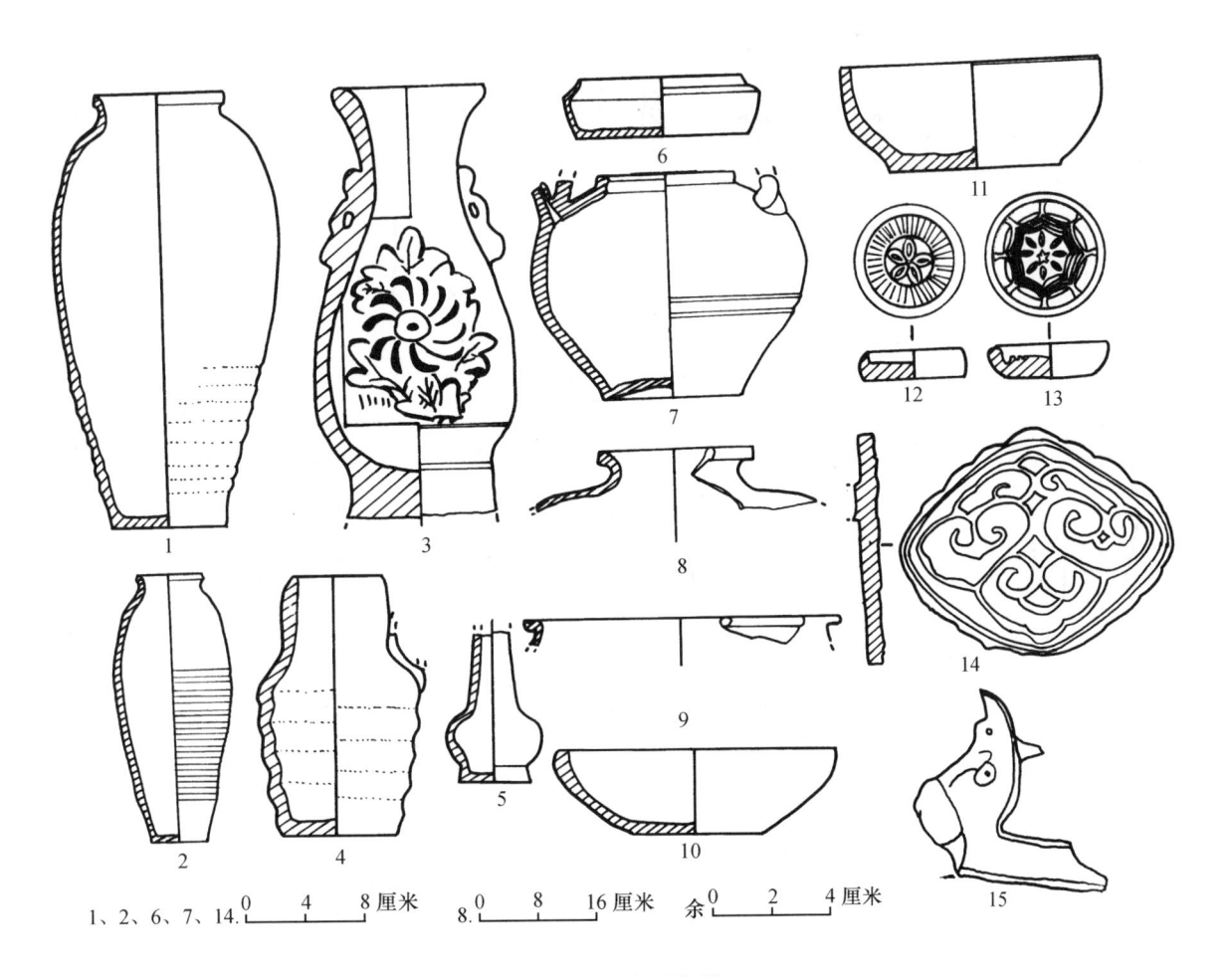

图二八　宋元陶器

1、2. A型瓶（运T2⑤:39、南T4④:7）　3. B型瓶（荆T1③:10）　4. A型小瓶（运T4⑤:34）　5. B型小瓶（运T4⑤:53）　6. 盒（运T1⑥:62）　7. 提梁壶（南H4:1）　8. 瓮（南H10:2）　9. 缸（南T2⑤:24）　10、11. 匣钵（运T2④:15、荆T1④:21）　12、13. 印模（运T4⑤:44、荆T1④:34）　14. 瓦当（南H5:1）　15. 脊兽（运T2⑤:41）

（3）建筑材料

选取标本有瓦当、脊兽各1件，有少量早期的莲花纹瓦当，此外还有较多的筒瓦、板瓦残片。

瓦当　南H5:1，菱形瓦当。泥质灰陶，高浮雕纹饰。周边呈葵瓣状，窄素缘，内饰勾连云纹。长18.8、宽15.2厘米（图二八，14）。

脊兽　运T2⑤:41，残存前部。泥质灰陶，素面。兽首形，嘴大张，上颚残存一枚犬齿（图二八，15）。

（4）工具

12件。器类有球、网坠等。

球　4件。素面。器体较小，圆球体，实心。荆T7④:21，泥质黑陶。直径3.4厘米（图二九，2）。荆T6②:5，泥质红陶。直径2.2厘米（图二九，1）。

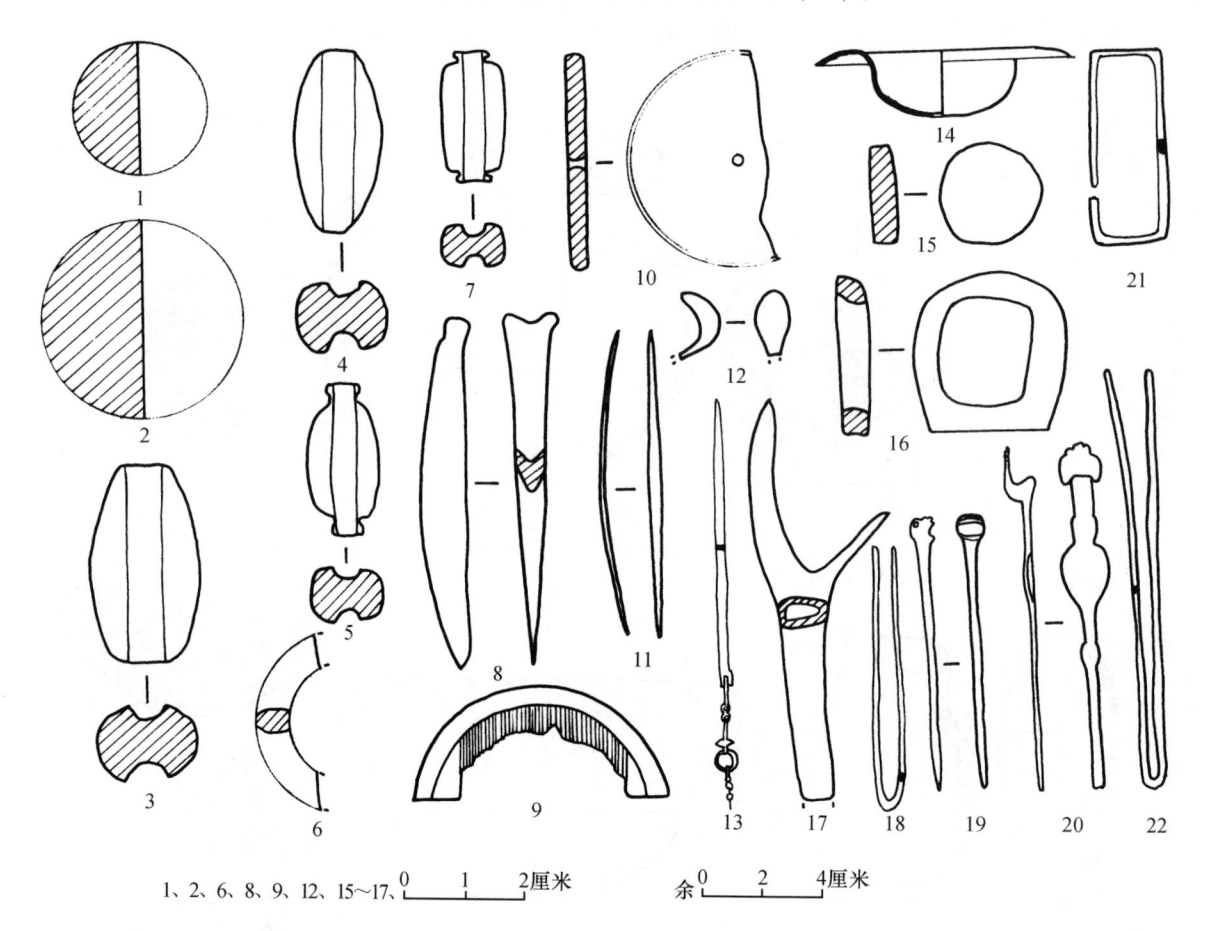

图二九　宋元器物

1、2. 陶球（荆T6②:5、荆T7④:21）　3、4. A型陶网坠（荆T5②:5、荆T5③:12）　5、7. B型陶网坠（荆T5②:3、荆T6②:6）　6. 石环（荆T6③:11）　8. A型骨簪（荆T6③:13）　9. 骨笄（荆T1③:11）　10. 石纺轮（荆T1④:12）　11. B型骨簪（荆H3:2）　12. 玉坠（荆T5②:8）　13、19、20. 铜簪（运H12:10、荆T5②:9、荆T7②:1）　14. 铜钹（运T2⑤:44）　15. 石饼（运T2⑤:36）　16. 铜扣（荆T5②:4）　17. 鹿角（运T2⑤:7）　18、22. 铜钗（荆T5③:16、运T2⑤:6）　21. 铜环（荆T5③:18）

网坠 8件。素面。两面用通槽。根据整体形状、两端出头的不同可分为二型。

A型 6件。椭圆形，两端不出头。荆T5③:12，泥质红陶。长6、最宽3.1厘米（图二九，4）。荆T5②:5，泥质灰陶。长6.6、最宽3.5厘米（图二九，3）。

B型 2件。近长方形，两端出头，靠内侧有系槽。荆T5②:3，泥质红陶。长5.2、最宽2.4厘米（图二九，5）。荆T6②:6，泥质黑陶。长4.4、最宽2.1厘米（图二九，7）。

3. 硬陶器

19件。器类有执壶、罐、擂钵、盆、瓶、杯、碟等。

执壶 5件。侈口，圆唇，长颈，上部微束，溜肩，鼓腹，下腹曲收，平底，一侧有长管流，一侧有大执柄。内壁口部及外壁上部或中腹以上施釉，余露胎。荆T1④:15，流残。砖红胎。黑釉。肩部饰一道凹弦纹。口径6、底径7.6、高13.8厘米（图三〇，2）。运T4⑤:33，灰胎。黑釉。口径6.4、底径7.6、高18厘米（图三〇，1）。

罐 4件。鼓腹，腹较深。根据耳或系的不同可分为二型。

A型 2件。无耳罐。紫红胎。南T2⑤:9，残存口沿。敛口，圆唇，高领，外领中部有一周高凸棱，溜肩，鼓腹。内、外壁满施酱釉，外壁酱釉间片状黄釉。口径16厘米（图三〇，4）。运H10:10，近直口，翻折沿，沿面有一道浅凹槽，束短颈，圆肩，圆鼓腹，平底。内壁及外壁上、中部施黑釉。外上壁饰一道凹弦纹。口径10、底径6.4、高16厘米（图三〇，3）。

B型 2件。单耳罐。侈口，束颈，溜肩，上腹鼓，下腹缓收，平底。口沿一侧有流，一侧单大耳。运T4⑤:32，紫红胎。外壁上部施酱釉，内壁施白衣。口径12、底径8.6、高19厘米（图三〇，5）。

擂钵 2件。砖红胎。根据整体及口、腹部的不同可分为二型。

A型 南H12:2，残存口沿。盆形。敛口，平折沿，深腹，弧腹缓收，上腹略鼓，上腹部有一周尖凸棱。内、外壁施酱釉，内壁浅刻细密竖向槽。口径34.4厘米（图三〇，6）。

B型 运H8:19，钵形。敛口，卷沿，圆唇，腹较浅，上腹壁较直，自上腹斜收，平底。内壁刻划放射状细密槽。器体未施釉。口径18.4、底径6.4、高9.2厘米（图三〇，8）。

盆 2件。根据口、腹的不同可分为二型。

A型 运T1⑥:71，紫红胎。微敛口，沿面有一道浅凹槽，束颈，溜肩，扁鼓腹，下腹略曲收，平底微凹，中腹有两立錾。内壁及外壁上部施酱釉。口径22.8、底径10、高12.8厘米（图三〇，7）。

B型 南H3:1，深灰胎。敞口，宽平折沿，平唇，斜弧腹内收，平底。内壁及外壁上部施酱釉。下腹部饰四道凹弦纹。口径29.6、底径16、高10厘米（图三〇，9）。

瓶 4件。深灰胎。小敛口，圆唇，口外侧有一周凸棱，束短颈，斜肩外折，深腹，腹壁直，至下腹斜折内收，小平底。下腹壁呈瓦棱状。施酱釉。南H4:3，内、外壁口部施釉。口径5.6、底径5.6、高29.2厘米（图三〇，11）。运H4:1，内、外壁满釉，内壁釉不均匀。口径4.8、底径5.6、高31.2厘米（图三〇，12）。

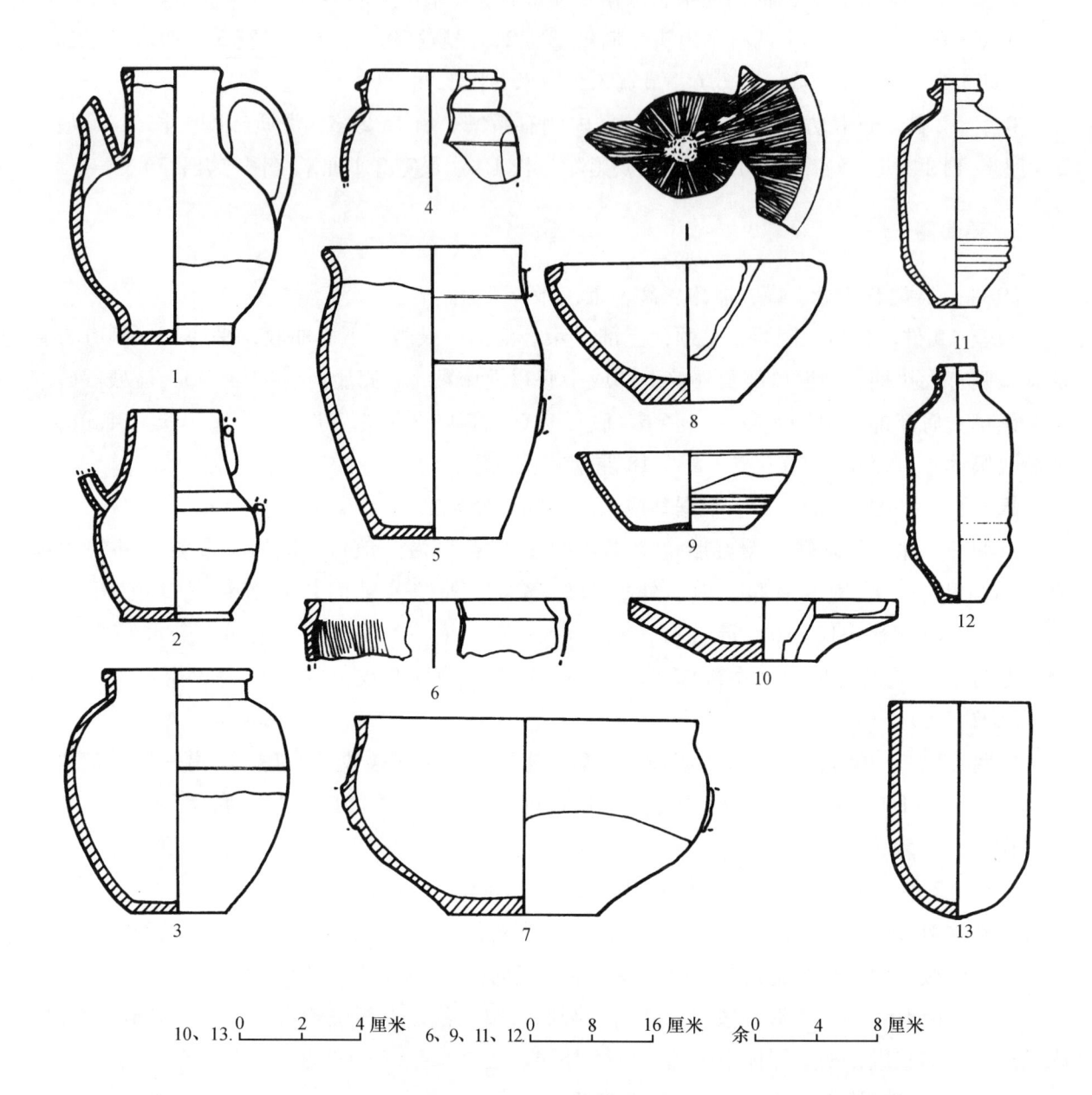

图三〇 宋元硬陶器

1、2. 执壶（运 T4⑤:33、荆 T1④:15） 3、4. A 型罐（运 H10:10、南 T2⑤:9） 5. B 型罐（运 T4⑤:32） 6. A 型擂钵（南 H12:2） 7. A 型盆（运 T1⑥:71） 8. B 型擂钵（运 H8:19） 9. B 型盆（南 H3:1） 10. 碟（南 T1④:25） 11、12. 瓶（南 H4:3、运 H4:1） 13. 杯（荆 T5③:22）

杯 1 件。荆 T5③:22，灰胎。直口，平唇，直腹，下腹缓收，圜底。外壁满施酱釉。口径 4.6、高 7 厘米（图三〇，13）。

碟 1 件。南 T1④:25，深灰胎。敞口，方唇，斜直腹内收，小平底。内壁及外壁口沿局部施酱釉。口径 4.8、底径 3.6、高 2 厘米（图三〇，10）。

4. 其他

22件（不计铜、铁钱）。有石纺轮、环、饼，骨簪、篦，玉坠，铜钹、簪、钗、扣、环，鹿角等，还有大量铜、铁钱。

石纺轮 1件。荆T1④:12，残小半。石英石质。体扁平，弧缘，对穿孔。直径7、厚0.6厘米（图二九，10）。

石环 1件。荆T6③:11，残大半。石灰石质。横断面呈椭圆形。直径3.1厘米（图二九，6）。

石饼 1件。运T2⑤:36，青石磨制。实体，双面微隆，面平，平缘。直径1.6、厚0.45厘米（图二九，15）。

骨簪 5件。根据整体形状的不同可分为二型。

A型 3件。鱼骨磨制。一端粗宽一端尖细，一面有凹槽，横断面呈"V"形。荆T6③:13，长5.9厘米（图二九，8）。

B型 2件。兽骨磨制。扁体，中间宽两端尖细。荆H3:2，长10.4厘米（图二九，11）。

骨篦 1件。荆T1③:11，残。半圆形，中部有细密齿。直径2.1厘米（图二九，9）。

玉坠 1件。荆T5②:8，一端残。黄绿色，透明。弯勺形（图二九，12）。

铜钹 2件。器壁薄，帽形，顶正中有一圆孔。运T2⑤:44，直径8.8厘米（图二九，14）。

铜簪 4件。单股，长条形。荆T5②:9，圆体，首端呈兽首形。长9.6厘米（图二九，19）。荆T7②:1，扁体，首端呈莲瓣状。长11.6厘米（图二九，20）。运H12:10，扁体，前端接坠链。通长13.8厘米（图二九，13）。

铜钗 2件。整体细，双股，"U"形。荆T5③:16，横断面呈圆形。长9厘米（图二九，18）。运T2⑤:6，长14.1厘米（图二九，22）。

铜扣 1件。荆T5②:4，近圆角方环形，一边直。横断面呈扁圆形。最长2.7厘米（图二九，16）。

铜环 1件。荆T5③:18，长方环形，四边直，一边有接口。横断面呈扁圆形。长3.25、宽1.35厘米（图二九，21）。

鹿角 2件，均残。"Y"形。运T2⑤:7，残长6.7厘米（图二九，17）。

铜钱 数量较多，出于本时期的各个地层和部分遗迹中。圆形方穿，起内、外廓。正面穿四边铸四字钱文，或行书，或楷书，或草书。钱文有"开元通宝"、"宋元通宝"、"太平通宝"、"淳化元宝"、"咸平元宝"、"景德元宝"、"祥符元宝"、"天禧元宝"、"明道元宝"、"景祐元宝"、"皇宋通宝"、"皇祐元宝"、"嘉祐元宝"、"治平元宝"、"熙宁元宝"、"元丰通宝"、"元祐通宝"、"绍圣元宝"、"元符通宝"、"圣宋元宝"、"崇宁通宝"、"大观通宝"、"祥符通宝"、"政和通宝"等等（图三一）。

铁钱 数量相对较多，钱文均因锈蚀而不清。

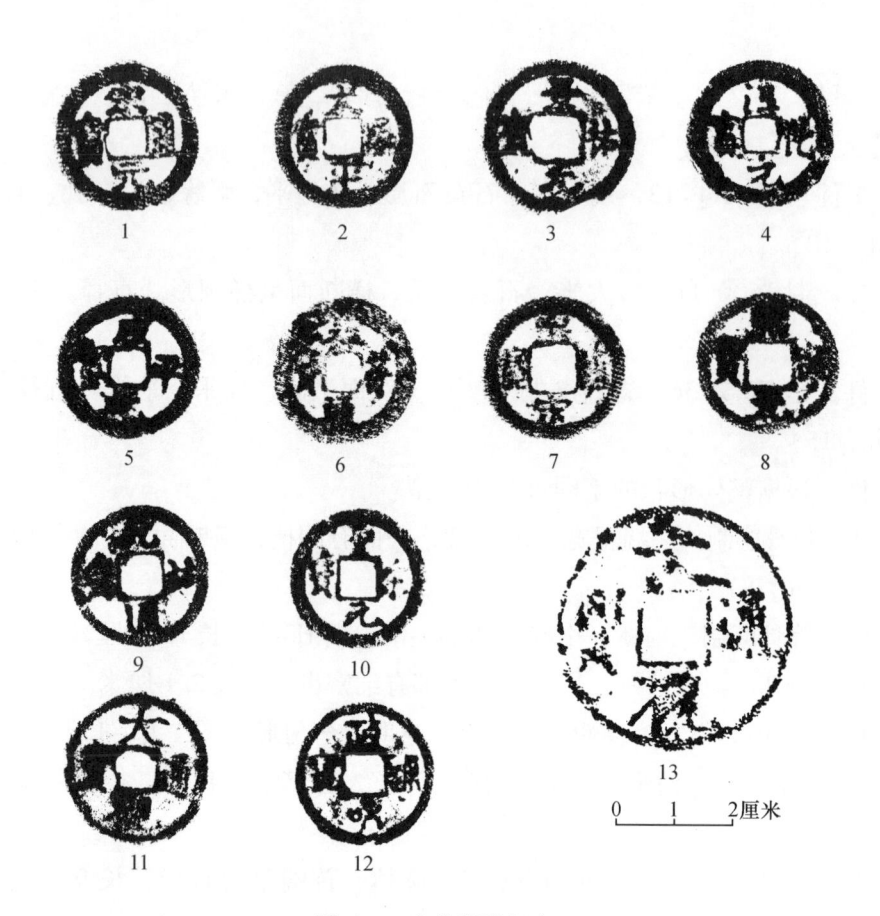

图三一　宋代铜钱拓本

1. "宋元通宝"（荆T5②:17）　2. "太平通宝"（运T2④:26）　3. "景祐元宝"（荆T1③:1）
4. "淳化元宝"（运T1④:10）　5. "咸平元宝"（运T2④:3）　6. "祥符通宝"（运T2④:25）
7. "皇宋通宝"（运T1⑤:41）　8. "熙宁元宝"（运T1④:9）　9. "元祐通宝"（运H11:9）
10. "圣宋元宝"（运T1④:12）　11. "大观通宝"（荆T7③:9）　12. "政和通宝"（运T2④:4）
13. "大观通宝"（运T1④:4）

（三）分期与年代

本期遗物中没有发现纪年器物，可资参考的是出土数量众多的铜钱，但所出铜钱除极少量"开元通宝"外，全为北宋年号钱，且几乎涵盖除钦宗以外的其他各个帝王时期，时代最早的是"宋元通宝"，最晚的是"政和通宝"。即使是直接打破其他地层的遗迹如运动路遗址H11，其内出土铜钱最晚的也是北宋晚期的"元祐通宝"，可以说，本期地层和遗迹的时代上限不超过北宋晚期，而处于更晚的地层或遗迹出土的铜钱差别不大，其时代只能通过出土遗物的特征来进行推测。

运动路遗址H11是本时期发掘到的最早单位，与坑内所出"元祐通宝"铜钱时代相对应的是，出土瓷器也具有北宋特征。瓷器主要为白釉碗，其中A、B型Ⅰ式素面碗，敞口，浅腹，釉色不纯，A型Ⅰ式刻花碗形制基本无变化，仅在内底刻花，装饰简单。

荆州北街遗址第④层、南街遗址H10和运动路遗址第⑥层出土器物类别少，青白釉瓷片很少，出土遗物多为 A、B 型 II 式素面白釉碗，总体特征变化不大，只是腹稍变深，釉色较纯。其时代应与运动路遗址 H11 相当或略晚。可作为参考的是地层中均含有隋唐遗物，如绿釉刻花高足盘、四横系盘口壶等，而且所出铜钱最晚的为"元丰通宝"。

荆州北街遗址第③层、H3，南街遗址 H12、第⑤层和运动路遗址 H9、H10、H12 的素面白釉碗所占比例明显减少，不仅青白釉瓷器数量开始增多，而且出现较为简洁的刻花、印花装饰，同时，青釉、蓝釉印花碗，内壁六条直棱的青釉碗，红彩白釉碗，黑釉盏等新的器形和装饰技法的出现，与前代相比呈现出一种全新的风格。

荆州北街遗址第②层，南街遗址第④层、H9 和运动路遗址第⑤、④层、H7、H8 在以上地层或遗迹的基础上有了更大的发展。青白釉瓷器占据主导地位，数量最多的是碗，形制多样，有圆口、撇口、葵口之分，不少器物的口部为芒口；器物内壁印花装饰盛行，基本上印满内壁，纹饰题材丰富，有水波、缠枝、花卉、草叶、凤鸟纹等，布局密而不乱，外壁刻划莲瓣纹的瓷器也发现不少；黑釉瓷盏除数量多外，还出现兔毫釉、玳瑁釉、剪纸贴花、树叶纹等多种装饰手法；源于北方窑系的白地黑花装饰兴起，红绿彩白釉碗继续存在，带紫色窑变的青釉碗也有发现等等，莫不都标志着同类瓷器发展的最高水平。

很显然，具有全新风格的瓷器形制和装饰技法具有显著的南宋风格。

南街遗址 H4、H5，许指巷遗址第③层、H4 和运动路遗址 H4 出土遗物不多，以硬陶器和陶器为主，瓷器数量较少，瓷片多青釉，白釉及青白釉极少见。器物特征也不甚明显。其中南街遗址 H4 和运动路遗址 H4 出土的硬陶瓶除无耳外，其余形制与江苏盐城建军中路元代水井 J15 出土釉陶瓶[11]几乎相同；南街遗址 H5 菱形卷云纹瓦当与运动路遗址明代灰坑 H6 所出同型瓦当一致，后者应是继承前者而来。由此推测以上单位的时代约相当于元代。

其他未选取标本的灰坑，如南街遗址 H6~H8、H11、H13、H14，运动路遗址 H5、H6 等，因资料缺乏，只能根据相对的层位关系，推测其时代大致在宋元时期。

(四) 瓷器窑系

宋元文化遗存尤其是宋代文化遗存是整个襄阳城内遗址堆积的主体，出土瓷器不仅数量多，而且可分出多个窑系，反映了古襄阳在南北文化交流中的重要地位。

本时期出土的瓷器有青、青白、白、黑四大釉类。其中内壁满刻缠枝莲花纹的 A 型 I 式、B 型 I 式和内壁有六道竖棱且内底心一圈无釉的 A 型 II 式青绿釉碗属耀州窑产品；内、外壁刻花的 B 型 II 式青绿釉碗和青蓝釉碗可能分别是龙泉窑、磁州窑的产品；青釉窑变碗无疑是均窑产品；青白釉瓷器具有明显的景德镇窑瓷器特征；白地黑花瓶、白釉红绿彩碗磁州窑特色浓厚；白釉印花盘应由定窑烧造；黑釉盏是吉州窑的典型器，特别是玳瑁黑釉盏和剪纸贴花黑釉盏更为其独有，而兔毫黑釉盏很可能是建窑的产品。

七、明清文化遗存

本期文化遗存不甚丰富，地层包括许指巷遗址第②层，南街遗址第②、③层，运动路遗址第②、③层。遗迹也不多。

（一）遗迹

本期遗迹全为灰坑，有许指巷遗址 H1~H3，荆州北街遗址 H1、H2，南街遗址 H1~H3，运动路遗址 H1~H3、H6。

许 H3　位于许 T1 东部，开口于第①层下，打破第②层。坑口平面呈圆形，西部伸出探沟外，弧壁，底平。现存坑口长 2.3、最宽 1.75、最深 0.87 米。填灰褐色土，土质疏松，夹少量红烧土，内含大量砖瓦及少量泥质灰陶瓮和青花瓷碗等残片（图三二）。

运 H6　位于运 T3 中部，开口于第②层下，打破第③层。坑口平面呈不规则形，弧壁，底凹凸不平。坑口长 2.17、最宽 1.5、最深 0.48 米。填灰黑色土，土质疏松，夹较多草木灰和红烧土颗粒，内含大量砖瓦及较多青花瓷碗、盘等残片（图三三）。

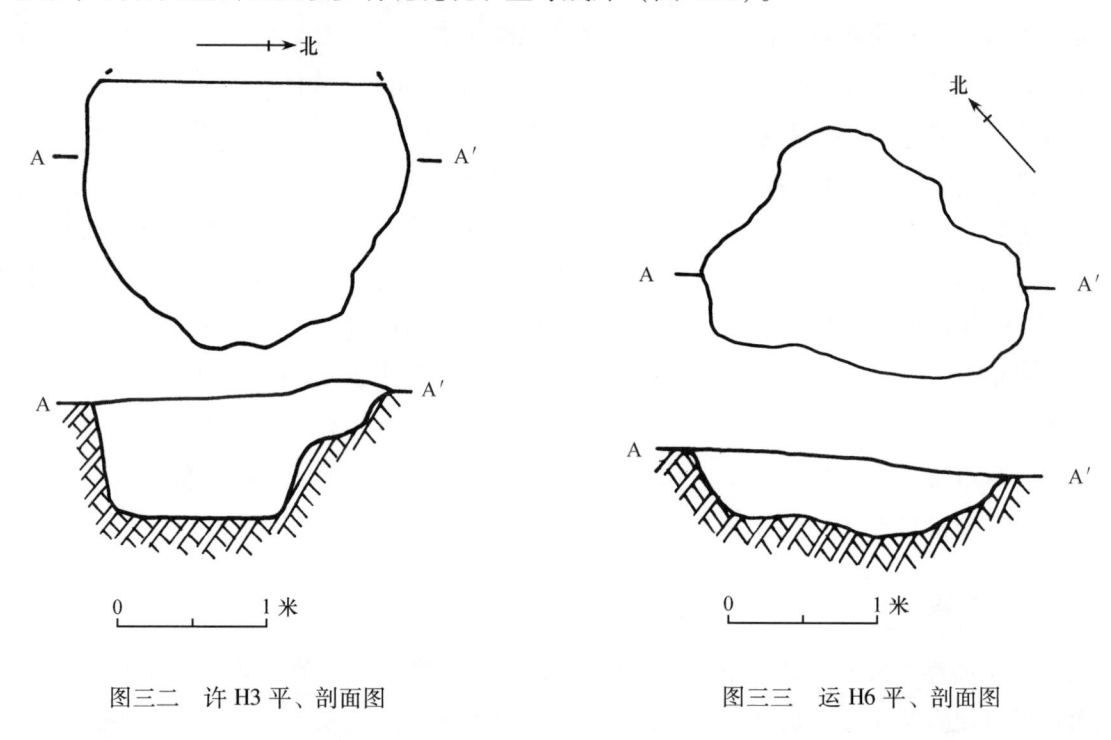

图三二　许 H3 平、剖面图　　　　　图三三　运 H6 平、剖面图

（二）遗物

本期遗物相对较少，可看清形制的器物标本仅有 43 件，质地有瓷、陶、硬陶等。

1. 瓷器

26 件。绝大部分为日用生活器具，除极少量灰胎外其余全为白胎，大多为青花瓷，并有少量其他颜色釉瓷，器类有碗、盘、杯、盒、盂等。

碗　13 件。外底均施白釉。根据器壁釉色的不同可分为五类。

青花碗　7 件。弧腹内收，浅宽圈足。内、外壁、底以青花装饰。按照腹的变化可分为二式。

Ⅰ式 5件。侈口外撇，圆唇，上腹较直，下腹急收，腹较深。运T4③：4，内底饰单个花卉，外围双线，外壁满饰缠枝纹，外底中心落款"永"字。口径8.8、圈足径4、高4.6厘米（图三四，1）。运H2：2，内底及外壁饰花蕊，内壁近口部饰双线。口径13.4、圈足径7、高7.6厘米（图三四，2）。

Ⅱ式 2件，口均残。浅腹，下腹缓收。南T1②：10，内底饰花叶纹。圈足径5.7厘米（图三四，5）。南T1②：15，内底饰山水图。圈足径7.7厘米（图三四，6）。

黑花碗 1件。南T1③：19，残存底部。斜弧壁内收，近平底，浅宽圈足外撇。外壁露胎，内壁饰黑花叶纹。圈足径5.8厘米（图三四，7）。

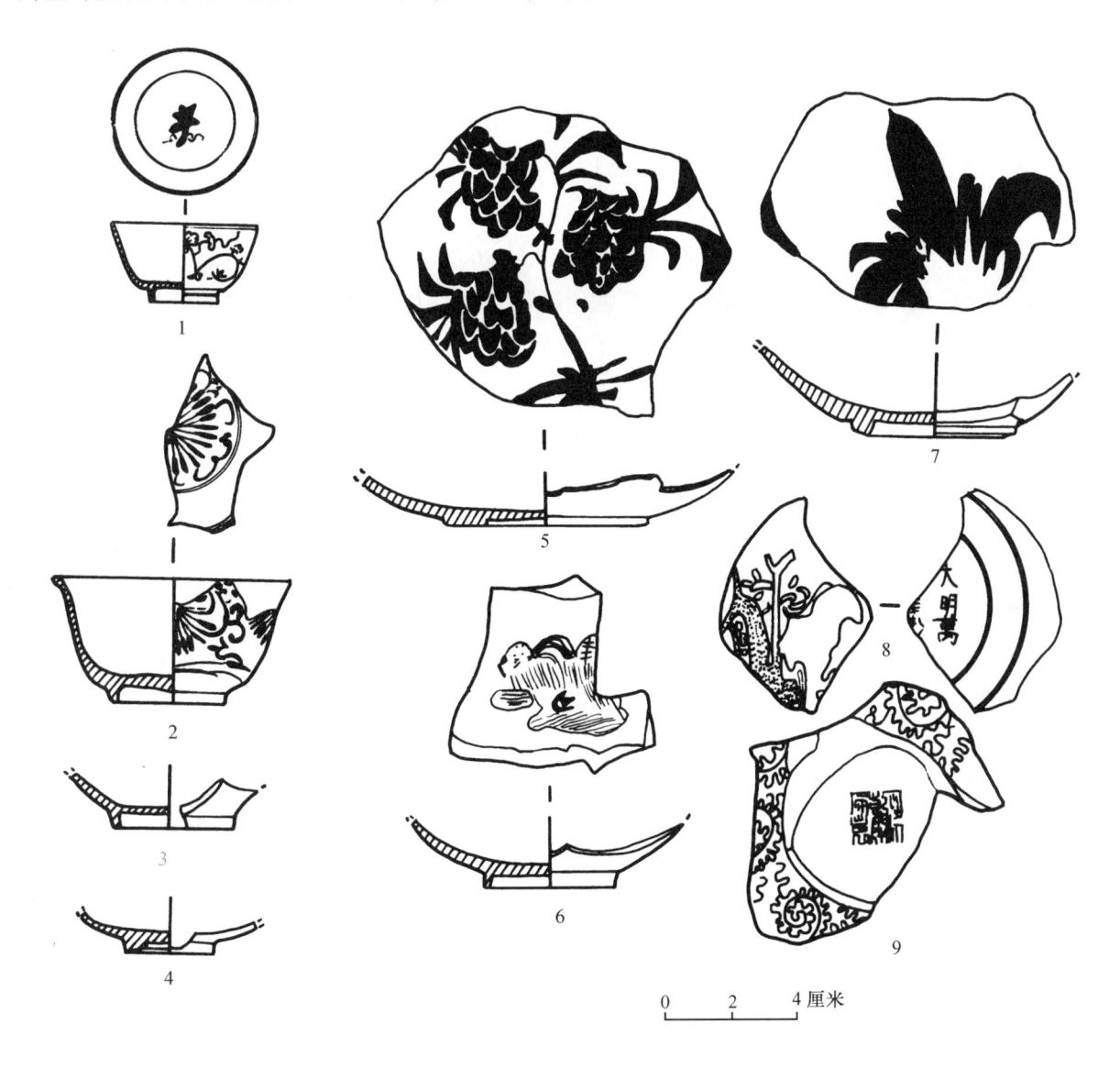

图三四 明清瓷碗

1、2. Ⅰ式青花碗（运T4③：4、运H2：2） 3、9. 绿釉碗（南T2②：3、南T1②：6） 4. 蓝釉碗（南T1②：4） 5、6. Ⅱ式青花碗（南T1②：10、南T1②：15） 7. 黑花碗（南T1③：19） 8. 粉红釉碗（南T1③：18）

粉红釉碗　1件。南T1③:18，残存底部。斜弧壁内收，平底，浅圈足外撇。内壁施白釉，外壁于白釉地上印粉红花草纹。外底青花"大明万历年制"。圈足径7.4厘米（图三四，8）。

绿釉碗　3件，均残存底部。斜壁内收，浅圈足内敛。南T2②:3，内、外壁满施淡绿釉。圈足径6.6厘米（图三四，3）。南T1②:6，内壁白釉，外壁绿釉，印卷草纹，外底青花款"清乾隆年制"。圈足径5.8厘米（图三四，9）。

蓝釉碗　1件。南T1②:4，残存底部。斜弧壁内收，近平底，浅宽圈足。内壁施青白釉，外壁施深蓝釉。圈足径5.2厘米（图三四，4）。

盘　7件。圆唇，浅腹，近平底，浅宽圈足。壁、底以青花釉饰花叶纹。根据口部的不同可分为二型。

A型　2件。敞口，弧腹。运H2:1，外壁无纹，内底中部饰两道弦纹，内壁饰花卉纹。口径17.6、圈足径8.8、高3.6厘米（图三五，1）。运H6:1，外壁一周单瓣花，内底中部有双线，内壁饰缠枝花卉纹。口径16.8、圈足径10.4、高3厘米（图三五，3）。

B型　5件。口外撇。运T1③:17，下腹弧收。内底于两道弦纹内饰花叶纹，近口部饰两道弦纹。口径13.2、圈足径8.8、高2.8厘米（图三五，6）。运H2:3，斜壁，下腹内折。外壁饰细叶纹，内底饰山水纹，内壁中部有两组各两道弦纹，上部局部饰叶片纹。口径17.6、圈足径8.8、高3.6厘米（图三五，2）。运H6:2，下腹弧收。外壁饰缠枝花叶纹，内底于两道弦纹内饰花叶纹。口径13.2、圈足径8.8、高2.8厘米（图三五，10）。

杯　4件。圆唇。许H1:4，口残，内壁施淡青釉，外壁饰青花花叶纹，圈足上端饰两道青花弦纹。外底于两道青花弦纹内书"大明成化年制"。圈足径3.6厘米（图三五，5）。南T1②:11，侈口外撇，上腹近直，下腹急收，平底，窄小圈足。内壁施青白釉，外壁施深蓝釉。口径8、圈足径4、高5厘米（图三五，4）。南T1②:14，近直口，上腹近直，下腹急收，平底，窄小圈足外撇。内壁施青白釉，外壁上部饰青花枝叶纹。口径5.2、圈足径4、高3.3厘米（图三五，7）。南T1②:16，残存口沿，口外撇较甚，斜腹内收。内壁施青白釉，近口部及下腹以青花分别划二、一道弦纹，外壁施褐釉。口径9厘米（图三五，9）。

盒　1件。南T1②:7，子口，圆唇，折肩，直壁，平底，浅宽圈足。子口、圈足外壁露胎，余满施豆青釉，外壁以青花鸟立枝头装饰。口径9、圈足径9.2、高4.4厘米（图三五，8）。

盂　1件。南T1③:20，残存口沿。侈口，翻沿，尖唇，微束颈，溜肩，微鼓腹，下腹内收。内、外壁施深红釉。口径12.2厘米（图三五，11）。

2. 陶器

11件。日用器发现不多，仅见执壶和盆，其余是建筑材料筒瓦、板瓦和瓦当、滴水。

执壶　1件。南T3③:3，泥质红陶。素面。小盘口，口一侧有流，方唇，短直颈，溜肩，肩有一大环形柄，大鼓腹，下腹曲收，平底。口径3.8、底径5、高12厘米（图三六，1；图版二〇，6）。

盆　1件。运H3:1，泥质灰陶。素面。敛口，翻卷沿，上腹略鼓，下腹斜收，平底。口径27.4、底径15.2、高10.2厘米（图三六，4）。

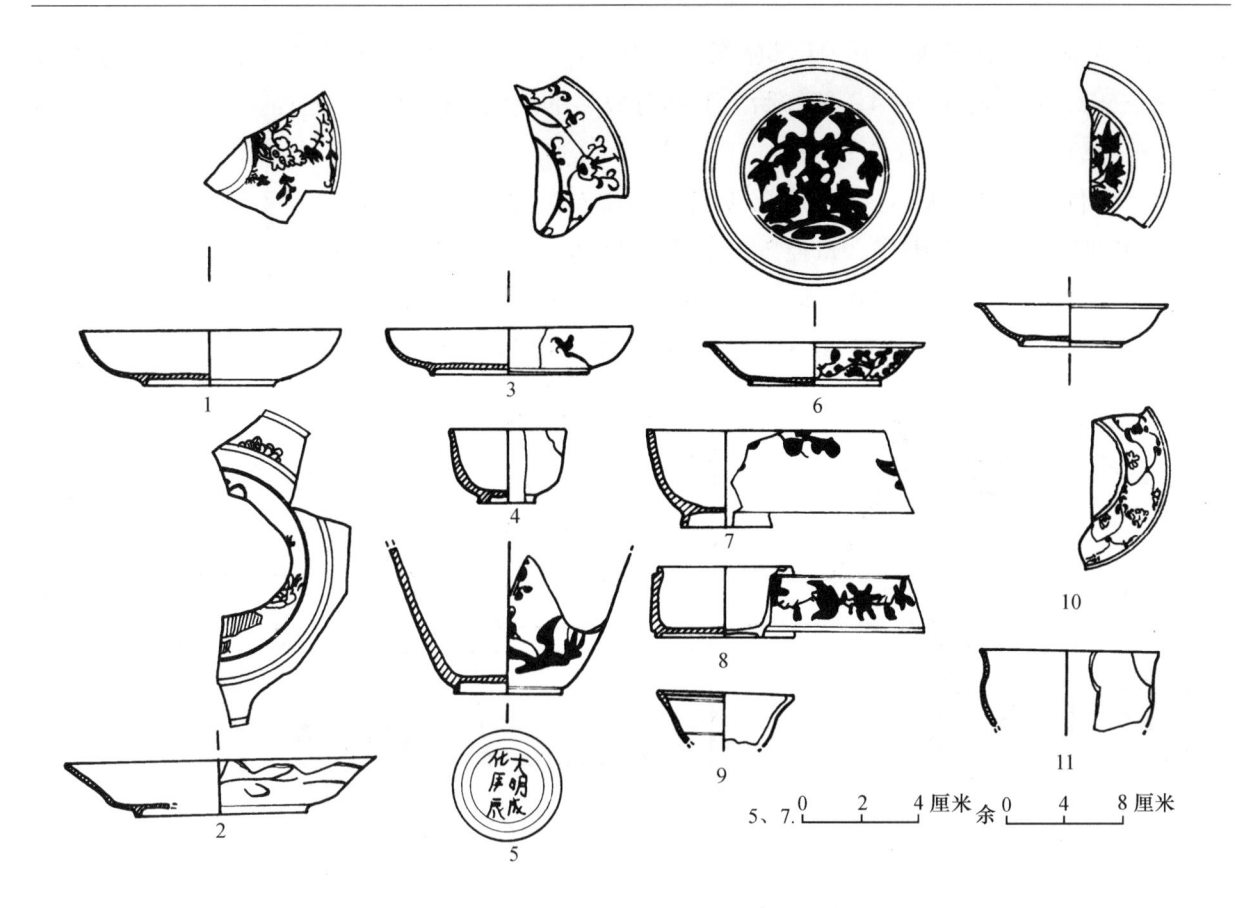

图三五 明清瓷器

1、3. A型盘（运H2:1、运H6:1） 2、6、10. B型盘（运H2:3、运T1③:17、运H6:2） 4、5、7、9. 杯（南T1②:11、许H1:4、南T1②:14、南T1②:16） 8. 盒（南T1②:7） 11. 盂（南T1③:20）

筒瓦　1件。运H6:14，泥质灰陶。素面。折肩较矮，舌下压，舌内壁平。残长18.8、宽12厘米（图三六，8）。

板瓦　1件。运T1②:15，泥质灰陶。素面。一端略宽，一端略窄。长30.6、宽22.8～24.8厘米（图三六，7）。

瓦当　3件。泥质灰陶。当面浮雕纹饰。根据整体形状的不同可分为二型。

A型　2件。圆形，外素缘上凸。运H6:13，残半。饰草叶纹。直径16厘米（图三七，1）。运T1②:16，饰龙凤纹。直径15.2厘米（图三七，2）。

B型　1件。运H6:8，菱形。饰卷云纹。长20、宽14.6厘米（图三七，3）。

滴水　4件。如意头形，上边缘凹弧。饰荷花卷云纹。运H6:10，长24.2、宽9.6厘米（图三七，4）。运H6:11，长24.8、宽12.4厘米（图三七，5）。

3. 硬陶器

6件。器类有执壶、盆、甑。

执壶　3件。侈口，口一侧有流，折沿，方唇，束颈，溜肩，深鼓腹，腹一侧有执柄，平底。内壁上部或口部及外壁中、上部施黑釉。南T1③:21，褐胎。口径7.2、底径7.2、高20厘米（图三六，3）。南T3③:4，紫红胎。下部有较多的滴釉。口径16、底径7.2、高15.4厘米（图三六，2）。

盆　2件。形制、大小基本一致。紫红胎。敛口，圆唇，微鼓腹，浅腹，平底。内壁及外壁上、中部施黑釉。运H3:2，口径24.4、底径18.4、高7.4厘米（图三六，6）。

甑　1件。运H1:1，灰胎。敞口，翻卷沿，斜腹内收，平底，底中心有一圆孔。中腹饰一道附加堆纹。口径35.6、底径20.8、高18.4厘米（图三六，5）。

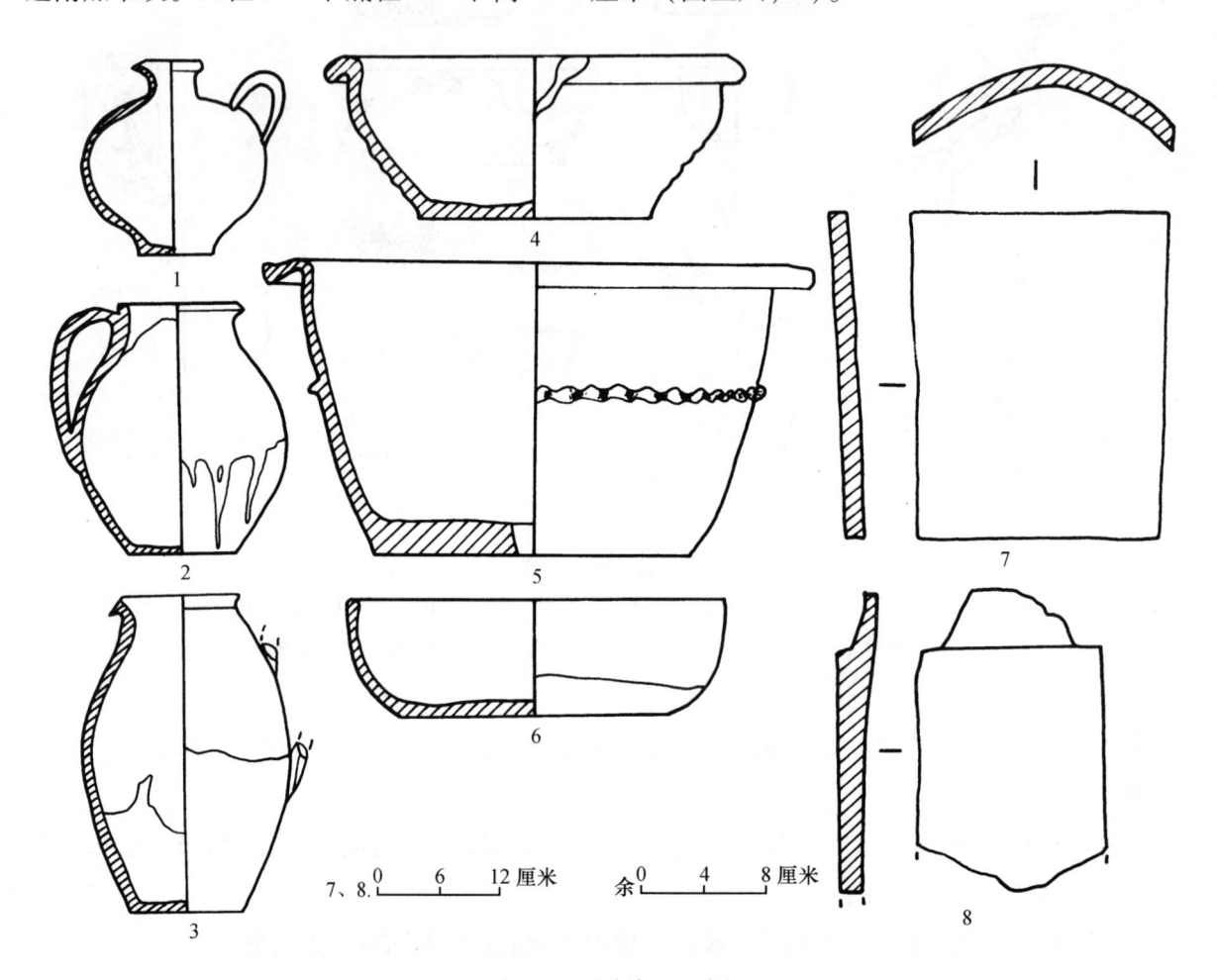

图三六　明清陶、硬陶器

1. 陶执壶（南T3③:3）　2、3. 硬陶执壶（南T3③:4、南T1③:21）　4. 陶盆（运H3:1）　5. 硬陶甑（运H1:1）　6. 硬陶盆（运H3:2）　7. 板瓦（运T1②:15）　8. 筒瓦（运H6:14）

（三）分期与年代

本期尽管未见铜钱，但出土瓷器具有明显的时代特征。许指巷遗址H1，南街遗址第③层，荆州北街遗址H1，运动路遗址第③层、H1、H2、H3、H6都出明代风格的青花瓷器，以上单位还分别出有"宣德"、"成化"款青花瓷器。而南街遗址第②层、运动路遗址第②层出有"乾隆"款瓷器，推断其时代为清代。南街遗址H1～H3因缺乏资料，其具体时代不明，但其介于第②、③层之间，其时代当不出明清范围。

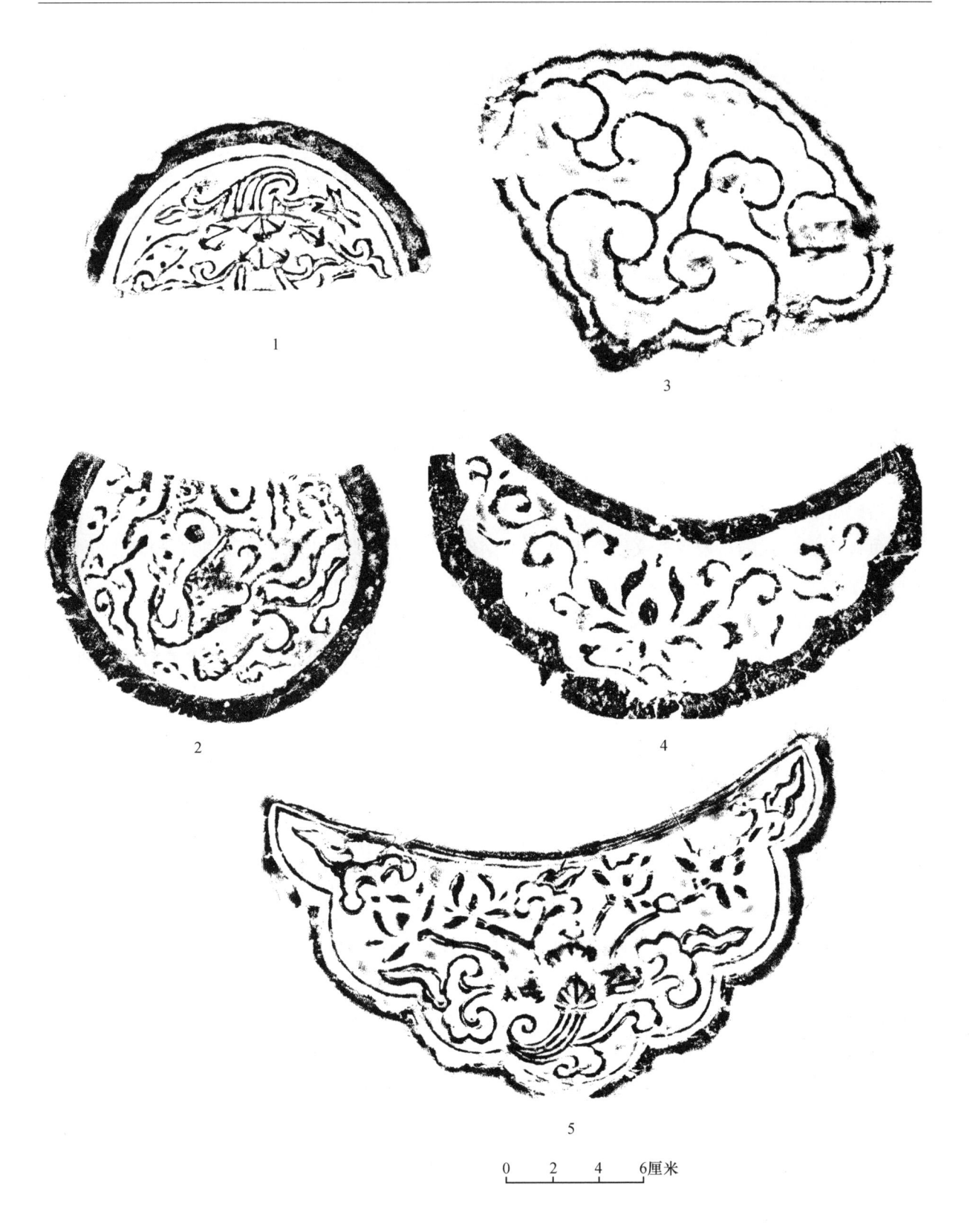

图三七 明清陶瓦当、滴水拓本
1、2. A型瓦当（运H6:13、运T1②:16） 3. B型瓦当（运H6:8） 4、5. 滴水（运H6:10、运H6:11）

八、结　语

　　襄阳城内四个地点的发掘基本反映了古襄阳城的历史沿革，印证了有关历史文献记载的真实性。

　　关于襄阳的起源，见于史料记载的均为"楚之北津戍"，时代约为战国中期偏晚。晋习凿齿《襄阳耆旧记》载："襄阳城本楚之下邑，……为楚之北津也。"《水经注·沔水篇》亦云："襄阳，城北枕沔水……楚之北津戍也。"《同治襄阳县志》记楚怀王十七年时，"邓入于韩，楚于是置此津戍以御敌。"这些记述表明，襄阳城的前身只是楚国北部一个位于南北交通要道上军队驻防的渡口，进而形成了一个重要的军事据点。在许指巷、运动路遗址发掘出土的战国"楚式鬲"及豆、瓦等陶器标本为此提供了实物资料，特别是位于汉江边的许指巷遗址区域很可能就是楚初设渡口之地，并自此地始开创襄阳城建城之先河。而该处与其西南不远的真武山遗址[12]在时代上正好前后衔接，两者之间可能存在着发展的关系。

　　秦时，天下置三十六郡，襄阳属南郡；汉兴，因秦之旧，只是文献记载不详。城内虽暂未发现可以确切断代的秦及汉初文物，但城外西南约1公里的郑家山发掘了一批战国晚期至西汉早期的墓葬[13]，说明襄阳在这一时期至少仍然是一处重要的军事据点。

　　《汉书·地理志》南郡"襄阳"条下颜师古注引"（东汉）应邵曰：'在襄水之阳，故曰襄阳'。"这是今存古籍关于襄阳设县的最早记载；明天顺《襄阳郡志》之"建置沿革"亦载："汉始置襄阳县，隶南郡。"运动路遗址第⑧层是襄阳城内目前发现最早的地层堆积，其时代也正好在西汉时期。

　　东汉时期，襄阳城的地位得到了进一步的巩固，封建经济迅速发展，特别是地主豪强势力的膨胀为襄阳经济的繁荣创造了条件。初平二年，刘表为荆州刺史，荆州治所徙至襄阳，从而使襄阳成为全国一个较大行政区域（约相当于今湖北、湖南两省和河南、贵州、广东、广西四省的一部分）的政治、军事、经济、文化中心。魏晋南北朝时期，北方战乱频仍，中原士族纷纷南渡，襄、樊两城的地位愈显重要。自三国至唐，襄阳一直是封建王朝一级行政州或道的治所，优越的地理和人文环境，使得襄阳在东汉至唐代社会经济也得到迅速发展，文化进一步繁荣。尽管城内这一时期的文化层较薄，遗迹少，但其分布地域扩大，出土遗物数量也较多。其中许指巷遗址第④、⑤层的时代与襄阳城之西北角的"夫人城"（即东晋守将朱序的母亲韩夫人率家仆为抵御前秦苻丕的进攻而筑）直接相关。今襄阳城内东部的东街中、东段南侧较大规模东汉至西晋墓葬的发掘[14]，也从一个侧面说明了襄阳同时期地位的重要和经济的发达程度。

　　唐以后的宋元明清时期，由于全国经济中心的南移和政治中心的东移，襄阳作为南北交通枢纽的地位有所降低，从而在政治、经济上下降为地区性的一般城市，但军事重镇的地位依然明显，上演了南宋抗金、抗元的多次重大战役，如岳飞收复襄阳六郡，宋蒙襄、樊之战等，还有明末农民起义军领袖张献忠、李自成先后攻占襄阳等。从四次发掘的情况看，宋代文化层遍布全城，是除许指巷遗址外其他三个遗址发掘的主体，不仅堆积厚，而且遗物多，所出瓷器既有北方定窑、均窑、耀州窑、磁州窑的产品，也有南方景德镇窑、吉州窑、建窑、龙泉窑的产品，一定程度上仍反映出襄阳南北交通要道的重要地位。明清文化遗存相对较少，应与受到晚期破坏有关，不过，其分布的面积明显加大，与我们今天仍存留的襄阳古城范围一致。

襄阳城内多处地点的发掘，使我们能通过发掘材料与历史文献相印证，并补充历史文献之不足，从而得到一些新的认识：

（1）关于襄阳得名的由来，虽有"襄水之阳"的一致看法，但"襄水"有今"襄渠水"和汉水之争，通过发掘可知，"襄水"应指前者。

（2）这四次发掘结合东街东汉六朝墓葬的发掘及原在今襄阳城以西襄樊卫校的一次发掘（宋以前的地层被明清时期翻挖护城河而扰乱）看，宋以前襄阳城的位置更偏西。

（3）襄阳城的范围以今襄阳城的西北角为起点逐步向外发展扩大，其地面也随汉水河床的抬高而不断抬高。

附记：参加许指巷、荆州北街、南街、运动路遗址发掘的人员分别为刘江生、王先福，王先福、范文强，陈千万、张靖，陈千万、曾宪敏、释贵星、刘江生，基础资料整理王先福、范文强，陶瓷片数据统计及器物修复曾平、黄宏涛、张春明，出土器物照相杨力，拓片曾宪敏，绘图杨一、付强、王先福，描图王先福。

执笔：王先福　范文强

注　释

[1]　杨宝成：《湖北考古发现与研究》第299页，武汉大学出版社，1995年。

[2]　胥浦六朝墓发掘队：《扬州胥浦六朝墓》，《考古学报》1988年第2期。

[3]　镇江博物馆：《江苏镇江谏壁砖瓦厂东晋墓》，《考古》1988年第7期。

[4]　长沙市文物考古研究所：《长沙市新港晋墓的清理》，《考古》2003年第5期。

[5]　武汉市博物馆：《湖北武昌马房山隋墓清理简报》，《考古》1994年第1期。

[6]　襄樊市考古队：《襄樊檀溪隋唐宋墓清理简报》，《江汉考古》2000年第2期。

[7]　武汉市文管处：《武汉市东湖岳家嘴隋墓发掘简报》，《考古》1983年第9期。

[8]　武汉市文管处：《武昌石牌岭唐墓清理简报》，《江汉考古》1985年第2期。

[9]　浙江省文物考古研究所等：《浙江慈溪市越窑石马弄窑址的发掘》，《考古》2001年第10期。

[10]　陈良伟：《洛阳出土隋唐至北宋瓦当的类型学研究》，《考古学报》2003年第3期。

[11]　盐城市文物管理委员会办公室等：《江苏盐城市建军中路东汉至明代水井的清理》，《考古》2001年第11期。

[12]　湖北省文物考古研究所等：《湖北襄樊真武山周代遗址》，《考古学集刊》第9集。

[13]　湖北省文物考古研究所等：《湖北襄樊郑家山战国秦汉墓》，《考古学报》1997年第8期；拙作：《襄阳秦墓初探》，《考古与文物》2004年先秦考古增刊。

[14]　襄樊市博物馆：《湖北襄阳城内三国时期的多室墓清理报告》，《江汉考古》1995年第3期；襄樊市文物考古研究所：《襄阳城东街汉晋墓地发掘报告》，见本文集。

襄樊付岗墓地第二次发掘报告

襄樊市文物考古研究所

付岗墓地位于湖北省襄樊市襄城区欧庙镇付岗村七组（孙家岗自然村）西南侧的台地上（图一）。台地东侧为汉水西岸的冲积平原，西、南、北侧均为起伏的岗地，潼口河绕其北部向东汇入汉江，邹湾遗址[1]隔河相望。焦枝铁路从墓地中部由北向南横贯而过，1996年为配合焦枝复线工程建设，襄石复线考古队对付岗墓地进行了第一次抢救性考古发掘，在墓地的北部共发掘墓葬9座，编号为M1～M9[2]。

2003年为配合忠武输气管道工程建设，襄樊市考古队（襄樊市文物考古研究所前身）受湖北省文物考古研究所委托，对付岗墓地进行了第二次抢救性考古发掘，共勘探清理墓葬27座，接前次编号为M10～M36，除2座墓葬（M27、M35）超出用地范围尚未发掘外，其余25座均进行了科学发掘。

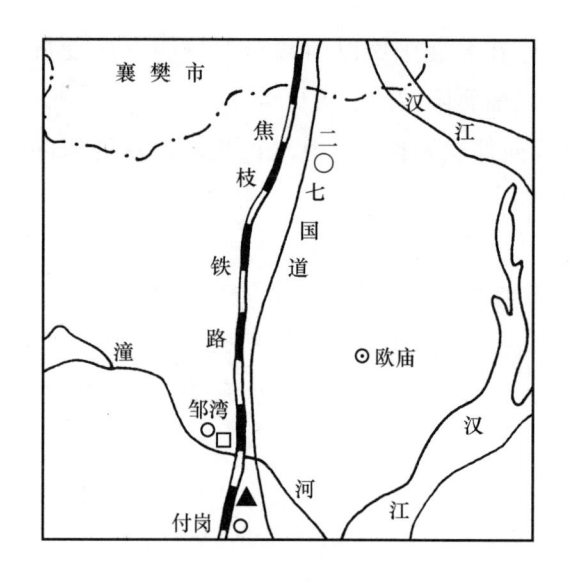

图一 付岗墓地位置示意图

我们将以上两次发掘地分为三区：第一次发掘点位于墓地北部，编为Ⅰ区；第二次发掘分为Ⅱ区和Ⅲ区，Ⅱ区位于墓地南部，有M10～M22、M33（图二）；Ⅲ区位于墓地中部，有M23～M32、M34～M36（图三）。现将本次发掘情况报告如下。

一、墓葬形制

这批墓葬可分为单纯土坑竖穴墓、土坑竖穴砖木复构墓和土坑竖穴砖室墓三种。其中前种数量最多，分布最广；后两种则数量较少，主要集中在墓地的Ⅲ区。这批墓葬方向朝南者10座、朝东者9座、朝北者8座，有9组墓向基本一致且相距较近，应为异穴合葬墓。需说明的是在已发掘的25座墓葬中有2座是未下葬过的空坑。

所有墓葬未见封土，但从调查了解得知，在六七十年代平整土地以前，墓地的Ⅱ区有几座较大的土堆，以及在勘探时发现多数墓葬的周围有大量的灰白色熟土分布，可能是被平整掉的墓葬封土，以上情况说明多数墓葬本身应该是有封土的，特别是在墓地东南部几座规模较大的墓葬，其封土也应相对较高大。

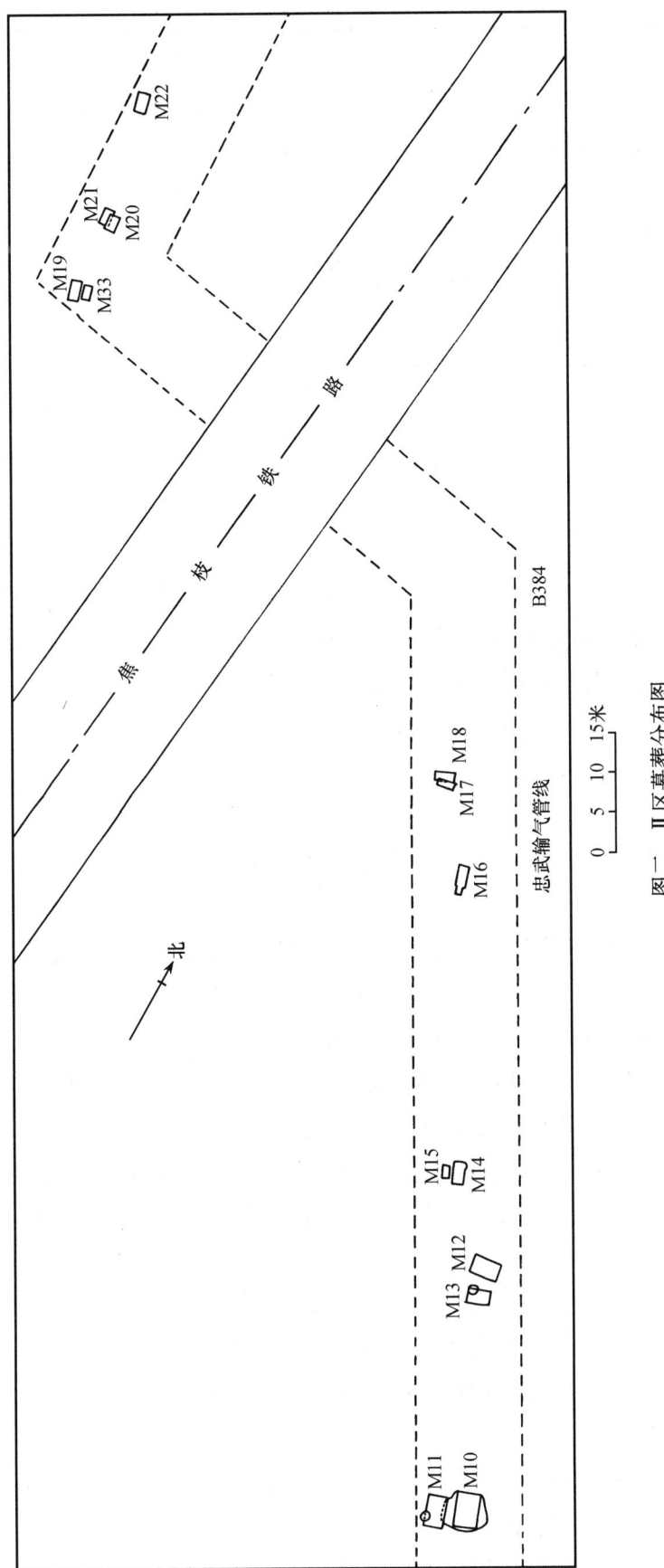

图二 Ⅱ区墓葬分布图

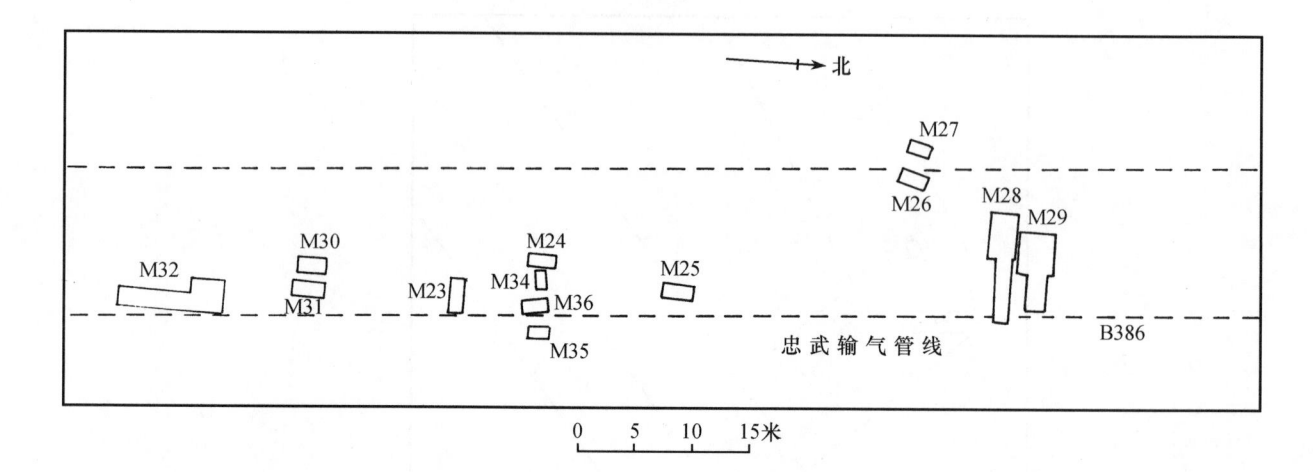

图三　Ⅲ区墓葬分布图

（一）单纯土坑竖穴墓

23座，包括1座空坑。均未设墓道和台阶。墓坑全部为长方形，其中口大底小者7座，口底同大者11座，口小底大者3座，未发掘不明者2座。多数坑壁较规整，坑底平坦，未设腰坑。墓坑填土多为黄褐夹灰白色花土，未见夯筑痕迹。各墓葬具已腐烂，从可辨的灰白色腐痕判断，除未发掘的2座墓及1座空坑外，仅有1座规模较小的墓葬为单棺，其余均为单椁单棺，椁室未分厢，底部未设垫木。多数人骨架已无存，少数可见骨架腐痕者葬式为仰身直肢。

M10　单椁单棺墓。方向175°。为本次发掘规模最大的1座墓葬。墓口距地表约0.4米，墓坑打破一不规则圆形浅坑和生土，墓底稍大于墓口。墓口长4.45、宽3.2、墓底长4.6、宽3.25、墓深5.45米。四壁略外斜且规整平滑。被墓口打破的浅坑内填黄褐灰色花土，坑口南端距墓口南边0.23米，北侧边线基本与墓口北边重合，东端距墓口的东边1.2米，西端距墓口的西边约1.48米且被M11的墓口东边打破，坑底部呈缓坡状，南部最深0.76米。

椁室位于墓坑的中部，腐痕长3.34、宽1.78、高1.09米。在椁室的四周及底部填塞有约6厘米厚的木炭，四周木炭之外筑黄褐色熟土，椁盖顶满铺约16厘米厚的木炭，木炭层之上为红褐灰色填土。椁内棺痕不清，通过随葬器物摆放位置的情况看应置于椁内西北侧。人骨架已腐尽，葬式不明。椁内的东、南侧随葬有铜、铁、陶器计29件，棺内葬玉璧3件（图四）。

M12　单椁单棺墓。方向90°。墓口距地表0.4米，墓坑打破生土，墓底小于墓口，四壁斜内收，坑壁规整。墓口长3.68、东宽2.16、西宽2.1、墓底长3.3、东宽1.7、西宽1.6、墓深6.4米。椁室腐痕的长、宽与墓底相同，高度为0.9米。棺置于椁室中部，腐痕长2.14、宽0.62米。

棺内残存人骨架一具，长1.86米，头向东，面朝上，仰身直肢葬。随葬器物主要摆放在椁内棺外的南、北两侧，计有铜、铁、陶器25件（图五）。

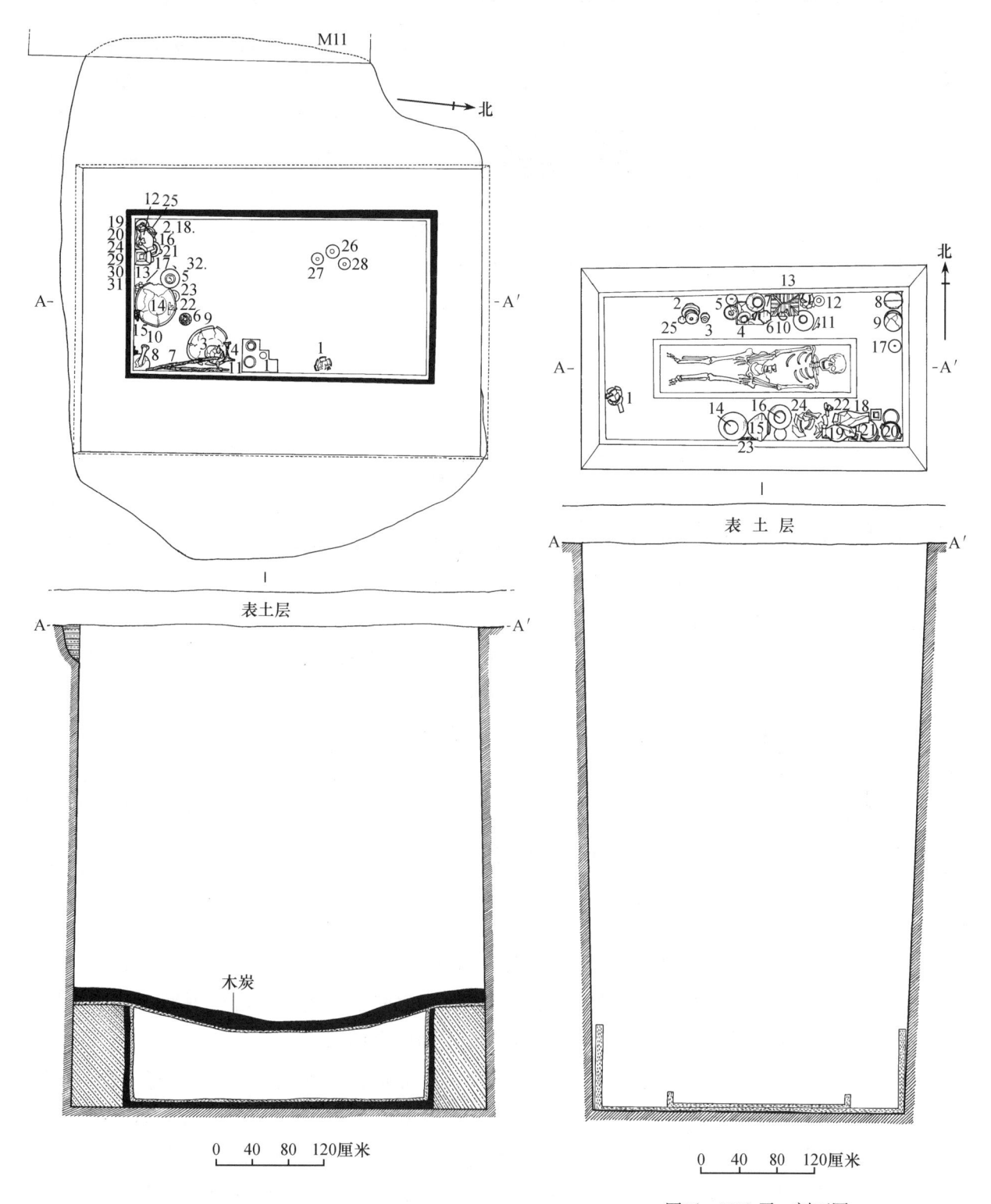

图四　M10 平、剖面图

1. 陶灶　2、18. 铜盘　3、21、24. 铜鼎　4. 铁灯　5. 陶罐　6. 陶熏炉　7、11. 铁剑　8、25. 铜蒜头壶　9、14. 铜盆　10、15. 铁器　12、13、19、20. 铜钫　16. 铜镳壶　17、32. 陶瓮　22. 铜弩机　23. 铜鍪　26~28. 玉璧　29、31. 铜勺　30. 铜匜

图五　M12 平、剖面图

1. 陶镳斗　2、5~7、10~12. 陶罐　3、25. 陶瓶　4. 陶灶　8、9. 陶盒　13. 陶囷　14~16、24. 陶瓮　17. 铜镜　18、19. 陶钫　20、21. 陶鼎　22. 铜弩机　23. 铁器

图六 M17平、剖面图
1、2. 陶罐 3. 陶盂

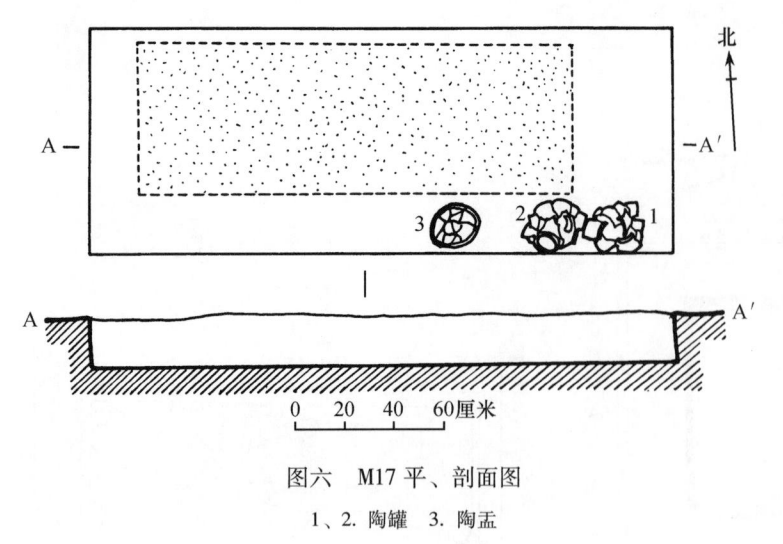

M17 单棺墓。方向2°。墓坑的上部已被破坏，现存墓底，长2.37、宽0.9、残深0.2米。单棺置于墓坑北侧，腐痕长1.76、宽0.6米，棺底铺有较薄的一层炭屑。

棺内人骨架已腐尽，葬式不明。随葬3件陶器，置于墓底的棺外南侧近东端（图六）。

（二）土坑竖穴砖木复构墓

1座。

M32 方向180°。墓口距地表0.5米。墓坑横长方形，口底同大，长3.2、宽2.94、深2.4米。墓坑南部东侧设一长方形斜坡墓道，墓道口长6.5、南宽1.6、北宽1.4米，墓道底坡度11°。墓坑东北角有一圆形盗洞深入椁室，盗洞最大径1.4米。

椁室横长方形，未分厢，腐痕长3、宽2.75、高1.3、壁板厚0.1米。椁室西侧砌有三堵间距为0.7米的矮墙，墙用条砖"顺"、"丁"相错叠砌4层，长0.9、高0.3、厚0.28米，这三堵矮墙可能是做棺床所用，其上棺已腐尽。椁室中部有两堆侧卧的条砖，推测为支撑椁盖板的砖柱倒塌于此。条砖青灰色，素面，规格为28厘米×14.5厘米×6.5厘米。

人骨无存，葬式不明。墓室被盗，仅在椁内南侧中部清理出铜、陶器4件，另在棺床中间的矮墙上出有一串铜钱，可能原在棺内（图七）。

（三）土坑竖穴砖室墓

3座，包括1座空坑。均为长方形单室墓，一侧设有长方形斜坡墓道，并遭不同程度盗扰。空坑（M29）位于M28的北侧，其南壁打破了M28的北壁，坑底和墓道底不平，坑内未见砖室、葬具、人骨及其他遗迹和遗物，应是一座未完工即废弃的墓坑。

M28 方向90°。墓口距地表0.3～0.5米。墓坑长方形，口底同大，长4、宽3.5、深2.7米。坑东侧偏北设有长方形斜坡墓道，墓道口复原长5.6、宽1.2～1.38米，墓道底坡度10°。

砖砌墓室毁坏严重，顶部无存，砖墙紧贴坑壁，单砖错缝顺砌于铺地砖之上，南北墙只剩下部的数层砖，西墙残高2.28米，计38层，墙角咬碴。墓门及两侧的门框用双砖"丁"、"顺"叠砌，墓门残高2.66米，计44层。铺地砖直缝平铺一层，计南北12列，东西27行。墓室的北部砌有三堵矮墙，墙长1.68、宽0.28、高0.48、间距1.24米，该墙可能用以支棺。

人骨无存，葬式不明。在墓室的南部清理出1件铜质残车马明器和4件陶器，北部棺床下出有一串铜钱和1件陶器（图八）。

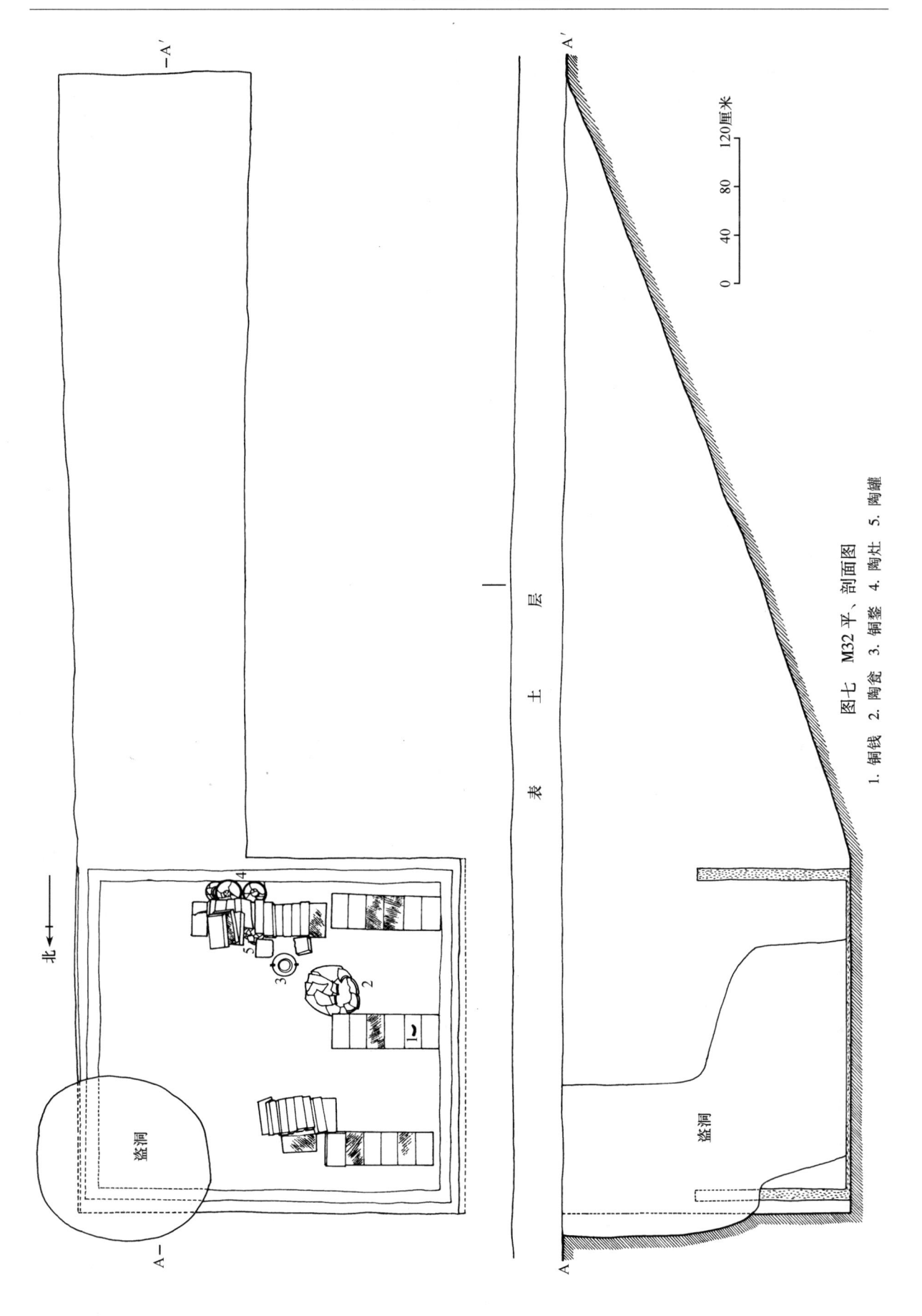

图七 M32 平、剖面图
1. 铜钱 2. 陶瓮 3. 铜鍪 4. 陶灶 5. 陶罐

图八 M28 平、剖面图

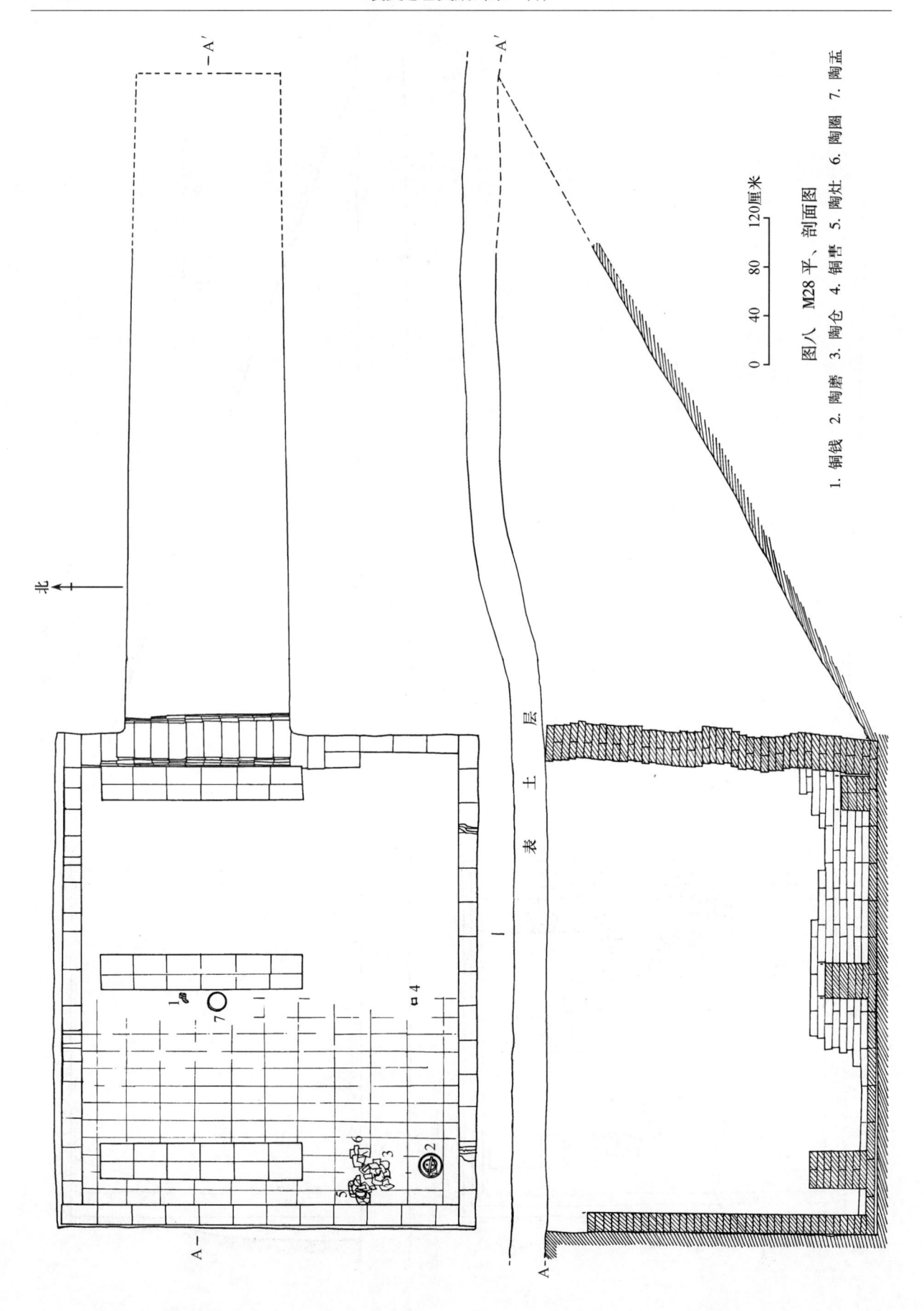

1. 铜钱 2. 陶磨 3. 陶仓 4. 铜甑 5. 陶灶 6. 陶圈 7. 陶盂

二、随葬器物

203 件。按质地可分为铜、铁、玉石、陶器四类。

（一）铜器

93 件（其中铜钱 66 枚）。器类有鼎、钫、蒜头壶、盆、盘、匕、匜、镳壶、鍪、甑、弩机、壴、镜、带钩、铜钱等。多数器物器壁较薄，残破较甚，部分器物未能修复。

鼎 3 件。同出自 M10，形制、大小相同。整体矮胖，器体较扁。子母口，折肩，直腹，圜底较平，对称长方形双耳略外撇，三蹄形足，浅弧盘盖，盖顶有三鸟喙形纽。腹部有一道凸棱，盖顶三纽与双耳间用三道绳捆束。M10:21，口径 16.8、腹径 19.2、通高 18 厘米（图九，1；彩版三，1）。

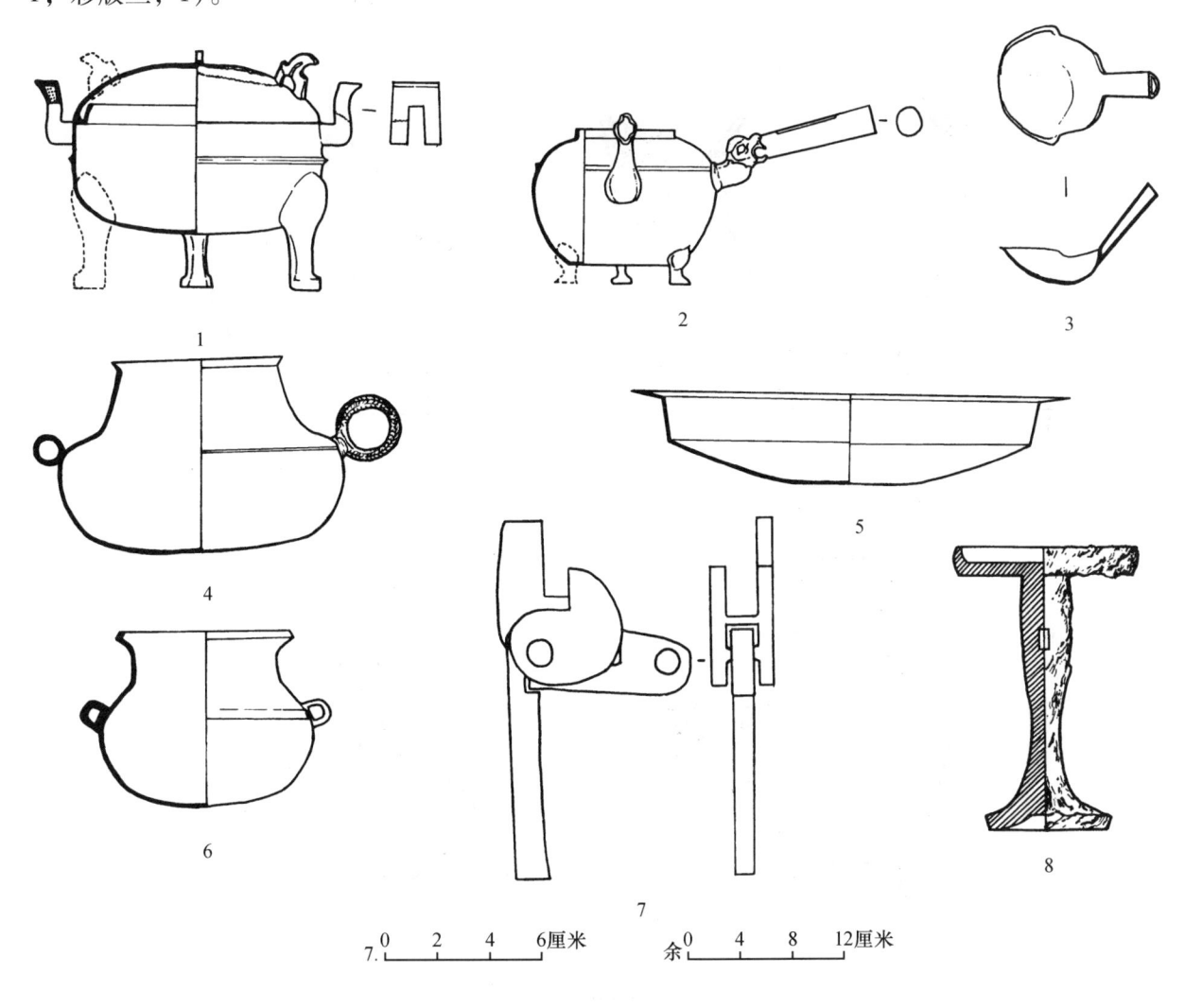

图九 铜、铁器

1. 铜鼎（M10:21） 2. 铜镳壶（M10:16） 3. 铜勺（M10:29） 4. Ⅰ式铜鍪（M10:23） 5. 铜盘（M10:2） 6. Ⅱ式铜鍪（M32:2） 7. 铜弩机（M10:22） 8. 铁灯（M10:4）

钫 4件（2对）。同出自M10，形制基本相同，大小略异。方口略外侈，内折沿，束颈，溜肩，鼓腹，平底，方圈足外撇。肩有对称铺首衔环。上承子口盝顶盖，四"S"形纽。M10：13，口边长8、腹边长17.6、圈足边长10.4、通高32.8厘米（图一〇，3；彩版四，1右）。M10：19，口边长18、腹边长20、圈足边长12、通高42.8厘米（图一〇，1；彩版三，2右）。

蒜头壶 2件。同出自M10，形制基本相同，大小则异。圆直口作蒜头状，束长直颈，斜溜肩，扁鼓腹，平底，高圈足下端略外撇。颈部有一周凸箍。M10：8，口径2.8、腹径19.2、圈足径11.2、高29.6厘米（图一〇，4）。M10：25，口径3.3、腹径24、圈足径13、高37厘米（图一〇，2；彩版三，3）。

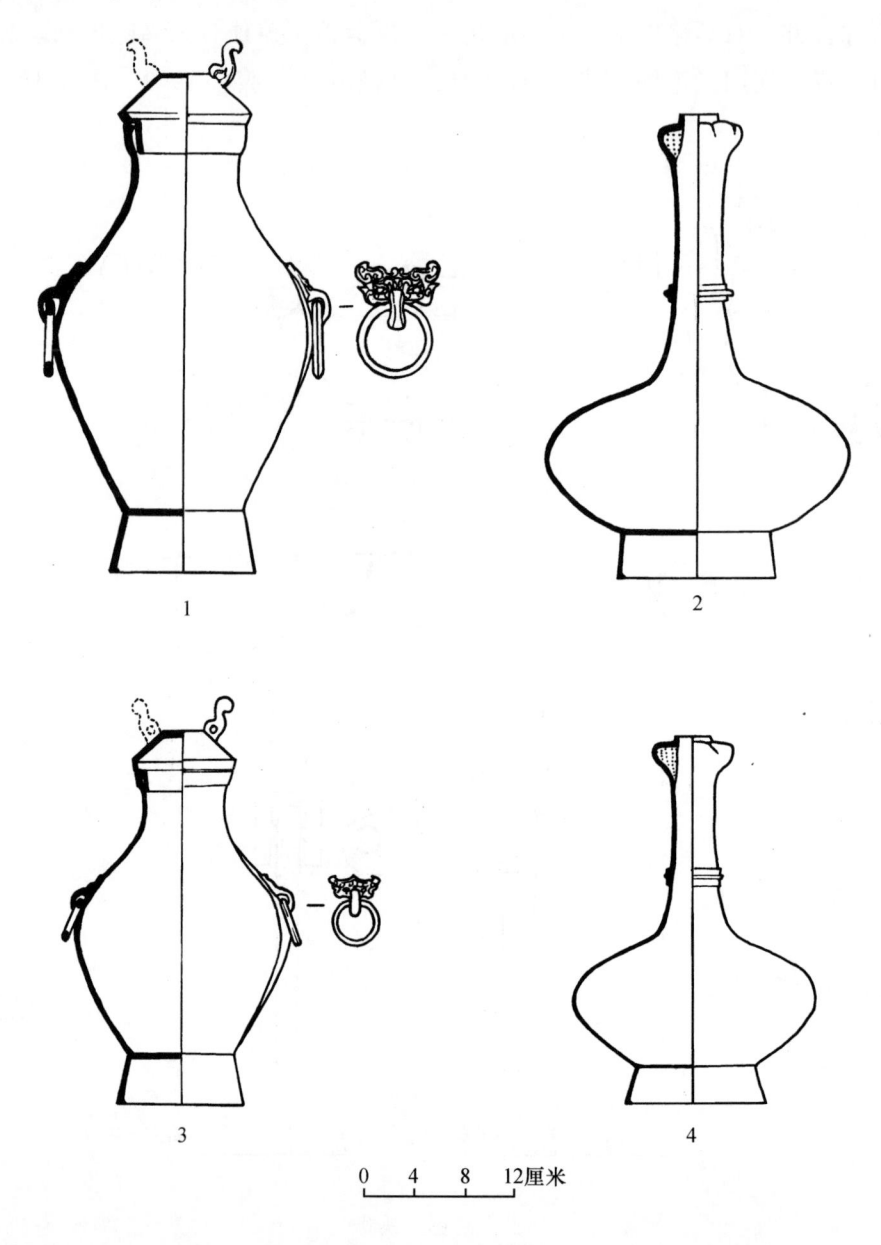

图一〇 出土铜器

1、3. 钫（M10：19、M10：13） 2、4. 蒜头壶（M10：25、M10：8）

盘　2件。同出自M10，形制、大小相同。M10:2，敞口，宽仰折沿，斜直壁，下腹内折斜收，小平底。口径34、腹径28、底径11、高7厘米（图九，5）。

勺　2件。同出自M10，形制、大小相同。M10:29，铲状，前端宽平，两侧呈内折角，空柄，半圆形銎。勺长7.6、宽9.2、柄长6.4厘米（图九，3；彩版四，2）。

鐎壶　1件。M10:16，直口，短领，溜肩，鼓腹，平底，三矮蹄足，腹部装有流和曲折状柄。肩部饰凸弦纹，柄上饰浅浮雕兽首。口径7.6、腹径14、底径10.4、身高12、柄长13.2厘米（图九，2；彩版四，3）。

鍪　3件，束颈，溜肩，鼓腹，圜底。按照口、颈、腹、耳的变化可分二式。

Ⅰ式　2件。分出于M10和M14，形制、大小基本相同。侈口外折，颈自上而下渐扩，近圆折肩，扁鼓腹，圜底近平，肩有一大一小两环耳。大环耳饰穗纹，肩部有一道凸弦纹。M10:23，口径13、腹径22.2、高15厘米（图九，4；彩版四，4）。

Ⅱ式　1件。M32:2，敛口，肩斜溜，肩置对称半圆形耳。肩部一道弦纹。口径13.6、腹径16.8、高13.6厘米（图九，6；彩版四，5）。

弩机　2件。分出于M10、M12，形制基本相同。由牙、牛、悬刀组成，有销孔，未见穿销。牙两齿，竖放，后有一望山，牛卡牙，长条形悬刀在下。M10:22，望山高6.7、牛长5.8、悬刀长9.8厘米（图九，7）。

镜　1件。M12:17，圆形，镜面平，体薄，窄素缘，桥形纽，纽外侧两道细弦纹，又一周细索纹，中区饰菱形纹间蟠螭纹，外围一周宽索纹。直径14、缘厚0.3厘米（图一一，1）。

铜钱　66枚。分别出于2座墓中。钱文有"五铢"和"大泉五十"两种。

"五铢"　35枚。出自M32，多数锈蚀严重。圆形，方穿，有内、外郭。穿左右篆书"五铢"二字，"五"字交股两笔屈曲，"铢"字"金"字头小，点划较短，"铢"字上笔直折，下笔曲折。M32:1-1，径2.4、穿宽1厘米（图一一，3）。

"大泉五十"　31枚。出自M28。圆形，方穿，有内、外郭。穿四周篆书"大泉五十"四字。M28:2-1，径2.6、穿宽0.8厘米（图一一，2）。

（二）铁器

7件。多数锈蚀严重，能辨器形的有剑和灯。

剑　2件。出自M10。残存剑身，隆脊，双刃。残长91厘米。

灯　1件。M10:4，浅折盘，高柄，上部有一方穿，中下部束腰，喇叭形圈足。盘径14、盘深1.2、圈足径9.2、通高22.4厘米（图九，8；彩版三，4）。

（三）玉石器

4件。有玉璧、石砚等。

玉璧　3件。均出于M10。青玉，受沁呈灰白色。两面内、外缘各两道凹弦纹。M10:26，两面阴刻谷纹。直径13.8、好径3.5、厚0.35厘米（图一二，1）。M10:27，两面阴刻谷纹。直径15、好径3.8、厚0.35厘米。M10:28，两面饰乳钉纹。直径13.9、好径3.8、厚0.4厘米。

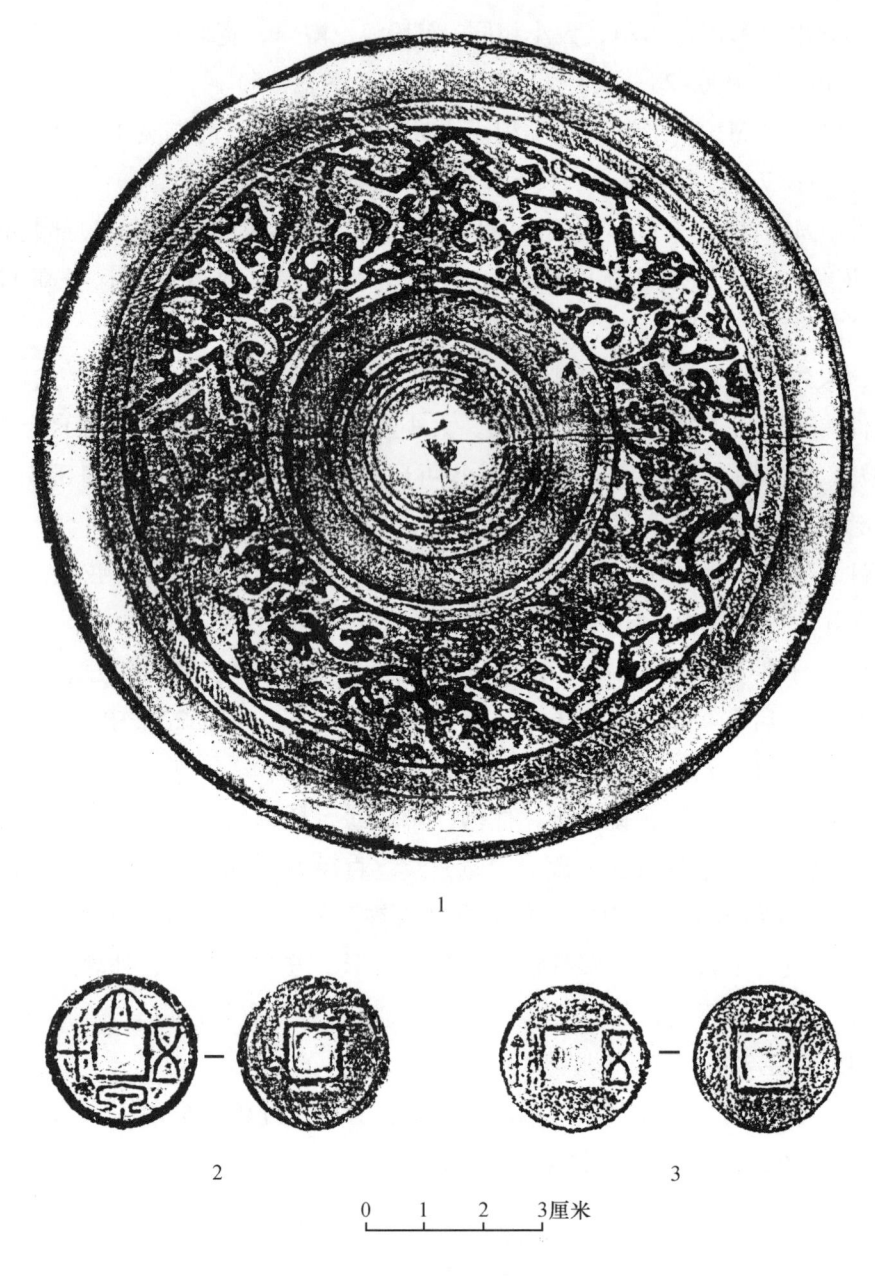

图一一　铜镜、钱拓本
1. 镜（M12:17）　2. "大泉五十"（M28:2-1）　3. "五铢"（M32:1-1）

石砚　1件。M15:1，青石，片状，一面打磨较光滑，另一面相对粗糙，有圆形和方形两块。M15:1-1，方形。长15.2、宽5.9、厚0.3厘米（图一二，2）。M15:1-2，圆形。直径2.9厘米（图一二，3）。

（四）陶器

99件。多数陶质较差，陶系以泥质灰陶较多，约占56%，泥质红或红褐陶约占44%；纹饰以弦纹和绳纹居多，少量附加堆纹，仅在M12的部分器物上发现有黑衣上绘红彩纹饰的装饰

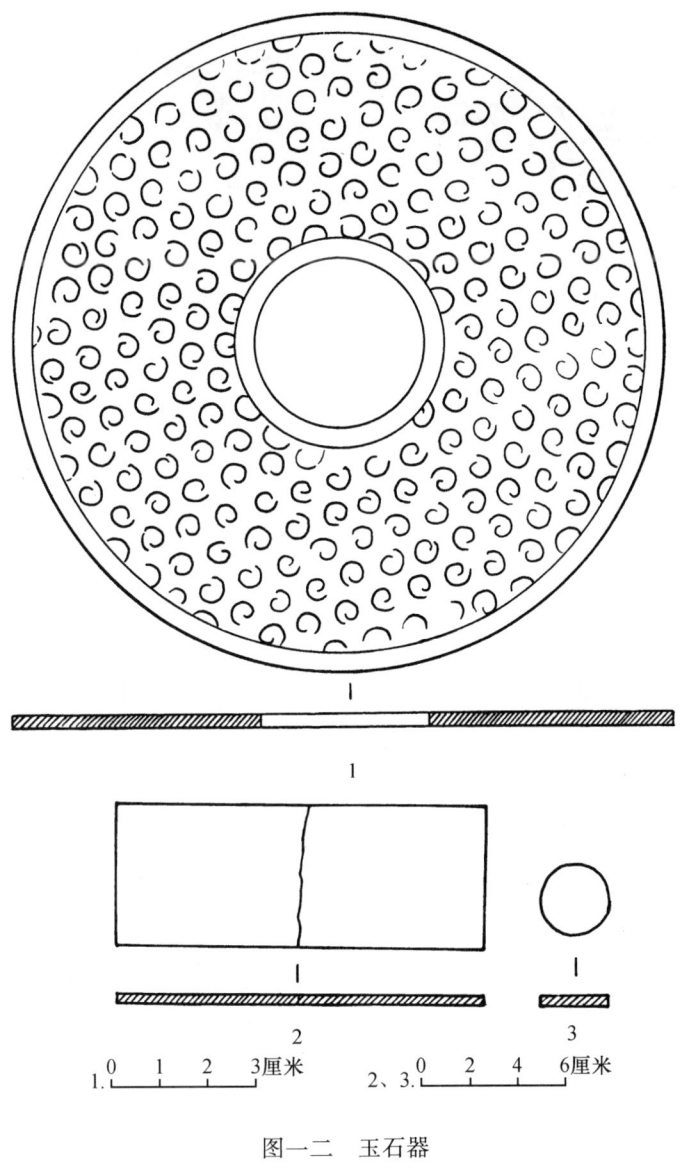

图一二 玉石器
1. 玉璧（M10:26） 2、3. 石砚（M15:1-1、M15:1-2）

手法；器类有鼎、盒、壶、钫、罐、瓮、鋬、釜、镌斗、盉、盆、瓶、磨、圈、熏炉、囷、仓、灶等。

鼎　11件，复原9件。子母口，圆或尖圆唇，折肩，肩有两对称长方形耳，鼓腹，圜底，三足。上承浅弧盘状盖。按照腹、耳、足的变化可分三式。

Ⅰ式　2件。同出于M12，形制、大小及纹饰相同。泥质红陶。腹相对较深，壁自肩部内收，最大径在肩部，直耳上部略外撇，小蹄足。器表先着黑衣再绘红色几何纹样，部分脱落。M12:21，口径17.6、通高17.2厘米（图一三，1；图版二一，1）。

Ⅱ式　2件。腹相对较深，最大径在中腹，直耳上部外撇较甚，蹄足较大。盖上三环纽。器身上腹饰一道凸弦纹。M19:1，泥质红陶。口径21.1、通高22.8厘米（图一三，2；图版二一，2）。M22:5，泥质灰陶。口径21.4、通高21.6厘米（图一三，3）。

图一三 陶鼎

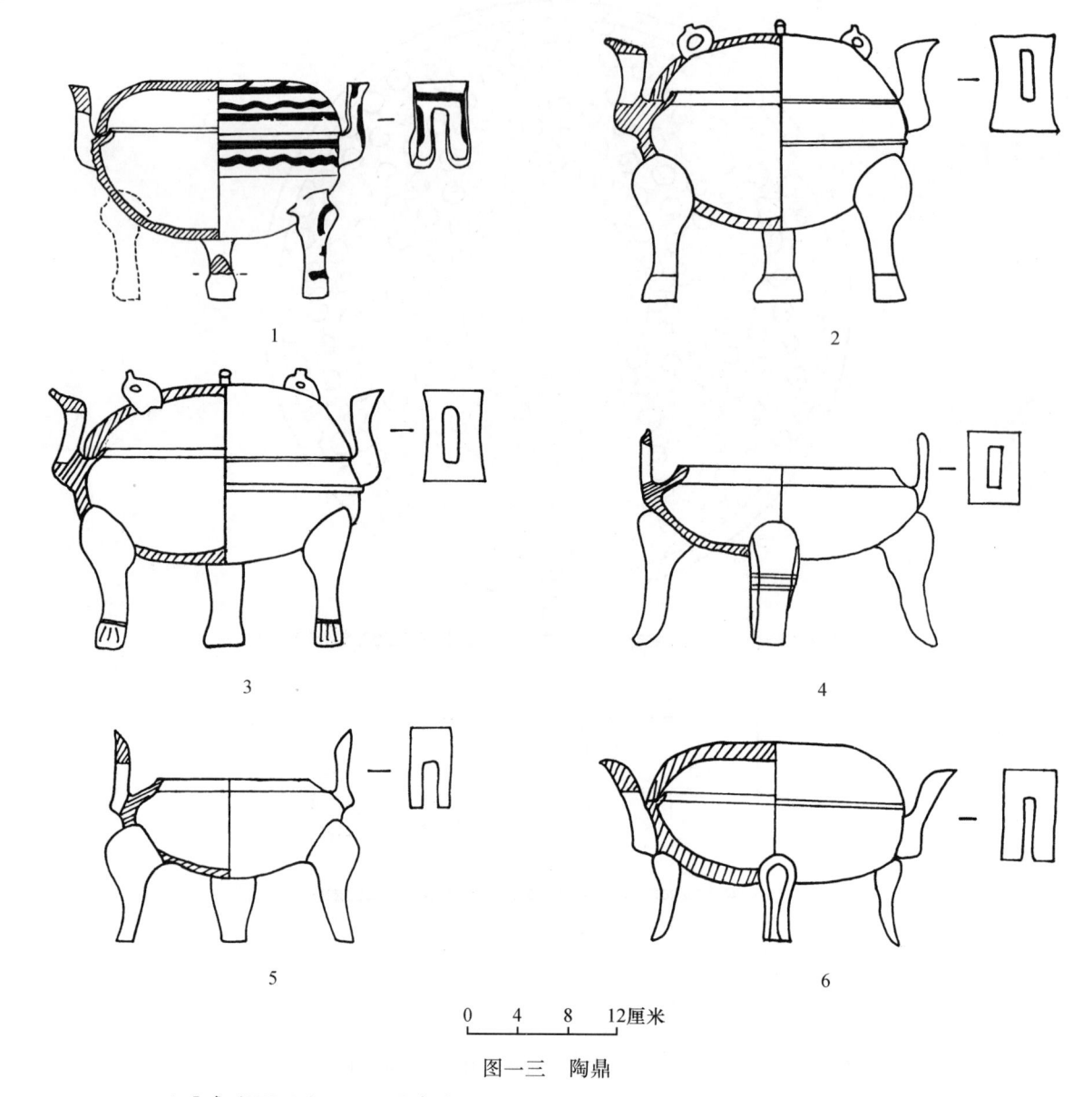

1. Ⅰ式（M12:21） 2、3. Ⅱ式（M19:1、M22:5） 4～6. Ⅲ式（M24:6、M31:2、M36:4）

Ⅲ式 5件。有的缺盖。腹较浅，扁鼓腹，近扁体鸟喙形足。M24:6，泥质灰陶。三足显宽扁，略外撇，双耳直立。口径19.6、通高16.8厘米（图一三，4）。M31:2，泥质灰陶。三足外撇，双耳直立。口径16.6、通高16.8厘米（图一三，5）。M36:4，泥质红褐陶。鼎足扁薄，双耳外侈，上承浅弧盘盖。口径19.4、通高15.6厘米（图一三，6；图版二一，3）。

盒 11件，复原8件。子母口，圆唇，折肩，弧腹内收，上承盖。按照口、腹、底及圈足的变化可分三式。

Ⅰ式 3件。子口较高，深腹，腹壁弧度相对较大，身、盖均浅宽圈足。M12:9，泥质红陶。盖两道、身一道凹弦纹，器表施黑衣绘红彩纹样。口径17.6、圈足径8、通高16.4厘米（图一四，1）。M22:10，泥质灰陶。盖较器身浅。盖与身各一道凹弦纹。口径16.8、圈足径10.4、通高13.8厘米（图一四，2；图版二一，4）。

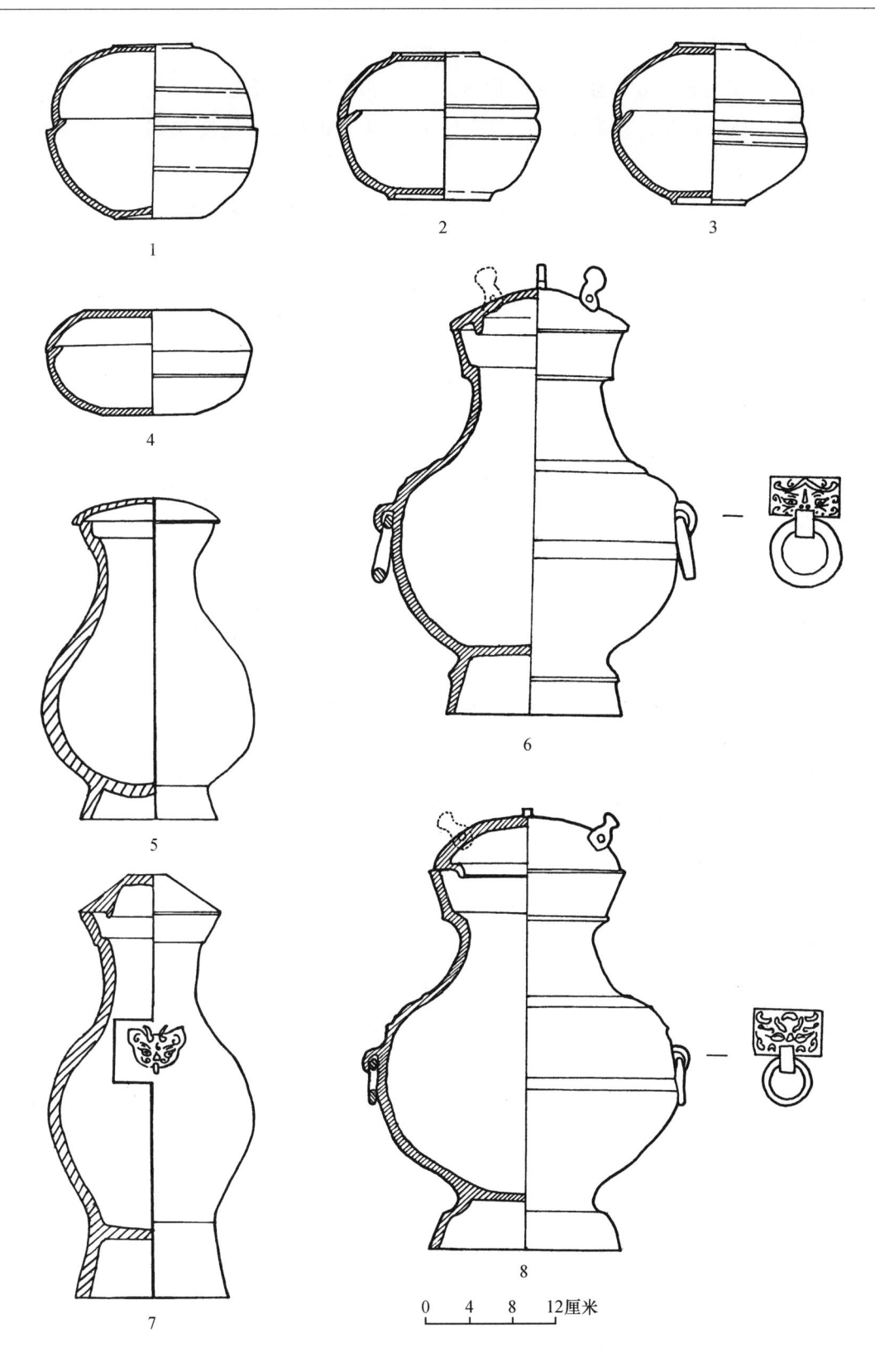

图一四 陶器

1、2. Ⅰ式盒（M12:9、M22:10） 3. Ⅱ式盒（M31:1） 4. Ⅲ式盒（M26:1） 5. A型壶（M24:2）
6、8. B型壶（M19:3、M22:3） 7. 钫（M26:4）

Ⅱ式　3件。泥质红陶。子口较高，深腹，腹壁近斜收，弧度相对较小，身、盖圈足较窄。M31∶1，口径16、圈足径6.8、通高14.2厘米（图一四，3；图版二一，5）。

Ⅲ式　2件。子口较矮，浅腹，身、盖平底无圈足。M26∶1，泥质灰陶。器身腹部饰一道凹弦纹。口径19、底径7.6、通高10.8厘米（图一四，4；图版二一，6）。

壶　8件，复原3件。盘口，束颈，溜肩，鼓腹，圈足。根据整体形状的不同可分二型。

A型　1件。M24∶2，泥质红陶。器形较小。盘口浅，鼓腹略垂，圜底，圈足较矮。上承浅弧盘状盖，盖纽残。口径12.4、腹径20、圈足径12.4、通高30厘米（图一四，5；图版二二，1）。

B型　2件。泥质红陶。形体较大。盘口深，大圆鼓腹，平底，高圈足，肩部有兽面铺首衔环。肩及腹部各饰一周宽带纹。上承盖，子口，鼓顶，顶上有三个"S"形纽。M19∶3，圈足上有一周凸棱。口径16.2、腹径26.8、圈足径16.4、通高42厘米（图一四，6；图版二二，2）。M22∶3，腹与圈足交接处一周内凹。口径17.2、腹径28、圈足径17.8、通高35.8厘米（图一四，8；图版二二，3）。

钫　3件，复原1件。M26∶4，泥质灰陶。盘口，折沿，束颈，鼓腹，平底，高圈足，肩部有对称兽面铺首衔环。上承子口四面坡状盖。口长12.9、宽12.3、圈足长14.8、宽14.2、通高36厘米（图一四，7；图版二二，4）。

罐　23件，复原19件。根据整体形状的不同可分为四型。

A型　8件。双鼻耳罐。侈口，束颈，鼓腹，凹圜底，肩部对称设两牛鼻形耳。分三式。

Ⅰ式　3件。泥质红褐陶。器形较粗矮。口略外侈，颈部最细处在中部，腹部略下垂。M11∶1，尖唇。颈部三道凹弦纹，器身饰斜绳纹。口径12、腹径20.8、高22厘米（图一五，1）。M23∶1，尖唇。颈部四道凹弦纹，肩及上腹部饰竖绳纹，下腹及底饰横绳纹。口径14、腹径28.4、高29.6厘米（图一五，2；图版二三，1）。

Ⅱ式　4件。翻沿或翻折沿，方唇，颈部最细处在上部。M21∶3，泥质红褐陶。颈部饰凸弦纹，肩及上腹部饰竖绳纹，下腹及底饰错乱绳纹。口径14、腹径22.4、高23.6厘米（图一五，3；图版二三，2）。M26∶3，泥质灰陶。颈部饰凸弦纹，肩及上腹部饰斜绳纹，下腹及底饰错乱绳纹。口径11.6、腹径21.2、高22厘米（图一五，4）。M33∶1，泥质灰陶。颈部饰凹弦纹，肩及上腹部饰竖绳纹，下腹及底饰错乱绳纹。口径13.6、腹径23.2、高24厘米（图一五，5）。

Ⅲ式　1件。M16∶1，泥质灰陶。整器较瘦高。口外侈较甚，颈部最细处靠下。肩及上腹部饰斜绳纹，下腹及底饰横绳纹。口径14.4、腹径25.4、高29.2厘米。（图一五，6；图版二三，3）

B型　6件。矮领扁鼓腹罐。体宽扁。按照口、领、腹、底部的变化可分为三式。

Ⅰ式　1件。M10∶5，泥质灰陶。直口，沿内折，平唇，领较高，折肩，折腹，平底。器表残留有红色彩绘痕迹。口径12.8、腹径20、底径10.4、高14.4厘米（图一六，1；图版二三，4）。

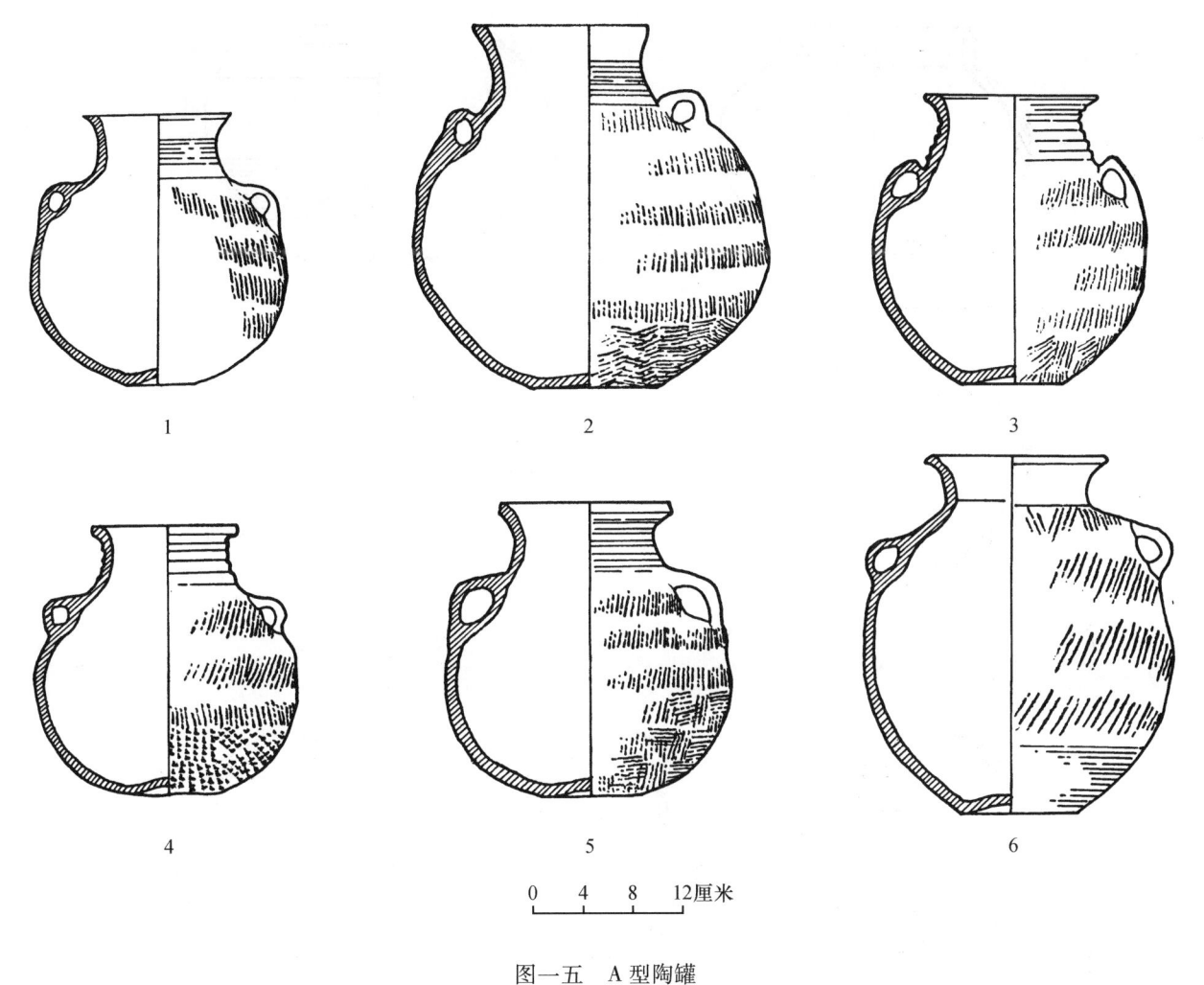

图一五 A 型陶罐
1、2. Ⅰ式（M11:1、M23:1）　3~5. Ⅱ式（M21:3、M26:3、M33:1）　6. Ⅲ式（M16:1）

Ⅱ式　3件。均出自M12，形制相同，大小略异。近直口，翻沿，圆唇，折肩，折腹，平底。上承子口盖，弧顶上立一扁平鸟形纽。M12:7，泥质红陶。口径11.6、腹径20.4、底径7.2、通高19.6厘米（图一六，4；图版二三，5）。

Ⅲ式　2件。微敛口，圆唇，圆折肩，弧腹内收。M24:1，泥质灰陶。凹圜底。下腹及底饰错乱绳纹。口径13.8、腹径22.4、底径7.6、高15.6厘米（图一六，2；图版二三，6）。M33:3，泥质灰陶。素面。平底。口径11.4、腹径20.4、底径7.4、高13.8厘米（图一六，3）。

C型　1件。M32:5，泥质灰陶。整体较瘦高。口微侈，尖唇，鼓肩，深弧腹，平底。器身饰方格纹。口径9.3、腹径13.8、底径7.3、高13.6厘米（图一六，5；图版二四，1）。

D型　4件。均出自M12，形制相同，大小略异。素面。形体较窄小。束颈较长，折肩，扁折腹，平底。上承盖，子口，弧顶，顶上立一扁平鸟形纽。M12:5，泥质灰褐陶。侈口。口径8.8、腹径13.2、底径5.2、残高14.4厘米（图一六，6；图版二四，2）。M12:6，泥质红陶。近直口。口径8、腹径14、底径5、通高15.2厘米（图一六，7）。

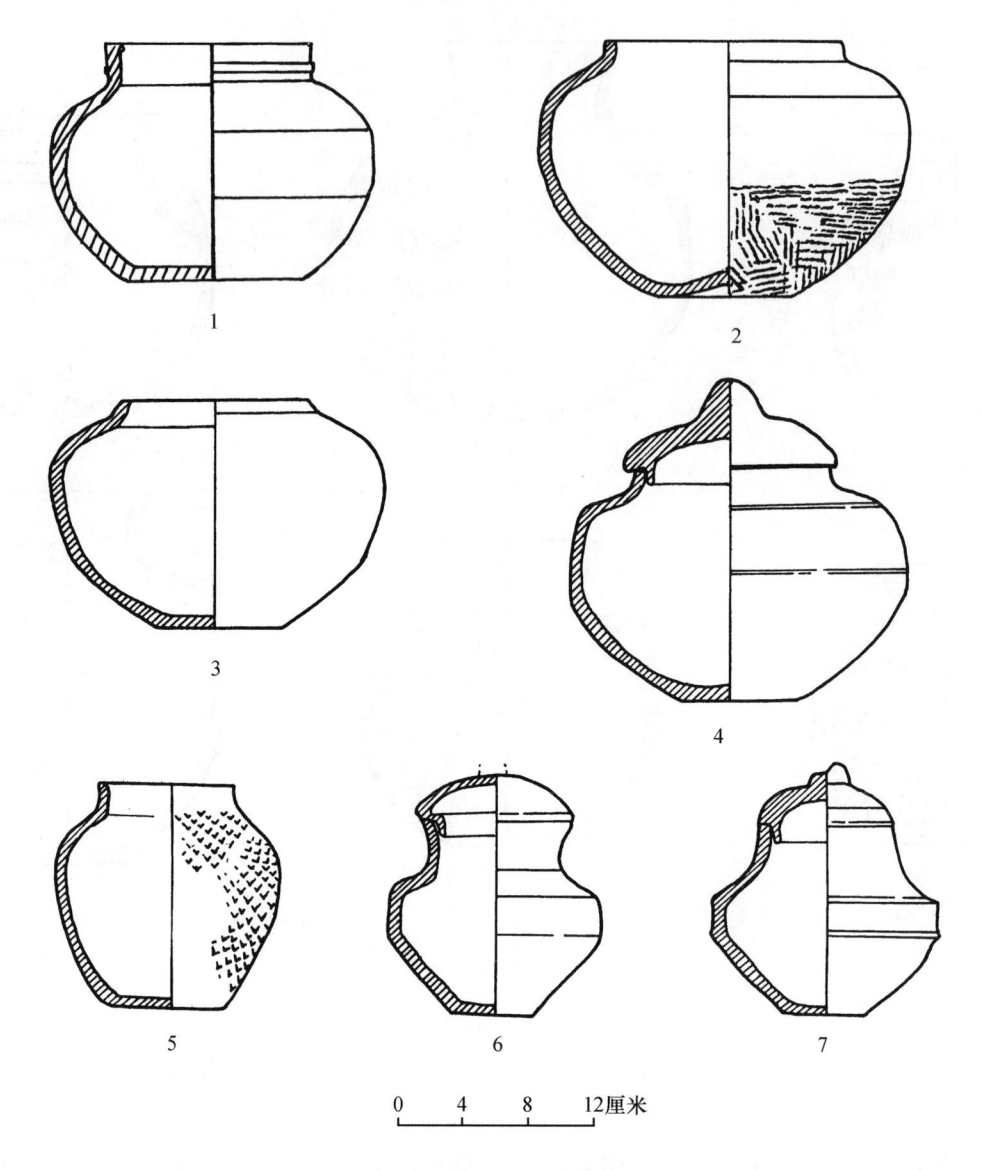

图一六 B、C、D 型陶罐

1. B 型 I 式（M10:5）　2、3. B 型 III 式（M24:1、M33:3）　4. B 型 II 式（M12:7）　5. C 型（M32:5）　6、7. D 型（M12:5、M12:6）

瓮　11 件，复原 10 件。根据整体形状的不同可分为三型。

A 型　4 件。器形矮胖。微敛口，平唇，矮领，广折肩，上腹鼓，下腹弧收，平底。按照大小及腹部的变化可分为三式。

I 式　2 件。均出于 M10，形制、大小基本相同。泥质灰陶，红褐色陶衣。形体较小。最大径在上腹，上腹壁微鼓。M10:17，口径 15.8、腹径 30.4、底径 14.8、高 21.6 厘米（图一七，1；图版二四，3）。

II 式　1 件。M12:24，泥质灰褐陶，器身涂黑色陶衣。形体较小。口内侧有一周浅槽，最大径在肩部，腹壁自肩部内收。上承子口弧顶盖，盖残。口径 20、腹径 40、底径 19.2、通高 25.2 厘米（图一七，2；图版二四，4）。

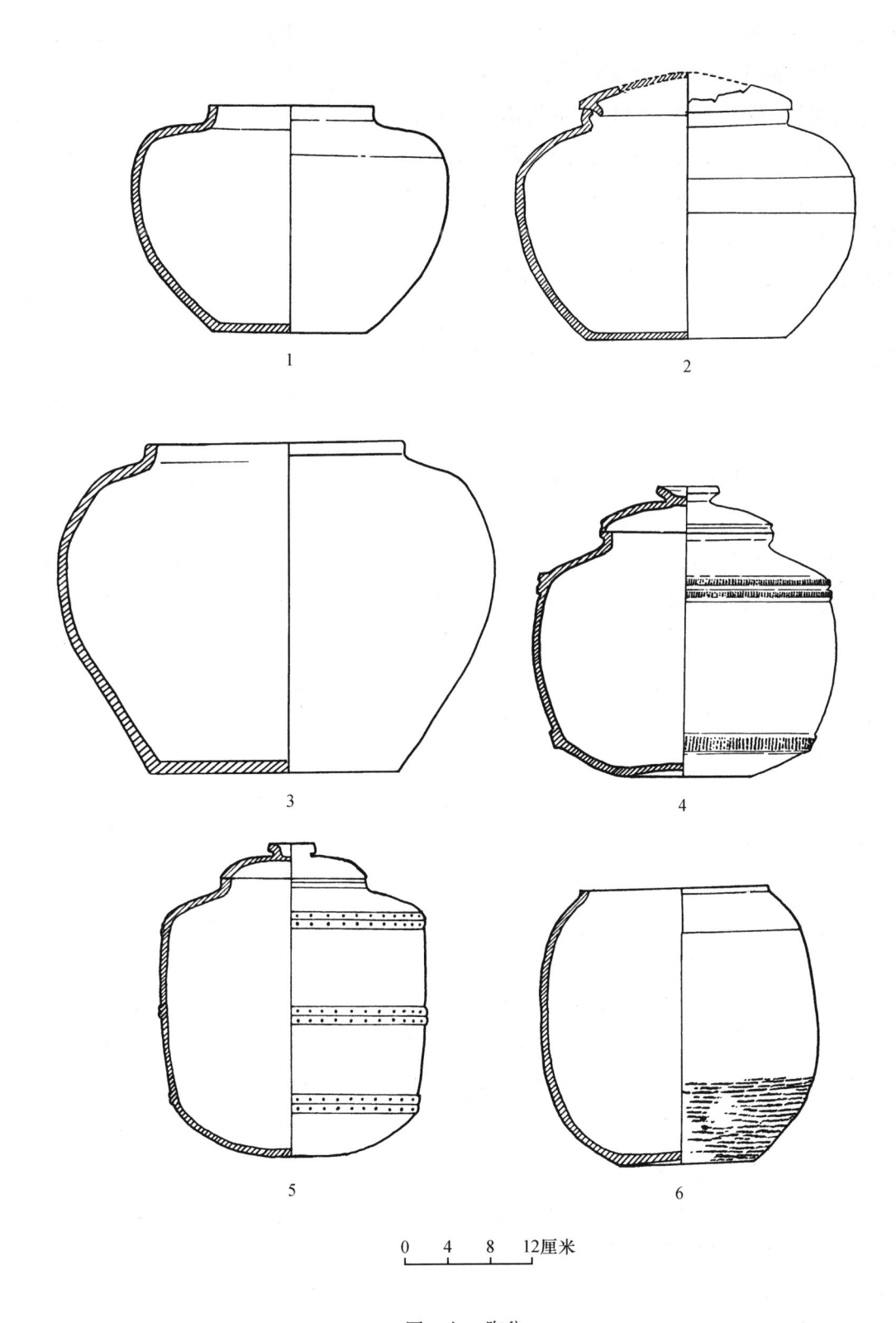

图一七 陶瓮

1. A型Ⅰ式（M10∶17） 2. A型Ⅱ式（M12∶24） 3. A型Ⅲ式（M32∶2） 4. B型Ⅰ式（M12∶16）
5. B型Ⅱ式（M19∶2） 6. C型（M15∶3）

Ⅲ式　1件。M32:2，泥质灰陶。形体大。最大径在中腹偏上，上腹鼓。口径24、腹经41.8、底径24、高31.2厘米（图一七，3；图版二四，5）。

B型　5件。器形瘦高。直口，平折沿，平唇，矮领，斜折肩，腹壁近直，下腹近折收，上承小喇叭状圈足纽碗状盖。器身间隔饰附加堆纹。按照整体及腹、底的变化可分为二式。

Ⅰ式　3件。同出于M12，形制、大小基本相同。泥质，器身黑衣灰褐陶，盖灰陶。整体相对矮胖。腹壁自中部渐收，折痕不明显，凹圜底。肩、下腹分饰二、一周附加堆纹。M12:16，唇部有一道浅凹槽。口径16.8、腹径29、底径12、通高27.5厘米（图一七，4；图版二四，6）。

Ⅱ式　2件。泥质灰陶。整体相对瘦高。腹壁近直，下腹折痕明显，凸圜底。上、中、下腹各饰两周附加堆纹。M19:2，口径13.8、腹径25.2、通高29.6厘米（图一七，5；图版二五，1）。

C型　1件。M15:3，夹砂灰陶。整体瘦高，直口，领极矮，溜肩，深鼓腹，凹圜底。下腹至底饰横绳纹。口径18、腹径26.8、底径12、高26.2厘米（图一七，6；图版二五，2）。

鍪　1件。M18:2，泥质灰陶。侈口，翻折沿，平唇，束颈，溜肩，扁鼓腹，圜底，肩部有对称双环耳。下腹及底饰绳纹。口径13.8、腹径21、高17厘米（图一八，1；图版二六，1）。

釜　2件。泥质灰陶。溜肩，扁鼓腹，圜底。按照口、颈的变化可分为二式。

Ⅰ式　M18:3，素面。侈口，翻沿，尖唇。口径13、腹径16、高10.6厘米（图一八，2；图版二六，2）。

Ⅱ式　M21:2，直口，方唇，矮直领。腹、底部饰绳纹。口径13.6、腹径18.4、高12.8厘米（图一八，3；图版二六，3）。

镶斗　1件。M12:1，泥质红陶。口微侈，圆唇，微束颈，鼓腹，圜底，一侧有短圆柄，柄中部有两道箍。肩、腹部各饰一道凸弦纹，下腹及底饰绳纹。口径10、通长20.4、高12厘米（图一八，8；图版二六，5）。

盂　5件，复原3件。素面。敞口，平唇，弧腹内收，圜底。M15:5，泥质红陶。口径20、底径5.2、高6.8厘米（图一八，5）。M24:3，泥质红陶。口径19.8、高7.2厘米（图一八，4）。M28:7，泥质灰陶。口径14、底径2.8、高6厘米（图一八，6；图版二六，4）。

盆　1件。M21:1，泥质灰陶。侈口，翻折沿，方唇，束颈，鼓肩，弧腹内收，小平底。口径23.8、底径7.6、高8.8厘米（图一八，7）。

瓶　2件。同出于M12，形制、大小相同。泥质灰陶。侈口，尖唇，束颈，鼓腹，下腹曲收，小平底。器身有红色纹饰。M12:3，口径4.8、腹径7.8、底径4.4、高8.8厘米（图一八，9；图版二七，1）。

熏炉　1件。M10:6，泥质灰陶。炉身豆状，子口，深盘，弧腹，平底，喇叭状圈足，盖敞口，弧顶，顶上有圆形纽。盖面饰米格纹，有圆形镂空。口径13.4、底径8.8、通高14.6厘米（图一八，10；图版二六，6）。

磨　1件。M28:2，泥质灰陶。磨圆形，中空，下接磨盘；磨盘较浅，侈口，尖唇，磨盖塌肩，顶部内收有一下料槽且有对称两孔，磨盖上贯穿一磨首。磨径8、磨盘径18.6、底径11.4、通高13.4厘米（图一八，11；图版二七，2）。

圈 1件。M28:6，泥质灰陶。平面大体呈方形，内凹的一边设有排水沟，圈内靠一面墙置有槽盆。长29.2、宽27.2、高13.6厘米（图一八，12；图版二七，3）。

图一八 陶器

1. 鍪（M18:2） 2. Ⅰ式釜（M18:3） 3. Ⅱ式釜（M21:2） 4~6. 盂（M24:3、M15:5、M28:7） 7. 盆（M21:1） 8. 镳斗（M12:1） 9. 瓶（M12:3） 10. 熏炉（M10:6） 11. 磨（M28:2） 12. 圈（M28:6）

囷　2件。下体上盖。根据整体形状的不同可分为二型。

A型　M13:1，泥质灰陶。平面圆形，囷体近筒状，上粗下细，上部开一长方形窗，中部和底部各一道索状箍，平底，分布有七个圆孔，下有两段弧形基墙。圆形坡状瓦顶。盖径32.8、囷体口径27.4、底径22.4、通高42.4厘米（图一九，1；图版二五，3）。

B型　M12:13，泥质红陶。平面方形，墙体上窄下宽，近直壁，其中一面墙上部开方形

图一九　陶器
1. A型囷（M13:1）　2. B型囷（M12:13）　3. 仓（M28:3）

窗，呈凹口状，平底，四角各立一矮方柱，四面坡瓦顶。顶长25.4、顶宽22、口长18.4、口宽15、通高30.6厘米（图一九，2；图版二五，4）。

仓 1件。M28∶3，泥质灰陶。敛口，方唇，斜折肩，深直腹，下部略鼓，平底。器身间隔饰五道凹弦纹。口径12、腹径21.4、底径18.8、高31.2厘米（图一九，3）。

灶 14件，复原7件。由灶体及置于其上的釜、甑或加锅组成，灶体上有火眼，一端开拱形灶门。釜一般扁鼓腹；甑敞口，宽折沿，底有多个箅孔；锅形制基本同甑，但无箅孔。按照灶体形状及釜、甑或锅形制的变化可分为四式。

Ⅰ式 1件。M10∶1，泥质红陶。灶面三曲尺形，开有两大一小三个火眼，火眼上分置两釜一锅，其中一釜上又置一甑，尾端上立一堵挡火墙，墙的一端立有一蒜头形烟囱。挡火墙内面饰有圆圈纹。釜直口，鼓肩，平底；甑平折沿，深腹，上腹直，下腹斜收，平底有五个箅孔；锅敛口，折沿，弧腹，平底。长33、宽35、通高28.6厘米（图二〇，1；彩版四，6）。

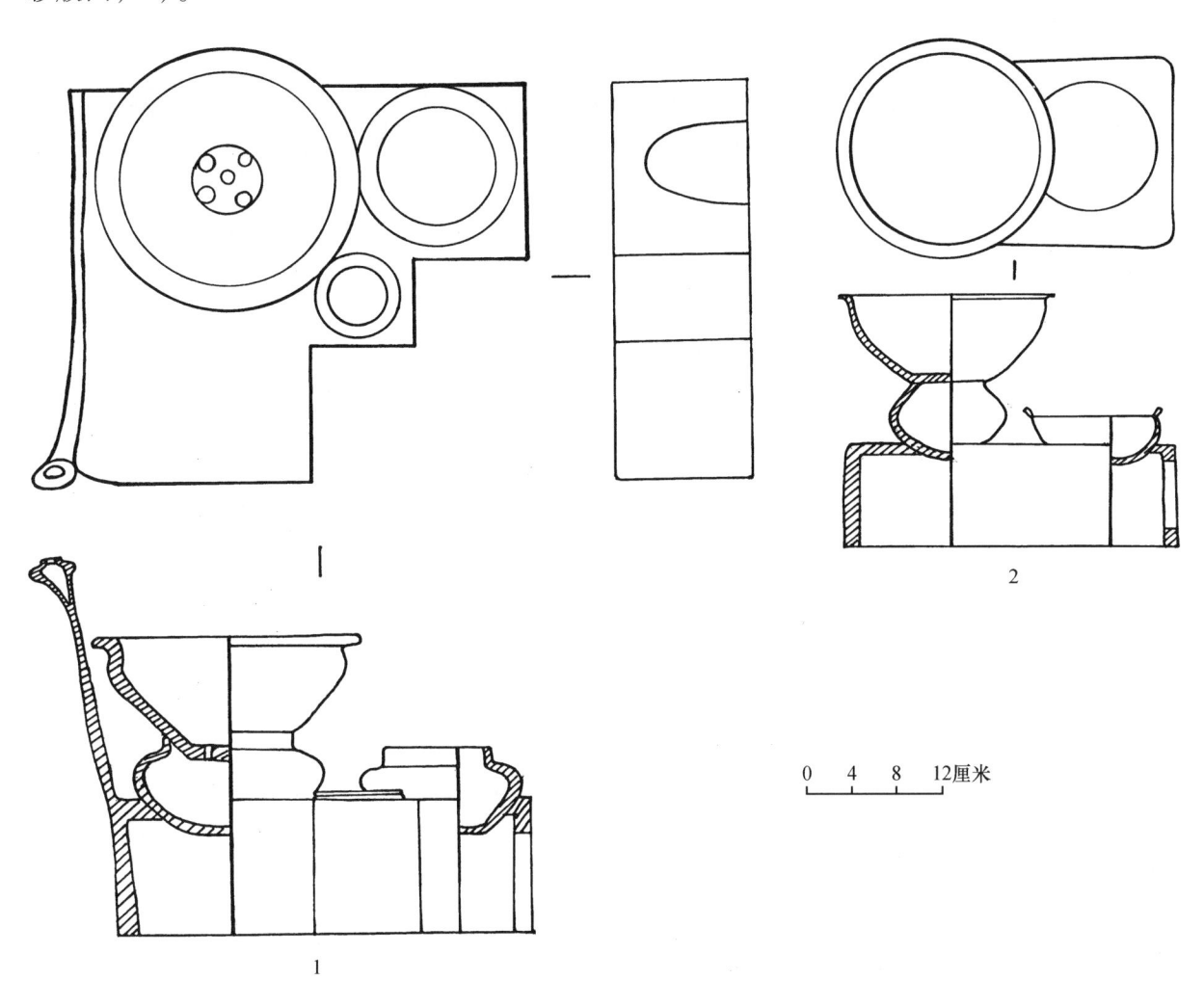

图二〇 陶灶
1. Ⅰ式（M10∶1） 2. Ⅳ式（M32∶4）

Ⅱ式 3件。灶面曲尺形，弧尾，开有一大一小两个火眼，尾端斜立蒜头圆筒状烟囱。M13:2，泥质灰陶。火眼上分置两釜两甑，釜直口，鼓肩，弧腹，平底；甑浅腹，上腹近直，下腹斜收，平底，其中一件有一个箅孔，另一件五个箅孔。长39.2、宽21、通高23.4厘米（图二一，1；图版二七，4）。

Ⅲ式 2件。泥质红陶。灶面梯形，开有两个火眼，分置两釜一甑一锅，尾端斜立一圆筒形烟囱。M19:4，釜直口，鼓腹，圜底近平；甑弧腹内收，圜底近平，底有十二个箅孔。长33、宽16.8、通高22.6厘米（图二一，2；图版二七，5）。

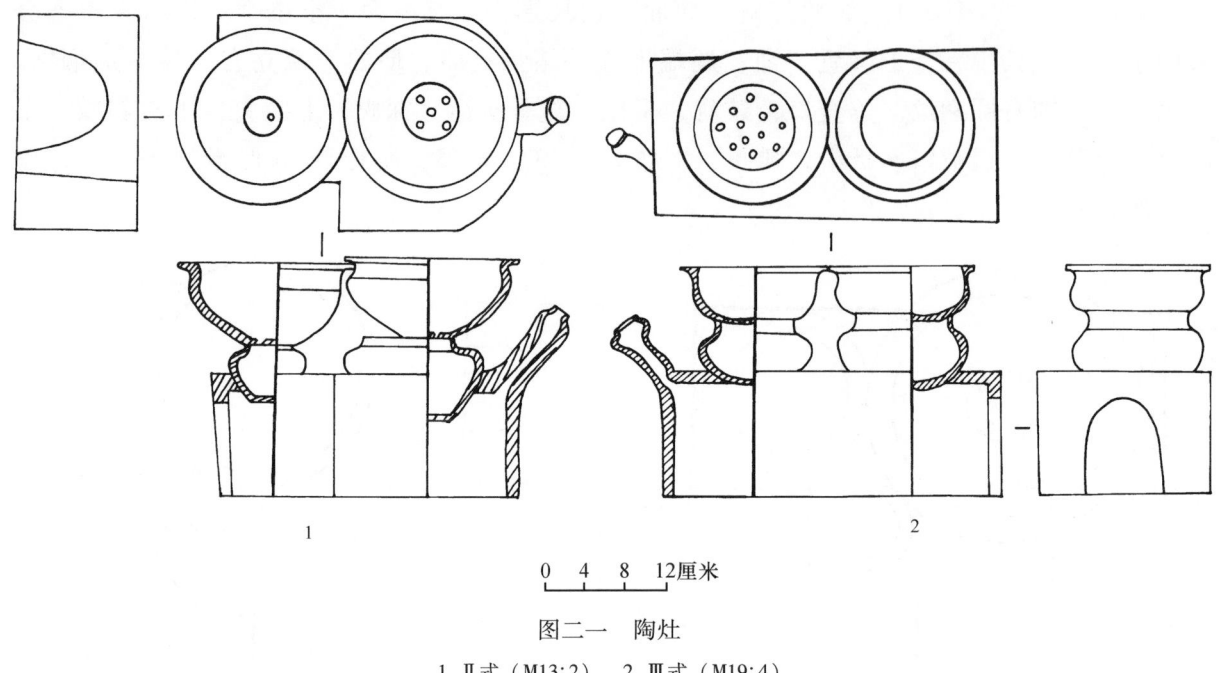

图二一 陶灶
1. Ⅱ式（M13:2） 2. Ⅲ式（M19:4）

Ⅳ式 1件。M32:4，泥质灰陶。灶面圆角梯形，有两个火眼，分置两釜一甑一锅（甑未复原）。一釜为敛口，鼓腹，圜底；另一釜口径较大，敞口，弧腹，圜底，沿上立有两耳。长28.8、宽16.8、通高22.6厘米（图二○，2；图版二七，6）。

三、分期与年代

本次发掘的25座墓葬均无纪年材料。存在并列关系的墓葬有9组，其中1座打破另1座的墓葬有3组：M17打破M18，M20打破M21，M29打破M28，这些存在并列关系的各组墓葬时代相差不远，而打破者又较被打破者为晚。

从墓葬基本形制看，单纯土坑竖穴（木椁、棺）墓、砖木复构墓和砖室墓之间应具有前后发展的关系。

在随葬品方面，除3座外，其余22座墓葬均有。具有断代意义的是出土铜钱的M28、M32两座墓葬，M28单出"大泉五十"，M32单出"五铢"钱。随葬器物组合形式也为其时代的推测提供了参考，这批墓葬随葬器物组合大致可归纳为以下几种：①铜礼器和陶日用器以及模型明器组合；②铜日用器和陶日用器组合；③单纯陶日用器组合；④陶礼器和日用器组合；⑤陶礼器和日用器加模型明器组合；⑥陶日用器和模型明器组合。以上组合除了与墓葬的级别高低有关外，还反映了一定的早晚关系，组合相对简单则时代相应较早。

综合以上因素，再结合器物形制的时代特点，可将此次发掘的25座墓葬划分为三期。

第一期：M10~M15、M17、M18、M23，共9座。

第二期：M19~M22、M24~M26、M30、M31、M33、M34、M36，共12座。

第三期：M16、M28、M29、M32，共4座。

第一期的M10规格较高，随葬品组合较为复杂，按质地分有铜器、铁器、玉石器和陶器，按用途又可分为礼器、兵器、日用器和模型明器。铜礼器鼎、钫、盆、盘、勺、匜加日用器蒜头壶、镶壶、鍪的组合是西汉早期墓中较为常见的铜器组合形式，如在襄阳岘山M3[3]、襄樊郑家山M12[4]、襄阳王坡M192[5]等墓葬中的器物组合与M10基本相同，只是器类没有该墓齐全。M10所出的铜鼎、钫、盆、勺、蒜头壶、鍪等与襄阳王坡西汉早期墓葬中的同类器有较多的相似之处[6]。M12是1座陶器墓，其组合为礼器鼎、盒加日用器罐、镶斗和模型明器囷，这与襄樊郑家山[7]和襄阳王坡墓地[8]的西汉墓葬陶器组合方式较一致，只是参与的器类有所变化。M12所出的Ⅰ式鼎和Ⅰ式盒与襄樊王寨许家岗墓群M28[9]所出鼎、盒基本相同，囷与荆州高台汉墓的A型Ⅱ式仓相近[10]，该墓所出的铜镜与荆州高台汉墓M2所出的Ⅱ型B式菱形蟠螭纹镜基本相同[11]。M18为单纯的陶日用器罐、鍪、釜组合，这与襄樊王寨许家岗墓群M10组合基本相同[12]，只是未见盉的参与，鍪与许家岗的Ⅱ式鍪、釜与许家岗M9：3都基本一致[13]。据以上分析，我们将第一期的相对年代定为西汉早期，即西汉初年至武帝元狩五年。

第二期的墓葬均为陶器组合墓，其组合形式相对稳定，大多数都以礼器鼎、盒、壶加日用器罐和模型明器灶为基本组合方式，个别墓葬以钫替代壶，有的墓葬在日用器中多出一瓮。只有少数墓葬不出礼器，以日用器加模型明器为组合方式。M19所出的Ⅱ式鼎与满城汉墓M1的Ⅰ型鼎比较相似[14]。M22的Ⅱ式鼎、Ⅰ式盒、Ⅱ式壶与襄阳王坡二期三段所出的同类器较为接近[15]。因此我们将本期的相对年代定为西汉中期，即武帝元狩五年至宣帝黄龙元年。

第三期的墓葬均被盗掘，随葬组合不全，但可以看出，在陶模型明器中圈、磨的加入则具有西汉晚期的时代特点，M16所出的A型Ⅲ式罐与襄阳王坡M161的Ⅴ式罐较为接近[16]，M32所出的C型陶罐与黄冈蕲春草林山墓地M8的A型Ⅳ式罐基本相同[17]，M32所出"五铢"钱"五"字交笔弯曲不甚，"铢"字"金"字头小，点划较短，"铢"字上笔直折与洛阳烧沟汉墓Ⅱ型"五铢"相同[18]，该型"五铢"铸行于西汉中晚期。M28所出的"大泉五十"钱为新莽时期所铸行。据此，我们将第三期的相对年代定为西汉晚期，即元帝初元元年至光武帝建立东汉之前。

M20为一座空坑，打破M21，时代应晚于该墓，从其墓坑的形制以及所处区域看，它们的时代不会相距太远，故将其归入西汉中期。M34是一座未出随葬品的单棺墓，显然地位较低，与M24和M36相距较近，应有一定的从属关系，所以将其也纳入西汉中期。M29也是一座空坑，与M28并列并将其打破，但从其墓坑形制看，与M28基本一致，将其定为西汉晚期应大致不误。

四、结 语

付岗墓地首次发掘的Ⅰ区位于墓地的北部边缘，此次发掘的Ⅱ、Ⅲ区基本呈南北向纵贯墓地的中、南部，为进一步了解墓地的全貌提供了新的资料。在第一次发掘的墓葬中有3座战国晚期墓和4座西汉早期墓，而此次发掘表明：墓地的使用下限到了西汉末期，整个墓地的使用是以西汉时期为主，整体看来Ⅰ、Ⅱ区早于Ⅲ区。

西汉时期社会等级是以爵秩来划分的。据《汉书·百官公卿表》记载，当时实行的是二十级等爵制。根据墓室规模、葬具结构以及随葬品组合等因素综合分析，可将这批墓葬分为三类：一类墓主要集中在墓地的中部，所处地理位置较为重要，级别较高，但数量较少，并不代表墓地的整体情况。以M10为代表，该墓和M11是两座同茔异穴合葬墓，墓室面积约15平方米，墓坑较深，葬具为一椁一棺，在椁室的四周积有大量木炭，随葬品种类齐全，铜礼器鼎3、钫4的规格要高于襄阳王坡M35[19]，与荆州高台乙A类墓大致相当[20]。据此推测，墓主生前享有的爵位应在第六级至第九级之间，属中下等官吏；二类墓在墓地分布较广，数量较多，具有普遍性。这类墓的规模明显低于前类墓，墓室面积不大，葬具为单椁单棺，随葬品以单套陶礼器为主。这类墓应是爵位较低的地方乡官或者中小地主；三类墓数量相对较少，墓室很小，仅设单棺，随葬品为很少的几件陶日用器或者无随葬品。因此，墓主人的身份应是平民。

付岗墓地位于汉水中游、襄宜平原的北缘，时代从战国晚期至西汉末期，因此能较完整地反映出本区域的汉文化发展脉络。在西汉早期，墓葬形制均为单纯土坑竖穴（木椁、棺）墓，显然是继承了楚墓的形制。随葬器物组合则受多种文化因素的影响，铜礼器鼎、钫、盘、匜、勺的组合基本是楚式组合的延续，钫替代壶具有较强的时代特征，日用器蒜头壶、鍪和镰斗的加入则是秦文化介入的表现，而陶模型明器灶的出现也是与秦文化有着密切的联系。这反映出本地区汉文化形成的主导因素为楚、秦文化的融合。在器形方面又反应出了一定的区域差别，如源于关中地区的囷和C、D型罐在南方的湖北荆州和湖南常见，但是与付岗一山之隔的襄阳郑家山墓地[21]以及汉水以北的王坡墓地[22]则不见。西汉中期的墓葬形制继续流行土坑竖穴木椁墓，器物组合已形成了相对稳定的礼器鼎、盒、壶加日用器瓮、罐以及模型明器灶、仓等组合形式，器形方面也与周边地区有较多的共性。西汉晚期的墓葬形制开始有了较大变化，带墓道的砖木复构墓和砖室墓也开始出现，器物组合中模型明器占有较大比例，这是社会变革在葬制、葬俗方面的体现。

附记：参加本次发掘的人员有陈千万、曾宪敏、王伟、王志刚等，陶器修复曾平、黄宏涛，铜器修复及拓片易泽林，器物绘图卢亚妮、王志刚，描图王志刚，器物照相杨力，审稿王先福。

执笔：王志刚 王 伟 杨 一

注 释

[1] 焦枝复线襄樊考古队：《襄阳邹湾遗址发掘简报》，《江汉考古》1997年第4期。

［2］　襄石复线襄樊考古队：《湖北襄阳法龙付岗墓地发掘简报》，《江汉考古》2002 年第 4 期。

［3］　襄樊市博物馆：《湖北襄樊岘山汉墓清理简报》，《考古》1996 年第 5 期。

［4］［7］［21］　湖北省文物考古研究所等：《湖北襄樊郑家山战国秦汉墓》，《考古学报》1999 年第 3 期。

［5］［6］［8］［15］［16］［19］［22］　湖北省文物考古研究所等：《襄阳王坡东周秦汉墓》，科学出版社，2005 年。

［9］［12］［13］　襄樊市考古队：《襄樊王寨许家岗墓群发掘》，《江汉考古》1999 年第 4 期。

［10］［11］［20］　湖北省荆州博物馆：《荆州高台秦汉墓》，科学出版社，2000 年。

［14］　中国社会科学院考古研究所：《满城汉墓发掘报告》，文物出版社，1980 年。

［17］　黄冈市博物馆等：《罗州城与汉墓》，科学出版社，2000 年。

［18］　洛阳地区考古发掘队：《洛阳烧沟汉墓》，科学出版社，1959 年。

附表　付岗墓地第二次发掘墓葬登记表

墓号	墓葬形制	方向	墓圹尺寸（米）墓口（长×宽－距地表深）	墓圹尺寸（米）墓底（长×宽－墓深）	墓道	葬具	随葬器物	时代	备注
M10	长方形土坑竖穴墓	175°	4.45×3.2－0.4	4.6×3.25－5.45	无	单椁单棺	铜鼎 3、钫 4、蒜头壶 2、盆 2、盘 2、勺 2、匜、镶壶、ⅠⅠ鍪、弩机、铁剑 2、灯、不明器 2、玉璧 3、陶 BⅠ罐、AⅠ瓮 2、熏炉、Ⅰ灶	西汉早期	与 M11 为异穴合葬墓
M11	长方形土坑竖穴墓	170°	3.68×（2.2~2.5）－0.4	3.68×（2.2~2.5）－5.4	无	单椁单棺	陶 AⅠ罐	西汉早期	被盗
M12	长方形土坑竖穴墓	90°	3.68×（2.1~2.16）－0.4	3.3×（1.6~1.7）－6.4	无	单椁单棺	铜镜、弩机，铁器，陶Ⅰ鼎 2、Ⅰ盒 2、钫 2、BⅡ罐 3、D罐 4、AⅡ瓮 2、BⅠ瓮 3、镶斗、瓶、囷、灶	西汉早期	与 M13 为异穴合葬墓，存人骨架 1 具
M13	长方形土坑竖穴墓	85°	2.8×1.8－0.4	2.75×1.55－5.2	无	单椁单棺	陶囷、Ⅱ灶	西汉早期	被盗
M14	长方形土坑竖穴墓	175°	2.6×1.8－0.4	2.6×1.8－4.6	无	单椁单棺	铜带钩、Ⅰ鍪、甑、铁器，陶瓮	西汉早期	椁底髹红漆
M15	长方形土坑竖穴墓	340°	1.6×1.2－0.4	1.8×1.2－2	无	单椁单棺	石砚、陶 C 瓮、盂 2、灶	西汉早期	与 M14 为异穴合葬墓
M16	长方形单砖室墓	180°	2.6×1.15－0.2	2.6×1.15－1	有	单棺	陶 AⅢ罐	西汉晚期	

续表

墓号	墓葬形制	方向	墓圹尺寸（米）墓口（长×宽-距地表深）	墓圹尺寸（米）墓底（长×宽-墓深）	墓道	葬具	随葬器物	时代	备注
M17	长方形土坑竖穴墓	2°	2.37×0.9-0.9	2.37×0.9-1.1	无	单棺	陶罐2、盂	西汉早期	打破M18，与M18为异穴合葬墓
M18	长方形土坑竖穴墓	80°	3×1.3-0.9	2.2×1-1.9	无	单椁单棺	陶罐、鍪、Ⅰ釜	西汉早期	
M19	长方形土坑竖穴墓	350°	2.4×1.4-0.5	2.7×1.8-3	无	单椁单棺	陶Ⅱ鼎、Ⅱ盒、B壶、BⅡ瓮、Ⅲ灶	西汉中期	
M20	长方形空坑	10°	2.3×1.5-0.4	2.3×1.5-2.5	无		无	西汉中期	打破M21
M21	长方形土坑竖穴墓	10°	2.05×1.08-0.4	2×1.1-3.3	无	单椁单棺	陶AⅡ罐、Ⅱ釜、盆	西汉中期	
M22	长方形土坑竖穴墓	170°	2.5×1.4-0.7	2.5×1.4-2.7	无	单椁单棺	陶Ⅱ鼎、Ⅰ盒、B壶、BⅡ瓮、灶	西汉中期	
M23	长方形土坑竖穴墓	90°	2.6×1.4-0.25	2.4×1.3-3.2	无	单椁单棺	陶AⅠ罐、Ⅱ灶	西汉早期	
M24	长方形土坑竖穴墓	180°	2.4×1.3-0.3	2.3×1.2-3.2	无	单椁单棺	陶Ⅲ鼎、Ⅲ盒、A壶、Ⅲ罐、盂、Ⅱ灶	西汉中期	
M25	长方形土坑竖穴墓	180°	2.4×1.2-0.35	2.4×1.2-0.6	无	单椁单棺	陶罐	西汉中期	
M26	长方形土坑竖穴墓	10°	2.4×1.4-0.2	2.4×1.3-2.35	无	单椁单棺	陶鼎、Ⅲ盒、钫、AⅡ罐	西汉中期	
M27	长方形土坑竖穴墓	90°			无				未发掘
M28	长方形单砖室墓	90°	4×3.5-(0.3~0.5)	4×3.5-2.7	有	单棺	铜耳杯2、钱31，陶盂、磨、圈、仓、灶	西汉晚期	盗扰
M29	长方形空坑	90°	3.8×3.3-0.6	3.6×(3.2~3.5)-1.8	有	无	无	西汉晚期	打破M28

续表

墓号	墓葬形制	方向	墓圹尺寸（米） 墓口（长×宽－距地表深）	墓圹尺寸（米） 墓底（长×宽－墓深）	墓道	葬具	随葬器物	时代	备注
M30	长方形土坑竖穴墓	180°	2.4×1.5－0.4	2.4×1.5－3.8	无	单椁单棺	陶鼎、盒、壶、灶	西汉中期	与M31为异穴合葬墓
M31	长方形土坑竖穴墓	180°	2.6×1.7－0.4	2.6×1.7－3.9	无	单椁单棺	陶Ⅲ鼎2、Ⅱ盒2、壶2、AⅠ罐、灶	西汉中期	
M32	长方形砖木复构墓	180°	3.2×2.94－0.5	3.2×2.94－2.9	有	单椁单棺	铜Ⅱ鍪、钱35，陶C罐、AⅢ瓮、Ⅳ灶	西汉晚期	被盗扰
M33	长方形土坑竖穴墓	350°	1.9×1.3－0.8	1.9×1.3－1.4	无	单椁单棺	陶AⅡ罐2、BⅢ罐、Ⅲ灶	西汉中期	
M34	长方形土坑竖穴墓	85°	1.8×1.15－0.5	1.6×1－2.3	无	单棺	无	西汉中期	
M35	长方形土坑竖穴墓	95°	2.2×0.95－0.8		无				未发掘
M36	长方形土坑竖穴墓	350°	2.26×（1.36~1.46）－0.3	2.14×1.15－4.4	无	单椁单棺	陶Ⅲ鼎2、盒2、壶2、灶	西汉中期	

注：未注明件数者均为1件。

老河口狮子岗遗址汉代窑址清理简报

襄樊市文物考古研究所
老河口市博物馆

狮子岗遗址位于老河口市李楼街道办事处亢营村十二组（邓家营自然村）北 500 米的狮子岗南部。狮子岗为汉水东岸的淤积台地，约高出周围水田 1.2 米，西距付老馆汉代遗址约 800 米，西南距亢家营汉代遗址约 300 米[1]（图一）。2005 年 9 月，老河口市交通局在此征地取土时，发现红烧土遗迹和汉代板瓦、筒瓦。2005 年 10 月初至 11 月中旬，襄樊市考古队（襄樊市文物考古研究所前身）对该地进行了勘探，发现该处为一汉代遗址，随后进行了清理发掘。发掘布 5 米×5 米探方四个，分别编号 2005LST1~T4，清理出窑址两座、水井一眼（因地下水位较高，未能清理），窑址编号 2005LSY1、Y2，水井编号 2005LSJ1（图二；图版二八，1）。现将窑址清理情况简报如下。

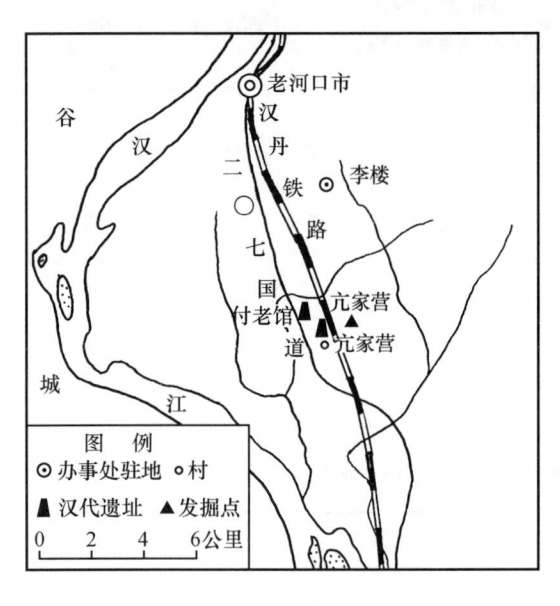

图一　狮子岗遗址位置示意图

一、地层堆积

窑址所处遗址的地层堆积比较简单。第①层为现代耕土层，厚 0.2~0.25 米。土色褐黄，土质疏松。包含物有碎瓦片、瓷片、石子和植物根茎等。第②层为汉代文化层，厚 0.8~1.1 米。土色灰黄，土质较硬。包含物较少，有少量绳纹板瓦、筒瓦碎片。第③层为淤沙层，较纯净，含少量黄褐色土点和草木灰。第③层下即为黄褐色生土。

窑址均开口于第①层下，打破第②、③层和生土层，Y1 还打破 J1。

二、窑　　址

两窑均由操作坑、窑室、烟道三部分组成。

（一）Y1

坐东朝西，方向 263°（图三）。

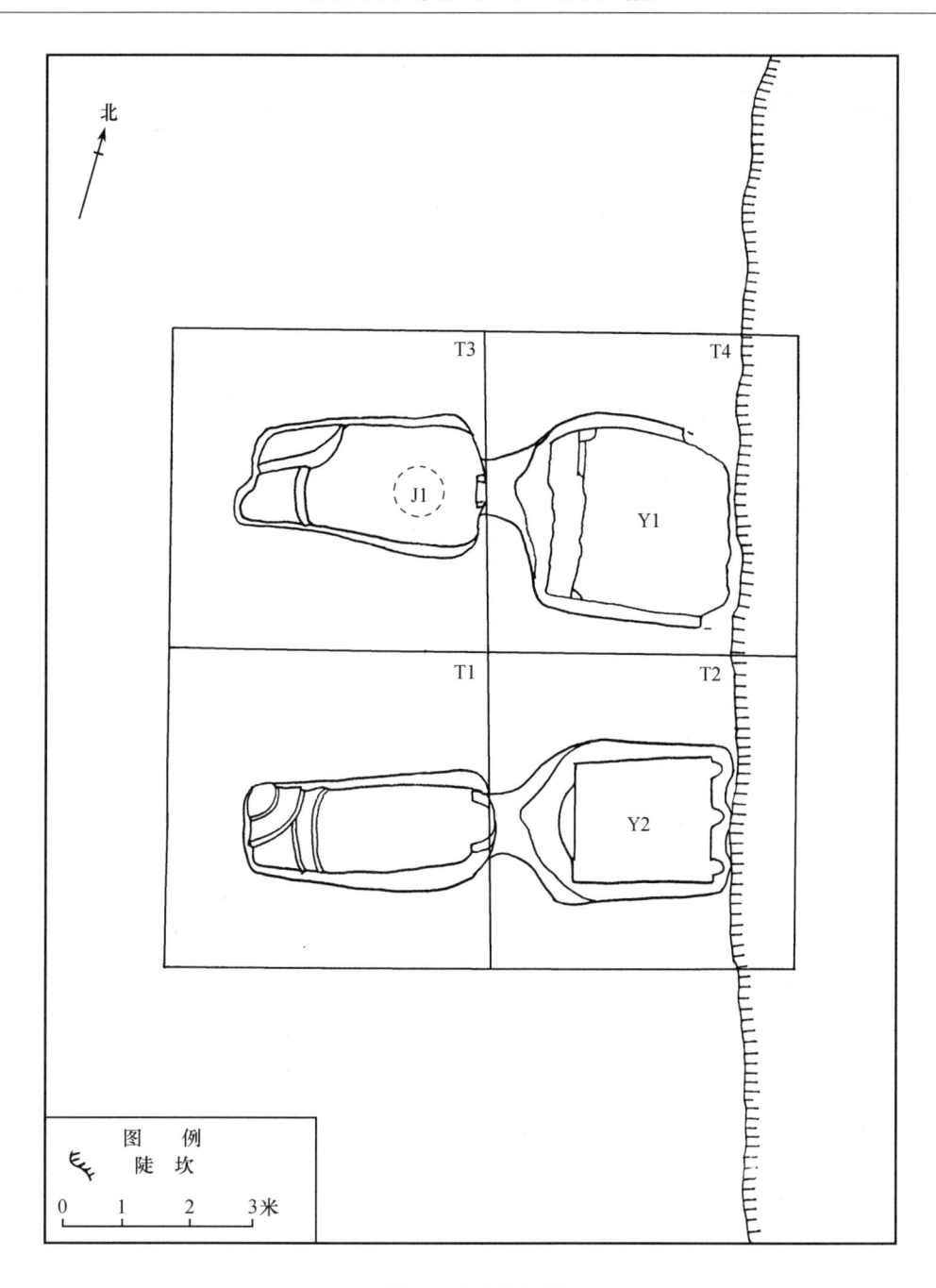

图二 遗迹分布图

1. 结构

操作坑 位于西部，半地穴式，平面呈不规则梯形，口大底小，壁内收，底较平坦。口长3.9、宽1.5~2.25米，底长2.28、宽1~1.8米，存深1~1.4米，西壁有二级台阶，第一级台阶宽0.4、高0.2~0.4米，第二级台阶宽0.9、高0.4米，坑底呈坡状，东端近火门处较深，西端较浅。操作坑东端接窑室。

窑室 整体近漏斗形，自西向东分别为窑门、火膛及窑床。

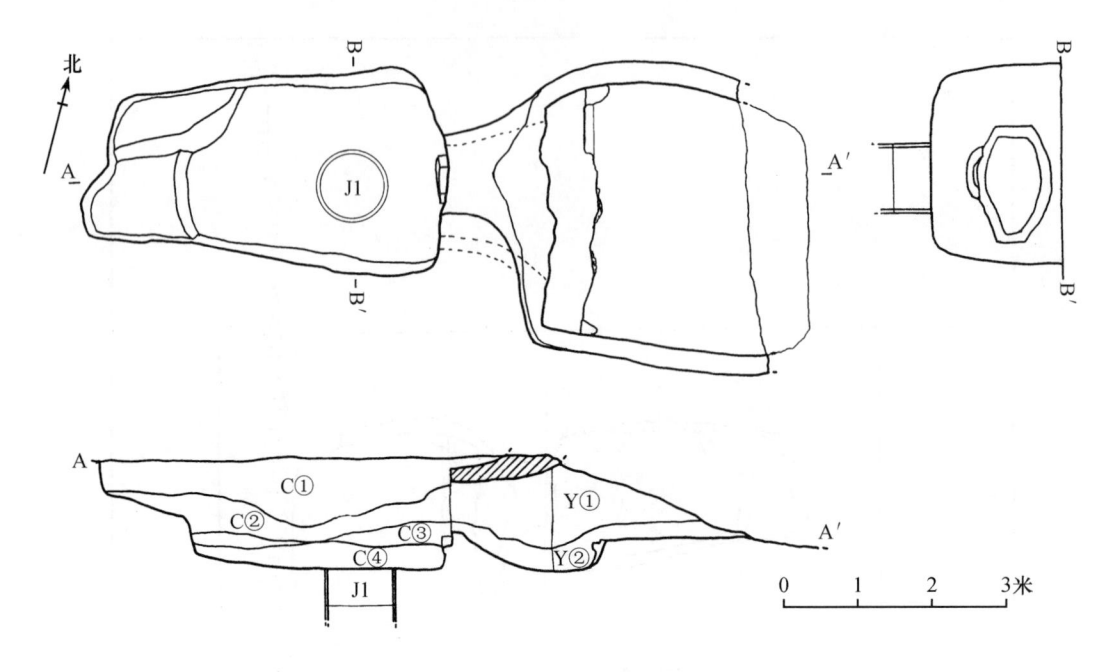

图三　Y1平、剖面图

窑门　整体呈喇叭状，口部较小，向火膛处渐大。口部立面呈腰鼓形，南、北壁陡直，上、下壁外弧，南壁稍残，窑门下侈出一瓦状沿。窑门宽1.05、高0.55米，底向东渐深至与火膛底平。

火膛　平面呈喇叭形，自窑门向窑床渐宽，宽0.4～2.35、进深1.5米。火膛内存大量草木灰。

窑床　东部遭到破坏，平面近长方形，南北壁微外弧。前窄后宽，窑壁垂直，残高0.05～0.65米，内壁用草拌泥抹光。窑室残长2.1～2.5、宽2.35～2.8米。窑床进深1.7～2米（残），高出火膛0.35厘米。

烟道　因破坏情况不明。

2. 窑内堆积及包含物

窑内堆积情况：操作坑内可分四层，窑室内可分二层。

（1）操作坑

Y1C①：厚0.35～0.75米。黄褐色土，较硬，夹杂红烧土块。出土有陶筒瓦、板瓦、盆、双耳罐等。

Y1C②：厚0.15～0.45米。褐灰色土，较软，遗物较少。出土有少量陶筒瓦、板瓦、盆、井圈残片。

Y1C③：厚0～0.22米。黑灰色土，夹杂大量草木灰和少量红烧土块。仅见数块陶筒瓦、板瓦残片。

Y1C④：厚0.2～0.35厘米。灰黄色土，较软，夹杂少量红烧土粒。出土少量陶筒瓦残片。

（2）窑室

Y1Y①：厚0~0.9米。褐灰色土，较硬，杂红烧土块。出土有大量烧造变形的陶筒瓦、板瓦。应为陶窑废弃后坍塌的窑壁和回填物。

Y1Y②：厚0.05~0.35米。主要为草木灰和红烧土，在火膛底部有一层木柴燃烧后的黑色灰烬，窑床底部有一层烧制陶器后残留的灰红色细沙。出土有陶筒瓦、板瓦、瓮、盆等残片。该层应为此窑最后一次使用后的残留物。

（二）Y2

坐东朝西，方向253°（图四）。

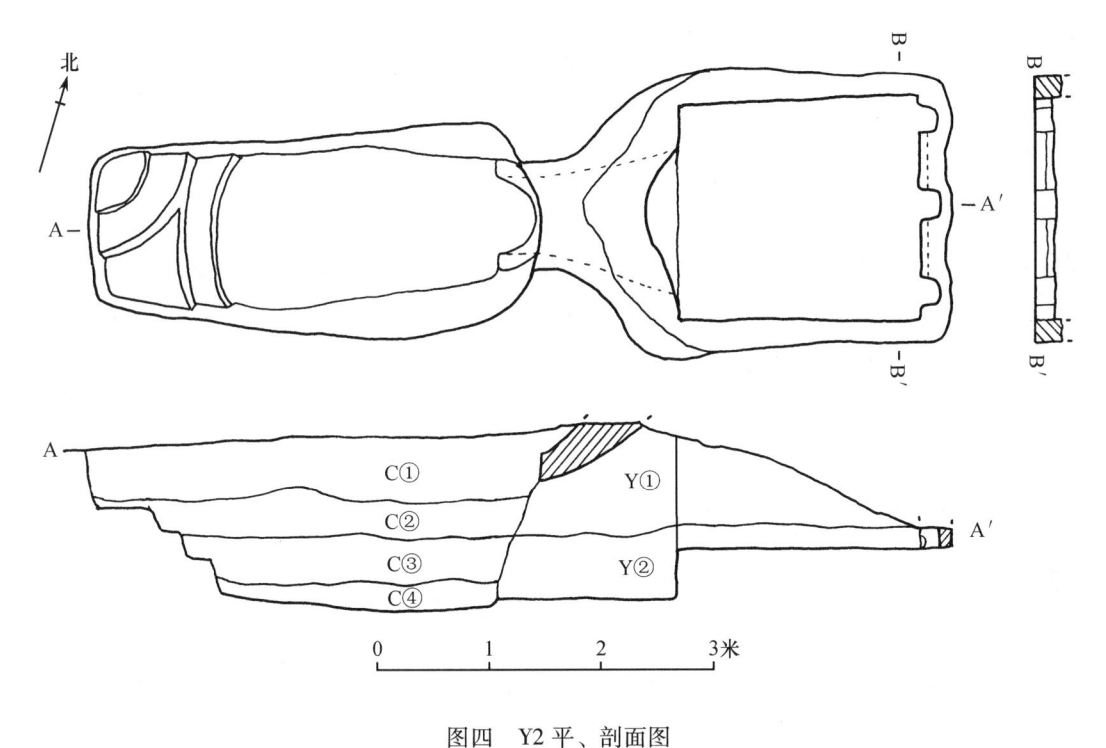

图四　Y2平、剖面图

1. 结构

操作坑　位于西部。半地穴式，平面呈不规则长方形，口大底小，壁内收，底较平坦。口长4、宽1.4~1.85米，底长2.5、宽1.1~1.35米，存深1.35~1.5米，西壁有不规则四级台阶，第一级台阶宽0.4、高0.15米，第二级台阶宽0.3、高0.2米，第三级台阶宽0.65、高0.25米，第四级台阶宽0.25、高0.3米，坑底呈坡状，东端近火门处较深，西端较浅。操作坑东端接窑室。

窑室　整体近漏斗形，自西向东分别为窑门、火膛及窑床。

窑门　立面呈拱形，存高1.25、宽0.65米。南壁因挤压稍变形，北壁曾经损坏过，上有用板瓦和泥修补的痕迹。窑门底高出操作坑底0.1米。

火膛　紧接窑门，平面呈三角形。长1.8、南北宽1.35米，残高1.55米（内空尺寸），火膛底与窑门底面平，火膛壁烧结成青灰色、坚硬，厚0.05~0.1米，壁外为红烧土。火膛底部堆积一层厚0.03~0.15米的草木灰。

窑床　位于火膛东面。平面呈近方形，长2.2、西宽1.95、东宽2.05米（内空尺寸），窑床面平坦，西段为坚硬的青灰色烧结面，东段的烧结面呈红色。西端厚0.15米，自西向东渐薄。窑床面高出火膛底0.45厘米。整个窑室内壁经高温烧结有一层青灰色硬壳，厚0.05～0.1米，外为红烧土，厚0.1～0.4米，内壁表面以细沙泥拌草抹平。窑室残高0.2～1米。

烟道　位于窑室后部，与窑门正对。在窑室后壁底部向外开三个宽0.25、进深0.2米的长方形排烟孔。三个排烟孔之间有一半圆形凹槽使排烟孔相通。烟道壁烧成红色。

2. 窑内堆积及包含物

窑内堆积情况：操作坑内可分四层，窑室内可分二层。

（1）操作坑

Y2C①：厚0.4～0.55米。黄褐色土，较硬，夹杂红烧土块。出土有陶筒瓦、瓮、釜、盆、罐等。

Y2C②：厚0.35～0.45米。褐灰色土，较软。遗物较少，出土有一件陶塑小狗和盆残片。

Y2C③：厚0.36～0.45米。黑灰色土，夹杂大量草木灰和红烧土块。出土有大量陶筒瓦、盆、罐残片等。

Y2C④：厚0.16～0.28米。灰黄色土，较软。出土少量陶筒瓦、盆、罐、盂残片等。

（2）窑室

Y2Y①：厚0.5～1米。褐黄色土，较软，杂红烧土块。出土有较多的陶筒瓦、板瓦和盆、罐残片等。

Y2Y②：厚0.16～0.52米。主要为草木灰和红烧土。出土有陶筒瓦、甑、罐、盆等残片。该层应为此窑最后一次使用后的残留物。

三、出土遗物

出土遗物共304件。全为陶器，除个别可复原外，大部分为器物残片。陶系以泥质灰陶为主，约占91％，其次为泥质褐陶，约占4％，另有3％的泥质红陶和2％的夹砂红陶。灰、褐陶质地坚硬，红陶较软，夹砂红陶胎较薄。

陶器的主体部分多为轮制，附件和纹饰多为手制。陶器以素面居多，纹饰有绳纹、弦纹、菱形方格纹等。

器类以日用陶器和建筑材料为主，有盂、鍪、甑、瓮、盆、罐、筒瓦、板瓦、井圈、狗等。

盂　1件。Y2Y①：16，可复原。泥质灰陶。口微敛，弧腹斜收，平底。腹部饰数道凹弦纹。口径16、底径6.8、高5.8厘米（图五，7）。

鍪口沿　1件。Y2C①：6，泥质灰陶。侈口，圆唇，束颈。复原口径12厘米（图五，8）。

甑底　3件。Y2Y②：18，泥质灰陶。弧腹斜收，平底内凹，可见2个箅孔。腹部和底部饰绳纹。底径16、残高5.6厘米（图五，9）。

瓮口沿　8件。泥质灰陶。敛口，方唇。Y1C②：25，仰折沿，溜肩。口径26厘米（图五，1）。Y2C①：1，平折沿，广肩。口径28厘米（图五，2）。

图五 陶器

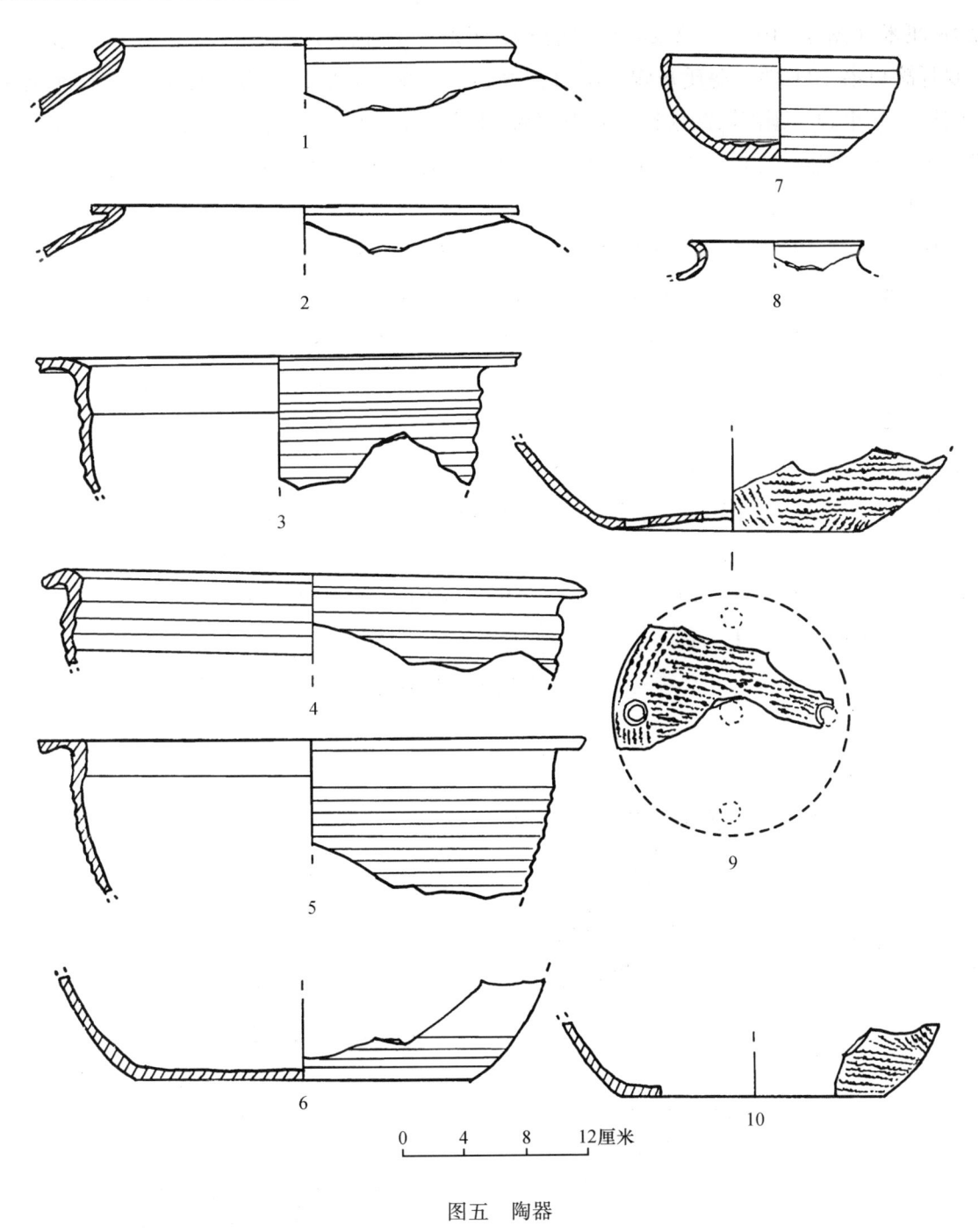

1、2. 瓮口沿（Y1C②:25、Y2C①:1） 3~5. 盆口沿（Y2C②:11、Y2C①:7、Y2C②:10） 6、10. 盆底（Y2Y②:28、Y2Y①:17） 7. 盂（Y2Y①:16） 8. 鍪口沿（Y2C①:6） 9. 甑底（Y2Y②:18）

盆口沿 148件。泥质灰陶，烧制火候较高。腹部皆饰凹弦纹。Y2C①:7，口微敛，卷沿，圆唇，束颈，腹斜收。口径36厘米（图五，4）。Y2C②:10，直口，平折沿，方唇。口径36、残高10厘米（图五，5）。Y2C②:11，直口，仰折沿，方唇，唇外有一道凹弦纹。口径36、残高8.4厘米（图五，3）。

盆底 46件。泥质灰陶，较硬。平底，斜腹，饰绳纹或弦纹，以饰弦纹的居多。Y2Y①:17，底径 18 厘米（图五，10）。Y2Y②:28，底径 22 厘米（图五，6）。

双耳罐口沿　11 件。泥质灰陶。侈口，方唇，束颈，溜肩，鼓腹。Y2Y②:19，唇外有一道凹弦纹，长束颈，颈部饰凹弦纹，肩有对称两耳。口径 11、残高 12 厘米（图六，1）。Y2C①:3，颈下部饰绳纹。口径 14 厘米（图六，3）。Y2C②:14，颈部饰多道弦纹，肩饰绳纹。口径 14.8 厘米（图六，2）。

无耳罐口沿　10 件。泥质灰陶。根据口、颈的不同分三型。

A 型　6 件。侈口罐。Y2C①:4，方唇，短直颈，溜肩。口径 18 厘米（图六，5）。

B 型　2 件。敛口罐。Y2Y①:13，圆唇，折肩。复原口径 14 厘米（图六，4）。

C 型　2 件。拿口罐。Y2Y①:5，尖唇，折肩。复原口径 20 厘米（图六，6）。

筒瓦　26 件。泥质灰陶。半圆筒形，瓦舌内敛或微翘，器表饰竖或斜绳纹。Y2C①:2，残长 19、宽 13.6 厘米（图七，4）。Y2C③:15，残长 19、残宽 14.8 厘米（图七，3）。

板瓦　45 件。泥质灰陶。多扭曲变形，有的熔结成坨。平面长方形，横截面弧形，凸面饰绳纹，凹面饰方格纹、绳纹。Y2Y①:26，残长 40、宽 24 厘米（图七，2）。

井圈　2 件。泥质灰陶。筒形，直口，直腹。外壁饰绳纹，内壁饰菱形纹。Y1C②:22，残高 12、直径 76 厘米（图七，1）。

狗　1 件。Y2C②:9，可大致复原。泥质灰陶。捏制简练，昂首站立状。长 7.1、高 3.1 厘米（图七，5）。

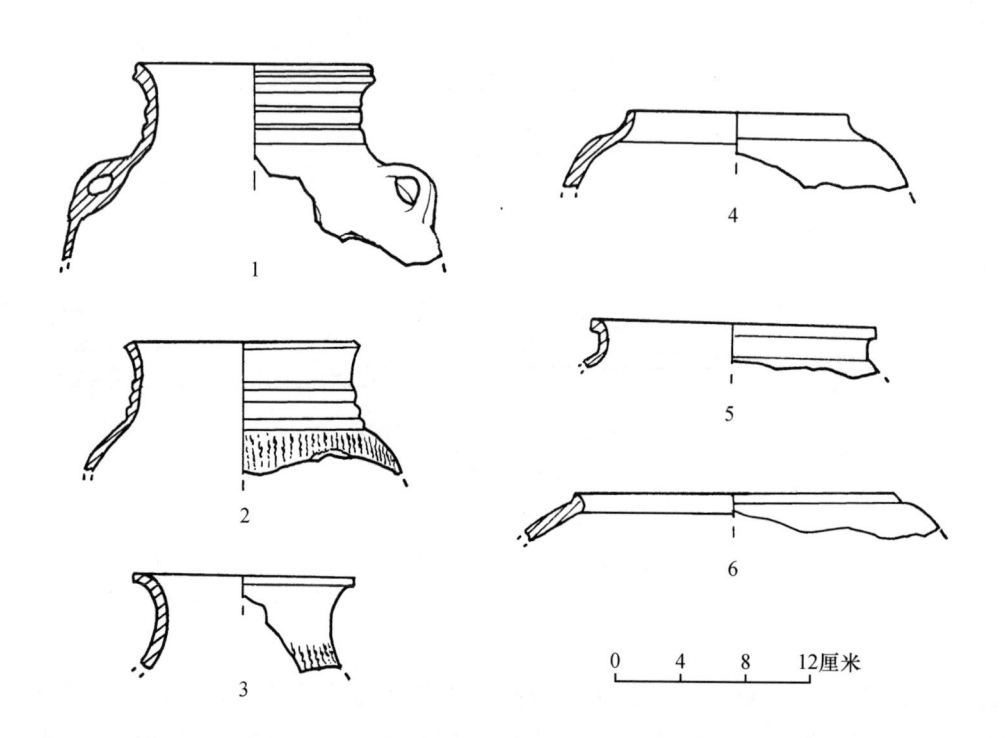

图六　陶器

1～3. 双耳罐口沿（Y2Y②:19、Y2C②:14、Y1C①:3）　4. B 型无耳罐口沿（Y2Y①:13）　5. A 型无耳罐口沿（Y2C①:4）
6. C 型无耳罐口沿（Y2C①:5）

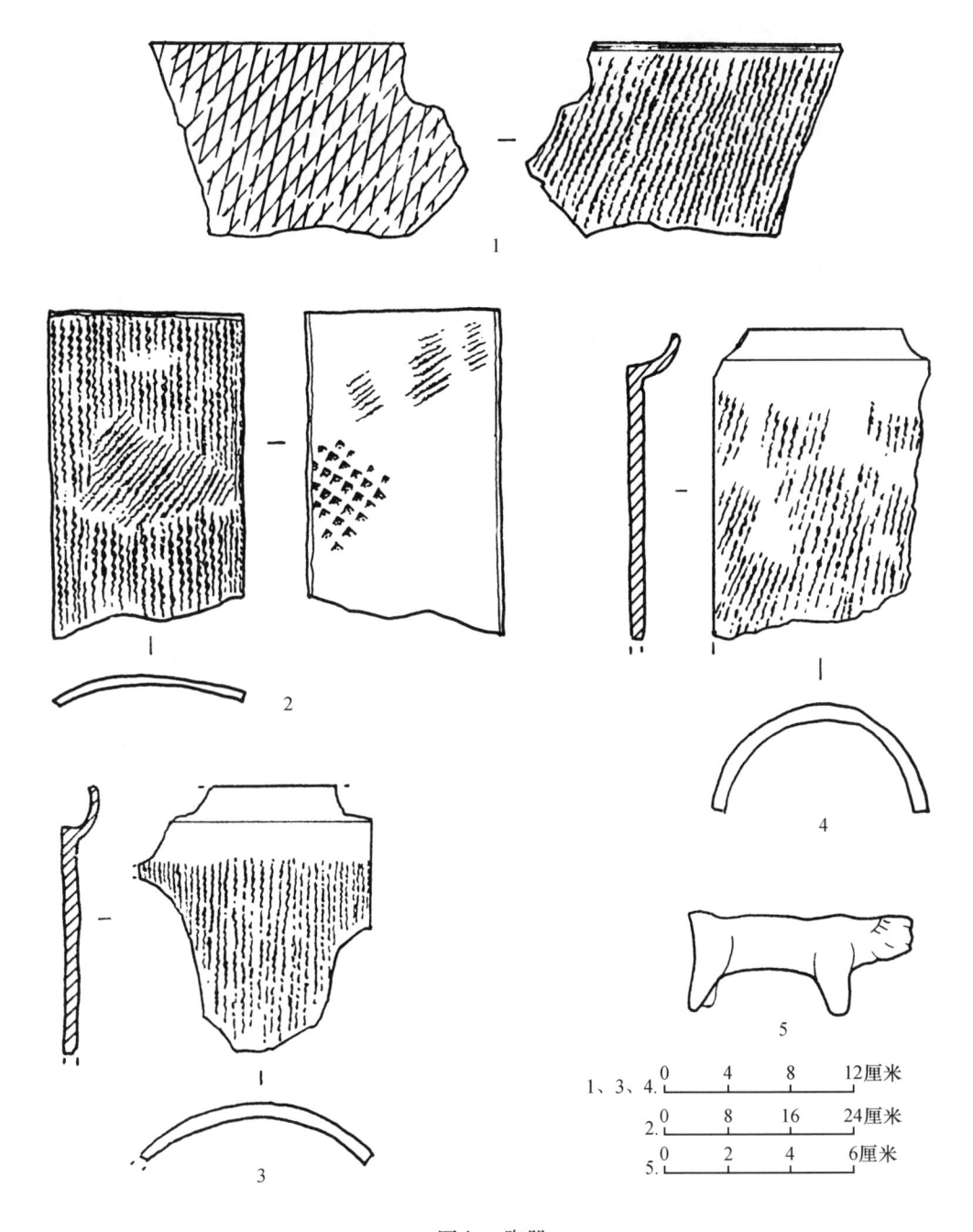

图七 陶器

1. 井圈（Y1C②:22） 2. 板瓦（Y2Y①:26） 3、4. 筒瓦（Y2C③:15、Y2C①:2） 5. 狗（Y2C②:9）

四、结　语

从 Y1、Y2 内出土遗物的特征分析，两座窑的建造、使用及废弃年代跨度不大。从 Y2 操作坑内出土陶盆形制变化不大的情况看，窑的使用年限应较短。两座陶窑内出土的器类基本相同，未见陶鼎、盒、壶等礼器，说明其是专门烧制生活用器的。

窑内所出土的陶盆、瓮、筒瓦与附近的付老馆遗址[2]中出土的汉代同类器相似。陶甑、井圈、板瓦与柴店岗砖厂汉代窑址[3]出土的几乎相同。Y1 与柴店岗砖厂汉代窑址 Y1 的形制也大致相同。

　　Y1、Y2 的形制大致相同，主要差异表现在窑门和火膛的构造上。Y1 的窑门较小，减少了热能的损耗，窑床西端贴近窑壁处设有沟槽，便于热量在整个窑室内能更均匀分布，从而使窑内各处的陶胚受热更均匀，进而达到减少残次品、提高热能利用率的目的。这种节约能源的设计，是当时窑工们在实践过程中不断进行技术革新的体现。

　　两座陶窑距亢家营、付老馆遗址都较近，它们所在的位置很可能就是亢家营或付老馆聚落遗址的制陶作坊区。当然，这还需随着以后考古工作的进一步开展来做验证。对它们的发掘，增进了我们对亢家营或付老馆遗址的了解，同时为研究古代陶窑的形制变化，陶器烧造技术的发展进而为研究当时生产力的发展状况提供了实物资料。

　　附记：参加发掘的有襄樊市文物考古研究所刘江生，老河口市博物馆符德明、艾志忠、杨柳、许东民、安卫东，器物修复、绘图、描图刘江生，照相杨力，审稿王先福。

执笔：刘江生

注　释

[1]　襄樊市文物普查办公室等：《襄樊市文物史迹普查实录》，今日中国出版社，1995 年。
[2]　老河口市博物馆：《老河口市付老馆遗址调查发掘简报》，《江汉考古》2001 年第 1 期。
[3]　老河口市博物馆：《老河口市柴店岗砖厂汉代窑址清理简报》，《江汉考古》2001 年第 1 期。

南漳通城河汉墓发掘简报

襄樊市文物考古研究所
南漳县博物馆

通城河墓地位于南漳县峡口镇通城河村，此处为一小盆地，沮河从其东北穿过，依山临水，比较适合古代人类居住，其地至今仍保存有汉代遗址（图一）。

2002年12月，为配合南漳县峡口水利枢纽工程建设，受湖北省文物考古研究所委托，襄樊市考古队（襄樊市文物考古研究所前身）与南漳县博物馆联合组队对淹没区进行了文物调查和勘探，共发现墓葬16座，分别编号2002NTM1～M16，发掘工作随后进行。现将此次发掘的9座汉墓简报如下。

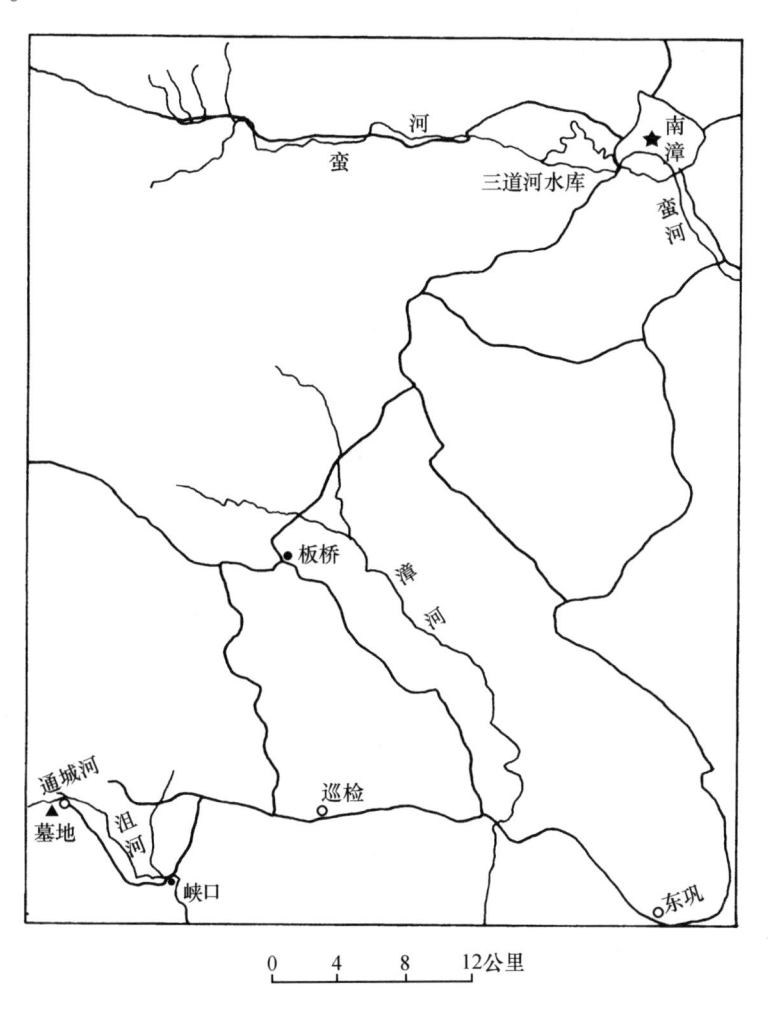

图一　通城河墓地位置示意图

一、墓 葬 形 制

此次发掘的9座汉墓编号依次为 M1、M2、M4～M7、M9、M14、M15，分布在通城河村老街西约1公里的穿山洞河入注沮河交汇地河岸两侧，共两处：一处位于通城河村二组南侧的坡地上，发掘墓葬5座；一处位于通城河村五组西北侧的高坎上，发掘墓葬4座（图二）。

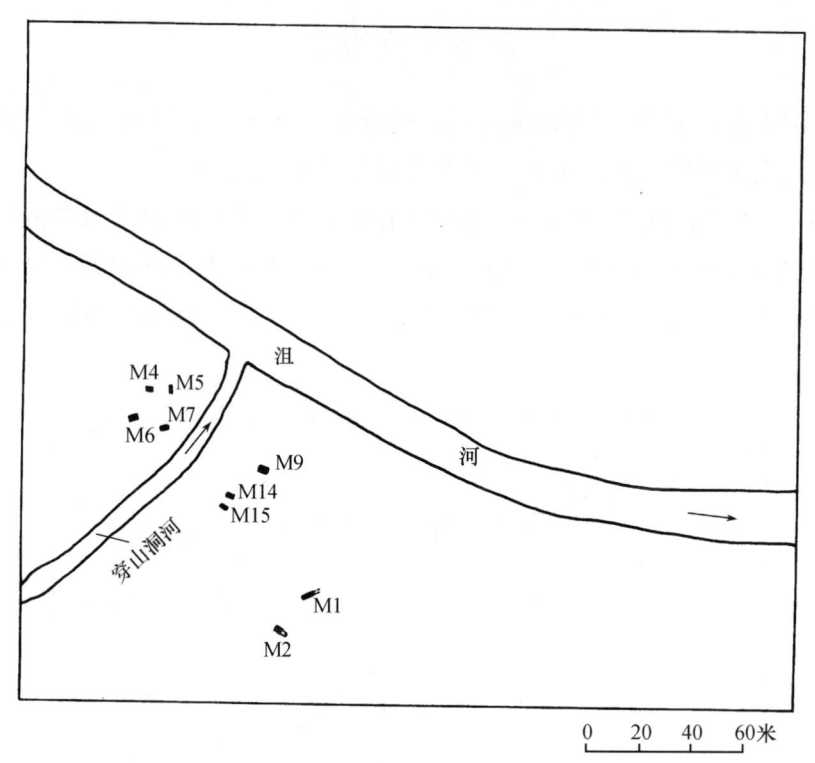

图二 通城河墓地汉代墓葬分布图

这9座汉墓均为中小型长方形砖室墓，大多扰乱严重。其中1座带墓道，其余情况不明。方向以东西向为多，南北向仅1座（M5）。墓壁基本为条砖错缝叠砌，顶多残，横行或直行铺地砖。墓砖规格不同，多单侧面饰几何纹，且有纹饰的一面均朝室内。葬具均腐朽无存。大多数墓葬内尸骨已朽，少数残存头骨、肢骨或牙齿，葬式不明。随葬品多置于墓室内一侧。现举例分述如下：

M1 长方形前后室券顶砖墓。方向65°。扰乱严重，东端墓门无存，墓道情况不明，墓顶及铺地砖大多被人为撬毁。墓室残长5.5、宽1.7、深1.8米，其中前室残长2.76、后室长2.4米。墓壁错缝叠砌，至22层处以楔形砖起券，两长壁后室西端残存部分券顶。墓壁前后室之间以砖砌方柱分隔，方柱为双砖交错叠砌而成。两长壁距墓底0.68米处各设有对称的四个壁龛，壁龛宽0.2、高0.13、深0.16米。铺地砖横行错缝平铺。壁砖规格与铺地砖规格相同，为34厘米×16.5厘米×6.5厘米，一长侧面饰菱形几何纹；券砖规格为34厘米×16.5厘米×（5.5～7）厘米，平面饰绳纹，长、短侧面饰叶片间几何纹。前室后端残存人骨架二具，摆放杂乱，葬式不明。该墓因早年扰毁，仅采集到少量骨器和"五铢"铜钱（图三）。

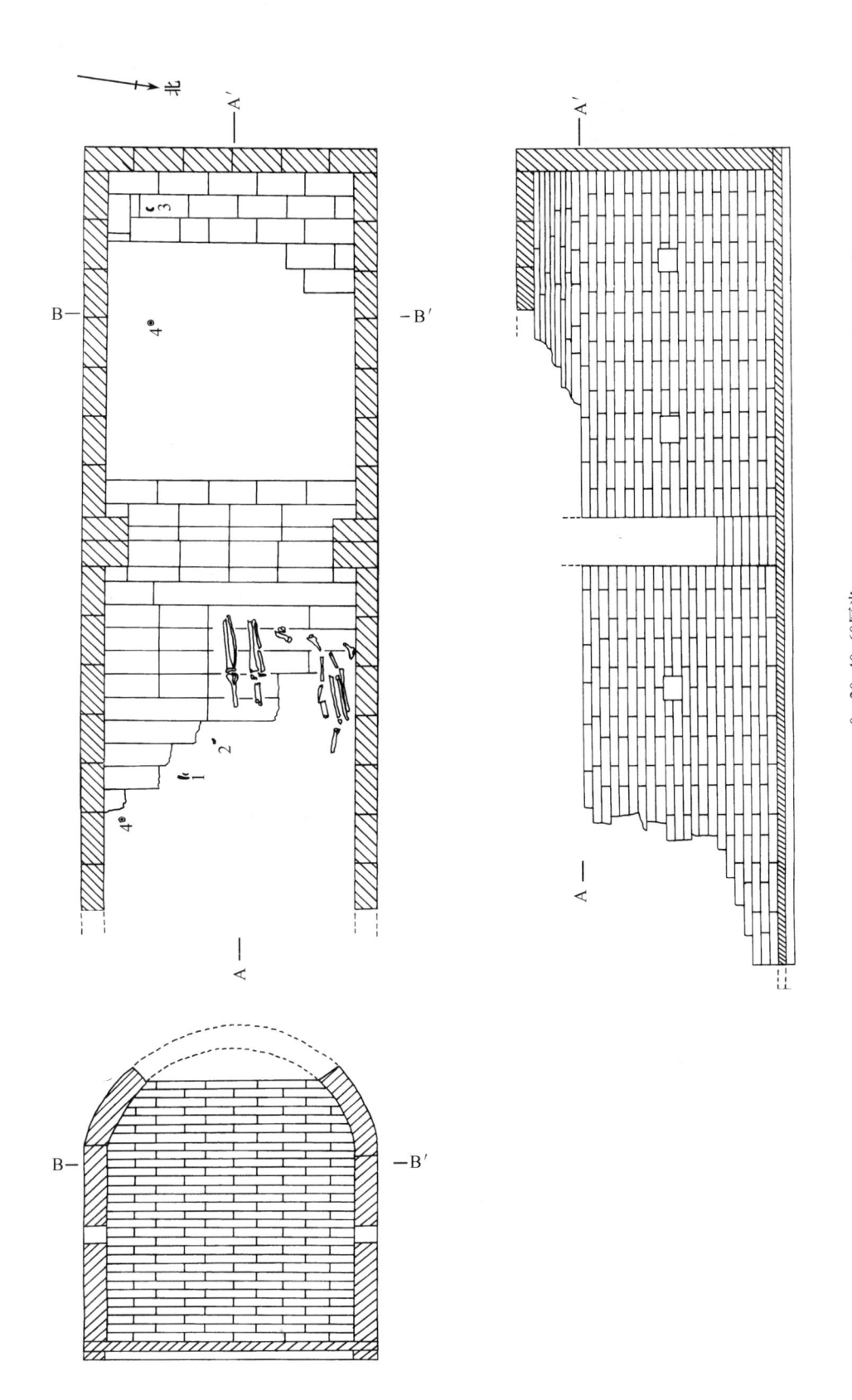

图三 M1 平、剖面图
1. 骨钩(2件) 2. 兽牙 3. 骨环 4. 铜"五铢"

图四 M2 平、剖面图

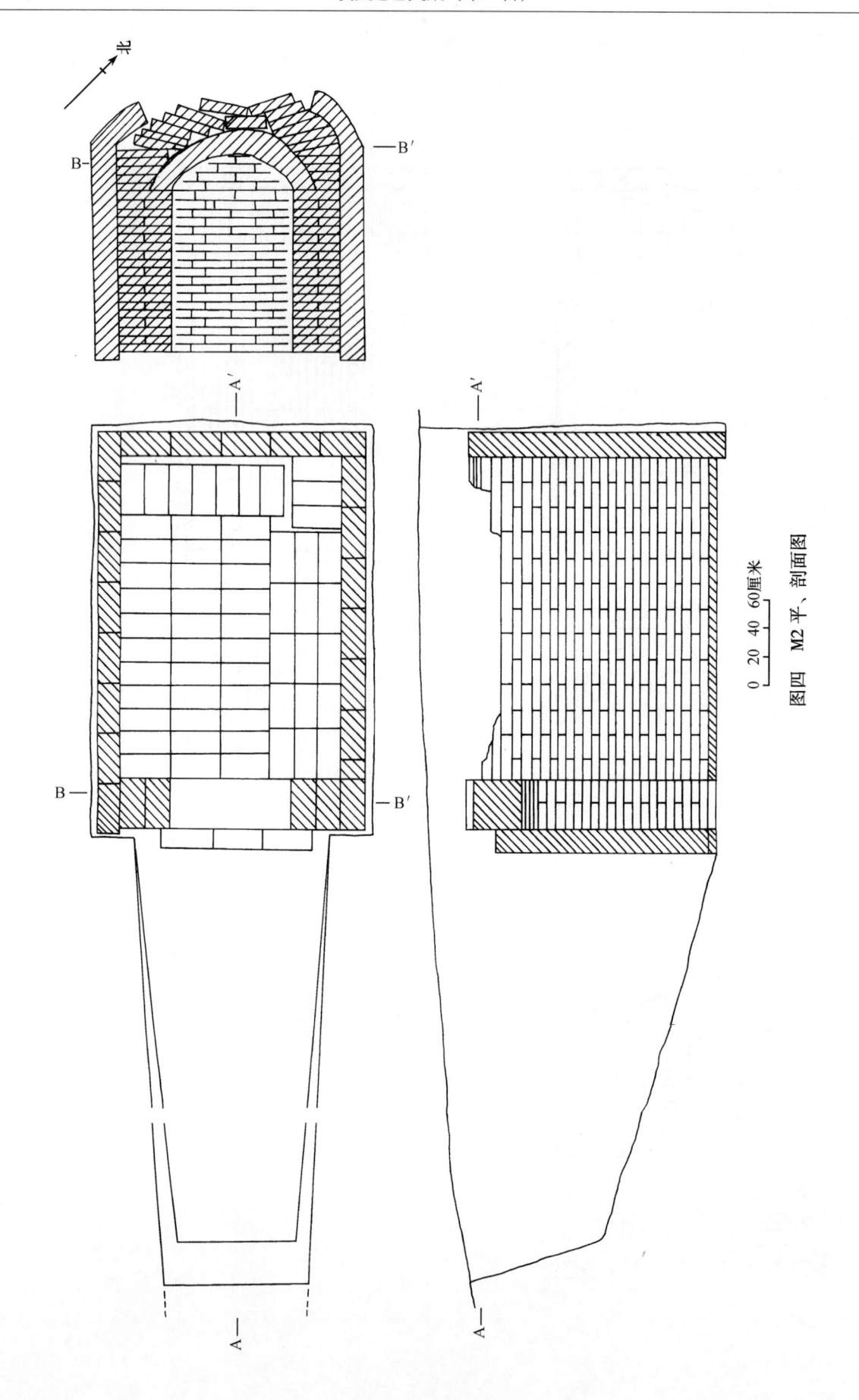

M2 长方形单室券顶砖墓。方向125°。墓圹长3.06、宽2.04、残深2.1米。墓壁底部先挖一块砖厚的沟槽，后顺向错缝叠砌，两长壁砌至28层后以楔形砖起券，墓门两侧紧靠长壁各以两块条砖交错叠砌成方柱，内侧砌至19层处以楔形砖起券，外侧砌至24层处用条砖直接叠压在内层券顶上，即在墓门顶部形成"双层顶"，墓门外侧以三块条砖横向错缝叠砌25层封堵。除墓门下部外的墓室以条砖横行或直行对缝平铺地砖。墓室东部有一斜坡墓道，墓道前端因穿山洞河河岸崩塌而遭破坏，水平残长2.8、现前端宽1.14、后端宽1.4米。壁砖规格为36厘米×17厘米×6厘米，单平面饰绳纹，单长侧面饰菱形几何纹；券砖规格为36厘米×17厘米×（5~7）厘米，单平面饰绳纹。铺地砖规格与壁砖同，素面。墓室内未见葬具和人骨架。随葬品从现状分析，似早年被盗（图四）。

M4 长方形单室砖墓。方向280°。墓室上部及西端被毁，墓门及墓道情况不明。墓室残长2.7、宽1.8、深0.92米，墓壁顺向错缝叠砌，东、南、北壁分别残存15、15、2层。铺地砖一层，后部纵横交错平铺各两排，中、前部横行对缝平铺。壁砖、铺地砖规格同为34厘米×16厘米×6厘米，壁砖单长侧面饰菱形几何纹，单平面饰绳纹。铺地砖素面。葬具和人骨架腐朽无存。随葬品置于墓室东端中部（图五）。

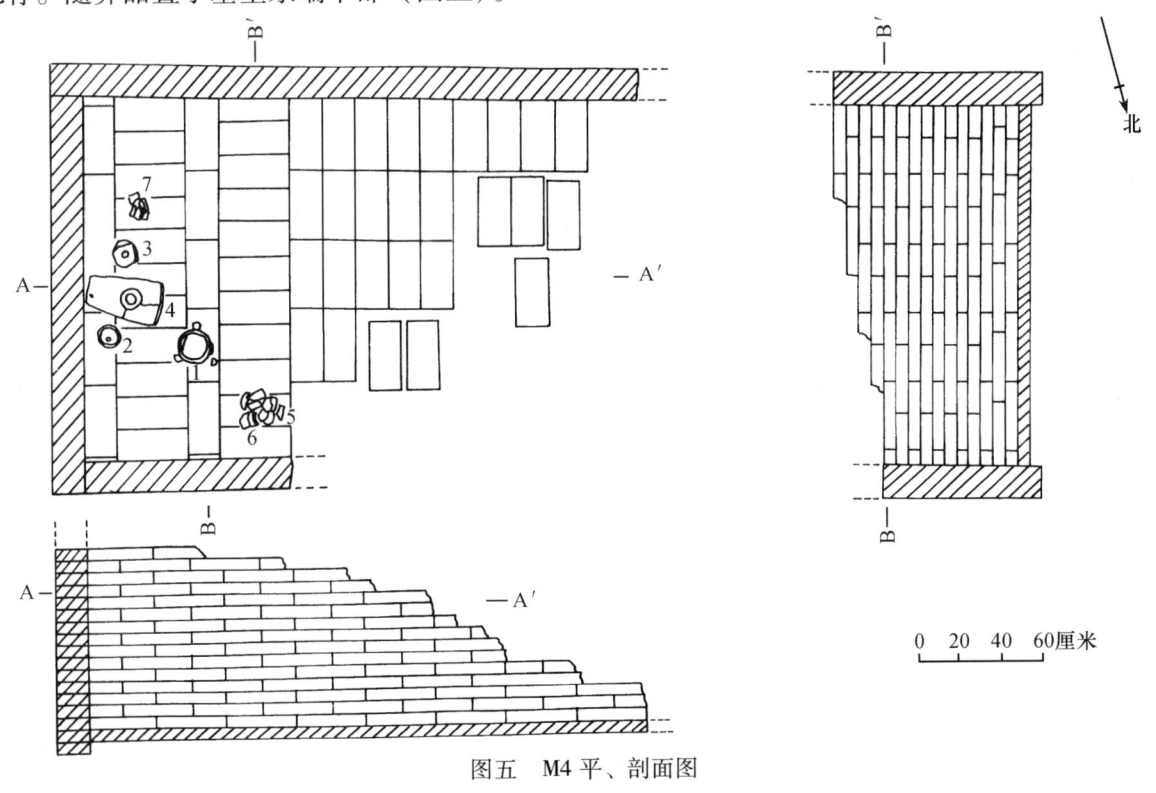

图五 M4平、剖面图
1. 陶鼎 2. 陶井 3、6. 陶罐 4. 陶灶 5. 陶器盖 7. 陶盘

M6 长方形单室砖墓。方向255°。由于该墓地处一近40°的斜坡地带，村民长年耕作，墓室上部及西端被毁，部分墓壁已露出地表，墓室亦严重扰乱，墓顶及前端情况不明。墓室残长2.76、宽2.04、深0.6米。墓壁顺向错缝叠砌，东、南、北壁分别残存7、5、9层。铺地砖中、前部的北、南边分别纵向对缝平铺三排，其余横向对缝平铺，后部横向平铺一排，其余纵向对缝平铺。壁砖规格为36厘米×16厘米×7厘米，单长侧面饰菱形几何纹。铺地砖规格为32厘米×13厘米×6厘米，素面。葬具和人骨架已朽。墓室早年遭扰乱，但仍清理出较多随葬品（图六）。

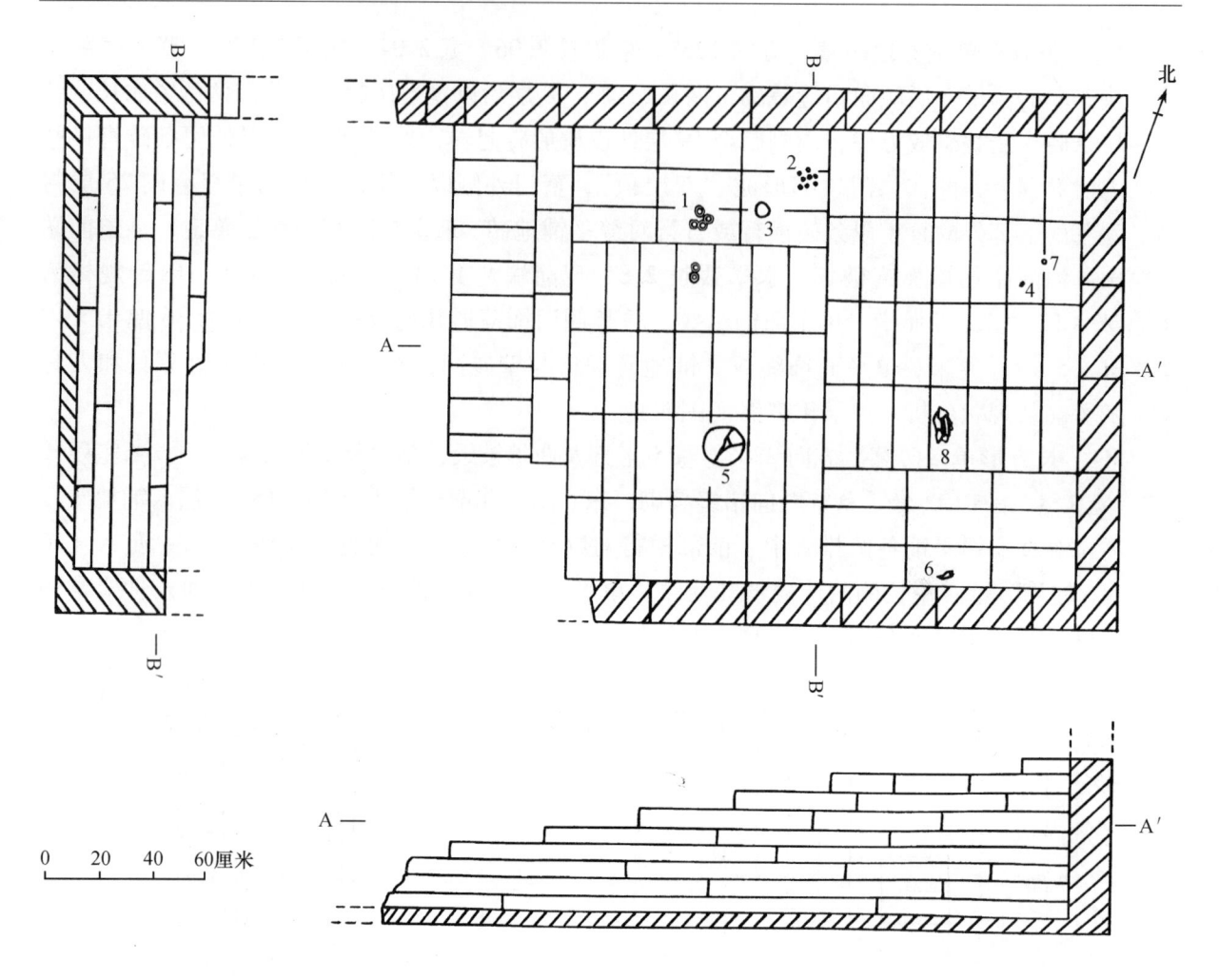

图六　M6平、剖面图

1. 铜"五铢"　2. 银环（8件）　3. 银镯　4. 陶构件　5. 铜镜　6. 铁器　7. 玉珠　8. 陶罐

二、随葬器物

58件。质地分陶、铜、铁、银、骨、水晶六类。

1. 陶器

17件。除个别泥质黑陶外，几乎全为泥质灰陶；大多素面，少量饰绳纹、弦纹；器类有鼎、罐、瓮、盂、盘、器盖、井、灶、构件等。

鼎　1件。M4:1，泥质灰陶。素面。浅覆盘状盖。子母敛口，圆唇，折肩，肩上双耳残，浅腹，圜底近平，三蹄足。口径17.6、高13.6厘米（图七，1；图版二九，1）。

罐　6件，已修复3件。均为泥质灰陶。根据整体形制的不同可分三型。

A型　1件。M5:1，双唇口罐。素面。双唇口，内口敛，外口侈，溜肩，扁鼓腹，平底。内口径11、外口径19、底径14.4、高18厘米（图七，2；图版二九，2）。

B型　1件。M5:2，双鼻耳罐。侈口，翻折沿，束短颈，溜肩，肩有双鼻耳，鼓腹，浅凹

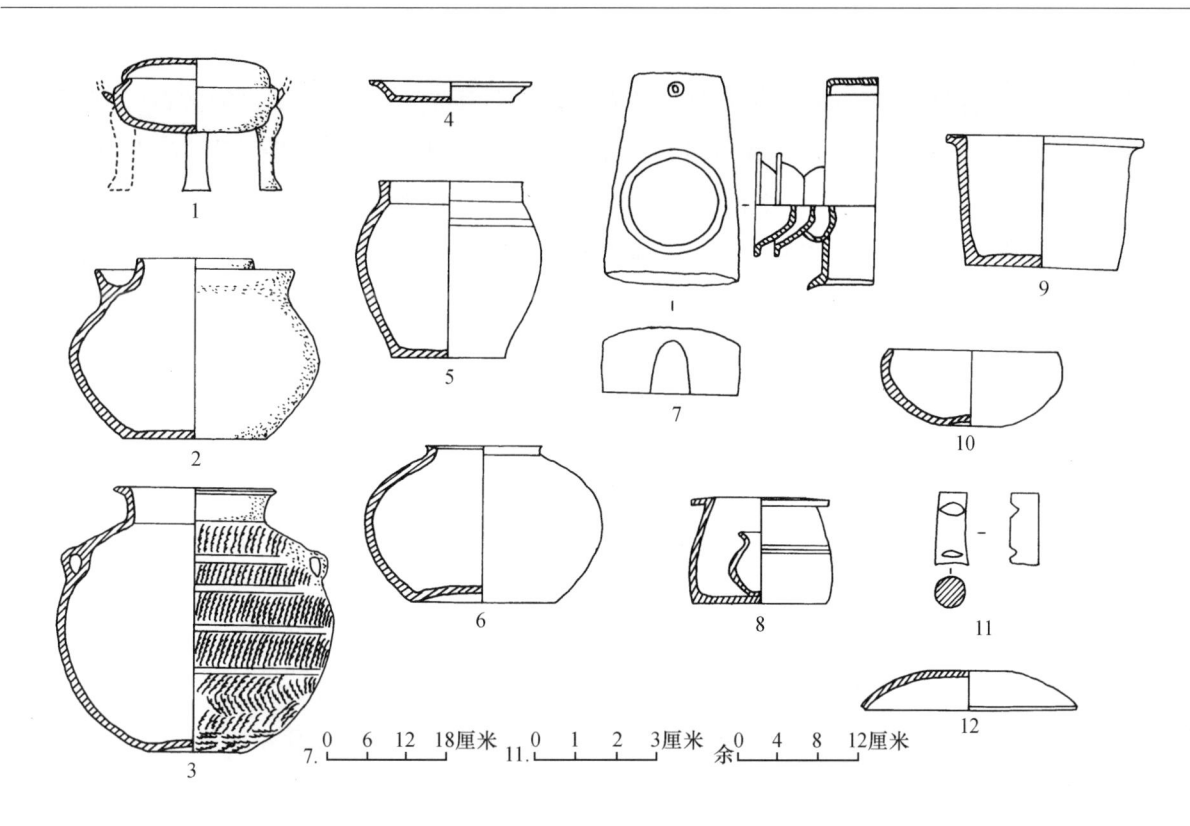

图七 陶器

1. 鼎（M4:1） 2. A型罐（M5:1） 3、B型罐（M5:2） 4. 盘（M4:7） 5. C型罐（M7:2） 6. 瓮（M14:1）
7. 灶（M4:4） 8、9. 井（M4:2、M7:4） 10. 盂（M7:6） 11. 构件（M6:4） 12. 器盖（M7:5）

底。颈部以下饰直行绳纹，间有四道抹痕，下腹及底饰交错绳纹。口径16、底径9.6、高27厘米（图七，3；图版二九，3）。

C型 1件。M7:2，直口矮领罐。素面。直口略侈，平唇，矮直领，溜肩，上腹鼓，下腹斜直内收，平底。口径14、底径11.2、高17.6厘米（图七，5；图版二九，4）。

瓮 1件。M14:1，泥质灰陶。素面。敛口，沿下凹，尖唇，鼓腹，凹圜底。口径11、底径14.5、高15.5厘米（图七，6；图版二九，5）。

盂 1件。M7:6，泥质灰陶。素面。敛口，圆唇，上腹鼓，下腹弧收，最大腹径在上部，圜底内凹。口径17、底径5.6、高7.5厘米（图七，10；图版二九，6）。

盘 1件。M4:7，泥质灰陶。素面。敞口，翻沿，圆唇近方，斜弧壁内凹，浅腹，平底。口径16、底径12.5、高2厘米（图七，4；图版三〇，1）。

器盖 2件，修复1件。M7:5，泥质灰陶。素面。浅覆盘状盖，弧壁，弧顶近平。口径22、高4厘米（图七，12）。

井 2件。翻折沿，平底。M4:2，泥质黑陶。敛口，沿面平，外侧稍向下斜，斜弧壁微外鼓。中腹饰三道弦纹。井内有一小汲水罐，泥质灰陶。侈口，翻沿，圆唇，束颈，鼓腹，小平底。井口径13.6、底径13.5、高10.5厘米；汲水罐口径4.5、底径2.2、高6.6厘米（图七，8；图版三〇，2）。M7:4，泥质灰陶。直口微敞，沿面中部有一周浅宽凹槽，斜直壁。口径

19.2、底径15、高13厘米（图七，9）。

灶　2件，1件灶体不存。泥质灰陶。素面。灶上均配有釜、甑、锅。釜敛口，圆唇，溜肩，扁鼓腹，圜底近平。甑敞口，翻折沿，斜弧腹内收，小平底，底有五箅孔。锅除底无箅孔外，形制与甑相同。M4∶4，灶体平面呈梯形，前宽后窄，拱形灶门，前端有矮挡火墙。单火眼，尾部设椭圆孔洞状烟囱。火眼上置釜、甑、锅各1件。灶体长32、前宽19.5、后宽13.5、高11厘米；釜口径8、底径4、高5厘米；甑口径16、底径5、高6.5厘米，底有五箅孔；锅口径15.2、底径4.5、高6厘米（图七，7；图版三〇，3）。

构件　1件。M6∶4，泥质灰陶。素面。圆柱体，一侧有两个斧刃形凹槽。直径0.8、长1.8厘米（图七，11）。

2. 铜器

25件（枚）。包括镜1件、"五铢"钱22枚、"大泉五十"钱2枚。

镜　1件。M6∶5，铅灰色，有光泽。镜背圆形纽座，圆纽，横穿一圆孔，纽座外纹饰分三区，内区剔地平雕变形四柿蒂纹，中区一周饰变形夔纹，外区有十二个内向连弧纹。宽素缘，柿蒂内有镜铭"子吉大宜"，一蒂一字。直径15.5、纽高1.6、镜身厚0.4厘米（图八，1；彩版五，1）。

"五铢"　22枚。均残。钱径稍大，一般为2.55～2.65厘米，个别达到2.7厘米。"五"字交笔较弧，与上、下两横垂直，"金"字头作三角形，"朱"字上、下部多为圆折，而且"朱"字的高度不高于"金"字。"五"、"铢"二字较模糊，字形较长。M6∶10-1，直径2.6、穿宽1厘米（图八，11）。

"大泉五十"　2枚。M7∶1-1，锈蚀较甚，可辨钱文为篆书"大泉五十"（图八，10）。

3. 铁器

2件。1件锈蚀严重，器形不明；另1件为锸。

锸　M14∶2，整体呈"U"形，弧凸刃，偏锋背中空成凹口銎。体长10、刃宽11、背厚2厘米（图八，2；图版三〇，4）。

4. 银器

9件。均出自M6，有环、镯等。

环　8件。形制相同，大小略异。横断面呈扁圆形。M6∶2，直径2厘米（图八，3；图版三〇，5）。

镯　1件。M6∶3，横断面呈扁圆形，外缘间隔饰较匀称的菱形图案。直径6.8、缘宽0.5厘米（图八，4；图版三〇，6）。

5. 骨器

4件。均出自M1，有钩、环、兽牙等。

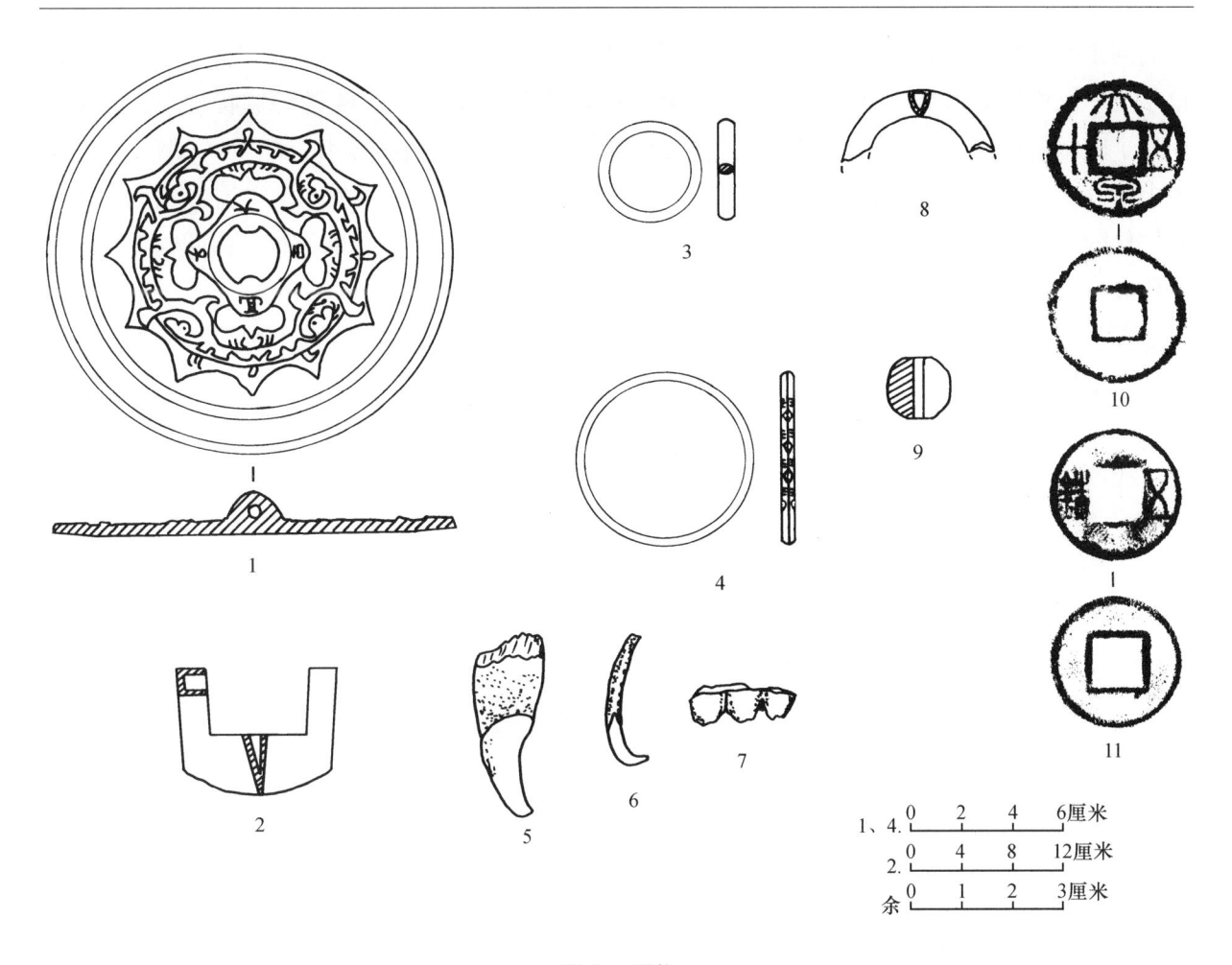

图八 器物

1. 铜镜（M6:5） 2. 铁锸（M14:2） 3. 银环（M6:2） 4. 银镯（M6:3） 5. 骨钩（M1:1-1） 6. 骨钩（M1:1-2）
7. 兽牙（M1:2） 8. 骨环（M1:3） 9. 水晶珠（M6:7） 10. 铜"大泉五十"拓本（M7:1-1） 11. 铜"五铢"拓本
（M6:10-1）

钩　2件。动物牙齿磨制而成，尖端略曲，牙根有刀砍痕迹。M1:1-1，长3.6厘米（图八，5）。M1:1-2，长2.6厘米（图八，6）。

环　1件。M1:3，残半。灰白色，打磨光滑。横断面呈"U"形。直径3厘米（图八，8）。

兽牙　1件。M1:2，动物臼齿，残存3枚。磨损程度较大。残宽2.1、残高0.8厘米（图八，7）。

6. 水晶器

仅1件珠。M6:7，白色，近透明。圆形，对穿孔。直径1.2厘米（图八，9；彩版五，2）。

三、结　语

（1）这批墓葬虽然扰乱严重，但墓葬形制的时代特征仍较明显，同时伴出的随葬器物也为我们判别其时代提供了参考依据。9座墓随葬器物既不见西汉早、中期的鼎、盒、壶礼器组合，也不见东汉中期以后墓中盛行的鸡、鸭、猪、狗等动物模型明器。M4随葬品扰乱不大，基本保持了随葬时的原状，有鼎、罐、灶、井之礼器、日用器加模型明器组合。M4:2陶井与襄樊团山卞营墓地M10:5器形接近[1]，M5:2双耳陶罐与卞营墓地M6:6之A型罐器形相同[2]。另外，伴随墓葬出土的"大泉五十"、"五铢"等钱币均为西汉末年流行的币种，因此，这批墓葬年代应该定为西汉末至东汉初期。

（2）这批墓葬均为中小型墓，出土器物并非特别丰富，墓主身份应该不是很高，多为中小地主或平民阶层。

（3）这次发掘是南漳通城河地区首次较大规模的发掘。从发掘成果来看，通城河地区最迟在汉代就有人类居住，且时代延续至今。本次发掘对研究当地政治、经济、文化提供了一定价值的实物资料。

附记：本次发掘领队为王先福，参加发掘的人员有襄樊市文物考古研究所释贵星、梁超，南漳县博物馆孙义宏、刘彪军。器物修复、绘图孙义宏，拓片、描图梁超，审稿王先福。

执笔：梁　超

注　释

[1][2]　襄樊市考古队：《襄樊团山卞营墓地第二次发掘》，《江汉考古》2000年第2期。

附表　通城河墓地墓葬情况一览表

墓号	方向	形制	墓室尺寸(米)	墓室结构	墓砖规格（厘米）	随葬品	备注
M1	65°	长方形双室券顶砖墓	（残）5.5×1.7-1.8	墓壁错缝叠砌，至22层处以楔形砖起券，两长壁各设对称四壁龛，铺地砖横行错缝平铺	壁、地：34×16.5×6.5；券：34×16.5×(5.5~7)	骨钩2、环、兽牙、铜"五铢"8	盗扰严重
M2	125°	长方形单室券顶砖墓	3.06×2.04-2.1	墓壁底部先挖一块砖厚的沟槽，后顺向错缝叠砌，两长壁砌至28层后以楔形砖起券，墓门两侧紧靠长壁各以两块条砖交错叠砌成方柱，内侧砌至19层处以楔形砖起券，外侧砌至24层处以条砖直接叠压在内层券顶上，即在墓门顶部形成"双层顶"，墓门外侧以三块条砖横向错缝叠砌25层封堵。除墓门下部外的墓室以条砖横行或直行对缝平铺地砖	壁、地：36×17×6券：36×17×(5~7)		券顶中部被破坏，带斜坡墓道

续表

墓号	方向	形制	墓室尺寸(米)	墓室结构	墓砖规格（厘米）	随葬品	备注
M4	280°	长方形单室砖墓	（残）2.7×1.8-0.92	墓壁顺向错缝叠砌，铺地砖后部纵横交错平铺各两排，中、前部横行对缝平铺	壁：34×16×6	陶鼎、罐2、盘器盖、井、灶	扰乱严重
M5	355°	长方形单室砖墓	（残）2.85×1.62-1.6	墓壁顺向错缝叠砌，铺地砖后部纵向对缝平铺一排，中、前部横行对缝平铺	壁：36×17×7	陶A、B型罐	扰乱严重
M6	255°	长方形单室砖墓	（残）2.76×2.04-0.6	墓壁顺向错缝叠砌，铺地砖中、前部的北、南边分别纵向对缝平铺三排，其余横向对缝平铺，后部横向平铺一排，其余纵向对缝平铺	壁：36×16×7；地：32×13×6	陶罐、构件，铜镜、"五铢"11，银环8、镯，铁器，水晶珠	扰乱严重
M7	260°	长方形单室砖墓	（残）2.44×1.92-0.82	墓壁顺向错缝叠砌，铺地砖中、前部纵横交错平铺各一排，后部横行对缝平铺	壁：32×13×6	陶C型罐、盂、器盖、井、灶，铜"五铢"、"大泉五十"2	扰乱严重
M9	290°	长方形单室砖墓	（残）3.2×2.4-1.3	墓壁顺向错缝叠砌，铺地砖纵横交错平铺	壁：34×16×7地：33×23×5		扰乱严重
M14	105°	长方形单室砖墓	（残）2.7×1.7-1.2	墓壁顺向错缝叠砌，铺地砖后部横行错缝平铺两排，中、前部横行对缝平铺	壁：32×17×7	陶瓮，铁锸	扰乱严重
M15	120°	长方形单室砖墓	（残）2.15×1.6-0.5	墓壁顺向错缝叠砌，铺地砖横行错缝平铺	壁：34×16×6	铜"五铢"2	扰乱严重

注：未注明件数者均为1件。

襄樊松鹤路墓地发掘简报

襄樊市文物考古研究所

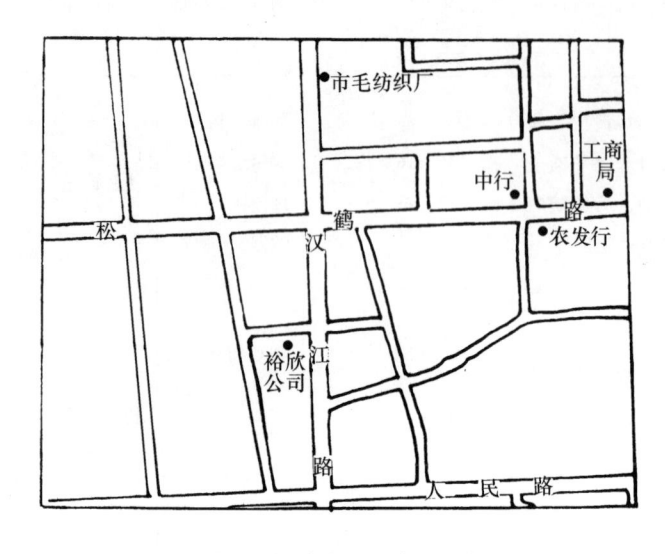

图一 松鹤路墓地位置示意图

松鹤路墓地位于襄樊市樊城区松鹤路中段两侧（图一）。1995年，为配合市毛纺厂建设清理墓葬5座[1]；1999年4月~2004年5月，分别为配合中国银行襄樊分行、襄阳县农发行、襄樊市工商行政管理局、汉江机械厂、襄樊裕欣公司等进行基本建设，襄樊市考古队（襄樊市文物考古研究所前身）组织力量对其用地范围进行了文物勘探和考古发掘，共发现和发掘墓葬28座，分别编号为M6~M33，现将这28座墓葬的基本情况简报如下。

一、墓葬形制

这批墓葬均受到不同程度的破坏，相互之间未见叠压、打破关系。从残存情况知，28座墓全为砖室墓，其中双室墓和多室墓各1座，余均为单室墓。这批墓葬大多有铺地砖，多平铺，少量呈"人"字形侧立。墓壁多为顺向错缝叠砌，仅1座为三顺一丁，2座为侧立一层后再错缝叠砌，1座顺向侧立叠砌。封门砖多横向错缝叠砌，有2座为"人"字形侧立，1座为一丁一顺叠砌。墓顶大多残缺，但可判断12座为券顶，5座为平顶。墓砖分为铺地砖、壁砖、封门砖及券砖四种，部分素面，部分单侧面饰有几何纹，单平面饰有绳纹，有纹饰的一面均朝向墓内。从墓葬形制看，每座墓均应带墓道，残存墓道者仅9座，2座设头龛。

发掘中均未见葬具，只在M25底部发现铁棺钉，但因扰乱严重，棺钉分布凌乱无规律，无法判断葬具形制。M9在墓室前后各置一层横砖，应为棺床，但棺木已腐朽无存。

人骨保存状况较差，大多未见人骨，只能根据墓道或随葬器物的摆放位置确定其头向，东向3座，北向7座，西向3座，南向15座。人骨保存较好的3座（M19、M23、M26），葬式均为仰身直肢葬。

随葬品大多置于近墓道、甬道、封门处及头龛内。

（一）单室墓

26座。M14、M15残损严重，无法辨清具体形制，余依据墓葬平面形状可分为三种。

1."刀"字形墓

3座。均由甬道和墓室组成，甬道偏向一侧。

M30，墓向165°。墓圹通长4.32、前宽1.3、后宽1.86、残深1.12～1.4米。墓壁顺向错缝叠砌，墓室17层以上起券，顶残；甬道11层以上起券，顶略残。封门砖呈"人"字形侧立，横行平铺地砖被扰乱。未见人骨及葬具，随葬品多集中在甬道内（图二）。

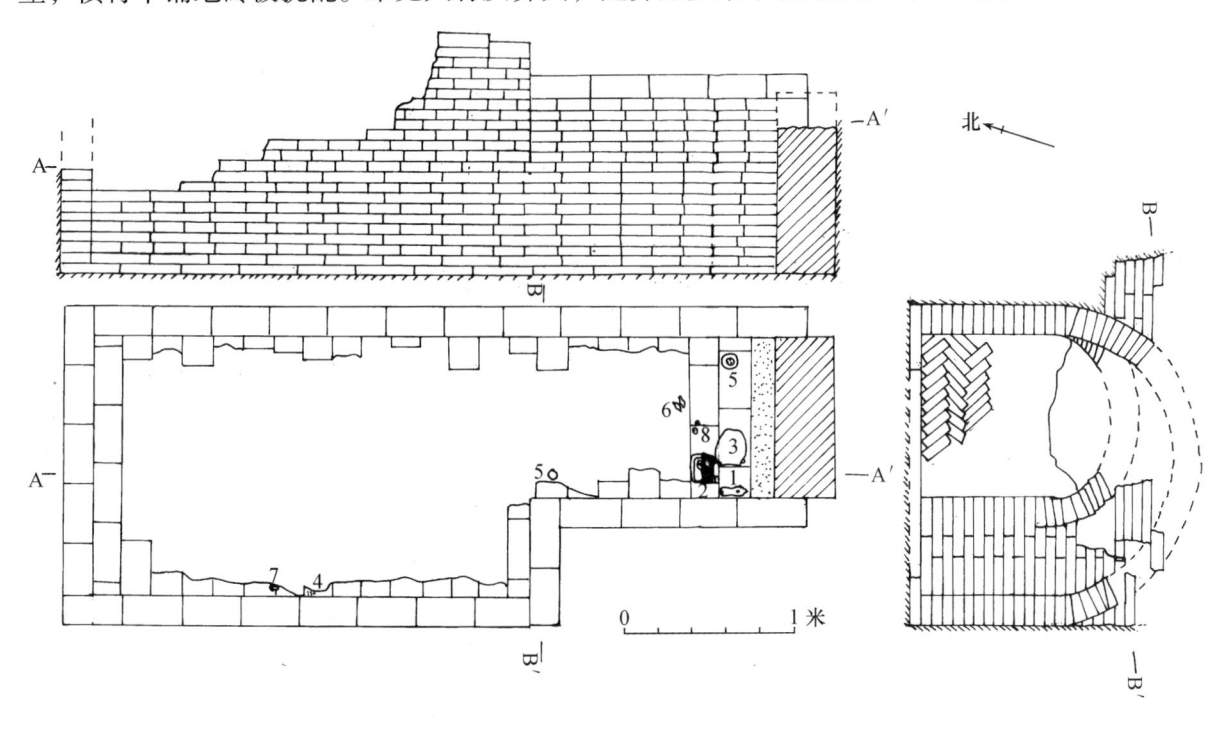

图二　M30平、剖面图
1. 陶狗　2. 陶圈　3. 陶罐　4. 铜钱　5. 陶釜　6. 陶鸡　7. 铜削　8. 铜筹

2."凸"字形墓

1座（M29）。

M29，墓向170°。由甬道与墓室组成。墓圹通长5.3、前宽1.38、后宽2.6、残深1.66米。甬道长方形，内空长2.1、宽1.04、高1.3米，墓壁顺向错缝叠砌11层楔形砖起券，横行错缝铺地砖，甬道顶前端顶部横向叠砌条砖，正中1层，往两侧依次增加层数，横行错缝叠砌封门砖。墓室近方形，内空长2.8、宽2.12、残高1.04米，四壁顺向错缝叠砌16层以楔形砖向中间弧券，穹隆顶残，横行错缝铺地砖。南设斜坡墓道，残长0.33、后宽1.28米。葬具朽尽，人骨架不存。随葬品置于甬道、墓室内各处（图三）。

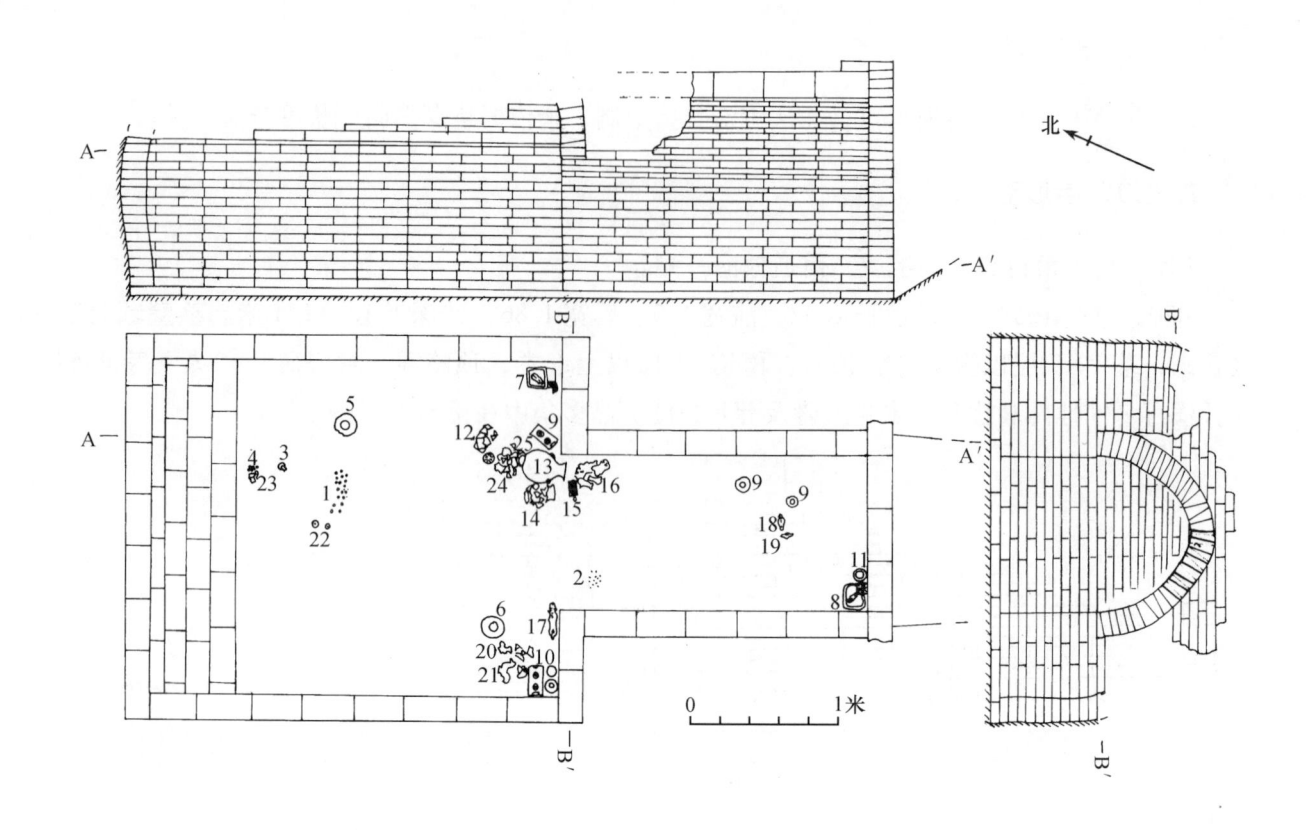

图三　M29平、剖面图

1. 陶钱　2. 铜钱　3. 铜削　4. 料珠　5、6. 陶磨　7、8. 陶圈　9、10. 陶灶　11、25. 陶井　12. 陶仓　13、14、24. 陶罐　15. 陶碓　16、17. 陶狗　18~21. 陶鸡　22. 陶轮　23. 铜镜

3. 长方形墓

20座。

M19，墓向150°。墓圹通长2.22、宽0.52~0.7、深0.72米。墓壁顺向直立1层后错缝叠砌2层，平压条砖3层成平顶，在南壁下端低于墓室0.1米外掏一长0.34、宽0.32、高0.5米的方形头龛，龛壁条砖直立1层后横向平压条砖1层。葬具朽尽，残存人骨架1具，头朝南，面朝上，仰身直肢葬。龛内置一陶罐，骨梳置于头骨附近，人骨近腹处有一把铁匕首（图四）。

M26，墓向200°。墓圹通长2.84、宽1.18、残深1.17米。墓壁顺向错缝叠砌，长壁14层起券，横行错缝叠砌封门砖，铺地砖呈"人"字形平铺。西南设斜坡墓道，损毁严重。葬具朽尽，残存人骨架1具，头朝西南，面朝上，仰身直肢葬。随葬品置于人骨头部及桡骨附近（图五）。

M31，墓向75°。由甬道及墓室组成。墓圹通长4.38、宽1.22、深2.8米，甬道内空长1.5、宽0.88、高1.4米。墓壁顺向错缝叠砌14层后楔形砖起券，横行错缝铺地砖，甬道顶前端顶部横向错缝5层条砖，甬道外"人"字形侧立封门砖；墓室底面高出甬道底面0.2米，内空长2.5、宽0.88、高1.2米，墓壁顺向错缝叠砌14层后楔形砖起券，横行错缝铺地砖。东设斜坡墓道，残长1.2、后宽1.22米。葬具朽尽，人骨架不存。随葬品置于甬道、墓室内各处（图六）。

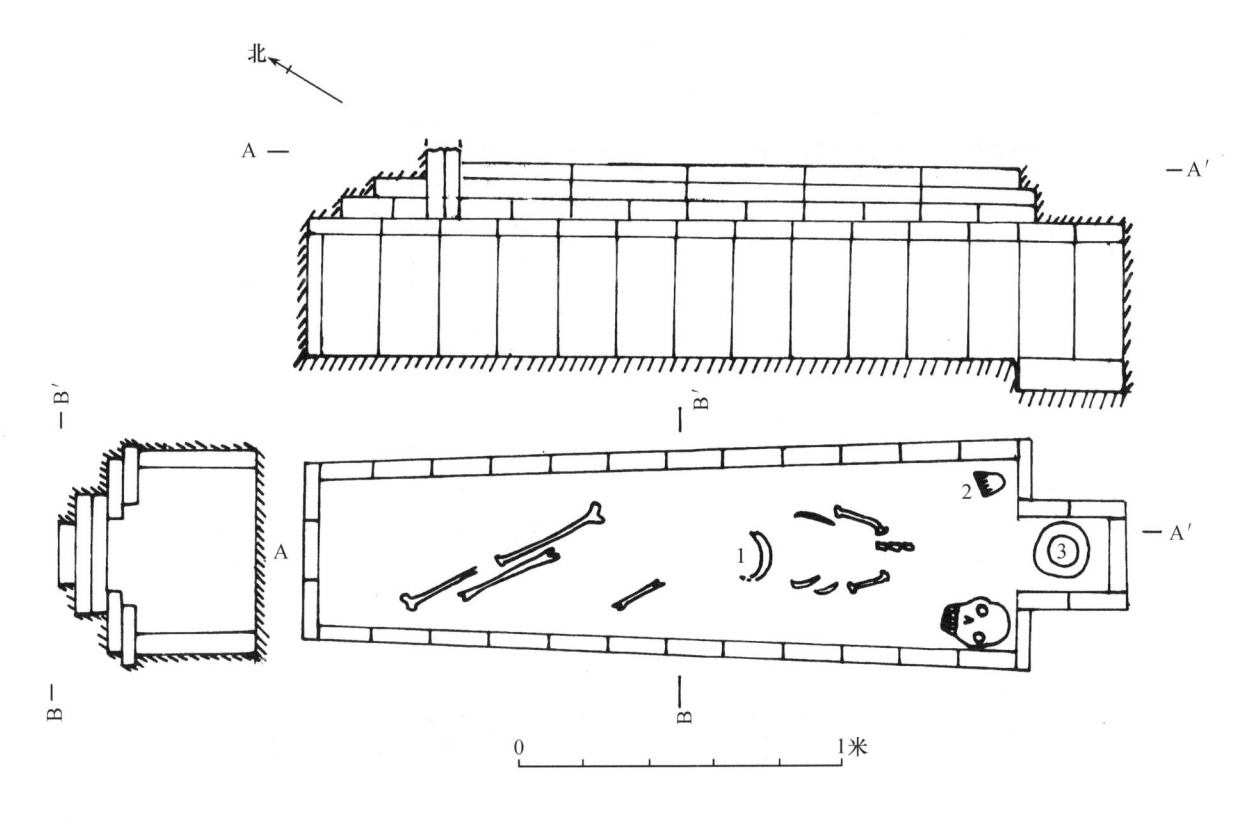

图四 M19 平、剖面图
1. 铁匕首 2. 骨梳 3. 陶罐

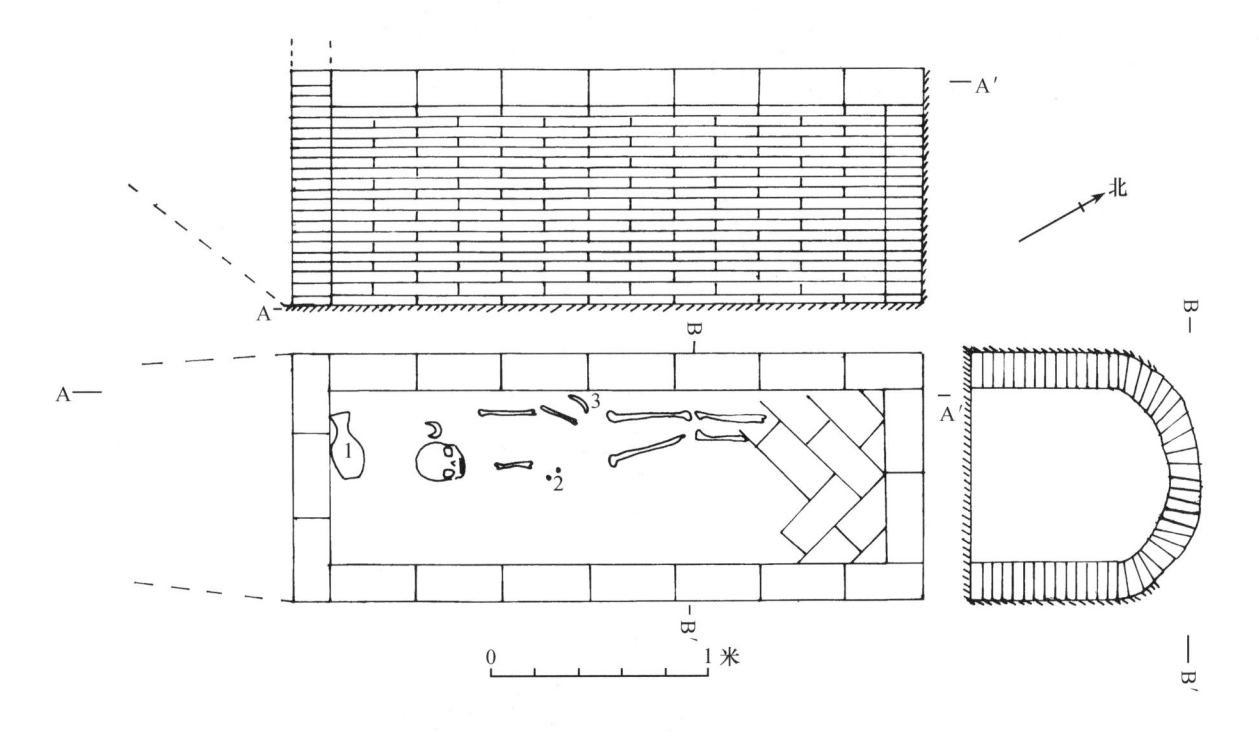

图五 M26 平、剖面图
1. 瓷盘口壶 2. 铜钱 3. 铁刀

图六 M31 平、剖面图

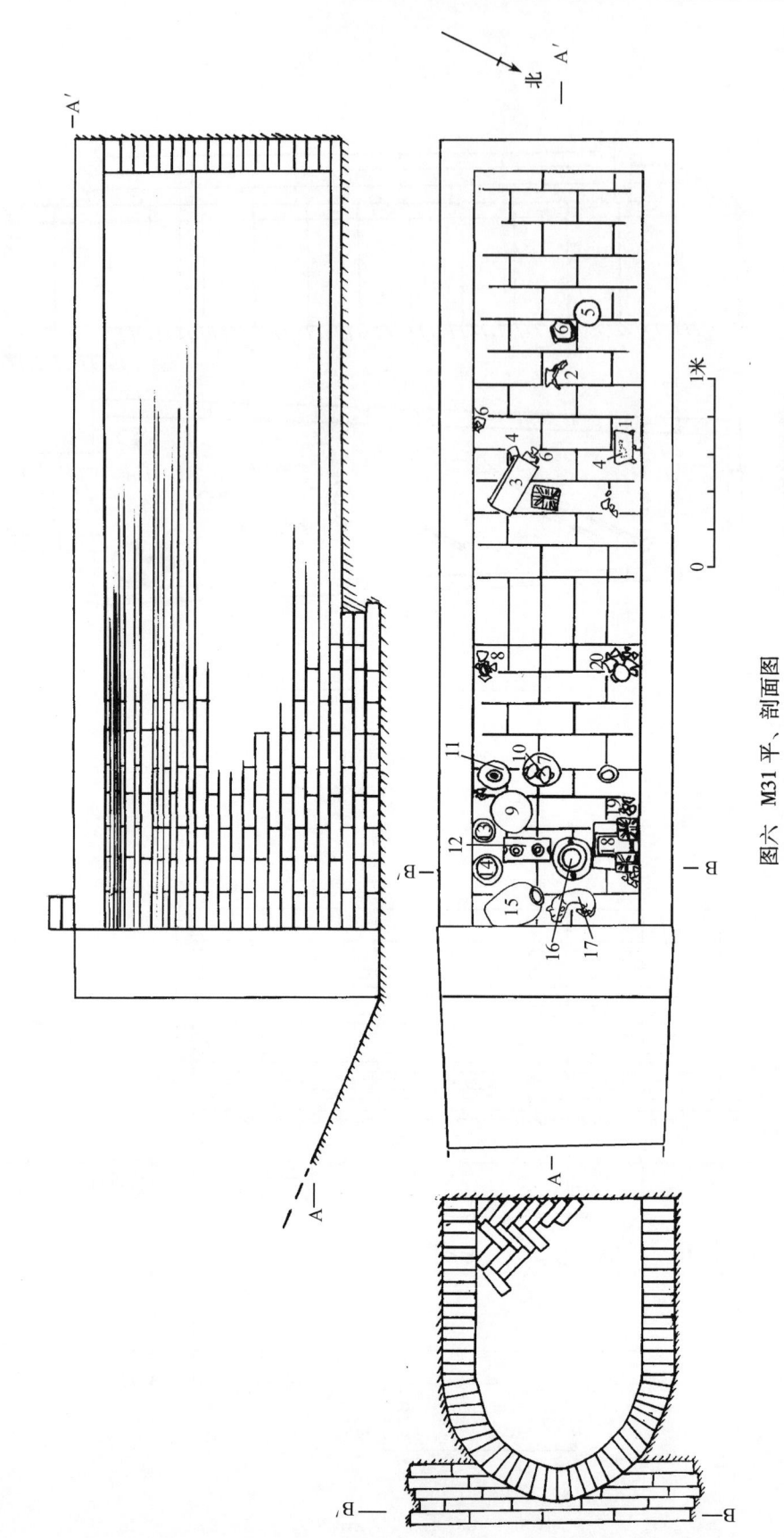

1. 陶樽 2、8、15、20. 陶罐 3. 陶盘 4. 陶魁 5. 陶奁 6. 陶仓 7、9. 陶钵 10. 陶耳杯 11. 陶磨 12. 陶灶 13. 陶碗 14. 陶井 16. 陶壶 17. 陶狗 18. 陶圈 19. 陶博山炉

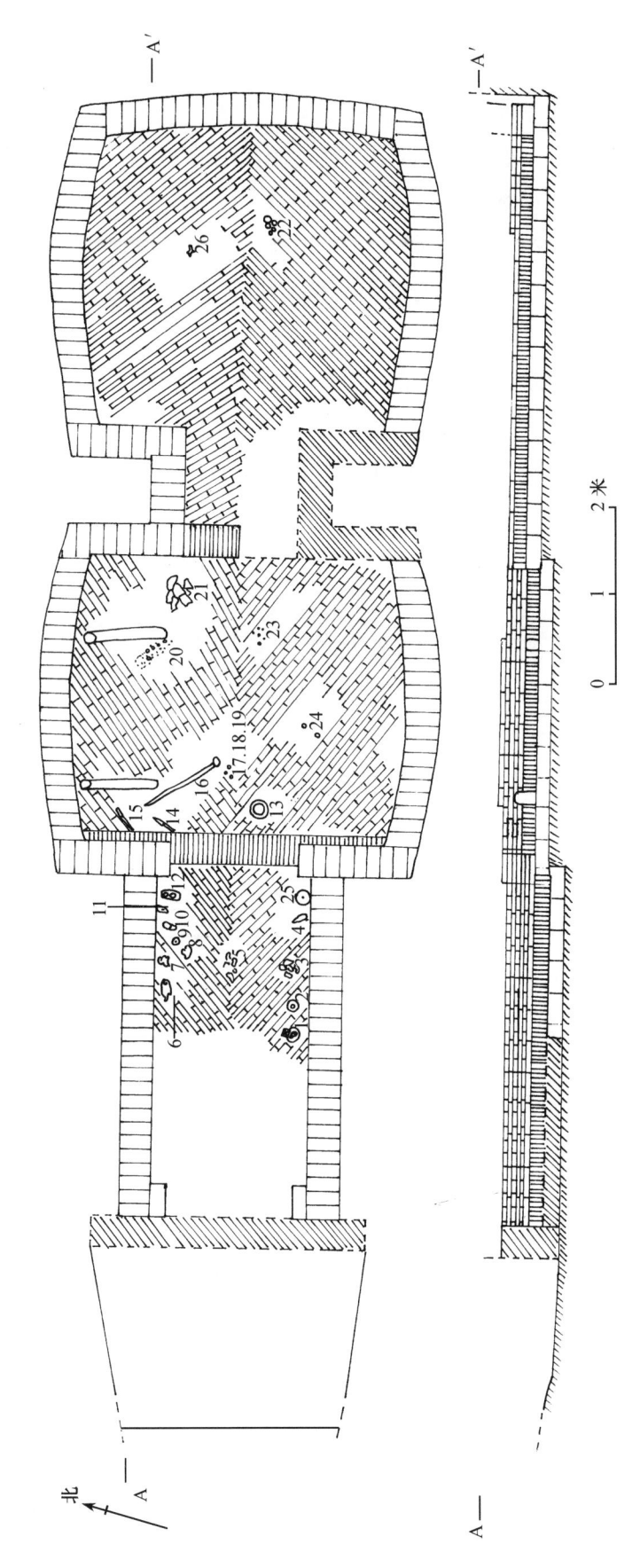

图七 M20 平、剖面图

1. 陶圈 2. 陶磨 3、21. 陶罐 4、10. 陶鸡 5. 陶狗 6. 陶独角兽 7. 陶镇墓兽 8. 陶鸭 9. 陶器盖 11. 陶碓 12. 陶灶 13. 陶井 14、15. 铜矛 16. 铜刀 17~19. 金环 20. 铜钱 22. 银环 23. 滑石珠 24. 铜泡钉 25. 铜镜 26. 铜弩机

（二）双室墓

1座（M20）。

M20，仅存下部。墓向253°。"亚"字形双室砖墓，由甬道、前室、后室三部分组成。墓圹通长12.85、宽4.3米、残深0.75米。

甬道　长方形，长3.8、宽2.2、残高0.65米。两壁条砖一丁再横直交错错缝叠砌，残存6层。中轴对称"人"字形侧立地砖，尖突部分朝前。甬道口仅残存一小块封门砖。

前室　近方形，侧壁外弧，底面低于甬道0.15米。内空长3.2、宽3.7、残高0.55米。壁砖除前壁错缝叠砌外，侧、后壁砌法同甬道。前、后壁下地砖各直行侧立一块，室内地砖砌法同甬道。前壁开门，宽1.4米。

后室　近方形，侧、后壁外弧，底面低于前室0.15米。内空长3.35、宽3.6、残高0.4米。四壁砌法及地砖铺法同甬道。

前、后室之间设短甬道相通，底面与后室平。内空长1.45、宽1.25、残高0.35米。墓壁砌法及地砖铺法同前甬道。

西设斜坡墓道，残长1.65、后部宽3、残深0.65米。

未见葬具及人骨架。随葬的大量模型明器多集中在前室靠近封门处及连接前室与斜坡墓道的甬道内，少量器物夹杂于填土中（图七）。

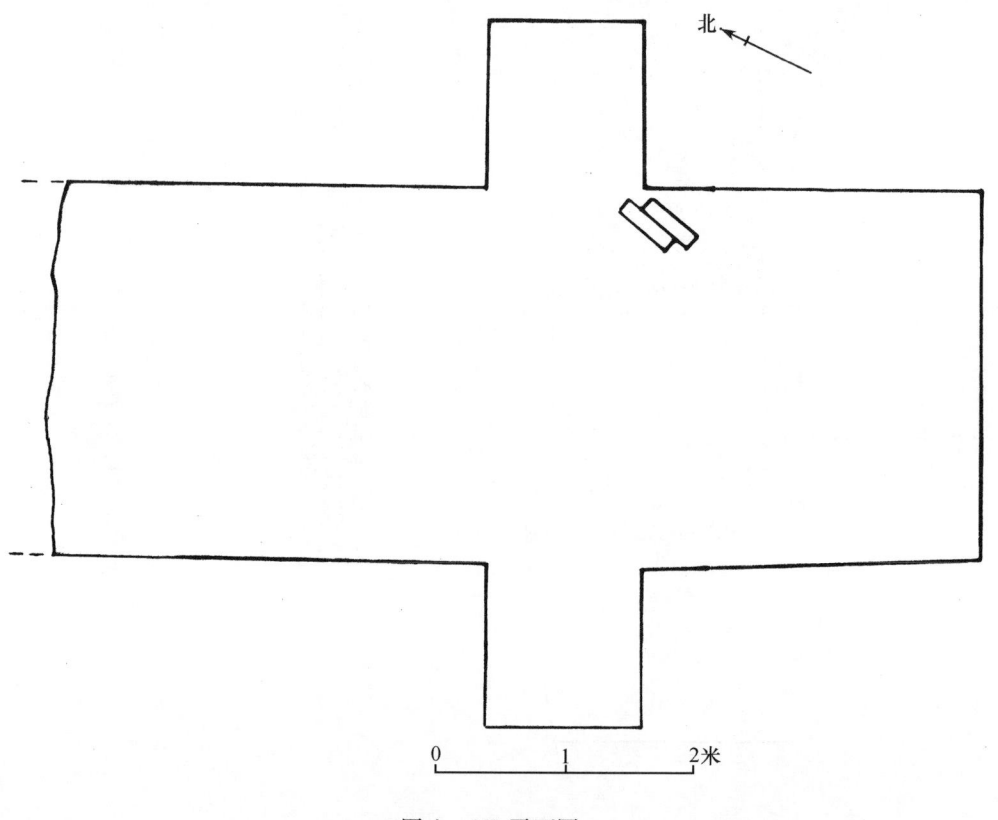

图八　M7平面图

（三）多室墓

1 座（M7）。

M7，破坏十分严重，仅余两块铺地砖。墓向335°。平面形状呈"中"字形，应由甬道、前室、后室及两侧耳室组成。应有墓道，已被破坏。墓圹残长7.28、宽5.44、残深0.4米。墓壁砌法不明，"人"字形侧立地砖。未见葬具、人骨架及随葬品（图八）。

二、随葬器物

本墓地随葬器物达150件（枚），因几乎所有墓葬均遭到不同程度的破坏，有相当数量的出土器物仅可辨器类，而形制不明。它们按质地可分为陶、瓷、铁、铜、金银、骨、漆、滑石、料器等，骨、漆器因腐烂不清，料器残碎。

（一）陶器

数量最多，共110件，近一半无法复原。陶器均为泥质红、灰陶，陶质较好，器表所施陶衣多已剥落，纹饰多为绳纹、弦纹、方格纹。因大多数器形规整，且部分器物内部及底部有明显的轮制痕迹，其制作方式应为拉坯成型。器形有罐、瓮、釜、壶、樽、奁、碗、魁、盘、博山炉、磨、井、灶、圈、仓、碓、轮、钱、器盖、鸡、鸭、狗、独角兽、镇墓兽等，以模型明器见多。

罐 20件，复原14件。根据耳部形态可分为三型。

A型 7件。双耳罐。泥质灰陶。肩部对称有两耳，鼓腹。依口部形态可分为二式。

Ⅰ式 3件。盘口，短束颈，平底。M29:24，肩腹处、近底及底部饰绳纹。口径13.9、底径9.5、高28.2厘米（图九，2）。M31:2，素面。口径12、底径10.4、高19.2厘米（图九，1）。

Ⅱ式 3件。侈口，尖唇，短束颈。M29:14，平底，肩腹处饰有五组网格纹，口径11.3、底径8.4、高24厘米（图九，5）。M30:3，圜底内凹。肩以下至底满饰绳纹。口径12.4、底径10、高23.5厘米（图九，4）。

Ⅲ式 1件。M20:21，直口，溜肩，平底。（图九，3）。

B型 5件。无耳罐。泥质灰陶。依口部形态可分为二式。

Ⅰ式 2件。侈口，平沿，短颈，鼓腹斜收，平底。器身饰网格纹。M31:8，口径13.7、底径10.6、高21厘米（图一〇，2）。

Ⅱ式 1件。M20:28，盘口，束颈，鼓腹，饼形底。口径9、底径9.6、高11厘米（图一〇，6）。

Ⅲ式 2件。直口，圆唇，折肩，鼓腹，平底。M18:2，口径13.3、底径10.8、高16.4厘米（图一〇，1）。M19:3，口径12.2、底径10.8、高19.4厘米（图九，6）。

C型 2件。四系罐。M12:3，泥质灰陶，素面。盘口，折肩，鼓腹斜收，平底，肩腹处对

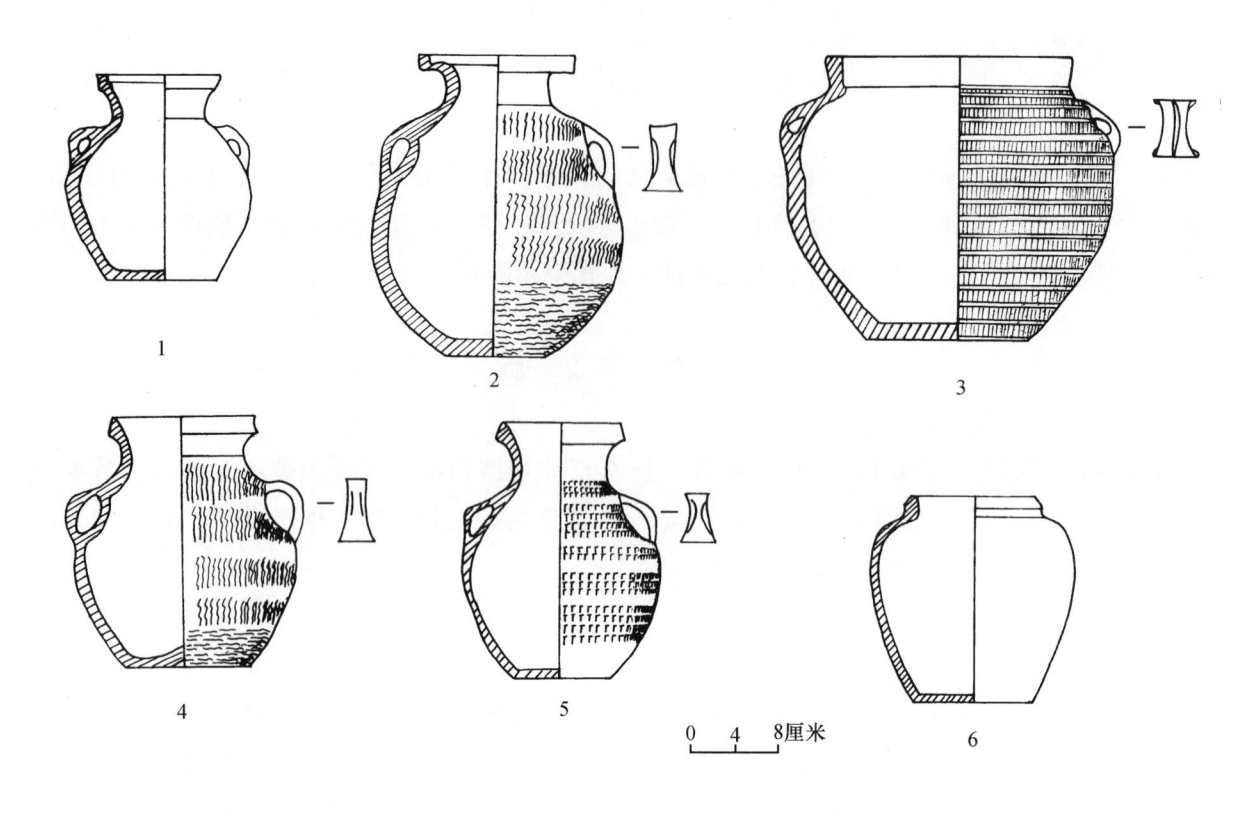

图九　陶罐

1、2. A型Ⅰ式（M31:2、M29:24）　3. A型Ⅲ式（M20:21）　4、5. A型Ⅱ式（M30:3、M29:14）　6. B型Ⅲ式（M19:3）

称有四竖向系，已残。口径16.8、底径12.4、高22厘米（图一〇，7）。M20:3，泥质红陶，上施褐色釉，腹部偏下至底釉剥落严重。侈口，束颈，鼓腹斜收，平底，肩腹处对称有四横向系。器身饰网格纹。口径21.2、底径18、高35.4厘米（图一〇，4）。

壶　2件，复原1件。M31:16，泥质红陶，上施黄色釉，剥落严重。盘口，束长颈，折肩，鼓腹下垂，圈足。肩处对称有两铺首衔环。肩腹处分布有两组六行弦纹。口径16、底径16.8、高31.2厘米（图一〇，3；图版三一，1）。

樽　1件。M31:1，泥质红陶，陶衣已剥落。直口，直腹，平底，三蹄形足，中腹有对称两兽首衔环。近口、底处各有一道凹弦纹。口径17.4、底径15.4、高12厘米（图一〇，5）。

奁　2件，复原1件。M31:5，泥质红陶，陶衣大部分已剥落。敛口，斜壁外扩，平底；盖直口，微鼓腹，圆弧顶。口径14.4、高17.8、盖口径18.4、高12.8厘米（图一一，1；图版三一，3）。

碗　1件。M31:13，泥质灰陶。侈口，圆唇，弧腹斜收，平底，假圈足。外壁近碗口处有两道凹弦纹。口径22.8、底径10、高8.8厘米（图一一，2）。

魁　2件。敞口，尖圆唇，口一侧带兽首柄。M20:30，泥质灰陶，陶衣大部分已剥落。口外侧有一道浅槽，近直腹，假圈足，平底，柄头处以线条刻划出一龙首，柄、口结合部残留有红彩。口径17.5、底径11.6、高8.2厘米（图一一，9）。M31:4，泥质红陶，陶衣大部分已剥落。口近直，凸圜底，弯柄，柄头处以简单线条刻划出一写意龙首。口径12.2、高6.6、柄长6.2厘米（图一一，3）。

图一〇 陶器

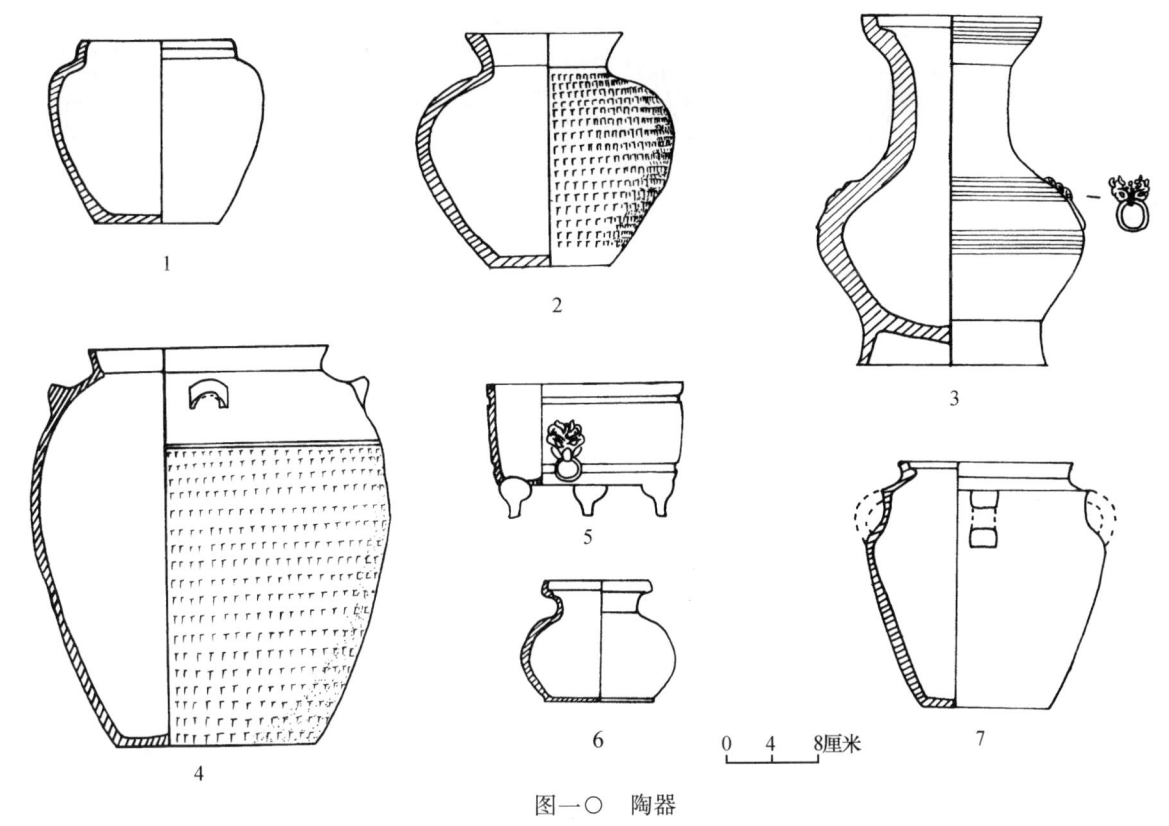

1. B型Ⅲ式罐（M18:2） 2. B型Ⅰ式罐（M31:8） 3. 壶（M31:16） 4、7. C型罐（M20:3、M12:3） 5. 樽（M31:1）
6. B型Ⅱ式罐（M20:28）

盘 2件，复原1件。M20:27，泥质灰陶。素面。敞口，翻沿，尖唇，弧腹曲收，平底。口径21.2、底径14.4、高3.8厘米（图一一，8）。

博山炉 1件。M31:19，泥质红陶，上施砖红色釉，剥落严重。浅盘托，炉为束颈浅盘，炉盖上作山峦状，并有镂孔。口径10、盘托口径18.2、底径11.6、高14.6厘米（图一一，4；图版三一，4）。

磨 6件，仅3件可看出大致形制。泥质红陶。磨盖为塌肩，肩部饰麻点纹，顶部内收有一下料槽。M29:5，浅盘与磨相连，磨为空心。磨盖高3.2、盘径14.6、底径10.3、磨径7.4、磨高4.6厘米（图一一，5）。M32:3，残存磨盖，下料槽内对称有两镂孔，磨盖一侧还突出一方形磨首。盖径8.2、槽径4.4厘米、高2.6厘米（图一一，6）。M33:3，残存磨盖，一侧突出一圆形磨首。盖径7.4、槽径3.6、高2.6厘米（图一一，7）。

井 7件，复原4件。微侈口，宽平折沿，颈微束，筒形腹，大平底。M20:13，泥质红陶。井沿上有栏，但残，井沿面饰有连弧纹，井腹偏上部饰连弧纹，连弧纹下有一瓦纹。口径15、底径16、残高15.2厘米（图一二，6）。M29:11，泥质灰陶，素面。筒形腹略外撇。口径12.8、底径13.3、高13厘米（一二，1）。M29:25，泥质红陶，上施红褐色釉，有剥落。外沿面饰一行"〈"形纹，井腹偏上部饰两行"〈"形纹，近底处有一凸出宽带装饰。口径12.4、底径10.6、高13.4厘米（图一二，2；图版三一，5）。M33:7，素面。器壁内部有六道凸弦纹，应为轮制痕迹。口径12.4、底径11.6、高13.8厘米（图一二，3）。

图一一 陶器

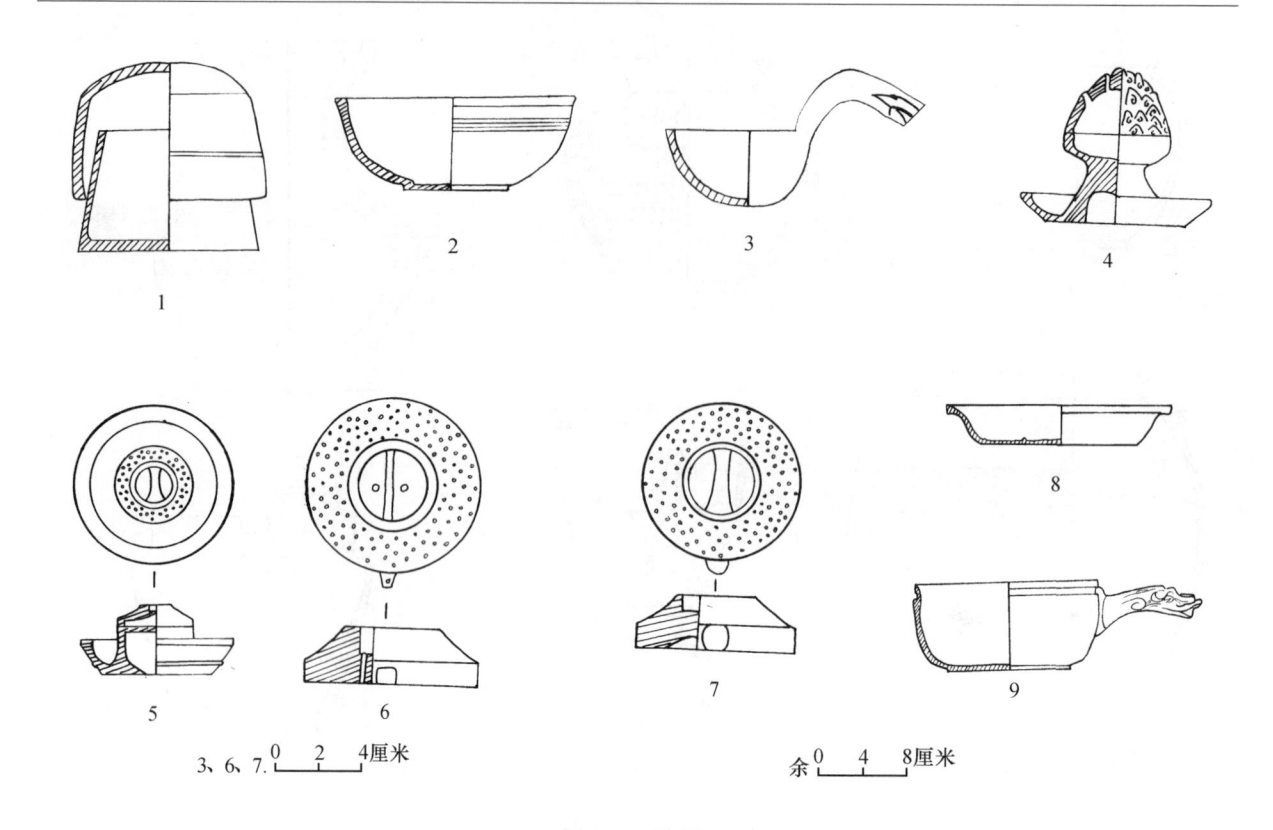

1. 奁（M31:5） 2. 碗（M31:13） 3、9. 魁（M31:4、M20:30） 4. 博山炉（M31:19） 5~7. 磨（M29:5、M32:3、M33:3） 8. 盘（M20:27）

灶 7件，全部或局部复原3件。泥质红陶，素面。长方形灶体，前端略宽，灶面一大一小双火眼，前有小挡火墙，前壁有灶门；火眼上置釜，釜、灶连制，敛口，扁鼓腹，凸圜底。M20:12，上施红褐色釉。"山"字形挡火墙较矮，后端有一烟囱，长方形灶门；釜上置两甑。灶长20、前端宽10、后端宽8.8、通高12.4厘米（图一二，8）。M29:9，灶面残损严重，仅两甑保存较好。M29:9-1，器表陶衣剥落，器内残存少许。敞口，平沿，斜直壁，平底。口径8.5、底径4、高4厘米（图一二，4）。M29:9-2，敞口，平沿，弧壁斜收，平底，底残存一箅孔。口径8.1、底径3.6、高3.3厘米（图一二，5）。M33:5，挡火墙较高，近梯形灶门。灶长21、前端宽10.8、后端宽9.6、高11.2厘米（图一二，7；图版三一，2）。

圈 7件，全部或局部复原3件。泥质红陶。圈屋四面坡状顶，有瓦楞。M20:1，上施土黄色釉，大多已剥落，平面呈圆形，周围有矮墙，圈的一侧有一圆筒形墙体被一支架支起，圈内有一猪。通高14、圈平面直径18.4厘米（图一三，2）。M29:8，平面近圆角方形，周围有矮墙，圈的一侧有一圆筒形墙体，圈内有一猪。通高14.8厘米（图一三，1；图版三一，6）。M32:2，残存盖，平面方形。边长8.9、高5.6厘米（图一三，3）。

仓 5件，复原3件。直口，短领，圆折肩，弧腹斜收，小平底，上有一圆锥形盖，上作山峦状。M29:12，泥质灰陶。口径6.4、底径8.4、最大腹径12.4、仓高20、盖高3.8厘米（图一三，9）。M29:26，泥质红陶，上施红色釉，器身上有绿色带状彩绘。口径8.4、底径

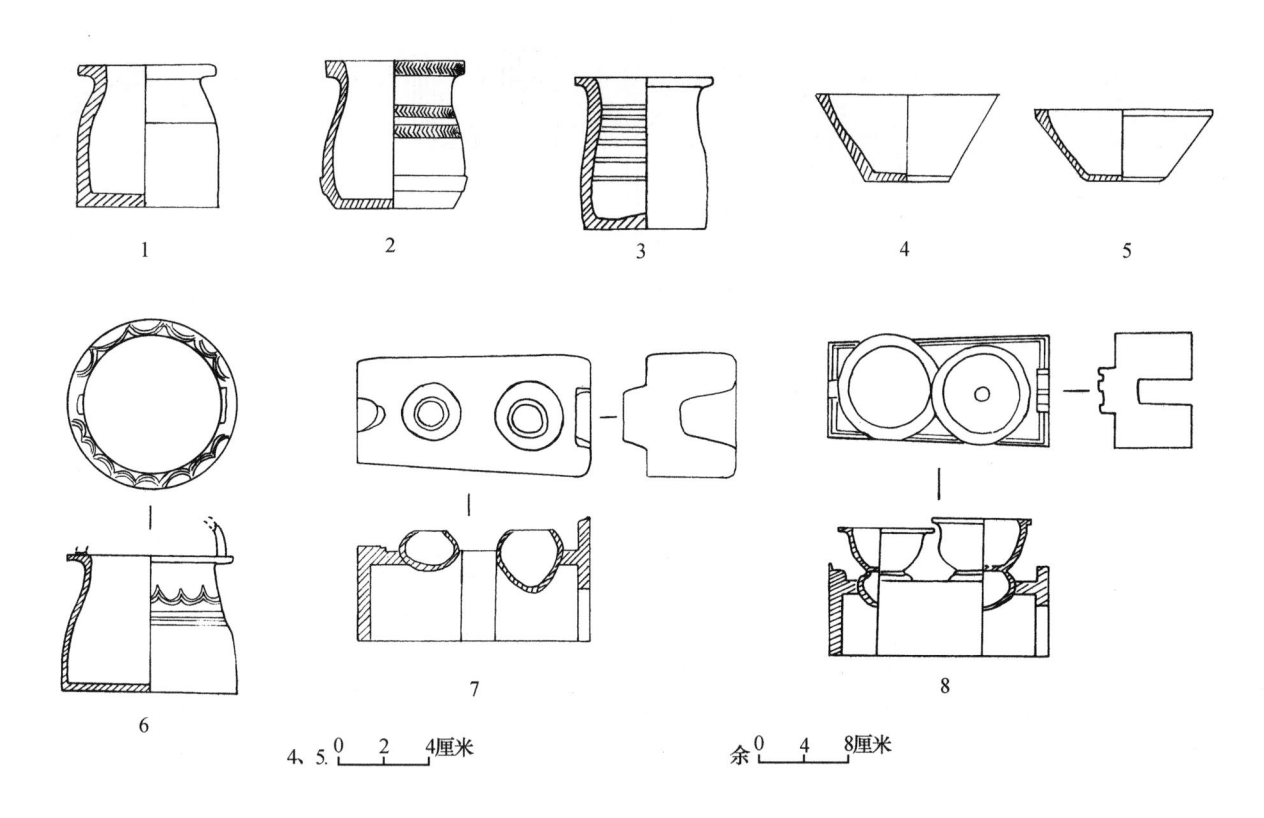

图一二 陶器

1、2、3、6. 井（M29:11、M29:25、M33:7、M20:13）　4、5. 甑（灶）（M29:9-1、M29:9-2）　7、8. 灶（M33:5、M20:12）

9.2、最大腹径14.4、仓高17.4、盖高5.4厘米（图一三，4；图版三一，2）。

碓　2件，复原1件。M20:11，泥质红陶。由臼和支架组成，杵为复原件，平面近圆角梯形，扶手及垫支点呈"山"状，底板上凿出圆窝为臼。通长15.6、一端宽2、一端宽6、高5.6厘米（图一四，6）。

轮　2件。泥质灰陶。素面。M29:22-1，呈圆锥体，略残。最大径5.5、高2.4厘米。（图一三，6）。M29:22-2，呈陀螺状，中部有一孔贯穿。最大径5.6、孔径0.7、高4.2厘米（图一三，7）。

钱　完整的18枚，同出于M29。泥质灰陶。圆钱圆孔，孔四周有方形郭，有郭一面隐约可见"五铢"样，"铢"字模糊，无法对其进行分期。M29:1-1，直径2.4、厚度0.7厘米（图一三，五）。

器盖　3件，复原1件。M32:6，泥质红陶。底面平，顶作象征性庑殿式脊，一角残破。长11.6、宽11.2、高4.8厘米（图一三，8）。

鸡　8件，复原3件。泥质红陶。弧形冠，长颈，尾后伸，空腹，假圈足。M20:4，上施黄釉，大多已剥落。颈部至尾部有规整的网格纹以示羽毛。长18、高14.4厘米（图一四，4）。M33:4，素面。似小鸡。长13、高11厘米（图一四，3）。

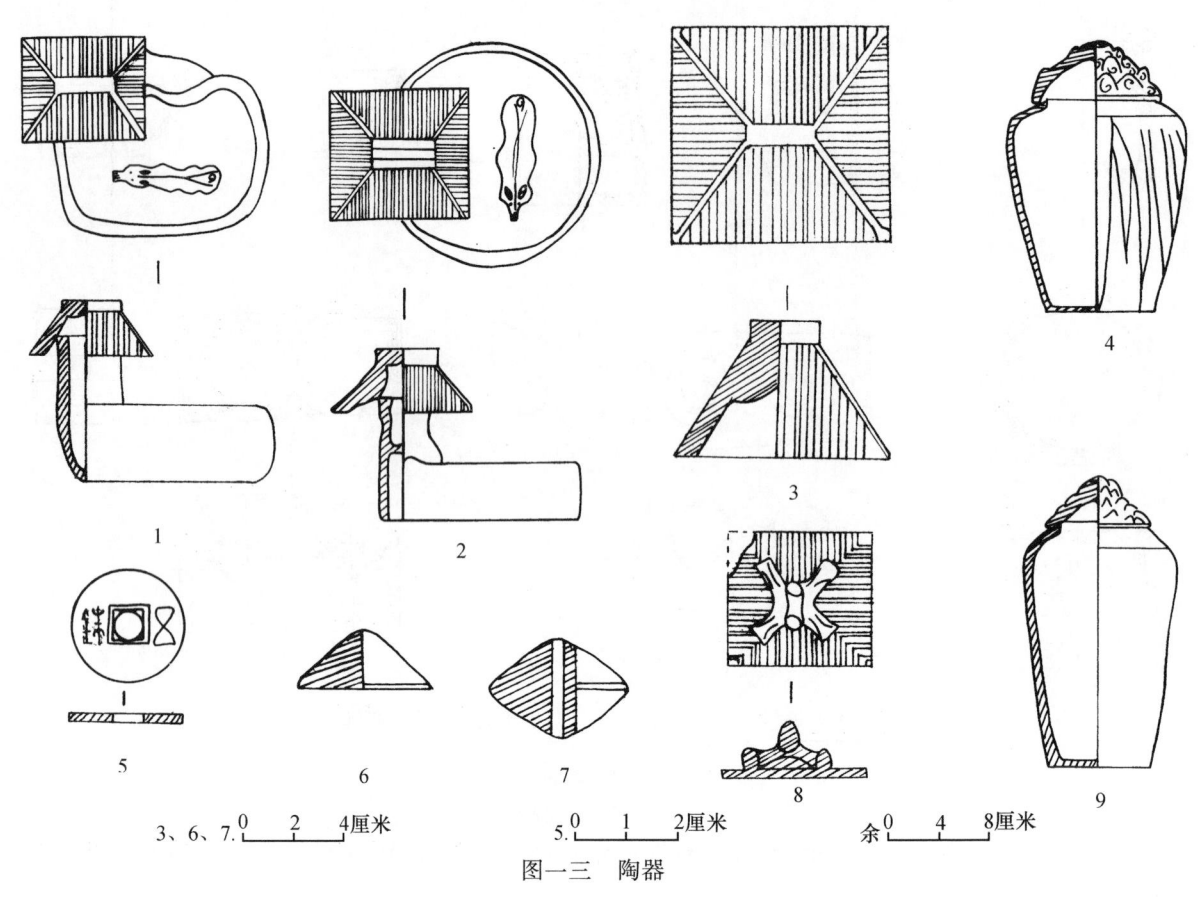

3、6、7. 0 2 4厘米   5. 0 1 2厘米   余 0 4 8厘米

图一三 陶器

1～3. 圈（M29:8、M20:1、M32:2）　4、9. 仓（M29:26、M29:12）　5. 钱（M29:1-1）　6、7. 轮（M29:22-1、M29:22-2）
8. 器盖（M32:6）

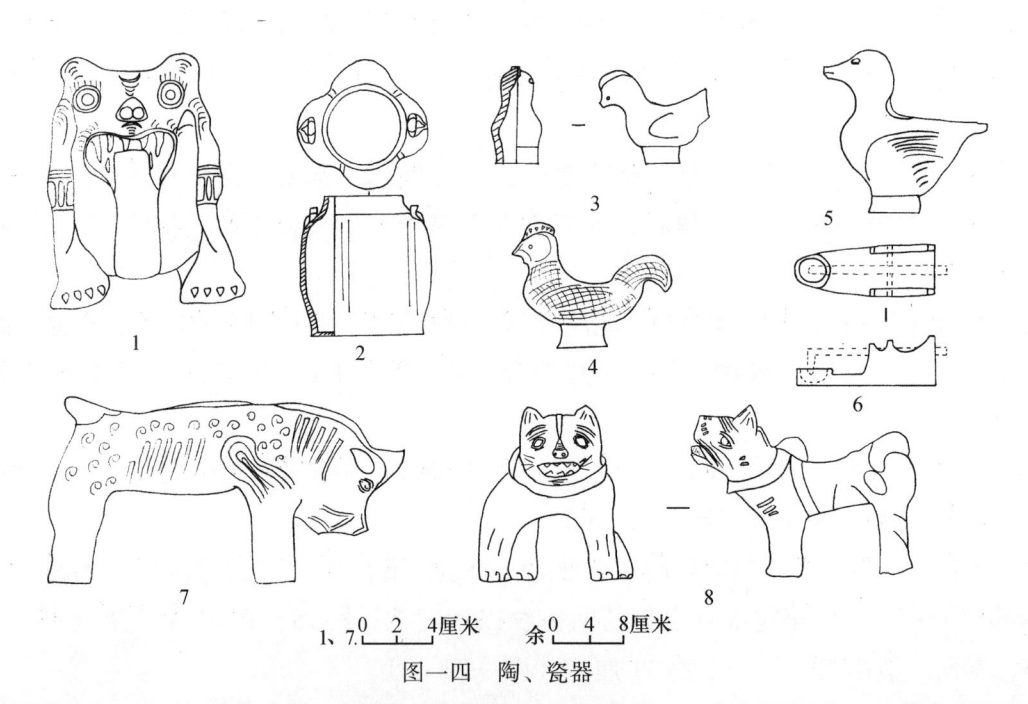

1、7. 0 2 4厘米   余 0 4 8厘米

图一四 陶、瓷器

1. 陶镇墓兽（M20:7）　2. 瓷罐（M18:1）　3、4. 陶鸡（M33:4、M20:4）　5. 陶鸭（M20:8）　6. 陶碓（M20:11）
7. 陶独角兽（M20:6）　8. 陶狗（M29:16）

鸭 2件，复原1件。M20:8，泥质红陶，上施绿釉，剥落严重。扁嘴，长颈，短尾后伸，空腹，假圈足。长18.4、高18.4厘米（图一四，5）。

狗 6件，复原3件。泥质红陶。两耳竖立，尾上卷，作狂吠状，颈肩腹处有一系带环绕，四肢站立，空腹。M29:16，上施绿釉。长25.2、高19.6厘米（图一四，8）。

独角兽 1件。M20:6，泥质红陶。站立，头下压，独尖角，锥状短尾。身饰云纹。高10.8、长20.4厘米（图一四，7）。

镇墓兽 1件。M20:7，泥质红陶，上施绿釉。两耳竖立，嗔目张口吊舌作蹲踞状。高14.4厘米（图一四，1）。

（二）瓷器

5件。有碗、盘口壶、罐等，仅复原1件罐。

罐 M18:1，灰白胎，表面施土黄色釉。直口，折肩，肩处对称有两桥形耳，四瓜棱腹，平底。器壁内部有轮制痕迹。口径9.2、底径13.2、高16厘米（图一四，2；彩版五，3）。

（三）铁器

5件。大多锈蚀严重，器类有刀、匕首等。

匕首 1件。M19:1，呈弯月形。长19.6、最宽处4厘米（图一五，2）。

（四）铜器

14件。多残损严重，器类有泡钉、矛、刀、弩机、削、镜、簪、箸等，此外还有大量钱币。

泡钉 2件。状如头盔，内钉上有扉棱。M20:24，直径2.2、内钉长1.3、通高1.4厘米（图一五，4）。

矛 2件。均为直线脊，平肩，骹为圆柱形，端口处呈豁口状，且有一穿孔，三角形锋，矛身截面为菱形。M20:14，通长33.2、肩宽3.8厘米（图一五，13）。

刀 1件。M20:16，环首，厚背，薄刃，斜刀锋。长86、刃宽2.4～2.8、背厚0.8厘米（图一五，14）。

弩机 1件。M20:26，明器，只存郭和两键，望山、悬刀缺失，内部构件锈蚀严重。长5、前宽1.1、后宽1.5、残高1.1厘米（图一五，1）。

钱币 数量较多，大多锈蚀黏连在一起，仅依稀可辨全为"五铢"，无法清点和进行分期研究。

（五）金银器

10件。器类有环、簪等。

金环 3件。形制、大小相同，有打磨痕迹，内外侧稍凸（彩版五，5）。M20:18，直径1.8、宽0.1厘米（图一五，5）。

银环 6件，1件断裂。形制相同，有打磨痕迹，内外侧稍凸（彩版五，6）。M20:22-1，直径1.9、宽0.1厘米（图一五，6）。M20:22-3，直径6、宽0.1~0.2厘米（图一五，15）。

银簪 1件。M28:1，氧化严重。呈"U"字形，簪头有一近梯形装饰。长11.8（图一五，3）。

（六）滑石器

有珠6枚。表面呈红色，形状不规则，上下各有一平整台面，上一孔贯穿，其截面为三角形和四边形。M20:23，高1.6~2厘米（图一五，7~12）。

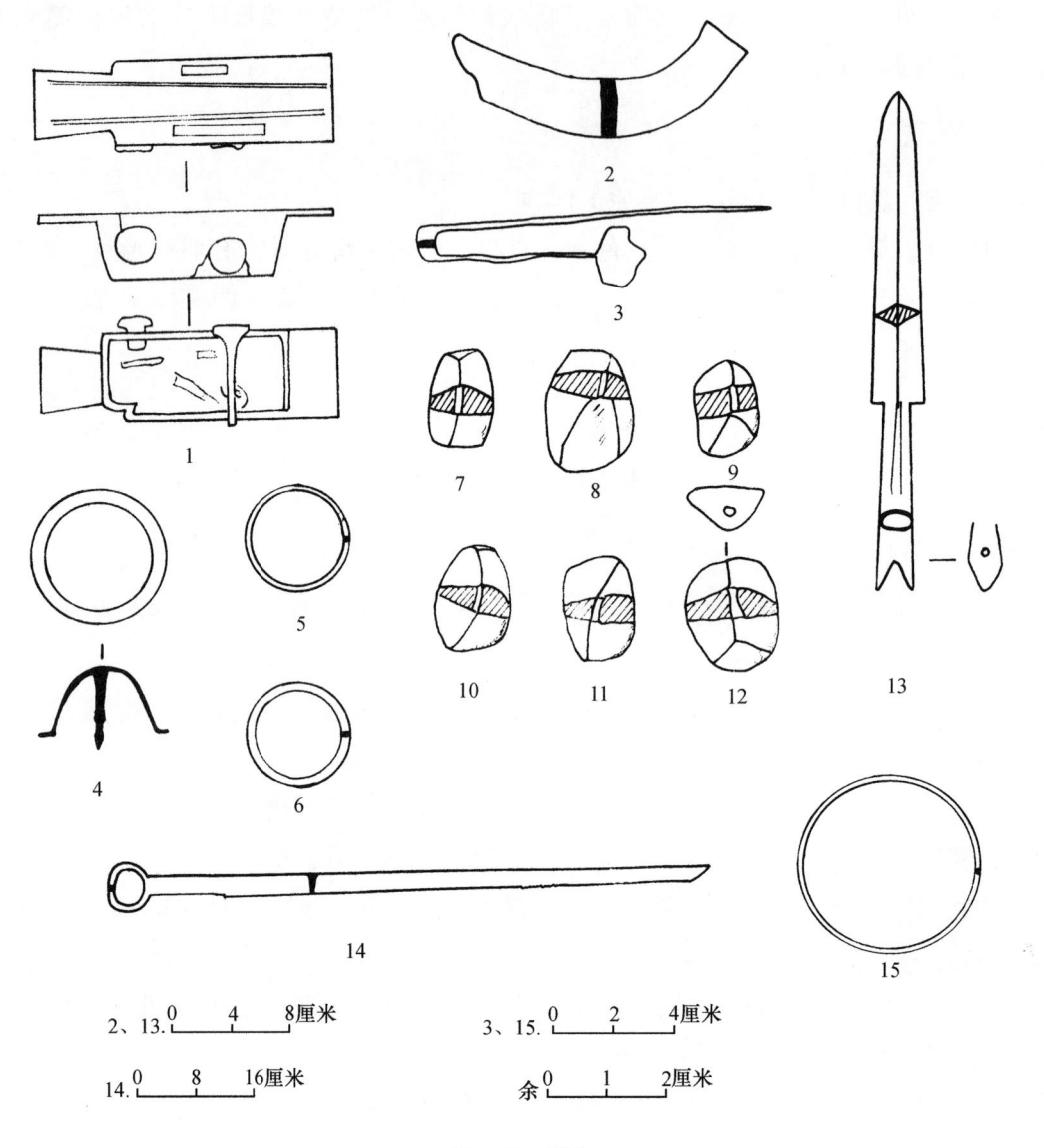

图一五 器物

1. 铜弩机（M20:26） 2. 铁匕首（M19:1） 3. 银簪（M28:1） 4. 铜泡钉（M20:24） 5. 金环（M20:18） 6、15. 银环（M20:22-1、M20:22-3） 7~12. 滑石珠（M20:23） 13. 铜矛（M20:14） 14. 铜刀（M20:16）

三、结　语

本次发掘的28座砖室墓均遭到不同程度的破坏和扰乱，除M17无法参照推测年代外，其余 27 座墓可依照墓葬形制及出土器物类别、形制和墓砖纹饰与邻近地区对比推测其相对年代。

这批墓葬全为砖室墓，依襄樊地区过去发掘情况分析，这批墓葬时代不早于西汉晚期，因为从西汉晚期开始，砖室墓才全部取代了土坑墓，且其立壁的砌法大多为平砖顺铺错缝，楔形砖起券，封门砖及铺地砖排列方式多样，墓砖规格不一，这些都符合本区西汉晚期至隋唐时期墓葬的特点，特别是长方形单室砖墓可一直沿用到隋唐时期，双室、多室砖墓反而多见于东汉六朝时期。其中，M7 多室墓本区基本见于东汉晚期到六朝时期，M20 的双室采用了严格的中轴线对称，立壁的砌法为一丁三顺，且为双弧壁，墓顶虽残，但可推测为双券顶，符合本区东汉晚期至魏晋墓葬的形制特点。而且，单长（窄）侧面饰几何纹或绳纹墓砖和侧面素面墓砖的使用可作为西汉晚期至六朝和隋唐分界的标志。

同时出土器物的特征较为明显。因出土器物组合及形制不完整，无法对其进行细致的器物组合研究。从出土现状可知，随葬器物多为陶器，有少量金银器、铁器、铜器、瓷器及漆器。

M8、M10、M20、M29~M33 出土陶器有壶、罐等日用器及种类齐全的明器组合，且各墓随葬的圜底双耳罐及大量的模型明器如陶灶、仓、井、磨、圈、鸡、狗等形制都与其周围地区东汉墓出土器物相似，并不见东汉早期及以前常见的鼎，也不见西晋以后常见的瓷器，同时 M29 还出现了本区东汉晚期才出现的施釉的陶狗，再结合墓葬形制推测这几座墓的时代主要在东汉晚期，M20 可能还晚到魏晋时期。M7、M14、M15、M21 因被毁器物不存，只能从墓葬形制和墓砖纹样推测其时代在东汉晚期至六朝时期。

M6、M22、M26 出土隋至唐初本区常见的青瓷盘口壶，还伴出隋铸"五珠"，其时代当不出此范围。M18 出土的瓷罐显然系唐代中期长沙窑的产品，其同出的 B 型Ⅲ式陶罐和 M19 的同型式罐也有唐代中期特点，这两座墓的时代应为唐代中期。M9、M11 仅出陶罐，从残片看，时代与 M18、M19 差不多。M12 出土的 C 型陶罐特征不明显，M23、M24 各出"五铢"铜钱，M28 仅出银簪，M13、M16、M25、M27 则未见随葬品，只能从墓葬形制和墓砖纹样分析，他们的时代在隋唐时期。

从分布状况看，本墓地是一个较大的东汉到隋唐时期墓地，东南距离古樊城不远，可能是其城外墓地，但因基本建设项目的分散，致使发掘地点不能连接成片，他们的发掘虽能为古樊城的历史文化研究提供一定的实物资料，但缺乏整体性，需要今后做进一步的工作。

附记：先后参加发掘工作的有陈千万、杨力、刘江生、曾宪敏、释贵星等，器物修复释贵星，资料整理卢亚妮，田野绘图刘江生、释贵星，器物绘图、描图卢亚妮，器物照相杨力，成文过程中得到了王先福老师的大力帮助，在此表示衷心的感谢。

执笔：卢亚妮

注　释

[1]　襄樊市博物馆：《湖北襄樊市毛纺厂汉墓清理简报》，《考古》1997 年第 12 期。

附表　松鹤路墓地墓葬一览表

墓号	方向	形制	墓圹尺寸（米）长×宽×深	结构	墓砖类别	墓砖规格（厘米）长×宽×高	墓砖纹饰	人骨架保存状况 人骨架	人骨架保存状况 葬式	随葬品	时代	备注
M6	155°	长方形单室砖墓	3×(0.94~1.04)-0.6	四壁顺向错缝叠砌，残存7~12层，横行错缝平铺地砖	壁砖、地砖	36.5×17×4.5	素面	不存	不明	瓷碗、盘口壶；铜钱；铁器	隋唐	上部被破坏
M7	335°	"中"字形多室砖墓	7.28×5.44-0.4	由甬道、前室、后室及两侧耳室组成。仅余两块铺地砖，呈"人"字形侧立	地砖	44×17×12	单长侧面饰几何纹	不存	不明	不存	东汉或六朝	几乎破坏殆尽
M8	250°	长方形单室砖墓	2.82×0.96-1	墓壁及封门墙顺向叠砌，长壁14层起券，封门墙外弧。直行对缝铺地砖	壁砖、封门砖、券砖、地砖	34×12×5、35×12×7、34×12×(5~6)	单平面绳纹、单侧面菱形几何纹	不存	不明	陶瓮、罐、井、灶；铜铃、钱	东汉	
M9	335°	长方形单室砖墓	2.6×0.8-0.74	墓壁顺向侧立错缝叠砌，残存5层，横行错缝平铺地砖	壁砖、地砖	28×13.5×6.5、32×25×5.5	素面	不存	不明	陶罐	唐	上部破坏
M10	70°	长方形单室砖墓	2.82×1.4-1.24	墓壁顺向错缝叠砌，长壁砌12层起券，横直文错叠砌封门砖，直行错缝平铺地砖	壁砖、封门砖、券砖、地砖	33.5×12.5×7、27×12.5×7、34×12.5×(6~8)	单平面绳纹、单侧面菱形几何纹	不存	不明	陶壶、罐2、井、灶、仓；铜盆；漆耳杯	东汉	
M11	340°	长方形单室砖墓	3.2×(1.06~1.24)-1.36	墓壁顺向错缝叠砌，壁砌13层起券，横行错缝叠砌封门砖，横行错缝平铺地砖	壁砖、地砖、封门砖、券砖	35×18×6、35×18×(4~6)	素面	头骨	仰身直肢	陶罐2	唐	墓顶局部被破坏

襄樊松鹤路墓地发掘简报

续表

墓号	方向	形制	墓圹尺寸（米）长×宽-深	结构	墓砖 类别	墓砖 规格（厘米）长×宽×高	墓砖 纹饰	人骨架保存状况 人骨架	人骨架保存状况 葬式	随葬品	时代	备注
M12	164°	"刀"字形单室砖墓	4.44×(1.08~1.78)-(1.86~2.04)	由甬道及墓室组成，甬道七顺一丁接三顺一丁再错缝叠砌3层起券，墓室壁三顺一丁三组再叠砌3层起券，封门砖叠砌，横行错缝叠砌，墓室分别横、直行错缝平铺地砖	壁砖、地砖、封门砖、券砖	35×17×5、35×17×(3~5)	素面	不存	不明	陶C罐；铁匕首；漆盘	隋唐	局部被破坏
M13	175°	长方形单室砖墓	2.87×0.95-残0.5	四壁顺向直立1层再错缝叠砌，残存3层，铺地砖不明	壁砖	35×17.5×5	素面	不存	不明	无	隋唐	损毁大部
M14	160°	长方形单室砖墓	不明	不明	壁砖	?×15.5×5	单平面绳纹，单侧面菱形几何纹	不存	不明	无	东汉或六朝	损毁大部
M15	160°	长方形单室砖墓	不明	不明	壁砖	?×13×7.5		不存	不明	无	东汉或六朝	损毁大部
M16	350°	长方形单室砖墓	1.3×0.62-0.35	四壁顺向错缝叠砌4层，长壁渐收，顶横直交错平盖2层，横行错缝平铺地砖	壁砖、地砖、顶砖	39×17×5	素面	不存	不明	无	隋唐	损毁大部
M17	150°	长方形单室砖墓	2.3×1.16-2.14	不明	不明	不明	不明	不明	不明	无	不明	仅余墓圹

续表

墓号	方向	形制	墓圹尺寸（米）长×宽-深	结构	墓砖类别	墓砖规格（厘米）长×宽×高	墓砖纹饰	人骨架保存状况 人骨架	人骨架保存状况 葬式	随葬品	时代	备注
M18	160°	长方形单室砖墓	2.7×(0.52~0.7)−0.65	四壁顺向侧立1层再错缝叠砌8层，上4层逐层内收，横向平盖封顶，无铺地砖。北壁中间外设小土龛	壁砖、顶砖	35×17.5×5	素面	不存	不明	陶BⅢ罐；瓷罐	唐	
M19	150°	长方形单室砖墓	2.22×(0.52~0.7)−0.72	四壁顺向直立1层再错缝叠砌2层，上层内收，横、直向平盖2，1层封顶，无铺地砖。北壁中间外设小龛，龛贴地砖直立1层条砖平盖为顶	壁砖、顶砖	36×18×5	素面	1具	仰身直肢	陶BⅢ罐；骨梳；铁匕首	唐	
M20	253°	"亚"字形双室砖墓	12.85×4.3−残0.75	由甬道及前后墓室组成。前后室同短甬道相通。壁砖侧立1层后横行直文错缝叠砌，中轴对称"人"字形侧立地砖	壁砖、地砖	35×15×5	单平面绳纹，单侧面菱形几何纹	不存	不明	陶AⅢ、BⅡ、C罐，岙、魁、盘、鸡2、鸭、狗、灶、独角兽、镇墓兽、碓、器盖，铜钉2、镜、弩机、泡钉2，刀、钱，金环6；银环3；滑石珠6	东汉	仅残存下部
M21	175°	长方形单室砖墓	残0.82×1.06−1	墓壁顺向错缝叠砌，长壁11层起券，横行错缝平铺地砖	壁砖、地砖、券砖	35×17×5.5，34×17×(3.5~5)	平面绳纹，单侧面几何纹	不存	不明	不存	东汉或六朝	大部被毁

襄樊松鹤路墓地发掘简报

续表

墓号	方向	形制	墓圹尺寸（米）长×宽－深	结构	墓砖 类别	墓砖 规格（厘米）长×宽×高	墓砖 纹饰	人骨架保存状况 人骨架	人骨架保存状况 葬式	随葬品	时代	备注
M22	150°	长方形单室砖墓	2.88×(1.04~1.12)-1.04	墓壁顺向错缝叠砌，长壁12层起券，南端墓壁，顶外纵向平贴1层条砖，横行错缝叠砌封门砖，席纹平铺地砖	壁砖、地砖、券砖	36×18×5、36×18×(3~5)	素面	头骨	不明	瓷盘口壶；铜簪	隋唐	
M23	180°	长方形单室砖墓	残2.3×1.16－1.11	墓壁顺向错缝叠砌，长壁12层起券，横行错缝叠砌封门砖，横行错缝平铺地砖	壁砖、地砖	37×18×5	素面	1具	仰身直肢	铜钱	隋唐	破坏小半
M24	180°	长方形单室砖墓	残1.08×(0.8~残0.92)-0.68	墓壁顺向错缝叠砌12层再与下层壁砖呈十字交叉状叠砌1层，逐层内收，横直交错叠砌3层封顶	壁砖、地砖	37×18×4	素面	不存	不明	铜钱；铁刀	隋唐	破坏小半
M25	175°	长方形单室砖墓	残1.66×(0.52~残0.7)-0.64	长、短壁内外两块条砖并贴顺向侧、直立1层叠砌6、3层，短壁叠砌立1层，再侧、直长壁渐收，以1层条砖直横向平盖封顶，上部直行压盖1层，席纹平铺地砖	壁砖、地砖	37×17×4	素面	腿骨	仰身直肢		隋唐	

续表

墓号	方向	形制	墓圹尺寸（米）长×宽-深	结构	墓砖类别	墓砖规格（厘米）长×宽×高	墓砖纹饰	人骨架保存状况 人骨架	人骨架保存状况 葬式	随葬品	时代	备注
M26	200°	长方形单室砖墓	2.84×1.18-1.17	墓壁顺向错缝叠砌，长壁14层起券，横行错缝叠砌封门砖，"人"字形错缝平铺地砖	壁砖、地砖、券砖	37.5×17.5×4.5、37.5×17.5×(3~5)	素面	1具	仰身直肢	瓷盘口壶；铜钱；铁刀	隋唐	
M27	150°	长方形单室砖墓	残1.05×1.05-残0.65	墓壁顺向错缝叠砌，残存12层，铺地砖不明	壁砖、地砖	33×15×5	单平面绳纹	不存	不明	不存	隋唐	残损大半
M28	160°	长方形单室砖墓	3.14×(0.86~1.04)-0.72	墓壁顺向错缝叠砌，长壁9层起券，地砖不明，一顺一丁四组封门	壁砖、封门砖、券砖	34×17×5、31×15×4、34×17×(2.5~4)	素面	不存	不明	银簪	隋唐	残毁严重
M29	170°	"凸"字形单室砖墓	5.3×(1.38~2.6)-1.66	由甬道及墓室组成，甬道错缝叠砌11层起券，墓室四壁错缝叠砌16层起穹隆顶，顶残，横行错缝叠砌封门砖，横缝错缝平铺地砖	壁砖、地砖、封门砖、券砖	35×17×6、35×17×(3.5~5)	平面绳纹，单侧面几何纹	朽尽	不明	陶AⅠ罐，AⅡ罐2，磨2，井2，仓2，灶2，碓2，轮2，圈2，狗18，狗4，料珠；铜钱；削，镜，鸡；料珠	东汉	上部破破坏
M30	165°	"刀"字形单室砖墓	4.32×(1.3~1.86)-(1.12~1.4)	由甬道及墓室组成，墓壁分别顺向错缝叠砌11、17层起券，券顶残，横行平铺地砖	壁砖、地砖、券砖	34×17×5、34×17×(3.5~5)	平面绳纹，单侧面几何纹	不存	不明	陶AⅡ罐，釜，狗，鸡，圈；铜钱，削，箸	东汉	顶残，地砖被撬大半

续表

墓号	方向	形制	墓圹尺寸（米）长×宽－深	结构	墓砖类别	墓砖规格（厘米）长×宽×高	墓砖纹饰	人骨架保存状况	葬式	随葬品	时代	备注
M31	75°	长方形单室砖墓	4.38×1.22－2.8	由甬道及墓室组成，墓室底高出甬道0.2米。墓壁分别顺向错缝叠砌14、11层起券，"人"字形封门砖，横行平铺地砖	壁砖、地砖、封门砖、券砖	36×17×6.5、36×17×(3.5～5)	平面绳纹，单侧面几何纹	朽尽	不明	陶AⅠ罐2，BⅠ罐2，壶、樽、奁、盘、钵2、博山炉、碗、耳杯、魁、井、灶、磨、仓、圈，狗	东汉	
M32	75°	长方形单室砖墓	残2.18×0.94－0.34	墓壁顺向错缝叠砌，残存6层，横行错缝平铺地砖	壁砖、地砖	33×16.5×5	平面绳纹，单侧面几何纹	不存	不明	陶磨盖、圈盖、狗腿、鸭头、器盖；铜钱	东汉	残毁严重
M33	255°	"刀"字形单室砖墓	4.82×(1.36～1.86)－1.49	由甬道及墓室组成，墓壁分别顺向错缝叠砌14、17层起券，券顶残，横行错缝平铺地砖	壁砖、地砖、券砖	33×17×5.5、34×17×(4～5)	平面绳纹，单侧面几何纹	不存	不明	陶磨盖、井、灶、圈、仓、器盖，鸡	东汉	残毁大部

注：未注明件数者均为1件。

襄阳城东街汉晋墓地发掘报告

襄樊市文物考古研究所

1998 年 10～11 月，襄樊市第四中学学生公寓建设过程中，襄樊市考古队（襄樊市文物考古研究所前身）配合工程建设，在襄阳城东街该中学院内勘探、发掘了 7 座砖室墓（编号M2～M8）。此前，原市博物馆考古部曾于 1994 年在与之相邻的新华书店还清理过 1 座砖室墓（编号M1）[1]，因其同属襄阳城东街墓地，故将资料归并报告如下。

一、墓 地 概 况

墓地位于襄樊市襄城东街中段南侧，四周皆古襄阳城垣。其东距东城墙约 300 米，南距南城墙约 800 米（图一）。这里是汉水西南岸的淤积平地，汉水自西北向东南绕城而过，西南是

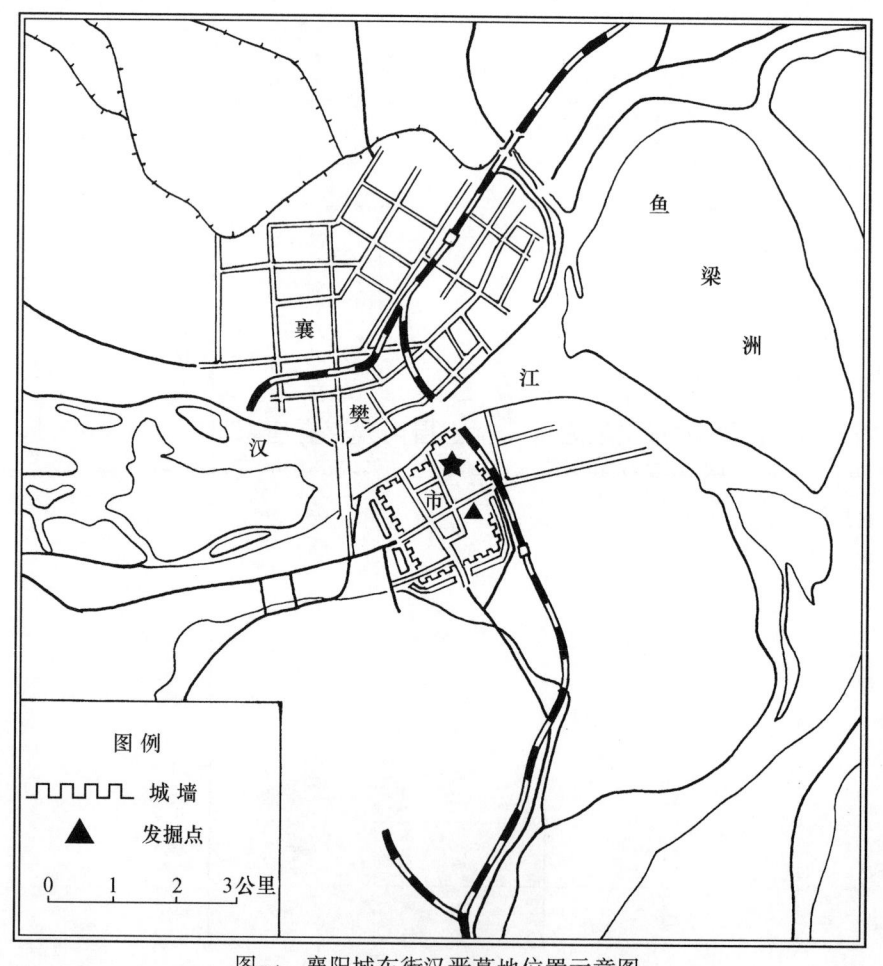

图一 襄阳城东街汉晋墓地位置示意图

高山。墓地地表上为密集的住宅或水泥地面，近年来随着旧城改造的推进，考古勘探、发掘相继进行。据勘探调查资料推测，该墓地东西长约 250、南北宽约 200 米，面积约 5 万平方米。

该墓地已发掘的 8 座墓，分东、西两区。东区（襄樊四中院内）7 座墓，排列密集，间距最小的为 2.5 米，无叠压关系。其中东西向的墓 6 座：向东的 4 座（M2～M4、M6）、向北的 1 座（M5）、向西的 1 座（M8）。西区（新华书店院内）为 1 座向南的大型多室墓（M1），与东区相距约 100 米。靠东北的墓葬时代略早，为东汉后期。靠南或靠西的墓葬时代趋晚，为三国或西晋初期（图二）。

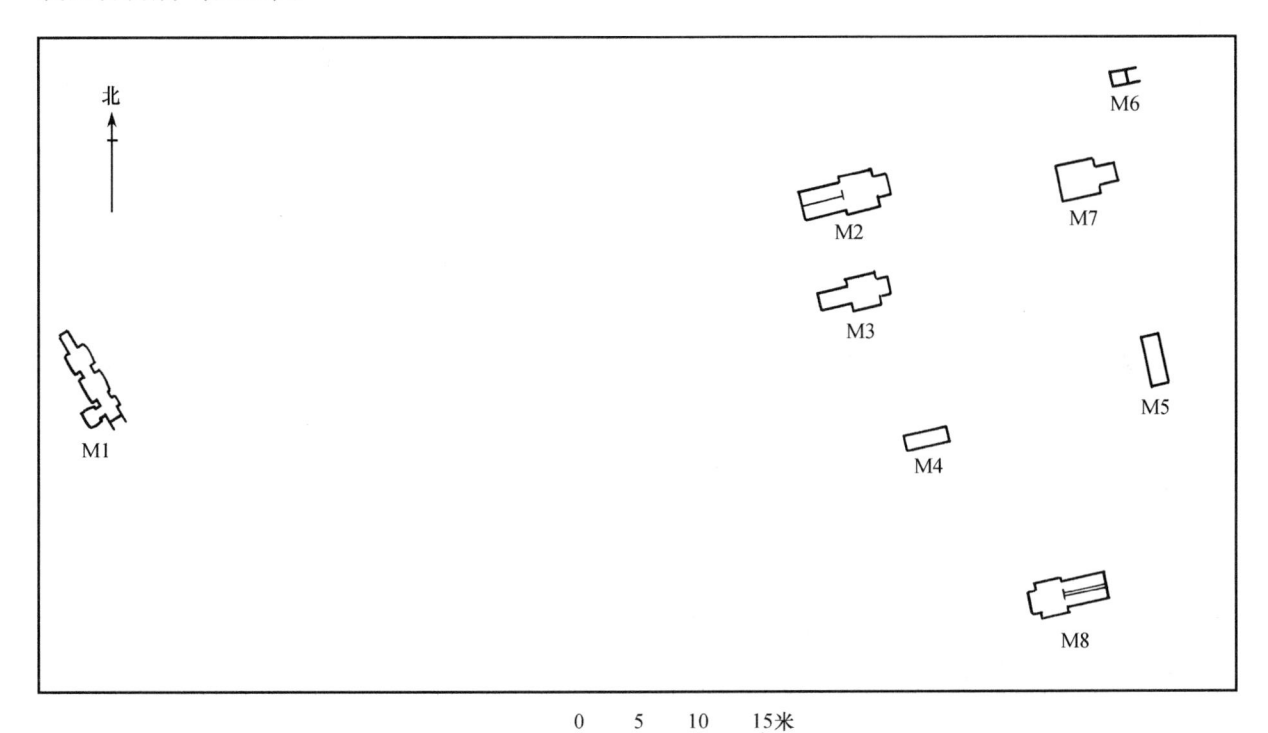

图二　汉晋墓葬分布图

这批墓葬都在 3 米左右的扰土层之下，扰土层内残存有唐宋至明清时期的房基、灰坑等遗迹和遗物。墓葬开口于比较纯净的黄色淤沙层下。大多数墓葬已被扰乱，有的曾多次被盗，盗洞历历在目，有的墓砖被大量取走，仅存残墙断壁。

二、墓葬形制

8 座墓皆土坑砖室墓。筑墓的程序是，按墓室的平面设计挖好墓圹，先铺地砖，再在地砖上砌筑墓室。各墓所使用的青灰砖，为单平面绳纹，立面或有几何纹。筑墓均以细沙泥浆作黏合剂。这批墓葬可按形制、规模分为大、中、小三型。

（一）小型墓

3 座（M4～M6）。长方形单室券顶墓，无甬道。M5 被严重破坏，仅存墓室残底。M6 顶部已塌陷，尚有部分墓室压在一栋楼房之下，未能全部清理。只有 M4 保存较好，介绍如下。

M4　方向 65°，墓圹略大于墓底，斜坡式墓道与墓圹等宽，残长 0.2 米。墓底为单平砖"席"纹铺地。墓室长 3.96、宽 1.24、高 1.27 米。墓壁为单砖顺置错缝平砌，至 13 层（0.72 米）开始起券。墓室西端置封门墙。封门墙外凸，平砖垒砌并逐步内收至券顶，使墓室封闭。墓砖立面有几何纹，规格：长方形砖长 34.5、宽 17、厚 5.5 厘米。楔形砖长 34.5、宽 17、厚 3~5.5 厘米。葬具无存。人骨架已腐残，仅存头骨和部分肢骨。葬式为头东足西，仰身直肢，口含铜钱 3 枚。随葬器物有铜盆、瓷罐、陶罐，以及仓、灶、井、磨、碓、灯、鸽、狗、圈等陶质模型明器，计 18 件，还有铜钱 49 枚（图三）。

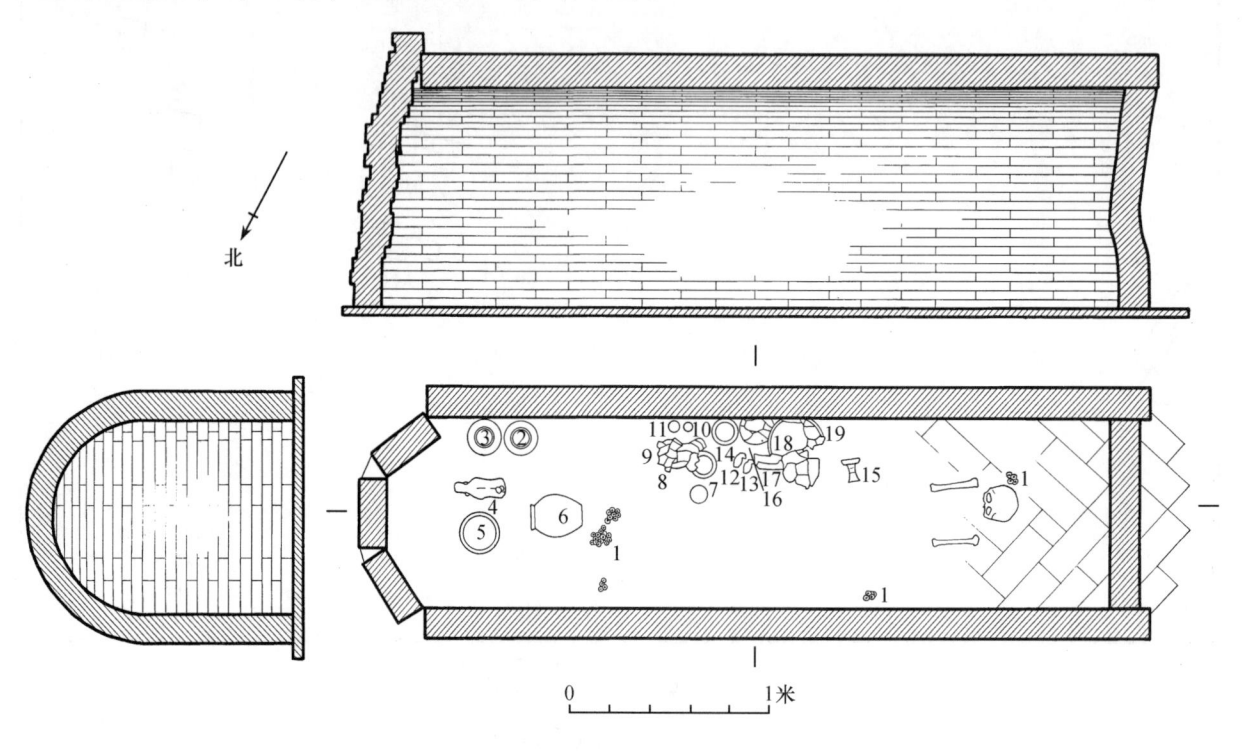

图三　M4 平、剖面图

1. 铜钱　2. 瓷罐　3、6、8、18. 陶罐　4. 陶狗　5. 铜盆　7. 陶磨　9、10. 陶甑　11. 陶灶　12、13. 陶鸽　14. 陶井　15. 陶灯　16. 陶仓　17. 陶碓　19. 陶圈厕

（二）中型墓

4 座（M2、M3、M7、M8）。其中"凸"字形墓 1 座、前堂后室墓 3 座，均有甬道。

"凸"字形墓　1 座。M7，方向 68°，由甬道、单室组成，全长 4.65 米。斜坡式墓道残长 0.4、宽 1.3 米。铺地砖为单砖"席"纹平铺。墓壁为平砖错缝顺砌。甬道：东西长 1.82、南北宽 1.3 米，南、北两壁垒至 13 层（0.7 米）开始起券，高 1.38 米。墓室：平面近方形，顶部被毁，长 2.83、宽 2.54、残高 0.87 米。封门墙砌法同墓壁，高、宽均为 1.42 米。墓砖规格：长方形砖长 35、宽 17、厚 5 或 5.5 厘米，楔形砖长 36、宽 17、厚 3~6 厘米。葬具无存，墓室内扰土中有零星的人体肢骨残骸。随葬器物置于甬道内和墓室西南角，有铜盆、陶罐以及仓、灶、井、圈、磨、鸽等陶质模型明器，计 14 件，还有铜钱 13 枚（图四）。

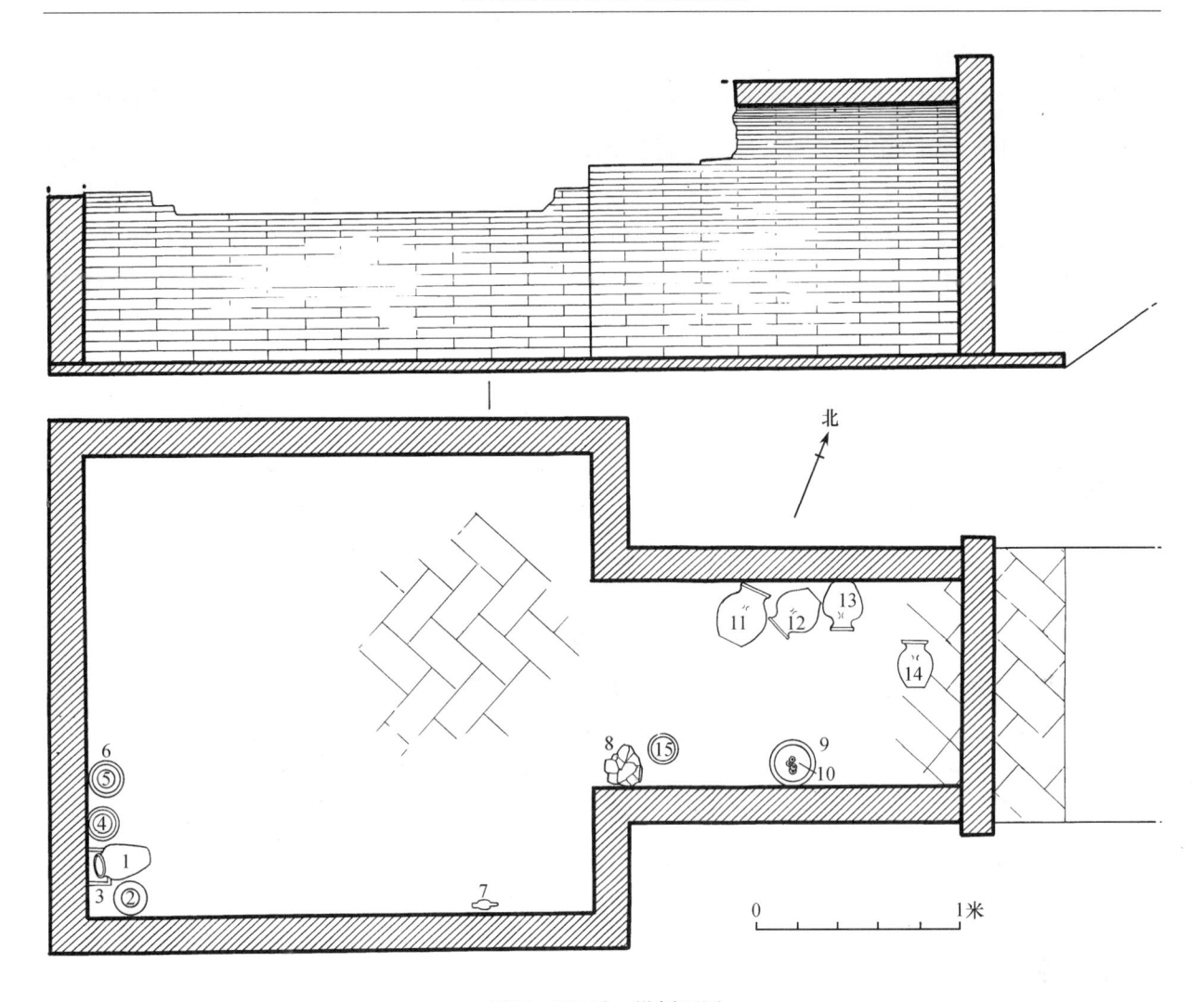

图四　M7平、纵剖面图

1、8、11~15. 陶罐　2. 陶仓　3. 陶圈厕　4. 陶井　5. 陶甑　6. 陶磨　7. 陶鸽　9. 铜盆　10. 铜钱

前堂横列单后室墓　1座。M3，方向70°，由甬道、前堂、后室组成，全长5.24米。斜坡式墓道残长1、宽1.43米。铺地砖为平砖错缝横铺。墓壁以平砖错缝顺砌。甬道：东西长0.74、南北宽1.43米，南、北两壁垒至17层（1.06米）开始起券，高1.66米。前堂：与甬道垂直相交，平面长方形，叠涩顶，四壁垒至27层（1.57米）叠涩内收，南北长2.56、东西宽1.8、残高2.01米。后室：平面高于前堂0.19米，长方形，券顶，东西长3.08、南北宽1.43、高1.51米。封门墙置于甬道口外，平面外弧，平砖垒砌，逐步内收至甬道顶，使墓室封闭。墙宽1.26、高1.88米。墓砖规格：长方形砖长38、宽18、厚6厘米，楔形砖长38、宽18、厚4.5~6厘米。前堂葬具无存，发现一具人骨残骸，仅存头骨和肢骨。后室发现有被腐蚀的铁棺钉和一具保存较好的人骨架，葬式为仰身直肢、头西足东。随葬器物置于前堂和甬道内，有陶罐、仓、灶、井、圈厕、磨、狗，计11件，还有铜钱48枚（图五）。

前堂横列双后室墓　1座。M2，方向73°，由甬道、前堂和南北并列的双后室组成，全长6.3米。土坑斜坡式墓道残长1.14米，上端残，下端口宽1.62、底宽1.48米。甬道与前堂同一平面，地砖的铺法是先在甬道口用平砖横铺三行，再改为"席"纹平铺。墓壁的砌法与上述墓相同。甬道：东西长1.5、南北宽1.3米，两壁平砌14层（0.76米）开始起券，高1.32米。前堂：与甬道垂直相交，底平面长方形，穹隆顶，四壁在垒筑过程中外弧10～12厘米，呈四条弧线，垒至17层（0.9米）开始使用楔形砖，四面内收作穹隆顶，顶局部遭破坏，南北长2.8、东西宽2.32、高2.1米。双后室南北并列，与前堂垂直相交，底平面高于前堂6厘米，铺地砖为平砖错缝横铺。南、北后室形制、大小相同，均为长方形、券顶，两侧壁垒至11层（0.58米）开始起券，东西长2.88、南北宽1.23、高1.2米。南室西端有一处盗洞，后壁被拆毁。甬道口内置封门墙，为横"人"字形垒砌，甬道口两侧及顶上砌单砖门墙，高1.77米，宽同墓道。墓砖规格：长方形砖长37、宽17、厚6厘米，楔形砖长37、宽17、厚4～6厘米，少数砖立面有几何纹。葬具无存，两后室各有一具人骨架，南室仅见两节肢骨，头骨及其他遗骸被移至前堂。北室的骨架保存较好，葬式为仰身直肢、头西足东。随葬器物有陶罐、铁刀以及仓、灶、井、磨、圈厕、狗、鸽等陶质模型明器，计15件，还有铜钱30枚（图六）。

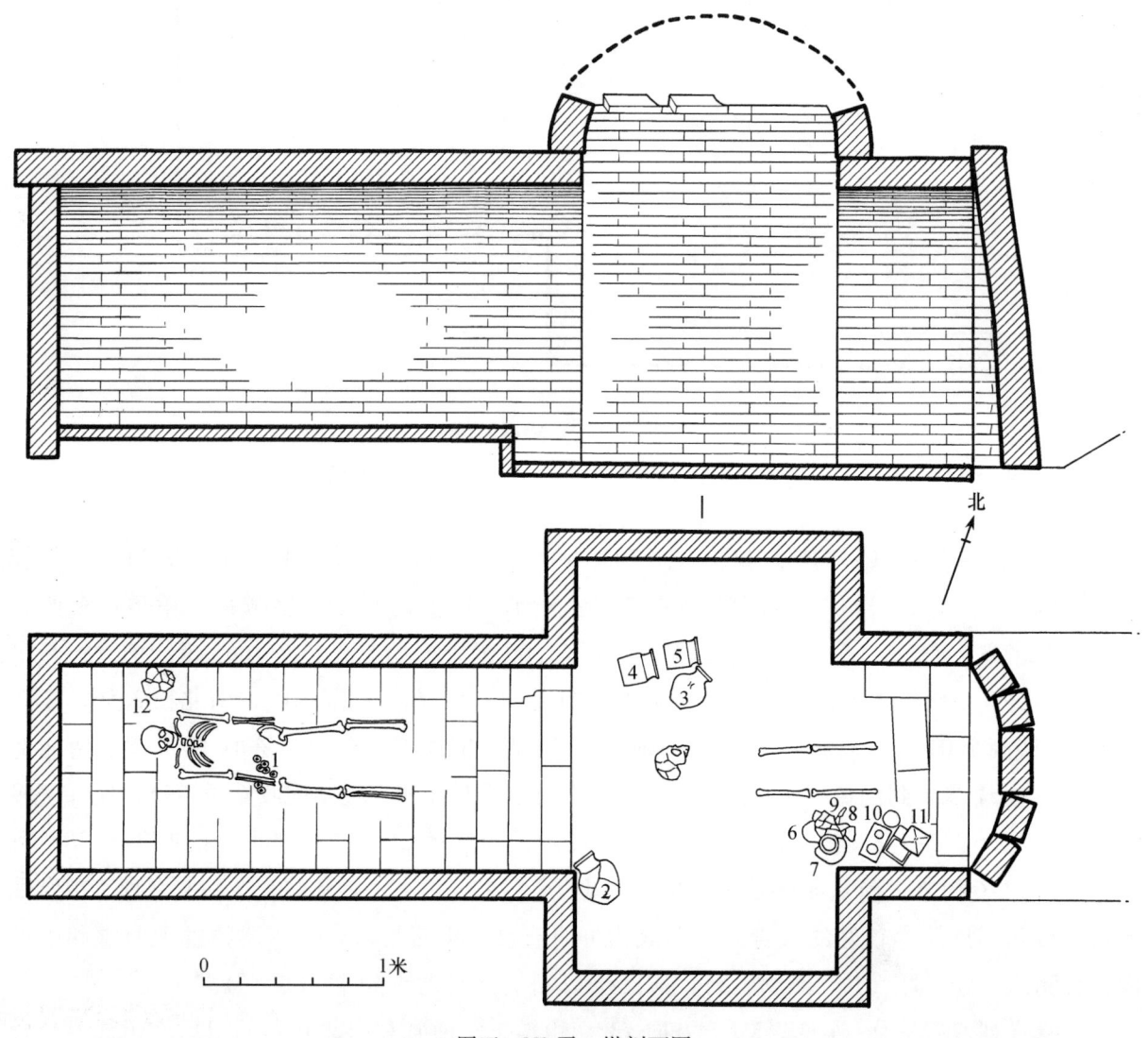

图五 M3平、纵剖面图
1. 铜钱　2、3、12. 陶罐　4、5. 陶井　6. 陶仓　7. 陶磨　8. 陶狗　9. 陶甑　10. 陶灶　11. 陶圈厕

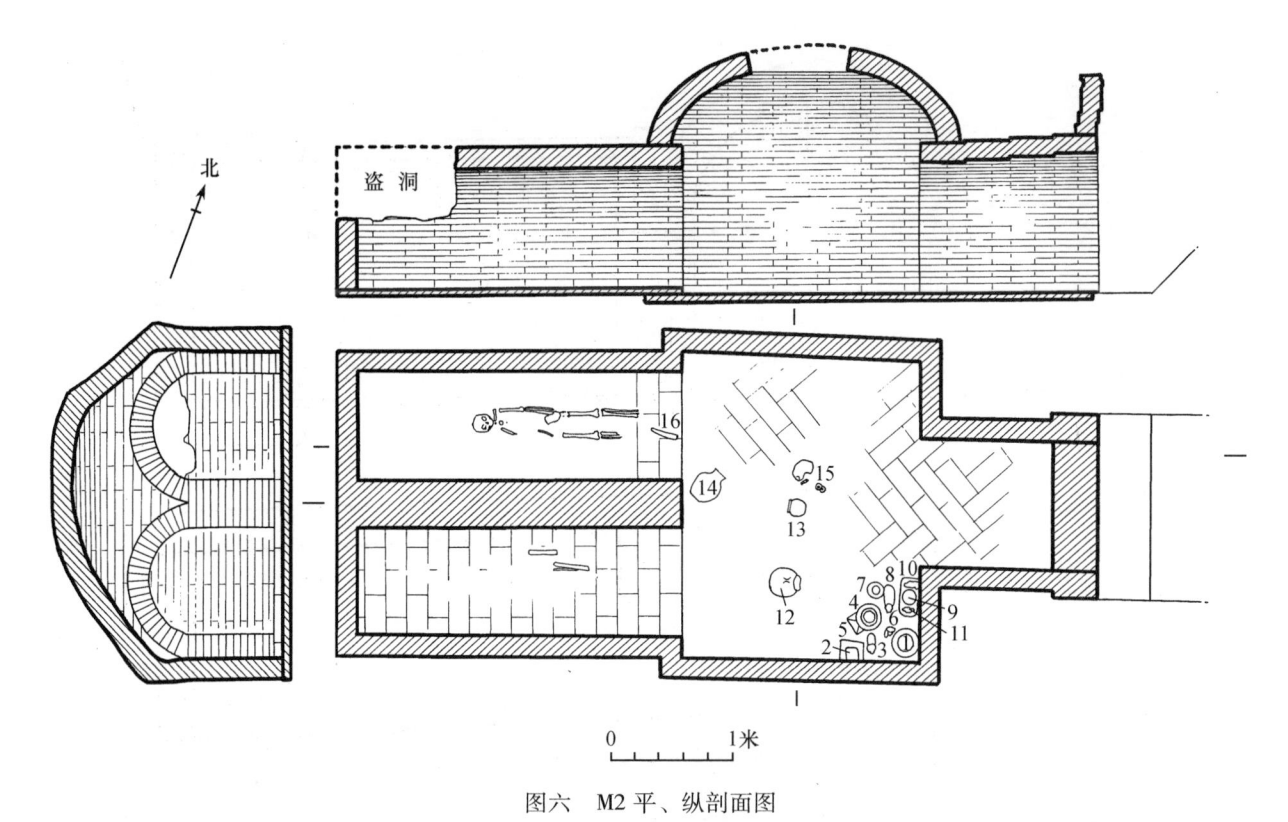

图六 M2 平、纵剖面图
1、12～14. 陶罐　2. 陶圈厕　3. 陶猪　4. 陶磨　5. 陶井　6. 陶甑　7. 陶仓　8. 陶狗　9. 陶灶　10、11. 陶鸽
15. 铜钱　16. 铁刀

方形前堂单后室墓 1 座。M8，方向230°，由甬道、前堂、过道、后室组成，全长 8.58 米。墓坑长方形，坑口东西长 7.9、南北宽 3.5 米，坑底东西长 7.3、南北宽 2.95 米，坑深 3 米。坑口以下 0.68 米处设一级台阶，宽 0.13～0.16 米。坑壁经严格加工，规整光滑，台阶以下坑壁陡直。墓坑西端设斜坡墓道，残长 1.4 米、开口宽 2.4、底宽 1.68 米。墓砖规格：长方形砖长 37、宽 18、厚 6 厘米，楔形砖长 34.5、宽 18、厚 5～7 厘米。铺地砖为单层平砖"人"字形横铺。墓壁的砌法为三顺一丁。甬道：东西长 1.17、南北宽 1.38 米，两侧壁垒砌三组三顺一丁又平砖二层（至 1.1 米）开始起券。高 1.63 米。前堂：平面方形，四隅券进式穹隆顶，堂壁的砌法同甬道，唯南、北两侧壁中部有别，即地砖以上倒"人"字形垒砌，以承接顶部，四角自 1.1 米高开始向内起券作穹隆顶，北壁西北角 0.98 米高有一平砖伸出 10 厘米作灯台，四壁各长 2.5、高 2.93 米。后室与前堂间以过道相接，过道东西长 0.68、南北宽 1.35 米，券顶及高度同甬道。后室：长方形，券顶，平面布局向北偏，其南壁与甬道、过道同一直线。墓壁的砌法同甬道，东西长 4.1、南北宽 2、高 2.26 米。券顶东端、过道顶上附加一堵平砖顺砌的单砖墙，宽同券顶，高 0.7 米。顶部近后壁有一处盗洞，直径 0.77 米。甬道口外置封门墙，为平砖错缝垒砌，宽同甬道，高 2.3 米。该墓曾两次被盗，墓内积满泥土和残砖，偶见人体肢骨残骸。葬具无存。前堂的前部随葬一条狗，遗骸清晰可见。随葬品中青铜类有灯、弩机，陶质类有罐、盘、碗、耳杯、鬲、熏、仓、灶、井、磨、碓、圈、圈厕、狗、马、鸡、鸭、龙、镇墓兽、侍俑、舞俑，青瓷类有壶、罐、碗，铁器类有刀、镢，银质类有簪，计 47 件，还有铜钱 34 枚（图七）。

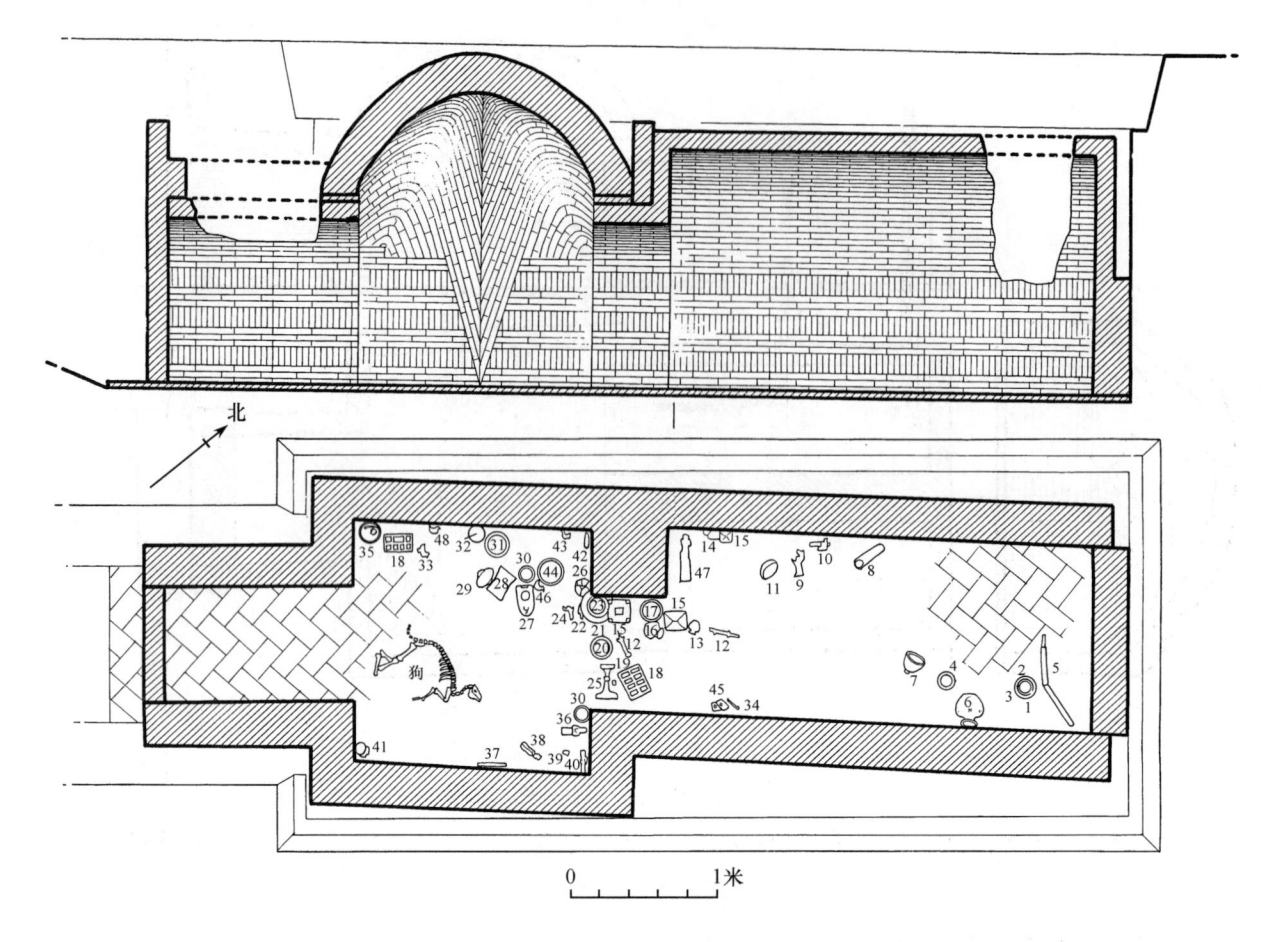

图七 M8平、纵剖面图

1. 瓷碗 2、4. 瓷罐 3. 铜钱 5. 铁剑 6、16、21. 瓷盘口壶 7. 陶熏 8. 铁锸 9. 陶狗 10. 铜弩机 11、31. 陶盘 12. 陶碓 13、43、46. 陶鸡 14. 陶龙 15. 陶仓 17. 陶盂 18. 陶多子盒 19. 陶手提式火炉 20. 陶钵 22. 陶马 23. 陶勺 24、33、48. 陶鸭 25. 铜灯 26. 陶罐 27. 陶灶 28. 陶井 29. 陶耳杯 30. 陶磨 32. 陶碗 34. 银簪 35. 陶圈 36、38、40、47. 陶俑 37. 陶棒 39. 陶镇墓兽 41. 陶蹄形器 42. 陶猪 44. 陶厕所 45. 铜片

（三）大型墓

1座。M1，方向148°，由甬道、耳室、前室、中室、后室组成，全长17.8米。墓底距现存地表6米，因历史上多次盗扰，墓圹口原貌无存，墓室被严重损毁。甬道南端因被压在居民住宅楼下而未能发掘，故墓门、墓道情况不详。甬道和前室、中室、后室处在同一中轴线上，东、西耳室设在甬道两侧。东耳室亦同因未能发掘，通向东耳室的过道已被破坏，尚有残迹可见其位置与西耳室相对应。各室均处在同一平面，铺地砖为单层平砖"人"字形中轴线对称平铺。立壁的砌法为两平砖并列顺置错缝垒砌。长方形砖有两种规格：一种长37、宽18、厚6.5厘米，另一种长33.5、宽14、厚5厘米。楔形砖长34、宽17、厚3～5.5厘米。

甬道 平面长方形，双层券顶，两侧壁砌至1.63米开始起券，南北长5.2米以上（南端未能清理），东西宽2.1、高2.78米。

西耳室 西、南、北三壁外弧，东西最大长度2.35、南北最大宽度2.2、残高0.65米。顶部无存，依三壁外弧推测为穹隆顶。耳室与甬道间的过道为长方形，双层券顶，两侧壁砌至于

0.48 米开始起券，东西长 1.05、南北宽 0.85、高 1.2 米。

前室 南、北两壁为直线，东、西壁外弧，四隅券进式穹隆顶，壁垒至 1.7 米开始四角起券，南北长 3.35、东西最大宽度 3.45、南端宽 3.35、北端宽 3.25 米，顶部残，残高 3.4 米。前室与中室间以过道连接，过道为长方形，双层券顶，两侧壁垒至 1.22 米开始起券，南北长 2.1、东西宽 1.5、高 1.93 米。

中室 形制同前室，南北长 3.15、东西最大宽度 3.65、南端宽 3.25、北端宽 3.35 米，顶部残，残高 3.4 米。

后室 平面长方形，双层券顶，两侧壁垒至 0.85 米开始起券，南北长 3.7、东西宽 1.85、高 1.3 米。

墓室未见粉刷痕迹，未设棺床和祭台，葬具不详，仅见部分棺钉和扰乱后的腐木残迹。前室有两具残缺的人骨架，头北足南，分置于东、西两边。中室有两个人头骨和部分扰乱的人骨遗骸。后室入口处有一节肢骨残骸。随葬器物被洗劫殆尽，仅在前室、中室和甬道发现陶瓷、罐、盆、樽和瓷罐残片以及铜配件、贴有金箔的铜器残片、铁刀、铅镞、残玉片，还有铜钱 106 枚（图八）。

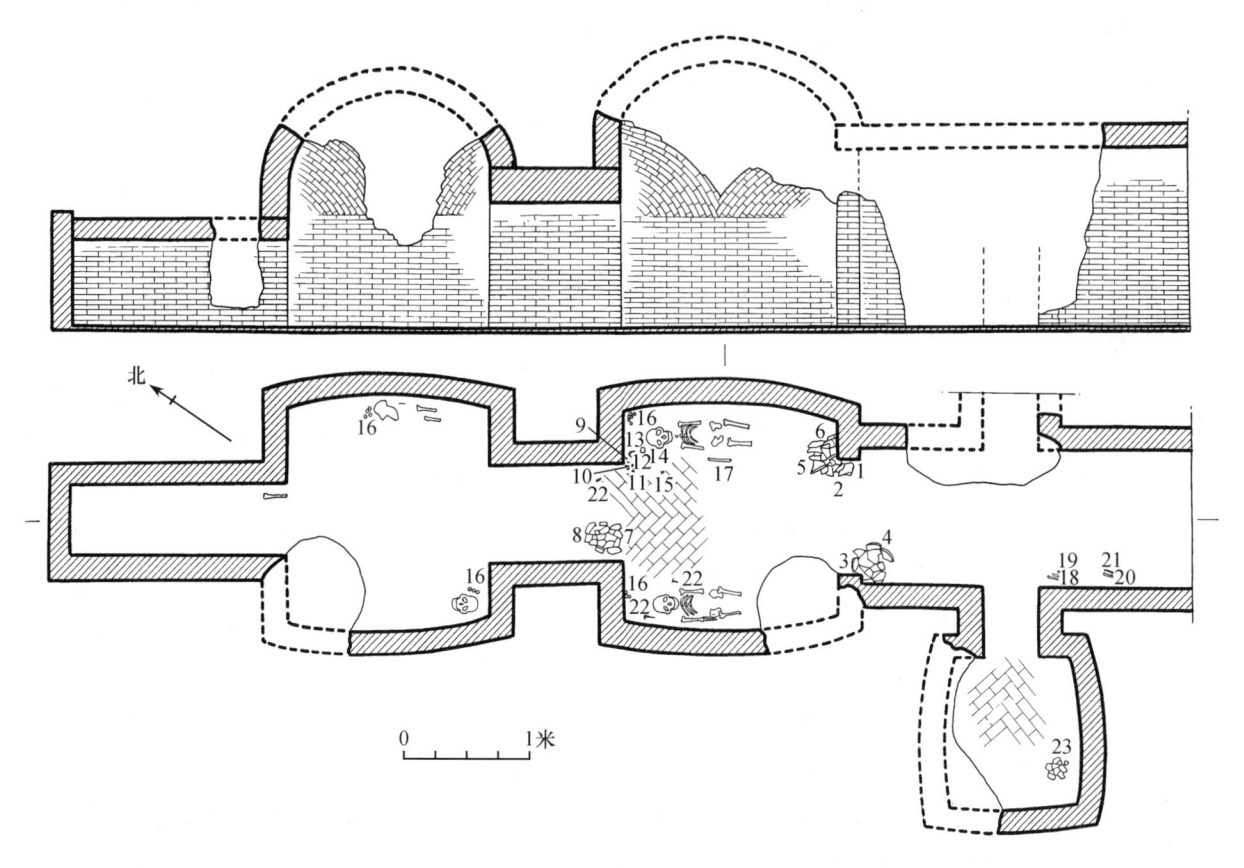

图八 M1 平、纵剖面图

1. 陶鼎 2. 陶钵 3、4. 陶瓮 5、6. 陶盆 7. 陶罐 8. 瓷罐 9. 铜帽钉 10~13. 铜配件 14. 云花铜饰片 15. 铜盖弓帽 16. 铜钱 17. 铁刀 18~21. 铅镞 22. 铁棺钉 23. 陶器片

三、随葬器物

随葬器物绝大多数为陶器，其次为瓷器、铜器和铜钱，少数刀、剑等铁器已严重腐朽，分述如下。

（一）陶器

92件。分日用陶器和模型明器两类。绝大多数为泥质灰陶，泥质红、黄陶较少；器物多素面，纹饰有绳纹、篦纹、篮纹、弦纹、网格纹、水波纹、联珠纹；日用陶器以轮制为主，模型明器以手制为主。

1. 实用器

38件。有罐、瓮、鼎、盘、盂、钵、碗、耳杯、勺、盆、熏、灯、多子盒、棒等。

罐 21件。分三型。

A型 13件。双耳罐。泥质灰陶。束颈，肩腹部有两个对称的牛鼻状耳，平底或凹底。分三亚型。

Aa型 11件。火候较高，敞口，深鼓腹。分二式。

Ⅰ式 4件。深灰色。口沿外侈，尖唇，凹底。颈以下饰绳纹或篦纹，有三至四道抹痕。M2:14，下腹壁内收较缓，器体较高。口径12.6、腹径21.6、底径9、高27厘米（图九，2）。M3:3，鼓腹微下垂，下腹壁内收较急。颈以下饰竖绳纹，有三道抹痕，近底部饰交错绳纹。口径12、腹径20.4、底径7.8、高24厘米（图九，1；图版三二，1）。

Ⅱ式 7件。深灰或浅灰陶。折沿，方唇，凹底或平底。颈以下饰绳纹或网格纹，有三周以上抹痕。M2:12，领口部因烧制而变形，大平底。颈下饰较粗的绳纹，有四道抹痕。腹径21.6、底径11.4、高6.4厘米（图九，9）。M3:2，折沿微仰，凹底。肩腹部饰细绳纹，有四道抹痕，近底部饰交错绳纹。口径13.8、腹颈24.6、底径9.6、高24.6厘米（图九，5）。M7:8，平折沿，唇外有一周凹槽，下腹壁内收较直，平底。颈下饰网格纹，有五道抹痕，近底部饰篮纹。口径13.8、腹径19.8、底径8.4、高24.6厘米（图九，8）。M7:11，底近平。颈下饰篦纹，有六道带状抹痕。口径15、腹径22.2、底径10.2、高28.8厘米（图九，7；图版三二，2）。M7:12，器形与M3:2基本相同。绳纹略细，有五道抹痕。口径13,5、腹径21.6、底径9.4、高24.6厘米（图九，6）。

Ab型 1件。M7:13，领较直，深腹微鼓，颈下饰较粗的竖绳纹，有四道带状抹痕。口径12.3、腹径18.6、底径10、高24.6厘米（图九，3；图版三二，3）。

Ac型 1件。M6:3，火候略低。高领，敞口，尖唇，圆折肩凸出，腹壁直内收，平底。领外饰七道凹弦纹，肩上有两组凹弦纹。口径9.6、腹径17.1、底径7.8、高20.4厘米（图九，11；图版三二，4）。

B型 2件。敛口小罐。火候较低。分二式。

Ⅰ式 1件。M2:1，敛口，广肩，鼓腹，下腹斜内收，小平底。肩上有一道凹带纹。口径15.7、最大腹径25.5、底径11、高14.3厘米（图九，4；图版三三，3）。

图九 陶罐

1、2. Aa 型Ⅰ式（M3:3、M2:14） 3. Ab 型（M7:13） 4. B 型Ⅰ式（M2:1） 5～9. Aa 型Ⅱ式（M3:2、M7:12、M7:11、M7:8、M2:12） 10. B 型Ⅱ式（M8:26） 11. Ac 型（M6:3）

Ⅱ式　1件。M8∶26，敛口，平沿，矮领，广肩，鼓腹，平底。素面。口径10.2、腹径17.4、底径9.6、高12.6厘米（图九，10；图版三三，4）。

C型　6件。印纹硬陶罐。陶质坚硬，模印网格纹。分二亚型。

Ca型　5件。敞口，尖唇，领外侈，束颈。分二式。

Ⅰ式　1件。M7∶1，夹砂灰陶。黑釉。圆鼓肩，深腹，腹壁斜内收，平底，形体较高，肩以下饰网格纹，施釉不及底，出土时大部分釉已脱落。口径12.6、腹径18、底径10.8、高27厘米（图一〇，1；图版三三，1）。

Ⅱ式　4件。形制相同，大小不等。泥质红陶。无釉。广肩，鼓腹，腹壁内收较急，形体矮胖。M2∶13，口径11.4、腹径15.6、底径10.5、高13.2厘米（图一〇，2）。M4∶3，口径12.9、腹径22.2、底径12、高24厘米（图一〇，5；图版三三，2）。M4∶8，口径11.4、腹径18、底径9.6、高18.3厘米（图一〇，3）。M4∶18，口径11.1、腹径18、底径9、高21厘米（图一〇，4）。

Cb型　1件。M1∶7，赭色胎，酱色釉。敛口，领内斜，广肩，鼓腹，平底。肩以下饰网格纹，施釉不及底，釉层厚薄不均，部分已脱落。口径12.4、腹径32、底径22、高29厘米（图一〇，6）。

瓮　2件。仅存口沿。泥质黑皮灰陶。口沿内侈，圆唇，矮领，广肩。M1∶3，形体较大，肩上饰指甲纹。口径52、领高7、壁厚1.7厘米（图一一，1）。M1∶4，领外饰直绳纹，肩上无纹饰。口径25、领高3、壁厚1.4厘米（图一一，16）。

鼎　1件。M1∶1，泥质黑皮灰陶。口沿外侈，圆唇，束颈，弧腹壁，圜底近平，三蹄足。腹外饰三道凹带纹，内壁有朱绘残迹。口径28、最大腹径27.2、腹深10.8、通高12.8厘米（图一一，3）。

盘　2件。形制、大小相同。泥质灰陶。敞口，圆唇，斜弧壁，平底。内底有两道凹弦纹。M8∶11，口径19.8、底径14.4、高3.6厘米（图一一，15；图版三三，5）。

盂　1件。M8∶17，泥质灰陶。子母口微敛，斜弧壁，平底微凹。素面。口径13.8、腹径16.8、底径10.8、高7.2厘米（图一一，11；图版三三，6）。

钵　2件。分二式。

Ⅰ式　1件。M1∶2，泥质黑皮灰陶。敞口，尖唇，腹壁弧内收，平底，假圈足，口沿外有一道凹带纹，内壁有朱绘残迹。口径19、底径12、高7.6、假圈足高0.4厘米（图一一，2）。

Ⅱ式　1件。M8∶20，泥质灰陶。折沿，方唇，腹壁内收较直，沿下有一道凹槽。素面。口径17.5、底径12、高6.6厘米（图一一，7；图版三四，1）。

碗　1件。M8∶32，泥质灰陶。敞口，圆唇，斜弧壁，平底。素面。口径12、底径8、高4.2厘米（图一一，8；图版三四，2）。

耳杯　1件。M8∶29，泥质黑皮灰陶。椭圆形，敞口，新月形耳，小平底。素面。口长17.4、宽9、底长7.5、宽3.9、高6厘米（图一一，14；图版三四，3）。

勺　1件。M8∶23，泥质灰陶。勺身椭圆形，敞口，圜底，勺把呈蛇头状。通长11.1、宽6.1、高5.7厘米（图一一，6）。

图一〇 陶罐

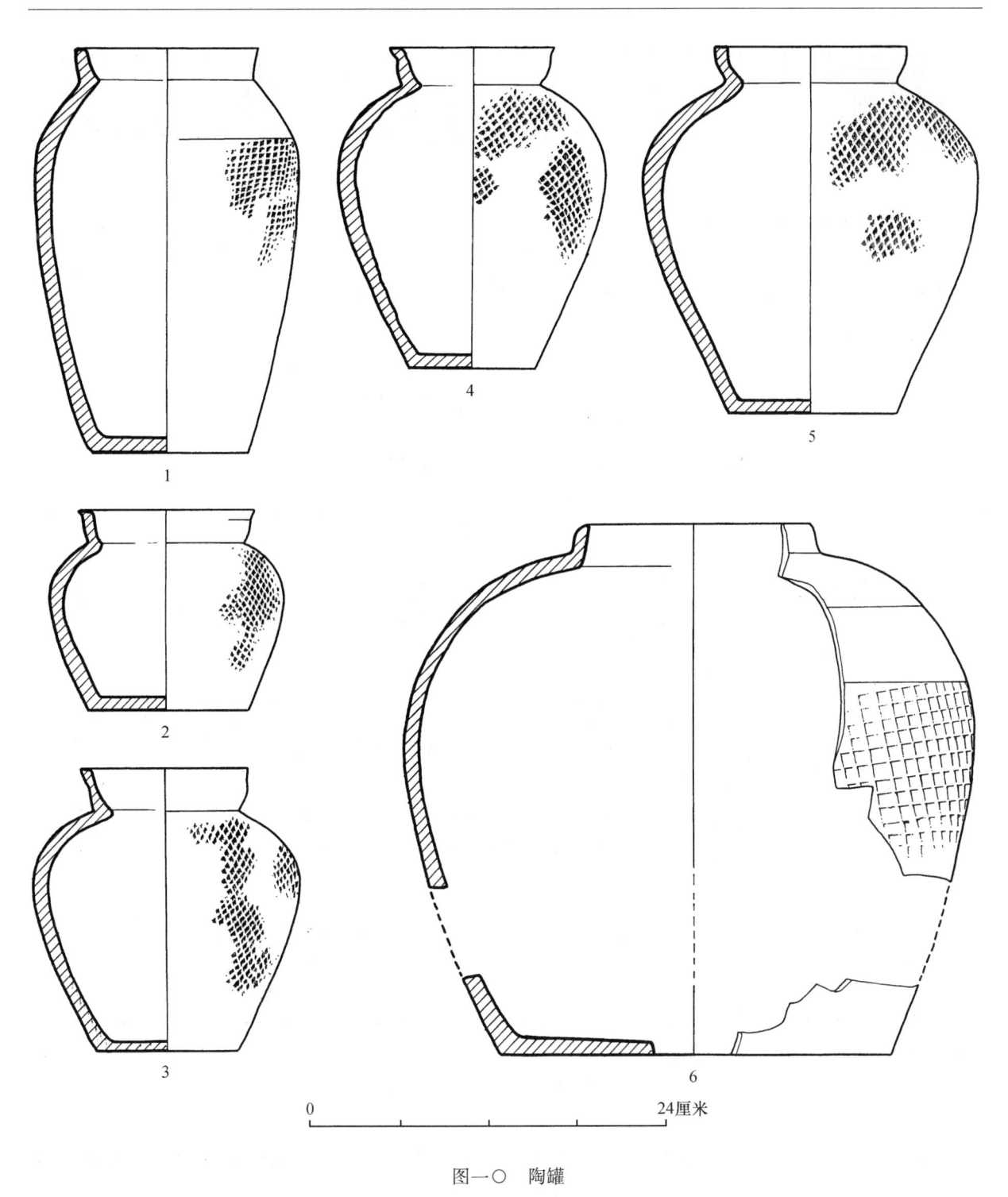

1. Ca 型 I 式（M7:1） 2~5. Ca 型 II 式（M2:13、M4:8、M4:18、M4:3） 6. Cb 型（M1:7）

盆 2件（残）。泥质灰陶。敞口，外卷沿，圆唇。素面。M1:5，斜弧壁。口径48厘米（图一一，5）。M1:6，斜直壁。口径40厘米（图一一，9）。

熏 1件。M8:7，泥质黑衣灰陶。仅存镂孔熏盖。盖隆起，顶部装饰一鸟，头、翼俱残。口径17.4、高14.4厘米（图一一，10）。

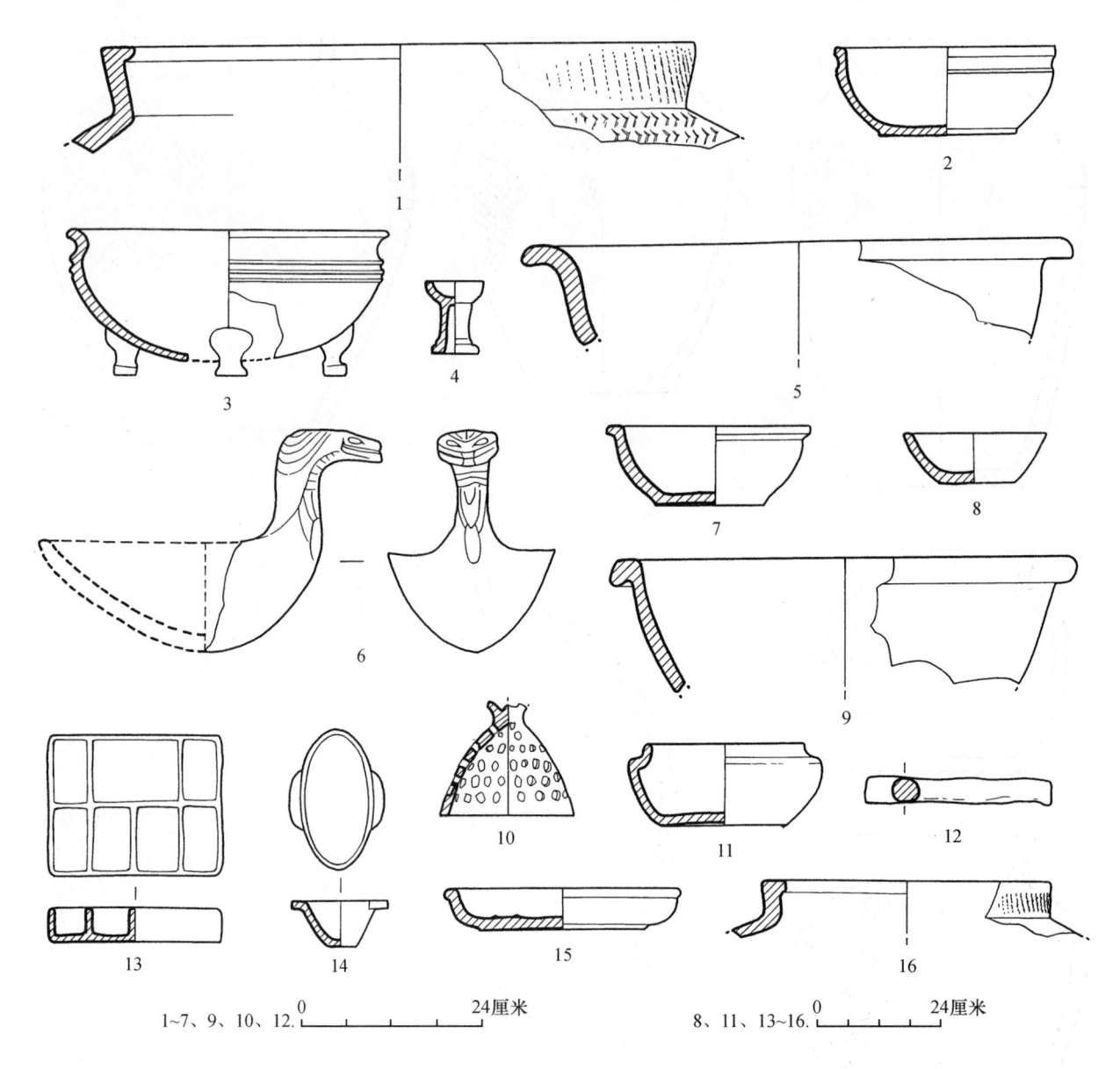

图一一　陶器

1、16. 瓮（M1:3、M1:4）　2. I式钵（M1:2）　3. 鼎（M1:1）　4. 灯（M4:15）　5、9. 盆（M1:5、M1:6）　6. 勺（M8:23）　7. II式钵（M8:20）　8. 碗（M8:32）　10. 熏（M8:7）　11. 盂（M8:17）　12. 棒（M8:37）　13. 多子盒（M8:18）　14. 耳杯（M8:29）　15. 盘（M8:11）

灯　1件。M4:15，泥质灰陶。圆形灯盘，敞口，弧壁，圜底，喇叭筒状灯座。座外饰两道凹弦纹。盘口径7.8、座底径6.2、通高7.5厘米（图一一，4）。

多子盒　1件。M8:18，上下扣合，形制、大小相同。泥质黑衣灰陶。长方形，平底，分七格，其中前排分四格，后排分三格。素面。长22.2、宽18.6、高4.2厘米（图一一，13；图版三四，4）。

棒　1件。M8:37，泥质灰陶。截面圆形，一端残。素面。直径3.3、残长24厘米（图一一，12）。

2. 模型明器

54件。有仓、灶、井、磨、碓、手提式火炉、蹄形器、圈厕、厕所、圈、猪、狗、马、鸽、鸡、鸭、镇墓兽、龙、俑等。

仓 5件。分二型。

A型 4件。敛口，筒腹，平底。分三式。

Ⅰ式 2件。泥质灰陶。圆肩，下腹壁略内收，筒腹较粗，近底处有一圆孔。M3:6，泥质灰陶。折肩，筒腹粗且高，近底处有一圆孔。素面。口径8.7、腹径16.8、底径6.9、高25.2厘米（图一二,2）。M7:2，口径9.6、腹径14.4、底径12、高18.6厘米（图一二,3；图版三五,1）。

Ⅱ式 2件。折肩，筒腹瘦高，小平底。M2:7，泥质灰陶。有博山盖。素面。盖高5.4、仓口径7.5、腹径12.9底径8.4、通高21.3厘米（图一二,4；图版三五,2）。M4:16，泥质红陶。施黄绿色釉不及底，部分已落。口径7.2、腹径12.6、底径7.5、高19.2厘米（图一二,5）。

B型 1件。M8:15，泥质灰陶。束颈，矩形直口，平沿，溜肩，方形直腹，平底。有盖，盖沿下有榫，插入仓口内，盖四边向中部隆起，正中置立纽，纽上有穿。仓肩四角各有一立柱，直抵四坡屋顶，瓦拢屋面，四角垂脊上置飞鸟，正脊上置两只展翅飞鸟。有一立柱下端外侧置穿通入仓内。仓口边长9、底长25.2、宽23.4、仓高22.2、通高52.8厘米（图一二,1；图版三五,3）。

灶 5件，复原4件，另1件仅余甑。分二型。

A型 2件。长方灶。双火眼与釜连接，火门上方置挡火墙。分二式。

Ⅰ式 1件。M3:10，泥质灰陶。"∩"形火门及地，无烟囱。其中一釜上置甑，甑底有五个箅孔。灶长19.2、宽10.2、通高13.8厘米（图一三,2；图版三六,1）。

Ⅱ式 1件。M4:11，泥质红陶。长方形火门及地，后沿正中置烟囱（无孔），灶及釜表面通施青黄釉，釉层厚薄不均，部分已脱落。灶长18.6、宽9.6、通高8.4厘米（图一三,1）。

B型 2件。方头圆尾，灶面单火眼，前沿置挡火墙，后沿设有较长的烟囱。分二式。

Ⅰ式 1件。M2:9，泥质灰陶。方形火门不及地，挡火墙与灶等宽，后沿上的烟囱向后上方斜伸，火眼上一釜一甑，甑底无箅孔。火门上方模印三角纹和乳丁纹，灶身外表涂银粉，多已脱落。灶长30、宽138、通高16厘米（图一三,4；图版三六,2）

Ⅱ式 1件。M8:27，泥质黑衣灰陶。"⇧"形火门及地，后沿上的烟囱比Ⅰ式长且高，甑底有五箅孔。灶长23.4、宽14.7、通高16.8厘米（图一三,3；图版三六,3）。

井 6件。分二型。

A型 5件。折沿，筒腹，平底。分四式。

Ⅰ式 2件。泥质灰陶。形制、大小相同。束颈，平折沿，腹壁略外斜，平底较大。素面。M3:5，口径12.9、底径14.1、高17.4厘米（图一四,1；图版三七,1）。

Ⅱ式 1件。M7:4，泥质灰陶。宽沿外卷，腹壁弧内收。口径14.4、底径10.8、高14.4厘米（图一四,2；图版三七,2）。

Ⅲ式 1件。M2:5，泥质灰陶。窄折沿，器体比Ⅱ式矮。口径13.8、底径12.6、高11.4厘米（图一四,3；图版三七,3）。

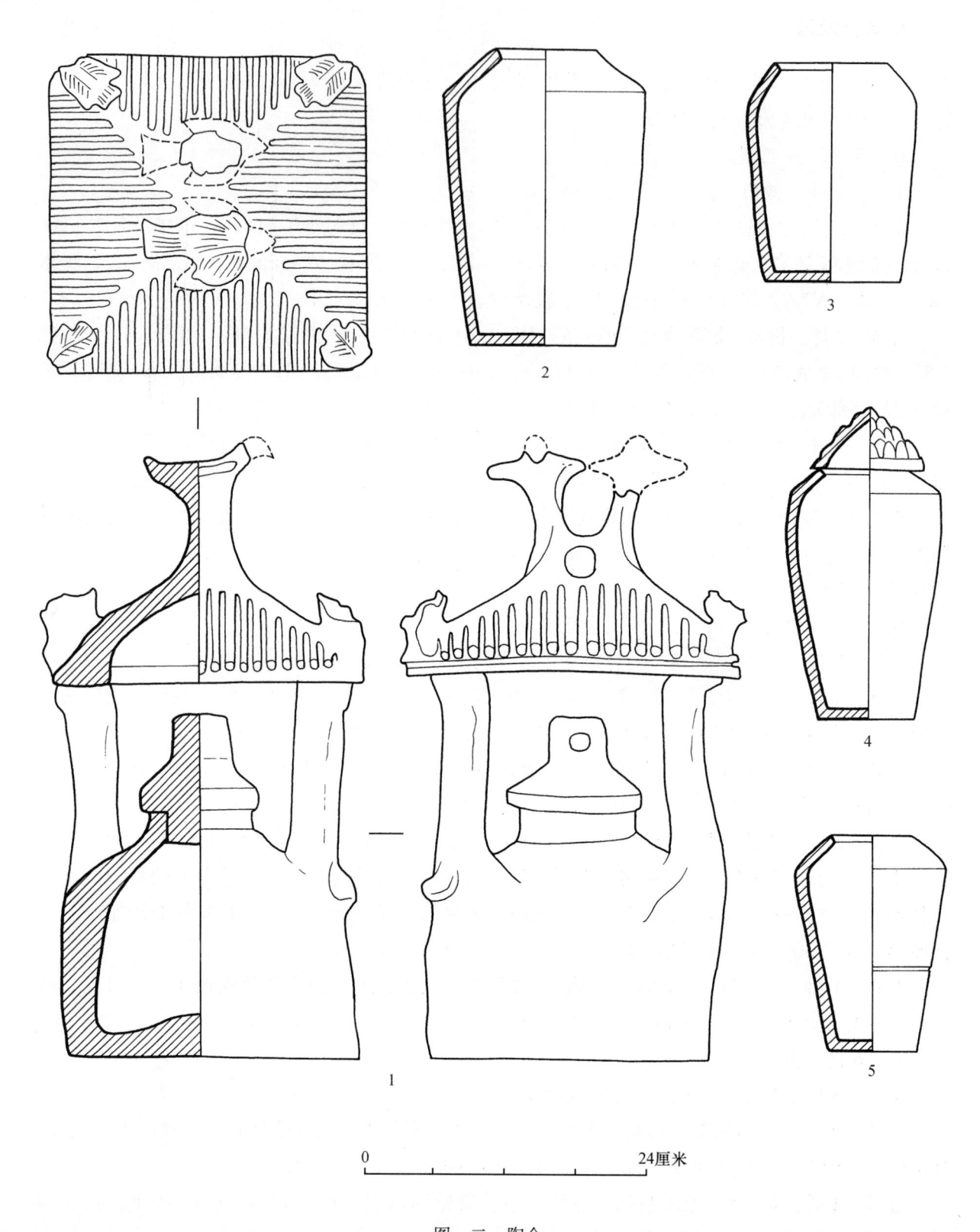

图一二 陶仓

1. B型（M8:15） 2、3. A型Ⅰ式（M3:6、M7:2） 4、5. A型Ⅱ式（M2:7、M4:16）

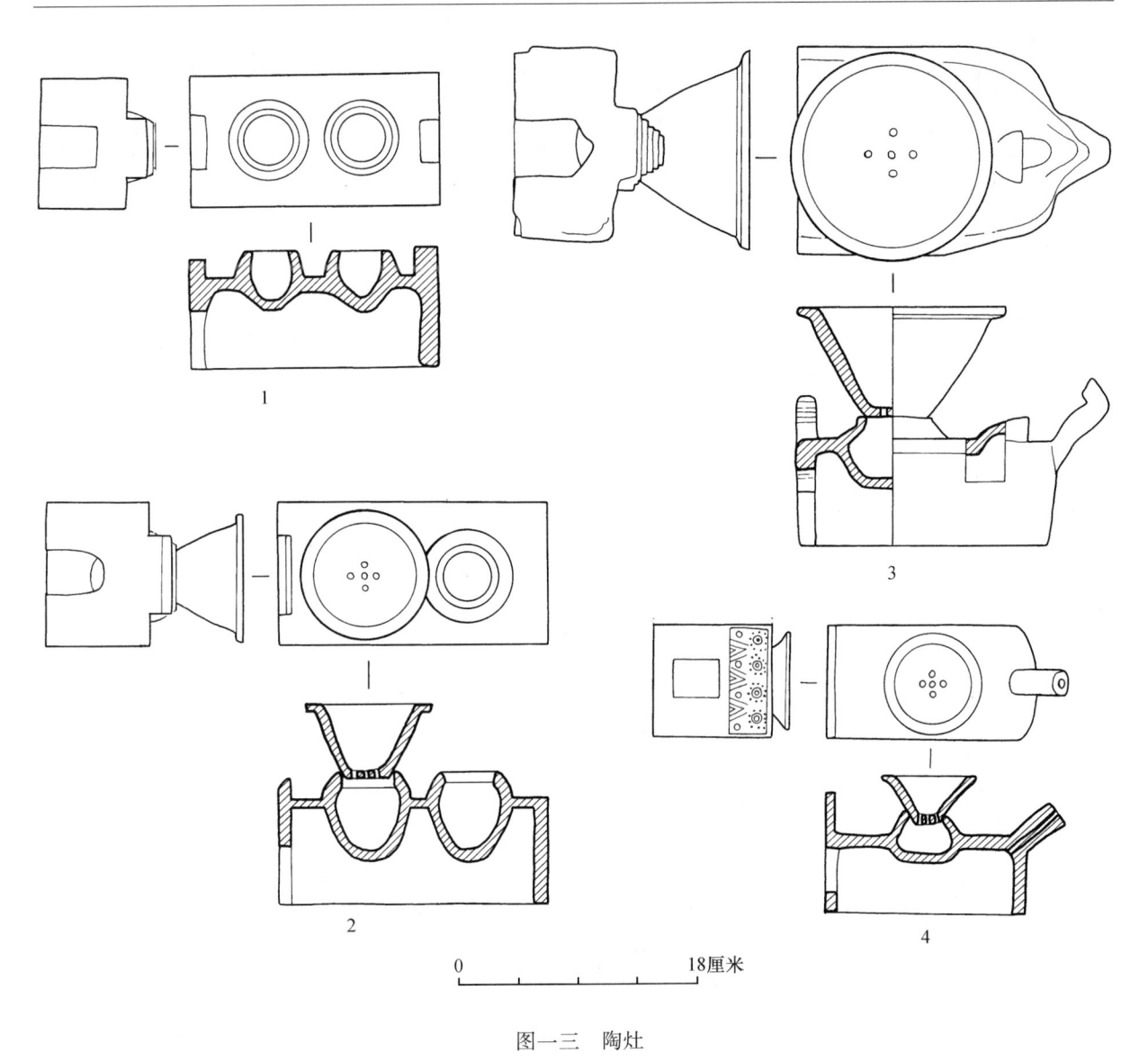

图一三 陶灶
1. A型Ⅱ式（M4:11）　2. A型Ⅰ式（M3:10）　3. B型Ⅱ式（M8:27）　4. B型Ⅰ式（M2:9）

Ⅳ式　1件。M4:14，泥质红陶。仰折沿，壁外斜，大平底，施青黄釉及底，部分釉已脱落。口径13.2、底径12.6、高11.4厘米（图一四，4；图版三七，4）。

B型　1件。M8:28，泥质黑衣灰陶。直口，筒腹，平底，井上设井（出土时已残缺）。口径15、底径16.5、井高21、通高33.6厘米（图一四，5）。

磨　5件。由双扇磨扣合而成，盖磨中央有一圆形漏斗，中间设隔梁将其分成两半。分二型。

A型　4件。底磨内空，与磨盘连体。分三式。

Ⅰ式　2件。泥质灰陶。磨盘较深，盘壁弧内收。M3:7，磨直径8.4、盘口径18、底径13.8、通高8.4厘米（图一四，6）。

Ⅱ式　1件。M2:4，泥质灰陶。磨盘较浅，盘壁较直。磨直径9.6、盘口径18、底径16.2、通高7.8厘米（图一四，7；图版三六，4）。

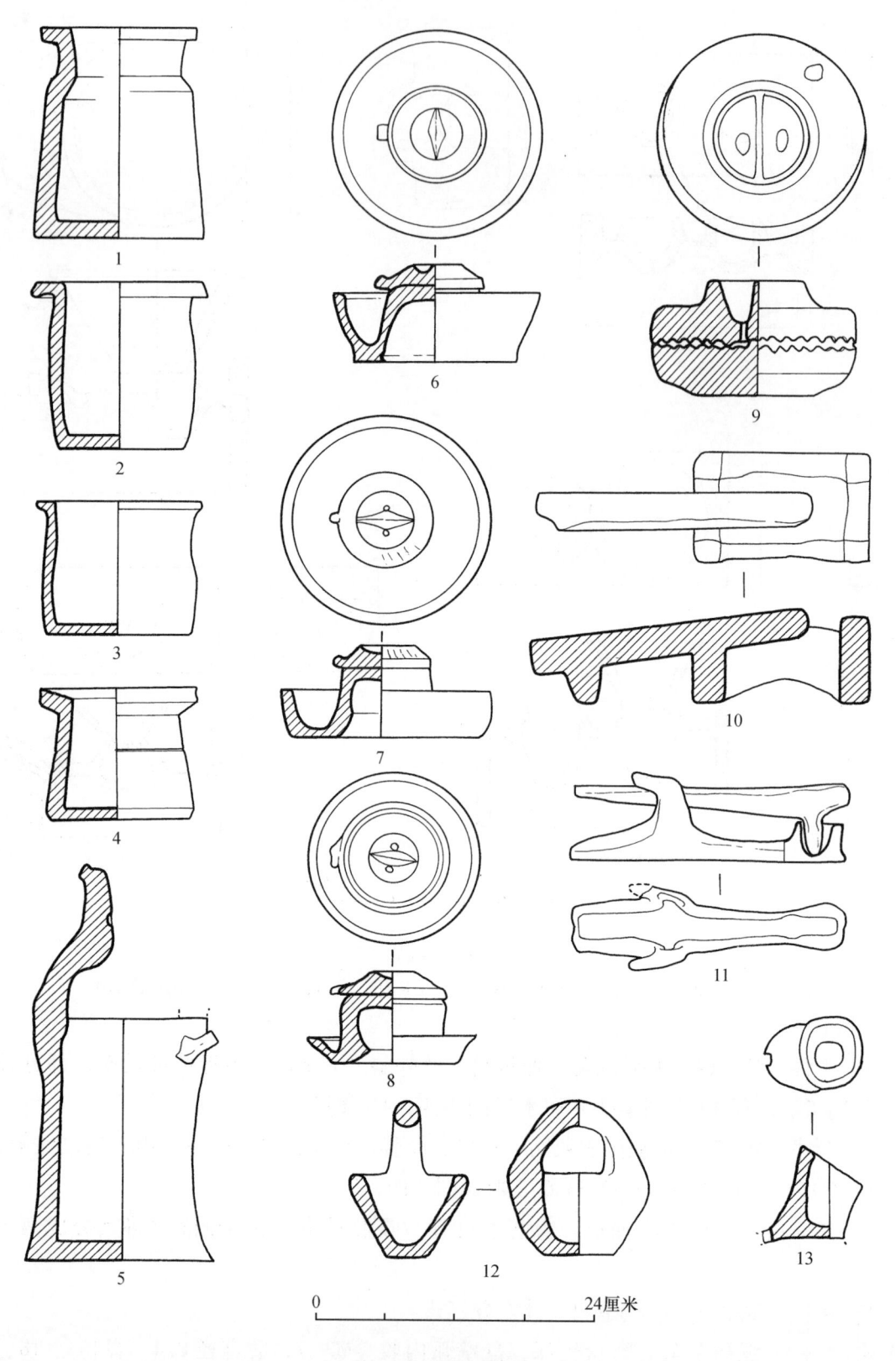

图一四 陶模型明器

1. A型Ⅰ式井（M3:5） 2. A型Ⅱ式井（M7:4） 3. A型Ⅲ式井（M2:5） 4. A型Ⅳ式井（M4:14） 5. B型井（M8:28） 6. A型Ⅰ式磨（M3:7） 7. A型Ⅱ式磨（M2:4） 8. A型Ⅲ式磨（M4:7） 9. B型磨（M8:30） 10. A型碓（M4:17） 11. B型碓（M8:12） 12. 手提式火炉（M8:19） 13. 蹄形器（M8:41）

Ⅲ式　1件。M4:7，泥质红陶。施青黄釉，磨盘很浅，盘口外侈，盘壁斜内收，盘外无釉。磨直径8.4、盘口径14.7、底径11.1、通高7.8厘米（图一四，8）。

B型　1件。M8:30，泥质灰陶。底磨无盘，盖、底磨皆有磨齿，盖磨上沿有个外斜的穿孔，齿面正中有轴窝，与底磨中央的磨轴套合。直径17.4、高10.2厘米（图一四，9；图版三六，5）。

碓　2件。碓杆与锤连体。分二型。

A型　1件。M4:17，泥质灰陶。长方形碓架，臼已失。素面。碓杆长24.5、碓架长15、宽9.6、高7.8厘米（图一四，10；图版三四，5）。

B型　1件。M8:12，泥质黑衣灰陶。底座前端置臼，后端有支架、扶手。素面。长36、宽10.4、高10.6厘米（图一四，11；图版三四，6）。

手提式火炉　1件。M8:19，泥质红陶。敞口，平沿，斜腹壁，平底，提梁断面呈圆形。素面。口径4、底径2、通高4.5厘米（图一四，12；图版三六，6）。

蹄形器　1件。M8:41，泥质灰衣红陶。斜筒状，内空，疑为马掌的模型。直径6.9、高8.4厘米（图一四，13；图版三五，4）。

圈厕　4件，分二型。

A型　3件。平底，长方形，圈左后侧上方置厕所，四坡屋顶，瓦垄屋面，厕所门前有向下的斜坡，以示进出厕所的路。分二式。

Ⅰ式　2件。泥质灰陶。圈上的厕所较矮，立面无墙壁，室内地板上有蹲便的方孔通入圈内，四坡屋顶较缓。M3:11，圈长16.8、宽14.4、圈厕通高15.3厘米（图一五，2；图版三八，1）。M7:3，圈立面有一方窗，圈内有一猪。圈长15.6、宽13.8、圈厕通高12.4厘米（图一五，6）。

Ⅱ式　1件。M2:2，泥质灰陶。圈上的厕所较高，正立面有长方形门洞，室内直接下通圈内，四坡屋顶较陡，厕所门前的斜坡下设猪卧室，圈内有一猪。圈长18.6、宽15.6、圈厕通高23.4厘米（图一五，1；图版三八，2）。

B型　1件。M4:19，泥质红陶。平底，圆形，圈上的厕所为圆室方顶，四坡瓦垄屋面较陡，正立面设长方形门，室内直接下通圈内，厕所门前向下的斜坡路较窄，圈正立面开一大一小两个门。圈直径15、通高18.3厘米（图一五，3；图版三八，3）。

厕所　1件。M8:35，泥质灰陶。平底，圆形，无顶，围墙留门道向内卷，墙壁略外倾，内置蹲便的蹲位和便池，围墙上沿外有一道凹槽装饰。最大直径20.7、底径15.6、高10.8厘米（图一五，5；图版三八，4）。

圈　1件。M8:44，泥质灰陶。平底圆形，通透式围栏一周，无顶，围栏上沿外有凹弦纹两道，正立面设"∩"形门。围栏上口直径20.1、底径17.1、高13.8厘米（图一五，4；图版三八，5）。

猪　1件。M8:42，出土时的位置被扰乱。泥质黑衣灰陶。立式，肥壮，尾及后肢残。长16.8、高9.4厘米（图一六，6；图版三八，6）。

狗　4件。分三式。

Ⅰ式　1件。M3:8，泥质深灰陶。卧式，前身向右弯曲，头部伸向右后方，竖耳，注视右后方，腹内空，一耳及尾残。长21、高13.8厘米（图一六，2）。

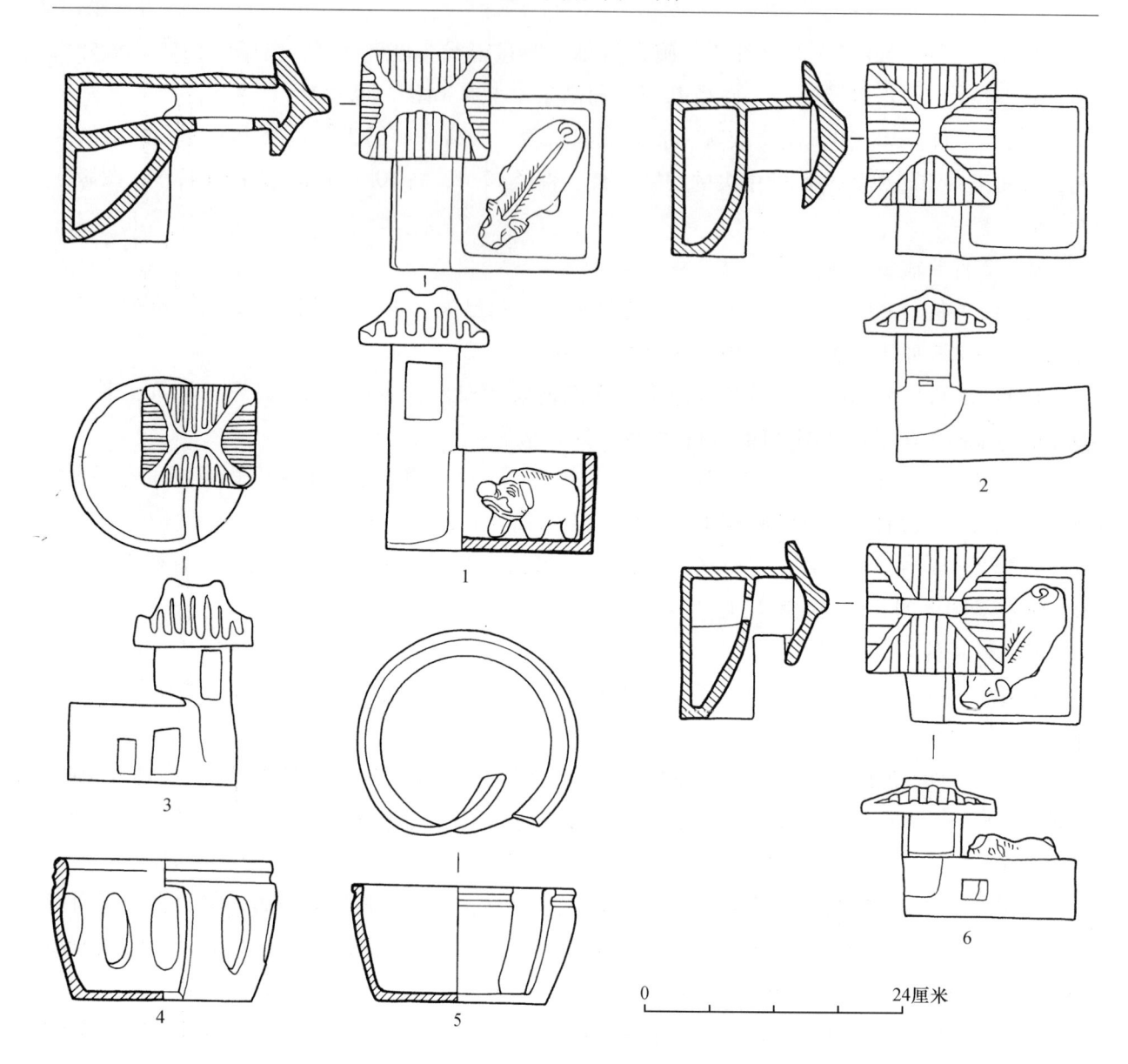

图一五 陶模型明器

1. A型Ⅱ式圈厕（M2:2） 2、6. A型Ⅰ式圈厕（M3:11、M7:3） 3. B型圈厕（M4:19） 4. 圈（M8:44） 5. 厕所（M8:35）

Ⅱ式 2件。立式，昂首，竖耳，张口，目前视，粗颈，宽脊，颈背部有个三角状乳突，尾上卷，四肢粗壮，腹内空。M2:8，泥质灰陶。外表涂银粉（大部分已脱落）。长21、高19.2厘米（图一六，1）。M4:4，泥质红陶。外表施青黄釉，颈背处套绳索。长27、高19.8厘米（图一六，3）。

Ⅲ式 1件。M8:9，泥质灰陶。奔走式，昂首前视，张口吐舌，尾上翘，后胯下显露雄性生殖器，左后腿残。长24、高20.4厘米（图一六，4；图版三九，1）。

马 1件。M8:22，泥质黑衣灰陶。奔走式，膘肥体壮，腹内空，尾及肢残。长18、残高8厘米（图一六，5）。

鸽 5件。泥质灰陶。分二式。

图一六 陶模型动物

1、3. Ⅱ式狗（M2:8、M4:4） 2. Ⅰ式狗（M3:8） 4. Ⅲ式狗（M8:9） 5. 马（M8:22） 6. 猪（M8:42） 7、9. Ⅰ式鸽（M2:11、M2:10） 8. 鸡（M8:46） 10. Ⅱ式鸽（M4:12） 11. 龙（M8:14） 12、13. 鸭（M8:24、M8:33） 14. 镇墓兽（M8:39）

Ⅰ式　3件。形制、大小基本相同。尖喙，尖尾上翘，方座，内空。M2∶10与M2∶11为一对，外表涂银粉，M2∶11尾后有三角状乳突。长10.6、高11.8厘米（图一六，9、7；图版三九，2）。

Ⅱ式　2件。形制、大小相同。尖喙，方尾，方座较矮（图版三九，3）。M4∶12，长9.2、高7.6厘米（图一六，10）。

鸡　3件。同出于M8，其中1件头部残。M8∶46，泥质灰衣红陶。立式，尖喙，翘尾，双扁足，腹内空，尾上有羽纹，冠残。长10.4、残高10厘米（图一六，8）。

鸭　3件。同出于M8。立式，扁喙，扁尾上翘，双扁足，腹内空。M8∶24，较肥大，尾上有三角状乳突。长10.2、高8.4厘米（图一六，12；图版三九，4）。M8∶33，较瘦小，头部残。残长9、残高6厘米（图一六，13）。

镇墓兽　1件。M8∶39，泥质黑衣灰陶。人面兽身，立式，眉目清晰，张口大笑，露齿，短尾，四肢残缺。通身阴刻毛饰。长7.2、残高4.4厘米（图一六，14；图版三九，5）。

龙　1件。M8∶14，出土时已断残。泥质灰陶。躯体呈"S"状弯曲，回首上翘，眼部凸起，头顶有角，腰身有脚露出，尖尾后卷。背部阴刻鳞纹。躯体最大直径1.5、长33厘米（图一六，11；图版三九，6）。

俑　4件。其中男俑1件，女俑3件，均出自M8，泥质灰陶。俑表面平滑细腻，陶质致密度高，坚硬。从质地上观察，这些俑应是选用本地的黄褐色黏土，经过淘洗等工序，用手捏成俑坯后烧制而成的。其艺术风格是写意的，形体特征具有象征性，甚至有些夸张。所采用的手法是概括、简约，而不是写实性的。

男侍俑　1件。M8∶47，尖头肥脑，高颧骨，长鼻梁，瘪嘴巴，下颏骨凸出，嬉笑露齿，筒身，双足，无臂，双耳和一足残。形体高大，俨然一长者形象。从面部观察，阅历丰富，老谋深算，似一管家。身高42.4厘米（图一七，4；图版四〇，1）。

女佣俑　1件。M8∶40，头顶双髻，脸形宽扁，眉骨凸显，双目上视，疵牙，下颏不明显，表情苦涩，满脸稚气，无双臂，双乳微凸，心窝、脐眼处有圆洞，粗腰，长身，短腿，尖足。以面部及形体推测，应为一年龄较小的女奴。身高20.4厘米（图一七，1；图版四〇，2）。

舞女俑　2件。M8∶36，立式，头顶双环髻，面部较瘦，眉清目秀，眼角上挑，高鼻梁，小口，下颏微凸，丰胸，束腰肥臀，右臂残失，左手置胸前，掌心向前，双腿平开，作舞蹈状。其腰身长，腿短，阴部及肛门显露，足尖残。以面部及形体推测，应为一年轻的舞女。身高18.5厘米（图一七，3）。M8∶38，跪式，头顶单环髻，面部及表情与M8∶36相同，左膝跪地，右腿前弓，身体重心在左腿上，左手举至下颏前，掌心向内，指尖朝上。右手抬至右膝上方，掌心向内，指尖向下，作舞蹈状。丰胸，束腰肥臀，阴部及肛门显露。其身份应与M8∶36相同。高15厘米（图一七，2；图版四〇，3、4）。

（二）瓷器

8件。质地坚硬，吸水性弱，灰白胎。一般施青釉，有个别绿釉或灰白釉。有罐、盘口壶、碗等。

罐　4件。分三型。

图一七　陶俑

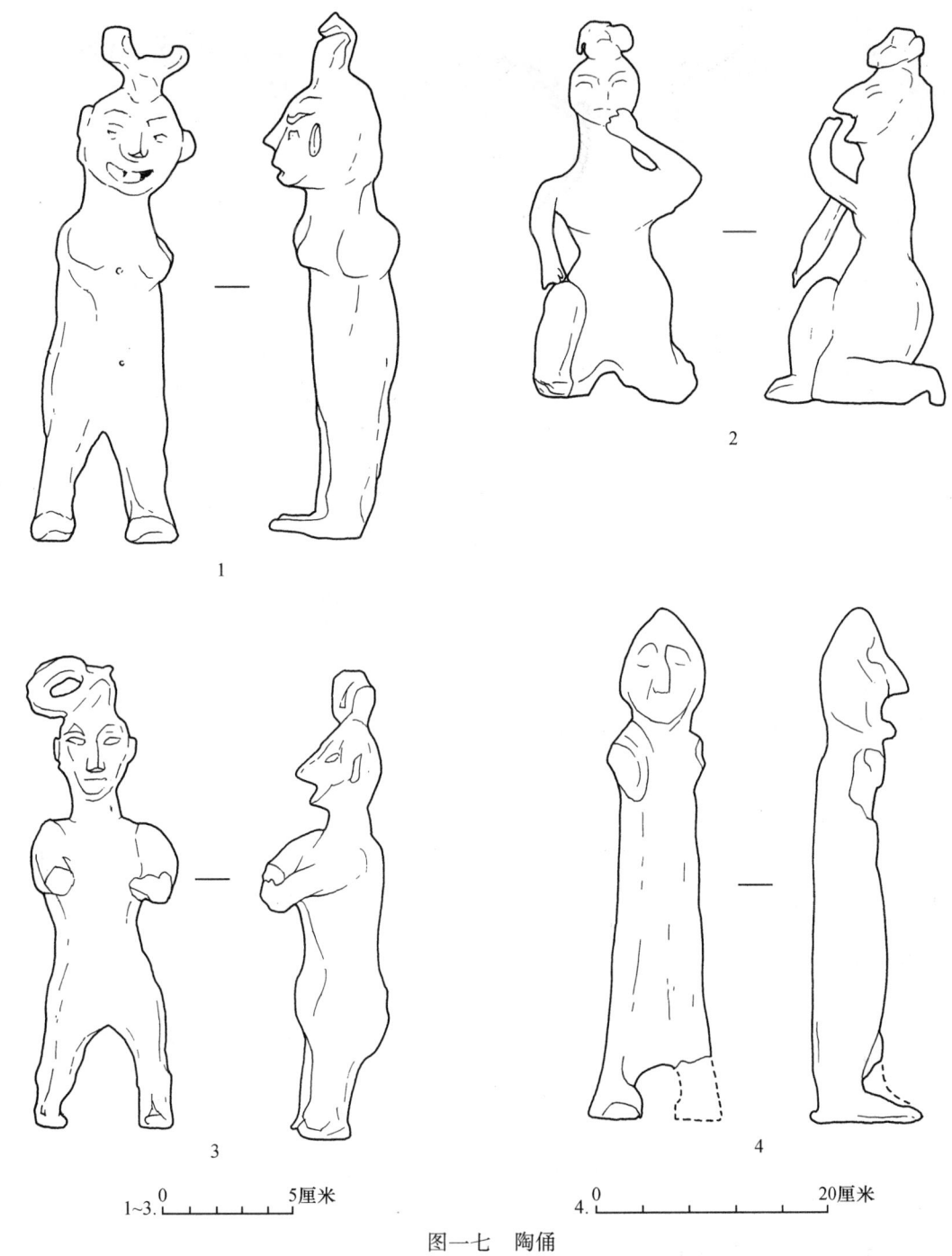

1. 女佣（M8:40）　2、3. 舞女（M8:38、M8:36）　4. 男侍（M8:47）

A型　1件。M4:2，灰白胎。束颈，高领，平沿，尖唇，广肩，鼓腹，肩置二立耳，平底。领外饰两道凹弦纹，肩上有一周由弦纹和波浪纹组成的带饰。器表施绿釉不及底，色泽光亮，局部脱落。口径9、腹径17.4、底径10.8、高15厘米（图一八，1；彩版六，1）。

B型　1件。M1:8，灰白胎。束颈，领外侈，肩部起台，圆鼓腹，平底。器表饰麻布纹，施绿釉不及底，釉层厚薄不均，局部釉面有颗粒状灰白斑，器内壁有滴釉。口径10.4、腹径20.8、底径14.4、高17.6厘米（图一八，4）。

图一八 瓷器

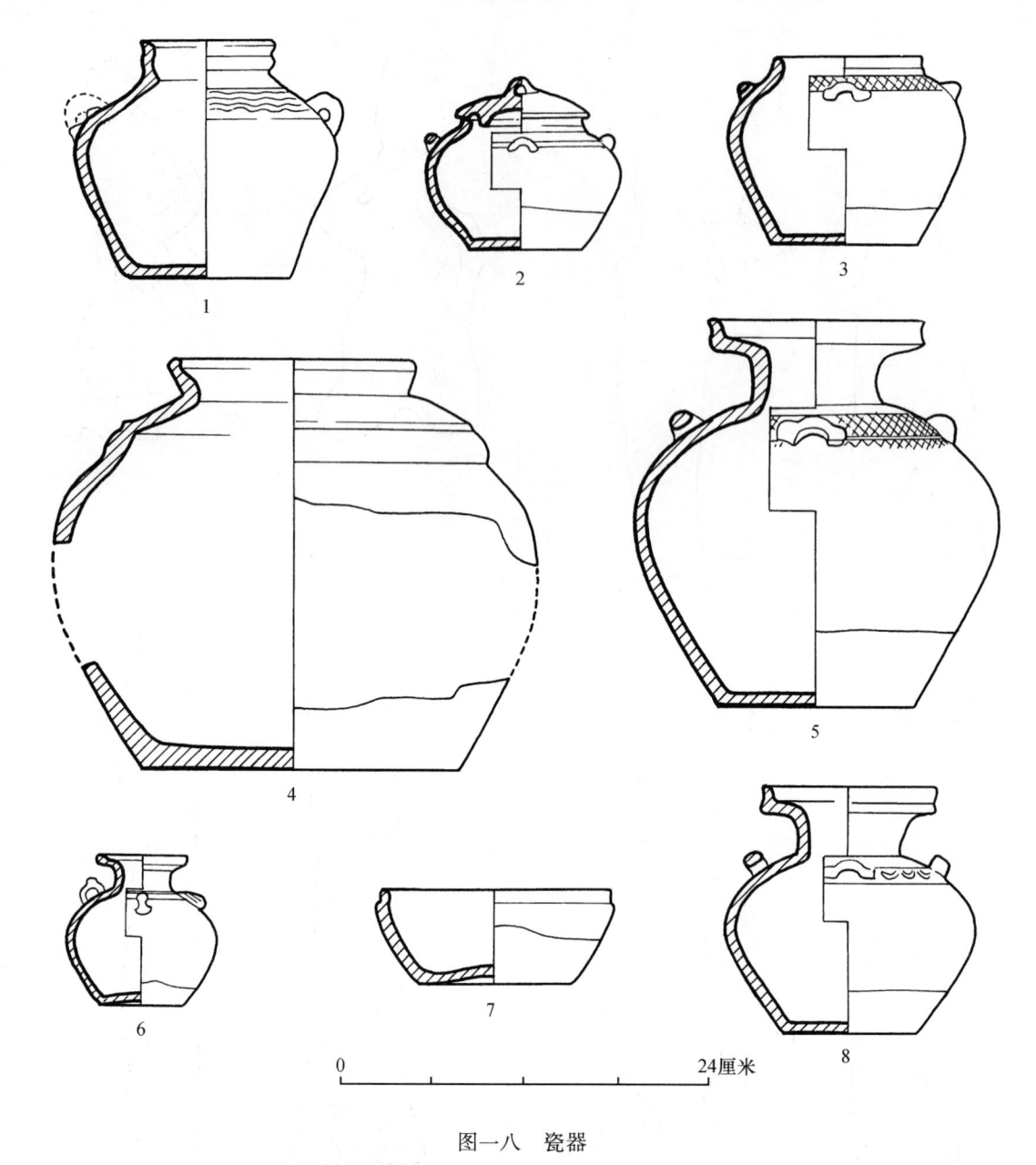

1. A型罐（M4:2） 2、3. C型罐（M8:4、M8:2） 4. B型罐（M1:8） 5、8. A型盘口壶（M8:6、M8:16）
6. B型盘口壶（M8:21） 7. 碗（M8:1）

C型 2件。四系矮罐。M8:2，灰红胎。直口，束颈，矮领，圆肩，鼓腹，平底。肩上横置四桥耳，饰一周斜方格纹带。器表施灰白釉不及底，釉色泛青，光泽度较差。口径9.6、腹径15.3、底径9.9、高12厘米（图一八，3）。M8:4，灰白胎。有子口盖，盖沿以上微隆，顶上置一桥纽，溜肩，鼓腹，平底。肩上横置四桥耳，饰两道凹弦纹。器表施青釉不及底，釉层厚薄不均，有光泽。口径11.4、腹径19.2、底径11.4、通高16.3厘米（图一八，2；彩版六，2）。

盘口壶 3件。分二型。

A型 2件。浅盘口，细颈，上腹圆鼓，下腹斜内收，平底，肩置四桥耳。施青黄釉不及底。M8:6，灰白胎。肩上有一周斜方格纹带和一周联珠纹。口径13.8、腹径23.4、底径13.2、高24.6厘米（图一八，5；彩版六，3）M8：16，灰红胎。肩上有一周由凹弦纹和齿轮纹组成的带饰。口径11.4、腹径16.2、底径9、高15.6厘米（图一八，8；彩版六，4）。

B型　1件。M8：21，灰红胎。形制与A型盘口壶近似，器体较小，肩上有两个相互对称的立耳和鸡头、鸡尾，鸡头仅见头顶及冠，鸡尾仅见尾尖，这种造型应是鸡首壶的雏形。肩上有一道凹弦纹，施青黄釉不及底，釉面有光泽釉。口径9、腹径15、底径8.7、高14.4厘米（图一八，6；彩版六，5）。

碗　1件。M8：1，灰红胎。直口，弧壁，平底微凹。碗内及口沿外施灰白釉，釉色与M8：2罐相同，出地时扣在该罐上。口径15、底径10.2、高6厘米（图一八，7）。

（三）铜器

12件。

盆　2件。分二式。

Ⅰ式　1件。M7：9，器壁较薄，敞口，仰折沿较宽，弧壁，圜底近平，底部残破。素面。口径20.4、高9.6厘米（图一九，1）。

Ⅱ式　1件。M4：5，器壁略厚，敞口，侈沿，腹壁折收，内底下凹作假圈足，平底。口沿外饰一道凹弦纹，腹外一道垫片上加饰一道凸弦纹。口径21、底径12、高7.8厘米（图一九，2）。

灯　1件。M8：25，由盏、柱、底座构成。盏为圆形，折沿，直腹，平底，柱呈竹节状，中上部有一道绚索纹，底座似一倒置的折腹盘。盏口径6.9、底座径18.9、通高26.4厘米（图一九，3）。

弩机　1件。M8：10，郭面有箭槽，长方形望山，机仓前、后各一横穿。前穿以键贯穿悬刀、牙、牛，牙和牛因锈蚀而不能活动；后穿的键及悬刀在出土前已残失。郭长16.4厘米，望山高6.6、宽2.4~2.6、厚0.8厘米，机仓长10.2、宽3.6、高3.2厘米（图一九，4）。

"∩"形配件　1件。M1：10，断面近圆形，中间粗，两端细，两端的尖已残。两端间距2.3、残高3.7厘米（图一九，5）。

盖弓帽　1件。M1：15，筒状，内空，一端封闭，中部置小钩。直径0.7、长3.8厘米（图一九，6）。

方孔铜片　1件。M8：45，长方形薄片，上端抹角有一长方形穿孔，下端残。长6.8、宽3.3、厚0.8厘米，孔长1.5、宽1.1厘米（图一九，7）。

盖饰　2件。形制相同。圆筒形，内空，顶端封闭，中部有凸棱。M1：12，直径1.2、长1.8厘米（图一九，10）。

环头插钉　1件。M1：11，环头近椭圆形，插钉弯曲，尖端残。环最大径1.4、钉残长1.6厘米（图一九，11）。

盔形帽钉　1件。M1：9，盔形帽直径3.4、高4厘米，钉长2.2厘米（图一九，13）。

云花铜片　1件。M1：14，残。近圆形，呈卷云状。直径约4、片厚0.1厘米（图一九，14）。

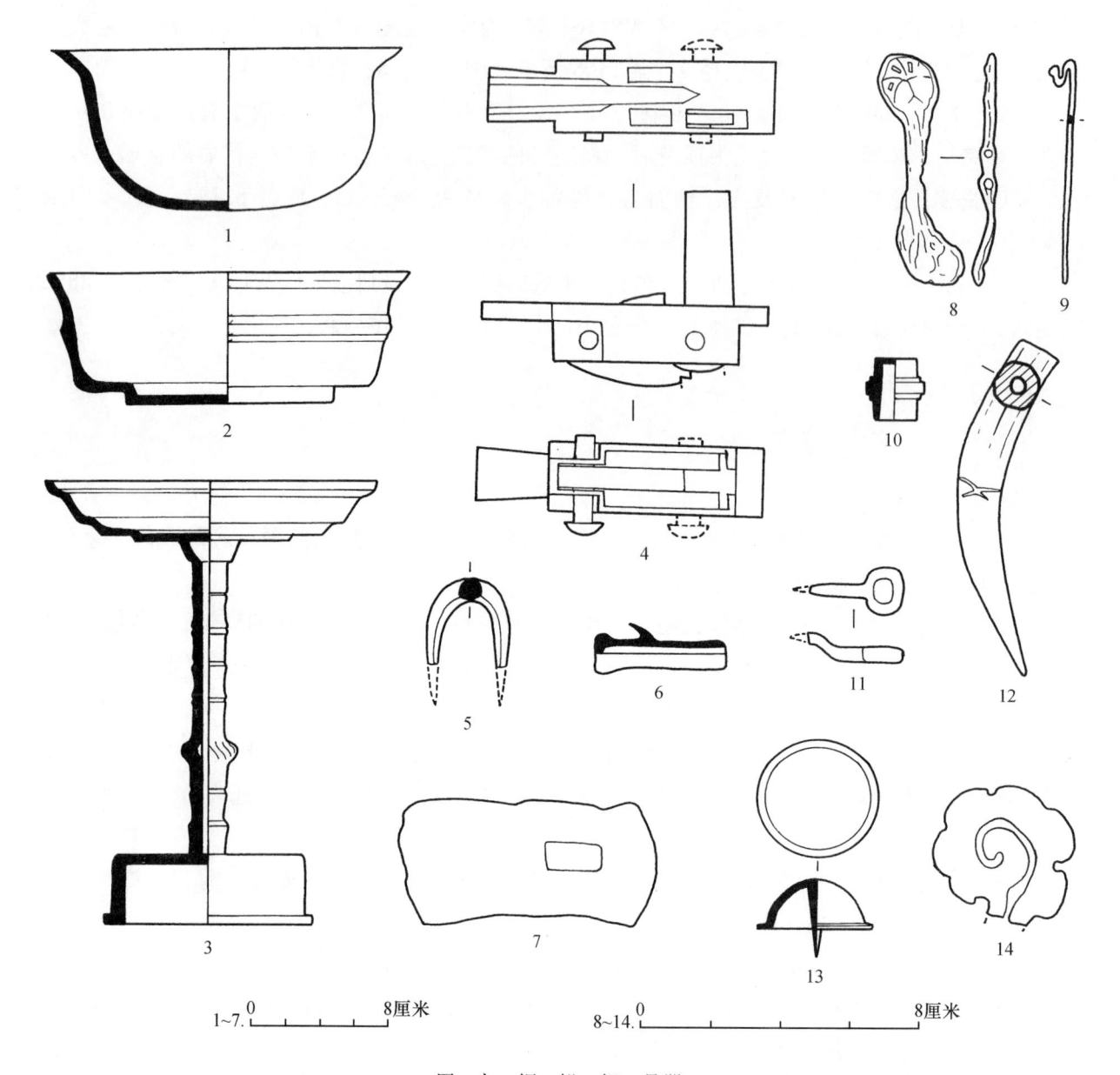

图一九　铜、铅、银、骨器

1. Ⅰ式铜盆（M7∶9）　2. Ⅱ式铜盆（M4∶5）　3. 铜灯（M8∶25）　4. 铜弩机（M8∶10）　5. 铜"∩"形配件（M1∶10）　6. 铜盖弓帽（M1∶15）　7. 方孔铜片（M8∶45）　8. 铅镳（M1∶18）　9. 银簪（M8∶34）　10. 铜盖饰（M1∶12）　11. 铜环头插钉（M1∶11）　12. 鹿角（M5∶2）　13. 铜盔形帽钉（M1∶9）　14. 云花铜片（M1∶14）

（四）铜钱

323枚。除1枚"半两"外，全是"五铢"钱。其中两面周郭、背面有穿郭的"五铢"占大多数，还有部分磨边、剪轮、綖环和对文"五铢"。出土时或散置，或成串放置，成串者多锈结在一起，外观可见钱囊的经纬纹路。

"半两"　1枚。M6∶1-1，无周郭和穿郭，"半两"二字模糊，笔画粗浅，制作不规整。直径2.3、穿0.65、厚0.1厘米（图二〇，1）。

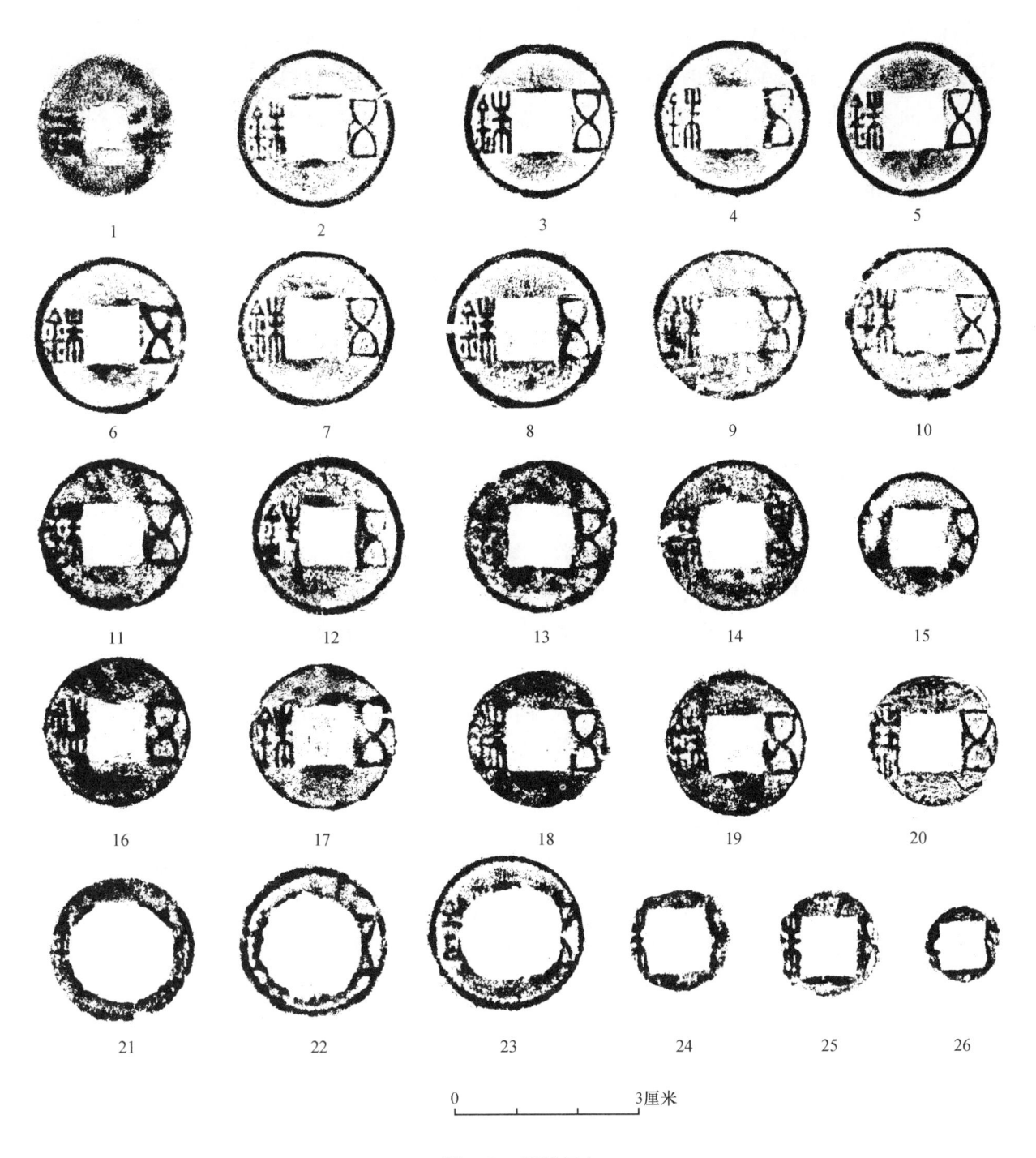

图二〇 铜钱拓本

1. 半两（M6：1-1） 2~4. A 型Ⅰ式五铢（M3：1-1、M6：1-2、M4：1-1） 5、6. A 型Ⅱ式五铢（M1：16-1、M4：1-2） 7、8. A 型Ⅲ式五铢（M3：1-2、M6：1-3） 9、10. A 型Ⅳ式五铢（M7：10-1、M2：15-1） 11~14. A 型Ⅴ式五铢（M2：15-2、M1：16-2、M5：1-1、M8：3-1） 15. A 型Ⅵ式五铢（M8：3-2） 16. B 型五铢（M2：15-3） 17~20. C 型五铢（M4：1-3、M2：15-4、M8：3-2、M8：3-2、M1：16-3） 21~23. Da 型五铢（M8：3-3） 24~26. Db 型五铢（M8：3-4）

"五铢" 322 枚。分四型。

A 型 271 枚。有周郭和穿郭。分六式。

Ⅰ式　28枚（M3出土20枚，M4出土5枚，M6出土3枚）。周郭较宽、规整，"五"字两交笔弯曲，"铢"字"金"旁的头较小，作矢状或作小三角，四点较短，"朱"高于"金"旁，"朱"上部多方折，下部圆折，字清晰，面穿或有一横郭。直径2.5～2.6、穿0.9～0.95厘米（图二〇，2～4）。

Ⅱ式　88枚（M1出土47枚，M4出土29枚，M6出土12枚）。周郭较宽，"五"字两交笔微曲，笔画较粗，"铢"字"金"旁的三角形略大，四点较短，"朱"上部方折，与"金"旁等高。直径2.5、穿0.9、厚0.11厘米（图二〇，5、6）。

Ⅲ式　66枚（M1出土7枚，M3出土28枚，M4出土8枚，M6出土23枚）。周郭稍窄，"五"字上横两端出头，交笔微曲，"铢"字"金"旁的三角形较大，四点略长，"朱"旁上部作圆折或方折，下端略长于"金"旁。直径2.5～2.55、穿0.9、厚0.1厘米（图二〇，7、8）。

Ⅳ式　18枚（M2出土5枚，M7出土13枚）。周郭较窄，"五"字两交笔微曲，笔画粗细不均，"铢"字"金"旁的三角形更大，四点较长，"朱"旁上部作开放式圆折，字体不够工整。直径2.46～2.5、穿0.95、厚0.09厘米（图二〇，9、10）。

Ⅴ式　69枚（M1出土45枚，M2出土18枚，M5出土4枚，M8出土2枚）。周郭窄，广穿，体轻薄，易破碎，铸字很浅，钱纹模糊不清，铸工粗糙，不修边幅。直径2.4～2.45、穿1～1.1、厚0.08厘米（图二〇，11～14）。

Ⅵ式　2枚（出自M8）。周郭甚窄，体小而轻薄，铸工粗糙，"五"字右侧上、下角被周郭侵压。直径2、穿0.95、厚0.08厘米（图二〇，15）。

B型　2件（出自M2）。磨郭"五铢"。周郭大部分被磨掉，但未伤及钱文。直径2.4厘米（图二〇，16）。

C型　23枚（M1出土7枚，M2出土5枚，M4出土7枚，M8出土4枚）。剪轮"五铢"。周郭被剪掉且伤及钱文边缘，且有被剪的痕迹。直径2～2.3厘米（图二〇，17～20）。

D型　26枚（均出自M8）。綖环"五铢"和对文"五铢"。分二亚型。

Da型　4枚。綖环"五铢"。"五铢"钱的中间部分被凿掉，仅剩外环。直径2.2～2.5、内径1.6～1.77厘米（图二〇，21～23）。

Db型　22枚。对文"五铢"。钱体小，即"五铢"钱的内半部分，"五"字缺右半边，"铢"字缺"金"旁。直径1.25～1.7、穿0.8～1厘米（图二〇，24～26）。

（五）其他器物

11件。有铁刀、剑、锸，铅镞，银簪，鹿角及残玉片等。铁器锈蚀严重，玉片残碎。

铁刀　3件。均已严重锈蚀，仅从锈蚀的遗迹确认。M1:17，断面呈三角形，尖部残。残长41、宽4.5厘米。M2:16，仅存前半部。残长24、宽4厘米。

铁剑　1件。M8:5，断面呈菱形，首、尾残，剑身狭长。残长88、宽4.5厘米。

铁锸　1件。M8:8，已锈蚀。近长方形，上端抹角，有安装锸把的"∩"形銎，下端残。残长25、宽9、厚1～2厘米。

铅镞 4件（2副）。形制、大小相同。中部置两个侧穿，两端宽扁。正反两面饰叶脉纹。M1:18，长13.4、最大宽度3.2厘米（图一九，8）。

银簪 1件。M8:34，前端尖细，后尾弯曲，截面呈圆形。长13厘米（图一九，9）。

鹿角 1件。M5:2，下部经刮削，截面呈八棱形，中部一侧有"×"形刻记。长19.5厘米（图一九，12）。

四、结　语

（一）墓葬年代

襄阳城内发现的这批墓葬，未出土确切的纪年资料，亦无文献记载，墓葬相互间无打破关系，只能根据墓葬形制和随葬器物特征，参考有关资料和研究成果推断其相对年代。

东汉晚期墓6座（M2~M7），其墓壁的砌法均为单砖顺置错缝平砌，地砖的铺法采用平砖横铺或"席纹"平铺。M2和M3为前堂横列墓，前堂为四壁内收的穹隆顶，甬道和后室为券顶。这是东汉晚期墓较典型的结构形式。墓内出土的Aa型陶罐和仓、灶、井、磨、圈厕之属以及狗、猪、鸽之类家畜家禽等模型明器，其组合与形态都是东汉晚期所常见的。M7和M4分别为"凸"字形和长方形券顶墓，在东汉墓中亦多见。其出土器物如罐和仓、灶、井之属与M2、M3同类器大致相同，应是同一期段的墓葬。从器物型式演变情况来看，M7、M3应略早，M2、M4偏晚。M5和M6都是残墓，形制不清。M6出土有Aa型Ⅱ式陶罐，M5出土有东汉晚期"五铢"钱，大概都属于东汉晚期的墓葬。

魏晋时期墓2座（M1、M8）。其中M1为大型多室墓，墓室在平面布局上采用严格的中轴线对称方式，未设棺床和祭台，立壁的砌法为平砖顺砌，这些特点与东汉晚期墓相同。但此墓甬道长且宽、大，前室和中室在结构上都采用了墓壁外弧和四隅券进式穹隆顶，这在当时墓葬建筑上是比较进步的做法。这种做法在东汉晚期墓中极少见，而在魏晋墓中则多见。一般认为四隅券进式穹隆顶是在三国时期才开始出现的。再从出土遗物来看，M1出土的陶器中有朱绘陶鼎、钵以及陶瓮、盆，其风格与东汉晚期一致。该墓出土的酱釉硬陶罐和斜方格印纹硬陶罐，青釉麻布纹瓷罐，却明显具有三国时期的特点，其器形、纹饰、胎釉与武昌任家湾六朝初期墓[2]和鄂城三国时期吴墓[3]所出同类器物基本相同。因此，我们认为此墓的年代应为三国时期，其上限可能到达汉魏之际（按考古学划分的历史年代，亦列为三国时期），下限在西晋政权建立之前。

M8前堂平面近方形，所采用的四隅券进式穹隆顶技术更趋成熟，结构更加稳固。其后室与过道在平面上构成"刀"形，立壁的砌法采用"三顺一丁"，在墓葬结构上较之M1应略晚。该墓出土的铜钱中有大量东汉末年的"五铢"，这种钱一是流通的时期可能延至东汉以后，二是东汉以后常作为古钱入葬，故在东汉以后墓中习见。其出土的青瓷器施绿釉不及底，釉层厚薄不均，就形态而言，盘口壶的颈较细、盘口较浅，鸡首壶的鸡首仅见头顶及冠，鸡尾仅见尾尖，显然具有魏晋早期的特征。推测M8的相对年代应在三国后期或西晋初年。

（二）墓主身份

东街墓地共发现 8 座墓，有 7 座是中小型墓，墓主可能为中小地主。其中的 1 座大型墓（M1），其墓主身份还需要进行具体的分析。

据 M1 墓内人体残骸判断，此墓至少葬入四具尸体：前室两具、中室两具。其中，前室两具的葬式为仰身直肢，头北足南，中室两具的葬式不明。后室仅见一节肢骨，疑后室应有一具墓主的尸骨，因严重扰乱已不复存在。这种多人同墓分室而葬，在三国、两晋时期较多见，附葬者当为墓主的直系亲属[4]。

此墓规模宏大，前、中、后室和东、西耳室一应俱全，且未见二次建造的痕迹，这在三国时期的墓葬中尚不多见。其前、中室的室内面积都在 10 平方米以上，甬道长达 5.2 米以上，宽达 2.1 米，如此规模、形制的墓葬，墓主生前的身份及社会地位必然很高。墓内的遗物亦同样体现了墓主的地位，其不仅陶、瓷、铜、铁、铅各类物品皆备，还见有贴金的铜器残片和玉器碎片。这些价值昂贵的东西在当时的社会非高级贵族莫属。按类型划分，此墓之墓主当属于官阶在 2000 石左右的都督、刺史一类的高官。

结合墓葬的年代分析，此墓属汉魏之际或三国前期。查这一期段符合等级又葬于襄阳的官员，可能性最大的只有荆州刺史刘表。刘表死于建安十三年（208 年）[5]。据郦道元《水经注》载，襄阳"城东门外二百步刘表墓，太康中，为人所发，见表夫妻，其尸俨然，颜色不异，犹如平生，墓中香气，远闻三四里中，经月不歇。今坟冢及祠堂，犹高显整顿"。《水经注》所载刘表墓的位置在襄阳城东门外二百步，而 M1 的位置却在襄阳城东门内约 400 米，二者虽有城东门内、外之别，但大体方位是一致的。据此，我们推测这二者之间应有必然的联系。如若郦道元未记错的话，那么有可能襄阳城在历史上曾经东移，致使当时的城东门外变为今天的城东门内。

关于襄阳城的位置，史无详考。《襄阳府志》载："后汉献帝初，自宜城移荆州刺史来治，即今治。"[6]《三国志·鲁肃传》载：襄阳"外带江汉，内阻山陵，有金城之固"。《襄阳耆旧记》载：襄阳城"檀溪带其西，岘山恒其南"。正与今襄阳城相符。晋习凿齿罢郡归襄阳与桓秘书曰："……每定省家舅，从北门入，西望隆中想卧龙之吟，东跳白沙，思凤雏之声，北监樊墟，存邓老之高，南眷城邑，怀羊公之风。"[7]其所述襄阳城东、南、西、北之方位亦正与今襄阳城的方位相吻合。据此，汉晋以来，襄阳城的地理位置应未有大的变化。

但是，襄阳城确切的具体位置并非是千百年来亘古不变的。从东街墓地发掘的情况来看，襄阳城的确曾经东移。该墓地的墓葬开口都在唐宋文化层以下，打破生土层。这说明东街墓地在唐宋以前是荒凉的墓地，不属于襄阳城的范围，可能是在唐宋时期才纳入襄阳城的城内。另据《襄阳府志》载，明朝初年襄阳城就曾向外扩展过，即城东北角向东延伸，谓之"新城湾"[8]。历史上因汉江涨大水，襄阳城曾多次毁坏而又重修，在重修时其位置向东移或向东扩展，是正常之举。因此，我们认为，当初 M1 的位置应属于襄阳城东门外，与《水经注》所记刘表墓的位置正吻合。由于襄阳城东移，其位置才变成为襄城之内。M1 极有可能就是荆州刺史刘表墓。

襄阳城地处南北交通要道，是古代中国的军事重镇，其东街墓地的发现和发掘，不仅为襄阳城的历史研究提供了实物证据，亦为本阶段的葬制、葬俗提供了重要的考古资料。

附记：参加发掘的人员有释贵星、曾宪敏、刘江生、邓广锐、杨力、陈千万、王先福，绘图刘江生、释贵星、王志刚，描图符德明，器物照相杨力，王先福对文稿进行了阅校。

执笔：陈千万

注　释

[1]　襄樊市博物馆：《襄阳城内三国时期的多室墓清理报告》，《江汉考古》1995 年 3 期。
[2]　武汉市文物管理委员会：《武昌任家湾六朝初期墓葬清理简报》，《文物参考资料》1955 年第 12 期；程欣人：《武汉出土的两块东吴铅券释文》，《文物》1965 年第 10 期。
[3]　鄂城县博物馆：《湖北鄂城四座吴墓发掘报告》，《考古》1982 年第 3 期。
[4]　齐东方：《三国两晋南北朝时期的附葬墓》，《考古》1991 年第 10 期。
[5]　《三国志·刘表传》
[6][8]　《襄阳府志·建置志》，清光绪十一年版。
[7]　《晋书·习凿齿传》

附表　襄阳城东街汉晋墓登记表

墓号	墓向	结构	墓室规格（米）长×宽-高	葬具	葬式	出土器物 陶、瓷器	出土器物 其他器物	年代	备注
M1	148°	前、中、后室及耳室	甬道：5.2×2.1-2.78 耳室：2.35×2.2-0.65（残）前室：3.35×3.45-3.4（残）中室：3.15×3.65-3.4（残）后室：3.7×1.85-1.3	有棺钉	仰身直肢四人合葬	陶鼎，瓮2，IⅠ钵，盆2，Cb罐；瓷B型罐	铜盔形帽钉，"∩"形配件，环头插钉，云花铜片，盖饰2，盖弓帽，AⅡ"五铢"47，AⅢ"五铢"7，AⅤ"五铢"45，C"五铢"7；铁刀；铅镞4；残玉片	三国时期	严重被盗
M2	73°	前堂横列双后室	甬道：1.5×1.3-1.32 前堂：2.8×2.32-2.1 后室：2.88×1.23-1.2	不明	仰身直肢二人合葬	陶AaⅠ、AaⅡ、BⅠ、CaⅡ罐，AⅡ仓，BⅠ灶，AⅢ井，AⅡ磨，AⅡ圈厕，Ⅱ狗，Ⅰ鸽2	铜AⅣ"五铢"5，AⅤ"五铢"18，B"五铢"2，C"五铢"5；铁刀	东汉晚期	被盗
M3	70°	前堂横列单后室	甬道：0.74×1.43-1.66 前堂：2.56×1.8-2.01（残）后室：3.08×1.43-1.51	有棺钉	仰身直肢二人合葬	陶AaⅠ罐2，AaⅡ罐，AⅠ仓，AⅠ灶，AⅠ井2，AⅠ磨，AⅠ圈厕，Ⅰ狗	铜AⅠ"五铢"20，AⅢ"五铢"28	东汉晚期	被盗

续表

墓号	墓向	结构	墓室规格（米）长×宽-高	葬具	葬式	出土器物 陶、瓷器	出土器物 其他器物	年代	备注
M4	65°	长方形单室	3.96×1.24-1.27	不明	仰身直肢一人葬	陶AaⅡ罐，CaⅡ罐3，灯，AⅡ仓，AⅡ灶，AⅣ井，AⅢ磨，A碓，B圈厕，Ⅱ狗，Ⅱ鸽2；瓷A罐	铜Ⅱ盆，AⅠ"五铢"5，AⅡ"五铢"29，AⅢ"五铢"8，C"五铢"7	东汉晚期	保存较好
M5	345°	长方形单室	1.4（残）×1.16-0.22（残）	不明	不明		铜AⅤ"五铢"4；鹿角	东汉晚期	盗扰
M6	75°	长方形单室	1.6（残）×1.16-0.7（残）	不明	不明	陶AaⅡ、Ac罐	铜"半两"，AⅠ"五铢"3，AⅡ"五铢"12，AⅢ"五铢"23	东汉晚期	盗扰
M7	68°	"凸"字形单室	甬道：1.82×1.3-1.38 单室：2.83×2.54-0.87（残）	不明	不明	陶AaⅠ罐，AaⅡ罐3，Ab、CaⅠ罐，AⅠ仓，AⅡ井，甑，AⅠ圈厕，AⅠ磨，猪，Ⅰ鸽	铜Ⅰ盆，AⅣ"五铢"13	东汉晚期	盗扰
M8	230°	方形前堂单后室	甬道：1.17×1.38-1.63 前堂：2.5×2.5-2.93 后室：4.1×2-2.26	不明	不明	陶BⅡ罐，碗，盘2，盂，Ⅱ钵，耳杯，勺，熏，多子盒，棒，B仓，BⅡ灶，B井，B磨，B碓，厕所，圈，手提式火炉，猪，Ⅲ狗，马，龙，鸡3，鸭3，蹄形器，镇墓兽，俑4；瓷C罐2，瓷碗，瓷A盘口壶2，B盘口壶	铜灯，弩机，方孔铜片，AⅤ"五铢"2，AⅥ"五铢"2、C"五铢"4，Da"五铢"4、Db"五铢"22；铁剑，镢；银簪	三国后期或西晋初年	被盗

注：未注明件数者均为1件。

襄樊贾巷墓地发掘报告

襄樊市文物考古研究所

贾巷墓地位于襄樊市樊城区王寨街道办事处王寨村北（图一），处汉水北岸淤积平原上，地势较为平坦。

2001年10~11月，为配合襄樊市樊城区花卉路建设，襄樊市考古队（襄樊市文物考古研究所前身）在路基范围内进行了地下文物勘探，勘探发现并发掘墓葬18座，分别编号M1~M18（图二）。这批墓葬早期均遭到不同程度盗扰，大多保存较差。全为土圹砖室墓，有单、双、多室之分。其中东汉墓12座，分别为M1、M5~M7、M9~M13、M15、M16、M18；六朝墓6座，分别为M2~M4、M8、M14、M17。现将发掘情况分时代报告如次。

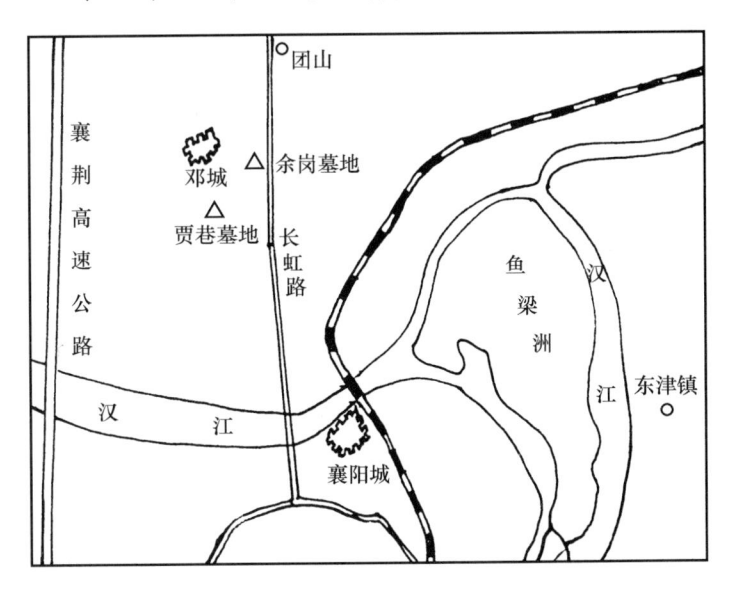

图一　贾巷墓地位置示意图

一、东 汉 墓

（一）墓葬形制

12座东汉墓均带墓道，墓道大部分残缺。除长方形单室砖墓外均设甬道，墓壁砌于地砖之上。根据墓室的多少可分为单室墓、双室墓、三室墓三类。

图二　墓葬分布图

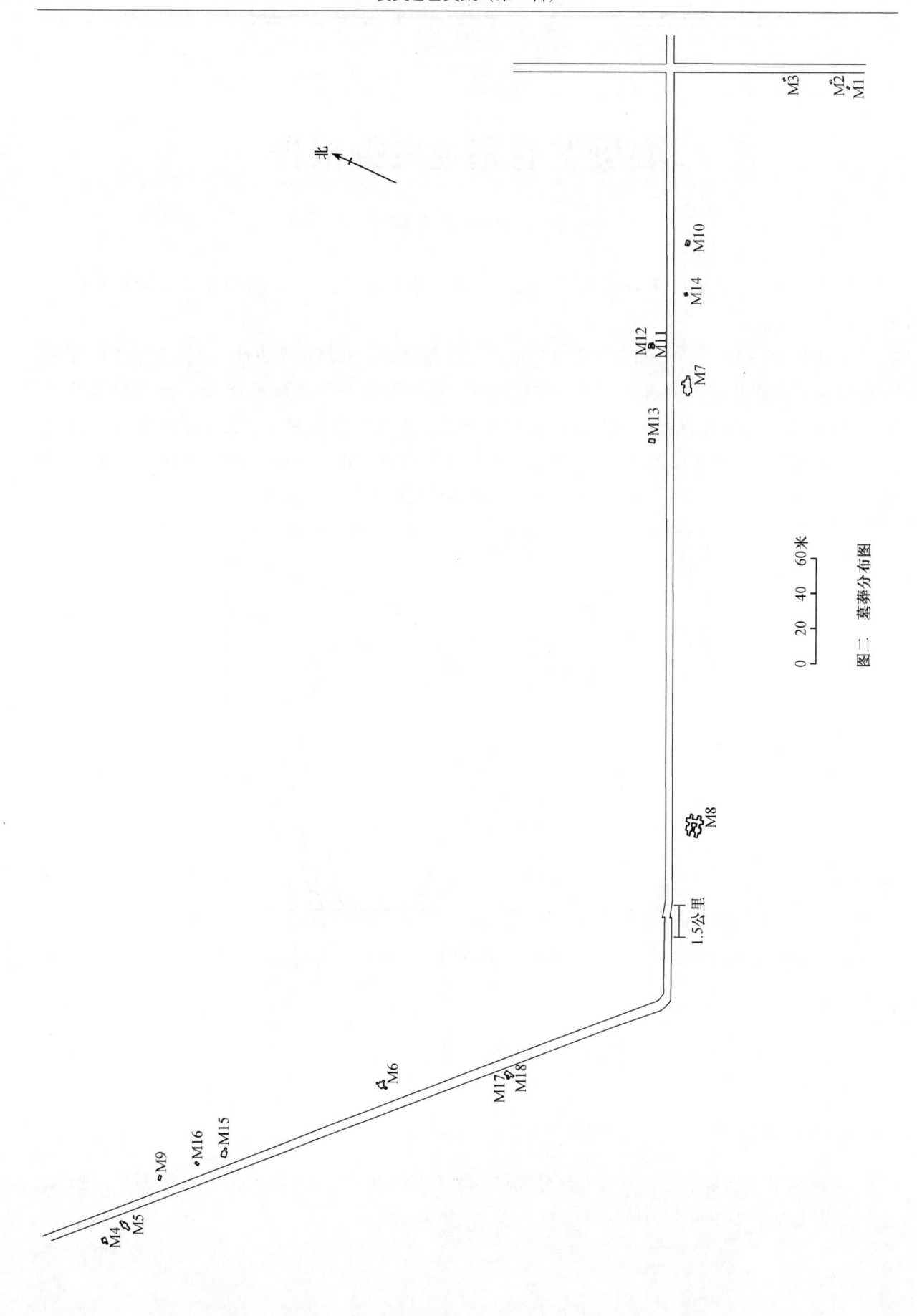

1. 单室墓

8座。分别是 M1、M9、M11～M13、M15、M16、M18，其中 M11、M12、M18 平面呈"刀"形，M1、M9、M13、M16 平面呈长方形，M15 平面呈"凸"字形。

M13　方向165°。平面长方形。墓圹长4.54、宽3.2、深2.84米。

墓室内空长3.43、宽2.46、高2.51米。墓壁顺向以厚砖横行、薄砖直行隔层交错叠砌，两长壁叠砌18层至1.4米高处以楔形砖于内侧起券，顶部部分塌陷。直行对缝平铺地砖。封门砖以条砖直行错缝叠砌，自下往上渐内收至墓顶。

南端设斜坡墓道，前部被破坏，残长1.06米。墓道下端开口3.23、底宽2.66、深4.66米，壁较光滑，坡度13°。

壁厚砖、地砖规格为35厘米×11厘米×9厘米，单长侧面饰斜十字交叉纹两组，薄砖规格为35厘米×19厘米×6厘米，单长侧面饰斜十字交叉尖三角纹三组；券砖规格为35厘米×19厘米×（4.5～5）厘米，素面；封门砖规格为35厘米×16厘米×5厘米，单长侧面饰斜十字交叉尖三角纹三组。

墓室近西壁置棺，棺床为前后两排各三砖横行平铺。棺木已腐，从腐残的遗迹可见当时的木棺长2.1、宽0.8米，表面先髹一层黑漆，又刷红彩。尸骨已腐烂，仅存几枚牙齿。随葬器物散置于墓室内（图三）。

M15　方向75°。平面"凸"字形，由甬道和墓室构成。墓圹通长5.67、最宽2.69、深2.23米。

甬道　长方形券顶，内空长2.32、宽1米。壁条砖错缝叠砌，残存4层，残高0.22米。横行错缝平铺地砖。甬道口设封门墙外弧，条砖错缝叠砌，宽1.3、残高0.71米。

墓室　长方形券顶。内空长2.86、宽2.4米，壁砖砌法与甬道同，残存14层，残高0.77米。从室内清理的楔形砖看，墓顶应为券顶。地砖铺法也与甬道同。

东端设斜坡墓道，前部残，残长1.68米。下端开口1.4、底宽1.37米，深与墓圹同，坡度12°。

壁、地砖规格有两种，分别为35厘米×17厘米×5.5厘米、34厘米×16厘米×5.5厘米，券砖规格为35厘米×17厘米×（4～6.5）厘米。砖单平面饰绳纹，单长侧面饰菱形纹（图四，1、2）。

墓底见两个人头骨残片，人骨已扰乱，填土中有部分肢骨，应是双人合葬。葬式不明。随葬器物散置于墓室。墓室内有4个拳头大小的石头（图五）。

M18　方向180°。被 M17 打破。平面"刀"形，由甬道和墓室构成。墓圹通长5.38、最宽2.14、残深2米。

甬道　长方形券顶，内空长2.14、内宽1.05米。错缝垒砌，自15层以上（0.76米）开始起纵列券，高1.5米。前端顶上横行错缝叠砌挡墙，高0.4米。横行错缝平铺地砖。封门墙下端在甬道口外0.22米，呈弧形，亦错缝叠砌，宽1.48、高1.82米，上端靠在挡墙上。

墓室　长方形券顶。内空长2.6、宽1.6、残高1.74米，壁砖砌法与甬道同，长壁至第25层以楔形砖起券，顶残。横行错缝平铺地砖。

图三 M13 平、剖面图

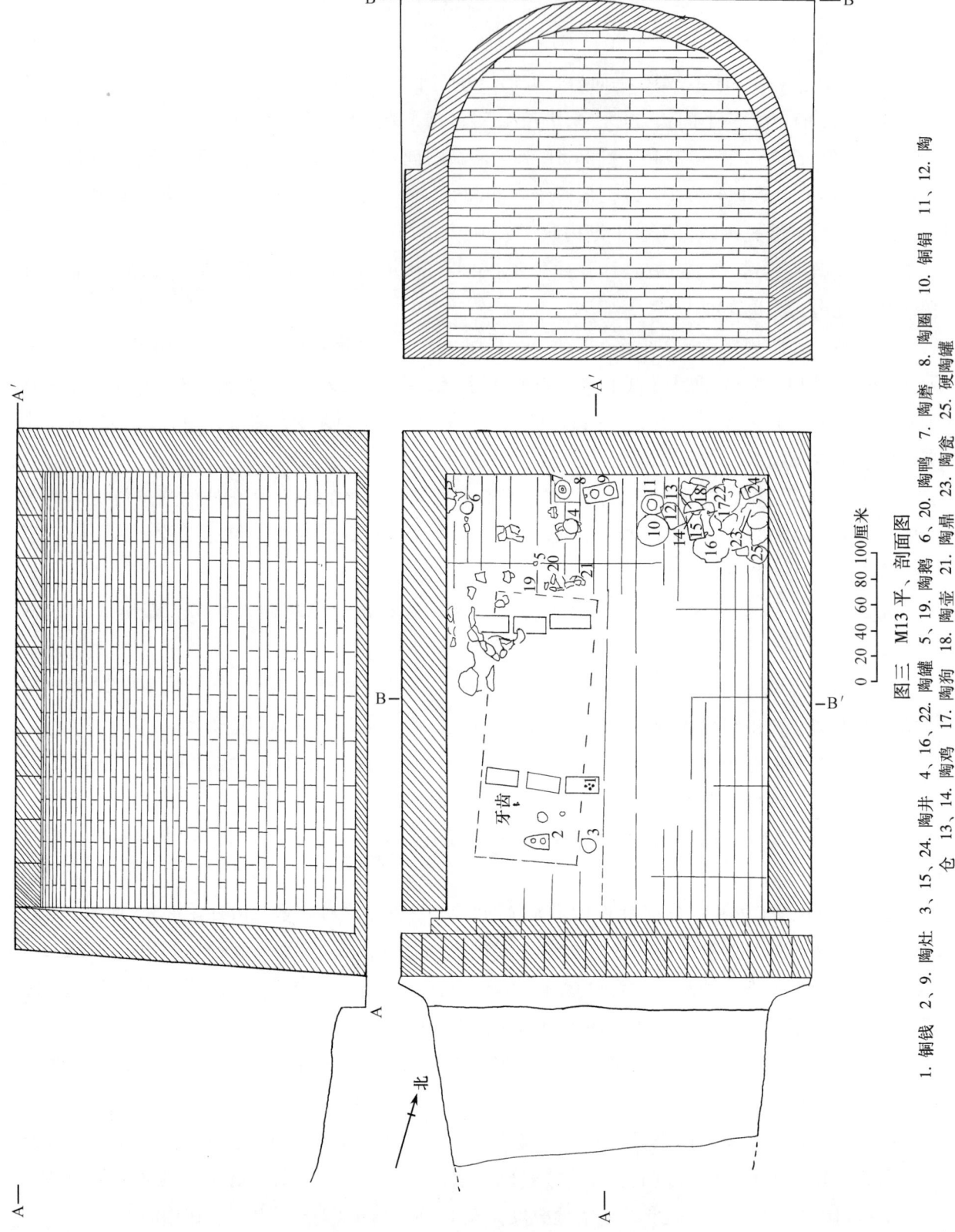

1. 铜钱 2、9. 陶灶 3、15、24. 陶井 4、16、22. 陶罐 5、19. 陶鹅 6、20. 陶鸭 7. 陶磨 8. 陶圈 10. 铜镜 11、12. 陶仓 13、14. 陶鸡 17. 陶狗 18. 陶壶 21. 陶鼎 23. 陶盆 25. 硬陶罐

图四 东汉单室墓墓砖纹饰拓本
1. M15 壁、地砖长侧面 2. M15 券砖薄长侧面 3、4. M18 壁、地砖长侧面

南端设斜坡墓道，前部残，残长1.14、前残宽1.48、后端宽1.6米。

壁、地砖规格为35厘米×17厘米×6厘米，券砖为33厘米×17厘米×（4.5~6）厘米。砖单平面饰绳纹，单侧面饰菱形几何纹（图四，3、4）。

葬具及人骨架均不存。随葬器物散置于墓室及甬道内各处（图六）。

2. 双室墓

2座。分别是M5、M10，其中M5为前后双室，M10为并列双室。

M5 方向182°。"中"字形双室砖墓，由甬道、前室、后室三部分组成。通长8.43、通宽2.65、残深1.55~2.75米。

图五 M15 平、剖面图

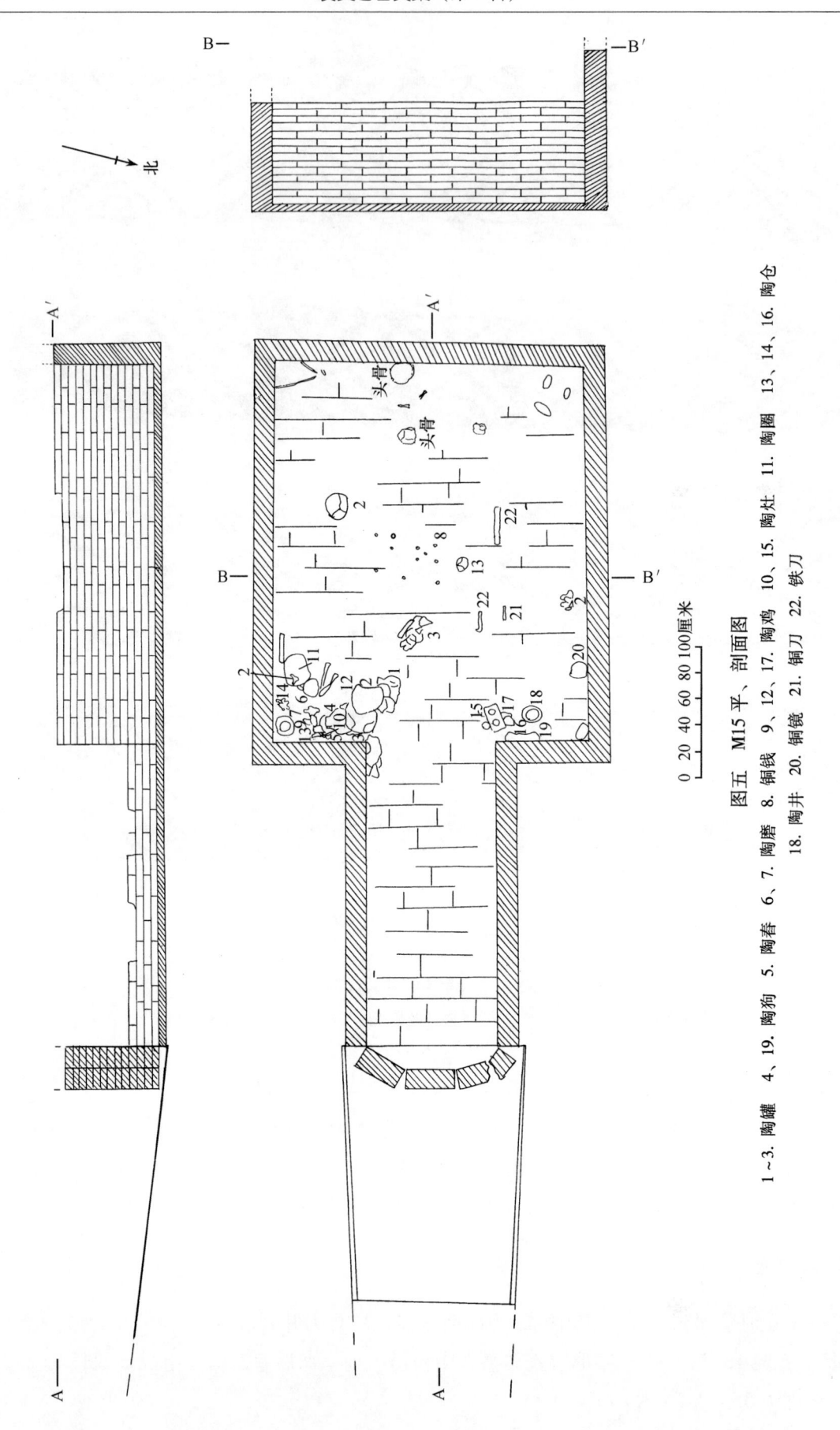

1~3. 陶罐 4、19. 陶狗 5. 陶舂 6、7. 陶磨 8. 铜钱 9、12、17. 陶鸡 10、15. 陶灶 11. 陶圈 13、14、16. 陶仓 18. 陶井 20. 铜镜 21. 铜刀 22. 铁刀

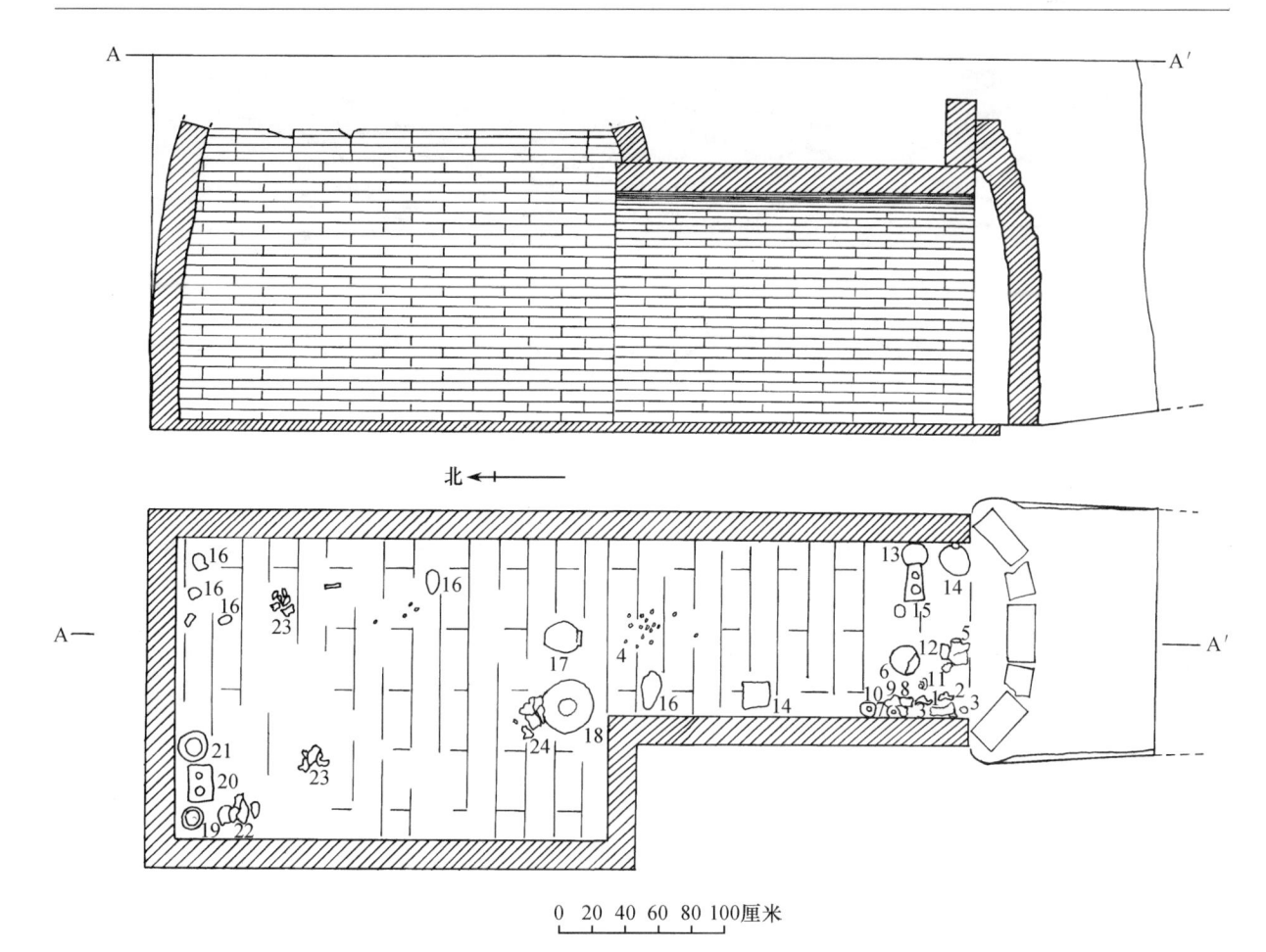

图六 M18平、剖面图

1. 陶狗 2、3. 陶鸡 4. 铜钱 5、9、17、18、24. 陶罐 6. 铜镜 7. 陶杯 8、21. 陶磨 10、19. 陶井 11. 陶舂 12. 陶仓 13. 陶钵 14. 陶圈 15、20. 陶灶 16. 石头 22. 硬陶罐 23. 陶瓮

甬道 长方形券顶,内空长2.2、宽0.95、残高1.43米。两壁错缝叠砌18层,至0.9米高处以楔形砖起券,顶大部被破坏。横行错缝平铺地砖。甬道口封门墙外弧,条砖横行错缝叠砌并内收至甬道顶。

前室 近方形,叠涩穹隆顶。内空长2.4、宽2.3、残高2.05米。壁砖错缝叠砌至1.5米高处开始四面叠涩内收作穹隆顶。顶部早期垮塌。地砖铺法同甬道。

后室 长方形券顶,底面低于前室0.15米。长3.05、内空宽1.48、高1.65米。两壁错缝叠砌16层至0.85米高处以楔形砖起券,后壁叠砌至顶。券顶中间部分下陷。地砖铺法同甬道。

前、后室之间设隔墙。隔墙为条砖横直交错叠砌,东侧开券门,自1.65米开始起券。门宽0.85、高1.05米,纵向平铺地砖。

壁、地砖规格为36厘米×17厘米×5厘米,券砖规格为37厘米×17厘米×(3.5~5)厘米。砖单平面饰绳纹,单长(宽)侧面饰菱形纹(图七)。

室内被扰乱,部分肢骨和陶片混于填土中,中室见头骨两个,已扰乱,葬式不明。随葬器物散见于墓室内各处(图八)。

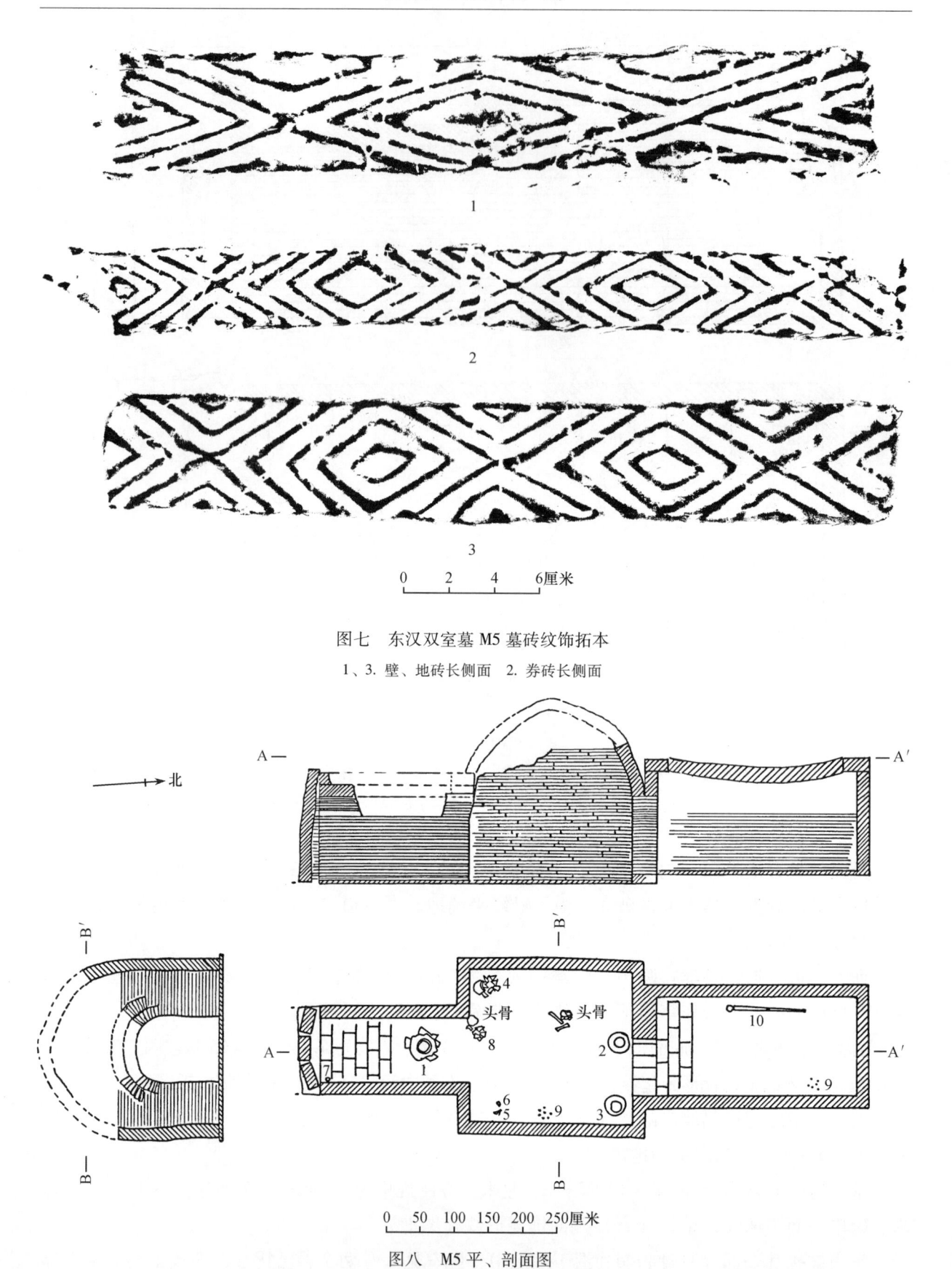

图七 东汉双室墓 M5 墓砖纹饰拓本
1、3. 壁、地砖长侧面 2. 券砖长侧面

图八 M5 平、剖面图
1. 陶瓮 2. 硬陶罐 3、4. 陶罐 5. 铜弩机 6. 铜盖弓帽 7. 铜环 8. 陶碗 9. 铜钱 10. 铁刀

M10　方向75°。长方形并列双室墓，通长2.9、通宽2.24、深2.25米。

南、北室大小形制相同，室内空长2.62、宽0.92、高1.11米，墓壁顺向错缝叠砌，长壁叠砌13层至0.92米高处以楔形砖起券。内壁设一长方形小门，使两室相通，小门高0.42、宽0.34米。直行对缝平铺地砖。两室墓门各设封门墙，墙体平面外弧，南室为内外双层墙，均残存2层，错缝叠砌。

壁砖规格有三种：32.5厘米×11厘米×5.5厘米、35厘米×10厘米×6厘米、35厘米×10厘米×7厘米，单平面饰绳纹，单长侧面饰斜十字交叉纹或交错斜线纹或菱形纹三组（图九，2~4、6、7、9）。南、北室地砖规格分别为27厘米×23厘米×5厘米、35厘米×20厘米×5厘米，均素面。券砖规格分别为35厘米×10厘米×（6~7）厘米、34.5厘米×17厘米×（4~5）厘米，纹饰同壁砖（图九，1、5、8）。

南北两室各残存一节肢骨，北室出土1件陶双牛鼻耳罐，1件陶楼散于填土中（图一○）。

3. 三室墓

2座。分别是M6、M7。

M6　方向182°。"⊢"形三室砖墓，由甬道、前室、后室、侧室四部分组成。南北通长7.05、东西通宽5.62、残深2.35米。墓道残。

甬道　长方形券顶。长1.5、内空宽1.13、高1.65米。两壁错缝叠砌21层至1.05米高处以楔形砖起券。横行错缝平铺地砖。前部封门墙体平面略外弧，采用条砖错缝叠砌23层并逐层渐收至甬道顶，其上再叠砌9层。

前室　方形穹隆顶，内空边长2.5米，四壁条砖错缝叠砌25层，自1.25米高处开始叠涩内收作穹隆顶。顶部已残，残高1.75米。地砖铺法同甬道。

后室　长方形券顶。内空长2.37、宽0.85、高1.32米。底平面高出前室0.15米。两壁条砖错缝叠砌13层，自0.65米高处以楔形砖起券。地砖铺法同甬道。

侧室　位于前室西侧，长方形券顶。内空长2.32、宽1.52米。底平面高出前室0.15米。南北两壁条砖错缝叠砌19层至0.95米高处以楔形砖起券，券顶已毁，残高1.3米。地砖铺法同甬道。

侧室与前室之间设隔墙，隔墙为条砖横直交错叠砌，北侧于3层砖墙上开券门，至0.7米高处起券。门宽0.83、残高1.03米（图一一）。

壁、地砖规格为37厘米×17.5厘米×5厘米，楔形砖规格为37厘米×17.5厘米×（4~5）厘米。砖单平面饰绳纹，单长（宽）侧面饰菱形纹（图一二）。

墓室被扰乱，填土中见部分肢骨，散见部分随葬器物（图一三）。

M7　方向75°。"⊣"形三室砖墓，由甬道、前室、后室及耳室组成。墓圹通长9.84、最宽4.07、残深2.4米。

甬道　长方形券顶，内空长3.17、宽1.28、高1.6米。墓壁砌法较复杂，北壁西段（耳室门以西）自下而上一丁九顺接一丁三顺，北壁东段（耳室门以东）自下而上一丁十五顺，南壁六顺一丁接三顺一丁再三顺。均砌至1.08米高处以楔形砖起券，券顶分上、中、下三层。"人"字形平铺地砖。单层封门墙外弧，条砖横向错缝叠砌，残存24层，残高1.44米。

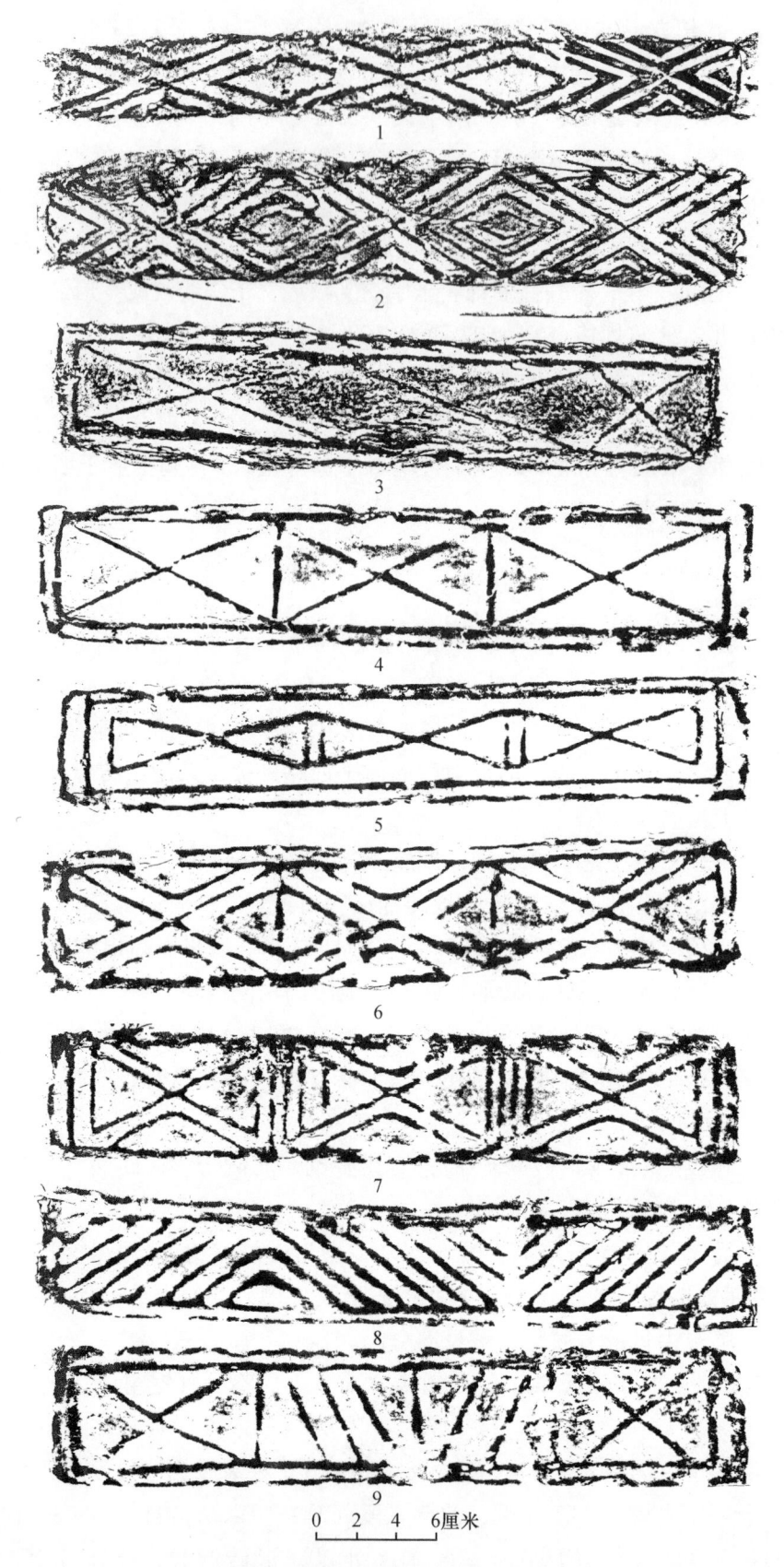

图九　东汉双室墓 M10 墓砖纹饰拓本

1、5、8. 券砖长侧面　2~4、6、7、9. 壁砖长侧面

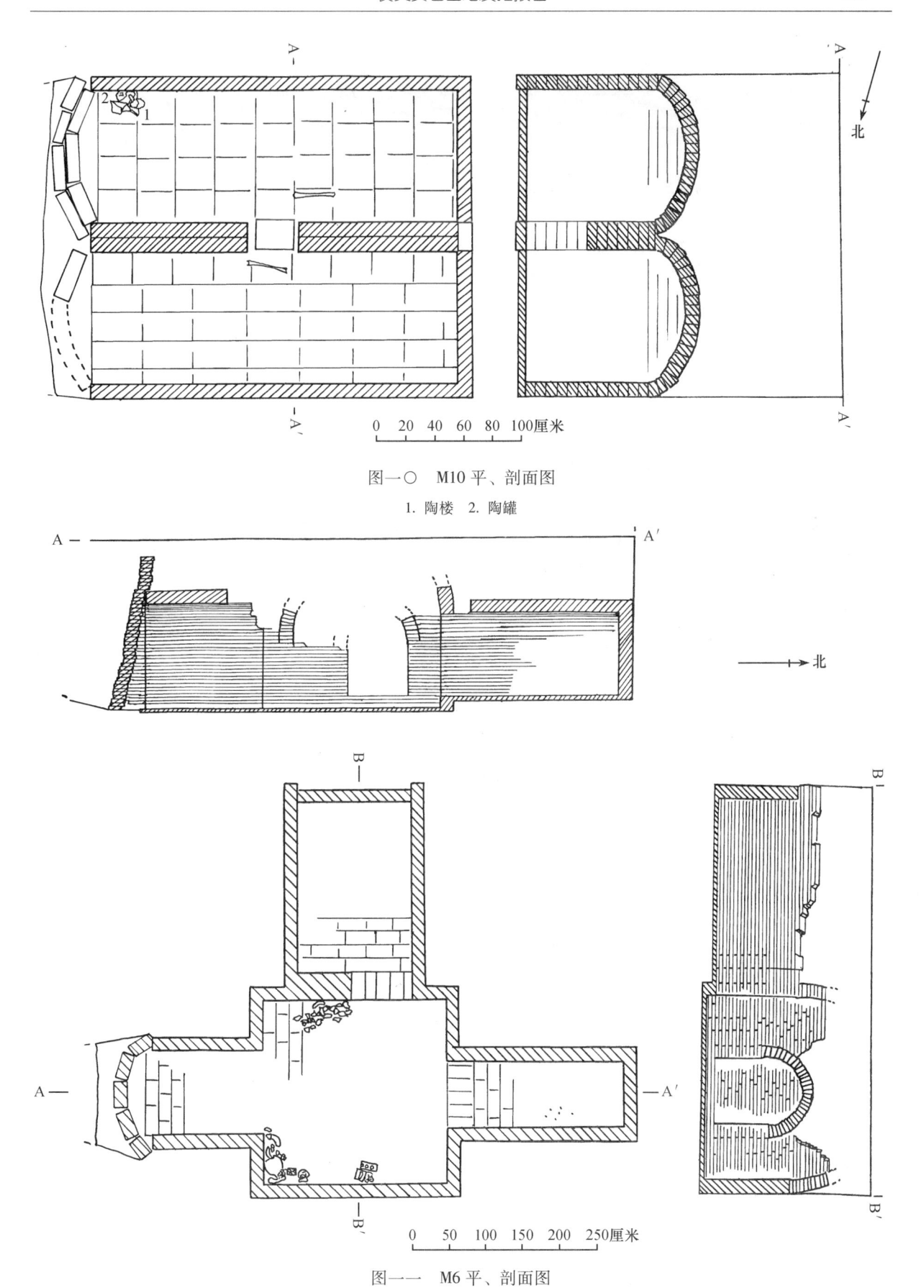

图一〇　M10 平、剖面图
1. 陶楼　2. 陶罐

图一一　M6 平、剖面图

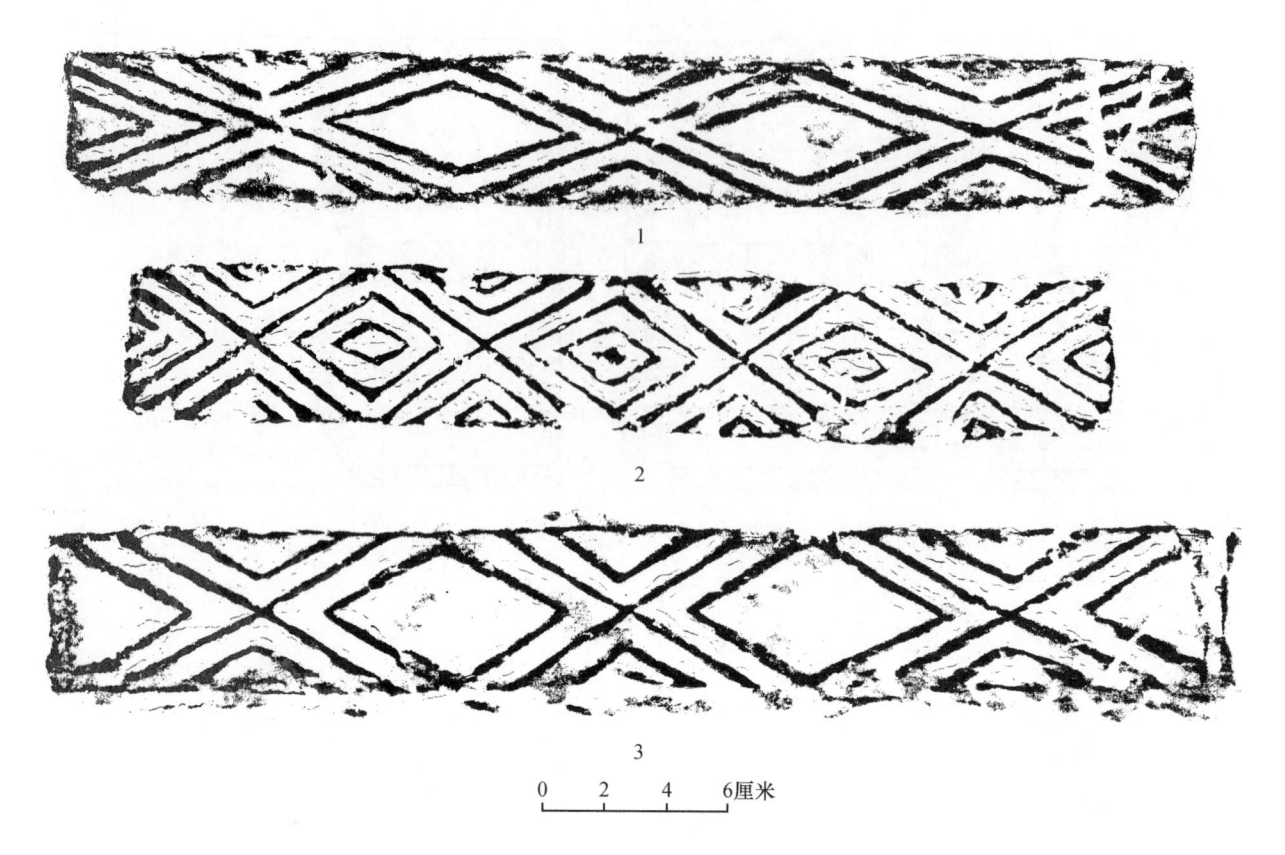

图一二 东汉三室墓 M6 墓砖纹饰拓本
1. 券砖长侧面 2、3. 壁、地砖长侧面

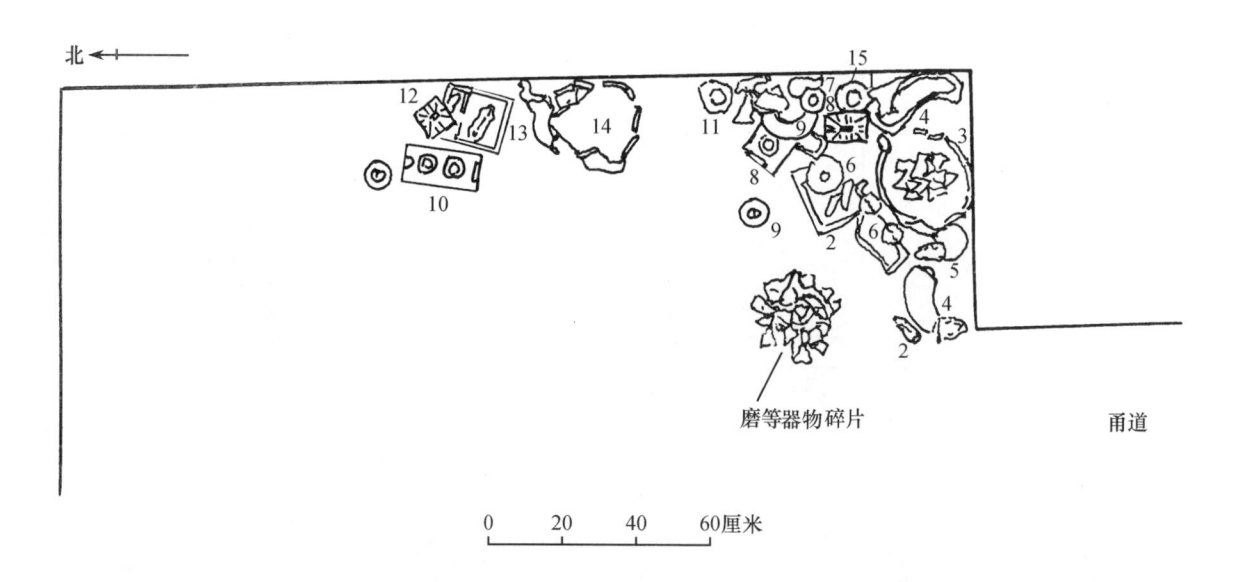

图一三 M6 器物分布图（东南角）
1、4、5. 陶狗 2、12. 陶圈 3、14. 陶罐 6、8、10. 陶灶 7、13. 陶鸡 9、11. 陶磨 15. 陶井

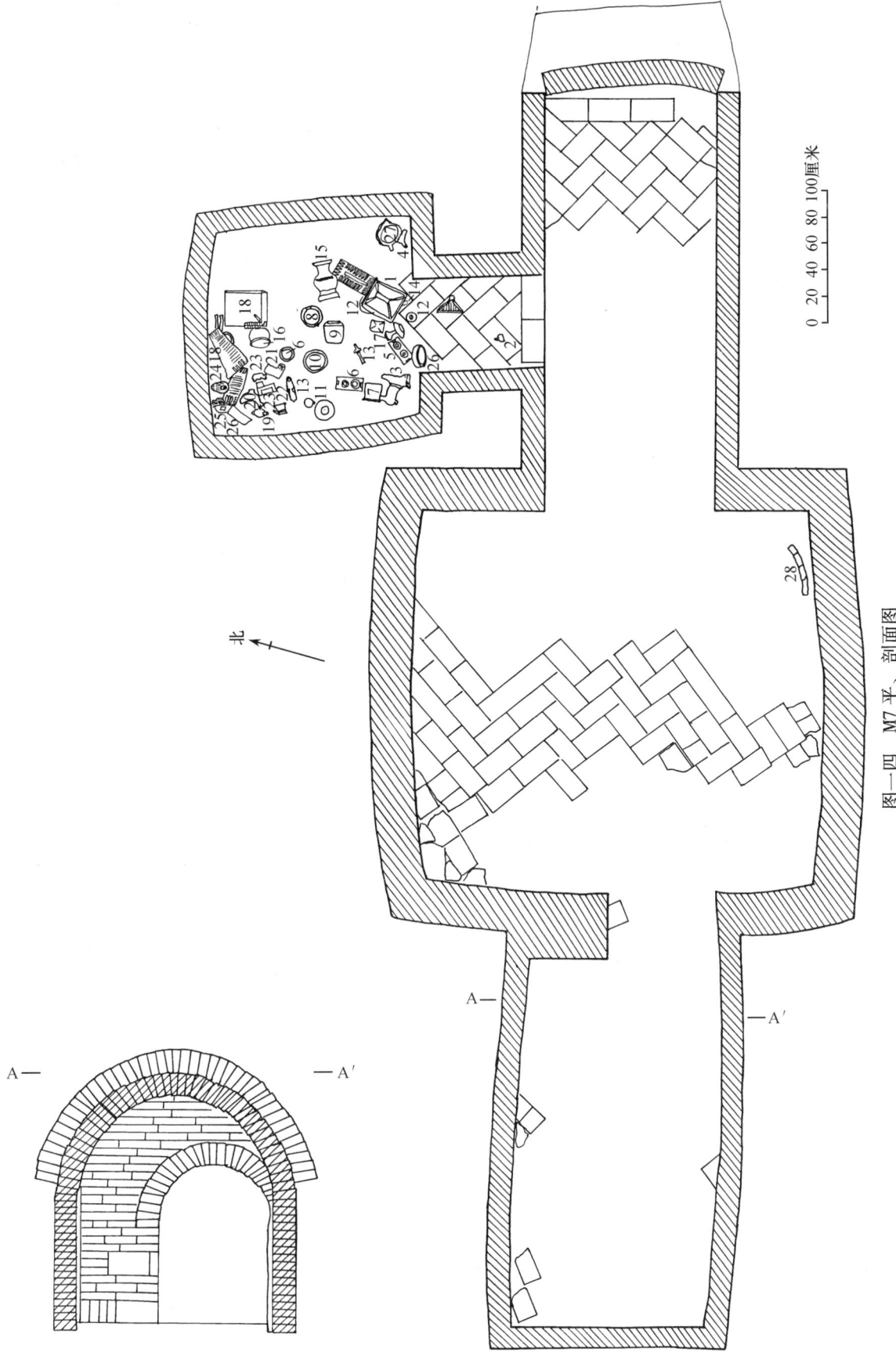

图一四 M7 平、剖面图

1、18. 陶楼 2. 铜钱 3、4. 陶狗 5. 陶灶 6. 陶仓 7、8. 陶井 9. 陶罐 10. 陶盘 11、12. 陶磨 13、14. 陶舂 15. 陶壶 16. 陶樽 17. 陶博山炉 19、20. 陶鸡 21. 陶羊 22. 陶杯 23. 铜饰件 24、25. 陶𬂩 26. 陶圈 27. 陶瓮(底) 28. 铁器(残)

前室　平面近方形，南北最大长度3.1米，东西最大宽度2.85米。北、西、南三壁外弧。四壁砌一丁三顺四组，四角自1.42米高处、南、北壁中部自第一组上层顺砖0.36米高处起券，呈四隅券进式穹隆顶，顶残，残高1.88米。"人"字形平铺地砖。

后室　长方形券顶，内空长2.78、宽1.46~1.52、高1.67米。底面高出前室底面0.06米。两侧墙体外弧，先挖一砖厚的沟槽再起墙，为一丁十三顺，至1米高处以楔形砖起券，券分上下两层。"人"字形平铺地砖几乎被破坏殆尽。

前后室之间设隔墙，厚0.5米，一丁三顺接一丁再顺砌至顶。南部开门，券顶。门宽0.8、高1.14米。

耳室　设在甬道北侧，平面呈"凸"形。内空长2.53、最宽1.58米。前部为小甬道，内空长0.95、宽0.7、高0.92米。两壁一丁六顺至0.54米高处以楔形砖起券，券靠大甬道壁处分上下两层。内室平面方形，边长1.58米。北、东、西三壁外弧，墓壁先一层丁砖再顺砖叠砌16层，顶部因遭破坏而不明。除小甬道口与大甬道壁顺向平铺地砖外，余均为"人"字形平铺地砖。

前设墓道大部已遭破坏，情况不明。

壁砖规格有两种，分别为31厘米×17厘米×6厘米、32厘米×17厘米×6厘米，地砖规格分别为31厘米×14厘米×6厘米、32厘米×17厘米×6厘米，券砖规格为31厘米×17厘米×(3.5~6)厘米。均仅单平面饰绳纹。

棺木已残腐，仅在中室南侧见棺腐痕迹，两层黑色叠压，叠压厚度3~5厘米，见有肢骨残迹，东端有铁器腐锈。中室外北壁见头骨和牙齿。随葬品出自甬道及耳室（图一四）。

（二）随葬器物

12座墓共出土器物180件（枚），按质地可分为陶、硬陶、铜、铁四类，其中4件铁器锈蚀严重。

1. 陶器

陶器占出土器物的大宗，可辨器形者115件，有相当部分器物仅余残片，部分可复原。陶系以泥质红陶为主，泥质灰陶次之，另有少量夹砂陶；大多素面，少量饰弦纹、绳纹等；器类主要有鼎、壶、瓮、罐、碗、钵、盘、杯、樽、仓、灶、井、磨、舂、圈、楼、狗、羊、鸡、鸭、鹅等。

鼎　1件。M13：21，残存口沿及足，无法复原。泥质红陶。小子口，圆唇，折肩，双长方耳外撇较甚，人面兽蹄足。耳面饰短线纹。口径20厘米（图一五，1）。

壶　2件。泥质红陶。浅盘口，方唇，长颈内束，圜底，浅宽圈足。按照腹部的变化可分二式。

Ⅰ式　M13：18，垂鼓腹。肩部有两个对称铺首衔环。口、肩、中腹分别饰二、三、二道凹弦纹，下腹饰横绳纹。口径19、圈足径18、高41厘米（图一五，2）。

Ⅱ式　M7：15，圈足残。口上部内折，扁折腹。肩部饰瓦棱纹，外壁施淡灰釉。口径13.5、最大径18、残高21.5厘米（图一五，3）。

瓮 4件，复原2件，1件存底。均为泥质灰陶。直口，方唇，上鼓腹，弧腹内收至器底。按照领、肩、底的变化可分为二式。

Ⅰ式 M13:23，矮颈，圆肩，最大径在肩部，平底。肩及上腹各饰一周带状附加堆绳纹。口径23.5、底径22、高26厘米（图一五，4；图版四一，1）。

Ⅱ式 M5:1，素面。领较高，溜肩，最大径在上腹，底略内凹。口径23、底径34、高22厘米（图一五，5）。

瓮底 M7:27，弧腹内收，平底，中腹有一道宽凹槽。下腹饰短绳纹。底径23.5厘米（图一五，6）

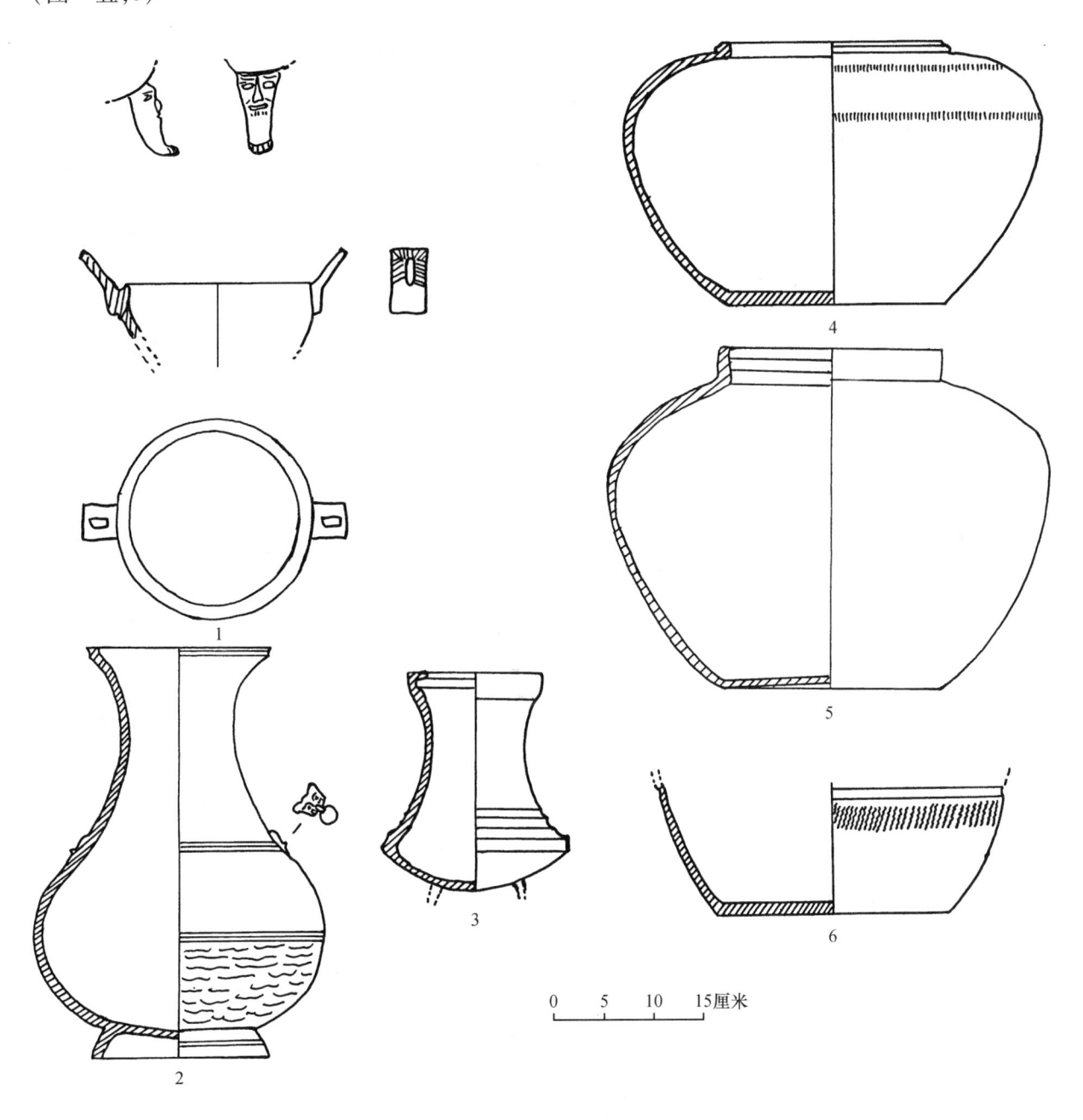

图一五 东汉墓陶器
1. 鼎（M13:21） 2. Ⅰ式壶（M13:18） 3. Ⅱ式壶（M7:15） 4. Ⅰ式瓮（M13:23） 5. Ⅱ式瓮（M5:1） 6. 瓮底（M7:27）

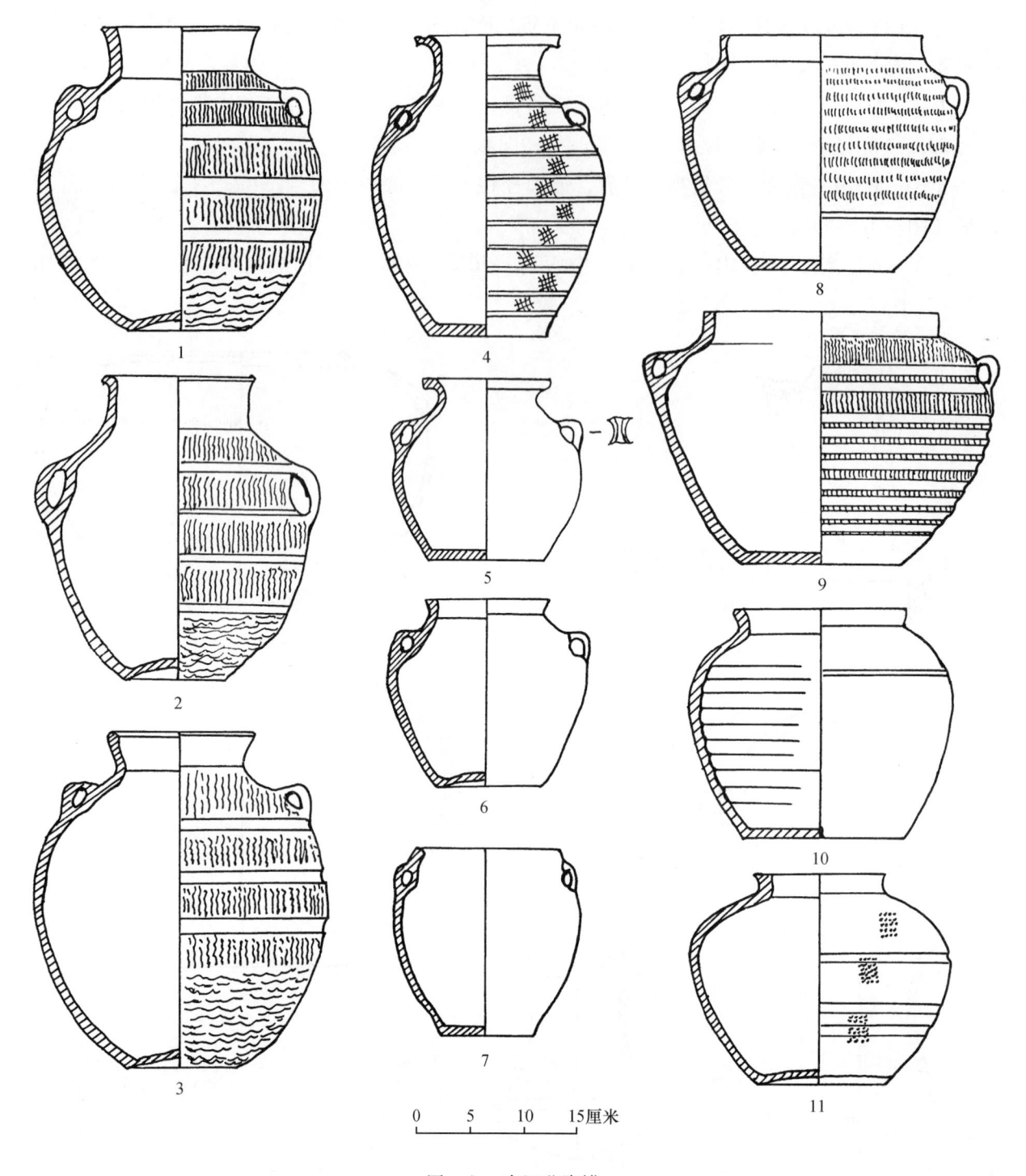

图一六　东汉墓陶罐

1、2. A型Ⅰ式（M13:22、M6:3）　3. A型Ⅱ式（M6:14）　4、5. A型Ⅲ式（M15:3、M18:17）　6. A型Ⅳ式（M18:24）
7. A型Ⅵ式（M11:3）　8、9. A型Ⅴ式（M5:4、M15:2）　10、11. Ba型（M5:3、M15:1）

罐　20件，复原14件。根据有无耳的不同可分二型。

A型　11件。肩有对称双鼻耳。泥质灰陶。按照口、颈、腹、底的变化可分六式。

Ⅰ式　4件。侈口，沿外翻，颈壁往中部凹弧，束高领，溜肩，圆鼓腹稍窄深，下腹弧收，凹圜底。最大径在中腹偏上。颈以下至中腹饰间断竖绳纹，下腹至底饰横绳纹。M6:3，耳孔较大。口径15、底径11、高29厘米（图一六，2）。M13:22，耳孔较小。口径15、底径10、高29厘米（图一六，1；图版四一，2）。

Ⅱ式　1件。M6:14，除沿内敛、颈壁自上而下略外鼓、大圆鼓腹较宽高外，其余形制及纹饰与Ⅰ式相同。口径14、底径10、高32厘米（图一六，3）。

Ⅲ式　2件。侈口，沿翻折，沿面有一道凹槽，束颈较甚，溜肩，上腹鼓，下腹略弧收，平底，最大径在上腹。M15:3，颈下至近底部饰间断小方格纹。口径14、底径11、高29厘米（图一六，4；图版四一，3）。M18:17，素面。沿翻折，平底。口径12、底径11、高17.5厘米（图一六，5）。

Ⅳ式　1件。M18:24，素面。微侈口，沿略外翻，短颈微束，溜肩，上腹鼓，中、下腹斜收，底略内凹。口径11.5、底径10、高18厘米（图一六，6）。

Ⅴ式　2件。大直口，矮直领，鼓肩，并自肩部以下弧收，腹较浅，平底。肩至下腹饰间断绳纹，抹痕壁略凹。M5:4，口径19、底径13、高22.5厘米（图一六，8）。M15:2，口径22.5、底径15、高24厘米（图一六，9；图版四一，4）。

Ⅵ式　1件。M11:3，素面。敛口，圆唇，无颈，溜肩，上鼓腹，弧腹内收至器底。口径13.5、底径8.5、高18厘米（图一六，7）。

B型　3件。无耳。微侈口，溜肩，上腹鼓，下腹弧收。根据口部的不同可分二亚型。

Ba型　2件。侈口较甚，折沿，平唇。M5:3，泥质灰陶。平底。肩部饰一道凹弦纹，器内壁有多道轮旋痕迹。口径16、底径16、高22.5厘米（图一六，10）。M15:1，泥质红陶。底略内凹。颈以下至底饰小方格纹，腹部饰三道凹弦纹。口径12.5、底径12、高20厘米（图一六，11）。

Bb型　1件。M18:18，双口罐。泥质红陶。内口微侈，翻沿，圆唇，平底。颈以下至底满饰小方格纹，间规则弦纹。内口径13、外口径24、底径14、高30厘米（图一七，1）。

碗　1件。M5:8，泥质灰陶。敞口，尖圆唇，弧腹内收至底，假圈足。器表口沿以下及下腹分别饰二、一道凹弦纹。口径16、底径8、高6.5厘米（图一七，2）。

钵　2件，复原1件。M18:13，泥质灰陶。敞口，宽平沿，尖唇，弧腹内收至底，底略内凹。壁上部饰两道凹弦纹。口径18、底径8、高7.5厘米（图一七，3；图版四一，5）。

盘　1件。M7:10，泥质红陶。素面。敞口，圆唇，浅腹，斜直壁内收，平底。外壁施淡黄釉。口径17.5、底径14.5、高3.5厘米（图一七，4）。

杯　3件，复原2件。泥质红陶。敛口，圆唇，直壁外扩，一侧有鋬，平底。M7:22，牛角状鋬。上壁饰两道凹弦纹，外壁施淡黄釉。口径8.2、底径9、高6.2厘米（图一七，5）。M7:30，兽尾状鋬，带浅盘状托盏，盘口外侈，翻沿，平底。上、中、下壁分别饰二、一、一道凹弦纹。通体施暗红釉。口径6.2、底径13、通高8厘米（图一七，6；彩版七，3）。

樽　1件。M7:16，泥质红陶。口略内敛，圆唇，斜直壁略外扩，平底，器底有三蚕形足。上壁饰两道凹弦纹，外壁施淡黄釉。口径15.5、底径16.5、高10.5厘米（图一七，7；图版四一，6）。

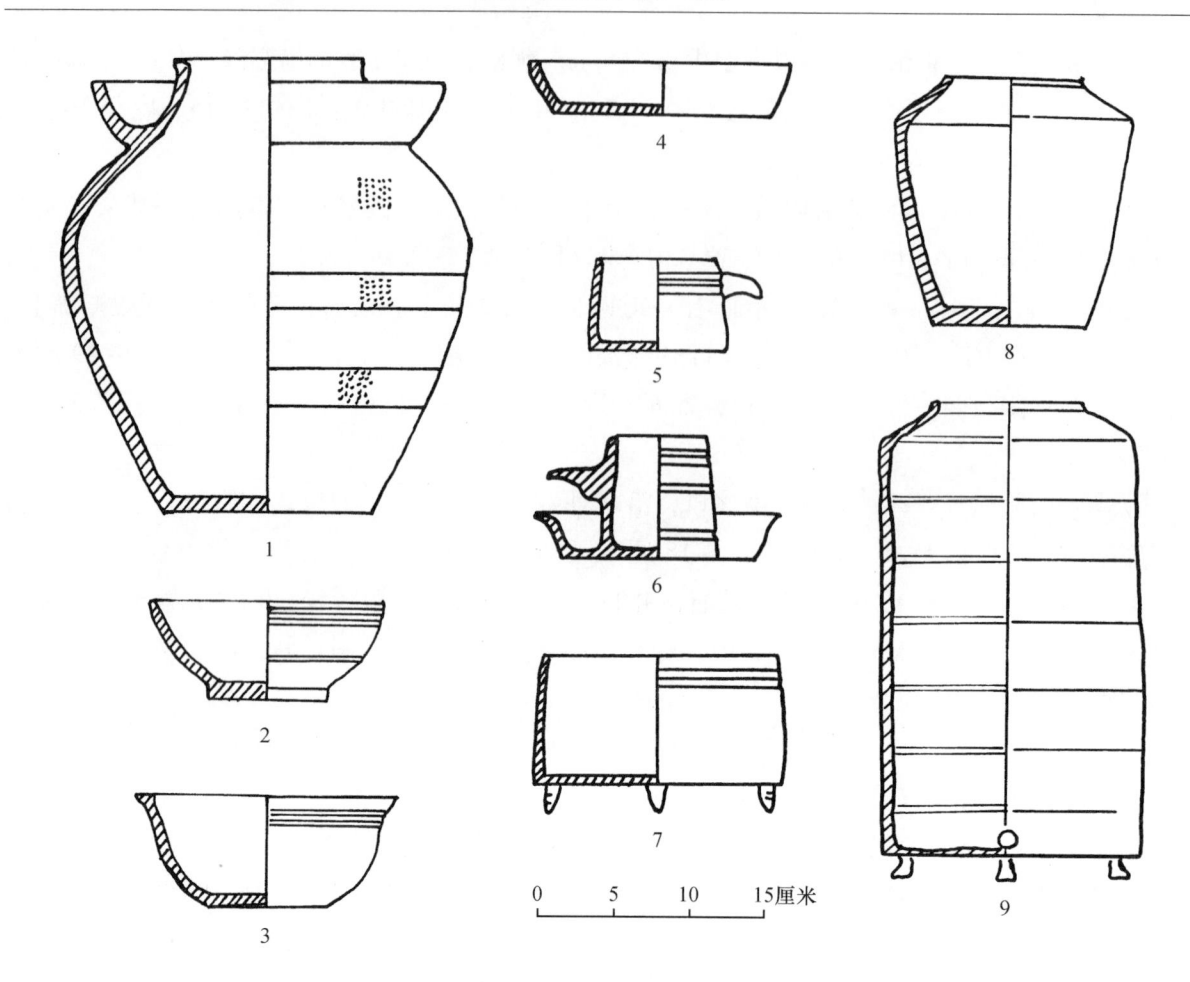

图一七 东汉墓陶器

1. Bb 型罐（M18∶18） 2. 碗（M5∶8） 3. 钵（M18∶13） 4. 盘（M7∶10） 5、6. 杯（M7∶22、M7∶30）
7. 樽（M7∶16） 8. Ⅱ式仓（M7∶6） 9. Ⅰ式仓（M13∶11）

仓 9件，复原3件。敛口，圆唇，折肩，直壁，平底。按照整体和有无足的变化可分二式。

Ⅰ式 2件。均出自M13，形制、大小相同。整体高，近直壁，下部一端有圆孔，有三矮足。M13∶11，口径10、底径17.5、高32.2厘米（图一七，9；彩版七，1）。

Ⅱ式 1件。M7∶6，泥质红陶。素面。整体较矮，斜直壁内收，最大径在肩部。口径9、底径10.5、高16.5厘米（图一七，8）。

灶 11件，复原10件，M12仅见一锅。除灶体外，一般还配有釜、甑、锅，大部分配套不全。灶面双火眼；灶上釜敛口，圆唇，扁鼓腹，圜底近平；甑或锅敞口，斜壁内收，小平底，甑有五箅孔。按照灶体形状、釜灶连体或分体、有无烟囱、是否施釉等的不同可分四式。

Ⅰ式 1件。M13∶2，灶体上仅存一甑。泥质灰陶。素面。釜灶分体。灶体平面呈前方后圆的半椭圆形，弧角长方形灶门。灶身长21、宽12、高6.5厘米（图一八，1）。

Ⅱ式 1件。M13∶9，保存完整。灶体上置两釜一甑一锅，釜灶分体。泥质红陶。灶体平面呈长方形，前壁设圆拱形着地式灶门，灶体前端整体设挡火墙，后端设方形圆孔烟囱。灶面满饰厨具及食物图案。灶身长27、宽13、高13厘米（图一八，2）。

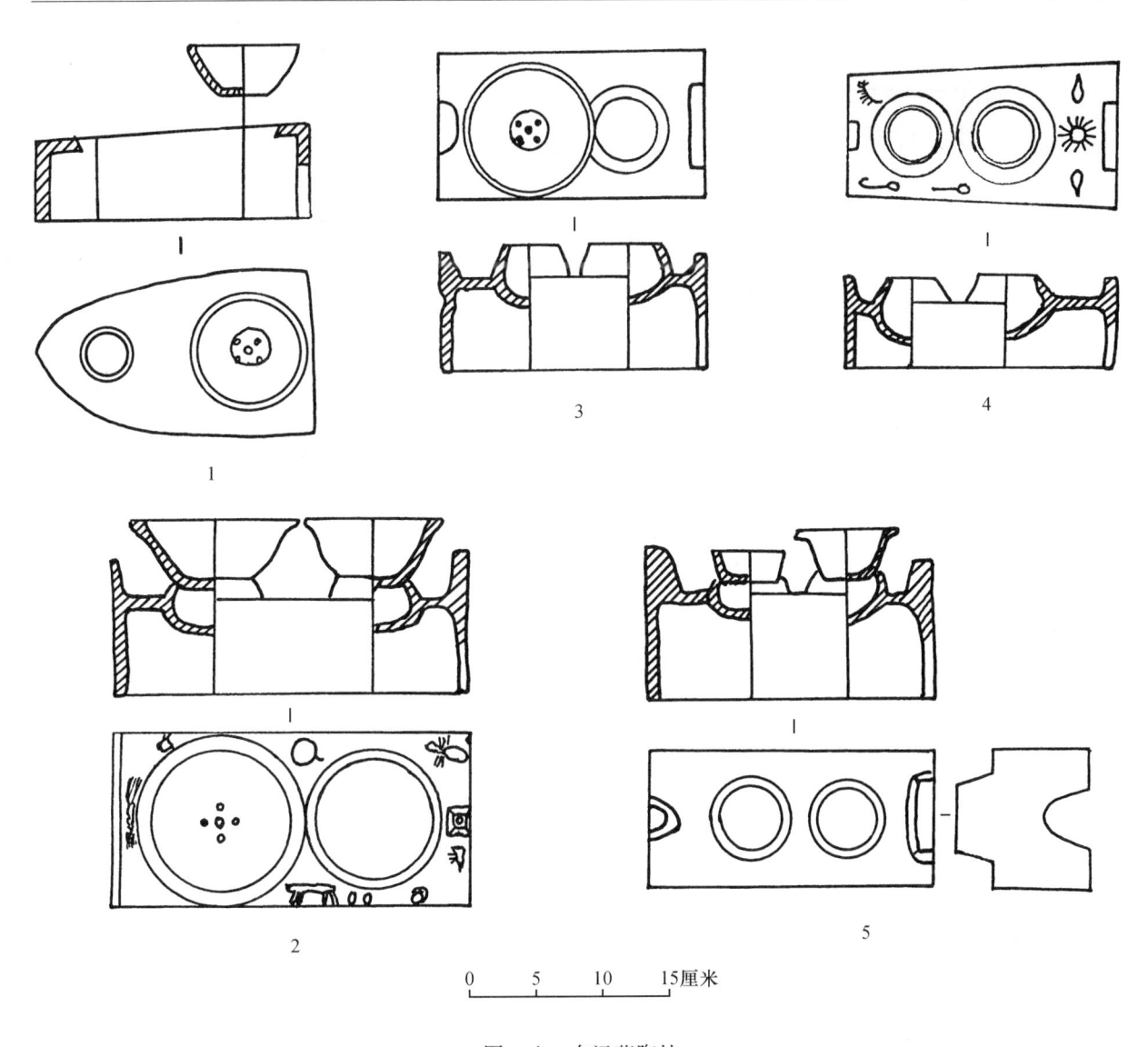

图一八　东汉墓陶灶
1. Ⅰ式（M13:2）　2. Ⅱ式（M13:9）　3、5. Ⅲ式（M6:6、M15:10）　4. Ⅳ式（M18:15）

Ⅲ式　6件。釜灶分体。泥质灰陶。素面。灶体平面呈长方形，前壁设圆拱形灶门，灶体前端中部设挡火墙，后端设半圆形烟囱。M6:6，灶身长20、宽11、高12.5厘米（图一八，3）。M15:10，灶身长22、宽10、高12.5厘米（图一八，5；图版四二，1）。

Ⅳ式　2件。泥质红陶。形制与Ⅲ式基本相同。外壁施釉。M18:15，灶面饰厨具、食物图案。施淡黄釉。灶身长20.5、宽11、高7厘米（图一八，4）。

井　9件。侈口或微侈口，折沿，平底或略凹。按照整体及颈、肩、腹的变化可分三式。

Ⅰ式　3件。均出自M13。整体较瘦高。沿平折，沿面稍窄，长颈内束，溜肩，微鼓腹。外壁自上而下间饰多道凹弦纹。M13:15，泥质红陶。口沿内及外壁施淡黄釉。内置一汲水罐，直口，长颈，垂鼓腹，圜底。井口径13、底径13、高15.5厘米；罐口径26、高3厘米（图一九，1；彩版七，4）。M13:24，泥质灰陶。口径12.5、底径13、高18厘米（图一九，2）。

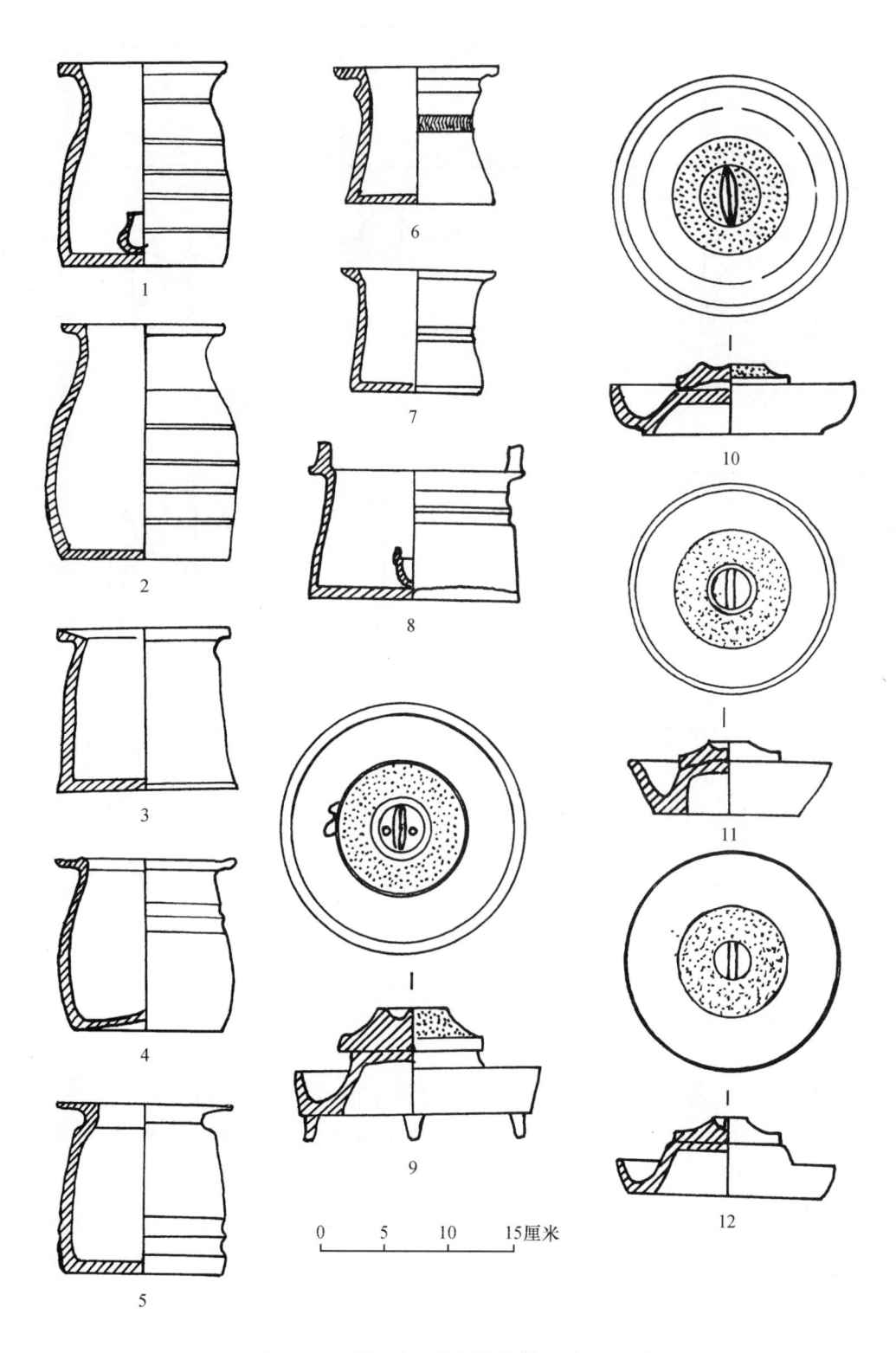

图一九 东汉墓陶器

1、2. Ⅰ式井（M13:15、M13:24） 3~5. Ⅱ式井（M6:15、M7:7、M18:19） 6、7. Ⅲ式井（M15:18、M18:10） 8. Ⅳ式井（M7:8） 9. Ⅰ式磨（M13:7） 10. Ⅱ式磨（M6:11） 11、12. Ⅲ式磨（M7:11、M15:6）

Ⅱ式　3件。整体较矮胖。沿平或仰折，沿面宽，短颈内束，溜肩或微折肩，微鼓腹。M6∶15，泥质灰陶。素面。口径13.5、底径13.5、高12.5厘米（图一九，3）。M7∶7，泥质红陶。腹上部饰两道凹弦纹。外壁施淡黄釉。口径14.5、底径11.5、高13厘米（图一九，4）。M18∶19，泥质灰陶。下腹饰两道宽凹弦纹。口径13.5、底径12、高13厘米（图一九，5）。

Ⅲ式　2件。泥质红陶。整体较矮瘦，沿平折，沿面或宽或窄，无颈，束腰。中腹饰一或两道凹弦纹。M15∶18，中腹于凹弦纹上饰竖折线纹。口径13、底径11.5、高10.5厘米（图一九，6）。M18∶10，外壁施淡黄釉。口径12、底径9.5、高9.5厘米（图一九，7）。

Ⅳ式　1件。M7∶8，泥质红陶。整体矮胖，沿平折，斜壁外扩，沿面上有对称两长方体井架（已残）。上壁饰两道宽凹弦纹，外壁施淡黄釉。内置一汲水桶，敞口，圆唇，弧腹内收，圜底，上壁有对称双环耳。井口径17、底径16.5、高14厘米；桶口径1.8、高3.2厘米（图一九，8）。

磨　9件。均素面。由上扇、下扇、磨盆连成。上扇表面中央凿两个对接的半月形凹槽，槽底中部各有一孔，下扇中央微隆或平。下扇下部接磨盆，盆敞口，浅腹，平底，中空。按照盆底的变化可分三式。

Ⅰ式　2件，1件残。下扇面高出盆口较多，盆底有三足。M13∶7，泥质红陶。上扇一侧有手柄，盆底有三兽面形足。盆口径19、扇面径10.5、底径18、高10厘米（图一九，9）。

Ⅱ式　1件。M6∶11，泥质红陶。下扇面低于盆口，盆底有浅圈足。盆口径17、扇面径9、圈足径14、高5.5厘米（图一九，10）。

Ⅲ式　6件。盆底平。M7∶11，泥质红陶。下扇面略低于盆口。盆口径16、扇面径8、底径11、高7厘米（图一九，11）。M15∶6，泥质灰陶。下扇面高出盆口。盆口径16、扇面径8、底径13、高5厘米（图一九，12）。

舂　4件，复原2件。泥质灰陶。长方形舂栏。M15∶5，栏壁镂空，舂杆已失。栏长10、宽6.5、高6厘米（图二〇，1）。M18∶11，栏壁呈半月形。舂杆已失。栏长9、宽5、高4.5厘米（图二〇，2）。

博山炉　1件。M7∶17，残，盖失，仅存炉身。泥质红陶。炉身子母口，腹壁弧内收，束柄中空，喇叭形座，平底，底盘残。柄上部饰两道凹弦纹，外壁施淡黄釉。口径7、底径10、残高6.5厘米（图二〇，3）。

圈　6件。均素面。实平底。按照其结构的变化可分四式。

Ⅰ式　1件。M13∶8，泥质红陶。平面为方形，四周围圈栏，一角设方形陶屋，开口朝外，高墙，四面坡式屋顶，顶部雕成瓦垄状。屋下部有孔槽通向栏内，栏内设一椭圆形猪槽，置肥猪一头，站立状。边长18.5、通高15.5厘米（图二〇，5）。

Ⅱ式　2件。圈身泥质红胎，表面施褐釉，屋顶泥质灰陶，未施釉。平面呈方形，下部一侧一周圈栏，栏内有一头猪，站立状；一侧之一角设方形陶屋，另一侧为斜坡通道。陶屋下部悬空搭设厕屋一座，屋内地板中部开一方形孔，可通圈内；上部三面矮墙，一面开口朝侧面，四面坡式屋顶，顶部有瓦垄。M6∶2，泥质灰陶。长18、宽15、通高16.5厘米（图二〇，7）。

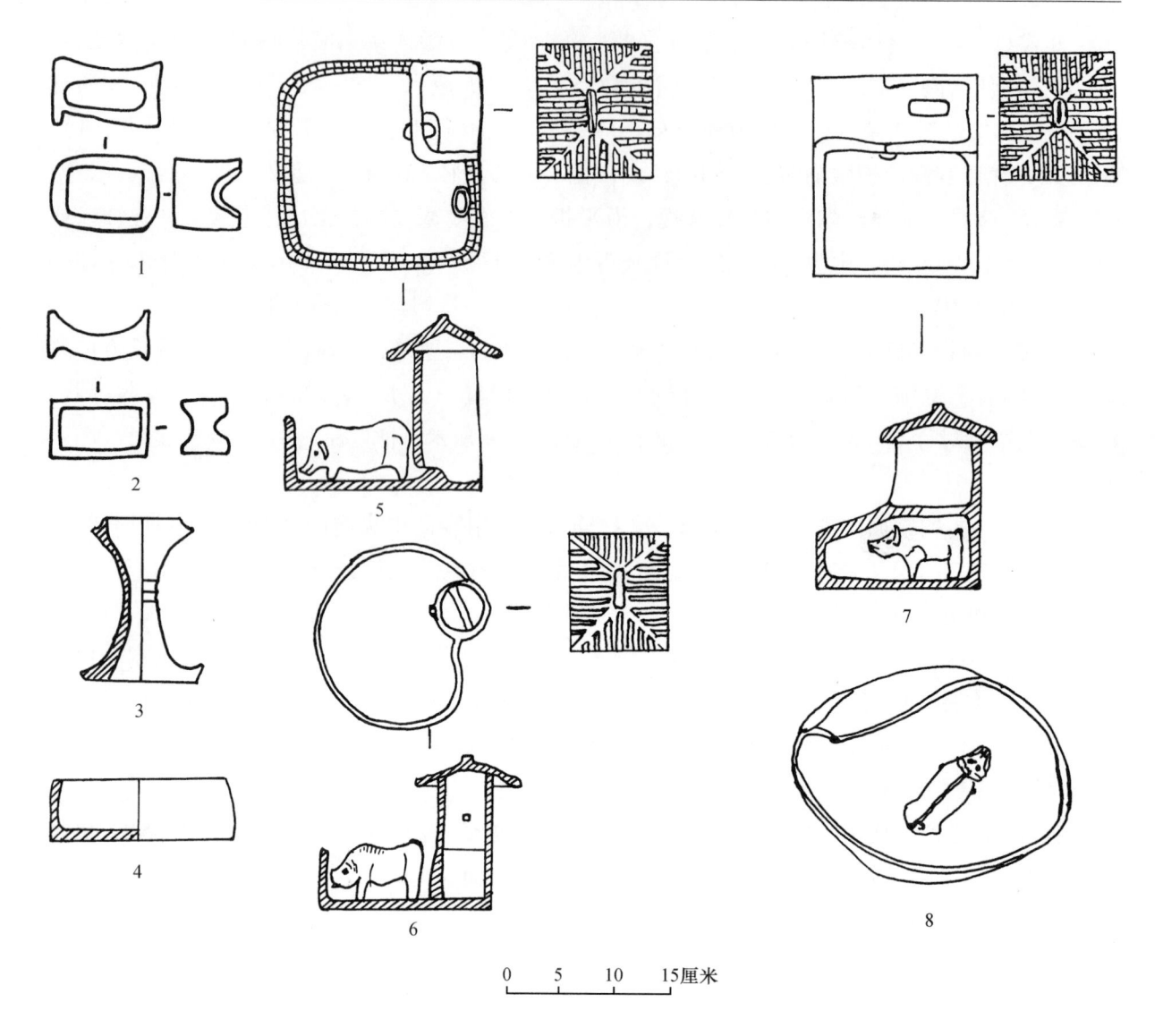

图二〇 东汉墓陶器

1、2. 舂（M15∶5、M18∶11）　3. 博山炉（M7∶17）　4. Ⅳ式圈（M7∶26）　5. Ⅰ式圈（M13∶8）　6、8. Ⅲ式圈（M18∶14、M15∶11）　7. Ⅱ式圈（M6∶2）

Ⅲ式　2件。泥质红陶。平面近圆形，高起圈栏，一侧设圆形陶屋，下端内侧一柱支撑，无开口，底部通透，四面坡式屋顶，顶部雕成瓦垄状。栏内置肥猪一头，站立状。M15∶11，陶屋残。最大径25厘米（图二〇，8）。M18∶14，最大径16、高14厘米（图二〇，6；图版四二，2）。

Ⅳ式　1件。M7∶26，泥质红陶。平面呈圆形，猪圈四周高起院井，无陶屋。猪失。口径16、底径17、高5.5厘米（图二〇，4）。

楼　3件，基本复原1件。M10∶1，残。泥质红陶。单体三层楼。每层平面呈长方形，立面呈梯形，正面设门，侧、背面开窗，四面坡式顶，四角起脊，脊下部立叶状吻，四面雕成瓦垄状。三楼屋顶中脊正中立一鸟，两侧立叶状脊头。二、三层下部四周设女儿墙，女儿墙及窗上雕各式人物。外壁及屋面施绿釉。高约90厘米（图二一，1；彩版七，2）。

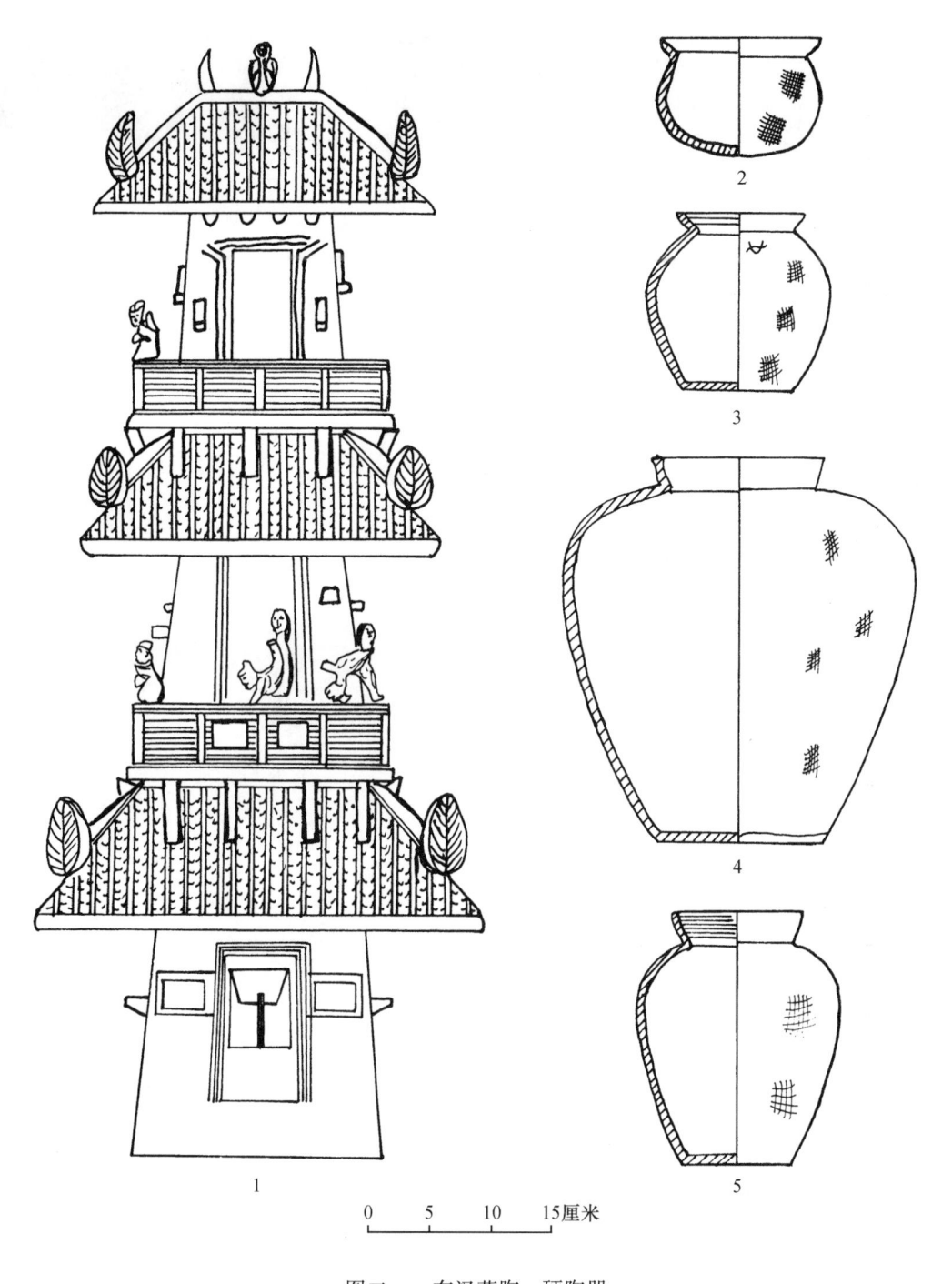

图二一　东汉墓陶、硬陶器
1. 陶楼（M10:1）　2. 硬陶釜（M11:1）　3. Ⅰ式硬陶罐（M13:25）　4、5. Ⅱ式硬陶罐（M5:2、M18:22）

狗　10件。均素面。昂首向上，瞪目张嘴，双耳竖直。按照整体形制的变化可分为四式。

Ⅰ式　1件。M13:17，泥质红陶。体壮。卧伏状。仰首前侧视，前爪较短小，后肢粗壮，短尾自然蜷曲，胡须、尾线刻成须、毛状。身施淡黄釉。通长30、高22厘米（图二二，1）。

Ⅱ式　3件。体稍瘦小。卧伏状。回首侧视，长尾自然下垂。M6:5，泥质灰陶。通长20、高15.5厘米（图二二，2）。

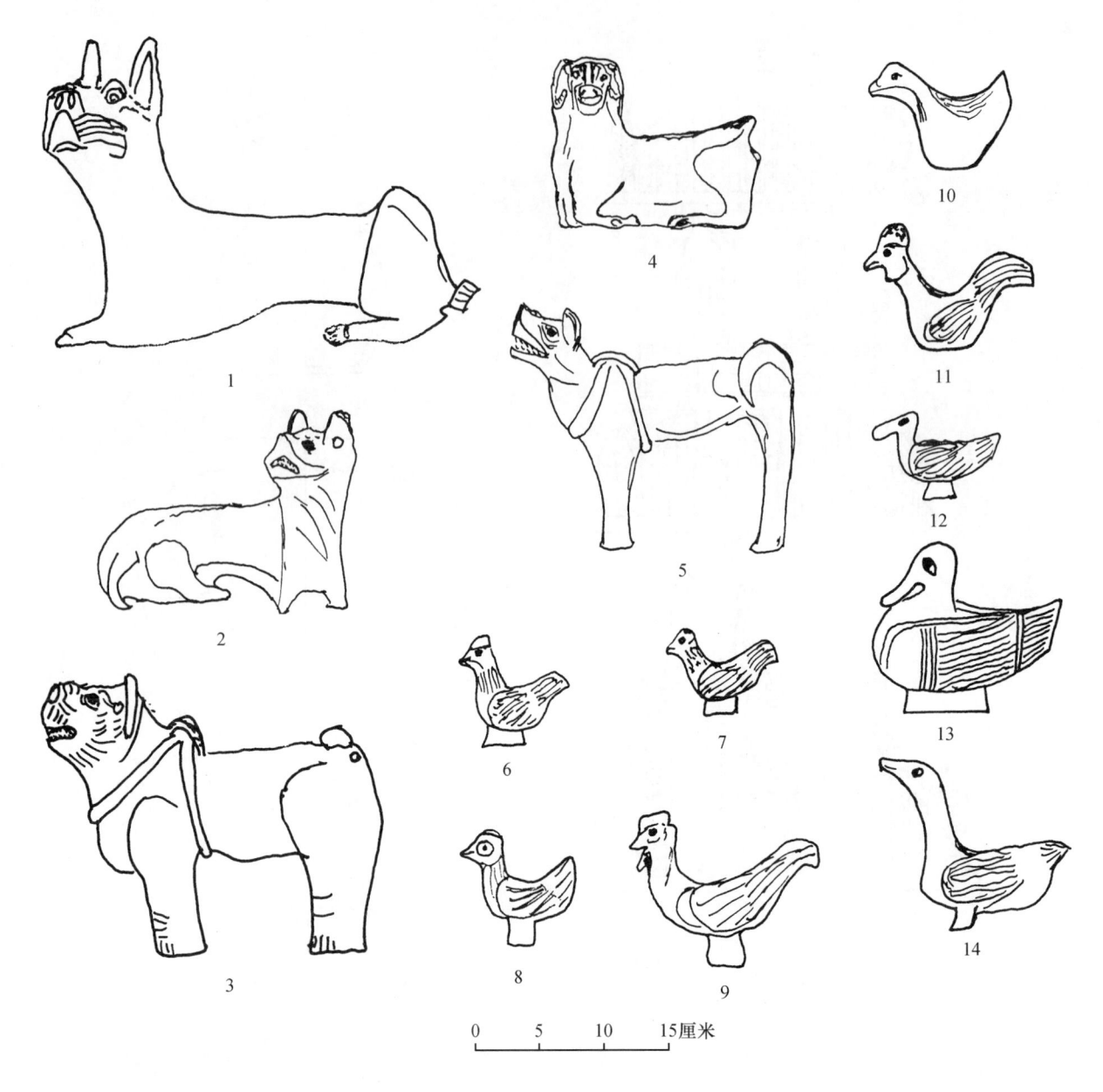

图二二 东汉墓陶动物
1. Ⅰ式狗（M13∶17） 2. Ⅱ式狗（M6∶5） 3. Ⅲ式狗（M15∶19） 4. 羊（M7∶21） 5. Ⅳ式狗（M12∶3） 6~9. Ⅰ式鸡（M13∶13、M13∶14、M18∶2、M18∶3） 10、11. Ⅱ式鸡（M6∶7、M6∶13） 12. Ⅰ式鸭（M13∶20） 13. Ⅱ式鸭（M7∶24） 14. 鹅（M13∶19）

Ⅲ式　3件。体壮。站立状。头前视，颈及前胸系带，颈背部有一带环，短尾上卷。M15∶19，泥质红陶。通长26.5、高21厘米（图二二，3）。

Ⅳ式　3件。除体稍瘦小外，其余形制基本同Ⅲ式。M12∶3，泥质红陶。身施淡黄釉。通长22.5、高18.5厘米（图二二，5）。

羊　1件。M7∶21，泥质红陶。素面。卧伏状。平首侧视，角下弯卷，短尾。通体施淡黄釉。通长12.5、高10.5厘米（图二二，4；图版四二，3）。

鸡　11件。其中除M15出土的1件头残外，其余10件出自5座墓中，均为雌雄各1件。可分二式。

Ⅰ式　9件。立式，空腹，尖嘴尖尾，冠翅明显。M13:13，泥质红陶。雄鸡。身施黄衣。长8.5、高8厘米（图二二，6）。M13:14，泥质红陶。雌鸡。长8.5、高7厘米（图二二，7）。M18:2，泥质红陶。雌鸡。身施淡黄釉。长9、高8厘米（图二二，8）。M18:3，泥质红陶。雄鸡。长14.5、高12.4厘米（图二二，9）。

Ⅱ式　2件。无足。M6:7，泥质灰陶。雌鸡。实体。长11、高8厘米（图二二，10）。M6:13，泥质灰陶。雄鸡。中空。长13、高10厘米（图二二，11）。

鸭　4件。泥质红陶。按照体态姿势不同分二式。

Ⅰ式　2件。形制、大小相同。体瘦，站立状，扁嘴，细短颈前伸，短尾上翘，翅、尾线刻成羽毛状，两掌呈方座状。M13:20，通长10.5、高7厘米（图二二，12）。

Ⅱ式　2件。形制、大小相同。体肥，长扁嘴，短粗颈后顿，双掌呈圆座状，腹内空，翅及尾线刻成羽毛状。身施淡黄釉。M7:24，通长14.5、高13厘米（图二二，13）。

鹅　2件。形制、大小相同。泥质红陶。昂头，扁嘴，长颈，两掌呈两方座状，翅、尾线刻成羽毛状。通体施淡黄釉。M13:19，通长14.5、高13厘米（图二二，14）。

2. 硬陶器

数量不多，共4件。火候不高，色灰。器表满饰小方格纹。器类有釜、罐等。

釜　1件。M11:1，敛口，仰折沿，方唇，束颈，垂鼓腹，圜底。口径13、底径6、高8.5厘米（图二一，2；图版四二，4）。

罐　3件。侈口，仰折沿，方唇，束颈，圆肩，上腹鼓，下腹斜收，平底。按照整体的变化可分为二式。

Ⅰ式　1件。M13:25，整体较矮小。口径10.5、底径9、高15厘米（图二一，3）。

Ⅱ式　2件。整体较瘦高。M5:2，口径14、底径13、高31厘米（图二一，4）。M18:22，口径11、底径9、高20.5厘米（图二一，5；图版四二，5）。

3. 铜器

57件（枚）。器类有铫、镜、刀、弩机、环、盖弓帽、饰件、"五铢"钱等。大部分均破损较甚，仅一面镜保存较好。

镜　2件，复原1件。M15:20，四乳规矩镜。双圈方纽座，圆纽，窄素缘。外区两周钜齿纹，间两周同心圆，内短线放射纹一周，内区饰四乳规矩间三个鱼钩呈"品"字形状组成的纹饰，内外区纹饰间一周铭文带，铭文为："尚方作镜真大巧，上有仙人不知老，渴饮玉泉（饥）食枣。"20字，直径12厘米（图二三）。

"五铢"　48枚，10枚保存较好。圆形，方孔。背面穿四周有郭，正面穿左右篆书"五铢"二字，"五"字交笔弯曲，"铢"之"金"头呈三角形，"朱"头圆折。根据有无郭的不同可分为二型。

1

2

0　1　2　3厘米

图二三　东汉墓铜镜（M15∶20）
1. 线图　2. 拓本

A型　9枚。均有周郭。按照钱文的变化可分为三式。

Ⅰ式　1枚。M7∶2-1，笔画较粗，"五"字交笔相对较直，弯曲度不大，"铢"之"金"头较小，"朱"字中间一横较短。直径2.4、穿边长0.9厘米（图二四，1）。

图二四　东汉墓铜"五铢"拓本

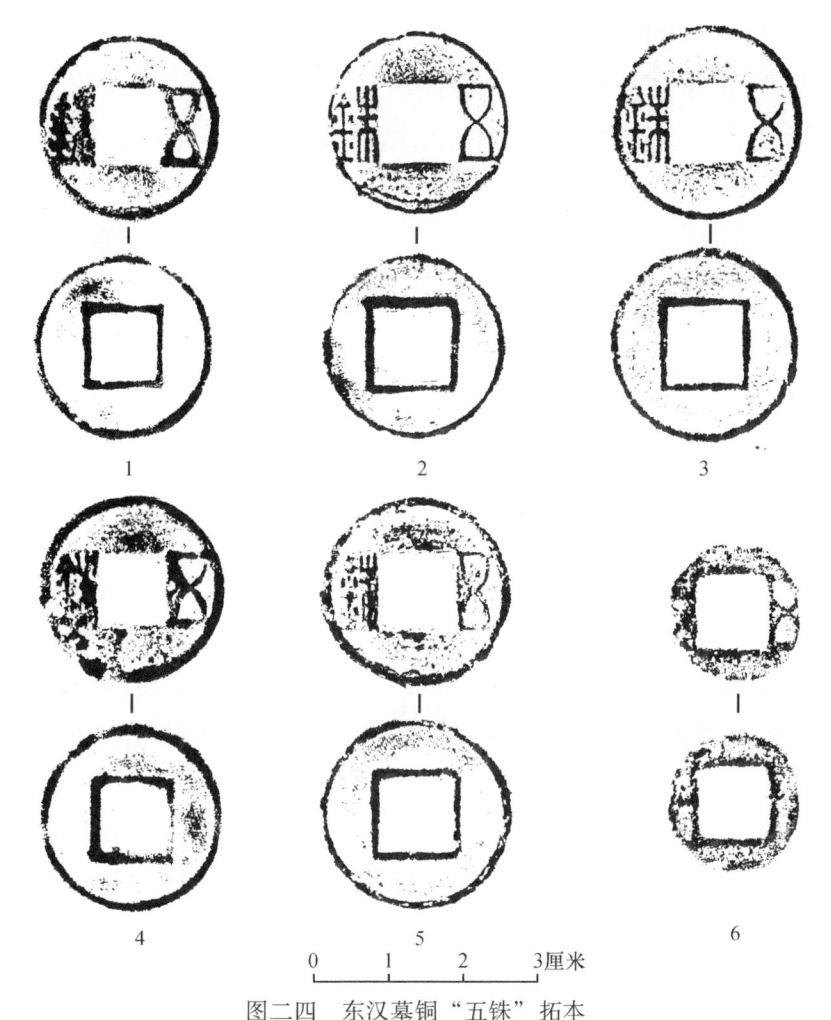

1. A 型 I 式（M7：2-1）　2. A 型 II 式（M13：1-1）　3～5. A 型 III 式（M7：2-2、M13：1-2、M18：4-1）　6. B 型（M7：2-3）

Ⅱ式　1枚。M13：1-1，笔画较细，"五"字交笔弯曲度较大，"铢"之"金"头较小，四点短，"朱"高出"金"头，"朱"字中间一横较长。直径2.4、穿边长1厘米（图二四，2）。

Ⅲ式　7枚，除"铢"之"金"头较大，四点相对较长外，其余形制与Ⅱ式相同。M7：2-2，直径2.5、穿边长1厘米（图二四，3）。M13：1-2，直径2.5、穿边长1厘米（图二四，4）。M18：4-1，直径2.5、穿边长1厘米（图二四，5）。

B型　1枚。M7：2-3，外圈一周被剪去，即剪轮"五铢"，"五"字交笔弯曲，"铢"字写法不明。直径1.7、穿边长1厘米（图二四，6）。

（三）年代推测

12座东汉墓除M1未见随葬品及M9、M16仅有陶罐残片不好分期外，其余9座墓均出随葬品，虽然各墓均遭到不同程度破坏，但仍可根据铜钱及墓葬形制和随葬品的大致组合、形制特征来推测其相对年代。

12座墓中有M5～M7、M11、M13、M15、M16、M18八座墓出土铜钱"五铢"，通过与洛阳烧沟汉墓出土"五铢"对比可知,以上形制最早者也只与洛阳烧沟三型"五铢"相同[1],这基本决定了这批墓葬的时代不会超过东汉早期。

M13 为长方形单室砖墓,是湖北地区东汉时期最为流行的一种墓葬形制,从西汉晚期开始在本区出现。墓内出土的陶鼎、壶礼器组合延续了西汉墓葬的组合形式,但泥质红陶器显然只有到东汉时期才有,且陶壶的浅盘口、垂鼓腹的特征也相对较晚;东汉前期才出现的较为齐全地反映地主庄园经济的模型明器组合,加上少量器物施釉的现象也表明该墓的时代不会早到东汉初期;不过,Ⅰ式瓮、Ⅰ式灶显然有西汉同类器物的特点。其器物形制与襄樊杜甫巷[2]、彭岗[3]东汉墓的同类器物形制相近。综合以上因素分析,该墓的时代应定在东汉早期后段为宜。

M15、M18 仍为单室砖墓,但已带甬道,它是继不带甬道的长方形单室砖墓之后不久出现的一种墓葬形制;而 M6 之设甬道及前、后、耳室的多室墓的出现相对较晚。不过,三座墓葬的随葬器物组合均为日用器罐加上反映地主庄园经济的模型明器灶、仓、井、磨、猪圈、狗、鸡等,且形制较为接近,已不见仿铜陶礼器,器物的形制特征较 M13 明显晚一个阶段,施釉现象也相对较为普遍。M15、M18 之大部分陶器与襄阳王坡东汉墓 M174[4]的同类器物接近,或几乎一致,如 Bb 型双口罐的形制就几乎完全相同。M15 出土之四乳规矩铜镜也流行于东汉中晚期。通过比较可以推测,这三座墓葬的时代为东汉中期,M15、M18 可能在东汉中期前段,M6 在东汉中期后段。

其余 5 座墓葬既有单室墓,也有双室和多室墓,墓葬形制为东汉中晚期所常见。出土器物除 M7 外,其余 4 座墓葬均组合不全,其施釉更为普遍的特点表明他们的时代更晚,M5 出土的Ⅱ式瓮与 M13 出土的Ⅰ式瓮一脉相承,而硬陶罐与 M18 十分接近,M7、M10 出土本区在东汉中期以前基本不见的陶楼,M7 所出圈也十分简单,与襄阳竹条 M7:2 同[5],只是缺盖。鉴于此,我们认为这 5 座墓的时代应为东汉晚期,其中 M5、M11、M12 相对较早,相当于东汉晚期前段;M7、M10 稍晚,相当于东汉晚期后段。

而 M9、M16 从出土的陶罐残片看,应是双鼻耳罐,这种罐形制最晚者是 M15、M18 所出的 A 型Ⅲ式,看来,这两墓的时代不晚于东汉中期。至于 M1,只有通过墓葬形制与 M9、M16 的对比,推测他们的时代可能大体相当。

二、六 朝 墓

(一)墓葬形制

本时期墓葬 6 座,有单、双、多室之分。

1. 单室墓

4 座。平面"凸"字形者 1 座,为 M4;平面长方形者 3 座,分别为 M2、M3、M17。

M4　方向 230°。"凸"字形单室砖墓,由甬道和墓室构成,通长 5.38、通宽 1.7、深 1.6~3.8 米。墓道因故未能清理。

甬道　长方形券顶，通长1.79、内空宽0.72米。两壁自地砖以上三顺一丁两组，再错缝叠砌5层，自0.86米处用券砖开始起券，高1.38米。"人"字形平铺地砖。墓门两壁贴砌于甬道口两壁外，有内外两层，砌置方法与甬道壁相同。门通宽1.58、高1.3米。墓门内砌置封门墙，砌法为两组三顺一丁，再错缝叠砌。

墓室　长方形券顶，长3.84、宽1.76米。三面墓壁条砖三顺一丁两组接砌四顺一丁一组再接砌三顺一丁一组，至1.32米高处以楔形砖起券。后壁内侧正中置一横砖长挡墙柱，砌法与壁砖相同，且丁砖与后壁连成一体，高度与后壁上部丁砖同。"人"字形平铺地砖。

壁、地砖规格为33.5厘米×16.5厘米×5厘米，单平面饰绳纹，单长侧面饰斜十字交叉纹或间"李"字，或饰多重菱形纹（图二五，1），单短侧面饰多重菱形纹；楔形砖规格分别为32.5厘米×16厘米×（3.5~5）厘米、33.5厘米×16厘米×（4~5）厘米，单平面及单长窄侧面纹饰与壁、地砖同，单短侧面中部模印"李"字（图二五，2~5）。

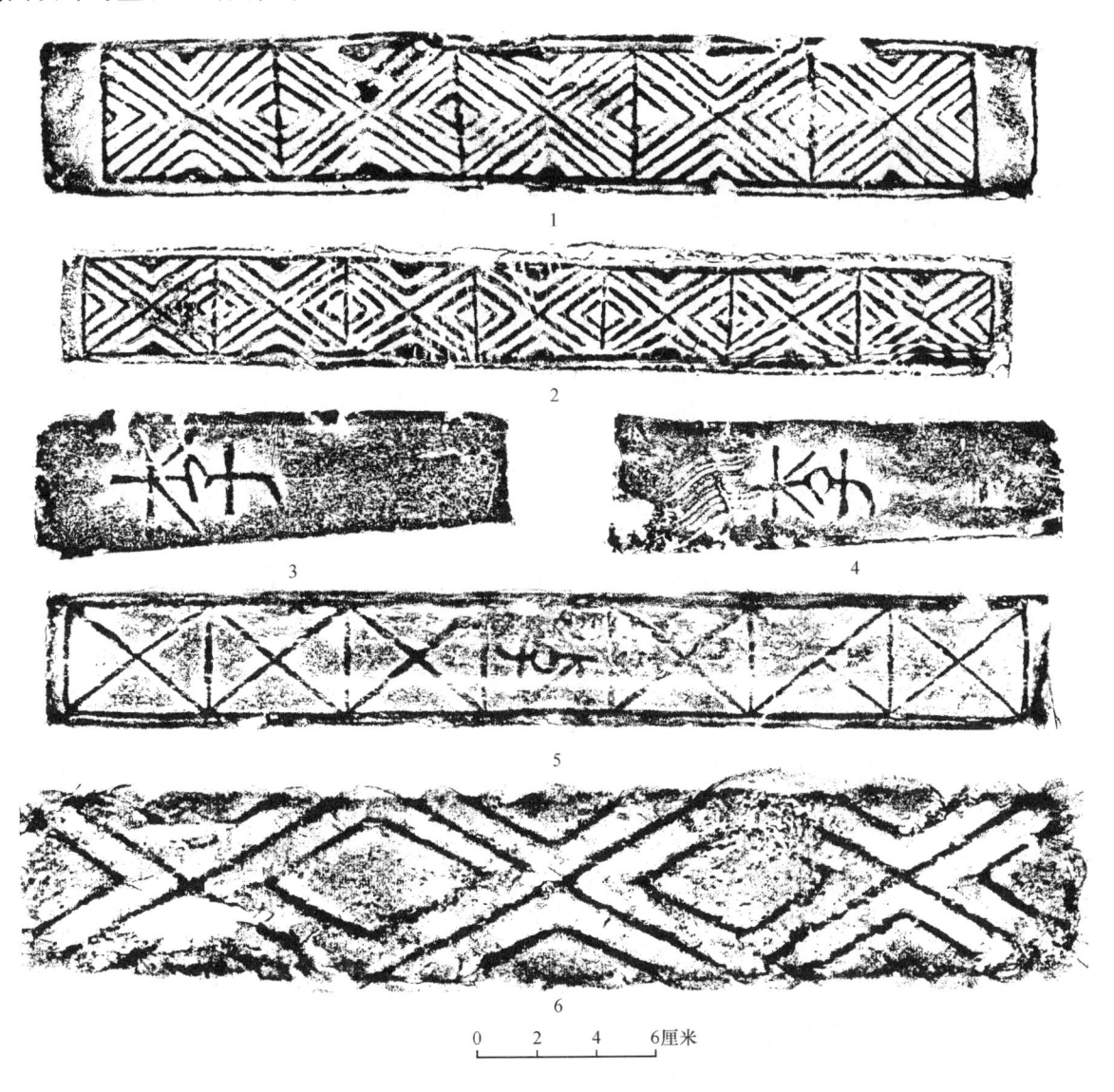

图二五　六朝墓墓砖纹饰拓本
1. M4壁、地砖单长侧面　2、5. M4券砖单长侧面　3、4. M4券砖单短侧面　6. M8壁、地砖单长侧面

图二六 M4 平、剖面图

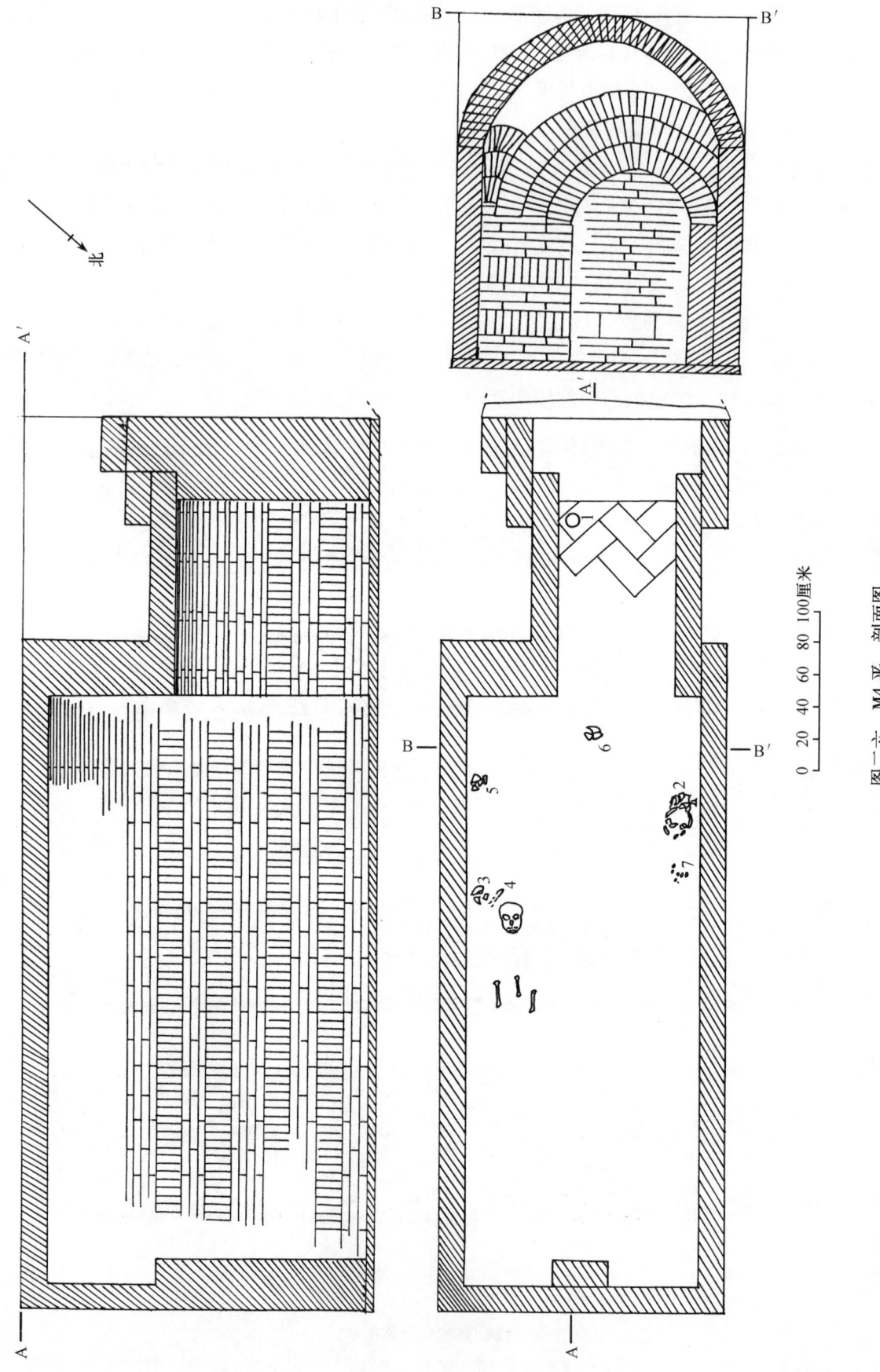

1、5. 瓷碗 2. 瓷盘口壶 3. 铜镜 4. 铜钗 6. 瓷碟 7. 铜钱

室内原积土厚 0.5 米，墓室保存较好，但因工程施工致使甬道与墓室结合处遭到破坏，室内被扰乱，部分肢骨和器物混于填土中。墓室中部偏南处两侧各见头骨一个，并有肢骨少量。头向西南。甬道及墓室内散见随葬器物（图二六）。

M17　方向 225°，打破 M18。长方形单室砖墓。长 2.37、东宽 0.75、西宽 0.78、高 0.66 米。

四壁平砖错缝叠砌 7 层，高 0.42 米，最上一层内收，然后用 4 层平砖封顶。横行平铺地砖。无墓道。

墓砖规格为 38 厘米×19 厘米×6 厘米或 37 厘米×18 厘米×6 厘米，单侧面饰箅纹。

墓内见一具人骨架，仰身直肢，随葬品置于墓室西南端（图二七）。

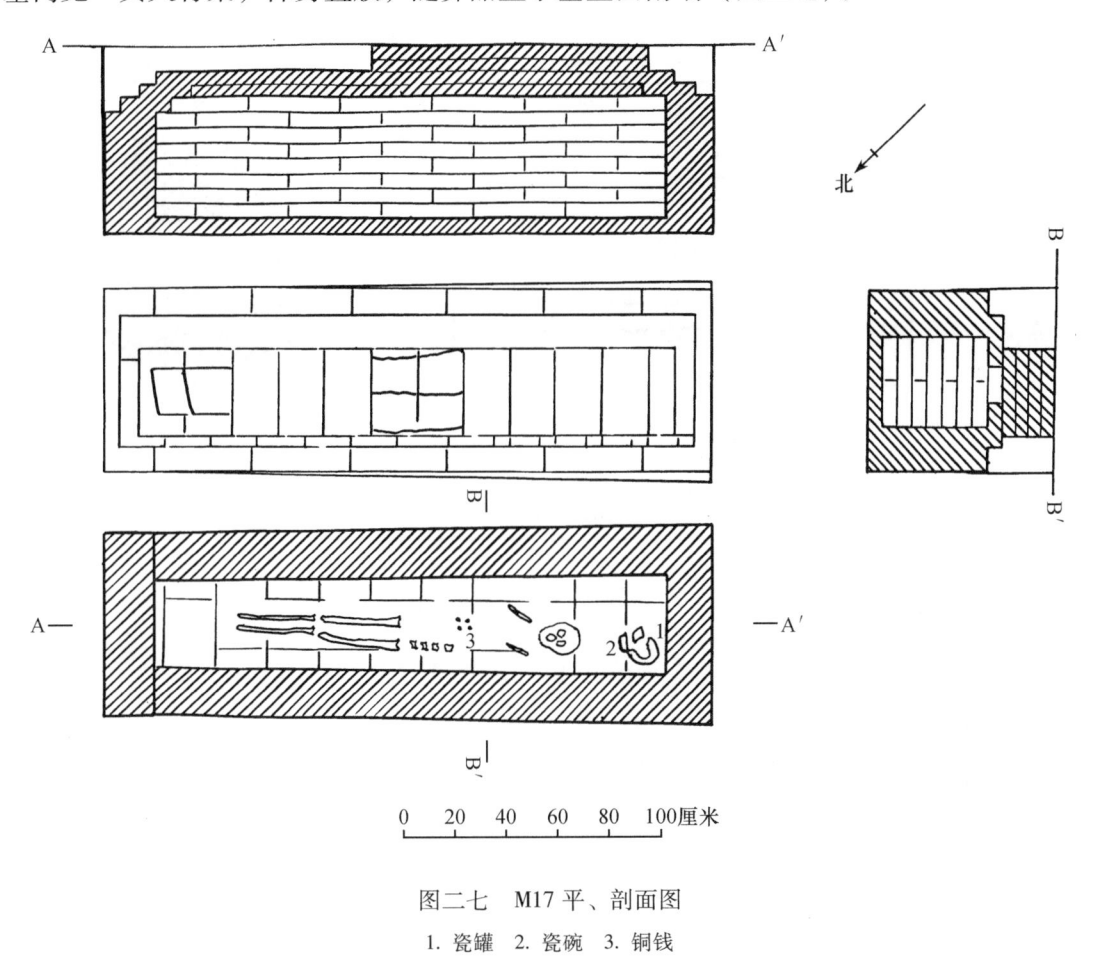

图二七　M17 平、剖面图
1. 瓷罐　2. 瓷碗　3. 铜钱

2. 双室墓

1 座。M14，方向 145°。双室并列合葬。通长 1.22、通宽 1.2、高 0.35 米。

两室东西并列，形制、大小相同，各由条砖错缝叠砌 6 层，平收 1 层封顶。横行平铺地砖。无墓道。

墓砖规格 32 厘米×16 厘米×4.5 厘米或 34 厘米×17 厘米×4.5 厘米，素面无纹饰。

各室皆有二次葬入的人骨架。无随葬器物（图二八）。

图二八　M14 平、剖面图

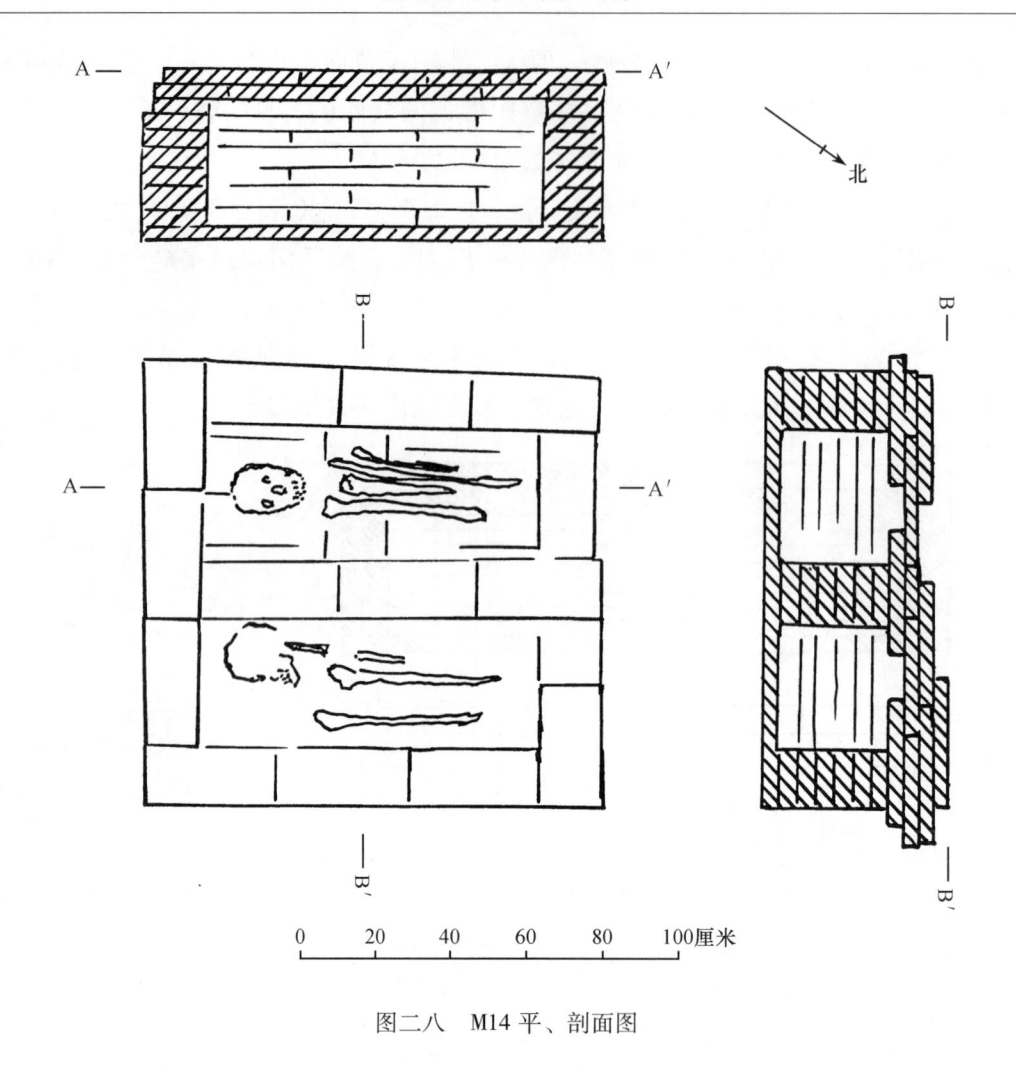

3. 多室墓

1座。M8，方向70°。"H"形双路多室墓。墓圹南北通长11.12、东西通宽10.48、深3.05米。南、北路各由甬道、前堂、后室、耳室组成，并在前部甬道间再以甬道连通。

东端并列两条土坑斜坡墓道，北墓道西端上宽2.9、下宽2、距地面深2.86米。东端因故未清理完，已清理的墓道长3米，坡度15°，东端上宽2.18、下宽1.56米。南墓道残。壁砖规格分别为32厘米×16厘米×5厘米、34厘米×16厘米×5.5厘米、35厘米×16厘米×5.5厘米，券砖32厘米×16厘米×（3~5）厘米，单平面饰直绳纹，单长侧面饰斜十字交叉纹（图二五，6）。各墓室同一平面，均使用细泥为黏合剂。墓壁均开挖宽0.05米的基槽。先筑壁，后铺地砖。地砖铺法为席纹平铺。

南甬道　长方形，长3.6、内空宽1.29米，两壁砌三顺一丁三组，分三段结顶。自东至西，第一段长0.96米，两壁砌三顺一丁三组，平砖8层，自1.34米开始起券。顶部残，残高2.34米；第二段（甬道中部），长1.34米，顶部向上凸起，地砖以上1.12米开始四面内收作四坡顶，顶上部残，残高2.46米；第三段（甬道后段）长1.24米，两壁砌三顺一丁三组，平砖7层，自1.28米开始起券，甬道口券顶及两侧平砌一道门面墙，长3.84、残高1.32米。封门墙置于甬道口外，墙体先三顺

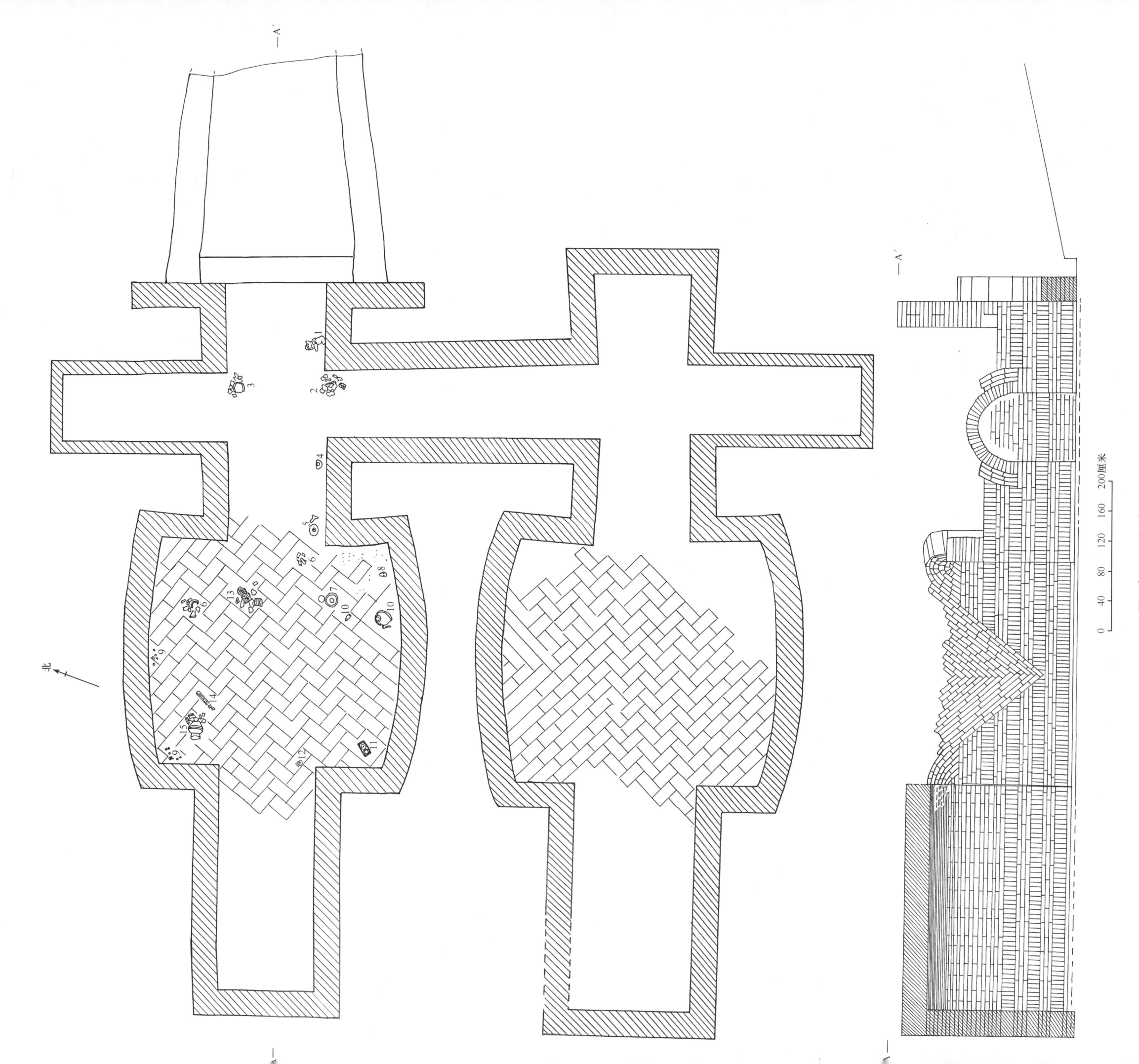

图二九 M8 平、剖面图

1. 陶狗 2、13. 陶楼 3. 陶樽 4. 陶瓶 5. 陶灯 6. 陶仓 7. 陶磨 8. 陶鸭 9. 铜钱 10. 陶圈 11. 陶灶 12. 陶镇墓兽 14. 铁剑 15. 陶壶

一丁两组，后平砖五层开始倒"人"字形筑砌。墙宽2.04、残高2.23米。

南甬道中部南壁接南耳室，北壁连接通向北甬道的通道。南耳室平面长方形。券顶长2.33、宽0.92米，两壁砌两组三顺一丁，又用平砖3层，自0.76米开始起券，高1.58米。耳室口券顶上又用平砖5层横券，以承接甬道壁。通向北甬道的通道，形制与南耳室相似，长3.68、南宽0.98、北宽0.88米，高同南耳室。

南前堂　平面近方形，四隅券进顶，南北两壁外弧，东西内空长3.24、南北最大宽度3.68米，四壁砌三顺一丁四组，平砖5层，自1.5米四角向内收券。南北两壁的正中自0.28米即开始用丁砖倒"人"字形接穹隆顶，顶部残，残高2.19米。

南后室　长方形，券顶。内空长3.02、宽1.64米，南北两壁三顺一丁三组后，平砖3层自1.06米开始起券，券顶残，残高1.78米。

北甬道　内空长3.29、东宽1.34、西宽1.31米，形制与南甬道同，顶部残，残高1.22米。甬道口券顶以上及两侧平砌一道门面墙，长3.91、残高1.32米。封门墙坚轴线倒"人"字形垒砌，宽2.06、残高1.58米。

北甬道北壁接北耳室，与南耳室位置相对应，形制同。内空长2.2、宽0.92、高1.46米。

北前堂　东西内空长2.95、南北最大宽度3.37米，形制同南前堂，残高2米。

北后室　内长3.01、宽1.29米，形制同南后室。顶部保存较好，两壁自1米处开始起券，高2.2米。

南北前堂及后室的填土中见零星的人骨残骸。随葬品置于北前堂及甬道（图二九）。

（二）随葬器物

66件。按质地可分为陶、瓷、铜、铁四类，其中2件铁器锈蚀严重无法复原。

1. 陶器

12件。均出自M8，大多为泥质红陶，部分施釉，仅个别泥质灰陶，器类有壶、仓、樽、甑、灶、圈、磨、楼、狗、鸭、镇墓兽等，磨、鸭及2件楼残缺严重，无法复原。

壶　1件。M8:15，下部残。泥质红陶。盘口，平折沿，方唇，长颈，溜肩，扁鼓腹，圜底，圈足残。肩部饰四道凹弦纹，通体施淡黄釉。口径13、最大径20、残高24厘米（图三〇，1）。

仓　1件。M8:6，泥质灰陶。敛口，折肩，弧腹内收至底，平底。器内外腹部至底满饰瓦棱纹。口径6、底径8.5、高19.5厘米（图三〇，2）。

樽　1件。M8:3，泥质红陶。口略内敛，直壁，平底，三锥形足。外壁饰三道凹弦纹，外壁施淡黄釉。口径16、底径17、高10厘米（图三〇，3）。

甑　1件。M8:4，可能为灶之附件。泥质红陶。敞口，平折沿，斜腹内收至底，平底，中有一圆孔。器内施淡黄釉。口径12、底径4、高5厘米（图三〇，5）。

灶　1件。M8:11，泥质红陶。灶面近长方形，灶面设两火眼，上有两釜连体烧制，釜直口，灶体前端设长方形灶门。灶面饰厨具图案，施淡黄釉。长20、宽9、通高10.5厘米（图三〇，4）。

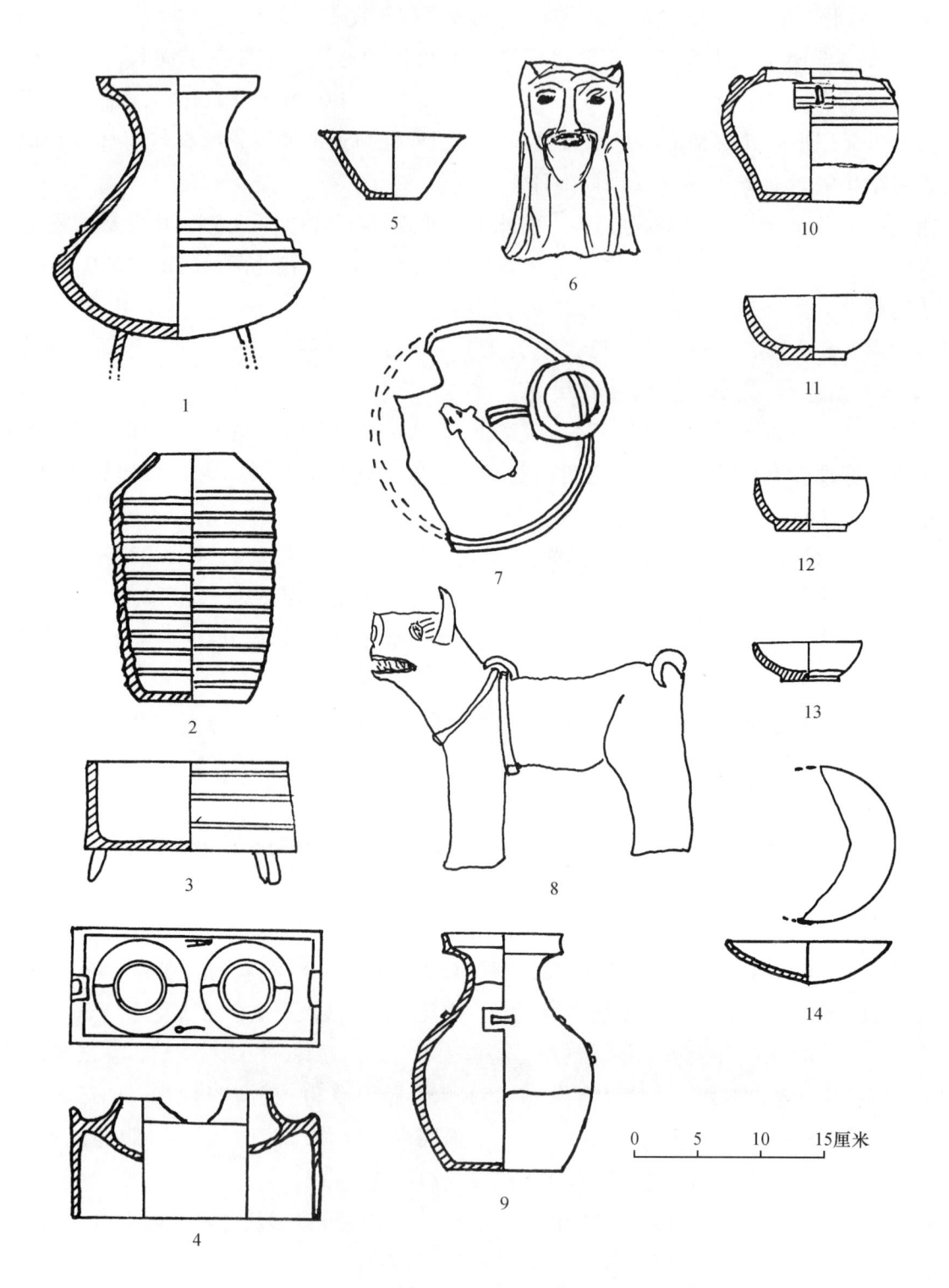

图三〇 六朝墓器物

1. 陶壶（M8:15） 2. 陶仓（M8:6） 3. 陶樽（M8:3） 4. 陶灶（M8:11） 5. 陶甑（M8:4） 6. 陶镇墓兽（M8:12） 7. 陶圈（M8:10） 8. 陶狗（M8:1） 9. 瓷盘口壶（M4:2） 10. 瓷罐（M17:1） 11~13. 瓷碗（M4:1、M4:5、M17:2） 14. 瓷碟（M4:6）

圈　1件。M8:10，泥质红陶。圆形圈，墙直壁，平底，一侧有圆筒状屋，顶缺失，内有一猪。直径17.5厘米（图三〇，7）。

狗　1件。M8:1，泥质红陶。站立状，两耳竖直，短尾自然蜷曲，瞪目张嘴，颈及前胸系带，颈背部有一带环。施淡绿釉，大多脱落。长25、高21.5厘米（图三〇，8）。

镇墓兽　1件。M8:12，泥质红陶。兽面，长舌，垂鼓腹，蹬立状，两角不甚显。通体施黄绿釉。宽11、高15厘米（图三〇，6；彩版七，5）。

2. 瓷器

6件。均为青瓷，浅灰胎，器类有盘口壶、罐、碗、碟等。

盘口壶　1件。M4:2，盘口，束颈较短，溜肩，鼓腹，平底，肩有四横系，两两相对。内壁颈中部以上至外壁中腹施深绿釉。口径9.5、底径9、高18.5厘米（图三〇，9；图版四二，6）。

罐　1件。M17:1，直口，矮领，圆肩，上腹鼓，下腹曲收，平底，肩有四横系，两两相对。内壁近口部及外壁中以上腹施淡绿釉，肩及上腹饰三道弦纹。口径7.8、底径7.8、高10.5厘米（图三〇，10；彩版七，6左）。

碗　3件。敞口，圆唇，弧腹内收，矮实足底，内底有支钉痕迹。内壁及外壁下腹以上施淡绿釉。M4:1，口径10、底径5、高5厘米（图三〇，11）。M4:5，口径8.5、底径5.5、高4厘米（图三〇，12）。M17:2，口径8.8、底径4.8、高3厘米（图三〇，13；彩版七，6右）。

碟　1件。M4:6，残。敞口，浅弧腹，圜底。未施釉。口径13、高3厘米（图三〇，14）。

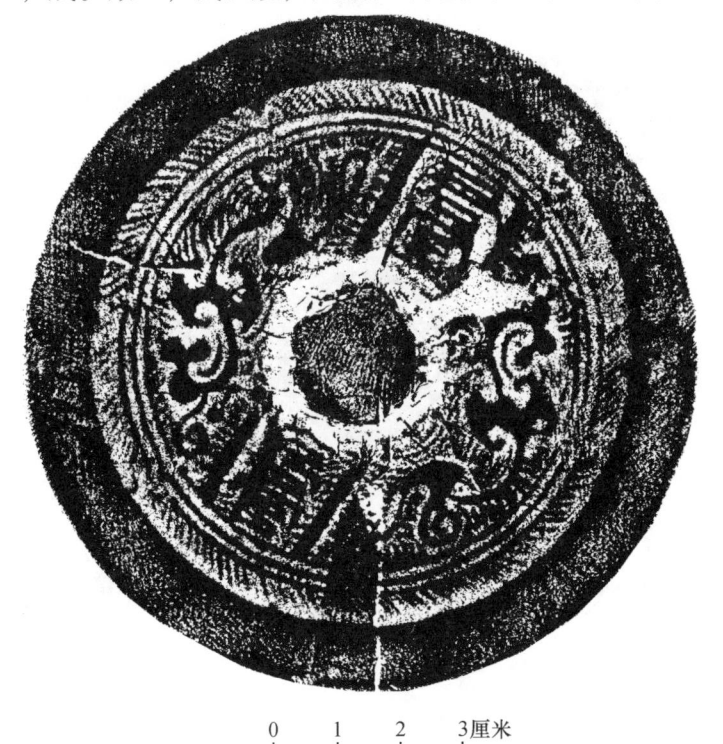

图三一　六朝墓铜镜拓本（M4:3）

3. 铜器

46件（枚）。有镜、钗、钱币等。

镜　1件。M4:3，扁圆纽，圆座，宽素缘。中有直隶书铭文曰："君宜高官"，外饰两对称凤纹，外三道弦纹、一周短斜线纹。直径10.5、缘厚0.3厘米（图三一）。

钱币　44枚。有"五铢"、"货泉"。

"五铢"　42枚。圆形，方孔，周边有外郭，背面穿外有郭，穿左右篆书"五铢"二字，"五"字交笔弯曲，"铢"之"金"头呈三角形，"朱"头圆折。按照外郭及"铢"字的变化可分为三式。

Ⅰ式　16枚。郭较宽。"金"头较小，四点相对较短，"朱"字中间一横较短。M8:9-1，直径2.9、穿边长0.9厘米（图三二，1）。

Ⅱ式　14枚。郭相对较宽。"金"头较大，四点相对较长，"朱"中间一横较长。M8:9-2，直径2.4、穿边长1厘米（图三二，2）。M17:3-1，直径2.4、穿边长1厘米（图三二，3）。

Ⅲ式　12枚。均出自M4。郭极窄，仅局部清晰。钱文与Ⅱ式同。M4:7-1，直径2.3、穿边长1厘米（图三二，4）。

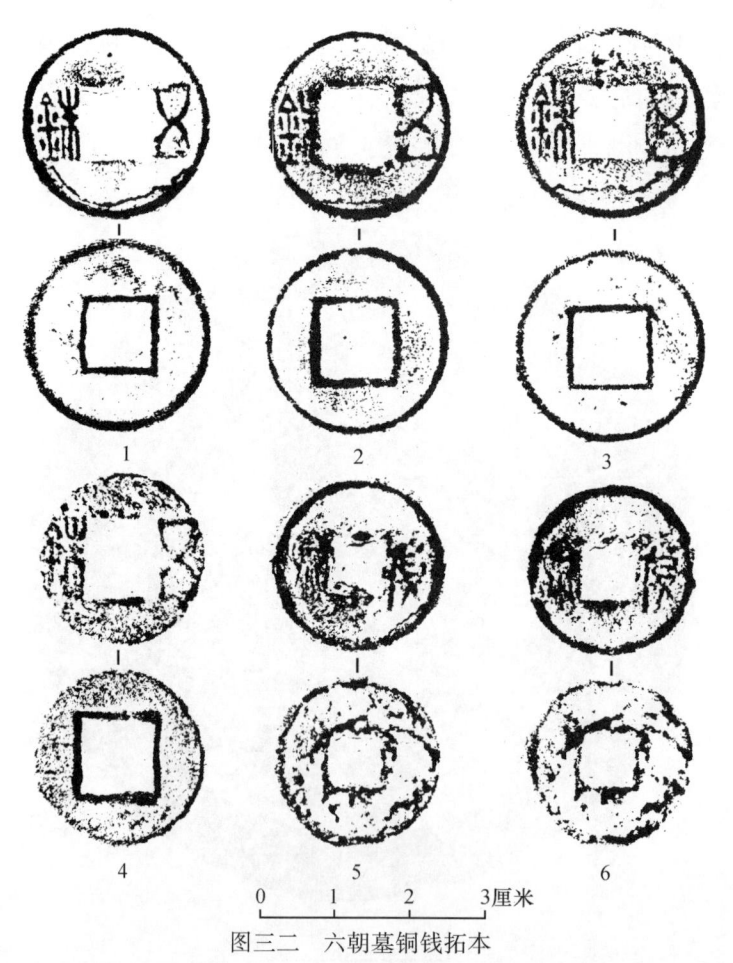

图三二　六朝墓铜钱拓本

1. Ⅰ式"五铢"（M8:9-1）　2、3. Ⅱ式"五铢"（M8:9-2、M17:3-1）
4. Ⅲ式"五铢"（M4:7-1）　5、6."货泉"（M4:7-13、M4:7-14）

"货泉" 2 枚。均出自 M4。圆形，方孔，周边有外郭，背面穿外有郭，正面穿左右篆书"货泉"二字。M4:7-13、M4:7-14，直径均为 2.2、穿边长 0.7 厘米（图三二，5、6）。

（三）年代推测

6 座墓中尽管墓葬形制有所不同，随葬器物或有或无、或多或少、或齐全或残缺，但其特征都较明显，可通过对比或相互参照推测其年代。

作为断代的铜钱分别出自 M2、M4、M8、M17，但无论是"货泉"，还是"五铢"，只能将其时代定在西汉末以后到六朝时期，较准确的时代判定还要依靠其他随葬器物及其墓葬形制。

M8 出土器物相对多而全，陶日用器壶、樽及多类别模型明器的组合，加上普遍施釉的现象，都是东汉晚期的特征，且其组合、形制基本承继本墓地东汉晚期后段 M7、M10 而来，而镇墓兽的特征似乎更晚。只是该墓被破坏严重，未出进一步判定时代的其他器类，尤其是瓷器，只能结合该墓的形制推测，它的时代可能在六朝早期，即三国时期，下限应不晚于西晋。

M4、M17 是本期特征较明显的 2 座墓葬，M4 出土的"君宜高官"铜镜常见于东汉末年到六朝早期，其青瓷盘口壶、碗具有东晋特征，其时代当以东晋为宜，可能还到东晋晚期。而 M17 的青瓷四系罐和碗有南朝风格，在湖北地区南朝遗存中常见。

M2 仅出铜钱"五铢"和铁刀，断代依据不明显，而 M3、M14 都无随葬品，但其墓葬形制与本墓地南朝时期的 M17 风格相同，他们的时代应相当。而此种形制的墓葬又在襄、樊两城外两处大型的六朝隋唐墓地——檀溪[6]、黄家村墓地[7]中都发现较多，其时代多在六朝到唐初，再从 M2 所出"五铢"为东汉"五铢"看，这 3 座墓的时代以南朝晚期为宜。

三、结　　语

虽然此次发掘的墓葬数量较多，但由于早期人为因素的破坏，致使大多数墓葬保存较差。墓葬形制的相对不完整和随葬器物组合上的残缺给后期的整理工作带来相当大的困难。

这批墓葬中，只有少数墓葬规模较大，随葬器物较多，墓葬的规格相对较高，其墓主人的身份可能属中低级官吏或豪强地主；而大部分墓葬的规模都较小，随葬器物也少，墓葬的规格较低，墓主人应皆为平民。特别值得一提的是 M8，该墓为六朝时期的大型多室墓，墓室总面积约 130 平方米，如此规格的六朝墓葬在襄樊地区历年来该时段的考古发掘中都是较为罕见的。

贾巷墓地本次发掘属第一次，仅在路基范围内发现了 18 座墓葬，时代也相对集中。从分布的状况看，该墓地还有较多同期墓葬，此次发掘对研究本墓地的墓葬形制、随葬器物及其时代、性质提供了第一手资料。

附记：参加发掘的人员有襄樊市文物考古研究所陈千万、杨力、释贵星、曾宪敏、刘江生、王志刚，襄阳区文物管理处付强。器物修复曾宪敏、王伟，资料整理、绘图、描图王伟，拓片曾宪敏，田野及器物照相杨力。本报告成文过程中得到了王先福先生的大力支持和帮助，在此表示感谢。

执笔：王　伟

注　释

[1] 洛阳文物工作队：《洛阳烧沟汉墓》，文物出版社，1959年。
[2] 襄樊市考古队：《襄樊杜甫巷东汉、唐墓》，《江汉考古》2000年第2期。
[3] 襄樊市考古队：《襄樊彭岗汉墓群发掘简报》，《江汉考古》2000年第2期。
[4] 湖北省文物考古研究所等：《襄阳王坡东周秦汉墓》，科学出版社，2005年。
[5] 湖北省文物考古研究所等：《襄阳竹条汉代墓葬、窑址发掘》，《江汉考古》2000年第1期。
[6] 襄樊市考古队：《襄樊檀溪墓地隋唐宋墓清理简报》，《江汉考古》2000年第2期；襄樊市文物考古研究所：《襄樊檀溪墓地第二次发掘报告》，见本文集。
[7] 襄樊市文物考古研究所2007年发掘资料。

附表　贾巷东汉六朝墓葬登记表

墓号	方向	形制	墓圹尺寸（米）长×宽-深	墓室结构	随葬器物 陶、瓷器	随葬器物 铜、铁器	墓砖规格（厘米）	时代	备注
M1	175°	长方形单室砖墓	（残）2.63×1.38-1.38	墓壁条砖错缝叠砌，长壁叠砌10层后起券，横行对缝平铺地砖	无	无	壁：34×13×9 地：37×20×5 券：34×13×(7~8)	东汉中期	墓室南端损毁
M2	230°	长方形单室砖墓	2.82×(0.87~0.98)-1.08	两壁平砌16层，自0.95米平砖内收2层，第3层封顶，"人"字形平铺地砖	无	铜Ⅱ"五铢"；铁刀	38×19×6	南朝晚期	墓室西南端遭到破坏
M3	220°	长方形单室砖墓	（残）1.9×0.7-0.41	墓壁在地砖上平砌3层，向内收3层，1层平砖封顶，斜行平铺地砖	无	无	37×17×5.5	南朝晚期	墓室西南端遭破坏
M4	230°	"凸"字形单室砖墓	5.38×1.7-(1.6~3.8)	由甬道、墓室组成。墓室壁多顺一丁砌筑后起券；甬道三顺一丁两组后错缝叠砌5层起券。"人"字形平铺地砖	瓷盘口壶，碗2，碟	铜镜、钗，Ⅲ"五铢"12，"货泉"2	壁、地：33.5×16.5×5 券：32.5×16×(3.5~5) 33.5×16×(4~5)	东晋	甬道与墓室结合处被破坏；两头骨

续表

墓号	方向	形制	墓圹尺寸（米）长×宽-深	墓室结构	随葬器物 陶、瓷器	随葬器物 铜、铁器	墓砖规格（厘米）	时代	备注
M5	182°	"中"字形双室砖墓	8.43×2.65-(1.55~2.75)	由甬道、前室、后室组成，前室穹隆顶，后室券顶，横行错缝平铺地砖	陶Ⅱ瓮，AⅤBa罐，碗，Ⅱ硬陶罐	铜弩机，环，盖弓帽，"五铢"7；铁刀	壁、地：36×17×5 券：37×17.5×(3.5~5)	东汉晚期前段	前室顶部塌陷；两头骨
M6	182°	"卜"形三室砖墓	7.05×5.62-2.35	由甬道、前室、后室、侧室组成，墓壁错缝叠砌，除前室穹隆顶外，余券顶，横行错缝平铺地砖	AⅠ、AⅡ罐，仓，Ⅲ灶3，Ⅱ井，Ⅰ、Ⅱ磨，Ⅱ圈2，Ⅱ狗3，Ⅱ鸡2	"五铢"4	壁、地：37×17.5×5 券：37×17.5×(4~5)	东汉中期后段	顶残；填土有肢骨
M7	75°	"扌"形三室砖墓	9.84×4.07-2.4	由甬道、前室、后室、耳室组成，壁下部用丁砖与顺砖交错砌置，层数不一。甬道、后室券顶，前室四隅券进式穹隆顶。"人"字形平铺地砖	陶Ⅱ壶，瓮，罐，盘，杯2，樽，Ⅱ仓，Ⅳ灶Ⅱ、Ⅳ井，舂2，Ⅲ磨2，博山炉，Ⅳ圈，楼2，Ⅳ狗2，羊，Ⅰ鸡2，Ⅱ鸭2	铜AⅠ、AⅢ、B"五铢"，饰件；铁器	壁：31×17×6 32×17×6 地：31×14×6 32×17×6 券：31×17×(3.5~6)	东汉晚期后段	顶残；中室南侧见棺腐痕，残存头骨、肢骨、牙齿
M8	70°	"H"形多室砖墓	11.12×10.48-3.05	由南北并列的两套甬道、耳室、前堂、后室组成	陶壶，樽，仓，甑，灶，圈，磨，楼2，狗，鸭2，镇墓兽	铜Ⅰ"五铢"16，Ⅱ"五铢"11；铁剑	壁：32×16×5 34×16×5.5 35×16×5.5 券：32×16×(3~5)	三国至西晋	顶部均残；多处有人骨残部
M9		长方形单室砖墓			陶罐	无		东汉中期	人骨架保存较好
M10	75°	长方形并列双室砖墓	2.9×2.24-2.25	墓壁顺向错缝叠砌，长壁至13层起券，直行对缝平铺地砖，封门墙体平面外弧	陶罐，楼	无	壁：32.5×11×5.5 35×10×6 35×10×7 北室地：35×20×5 南室地：27×23×5 券：35×10×(6~7) 34.5×17×(4~5)	东汉晚期后段	上部残；两室各有一节肢骨

续表

墓号	方向	形制	墓圹尺寸（米）长×宽-深	墓室结构	随葬器物 陶、瓷器	随葬器物 铜、铁器	墓砖规格（厘米）	时代	备注
M11	68°	"刀"形单室砖墓	3.64×1.53-2.12	分甬道、墓室，壁错缝叠砌，券顶残甚。铺地砖不明。封门砖叠砌，平面外弧	陶AⅥ罐；硬陶釜	铜弩机，"五铢"；铁器	壁：32×15×5 券：32×15×(3~5)	东汉晚期前段	可能与M12为异穴合葬墓，残甚
M12	72°	"刀"形单室砖墓	3.4×1.44-2.12	分甬道、墓室，壁错缝叠砌，券顶残甚。铺地砖不明。封门砖叠砌，平面外弧	陶钵，仓，灶，Ⅳ狗	无	32.5×14.5×5.5	东汉晚期前段	可能与M11为异穴合葬墓，残甚
M13	165°	长方形单室砖墓	4.54×3.2-2.84	墓壁顺向以厚砖横行、薄砖直行隔层交错叠砌，两长壁叠砌18层至1.4米高处以楔形砖于内侧起券。直行对缝平铺地砖。封门砖错缝叠砌	陶鼎，Ⅰ壶，Ⅰ瓮，AⅠ罐3，Ⅰ仓2，Ⅰ、Ⅱ灶，Ⅰ井3，Ⅰ磨，Ⅰ圈，Ⅰ狗，Ⅰ鸡2，Ⅰ鸭2，鹅2；硬陶罐	铜铜，AⅡ"五铢"，AⅢ"五铢"3	壁：35×11×9 35×19×6 地：35×11×9 券：35×19×(4.5~5) 封门：35×16×5	东汉早期后段	顶塌；墓室近西壁设棺床，仅存少量牙齿
M14	145°	长方形双室砖墓	1.22×1.2-0.35	双室均错缝叠砌6层，平盖1层砖封顶，横行平铺地砖	无	无	32×16×4.5 34×17×4.5	南朝晚期	并穴迁葬墓
M15	75°	"凸"字形单室砖墓	5.67×2.69-2.23	分甬道、墓室，壁错缝叠砌，券顶残甚。横行错缝平铺地砖	陶AⅢ、AⅤ、Ba罐，仓3，Ⅲ灶2，Ⅲ井，Ⅲ磨2，舂，Ⅲ圈，Ⅲ狗2，Ⅰ鸡3	铜镜，刀，"五铢"10；铁刀	壁、地：35×17×5.5 34×16×5.5 券：35×17×(4~6.5)	东汉中期前段	顶残；两头骨

续表

墓号	方向	形制	墓圹尺寸（米）长×宽-深	墓室结构	随葬器物 陶、瓷器	随葬器物 铜、铁器	墓砖规格（厘米）	时代	备注
M16	0°	长方形单室砖墓	2.84×0.9-1.52	墓壁顺向错缝叠砌，两长壁叠砌13层至0.81米高处以楔形砖起券，直行对缝平铺地砖2层。弧形封门砖错缝叠砌	陶罐	铜"五铢"	壁、地：33×10×6 34×11×7 券：35×10.5×(5~6)	东汉中期	
M17	225°	长方形单室砖墓	2.37×(0.75~0.78)-0.66（残）	四壁平砖错缝叠砌7层，4层平砖封顶。横行平铺地砖。	瓷罐，碗	铜Ⅱ"五铢"2	38×19×6 37×18×6	南朝	打破M18；有人骨架
M18	180°	"刀"形单室砖墓	5.38×2.14-2（残）	由甬道和墓室组成，南北两壁平砖顺砌，横行错缝平铺地砖	陶AⅢ、AⅣ、Bb罐，罐2，瓮，钵、杯、仓Ⅲ、Ⅳ灶、Ⅱ、Ⅲ井、Ⅲ磨2，舂、Ⅲ圈，Ⅲ狗，Ⅰ鸡2；Ⅱ硬陶罐	铜镜，AⅢ"五铢"3，"五铢"15	壁、地：35×17×6 券：33×17×(4.5~6)	东汉中期前段	被M17打破；顶残

注：未注明件数者均为1件。

襄樊真武山 M20 发掘简报

襄樊市文物考古研究所

该墓位于汉水中游西南岸襄阳古城西约 2 公里处的檀溪村。其西距真武山周代遗址约 300 米，南距环山路约 350 米，北与襄城区司法局相距约 100 米。这里是汉水淤积地，东、西、北三面地势平坦，南面是突起的低山，汉水从其北面由西向东流过（图一）。

2004 年 11 月下旬~12 月上旬，襄樊市考古队（襄樊市文物考古研究所前身）为配合襄樊市住宅经营公司映象小区开发建设，在其用地范围内发掘、清理了西晋、宋代砖室墓 7 座，按照 1989 年墓地西部发掘的 14 座墓葬[1]顺序编号为 M15~M21，仅 M20 保存较好，其他墓葬几尽毁坏。现将 M20 简报如下。

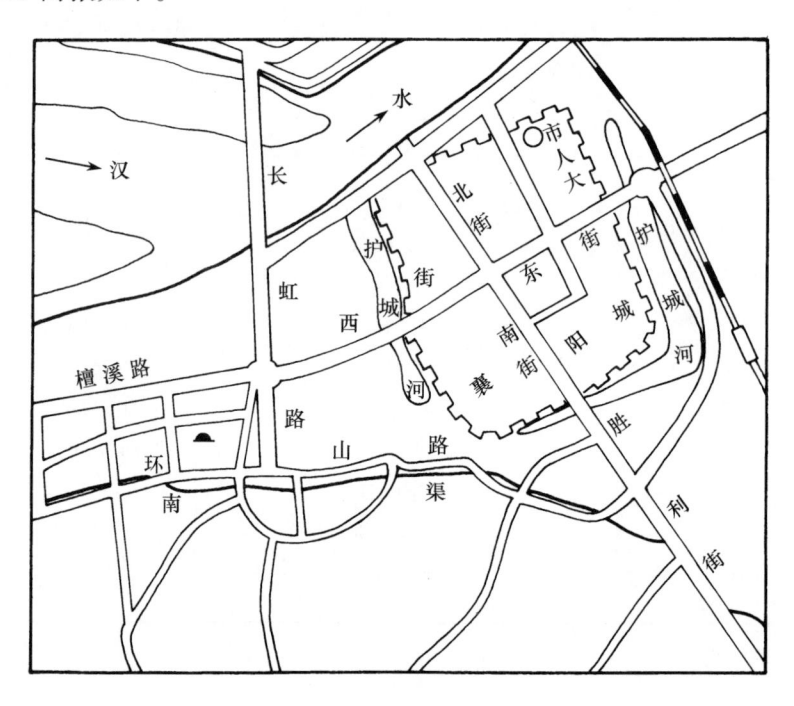

图一　墓葬位置示意图

一、墓葬形制

该墓墓坑略大于砖室，开口于 0.2~0.4 米的扰土层下，打破淤积层，坑底距现地表 3.9 米。坑东端设斜坡式墓道，墓道宽度与甬道相同，因大部分墓道压在建筑物下而未清理，长度不详。

砖室　平面呈"刀"形，由甬道和墓室两部分组成，通长4.48米。砖室的构造程序是在挖好的墓坑内先铺地砖，然后在铺地砖之上垒筑墓壁，结顶，封墓门。建筑采用单平面绳纹青灰砖，以黄泥掺细沙为黏合剂。砖的规格为33厘米×17厘米×5厘米。墓底地砖的铺法为单层平砖错缝"人"字形平铺。

甬道　平面长方形，长1.1、宽0.92米。南、北两壁使用两组三顺一丁，在第二组丁砖上叠砌一层平砖后于0.64米高处开始起券。甬道通高1.26米。

墓室　平面长方形，长3.36、宽1.78米，四壁使用三组三顺一丁，在第三组丁砖上五层叠砌平砖后于1.16米高处由四壁向正中券进，作穹隆顶。穹隆顶之上应有封顶砖，发掘时已不存。墓室通高2.16米。

室内有两具腐朽的人骨架并排于中部偏北侧，葬式为头东足西、仰身直肢。

墓室内有陶、瓷、铜、银四类随葬器物，其中青瓷熏炉陈放在墓室与甬道交接处，釉陶罐和青瓷鸡首壶、圈足壶置于墓室东南部，陶钵和青瓷洗、罐、虎子摆在墓室西北部，铜镜、带钩、铜钱和银钗、环放在墓内中部偏北侧（图二）。

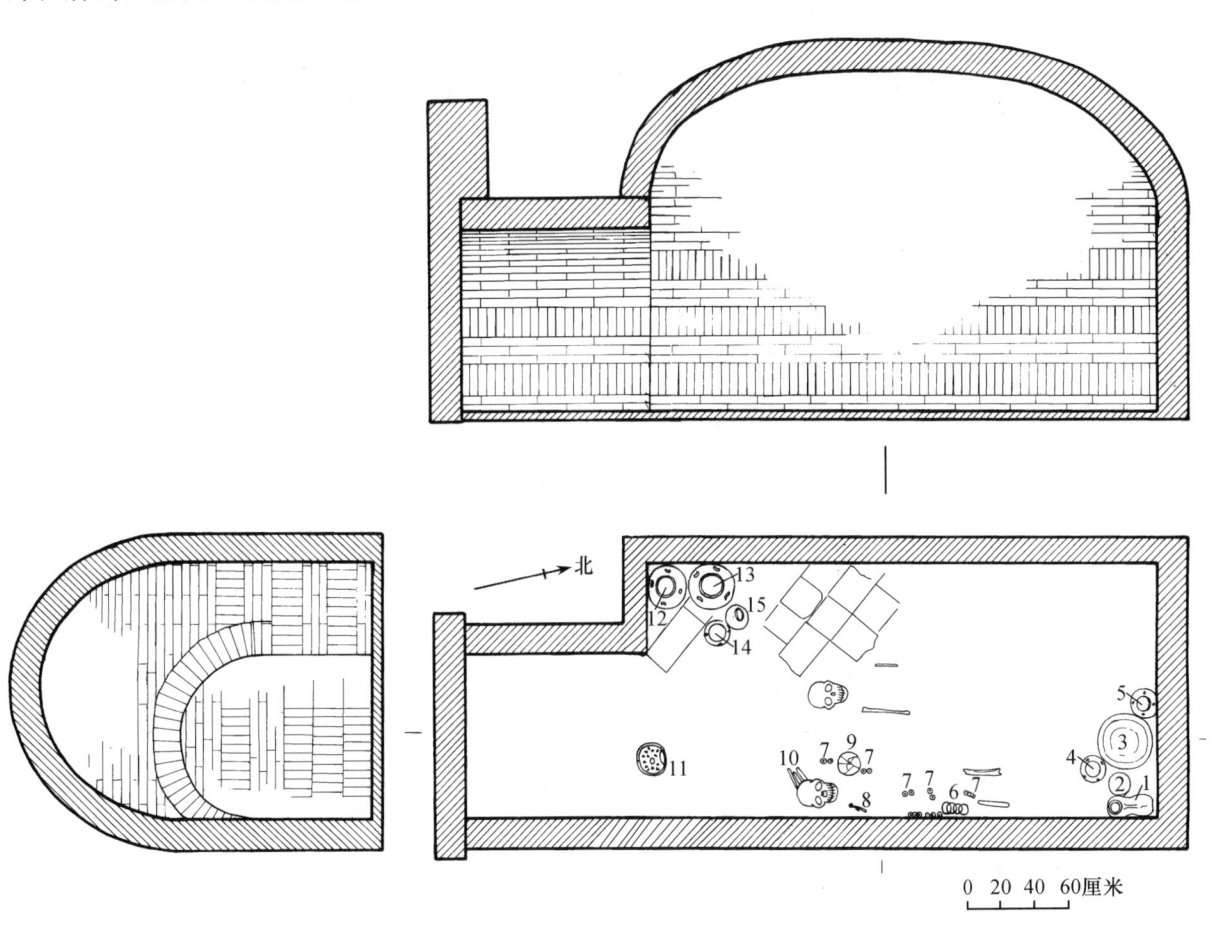

图二　M20平、剖面图

1. 青瓷虎子　2. 陶钵　3. 青瓷洗　4、5. 青瓷罐　6. 银环　7. 铜钱　8. 铜带钩　9. 铜镜　10. 银钗　11. 青瓷熏炉　12、13. 陶罐　14. 青瓷鸡首壶　15. 青瓷圈足壶

二、随葬器物

该墓共出土随葬器物49件（枚），分类叙述于下。

（一）陶器

3件。有罐和钵。

罐 2件。形制相近，大小略异。褐色硬陶胎，黑褐色釉。直口，耸肩，肩上有四个拱桥形系，上腹鼓，下腹斜弧内收，平底。肩、下腹分别饰二、一道凹弦纹，腹部模印叶脉纹。M20:12，口径11.2、腹径24、底径13.6、高22厘米（图三，6）。M20:13，口径9.2、腹径24、底径14、高20.8厘米（图三，5）。

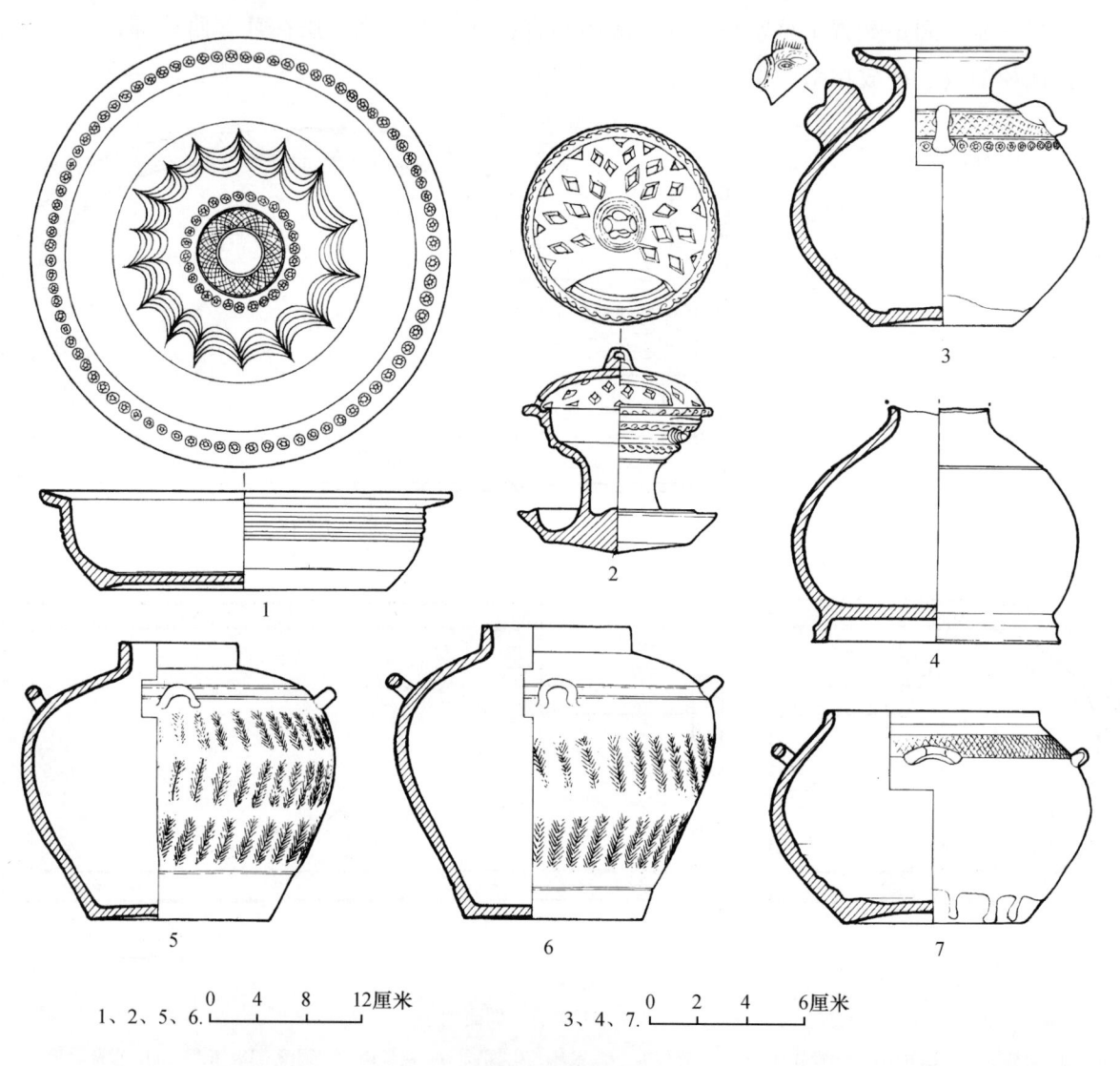

图三 青瓷、陶器
1. 青瓷洗（M20:3） 2. 青瓷熏炉（M20:11） 3. 青瓷鸡首壶（M20:14） 4. 青瓷圈足壶（M20:15） 5、6. 陶罐（M20:13、M20:12） 7. 青瓷罐（M20:4）

钵　1件。M20：2，泥质灰陶，黑皮。敞口，圆唇，斜弧壁，平底，近底处有一道折棱。口径20.4、底径10.4、高7.2厘米（图四，4）。

（二）青瓷器

7件。灰白胎，施青釉，釉不及底或底无釉。

洗　1件。M20：3，底无釉。仰折沿，沿面较宽，浅弧腹，大平底。器壁外口沿以下饰四道凹弦纹，口沿面上饰一周圆圈纹带，器内底饰网格纹带、圆圈纹带和"∪"形纹带各一周。口径31.6、底径22、高7.6厘米（图三，1；彩版八，1）。

罐　2件。形制、大小相同。施釉不及底。直口，平唇，溜肩，肩置拱桥形系四个，扁鼓腹，平底内凹。肩上模印网格纹带一周。M20：4，口径8、腹径12.2、底径6.8、高8厘米（图三，7；彩版八，2）。

鸡首壶　1件。M20：14，施釉不及底。浅盘口，束短颈，溜肩，鼓腹稍扁，最大腹径在下部，平底内凹。肩上有前、后对应的鸡首和鸡尾堆塑装饰，左右两侧各有一个拱桥形系。肩饰二道凹弦纹间一周模印的网格纹带，其下还有一周联珠纹。口径6.8、腹径11.4、底径5.4、高10.4厘米（图三，3；彩版八，3）。

圈足壶　1件。M20：15，底无釉。口、颈残。束颈，溜肩，扁鼓腹，最大腹径近底部，大平底，圈足。肩饰一道凹弦纹，圈足外有一道折棱。腹径11、底径9.6、残高8.8厘米（图三，4；彩版八，4）。

熏炉　1件。M20：11，座底无釉。圆盘座，炉身圆形内空，顶部设填香料的桃形入口和菱形、三角形烟孔。炉壁外有三道绚索纹装饰。炉身最大径14.4、炉座直径15.2、通高15.6厘米（图三，2；彩版八，5）。

虎子　1件。M20：1，青釉及底，后端无釉。卧虎状，体肥硕，虎口圆筒形，上扬，腹部微束，背上有拱形尾状提梁，两侧的前、后胯部及下蹲状四肢外凸，底平，后端平齐。虎前胸饰同心圆纹，间一圈模印的网格纹带。通长26.8、最大宽度12.8、通高17.2厘米（图四，1；彩版八，6）。

（三）铜器

32件（枚）。有镜、带钩、钱币。

镜　1件。M20：9，灰白色，半圆纽，宽平缘。主体纹饰为二分法变形龙纹，其间竖铸"位至三公"和"囗君"，外有一周连弧纹和凹带纹。直径15.2、纽径3厘米（图六）。

带钩　1件。M20：8，钩首作兽头形，钩身断面为圆形，背中部置圆纽。通长11、纽径1.8厘米（图四，3）。

钱币　30枚（M20：7-1～M20：7-30）。其中"半两"1枚（图五，1），"货泉"4枚（图五，2、3），"五铢"钱16枚（图五，4、5），剪轮"五铢"9枚（图五，6）。

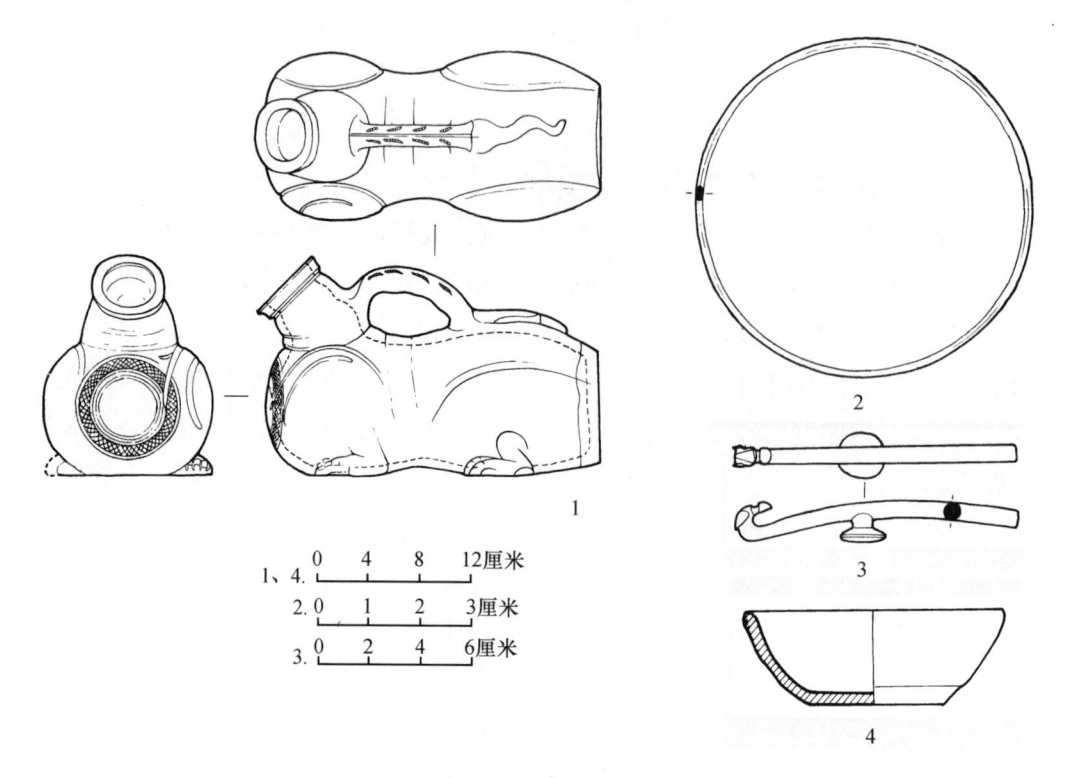

图四 青瓷、银、铜、陶器
1. 青瓷虎子（M20:1） 2. 银环（M20:6-1） 3. 铜带钩（M20:8） 4. 陶钵（M20:2）

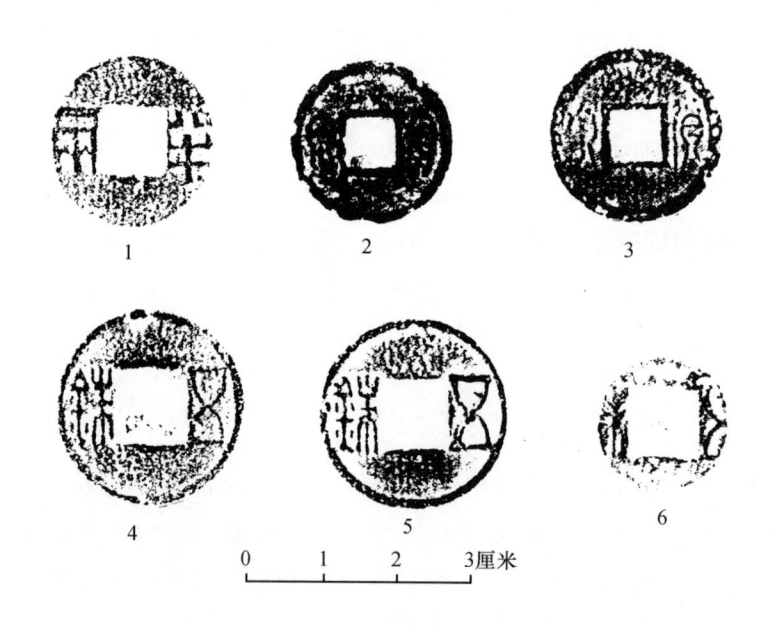

图五 铜钱拓本
1. "半两"（M20:7-1） 2、3. "货泉"（M20:7-2、M20:7-3） 4、5. "五铢"（M20:7-8、M20:7-9） 6. 剪轮"五铢"（M20:7-28）

0　　1　　2　　3厘米

图六　铜镜拓本（M20:9）

（四）银器

7件。有环、钗。

环　4件（M20:6-1～M20:6-4）。形制、大小相同。圆形，断面呈扁圆体。最大径0.2、环径6.5厘米（图四，2）。

钗　3件（M20:10-1～M20:10-3），残损严重。形制、大小相同。"U"形，断面圆体，中部略粗，端尖。径0.2、通长10厘米。

三、结　　语

此墓未见确切的纪年材料，出土的"半两"、"货泉"、"五铢"和剪轮"五铢"几种铜钱中，最晚的是东汉末期开始流行的剪轮"五铢"。这几种钱过去在东汉末乃至六朝早期墓中常见。墓内出土的"位至三公"变形龙纹铜镜流行于西晋。所出青瓷器上的宽带纹饰由弦纹、网状纹、联珠纹构成，具有六朝早期的特点。其鸡首壶的盘口较浅，颈较短，堆塑的鸡首和鸡尾装饰较原始；虎子的尾部无釉，其形态与南方地区西晋早期常见的虎子基本相同；熏炉则接近于南京殷巷西晋永兴二年墓出土的同类器（M1∶3）[2]。我们推测此墓的年代应在西晋早期。墓中所出的青瓷器制作精美，保存较好，是研究该时期历史的珍贵文物。

附记：参加发掘的人员有释贵星、王道文，绘图释贵星、符德明，描图符德明，拓片易泽林，照相杨力，成文过程中得到了陈千万先生的指导。

执笔：王道文

注　释

[1]　湖北省文物考古研究所等：《襄樊真武山西汉墓葬》，《江汉考古》1993年第4期。
[2]　南京市博物馆：《南京殷巷西晋纪年墓》，《文物》2002年第7期。

襄樊唐家巷墓地发掘简报

襄樊市文物考古研究所

唐家巷墓地位于襄樊市襄城区檀溪路与虎头山路交汇处东南约50米处（图一）。2000年11月，襄城区国税分局在建宿舍楼施工过程中发现墓葬1座，襄樊市考古队（襄樊市文物考古研究所前身）闻讯后，立即组织人员对建设用地进行了文物勘探，又发现墓葬2座，随后进行了抢救性发掘。其中南朝墓2座（编号M2、M3），宋墓1座（编号M1）。现将墓葬情况简报如下。

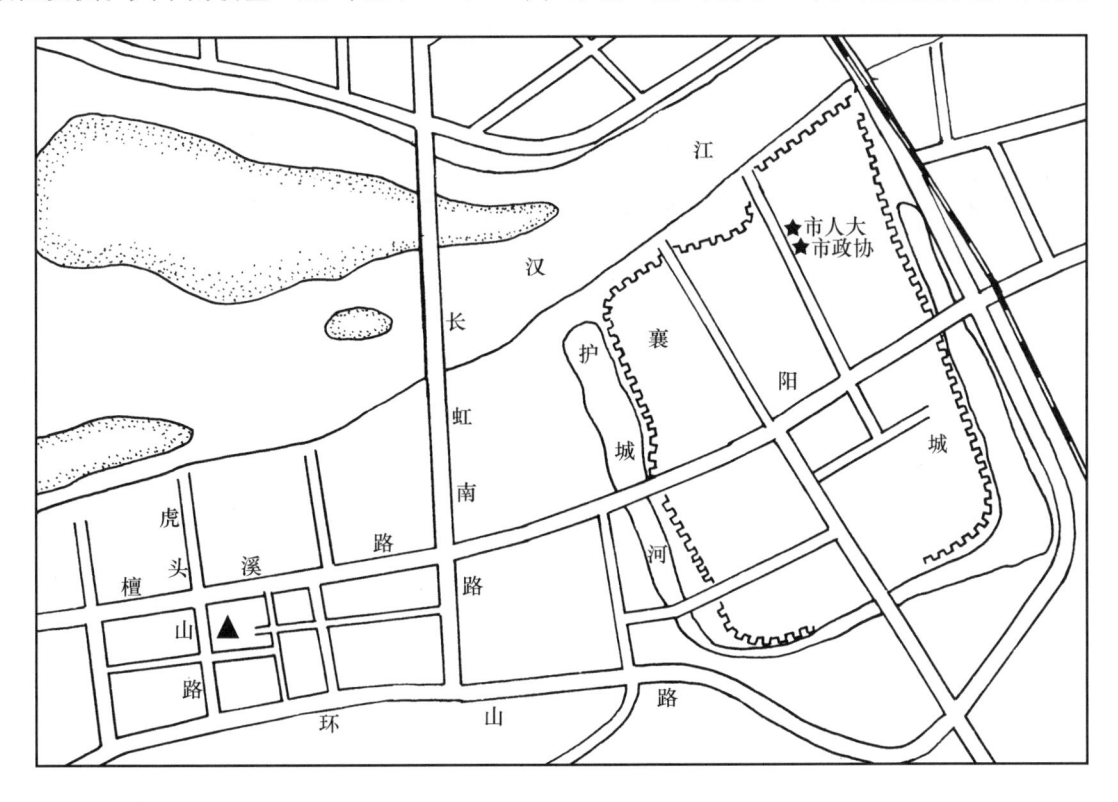

图一 唐家巷墓地位置示意图

一、南 朝 墓

（一）墓葬形制

M2 方向162°。"刀"形单室券顶砖墓，由甬道和墓室构成，前设墓道被压在马路下，情况不明。墓圹长4.6、前宽1.5、后宽2.1米。甬道长0.92、内宽0.74、内高1.12米。墓室通长3.23、内宽1.41、内高1.46米。墓室内设祭台，长1.16、宽0.52、厚0.15米，由3层条砖砌成，上层以青砖对缝横铺，中层错缝直铺，下层仅四周直铺，中间填土。棺床为散乱摆放的13块青砖。甬道和墓室内铺地砖仅一层，呈"人"字形斜铺。甬道封门分前后两层，内层条砖直行侧立呈"人"字形，外层平砖横行错缝砌至9层，以上直行侧立砌成"人"字形至顶。甬道口券顶上端以单砖错缝叠砌。墓壁下部为三顺一丁2层，以上为单砖错缝叠砌13层起券至顶。后墙内侧贴砌三顺一丁2层，以起加固作用。甬道南壁为平砖错缝叠砌至顶。墓砖有长方形和楔形两种，楔形砖规格为29厘米×12.5厘米×（3.5～4.5）厘米；长方形砖规格不一，有四种：32厘米×13厘米×45厘米、30厘米×13厘米×4.5厘米、28厘米×13厘米×4.5厘米、29厘米×13厘米×5厘米。最后一种规格长方形墓砖发现于祭台上和甬道内，单短侧面饰三钱纹（图六，1），所有墓砖单平面皆饰绳纹。墓室内发现人骨架两具，一具较好，为仰身直肢，葬具已朽。随葬器物置于祭台上和头部（图二）。

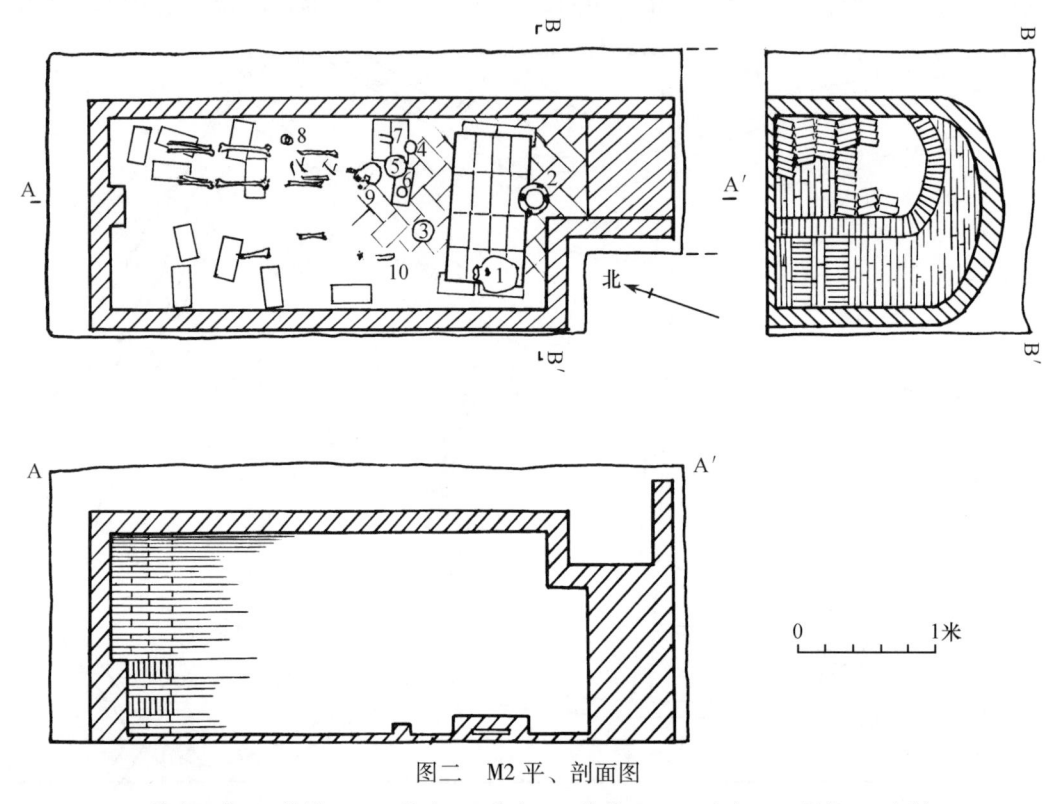

图二 M2平、剖面图

1. 瓷盘口壶 2. 瓷罐 3、4. 瓷碗 5. 瓷盘 6. 瓷碟 7、10. 银钗 8. 铜镯 9. 铜钱

M3 破坏严重。方向165°。"刀"形墓圹，长6.38、南宽1.5、北宽2.38米。"凸"字形砖室，由墓室和甬道构成，墓室长3.84、内宽1.76、甬道长0.9、内宽0.86、内高1.25米。墓壁四顺一丁两组接三顺一丁一组，上部残；甬道壁四顺一丁两组再错缝叠砌4层至0.96米高处以楔形砖起券，甬道口南0.1米处砌弧形封门砖，封门墙外用一直两横砖交错叠砌至甬道顶部，抵住封门墙，直砖墙两侧用立砖散乱堆砌。铺地砖呈"人"字形平铺，大部分被扰乱。长方形砖规格为30厘米×14厘米×4.5厘米，楔形砖规格为30厘米×14厘米×（2.5～4）厘米，单平面饰绳纹。南有阶梯式墓道，墓道长2.34、南宽0.96、北宽1.16米，墓道底略收，残深1.28米。墓室填土中发现人骨、棺钉，葬具已朽，随葬器物已不存（图三）。

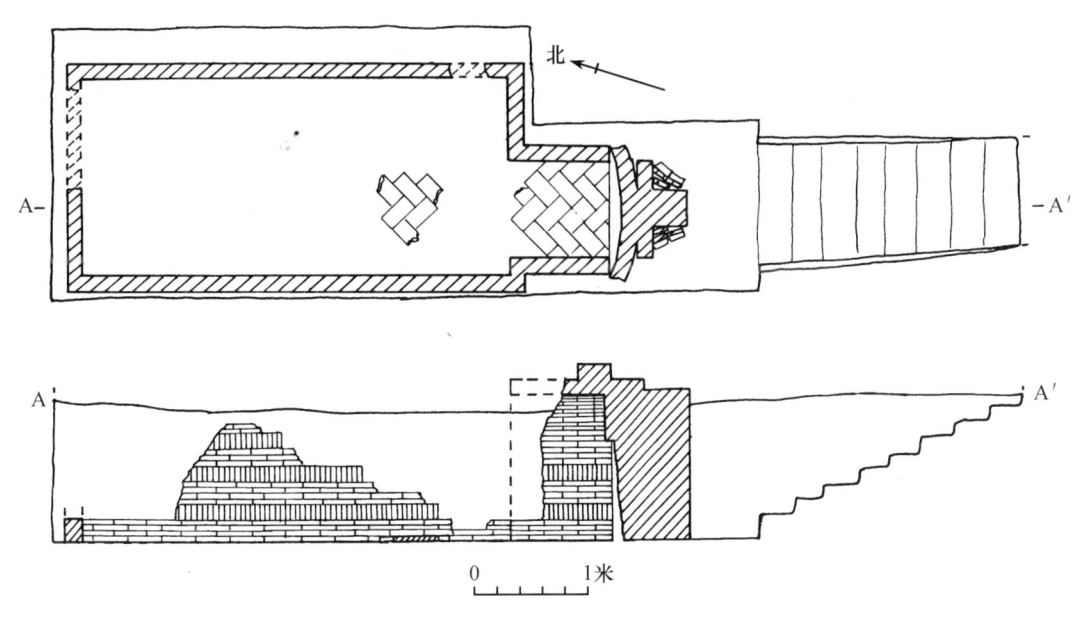

图三　M3平、剖面图

（二）随葬器物

随葬器物共12件（枚），均出自M2，有瓷、银、铜三类。

1. 瓷器

6件。全为青瓷，有盘口壶、罐、碗、盘、碟等。

盘口壶　1件。M2:1，口部残。灰红胎。束颈，溜肩，肩附四横系，大鼓腹，下腹曲收，平底微内凹。外施绿釉，腹下部及底露胎，器内仅口沿施釉。底径16、最大腹径26.7、残高25.2厘米（图四，1）。

罐　1件。M2:2，粗瓷。灰红胎。侈口，圆唇，短束颈，溜肩，肩附四耳、两横系，耳两两、系一一相对，鼓腹，下腹内、外壁呈轮制时留下的瓦垄形，平底。外施绿釉不及底。肩部饰凹弦纹二道，腹下部有一道不规则凹弦纹。口径14.6、底径12.4、腹径21.3、高12.6厘米（图四，2）。

碗　2件。灰白胎。敞口，弧壁内收，口外壁有一道浅凹槽。内外施青釉，外釉不及底。M2:3，平底微凹，内底有10个支钉痕，内壁有两道折棱。口径15.8、底径9.2、高6厘米（图四，5）。M2:4，平底，实圈足。下腹饰一道凹弦纹。口径13.2、圈足径8、高5厘米（图四,6）。

盘　1件。M2:5，青灰胎。浅盘，侈口，圆唇，平底微内凹，内底有9个支钉痕。内外施青绿釉，有细微开片，外釉不及底。口径17.6、底径14.4、高1.9厘米（图四，4）。

碟　1件。M2:6，青灰胎。敞口，圆唇，折腹，平底，内底中间凹下，略低于四周。内外施青绿釉，外釉不及底。口径8、底径4.8、高2.8厘米（图四，3）。

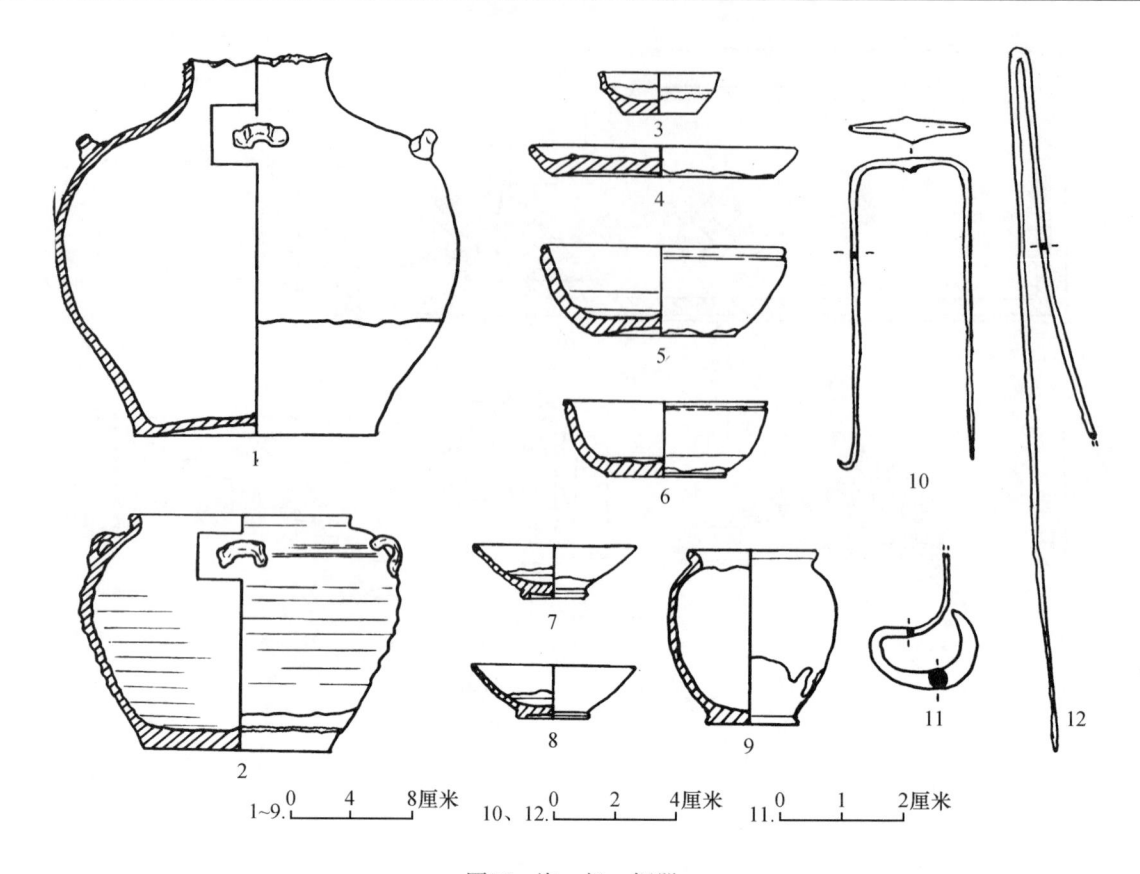

图四 瓷、银、铜器

1. 瓷盘口壶（M2:1） 2. 瓷罐（M2:2） 3. 瓷碟（M2:6） 4. 瓷盘（M2:5） 5~8. 瓷碗（M2:3、M2:4、M1:3、M1:4） 9. 釉陶罐（M1:2） 10. 银钗（M2:7） 11. 银耳坠（M1:5） 12. 铜钗（M1:6）

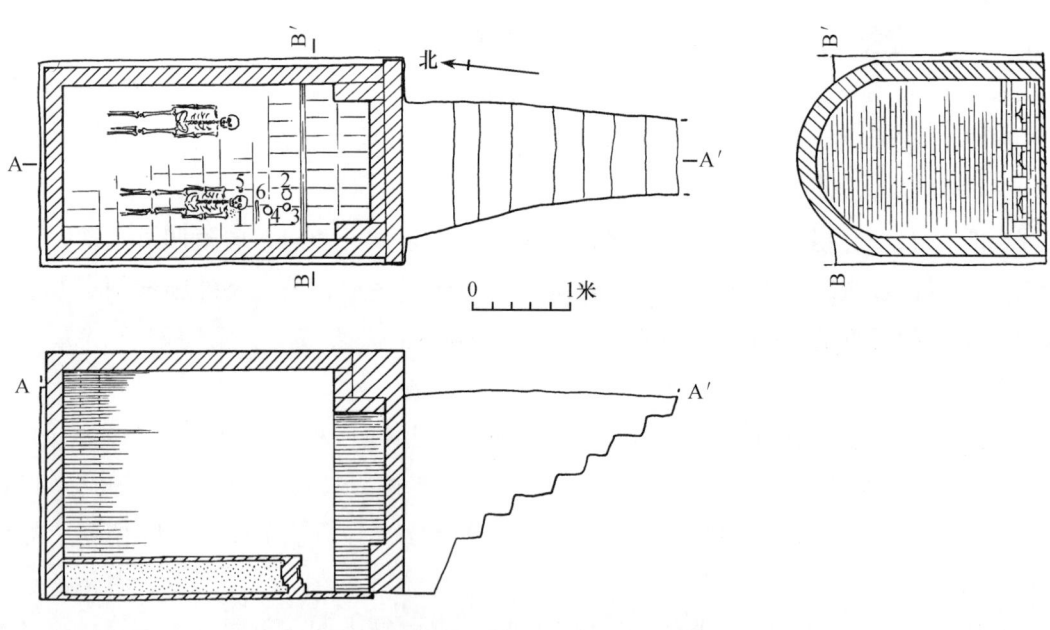

图五 M1 平、剖面图

1. 铜钱 2. 釉陶罐 3、4. 瓷碗 5. 银耳坠 6. 铜簪

2. 银器

仅钗 2 件, 1 件残甚, 1 件保存较好。M2:7, "U"形, 前细后粗, 一端尖, 一端曲成小钩, 弯折部位呈菱形。通长 10.4 厘米 (图四, 10)。

3. 铜器

4 件（枚）, 有镯、"五铢"等, 镯残损严重。

镯　1 对（2 件）。M2:8, 环形, 横断面呈椭圆形。外径分别为 6.5、6.1 厘米。

"五铢"　2 枚。形制、大小相同。圆形方孔, 正背周边有外廓, 背面穿外有廓, 穿左右篆书"五铢"二字。"五"字交笔弯曲, 两横两头外突, "铢"字之"金"字头呈等腰三角形, "朱"字的横划弧折。M2:9-1, 直径 2.5 厘米, 重 3.5 克 (图六, 2)。

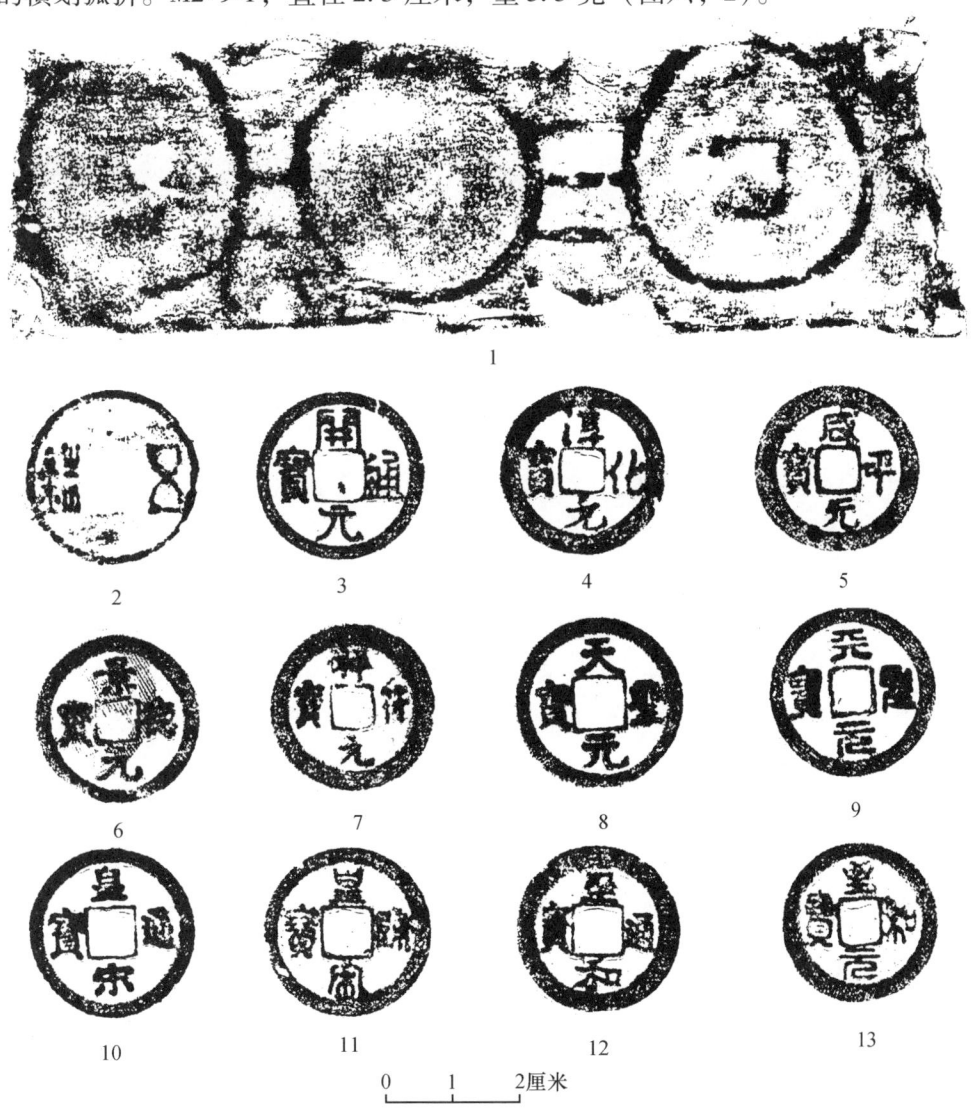

图六　钱纹砖、铜钱拓本

1. 钱纹砖（M2）　2. "五铢"（M2:9-1）　3. "开元通宝"　4. "淳化元宝"　5. "咸平元宝"　6. "景德元宝"　7. "祥符元宝"　8、9. "天圣元宝"　10、11. "皇宋通宝"　12. "至和通宝"　13. "至和元宝"（3～13 均为 M1:1）

二、宋　墓

（一）墓葬形制

M1　方向175°。带甬道的长方形单室券顶砖墓。墓圹长3.72、宽2.08、残深2.5米。甬道短，内长0.52、宽1.24、高1.84米，墓室内长3、宽1.6、高2.28米。墓室内设棺床，棺床长2.45、宽1.6、高0.38米，表层以墓砖横直行交错铺就，下层至底为填土，棺床前端以单块平、直砖混砌成四柱三门仿木构建筑式样。墓壁以条砖横行错缝叠砌，东西两壁砌至1.25米起券。封门墙略宽于墓室，下部为七顺一丁，以上用条砖横行错缝叠砌至与墓室券顶平。墓砖青灰色，素面，有长方形和楔形两种，规格分别为：34.5厘米×17厘米×4.5厘米、31厘米×14.5厘米×（2.5~4.5）厘米。阶梯式墓道设于墓室南端，平面呈梯形，长3.24、宽0.74~1.4米，存台阶7级，台面宽0.2~0.4、高0.2~0.54米。葬具已朽，存铁质棺钉，人骨架两具，仰身直肢。随葬器物置于棺床上西侧人头骨外部（图五）。

（二）随葬器物

随葬器物共59件（枚），有釉陶、瓷、铜、银四类。

1. 釉陶器

仅罐1件。M1:2，青灰胎，胎质较硬。侈口，束颈，溜肩，鼓腹斜收，平底。施酱色釉，器内仅口部施釉，外釉不及底，腹下部有流釉痕。口径8.4、最大腹径11.2、底径6、高11.6厘米（图四，9）。

2. 瓷器

仅碗2件。灰红胎。敞口，圆唇，斜直壁，浅宽圈足。黑褐釉不及底，碗内底部施绿釉。M1:3，口径10.8、圈足径4.5、高3.5厘米（图四，7）。M1:4，口径11、圈足径4.8、高3.5厘米（图四，8）。

3. 银器

仅耳坠1件。M1:5，银灰色，上部略残。呈倒"?"形，上部细，下部粗，横断面为圆形。残长2.25厘米（图四，11）。

4. 铜器

55件（枚）。有钗、钱等。

钗　1件。M1:6，略残。以一根铜丝对折而成，两端较尖，横断面呈圆形。通长23厘米（图四，12）。

铜钱　54枚。有"开元通宝"、"淳化元宝"、"咸平元宝"、"景德元宝"、"祥符元宝"、"天圣元宝"、"皇宋通宝"、"至和通宝"、"至和元宝"、"嘉祐通宝"、"熙宁元宝"、"元丰通宝"、"元祐通宝"、"绍圣元宝"、"政和通宝"、"圣宋元宝"。书体有篆、真、行三种（图六，3～13；图七）。径有2.4、2.5厘米两种。

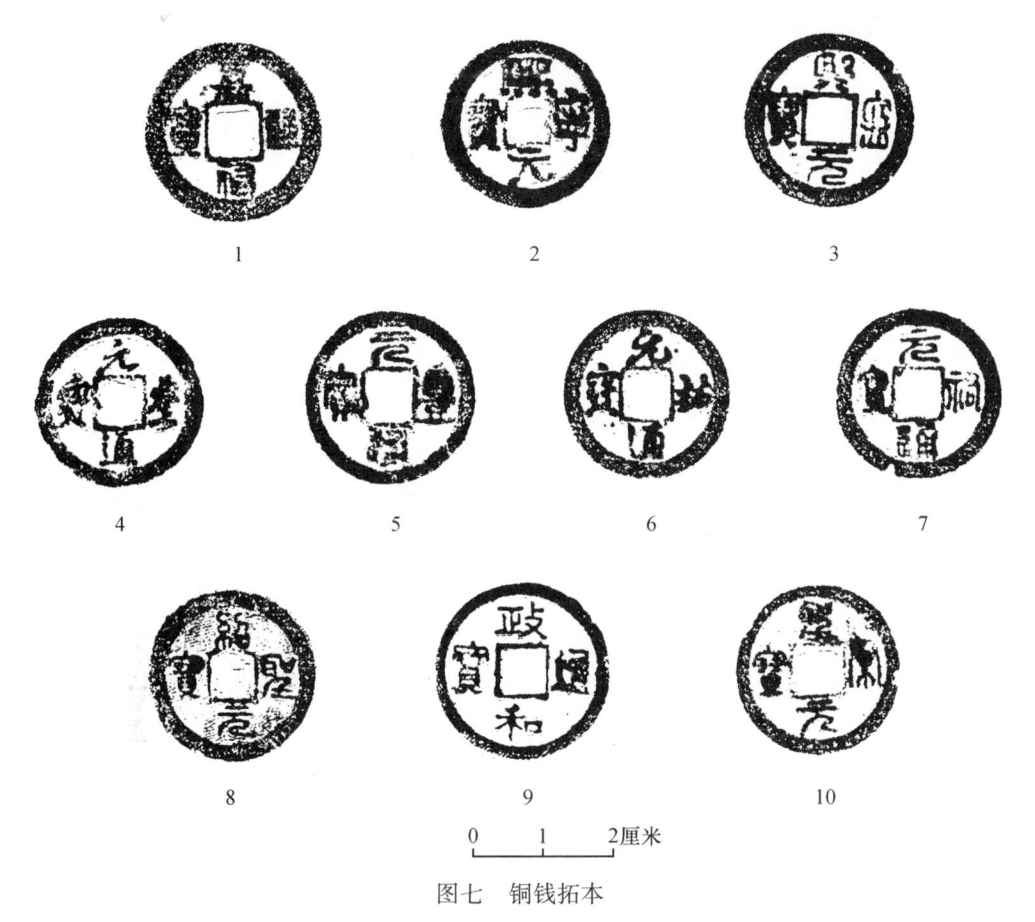

图七　铜钱拓本
1."嘉祐通宝"　2、3."熙宁元宝"　4、5."元丰通宝"　6、7."元祐通宝"　8."绍圣元宝"　9."政和通宝"
10."圣宋元宝"（1～10均为M1:1）

三、结　语

三座墓内除M3遭到严重破坏无器物出土外，余两座均出土有数量不等的器物。M2出有铜钱"五铢"，从形制和重量看，应为东汉早期五铢[1]，考察其他出土器物，M2显然不可能早到东汉早期。出土器物与江陵黄山南朝墓[2]比较，随葬品均以瓷器为主，器物组合中均有瓷盘口壶、盘、碗，且形制基本相同。与湖南衡东城关南朝墓[3]内所出器物比较，青瓷罐形制近同，只是系上略有差异，瓷器的胎、釉及施釉不及底的做法相同，盘、碗内壁残存支钉，说明烧制方法也是一样的。综上所述，该墓的相对年代应定为南朝较为合适。

M3内无出土器物，但铺地砖呈"人"字形的铺法与M2相同，墓壁采用丁顺结合的砌法及墓葬方向也与M2大致相同，我们推测M3和M2的时代应相差不远。

M1内除出土3枚"开元通宝"外，余均为北宋时期铜钱，最晚的是徽宗建中靖国年间

（公元1101年）的"圣宋元宝"，由此推测其时代为北宋末年或略晚。

该墓地尽管墓葬发掘数量少，但墓地与其东部的周家湾[4]、南部的真武山[5]、西部的檀溪[6]等墓地连成一片，构成了古襄阳城西一处自西晋至宋代的大型墓地，特别是南朝墓葬的发现增加了襄、樊两城迄今发现的唯一一处六朝墓地墓葬的数量和内涵，为研究襄阳古城的变迁提供了重要的实物资料。

附记：参加发掘的人员有释贵星、刘江生，器物修复、绘图、描图、拓片刘江生，审稿王先福。

执笔：刘江生

注 释

[1] 洛阳市文物工作队：《洛阳烧沟汉墓》，文物出版社，1959年。
[2] 江陵县文物局：《江陵黄山南朝墓》，《江汉考古》1986年第2期。
[3] 衡阳市文物工作队等：《湖南衡东城关南朝墓清理简报》，《江汉考古》1992年第2期。
[4] 襄樊市考古队：《襄樊檀溪周家湾南朝墓》，《江汉考古》1999年第4期。
[5] 湖北省文物考古研究所等：《襄樊市真武山西汉墓葬》，《江汉考古》1993年第4期；襄樊市文物考古研究所：《襄樊真武山M20发掘简报》，见本文集。
[6] 襄樊市考古队：《襄樊檀溪隋唐宋墓清理简报》，《江汉考古》2000年第2期；襄樊市文物考古研究所：《襄樊檀溪墓地第二次发掘报告》，见本文集。

附表　唐家巷墓地墓葬出土铜钱一览表

编 号	钱 文	书 体	数 量	铸行时间	备 注
1	"开元通宝"	真书	3枚	唐武德四年	
2	"淳化元宝"	行书	1枚	北宋太宗年间	
3	"咸平元宝"	真书	1枚	北宋真宗年间	
4	"景德元宝"	真书	2枚	北宋真宗年间	
5	"祥符元宝"	真书	1枚	北宋真宗年间	
6	"天圣元宝"	真书	3枚	北宋仁宗年间	真、篆体对钱
7	"天圣元宝"	篆书	3枚	北宋仁宗年间	
8	"皇宋通宝"	真书	5枚	北宋仁宗年间	真、篆体对钱
9	"皇宋通宝"	篆书	2枚	北宋仁宗年间	
10	"至和元宝"	篆书	1枚	北宋仁宗年间	
11	"至和通宝"	真书	1枚	北宋仁宗年间	真、篆体对钱
12	"嘉祐通宝"	篆书	1枚	北宋仁宗年间	
13	"熙宁元宝"	真书	7枚	北宋神宗年间	真、篆体对钱
14	"熙宁元宝"	篆书	3枚	北宋神宗年间	
15	"元丰通宝"	行书	6枚	北宋神宗年间	行、篆体对钱
16	"元丰通宝"	篆书	2枚	北宋神宗年间	
17	"元祐通宝"	行书	1枚	北宋哲宗年间	行、篆体对钱
18	"元祐通宝"	篆书	7枚	北宋哲宗年间	
19	"绍圣元宝"	篆书	2枚	北宋哲宗年间	
20	"政和通宝"	真书	1枚	北宋徽宗年间	
21	"圣宋元宝"	篆书	1枚	北宋徽宗年间	

襄樊檀溪墓地第二次发掘报告

襄樊市文物考古研究所

檀溪墓地位于襄阳城西约 2 公里处，因早年有檀溪湖而得名。西部不远为万山，北临汉水，南近真武山，是襄阳古城外一处大规模的西晋到宋代墓地（图一）。

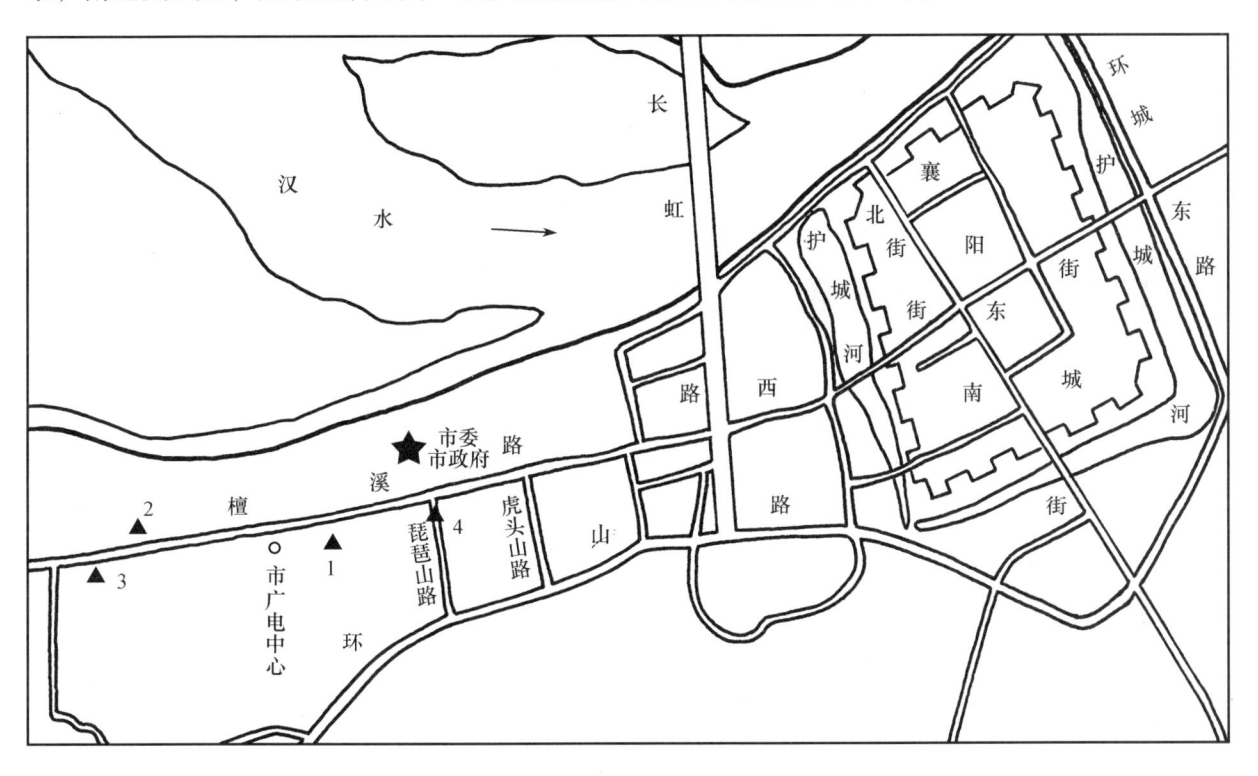

图一 檀溪墓地位置示意图
1. 国际商都墓葬 2. 110 指挥中心墓葬 3. 中级人民法院墓葬 4. 檀溪道路改造工程墓葬

1997 年 10 月至 1998 年初，为配合襄樊市广播电视中心建设曾清理出隋唐宋墓 90 座[1]，分别编号 M1~M90。2004 年 4 月至 2006 年 1 月，先后在市广电中心两侧为配合襄樊国际商都、襄樊市中级人民法院、襄樊市公安局 110 指挥中心及檀溪道路改造工程，各清理墓葬 43、50、5、7 座，分别按顺序编号 M91~M195（图二~图五）。以襄樊国际商都和襄樊市中级人民法院区分布较为密集。

这批墓葬的时代相对集中，形制也较为单一，除 8 座晚清土坑墓外，其余 97 座均为六朝至宋代的单室砖墓，与上次发掘的 90 座墓葬的时代基本相当。并且，截至目前在本墓地发掘的宋代以前墓葬均在现地表 1.5~3 米以下，其上叠压有宋代以后的流沙、淤积层、表土层等。

本次所发掘的砖墓除 7 座保存完好外，均遭到不同程度的破坏，大多是墓的上部被破坏，有相当数量仅余墓底，甚至只有少量铺地砖，极少数墓顶尚存，但一般也只有小半部。正是因为墓葬破坏严重，致使许多墓葬的随葬器物被毁坏，不仅使器物组合不全，单个器物多余残片，而且大多完全不见随葬品，整个保存下来可修复并作为分期依据者不多。不过，根据现有的随葬品结合墓葬形制仍可大致划分出这些墓葬的时代。现依据时代将本次发掘的 97 座六朝至宋代墓葬报告如下。

图二　襄樊市国际商都墓葬分布图

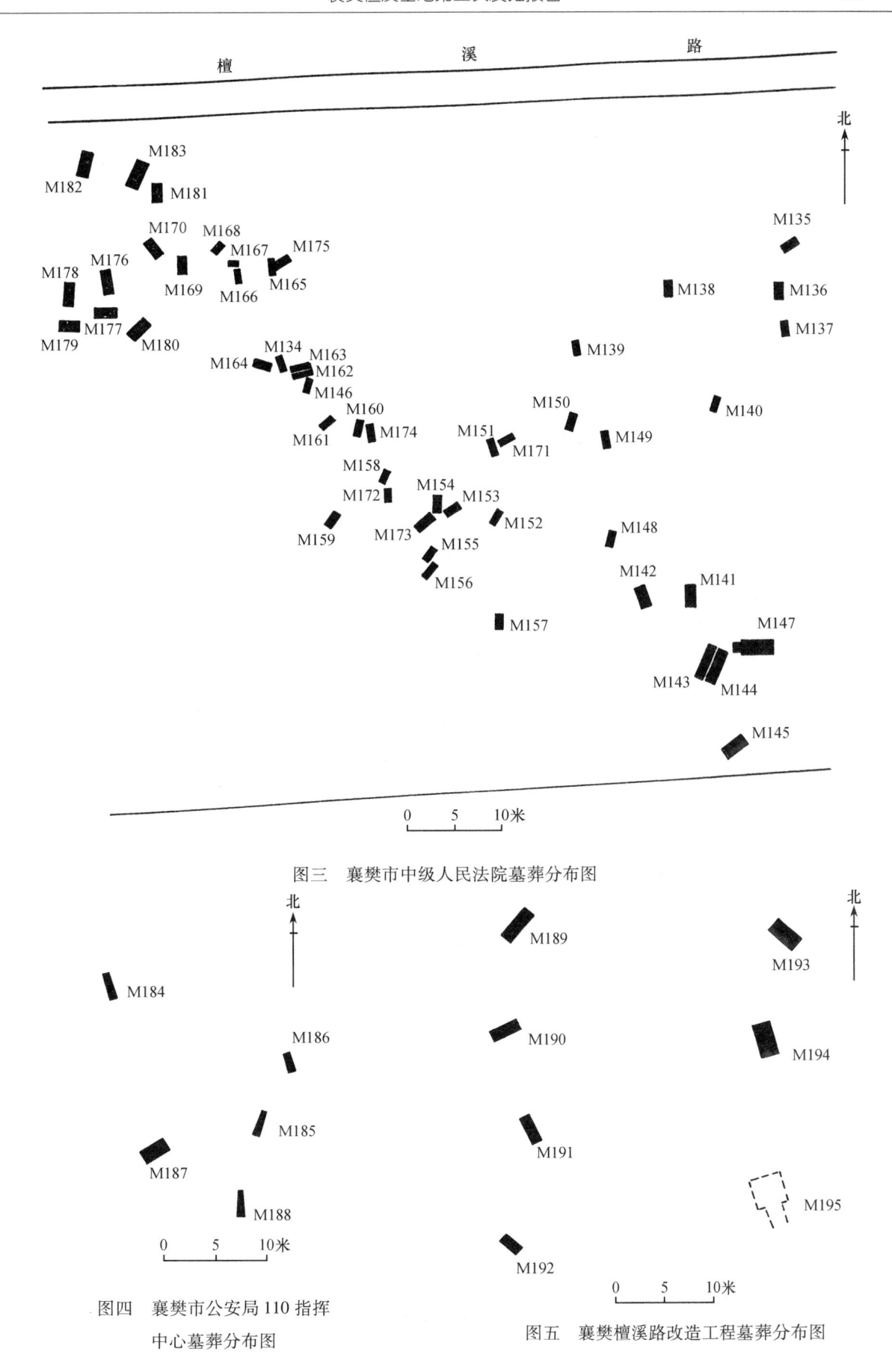

图三　襄樊市中级人民法院墓葬分布图

图四　襄樊市公安局 110 指挥中心墓葬分布图

图五　襄樊檀溪路改造工程墓葬分布图

一、六 朝 墓

（一）墓葬形制

六朝墓仅5座，分别为M104、M139、M147、M189、M193。其中M139仅存乱砖，M104、M147、M189、M193残存部分。M104、M189、M193平面呈长方形，M147平面呈"凸"字形。

1. 长方形单室砖墓

M104　方向150°。上大部遭到破坏。现存墓室长3.96、宽1.2、残高0.53米。三面墓壁条砖错缝叠砌，最多残存8层，斜行错缝铺地砖，三顺一丁接三顺封门，上部不明。壁、地砖规格为35厘米×18厘米×5厘米，单平面饰绳纹。葬具不明，人骨架无存。随葬器物仅1件，成残片散于北部靠东壁处（图六）。

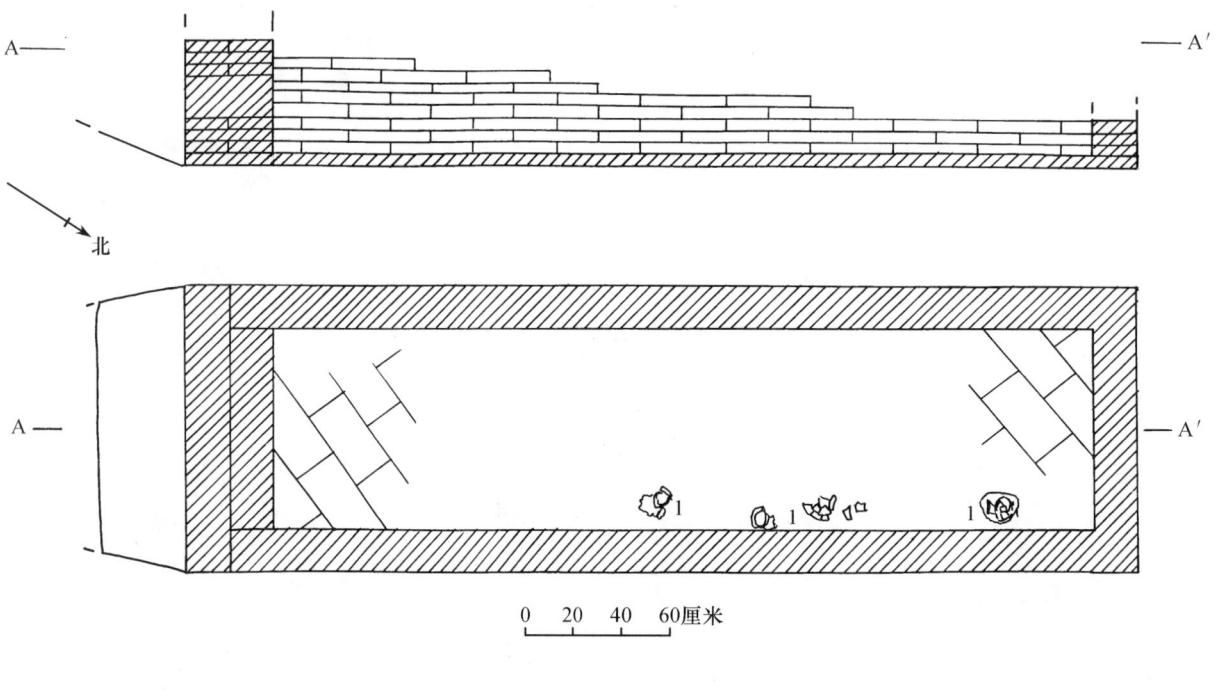

图六　M104平、剖面图
1. 瓷盘口壶

M193　方向130°。墓道及封门遭到破坏。现存墓室残长3.1、宽1.5、残高1.95米。三面墓壁自下而上三顺一丁两组后，错缝叠砌19层条砖起券，后壁中部出一砖柱，砌法同墓壁，"人"字形铺地砖，封门不明。壁、地砖规格为32厘米×15厘米×4厘米，单长侧面饰几何纹。从墓室内出土三枚铜棺钉情况看，原应有木质葬具，可能为单棺。残存头骨及少量肢骨，头朝东南，面朝上，仰身直肢葬。未见随葬品（图七）。

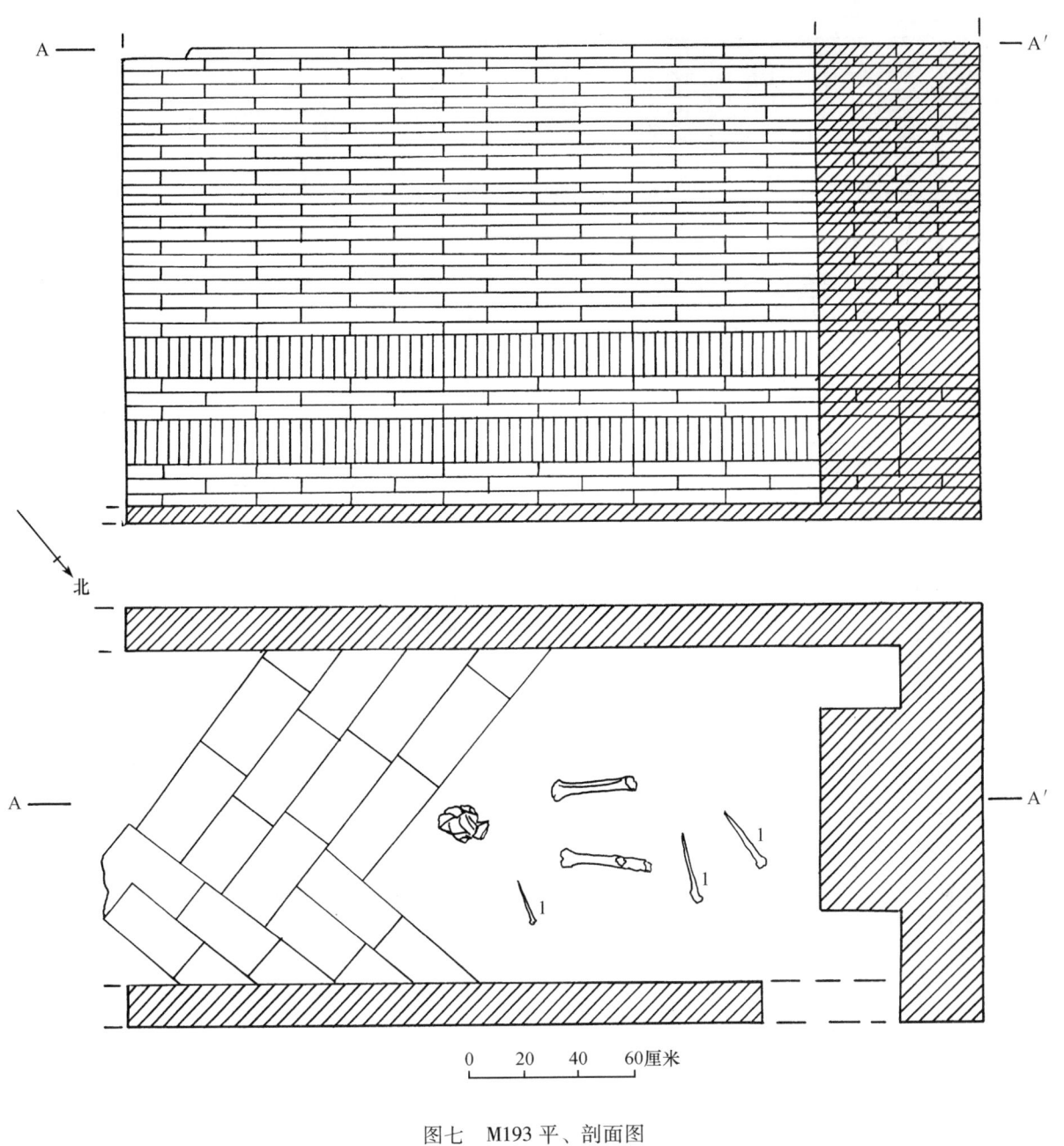

图七 M193 平、剖面图
1. 铜棺钉

2. "凸"字形单室砖墓

M147 方向275°。墓顶大部遭到破坏。由甬道和墓室组成。甬道长0.85、宽0.7、高1.26米，墓室长3.84、宽1.31、高1.51米。墓室、甬道壁均条砖三顺一丁三组再错缝叠砌7层以楔形砖起券，斜行错缝铺地砖。封门不明。壁、地砖规格为27厘米×14厘米×4厘米，券砖为29.5厘米×14.5厘米×（3~4）厘米，单平面均饰绳纹。葬具和人骨架均无存。少量随葬品置于甬道内和墓室西端（图八）。

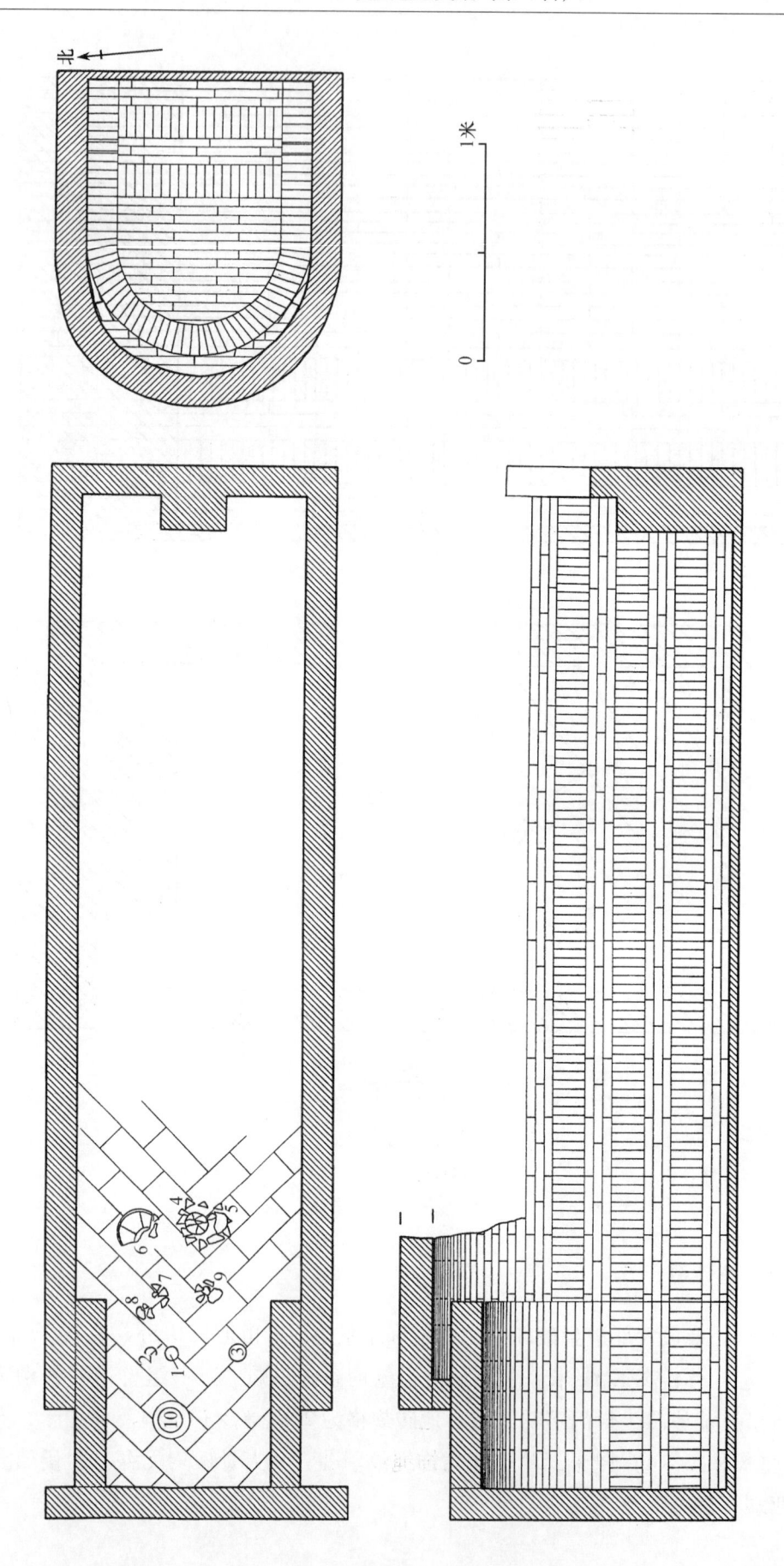

图八 M147 平、剖面图

1、2. 铜手镯 3. 瓷碗 4、5. 瓷盖罐 6. 陶桶 7. 陶盘 8. 陶耳杯 9. 陶碗 10. 陶罐

（二）随葬器物

5座墓葬中 M104、M139、M147、M189 分别出土随葬器物 1、1、14、3 件，M193 不见随葬器物。随葬器物按质地可分为陶、瓷、铜、铁四类，M189 所出 2 件铁器因锈蚀严重而不明形制。

1. 陶器

6件。均为泥质灰陶，多素面，少量饰绳纹，器类有罐、碗、盘、榼、耳杯等。

罐　2件。按照整体形制的变化可分为二式。

Ⅰ式　M139:1，口部残。溜肩，大圆鼓腹，圜底，肩有双鼻耳。上、中腹饰间断竖绳纹，下腹及底饰横绳纹。底径8、残高19.2厘米（图九，3）。

Ⅱ式　M147:10，素面。近直口，圆唇，矮领，圆肩，弧腹内收，平底。口径10.6、底径8.8、腹径16.6、高11.2厘米（图九，6；图版四三，1）。

碗　1件。M147:9，素面。敞口微敛，圆唇，弧腹内收，平底，沿外侧有一道浅凹槽。口径20.6、底径13.2、高8.4厘米（图九，4）。

盘　1件。M147:7，敞口，圆唇，浅腹，平底。内底饰两道同心圆凹弦纹。口径15.2、底径13.8、高2厘米（图九，5）。

榼　1件。M147:6，缺盖。素面。圆形，子母口，浅腹，平底，浅圈足。有内外两层格，内分成"Y"形三格，外呈扇形等分六格。口径22、底径20、高3.5厘米（图九，10；图版四三，2）。

耳杯　1件。M147:8，椭圆形口，扁弧形耳，浅腹，平底。口长径9.8、口短径5.2、底长径5.8、底短径3、高3.8厘米（图九，12）。

2. 瓷器

6件。均为青瓷，器类有盘口壶、碗、盖罐等。

盘口壶　3件，1件无法修复。浅灰胎。整体较矮，盘口，束短颈，溜肩，鼓腹，平底，肩有四横系两两相对。内壁颈中部以上、外壁中腹以上施深绿釉。按照颈、肩、腹部的变化可分为二式。

Ⅰ式　M189:1，口残。颈较短细，最大径在上部，下腹斜收。肩径12.7、底径8.4、残高16.8厘米（图九，1）

Ⅱ式　M104:1，颈相对较长粗，最大径在中腹，下腹近曲收。口径12、腹径15.2、底径8.2、高23.4厘米（图九，2；图版四四，1）。

碗　1件。M147:3，浅灰胎。敞口微敛，圆唇，弧腹内收，平底，唇外侧有一道浅凹槽。施深绿釉，内底无釉，外施釉不到底。口径8.2、底径4.2、高4厘米（图九，7）。

盖罐　2件。同出M147，形制、大小基本相同。近直口，圆唇，矮领，圆肩，上腹鼓，下腹微曲收，平底，上承子口盖，盖顶弓形纽。肩对称有两两相对四横系。四系间和盖上皆饰两道凹弦纹。施深绿釉，外施釉不到底，器口施釉只内沿，盖仅外部施釉。M147:4，口径11.6、底径9.4、通高19.6厘米（图九，8；图版四三，3左）。M147:5，口径10、底径9.6、通高20厘米（图九，11；图版四三，3右）。

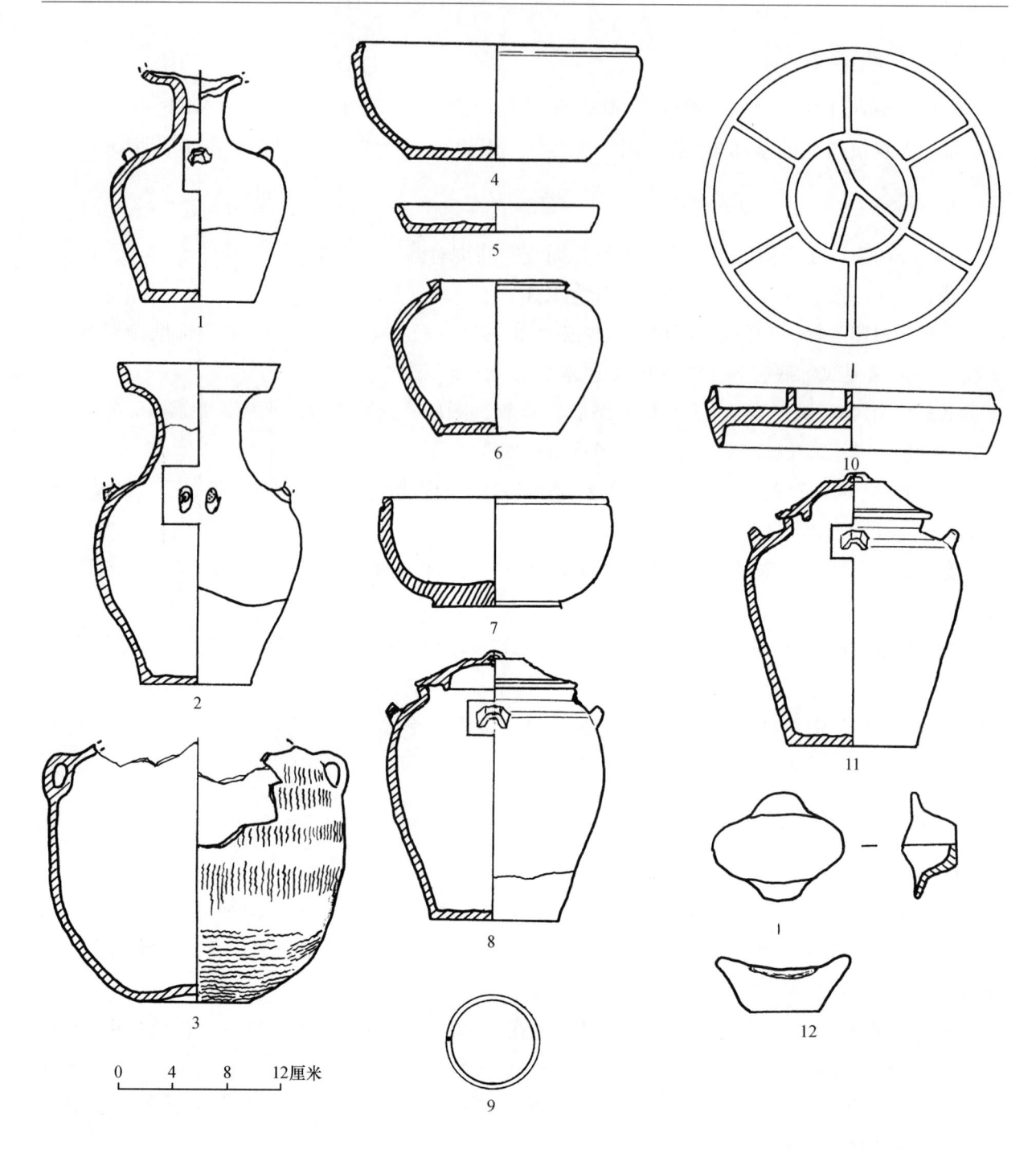

图九　六朝墓器物

1. Ⅰ式瓷盘口壶（M189:1）　2. Ⅱ式瓷盘口壶（M104:1）　3. Ⅰ式陶罐（M139:1）　4. 陶碗（M147:9）　5. 陶盘（M147:7）　6. Ⅱ式陶罐（M147:10）　7. 瓷碗（M147:3）　8、11. 瓷盖罐（M147:4、M147:5）　9. 铜手镯（M147:1）　10. 陶槅（M147:6）　12. 陶耳杯（M147:8）

3. 铜器

仅手镯 2 件，1 件残。同出 M147，形制、大小相同。圆环形，较细，横断面呈椭圆形。M147:1，直径 7 厘米（图九，9）。

（三）相对年代

以上5座墓葬，无论是墓葬形制，还是随葬器物都具有六朝时期的特征。

M139所出双鼻耳罐形制特征较为明显，其为襄樊地区较有特色的器形，这种双耳罐自春秋中期开始，到东汉末期一直有连贯的发展脉络，目前本区所见最晚者出自襄阳城东街墓地东汉晚期的几座墓葬[2]中，之后一概不见，再结合该墓所出流行于本区东汉到六朝时期的几何纹墓砖看，这座墓的时代不晚于六朝时期。

M147出土的陶、瓷器都是南方六朝时期墓葬较为常见的器物。其中M147的陶碗、陶耳杯、青瓷碗、青瓷盖罐与江苏镇江谏壁砖瓦厂九座东晋墓[3]中的同类器物十分接近，该墓的陶盘、榀、耳杯等同类形制器物在黄冈铝厂南朝墓[4]中也有出土，可以说M147的时代应不晚于南朝，或可早到东晋晚期。

M189、M104所出Ⅰ、Ⅱ式盘口壶也是南朝墓葬的典型器物，Ⅰ式盘口壶与出"天监十七年"（518年）铭文砖的应城杨家岭M1出土的盘口壶[5]较为接近，这种形制的盘口壶也在鄂州泽林M6中[6]出土，Ⅱ式盘口壶与南朝宋孝建二年（455年）的武汉周家大湾M206出土的盘口壶[7]一脉相承，时代特征要晚。由此判断，这二墓的时代应以南朝中晚期为宜。

M193虽未出随葬器物，但墓葬形制特征也可说明其时代。该墓形制与M147基本相近，同时后壁砌砖柱的做法也主要流行于六朝时期，这与上述应城杨家岭M1[8]、鄂州泽林南朝墓[9]的结构特征基本相同，只是更加简化，时代可能略晚，还有侧面饰几何纹的墓砖也是东汉到六朝时期常见的。综上所述，推测该墓的时代也在南朝时期。

二、隋 唐 墓

（一）墓葬形制

隋唐墓共89座，占整个墓葬的绝大多数，按照平面形状可分为长方形和"刀"形两种。

1. 长方形单室砖墓

88座。其中M97、M98、M105、M106、M108、M113、M120、M121、M137、M141、M154、M158、M170、M176、M179、M181、M187等17座墓葬因仅存小部或只余少量铺地砖不明墓室结构，可大致明确墓葬结构者按照墓顶砌筑方法的不同可分为平盖顶和券顶两种类型。

（1）平盖顶

30座。墓葬规模一般较小，有的可明显看出是儿童墓。部分墓葬一头宽一头窄，使其平面形状呈梯形。墓壁下层有的顺向侧立或直立一层条砖后接错缝叠砌，有的逆向侧立一层条砖后接错缝叠砌，有的直接错缝叠砌上顶，个别对应两壁叠砌、另两壁或直立或侧立，少量墓葬无铺地砖。均不设墓道。

M94 方向225°。顶部分遭到破坏。墓圹长1.7、宽0.8、残深0.65米，墓室长1.54、宽0.52～0.75、高0.55米。四壁条砖顺向错缝叠砌8层后，2层平砖横向封顶，长壁逐层内收，横行错缝铺地砖。墓圹西北壁中部开一土龛，宽0.34、高0.51、深0.36米，龛内放置瓷碗、盘口壶各1件。墓砖规格为33厘米×16厘米×5厘米。葬具及人骨架均不存（图一〇）。

M112 方向165°。上大部残。墓室长2.16、宽0.84、残高0.1米。四壁半截砖逆向错缝叠砌，残存2层，无铺地砖。葬具及人骨架均不存，未见随葬器物（图一一）。

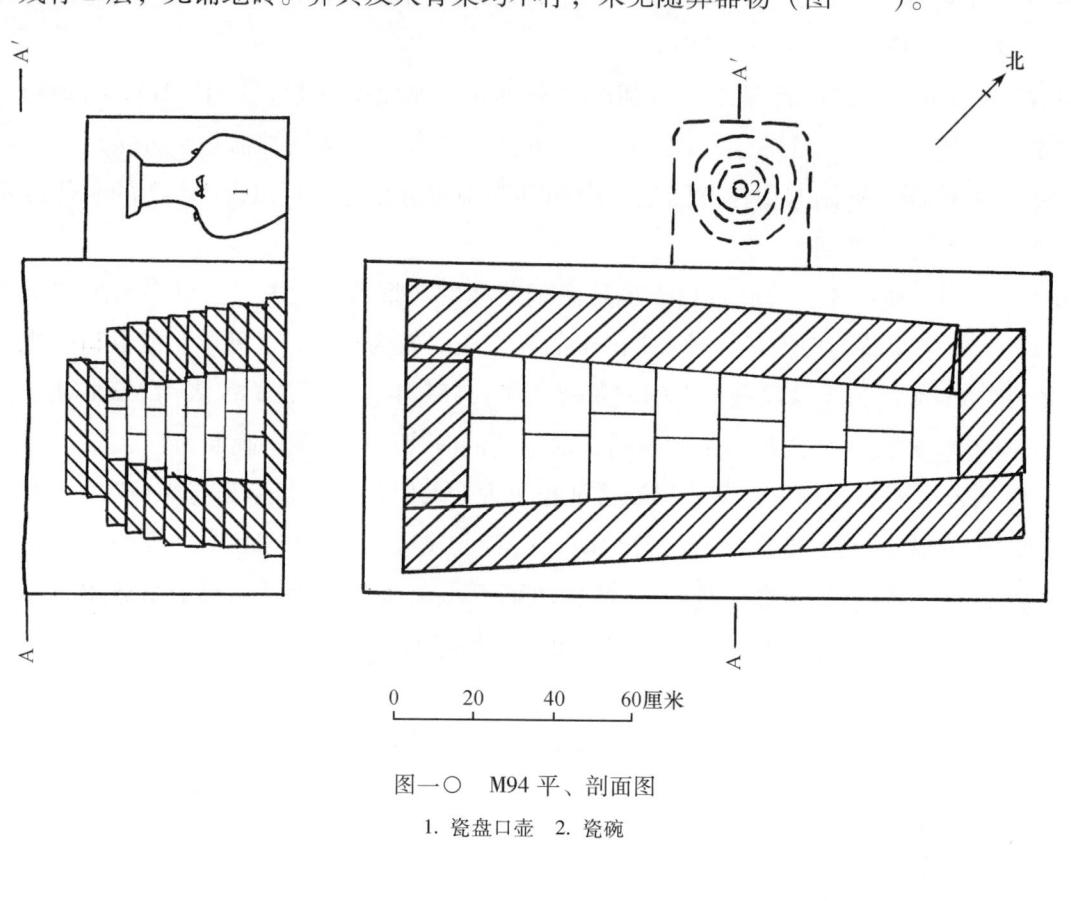

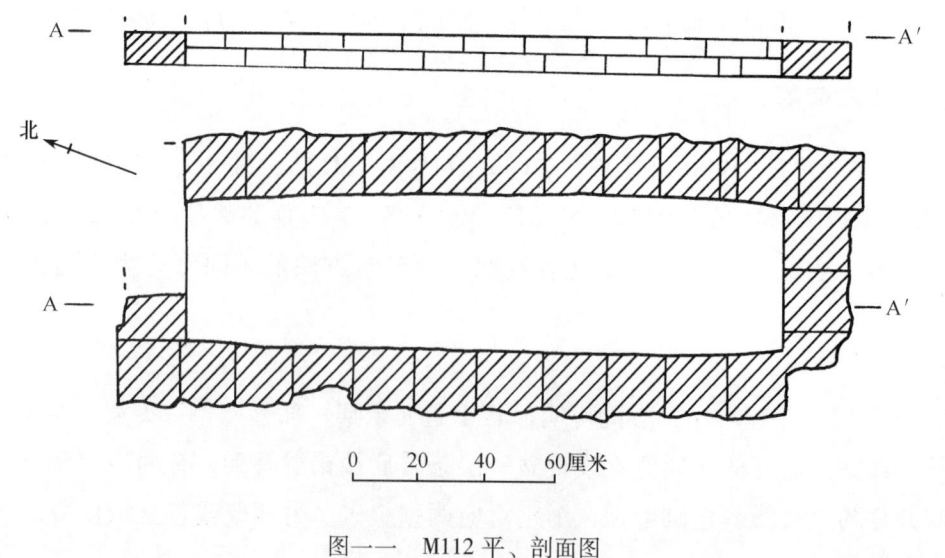

图一〇　M94平、剖面图
1. 瓷盘口壶　2. 瓷碗

图一一　M112平、剖面图

M134　方向170°。上大半残。墓室长2.8、宽0.63~1.1、高0.45米。南半部顺向一砖间隔逆向一半截砖侧立1层，北半部顺向侧立1层，上部叠砌5层，逐层内收，直行平盖2层顶砖，北半部靠西壁纵向一行横行铺地砖，中部靠东壁直行一块铺地砖，南半部无铺地砖。墓砖规格为35厘米×14厘米×5厘米。葬具不明，人骨架不存。无随葬器物（图一二）。

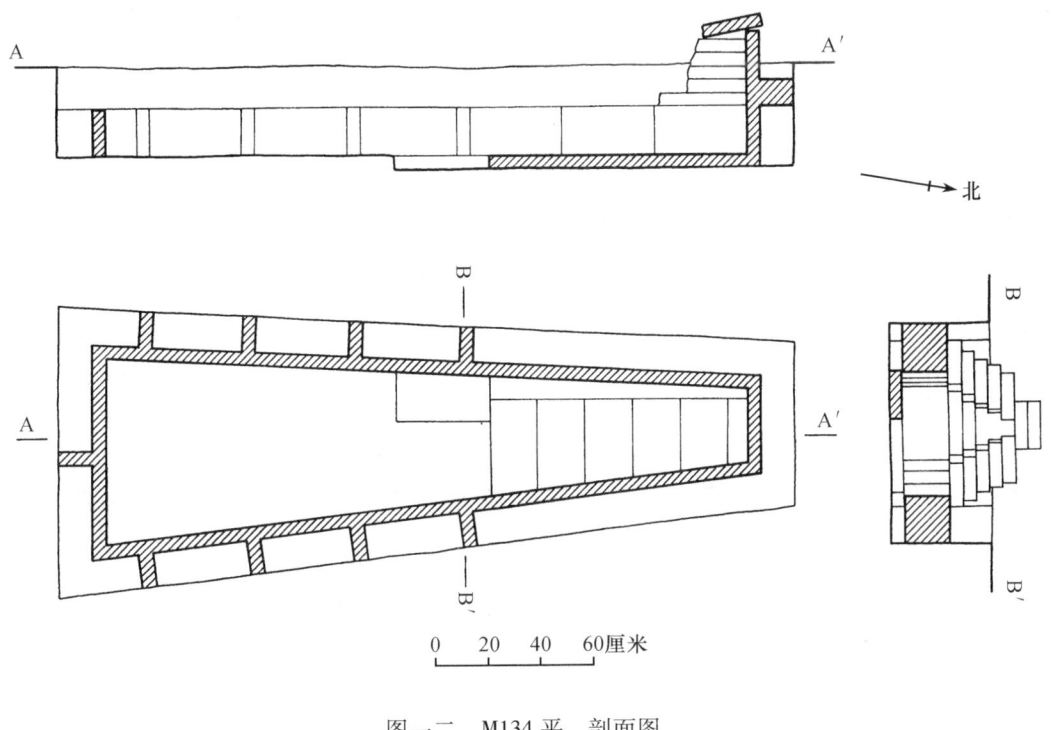

图一二　M134平、剖面图

M178　方向185°。墓圹长3.4、宽1.42、残深0.85米，墓室长3、宽1.02、残高0.65米。南北壁平砖错缝叠砌，东西壁自下而上各直立、叠砌、侧立、叠砌1层，上部残，无铺地砖。壁砖规格为32厘米×16厘米×4厘米。葬具不明，人骨架不存。随葬器物1枚"开元通宝"置墓内中部偏南（图一三）。

M185　方向190°。保存基本完整。墓室长2.62、宽0.55~0.74、高0.55米。四壁条砖直立1层后错缝叠砌3层，逐层内收，顶1层条砖横向平盖，前、后各一排横行铺地砖。壁、地砖规格为33厘米×16厘米×4厘米。葬具不明，人骨架不存。随葬器物散于中间腰部或南部（图一四）。

M188　方向178°。保存基本完整。墓室长2.62、宽0.55~0.74、高0.68米。四壁条砖侧立1层后错缝叠砌8层，上2层内收，顶1层条砖横向平盖，间隔设四排横行铺地砖。壁、地砖规格为36厘米×16厘米×5.5厘米。葬具不明，残存头骨及少量肢骨，头向南，仰身直肢葬。随葬器物散于身体一侧或头部（图一五）。

（2）券顶

41座。规模相对较大，墓壁大多由条砖错缝叠砌，少量采用侧立、直立或三顺一丁后再错缝叠砌，两长壁叠砌一定层数后用条砖或楔形砖起券，除少数外有横、斜、"人"字形铺地砖，头部均有封门，封门外设墓道，墓道大多因受到破坏未予清理。

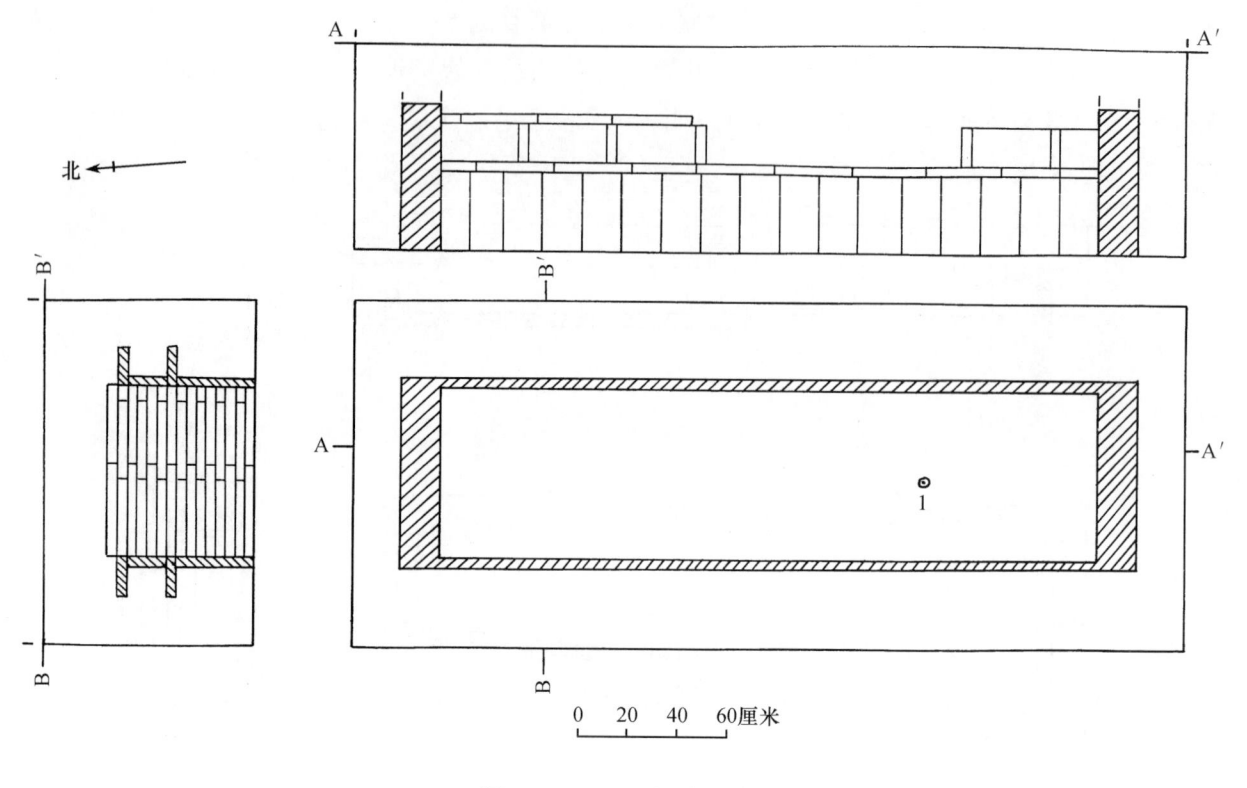

图一三　M178 平、剖面图
1. 铜钱

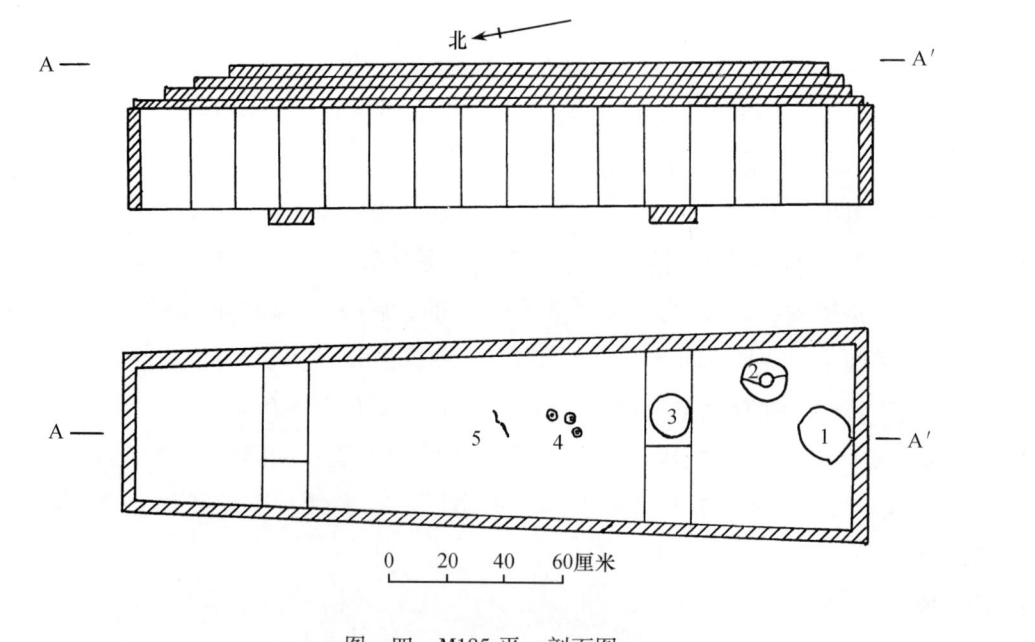

图一四　M185 平、剖面图
1. 陶罐　2. 瓷碗　3. 铜镜　4. 铜钱　5. 铜簪

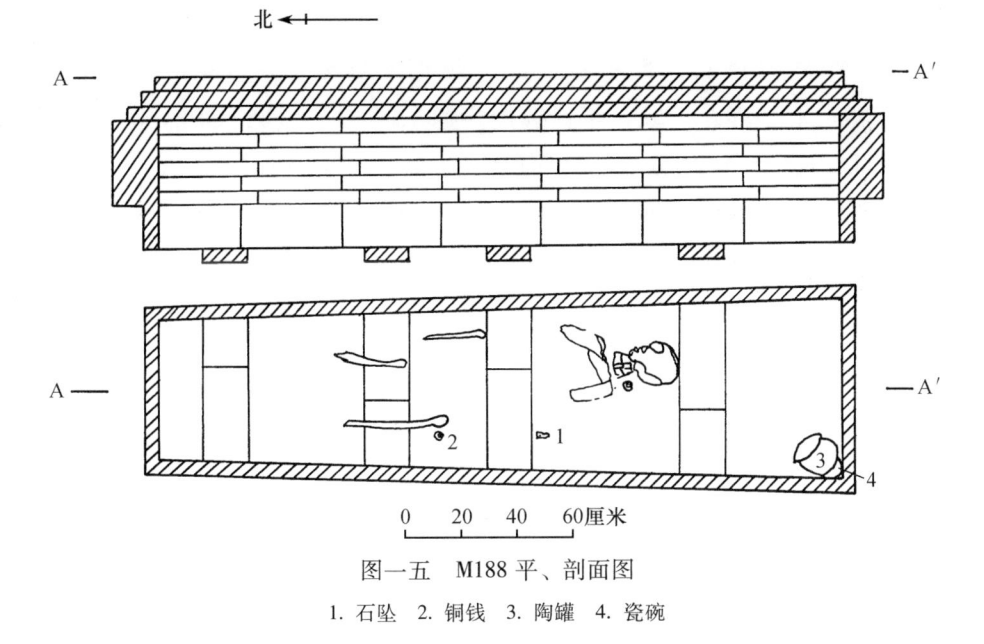

图一五　M188 平、剖面图
1. 石坠　2. 铜钱　3. 陶罐　4. 瓷碗

M103　方向155°。上部残。墓室长4.08、宽1.3、残高1.08米。三壁三顺一丁两组再错缝叠砌，长壁至6层起券，前有条砖叠砌挡墙，横行铺地砖，封门同壁。南有斜坡墓道，被破坏。壁、地砖规格为28厘米×14.5厘米×4.5厘米，券砖规格为30厘米×15厘米×（3~4.5）厘米。葬具不明。残存少量肢骨，头向南，推测为仰身直肢葬。随葬器物多为残片，置于中部偏南（图一六）。

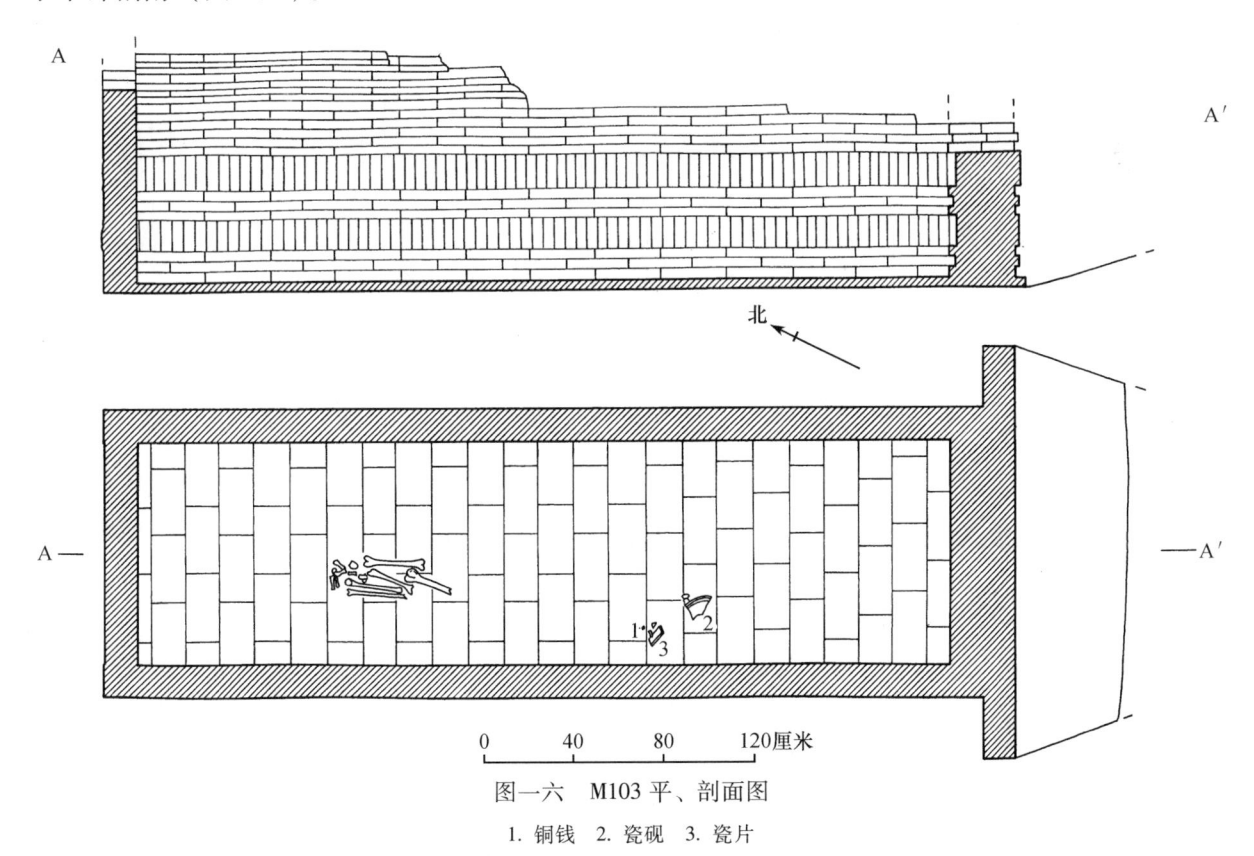

图一六　M103 平、剖面图
1. 铜钱　2. 瓷砚　3. 瓷片

M143、M144 方向同为200°。上部残。东西并列，可能为夫妇合葬墓。M143墓室长3.6、宽1.28、残高0.97米，M144长3.55、宽1.22、残高0.75米。三壁条砖顺向错缝叠砌，长壁分别至11、8层起券，券顶残，三顺一丁错缝接叠砌条砖封门，斜行铺地砖。南均有斜坡墓道，已被破坏。墓砖规格分别为38厘米×19.5厘米×6.5厘米、38厘米×19厘米×5.5厘米。葬具和人骨架均无存。随葬器物置于西南端（图一七）。

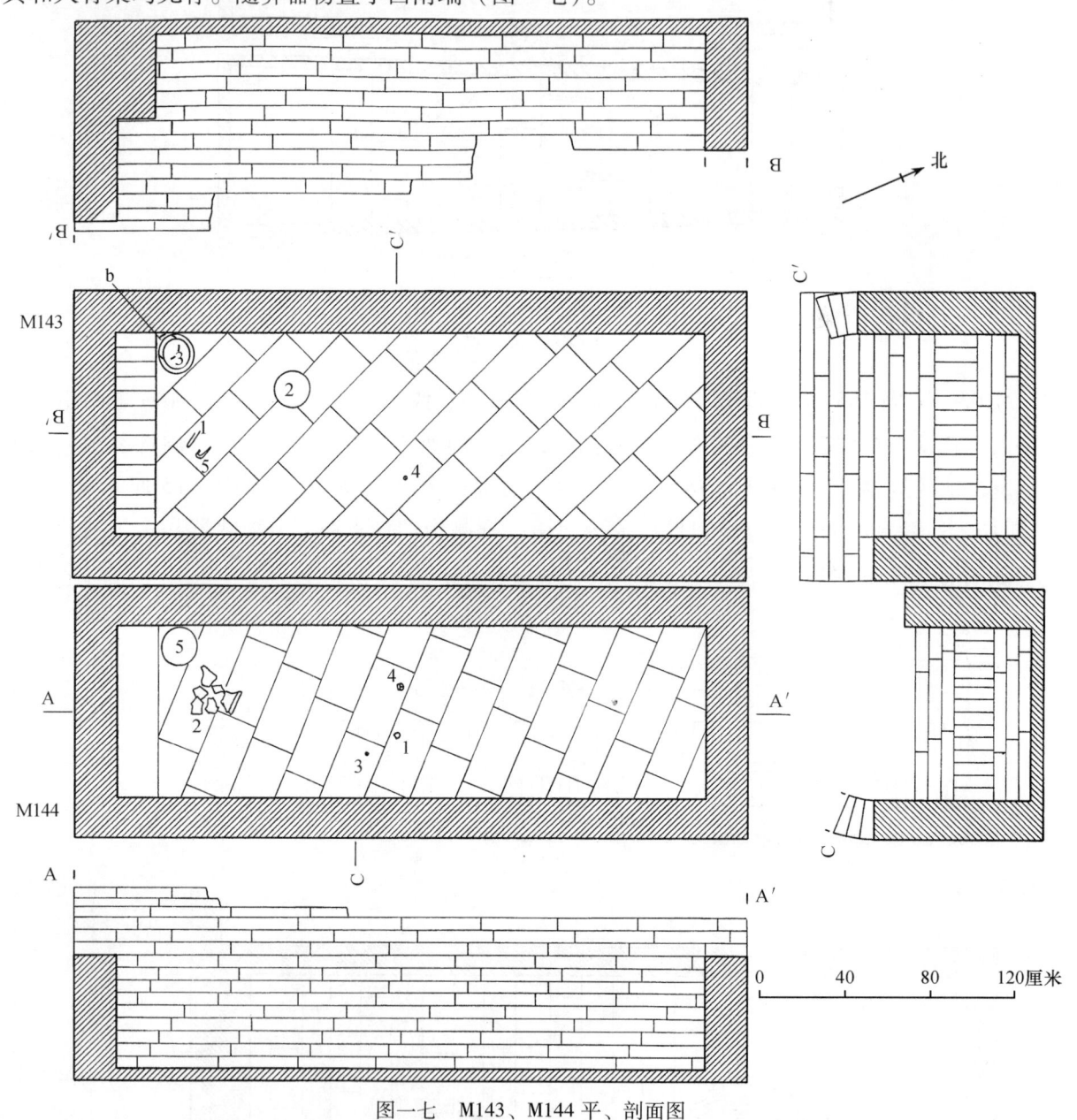

图一七 M143、M144平、剖面图
M143：1. 银簪 2. 铜镜 3. 瓷盘口壶 4. 铜钱 5. 玉簪 6. 瓷碗 M144：1. 铜钅夸 2. 瓷盘口壶 3. 铜钱 4. 铜扣 5. 瓷碗

M165 方向175°。上大部残。墓圹长3.34、宽1.18、残深1.04米，墓室长2.9、宽1.03、残高0.32米。三壁条砖顺向侧立1层后错缝叠砌，残存3层，无铺地砖，叠砌封门。南有斜坡墓道，被破坏。墓砖规格为33厘米×16.5厘米×4.5厘米，单平面饰绳纹。葬具及人骨架均不存。随葬器物置于靠东壁处，1件陶罐被翻到填土中（图一八）。

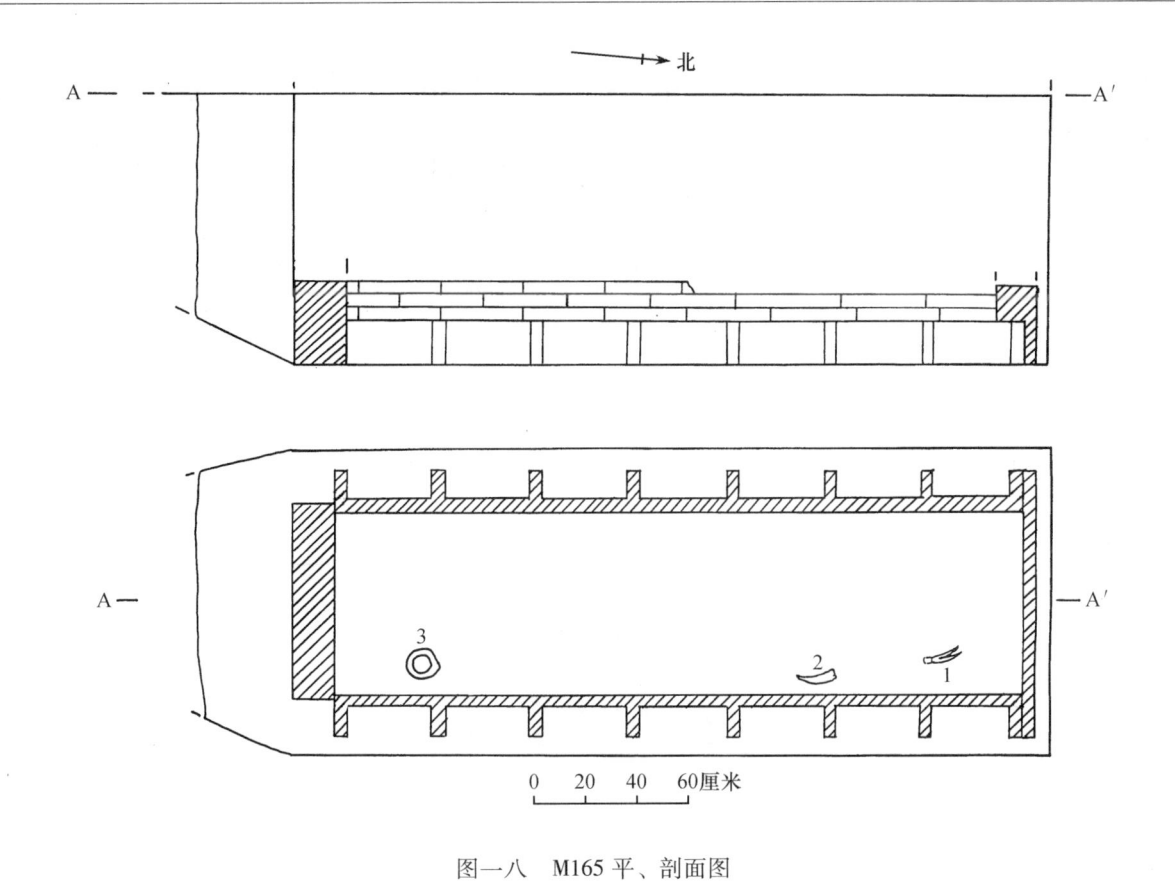

图一八 M165 平、剖面图
1. 铁剪 2. 铁镰 3. 陶器座

M169 方向190°。保存较完整。墓室长2.8、宽0.8~1.12、高1米。条砖顺向错缝叠砌，长壁20层，自第10层渐向中间内收，条砖并贴斜插封顶，斜行铺地砖，弧形叠砌封门。墓砖规格为35厘米×16厘米×5厘米，单平面饰细绳纹。南有斜坡墓道，已被破坏。墓室内葬具不存，仅见铁质棺钉，保留有头骨及少量肢骨，头向南，仰身直肢葬。随葬器物散置多处（图一九）。

M173 方向220°。顶部残。墓室长3.2、宽1.08、高0.97米。条砖顺向错缝叠砌，长壁至16层后起券，斜行铺地砖，前有叠砌挡墙，三顺一丁再叠砌封门。西南有斜坡墓道，平面长2.3、前宽0.7、后宽1.16、下端残深1.1米。墓砖规格为30厘米×18厘米×4厘米。葬具及人骨架均不存。随葬器物被翻到填土中（图二○）。

2. "刀"形单室砖墓

1座。

M102 方向190°。前侧部残。由甬道和墓室组成。墓室长2.77、前复原宽1.48、后宽0.93、前高1.3、后高1.1米；短甬道长正好一块砖长，为0.34米、残宽0.8、高1.16米。条砖错缝叠砌，墓室、甬道长壁分砌至18、15层后条砖起券，错乱平铺地砖，叠砌封门，封门同壁。甬道顶上条砖叠砌挡墙。南有斜坡墓道，被破坏。墓砖规格为34厘米×16厘米×5厘米。葬具不明。后端有两具人骨架并列，头向南，仰身屈肢葬。随葬器物置于墓室中部偏南（图二一）。

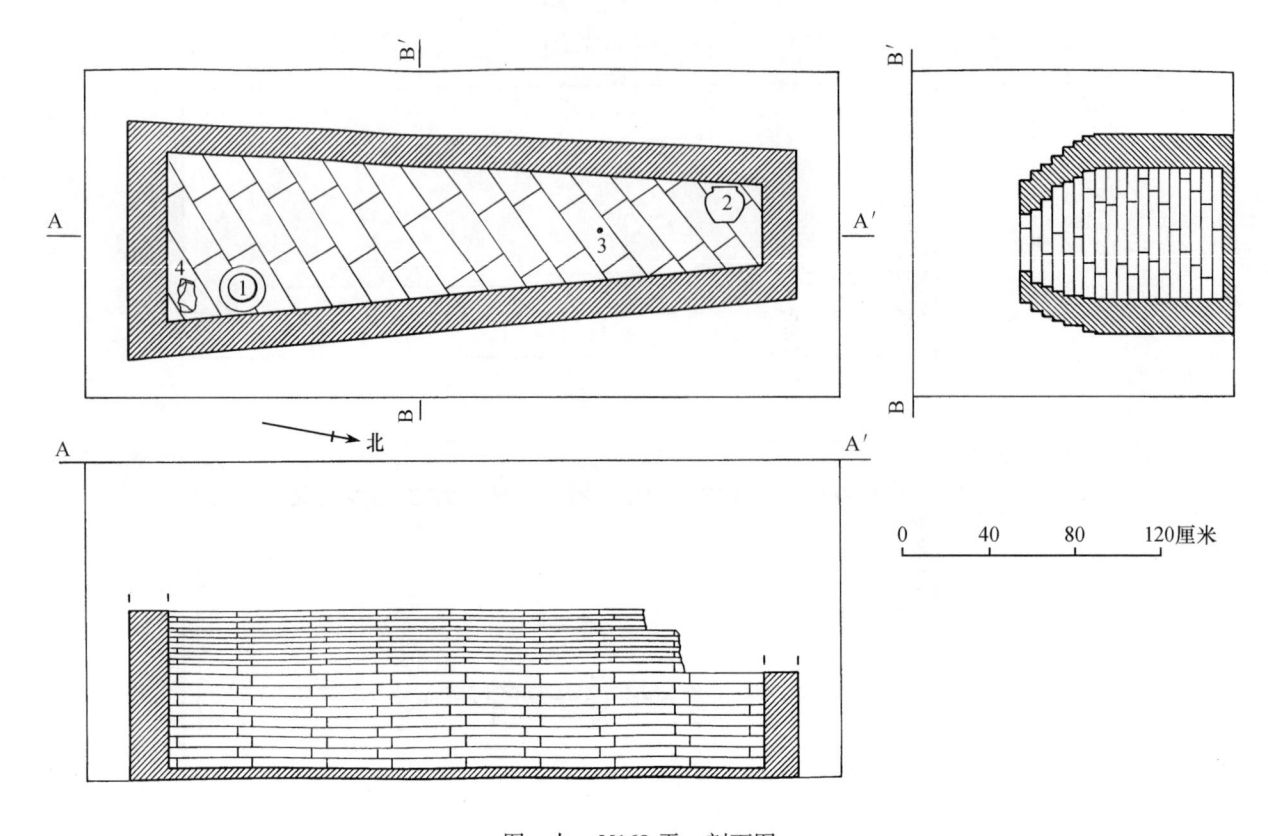

图一九 M169 平、剖面图
1. 陶器座 2. 陶罐 3. 铜钱 4. 砾石

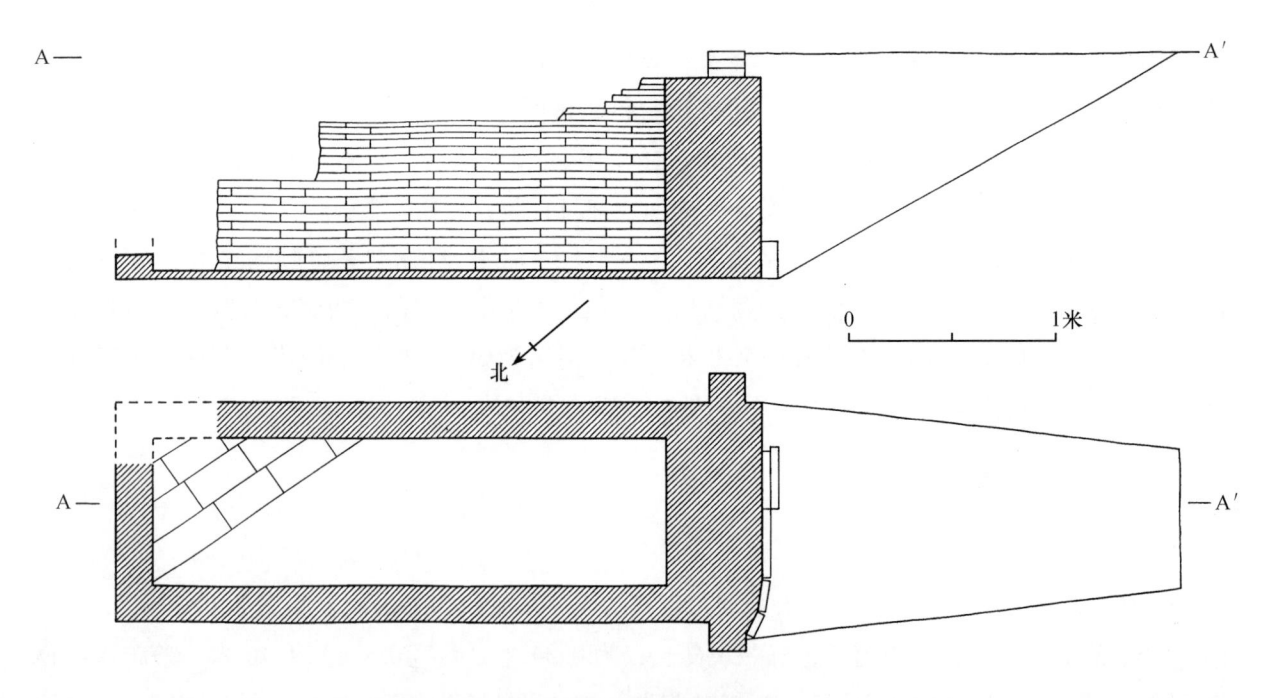

图二〇 M173 平、剖面图

图二一　M102 平、剖面图
1. 瓷碗

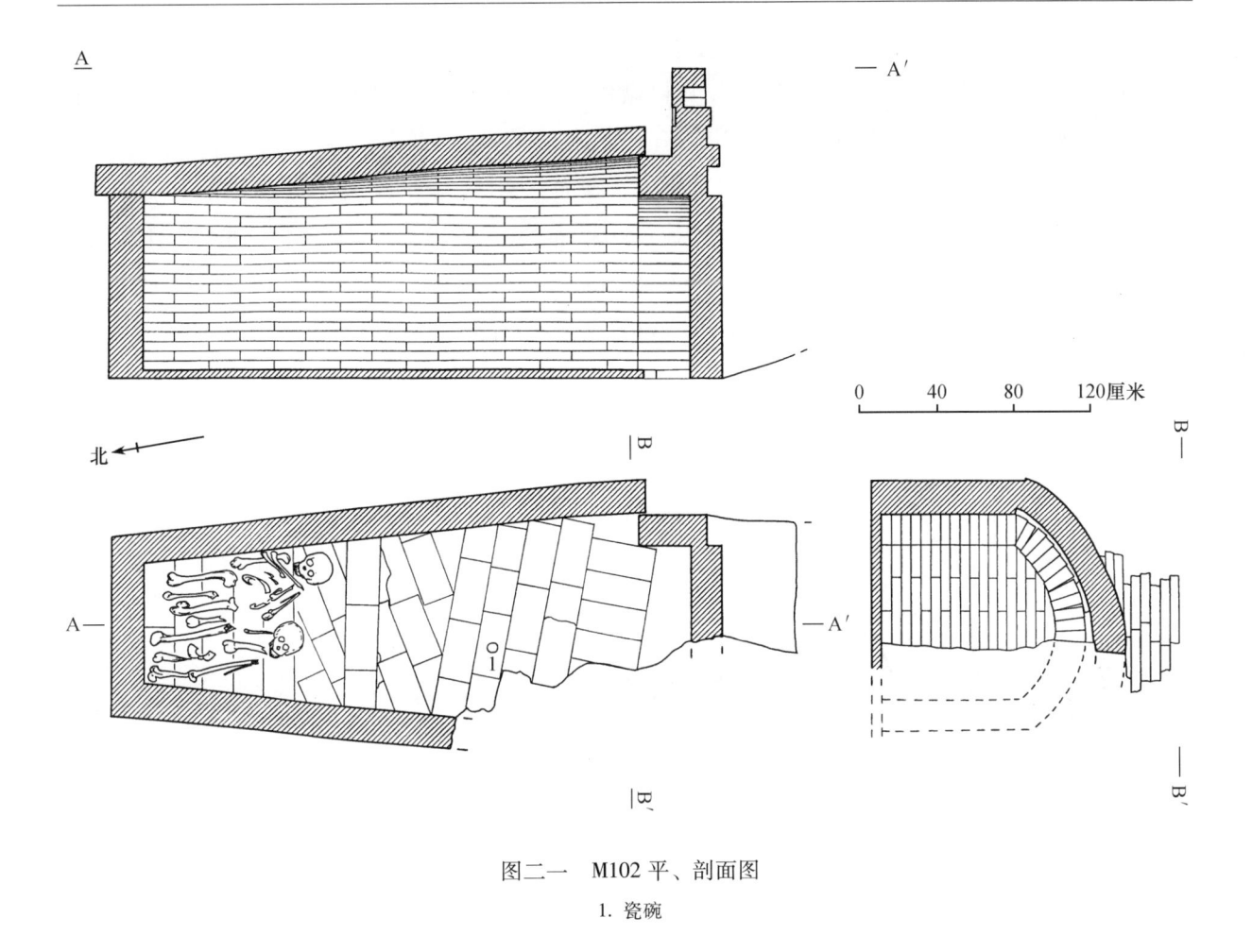

（二）随葬器物

本时期墓葬出土随葬器物不多，共 120 件，按质地可分为陶、瓷、铜、铁、银、玉六类。

1. 陶器

20 件。器类有罐、器座、俑等。

罐　11 件。均为火候较高的泥质灰陶。素面。圆肩，鼓腹，平底。根据口部的不同可分为二型。

A 型　10 件，复原 7 件。侈口，翻沿，圆唇，束短颈。按照整体和口、腹部的变化可分为四式。

Ⅰ式　1 件。M165:4，整体较瘦高，口相对较小，最大径在上腹。口径 10.8、腹径 20.5、底径 9.6、高 20.2 厘米（图二二，1）。

Ⅱ式　1 件。M136:1，整体较矮胖，口相对较大，最大径在上腹。口径 14.8、腹径 21、底径 12、高 20 厘米（图二二，2）。

Ⅲ式　2 件。出自 M166、M184。整体矮胖，口相对较大，最大径在中腹。M166:1，口径 11.2、腹径 19.2、底径 10.8、高 18 厘米（图二二，4；图版四三，4）。

Ⅳ式　3 件。同出自 M191。整体较矮小，口相对较大并外侈较甚，最大径在中腹。M191:1，外有白衣，脱落严重。口径 12、腹径 16、底径 8、高 15.2 厘米（图二二，5；图版四三，

5)。M191:4，口径 11.6、腹径 16.8、底径 7.8、高 15.5 厘米（图二二，7）。

B 型　1 件。M169:2，整体较矮胖，直口微敛，口相对较大，矮直领，最大径在上腹。口径 13.2、腹径 21.6、底径 9.6、高 19.2 厘米（图二二，8）。

器座　2 件。出自 M165、M169。泥质灰陶。素面。喇叭形帽状，平顶，自顶部到沿部渐斜扩，凹腰，圆唇。M165:3，顶径 8.4、口径 18.2、高 8 厘米（图二二，3）。M169:1，顶径 10.2、口径 19.4、高 9.2 厘米（图二二，6）。

俑　7 件。均散出于 M170 填土中。陶质较差，泥质红陶。有人物俑、动物俑两类。

人物俑　4 件。表面施黑衣，大部分脱落。分文吏俑、男侍俑两种。

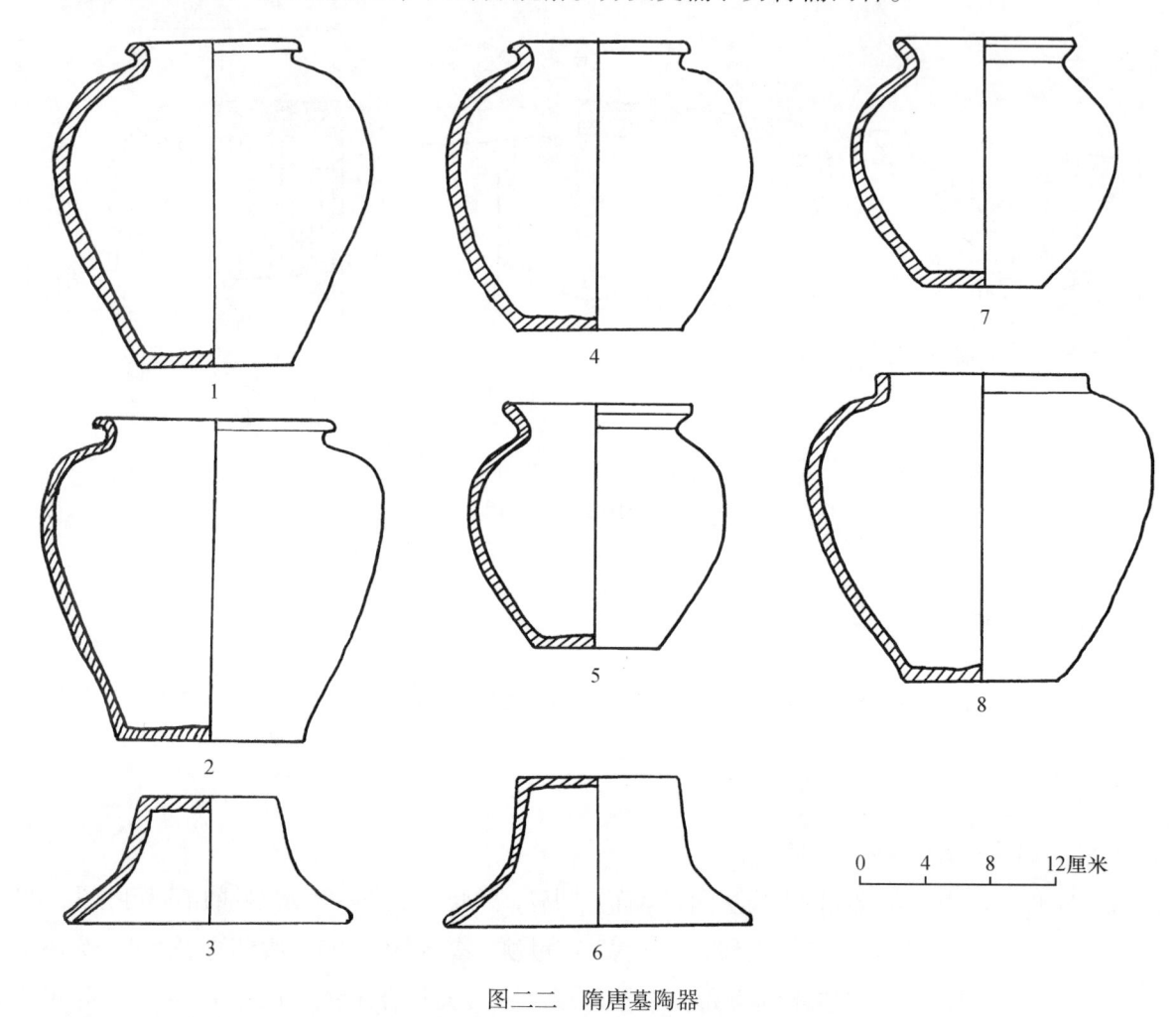

图二二　隋唐墓陶器
1. A 型Ⅰ式罐（M165:4）　2. A 型Ⅱ式罐（M136:1）　3、6. 器座（M165:3、M169:1）　4. A 型Ⅲ式罐（M166:1）
5、7. A 型Ⅳ式罐（M191:1、M191:4）　8. B 型罐（M169:2）

文吏俑　2 件。下部均残，形制、大小相同。形体较大，面部丰满，头戴高冠，身着交领宽衣，双手持物捧于胸前。M170:2，残高 50.3 厘米（图二三，1；图版四四，4）。M170:3，残高 44.2 厘米（图二三，3）。

男侍俑　2 件，修复 1 件。M170:4，形体较小。头戴幞头巾，身穿圆领紧袖长衫，两手放于胸前，束腰，长衫及地，双脚外分。高 38 厘米（图二三，2；图版四四，5）。

图二三　隋唐墓陶俑

1、3. 文吏俑（M170:2、M170:3）　2. 男侍俑（M170:4）　4. 鹿（M170:8）　5. 鸡（M170:7）　6. 马（M170:6）

动物俑　3件。均为泥质红陶。马、鹿、鸡各1件。

马　M170:6，残大部。身施白陶衣，大多脱落。马身高体健，背上有鞍。残高28厘米（图二三，6）。

鸡　M170:7，下部残。小冠短喙，长颈。残高16厘米（图二三，5）。

鹿　M170:8，嘴残。卧伏状，头前昂，短耳。残高11.4厘米（图二三，4）。

2. 瓷器

30件。器类有盘口壶、碗、杯、砚等。

盘口壶　12件，大多只余残片，修复或基本修复6件。浅灰胎。盘口，上端外侈，尖圆唇，外壁口颈交接处有一周尖棱，束长颈，溜肩，鼓腹，平底，肩有横系或立耳。内壁颈中部以上及外壁肩以上施釉。按照整体和颈、腹、系或耳及釉色的变化可分为四式。

Ⅰ式　1件。M164:1，整体瘦高。颈较细长，肩有六横系，一一、两两相对，腹弧收，下腹弧收，最大径在中腹偏上。施深绿釉。口径18.2、腹径27.5、底径14.2、高48.6厘米（图二四,1）。

Ⅱ式　3件，出自M94、M143、M144。除颈稍粗外，其余特征与Ⅰ式差不多。M143:3，口径16.8、腹径24、底径15.2、高42.4厘米（图二四,2；图版四四,2）。M144:2，口径19.6、腹径30.4、底径16、高51.2厘米（图二四,3）。

Ⅲ式　1件。M192:1，整体较矮小。颈较粗短，肩有四横系，两两相对。施深绿釉。口径14.6、腹径21.8、底径10.4、高35.2厘米（图二四,5；图版四四,3）。

Ⅳ式　1件。M173:1，口残。整体较矮小。颈较粗短，肩有四弓形耳，两两相对，下腹曲收。施浅褐釉。腹径20.8、底径12.8、残高30.6厘米（图二四,4）。

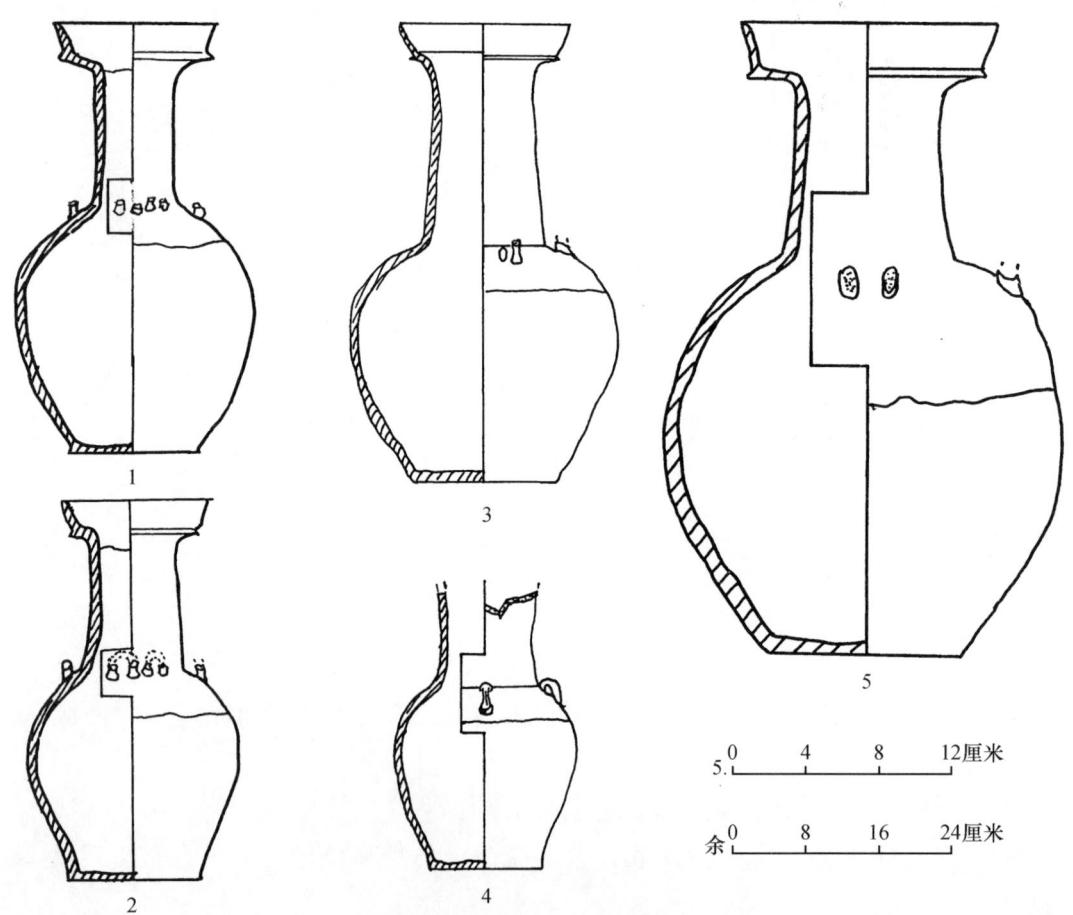

图二四　隋唐墓瓷盘口壶

1. Ⅰ式（M164:1）　2、3. Ⅱ式（M143:3、M144:2）　4. Ⅳ式（M173:1）　5. Ⅲ式（M192:1）

碗　15件，修复10件。弧腹内收。按照口、腹、底及釉色的变化可分为五式。

Ⅰ式　4件。出自M107、M160、M192。浅灰胎。敛口，口径较小，圆唇，上腹鼓，窄小实足，外底心或平或微凹。内、外壁口沿部位施深绿釉。M160：3，口径12.8、底径4.4、高6.4厘米（图二五，1）。M192：2，口径13、底径4.5、高6.8厘米（图二五，2）。

Ⅱ式　2件。出自M142、M192。除口近直或略外敞外，其余特征与Ⅰ式差不多。M142：1，口径15.2、底径4.8、高5.2厘米（图二五，3）。M192：3，口径10.4、底径4、高5.6厘米（图二五，4；彩版九，1）。

Ⅲ式　2件。出自M143、M144。近直口，口较大，圆唇，上腹壁近直，矮宽实足底。内、外壁下腹以下露胎。M143：6，灰胎泛红，浅黄釉。口径15、底径6.4、高7.8厘米（图二五，6）。M144：5，暗灰胎。口外侈，口外下侧饰三道凹弦纹，青灰釉。口径16、底径7.2、高7.6厘米（图二五，7；彩版九，2）。

Ⅳ式　1件。M191：2，灰白胎。大敞口，尖唇，斜壁，外壁上部微凹，圜底，浅宽圈足。除圈足外满施灰白釉。口径14.8、圈足径5.8、高4.4厘米（图二五，8；彩版九，3）。

Ⅴ式　1件。M102：1，灰白胎。大敞口，厚圆唇，弧腹，平底，浅宽圈足。除外壁中腹以下露胎外满施灰白釉。口径12.8、圈足径5.6、高4.4厘米（图二五，9）。

杯　1件。M164：2，灰白胎。近直口，口外侧有一道浅凹槽，圆唇，上腹直，下腹弧收，矮宽实足底。除外壁下腹及圈足外满施深绿釉。口径8、圈足径4.8、高4厘米（图二五，5）。

砚　2件。出自M103、M160。灰白胎。圆盘状，敞口，方唇，浅盘，圜底，浅宽圈足，下端外撇。有细开片。除底及圈足露胎外，余满施深绿釉，有流釉现象。M160：1，口径22.4、圈足径22.2、高4厘米（图二五，10）。

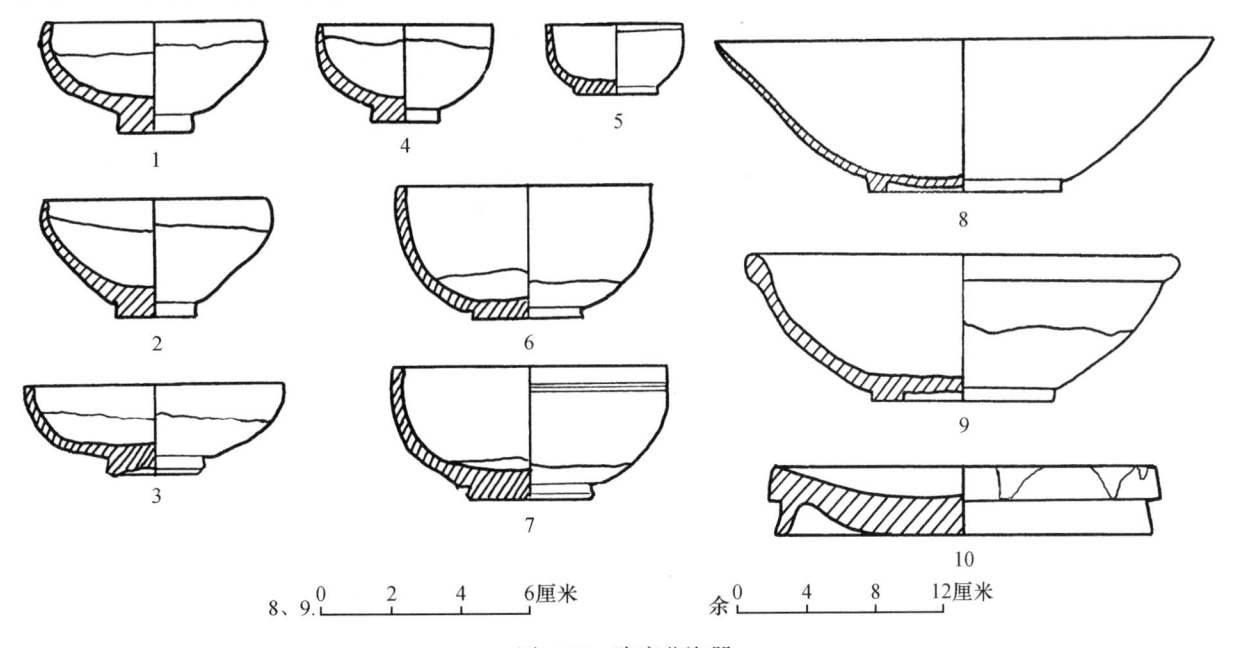

图二五　隋唐墓瓷器
1、2. Ⅰ式碗（M160：3、M192：2）　3、4. Ⅱ式碗（M142：1、M192：3）　5. 杯（M164：2）　6、7. Ⅲ式碗（M143：6、M144：5）
8. Ⅳ式碗（M191：2）　9. Ⅴ式碗（M102：1）　10. 砚（M160：1）

3. 铜器

61件（枚）。器类有镜、銙、扣、簪及铜钱等。

镜 3件。依形状可分A、B二型。

A型 1件。M143:2，圆形。圆钮，圆钮座，宽缘。缘面自外向内各有一周素带、锯齿纹、波浪纹、锯齿纹，圆钮座外浮雕瑞兽，其间有乳钉。瑞兽外有铭文一周："（龙）氏作竟四夷服，多（贺君家人民，胡息羌除）灭，天下复，风雨时节，五官位尊显蒙禄食，长保二亲乐无已。"直径14.2、缘厚1厘米（图二六）。

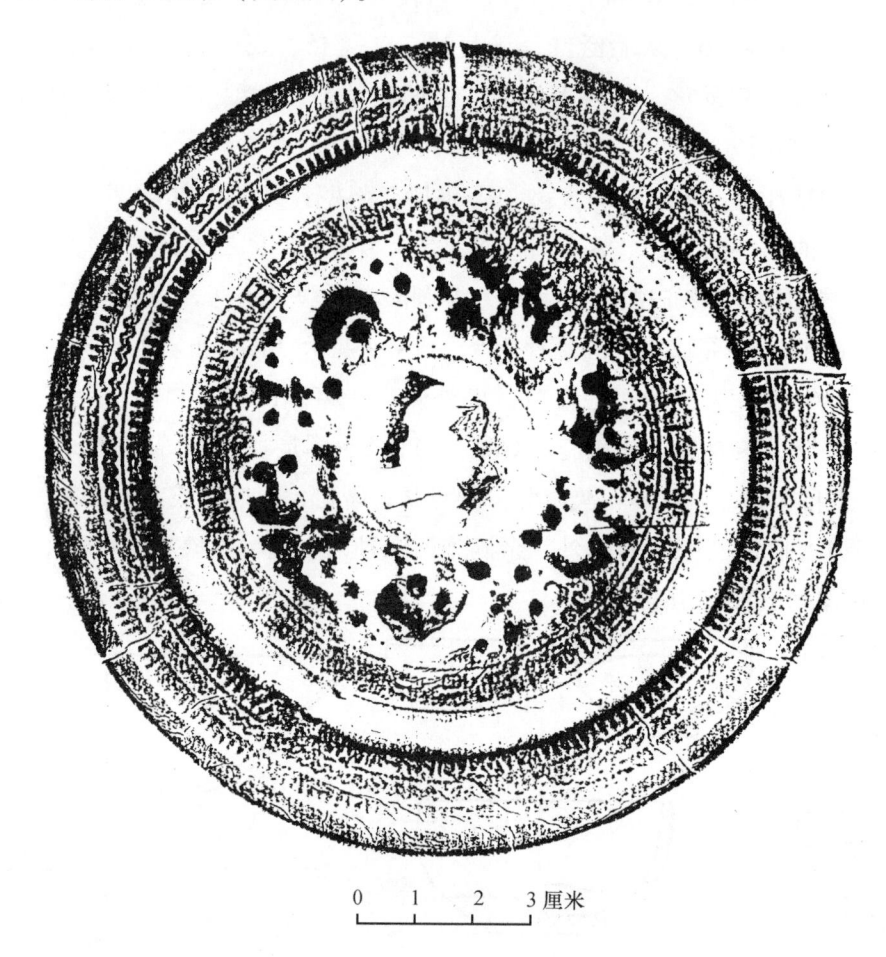

图二六 隋唐墓A型铜镜拓本（M143:2）

B型 2件。葵花镜。八曲葵花向外圆弧，圆钮。M185:3，鸾鸟瑞兽镜。窄缘，葵花形钮座。钮座外为双鸾双兽图案，间有流云纹。直径15厘米（图二七；彩版九，5）。M187:2，弦纹镜。无钮座，正中有一道凸弦纹。直径10.7厘米（图二八；彩版九，6）。

銙 3件。均出自M144。平面近半圆形，上下两片以三个支钉呈"品"字形铆接，两片中间有长方形穿孔。M144:1-1，长2.9、最宽2、厚0.7厘米（图二九，1）。

扣 1件。M144:4，残。整体长方形，前端有扁圆扣环，正中有一圆形扣钉。残长3.8、宽3.9厘米（图二九，2）。

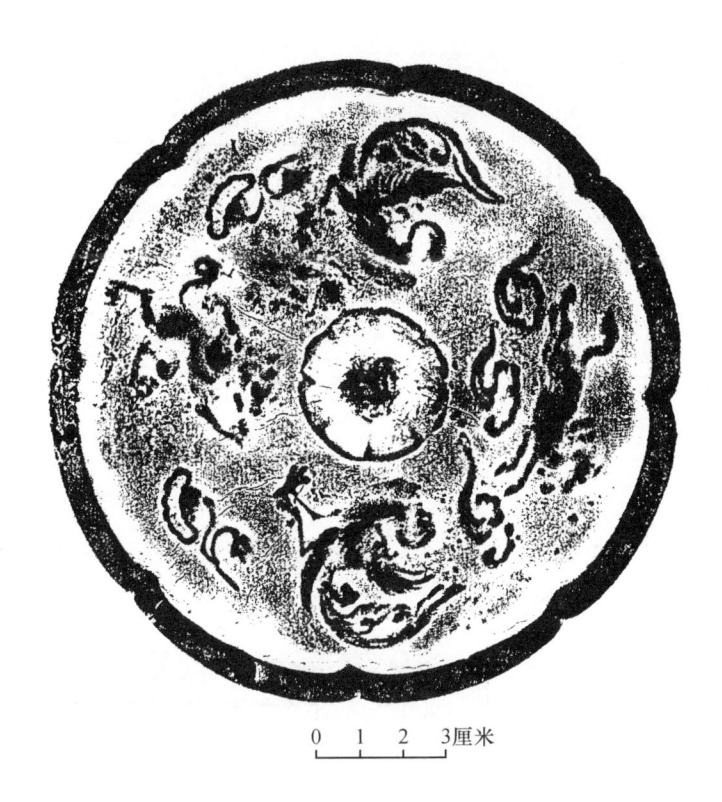

图二七 隋唐墓 B 型铜镜拓本（M185:3）

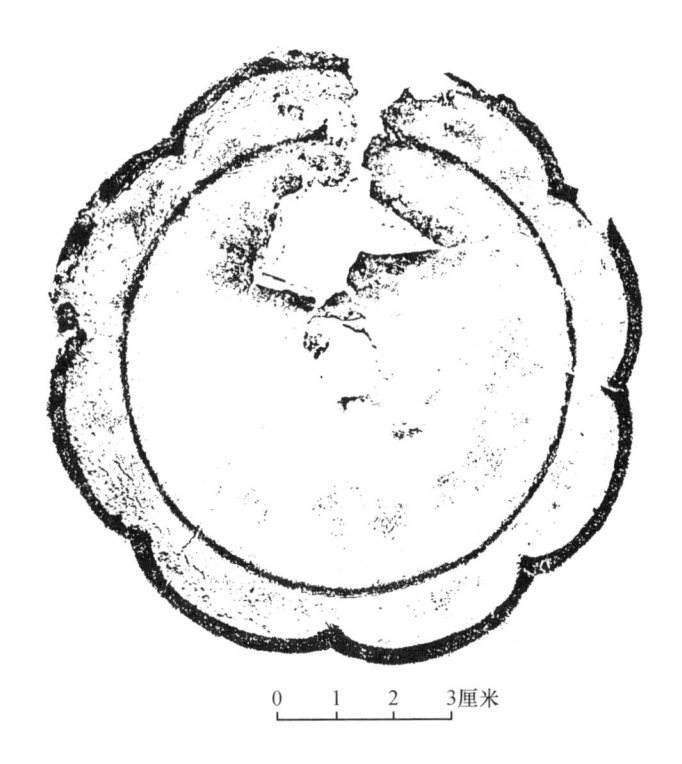

图二八 隋唐墓 B 型铜镜拓本（M187:2）

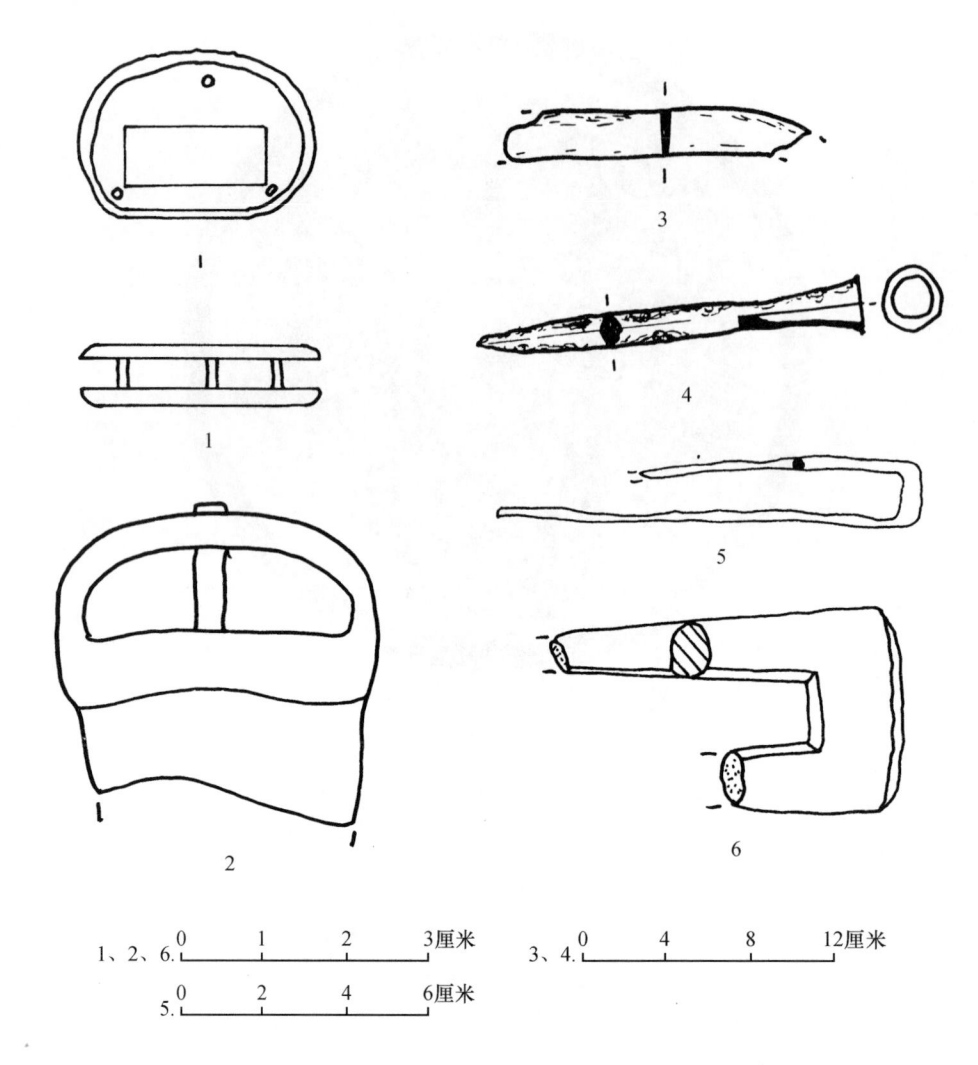

图二九　隋唐墓器物
1. 铜铐（M144:1-1）　2. 铜扣（M144:4）　3. 铁镰（M166:2）　4. 铁矛（M168:1）
5. 银簪（M143:1）　6. 玉簪（M143:5）

簪　3件。出自M107、M185。残甚。

铜钱　51枚。有"五铢"、"开元通宝"，均圆形，方穿，有郭。

"五铢"　9枚。均残。出自M92、M95、M100、M101、M103、M107、M162，其中M107出土3枚。宽素缘，穿两侧各篆书"五铢"二字。M162:1，直径2.5厘米（图三〇，1）

"开元通宝"　42枚。出自M143、M144、M159、M168～M170、M172、M177、M178、M185、M187、M188。按照钱文的写法可分为二式。

Ⅰ式　20枚。出自M159、M168～M170、M172、M178。铸造精良，钱文规整、清晰。"元"字首划为一短横，次划长横左挑，"通"字走部前三笔各不相连，略呈三撇状，"甬"字上笔开口较大，应是初唐优质的开元钱。M169:3，直径2.5、穿边长0.7厘米（图三〇，2）。M170:1-2，直径2.3、穿边长0.7厘米（图三〇，3）。

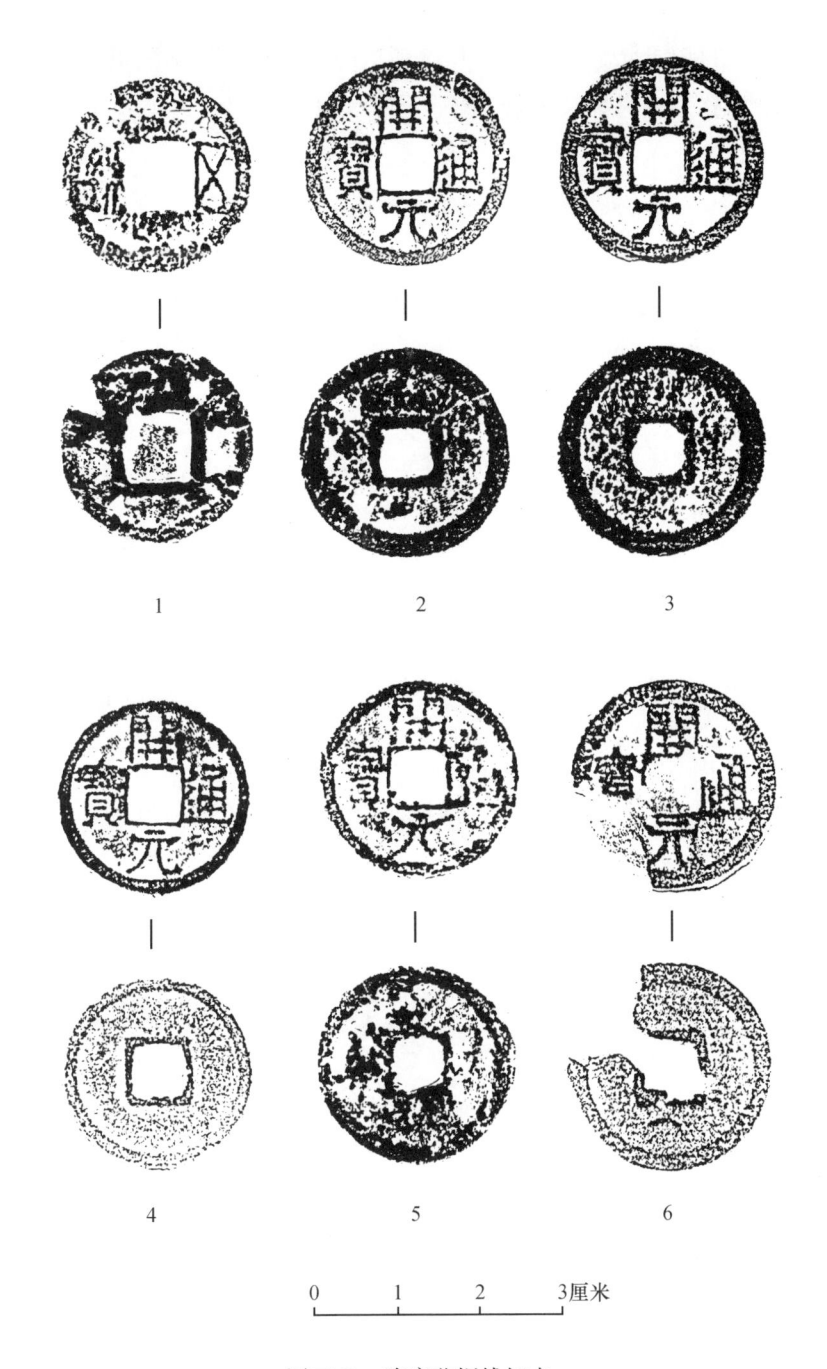

图三〇 隋唐墓铜钱拓本

1."五铢"（M162：1）　2、3.Ⅰ式"开元通宝"（M169：3、M170：1-2）　4、5.Ⅱ式"开元通宝"
（M143：4-1、M144：3-1）　6.Ⅲ式"开元通宝"（M177：1）

Ⅱ式　21枚。出自M143、M144、M185、M187、M188。铸造相对较粗糙，钱文不甚规整，局部模糊。"通"字走部前三笔呈顿折状。M143：4-1，直径2.3、穿边长0.7厘米（图三〇，4）。M144：3-1，直径2.3、穿边长0.7厘米（图三〇，5）。

Ⅲ式　1枚。M177:1,铸造较为粗糙,钱文不甚规整、清晰。"元"字首横加长,"通"字走部前三笔呈似连非连的顿折状,"甬"字上笔开口较扁,"宝"字的贝部中间双横加长,与左右两竖笔相衔接。背面上部有月牙。直径2.5、穿边长0.7厘米（图三〇,6）。

4. 铁器

7件。均锈蚀严重,可辨器类有镰、剪、矛等,另有1件器物不明形制。

镰　3件。出自M138、M165、M166,仅1件可基本看清形状。M166:2,一端残。体薄,弧背,弧刃。残长28.8厘米（图二九,3）。

剪　2件。出自M136、M165,都无法复原。

矛　1件。M168:1,双锋,隆脊,后部有銎。通长18.6厘米（图二九,4）。

5. 银器

仅1件簪。M143:1,"U"形,双股,拐弯处粗,前端尖,一股尖端残。长10厘米（图二九,5）。

6. 玉器

仅1件簪。M143:5,"U"形,双股,横断面呈椭圆形,拐弯处粗,前端尖,尖端均残。残长4.2厘米（图二九,6）。

（三）相对年代

89座本时期墓葬中只有36座出土随葬器物,并有部分墓葬只见器物残片,我们依据这些墓葬中有明确特征的器物大致推测其时代。

首先,有分期意义的"五铢"和"开元通宝"铜钱为所出墓葬时代的判定提供了主要依据。

出土"五铢"的墓葬有7座,分别是M92、M95、M100、M101、M103、M107、M162,而出土"开元通宝"的墓葬有12座,分别是M143、M144、M159、M168、M169、M170、M172、M177、M178、M185、M187、M188。"五铢"是典型的隋"五铢",铸行于隋代到唐初武德四年（621年）,武德四年（621年）铸造"开元通宝"后迅速消失,而"开元通宝"自铸造后一直流行到唐末到五代时期,可以说武德四年（621年）是"五铢"和"开元通宝"分期的界标,也是本墓地墓葬分期的重要参考。

而稳定流行到唐末的"开元通宝"在形制上也有时代早晚的变化,铸造精良、工艺规整的Ⅰ式"开元通宝"一般流行于唐代早期,Ⅱ式"开元通宝"出现于唐代早期偏晚的高宗、武则天时期,Ⅲ式"开元通宝"则流行于唐代中期[11]。

按照铜钱的形制分析，出"五铢"的 M92、M95、M100、M101、M103、M107、M162 等 7 座墓的时代大致在隋代到唐初，出 I 式"开元通宝"的 M159、M168、M169、M170、M172、M178、M185、M187、M188 和 II 式"开元通宝"的 M143、M144 等 11 座墓的时代在唐代早期，或可到唐代中期，出 III 式"开元通宝"的 M177 的时代在唐代中晚期。

其次，除铜钱以外其余随葬器物的形制特征为比对墓葬时代的最终判定提供了进一步的参考。

除"五铢"钱外还伴出其他随葬器物的墓葬有 M103、M107、M162。M103 同出的是浅宽圈足青瓷砚，这种砚基本流行于隋代，M107 的 I 式瓷碗也具有该时期的典型特征，M162 同出的青瓷盘口壶虽仅为瓷片，但大致形制及施釉的时代风格也不出此时，这都与本墓地第一次发掘的隋到唐初墓葬[11]的同类器物一致。

未出"五铢"的墓葬中，出土与 M103 同一形制青瓷砚、且与 M107 I 式瓷碗风格近似碗的 M160 的时代应与他们相当。M164 出土 I 式瓷盘口壶和杯，前者出现于南朝末年，流行于整个隋代；后者口外一周浅槽的形制在东晋时期就已出现，在南朝也有流行，隋代则基本不见，如此，该墓的时代不应晚于隋代。M142 单出 II 式瓷碗，其与本墓地第一次发掘的隋代 A 型碗接近，其时代可能在隋到唐初。

出"开元通宝"的 12 座墓葬中除 M172、M177、M178 等 3 座墓葬外，均有伴出器物。其中 M143、M144 器物相对较多，M143 的铜镜虽有汉代风格，II 式瓷盘口壶与 I 式也差别不大，但 III 式敞口黄或青灰釉碗时代特征相对较晚，结合铜钱的形制看，这两墓的时代似以唐代早期晚段为宜，或介于早中期之际。M159 伴出盘口壶仅余残片，施釉风格与 II 式瓷盘口壶差不多，M168 伴出铁矛，时代特征不甚明显，二者从"开元通宝"的特征推测为唐代早期墓。M169、M185、M187、M188 都伴出本区从唐代中期才开始出土的一种鼓肩罐，有的还配有器座，这与第一次发掘的出土唐代中期长沙窑瓷执壶的 M38[12]相同，而这种带座鼓肩罐虽在偃师杏园盛唐墓葬中都已经出现，但其罐和座整体瘦高，罐为小口，座凹腰，而稍矮胖者也在中唐墓葬中才有发现[13]，故此推测，这几座墓葬的时代在唐代中期，M185、M187 的 B 型铜镜也具有同时代特征。M170 伴出较多的陶俑，按照偃师杏园唐墓关于俑的形制特征和分期特点，该墓的时代也应在唐代中期。

未出"开元通宝"的墓葬中，M136、M165、M166、M184 所出陶罐整体风格一致，M165 也配有器座，其时代应与 M169 基本相当。同为唐代中期的 M136、M165、M166 中与陶罐同出的有铁镰、剪，尽管这类铁器在更早时就已出现，但无其他参照物而只出铁镰的 M138 时代可能也在这个时期。M173 出土 IV 式瓷盘口壶，其与黄家村墓地 M311[14]伴出 I 式"开元通宝"的瓷盘口壶十分接近，它的时代大约在唐代早期。出土介于 II、IV 式盘口壶之间的 III 式盘口壶的 M192 还出时代特征较早的 I、II 式瓷碗，其时代也应在唐代早期。本墓地两次发掘的情况表明，同出瓷盘口壶和碗的墓葬时代不晚于唐代早期，M94 也应不例外。单出瓷盘口壶的 M114、M140 从仅有的残片施深绿釉的特征看，他们的时代也在唐代早期。M191 虽也出鼓肩罐，但形制相差相对较大，这种 A 型 IV 式罐与黄家村墓地以"大中"年号墓砖砌筑墓壁的

M295 所出罐[15] 近似，且Ⅳ式碗无论是形制还是灰白釉色的特征都较晚，其时代应以唐代晚期为宜。M102 出土的Ⅴ式碗的釉色与M191 比较接近，时代应相当。

再次，合葬现象及同墓区的存在为墓葬时代的判断提供了补充。

M100 与M101 并列，二者同出"五铢"，说明了其时代上的一致性。M143、M144 也是如此，只不过其同出Ⅱ式"开元通宝"。

与M162 并列且墓葬形制、器物残片风格一致的M163 应与其为夫妻异穴合葬墓，时代相差不远，大致也在隋到唐初。

M102 为同室合葬，这种现象一般在本区的宋代墓葬中常见，其出现时间应会早到晚唐时期。

M186 与M184、M185、M187、M188 同处一地，后四墓都为唐代中期墓葬，M186 的时代从区域上看也可能差不多。

综合以上分析，可将有随葬器物的36 座墓葬划分为四期：

第一期：隋到唐初（约隋文帝至唐高祖时期），共11 座，分别为M92、M95、M100、M101、M103、M107、M142、M160、M162、M163、M164。

第二期：唐代早期（约唐太宗至玄宗开元中叶），共11 座，分别为M94、M114、M140、M143、M144、M159、M168、M172、M173、M178、M192。

第三期：唐代中期（约唐玄宗开元中叶至宪宗时期），共12 座，分别为M136、M138、M165、M166、M169、M170、M177、M184 ~ M188

第四期：唐代晚期（约唐穆宗至哀帝时期），仅2 座，分别为M102、M191。

其余未出随葬器物的53 座墓葬尽管有的存在打破关系，也有的在墓室结构上比较接近，但无法相对准确地分析其时代，只能统一归属为隋唐墓葬，其时代不晚于唐代。

三、宋　墓

（一）墓葬形制

3 座。分别为M190、M194、M195，分三种类型。

1. 长方形单室砖墓

M190　方向65°。保存较好。墓室长3.04、宽1.24、高1.53 米。四壁条砖顺向错缝叠砌，长壁至23 层后以楔形砖起券，前大半部直行对缝铺地砖，后小半部横行对缝铺地砖。壁、地砖规格为28 厘米×12 厘米×5 厘米，券砖规格为28 厘米×12 厘米×（3～5）厘米。无墓道。葬具不明。残存头骨和少量肢骨，头向东北，面朝上，仰身直肢葬。随葬器物分置头、尾部（图三一）。

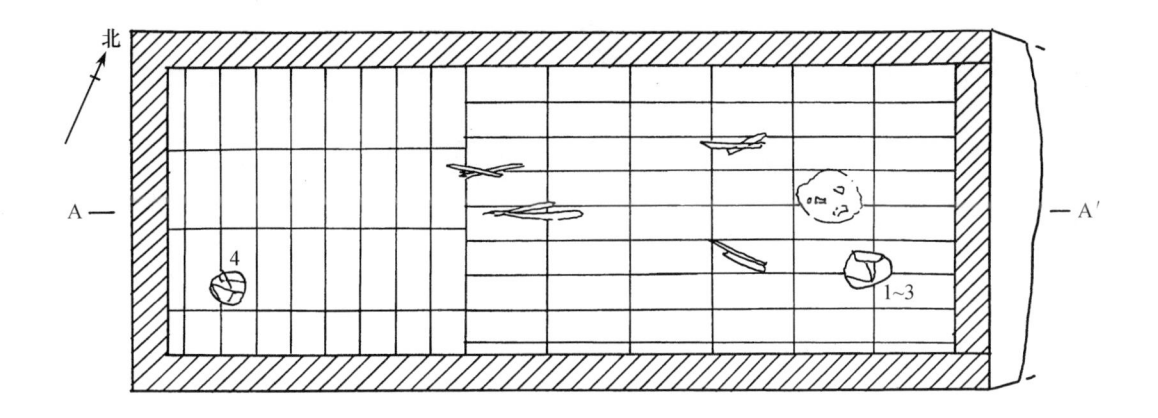

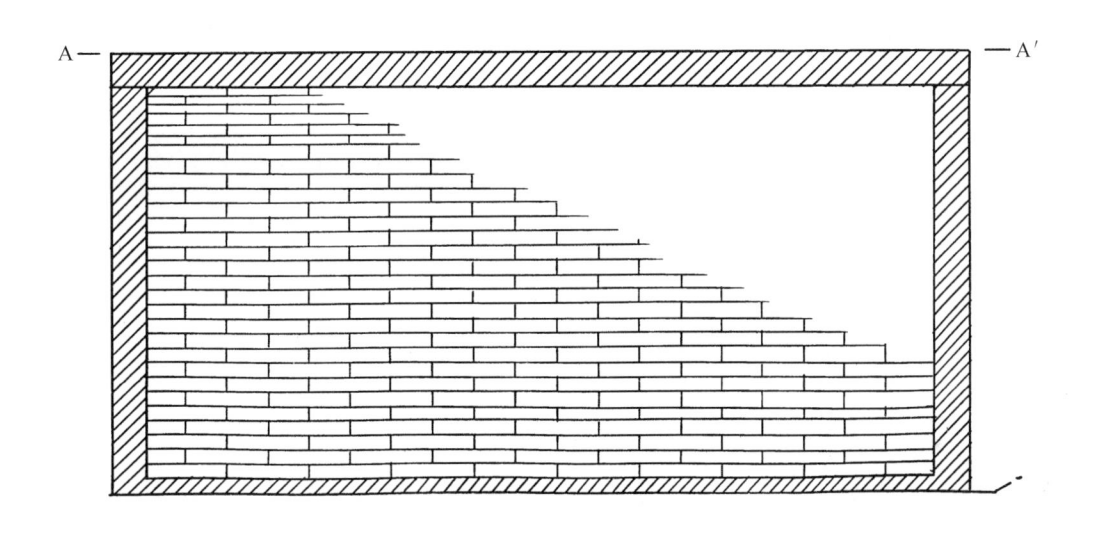

图三一　M190 平、剖面图
1~3. 瓷碗　4. 陶瓶

2. "刀"形单室砖墓

M194　方向165°。由甬道及墓室组成，甬道和墓道被破坏，并仅存底部。墓室长3.02、宽1.74、残高0.5米，甬道残长0.18、宽1.5、残高0.15米。甬道、墓室壁条砖错缝叠砌，墓室、甬道分别残存9、3层，横、直排相间铺地砖，封门不明。墓砖规格为33厘米×16.5厘米×5厘米。葬具不明。从残存的大腿骨位置看，头向南，仰身直肢葬。随葬器物置于头部一侧(图三二)。

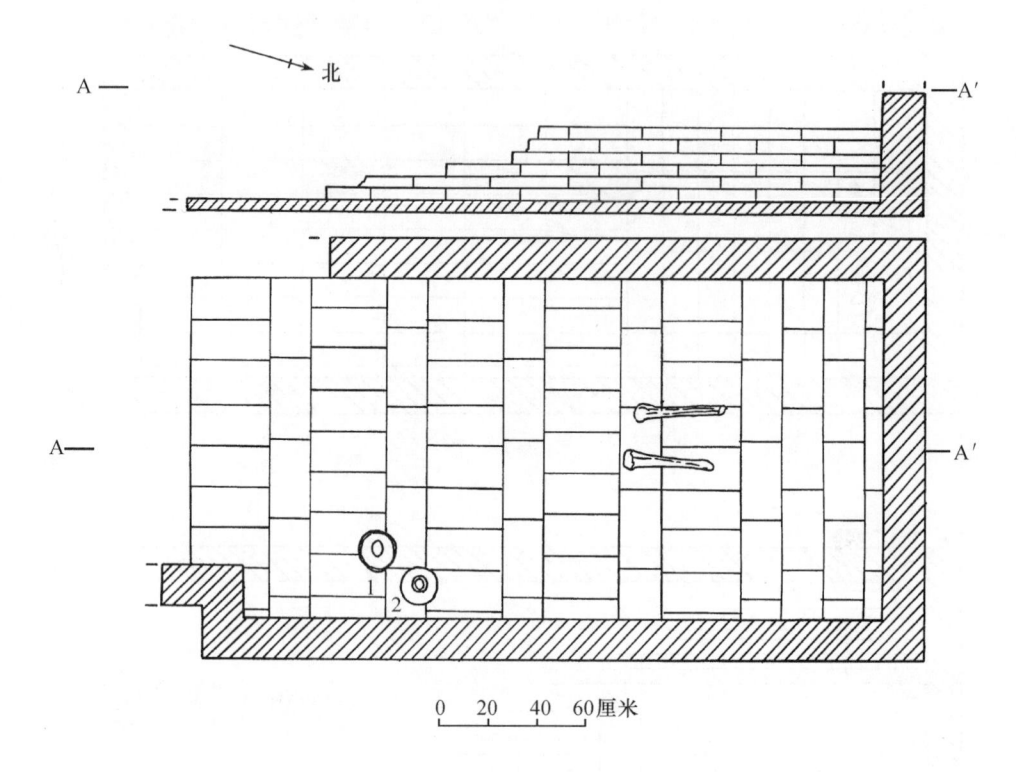

图三二　M194 平、剖面图
1. 瓷碗　2. 陶瓶

3. 仿木结构单室砖墓

M195　该墓仅余一角，有砖拼而成的大门，门上有成排的乳钉，门侧有窗格。其虽不明具体形制和尺寸，但通过本区发掘的同类墓葬看，它应为带门楼的弧边方形穹隆顶仿木结构墓。墓砖规格为33厘米×16.5厘米×5厘米。散出2件随葬器物。

（二）随葬器物

3座墓出土随葬器物8件，质地有陶、瓷两类。

1. 陶器

3件。器类有罐、瓶。

罐　1件。M195:2，硬陶，深灰胎。侈口，翻沿，方唇，束颈，圆肩，上腹鼓，下腹曲收，平底。内壁口沿及外壁中腹以上施黑釉。口径9、底径6、高12厘米（图三三，1）。

瓶　2件。侈口，翻沿，圆唇，束颈，溜肩，上腹鼓，下腹微曲收，小平底。M190:4，泥质灰陶。素面。肩有双弓耳。口径11.2、底径10.4、高34.4厘米（图三三，2；图版四四，6）。M194:2，硬陶。小口。内壁口部及外壁中腹以上施酱褐釉。口径5.6、底径10.2、高35.2厘米（图三三，4）。

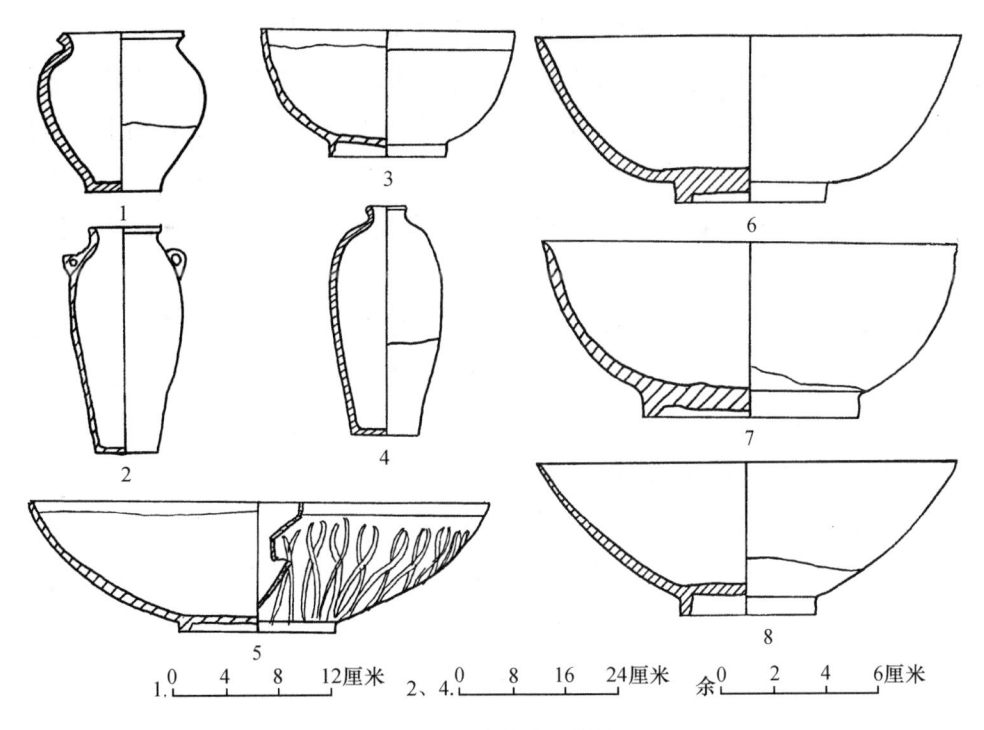

图三三　宋墓出土器物

1. 陶罐（M195∶2）　2、4. 陶瓶（M190∶4、M194∶2）　3、5~8. 瓷碗（M190∶2、M190∶1、M190∶3、M194∶1、M195∶1）

2. 瓷器

5件。均为碗。敞口，弧腹内收，平底，浅圈足。M190∶1，灰白胎。芒口，口较大，腹较浅，圈足宽。除圈足外满施青白釉，外壁模印莲瓣纹。口径17.4、圈足径6、高4.8厘米（图三三，5）。M190∶2，灰白胎。芒口，口较小，腹较深，圈足较窄。除圈足外满施青白釉。口径9.6、圈足径4.4、高4.8厘米（图三三，3）。M190∶3，浅灰胎。口较大，腹较深，圈足较宽。除圈足外满施淡青釉。内底于方框内书"金玉满堂"四字。口径16.4、圈足径5.8、高6.4厘米（图三三，6；彩版九，4）。M194∶1，浅黄胎。唇较尖，圈足宽并外撇。除外壁下腹至底外满施深黄釉。口径16、圈足径8.4、高6.8厘米（图三三，7；图版四三，6）。M195∶1，灰白胎。唇较尖，圈足宽深。除外壁下腹至底外满施白釉。口径16.2、圈足径5.2、高5.8厘米（图三三，8）。

（三）相对年代

以上3座墓中，仿木结构的M195是本区典型的宋墓，其所出的白釉碗及M190所出的青白釉芒口碗、淡青釉碗、双耳陶瓶和M194所出的硬陶瓶、黄釉碗也都是宋代比较典型的器物，他们与襄阳城内遗址有铜钱为断代依据的宋代地层出土的同类器[16]形制完全相同，因此，将其时代定在宋代当无问题。

四、结　语

这97座墓葬分属于六朝至宋代，其时代基本连贯，并以隋唐墓葬为主，六朝墓较少，宋墓更少。同时，墓葬数量较多，分布较密集，与第一次发掘的情况一致。

不过，这批墓葬的规模都不大，除极少量设有甬道外，全为长方形单室墓葬，部分墓葬结构简单。随葬器物一般只有少数几件，最多者为M170，它因受到严重破坏而仅出土了多件陶俑，从陶俑的类别考察可知，该墓主人身份相对较高，可能是一般的官吏，其他则为普通的庶民。

该墓地位于古襄阳城外，襄阳城在六朝至宋代一直是地区行政中心，三国时期还是管辖九郡的荆州治所。

综合以上情况推断，檀溪墓地在六朝到宋代是古襄阳城外一处大型的低级官吏、普通庶民墓地。

这批墓葬同第一次发掘一样，墓葬的开口都在1.5米以下，其上有多次晚期堆积，还有流沙，印证了宋代以后襄阳城地面不断抬高、檀溪湖的形成时代较晚的事实。

本次发掘的墓葬无论在墓葬形制还是随葬器物方面，都与本区集中的几个同时期墓地有着完全的一致性，与其他地区的同时期墓葬相比，也是同大于异，说明了文化的趋同性。不过，墓葬形制上也有一定的地方特点，如小型平盖顶墓葬较多、构造多样等。

总之，本次墓葬的发掘对该墓地和本区六朝至宋代墓葬资料都有所丰富，并基本建立起了本区从六朝晚期到唐代晚期墓葬的分期标尺，为进一步研究本区六朝到宋代的墓葬提供了重要的实物资料。

附记：参加本次发掘的人员有襄樊市文物考古研究所释贵星、刘江生、梁超、杨一、王志刚，南漳县博物馆孙义宏、刘彪军，谷城县博物馆任挺、李勇，基础资料整理杨一，器物修复黄宏涛，绘图杨一、刘江生，描图杨一、詹世清，拓片曾宪敏，器物照相杨力，成文过程中得到了王先福先生的大力支持和帮助。

执笔：杨 一

注 释

[1][11][12] 襄樊市考古队：《襄樊檀溪隋唐宋墓清理简报》，《江汉考古》2000年第2期。

[2] 襄樊市文物考古研究所：《襄阳城东街汉晋墓地发掘报告》，见本文集。

[3] 镇江博物馆：《江苏镇江谏壁砖瓦厂东晋墓》，《考古》1988年第7期。

[4] 黄冈市博物馆：《黄冈铝厂南朝墓葬》，《江汉考古》1997年第4期。

[5][8] 应城市博物馆：《应城杨岭新四砖厂南朝墓清理简报》，《江汉考古》1990年第2期。

[6][9] 武汉大学历史系考古专业等：《鄂州泽林南朝墓》，《江汉考古》1991年第3期。

[7] 湖北省博物馆：《武汉地区四座南朝纪年墓》，《考古》1965年第4期。

[10] 徐殿魁：《试论唐开元通宝的分期》，《考古》1991年第6期。

[13] 中国社会科学院考古研究所：《偃师杏园唐墓》，科学出版社，2001年。

[14][15] 襄樊市文物考古研究所2007年发掘资料。

[16] 襄樊市文物考古研究所：《襄阳城内遗址发掘报告》，见本文集。

附表 檀溪墓地第二次发掘墓葬登记表

墓号	方向	形制	墓室尺寸（米）长×宽－(残)高	斜坡墓道	葬具	人骨架	葬式	墓室结构	随葬品	墓砖规格（厘米）	墓砖纹饰	时代	备注
M91	55°	长方形单室砖墓	残0.92×0.7－0.25	无	不明	不明	不明	大部残，顺向侧立1层，上错缝叠砌，残存3层，横行铺地砖	无	36×17×4.5	素面	唐	
M92	230°	长方形单室砖墓	残0.93×0.57－0.34	无	不明	头、肢骨	不明	顺向错缝叠砌4层后，3层平砖内收封顶，横行铺地砖	铜"五铢"	37×16×4	单平面绳纹	隋或唐初	儿童墓
M93	150°	长方形单室砖墓	2.38×(0.7~0.76)－0.4	无	不明	少量肢骨	仰身直肢	顺向错缝叠砌5层后，2层平砖横向封顶，横行铺地砖	无	37×17×5	素面	唐	
M94	225°	长方形单室砖墓	1.54×(0.52~0.75)－0.55	无	不明	不明	不明	顺向错缝叠砌8层后，2层平砖横向封顶，横行铺地砖	瓷Ⅱ盘口壶、碗	33×16×5	单平面绳纹	唐代早期	西北侧开龛置器物
M95	250°	长方形单室砖墓	1.25×(0.54~0.56)－0.24	无	不明	不明	不明	顺向错缝叠砌，残存4层，盖顶残，横行铺地砖	铜"五铢"	37×16×4	素面	隋或唐初	
M96	220°	长方形单室砖墓	1.38×(0.53~0.66)－0.19	无	不明	不明	不明	顺向错缝叠砌，残存4层，盖顶残，前横后直铺地砖	无	37×16×3.5	单平面绳纹	唐	
M97	215°	长方形单室砖墓	残0.81×0.6－0.05	无	不明	不明	不明	仅残存横行铺地砖	无	38×16×5	素面	唐	可能为夫妻异穴合葬墓
M98	225°	长方形单室砖墓	2.1×0.78－0.05	无	不明	不明	不明	仅残存横行铺地砖	无	37×16.5×5	素面	唐	
M99	153°	长方形单室砖墓	1.62×0.76－0.58	无	不明	不明	不明	错缝叠砌，长壁砌至8层后楔形砖起券，横行错缝铺地砖	无	32×15×5、32×15×(3~5)	单平面绳纹	唐	被M97、M98打破
M100	235°	长方形单室砖墓	残2.76×1.04－0.8	有	不明	少量肢骨	仰身直肢	错缝叠砌，长壁砌至13层后楔形砖起券，斜行缝铺地砖，封门不明	铜"五铢"	36×16.5×4、36×16.5×(3~4)	单平面绳纹	隋或唐初	可能为夫妻异穴合葬墓
M101	235°	长方形单室砖墓	残1.6×1.12－1.25	有	不明	不明	不明	错缝叠砌，长壁砌至15层后楔形砖起券，斜行错缝铺地砖，封门不明	铜"五铢"	38×16.5×4、36×16.5×(3~4)	单平面绳纹	隋或唐初	

续表

墓号	方向	形制	墓室尺寸（米）长×宽-（残）高	斜坡墓道	葬具	人骨架	葬式	墓室结构	随葬品	墓砖 规格（厘米）	墓砖 纹饰	时代	备注
M102	190°	"刀"形单室砖墓	通3.11×(0.93~1.48)-(1.1~1.3)	有	不明	两具人骨	仰身屈肢	错缝叠砌，墓室，甬道长壁分砌至18、15层后起券，错乱平铺地砖，叠砌封门	瓷V碗	34×16×5	素面	唐代晚期	
M103	155°	长方形单室砖墓	4.08×1.3-1.08	有	不明	少量肢骨	仰身直肢	三顺一丁两组再错缝叠砌，长壁至6层起券，前有叠砌挡墙，横行铺地砖，封门同壁	铜"五铢"；瓷砚	壁、地:28×14.5×4.5；券:30×15×(3~4.5)	素面	隋	
M104	150°	长方形单室砖墓	3.96×1.2-0.53	有	不明	不明	不明	错缝叠砌，残存8层，斜行错缝铺地砖，三顺一丁接三顺封门，上部不明	瓷II盘口壶	35×18×5	单平面绳纹	六朝	
M105	335°	长方形单室砖墓	残2.22×0.96-0.15	不明	不明	不明	不明	错缝叠砌，残存2层，斜行错缝铺地砖	无	38×16.5×5	单平面绳纹	唐	
M106	215°	长方形单室砖墓	残1.05×1.2-0.04	不明	不明	不明	不明	仅存少量横行铺地砖	无	32×15×4	单平面绳纹	唐	
M107	260°	长方形单室砖墓	2.86×1.24-0.6	有	不明	三副人骨	仰身直肢	错缝叠砌，残存14层，横行错缝铺地砖，叠砌封门	铜"五铢"3，簪2；瓷I碗，盘口壶；铁器	37×16×4	单平面绳纹	隋或唐初	
M108	160°	长方形单室砖墓	残1.96×0.82-0.15	不明	不明	不明	不明	错缝叠砌，残存2层，横行错缝铺地砖	无	37×15.5×4	素面	唐	
M109	60°	长方形单室砖墓	残0.78×0.66-0.43	无	不明	不明	不明	顺向错缝叠砌8层，逐层内收，封顶砖不存，横行错缝铺地砖	无	28×14×4	单平面绳纹	唐	

续表

墓号	方向	形制	墓室尺寸（米）长×宽-(残)高	斜坡墓道	葬具	人骨架	葬式	墓室结构	随葬品	墓砖规格（厘米）	墓砖纹饰	时代	备注
M110	330°	长方形单室砖墓	残0.85×0.45-0.38	无	不明	少量肢骨	仰身直肢	顺向侧立，长壁双层并贴，短壁单块，2层横向盖顶，最上中央纵向压一块，横行铺地砖	无	37×18×5	素面	唐	
M111	55°	长方形单室砖墓	残2.02×0.58-0.4	无	不明	不明	不明	大部残，顺向直立1层，上部残，横行错缝铺地砖	无	37×17×4	素面	唐	
M112	165°	长方形单室砖墓	2.16×0.84-0.1	无	不明	不明	不明	半截砖顺向逆向错缝叠砌，残存2层，无铺地砖	无	?×17×5	素面	唐	
M113	?	?	?	不明	不明	不明	不明	仅散存乱砖	无	?×?×5	素面	唐	
M114	220°	长方形单室砖墓	2.58×1.08-0.92	有	不明	不明	不明	顺向错缝叠砌，残存6层，西北壁外侧直立贴砌1层，斜行铺地砖，推测为券顶	瓷盘口壶	38×18×5	素面	唐代早期	
M115	310°	长方形单室砖墓	残0.88×0.78-0.05	无	不明	不明	不明	半截砖顺向逆向错缝叠砌，残存2层，无铺地砖	无	?	素面	唐	
M116	260°	长方形单室砖墓	1.32×(0.71~0.83)-0.3	无	不明	头骨	仰身直肢	顺向错缝叠砌，残存2层，横行错缝铺地砖，直行铺地砖	无	36×16×5	素面	唐	
M117	170°	长方形单室砖墓	1.8×0.7-0.21	有	不明	少量肢骨	仰身直肢	顺向错缝叠砌，直立1层，上部残，铺地砖	无	35×16×5	素面	唐	
M118	70°	长方形单室砖墓	残1.18×1.24-0.72	无	不明	不明	不明	顺向错缝叠砌，残存13层，行铺地砖，推测为券顶	无	38×16×4	素面	唐	
M119	260°	长方形单室砖墓	2.27×(0.72~0.76)-0.12	无	不明	不明	不明	顺向错缝叠砌，残存3层，无铺地砖	无	36×15.5×3.5	素面	唐	
M120	80°	长方形单室砖墓	2.5×1.05-0.04	不明	不明	不明	不明	残存少量横行铺地砖	无	36×15×4	素面	唐	
M121	110°	长方形单室砖墓	残1.3×1.1-0.12	无	不明	不明	不明	顺向错缝叠砌，残存3层，铺地砖不明	无	28×14×4	单平面绳纹	唐	

续表

墓号	方向	形制	墓室尺寸（米）长×宽－（残）高	斜坡墓道	葬具	人骨架	葬式	墓室结构	随葬品	墓砖规格（厘米）	墓砖纹饰	时代	备注
M122	150°	长方形单室砖墓	残0.84×0.68－0.12	无	不明	不明	不明	顺向侧立1层，上部残，无铺地砖	无	25×12×4	单平面绳纹	唐	
M129	305°	长方形单室砖墓	2.25×0.97－0.1	无	不明	肢骨	仰身直肢	顺向错缝叠砌，残存2层，无铺地砖	无	34×16×5	素面	唐	
M130	145°	长方形单室砖墓	1.12×(0.51~0.73)－0.1	无	不明	不明	不明	顺向错缝叠砌，残存2层，无铺地砖	无	33×16×5	素面	唐	可能为儿童墓
M131	335°	长方形单室砖墓	2.15×0.94－0.1	无	不明	不明	不明	顺向错缝叠砌，残存2层，无铺地砖	无	36×17×5	素面	唐	
M134	170°	长方形单室砖墓	2.8×(0.63~1.1)－0.45	无	不明	不明	不明	南顺向一砖同逆向一半截砖侧立1层，北顺向侧立1层，上部叠砌5层，逐层内收，平盖2层顶砖，中部、北半部分别直行一块、纵向一行横行铺地砖	无	35×14×5	素面	唐	
M135	245°	长方形单室砖墓	3.3×1.2－0.05	有	不明	不明	不明	顺向错缝叠砌，残存1层，无铺地砖	无	?×15×5	单平面绳纹	唐	
M136	180°	长方形单室砖墓	3.25×1.1－0.9	有	不明	不明	不明	顺向错缝叠砌，残存17层，斜行铺地砖，推测为券顶	陶AⅡ罐；铁剪	35.5×18×5	单平面绳纹	唐代中期	
M137	170°	长方形单室砖墓	残2.7×1.02－0.07	有	不明	不明	不明	仅散存乱砖	无	35×17×5	素面	唐	
M138	180°	长方形单室砖墓	2.52×1.16－0.09	有	不明	不明	不明	顺向错缝叠砌，残存2层，无铺地砖	铁镰	34×16×5	单平面绳纹	唐代中期	

续表

墓号	方向	形制	墓室尺寸（米）长×宽-（残）高	斜坡墓道	葬具	人骨架	葬式	墓室结构	随葬品	墓砖规格（厘米）	墓砖纹饰	时代	备注
M139	165°	长方形单室砖墓	?	有	不明	不明	不明	仅散存乱砖	陶I罐	?×?×5	单侧面几何纹	六朝	
M140	220°	长方形单室砖墓	残2.55×1.1-0.05	有	不明	不明	不明	仅散存乱砖，顺向叠砌，残存1层	瓷盘口壶	35×18×5	单平面绳纹	唐代早期	
M141	180°	长方形单室砖墓	2.9×0.99-0.12	有	不明	不明	不明	仅散存乱砖	无	37×19×5	素面	唐	
M142	160°	长方形单室砖墓	1.43×1.04-0.89	有	不明	不明	不明	顺向错缝叠砌，残存14层，斜行铺地砖，推测为券顶	瓷II碗	35×16.5×4	单平面绳纹	隋或唐初	被M176打破
M143	200°	长方形单室砖墓	3.6×1.28-0.97	有	不明	不明	不明	顺向错缝叠砌，长壁至11层起券，三顺一丁错缝叠砌封门，斜行铺地砖	银簪；铜镜，II"开元通宝"7；瓷II盘口壶，III碗；玉簪	38×19.5×6.5	素面	唐代早期	
M144	200°	长方形单室砖墓	3.55×1.22-0.75	有	不明	不明	不明	错缝叠砌，长壁至8层起券，斜形铺地砖，三顺一丁封门	铜铸3，扣，II"开元通宝"3；瓷II盘口壶，III碗	38×19×5.5	素面	唐代早期	可能为夫妻异穴合葬墓
M145	240°	长方形单室砖墓	残0.9×1.21-0.73	有	不明	不明	不明	顺向错缝叠砌，残存13层，斜行铺地砖，推测为券顶	无	37×18×4.5	单平面绳纹	唐	
M146	195°	长方形单室砖墓	2.65×(0.88~1.05)-0.38	无	不明	不明	不明	南壁平砖错缝叠砌，残存3层，余三壁顺向直立，1层后叠砌，无铺地砖	无	33×16.5×5	单平面绳纹	唐	

续表

墓号 方向	形制	墓室尺寸（米）长×宽-（残）高	斜坡墓道	葬具	人骨架	葬式	墓室结构	随葬品	墓砖规格（厘米）	墓砖纹饰	时代	备注
M147 275°	"凸"形单室砖墓	墓室3.84×1.31-1.51，甬道0.85×0.7-1.26	有	不明	不明	不明	墓室、甬道长壁三顺一丁三组再错缝叠砌7层起券，斜行铺地砖。封门不明	铜手镯2；陶Ⅱ罐、碗、盘、耳杯、瓷盖罐2，碗	壁、地：27×14×4 券:29.5×14.5×(3~4)	单平面绳纹	六朝	
M148 190°	长方形单室砖墓	3×1.05-0.24	有	不明	不明	不明	顺向错缝叠砌，残存3层，错乱铺地砖，推测为券顶	无	36×16×5	单平面绳纹	唐	
M149 150°	长方形单室砖墓	2.8×1.1-0.15	有	不明	不明	不明	顺向错缝叠砌，残存2层，斜行铺地砖，推测为券顶	无	37×18×5	单平面绳纹	唐	
M150 195°	长方形单室砖墓	3.8×1.11-0.26	有	不明	不明	不明	顺向错缝叠砌，残存2层，斜行铺地砖，推测为券顶封门	无	35×17.5×5	单平面绳纹	唐	
M151 165°	长方形单室砖墓	3.2×1-0.05	有	不明	不明	不明	顺向错缝叠砌，残存1层，斜行铺地砖	无	33×15×4.5	素面	唐	
M152 210°	长方形单室砖墓	3.2×0.95-0.3	有	不明	不明	不明	顺向错缝叠砌，残存5层，斜行铺地砖，推测为券顶	无	33×17×6	单平面绳纹	唐	
M153 220°	长方形单室砖墓	3×1.1-0.72	有	不明	不明	不明	顺向错缝叠砌，残存12层，横行铺地砖，推测为券顶	无	34×15.5×5	单平面绳纹	唐	
M154 182°	长方形单室砖墓	3.2×1.1-0.08	不明	不明	不明	不明	仅散存乱砖	无	?×?×4	素面	唐	
M155 220°	长方形单室砖墓	3×1.03-0.05	有	不明	不明	不明	顺向错缝叠砌，残存1层，铺地砖不明，推测为券顶	无	?×?×5	素面	唐	

襄樊檀溪墓地第二次发掘报告

续表

墓号	方向	形制	墓室尺寸（米）长×宽-（残）高	斜坡墓道	葬具	人骨架	葬式	墓室结构	随葬品	墓砖 规格（厘米）	墓砖 纹饰	时代	备注
M156	225°	长方形单室砖墓	2.8×1.15-0.06	无	不明	不明	不明	顺向错缝叠砌，残存1层，无铺地砖	无	35×17×6	单平面绳纹	唐	
M157	180°	长方形单室砖墓	残2.6×1-0.06	有	不明	不明	不明	顺向错缝叠砌，残存1层，无铺地砖	无	33×16×5	单平面绳纹	唐	
M158	210°	长方形单室砖墓	残2.5×1.2-0.05	有	不明	不明	不明	仅散存乱砖	无	?×?×5	素面	唐	
M159	215°	长方形单室砖墓	残1.56×0.7-0.4	有	不明	不明	不明	顺向错缝叠砌，残存9层，斜行铺地砖，推测为券顶	铜 I "开元通宝" 3; 瓷盘口壶	34×17×5	单平面绳纹	唐代早期	
M160	190°	长方形单室砖墓	残3.3×1.2-0.9	有	不明	不明	不明	仅余北端，顺向错缝叠砌，长壁至9层起券，铺地砖不明	瓷 I 碗 2，砚	35×19×5	单平面绳纹	隋	
M161	220°	长方形单室砖墓	3×1.24-0.1	有	不明	不明	不明	顺向错缝叠砌，残存2层，斜行铺地砖，推测为券顶	无	28×15×5.5	单平面绳纹	唐	
M162	240°	长方形单室砖墓	3.84×1.21-0.18	有	不明	不明	不明	顺向错缝叠砌，残存2层，上层斜行，下层"人"字形铺地砖，推测为券顶	铜 "五铢"; 瓷盘口壶	36×18.5×5.5	单平面绳纹	隋或唐初	可能为夫妻异穴合葬墓
M163	240°	长方形单室砖墓	3.62×1.22-(1.04~2.04)	有	不明	不明	不明	顺向错缝叠砌，长壁至14层起券，斜行铺地砖	瓷盘口壶	36.5×16×4	单平面绳纹	隋或唐初	

续表

墓号	方向	形制	墓室尺寸（米）长×宽-（残）高	斜坡墓道	葬具	人骨架	葬式	墓室结构	随葬品	墓砖规格（厘米）	墓砖纹饰	时代	备注
M164	290°	长方形单室砖墓	残2.8×1.1-0.11	有	不明	不明	不明	顺向错缝叠砌，残存2层，乱砖斜行铺地砖，推测为券顶	瓷I盘口壶、杯	33×19×5.5	素面	隋	
M165	175°	长方形单室砖墓	2.9×1.03-0.32	有	不明	不明	不明	长壁顺向间隔半砖逆向垂直侧立1层，短壁顺向侧立1层错缝叠砌，残存3层，无铺地砖，叠砌封门	陶AI罐、器座；铁剪、镰	33×16.5×4.5	单平面绳纹	唐代中期	打破M175
M166	175°	长方形单室砖墓	2.3×(0.55~0.65)-0.41	有	不明	头、肢骨	仰身直肢	顺向直立1层后错缝叠砌，残存1层，无铺地砖，叠砌封门	陶AⅢ罐；铁镰	32×16×4.5	素面	唐代中期	
M167	270°	长方形单室砖墓	1.3×0.56-0.26	无	不明	不明	不明	南北壁错缝叠砌，残存5层，东西壁侧立，残存2层	无	28×16×6	单平面绳纹	唐	迁葬墓
M168	220°	长方形单室砖墓	1.9×(0.65~0.78)-0.35	无	不明	不明	不明	顺向错缝叠砌，残存6层，斜行铺地砖	铜I"开元通宝"2；铁钗	38×19×5.5	单平面绳纹	唐代早期	
M169	190°	长方形单室砖墓	2.8×(0.8~1.12)-1	有	不明	头、肢骨	不明	顺向错缝叠砌，长壁20层，第10层渐向中间内收，并贴斜插封顶，斜铺地砖，弧形叠叠砌封门	铜I"开元通宝"；陶器座、B罐；砾石	35×16×5	单平面绳纹	唐代中期	
M170	?	长方形单室砖墓	?	不明	不明	不明	不明	仅残存斜行铺地砖五块	铜I"开元通宝"9；陶俑7	?×?×5	素面	唐代中期	
M171	230°	长方形单室砖墓	3.1×1.2-0.15	有	不明	不明	不明	顺向错缝叠砌，残存3层，斜行铺地砖	无	35×17×4	单平面绳纹	唐	
M172	182°	长方形单室砖墓	残2.5×(0.5~0.66)-0.3	有	不明	肢骨	仰身直肢	顺向直立1层，上部残，横行铺地砖，叠砌封门	铜I"开元通宝"4	30×18×5	素面	唐代早期	

续表

墓号	方向	形制	墓室尺寸（米）长×宽-（残）高	斜坡墓道	葬具	人骨架	葬式	墓室结构	随葬品	墓砖规格（厘米）	墓砖纹饰	时代	备注
M173	220°	长方形单室砖墓	3.2×1.08-0.97	有	不明	不明	不明	顺向错缝叠砌，长壁至16层后起券，斜行铺地砖，前有叠砌挡墙，三顺一丁再叠砌封门	瓷Ⅳ盘口壶	30×18×4	素面	唐代早期	
M174	165°	长方形单室砖墓	残3×1.1-0.9	有	不明	不明	不明	仅余北端，顺向错缝叠砌，长壁至12层后起券，无铺地砖，封门不明	无	30×18×5	素面	唐	
M175	230°	长方形单室砖墓	残2.7×1.09-0.12	有	不明	不明	不明	顺向错缝叠砌，残存2层，斜行铺地砖	无	36×17.5×5	单平面绳纹	唐	被M165打破
M176	170°	长方形单室砖墓	残2.6×1.05-0.035	有	不明	不明	不明	仅余南部少量横行齐缝铺地砖	无	37.5×15×3.5	单平面绳纹	唐	打破M142
M177	270°	长方形单室砖墓	残2.6×1.3-0.12	有	不明	不明	不明	顺向错缝叠砌，残存2层，斜行铺地砖	铜Ⅲ"开元通宝"	34×16×4.5	素面	唐代中期	
M178	185°	长方形单室砖墓	3×1.02-0.65	无	不明	不明	不明	南北壁平砖错缝叠砌，东西壁自下而上各直立、侧立、叠砌1层，上部残	铜Ⅰ"开元通宝"	32×16×4	素面	唐代早期	
M179	275°	长方形单室砖墓	残2.5×1.05×0.05	不明	不明	不明	不明	仅散存乱砖	无	36×16×5	素面	唐	
M180	225°	长方形单室砖墓	2.77×1-1.02	有	不明	不明	不明	顺向错缝叠砌，长壁至21层后起券，无铺地砖，封门不明	无	壁：38×16.5×4 券：37×16.5×(3~4)	素面	唐	
M181	180°	长方形单室砖墓	残2.58×1-0.07	不明	不明	不明	不明	仅散存乱砖	无	36×18×5	素面	唐	

续表

墓号	方向	形制	墓室尺寸（米）长×宽-（残）高	斜坡墓道	葬具	人骨架	葬式	墓室结构	随葬品	墓砖规格（厘米）	墓砖纹饰	时代	备注
M182	205°	长方形单室砖墓	2.5×0.9-0.08	无	不明	不明	不明	顺向错缝叠砌，残存1层，横行铺地砖	无	37×16×4	素面	唐	
M183	210°	长方形单室砖墓	2.62×1.1-0.1	无	不明	不明	不明	顺向错缝叠砌，残存1层，无铺地砖	无	38×18×5	素面	唐	
M184	170°	长方形单室砖墓	2.78×(0.57~0.74)-0.35	无	不明	不明	不明	侧立1层后错缝缝砌6层，顶1层横向平盖，前、中、后各一排横行铺地砖	瓷碗；陶AⅢ罐	34×17×5	素面	唐代中期	
M185	190°	长方形单室砖墓	2.62×(0.55~0.74)-0.55	无	不明	不明	不明	直立1层后错缝叠砌3层，逐层内收，顶1层横向平盖，前、后各一排横行铺地砖	铜B镜、簪、Ⅱ"开元通宝"；瓷碗；陶罐	33×16×4	素面	唐代中期	
M186	0°	长方形单室砖墓	1.05×(0.54~0.76)-0.17	无	不明	不明	不明	侧立1层，上部残，无铺地砖	瓷碗	34×17×5	素面	唐代中期	
M187	240°	长方形单室砖墓	?	无	不明	不明	不明	仅余个别碎砖	铜B镜、Ⅱ"开元通宝"；陶罐	?×?×5	素面	唐代中期	
M188	178°	长方形单室砖墓	2.62×(0.55~0.74)-0.68	无	不明	头、肢骨	仰身直肢	侧立1层后错缝叠砌8层，顶1层横向平盖，间隔设四排横行铺地砖	铜Ⅱ"开元通宝"9；瓷碗；陶罐；石坠	36×16×5.5	素面	唐代中期	
M189	220°	长方形单室砖墓	3.9×1.28-0.9	有	不明	不明	不明	三顺一丁两组再叠砌3层，上部残，上"人"字下横行两层铺地砖，封门不明	瓷Ⅰ盘口壶；铁器2	壁、地：33×16×5；券：33×16×(3~5)	单平面绳纹	六朝	

续表

墓号	方向	形制	墓室尺寸（米）长×宽-(残)高	斜坡墓道	葬具	人骨架	葬式	墓室结构	随葬品	墓砖规格（厘米）	墓砖纹饰	时代	备注
M190	65°	长方形单室砖墓	3.04×1.24-1.53	无	不明	头、肢骨	仰身直肢	顺向错缝叠砌，长壁至23层起券，前直后横对缝铺地砖	瓷碗3；陶瓶	壁、地：28×12×5 券：28×12×(3~5)	素面	宋	
M191	155°	长方形单室砖墓	2.98×1.08-0.83	有	不明	头、肢骨	仰身直肢	顺向错缝叠砌，残存18层，横行对缝铺地砖	瓷Ⅳ碗；陶AⅣ罐3	34×15.5×5	素面	唐代晚期	
M192	310°	长方形单室砖墓	残2.2×1.1-1.03	有	不明	不明	不明	顺向错缝叠砌，长壁至20层起券，横行错缝铺地砖	瓷Ⅲ盘口壶，Ⅰ碗，Ⅱ碗	壁、地：37×17×3.5 券：34×17×(3~4)	单平面绳纹	唐代早期	
M193	130°	长方形单室砖墓	残3.1×1.5-1.95	有	单棺	头、肢骨	仰身直肢	三顺一丁两组后错缝叠砌19层起券，后壁中部出一砖柱，砌法同墓壁，"人"字形铺地砖，封门不明	铜棺钉3	32×15×4	单侧面几何纹	六朝	
M194	165°	"刀"字形单室砖墓	3.02×1.74-0.5	有	不明	少量肢骨	仰身直肢	甬道、墓室壁错缝叠砌，分别残存3、9层，横、直相间铺地砖	瓷碗；陶瓶	33×16.5×5	素面	宋	
M195	165°	?	?	不明	不明	不明	不明	残存一角，仿木结构墓室	瓷碗；陶罐	33×16.5×5	素面	宋	

注：未注明件数者均为1件。

襄樊上岗唐宋墓葬发掘简报

襄樊市文物考古研究所

上岗墓地位于襄樊市高新区长虹北路与邓城大道交汇处东南侧，北距团山镇约1公里，西距邓城遗址约3公里，南靠华光厂住宅区。整个地势为汉水及其支流小清河的冲积平原，土地肥沃，交通便利（图一）。

2001年2月，襄樊钻石公司在此地段新建钻石花园小区，襄樊市考古队（襄樊市文物考古研究所前身）对征地范围进行了文物勘探，共发现古墓葬12座，随后组织力量对发现的墓葬进行了抢救性发掘清理。12座墓葬分别编号M1～M12，其中唐墓4座，宋墓8座（图二）。因当地群众早年平整土地，使所有墓葬均遭到不同程度的损坏，有的墓葬甚至仅剩几块铺地砖。现将发掘情况简报如下。

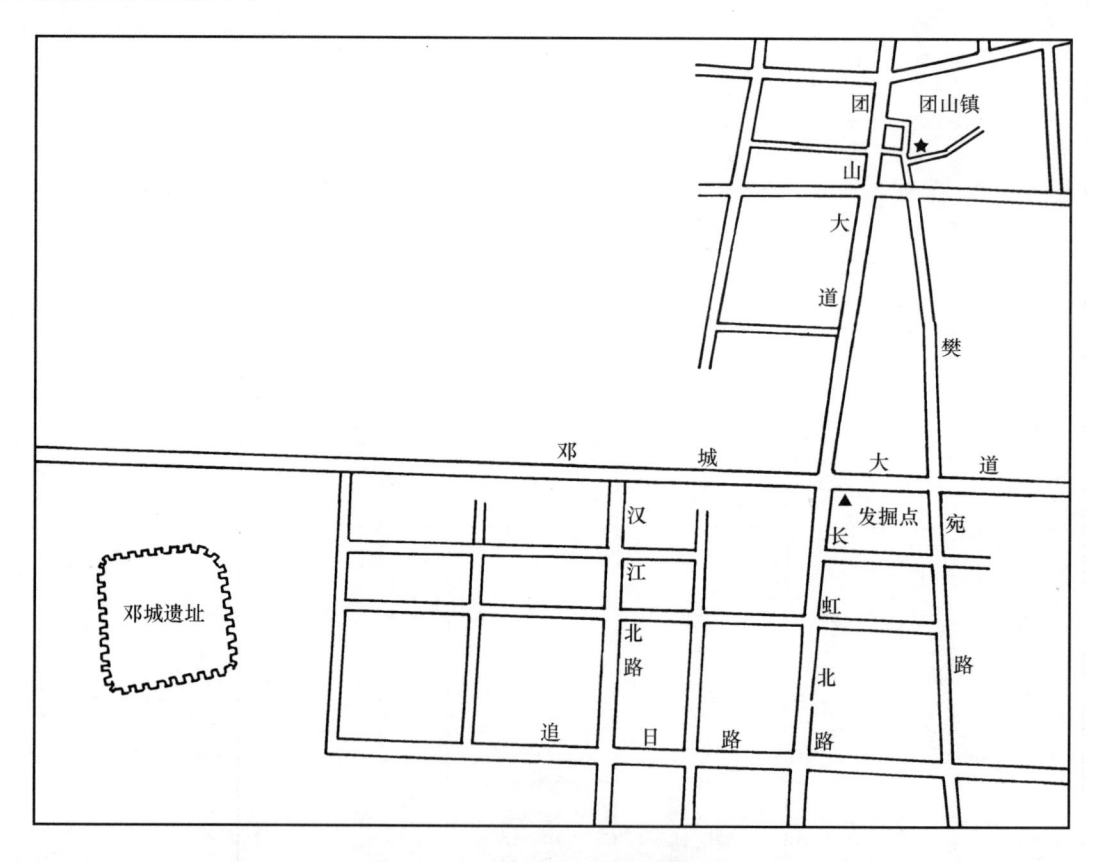

图一 上岗墓地位置示意图

图二　墓葬分布图

一、唐　墓

（一）墓葬形制

4座。编号为M1～M4，均为小型土圹砖室墓，平面形状有长方形、"刀"字形两种。

M1　方向183°。长方形单室砖墓，墓室长2.8、宽0.6、残高0.5米。先铺底后起壁，四壁以条砖错缝叠砌，贴东、西、北三壁侧立条砖一周，墓底以平砖对缝直铺。条砖有长方形和楔形两种，规格分别为35厘米×17厘米×5厘米、35厘米×17厘米×（3～5）厘米。斜坡式墓道设于南端，壁陡直，墓道残长 1.4、宽 0.6 米。葬具已朽，人骨经扰动，散见于墓室内填土中，铺地砖上有头骨和一节肢骨，头向南，面向上，葬式不明。随葬器物位于头骨南部，有陶砚 1 件、铜钱 1 枚（图三）。

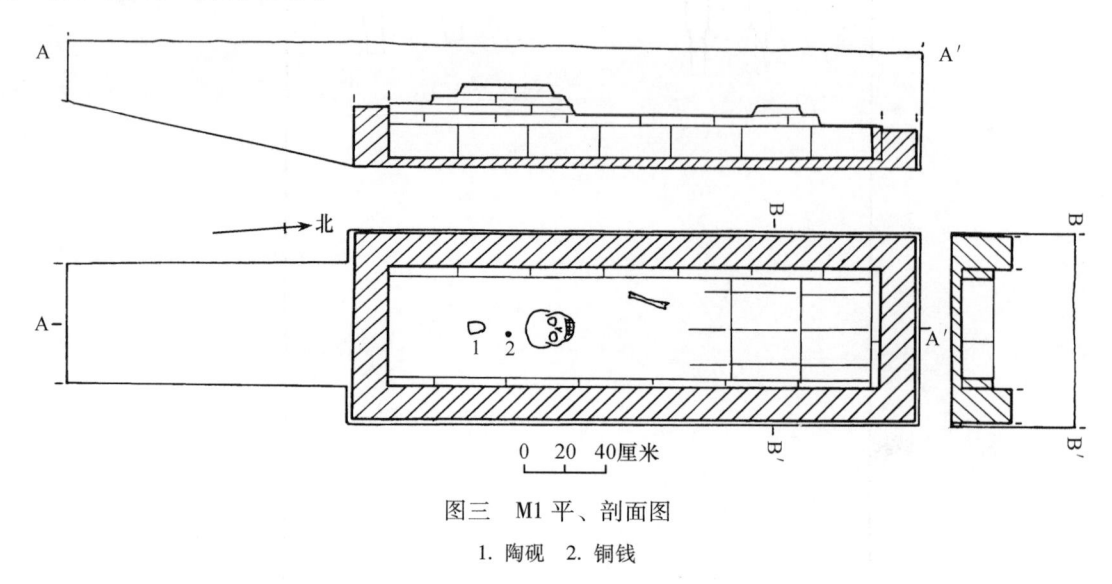

图三　M1 平、剖面图
1. 陶砚　2. 铜钱

M2　方向 200°。长方形单室砖墓，一端稍宽，另一端稍窄，墓室南北长 3.12、南宽 1、北宽 0.8、残高 0.94 米。先铺底后起壁，墓壁三顺一丁两层后以平砖错缝叠砌，墓顶被破坏，情况不明；封门墙设在墓室内南端，存一丁六顺又一丁三顺；墓底用砖斜向错缝平铺。墓砖仅发现长方形一种，规格为 32 厘米×16 厘米×5 厘米，素面。无墓道。葬具已朽。墓内中部残存头骨一个，头向南。随葬器物置于头外侧，有瓷执壶、铜簪各 1 件，铜钱 1 枚（图四）。

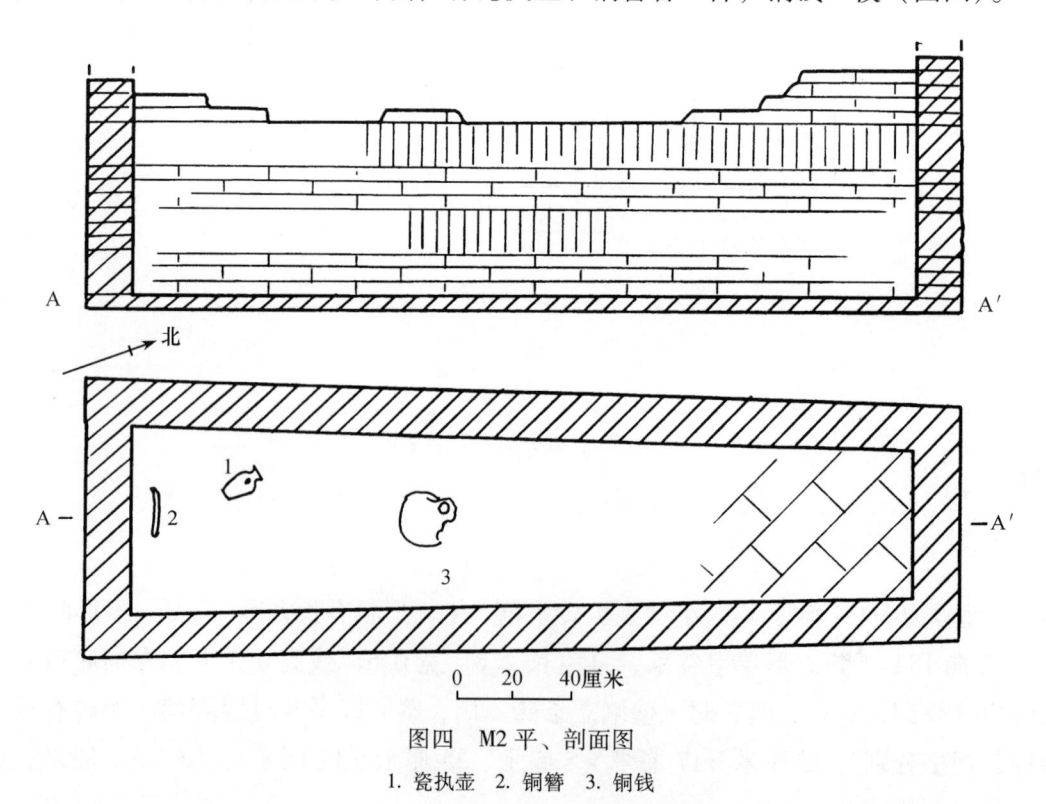

图四　M2 平、剖面图
1. 瓷执壶　2. 铜簪　3. 铜钱

M3 方向195°。"刀"形单室砖墓,由甬道、墓室构成。甬道长0.35、宽0.8、残高0.9米,无铺地砖;封门墙横砌于甬道外,一顺一丁四组后以平砖错缝叠砌,残高1.15、厚0.35米。墓室长2.92、宽1.68、高1.28米,墓壁三顺一丁两组再平砖错缝叠砌三层后起券,至顶部以半截砖斜立封闭,墓顶仅存后部一小段;铺地砖先横铺一行再向北平铺呈"人"字形。墓砖有长方形和楔形两种,规格分别为34.5厘米×16.5厘米×5厘米、33厘米×15.5厘米×5厘米、33厘米×16厘米×(4.5~5.5)厘米。斜坡式墓道设于南端,长3.2、宽1~1.4米。葬具已朽,人骨经扰动,存头盖骨和两节肢骨。随葬器物散见于墓室和甬道内,有陶罐、陶砚、瓷罐、铜铃、铁镰各1件和铜钱1枚(图五)。

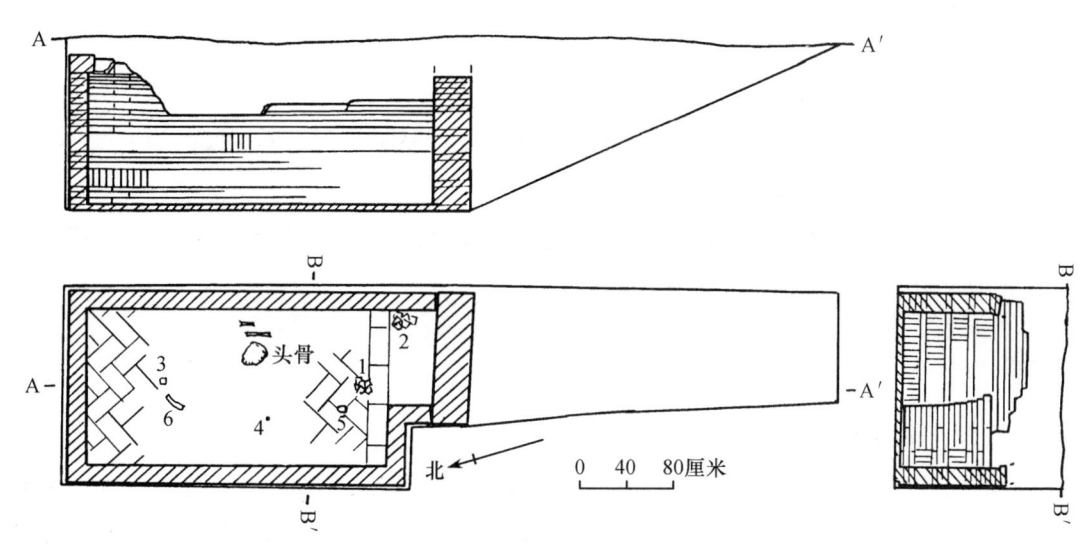

图五 M3平、剖面图
1. 瓷罐 2. 陶罐 3. 铜铃 4. 铜钱 5. 陶砚 6. 铁镰

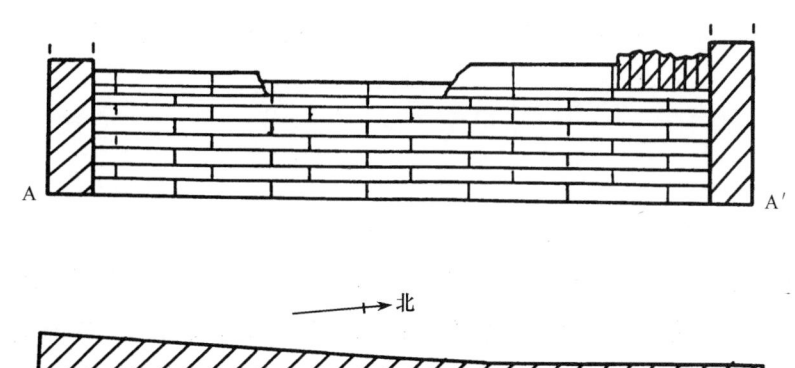

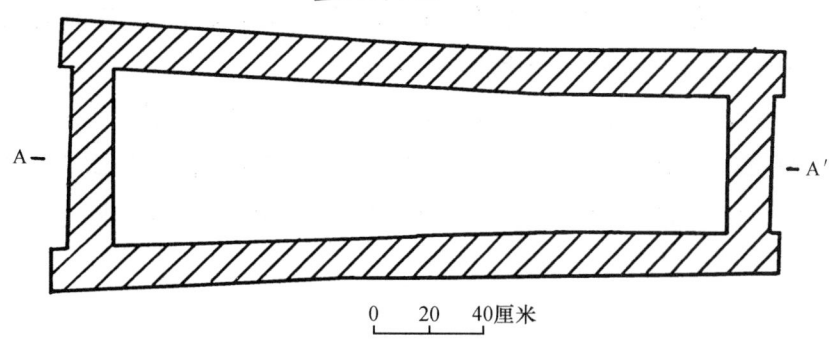

图六 M4平、剖面图

M4　方向185°。长方形单室砖墓，一端稍宽，另一端稍窄，墓室长2.6、南宽0.98、北宽0.8、残高0.42米。东西壁用32厘米×15.5厘米×4.5厘米的青砖错缝叠砌，至0.37米处以楔形砖起券，顶部以半截砖斜立封堵。南北壁六顺一丁后错缝叠砌，无铺地砖。葬具、人骨无存，也未发现随葬器物（图六）。

（二）随葬器物

12件。器类有陶、瓷、铜、铁四种。

1. 陶器

3件。均为泥质灰陶，素面。有砚、罐等。

砚　2件。形制相同。形似簸箕，下部有两乳状足。素面。M1:1，通长8.1厘米（图七，4）。M3:5，通长8.7厘米（图七，5）。

罐　1件。M3:2，侈口，圆唇，短束颈，溜肩，鼓腹，平底。口径16.4、底径12.8、腹径22、高20.8厘米（图七，3；图版四五，1）。

2. 瓷器

2件。执壶、罐各1件。均为灰白胎。

执壶　M2:1，侈口，束颈较长，溜肩，肩部有执柄，短流，执柄残，鼓腹斜收，平底。施酱色釉，内、外施釉均不及底，肩部有三块蓝紫色窑变。口径9、底径7.4、腹径12.2、高18.4厘米（图七，1；彩版一〇，1）。

罐　M3:1，口微敛，圆唇，卷沿，短束颈，溜肩，鼓腹，平底，肩部对称有双耳，耳均残。内、外施黄绿釉，部分脱落，外壁施釉不及底。口径9.6、底径10.8、高20.4厘米（图七，2）。

3. 铜器

6件（枚）。有銙、簪、"开元通宝"等。

銙　1件。M3:3，已残。长方形，中部有长方形穿孔。长3、残宽2厘米（图七，6）。

簪　1件。M2:2，前端微弯，后端稍宽，扁体，横断面呈长方形，中部较两端厚。正背面饰圆圈纹。残长15厘米（图七，10；图版四六，6）。

"开元通宝"　4枚。M1出土1枚，M2出土2枚，M3出土1枚。形制相同，圆形方孔，钱边缘及穿正、背有郭，上用隶篆书"开元通宝"四字。M1:2，直径2.4、边郭宽0.2厘米（图七，8）M2:3，背有仰月纹。直径2.5、边廓宽0.2、厚0.15厘米（图七，9）。

4. 铁器

仅1件镰（M3:6），残断为三段。弧形，前端略窄，后端宽，背厚薄刃（图七，7）。

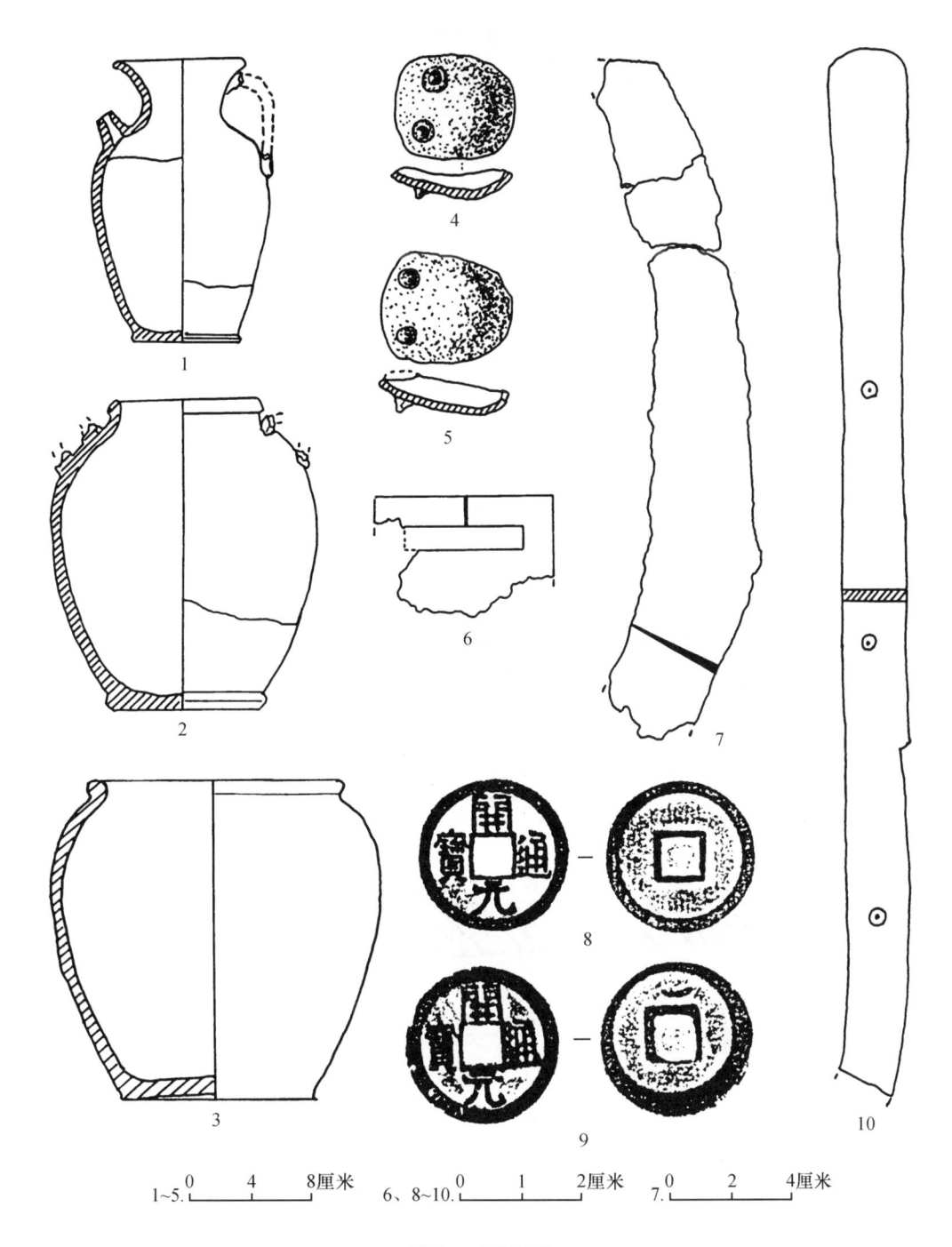

图七 唐墓器物

1. 瓷执壶（M2:1） 2. 瓷罐（M3:1） 3. 陶罐（M3:2） 4、5. 陶砚（M1:1、M3:5） 6. 铜铃（M3:3） 7. 铁镰（M3:6） 8、9. 铜钱拓本（M1:2、M2:3） 10. 铜簪（M2:2）

（三）时代推测

以上4座墓均属于一般贫民的小型墓葬，其砖室结构简陋，随葬器物甚少，没有发现确切纪年物，只能根据周边发掘资料对其时代进行推测。M3砖室结构与襄樊檀溪M6基本一致[1]，

M1 砖室结构与襄樊卞营 M14 基本一致[2]，初步推断其为唐代中后期的墓葬。

二、宋　墓

（一）墓葬形制

8 座。编号为 M5～M12，均为单室砖墓。根据整体形制的不同可分为三种。

1. 长方形砖室墓

2 座（M5、M6），M5 残损严重。平面长方形，墓室短、窄、矮，无墓道，可能为迁葬墓。

M6　方向 180°。墓室长 1.4、南宽 0.68、北宽 0.57、残高 0.22 米。先铺底后起壁，墓壁用 34 厘米×16 厘米×5 厘米规格的素面青砖错缝叠砌，残存五层。墓底横向平铺。未发现葬具，墓室内填土中有少量肢骨，无随葬器物（图八）。

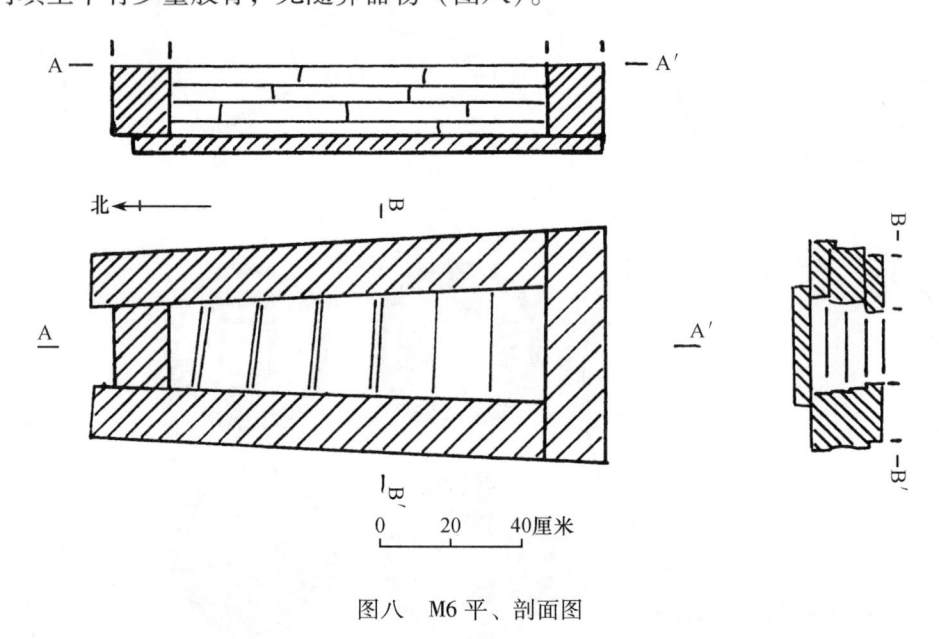

图八　M6 平、剖面图

2. "凸"字形砖室墓

4 座（M7～M10）。平面"凸"字形，由甬道、墓室构成。前设象征性一砖长甬道，内设直行封门墙；墓室短、宽、高，为错缝叠砌墓壁，三面坡式高尖顶，横、直行平铺地砖；带斜坡（M7）或阶梯状墓道（M8～M10）。

M10　方向 185°。牌楼残高 1.6、宽 2 米。甬道长 0.34、宽 1.2、高 1.4 米，封门砖斜棱横砌呈"S"形；墓室长 2.2、南宽 1.5、北宽 1.4、残高 1.4 米，墓室东壁砌筑有灯台。墓砖长方形，规格为 34 厘米×17 厘米×5 厘米，素面。墓道长 2.4、北宽 1.2、南宽 0.9 米，残存七级台阶。葬具及人骨架均不存。随葬器物置于东壁内侧，有瓷碟、碗、瓶各 1 件（图九）。

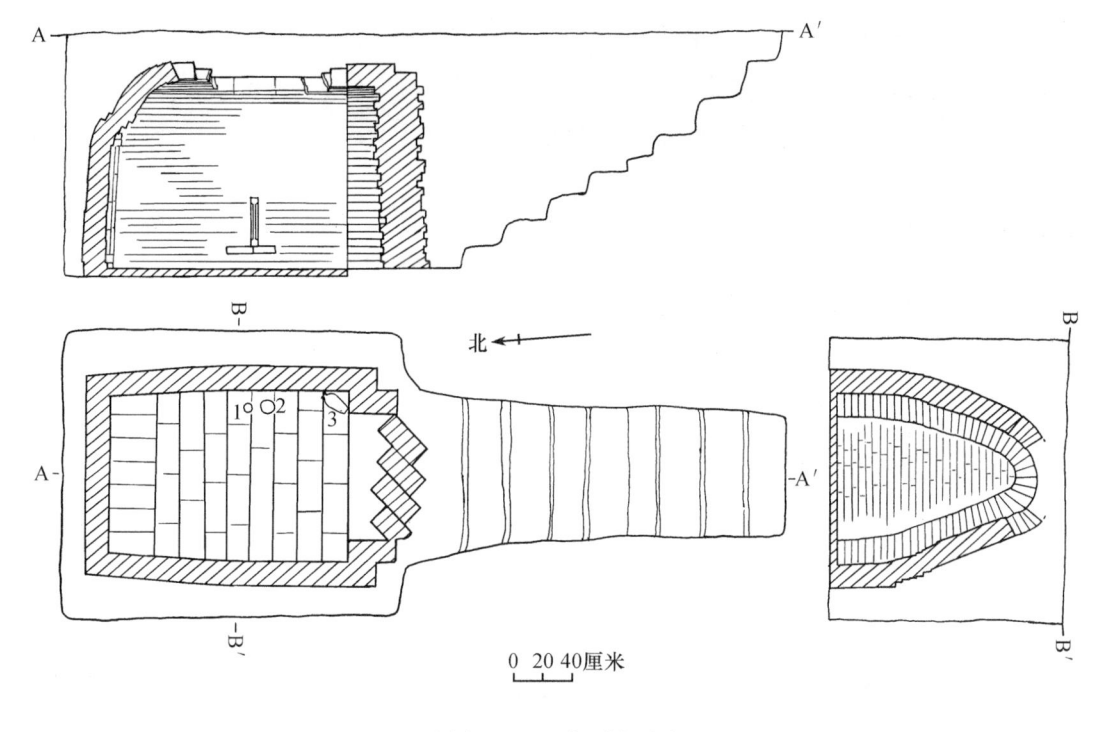

图九 M10 平、剖面图
1. 瓷碟 2. 瓷碗 3. 瓷瓶

3. "凸"字形仿木结构砖室墓

2座（M11、M12）。平面"凸"字形，由甬道、墓室构成。甬道长方形，壁错缝叠砌，券顶，壁上部至顶正中开一浅槽，前部叠砌封门砖，前端设仿木结构牌楼；墓室近方形，弧角，四角设角柱，柱上及墓壁中段上部置斗拱，墓壁下部条砖砌成居室陈列式样，穹隆顶。整个墓室内和牌楼迎面用石灰粉刷，并有彩绘，现已剥落，仅见痕迹。有"八"字形墓道（M11下部有台阶三级，上部为斜坡式；M12为斜坡式）。

M11 方向190°。甬道长0.97、宽1.2、高1.38米，槽宽0.18、深0.15米。无铺地砖。墓门拱形，高1.2、宽0.85米，拱门两侧底部用平砖砌筑13层，中部为立砖砌筑，再上为平砌，拱门两侧有立颊等装饰图案，上方有门额，门额上承雕砖单拱双抄五铺作斗拱三朵，上托方形撩檐和方形飞檐椽，再上为砖凿瓦面，整个墓门上方牌楼略向南倾斜，残高2.4米，封门砖横斜错缝平砌呈锯齿状，外凸0.2～0.25厘米。墓室底部平面近方形，南北长2.18、东西宽2.28米。整个墓室内下部墙面分别砌筑有家庭各室摆设图案，从图中可以看出西壁为客厅，图案有两椅夹一桌；北壁为卧室，中间有门，门的两侧为百叶窗；东壁为厨房，墙面中间有一案板架，上置一圆形砧板，北侧有一饭桌；南侧放置有火钳等。墓底除前端中部与甬道底面平齐外，其余高出甬道底面0.25米，双层横或直行平铺地砖，前端凹口壁条砖顺向侧立。墓砖长方形，规格为34厘米×17厘米×5厘米，素面。墓道朝南，残长6.8、北宽2、南宽1.3米。葬具及人骨架均无存。随葬器物置于甬道、墓室靠东壁处，有瓷执壶1件、瓷碗2件、铜簪1件（图一〇）。

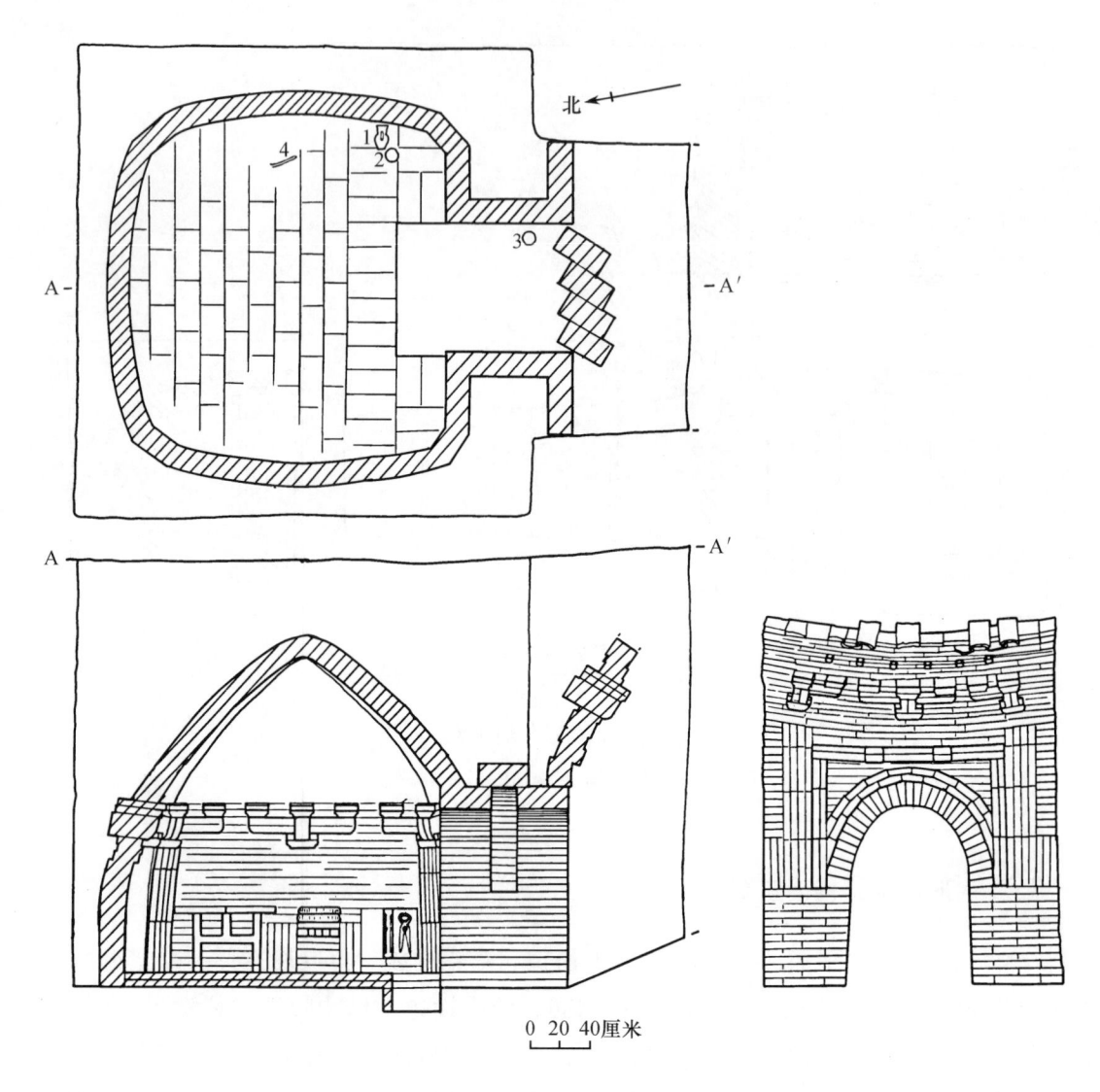

图一〇　M11 平、剖面图及墓门立面图
1. 陶执壶　2、3. 瓷碗　4. 铜簪

（二）随葬器物

16 件。器类仅有陶、瓷铜三类，其中铜器仅簪 1 件，残断严重。

1. 陶器

2 件。执壶、碟各 1 件。泥质灰陶。

执壶　M11:1，侈口，斜直颈，折肩，肩部有执柄，长流，斜直壁，平底。施酱色釉，外釉不及底，内仅口部施釉。口径 9、底径 8.8、高 18.5 厘米（图一一，1；图版四五，2）。

碟　M8:1，侈口，尖圆唇，弧壁，平底。素面。口径 10.2、底径 6.4、高 3.4 厘米（图一一，15；图版四五，4）。

2. 瓷器

13件。有瓶、碟、碗等。

瓶 2件。形制相同。灰红胎。小口微侈，圆唇，束颈极短，圆肩，深腹，上腹微鼓，下腹略斜收，平底略内凹。内、外壁施黄绿釉，皆不及底，肩部部分露胎，釉大部分脱落。上、中腹饰瓦棱纹。M10:3，口径4.1、腹径12.3、底径8.5、高25厘米（图一一，7；彩版一〇，2）。M12:1，口径3.8、腹径11.9、底径7.2、高25厘米（图一一，6；图版四五，3）。

碟 1件。M10:1，青灰胎。侈口，圆唇，口沿微外翻，弧壁，平底。口径10.5、底径5.8、高3.5厘米（图一一，14）。

碗 10件。形制相同。灰白胎2件，灰红胎4件，青灰胎4件。侈口，圆唇，斜弧壁，浅圈足外撇。M7:1，口径12、圈足径4.6、高4.3厘米（图一一，2；图版四五，5）。M7:2，口

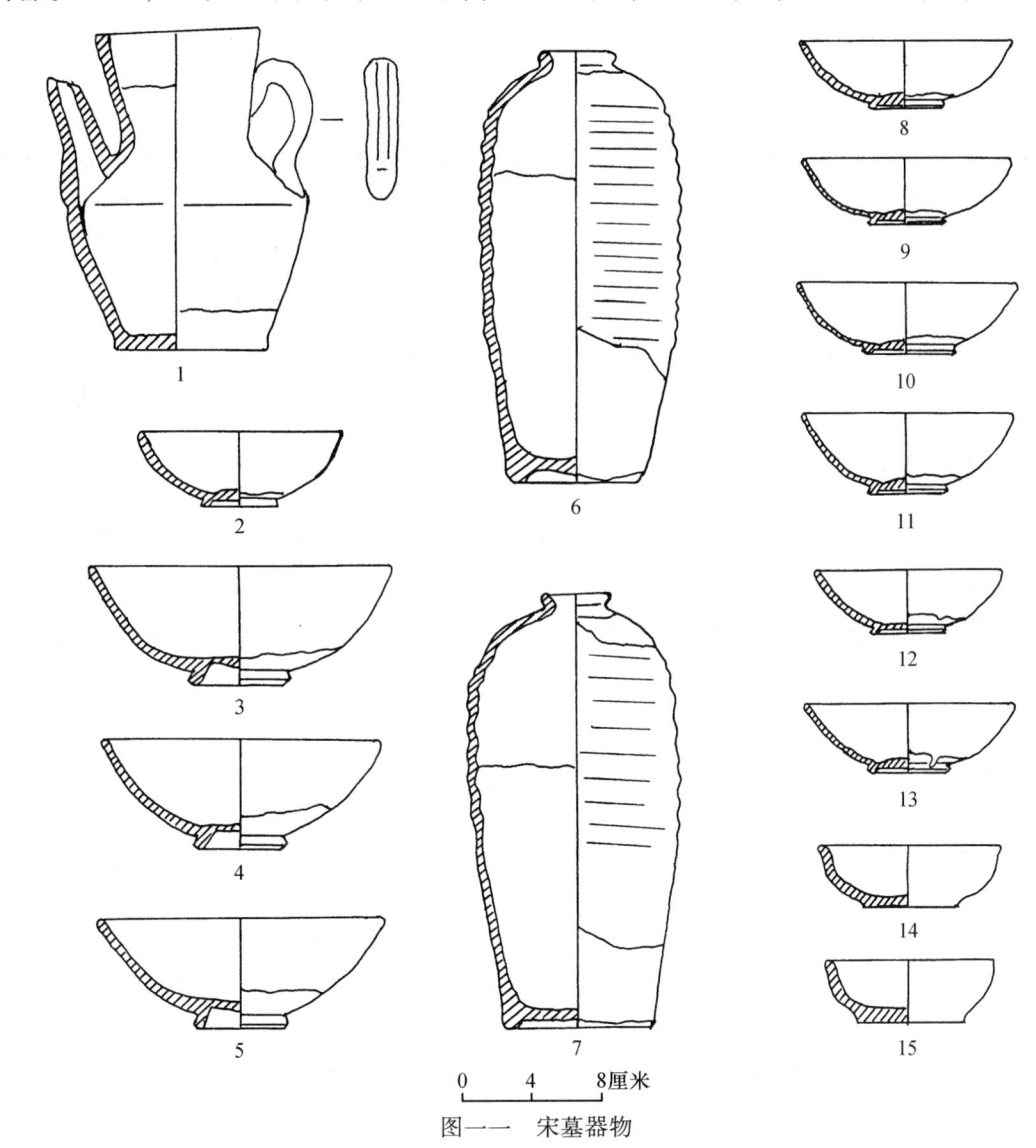

图一一 宋墓器物
1. 陶执壶（M11:1） 2~5、8~13. 瓷碗（M7:1、M7:2、M7:3、M7:4、M11:2、M11:3、M10:2、M12:2、M12:3、M9:1）
6、7. 瓷瓶（M12:1、M10:3） 14. 瓷碟（M10:1） 15. 陶碟（M8:1）

径 18.1、圈足径 5.9、高 6.8 厘米（图一一，3；图版四五，6）。M7：3，口径 16.4、圈足径 5.5、高 6.4 厘米（图一一，4）。M7：4，口径 16.8、圈足径 5.4、高 6.4 厘米（图一一，5）。M9：1，口径 12.4、圈足径 5.2、高 4 厘米（图一一，13；图版四六，1）。M10：2，内外施白色釉，外釉不及底，有开片冰裂纹。口径 13.2、圈足径 5.3、高 4.1 厘米（图一一，10；图版四六，2）。M11：2，口径 12.8、圈足径 4.4、高 4 厘米（图一一，8；图版四六，3）。M11：3，口径 12.6、圈足径 4.6、高 3.8 厘米（图一一，9；图版四六，4）。M12：2，口径 12.7、圈足径 4.8、高 4.7 厘米（图一一，11；图版四六，5）。M12：3，口径 11.4、圈足径 4.4、高 3.6 厘米（图一一，12）。

（三）时代推测

关于这 8 座墓的时代，目前没有发现确切纪年物，而且随葬器物较少，现只能根据墓葬结构及排列和出土器物进行推测。

1. 从墓葬结构和出土器物来看

M5 和 M6 为较小而且简陋的砖室墓，无随葬品，我们分析认为应是迁葬墓，其形制具备本地区宋代墓葬的特征。

M7～M10，从较为完整的砖室结构看，其突出的特点和风格为本地区首见，与武汉东西湖柏泉农场的 M2[3] 十分相似；另从出土的器物分析，其为宋墓中常见的瓷小口瓶、碗等，再与其他几座墓的时代综合分析，初步认为这 4 座墓属北宋早中期之际。

M11 和 M12 均为庭院式建筑风格，与襄樊刘家埂 M5[4] 十分相似，应为北宋中期。

2. 从墓葬排列来看

这几座墓的结构虽不是一个类型，但从西至东、由早到晚排列有序，无扰乱现象，从其规模来看，应属一个家族墓地。

这批墓葬的发掘为我们研究襄樊地区宋代砖室庭院式墓葬的建筑风格：先由三面坡顶式向穹隆顶式的发展，提供了有力证据。

附记：参加发掘的有刘江生、王志刚、释贵星，器物修复、绘图、描图、拓片刘江生，照相杨力，审稿王先福。

执笔：刘江生

注　释

[1]　襄樊市考古队：《襄樊檀溪隋唐宋墓清理简报》，《江汉考古》2002 年第 2 期。
[2]　襄樊市考古队：《襄樊团山下营墓地第二次发掘》，《江汉考古》2002 年第 2 期。
[3]　武汉市博物馆等：《武汉市东西湖柏泉农场古墓群清理简报》，《江汉考古》1998 年第 1 期。
[4]　襄樊市文物管理处：《襄阳刘家埂唐宋墓葬清理简报》，《江汉考古》1994 年第 4 期。

南漳旧县铺唐墓清理简报

南漳县博物馆
襄樊市文物考古研究所

该墓位于南漳县九集镇旧县铺村北约500米处，坐落在一条南北向黄土岗地的东坡坡脚，东侧有一条小河，俗称"小河沟子"，对岸为一片丘陵（图一）。

2006年4月底，南漳县九集镇旧县铺村三组村民在平整荒地时挖出一座砖墓，并破坏了部分，县博物馆在报请襄樊市文物局批准并受市文物考古研究所委托后，迅速组织人员对墓葬做了抢救性清理，编号2006NJM1。现将清理情况简报如下。

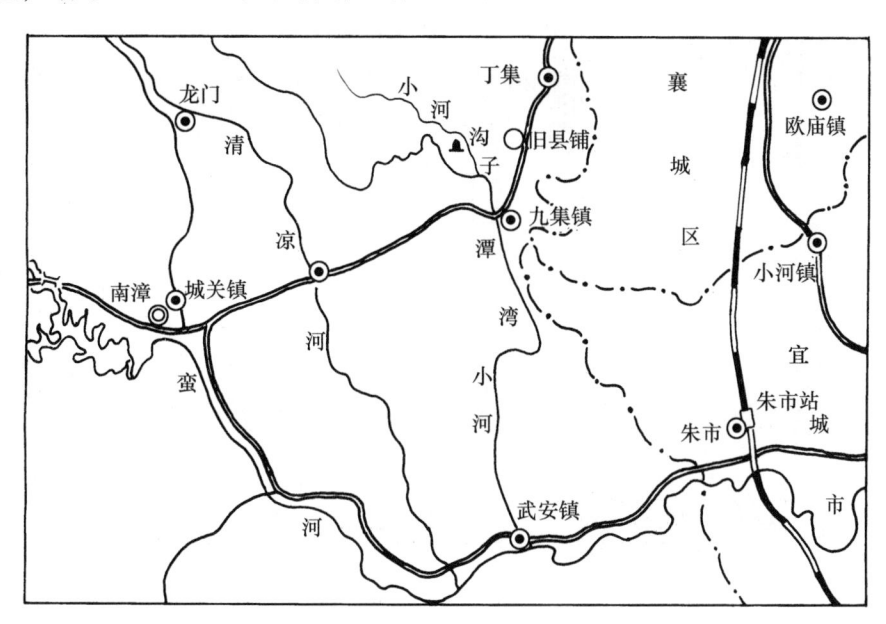

图一 旧县铺唐墓位置示意图

一、墓葬形制

该墓为"凸"字形土圹单室砖墓，方向160°，由墓室、甬道、墓道组成，先起墓圹，再砌墓室、甬道，甬道部分墓圹及墓道口被破坏（图二）。

墓圹 平面"凸"字形，土坑竖穴，与墓道连为整体，口、底同大。砌筑墓室部分南北长3.5、东西宽2.3米，前部向下挖进0.22米，致使前深1.89、后深1.67米。甬道部分长0.6、宽1.3、复原深1.89米，前与墓道贯通。

图二 M1 平、剖面图

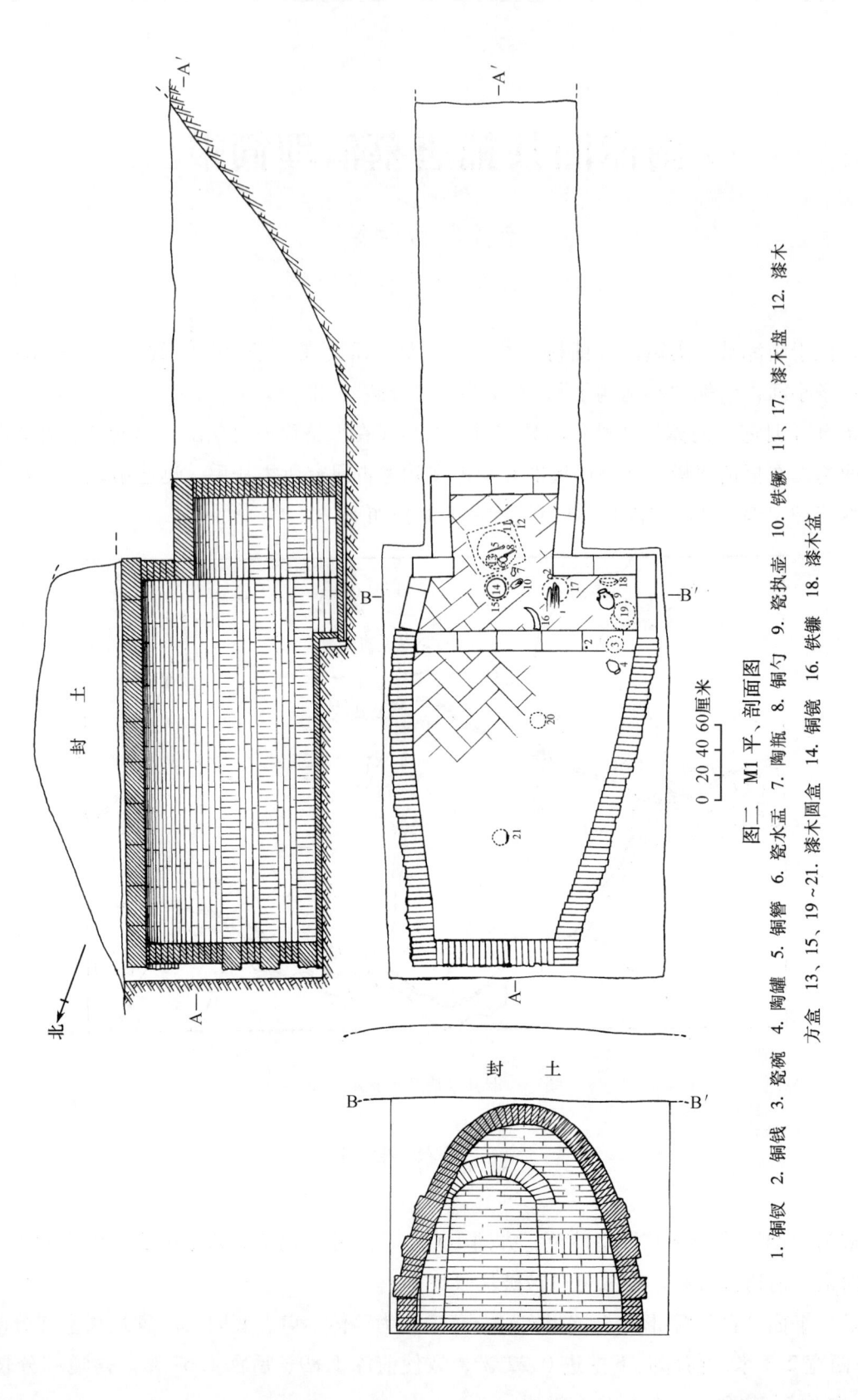

1. 铜钗 2. 铜钱 3. 瓷碗 4. 陶罐 5. 铜簪 6. 瓷水盂 7. 陶瓶 8. 铜勺 9. 瓷执壶 10. 铁镬 11、17. 漆木盘 12. 漆木方盒 13、15、19~21. 漆木圆盒 14. 铜镜 16. 铜镜 18. 漆木盆

墓室　略呈前宽后窄的梯形，分成南、北两部分，南小半部为前室，北大半部为棺室。内空通长2.94、宽0.98~1.64米。棺室底面高出前室0.22米，前室内空长0.44、高1.4米，棺室内空长2.5、高1.52米。东、西长壁中前部外弧，墓壁在前室条砖错缝叠砌四层与棺室底面铺地砖平齐后，整体一丁三顺两组，再一丁六顺后以楔形砖起券封顶；北壁与东、西壁平行对齐，砌法一致，只是上部一丁后叠砌至顶。前室"人"字形平铺地砖，与棺室交接并下凹的侧壁面由条砖横向侧立贴砌一排；棺室铺地砖除前端横行平铺一排外，均呈"人"字形平铺。

甬道　略呈横长方形，后部稍窄。内空南北长0.82、前宽0.88、后宽0.8、高1.18米。自下而上五顺一丁接二顺一丁再叠砌五层后以楔形砖起券封顶。封门墙在甬道内南端，前部与甬道壁平，条砖错缝叠砌上顶。

墓道　位于墓室南部，斜坡状。现平口长3.05、宽1.3米，最深处在甬道前端，残深1.4米。以原坑土回填。

墓壁所用条砖及铺地砖规格均为33厘米×16厘米×4.5厘米，墓壁丁砖则将条砖砍断成大半块，券砖规格为33厘米×16厘米×（3.5~5）厘米。条砖单平面均饰笼纹。

葬具及人骨架全部朽烂，葬式也不明。

随葬器物主要置于前室、甬道内，少量放在棺室内。

墓圹上残存圆形封土堆，南部已遭到破坏。残存底径约8、高0.7米。为灰褐夹灰黄色花土堆封，应为墓坑内挖出之土。

该墓整体砌筑方法是，先挖好墓圹及墓道，墓圹中将前室、棺室、甬道的位置规划好，然后在甬道、墓室底面铺好地砖，再在地砖上起墙封顶，待下葬后封门，最后回填，再起封土。

二、随葬器物

随葬器物共24件（枚），按质地可分为陶、瓷、铁、铜、漆木器等。

1. 陶器

2件。罐、瓶各1件。

罐　M1:4，泥质灰陶。素面。整体较瘦高，侈口，翻沿，圆唇，束短颈，溜肩，鼓腹，平底。口径13.2、底径10、高22厘米（图三，1）。

瓶　M1:7，灰白胎。小口微侈，圆唇，短直领，溜肩，鼓腹，平底，实体状假圈足。领部堆塑四花瓣，两两对称；肩部一周对称堆塑四团花间四芽。器表施黄、绿、红三彩釉，自然流釉，下腹、器底未施釉，堆塑花纹边沿施釉不均，多处露胎。口径1.3、腹径3.8、底径1.8、高4.4厘米（图三，2）。

2. 瓷器

3件。执壶、碗、水盂各1件，全为青瓷。

执壶　M1:9，口部及执柄残。灰胎。侈口，束直颈稍长，溜肩，鼓腹，厚平底。肩部有对称双耳，与耳垂直方向上各有一执柄和八棱形短流。外壁除底部露胎外，其余部位及内壁上部施浅灰黄釉，腹部有三个等距长径7.5厘米的大块椭圆形褐斑。腹径13、底径8、残高15.5厘米（图三，6；彩版一〇，3）。

碗　M1:3，灰白胎。敞口，尖唇，斜壁，平底，浅宽圈足。内、外壁施灰白泛绿釉，釉不及底。口径14、底径5.2、高4.2厘米（图三，3；彩版一〇，4）。

水盂　M1:6，褐胎。敛口，尖圆唇，溜肩，扁鼓腹，腹底交接处内曲，平底。内、外壁施灰黄釉，底露胎。口外等距饰三组绿叶。口径2.8、腹径6.5、底径3.2、高4.4厘米（图三，4；彩版一〇，5）。

3. 铁器

2件。镰、锸各1件，均残且锈蚀严重。

镰　M1:16，两端均残。厚背薄刃，一端近尖。残长20厘米（图三，5）。

锸　M1:10，整体近梯形，刃部残，后部弧背，有半圆形穿。残长17、宽5.5~6.5、厚1.3~2.1厘米（图三，7）。

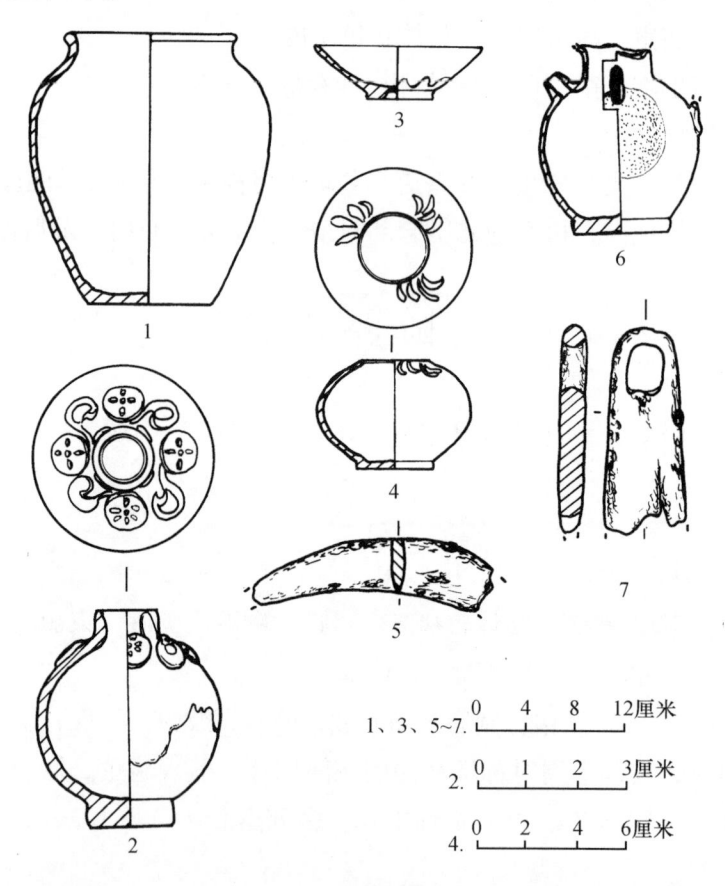

图三　陶、瓷、铁器
1. 陶罐（M1:4） 2. 陶瓶（M1:7） 3. 瓷碗（M1:3） 4. 瓷水盂（M1:6） 5. 铁镰（M1:16） 6. 瓷执壶（M1:9） 7. 铁锸（M1:10）

4. 铜器

8件（枚）。器类有镜、勺、簪、钗、"开元通宝"钱等。

镜　1件。M1:14，八瓣菱花镜。背外缘宽廓，圆形纽座，弓形纽。廓内、纽座外区域浅浮雕相对双鸾间二神兽图案，鸾、兽间有四组卷云纹。直径15、沿厚0.25厘米（图四，1；彩版一〇，6）。

勺　1件。M1:8，体大部及柄尾端均残。体薄，椭圆形，中部下凹，长柄，横断面长方形。残长10厘米（图四，2）。

簪　1件。M1:5，单体长针形，一端凿两个相对凹槽，另一端呈飞鸟形，鸟羽线刻。簪体双面线刻相同纹饰，为三组网状几何纹。通长15.6厘米（图四，3）。

钗　3件。形制、大小相同。双股，"U"形，单股圆而细长，前端尖，弯曲处粗而扁平。M1:1-1，通长21.5厘米（图四，4）。

"开元通宝"钱　2枚。M1:2，残。体薄。圆形方孔，双面内外起廓，穿四周篆书"开元通宝"四字。径2.4厘米。

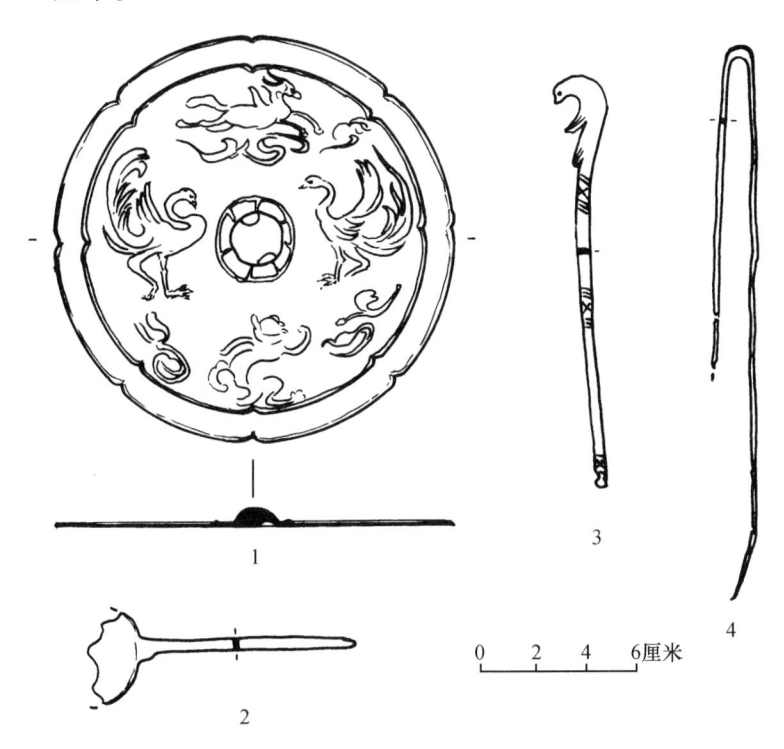

图四　器物
1. 铜镜（M1:14）　2. 铜勺（M1:8）　3. 铜簪（M1:5）　4. 铜钗（M1:1-1）

5. 漆木器

数量相对较多，共9件，包括方盒1件、圆盒5件、盘2件、盆1件，但木胎均已腐烂，仅存漆皮壳，虽可辨识器形，但无法提取。其中方盒内放置一盘，盘内盛装圆盒、水盂、簪、勺各1件，盘内有钗3件，圆盒内有铜镜一面。

三、结　语

　　该墓的时代特征比较明显，可以从三个方面加以说明。其一，墓室的平面布局、建筑结构、建筑材料和工艺特征符合本地区邻近地区隋唐墓的基本特征。其二，墓葬出土的"开元通宝"钱将它的时代上限卡到了唐代早期。其三，随葬品中，瓷执壶、水盂属唐代中期长沙窑的典型器形[1]，其中执壶与襄樊檀溪唐墓 M38:4 的器形基本一致[2]；三彩瓶也是唐代中期出现的产品，与安徽寿县唐墓所出同类器物的形制、装饰特点、施釉部位及釉料色彩极为相近[3]；双鸾神兽镜在本地馆藏铜镜中较为多见，是唐代中期的流行式样。综合以上分析，该墓的时代当以唐代中期为宜。

　　该墓出土的随葬品主要为妇女装扮用的发饰钗、簪或化妆器皿瓶、水盂以及盛装小件物品的漆盒、盘等，同时又伴出铁农具。由此推测，墓主人系当地平民中的女性，生前家庭比较殷实。

　　附记：参加本次清理工作的有陈选保、刘彪军、孙义宏、陈易等，基础资料整理、绘图、描图孙义宏，器物照相杨力，王先福审阅了文稿。

执笔：孙义宏

注　释

[1]　长沙窑课题组编：《长沙窑》，紫禁城出版社，1996 年。
[2]　襄樊市考古队：《襄樊檀溪隋唐宋墓清理简报》，《江汉考古》2000 年第 2 期。
[3]　寿县博物馆：《安徽寿县发现汉唐遗物》，《考古》1989 年第 8 期。

襄樊羊祜山墓地第三次发掘简报

襄樊市文物考古研究所

羊祜山墓地位于襄阳古城西南600米处的羊祜山（图一）。2001年3月，襄樊市革命烈士纪念馆选址于羊祜山东麓，为配合基本建设，原襄樊市考古队组织人员进行了文物勘探，共发现墓葬29座，随后进行了抢救性发掘，墓葬沿前两次发掘顺序编号为M9~M37（图二）。其中隋墓1座，唐墓2座，宋墓25座，明墓1座。现按时代简报如下。

一、隋 墓

（一）墓葬形制

1座。编号为M36。

M36 东北角被M24打破，顶部早年已毁。长方形单室砖墓，方向112°。墓室长4、宽0.7、残高0.84米。南、北、西壁为三顺一丁砌法，残存三组，东壁为封门墙，存6层，为平砖错缝叠砌，

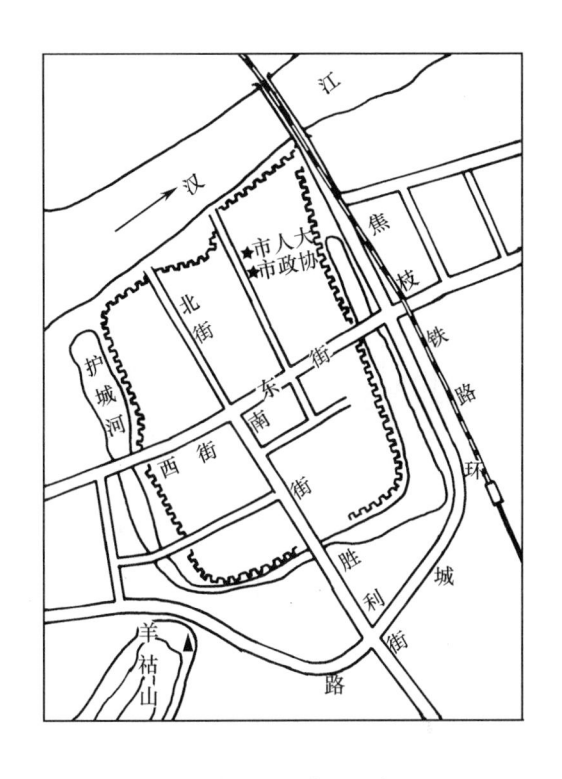

图一 羊祜山墓地位置示意图

"人"字形铺地砖。砖长28、宽15、厚4厘米，单平面饰绳纹，单短侧面饰几何纹（图三，1）。葬具、人骨架无存，随葬器物置于墓室中部近北壁处（图四）。

（二）随葬器物

2件。

瓷碗 1件。M36:2，青灰胎。侈口，斜弧腹内收，平底，实圈足。内外壁施淡绿釉，外釉不及底，有细碎开片，腹下部有轮制旋痕。口径7.6、底径4.6、高3.3厘米（图三，2）。

玉猪 1件。M36:1，黄白色，卧伏状。长7.9、厚1.2、高2.1厘米（图三，3）。

（三）年代推测

该墓为窄长的长方形砖室墓，是本区隋墓常见形制，与襄樊檀溪隋墓[1]形制相同，出土瓷碗形制也相差无几。

图二　墓葬分布图

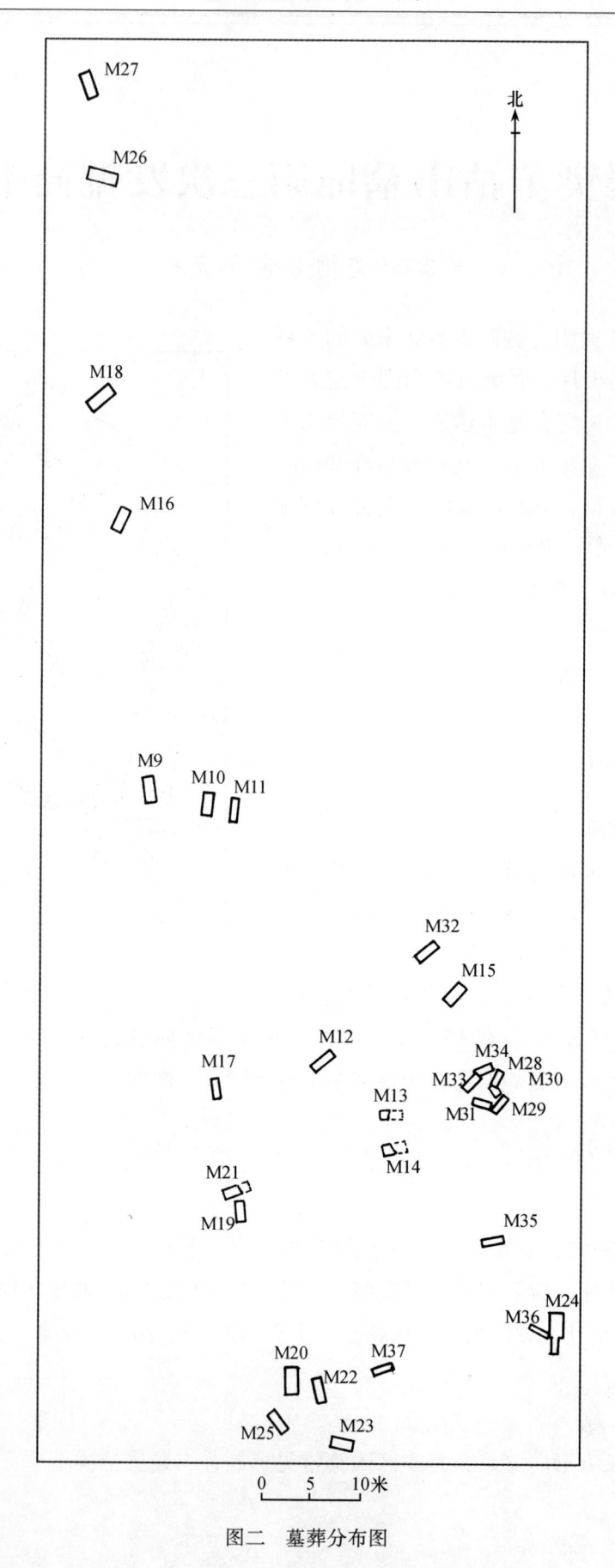

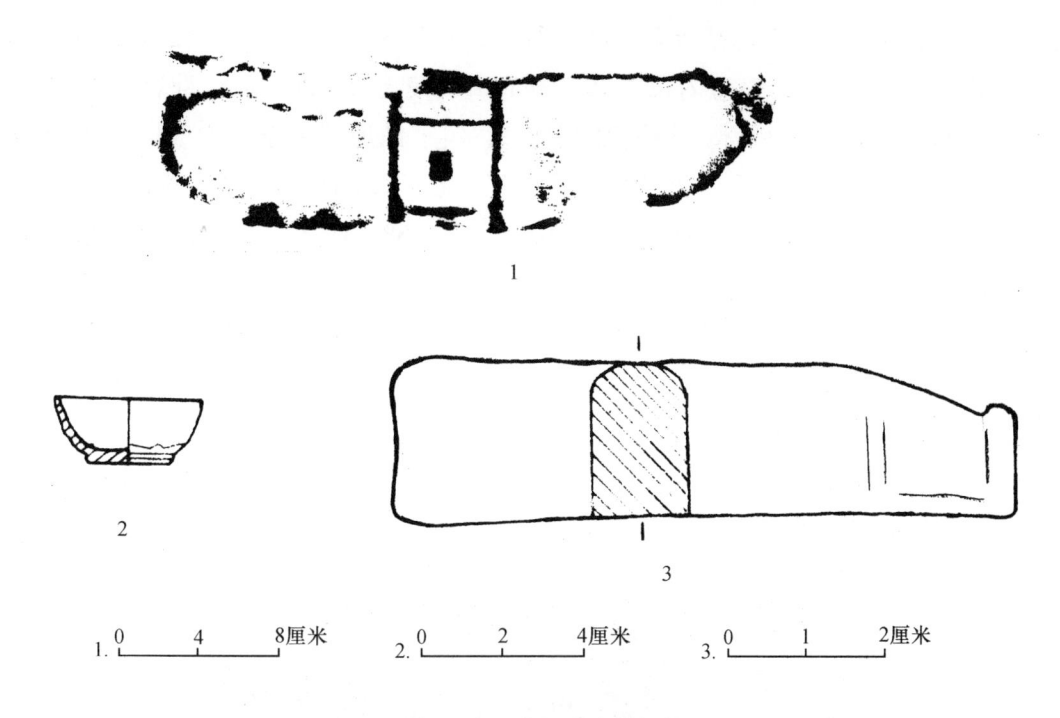

图三　隋墓器物及砖纹拓本
1. 砖纹拓本（M36）　2. 瓷碗（M36:2）　3. 玉猪（M36:1）

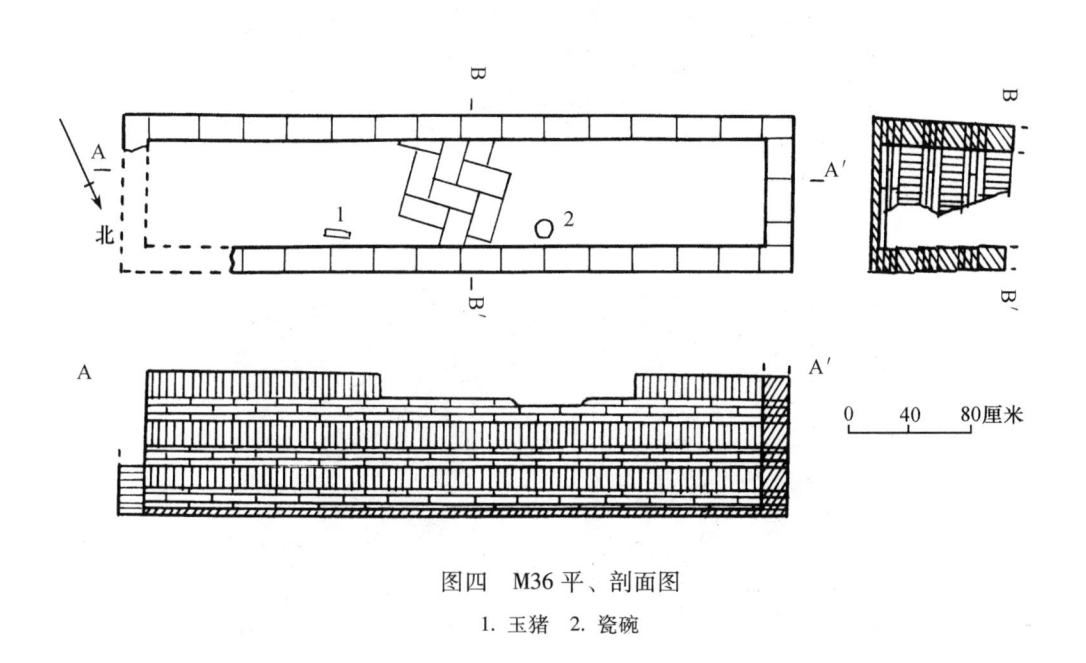

图四　M36平、剖面图
1. 玉猪　2. 瓷碗

二、唐　墓

（一）墓葬形制

2座。编号为M24、M26。

M24　该墓打破M36，顶部早年已毁。方向178°。平面呈"凸"字形，由墓道、甬道、墓室三部分组成。斜坡墓道设于南端，长3.48、宽1.28～1.38米，深1.44米，坡度32°。甬道长1.34、宽0.88、残高1.2米。墓室内长3.86、宽1.68、残高1.4米。东、西壁厚0.38、北壁厚0.56米，南壁和甬道壁厚0.19米。先铺底后起壁，斜行铺地砖1层。墓壁以石灰为黏合剂，用顺丁结合的砌法，六顺一丁后，再三顺一丁二组，北壁用减砖法营造出塔的造型，存3层。封门墙用一顺一丁砌法，存五组，厚度与砖长相等，宽0.88、残高1.24米，伸入甬道0.04米。墓室内北部设棺床，长2.98、宽1.68、高0.24米。棺床南有一级台阶，以条砖并铺1层。棺床下部为六组直行侧立丁砖夹五组三排横行错缝侧立砖1层，上部为前端两排直行对缝条砖，后端一排直行条砖夹10排横行错缝条砖平铺1层。棺床立面正中嵌一块侧立凤纹砖（图五，1）。壁砖长37.5、宽19、厚5厘米，单平面饰绳纹；铺地砖长36.5、宽18.5、厚5.5厘米，单平面模印花卉纹（图五，2）；券砖长37.5、宽18、厚3～4.5厘米，单平面饰绳纹；凤纹砖长37、宽19、厚6厘米。葬具已朽，存两节肢骨。随葬器物遭扰乱，散置于棺床和台阶上（图六）。

图五 M24 青砖纹饰拓本
1. 凤纹砖拓本 2. 铺地砖拓本

图六　M24 平、剖面图

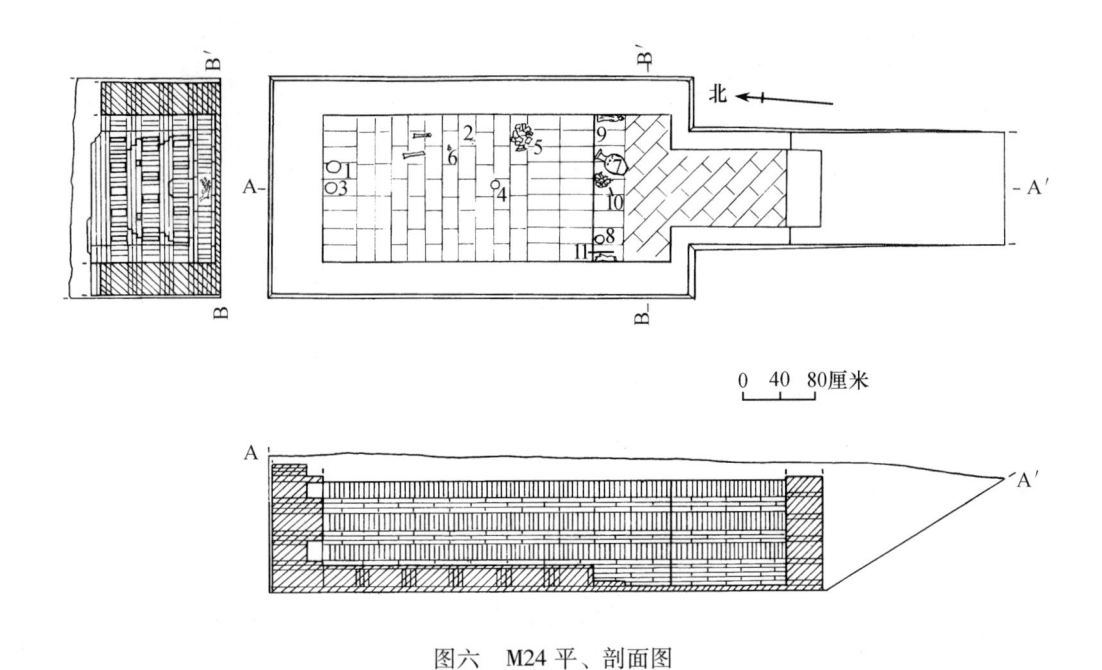

1、3、4、8. 瓷碗　2. 铜钱　5、7. 瓷盘口壶　6. 铜带扣　9、11. 陶俑　10. 陶镇墓兽

（二）随葬器物

随葬器物 13 件（枚）。质地有陶、铜、瓷等。

1. 陶器

3 件，器类有镇墓兽、俑等。

镇墓兽　1 件。M24∶10，黑衣灰陶。兽身人面，前肢直立，后肢屈蹲，昂首，吹胡子瞪眼，张口伸舌。腹中空，背部正中有一长方形孔。长 36.8、高 18.4 厘米（图七，1；图版四七，1）。

俑　2 件，修复 1 件。M24∶11，泥质褐陶，外涂一层黑衣。站立状，头戴帽，身着长袖宽袍，两手抬起，手中各有一孔，所持之物已朽。头体可分离，颈下伸出榫头插入体内空腹中。通高 36.4 厘米（图七，10；图版四八，3）。

2. 瓷器

7 件，器类有盘口壶、碗等。

盘口壶　2 件。盘口，圆唇，束长颈，溜肩，平底。外壁中腹以上及内壁近口部施绿釉。根据口、颈、腹及纹饰的变化可分二式。

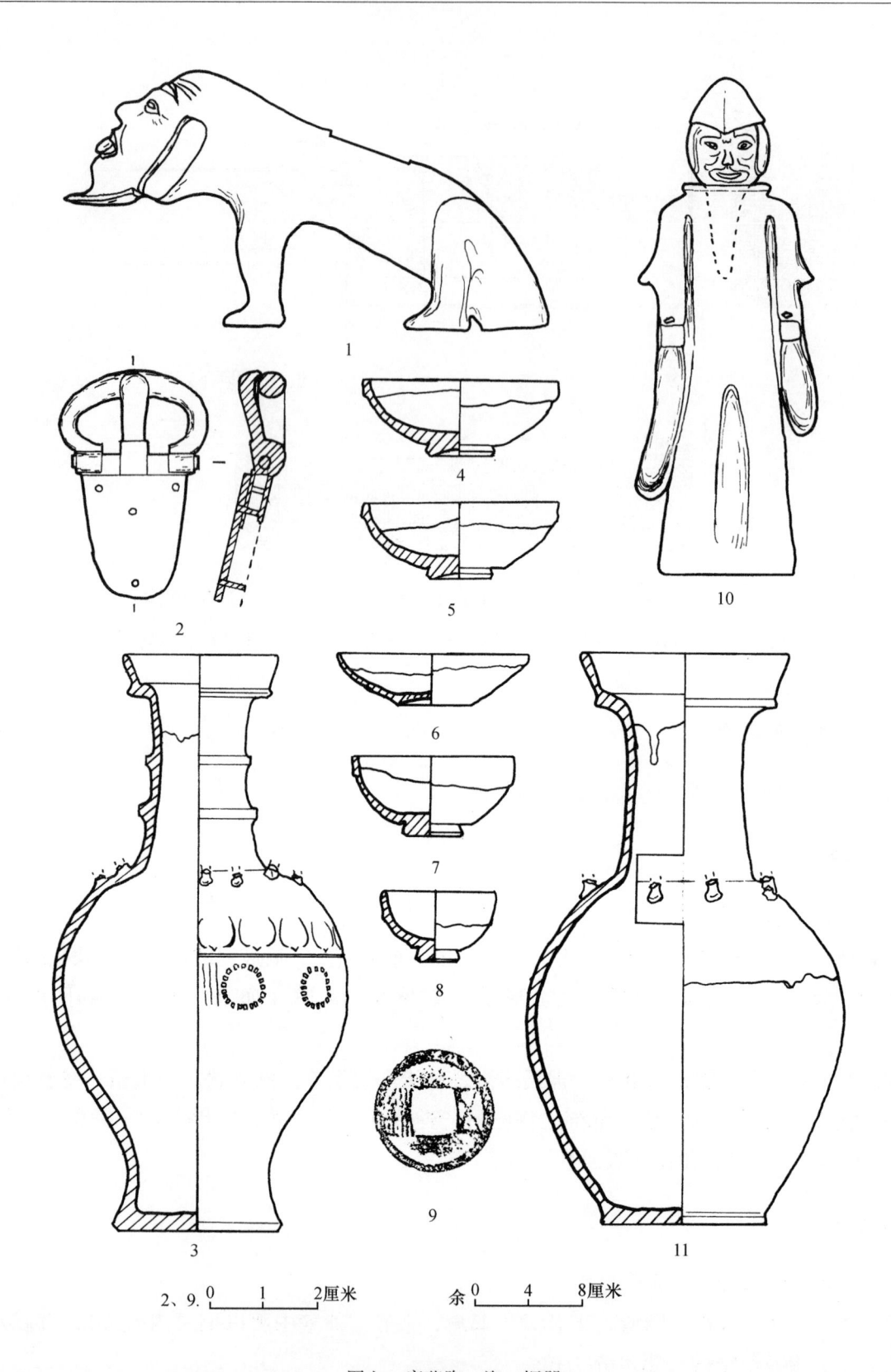

图七 唐墓陶、瓷、铜器

1. 陶镇墓兽（M24:10） 2. 铜带扣（M24:6） 3. Ⅰ式瓷盘口壶（M24:5） 4、5. A型瓷碗（M26:1、M24:3） 6. B型瓷碗（M24:1） 7、8. C型瓷碗（M24:8、M24:4） 9. 铜钱拓本（M26:2） 10. 陶人俑（M24:11） 11. Ⅱ式瓷盘口壶（M24:7）

Ⅰ式　M24∶5，盘口较浅，颈稍细，外壁有二道凸棱，肩有对称两横系和一直系，中腹鼓，下腹曲收。腹中部饰花瓣纹和圆圈纹各一周间两道凹弦纹。口径12.2、底径12.2、最大腹径22.6、高42厘米（图七，3；图版四八，1）。

Ⅱ式　M24∶7，盘口较深，颈较粗，肩有四横系。近底处有一道凹弦纹。口径16、底径12.4、最大腹径23.8、高41.8厘米（图七，11；图版四八，2）。

碗　5件。敞口，弧腹内收。根据口、唇、腹、底的不同可分三型。

A型　2件。青灰胎。口近直，口径较大，方唇，腹较浅，实圈足，外底微内凹。内、外壁仅口部施绿釉，有细碎开片。M24∶3，口径15.2、底径5.2、高5.7厘米（图七，5）。M26∶1，口径15.1、底径5、高5.6厘米（图七，4）。

B型　1件。M24∶1，褐红胎。口径较大，圆唇，浅腹，平底微内凹。施灰黄釉，内外皆不及底。口径14.4、底径5.6、高3.5厘米（图七，6）。

C型　2件。青灰胎。口近直，口径相对较小，方唇，上壁较直，腹较深，实圈足，外底微内凹。内外壁仅口部施绿釉，有细碎开片。M24∶4，口径8.6、底径2.8、高5.2厘米（图七，8）。M24∶8，口径12.4、底径4.3、高5.8厘米（图七，7）。

3. 铜器

3件（枚）。器类有带扣、钱币。

带扣　1件。M24∶6，由两块"U"形铜片以四个卯钉卯合而成，上部呈扁环形，中间有扣钉。长4.2、宽2.8厘米（图七，2）。

钱币　2枚。M26∶2，圆形方孔，正背周边有外廓，穿左右篆书"五铢"二字。直径2.1厘米（图七，9）。

（三）年代推测

以上两座砖室墓形制常见于本区东汉至唐宋时期，而大量单平面饰绳纹、侧面无纹的墓砖仅见于隋唐时代。M24之铺地砖与襄樊高庄唐代M15[2]封门花纹砖风格一致，而且M24出有隋代风格的模印花纹Ⅰ式瓷盘口壶，只是Ⅱ式四系瓷盘口壶的时代又相对较晚。M26出土隋"五铢"，不出"开元通宝"。两墓都出有风格完全相同的A型瓷碗。综合墓葬形制和随葬器物特征分析，两墓的时代大致在唐初。

三、宋　墓

（一）墓葬形制

共25座。编号为M9～M14、M16～M23、M25、M27～M35、M37。其中土坑墓11座，砖室墓14座。现分别以M18、M20、M22、M32、M35为例做一详细说明。

M18　长方形单室砖墓，方向240°。墓室内长2.7、宽0.8～0.9、残高1.05米。四壁条砖错缝叠砌，残存17层。墓室中部设棺床，棺床长2.7、宽0.6、高0.18米，以整砖和半截砖叠砌3层。南壁中部设龛，龛宽0.21、高0.52、进深0.17米。横行错缝铺地砖。壁、地砖长36、宽17、厚6厘米，素面。木棺已朽，人骨架无存。随葬器物置于南部（图八）。

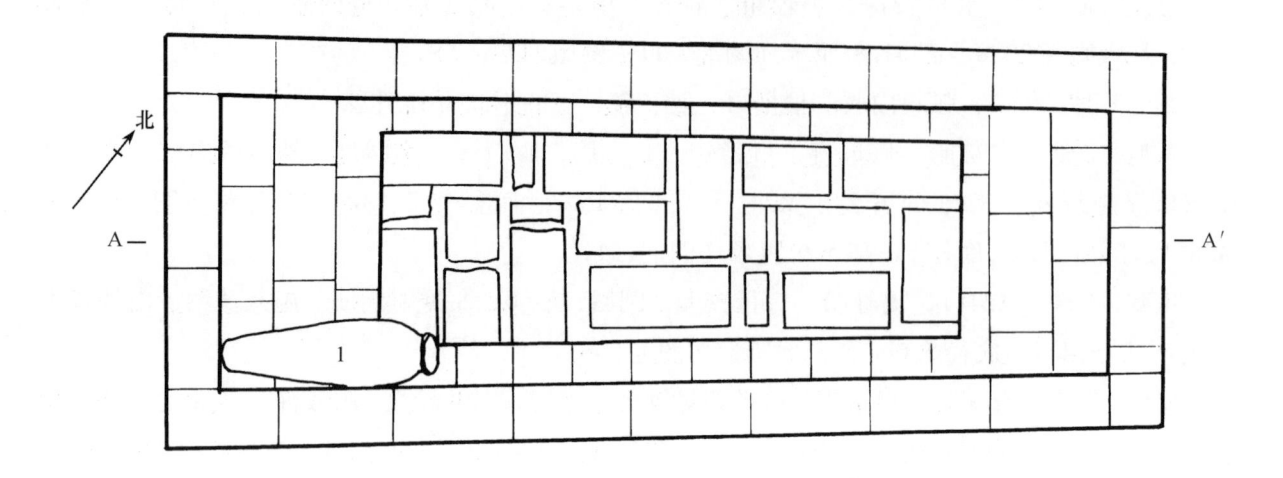

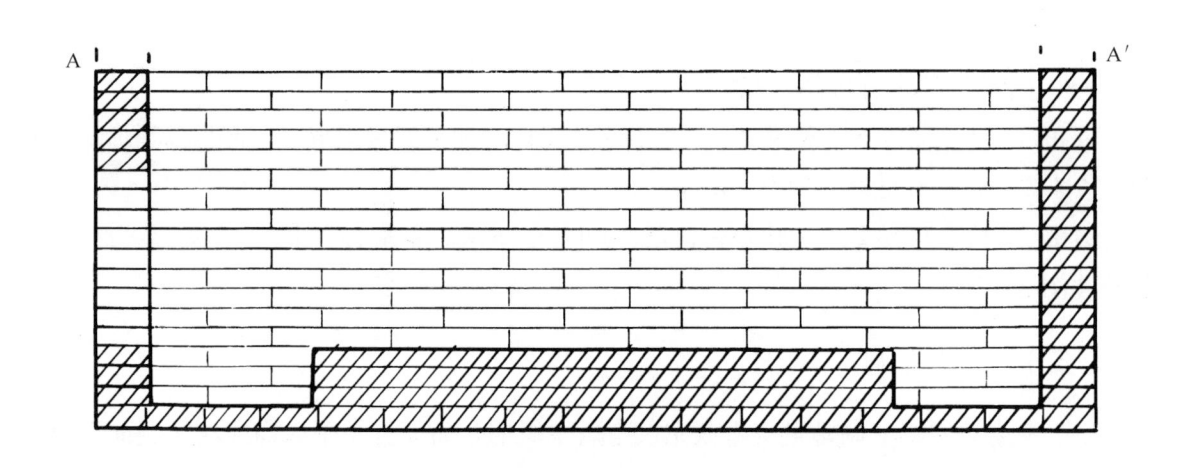

图八　M18平、剖面图
1. 陶瓶

M20　长方形单室砖墓，方向170°。墓室内长2.32、宽0.58~0.78、残高0.8米。先铺底后起壁，四壁条砖错缝叠砌，东西壁砌至9层开始起券，后叠砌至顶，横行错缝铺地砖。壁、地砖长36、宽18、厚6厘米；券砖有两种规格：第一种长33、宽15~17.5、厚4.5厘米，第二种长34、宽17、厚3~4.5厘米。单平面均饰绳纹。葬具已朽，人骨架保存较好，头向南，面向上，仰身直肢。随葬器物置于头部和足部，铜钱放在肢体下（图九）。

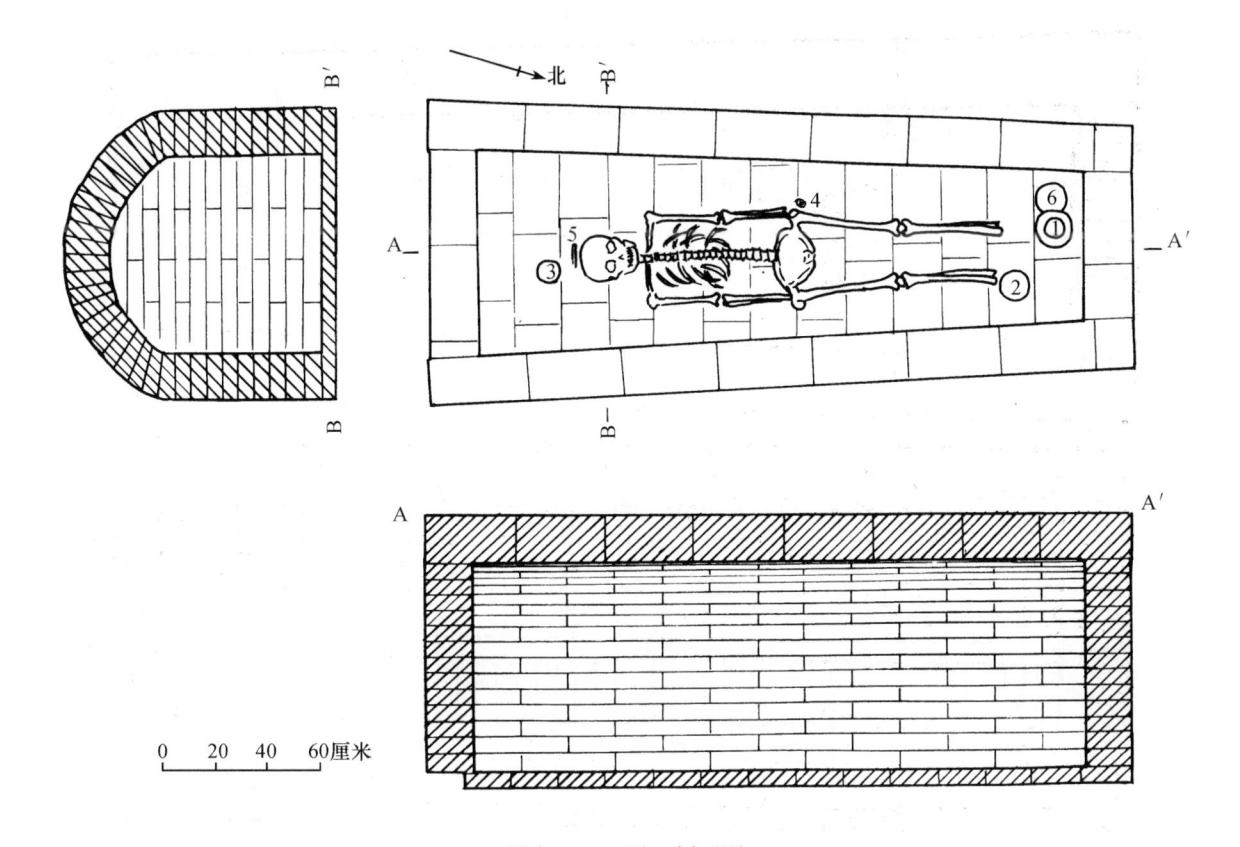

图九 M20 平、剖面图
1. 陶罐　2、6. 瓷碗　3. 瓷盘　4. 铜钱　5. 铜簪

　　M22　长方形单室砖墓，方向160°。墓室内长2.3、宽0.55~0.65、高0.77米。南、北壁一丁两顺再一丁后以条砖错缝叠砌八层至顶，东、西壁一丁两顺两组后开始起券，以条砖错缝叠砌至顶，横行错缝铺地砖。壁砖长31、宽17、厚5厘米；券砖有两种规格：第一种长30、宽15、厚3~5厘米，第二种长35、宽12~17、厚5厘米。均素面。葬具已朽，人骨架保存较好，头向南，面向上，仰身直肢。随葬器物置于头部的东、西两侧，铜钱散见于肢体下（图一○）。

　　M32　仅存下部。长方形单室砖墓，方向230°。墓室内长2.06、宽0.66~0.77、残高0.20米。东、西壁条砖错缝叠砌，残存5层，南、北壁为两层错缝侧立砖，残存1层，无铺地砖。壁砖长27、宽13.5、厚3.5厘米，素面。木棺已朽，人骨架保存较好，头向南，面向上，仰身直肢。随葬器物置于头东部（图一一）。

　　M35　长方形竖穴土坑墓，方向75°。长2、宽0.6、深1米。墓葬填土为黄褐色五花土，较松。四壁较光滑。葬具已朽，人骨架保存较好，头向东，面向上，仰身直肢。随葬器物放置于头部的南、北两侧（图一二）。

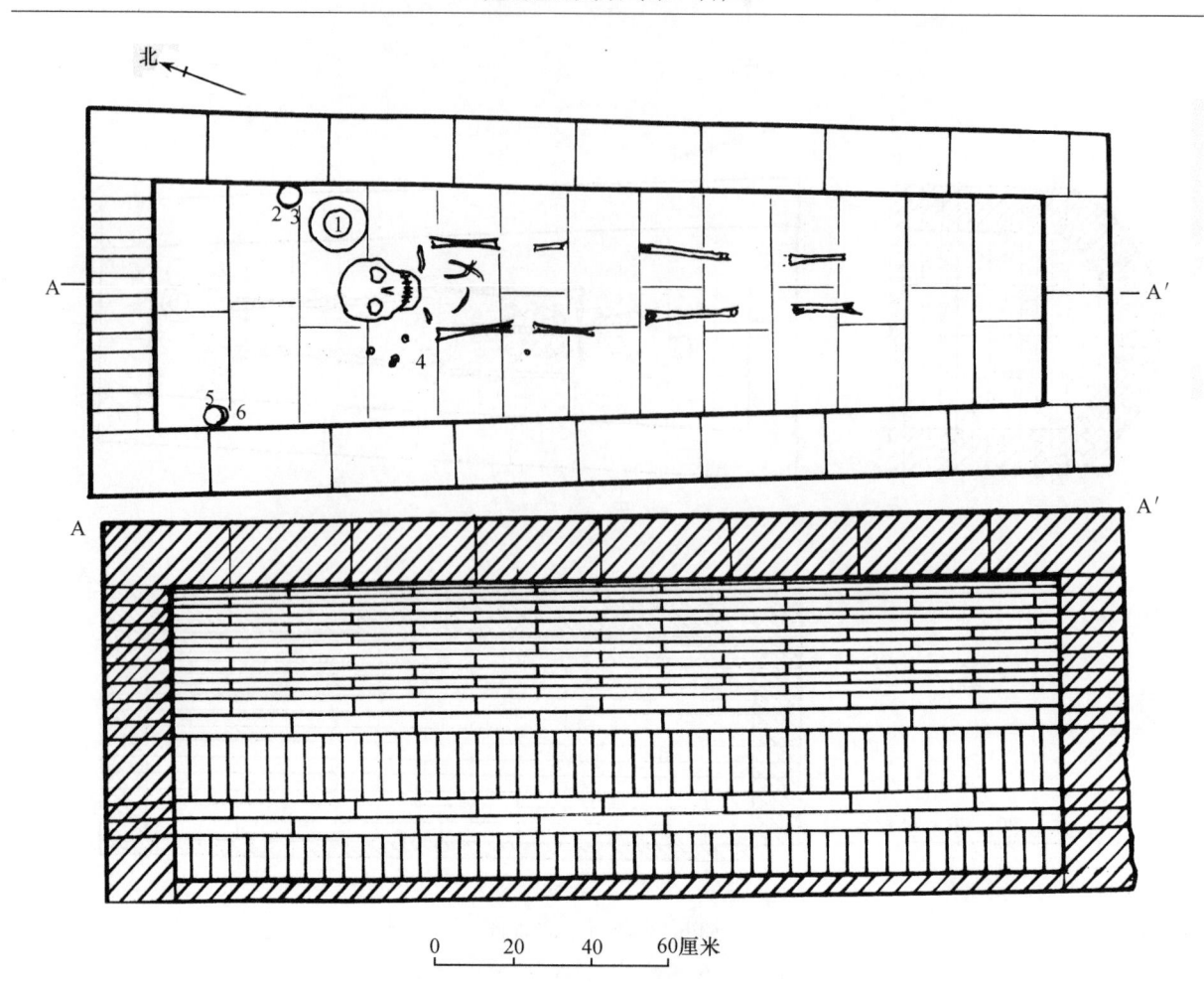

图一〇　M22 平、剖面图
1. 陶罐　2. 瓷碗　3、5、6. 瓷碟　4. 铜钱

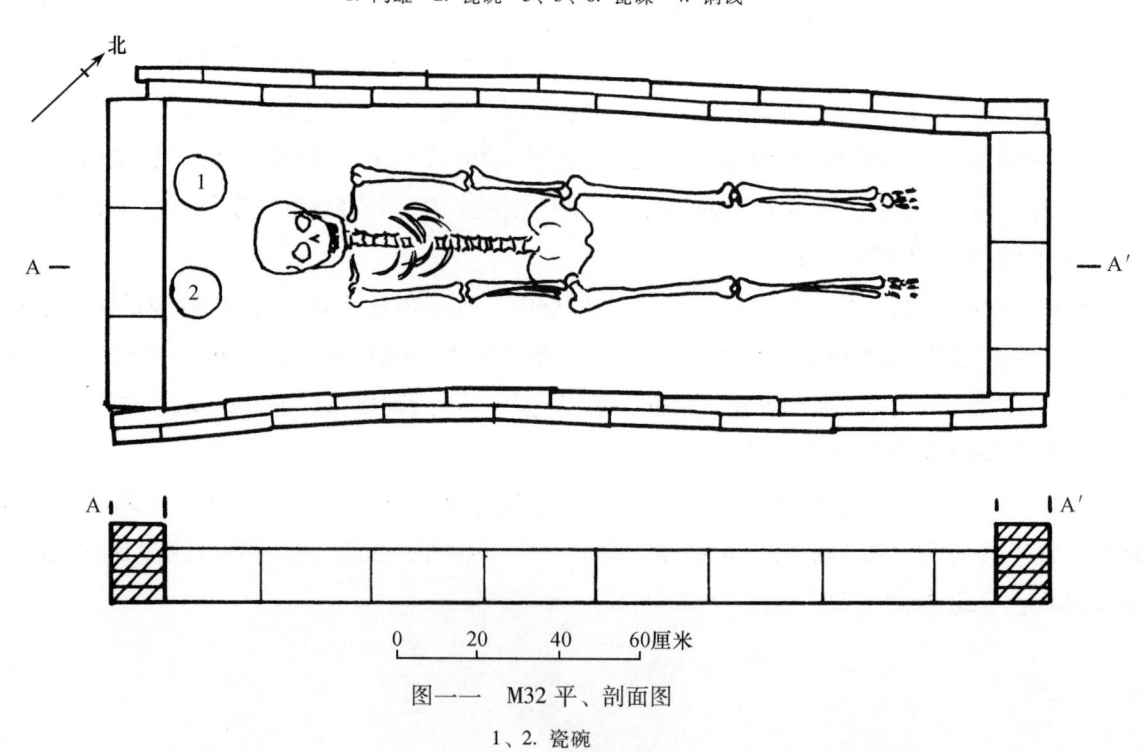

图一一　M32 平、剖面图
1、2. 瓷碗

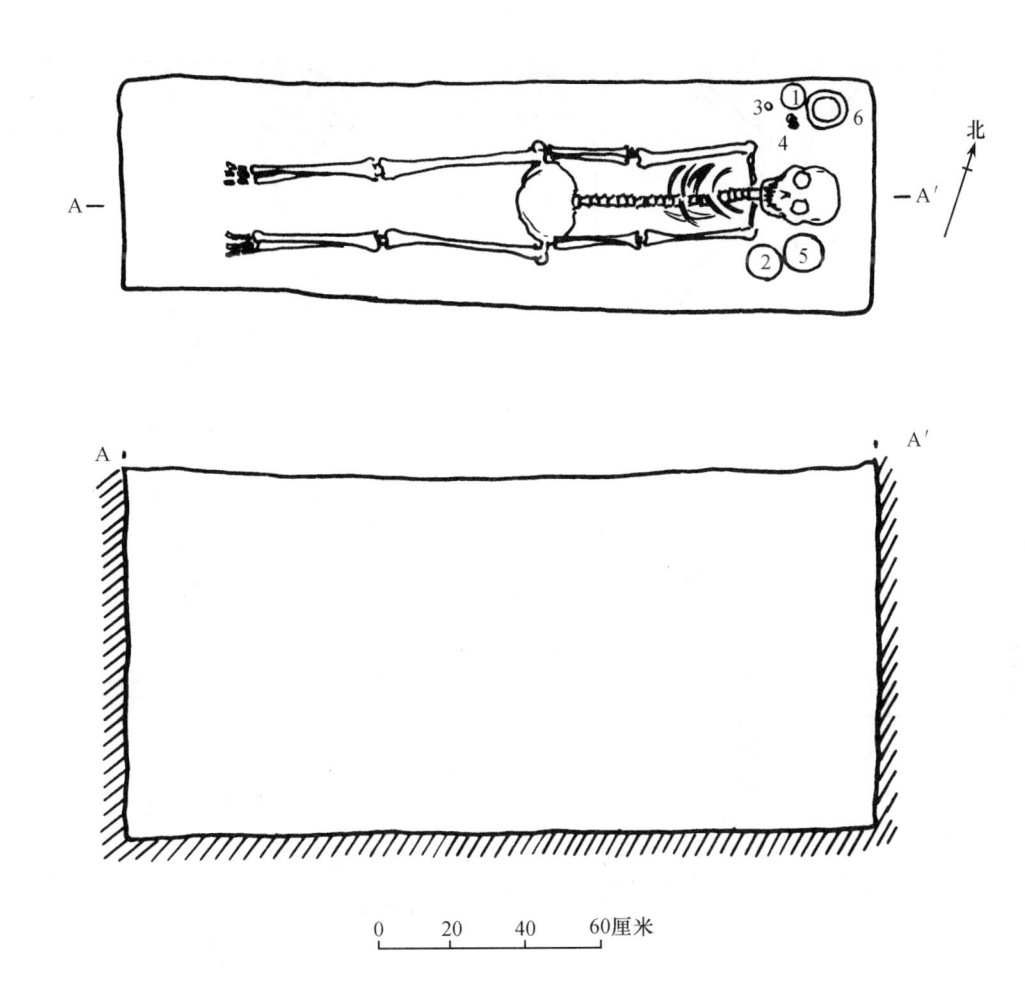

图一二　M35 平、剖面图
1、2. 瓷碗　3. 铜环　4. 玻璃珠　5. 铜镜　6. 陶瓶

（二）随葬器物

大部分墓葬虽遭到不同程度的破坏，仍出土随葬器物61件，按质地分为陶、瓷、铜、铁、金、银、玻璃、骨器等。另有铜、铁钱约568枚。

1. 陶器

18件。器类有瓶、罐、执壶、杯、茶托、坠等。

瓶　3件，复原2件。泥质青灰陶。素面。侈口，尖唇，束短颈，溜肩，上腹鼓，中、下腹斜收，平底。可分二式。

Ⅰ式　M23:4，腹壁呈波浪形。口径10.4、底径9.2、高30.8厘米（图一三，2；图版四八，4）。

Ⅱ式　M35:6，口径9.2、底径8.4、高10.8厘米（图一三，1）。

罐　7件，复原4件。体矮胖，短颈，鼓腹。根据有无圈足可分二型。

A型　2件。浅圈足，平底微内凹。根据口、颈、腹部变化可分二式。

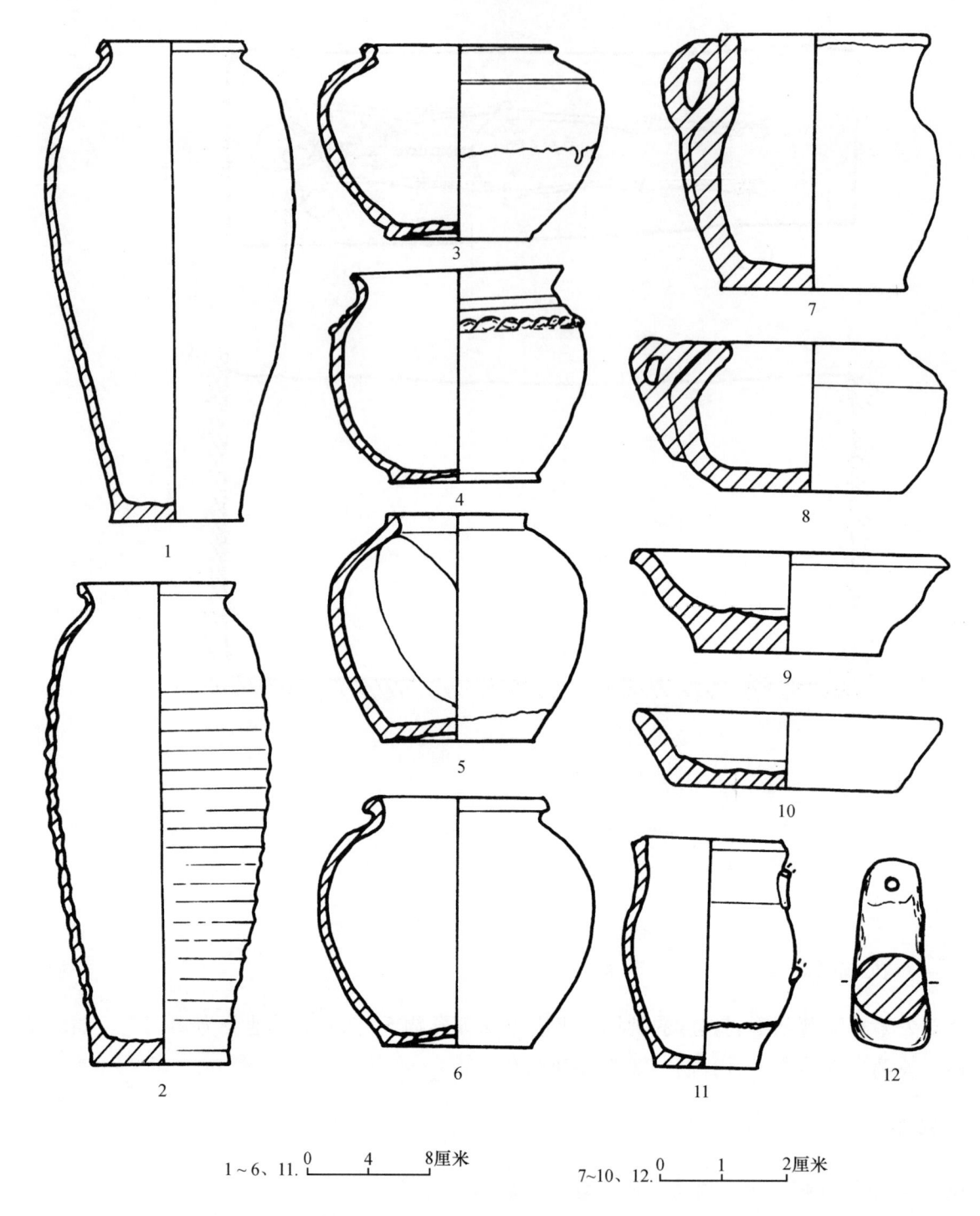

1~6、11. 0——4——8厘米   7~10、12. 0——1——2厘米

图一三　宋墓陶器

1. Ⅱ式瓶（M35∶6）　2. Ⅰ式瓶（M23∶4）　3. A型Ⅱ式罐（M20∶1）　4. A型Ⅰ式罐（M19∶1）　5. B型Ⅱ式罐（M22∶1）
6. B型Ⅰ式罐（M11∶1）　7、11. 执壶（M12∶6、M12∶1）　8. 杯（M12∶4）　9、10. 茶托（M12∶8、M12∶7）　12. 坠（M29∶2）

Ⅰ式　M19∶1，泥质青灰陶。侈口，尖唇，颈稍长，肩部饰两道凸弦纹和一道附加堆纹，中腹鼓。施灰黄釉，釉面大部分脱落。口径13.9、底径9.3、高14厘米（图一三，4）。

Ⅱ式　M20:1，泥质红陶。微敛口，内面微凹，圆唇，短颈，溜肩，上腹鼓，下腹斜收。肩部饰一道凹弦纹。除口及外壁下部露胎外，余施一层灰黄陶衣。口径12.9、底径9.3、高12.4厘米（图一三，3；图版四七，3）。

B型　2件。浅凹底，无圈足。根据沿、唇、肩的变化可分二式。

Ⅰ式　M11:1，泥质红陶。翻沿，圆唇。外施浅黄釉，大部分脱落。口径12.2、底径9.6、最大腹径18.4、高16厘米（图一三，6）。

Ⅱ式　M22:1，泥质青灰陶。平折沿，方唇，微肩折。施酱色釉，内外皆不及底。口径9.2、底径10、高14.4厘米（图一三，5）。

执壶　2件。M12:1，泥质褐陶。近直口，微束颈，溜肩，鼓腹斜收，平底。体侧有一执手，执手已残。肩部和下腹部饰一道凸弦纹。口径10.2、底径6.2、最大腹径11.2、高14.6厘米（图一三，11）。M12:6，泥质红陶。执手对面口部有流，口沿施透明釉。口径3.2、底径3、高4.1厘米（图一三，7；图版四七，4中上）。

杯　3件。泥质红陶。素面。敛口，圆唇，折肩，扁鼓腹，平底，肩部有一耳。M12:4，口径2.6、底径3、高2.4厘米（图一三，8；图版四七，4右上）。

杯托　2件。泥质红陶。敞口，圆唇，浅腹，平底，内底有一道凹弦纹。内壁施透明釉。M12:8，弧腹。口径5.6、底径3、高1.6厘米（图一三，9；图版四七，4左下）。M12:7，直壁斜收。口径5、底径3.6、高1.2厘米（图一三，10；图版四七，4右下）。

坠　1件。M29:2，泥质红陶。近柱体，下部为圆台形，上部呈扁形，有一圆形穿孔。宽1.2、高3厘米（图一三，12）。

2. 瓷器

21件。全为日用生活器具，多浅灰胎或灰白胎，釉色多样，主要器类有碗、盘、碟等。现按整器主体釉色的不同分类叙述。

（1）青白釉瓷器

9件。施青白釉，器类有碗、盘、碟等。

碗　6件。根据口沿及整体形制的不同可分为三型。

A型　3件。撇口碗。白胎。敞口微撇，圆唇，斜弧腹内收，平底，浅宽圈足。根据口、底、圈足和纹饰的变化可分为二式。

Ⅰ式　1件。M23:3，口沿较厚，内底微凹，圈足矮。面有细碎开片，底露胎，内壁划花较疏朗。口径19.4、底径5.6、通高6.8厘米（图一四，1；彩版一一，1）。

Ⅱ式　2件。尖唇，内底心略上凸，圈足略高。白胎，内壁划花较细密。M20:6，口径19.8、底径6、高7.2厘米（图一四，2；彩版一一，2）。

B型　2件。葵口碗。敞口，葵花形，弧壁斜收。釉面有细碎开片，内壁划花简洁。根据腹、圈足和纹饰的变化可分为二式。

Ⅰ式　M21:3，灰白胎。六瓣葵花形，腹较深，平底外圈堵。口径18.2、底径5.4、高6.3厘米（图一四，3）。

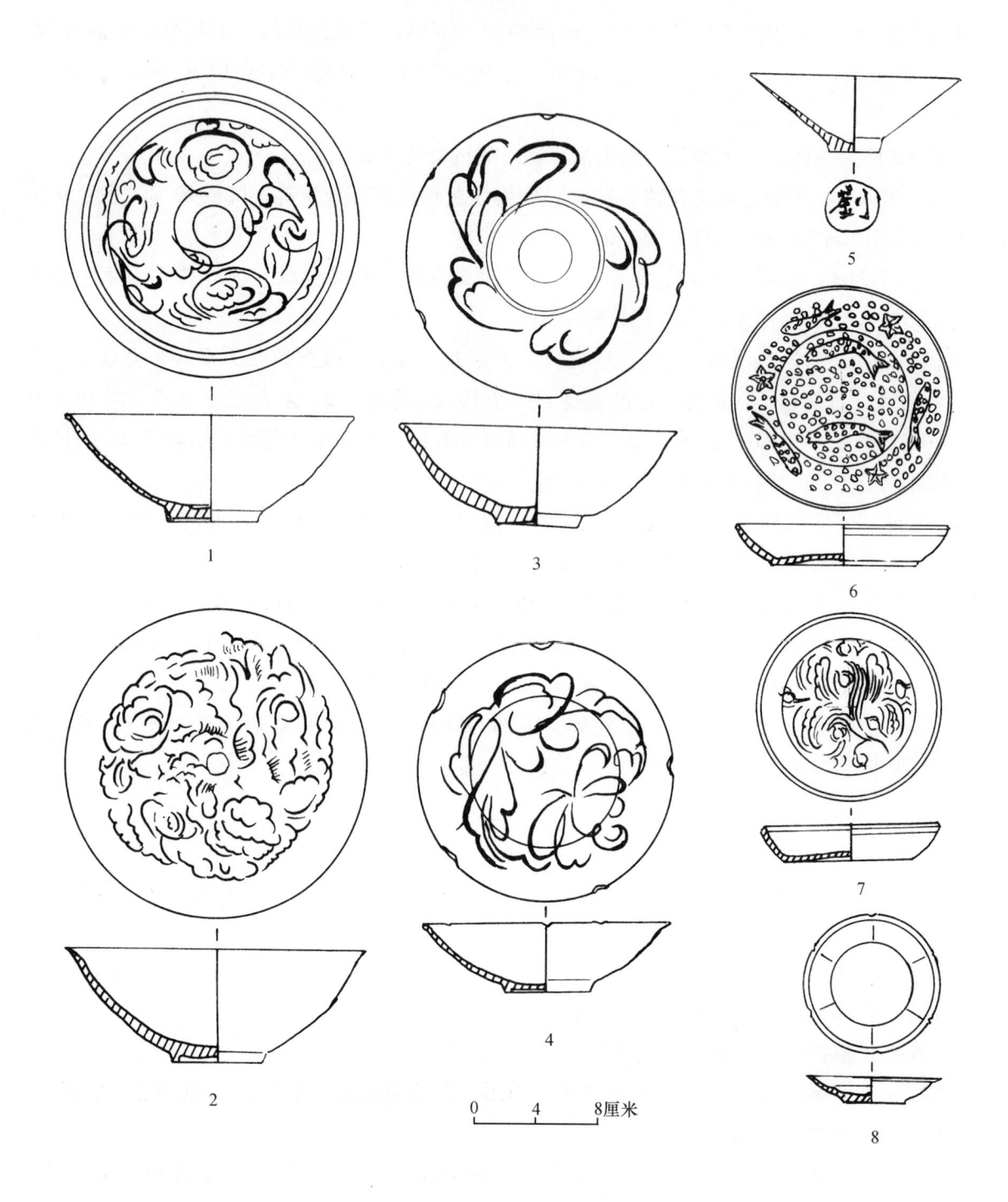

图一四 宋墓青白釉瓷器
1. A型Ⅰ式碗（M23:3） 2. A型Ⅱ式碗（M20:6） 3. B型Ⅰ式碗（M21:3） 4. B型Ⅱ式碗（M25:5）
5. C型碗（M22:2） 6. Ⅰ式盘（M23:2） 7. Ⅱ式盘（M20:3） 8. 碟（M22:6）

Ⅱ式 M25:5，白胎。五瓣葵花形，腹较浅，圈足，内壁划花相对较密。口径16.4、底径5.6、高4.4厘米（图一四，4；彩版一一，3）。

C型 1件。M22:2，斗笠形碗。白胎。敞口，尖唇，斜直壁，小平底，实圈足。外底露胎。外底心行书一"刘"字。口径 13.8、底径 3.2、高 4.8 厘米（图一四，5；图版四七，5）。

盘 2件，胎洁白坚致。芒敞口，方唇，浅斜弧腹，凹底。根据腹、底及纹饰的变化分二式。

Ⅰ式 M23：2，底内凹较甚，内模印鱼、桃花、圆点纹。口径 14、底径 9、高 2.6 厘米（图一四，6）。

Ⅱ式 M20：3，壁近斜直，底微内凹。内底模印花卉纹。口径 12、底径 9、高 2.2 厘米（图一四，7；图版四七，6）。

碟 1件。M22：6，白胎。六出花瓣形，敞口，平折沿，尖唇，弧腹斜收，平底，实圈足。口径 9、底径 1.6、高 1.6 厘米（图一四，8）。

（2）青釉瓷器

仅 2件碗。敞口，平底微下凹，浅宽圈足。施青釉。根据器壁、口、腹的不同可分二型。

A型 M31：1，圆口碗。灰白胎。尖唇，斜直腹。釉外不及底，内有支圈垫痕。口径 17.6、底径 7.8、高 5.2 厘米（图一五，1；图版四九，1）。

B型 M19：2，撇口碗。壁厚，圆唇，弧腹内收，釉面有细碎开片，沿下饰一道凹弦纹，内壁有放射状划花。口径 10.4、底径 3.4、高 4.4 厘米（图一五，2；彩版一一，6）。

（3）白釉瓷器

5件。施白釉，器类有碗、碟。

碗 3件。圆唇，平底，浅宽圈足。施白釉。根据整体形制的不同可分二型。

A型 1件。M11：2，青灰胎。圆口碗。斜直腹。外釉不及底。口径 16.8、底径 5、高 6 厘米（图一五，3；图版四九，2）

B型 2件。撇口碗。沿外下壁微内凹，斜弧腹内收。M32：1，灰红胎，外施釉不及底。口径 18.4、底径 5.6、高 6.2 厘米（图一五，4）。M32：2，青灰胎。釉面有细碎开片，外施釉不及底。内底有四个支钉痕，近底处饰一道凹弦纹。口径 19.3、底径 6.4、高 6.4 厘米（图一五，5）。

碟 2件。形制相同。灰白胎，施透明釉。敞口，尖唇，弧腹斜收，平底，实圈足。M22：3，口径 10.4、底径 4.4、高 2.6 厘米（图一五，7；图版四九，3）。

（4）褐釉瓷器

4件。施褐釉，器类有碗、罐。

碗 3件。圆唇，弧腹内收，平底，内底微凹，浅宽圈足。根据口、腹的不同可分二型。

A型 1件。M35：2，圆口碗。灰红胎较粗。壁较斜直，外施釉不及底。器内模印花纹，底部为一葵花，其外有五个支钉痕，上部纹饰模糊。口径 16.4、底径 6.4、高 6 厘米（图一五，6；图版四九，4）。

B型 2件。撇口碗。外沿下略内凹，弧腹，下部折收。M12：2，褐胎。内底下凹成一圆圈，圈内有三个支烧钉痕。内壁口部涂灰黄衣，外釉不及底。口径 15.4、底径 6.6、通高 5.6 厘米（图一五，9）。M35：1，灰白胎，褐底釉上有黄色釉斑，外施釉不及底。口径 16.4、底径 6.4、高 6 厘米（图一五，10；图版四九，5）。

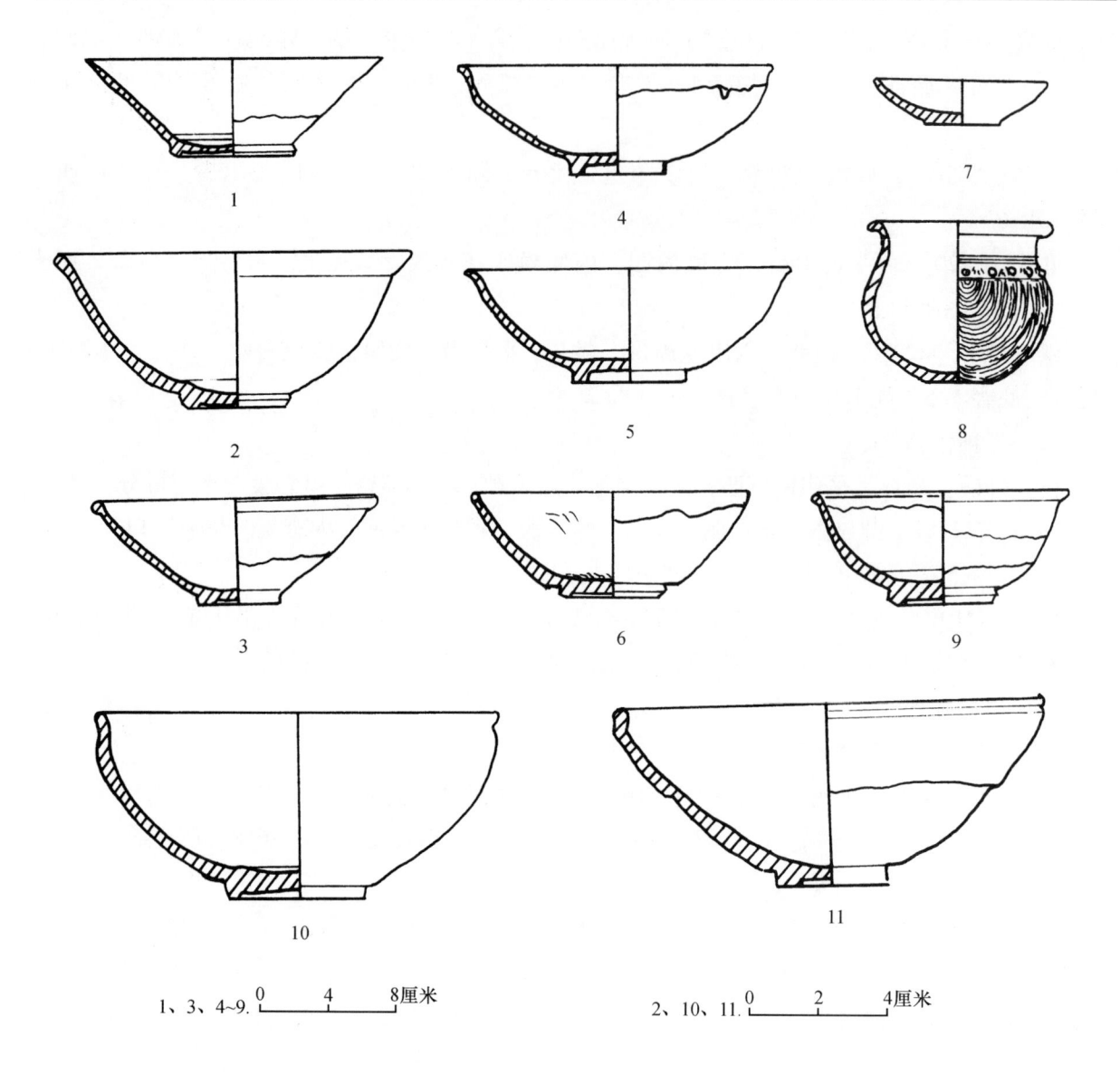

图一五 宋墓瓷器

1. A型青釉碗（M31:1） 2. B型青釉碗（M19:2） 3. A型白釉碗（M11:2） 4、5. B型白釉碗（M32:1、M32:2） 6. A型褐釉碗（M35:2） 7. 白釉碟（M22:3） 8. 褐釉罐（M25:1） 9、10. B型褐釉碗（M12:2、M35:1） 11. 黑釉碗（M17:1）

罐　1件。M25:1，青灰胎。侈口，卷沿，短直颈，溜肩，鼓腹，下腹弧收，小平底。器内和口沿处施褐釉，肩部一周有二十个青灰釉乳钉，颈部以下饰篦纹。口径10.8、底径3.2、最大腹径11、高10.2厘米（图一五，8；图版四九，6）。

（5）黑釉瓷器

仅1件碗。M17:1，青灰胎。近直口，圆唇，外沿下略内凹，弧腹斜收，平底，浅窄圈足。施黑色釉，外不及底。口径12.4、底径3.6、高5.2厘米（图一五，11）。

3. 铜、铁、金、银器

16件。器类分别有铜镜、器柄、环、环形饰、簪，铁带扣、剪，金环，银扣、簪、钗等。

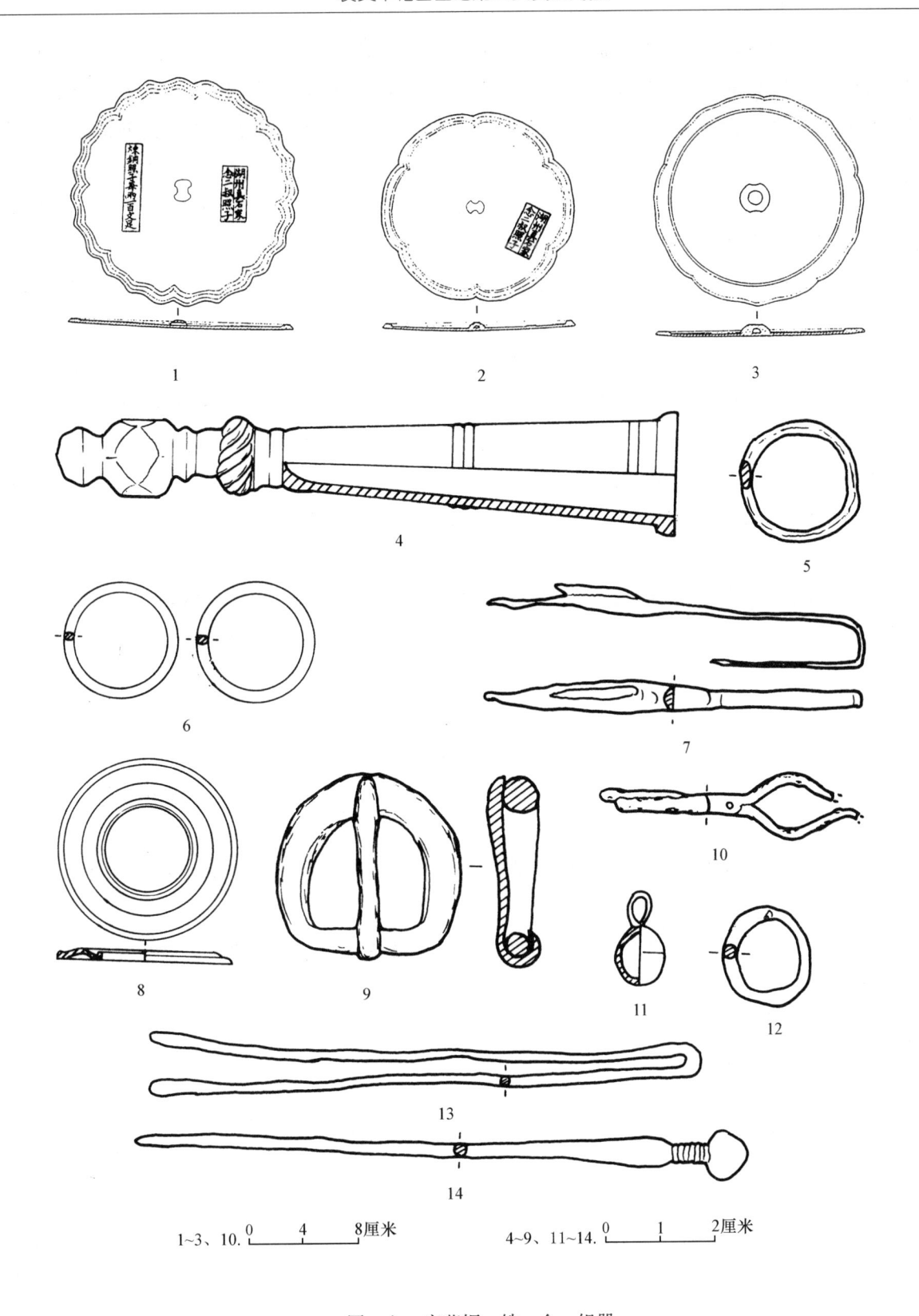

图一六　宋墓铜、铁、金、银器

1~3. 铜镜（M21:2、M25:2、M35:5）　4. 铜器柄（M10:2）　5、6. 铜环（M35:3、M11:4）　7. 铜簪（M20:5）
8. 铜环形饰（M30:1）　9. 铁带扣（M17:3）　10. 铁剪（M25:6）　11. 银扣（M28:4）　12. 金环（M28:2）
13. 银钗（M23:1）　14. 银簪（M28:1）

铜镜　3件。M21:2，平面呈八瓣花形，弧面，背周边起廓，中心有桥形纽，纽左右两长方框内分别铸"湖州真石家念二叔照子"、"炼铜照子每两一百文足"阳文。最大径16.8、缘厚3.5厘米（图一六，1；彩版一二，1）。M25:2，平面呈六瓣花形，弧面，背周边起廓，中心有桥形纽，纽一侧长方框内分别铸"湖州真石家念二叔照子"阳文。直径13.8、缘厚4厘米（图一六，2；彩版一二，2）。M35:5，平面呈五瓣花形，面微弧，背周边起宽廓，中心有圆台形纽。直径15.4、缘厚2.5厘米（图一六，3；彩版一二，3）。

铜器柄　1件。M10:2，圆塔形，下部中空，上部有"亚"字形长握纽。通长11.4、銎口径2.2厘米（图一六，4）。

铜环　3件。圆形，断面呈椭圆形。M11:4，一对（2件），外径2.2、内径1.7厘米（图一六，6）。M35:3，圆形，受挤压变形，断面呈椭圆形。直径2.3厘米（图一六，5）。

铜环形饰　1件。M30:1，圆形，横断面呈波折形，近边缘处有一圆形穿孔。外径3.2、内径1.6厘米（图一六，8；图版五○，1）。

铜簪　1件。M20:5，单股弯折呈"U"形，器表鎏金，大部分脱落。残长7厘米（图一六，7；图版五○，2）。

铁带扣　1件。M17:3，锈蚀。近半圆形，中间有一扣钉。长3.4、宽3.4厘米（图一六，9；彩版一二，4）。

铁剪　1件。M25:6，残，锈蚀较甚。上下两片以铆钉卯合，近"8"字形，厚背薄刃。残长19.4厘米（图一六，10）。

金环　1件。M28:2。圆形，断面圆形。外径1.7~1.8、内径1.2~1.3厘米（图一六，12）。

银扣　1件。M28:4，扁圆形，中空，体侧有一扁环形纽。长径1、短径0.9、高1.6厘米（图一六，11）。

银簪　1件。M28:1，前细后粗，末端尖，首端有一蘑菇形帽，帽表层鎏金。长11.4厘米（图一六，14；彩版一二，5）。

银钗　2件。单股弯折呈"U"形，断面呈圆形。M23:1，长10.2厘米（图一六，13；图版五○，3）。

4. 玻璃、骨器

6件。器类有玻璃簪、环、珠，骨梳等。

玻璃簪　2件。单股弯折呈"U"形。M25:3，断面呈瓜子形，乳白色。长9.1厘米（图一七，2）。M25:7，单股绞拧，断面圆形，湖蓝色。长9.2厘米（图一七，1；彩版一二，6）。

玻璃环　1对（2件）。M33:2，白色，圆形，断面呈扁圆形。外径2.9、内径1.9厘米（图一七，3）。

玻璃珠　1枚。M35:4，湖蓝色，呈不规则六瓣花形，中有一圆形对穿孔。直径1.5、高1厘米（图一七，4）。

骨梳　1件。M25:4，拱形背，中部厚，向两端渐狭。残长7.4厘米（图一七，5）。

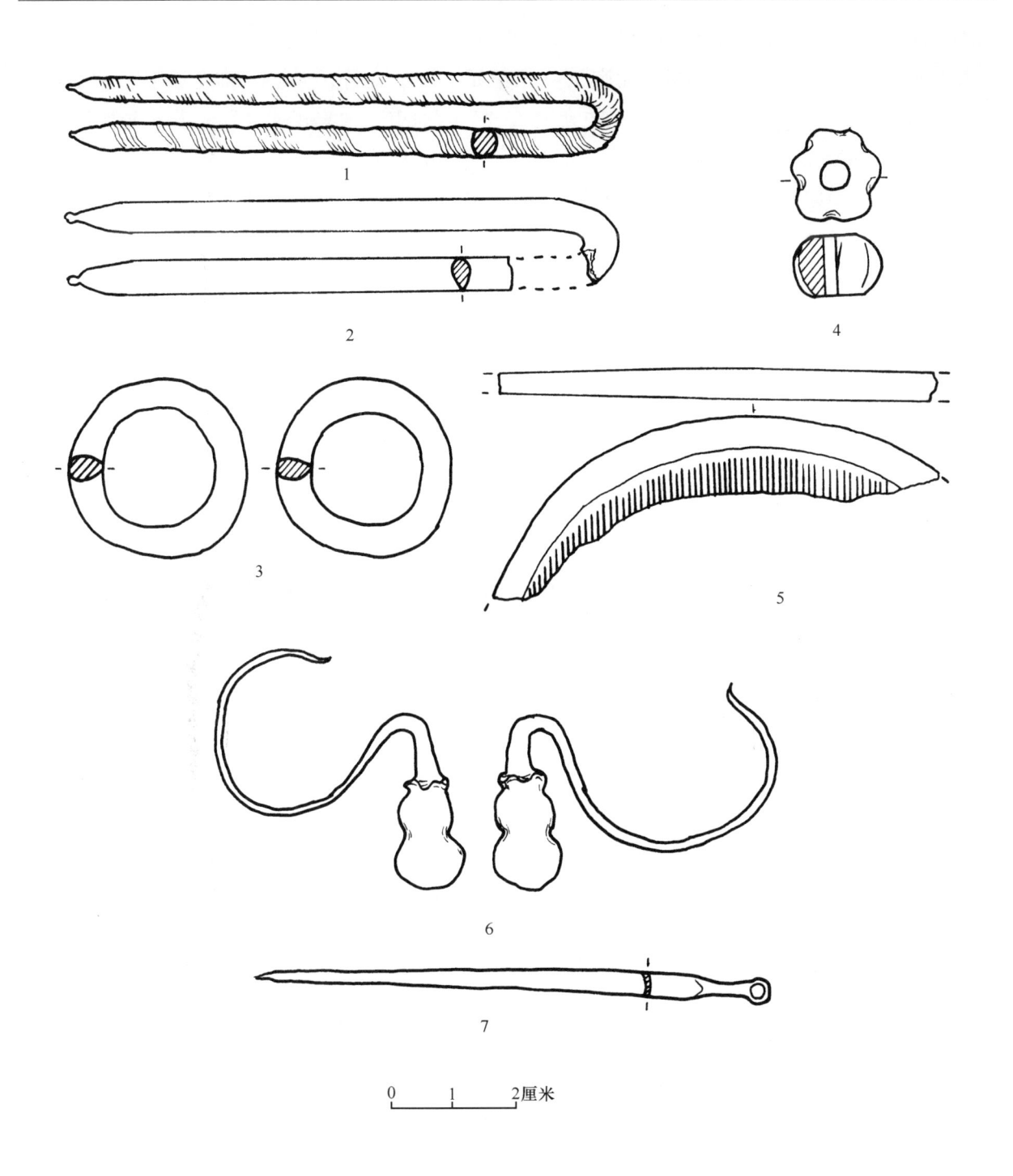

图一七 宋、明墓玻璃、骨、银器

1、2. 玻璃簪（M25:7、M25:3） 3. 玻璃环（M33:2） 4. 玻璃珠（M35:4） 5. 骨梳（M25:4） 6. 银耳坠（M15:2） 7. 银耳勺（M15:1）

5. 钱币

568枚。分别出自 M9～M11、M13、M18～M23、M28、M29、M34、M37。有铜、铁两种，

铁钱均锈蚀严重，钱文大多不清，铜钱字体有篆、真、行三种。钱文有"货泉"；"开元通宝"；"太平通宝"、"至道元宝"、"咸平元宝"、"景德元宝"、"祥符元宝"、"祥符通宝"、"天禧通宝"、"天圣元宝"、"明道元宝"、"景祐元宝"、"皇宋通宝"、"嘉祐元宝"、"嘉祐通宝"、"治平元宝"、"熙宁元宝"、"熙宁重宝"、"元丰通宝"、"元祐通宝"、"绍圣元宝"、"元符通宝"、"圣宋元宝"、"崇宁重宝"、"大观通宝"、"政和通宝"、"宣和通宝"；"建炎通宝"、"绍兴元宝"、"绍兴通宝"等。

（三）年代推测

25 座墓葬中均未出土确切的纪年物，从墓葬形制结合出土钱币及器物的特征大致推测其时代。出土钱币的 14 座墓葬中，除有少量"开元通宝"和"货泉"外，余均为宋代钱币。其中，M21 所出钱币钱文不清，M37 仅出厌胜钱 1 枚，时代难定，推测其为宋代。其余 12 座墓仅从各墓出土最晚钱币的铸造年代推测，M19 约当北宋早期，M13、M29 约当北宋中期，M9、M10、M18、M28 约当北宋晚期，M11、M20、M22 约当南宋早期，M23 约当南宋中期，M34 应为南宋晚期。M30 仅出 1 件铜环，从其被 M28 打破情况推测，其可能为北宋早、中期。M12 出有一套陶制茶具，其中 M12:8 杯托与襄樊郑家山宋墓[3] M13:3 形制相近。M17:1 黑釉碗、M31:1 之 A 型青釉碗、M32:1 之 B 型白釉碗及 M21、M25、M35 出土铜镜均为典型宋代器物。M33 出土的陶罐及玻璃环的质、色与本墓地宋代陶罐及其他玻璃器差不多。M14、M16、M27 三座墓，虽遭到严重破坏，无器物出土，但其墓砖的规格与其他砖室墓的墓砖几乎相同。这些墓葬的时代只能笼统定为宋代。

四、明　墓

（一）墓葬形制

1 座，编号 M15。

M15，长方形土坑竖穴墓，方向 222°。长 2.50、宽 0.96～1.28、存深 0.6 米。墓葬内灌满石灰糯米浆。葬具已朽，人骨架保存较好，头向南，面向上，仰身直肢。银器位于头部，铜钱放在肢体下（图一八）。

（二）随葬器物

有 3 件银器和 1 枚铜钱。

银耳勺　1 件。M15:1，扁长条形，一端尖，一端为一小勺。长 8.5 厘米（图一七，7；图版五〇，5）。

银耳坠　1 对（2 件）。M15:2，上部弯折呈半环形，下部呈葫芦形，器表鎏金，大部分脱落。高 3.9 厘米（图一七，6；图版五〇，6）。

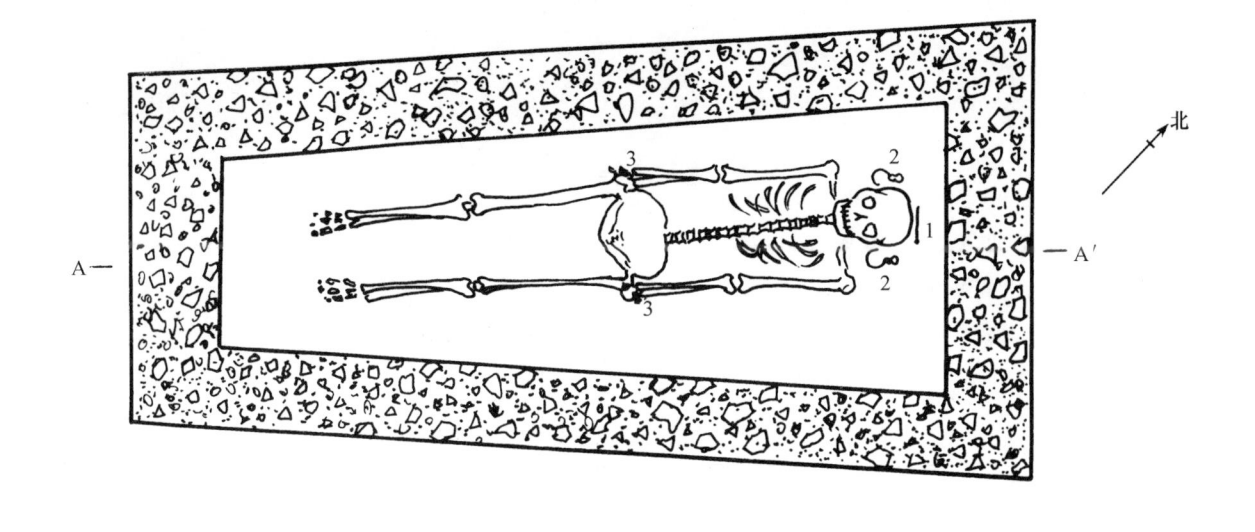

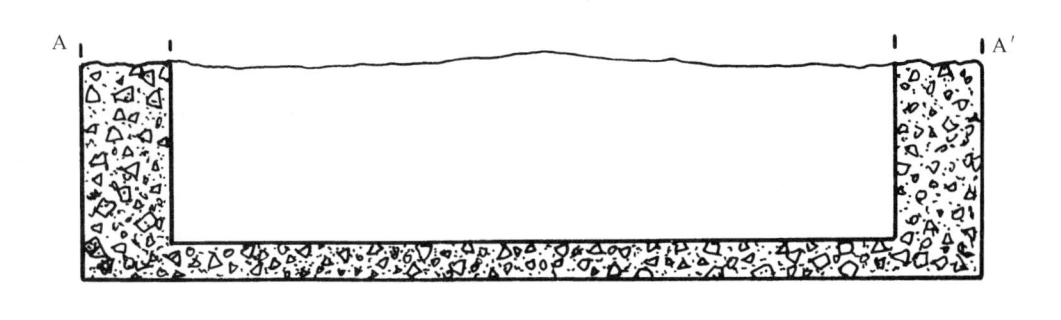

图一八　M15 平、剖面图
1. 银耳勺　2. 银耳坠　3. 铜钱

（三）年代推测

尽管该墓出土有唐代"开元通宝"和多枚宋代铜钱，但该类墓葬的形制于本区仅在明代发现，且3件银器具有明代特征，故推测其时代为明代。

五、结　语

羊祜山山峦叠翠，北临檀溪，距襄阳古城较近，尤其东麓向阳坡地，是城内和附近居民死后的理想埋葬之所。本次发掘的墓葬分属隋、唐、宋、明四个朝代，以宋墓居多。长方形竖穴土坑宋墓是目前该地区发掘最多的一次，它丰富了该地区宋墓的形制。宋墓中出土的器物大多与襄阳城内遗址[4]中所出相似。这批墓葬的发掘为研究襄阳城的历史沿革补充了实物资料。

附记：参加发掘人员有刘江生、王志刚。器物修复由刘江生、黄宏涛完成，出土器物照相杨力，拓片易泽林，绘图刘江生、杨一，描图刘江生，审稿王先福。

执笔：刘江生

注　释

[1]　襄樊市考古队：《襄樊檀溪隋唐宋墓清理简报》，《江汉考古》2000年第2期。
[2]　襄樊市考古队：《襄樊市高庄墓群清发掘报告》，《江汉考古》1999年第4期。
[3]　襄樊市博物馆：《襄樊郑家山古墓清理简报》，《江汉考古》1993年第2期。
[4]　襄樊市文物考古研究所：《襄阳城内遗址发掘报告》，见本文集。

附表一　襄樊市羊祜山墓地墓葬情况一览表

墓号	形制	方向	尺寸（米）长×宽-高（深）	葬具	葬式	墓室结构	随葬品	墓砖规格（厘米）	时代	备注
9	长方形砖室墓	175°	2.2×(0.5~0.7)-0.09	木棺已朽	不明	四壁错缝叠砌，无铺地砖	铜钱	33×17×4.5	宋	
10	长方形砖室墓	190°	2×(0.6~0.7)-0.41	木棺已朽	仰身直肢	墓壁错缝叠砌，横、直交错铺地砖	银钗；铜器柄，钱	33×17×4.5	宋	
11	长方形砖室墓	186°	2.3×(0.46~0.48)-0.48	木棺已朽	不明	墓壁错缝叠砌，无铺地砖	陶BⅠ罐；瓷A白釉碗；铜环2，钱	33×15×4	宋	
12	长方形竖穴土坑墓	230°	2.2×(0.68~0.76)-0.46	木棺已朽	仰身直肢		陶执壶2，杯3，杯托2；瓷B褐釉碗		宋	
13	长方形砖室墓	270°	残0.54×残0.3-0.09	不明	不明	仅存小段，错缝叠砌，存几块碎铺地砖	铜钱	33×15×4.5	宋	
14	长方形砖室墓	255°	残0.56×残0.35-0.14	不明	不明	仅存小段，条砖错缝叠砌	无	32×16×4.5	宋	
15	长方形土坑石灰墓	222°	2.5×(0.96~1.28)-60	木棺已朽	仰身直肢		银耳勺，耳坠2；铜钱		明	
16	长方形砖室墓	210°	?	木棺已朽	不明	仅存三块碎铺地砖	无	?×15×4.5	宋	

续表

墓号	形制	方向	尺寸（米）长×宽-高（深）	葬具	葬式	墓室结构	随葬品	墓砖规格（厘米）	时代	备注
17	长方形竖穴土坑墓	345°	2.14×(0.56~0.8)-0.38	木棺已朽	仰身直肢		陶罐；瓷黑釉碗；铁带扣		宋	
18	长方形砖室墓	240°	2.7×(0.8~0.9)-1.05	木棺已朽	不明	壁错缝叠砌，中部设棺床，南壁有龛，横行错缝铺地砖	陶瓶；铜钱	36×17×6	宋	
19	长方形砖室墓	175°	2.02×(0.36~0.8)-0.36	木棺已朽	不明	壁下1层立砖，上错缝叠砌，斜行错缝铺地砖	陶AⅠ罐；瓷B青釉碗；铜钱	33×15.5×4.5；33×15.5×3.5	宋	
20	长方形砖室墓	170°	2.32×(0.58~0.78)-0.8	木棺已朽	仰身直肢	壁错缝叠砌，9层起券，横行错缝铺地砖	陶AⅡ罐；瓷AⅡ青白釉碗2，Ⅱ盘；铜簪、钱	壁、地:36×18×6；券:33×(15~17.5)×4.5；34×17×(3~4.5)	宋	
21	长方形砖室墓	65°	残1.4×0.72-0.6	木棺已朽	不明	存东半部，错缝叠砌，方砖对缝铺地砖	陶罐；瓷BⅠ青白釉碗；铜镜、铁钱	28×18×4.5 地:20×20×4.5	宋	
22	长方形砖室墓	160°	2.3×(0.55~0.65)-0.77	木棺已朽	仰身直肢	壁丁顺结合砌筑，券顶，横行错缝铺地砖	陶BⅡ罐；瓷C青白釉碗、碟3；铜钱	壁、地:31×17×5；券:30×15×(3~5)；35×(12~17)×5	宋	
23	长方形竖穴土坑墓	285°	2.24×(0.58~0.75)-0.26	木棺已朽	仰身直肢		陶Ⅰ瓶；瓷AⅠ青白釉碗、Ⅰ盘；银钗；铁钱		宋	

续表

墓号	形制	方向	尺寸（米）长×宽-高（深）	葬具	葬式	墓室结构	随葬品	墓砖规格（厘米）	时代	备注
24	"凸"字形砖室墓	178°	墓室：3.86×1.68×1.4 甬道：1.34×8.8×1.2	木棺已朽	不明	壁顺丁结合砌筑，墓室后部设棺床。有甬道、封门墙，斜行铺地砖	陶镇墓兽，俑2；瓷盘口壶2，碗4；铜带扣，"五铢"	壁：37.5×19×5 券：37.5×18×(3~4.5) 地：36.5×18.5×5.5 棺床：37×19×6	唐	打破M36
25	长方形砖室墓	315°	2×(0.56~0.8)-12	木棺已朽	仰身直肢	壁错缝叠砌，无铺地砖	瓷罐，BⅡ青白釉碗；铜镜、铁剪；骨梳；玻璃簪2	30×15×3.5	宋	
26	长方形砖室墓	114°	2.9×(0.71~0.8)-0.36	木棺已朽	仰身直肢	壁错缝叠砌，斜行错缝铺地砖	瓷碗；铜"五铢"	37×16×3.5	唐	
27	长方形砖室墓	175°	2.45×(0.45~0.7)-0.14	木棺已朽	不明	壁错缝叠砌，无铺地砖	无	35×17×4.5	宋	
28	长方形竖穴土坑墓	207°	2.22×0.8-0.64	木棺已朽	仰身直肢		金环；银簪，扣；铜钱		宋	打破M30
29	长方形竖穴土坑墓	105°	2.01×0.76-0.5	木棺已朽	仰身直肢		陶坠；铜钱		宋	打破M31
30	长方形竖穴土坑墓	140°	1.76×0.74-0.5	木棺已朽	仰身直肢		铜环形饰		宋	被M28打破
31	长方形竖穴土坑墓	225°	2×(0.7~0.8)-0.78	木棺已朽	仰身直肢		瓷A青釉碗		宋	被M29打破
32	长方形砖室墓	230°	2.06×(0.66~0.77)-20	木棺已朽	仰身直肢	两壁错缝叠砌，两壁并砖侧立，无铺地砖	瓷B白釉碗2	27×13.5×3.5	宋	
33	长方形竖穴土坑墓	63°	1.85×0.76-0.38	木棺已朽	仰身直肢		陶罐；玻璃环2	黄褐色五花土	宋	打破M34

续表

墓号	形制	方向	尺寸（米）长×宽-高（深）	葬具	葬式	墓室结构	随葬品	墓砖规格（厘米）	时代	备注
34	长方形竖穴土坑墓	225°	2×0.8-0.3	木棺已朽	仰身直肢		铜钱		宋	被M33打破
35	长方形竖穴土坑墓	75°	2×0.6-1	木棺已朽	仰身直肢		陶Ⅱ瓶；瓷A、B褐釉碗；铜镜，环；玻璃珠		宋	
36	长方形砖室墓	112°	4×0.7-0.84	木棺已朽	不明	壁三顺一丁三组，"人"字形铺地砖	瓷碗；玉猪	28×15×4	隋	
37	长方形竖穴土坑墓	250°	2.35×0.6-0.94	木棺已朽	仰身直肢		铜钱	黄褐色五花土	宋	

注：未注明件数者均为1件。

附表二　羊祜山墓地宋墓铜钱统计表

墓号	钱文
M9	北宋"咸平元宝"、"景德元宝"、"祥符元宝"、"天禧通宝"、"熙宁元宝"、"元丰通宝"、"元祐通宝"、"绍圣元宝"、"元符通宝"
M10	唐"开元通宝"、"乾元重宝"；北宋"太平通宝"、"祥符元宝"、"天禧通宝"、"天圣元宝"、"景祐元宝"、"皇宋通宝"、"治平元宝"、"熙宁元宝"、"元丰通宝"、"元祐通宝"、"绍圣元宝"、"政和通宝"
M11	唐"开元通宝"；北宋"皇宋通宝"、"治平通宝"、"熙宁元宝"、"熙宁重宝"、"元丰通宝"、"元祐通宝"、"政和通宝"、"宣和通宝"；南宋"绍兴元宝"、厌胜钱
M13	唐"开元通宝"；北宋"天圣元宝"、"熙宁元宝"
M18	唐"开元通宝"；北宋"天圣元宝"、"皇宋通宝"、"至和元宝"、"嘉祐通宝"、"熙宁元宝"、"元丰通宝"、"元祐通宝"、"绍圣元宝"、"圣宋元宝"
M19	北宋"至道元宝"
M20	唐"开元通宝"；北宋"太平通宝"、"至道元宝"、"祥符元宝"、"祥符通宝"、"天圣元宝"、"皇宋通宝"、"嘉祐元宝"、"嘉祐通宝"、"熙宁元宝"、"熙宁重宝"、"元丰通宝"、"元祐通宝"、"绍圣元宝"、"圣宋元宝"、"大观通宝"、"政和通宝"、"宣和通宝"；南宋"绍兴元宝"
M21	铁钱（已朽）
M22	汉"货泉"；唐"开元通宝"；北宋"至道元宝"、"咸平元宝"、"景德元宝"、"祥符元宝"、"祥符通宝"、"天禧通宝"、"天圣元宝"、"明道元宝"、"景祐元宝"、"皇宋通宝"、"嘉祐元宝"、"嘉祐通宝"、"治平元宝"、"熙宁元宝"、"熙宁重宝"、"元丰通宝"、"元祐通宝"、"绍圣元宝"、"元符通宝"、"圣宋元宝"、"崇宁重宝"、"大观通宝"、"政和通宝"、"宣和通宝"；南宋"建炎通宝"；"绍兴元宝"、"绍兴通宝"
M23	南宋"淳熙通宝"、"绍熙元宝"、"庆元通宝"、"嘉定元宝"、"嘉定通宝"、"大宋元宝"、"大宋通宝"（均为铁钱）
M28	北宋"天圣元宝"、"景祐元宝"、"皇宋通宝"、"嘉祐通宝"、"熙宁元宝"、"元丰通宝"、"元祐通宝"、"绍圣元宝"、"圣宋元宝"、"宣和通宝"
M29	北宋"天圣元宝"、"皇宋通宝"、"治平元宝"、"熙宁元宝"
M34	唐"开元通宝"；北宋"咸平元宝"、"景德元宝"、"祥符元宝"、"天禧通宝"、"熙宁元宝"、"熙宁重宝"、"元丰通宝"、"元祐通宝"、"绍圣元宝"、"元符通宝"、"圣宋元宝"、"政和通宝"、"宣和通宝"；南宋"建炎通宝"、"绍兴元宝"、"庆元通宝"、"嘉熙通宝"
M37	宋厌胜钱

襄樊曾家巷宋墓清理简报

襄樊市文物考古研究所

曾家巷宋墓位于襄樊市襄城区檀溪路中段北侧，北距汉江约300米（图一）。1998年7月，中房襄樊公司在檀溪花园工程建设中发现一座砖石墓葬（编号1998XZM1），原襄樊市考古队迅速派员进行了清理。由于该墓早年被盗扰，随葬器物不存，仅就墓葬形制简报如下。

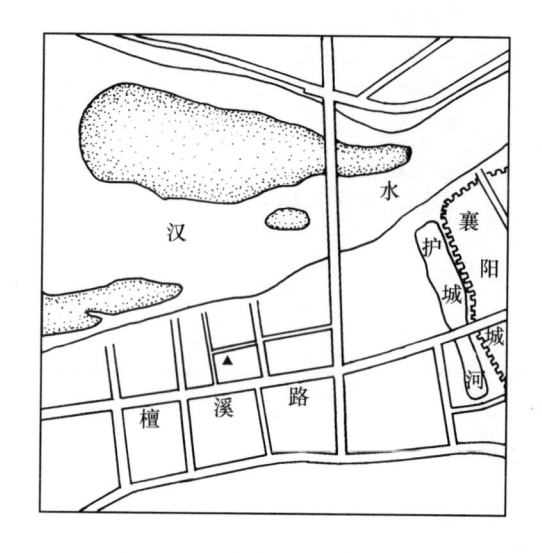

图一 曾家巷宋墓位置示意图

一、墓葬结构

该墓方向173°，为一座"甲"字形砖石合构墓，由墓道、甬道、墓室三部分组成（图二）。

墓道 长方形阶梯状，至甬道口设一小平台，前、后端局部被破坏。通长5.08、宽1.9、下端高2.6米，坡度33°。两侧各挖出一条斜坡状沟槽，宽0.17米，以条砖起墙，底部平铺一层后再由下端往上依次错缝叠砌；中部呈阶梯状，条砖铺就，除下端小平台横向平铺一层外，每级台阶各叠砌三层，下两层横向，上层纵向，各级台阶上层条砖对缝；两侧砖墙与中部台阶间卡放一道砖栏，方向与砖墙沟槽相同，高出沟槽底1.6米，侧立条砖一层。墓砖规格为33厘米×17厘米×5厘米，素面。

甬道 近长方形，券顶，大部残。通长1.76、前部通宽2.3、后部通宽1.96、残高1.96米。前部两侧墙体以条砖横直交错叠砌，长1.2、厚0.55米；后部两侧墙体各以上下两块方石叠垒而成，方石边长0.58、下层高0.65、上层高0.6米。铺地砖情况不明。前端开门，封门砖厚0.5米，分前后两层，前层三顺一丁两组接四顺一丁一组再接三顺一丁两组接四顺一丁一组，上部残；后层最下端条砖横向侧立一层，上部条砖错缝叠砌，残存22层。墓砖规格、纹饰与墓道相同。

墓室 八边形，内空边长0.78、残高1.7米。除与甬道相接的一面开门外，其余七面墙体各以两块大方石上下叠垒，上部用一块梯形石压顶，使整面形成上、中、下三层叠垒块石。墓室顶部正中心虽残，但从散落墓室的一小块盖顶看，墓顶原有一八角形的整块石板封盖，其顶面分两层，在外边缘向内28厘米处上凸呈一级阶梯状，侧面浅浮雕云纹，上级面有细密浅刻痕，上、下层分别厚26、22厘米（图三）。墓壁每层相邻两石上部各开一燕尾槽，槽内灌注铁水加固墓顶及墙体。墙体块石宽0.78、高0.56～0.67、厚0.4米；南面顶石最宽，上宽0.72、下

图二 M1 平、剖面图

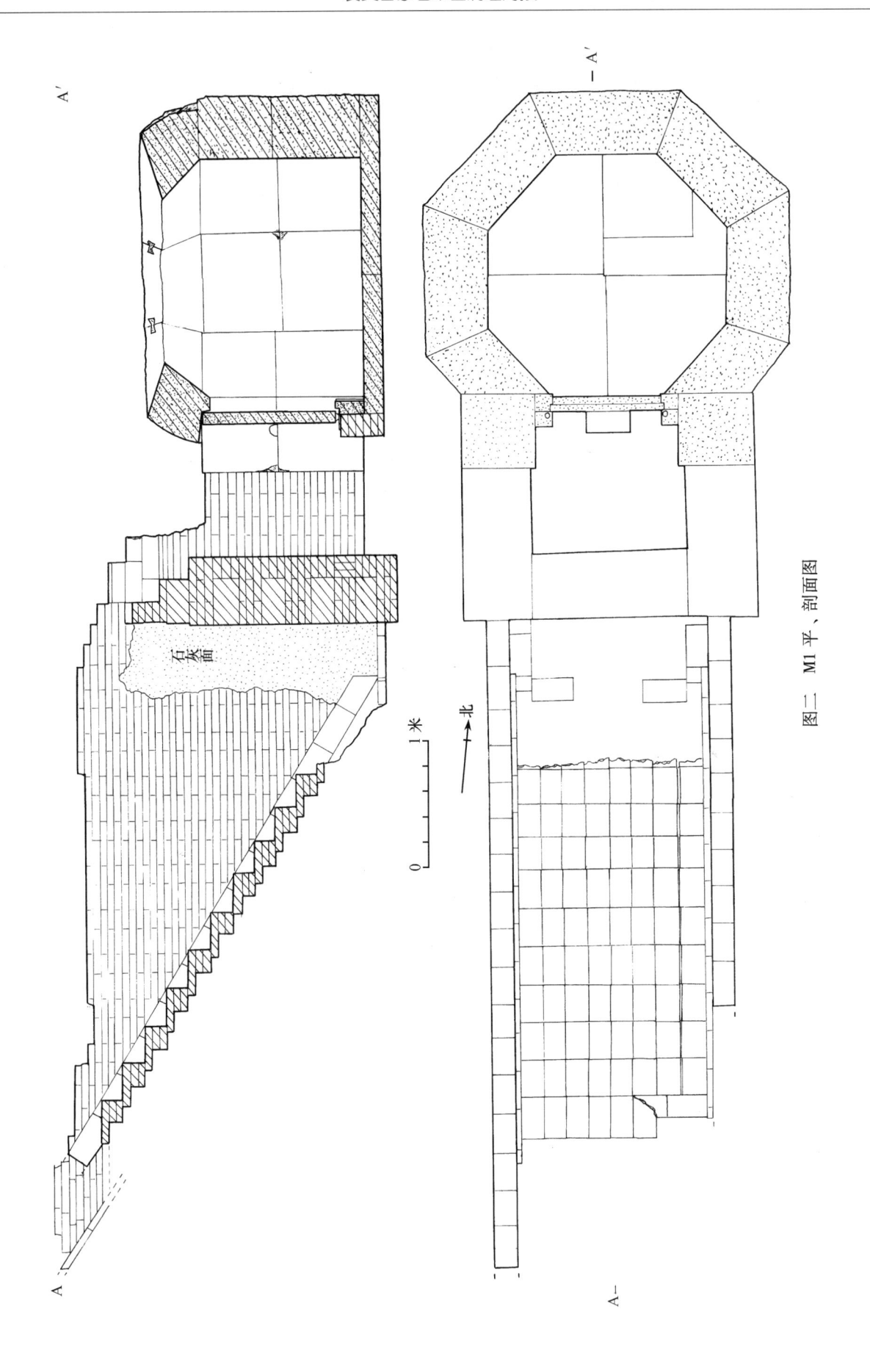

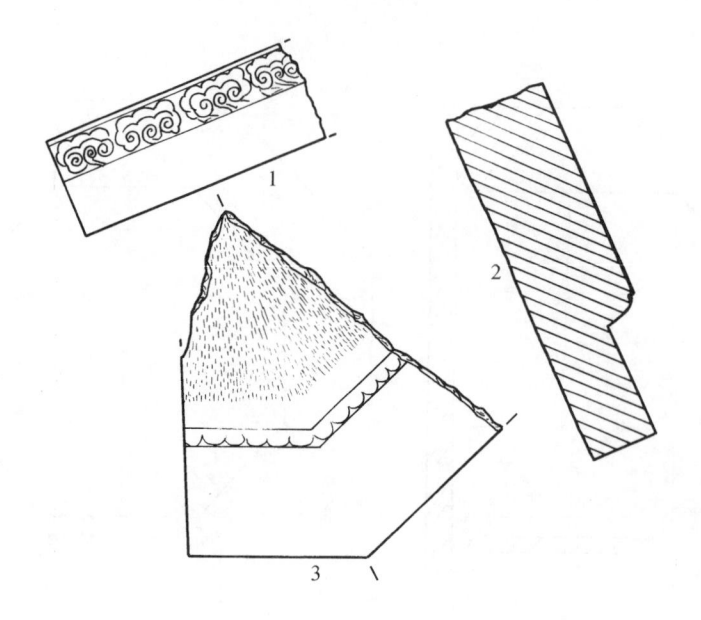

图三　墓顶压石
1. 墓顶盖石侧面纹饰展开图　2. 墓顶盖石剖面图　3. 墓顶盖石俯视图

图四　石门
1. 东门浮雕人物　2. 西门浮雕人物

宽 0.97 厘米，东南、西南面顶石最窄，上宽 0.36、下宽 0.55 厘米，其余顶石上宽 0.56、下宽 0.78 米左右，各顶石斜面高 0.38～0.44、厚 0.44～0.5 米。

门设在南部，双扇，两侧下部贴甬道后内壁各有一块近方形门墩石，长 0.13、宽 0.12、高 0.2 米，石上各有一圆窝，直径 0.05、深 0.04 米。整个门上部压梯形石顶，顶石下面两端各挖一圆窝，直径 0.05、深 0.04 米。单扇门宽 0.47、高 1.05、厚 0.09 米。门外侧上、下端各出一榫头，为门轴，插入顶石及门墩石的圆窝内。门内壁面分别高浮雕武士门神像，身穿甲，绶带飘，手持剑，腿扎绑，脚踏云。东门神像面部丰满，年轻英俊，头戴盔，一手握剑柄，一手抓剑尖；西门神像满面短须，高大威猛，双手扶剑柄，剑尖插于云上（图四；图版二八，2）。下端前部正中叠砌六层单块条砖，后部两角各贴门墩石后侧装一方石，方石靠门一侧内突外收呈曲尺状，前宽 0.11、后宽 0.13、厚 0.12、高 0.2 米。两石间卡石质门槛，侧面外突内收，上面前低后高各 0.02 厘米成曲尺状，外长 0.92、内长 0.96、前高 0.2、后高 0.22、通厚 0.11 厘米。铺地石原分四块，以正中心点为轴对称，呈五边形切角方石，其中东北部铺地石由三小块拼成。边长 0.93、厚 0.14 米。

二、墓 室 壁 画

墓室七面墙体及顶部八面块石内壁均细线满刻纹饰，且墙体上石左上角（依人站在室内的观测方向）刻有不同的编号，墙体下石有与上石对应的单字编号。

西南壁为"上"字石。顶石中部刻一大朵圆弯折枝莲花纹，莲枝自下而上、自右往左弯卷，花心朝内；莲花纹四周围小块卷云纹（图五）。墙体上石左上角竖刻"第二上"三字。壁面主纹刻五僧人打扫庭院场景，僧人穿贴身僧衣，着布鞋。左边一僧人形体高大，直体站立，右手持扫帚，左手三伸二握前指；中部及右侧四个僧人呈菱形分布，形体较小，面朝里背朝外，两侧及后部三僧人微躬腰站立，其中左侧僧人双手合十，右侧、后部僧人双手紧握扫帚，前部僧人盘腿而坐，双手一前一后横握扫帚，两侧及前部僧人间有两狗相向站立；场景外刻卷云纹（图六）。墙体下石正中刻一朵莲花纹，四周围卷云纹（图七）。

西壁为"士"字石。顶石中下部刻三朵连续莲花纹，莲枝隐没，莲花自左下斜向上伸出；莲花纹四周围小块卷云纹（图八）。墙体上石左上角竖刻"第二士"三字。壁面主纹刻弟子候师图，分为左右两部分，左半部中间设一高腿圆桌，桌后两侧各站立一僧人，着长衫，披袈裟，左侧僧人前视，双手交握，右侧僧人侧视，双手捧钵盂；右半部中下方横放一长方形几案，四条腿下端以横木扣连，案面刻四朵莲花纹，案上部刻纵向细密线条，似流水瀑布下垂；主纹周边围卷云纹（图九）。墙体下石上端正中偏右刻一"士"字，壁面下部正中及中部刻一把三枝莲花纹，外围水波纹（图一〇）。

西北壁为"由"字石。顶石中下部刻一把二根折枝莲花纹，莲枝自左下斜向上伸出，至中部分别略向下或向上左弯折；莲花纹四周围小块卷云纹（图一一）。墙体上石左上角竖刻"第二由"三字。壁面主纹刻僧人听经图，二僧人左右小间距并立，形态一致，似为比丘，着宽大袈裟，面斜向前，低眉颔首，双手交握；僧人周围刻卷云纹（图一二）。墙体下石上端正中刻一"由"字，壁面中部刻一把三枝莲花纹，外围卷云纹（图一三）。

图五 西南壁顶石壁画拓本

图六 西南壁中石壁画拓本

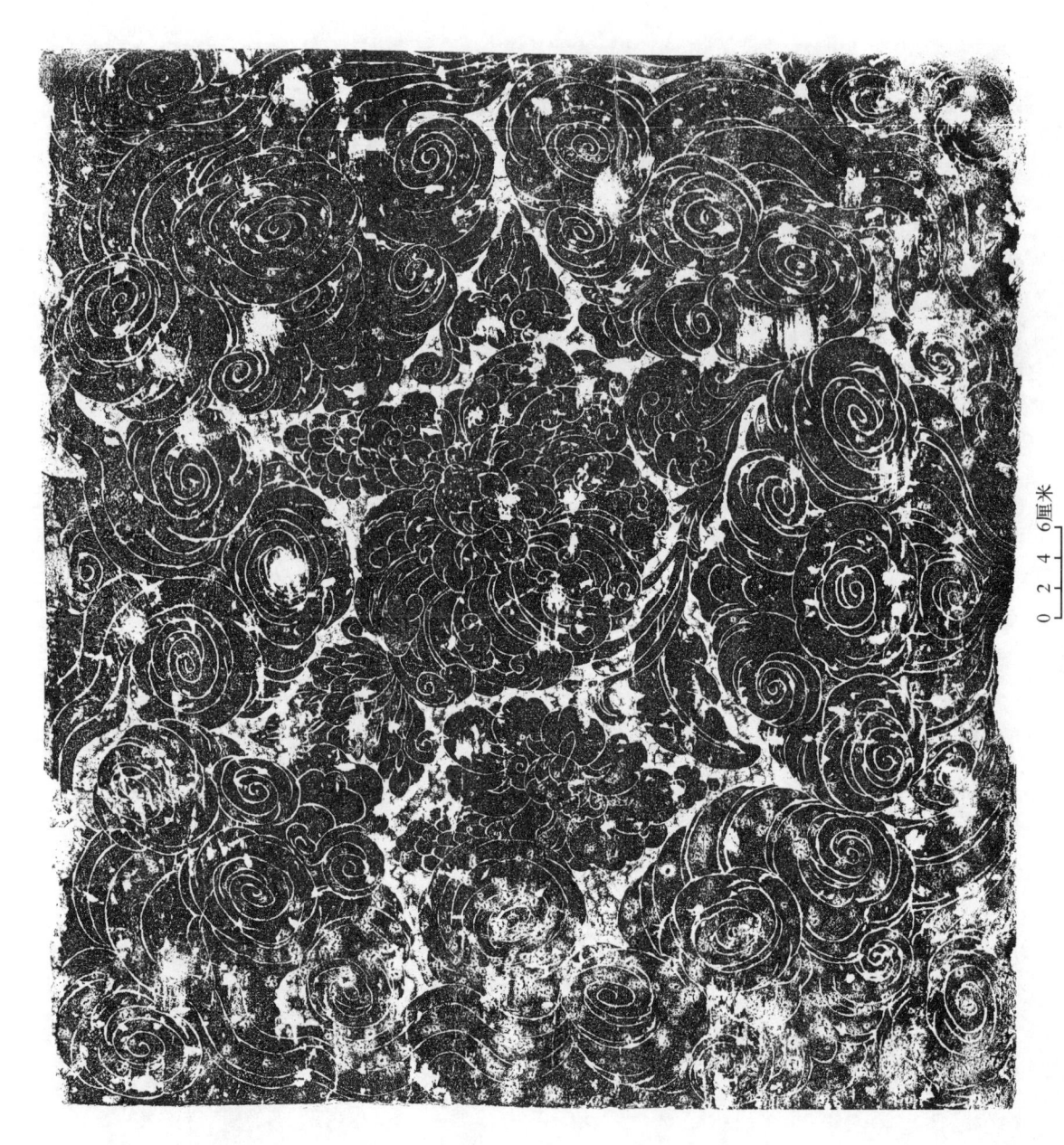

图七 西南壁下石雕壁画拓本

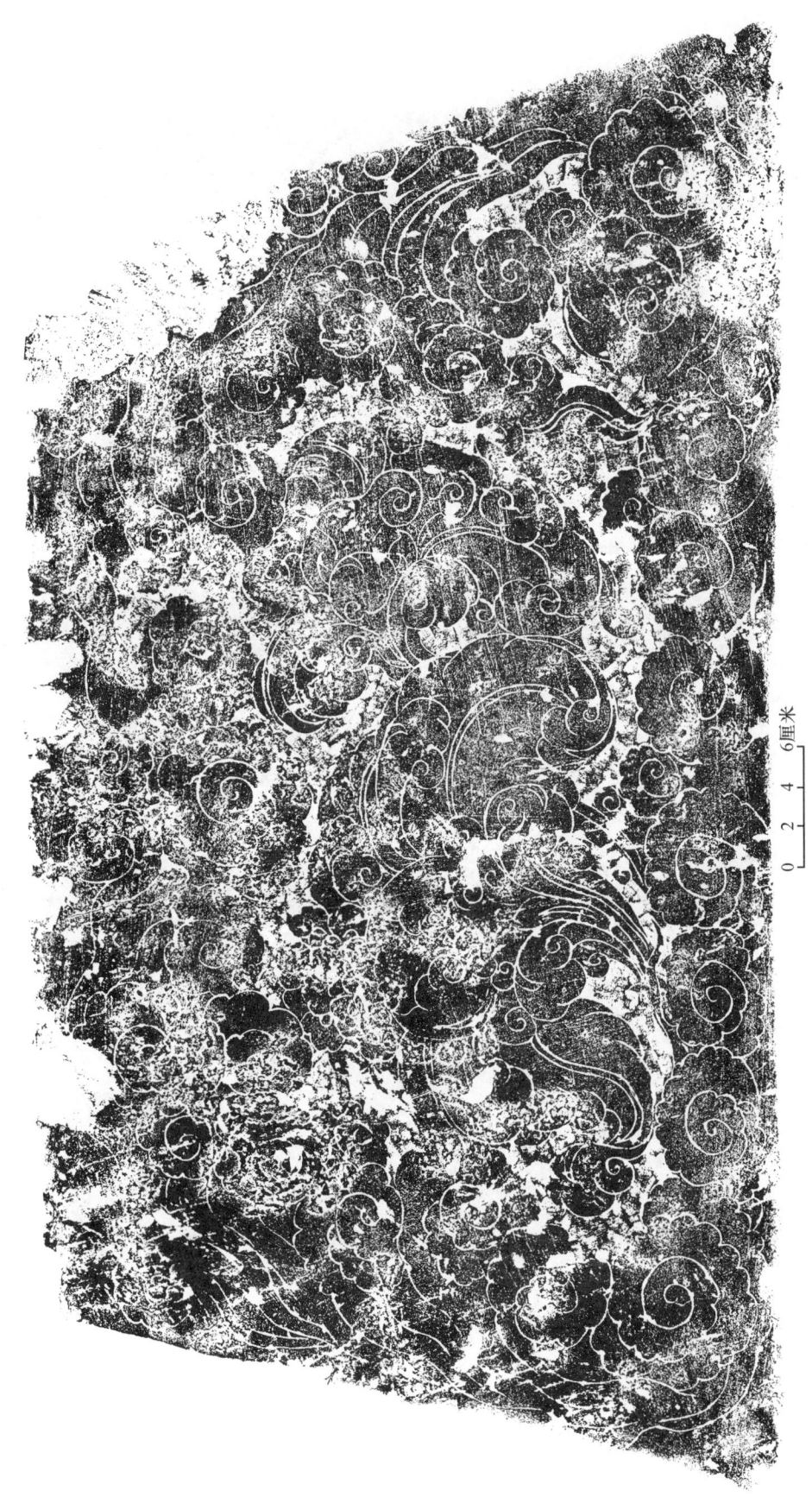

图八 西壁顶石壁画拓本

图九 西壁中石壁画拓本

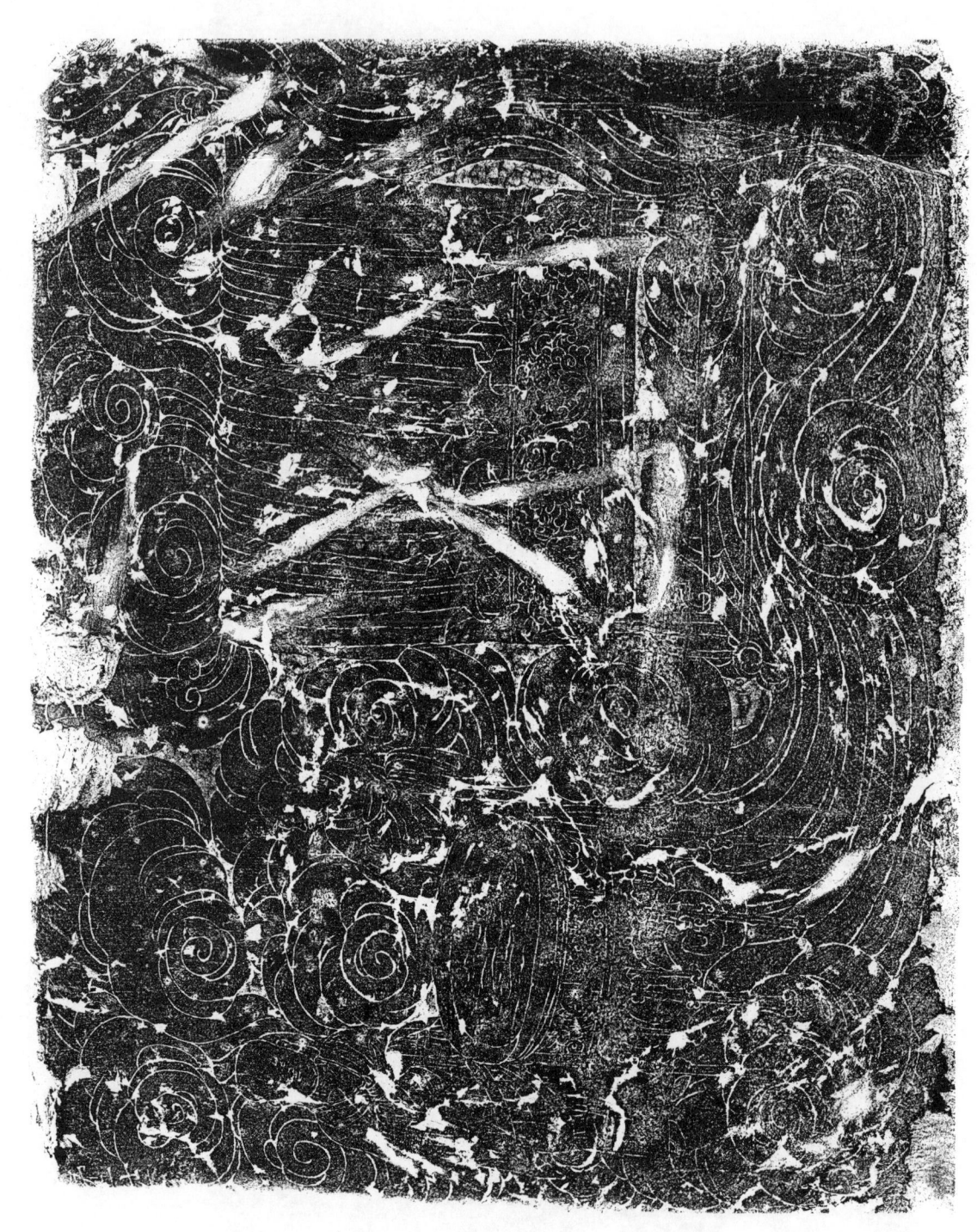

图一〇 西壁下右壁画拓本

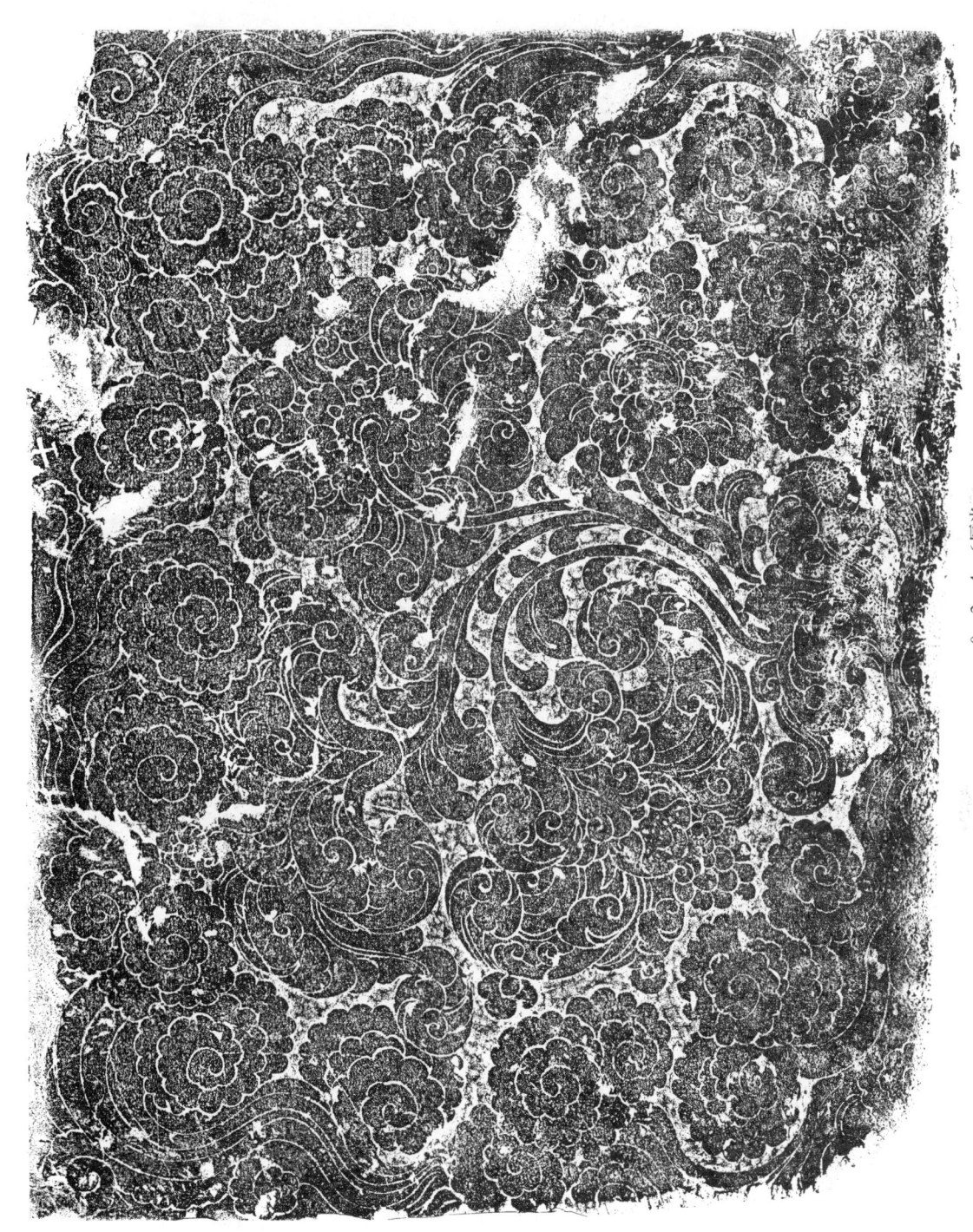

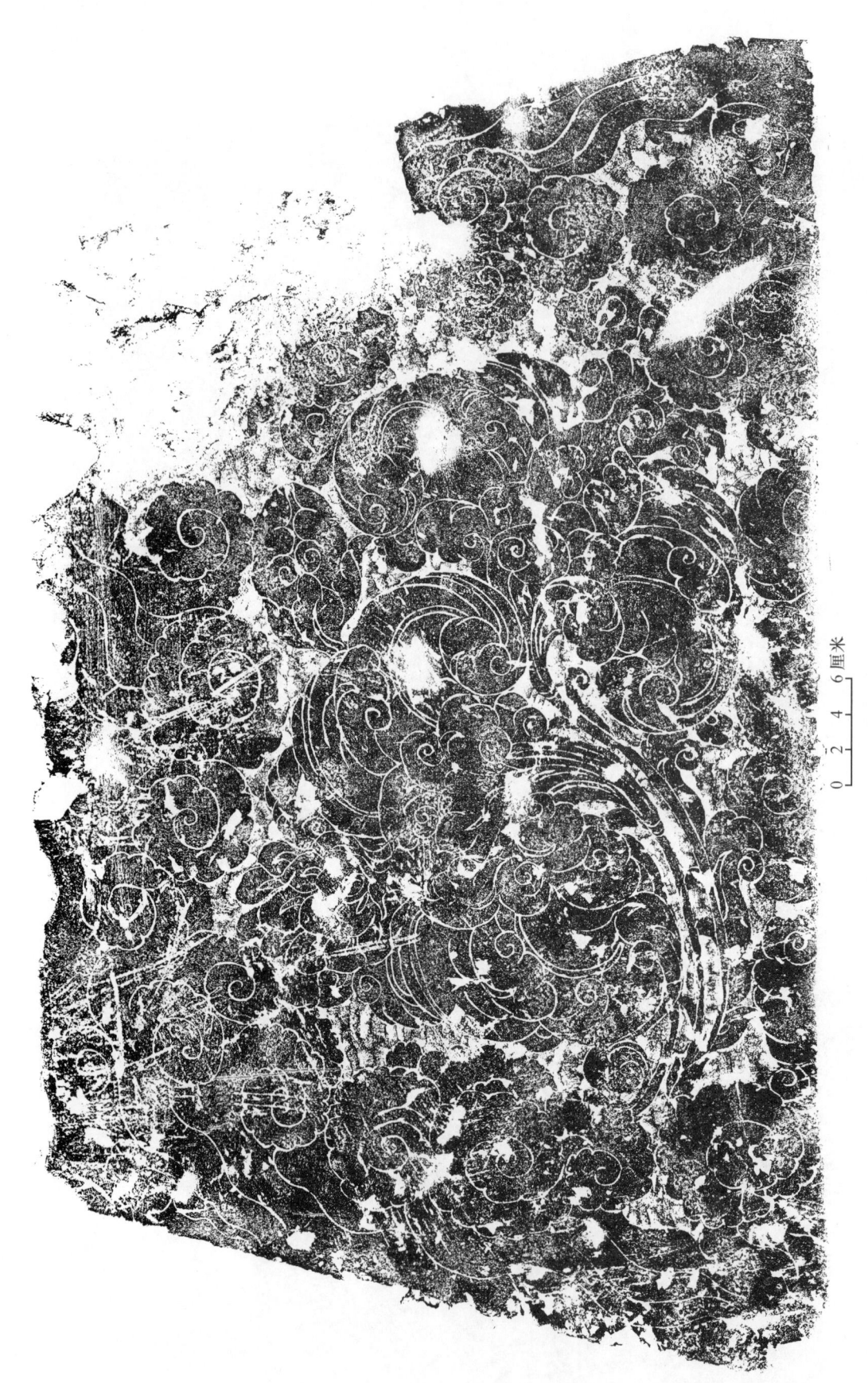

图一 西北壁顶石壁画拓本

图一二 西北壁中右壁画拓本

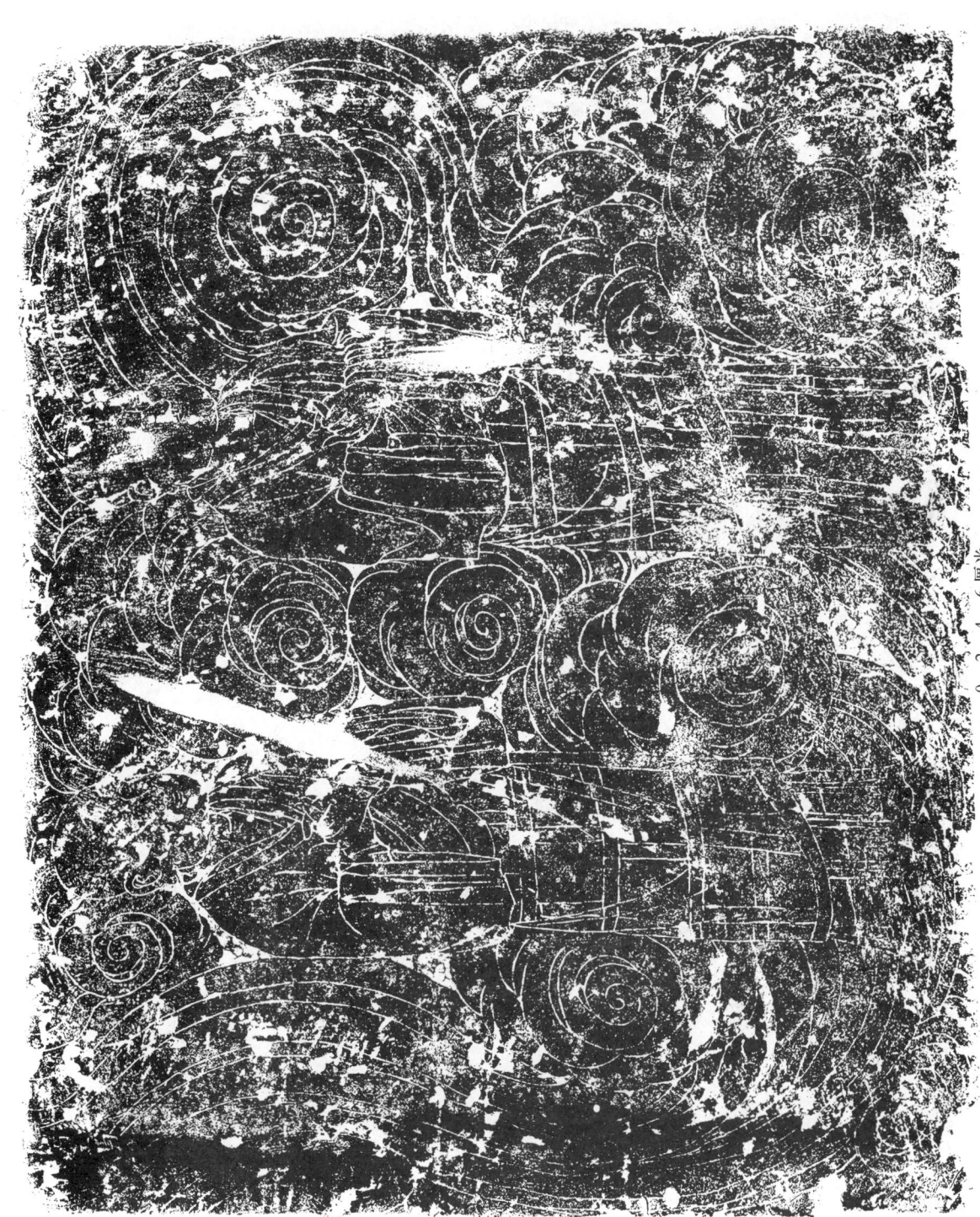

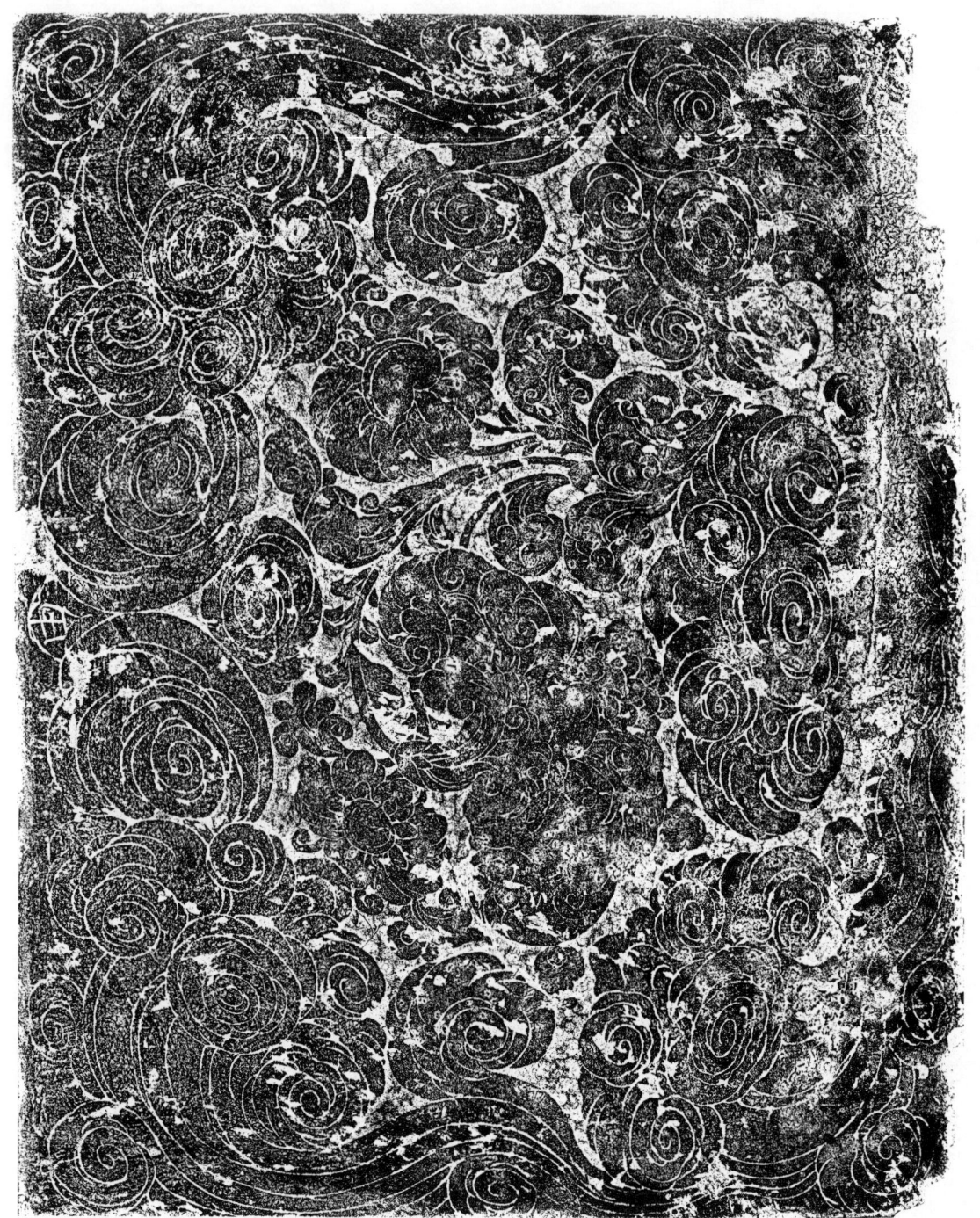

图一三 西北壁下石壁画拓本

北壁为"山"字石。顶石大部刻一折枝莲花纹，右上部因磨损不清，莲枝自右下角斜向左上部弯曲，再向右下圆折；莲花纹四周围小块卷云纹（图一四）。墙体上石左上角竖刻"第二山"三字。壁面主纹刻佛祖讲经图，正中一佛盘坐于须弥式台座上，慈眉善目，面庞丰润，眼视前方，着宽大袈裟，双手拢袖，须弥座高大，壁饰莲花、团花、卷云等纹，前两侧设仰覆莲夹方体角柱，有宽大太师椅式靠背，整个须弥座既有佛教特色，又仿中国传统座椅，是中外文化的结合体和佛教文化中国化的反映。两旁侍立二弟子，身披袈裟，双手交握于胸前，脚踏祥云。主题画面似为释迦牟尼和侍者阿南、迦叶。主题画面外刻卷云纹（图一五）。墙体下石上端正中刻一"山"字；壁面左下至中部刻一把两根折枝莲花纹，外围卷云纹（图一六）。

东北壁为"水"字石。顶石中下部刻一把二根折枝莲花纹，幅面较小，莲枝自中段右下向左上斜伸一小段后分别略向上或向下弯卷；莲花纹四周围小块卷云纹（图一七）。墙体上石左上角竖刻"第二水"三字。壁面主纹刻僧人听经图，二僧人左右小间距并立，形态一致，似为比丘，着宽大袈裟，面斜向相对，低眉颔首，双手交握；左侧僧人侧后部置一高大台座，下部须弥座，上部鼓形，鼓壁上下端有鼓钉，中部刻多个单体莲花，顶面中心刻一朵莲花；僧人及台座外刻卷云纹（图一八）。墙体下石上端正中刻一"水"字；壁面中部刻一把三根折枝莲花纹，外围卷云纹（图一九）。

东壁为"中"字石。顶石中下部刻一把二根折枝莲花纹，莲枝自右下斜向上伸出，至中部分别略向下或向上左弯折；莲花纹四周围小块卷云纹（图二〇）。墙体上石左上角竖刻"第二中"三字。壁面主纹刻宴饮图，分左右两部分，左侧前部置一四腿圆桌，桌上花瓣状垫上放两执壶，桌后稍微错开横放两格楞状柜，两柜后各朝桌柜斜向站立一侍者，左侧侍者右手端盘，盘内装花瓣状食物，右手前伸，右侧侍者双手端盘，盘内装四小壶；右半部前后并列两高腿方桌，每桌各摆四个托盏，桌后部两角外站立两侍者，微躬腰持执壶往桌上盏内倒茶，桌前左外角旁直立一僧人，僧人似比丘，着袈裟，右手持一棒状物，左手向前直指桌前右外角稍远处站立的一双手交握的侍者。五侍者穿戴相同，头戴双或三分小冠，身穿交领长衫，腿穿长裤，脚着尖头鞋。主纹外围卷云纹（图二一）。墙体下石上端正中刻一"中"字；壁面中部刻三折枝莲花纹，外围卷云纹（图二二）。

东南壁为"仁"字石。顶石中部刻一大朵圆弯折枝莲花纹，莲枝自左往右、自上而下弯卷，花心朝内；莲花纹四周围小块卷云纹（图二三）。墙体上石左上角竖刻"第二仁"三字。壁面主纹刻菩萨收徒或训徒图，左面站立一菩萨，眼视前下方，着宽大袈裟，双手合十；右侧一僧人身披袈裟，正对前方菩萨跪倒，双手贴地作顿首状。主题画面较为简洁，或为菩萨受礼图，或为菩萨训诫徒弟图；四周刻卷云纹（图二四）。墙体下石上端正中刻一"仁"字；壁面中部刻一折枝莲花纹，外围卷云纹（图二五）。

南壁门上顶石中部刻一把二根折枝莲花纹，莲枝自左而右斜上伸出，一根上左卷，一根略右下卷；莲花纹四周围小块卷云纹（图二六）。

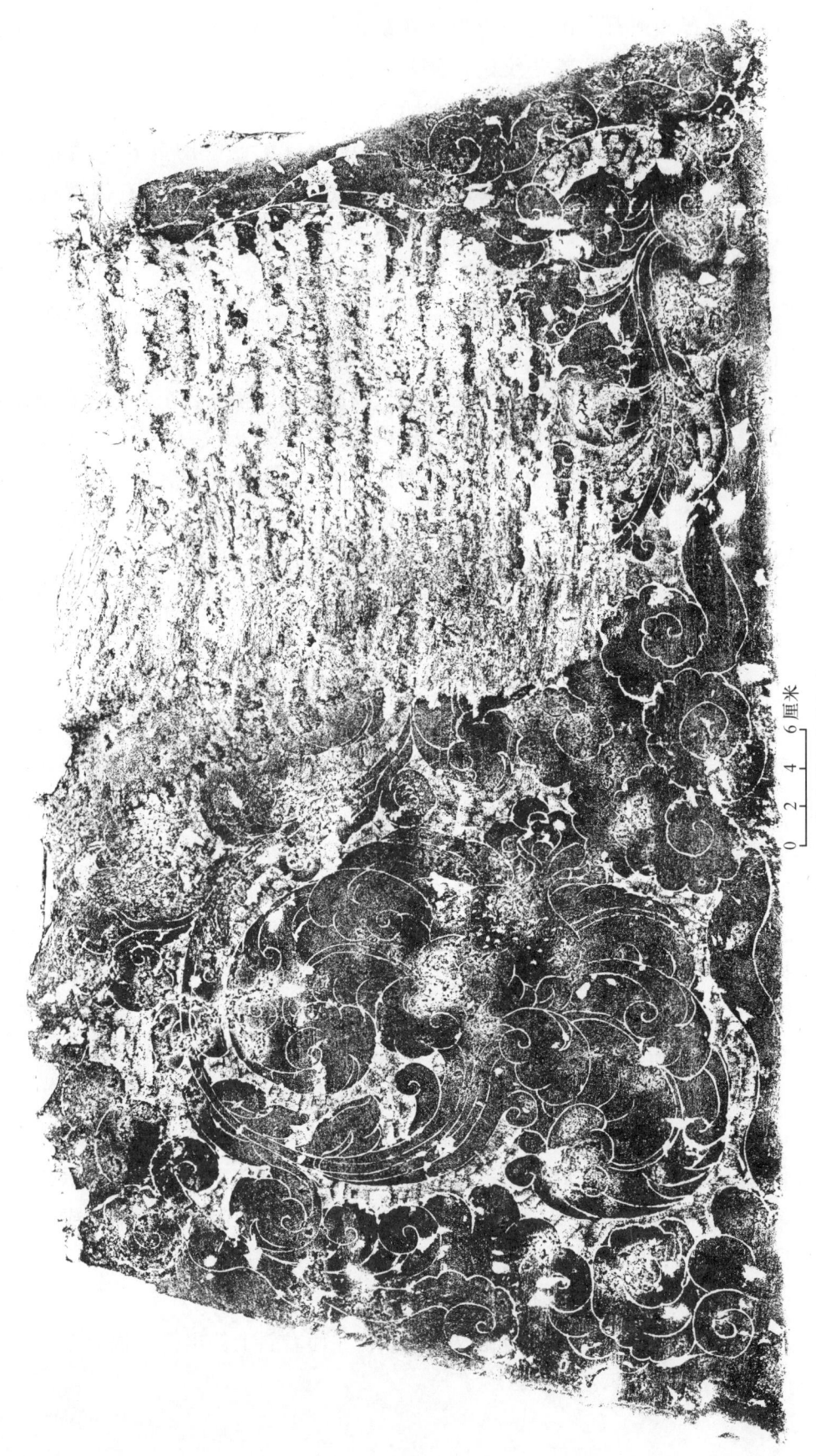

图一四 北壁顶石壁画拓本

图一五 北壁中石壁画拓本

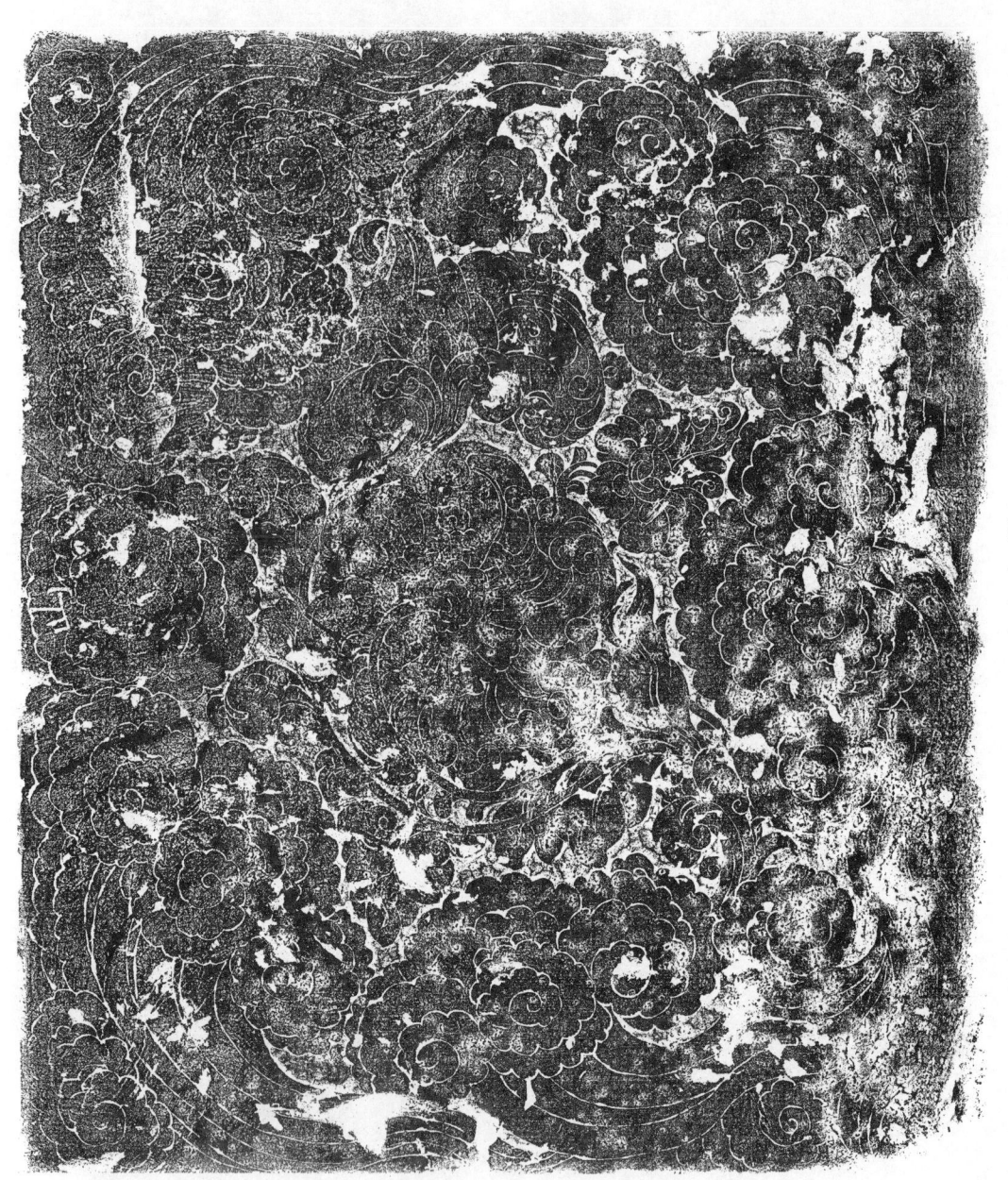

图一六 北壁下石壁画拓本

图一七 东北壁顶右壁画拓本

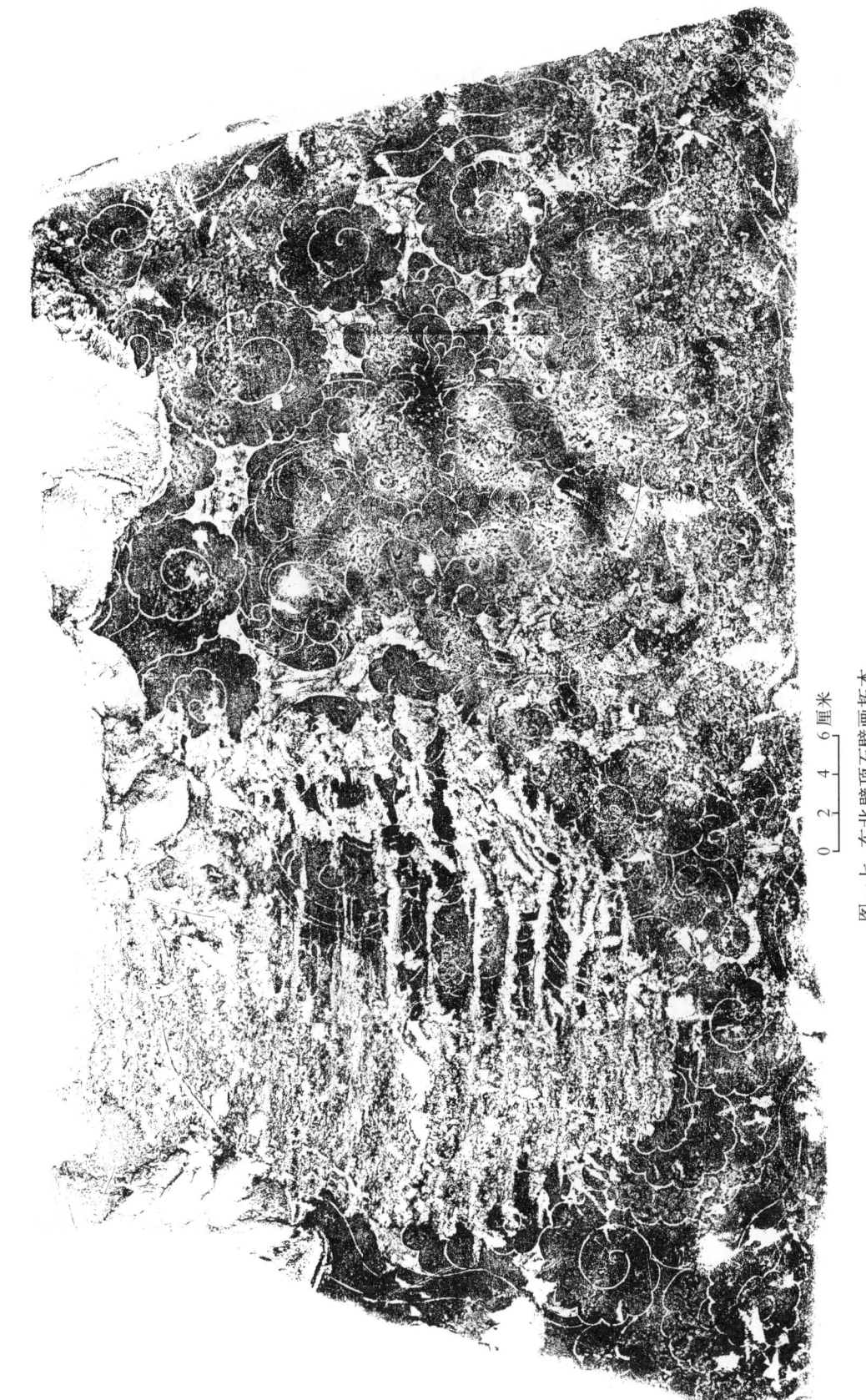

图一八 东北壁中右石壁画拓本

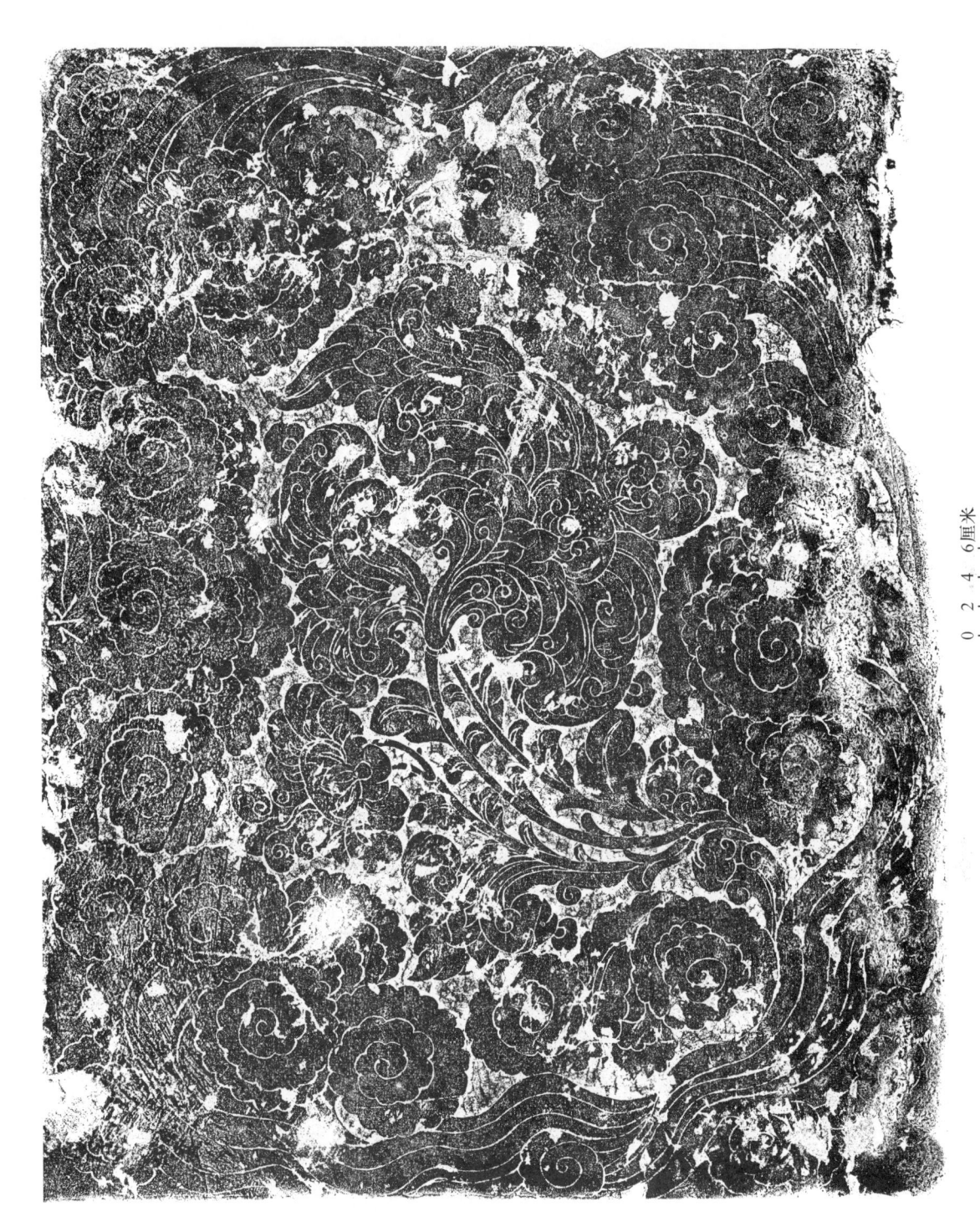

图一九 东北壁下石璧画画拓本

图二〇 东墓顶右壁画拓本

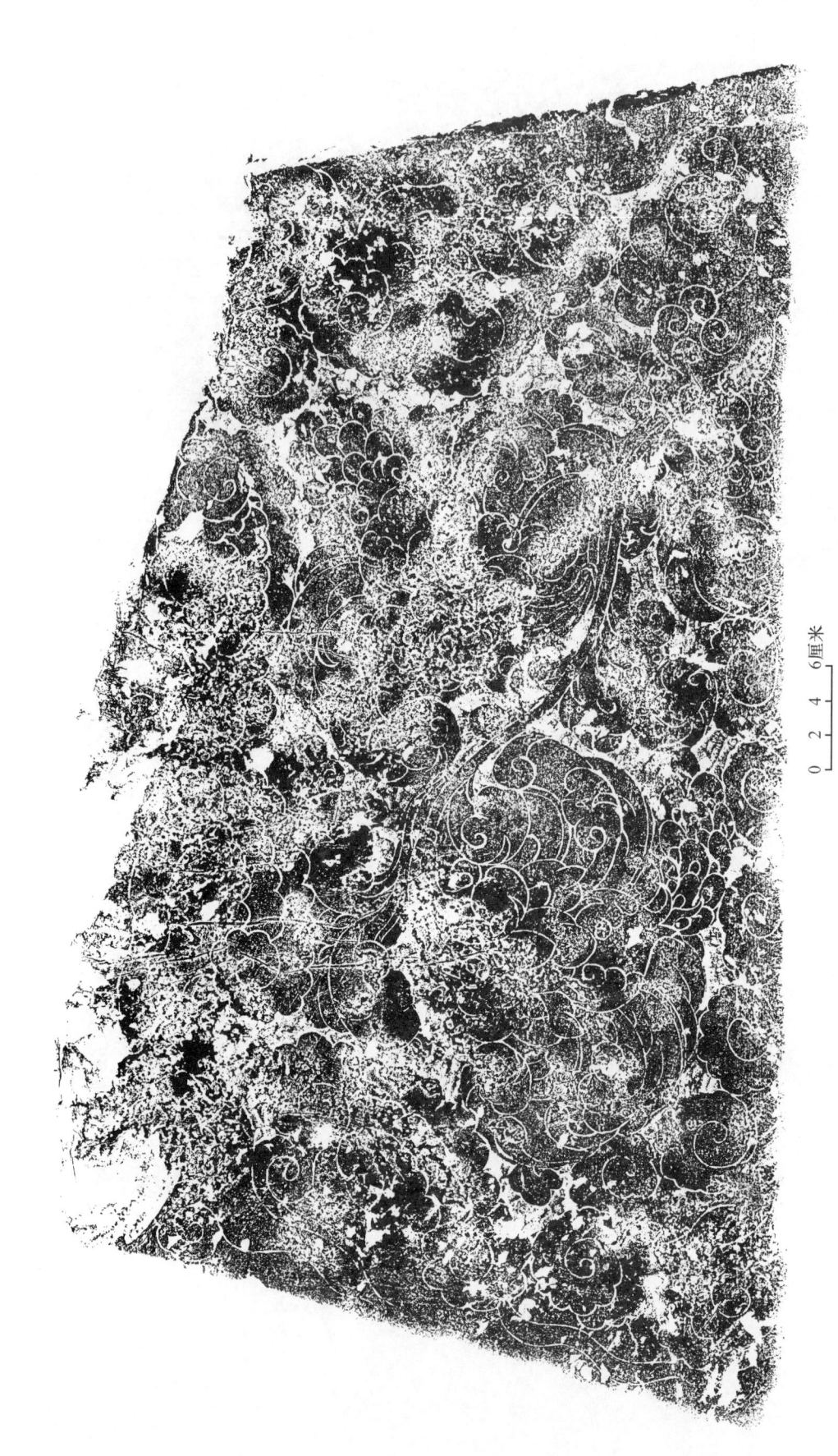

图二一 东壁中石壁画拓本

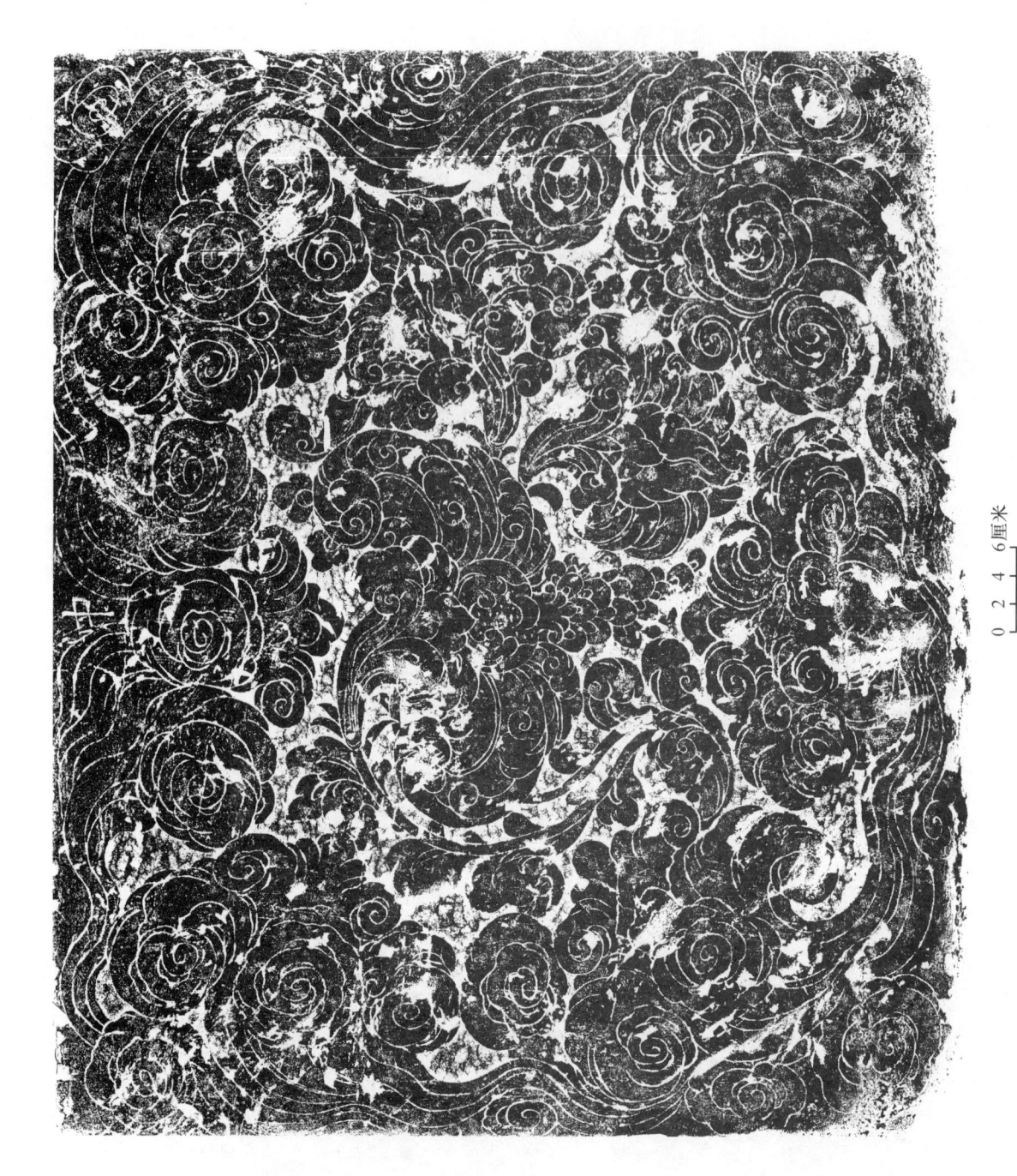

图二二 东壁下石壁画拓本

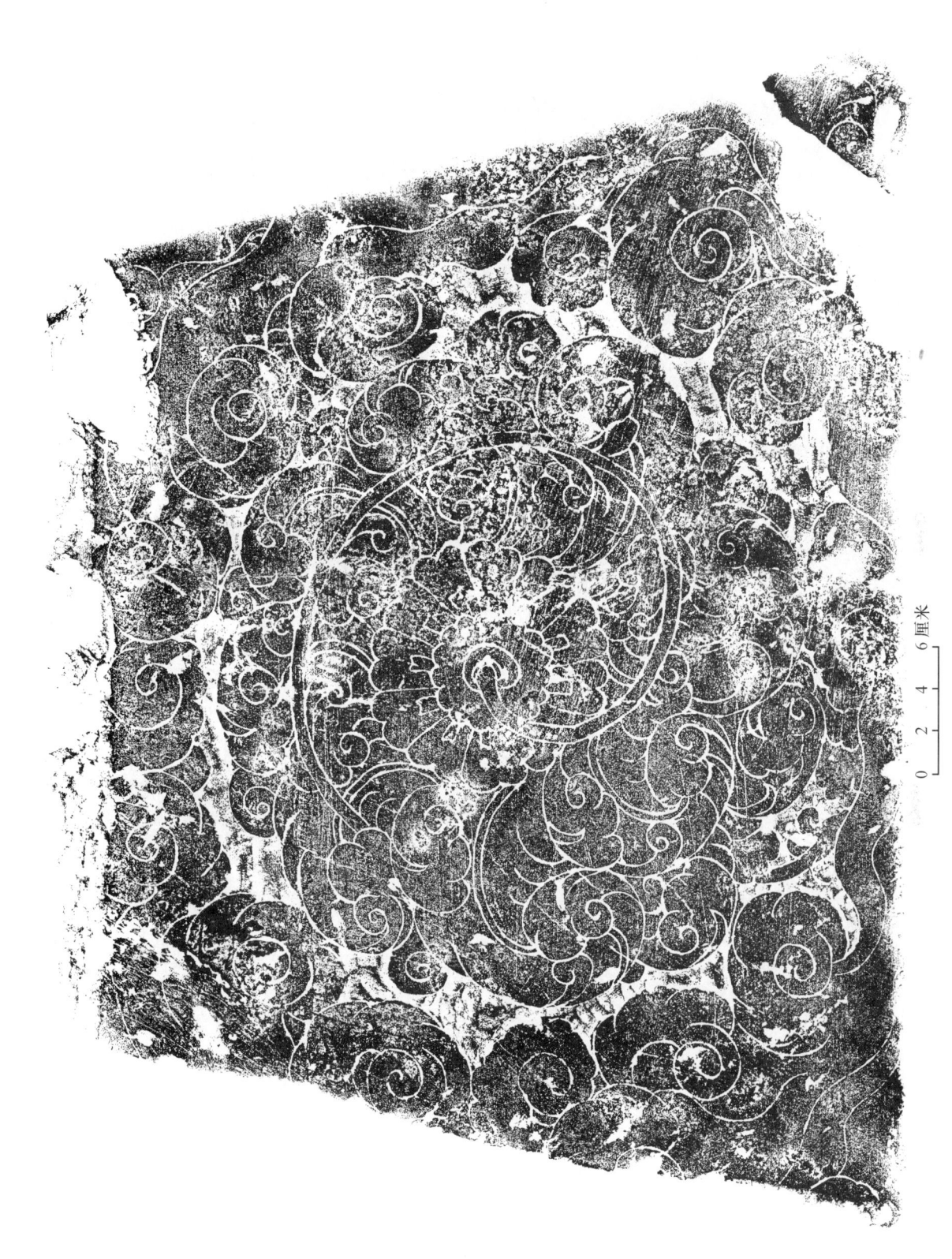

图二三 东南壁顶石壁画拓本

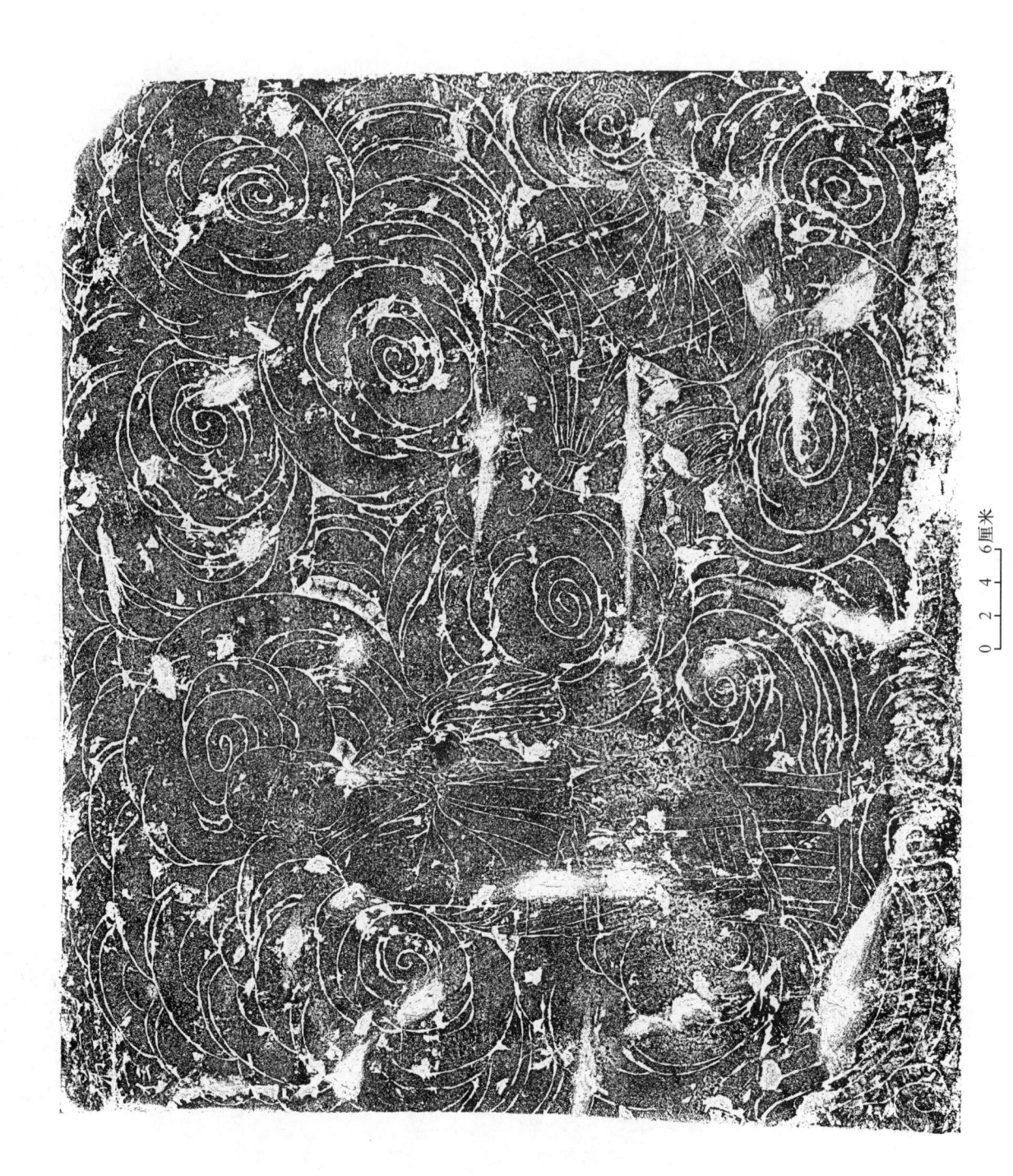

图二四 东南壁中石壁画拓本

图二五 东南壁下石壁画拓本

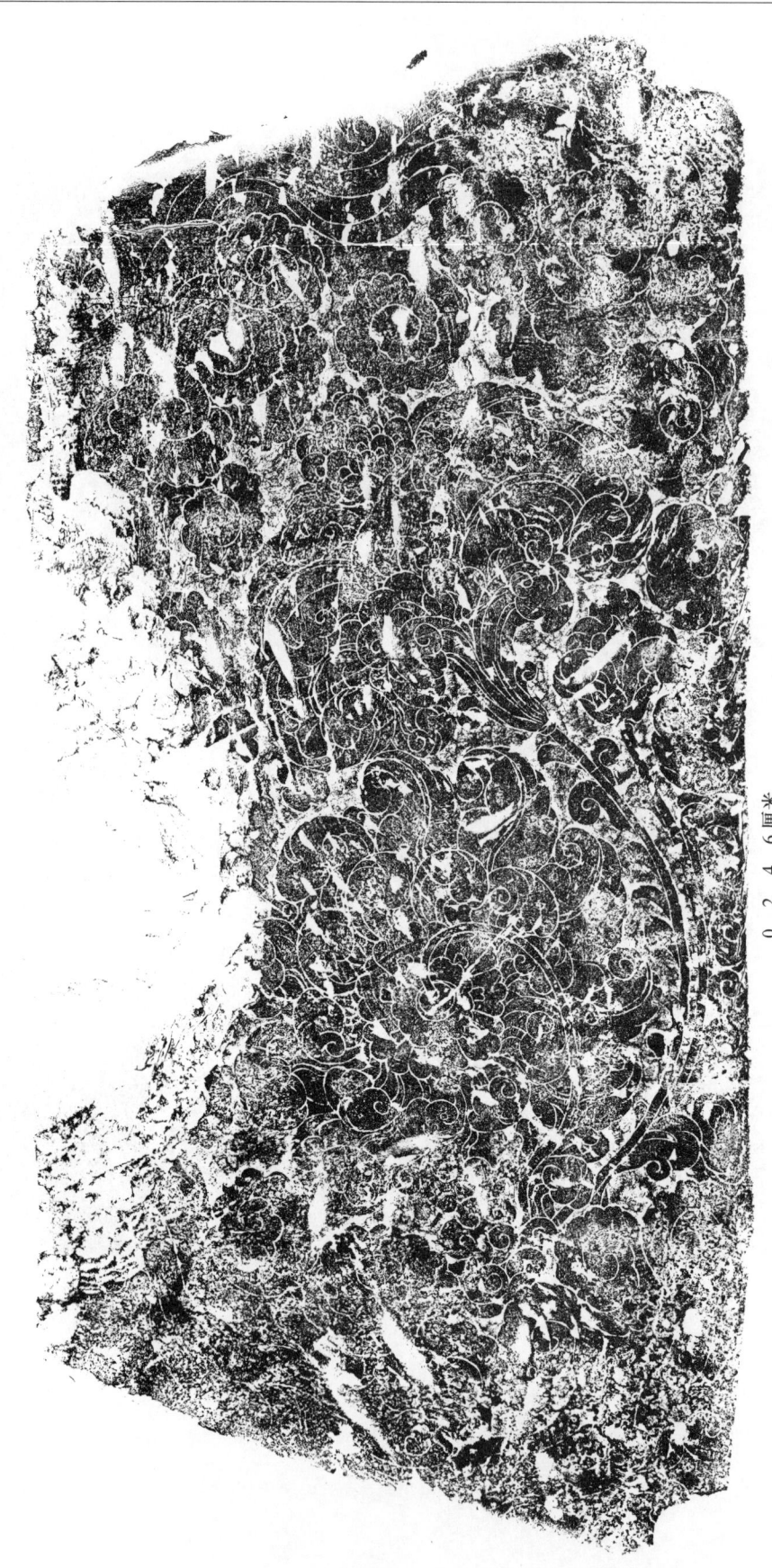

图二六 门上顶石壁画拓本

从墓室线刻图案整体看，线条流畅细腻，具有较强的艺术功底。顶石及七面墙体下石为装饰性的莲花、卷云纹，各石画面于中部刻莲花，四周围卷云。七面墙体上石及每面墙体自上而下的"第二"块石为主题图案，其每块石面图案可自成体系，也可构成一幅完整的佛教故事壁画。它以正北壁的一佛（可能为释迦牟尼）为中心展开，同石两侧侍立二弟子，相邻二石各立二僧人，朝向佛祖；再外侧既有日常生活、劳动场景，又有授徒或教徒画面。

三、结　　语

由于该墓早年被盗，随葬器物虽均已不存，但墓室壁画中的部分器物和纹饰及人物的穿戴依然反映出了它的时代特征：①小口高柄长流扁鼓腹执壶和托盏具有宋代同类器物的特点；②一把二或三根折枝莲花纹是宋代耀州窑青瓷刻花碗的典型纹饰；③侍者的头冠和长衫也属宋代特有。由以上特征可判断出该墓的时代为宋代，具体时代约相当于北宋晚期到南宋早期。

本墓的形制特殊，在本地区属首次发现，在湖北省乃至全国也不多见，特别是线刻壁画题材更少，它的发掘对研究本时期的宋代墓葬提供了珍贵的实物资料。

附记：参加发掘的有释贵星、曾宪敏、刘江生、杨力，绘图释贵星、刘江生，拓片曾向东，描图刘江生，照相杨力，文稿审阅王先福。在成文过程中得到了北京大学张保胜先生的指导，在此表示感谢。

执笔：杨　力

襄阳别家庄遗址发掘简报

襄樊市文物考古研究所
襄阳区文物管理处

别家庄遗址位于襄樊市襄阳区张集镇施营村东南约250米处，因该地原有村庄名"别家庄"而得名（图一）。2004年6月，为配合武（汉）安（康）铁路复线建设，由襄樊市考古队（襄樊市文物考古研究所前身）与襄阳区文物管理处联合组队对沿线文物点分布情况进行调查时发现，2005年6月对该遗址进行了正式发掘。

遗址地处滚河南岸的淤积平原上，现地表为庄稼地，其南部因修建汉丹铁路被破坏殆尽。根据调查情况判断，遗址分布范围东西长约450、南北宽约50米，地表暴露较多砖块、瓦片和瓷片。

现将此次遗址发掘情况简报如下。

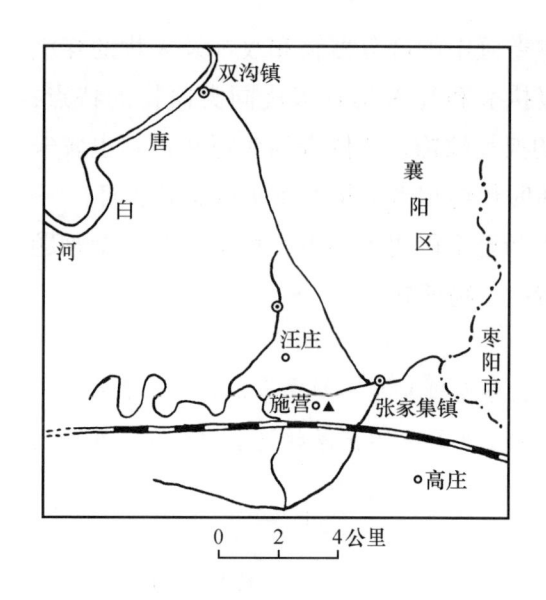

图一　别家庄遗址位置示意图

一、探方分布与地层关系

此次发掘共布探方六个，正南北方向，规格5米×5米，编号依次为2005XBT1～T6。探方编号采取以西南角为基点，按自西向东、自南向北的方向排列，各探方均在发掘时预留东、北隔梁各1米，实际发掘总面积96平方米（图二）。

发掘所见遗址文化堆积厚0.7～0.9米，按土质土色与包含物的差别，共分五层，每层均分布全方。现以T2南壁为例予以说明。依次叙述如下：

第①层：耕土层。厚0.1～0.2米。灰褐色土，土质疏松，夹杂大量植物根茎。包含物包括较多砖块、瓦片及少量早期瓷片。

第②层：清代文化层。深0.1～0.2、厚0.05～0.3米。黄褐色土，土质黏，稍硬，夹浅黄色斑块。包含物有少量淡绿釉、白釉碗，青花碗及砖、瓦残片等。

第③层：宋代文化层。深0.15～0.25、厚0.1～0.35米。浅灰色土，土质松软，均匀夹少量炭屑。包含物较少，瓷器有深绿釉碗，豆青釉碗、盘、青白釉碗，陶器有灰陶盆、罐。

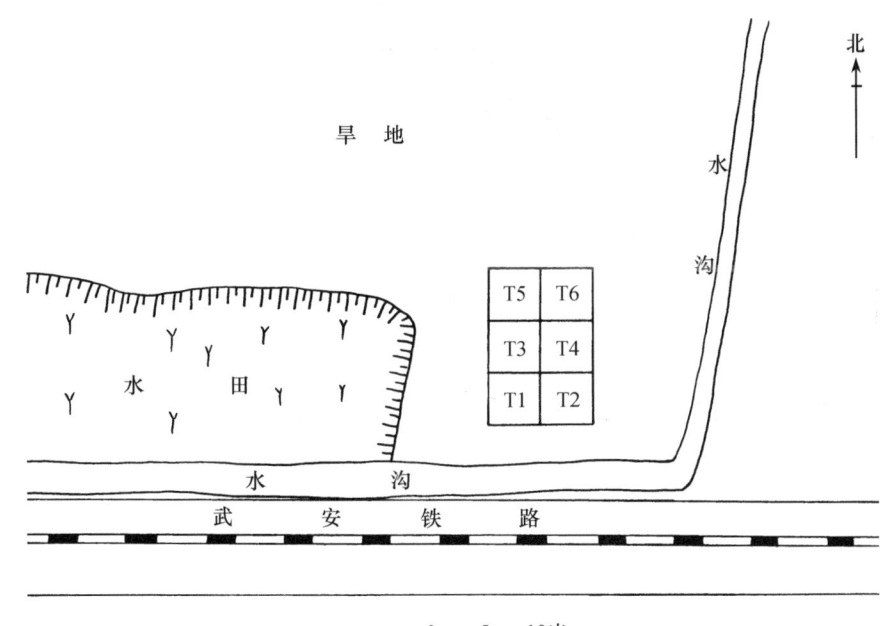

图二　探方分布图

第④层：宋代文化层。深0.35~0.5、厚0~0.4米。灰黑色土，土质疏松，夹大量炭渣、草木灰及少量红烧土颗粒。包含物不多，瓷器有深绿釉、淡绿釉、淡蓝釉、白釉碗、盘，陶器有灰陶盆、罐等，出土有"熙宁通宝"铜钱，并有较多的铁块。

第⑤层：宋代文化层。深0.8~0.9、厚0~0.4米。深灰色土，土质黏，夹极少量炭屑、红烧土颗粒，北部薄，南部厚。包含物不多，瓷器有多种颜色青釉碗、盘，白釉彩绘碗，陶器有灰陶盆、罐、缸等，出土有"庆历元宝"铜钱。

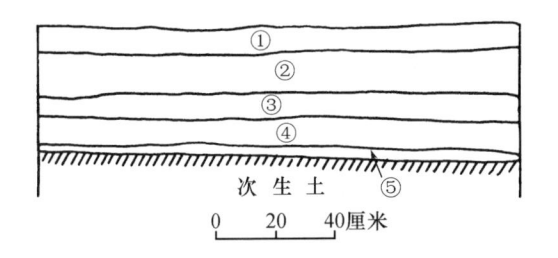

图三　T2南壁剖面图

第⑤层下为黄色黏性次生土，较纯净，基本不见包含物，未予发掘（图三）。

二、遗　迹

此次别家庄遗址发掘，共清理出灰坑5个、灰沟1条、墓葬1座。

（一）灰坑

H1　大部分位于T5内，南部延伸至T3内，西、北部伸入探方外。开口于第①层下，打破第②、③层。平面为不规则形，最长处5.3、最宽处2.66、深0.47米。斜弧壁较缓，圜底。填土为灰黑色软土。包含物有青瓷碗及青砖、瓦、铜、骨簪等（图四）。

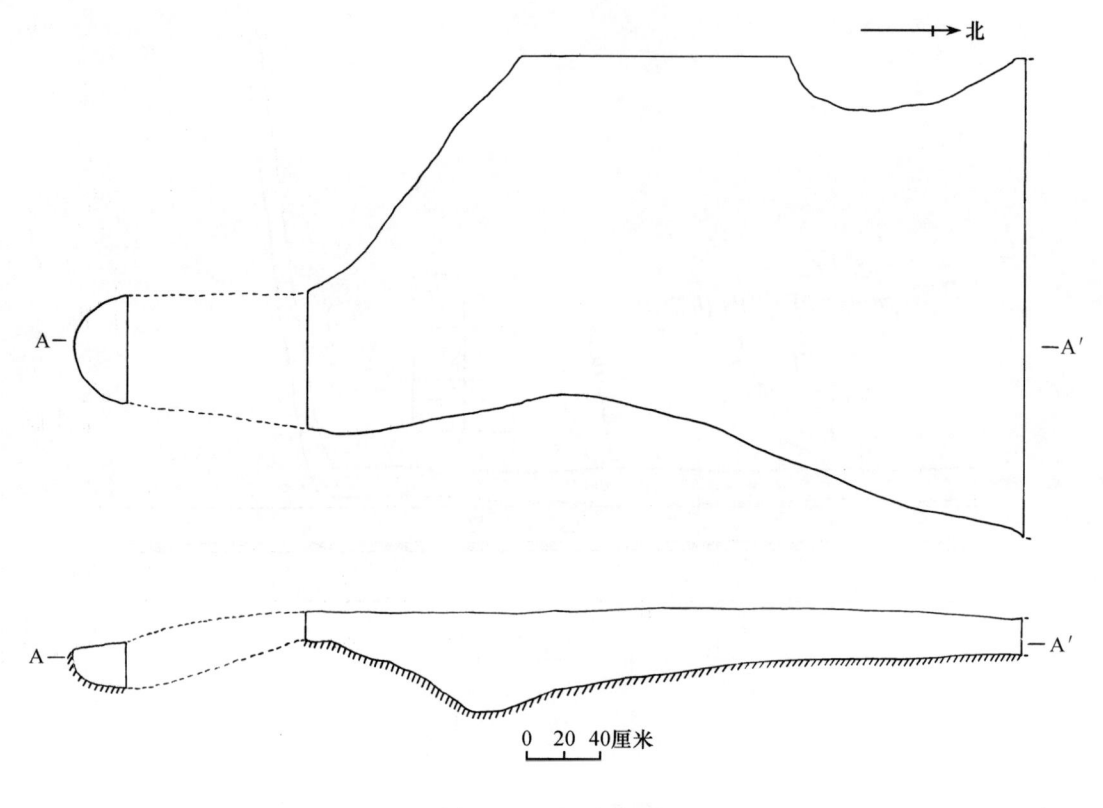

图四　H1 平、剖面图

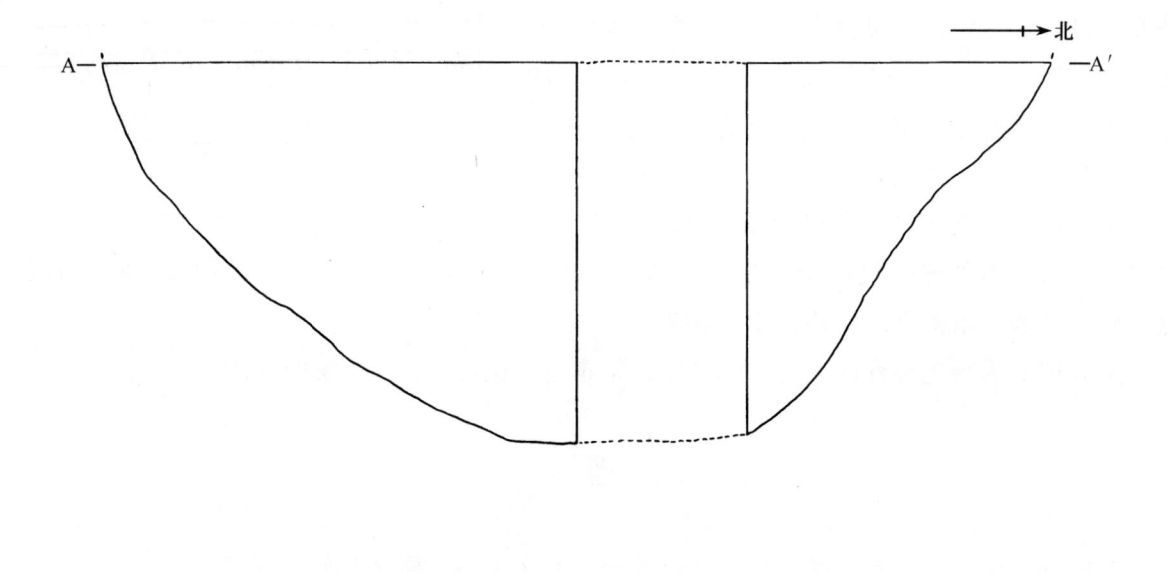

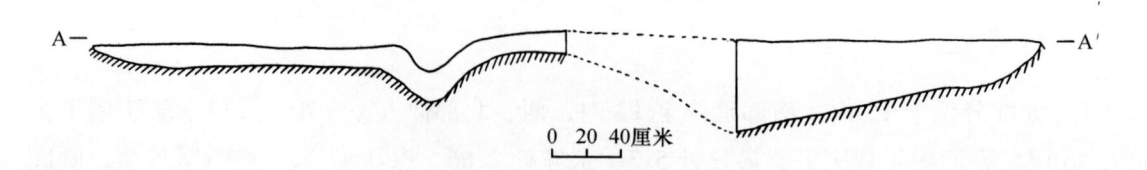

图五　H3 平、剖面图

H3 大部分位于T1内，北部延伸至T3内，西部伸入探方外。开口于第①层下，打破第②层。平面为半圆形，最长处4.3、最宽处2.25、深0.24米。斜壁较缓，圜底。填土为黄红色土。包含物有青瓷碗及砖、瓦等（图五）。

H5 位于T6内，东、北部伸入探方外。开口于第③层下，打破第④、⑤层及生土。平面为近半圆形，最长处2.66、最宽处1.35、深0.6米。斜壁较缓，平底。填土为浅黄色五花土。包含物有青砖、瓦片等（图六）。

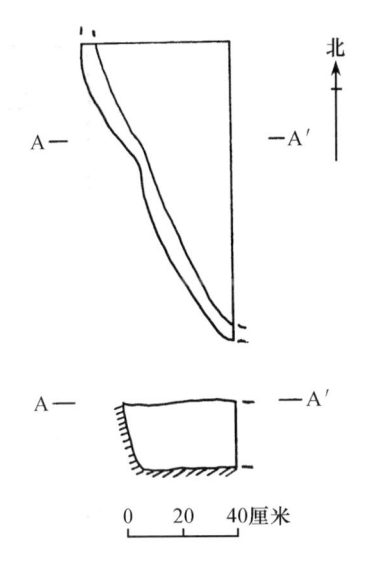

图六 H5平、剖面图

（二）灰沟

G1 位于T4内，东西走向，东部已残，西部伸入探方外。开口于第②层下，打破第③层。平面近长条形，现残长3.34、宽0.5~0.56、深0.18米。口略大于底，壁稍斜，底略凹凸不平，坑壁、底未见加工痕迹，无特殊结构。填土为黄色砂性土，较纯净，无包含物（图七）。

（三）墓葬

M1 位于T5北部，开口于第①层下，打破第②层及H1。方向210°。长方形竖穴土坑墓，口底同大，该墓上部被毁，墓室也遭破坏，残长2.45、宽1、深0.2米。葬具为单棺，墓底残留棺木痕迹，残长1.94、宽0.7、厚0.06米。人骨架无存。随葬器物置于墓室内北部，包括铜钱"光绪元宝"1枚、红陶罐1件（图八）。

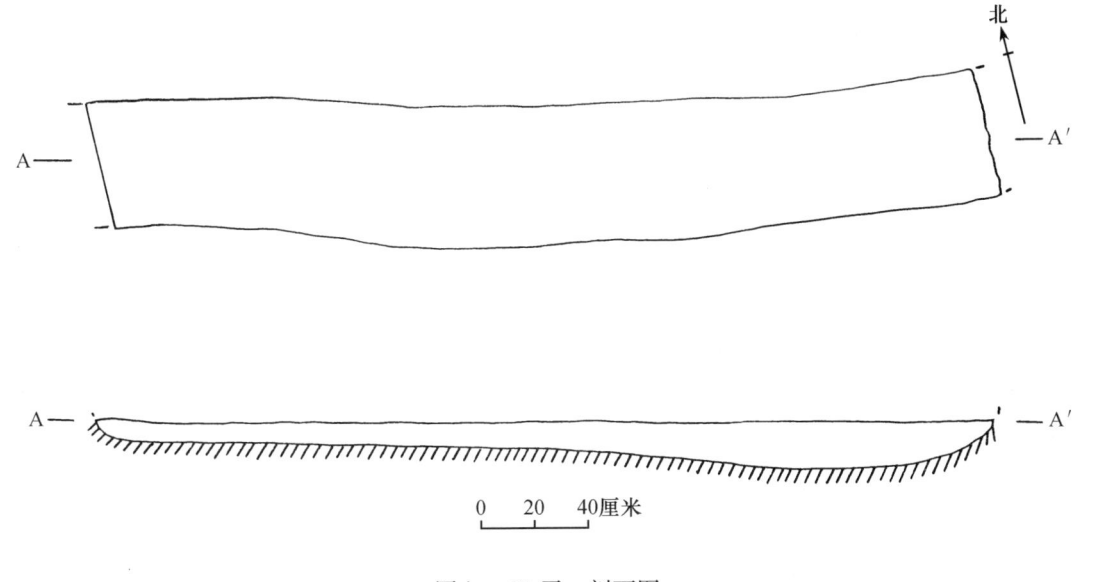

图七 G1平、剖面图

图八　M1平、剖面图

三、遗　　物

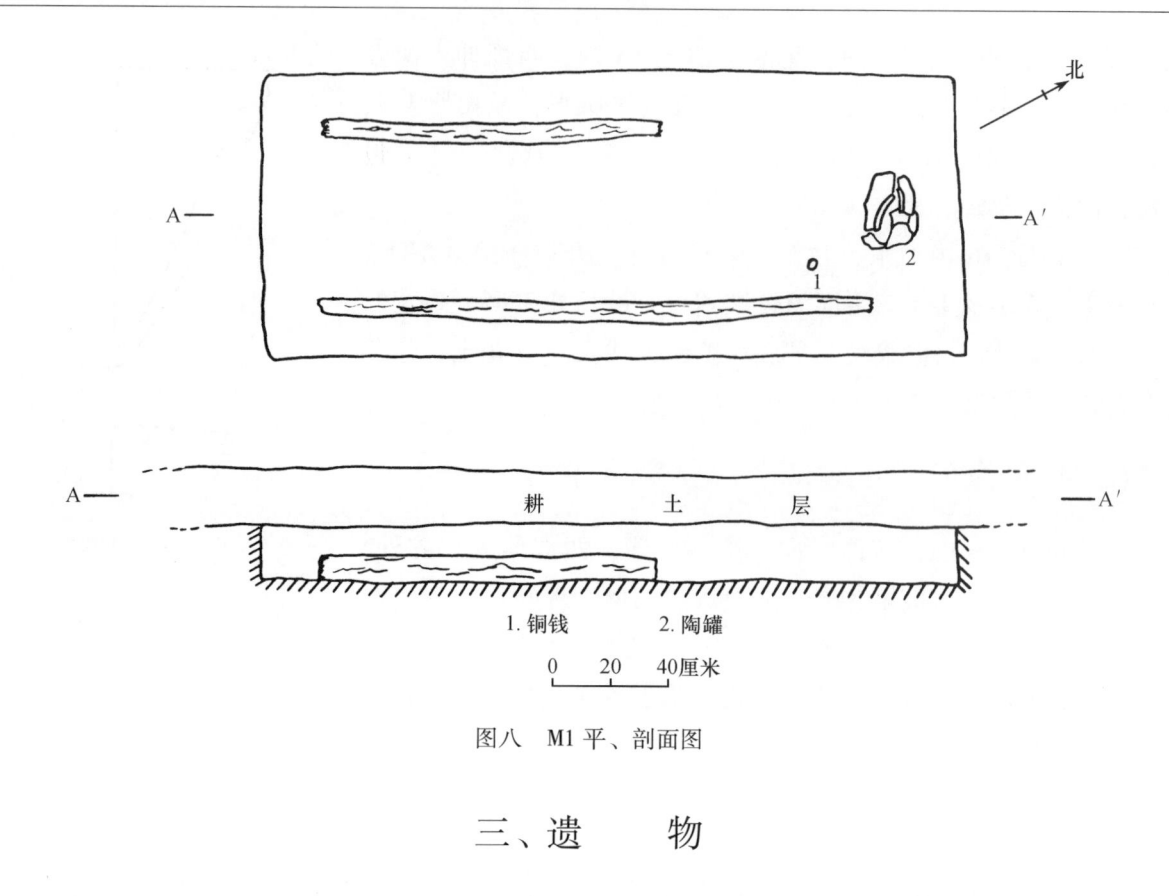

别家庄遗址出土的器物质地以瓷器为主，另有少量铜、陶、石、骨器等，共选取标本62件。

（一）瓷　器

33件。基本全为日用生活器具，主要器类有碗、盘、盏等。

碗　21件。釉色多样，多浅灰、灰白胎，个别黑、红胎。现按整体釉色不同分类叙述。

（1）青釉

8件。分青釉、青绿釉、青黄釉三类。

青釉碗　4件。敞口，平底，浅宽圈足。施青釉。依据口、腹的不同可分为二型。

A型　2件。圆口碗。灰胎。圆唇，斜弧腹内收。T5②：1，卷沿，厚唇，深腹。碗内、外底及圈足底露胎。口径16.2、圈足径6.2、高6.8厘米（图九，1）。T5④：5，浅腹。圈足底及壁露胎。口径16.4、圈足径4.8、高4.6厘米（图九，2）。

B型　2件。撇口碗。尖唇，斜腹较直，相对较深。T2④：8，黑胎。外壁上腹及口施青釉，下腹及底露胎。下腹饰一周凸棱。口径14.2、圈足径4.4、高5.6厘米（图九，3）。T6④：4，灰胎。外壁饰凹槽状叶片纹。口及底露胎。口径14.8、圈足径4.8、高5.3厘米（图九，4）。

青绿釉碗　3件。敞口，尖圆唇，斜弧腹内收，腹较深，平底，浅宽圈足。施青绿釉。T1③：4，灰胎，下腹及底内、外和圈足露胎。口径20.4、圈足径6.2、高8厘米（图九，5）。T2③：3，红胎，下腹及底露胎。下腹饰一道凹弦纹。口径19、圈足径6.1、高8.4厘米（图九，

6）。T4③：2，浅灰胎，外下腹及底露胎。外壁饰两道凹弦纹。口径18.8、圈足径5.6、高6.8厘米（图九，7）。

青蓝釉碗　1件。T3④：1，灰胎。敞口，尖圆唇，斜腹内收，腹较深，平底，浅宽圈足。圈足底及外下壁露胎。口径18、圈足径6.4、高7.2厘米（图九，8）。

（2）白釉

9件。8件可修复，1件仅存碗底。

复原碗　8件。敞口，斜腹内收，平底，浅宽圈足。施白釉。根据口、腹的不同可分为三型。

A型　4件。灰胎或灰白胎。圆口，尖唇，腹壁近直。T2②：1，外壁呈瓦垄形。圈足底及外壁露胎。口径16.8、圈足径5.6、高5厘米（图九，10）。T2③：5，下腹及底露胎。内壁上腹饰不规则条纹，底饰草叶纹。口径12、圈足径3.2、高3.6厘米（图九，9）。T6④：3，中腹部有一周凸棱。下腹及底露胎。口径14.4、圈足径5.8、高6.2厘米（图九，11）。

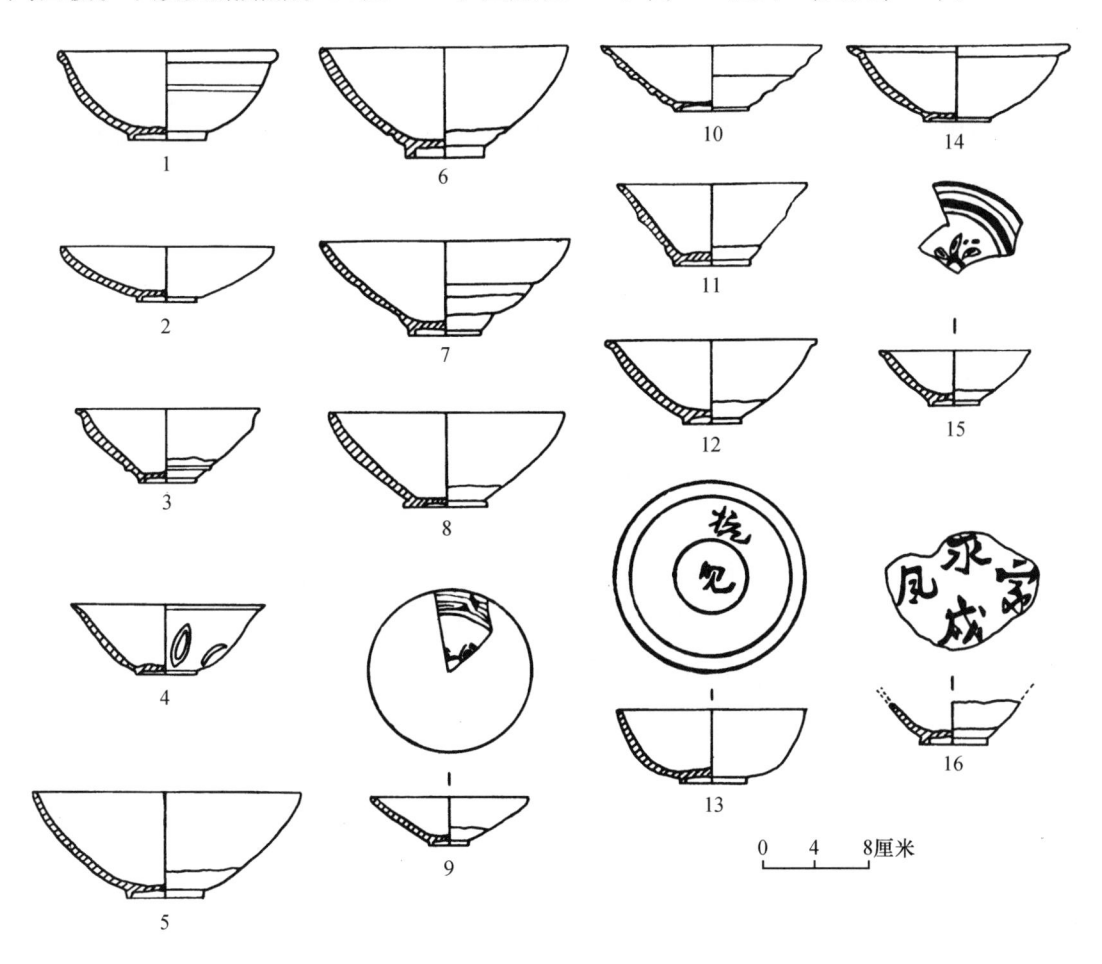

图九　瓷碗

1、2. A型青釉碗（T5②：1、T5④：5）　3、4. B型青釉碗（T2④：8、T6④：4）　5～7. 青绿釉碗（T1③：4、T2③：3、T4③：2）
8. 青蓝釉碗（T3④：1）　9～11. A型白釉碗（T2③：5、T2②：1、T6④：3）　12、14、15. C型白釉碗（T5④：4、T5④：8、T2④：9）
13. B型白釉碗（T4⑤：9）　16. 白釉碗底（T3④：2）

B型　1件。T4⑤:9，灰胎。圆口，圆唇，腹壁弧，腹较深。内壁腹、底分别书红彩"捥儿"二字。口径14.4、圈足径5.3、高5.6厘米（图九，13）。

C型　3件。灰胎或灰白胎。口部外撇，圆唇，腹壁微弧。T2④:9，外下腹及底露胎。内壁近口部饰红彩弦纹三道，内底饰红彩花卉纹。口径11.8、圈足径4、高4.2厘米（图九，15）。T5④:4，圈足底及壁露胎。口径16、圈足径4.4、高6.4厘米（图九，12）。T5④:8，碗内口沿、底及圈足底露胎。内底饰一周凹槽。口径17.2、圈足径5.5、高5.7厘米（图九，14）。

碗底　1件。T3④:2，黄胎。斜弧腹内收，平底，浅宽圈足。下腹及底露胎。内壁红彩书"家风永成"四字。圈足径5.4厘米（图九，16）。

(3) 青白釉

即影青瓷。3件。白胎略偏青。根据口、腹、底的不同可分为二型。

A型　1件。T2④:7，圆口，尖唇，斜腹内收，外壁呈瓦垄形，平底。内壁底饰一道凹弦纹。口外沿露胎。口径11.2、底径3.6、高3.6厘米（图一○，1）。

B型　2件。撇口，圆唇，上腹斜直，下腹折收，腹较深，平底，浅圈足。足底露胎。T1③:3，口内壁饰一道、外壁饰两道酱黄釉弦纹。口径12.4、圈足径4.6、高6厘米（图一○，2）。H4:1，内壁口及底各饰两道青釉弦纹，内底饰海水波浪纹。口径12.2、圈足径3.6、高6厘米（图一○，3）。

(4) 黑釉

仅碗1件。T1③:5，浅灰胎。撇口，圆唇，斜腹内收，壁近直，平底，内底外周下凹，浅宽圈足。内壁施白釉，外壁施黑釉。口径11、圈足径4.5、高3.8厘米（图一○，4）。

高足碗　1件。T4②:1，口残。浅灰胎。腹壁较弧，细高圈足，足中部饰一道凹弦纹。施青绿釉，足底及内壁露胎。圈足径4、残高9厘米（图一○，7）。

盘　8件。敞口，浅腹，平底。根据口、圈足的不同可分为二型。

A型　7件。上口略内敛，圆唇，斜腹内收，浅宽圈足。下腹、底及圈足露胎。T1④:7，灰胎，施黑釉。口径12.7、圈足径5.3、高2.8厘米（图一○，5）。T2③:2，灰胎，施青绿釉。内底露胎。口径14、圈足径5.4、高3.4厘米（图一○，6）。

B型　1件。T1②:1，灰白胎。口沿仰折，尖唇，斜弧腹内收，假圈足。上腹饰一道凹弦纹。施白釉。足底及壁露胎。圈足底部四周有削切痕迹。口径15.4、圈足径4.8、高4厘米（图一○，8）。

碟　3件。敞口，方唇，斜直腹内收，小平底。内壁施黑釉，外壁及底露胎。T1③:6，灰黑胎。内底外圈有一周凹槽。口径8.2、底径3.1、高2.4厘米（图一○，9）。T2③:4，浅灰胎。下腹饰一道凹弦纹。口径8、底径1、高1.8厘米（图一○，10）。

(二) 陶器

4件。器类包括球、饼、环等。

球　2件。T4④:6，泥质灰陶。直径3.2厘米（图一○，11）。T6④:5，夹砂红陶。直径3.2厘米（图一○，12）。

饼　1件。T3④∶3，泥质灰陶。面平，弧缘。一面刻"十"字形纹。直径3.6、厚1.6厘米（图一〇，13）。

环　1件。T2④∶10，残。泥质黑陶。素面。外径5.6、内径2.6、厚0.7厘米（图一〇，14）。

（三）铜器

12件。器类包括钗、簪、璧、片等。

钗　3件。单股弯折呈"U"形，前端稍尖。T1②∶2，长13.2厘米（图一〇，15）。T5③∶2，残损严重。残长4.8厘米（图一〇，16）。

簪　6件。单体呈细棒状，横断面呈圆形，前端稍尖。T4③∶3，长11.6、直径0.4厘米（图一〇，17）。T4③∶5，长13.2、直径0.1厘米（图一〇，18）。H1∶1，残损严重。一端粗，一端细。残长9.6、直径0.6厘米（图一〇，19）。

璧　1件。T5③∶3，锈蚀严重。整体圆形，中有小孔，两面均浮雕双凤，展翅作飞翔状，其余部分图案模糊。直径6、厚0.2、内孔径1厘米（图一〇，23）。

片　2件。均残损严重，用途不明。T4④∶7，近似梯形。残长4.4、宽3.3、厚0.1厘米（图一〇，21）。H5∶8，近似长方形。残长8.4、宽1.2、厚0.1厘米（图一〇，22）。

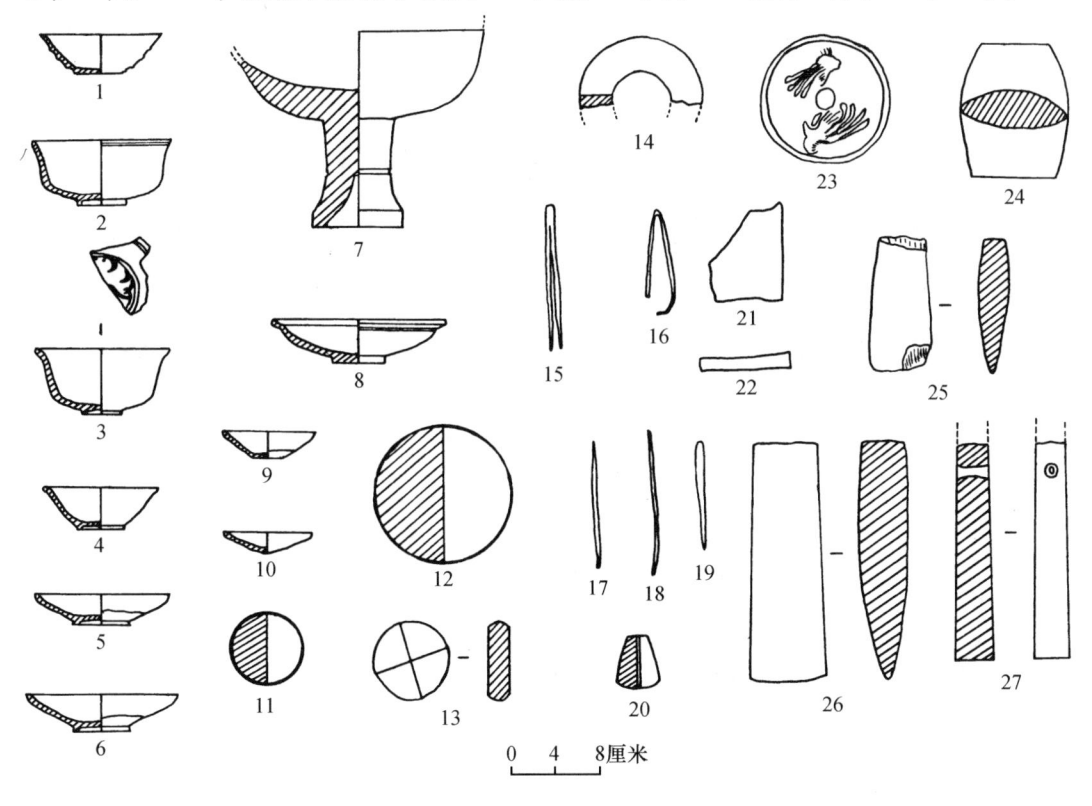

图一〇　瓷、陶、铜、石器

1. A型青白釉瓷碗（T2④∶7）　2、3. B型青白釉瓷碗（T1③∶3、H4∶1）　4. 黑釉瓷碗（T1③∶5）　5、6. A型瓷盘（T1④∶7、T2③∶2）　7. 高足瓷碗（T4②∶1）　8. B型瓷盘（T1②∶1）　9、10. 瓷碟（T1③∶6、T2③∶4）　11、12. 陶球（T4④∶6、T6④∶5）　13. 陶饼（T3④∶3）　14. 陶环（T2④∶10）　15、16. 铜钗（T1②∶2、T5③∶2）　17~19. 铜簪（T4③∶3、T4③∶5、H1∶1）　20. 石珠（T6③∶2）　21、22. 铜片（T4④∶7、H5∶8）　23. 铜璧（T5③∶3）　24. 石锤（T6③∶1）　25、26. 石斧（T2③∶6、T4④∶8）　27. 石棒（T3⑤∶5）

（四）石器

5件。器类包括珠、锤、斧、棒等。

珠　1件。T6③：2，砾石磨制。近似水滴状，一头大，一头小，中穿一孔。最大径1、孔径0.1、高1.2厘米（图一〇，20）。

锤　1件。T6③：1，由砾石敲琢而成，石质红色。整体近似扁鼓状，上、下两端面均磨平。顶径3、底径4、最大腹径5、高6厘米（图一〇，24）。

斧　2件，均残。由砾石敲琢而成，磨制为主，打制为辅。石质呈青灰色，弧刃，双刃面较钝。T2③：6，两侧面斜直，顶及刃部有修琢痕。长12.4、宽5.5、厚2.8厘米（图一〇，25）。T4④：8，两侧面平直，刃部有磨制痕迹。长10.9、宽3、厚2.3厘米（图一〇，26）。

棒　1件。T3⑤：5，顶残。砾石磨制而成。方柱形，上端凿一小孔。残高9.8、宽1.7、孔径0.5厘米（图一〇，25）。

（五）骨器

2件。包括簪、筐等。

簪　1件。H1：2，残。单体呈细棒状，横断面呈圆形，前端稍尖。残长8.8、直径0.4厘米（图一一，1）。

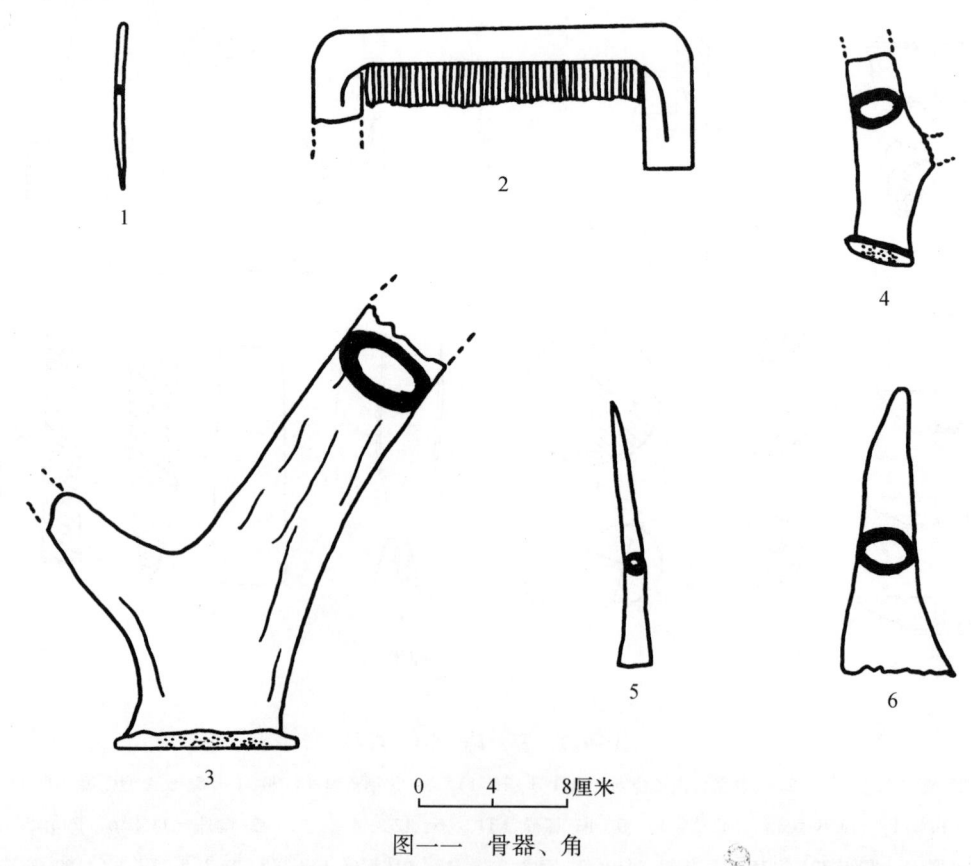

图一一　骨器、角

1. 骨簪（H1：2）　2. 骨筐（T2④：11）　3、4. 鹿角（T3④：4、T5④：6）　5、6. 羊角（T4③：4、T5④：7）

篦　1件。T2④:11，残。近长方形，直背，密齿。长10.2、宽3.8厘米（图一一，2）。

（六）角

6件。包括鹿角、羊角等。

鹿角　3件，均残。T3④:4，呈"Y"状。残高11.8厘米（图一一，3）。T5④:6，呈"I"状。残高11.2厘米（图一一，4）。

羊角　3件。尖锥状。T4③:4，长14厘米（图一一，5）。T5④:7，残长7.6厘米（图一一，6）。

四、结　语

从出土器物看，本遗址是一处以宋代文化遗存为主并包含少量清代文化遗存的小型遗址。宋代地层尽管堆积相对较厚，但内涵不丰富，出土遗物不多，以瓷器较具特征。整体来看，瓷器胎质粗糙，形制及釉色具有北方普通民窑的风格，而南方景德镇窑的青白釉、吉州窑的黑釉瓷器较少见。这应与本地区所处地理位置有关，说明当时本地区经济、文化还是以与中原地区交流为主。

清代文化层中主要仍是宋代遗物，可能是扰乱宋代文化遗存所致。地表及地层中虽可见少量汉代遗物，但未发现汉代地层，或许早期已经被破坏。

该遗址的发掘对研究本地区宋代瓷器的地域特征具有一定的意义。

附记：本次发掘领队为王先福，参加此次发掘的人员有襄樊市文物考古研究所王先福、梁超、杨一，襄阳区文物管理处付强，技工张春明、董宏全，器物修复曾平，资料整理、绘图、描图梁超，审稿王先福。

执笔：梁　超

襄阳城内民主路遗址明代遗存发掘简报

襄樊市文物考古研究所

民主路遗址位于襄樊市襄城区古襄阳城内西南部，处于民主路中段南侧（图一）。2004年11月，为配合襄樊市永建房地产开发公司在该地的开发工程，襄樊市考古队（襄樊市文物考古研究所前身）组织力量在勘探的基础上选点进行了考古发掘，共开探方4个，实际发掘面积68平方米，发现灰坑13个、房址4座、灰沟1条、水井1眼（图二），其中清代堆积较薄且受到破坏，现将明代文化遗存简报如下。

一、地层堆积

所发掘的4个探方地层堆积层位一致，只是厚度有不大的区别。现以T1北壁为例加以说明。

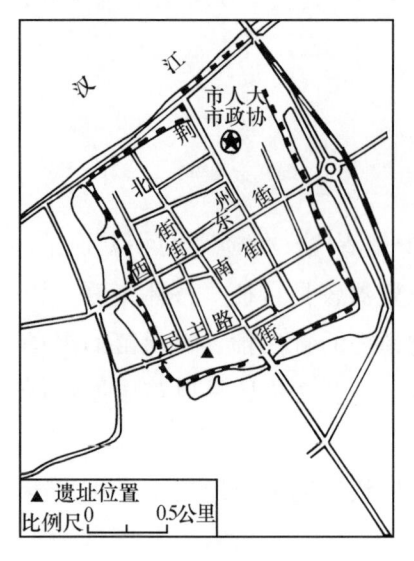

图一 民主路遗址位置图

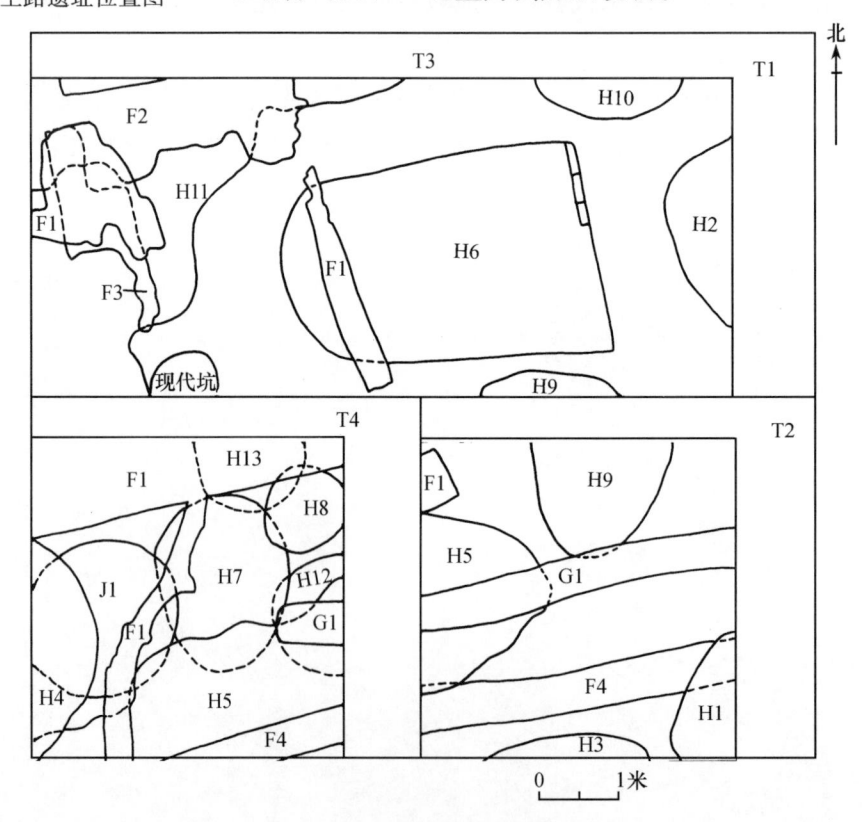

图二 民主路遗址遗迹分布图

第①层：现代表土层。可分为两小层：

第①A层：现代混凝土层。厚0.2～0.28米。完全为现代房屋混凝土地面。

第①B层：现代垫土层。土质较软，色深灰。厚0.14～0.94米。含较多早期砖瓦残片和少量现代红机砖、瓦片。该层下叠压H2。

第②层：清代早期层。土质相对较硬，色灰褐，夹黄色小斑块。厚0～0.32米。含少量陶瓷片及个别"康熙通宝"。

第③层：明代晚期层。土质较松软，色深灰，夹较多的草木灰和少量炭屑。厚0.26～0.41米。含大量瓦残片和少量陶瓷片。该层下叠压H6、H10。

第④层：明代中期层。土质相对较硬，色浅黄，不甚均匀地夹少量灰土块，整层土色较杂。厚0.15～0.61米。含少量瓦残片和陶瓷片。

第⑤层：明代早期层。土质相对较软，色黄褐，较纯，均匀地夹杂炭屑。厚0.25～0.41米。含少量瓦、陶器残片和较多瓷片。

第⑥层：次生黄色砂性土层，色纯，未见出土物。从J1清理的深度看，该层厚约1.6米，以下为黄褐色黏性生土（图三）。

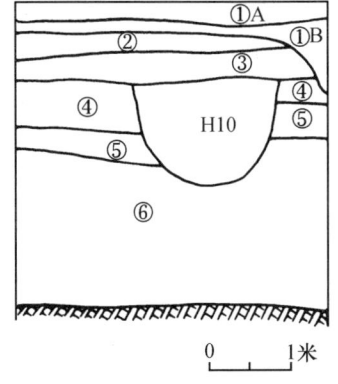

图三　T1北壁剖面图

二、遗　　迹

所有遗迹中除3座房址、4个灰坑、1条灰沟为清代或现代遗迹外，其余均为明代遗存。

（一）房址

房址1座，编号F4，仅残存一段墙基。位于T2、T4南部，呈东北—西南走向，两端分别伸出探方外。开口于第③层下，被H5打破，打破第④层。现残长6～7.6、宽0.45～0.57、深0.26米。以青砖砌基，中段被破坏。砖均残，素面，宽0.21、厚0.05米（图四）。

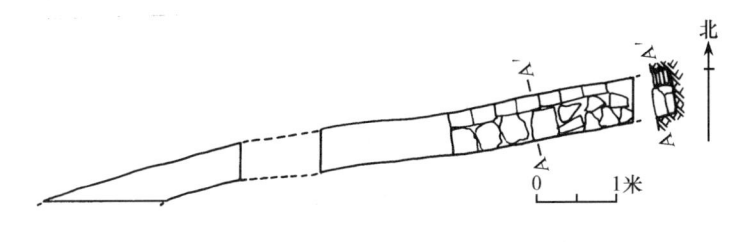

图四　F4平、剖面图

（二）灰坑

灰坑9个，编号H5～H13，部分灰坑因伸出探方外未发掘完整。其平面形状有圆形或近圆形、椭圆形、长方形、不规则形四种。一般为斜壁，圜底或平底，坑内填土大多仅一层。用途基本为垃圾坑。

1. 圆形或近圆形

5座，分别为H7、H8、H11～H13。

H7　位于T4中部，开口于第③层下，被J1、H8打破，打破第④、⑤层。坑口上距地表约1.1米。坑口平面近圆形，口大底小，南壁斜收，余三壁较陡直，底近平。坑口径1.7～2.15米，最深处在南部，深0.8米。坑壁、底未见加工痕迹。坑内填土一层，为深灰色土，土质较松软，夹大量草木灰和炭屑。包含物较少，有青花、颜色釉瓷片及硬陶残片等（图五）。

H13　位于T4北部，开口于第⑤层下，打破第⑥层。坑口上距地表约2米。坑口平面近圆形，口大底小，斜壁，圜底。坑口径约1.4米，最深处在中部，深0.35米。坑壁、底未见加工痕迹。坑内填土一层，为灰黑色土，土质较松软，夹少量浅黄土块和草木灰。包含物少，有颜色釉瓷片及陶器残片等（图六）。

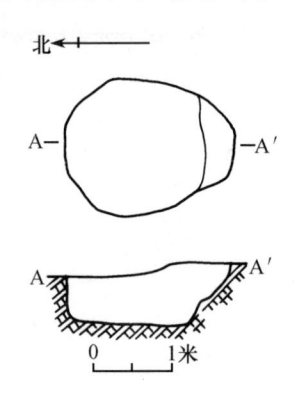

图五　H7平、剖面图

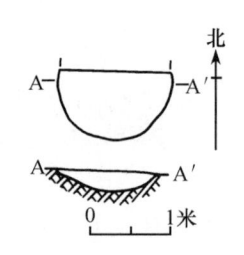

图六　H13平、剖面图

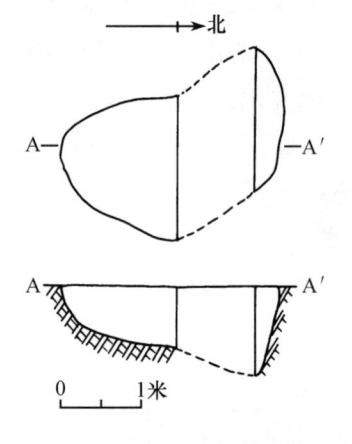

图七　H9平、剖面图

2. 椭圆形

仅1座，即H9。位于T2北部、T1南部。开口于第④层下，打破第⑤、⑥层。坑口上距地表约1.4米。坑口平面近椭圆形，口大底小，壁斜收，圜底。坑口长径2.8、短径1.77米，最深处在北部，深1.14米。坑壁经过修整。坑内填土一层，为浅灰色黏土，土质较松软。包含物不多，有青花、颜色釉瓷片及陶、硬陶残片等（图七）。

3. 长方形

仅1座，即H6。位于T1西部，西部伸进T3东隔梁内。开口于第③层下，打破第④、⑤、⑥层。坑口上距地表约1米。坑口平面近长方形，口大底小，壁弧收，平底。坑口长 2.5~2.7、宽 2~2.5 米，最深处在中部，深 0.77 米。坑壁经过修整，紧贴东壁北段残存砖石墙。坑内填土一层，为灰色黏土，下部有大量石块。包含物不多，主要为青花瓷片等（图八）。

4. 不规则形

2 座，分别为 H5、H10，分别有两或三边伸出探方外。

H5　位于 T4 南部、T2 西南部，西、南部伸出探方外。开口于第②层下，被清代遗迹 H4 打破，打破第③、④、⑤层和 F4。坑口上距地表约 0.8 米。坑口平面不规则形，口大底小，壁斜收，底凹凸不平。坑最长 6.7、最宽 2.35 米。坑壁、底未见加工痕迹。坑内填土一层，为深灰色土，土质较松软。包含物较少，有宋代钱币和极少量青花瓷片等（图九）。

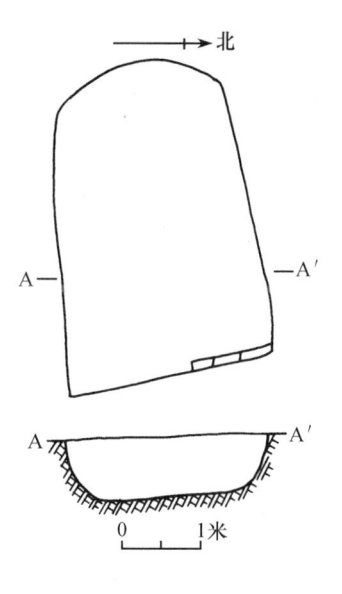

图八　H6 平、剖面图

（三）水井

水井 1 眼，编号 J1。位于 T4 西部，开口于第③层下，被清代遗迹 H4 打破，打破第④、⑤、⑥层。井口上距地表约 1.5 米。坑口平面呈圆形，口略大于底，壁斜直。坑口径 2 米，发掘至 2.2 米深时因严重积水而停止发掘。坑壁经人工修整。坑内较杂，以深灰色土为主，土质松软。包含物较多，有大量青花瓷片及少量颜色釉瓷片、陶器残片等（图一〇）。

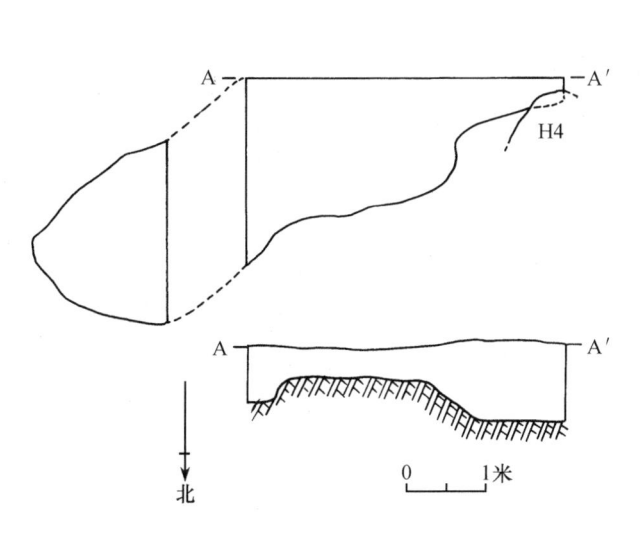

图九　H5 平、剖面图

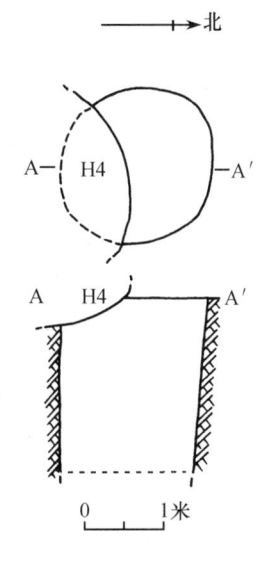

图一〇　J1 平、剖面图

三、遗　物

本期遗物十分丰富，可看清形制并具代表性的器物标本有253件，质地有瓷、陶、硬陶、铜、石、骨等。

（一）瓷器

共209件，是整个出土遗物的主体。基本上全为日用生活器具，多浅灰胎或灰白胎，以青花瓷居多，颜色釉较少，釉上彩仅发现几件。现按制瓷工艺的不同分类叙述。

1. 青花瓷

数量最多，共169件，绝大部分外壁有青花装饰，内壁口、底部也多有青花装饰，少量外底有款。器类均为圈足器，以碗、盘为主，杯较少，碟仅个别。一般削足面或圈足底露胎，少量有护胎白或黄衣，只有极少量外底面露胎或施衣。

碗　70件。大部分可复原。根据整体和口、腹的不同可分为三型。

A型　33件。圆口碗。敞口，圆唇，弧腹缓收，浅圈足。按照唇、腹、底、圈足、纹饰等的变化可分为三式。

Ⅰ式　13件。整器较匀称，器壁较厚。圆唇或尖圆唇，腹较深，腹壁近直，底微下塌，圈足微内敛，平切或外侧下部略斜削。纹饰一笔点划。内、外壁有开片。H9∶6，青花色稍淡。外壁于口部、下腹各两道弦纹间饰缠枝莲纹，圈足外壁饰三道弦纹；内壁上、下部各饰两道弦纹，内底楷书一"福"字。口径10、圈足径4、高4.6厘米（图一一，1；图版五一，1）。H6∶5，青花色呈淡灰。外壁口部饰两周卵点纹，下周卵点纹被宽墨线所压，中部饰花叶纹；内壁口、底部各饰一、二道弦纹。口径13、圈足径5.6、高5.8厘米（图一一，2）。T4③∶17，青花色淡、散。外壁于口、底部各一道弦纹间饰叶片纹；内底于单圈内饰叶片纹。口径10.4、圈足径4.4、高3.8厘米（图一一，3）。

Ⅱ式　9件。整器较匀称，器壁较薄。唇顶部较尖，腹较深，腹壁弧度相对较大，底微上凸，圈足壁较直，平切或外侧下部斜削较宽。纹饰单线勾边，平涂填色。H11∶32，青花色翠。外壁于口、底部各二、一道弦纹间饰婴童间"山"字纹四组，外底心两行四字吉语款"上品佳器"；内壁口部饰两道弦纹，内底于双圈内饰文吏图。口径13.3、圈足径5.4、高6厘米（图一一，4；图版五一，2）。T3③∶7，青花色翠。外壁口、底部于二、一道弦纹间上、中壁饰缠枝太阳花四组、下部饰仰莲纹一周；内壁口部饰两道弦纹，内底于双圈内饰五分凹边梯形纹。外底于双圈内两行六字年号款："大明嘉靖年制"。口径8、圈足径3.3、高3.8厘米（图一一，5；图版五一，3）。T3③∶8，青花辅线淡主纹翠。外壁口、底部于二、一道弦纹间饰松、鹤两两相对，圈足外壁饰弦纹三周，外底双行吉语款"富贵佳器"，"富"、"佳"二字残；内壁口部饰两道弦纹，内底于双圈内饰单花纹。口径14.4、圈足径5.7、高7.2厘米（图一一，6）。T4③∶18，青花色暗。外壁于口、底部各二、一道弦纹间饰两两对称飞龙纹间单花纹，圈足外壁饰两道弦纹，外底书"长春佳器"；内底于双圈内饰团龙纹。口径12.4、圈足径4.9、高6.2厘米（图一一，7）。

Ⅲ式　11件。整器较匀称，器壁较厚。唇顶部或圆或尖，腹较深，腹壁弧度相对较大，底微上凸，圈足壁较直，平切或外侧下部斜削较宽。纹饰单线勾边，平涂填色。H6:4，青花色稍淡。外壁于口、底部各一道弦纹间饰圆圈纹六组；内壁口、底部各饰两道弦纹，内底饰卷云状叶片纹。口径14、圈足径7.2、高5厘米（图一一，8）。T3③:74，青花色翠。外壁于口、底部各二、一道弦纹间饰卷云、叶片纹；圈足外壁饰两道弦纹；内壁于口部一周弦纹下饰缠枝叶纹，内底于双圈内饰团花纹。口径16、圈足径5.8、高5.8厘米（图一一，9）。T4③:12，青花色翠。外壁素面；内壁口部于上、下各两道弦纹间饰三线斜十字交叉间半圆、"十"字纹，内底于双圈书一"寿"字。口径13.4、圈足径6、高4.4厘米（图一一，10）。

B型　36件。撇口碗。圆唇，带圈足。按照沿、唇、腹、底、圈足、纹饰等的变化可分为三式。

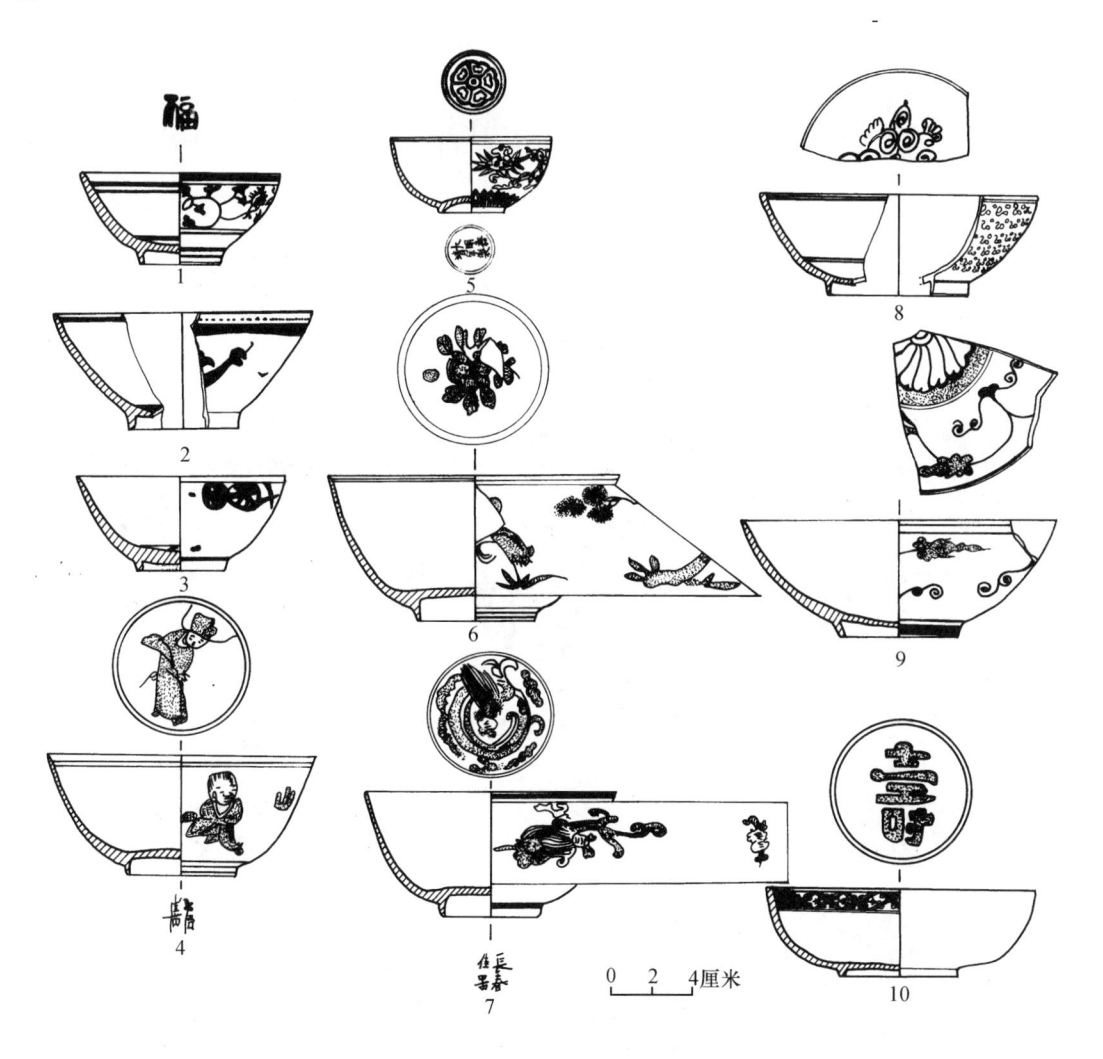

图一一　A型青花瓷碗

1~3.Ⅰ式（H9:6、H6:5、T4③:17）　4~7.Ⅱ式（H11:32、T3③:7、T3③:8、T4③:18）　8~10.Ⅲ式（H6:4、T3③:74、T4③:12）

Ⅰ式　6件。除沿略外翻、上腹微曲收至中腹偏下处再向外弧收外，其余特点与A型Ⅰ式差不多。T1⑤:20，圈足较浅宽。青花色灰黑。外壁于口、底部各一道弦纹间饰卷云状枝叶纹，圈足外壁饰一道弦纹；内壁口部饰一道弦纹，内底于双圈内饰团花纹。口径15、圈足径5.9、高6.4厘米（图一二，2）。T2⑤:52，圈足较窄高。青花色淡。内壁口、底部各饰一道弦纹。口径12.2、圈足径4、高6.1厘米（图一二，1）。

　　Ⅱ式　19件。沿外压，唇略薄或呈尖状，上腹上端内凹稍甚，下部呈近直壁，至中腹偏下处近圆折急收，平底或微下塌，浅宽圈足。纹饰以一笔点划为主，少量单线平涂。T2⑤:49，青花色翠。外壁口部于上、下各两道弦纹间饰波折夹三山纹，中部饰缠枝花叶纹，近底部及圈足外壁各饰两道弦纹；内壁口、底部各两道弦纹间饰以点成线串花纹，内底饰卷云叶状"十"字花纹。口径15、圈足径6.2、高7.4厘米（图一二，3；图版五一，4）。H9:8，青花色暗近灰黑色。外壁口、圈足壁分别饰一、二道弦纹，上、中腹饰三组三线六边形套七点梅花纹，下腹饰仰莲纹，间以一道弦纹分隔；内壁口部于一周弦纹上饰竖条纹，内底于双圈内饰卷云叶状"十"字花纹。口径12.8、圈足径5.2、高6.4厘米（图一二，4；图版五一，5）。H12:4，青花色灰淡，有晕散现象。外壁上、中腹饰勾连卷云纹，下腹、圈足外壁各饰二、一道宽弦纹；内壁口、底部各饰两道弦纹，内底心草书一"福"字。口径14.8、圈足径6.2、高7厘米（图一二，5）。H12:10，青花色稍暗。外壁于口、底部各两道弦纹间上、中壁饰缠枝牡丹纹，下壁

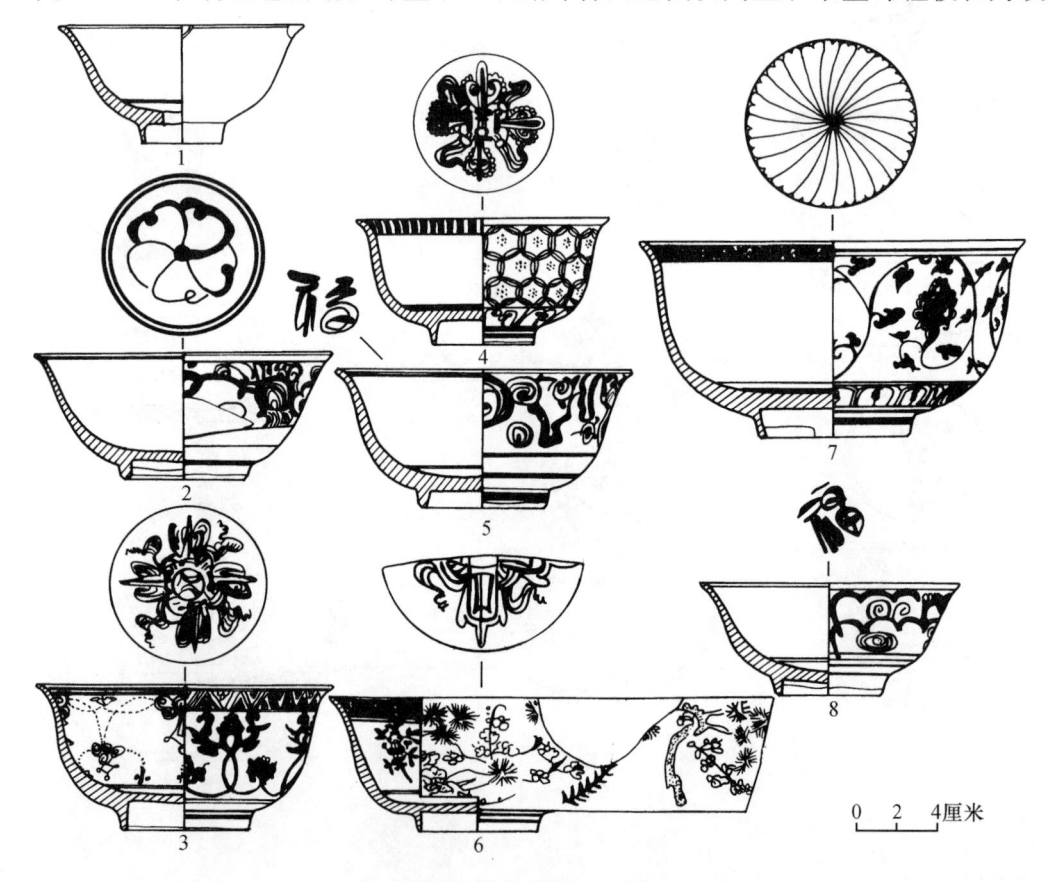

图一二　B型青花瓷碗
1、2. Ⅰ式（T2⑤:52、T1⑤:20）　3~8. Ⅱ式（T2⑤:49、H9:8、H12:4、H12:11、H12:10、T2④:39）

饰仰莲纹，间以两道弦纹分隔，圈足外壁饰一道弦纹；内壁口部于上、下各一、二道弦纹间饰三线斜十字交叉间三角、"十"字纹，内壁下部饰一道弦纹，内底于双圈内饰团花纹。口径19.2、圈足径7.4、高10厘米（图一二，7；图版五一，6）。H12∶11，青花色翠。外壁饰松竹梅图案，外壁底至圈足壁饰三道弦纹；内壁口部于上、下各两道弦纹间饰三线斜十字交叉间三角、"十"字纹，内壁中部饰一周单花纹，内底于双圈内饰卷云叶状"十"字花纹。口径15.4、圈足径6、高6.7厘米（图一二，6）。T2④∶39，青花色浓暗，滴釉多。外壁于口、底部各一、三道弦纹间饰卷云、波浪纹，圈足外壁上端及内壁口部各饰一道弦纹；内底于双圈内行书一"福"字。口径13、圈足径5、高5.7厘米（图一二，8）。

Ⅲ式 11件。沿略翻，尖唇，腹内收与Ⅰ式基本相同，但腹变浅，底平或下塌，浅宽圈足或内敛。内底心均有纹饰且较复杂。纹饰以单线勾边、平涂填实为主。H11∶31，青花色翠。外壁口部于上、下各一道弦纹间饰三线波折纹，中部间饰荷花、梅花纹；内壁口部于上、下各一道弦纹间饰间断短线交叉纹，内底于双圈内饰庭院图。口径14.6、圈足径5.8、高5厘米（图一三，1；图版五二，1）。T2③∶28，青花色较暗。外壁于口、底部各二、一道弦纹间饰缠枝花叶纹，圈足外壁饰两道弦纹；内壁口部于上、下各两道弦纹间饰三线斜十字交叉间三角、"十"字纹，内底于双圈内饰单花纹。外底双圈两行四字"大明年造"。口径13.2、圈足径6、高5厘米（图一三，3）。T3③∶2，青花色稍暗。外壁饰站立仕女间坐童手牵气球图，圈足外壁各饰二道弦纹。外底心双行六字年号款

图一三 青花瓷碗
1~3. B型Ⅲ式（H11∶31、T3③∶2、T2③∶28）
4. C型（T2⑤∶51）

"大明万历年制"；内底于双圈内饰文吏伴狗图。人物轮廓及衣服褶皱以线条勾画，再以青料涂刷填充。口径12、圈足径4.4、高6.1厘米（图一三，2）。

C型 1件。T2⑤∶51，撇口，沿外翻，圆唇，上腹略凹弧收至中腹偏下处略折收，小平底，细高喇叭状圈足，圈足外下侧斜削。除削足面及圈足底、内壁露胎外满釉。青花色黑，较淡。外壁于口、底部各二、一道弦纹间饰松竹梅图对称两组，圈足外壁上、下部各饰两道弦纹；内壁口、底部各饰二、一道弦纹，内底于双圈内饰团花纹。口径15.6、圈足径4.1、高9.8厘米（图一三，4；图版五二，2）。

碗底 16件。基本出于H11、J1及第③层。圆口碗或撇口碗底，弧腹缓收或近下腹处圆折，底平或下塌或上凸，浅宽圈足，外壁下侧斜削。大部分削足面及圈足底露胎，少数外底露胎，或施黄、白衣。青花多色翠，个别稍暗而浓。圈足外壁多饰两道弦纹，内底于单、双圈内

饰缠枝花、单花、团龙、山水人物等纹饰，外底书"大明年造"、"大明嘉靖年制"等年号款或"上品佳器"、"玉堂珍器"、"万福攸同"、"福寿康宁"、"长春永保"等吉语、堂名款。H11∶25，外壁近底部及圈足外壁分别饰一、二道弦纹，外底双圈两行六字年号款"大明嘉靖年制"；内底于双圈内饰单花纹。圈足径4.8厘米（图一四，1）。J1∶26，外壁下部于一弦纹上饰山水图案，圈足外壁饰两道弦纹，外底心于单圈内正中一小方框外侧书吉语款"长春永保"四字；内底于双圈内饰单花纹。圈足径5.5厘米（图一四，2）。J1∶27，外壁下部于一弦纹上饰叶片纹，圈足外壁饰两道弦纹，外底心单圈双行吉语款"万福攸同"四字；内底于单圈内饰人物闲坐林地图。圈足径5.2厘米（图一四，3）。T3③∶38，外壁底部、圈足外壁各饰一、二道弦纹，外底两行四字吉语款"上品佳器"；内底于单圈内饰团龙纹。圈足径3.5厘米（图一四，4）。T3③∶62，外壁底部、圈足外壁各饰一道弦纹，外底两行四字草书年号款"大明年造"；内底饰单花纹。内底色浓，近黑色，余色翠。圈足径3.4厘米（图一四，5）。

盘　73件。大部分可复原。根据口、腹的不同可分为三型。

A型　35件。圆口盘。敞口，圆唇，弧腹缓收，浅圈足。装饰的花叶、团龙等单线勾边、脉，平涂填实。按照唇、腹、底、圈足、纹饰等的变化可分为三式。

Ⅰ式　1件。T2④∶37，唇部较尖，腹相对较深，腹壁近直，至下腹处近圆折收，底微下塌，圈足壁内敛，外侧下部略斜削。青花色翠。外壁口、底部各饰一道弦纹，内壁于口部上、下各两道弦纹间饰三线斜十字交叉间三角、"十"字纹；内底于双圈内饰团龙纹。口径13.4、圈足径7.2、高3厘米（图一五，1）。

Ⅱ式　7件。除腹壁外弧、部分平削

图一四　青花瓷碗、盘底
1～5. 碗底（H11∶25、J1∶26、J1∶27、T3③∶38、T3③∶62）
6. 盘底（T3③∶43）

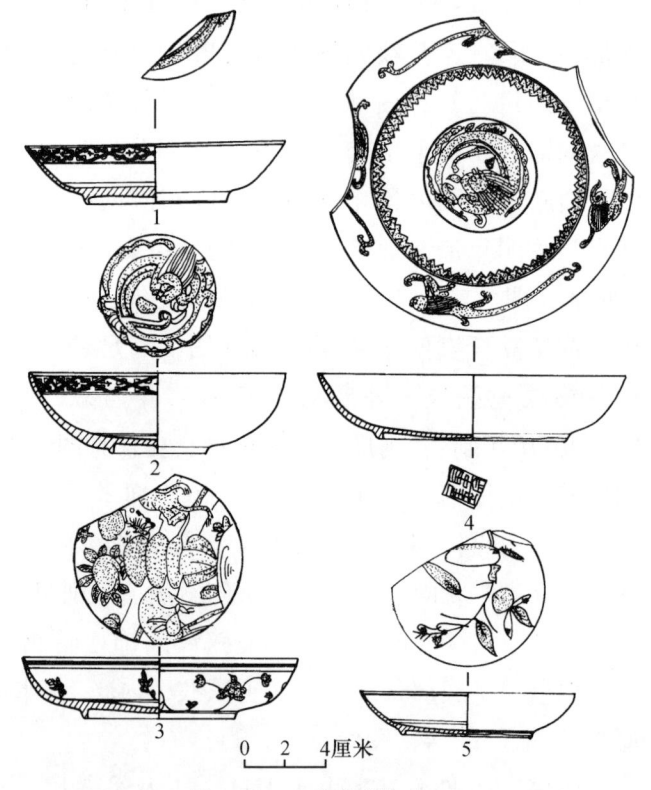

图一五　A型青花瓷盘
1. Ⅰ式（T2④∶37）　2～4. Ⅱ式（H11∶21、H11∶34、T2③∶27）
5. Ⅲ式（T2③∶25）

足外，其余特征与Ⅰ式基本相同。H11:21，圈足平削。青花色翠。内壁口部于上一、下二道弦纹间饰三线斜十字交叉间三角、"十"字纹，内底饰团龙纹。口径13.2、圈足径4.8、高4厘米（图一五，2）。H11:34，青花色翠。内、外壁均于口、近底部各两道弦纹间饰缠枝花叶纹，内底饰动植物群图。口径14、圈足径7.6、高3.1厘米（图一五，3）。T2③:27，青花色翠。外壁素面，外底方框两行四字"富贵佳器"；内壁饰对称四龙纹，内底于双圈内侧饰波折纹，中心于单圈内饰团龙纹。口径15.6、圈足径9.6、高3.3厘米（图一五，4；图版五二，3）。

Ⅲ式 27件。除大部分唇部再变圆、腹浅、部分底上凸外，其余特征与Ⅱ式基本一致。T1③:11，青花色暗，呈灰黑色。内、外壁均饰缠枝叶纹。口径15.2、圈足径7.4、高3.1厘米（图一六，1）。T2③:25，青花色翠。内壁口部饰一道弦纹，内底于双圈内饰花叶纹。口径11、圈足径6.6、高2.2厘米（图一五，5）。T3③:3，外壁口、底部各饰一道弦纹；内壁口部于上、下各一、二道弦纹间饰三线斜十字交叉间三角、"十"字纹，内底于单圈内饰团龙纹。口径13.2、圈足径8.3、高2.6厘米（图一六，2）。T3③:75，青花色淡。内、外壁口、底部各饰一道弦纹。口径13、圈足径8、高2.5厘米（图一六，

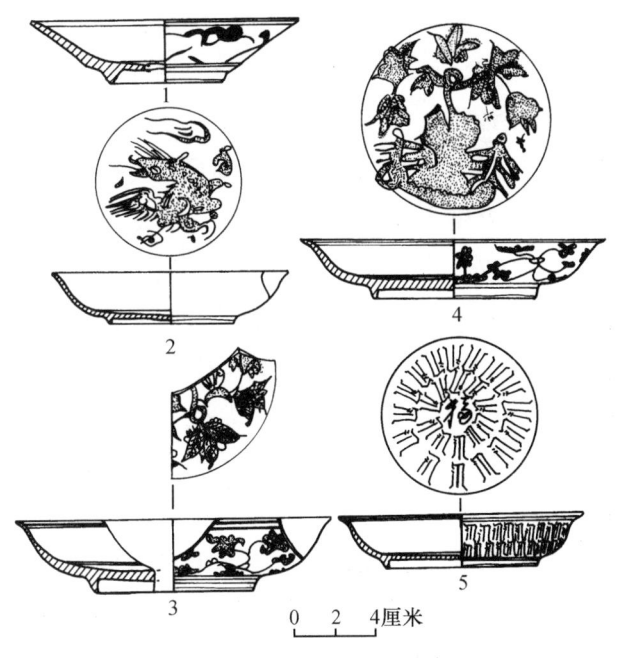

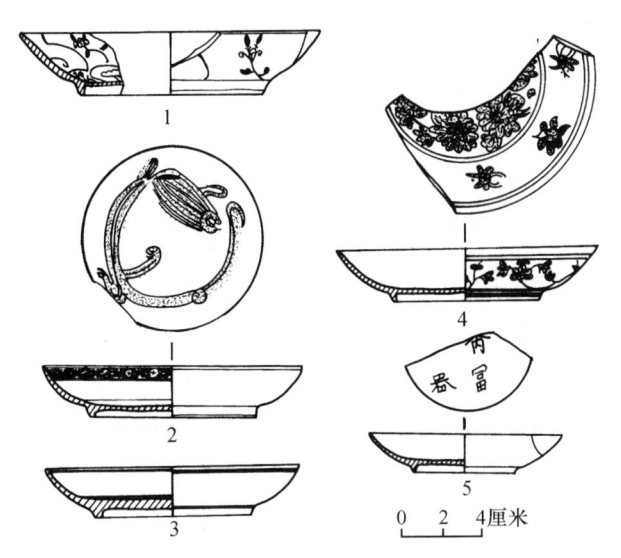

图一六 A型Ⅲ式青花瓷盘
1. T1③:11 2. T3③:3 3. T3③:75 4. T3③:79 5. T3③:41

3）。T3③:79，青花色翠。外壁于口、底部各二、一道弦纹间饰缠枝花叶纹，圈足外壁饰一道弦纹；内壁于口部两道弦纹下饰间断单花纹，内底于双圈内饰折枝牡丹纹。口径13.6、圈足径7.6、高2.6厘米（图一六，4）。T3③:41，青花色翠。内底单圈两行四字吉语款"命富□器"。口径10、圈足径5.2、高1.9厘米（图一六，5）。

B型 35件。撇口盘。沿外翻，圆唇，弧腹，浅宽圈足，大部分圈足外下侧斜削。按照沿、唇、腹、底、圈足、纹饰等的变化可分为四式。

Ⅰ式 1件。T2⑤:47，沿略外翻，方唇，腹较浅，上腹微凹收至下腹处折收，底下凸，浅宽圈足微内敛。纹饰一笔勾划。青花色浓翠，较淡。外壁于口、底部各一、二

图一七 B型青花瓷盘
1. Ⅰ式（T2⑤:47） 2~5. Ⅱ式（H12:12、T2④:43、J1:11、J1:33）

道弦纹间饰卷叶纹，圈足外壁上端及内壁口部各饰一道弦纹，内底饰一朵卷云纹。口径13.6、圈足径5.6、高3.2厘米（图一七，1）。

Ⅱ式 14件。沿外翻压，尖圆唇，浅腹，上腹凹弧缓收，至中腹偏下处近圆折内收，平底微下塌，圈足内敛。纹饰勾划、涂刷结合。H12∶12，青花色较暗。口部一周红色护胎釉。内底于双圈内饰飞龙图案。内外有细开片。口径12、圈足径6.3、高2.6厘米（图一七，2）。T2④∶43，青花色翠。外壁于口、底部各二、一道弦纹间饰缠枝叶纹，圈足外壁及内壁口部各饰两道弦纹；内底于双圈内饰蜻蜓落叶纹。口径16、圈足径8、高3.6厘米（图一七，3）。J1∶11，青花色灰。外壁于口、底部各一道弦纹间饰缠枝花叶纹，圈足外壁上部饰一道弦纹；内壁口部饰两道弦纹，内底于双圈内饰蜻蜓落叶纹。口径15.3、圈足径8.3、高3厘米（图一七，4；图版五二，4）。J1∶33，青花色翠。外壁于口部、圈足外壁上部各两道弦纹间饰两组反"爪"字纹；内壁口部饰两周弦纹，内底于双圈内饰两圈反"爪"字围"福"字纹。口径12.4、圈足径7.6、高2.6厘米（图一七，5）。J1∶35，青花色翠。外壁于口、底部各二、一道弦纹间饰三组勾连卷云纹，圈足外壁饰两道弦纹；内壁于口、底部各两道弦纹间饰垂花纹，内底心饰花叶纹。口径14.4、圈足径8、高3.7厘米（图一八，1）。

Ⅲ式 16件。沿外翻压较甚，圆唇，腹相对较深，上腹壁近直，至中腹偏下处近圆折内收，平底微下塌，圈足微内敛。纹饰勾划、涂刷结合。外壁于口、底部各两道弦纹间饰枝叶纹，内底于双或三圈内饰蜻蜓落叶纹。H6∶2，青花色浓翠，有晕散现象。口径16、底径10、高3.9厘米（图一八，2）。

Ⅳ式 4件。沿略外翻，尖圆唇，腹相对较深，上腹凹弧缓收，至中腹偏下处弧收。纹饰勾划、涂刷结合。外壁口、底部各饰一道弦纹，或中部间单叶片纹，内底心饰水生动植物纹。T3③∶61，平底微下凸，浅圈足略外撇。圈足外壁下部饰一道弦纹，外底饰两道弦纹；内壁口部上、下分饰一、二道弦纹，内底于双圈内饰荷叶水草纹。勾画叶脉为浓线，淡墨抹刷成叶片。口径12.8、圈足径7.2、高4厘米（图一八，3）。T3③∶69，平底，浅圈足微内敛。青花色翠。内壁于口部上、下各一道弦纹间饰鱼纹，内底于双圈内饰池塘动物纹。口径12.8、圈足径6.8、高3.6厘米（图一八，4）。H5∶2，平底微上凹，浅宽圈足。青花色翠。内壁口部于上、下各一、二道弦纹间饰对虾纹，内底于

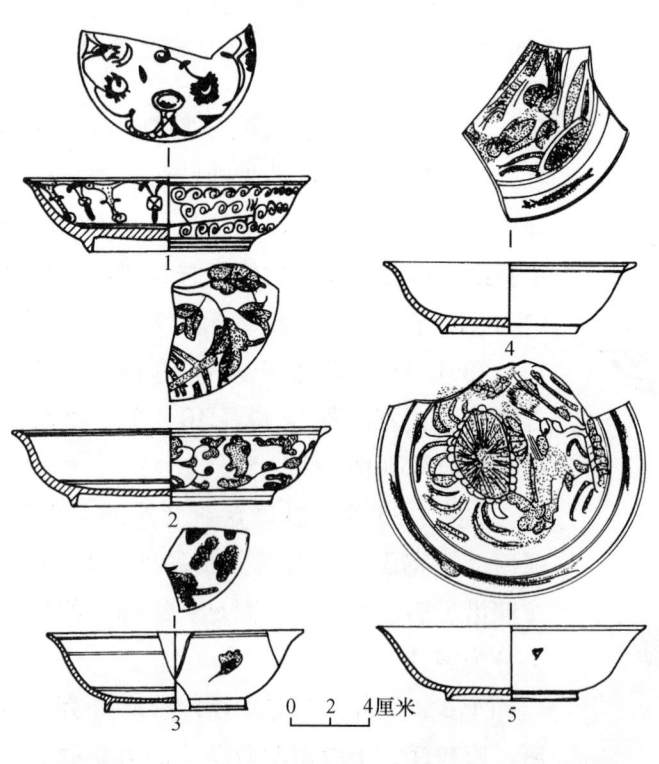

图一八 B型青花瓷盘
1. Ⅱ式（J1∶35） 2. Ⅲ式（H6∶2） 3~5. Ⅳ式（T3③∶61、T3③∶69、H5∶2）

双圈内饰池塘水禽图案。口径13.6、圈足径6.6、高3.8厘米（图一八，5）。

C型　3件。折腰盘。大敞口，方唇，浅腹，平底或微下塌，浅宽圈足微内敛，圈足外下侧斜削。按照折腰部位及纹饰的变化可分为二式。

Ⅰ式　2件。折腰部位基本在中部，纹饰繁缛。T1⑤:28，青花色暗。外壁口部于上、中、下各二、一、二道弦纹间饰两组月牙形叶片纹，中、下壁饰缠枝叶片纹，圈足外壁于上、下各一道弦纹间饰叶片纹；内壁口部于上、下各两周弦纹间饰四瓣花纹，内底残见辅纹，于双圈内饰卷云状叶片纹。口径25.6、圈足径15.2、高4.2厘米（图一九，1）。H11:33，内壁口部青花色淡，余浓翠。外壁口部于三道弦纹间饰两组月牙形小叶片纹，中腹饰大叶片纹，近底部及圈足中部各饰一道弦纹；内壁口部于上、下各两道弦纹间饰菱形纹，内底于双圈内饰奔马图。口径23.2、圈足径13.2、高4厘米（图一九，3；图版五二，5）。

Ⅱ式　1件。T3③:68，折腰部位在上部，纹饰相对简洁。青花色暗。外壁素面；内壁口部饰一道宽弦纹，内底双圈内纹饰残甚。口径16、圈足径8.6、高2.9厘米（图一九，2）。

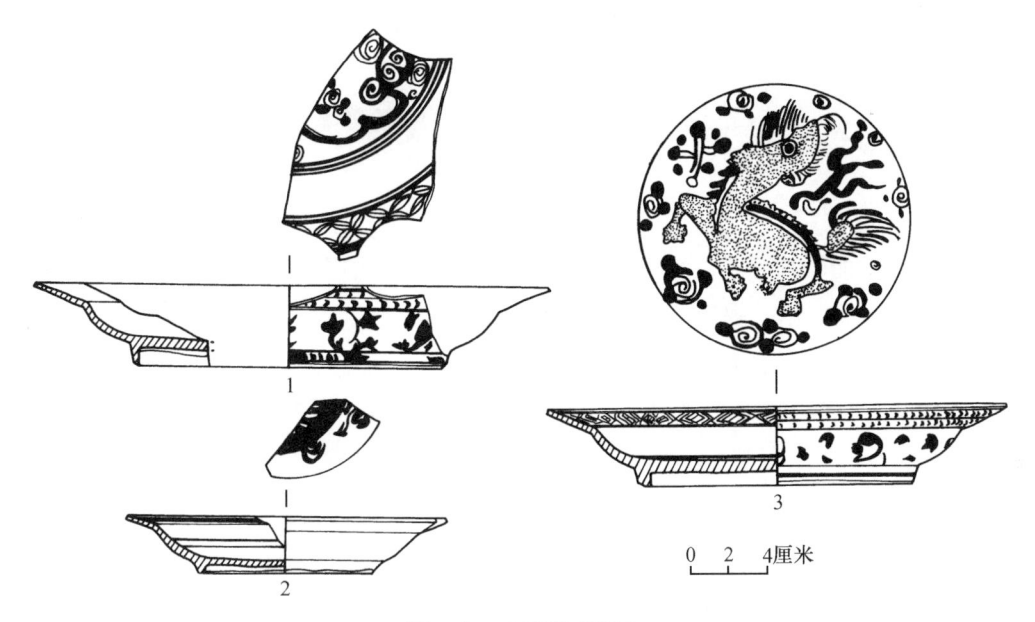

图一九　C型青花瓷盘
1、3.Ⅰ式（T1⑤:28、H11:33）　2.Ⅱ式（T3③:68）

盘底　1件。T3③:43，弧腹缓收，平底，浅宽圈足。除圈足底露胎外满釉。外壁底部、圈足外壁各饰一、二道弦纹；内底于单圈内饰单花纹；外底两行六字年号款"大明嘉靖年制"。圈足径5厘米（图一四，6）。

杯　9件。大部分可复原。平底或微下塌，浅窄圈足，圈足多平切，个别斜削。纹饰均一笔涂划。根据口、腹的不同可分为二型。

A型　4件。圆口杯。敞口，圆唇，上中腹缓收，下腹圆弧急收，底微下塌。T4③:16，青花色暗呈灰黑色。外壁于口、底部各一道弦纹间饰叶片纹，上、下段以两道弦纹分隔，圈足外壁饰两道弦纹，外底两行草书年号款"大明年造"；内底于单圈内饰团花纹。口径6.9、圈足径2.6、高4厘米（图二〇，1）。

B型 5件。撇口杯。沿外翻，上腹微凹收。按照沿、唇、腹、底的变化可分为三式。

Ⅰ式 1件。T2④:42，圈足残，沿略翻，尖唇，壁近直，下腹内折，底厚。青花色翠、散。外壁于口、下腹部各一、二道弦纹间饰草叶纹，圈足外壁上端及内壁下端各饰一道弦纹，内壁口部于两道弦纹上饰草叶纹，内底饰草叶纹。口径8、残高5.5厘米（图二〇，2）。

Ⅱ式 2件。沿略翻，尖唇，壁弧微斜，下腹弧收，薄平底。H10:2，外壁于口、底部各一道弦纹间饰对称盘龙纹；内壁口部饰一道弦纹，内底饰单圈花卉纹。口径7.8、圈足径3.1、高5厘米（图二〇，3；图版五二，6）。

Ⅲ式 2件。沿翻折，圆唇，上、中腹壁斜直，至下腹处近圆折内收，薄平底微下塌，圈足外下侧略斜削。T3③:58，青花色黑。外壁饰叶片纹，内壁口部饰一道弦纹；内底于单圈内饰鸟纹。口径6.8、圈足径2.6、高3.8厘米（图二〇，4）。

图二〇 青花瓷杯
1. A型（T4③:16） 2. B型Ⅰ式（T2④:42） 3. B型Ⅱ式（H10:2）
4. B型Ⅲ式（T3③:58）

2. 颜色釉

数量较少，共35件，胎有灰白、浅灰、紫红三种，釉色以绿釉居多，并有淡黄釉、白釉、黑釉等。器类有碗、盘、杯、碟等。

碗 10件。均可复原。根据整体和口、腹的不同可分为三型。

A型 4件。圆口碗。敞口，弧腹，圈足稍宽。施绿釉。按照沿、唇、腹、底、圈足等的变化可分为二式。

Ⅰ式 1件。H13:1，紫红胎。凹折沿，方唇，浅腹，壁近斜，平底，浅圈足。除内、外底面露胎外，余满施深绿釉。口径19.6、圈足径6.4、高4.6厘米（图二一，1）。

Ⅱ式 3件。灰白胎。平折沿，圆唇，深腹，壁外弧，平底微下塌，圈足稍深，圈足外下侧斜削。除削足面至外底心露胎外，满釉。H13:2，深绿釉。有大开片。口径13.8、圈足径5.2、高6.4厘米（图二一，2）。H12:2，淡绿釉。口径14.4、圈足径5.1、高6.9厘米（图二一，3）。H12:3，绿釉。外壁釉下细竖纹。口径14.8、圈足径5.5、高7.2厘米（图二一，4）。

B型 5件。撇口碗。沿外翻，圆唇较薄，深腹，上腹缓收，圈足稍窄高。按照腹、底、圈足的变化可分为三式。

Ⅰ式 1件。T1⑤:27，紫红胎。上、中腹壁近直，至下腹处折收，平底，内底略下凹，外底心有乳突。除圈足壁、底施白衣外，满施淡黄釉。口径15.4、圈足径6.4、高8厘米（图二一，5）。

Ⅱ式 3件，2件口残。紫红胎。上、中腹壁近直，至下腹处弧收，平底微下凸，内底略下凹。淡黄釉。T2⑤:46，圈足略内敛。圈足底露胎。口径16.8、圈足径6.4、高9.4厘米(图二一，7)。

Ⅲ式　1件。H11:28，灰白胎。上腹壁略内凹，中腹壁外弧，至下腹处弧收，平底微下凸，圈足略内敛。除圈足底及外底露胎外，满施甜白釉。口径11.6、圈足径4.2、高5.6厘米（图二一，6）。

C型　1件。J1:6，口部残，弧腹缓收，小平底，细高空饼状圈足。除圈足外壁下部至外底心露胎外，满施绿釉。有细开片。圈足径4.4、残高7.4厘米（图二一，8）。

盘　10件。根据口、腹的不同可分为三型。

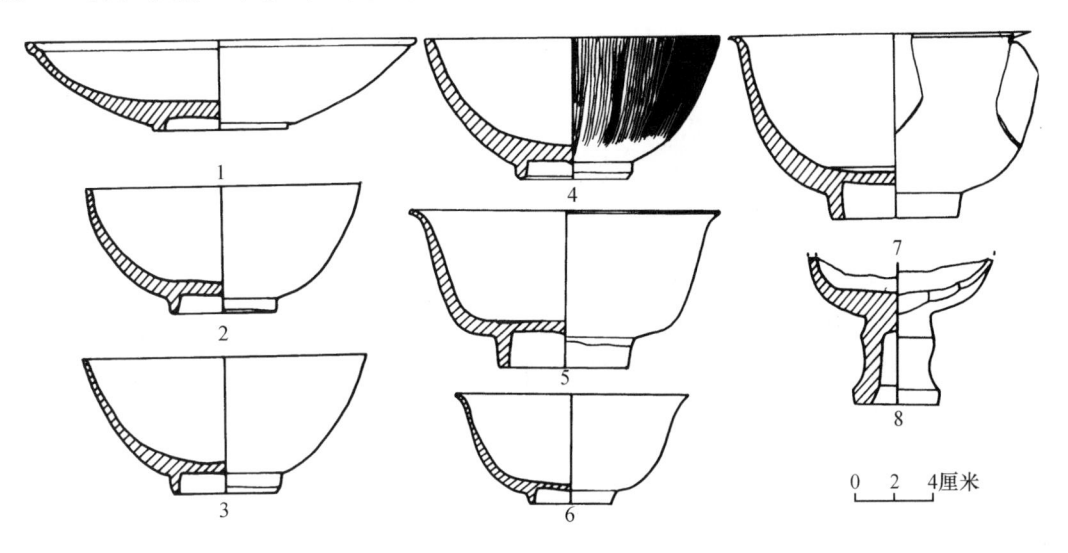

图二一　颜色釉瓷碗
1. A型Ⅰ式（H13:1）　2~4. A型Ⅱ式（H13:2、H12:2、H12:3）　5. B型Ⅰ式（T1⑤:27）　6. B型Ⅲ式（H11:28）
7. B型Ⅱ式（T2⑤:46）　8. C型（J1:6）

A型　2件。圆口盘。灰白胎。敞口，圆唇，浅弧腹缓收，平底微凸，浅宽圈足微内敛。T1③:14，除圈足底露胎外，满施灰白釉，夹细密灰砂点。口径10.8、圈足径7.2、高2厘米（图二二，1）。T3③:57，圈足外下侧斜削。除外壁下端以下露胎外，满施蓝釉。口径11、圈足径5.4、高2.5厘米（图二二，2）。

B型　7件。撇口盘。沿外翻，圆唇，上腹缓收，浅宽圈足内敛。圈足外下侧斜削。按照腹、底、圈足的变化可分为二式。

Ⅰ式　5件。灰白胎。沿近翻折，圆唇，腹向外弧度较大，平底。T4③:14，除削足面、圈足底露胎外施淡黄釉。口径15.2、圈足径8.2、高3.6厘米（图二二，3）。T2④:35，除削足面施灰白衣外满施乳白釉。口径19、圈足径11.4、高3.6厘米（图二二，6）。

Ⅱ式　2件。尖圆唇，腹向外弧度较小，底下塌。J1:7，灰白胎，除削足面及圈足底面露胎外，满施青白釉。口径20.4、圈足径11、高3.8厘米（图二二，5）。J1:9，紫红胎，削足面露胎，外底施白衣，余在白衣上施蓝釉。口径14.4、圈足径6.8、高2.6厘米（图二二，4）。

C型　1件。H5:6，折腰盘。浅灰胎。花口外撇，圆唇，腹壁内凹弧至中腹偏下处内折，平底微下凸，浅宽圈足。除外底面露胎外，余满施绿釉。口径15.6、圈足径7.4、高3.8厘米（图二二，7）。

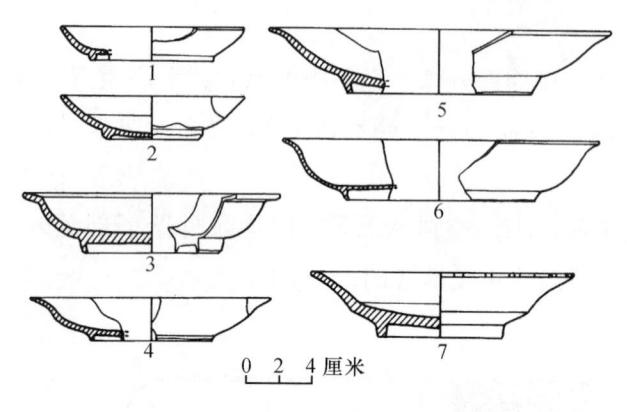

图二二　颜色釉瓷盘

1、2. A 型（T1⑤:14、T3③:57）　3、6. B 型Ⅰ式（T4③:14、T2④:35）　4、5. B 型Ⅱ式（J1:9、J1:7）　7. C 型（H5:6）

杯　12 件。均可复原。根据口、腹的不同可分为二型。

A 型　10 件。圆口杯。敞口，圆唇，腹缓内收，窄小圈足。按照唇、腹的变化可分为四式。

Ⅰ式　4 件。浅灰胎。唇较厚，上腹近直，中、下腹外弧度较大，窄圈足外撇，圈足外下侧斜削。削足面至外底心露胎。T1⑤:18，底微上凹。施淡绿釉。内外有开片。口径 9.2、圈足径 3.6、高 4.8 厘米（图二三，1）。H9:1，底微下塌。施绿釉，釉下竖线纹。口径 10、圈足径 4、高 5.2 厘米（图二三，2）。

Ⅱ式　3 件。唇或厚或变薄，上腹近斜收至下腹近圆折收。圈足外下侧斜削。削足面至外底心露胎。H12:1，灰白胎。底微上凹。施淡绿釉。有细开片。口径 9.8、圈足径 3.8、高 4.7 厘米（图二三，3）。T2④:44，浅灰胎。平底微下凸。施绿釉。有细开片。口径 10、圈足径 4、高 4.6 厘米（图二三，4）。

Ⅲ式　1 件。H6:6，尖圆唇，上中腹斜直，下腹急收，平底，圈足微内敛。除内底外侧一周及圈足底面露胎外，余满施白釉。外底心有方框青花"福"字。口径 7、底径 2.6、高 4.1 厘米（图二三，5）。

Ⅳ式　2 件。灰白胎。尖圆唇，上、中腹壁近直，至下腹弧或圆折收，平底。除圈足底露胎外，满施白釉。T2③:17，口径 7.4、圈足径 3.5、高 5.2 厘米（图二三，6）。T2③:31，口径 8、圈足径 3.6、高 5.2 厘米（图二三，7）。

B 型　2 件。撇口杯。灰白胎。沿外翻，尖圆唇，上腹缓收至中腹偏下处近圆折急收，平底，浅圈足。按照腹、圈足的变化可分为二式。

Ⅰ式　T3④:83，口窄，腹较深，上、中腹壁直，下腹折角较小。除圈足底露胎外，余满釉，外壁施深绿釉，内壁及外底施白釉。外底心青花两行四字年号款"成化年制"。"成"、"年"二字残。口径 5.8、圈足径 2.6、高 3.6 厘米（图二三，9）。

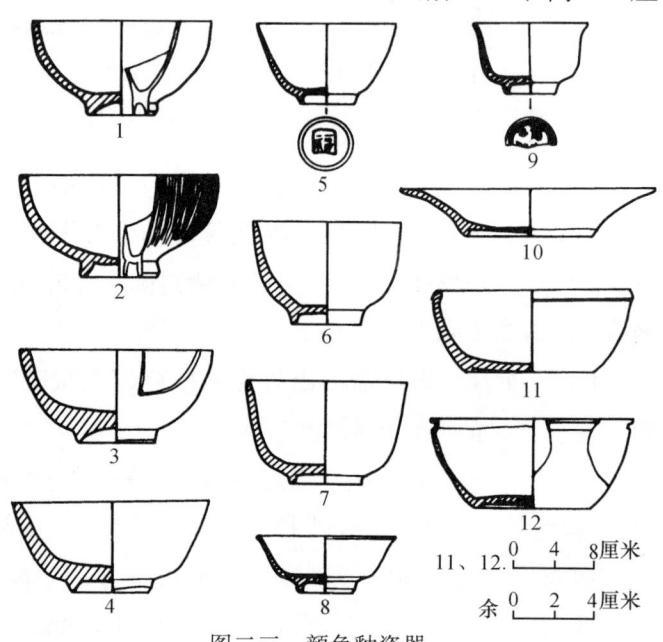

图二三　颜色釉瓷器

1、2. A 型Ⅰ式杯（T1⑤:18、H9:1）　3、4. A 型Ⅱ式杯（H12:1、T2④:44）　5. A 型Ⅲ式杯（H6:6）　6、7. A 型Ⅳ式杯（T2③:17、T2③:31）　8. B 型Ⅱ式杯（H7:3）　9. B 型Ⅰ式杯（T3④:83）　10. 碟（J1:8）　11. Ⅰ式盆（H7:4）　12. Ⅱ式盆（J1:10）

Ⅱ式　H7∶3，口宽，腹较浅，上、中腹壁斜直，下腹折角较大，圈足外下侧斜削。除内底外侧一周及削足面以下露胎外，余满施灰白釉。口径6.8、圈足径2.6、高4.9厘米（图二三，8）。

碟　1件。J1∶8，浅灰胎。敞口，圆唇，腹内弧缓收，平底微下凸，宽圈足极浅，圈足外壁斜削。除削足面露胎外，满施青白釉。口径12.8、圈足径6.4、残高2.4厘米（图二三，10）。

盆　2件。弧腹缓收，近平底，宽圈足极浅。按照口、沿、颈、腹、底的变化可分为二式。

Ⅰ式　H7∶4，紫红胎。敛口，卷沿，圆唇，圜底。除圈足底及外底露胎外，余满釉，外壁黑釉，内壁淡黄釉。口径19.2、底径13.2、高8.2厘米（图二三，11）。

Ⅱ式　J1∶10，浅灰胎。侈口，翻折沿，平唇，束短颈，折肩，平底微下凸，除内壁口部及外底面露胎外，满施黑釉。口径20.4、圈足径11.6、高9.1厘米（图二三，12）。

3. 釉上彩

可辨清形制者仅5件，碗3件，器盖2件。

碗　3件，2件甚残。白胎。撇口，沿仰折，圆唇，自上腹缓收至下腹处急收，平底，浅圈足稍窄。除圈足底至外底心施白衣外，满施白釉，白釉上红、绿、白、黑四彩。T3③∶82，外壁及内壁、底各绘鸭游荷塘图，荷枝、叶及飘萍和鸭翅以黑线勾边、划脉，绿彩填实叶片，荷枝、鸭翅再在绿彩上填白彩，荷花、鸭身、鱼身以红线勾边、划鳞，红彩填实。内口一周枝叶纹，枝为红线，叶边、脉黑线勾画，先以绿彩填充，再压填白彩，枝上再间隔压一红彩斑块。内壁中部游鱼，深色红线勾轮廓及鳞片，淡红彩填实。口径12.8、圈足径6.8、高3.6厘米（图二四，1）。

器盖　2件。外壁施蓝彩。根据整体形制的不同可分为二型。

A型　H11∶29，紫红胎。浅覆莲花瓣圈足盘式盖，敞口，方唇，浅盘，平顶，浅宽圈足。胎上先施一层白衣，于白衣上饰彩。口径10.6、圈足径6、高2厘米（图二四，2）。

B型　T2③∶16，浅黄胎。子口，浅覆盘状盖，顶有一锥状纽。纽施酱褐釉。口径4.7、高3.3厘米（图二四，3）。

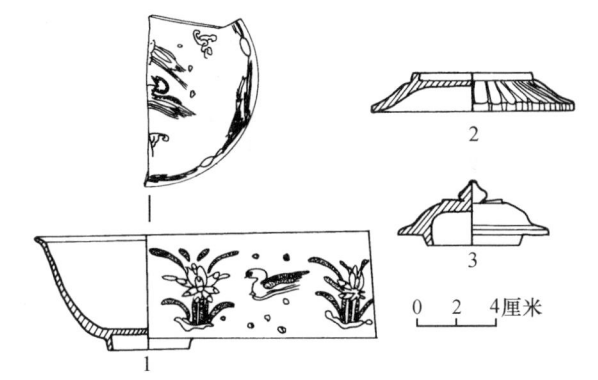

图二四　釉上彩瓷器
1. 碗（T3③∶82）　2. A型器盖（H11∶29）　3. B型器盖（T2③∶16）

（二）陶器

数量不多，共22件，以泥质灰陶为主，个别泥质红陶，多素面，器类有盆、三足炉、烛台、器盖、印模、筒瓦、瓦当、滴水等。

盆　2件。泥质灰陶，素面。微敛口，翻卷沿，圆唇，上腹弧，下腹斜收，大平底。H7∶5，口径24、底径13.4、高8.8厘米（图二五，2）。T2③：33，口径44、底径20、高16厘米（图二五，1）。

三足炉 4件，1件可复原。H5：7，浅盘口，折沿，方唇，束短颈，折肩，弧腹缓收，平底微凹，三小锥足。口径12、底径9.6、通高9.8厘米（图二五，3）。

烛台 3件，上部均残。泥质灰陶，素面。浅烛盘，短柄中空，高喇叭状圈足，下端外撇。H9：3，盘径11.2、圈座径10、残高14.8厘米（图二五，4）。T4③：15，柄中部有突棱。盘径10、圈足径13.6、残高15.6厘米（图二五，5）。

器盖 1件。J1：4，泥质红陶。素面。浅弧盘状盖，顶有一凸纽。口径15、高5.6厘米（图二五，8）。

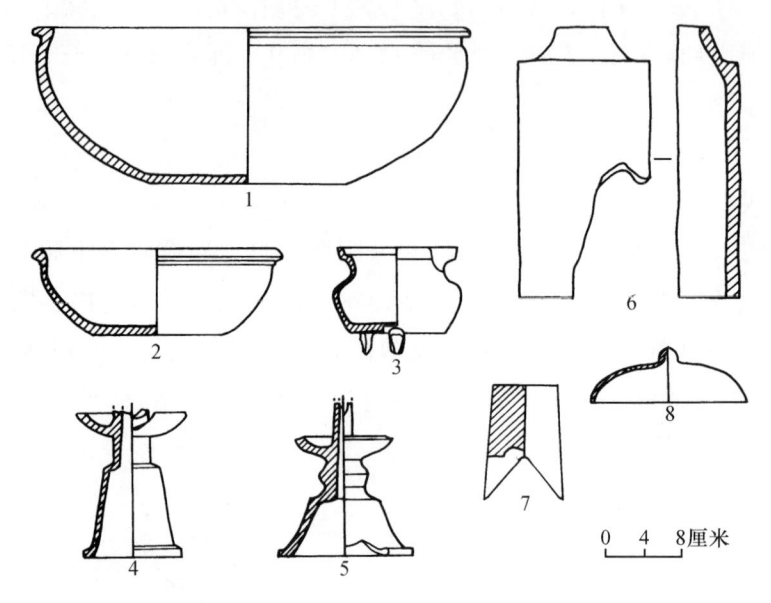

图二五 陶器
1、2. 盆（T2③：33、H7：5） 3. 三足炉（H5：7） 4、5. 烛台（H9：3、T4③：15） 6. 筒瓦（T2④：45）
7. 构件（H13：3） 8. 器盖（J1：4）

印模 7件。泥质灰陶。圆饼状，一面微翘，正中一长方形纽。浮雕纹饰。H7：8，纽外三道弦纹分成内外区，内区饰短线间卵点纹，外区饰波折纹。直径8.9厘米（图二六，1）。H11：35，纽两侧各两道曲线纹，外四周凸弦纹。直径8.5厘米（图二六，2）。J1：1，以一周凸棱分为内外区，分别浅浮雕放射线、卵点纹。直径7.4厘米（图二六，3）。T3③：14，纽外一道弦纹，中部饰卷草纹，外缘饰三道弦纹。直径9.2厘米（图二六，4）。

筒瓦 1件。T2④：45，泥质灰陶。素面。直壁，折肩，瓦舌下斜，圆唇。长27.4、宽13.2厘米（图二五，6）。

瓦当 1件。T3③：16，菱形，饰卷云纹。长19.4、宽13.2厘米（图二六，6）。

滴水 2件，均残。如意头形。上边缘凹弧。饰卷草纹。H7：7，残长16.6、最宽9.5厘米（图二六，5）。

构件 1件。H13：3，泥质灰陶。方柱体，下部四角呈尖锥状。四面各阴刻一字，分别为

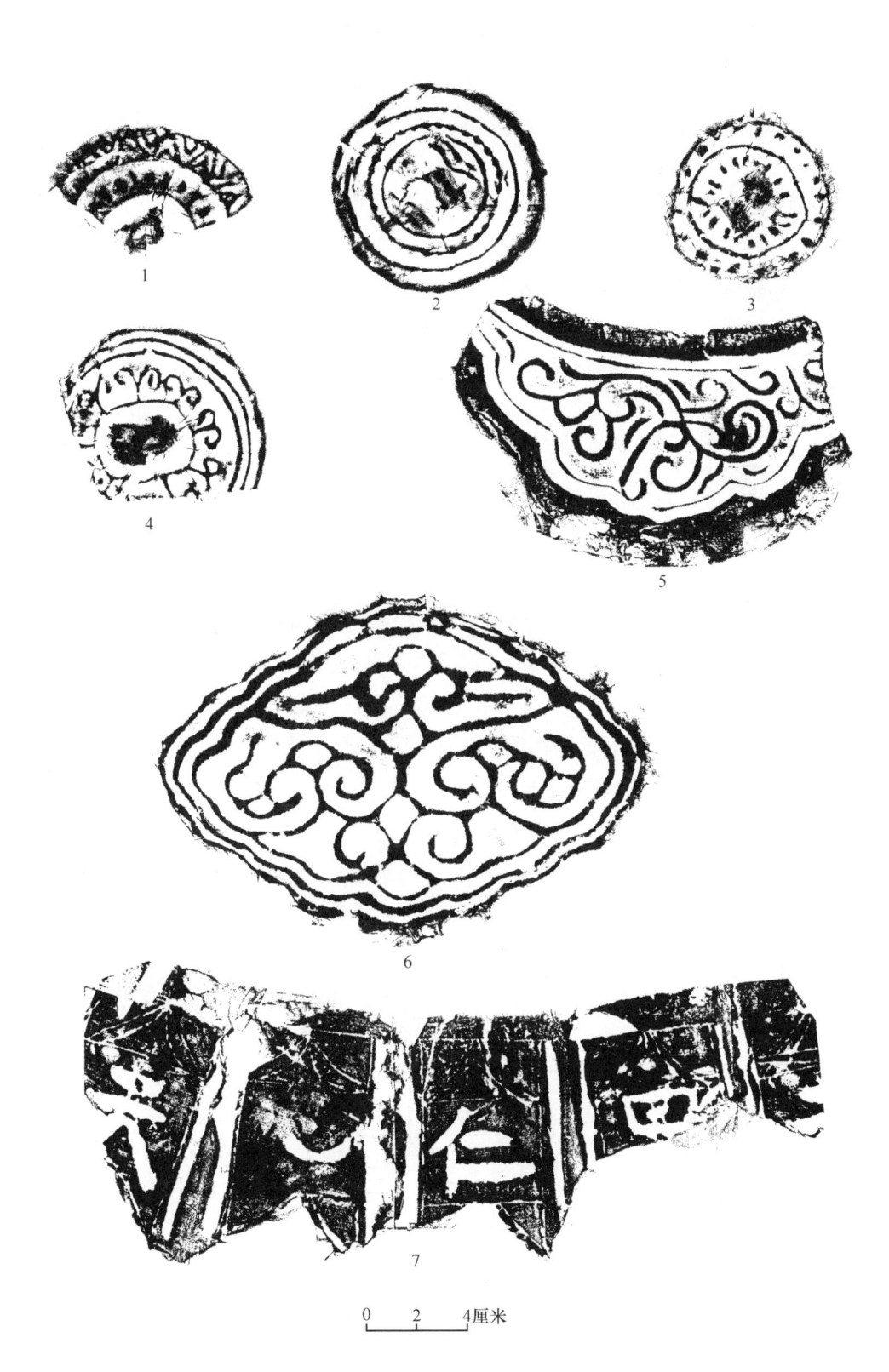

图二六　陶器拓本

1~4. 印模（H7:8、H11:35、J1:1、T3③:14）　5. 滴水（H7:7）　6. 瓦当（T3③:16）　7. 构件（H13:3）

"天"、"心"、"仁"、"旦",顶端面正中有一小圆洞。顶宽6.5、底宽8、高11.5厘米(图二五,7;图二六,7)。

(三)硬陶器

7件。器类有碗、碟、罐、瓶等。

碗 1件。J1:3,紫红胎。敞口,方唇,弧腹内收,浅宽圈足,平底,外底心下凸。内壁及外壁上部施白衣。口径23.2、圈足径9.2、高8.2厘米(图二七,1)。

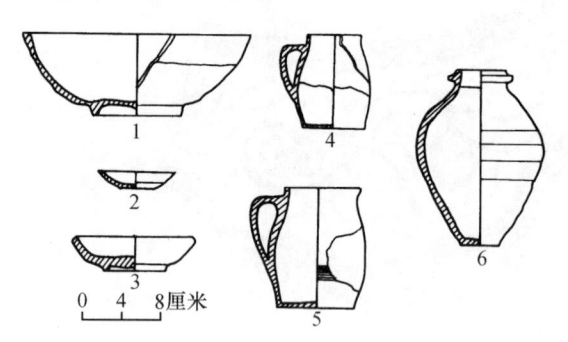

图二七 硬陶器
1. 碗(J1:3) 2. A型碟(H9:4) 3. B型碟(H7:2) 4、5. 罐(T2③:30、32) 6. 瓶(H9:2)

碟 2件。敞口,浅折腹。根据有无圈足的不同可分为二型。

A型 H9:4,红褐胎。折沿,平唇,折腹在中部偏上,小平底。内壁及外壁口部施酱褐釉。口径8、底径3.2、高1.6厘米(图二七,2)。

B型 H7:2,紫红胎。圆唇,折腹在下部,平底,浅宽圈足,圈足外下侧斜削。除削足面至外底心露胎外,满施酱釉。口径12、底径6.4、高3.4厘米(图二七,3)。

罐 3件。褐胎。微侈口,有流,圆唇,溜肩,肩有单大耳,鼓腹,平底。内、外壁上半部施褐釉。T2③:30,流残。口径5.6、底径6.4、高9.3厘米(图二七,4)。T2③:32,中腹稍残。口径6.4、底径7.6、高12厘米(图二七,5)。

瓶 1件。H9:2,深灰胎。直口,折沿,方唇,口外侧一箍,束颈,溜肩,鼓腹,下腹斜收,小平底。内壁口部及外壁满施褐釉。中腹饰三道宽凹弦纹。口径5.2、底径4、高17.6厘米(图二七,6)。

(四)铜器

仅2件,器类有顶针、扣。

顶针 H5:5,空筒形,薄壁,外壁有细密小孔。直径1.7、高0.9厘米(图二八,1)。

扣 T2③:15,"日"字形,一头稍宽,一头稍窄。高2.95、最宽3.2厘米(图二八,3)。

(五)石器

仅3件,器类有象棋子、球、饼等。

象棋子 T2③:4,青石质。圆饼形,双面平,弧缘,一面楷书"卒"字。直径4、厚1.3厘米(图二八,5)。

球 T2③:5,青石质。圆球体,面光。直径2厘米(图二八,2)。

图二八 铜、石、骨器
1. 铜顶针(H5:5) 2. 石球(T2③:5) 3. 铜扣(T2③:15) 4. 骨秤杆(H5:1) 5. 石象棋子(T2③:4) 6. 石饼(T2③:14) 7、8. 骨簪(H10:1、T2③:2)

饼　T2③:14，红砂岩。两面平，弧缘，表面粗糙。直径7.1、厚2.6厘米（图二八，6）。

（六）骨器

共10件，除1件秤杆外，全为簪。

秤杆　1件。H5:1，仅余尾部。细杆状，一面有秤星。残长4.55厘米（图二八，4）。

簪　9件，7件后端残。细圆锥形，前细后粗，横断面呈圆形。H10:1，后端有蘑菇状帽。长8.4厘米（图二八，7）。T2③:2，后端呈带柄桃形。长9.1厘米（图二八，8）。

四、结　语

本次发掘是襄阳城内遗址发掘中地层堆积相对单纯的一次发掘，除较薄且受到一定程度破坏的清代地层及部分遗迹外，全为明代遗存，出土遗物大多为青花瓷器，其清晰的地层叠压关系为青花瓷器的分期提供了重要的参考依据。

明代地层堆积共分三层，即第⑤、④、③层，各层青花瓷器特征比较鲜明，特别是少量带款的瓷器更表明了它们的时代。

第⑤层瓷器相对较少，并不见款识瓷器。青花瓷器胎一般较粗糙，造型敦厚；除个别色青翠外，一般发色较灰暗，部分呈黑色；纹饰多简洁，基本为花卉或枝叶纹，笔法以一笔点划为主，多实笔；圈足外下侧斜削。其中C型碗有元代遗风。由以上特征推测，该期的时代为明代早期，约相当于洪武至天顺时期。

第④层出土瓷器数量也不多，仅个别器物带"成化年制"年号款。青花瓷器胎一般变细腻，造型向轻薄方面发展；大多发色青翠，少量较灰暗；纹饰与第⑤层相比变化不大，笔法多单线勾划，平涂填色；圈足除少量平切外，仍是外壁下侧斜削。依年号款判定，该期的时代为明代中期，约相当于成化至正德时期。

第③层出土瓷器数量多，但器物种类变化不大。青花瓷器款识明显增加，既有年号款，又有吉语、堂名款，年号款中有个别成化款，应是中期流传或后期仿造的，其他有嘉靖、万历年号款；吉语款以"上品佳器"、"万福攸同"为多，还有"长春永保"、"福寿康宁"等，堂名款仅见"玉堂佳器"。大多发色青翠，仅少量稍暗，有的有晕散现象；造型轻巧规整；纹饰除缠枝花叶纹外，增加了人物、山水、池塘动植物等图案，且内底基本均有纹饰，笔法几乎全为单线平涂，有的流向勾线外。从年号款看，本期遗物的时代为明代晚期，约相当于嘉靖至崇祯时期。

与地层相对应的是，H13开口于第③层下，出土器物少，不见青花瓷片，颜色釉的时代特征较早，壁施深绿釉，有开片，其应不晚于明初。

H9、H12开口于第④层下，颜色釉瓷器与H13有相似的特征，青花瓷器一般发色较暗，H12所出5件相同的"福"字勾连卷云纹碗与T2④:39几乎一致，两座灰坑的其他瓷器与第④层同类器也比较接近，其时代应基本相同。

至于除以上灰坑以外的其他明代遗迹，所出青花瓷器的胎、釉、色、纹及款识均与第③层相同，时代当在明代晚期。

明代出土的瓷器无论从胎质、釉色，还是形制和装饰方面看，都属于民窑的产品，主要来源于江西景德镇。大量景德镇民窑瓷器的出土表明襄樊在当时的交通、贸易中占据着一定的地位。

本次发掘的地点在襄阳城内西南部，明代地层以下不见早期堆积，推测该处因位置相对较偏，在明代以前尚未形成居民区，这与其东部约300米的南街遗址[1]形成鲜明的对比，后者位于早期襄阳城的南北中轴线上，最早的地层到六朝时期。民主路遗址的发掘为研究古襄阳城城市布局的演变提供了实物资料。

附记：参加本次发掘的人员有王先福、刘江生、梁超、杨力、释贵星，陶瓷片数据统计及器物修复由曾平完成，基础资料整理范文强，出土器物照相杨力，拓片曾宪敏，绘图王先福、杨一，描图王先福。

执笔：王先福 范文强

注　释

[1]　襄樊市文物考古研究所：《襄阳城内遗址发掘报告》，见本文集。

随枣走廊两周遗址典型陶器的分期

王先福

随枣走廊是湖北北部的一个地理单元，东北、西南分别为桐柏山、大洪山所阻隔，中部形成一条西北至东南向的通道，因形似"走廊"且正处随州、枣阳所辖地域而得名。它西北与南阳盆地相接，进而直达中原地区，东南则与汉东平原相通，自古以来，它既是一条南北交通要道，也是一条南北文化交流要道。文物普查资料表明，该区域内的周代文化遗存不仅数量多，而且分布十分密集[1]。同时，由于它所处的特殊地理环境，使得该地区的周代文化有着自身的发展轨迹并自成序列。本文即以该区域内发掘的两周遗址为基础对其典型陶器的分期做一探讨。

一、遗址发掘概况

随枣走廊地区先后发掘的周代遗址有枣阳毛狗洞遗址[2]、随州庙台子遗址[3]和枣阳周台遗址[4]等。这三处遗址相距不远，出土陶器器类基本相同，时代上相互连贯，文化面貌上一脉相承，它们的发掘使本地区两周遗址的陶器分期标尺得以建立。

毛狗洞遗址是在文物普查过程中发现一内涵丰富的灰坑后（H1）直接清理的一处周代文化遗存，该灰坑出土陶片数量多，可修复的陶器数量也不少，其中以鬲为主，并有甗、罐、缸等，鬲的形制较为复杂，以深瘪裆锥足鬲居多，也出现了深瘪裆柱足鬲；此外在地表还采集了大量陶片。由于遗址破坏严重，H1和其他地表采集的遗物没有地层依据，只能根据类型学对比推测其大致年代。H1出土遗物中，无论是陶质、陶色、纹饰，还是器类及其形制，都有西周早期风格，而采集的周代陶器，既有与H1出土同型器相同的特征，也有比其早和晚的特征，但最晚不过西周中期。

庙台子遗址是本区经科学发掘的第一处周代文化遗存，发掘面积仅100平方米，地层堆积虽不厚，但早晚关系清楚，其周代文化层分三层，分别为第②、③、④层，遗迹发现不多，仅有两座开口于第①层下打破第②层的灰坑H1、H2。第④层出土陶器有鬲、甗、簋、豆、盆、罐、缸等，除分裆锥足鬲有商文化的遗风外，其余器物的整体特征与毛狗洞遗址H1基本一致；第③层出土的陶器以截锥状柱足鬲最具特色，同样伴出甗、簋、豆、罐，虽然这些器物总的风格与第④层一脉相承，但在形制上存在着较大缺环，通过综合比较，可将其时代定在春秋早期；第②层及H1、H2与第③层相比，器类变化不大，同样是在形制上有更大的发展，借助于类型学的考察，它们的时代以战国早期为宜。

周台遗址是本区已发掘周代遗址中规模最大、地层堆积最厚、遗迹最丰富且时代连贯的一处周代文化遗存，发掘面积近600平方米，地层堆积最厚达2米以上。遗址的周代文化层分三层，分别为第③A、③B、③C层，发现灰坑25座、灰沟3条、房址3座、水井4眼、墓葬3座，这些遗迹的叠压、打破关系还较为复杂，为我们对遗址进行分期提供了重要的地层依据。同时，无论是地层，还是遗迹，都出土了大量陶片，器类有鼎、敦、壶、鬲、甗、甑、簠、豆、盂、盆、罐、瓮、缸、器盖等，它们有着鲜明的时代特征，可划分为从西周晚期到战国中期前后连续发展的六个阶段。

由于以上三处遗址的出土陶器在时代早晚上有着发展脉络的承继性，在时代相同时又有器物特征的一致性。根据出土器物的类型学特征结合遗址的层位关系，我们可以得到它们相互之间的对应关系，从而为这三处遗址出土陶器的分期奠定基础（详见下表）。

随枣走廊已发掘周代遗址的层位关系对照表

遗址	地层和遗迹					
毛狗洞遗址	H1					
庙台子遗址	④层		③层		②层	
周台遗址	M3、G4	F3、H8、H18	③C层和H24～H27、G5、J3、J4	③B层和H7、H21、H22、J2、M1、M2	H4～H6、H13～H17、H19、H20、J1、F2、F4	③A层和H1～H3、H10～H12、G3

二、典型陶器的主要型式

以上三处遗址出土的陶器器类虽然较多，但主要器类只有鬲、甗、簠、豆、盆、罐六种，其数量占出土陶器的80%以上，它们的演变序列清晰，文化特征明显，是本区陶器的代表。为此，我们选择以上六种陶器来分析随枣走廊地区两周遗址典型陶器的型式和分期。

（1）鬲

鬲为主要炊器，自西周早期一直沿用至战国时期，形制表现较为复杂。依据足的不同类型可分为四型。

A型　锥足鬲。数量不多，完整器集中于较早时期，鬲足发现较多。按照裆及足部的变化可分为六式。

Ⅰ式　整体瘦高。侈口，翻沿，近无颈，口径基本等于腹径，腹壁近直，尖袋状锥足较小，分裆不明显，裆线较低，三足略内聚。足面无纹。标本庙T1④:26。

Ⅱ式　整体更瘦高。大侈口，翻沿，长颈，口径与腹径的差别不大，腹壁近直，裆内瘪较甚，裆底呈夹角状，三足内聚，足腔深。足面无纹。标本毛H1:23。

Ⅲ式　整体变宽。口、腹、足腔与Ⅱ式接近，裆底呈弧形，三足近直。足面无纹。标本毛采:3。

Ⅳ式　仅见鬲足。足体较高，裆线高，足腔深。足面满饰绳纹。标本周H25:4。

Ⅴ式　仅见鬲足。足体稍矮，裆线较高，足腔变浅。足面除个别素面外满饰绳纹。标本周H21:15。

Ⅵ式　仅见鬲足。足体较矮，裆线较低，足腔浅。标本周 H3∶6。

B 型　柱足鬲。柱足鬲是本区的主型陶鬲。依据口部特征的不同可分为二亚型。

Ba 型　大口柱足鬲。大口柱足鬲是遗址出土数量最多并从早到晚连续演变的一型陶鬲。侈口，沿外翻，溜肩，口、腹径基本相等，微鼓腹，瘪裆。按照口、颈、裆、足部的变化可分为八式。

Ⅰ式　仅见 1 件。口部残，下腹鼓，裆内瘪特甚呈分裆状，三足顶部交接处呈小锐角，高柱足较细，足腔近袋状。足以上饰中绳纹。标本毛 H∶7。

Ⅱ式　整体较瘦高。尖唇，微束颈，上腹鼓，裆内瘪较甚，三截锥状中高柱足内敛，足腔较深。颈以下满饰细绳纹。标本毛 H1∶26。

Ⅲ式　整体相对变矮胖。圆唇，颈部不明显，中腹鼓，裆内瘪较甚，三截锥状矮柱足略内敛，足腔较深。颈以下满饰细绳纹。标本周 G4∶1。

Ⅳ式　整体较矮胖。圆唇，颈部不明显，中上腹鼓，裆内瘪程度变小，三矮柱足近直，足腔较浅。颈以下除足下部外满饰中绳纹。标本周 G4∶5。

Ⅴ式　整体变化不大。翻折沿，方唇，束短颈，上腹鼓，裆内瘪程度稍小，三中高柱足较直或外撇，足腔有浅有深。颈以下满饰中绳纹，肩部贴一周附加堆纹或间一至两道抹痕。标本周 H8②∶1。

Ⅵ式　除沿翻折并外卷、下沿面平厚外，其余特征与Ⅴ式基本相同。标本周 H26∶1。

Ⅶ式　整体相对较高。翻卷沿，沿圆厚，束短颈，最大径在上腹，裆微内瘪，裆底部较高，柱足有高有矮，足腔有深有浅。标本周 H22∶19、周 H15∶2。

Ⅷ式　整体变化不大。翻卷沿，束颈外扩，裆底较矮，矮柱足，足腔较浅。标本周 H10∶6。

Bb 型　小口柱足鬲。数量不多。微侈口，圆肩，上腹鼓，下腹弧收，最大腹径在中腹或偏上，腹径明显大于口径。按照口、颈、裆、足部的变化可分为四式。

Ⅰ式　仅余口沿。圆唇，斜颈，最大径在中腹。标本庙 T4④∶42。

Ⅱ式　中腹以上特征与Ⅰ式相同，裆自中腹微内瘪，矮截锥状柱足，足腔深。标本庙 T1③∶23。

Ⅲ式　翻折沿，束短颈，最大径移至肩部，弧裆，柱足较高，足腔浅。标本周 T9③C∶16、周 F2∶3。

Ⅳ式　仅余口沿。除束颈边长外，其余特征与Ⅲ式相同。标本周 T6③A∶7。

C 型　乳足鬲。数量不多，且多仅见足部，只有 1 件连接腹部的残器。深腹，下腹缓收，矮平裆，三小乳状足。标本周 T20③B∶3。

D 型　袋足鬲。发现少量几件，仅 1 件保存完整。整体宽扁。小口微侈，翻折沿，矮领，圆肩，浅腹，上腹鼓，下腹弧收，矮平裆，矮尖袋足。标本周 J1∶17。

（2）甗

甗为主要炊器之一，数量也相对较多，在各遗址的每个时代都较为流行。整体形制上下一致。甑体侈口，沿外翻，束颈，鼓腹，束腰；鬲体溜肩。根据鬲体足的不同可分为二型。

A 型　锥足甗。数量较少，且基本存在于西周早期。整体较矮。束腰极短而相对较粗，鬲体瘪裆较甚，裆底呈夹角状，矮锥足，足腔深。标本毛 H1∶2。

B 型　柱足甗。此型甗是甗的主体。侈口，沿外翻，束颈，束腰，瘪裆，柱足。按照整体、口、腰、裆、足的变化可分为八式。

Ⅰ式　整体瘦高。口径远大于肩径，腰细短，肩部短突，裆内瘪较甚，裆底高并呈弧形，足较高细，足腔较深。标本毛 H1∶11、毛 H1∶16。

Ⅱ式　除整体稍宽、腰较长外，其余特征与Ⅰ式接近。标本毛采∶31、毛采∶20。

Ⅲ式　仅见腰部。稍变细，肩部下溜。标本周 G4∶7。

Ⅳ式　整体稍宽。斜束颈极短，圆肩，最大径在肩部，口、肩径基本相等，甗壁斜收，腰稍短粗。标本庙 T1③∶54、庙 T4③∶80。

Ⅴ式　整体稍矮胖。甗体口径与最大腹径基本相等，翻折沿，短颈，肩部圆，腰部较短细，裆内瘪程度相对较小，裆底较高。标本周 J3∶13。

Ⅵ式　除沿翻卷外，其余形制与Ⅴ式相同。标本周 J3∶3、周 H22∶8。

Ⅶ式　在Ⅵ式基础上，上腹外鼓较甚，即上腹径明显大于口径，腰部较长，裆底较矮。标本周 H5∶2。

Ⅷ式　除肩斜溜、腰较粗、裆微瘪、裆底较平外，其余特征与Ⅶ式基本相同。标本周 H3∶2、周 T4③A∶2。

（3）簋

簋是次于豆的食器，周台遗址出土数量较多，毛狗洞遗址和庙台子遗址则少见。根据能否承盖的不同可分为二型。

A 型　数量极少，均残存上部。不承盖。按照整体的变化可分为四式。

Ⅰ式　侈口，束颈稍长，扁鼓腹。标本庙 T4④∶82。

Ⅱ式　侈口，翻沿，短束颈，扁鼓腹，宽圈足。标本毛采∶29。

Ⅲ式　侈口，翻沿，束颈极短，扁鼓腹。标本庙 T3③∶41。

Ⅳ式　敞口，平折沿，口沿下壁面呈宽带状内凹，弧腹内收，圜底。标本周 J3∶18。

B 型　承盖。按照整体、口、柄或圈足的变化可分为六式。

Ⅰ式　残存上部。直口微敛，直壁。除纹饰外的壁面平。壁饰两道凸弦纹。标本庙 T3③∶65。

Ⅱ式　仅存上部。子口，圆唇，折肩，圜底。上腹壁除纹饰外的壁面平。壁饰三道凹弦纹。标本周 T10③C∶20。

Ⅲ式　仅存上部。子口，上腹直，下腹急收，圜底。口沿下饰一道凸弦纹，弦纹下壁面呈宽带状内凹。标本周 H25∶3。

Ⅳ式　直口或微敛口，圆唇，微鼓腹，圜底，矮粗柄，阶梯状喇叭形圈座。纹饰特征与Ⅲ式相同。标本周 H22∶10。

Ⅴ式　口内敛较甚，折沿，方唇，折肩，腹壁自肩部弧收，底、圈座形制及纹饰特征与Ⅴ式基本相同。标本周 F2∶10。

Ⅵ式　除口近直外，其余特征与Ⅳ式相同。标本周 T8③A∶8。

（4）豆

豆是常见的食器，也是出土数量最多的器物，时代特征不甚明显。根据盘壁的不同可分为二型。

A型　折盘豆。近直口，微折盘，浅腹。按照柄的变化可分为五式。

Ⅰ式　折盘在下腹处，柄较粗高，柄内空大。标本庙T4④:87、庙T2④:72。

Ⅱ式　折盘处上移，粗高柄，柄内空较大。标本周G4:3。

Ⅲ式　除柄稍矮外，其余特征与Ⅱ式相近。标本庙T2③:69、庙T2③:52。

Ⅳ式　近直口或微敛口，柄较高细，柄中空较小，喇叭状圈座。标本周J3:5。

Ⅴ式　近直口，柄较细高，柄中空呈锥状至柄上部，内底平，喇叭状圈座。标本周H14:1、周T13③A:7。

B型　弧盘豆。敞口，弧盘。按照腹深、柄的变化可分为四式。

Ⅰ式　盘腹较深，粗高柄，柄中空较大并至盘底。标本周G4:2。

Ⅱ式　盘腹稍浅，柄稍矮，柄中空也缩小。标本庙T4③:4。

Ⅲ式　腹相对较浅，柄较细矮，柄中空较小，圈座较窄。标本周T9③C:15。

Ⅳ式　腹相对较浅，柄较细高，柄中空小，圈座较窄。标本周H21:12、周H5:4。

（5）盆

数量相对较多。大口，除近直口直腹盆因数量少不做讨论外，其余主要为侈口有颈深腹盆，根据颈、肩、腹的不同可分为二型。

A型　束颈折肩或折腹盆，腹壁自折肩或折腹部位斜弧内收。它是盆的主型。按照口沿、颈、肩、腹部的变化可分为六式。

Ⅰ式　大侈口，翻沿，颈较长，颈壁内斜，口径远大于肩径，肩微外凸下折。标本毛采:19。

Ⅱ式　敛口，翻折沿，短束颈，颈壁呈斜直状外扩下折，口径基本与腹径相等，折肩。标本周M3:4。

Ⅲ式　敛口，沿外翻，束颈变长，颈壁仍呈斜直状外扩下折，折肩，肩径明显大于口径。标本周G4:4。

Ⅳ式　侈口，翻折沿，方唇，长颈微束，颈壁略呈弧形外扩，折肩外突不甚，肩径基本等于口径。标本周J3:4、周H21:5。

Ⅴ式　侈口，翻折沿，方唇，微束颈更长，颈壁略内弧，折肩略外凸，肩径明显小于口径。标本周H5:3。

Ⅵ式　敛口，宽沿翻折，束颈极短，溜肩，上腹扁折。标本周T2③A:2。

B型　束颈弧腹盆。数量不多，完整器也少。侈口，沿外翻，束颈，溜肩，鼓腹，下腹弧收，口径与最大肩、腹径相差不大。按照口、颈、肩、腹部的变化可分为四式。

Ⅰ式　束颈极短，圆肩，最大径在肩部。标本庙T4④:35。

Ⅱ式　束颈较长，圆肩，最大径在上腹。标本周J4:5。

Ⅲ式　均为口沿。束颈较短，溜肩，最大径在中腹或略偏上。标本周H22:21。

Ⅳ式　均为口沿。束颈较短，圆肩或折肩，最大径在肩部或上腹部。标本周 H5:13、周 T11③A:5。

(6) 罐

罐是各遗址出土数量最多的器物之一，也是形制最为复杂的器物，而且基本无同一型罐能沿袭始终，即大多数罐的时代特征不甚明显。从大的方面根据有无双耳的不同可分为二型。

A型　无耳罐。小侈口，沿外翻，束颈，有深腹、浅腹之分，浅腹罐只见口沿，时代特征不明显，深腹罐具有一定的分期意义。深腹罐根据口、颈、肩部的不同又分为二亚型。

Aa型　侈口折肩深腹罐。短颈，浅凹底。腹饰绳纹。按照整体、肩、腹的变化可分为四式。

Ⅰ式　整体瘦高。肩长溜下折，肩径远大于口径。标本毛 H1:15。

Ⅱ式　整器较矮胖。宽沿近平，肩径与口径的比差缩小，腹较浅，浅凹底。标本周 M3:1。

Ⅲ式　整器高。翻卷沿上仰，肩径与口径的比差相对较小，深腹，平底。标本周 M1:1。

Ⅳ式　整器宽胖。翻卷沿下压，肩径远大于口径。标本庙 H2:2。

Ab型　侈口圆肩深腹罐。腹饰绳纹。按照口沿、颈部的变化可分为四式。

Ⅰ式　仅存口沿。颈较短，颈壁内斜凹较甚。标本庙 T3④:44。

Ⅱ式　口外侈相对较甚，平折沿，颈较短，颈壁较大弧度内凹。标本周 T10③C:27。

Ⅲ式　均残存口沿。口略外侈，翻折沿，颈较长，颈壁微呈弧形内凹。标本周 T10③B:13。

Ⅳ式　口略外侈，沿翻折，方唇，颈较长，颈壁直，溜肩。标本周 J1:7。

B型　双耳罐。根据整体、口沿、颈部、双耳的不同又可分为四个亚型。

Ba型　中长颈深腹双鼻耳罐。整体匀称。侈口，翻折沿，束中长颈，溜肩，深腹，上腹鼓，下腹弧收，腹径大于口径，凹圜底。按照口沿、颈部的变化可分为三式。

Ⅰ式　平折沿，平唇，颈较长，颈壁近直。标本周 J4:4。

Ⅱ式　翻折沿，方唇，颈稍短，颈壁呈弧形内凹。标本周 T5③A:6。

Ⅲ式　整体瘦高。翻折沿，方唇，颈稍短，颈壁自上部斜外扩。标本周 H10:7。

Bb型　长颈深腹双鼻耳罐。整体瘦高。长颈，溜肩，深腹，凹圜底近平。按照口沿、颈、腹部的变化可分为二式。

Ⅰ式　微侈口，窄平折沿，平唇，颈壁略弧，上腹微鼓，下腹近斜直状弧收。标本周 J1:14。

Ⅱ式　大侈口，翻折沿，方唇，唇内、外沿面各有一道浅凹槽，颈壁呈较大弧度内凹，上腹鼓，下腹呈内曲弧形缓收。标本周 J1:9。

Bc型　小口短颈双鼻耳罐。整体相对较矮胖。窄折沿，束短颈，圆肩，腹相对较浅，上腹鼓，下腹弧收，最大腹径明显大于口径，凹圜底。按照口沿、颈、腹部的变化可分为四式。

Ⅰ式　整体相对瘦高。微侈口，最大腹径在上腹，凹圜底较浅。标本周 J3:11。

Ⅱ式　整体矮胖。侈口，平折沿，平唇，最大腹径在上腹，凹圜底较深。标本周 H21:10。

Ⅲ式　整体变矮胖，外沿下压，最大腹径在中腹，凹圜底较深。标本周 J2:2。

Ⅳ式　残存口沿。微侈口，内侧内敛，平折沿，平唇。标本周 T9③A:10。

Bd型　短颈深腹双弓耳罐。短颈，上腹鼓，深腹。按照口沿、颈部的变化可分为四式。

Ⅰ式　侈口，翻沿，耳孔内壁平，孔纵断面呈半圆形。标本周 J3：14。
Ⅱ式　近直口，卷折沿，颈稍长。标本庙 T3②：25。
Ⅲ式　直口，平折沿，凸圜底。标本庙 H1：6。
Ⅳ式　耳孔内壁内凹，孔纵断面呈椭圆形。标本周 T7③A：10。

三、典型陶器的层位共存关系和分组

上述典型陶器的型式划分实际上是以地层学和类型学相结合的方法得出的，地层学是基础。按照其类型学特征，结合各型陶器的层位关系，我们可将上述典型陶器分为八组。

第一组：层位关系有毛狗洞遗址 H1 和庙台子遗址第④层。器型较少，有 A 型Ⅰ式、A 型Ⅱ式、Ba 型Ⅰ式、Ba 型Ⅱ式、Bb 型Ⅰ式鬲，A 型、B 型Ⅰ式甗，A 型Ⅰ式簋，A 型Ⅰ式豆，B 型Ⅰ式盆，Aa 型Ⅰ式、Ab 型Ⅰ式罐。

第二组：主要为毛狗洞遗址采集遗物，个别为周台遗址被扰进稍晚时代层位的早期遗物。器型不多，有 A 型Ⅲ式、Ba 型Ⅲ式鬲，B 型Ⅱ式甗，A 型Ⅱ式簋，A 型Ⅰ式盆。

第三组：层位关系有周台遗址 M3、G4。器型也不多，有 Ba 型Ⅳ式鬲，B 型Ⅲ式甗，A 型Ⅱ式、B 型Ⅰ式豆，A 型Ⅱ式、A 型Ⅲ式盆，Aa 型Ⅱ式罐。

第四组：层位关系有庙台子遗址第③层和周台遗址 F3、H8、H18。器型数量依然较少，有 Ba 型Ⅴ式、Bb 型Ⅱ式鬲，B 型Ⅳ式甗，A 型Ⅲ式、B 型Ⅰ式簋，A 型Ⅲ式、B 型Ⅱ式豆。

第五组：层位关系有周台遗址第③C 层和 H24 ~ H27、G5、J3、J4。器型数量增多，有 A 型Ⅳ式、Ba 型Ⅵ式、Bb 型Ⅲ式鬲，B 型Ⅴ式、B 型Ⅵ式甗，A 型Ⅳ式、B 型Ⅱ式、B 型Ⅲ式簋，A 型Ⅳ式、B 型Ⅲ式、B 型Ⅳ式豆，A 型Ⅳ式、B 型Ⅱ式盆，Ab 型Ⅱ式、Ba 型Ⅰ式、Bc 型Ⅰ式、Bd 型Ⅰ式罐。

第六组：层位关系有周台遗址第③B 层和 H7、H21、H22、J2、M1、M2。器型数量更多，B 型Ⅵ式甗和 A 型Ⅳ式、B 型Ⅲ式、B 型Ⅳ式豆，A 型Ⅳ式、B 型Ⅱ式盆继续使用，新出现的有 A 型Ⅴ式、Ba 型Ⅶ式、C 型鬲，B 型Ⅳ式簋，Aa 型Ⅲ式、Ab 型Ⅲ式、Bc 型Ⅱ式、Bc 型Ⅲ式罐。

第七组：层位关系有庙台子遗址第②层、H1、H2 和周台遗址 H4 ~ H6、H13 ~ H17、H19、H20、J1、F2、F4。不仅器型数量较多，而且前组在本组继续使用的器型也很多，有 Ba 型Ⅶ式、Bb 型Ⅲ式鬲，B 型Ⅵ式甗，B 型Ⅱ式簋，B 型Ⅲ式、B 型Ⅳ式豆，A 型Ⅳ式盆，Aa 型Ⅲ式、Ab 型Ⅲ式、Ba 型Ⅰ式、Bc 型Ⅲ式、Bd 型Ⅰ式、Bd 型Ⅱ式罐，新出现的器型有 D 型鬲，B 型Ⅶ式甗，B 型Ⅴ式簋，A 型Ⅴ式豆，A 型Ⅴ式、B 型Ⅳ式盆，Aa 型Ⅳ式、Ab 型Ⅳ式、Bb 型Ⅰ式、Bb 型Ⅱ式、Bd 型Ⅱ式、Bd 型Ⅲ式罐。

第八组：层位关系有周台遗址第③A 层和 H1 ~ H3、H10 ~ H12、G3。前组在本组继续使用的器型依然不少，有 A 型Ⅳ式、Ba 型Ⅶ式、D 型鬲，B 型Ⅶ式甗，B 型Ⅱ式、B 型Ⅲ式、B 型Ⅵ式簋，A 型Ⅴ式、B 型Ⅲ式、B 型Ⅳ式豆，B 型Ⅳ式盆，Aa 型Ⅲ式、Ab 型Ⅲ式、Ab 型Ⅳ式、Bc 型Ⅲ式罐，新出现的器型有 A 型Ⅵ式、Ba 型Ⅷ式、Bb 型Ⅳ式鬲，B 型Ⅷ式甗，B 型Ⅵ式簋，A 型Ⅵ式盆，Ba 型Ⅱ式、Ba 型Ⅲ式、Bc 型Ⅳ式、Bd 型Ⅳ式罐。

期别	年代	鬲				
		A型	Ba型	Bb型	C型	D型
一	西周早期	Ⅰ式(庙T1④:26)	Ⅰ式(毛H1:7)	Ⅰ式(庙T4④:42)		
二	西周中期	Ⅱ式(毛H1:23) Ⅲ式(毛采:3)	Ⅱ式(毛H1:26) Ⅲ式(周G4:1)			
三	西周晚期		Ⅳ式(周G4:5)			
四	春秋早期		Ⅴ式(周H8②:1)	Ⅱ式(庙T1③:23)		
五	春秋中期	Ⅳ式(周H25:4)	Ⅵ式(周H26:1)	Ⅲ式(周T9③C:16)		
六	春秋晚期	Ⅴ式(周H21:15)	Ⅶ式(周H22:19)		周T20③B:3	
七	战国早期		Ⅶ式(周H15:2)	Ⅲ式(周F2:3)		周J1:17
八	战国中期	Ⅵ式(周H3:6)	Ⅷ式(周H10:6)	Ⅳ式(周T6③A:7)		

随枣走廊两周遗址典型陶器的分期

型	鬲 B型(瓬体)	B型(鬲体、腰)	簋 A型	B型
Ⅰ式(：2)	Ⅰ式(毛H1：11)	Ⅰ式(毛H1：16)	Ⅰ式(庙T4④：82)	
	Ⅱ式(毛采：31)	Ⅱ式(毛采：20)	Ⅱ式(毛采：29)	
		Ⅲ式(周G4：7)		
	Ⅳ式(庙T1③：54)	Ⅳ式(庙T4③：80)	Ⅲ式(庙T3③：41)	Ⅱ式(庙T3③：65)
	Ⅴ式(周J3：13)	Ⅵ式(周J3：3)	Ⅳ式(周J3：18)	Ⅱ式(周T10③C：20) Ⅲ式(周H25：3)
		Ⅵ式(周H22：8)		Ⅳ式(周H22：10)
	Ⅶ式(周H5：2)			Ⅴ式(周F2：10)
	Ⅷ式(周H3：2)	Ⅷ式(周T4③A：2)		Ⅵ式(周T8③A：8)

陶器分期图(一)

期别	年代	豆 A型	豆 B型	盆 A型	盆 B型
一	西周早期	Ⅰ式(庙T4④:87) Ⅰ式(庙T2④:72)			Ⅰ式(庙T4④:3
二	西周中期			Ⅰ式(毛采:19)	
三	西周晚期	Ⅱ式(周G4:3)	Ⅰ式(周G4:2)	Ⅱ式(周M3:4)	Ⅲ式(周G4:4)
四	春秋早期	Ⅲ式(庙T2③:69) Ⅲ式(庙T2③:52)	Ⅱ式(庙T4③:4)		
五	春秋中期	Ⅳ式(周J3:5)	Ⅲ式(周T9③C:15)	Ⅳ式(周J3:4)	Ⅱ式(周J4:5)
六	春秋晚期		Ⅳ式(周H21:12)	Ⅳ式(周H21:5)	Ⅲ式(周H22:
七	战国早期	Ⅴ式(周H14:1)	Ⅳ式(周H5:4)	Ⅴ式(周H5:3)	Ⅳ式(周H5:13
八	战国中期	Ⅴ式(周T13③A:7)		Ⅵ式(周T2③A:2)	Ⅳ式(周T11③A

随枣走廊两周遗址典型陶器的分期

罐					
Ab型	Ba型	Bb型	Bc型	Bd型
Ⅰ式(庙T3④:44)				
Ⅱ式(周T10③C:27)	Ⅰ式(周J4:4)		Ⅰ式(周J3:11)	Ⅰ式(周J3:14)
Ⅲ式(周T10③B:13)			Ⅱ式(周H21:10)	
Ⅳ式(周J1:7)	Ⅰ式(周J1:14)	Ⅲ式(周J2:2)		Ⅱ式(庙T3②:25)
	Ⅱ式(周T5③A:6)	Ⅱ式(周J1:9)	Ⅳ式(周T9③A:10)	Ⅲ式(庙H1:6)
	Ⅲ式(周H10:7)			Ⅳ式(周T7③A:10)

陶器分期图(二)

由于时代较早的毛狗洞遗址只是清理性试掘，庙台子遗址的发掘面积不大，二者所得资料有限，加上各遗址在形成之初的范围较小，客观上造成了前四组典型陶器器型的相对缺失和时代上的某些缺环，自第四组之后这种情况有了很大的改变，不仅器型丰富了许多，而且同种器型的沿用和过渡也十分明显。

四、典型陶器的分期和年代推测

以上典型陶器正是建立在地层学和类型学上的分组，使得每组陶器表现出不同的时代特征。据此，我们将八组典型陶器对应地分为八期，分期结果见下图。

第一期：该期所有器物整体瘦高。鬲大侈口，沿外翻，颈部微内凹，且颈、肩、上腹分界不明显，基本呈上下线状连贯，深腹，除 A 型 I 式近分裆外其余鬲的裆近肩部呈垂直状内瘪且较甚，裆底交接处多有夹角，三足内聚；锥足鬲占主体，柱足鬲极少且足矮细、足腔深。甗的作风与鬲相近。A 型 I 式簋扁鼓腹。A 型 I 式豆折盘深，柄较粗。Aa 型 I 式罐小口微外侈，肩长斜下折。它们表现出西周早期文化特征，与沣西西周早期居址[5]和张家坡墓地西周早期墓地[6]同型器物特征基本一致。其中 A 型 I 式分裆锥足鬲显然是本区商代陶鬲的残留，而 Ba 型 I 式鬲无疑有先周文化风格。因此，我们推断本期的年代为西周早期，有的还可早到殷末周初。

第二期：该期 A 型Ⅲ式、Ba 型Ⅲ式鬲和 B 型Ⅱ式甗与第一期的风格比较接近，只是时代特征更晚一些，如鬲整体变宽，裆自肩部向下呈斜行内瘪，且中部内瘪更甚，裆底基本呈弧形，B 型鬲足变粗，为截锥状柱足。B 型Ⅱ式甗之上部稍宽，腰稍长。A 型Ⅱ式簋已完全脱离了西周早期前段斜深腹矮宽圈足几何纹的殷式簋作风，而成为周人在西周早期后段和西周中期前段流行的浅腹较高圈足素面簋。A 型 I 式盆之口径与肩径的比差较大，与西周中期沣西地区常见的同型盆形制相差不大。依据其形制判断，我们认为本期以西周中期为宜。其中 Ba 型Ⅲ式鬲与襄樊真武山 H36 所出 B 型 I 式鬲[7]相近，这种形制的鬲还可在黄陂鲁台山 H1 出土的Ⅲ式鬲[8]上找到许多共同点，其时代可能稍晚，约在西周中期偏晚阶段，其余器型则相当于西周中期偏早阶段。

第三期：本期器物中，Ba 型Ⅳ式鬲与 Ba 型Ⅲ式鬲相比，只是裆内瘪程度相对较小，柱足变高，时代应稍晚。A 型Ⅱ式、B 型 I 式豆豆盘较深，豆柄较粗，具备时代较早的特征。A 型Ⅱ式、A 型Ⅲ式盆翻折沿，折肩外凸，下腹弧收，其中 A 型Ⅱ式盆整体较矮，折腹近口部，A 型Ⅲ式盆整体较高，折腹处离口部较长，他们分别与沣西地区西周中、晚期同型盆[9]类似，从周台遗址陶盆的发展序列看，这种形制的盆要早于与本遗址稍晚层位或遗迹单位所出相同形制的襄樊真武山 A 型 I 式盆[10]。Aa 型Ⅱ式罐明显变矮胖，除凹圜底较深、中腹饰绳纹不同于沣西张家坡 M304 出土的 B 型Ⅺb 式罐[11]的平底、下腹素面作风外，其余形制及纹饰特征几乎完全相同。由此，本期年代相当于西周晚期，A 型Ⅱ式盆、Aa 型Ⅱ式罐的时代特征明显偏早，可能属西周晚期的偏早阶段。

第四期：该期的 Ba 型Ⅴ式鬲翻折沿，方唇，束短颈，瘪裆不深，矮柱足或高柱足，延续西周晚期风格，除整体形制外在肩部贴附加堆纹的做法与宜城肖家岭春秋早期 H18 之 I 型 1、2

式鬲[12]几乎一致。B 型Ⅳ式甗同样有西周时期特征。A 型Ⅲ式簋仍然继承前期同型簋的风格；B 型 I 式簋为新的器型，其形态特征显然与沣西、洛阳地区出土的西周簋差别较大，整体形制与当阳赵家湖[13]、江陵九店甲组墓[14]出土的簋较为相似。A 型Ⅲ式豆的矮粗把特别是中间带凹弦纹或凸箍的豆柄与 1992 年沣西西周晚期墓出土的豆柄[15]有着一致的风格。综合上述因素，我们认为，本期时代以春秋早期为宜。

第五期：该期的 A 型Ⅳ式鬲仅见鬲足，其高裆深腹的形制显然有西周锥足鬲特点；Ba 型Ⅵ式鬲与 Ba 型Ⅴ式鬲相比，只是口沿和颈部有小的变化，其余特征基本一致；Bb 型Ⅲ式鬲小口弧裆，其形制与南阳龚营遗址[16]春秋中期较常见的同型鬲一致。B 型Ⅴ式、B 型Ⅵ式甗甑体变宽胖，后者沿开始翻卷，腰较长，鬲体有的裆内瘪不深，裆底较矮，柱足不高，足腔较深，呈现出相对较晚的特点。A 型Ⅳ式簋与 A 型Ⅲ式簋相比有较大的不同。至于豆，无论是 A 型Ⅳ式折盘豆，还是 B 型Ⅲ式、B 型Ⅳ式弧盘豆，豆盘普遍变浅，豆柄变高变细，其形制虽在春秋早期已然出现，但由于其沿用时间长，时代特征不是很强，似乎更多地具有春秋中期的特点。A 型Ⅳ式盆翻折沿，颈部略凹，其形制介于襄樊真武山 A 型Ⅰ式、A 型Ⅱ式盆[17]之间；B 型Ⅱ式盆也有与以上对比遗址所出同型盆一致的特征。Ba 型Ⅰ式罐与大悟吕王城Ⅱ式罐 T2③:48[18]类似。按照本期典型陶器群的总体特征，本期年代应在春秋中期。

第六期：该期的 A 型Ⅴ式鬲足裆线变低，足腔变浅；Ba 型Ⅶ式鬲在前期基础上继续发展，主要反映在翻卷沿的出现和流行上，相对于本区而言，这是一种全新的风格，与黄陂鲁台山 M9 之 Ⅰ 式鬲[19]相近；而大深腹、弧裆近平、矮乳状足的 C 型鬲可从曲阜鲁国故城春秋中、晚期遗址、墓葬出土的陶鬲中[20]找到许多相同特征。B 型Ⅳ式簋与前期簋的形制一脉相承且变化不大。B 型盆全为口沿。Aa 型Ⅲ式罐与 Aa 型Ⅱ式罐之间有较大的缺环。综此，本期年代约在春秋晚期。

第七期：从出土的陶器群看，本期与前期的衔接十分紧密。D 型鬲较多地见于本地和南阳盆地及江陵地区春秋晚期到战国早期遗址、墓葬中。B 型Ⅶ式甗之甑体作风与宜城郭家岗之Ⅶ式甗[21]较近。B 型Ⅴ式簋、A 型Ⅳ式豆及 B 型罐都表现出较晚的特点。据以上标型器的形制特征推测，本期年代约为战国早期。

第八期：本期的 Ba 型Ⅷ式鬲近平裆，形制与江陵战国中期楚文化遗址和墓葬出土的同型鬲风格一致。B 型Ⅴ式甗之甑体肩部外鼓较甚，鬲体瘦高，裆略瘪，裆底较低平，明显较前期为晚。B 型Ⅴ式簋除口部外，基本特征与 B 型Ⅳ式一致。豆的变化不大。A 型Ⅵ式盆折肩处外凸。依据以上时代特征明显的器物形制并与相同层位共出的高蹄足鼎、带卡口的敦盖综合考虑，本期年代约在战国中期。

通过已发掘遗址出土典型陶器的层位关系，结合各型陶器的时代特征，我们将随枣走廊地区的典型陶器分成了八期，它基本涵盖了除战国晚期以外的整个两周时期，其延续时间是连贯的，发展脉络是清晰的，可以说基本建立了本区两周遗址陶器的时代序列。同时，它的文化面貌也是独特的，即使是与邻近的襄宜平原和南阳盆地相比也有较大的不同，这除了有地理环境的因素外，还应有政治格局的不同和变化，这一点因限于篇幅将另文论述。

注　释

[1]　襄樊市文物普查办公室等：《襄樊市文物史迹普查实录》，今日中国出版社，1995年。
[2]　襄樊市博物馆：《湖北枣阳毛狗洞遗址调查》，《江汉考古》1988年第3期。
[3]　武汉大学考古教研室等：《西花园与庙台子》，武汉大学出版社，1993年。
[4]　襄樊市文物考古研究所等：《枣阳周台遗址发掘报告》，见本文集。
[5]　中国科学院考古研究所：《沣西发掘报告》，文物出版社，1962年。
[6]〔9〕〔11〕　中国社会科学院考古研究所：《张家坡西周墓地》，中国大百科全书出版社，1999年。
[7]〔10〕〔17〕　湖北省文物考古研究所等：《湖北襄樊真武山遗址》，《考古学集刊》第9集。
[8]〔19〕　黄陂县文化馆等：《湖北黄陂鲁台山两周遗址和墓葬》，《江汉考古》1982年第2期。
[12]　湖北省文物考古研究所等：《湖北宜城县肖家岭遗址的发掘》，《文物》1999年第1期。
[13]　湖北省宜昌地区博物馆等：《当阳赵家湖楚墓》，文物出版社，1992年。
[14]　湖北省文物考古研究所：《江陵九店东周墓》，科学出版社，1995年。
[15]　中国社会科学院考古研究所沣镐队：《1992年沣西发掘简报》，《考古》1994年第11期。
[16]　武汉大学考古系发掘资料。
[18]　孝感地区博物馆：《大悟吕王城重点调查简报》，《江汉考古》1985年第3期。
[20]　山东省文物考古研究所等：《曲阜鲁国故城》，齐鲁书社，1982年。

楚文化在宜城平原发展的考古学观察

王先福

考古学楚文化的甄别，与楚文化的来源密切相关，关于楚文化的来源尽管多说并存，但以中原文化主源说和江汉土著主源说为主导，二者尖锐对立，由此导致对考古学早期楚文化面貌的认定存在较大的分歧。如果抛开先入为主的想法，我们不是沿着事先已确定的成熟的楚文化特征往上追溯，同时沿着早期中原文化或江汉土著文化的发展脉络往下探寻，以求找到两者之间的结合点，进而确定考古学早期楚文化面貌，而是先从楚族源入手，通过其社会文明的发展历程来判定考古学楚文化的面貌，那么，楚文化的来源问题或许就会明朗起来。这一点已通过不少前辈先贤们的努力取得了丰硕成果。正是由于楚族源自中原华夏集团，其考古学早期楚文化的面貌自然受到中原文化的强烈影响，时代愈早，中原文化的特征愈浓，随着楚国势力的发展，楚文化在不断兼收并蓄的基础上逐渐形成特色，最终到春秋中期趋于成熟，并得到进一步的发展，直至鼎盛。在这一历史发展过程中，今宜城平原所处的地理区域无疑有着至关重要的衔接作用，尤其是它与楚王徙都郢这一楚国历史上具有承上启下意义的标志性事件紧紧相连。关于楚王迁郢是武王还是文王，"始都郢"之郢地望是在今宜城平原的楚皇城附近还是在今江汉平原的纪南城，石泉[1]、王光镐[2]等先生已运用强有力的文献学、历史地理学证据并结合考古资料考证出楚武王迁都郢于今宜城楚皇城的基本事实。楚郢都的营建与发展也带来了楚文化在宜城平原的繁荣。

一、楚遗存的现状

一般来讲，同一时期的考古学文化遗存有着层次上的差别，这其中以中心聚落或城址为最高，尤其是都城遗址更具特殊意义，其次是高等级的公共墓地，再次是中心聚落或城址周边的村落遗址及墓地，最后是普通的村落遗址和墓地。作为春秋时期楚国都的郢都在当时楚国的中心地位是不容置疑的，它在当时楚文化遗存中的层次自然也是最高的。

从目前发现可知，今宜城平原上的楚皇城作为楚国的一座城址，其遗存的级别在该区域无疑是最高的。其虽未经大规模的考古发掘，但两次勘查试掘得到的考古资料[3]已能说明其在当时楚国历史上的重要地位。

楚皇城城址位于汉水西岸一高岗地上，处北进中原南控两湖的交通要道。面积2.2平方公里。其选址符合临水居高且交通便利的特点；城址平面呈长方形，与中原都城形状相同；现存城垣基本完整，墙基宽厚，内外有护坡，采用板筑法夯筑墙体和护坡，夯土铺垫均匀，夯筑结实，整个筑城技术较为先进；城内布局体现了合理规划的思想，城址的核心"金城"位于城内中部偏东北一块高出的台地上，除北部依托外城城垣外，其他面均另筑城垣，且墙基更为宽大，"金城"南部偏东俗称"散金坡"，多次发现金币、金块、金屑，这里可能是重要的宫殿或府库所在地，城内还发现过不少陶窑、井及制陶作坊等遗迹；城垣外侧有护城河，城内四角设有烽火台，它们与高大坚固的城垣共同构筑起了一道完整的防御体系。无论从哪个角度讲，楚皇城都是一座有相当规模、讲究布局、功能完备的中心城市。

该城城墙夯土及城址内外出土的遗物虽有早至新石器时代、晚至秦汉时期者，但以涵盖整个东周时期的遗物最为丰富。东周遗物除了陶鬲、豆、壶、罐、盂、盆等大量日用生活器及筒瓦、板瓦、瓦当等建筑材料外，还出土了部分制作精良的铜器，如大铜方壶、带流铜鼎、提链铜壶、错金嵌玉铜带钩及铜车軎、蚁鼻钱、"王"字铜印[4]等，这些显然非一般庶民所能拥有，其中大铜方壶的时代当在春秋早期，与楚武王迁鄀时代相当。此外，在城内"散金坡"历年还多次发现较多的"郢爰"、"陈爰"等楚国金币，更说明这里曾是楚国的政治、经济中心。

当然，由于城墙夯土中包涵有晚期遗物，有的据此推测城址的建造年代早不过春秋晚期乃至战国早期，这实际上是城址连续发展过程中的必然现象。城垣筑造得再早，如果后期屡屡增筑，或许经解剖的墙段正好为晚期所新筑或毁后重修等，其中包含着晚期遗物自然是正常的。还可能因"若敖、蚡冒至于武、文，土不过同，慎其四竟，犹不城郢"[5]之故，尽管楚武王"始都郢"，但"城郭未圉"，以后虽有几次增修，规模仍然不大，城垣筑造简陋，这当与楚一直在外线作战有关。而到春秋晚期，随着吴国的崛起，吴楚争战，楚人才真正注重郢都的建造，至鲁昭公二十三年（公元前519年）才有囊瓦城郢之事。即使如此，郢都仍免不了最终为吴所取。该处在楚都南迁至今江陵纪南城后再度增修，仍作为楚国的重要都邑存在。

与高等级的楚皇城城址相呼应的是，宜城平原上也分布着多处不同等级的楚墓地。按照等级划分，楚墓地简单分为中上等高级贵族墓地和下等贵族、庶民墓地，等级不同对墓地的选择也不同。简言之，下等贵族、庶民墓地的选择就相对简单得多，离城不会太远，地理位置和地理环境要求也不那么严格；而中上等贵族墓地的选择则较下等贵族、庶民墓地严格得多，从它地已发掘的不同时代同等级的墓葬来看，此类墓地一般选择在地势较高的自然岗地或山包上，附近多有河流或湖泊，且离城不太远，约为20公里。考古调查和发掘证明，宜城平原上楚墓地的布局也是如此。

在楚皇城城址附近就有几处下等贵族、庶民墓地，城西雷家坡、魏岗两个墓地已清理8座这一等级的战国墓[6]；城北白庙墓地也清理了不少该等级的战国墓，其中M43出土有带"竟"字地名的战国中期偏晚或战国晚期偏早阶段的铜鼎2件[7]，它为古竟陵在今宜城南部提供了重要线索，从而为古文献所记以古竟陵为参照系的秦汉江陵县乃至楚郢都也在今宜城以南找到了原始依据。

而等级较高、分布集中的墓地主要有两处，分别位于宜城平原西、南边缘的岗地上。

宜城平原西部边缘岗地上的墓地主要处今南漳县武安镇与宜城市朱市镇之间，以安乐堰墓群为主。该墓群处一条南北向岗地上，长约2公里。经调查和钻探得知，岗上墓葬分布密集，总数在200座以上，有的有封土堆，有的无封土堆，规模有大有小，时代有早有晚。1958年，曾在此地出土过一件"蔡侯朱之缶"[8]，为春秋晚期器。据《春秋·昭公二十一年》（公元前

521年）载，"冬，蔡侯朱出奔楚。"该器出于此地，是蔡侯朱奔楚的证据。1987年，又在朱市镇黄土坡出土了一件"蔡大膳夫"簠[9]，上下器体呈矩形，器壁斜收如斗形，有对称的四个兽面耳，通体饰交体龙纹，有规律排列56个乳钉，上下器内底均有铭文六行三十一字；并伴出铜鼎一件。从形制考察，两器时代为春秋早期。根据文献记载，楚自春秋初年开始扩张并蓬勃兴起后，蔡国逐渐被纳入了楚人的势力范围，以上两件蔡器在此地的出土一方面说明了楚蔡关系的亲密，另一方面也为楚早期郢都在今宜城楚皇城附近和高级贵族墓地可能在此提供了有力证据。此外，在该地域范围内还有一些小的墓地和独立的较大型封土堆。

宜城平原南部边缘岗地上的墓地主要有母牛山（蒋湾）、凤凰山（骆家山）、肖家洼子、罗岗墓群等。母牛山墓群曾四次发现青铜器，其中1989年从1座残墓内清理出铜鼎、簠、缶、盘、匜等青铜器15件，四批青铜器的时代均为春秋时期[10]。凤凰山墓群现暴露出多座土坑墓墓口，1979年清理1座土坑墓，出土有铜鼎、盏、戈各1件，时代为春战之交[11]。肖家洼子墓群曾发现10余座土坑墓，已清理的1座残墓出土有铜鼎、敦、盖豆、剑及陶鼎、簠、罐等，铜敦、盖豆铸造精良，花纹精美，墓葬时代为战国中期[12]。罗岗墓群经钻探发现16座墓葬，墓葬的分布既自成一体、具有一定的规模性，又相互联系。它们大致可分为三组，各组排列按等级高低从南到北、由东到西，整个墓地又以M1为主墓，其中发掘了M1的车马坑及M3。车马坑配置7辆车18匹马，并出土了相当精美的铜车马器构件，M3设三级台阶，带斜坡墓道，出土七鼎等仿铜陶礼器。推测M1和M3为异穴合葬的夫妇墓，墓葬时代为战国中期，墓地性质当是一处由"冢人"管理的贵族公墓区[13]。

退一步而言，即使楚武王所迁之郢都不在今楚皇城城址，它也很可能是宜城平原上某一大型中心聚落遗址。这除了以上提到的平原外围有时代早、延续长、规格高的大型墓地外，还有十分密集的不同规模的楚文化遗址存在。

从地理环境上看，宜城平原位于汉水中游的西岸，北过今潼口河（古鄢水[14]）前走20公里也是汉水，西、南接丘陵岗地，它是一个南北长约40、东西宽约15公里的狭长冲积平原。现有文物普查和考古发掘资料表明，就在这不大的范围内分布着近60处楚文化遗址。这些遗址中自西周晚期开始兴起并向东周时代发展的虽仅6处，但自春秋早期或中期就开始形成并向前发展的却占多数。它们分布密集，大多地层堆积较厚，内涵丰富，周围也有相应的墓地，其中不少遗址面积相当大，延续时间长，成为一个小区域内的中心聚落，如宜城平原南部的小胡岗、中部的郭家岗遗址，其面积就达100万平方米以上，后者的最早时代不晚于两周之际。面积在10~30万平方米之间的遗址有9处，分布于宜城平原的北、中、西、南部，以南部居多[15]。从整个分布情况看，宜城平原楚文化遗址大致可分为六个中心聚落，附近有小遗址环绕，其中或许就有一个是楚之郢都，其他的聚落则共同拱卫着楚国都郢。这种情况既是楚郢都营建后带来周边聚落迅速发展的必然结果，也是楚郢都在今宜城平原的有力旁证。

二、楚遗存的文化面貌

如前所述，已知文物调查和考古发掘资料基本搭建起了宜城平原楚文化发展的框架，其时代起自西周晚期或两周之际，一直延续到战国晚期，整个文化序列发展清楚，特征鲜明。

宜城平原自西周晚期或两周之际延续发展的楚文化遗址有6处，分别为宜城丁家冲、新营、王旗营、郭家岗遗址和南漳打鼓台、观上遗址等，经正式发掘的只有郭家岗遗址。采集或出土的具有西周晚期或两周之际特征的瘪裆鬲、粗空柄弧盘豆、折肩罐（瓮）与中原姬周文化有着多而明显的共同点，当是受其影响所致。

西周王朝建立后，周人势力南扩，并占领了南阳盆地、宜城平原，将本区纳入了周人的统治范围，随后周王朝分封诸侯国镇守其南土。这些区域保留较多的中原姬周文化传统是顺理成章的事，这从汉水南北两岸的襄樊真武山遗址[16]、黄家村遗址[17]西周遗存中可以找到充分的证明。到西周晚期，楚熊渠开始了楚国历史上的第一次外扩，尽管楚人势力发展到了宜城平原，但仍未摒弃中原姬周文化的传统，以上6处遗址采集或出土的这一时期遗物就是很好的证明。大致从春秋初年始，地处汉水中游交通要道上的宜城平原就成为了楚人活动的中心地带，特别是楚武王徙郢于此后，使楚国重心南移，这里更成为楚国的腹心地区，楚文化也得以迅速发展。

自春秋早期至战国晚期宜城平原楚文化遗址的文化面貌可以从已发掘的郭家岗[18]、肖家岭[19]、桐树园[20]等遗址中得到反映，尤其是郭家岗和肖家岭遗址都有独立的发展序列。这3处遗址均以春秋遗存为主，并具有比较典型的楚文化特征。

郭家岗遗址东距楚皇城约12公里，面积达120万平方米。遗址共分七期，分别为西周晚期或两周之际及春秋早、中、晚期和战国早、中、晚期。标型器为日用陶器鬲、盂、豆、罐，其组合完整，建立在清晰地层关系上的器物发展序列清楚。从各期器物发展变化的特征看，其文化面貌是继承前期风格并渐次变化发展的，有一条清晰的脉络贯穿整个发展过程。第一期处西周晚期或两周之际，楚人独有的特征有限，陶器的文化面貌具有较为浓厚的姬周文化特征，而进入第二期即春秋早期后，尽管承袭了第一期的部分因素，如鬲的瘪裆特征仍较普遍等，但总体来说，文化面貌发生了较大的变化，在中原姬周文化的基础上更多地吸收了地方文化特点并开始注入楚人的审美情趣加以创造，如鬲足趋向更高、豆柄也渐趋细高、豆盘弧深、罐腹深鼓等，他们与同期中原地区同类器的形制差别拉大。从第三期即春秋中期开始，典型楚文化风格全面形成，其总体文化面貌与江陵、宜昌等地所发现的楚文化面貌基本一致，虽然鬲瘪裆的特征在本期乃至更晚时期继续存在，但裆内瘪的程度在减少，联裆鬲已经出现并趋于成熟，高柱足鬲占绝对优势，其他如盂、豆、罐的变化同样明显。自此后的各期文化面貌在本期典型楚文化面貌的基础上继续沿用和发展，这种发展是一脉相承并循序渐进的，而没有出现某一阶段文化面貌的突变，即使是在楚郢都陷落并南迁今江陵纪南城后也是如此。从该遗址的地层堆积、遗迹遗物特征可知，郭家岗遗址是一个相对独立发展的楚文化中心聚落遗址。

肖家岭遗址东南距楚皇城约8公里，被破坏严重。遗址共分四期，分别为春秋早、中、晚期和战国早期，尤以春秋早期文化遗存最为丰富。春秋早期出土的大口深腹柱足鬲为典型的楚式大口鬲所继承，但承接中原姬周文化而来的瘪裆特征渐为联裆所取代，与大口深腹瘪裆鬲一样，同出的大口深腹甗、折腹盆、肩部带暗纹的圆腹盆、短柄覆碗状座弧盘豆及折盘豆等极富个性特征的器物兼具中原、地方等多方面的特点，它们均可通过本区或北部更早遗址出土的同类器物在中原姬周文化找到其祖型，同时又摆脱了中原姬周文化的传统模式，自成体系。春秋中期文化面貌在继承前期风格的基础上进一步发展，联裆鬲盛行，柱足渐高，豆柄开始向细高方向发展，豆盘饰暗纹的现象较为普遍，整个器物组合和形制突显出了强烈的楚文化特点。分别在春秋早、中期出土的两片甲骨的钻凿方式与中原也有密切关系。春秋中期之后，这种成熟的楚文化面貌继续向前发展，其发展轨迹与其他典型楚文化遗址发展轨迹基本一致。

桐树园遗址东南距楚皇城约8公里，与肖家岭遗址相邻。由于发掘面积较少，出土陶片少而零碎，地层简单，无法分期。遗迹仅见灰坑，其结构特点、填土性质及出土遗物形制相近，包含物既有早到春秋中期的鬲、豆，也有晚到战国时期的器物，发掘报告推测为二次堆积而成。其文化面貌与本区其他遗址同期同类物风格相近，将其纳入楚文化范围是不成问题的。考虑到出土陶器数量、种类少且火候低、色不纯等特点，该遗址可能是附属于中心聚落的普通村落，遗址的层次较低。

当然，以上遗址即使是在春秋中期以后楚文化占绝对统治地位的时期，中原文化因素也或多或少地存在，如郭家岗、肖家岭遗址均出土的乳足鬲和郭家岗遗址出土的子口盖豆等，这实际是文化交流、融合的结果。还有一种双耳罐，主要流行于本地，且自成序列，是地方特征的体现。

除以上正式发掘的几处楚文化遗址外，经试掘的还有楚皇城城址[21]，其选址、建制、布局等与中原姬周乃至列国都城相近，基本上沿用了中原姬周文化的传统模式，同时又根据当地的地理环境因地制宜进行建设，如"金城"建于王城内靠东北部的高台地上，突破了宫城居中的思想。城内出土的铜鼎、壶等春秋战国铜器明显受到中原姬周青铜器风格的影响，其中铜方壶长颈，溜肩，垂鼓腹，大圈足，颈部铸对称的兽耳一对，身饰粗窃曲纹，时代为春秋早期；提链铜壶平盖长颈，鼓腹，大圈足，双耳铺首形，附接铜链提梁，腹饰卷云纹、蟠螭纹，其时代约在春秋中期；铜鼎带流承盖，平底浅腹，兽蹄高足，附圆环耳，时代为战国时期，楚风浓郁。日用陶器的时代相对较晚，具有典型的楚文化风格。

可能作为楚中高级贵族墓地的两大片墓地中均出土有春秋中、晚期的青铜器，其礼器或以鼎、盏组合，或以鼎、簠组合，前者仅见一例，后者较多，为我们揭示了应最能体现典型楚文化特征的楚贵族集团青铜文化之一角。鼎的形制一般为微敛口，折沿，附耳较直，腹相对较深，蹄足；簠上下器扣合，直口，折肩，直壁，矩足；盏直口，束颈，折肩，腹近直，腹有四环耳，圜底，三较矮兽蹄足，承三环纽浅弧盘状盖。这些青铜器身均饰两周之际至春秋晚期较为流行的窃曲纹、蟠螭纹、绚索纹等。鼎、簠作为单独的器形最早均来源于中原姬周文化，楚人虽继承了这两种器形，但将二者搭配在一起，成为一种新的组合方式，以区别其他；盏也是楚人的一种创造，其原型也可能来源于中原姬周文化的某种盛食器（簋或盆）。到春战之交特别是战国时期，青铜器的组合基本为鼎、敦、壶所取代，这只是楚文化自身发展的结果。

中小型楚墓发掘的数量不多，时代较晚，均在战国时期，其日用陶器及仿铜陶礼器组合和器物形制与同时期襄樊甚至江陵、宜昌地区的同类墓葬基本一致。

从以上宜城所试掘、发掘的楚文化遗存的面貌可以看出，楚文化是以中原文化为主源并兼收其他诸侯国或地方文化进而创造形成的，这一过程在时间上以春秋早期楚武王迁郢为界标。

从此以后，楚文化犹如冲出峡谷的江水一泻千里，得到迅猛的发展，在地域上以今宜城平原为中心向四周辐射，并作为当时楚国的后方基地得以不受干扰地连续发展。

注　释

[1]　石泉：《楚郢都、秦汉至齐梁江陵故址新探》，《古代荆楚地理新探》，武汉大学出版社，1988年。
[2]　王光镐：《楚文化源流新证》，武汉大学出版社，1988年。
[3]　楚皇城考古发掘队：《湖北宜城楚皇城勘查简报》，《考古》1980年第2期；湖北省文物考古研究所：《宜城市楚皇城遗址文物保护管理总体规划》，2001年8月。
[4]　王少泉：《襄阳地区出土的几方铜印》，《江汉考古》1990年第1期。
[5]　参阅《左传·昭公二十三年》。
[6]　楚皇城考古发掘队：《湖北宜城楚皇城战国秦汉墓》，《考古》1980年第2期。
[7]　宜城市博物馆资料。
[8]　仲卿：《襄阳专区发现的两件铜器》，《文物》1982年第11期。
[9]　襄樊市博物馆：《湖北宜城出土蔡国青铜器》，《考古》1989年第11期。
[10] [12]　襄樊市文物普查办公室等：《襄樊市文物史迹普查实录》，今日中国出版社，1995年。
[11]　襄樊市文物普查办公室等：《襄樊市文物史迹普查实录》，今日中国出版社，1995年；张吟午、李福新：《湖北宜城骆家山一号墓出土青铜器》，《江汉考古》1983年第1期。
[13]　湖北省文物考古研究所等：《湖北宜城罗岗车马坑》，《文物》1993年第12期。
[14]　石泉：《古鄢、维、涑水及宜城、中庐、邔县故址新探——兼论楚皇城遗址不是楚鄢都、汉宜城县》，《古代荆楚地理新探》，武汉大学出版社，1988年。
[15]　国家文物局：《中国文物地图集·湖北分册》，西安地图出版社，2002年。
[16]　湖北省文物考古研究所等：《湖北襄樊真武山周代遗址》，《考古学集刊》第9集。
[17]　襄樊市文物考古研究所2005年发掘资料。
[18]　武汉大学考古教研室等：《湖北宜城郭家岗遗址发掘》，《考古学报》1997年第4期。
[19]　湖北省文物考古研究所等：《湖北宜城县肖家岭遗址的发掘》，《文物》1999年第1期。
[20]　湖北省文物考古研究所等：《宜城桐树园遗址发掘简报》，《江汉考古》1996年第1期。
[21]　楚皇城考古发掘队：《湖北宜城楚皇城勘查简报》，《考古》1980年第2期；湖北省文物考古研究所2002年发掘资料。

（本文是在2002年9月于宜城市召开的湖北省楚国历史文化学会学术研讨会交流论文的基础上修改而成。）

湖北谷城发现的邓国铜器及相关问题

陈千万

2000年12月，湖北省谷城县出土了一批邓国铜器，笔者曾至现场调查、清理，现将出土情况和器物形制作简要介绍，并就相关问题略陈己见，以就教于方家。

一、出土简介

2000年12月8日，谷城县庙滩镇组织农民在古乐寺村开挖花椒树沟的过程中掘出4件铜器。次日，该镇兰坑村王运川等农民分别向县博物馆和市文物局报告了这一情况。市、县文物部门立即派员调查，在得知铜器已流散后，又协助县公安局庙滩派出所全力追缴，于12月12日全数追回了这批铜器，并对出土现场进行了清理。

铜器的出土地位于汉水西南岸的谷城县庙滩镇古乐寺村七组擂鼓台山丘顶上。这里东北是汉水冲积平地，西南是山丘。铜器出土地与东北平地相对高度约20米。其东距207国道约1.5公里，东南距庙滩镇约4公里，西南至古乐寺村约3.2公里，西北至谷城县城约12公里。地表现为耕地（图一）。

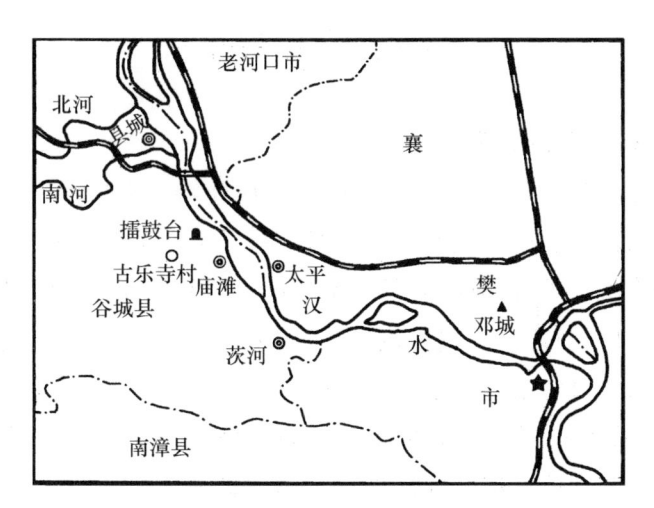

图一 擂鼓台邓国铜器出土点位置图

清理发现，这批铜器是出自一座长方形竖穴土坑墓（编号M1）。农民挖花椒树沟恰好穿过土坑墓南端。坑口和坑底南端被挖残，坑底北端尚清楚。据当初挖到铜器的兰坑村几个农民现场回忆，铜器均置于坑底南端，2件铜鼎和2件铜簠由东至西依次排列。依照放置器物的一端确定方向，为205°。坑口已被破坏；坑底长2.8、宽1.36米，距现存地表1.1米。坑壁欠光滑，底平。坑内填土较紧密，或略经夯打，未见夯层和夯窝。坑底可见灰白色棺木腐烂残迹，依腐痕测量，棺残长1.78、宽0.85米，结构不祥。棺内底有一层朱砂遗迹，人体尸骨无存，葬式不详。未见其他遗迹（图二）。

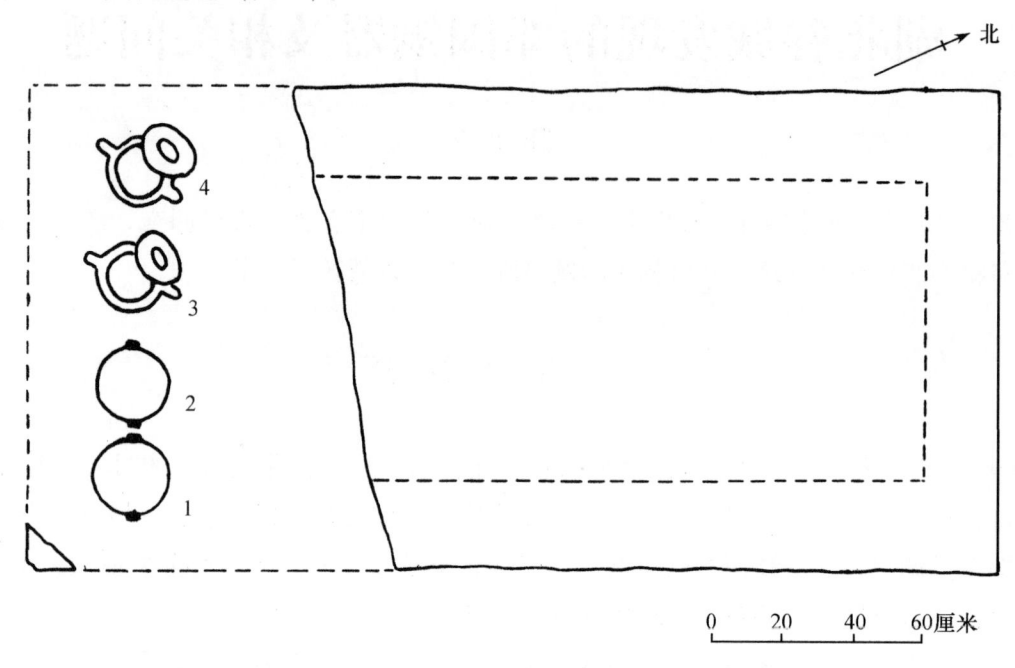

图二　M1平面图
1、2. 铜鼎　3、4. 铜簋

二、器物形制与年代

这批铜器共4件，鼎、簋各2件。

鼎　2件。形制基本相同，大小略异。敞口，立耳外斜，平折沿，方唇，半球状浅腹，三蹄足。腹底三足根之间有等边三角状凸起的铸痕。蹄足下端肥大，内侧有竖向凹槽并露出范土。腹外饰重环纹和垂鳞纹，间一道凸弦纹。M1:1，口径19.5、通高19、腹深9.2厘米，重2.92公斤。器内壁铸铭文三行五字，左行读："登子孙θ用"。其中第三字"孙"已漫漶不清，仅存"子"旁的顶部，据M1:2铭文证其为"孙"字（图三；图四，4）。M1:2，口径19.3、通高19、腹深8.5厘米，重2.75公斤。其内壁铭文与1号鼎内容字数相同，笔画相近，为反铸，右行读，"登子孙θ用"，五字铭文清晰（图四，1、5；彩版一，5）。

簋　2件。形制大小相同。有盖，盖面上隆，顶上有喇叭状抓手。器身敛口，鼓腹较深，兽首环状耳，无垂珥，圈足下附四只蹄足。盖沿及器口外饰一周窃曲纹，器腹及盖面饰瓦纹，圈足饰重环纹。M1:3保存较好，仅残缺一只蹄足。口径16.4、腹径20.5、圈足径18、通高15.5厘米，重4.92公斤（图五）。M1:4，保存稍差，喇叭状抓手有缺口，腹部锈蚀一穿孔。重4.41公斤（图四，2、3；彩版一，6）。

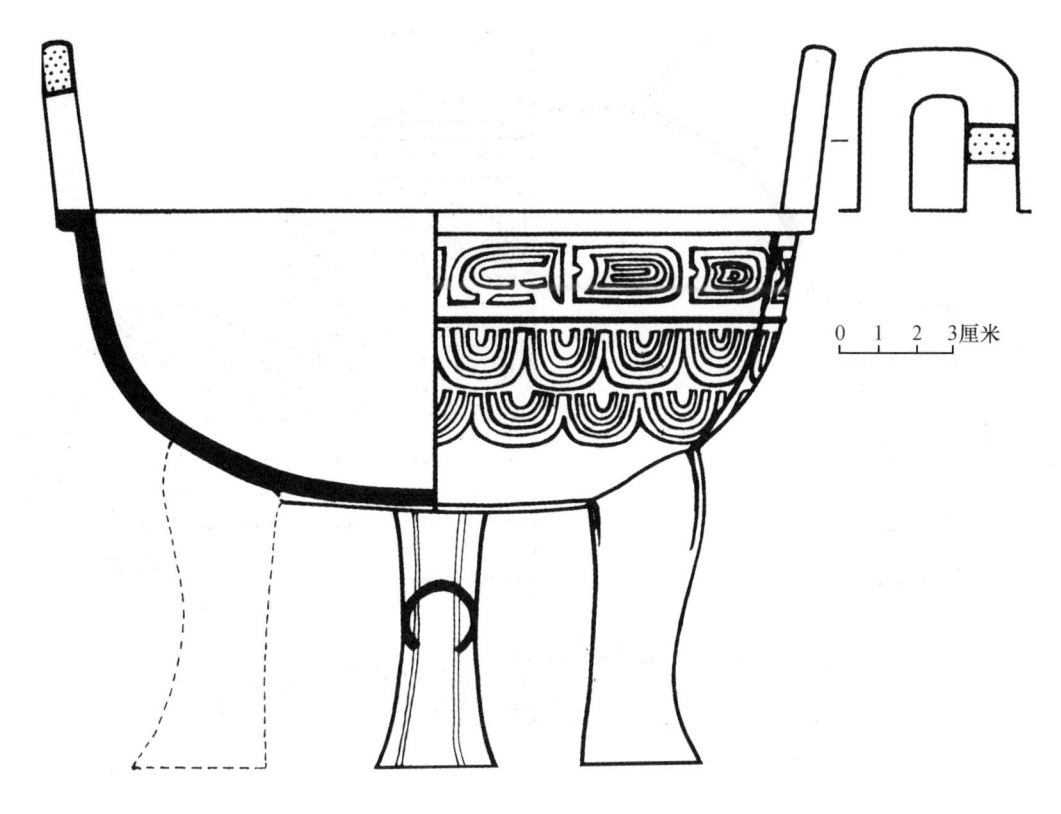

图三　铜鼎（M1∶1）

图四　铜器拓本
1. 鼎纹饰（M1∶2）　2、3. 簋纹饰（M1∶4）　4、5. 鼎铭文（M1∶1、M1∶2）

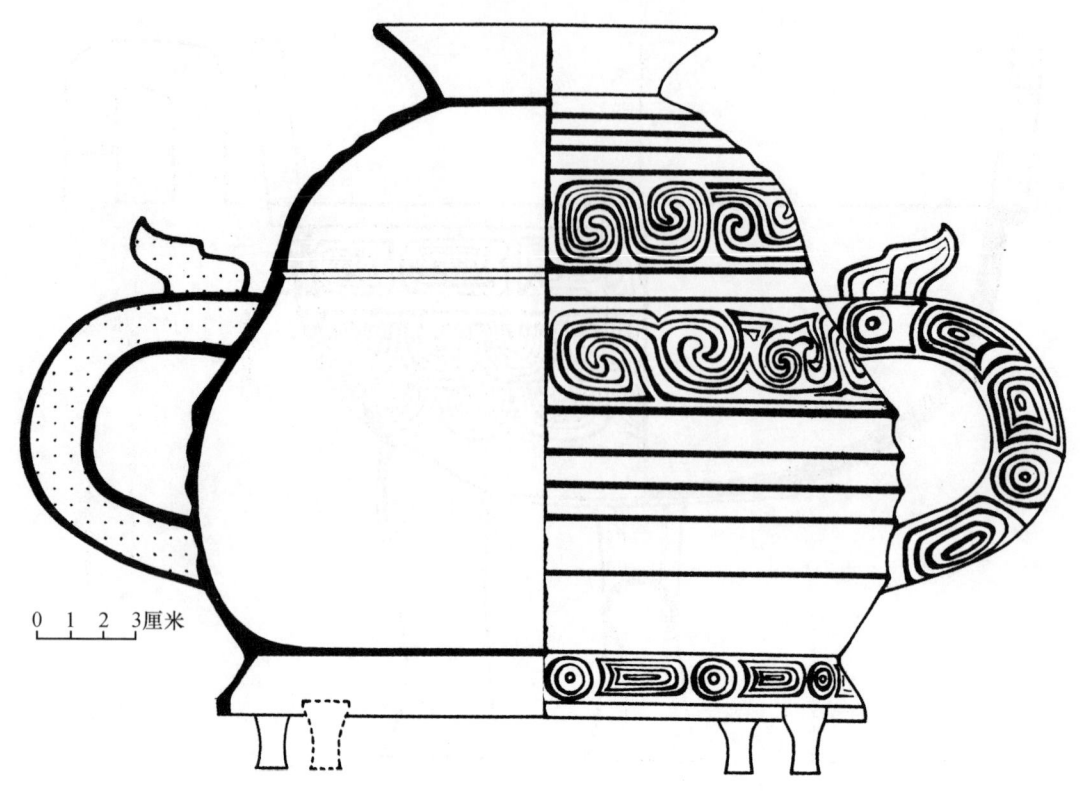

图五　铜簋（M1:3）

4件铜器的共性特征是非常明显的。铜质成色一致，壁厚相当，纹饰制作手法相同，特别是簋和鼎上的重环纹线条构图几乎如出一辙，说明这4件铜器属同一时期、同一器主的作品。从总体上看，器物形体较小，制作显得粗糙，作器风格和器物组合形式都是两周之际或春秋早期所常见的。鼎的形制与湖北随县（今随州市）何店、河南信阳明港铜厂出土的春秋早期立耳鼎相似[1]；簋作深鼓腹，盖隆起较高，兽耳无垂珥，比之于西周晚期的《侯氏簋》和《邓公牧簋》[2]，显得较晚；器物装饰所采用的重环纹、垂鳞纹、窃曲纹、瓦纹亦都是春秋早期盛行的纹饰；铭文字体结构比较草率，风格亦与两周之际的铭文相似。综合分析，这批铜器的年代应在春秋早期的前段，当属于公元前678年楚灭邓之前的作品。

三、铭文释读与器主身份

2件铜鼎各有5字内容相同的铭文："登子孙θ用。"第一字"登"为国名无疑，即两周时期的邓国之国名。此前所见铜器铭文中邓国之国名皆同此或稍异。早于春秋中期的铜器铭文之"邓"字，一般无"邑"部偏旁，春秋中晚期铭文"邓"字则多有"邑"部。第二、三、五字习见，唯第四字未见于著录，很可能是倒写的"白"字。

此5字铭文尚有几种不同的释读可供讨论。①认为第一字"邓"既是国名，又是族姓；第二字"子"，既非爵位亦非辈分，而是贵族男子的习称，犹如箕子、微子之"子"。"邓子"当指与邓国国君同姓之贵族，是器主自报家门。第三、四字"孙白"为器主之名。全句意为：邓国王室贵族男子孙白享用。②认为"邓子"系指邓国某位国君之子，第三字"孙"为辈分，第四字"白"为器主之名。意指器主"白"乃邓子之孙。③视"子孙白用"四字为"子孙享用"或"子孙永用"之类的套话，意指器主只是炫耀自己的家门，而未铸自己的名字。

根据同期之铭文铜器往往铸器主之名的惯例，确切的释读当在①、②之中选择。释读②以为"邓子"乃邓国国君之子，似有不确。铜器铭文中"某子"之称甚多，如楚子、曾子等等，他们之中有可能是某位国君之子，但大多是指某贵族男子。"孙"指辈分，铭文亦有例可寻，"某某孙某"之"孙"，或指辈分，或泛指后代，如《塞公孙𢦚父匜》，𢦚父乃塞公之孙；《周王孙季怡戈》，季怡乃周王之后。但是"某某孙某"之"孙"一般是指某王公、国君之孙，如"塞公"或以为息公，或以为楚之封君；"周王"则是周王朝某一位王[3]。而邓国国君无论在同期铭文中或文献中概不称"邓子"。因此，当以释读①为是，即"邓子孙白"当指器主"孙白"是邓国的与国君同姓的贵族男子。自铭"邓子"之器还见于武汉市文物商店收购的《邓子午鼎》和湖北钟祥出土的《邓子盘》[4]。此二器均为邓被楚灭之后的楚邓氏之器，铭文中"邓子"之"邓"有别于"邓子孙白"之"邓"。文献记载的邓国为侯爵，如《春秋·桓公七年》载有"邓侯吾离"，《左传·庄公六年》载有"邓祁侯"。然出土的邓器有称邓公、邓子、邓尹者，尚未见邓侯之器出土。

邓子孙白的身份地位尚需结合器物出土情况进行分析。这批器物的出土现场虽被破坏，但长方形土坑的坑底规模基本清楚，且坑底尚存木棺腐烂残迹和周墓发掘所习见的朱砂遗迹。器物存放的位置（长方形土坑南端）亦与同类墓器物放置的一般情况相符。此外，据现场调查，其坑位所在的擂鼓台山丘上还发现许多几何纹汉魏青砖，说明汉魏时期这里仍是一处墓地。综上所述，确认这批铜器出自一座长方形土坑墓应无误。既然这4件形制、纹饰、风格一致的铜器出自同一墓葬，且其中两鼎铸有相同的铭文，那么亦就可以确定这4件铜器之器主即墓主，亦即鼎铭中的"邓子孙白"。再从《周礼》所载的礼制和同期墓葬考古的一般规律来看，这种两鼎两簋的小型单棺墓，只能是元士一级的有田禄的贵族墓。因此，"邓子孙白"，既不是邓国的国君，又不是邓国国君之子，亦非邓国高级贵族，只能是邓国某位国君的后代或者说是与王族同姓的元士一级的贵族。"邓子孙白"所处的时代大概与《春秋·桓公七年》记载的邓侯吾离同期或稍早，对于国君邓侯吾离而言，他只能是同族或同宗之臣属。

四、出土意义

邓国是南方地区一个古老的曼姓诸侯国。周武王克商时，邓即为姬周集团的成员国而被视为周之南土。在两周时代的政治舞台上，邓曾经编织了与中原及江汉诸多方国的联姻网络，充分显示出该国较高的经济文化水平和较强的影响力。随着有关邓国铜器的相继出土，学术界对该国相关的历史问题已经进行了许多有益的探索。本次新发现的邓器，不仅有确切的坑位，而且有共存器物，其出土意义是不可低估的。

第一，填补了邓国铜器时代系列的空白。此前，见于著录的铜器包括传世的和出土的凡可以确定为邓器者，总计有20余件。这些铜器从时代系列上看，分别相对集中在两个阶段，即西周中晚期和春秋中晚期。从文化面貌上看，西周时期的邓国铜器均反映出浓厚的中原文化特色及与姬周文化系列的高度一致性。春秋中晚期，邓已被楚所灭，国土被纳入楚的版图，所以此期的邓器完全属于楚文化系列，比之于周文化系列则有很大差异。而春秋早期却因无邓器实物，青铜文化面貌无考。见于著录的邓器唯有一件传世的《邓公午口簋》铭文[5]，武汉大学徐少华先生据铭文字体推测应为春秋早期的作品[6]。该器现藏于何处？形制若何？不得而知。《邓子孙白鼎》等铜器的出土正好填补了这一阶段的空白，为我们认识本阶段邓国铜器文化面貌提供了难得的珍贵实物。从这批器物的器类组合、形制、纹饰、制作工艺、铭文风格诸多方面来看，仍然属于姬周文化系列。这表明虽然此时的邓国因南方楚国的迅速崛起而已风雨飘摇，但在青铜文化上仍然比较严格地保留着姬周文化的传统。可以说，在邓被楚灭之前的春秋早期，其青铜文化仍是姬周文化的延续。

第二，为周代邓国地理位置和疆域的研究提供了重要证据。关于周代邓国的地理位置，学术界有河南邓州说[7]、陕西说[8]、南阳盆地南部至汉水说[9]。随着汉水中游襄樊邓城周围一带邓器的发现（如《邓公牧簋》、《侯氏簋》、《邓公乘鼎》、《邓尹疾鼎》[10]）以及研究的深入，较多的学者普遍赞同后一说。武汉大学石泉先生曾经详考，断定邓国都城在湖北襄樊市北郊的邓城[11]。周永珍先生还对邓国的疆域做了具体界定："北起南阳盆地南部，南到汉水，西与谷国相连，即今谷城县，东与曾国之北境，即今河南新野相邻。"[12]本次发现的《邓子孙白鼎》等铜器的出土地点明确，为邓城周围一带邓器的发现又增添了新的重要的一例。虽然河南平顶山、陕西亦有邓国铜器相继出土，但那些铜器自身的铭文已清楚地表明是媵器，已有学者做过研究[13]，正好反证那里不是邓的国土，只是邓国贵族女子的出嫁之地。那些媵器的器主，严格意义上应属于其夫国的贵族。而以襄樊邓城为中心的区域所出的邓器则非媵器，其器主属于邓国贵族，或属楚灭邓之后的楚邓氏贵族。这些铜器与邓国、邓地直接相关。特别是春秋早期《邓子孙白鼎》等铜器的出土，其出土地谷城庙滩擂鼓台位于邓城西南、与邓城隔汉江相望，不仅进一步印证了周代邓国的地理位置在汉水中游的邓城一带，而且还说明春秋早期邓国的西南疆域有可能跨越过汉水。

据相关记载，周代邓国西南疆域到达汉水应无疑，然而是否跨越汉水到达汉水西南岸，从未有人敢妄加猜测。如今，《邓子孙白鼎》等铜器发现于汉水西南岸，且经现场调查清理，属于春秋早期邓国贵族"邓子孙白"墓所出。一般而言，邓国贵族当不会埋在别国的土地上。因此，此时邓国西南疆当有可能跨越汉水。不过，此种情况可能还有特殊的历史原因，目前仅此孤例，尚不能做简单结论。

第三，为邓、谷邦邻关系提供了实物佐证。邓、谷关系见于《春秋·桓公七年》："夏，谷伯绥来朝、邓侯吾离来朝。"《左传》记载稍异，为同年春："谷伯、邓侯来朝。"对此左氏及此后的史家对两位国君为何不远千山万水朝鲁等问题，做过诸多评述。关于两国邦邻关系，周永珍先生也做过推测[14]。春秋谷国在今湖北省谷城县，史无异辞。谷伯城就在谷城"县北五里谷山下"[15]，即今谷城北河入汉水一带。今距其东南约20公里的庙滩擂鼓台发现《邓子孙白鼎》等铜器，从而佐证了邓、谷两国的邦邻关系。

附记：本文线图由李广安描绘，照片由杨力拍摄，王先福审阅了文稿，在此一并表示感谢。

注　释

[1]　随州市博物馆：《湖北随县新发现古代铜器》，《考古》1982年第2期；信阳地区文管会、信阳县文化馆：《信阳县明港发现两批春秋早期铜器》，《中原文物》1981年第4期。

[2]　襄樊市文物管理处：《湖北襄樊市拣选的商周青铜器》，《文物》1982年第9期。

[3]　黄锡全：《湖北出土商周文字辑证》第90、129页，武汉大学出版社，1992年。

[4]　武汉市文物商店：《武汉市收集的几件重要的东周铜器》，《江汉考古》1983年第2期；刘昌铭：《钟祥出土的邓子盘》，《江汉考古》1993年第4期。

[5]　罗振玉：《三代吉金文存》7·48·1。又见吴大徵：《愙斋集古录》12·11，涵芬楼1918年影印本。

[6]　[13]　徐少华：《周代南土历史地理与文化》第17、14页，武汉大学出版社，1994年。

[7]　郭沫若：《两周金文辞大系图录考释》第177页《邓公簋》条；童书业：《古巴国辨》，《中国古代地理考证论文集》，中华书局，1962年；吕思勉：《先秦史》第163页，上海古籍出版社，1982年。

[8]　陈梦家：《西周铜器断代》，中华书局，2004年。

[9]　[11]　石泉：《古代荆楚地理新探》第109页，武汉大学出版社，1988年。

[10]　杨权喜：《襄阳山湾出土的鄀国和邓国铜器》，《江汉考古》1983年第1期；王少泉：《襄樊市博物馆收藏的襄阳山湾铜器》，《江汉考古》1988年第3期；襄樊市文物管理处：《湖北襄樊市拣选的商周青铜器》，《文物》1982年第9期。

[12]　[14]　周永珍：《两周时期的应国、邓国铜器及地理位置》，《考古》1982年第1期。

[15]　清乾隆《襄阳府志》载："古谷伯城在（谷城）县北五里谷山下，周谷伯绥之国，城废址存。"

后　记

《襄樊考古文集》(第一辑)终于要付梓出版了,编辑出版该文集从2006年底《襄樊考古十年》出版后初步提出意向,到2007年6月初正式定稿,仅用了不到半年时间,这与襄樊市文物考古研究所全体同仁的共同努力是分不开的,是集体智慧的结晶。

文集根据近年来考古发掘及整理情况结合地理分区、时代特点安排选题,由各项目责任人承担简报或报告的撰写任务,并考虑到类别的需要,适当收录了在决定出版文集前就已基本定稿的个别调查简报和少量论文。

文集由王道文任主编,杨力、陈坤任副主编。王道文提出基本体例,负责后勤保障,落实出版计划;陈坤收集、整合业务档案、资料。前言由陈千万执笔,目录由王先福编列,每篇文稿各由执笔者独立或合作完成,王先福审阅、校核了全部文稿及线图,并挑选照片、编排版面,杨力拍摄全部照片并挑选底片。校样由王先福审核、修改,图版照片由杨力校色。

文集的出版得到了襄樊市文化体育(文物)局、襄樊市财政局的大力支持,科学出版社文物考古分社也提供了帮助,尤其是编辑王光明先生付出了辛勤劳动,在此一并致以衷心的感谢。

编者
2007年6月

图 版

彩版一

1. 陶簋（沈 M694：6、M694：8、M694：10、M694：7）

2. 陶豆（沈 M694：11、M694：12）

3. 陶罐（沈 M694：5、M694：9）

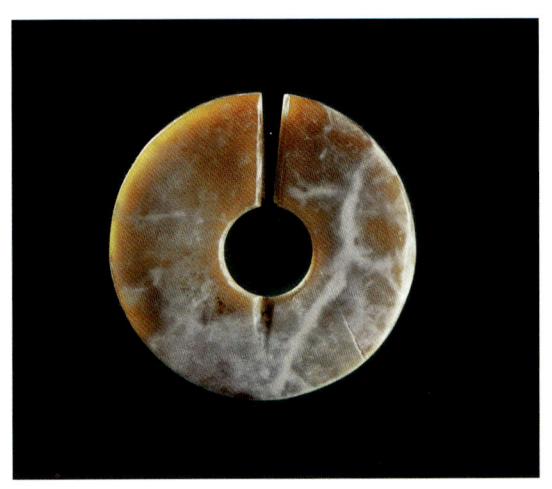

4. 玉玦（沈 M694：2）

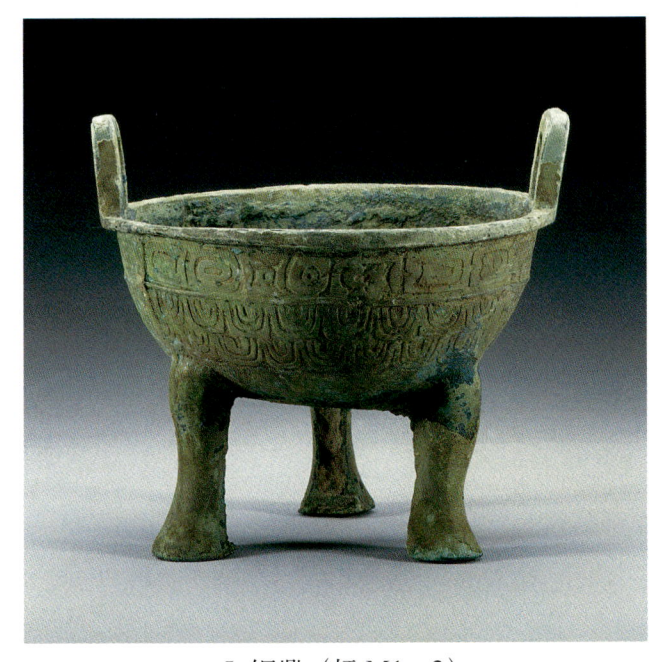

5. 铜鼎（擂 M1：2）

6. 铜簋（擂 M1：4）

沈岗 M694、擂鼓台 M1 陶、玉、铜器

彩版二

1. 六朝青瓷双系盖罐（荆T1⑤:32）

2. 宋代A型Ⅰ式青绿釉碗（运T1⑤:42）

3. 宋代青釉窑变碗（南T3⑤:36）

4. 宋代青蓝釉碗（运H10:13）

5. 宋代C型青白釉碗（运H8:8）

6. 宋代Ⅱ式白釉刻花碗（运T1⑤:44）

襄阳城内遗址瓷器

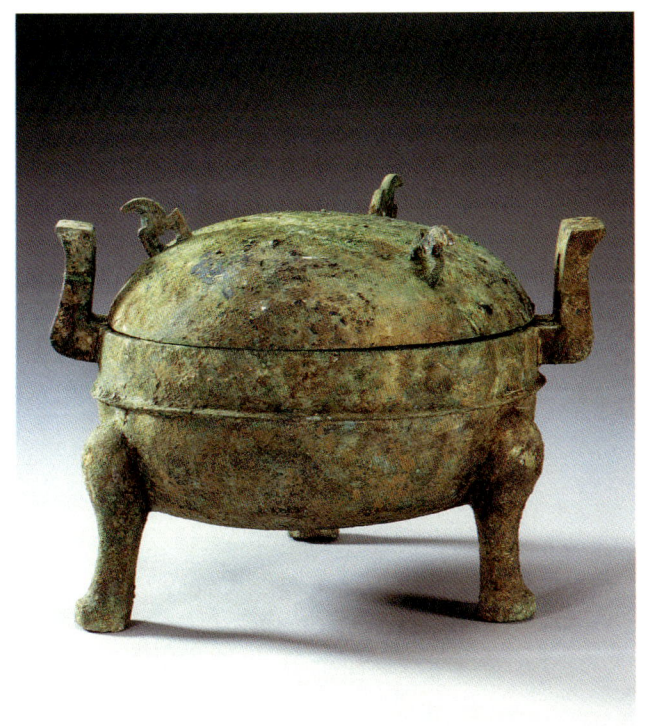

彩版三

1. 铜鼎（M10∶21）

2. 铜钫（M10∶20、M10∶19）

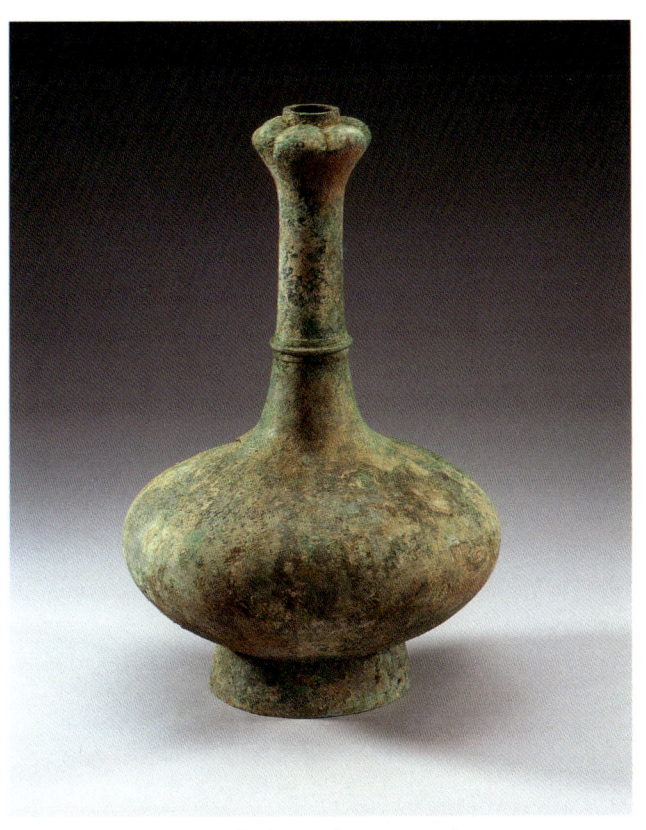

3. 铜蒜头壶（M10∶25）

4. 铁灯（M10∶4）

付岗墓地铜、铁器

彩版四

1. 铜钫 (M10:12、M10:13)

2. 铜勺 (M10:29)

3. 铜鐎壶 (M10:16)

4. I式铜鍪 (M10:23)

5. II式铜鍪 (M32:2)

6. I式陶灶 (M10:1)

付岗墓地铜、陶器

彩版五

1. 铜镜（通 M6:5）

2. 水晶珠（通 M6:7）

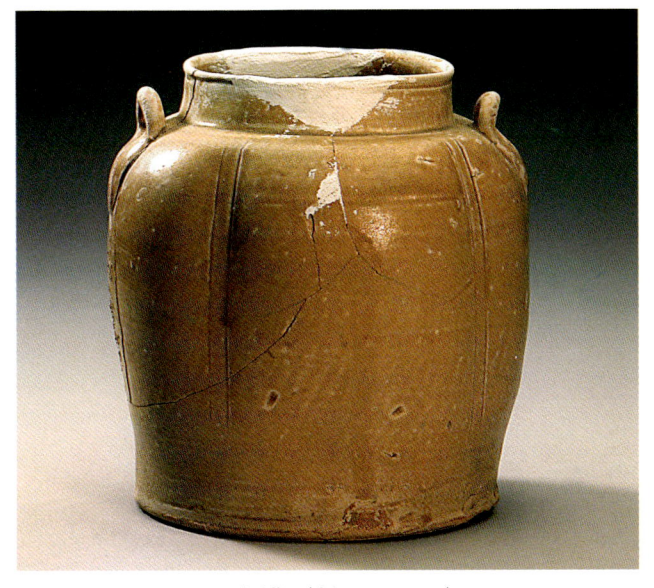

3. 瓷罐（松 M18:1）

4. 铜刀（松 M20:16）

5. 金环（松 M20:17～M20:19）

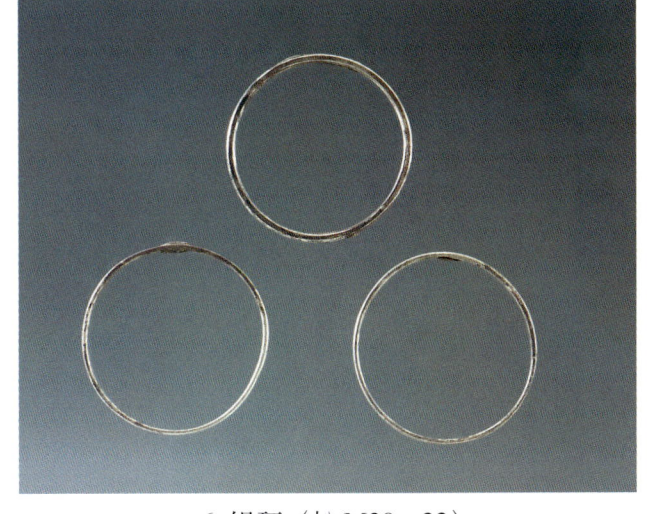

6. 银环（松 M20:22）

通城河、松鹤路墓地铜、水晶、瓷、金、银器

彩版六

1. A 型罐（M4∶2）

2. C 型罐（M8∶4）

3. A 型盘口壶（M8∶6）

4. A 型盘口壶（M8∶16）

5. B 型盘口壶（M8∶21）

6. 碗（M8∶1）

东街墓地瓷器

彩版七

1. 东汉 I 式陶仓（M13∶11）

2. 东汉陶楼（M10∶1）

3. 东汉陶杯（M7∶30）

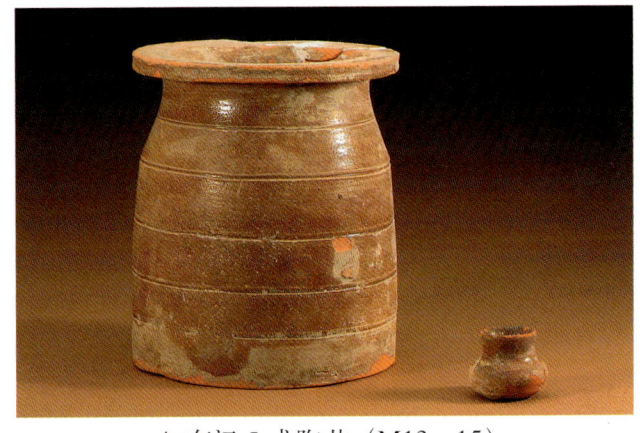

4. 东汉 I 式陶井（M13∶15）

5. 六朝陶镇墓兽（M8∶12）

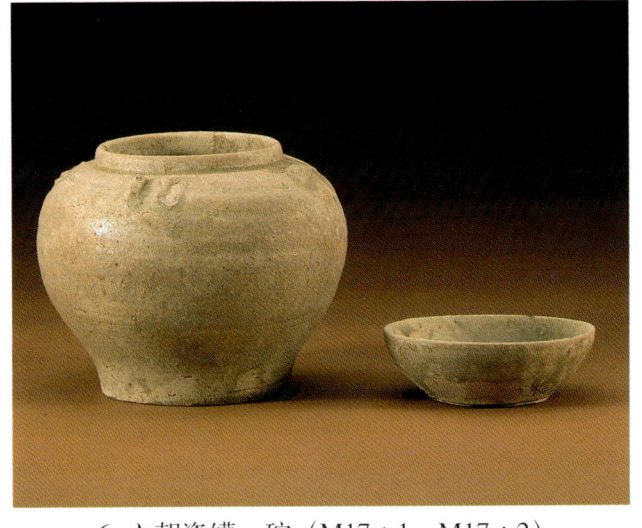

6. 六朝瓷罐、碗（M17∶1、M17∶2）

贾巷墓地陶、瓷器

彩版八

1. 洗 (M20:3)

2. 罐 (M20:4)

3. 鸡首壶 (M20:14)

4. 圈足壶 (M20:15)

5. 熏炉 (M20:11)

6. 虎子 (M20:1)

真武山 M20 青瓷器

彩版九

1. 隋唐Ⅱ式瓷碗（M192∶3）

2. 隋唐Ⅲ式瓷碗（M144∶5）

3. 隋唐Ⅳ式瓷碗（M191∶2）

4. 宋代瓷碗（M190∶3）

5. 隋唐B型铜镜（M185∶3）

6. 隋唐B型铜镜（M187∶2）

檀溪墓地瓷、铜器

彩版一〇

1. 唐代瓷执壶（上 M2:1）

2. 宋代瓷瓶（上 M10:3）

3. 瓷执壶（旧 M1:9）

4. 瓷碗（旧 M1:3）

5. 瓷水盂（旧 M1:6）

6. 铜镜（旧 M1:14）

上岗、旧县铺墓地瓷、铜器

彩版一一

1. A型Ⅰ式青白釉碗（M23:3）

2. A型Ⅱ式青白釉碗（M20:6）

3. B型Ⅱ式青白釉碗（M25:5）

4. Ⅰ式青白釉盘（M23:2）

5. 青白釉碟（M22:6）

6. B型青釉碗（M19:2）

羊祜山墓地瓷器

彩版一二

1. 铜镜（M21:2）

2. 铜镜（M25:2）

3. 铜镜（M35:5）

4. 铁带扣（M17:3）

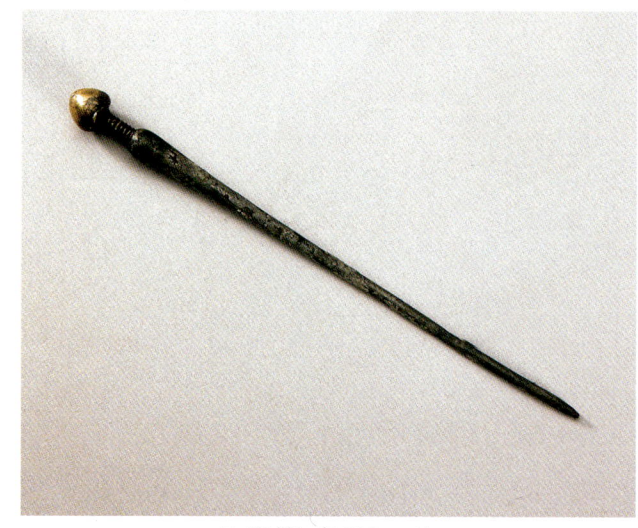

5. 银簪（M28:1）

6. 玻璃簪（M25:7）

羊祜山墓地铜、铁、银、玻璃器

图版一

1. 碗（T4②：7）

2. 碗（T4②：2）

3. 钵（T7②：6）

4. 盘（T7②：5）

5. 盘（T5②：9）

6. 器盖（T6③：2）

牌坊岗遗址陶器

图版二

1. 器盖（T4②：6）

2. 器盖（T7②：3）

3. 纺轮（T5②：1）

4. 纺轮（T6②：1）

5. 拍（T7③：13）

6. 网坠（T7②：4）

牌坊岗遗址陶器

图版三

1. 斧（T4②：4）
2. 斧（T4②：3）
3. 斧（T4③：31）
4. 锛（T5②：5）
5. 锛（T5②：3）
6. 镞（T5②：7）

牌坊岗遗址石器

图版四

2. M3 全貌（南—北）

1. T4、T3③A层下遗迹关系（北—南）

周台遗址遗迹

图版五

1. F2 全貌（东北—西南）

2. F3 全貌（南—北）

周台遗址遗迹

图版六

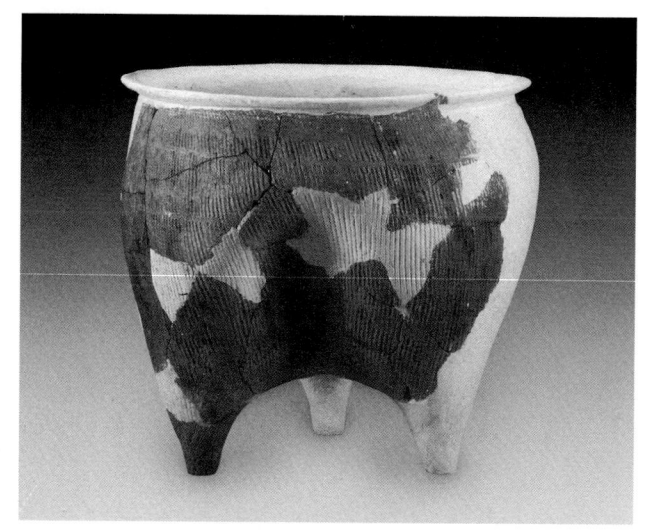

1. A型Ⅰ式（G4:1）

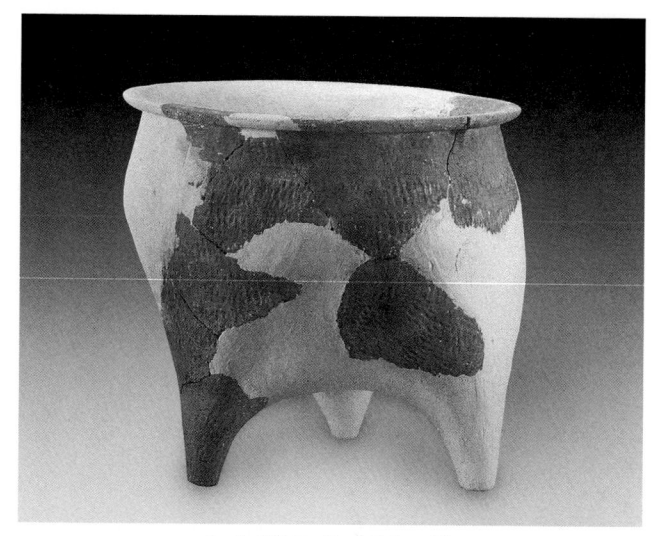

2. A型Ⅱ式（G4:5）

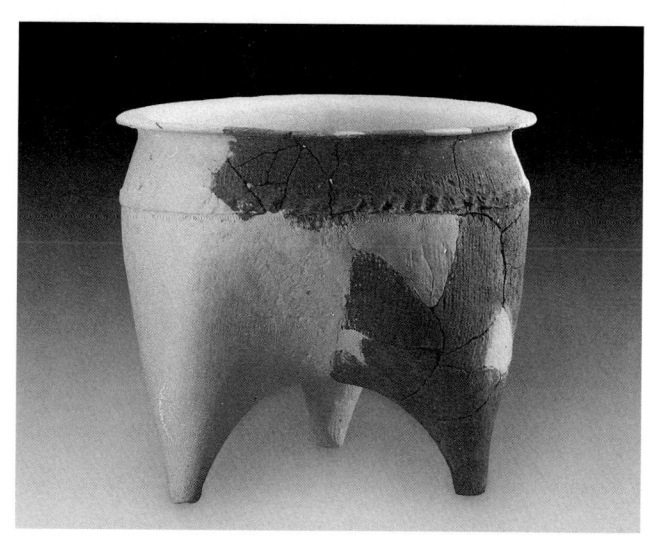

3. A型Ⅲ式（H8②:1）

4. A型Ⅲ式（T1③B:6）

5. A型Ⅴ式（F2:4）

6. A型Ⅴ式（H15:2）

周台遗址陶鬲

图版七

1. B型I式鬲（F2∶3）
2. D型鬲（J1∶17） 
3. II式甗（J3∶13） 
4. III式甗（J3∶3） 
5. V式甗（T4③A∶2） 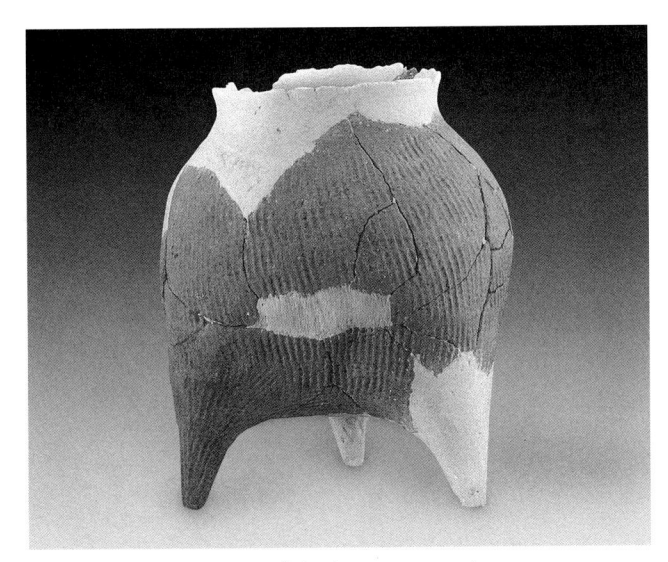
6. 壶（J1∶3） 

周台遗址陶器

图版八

1. A型Ⅲ式簋（H22∶10）
2. A型Ⅳ式簋（H5∶1） 
3. A型Ⅴ式簋（T8③A∶8） 
4. A型Ⅲ式豆（H24∶1） 
5. B型Ⅱ式豆（J3∶15） 
6. B型Ⅲ式豆（J1∶36） 

周台遗址陶器

图版九

1. A 型 I 式盂（J3∶1）
2. A 型 II 式盂（T5 ③ B∶11） 
3. A 型 I 式盆（M3∶4） 
4. A 型 II 式盆（G4∶4） 
5. A 型 III 式盆（J3∶4） 
6. A 型 I 式瓮（J2∶5） 

周台遗址陶器

图版一〇

1. A 型 I 式（M3:1）
2. A 型 II 式（M1:1） 
3. B 型 III 式（J1:7） 
4. Da 型 I 式（J4:4） 
5. Da 型 II 式（T5③A:6） 
6. Da 型 III 式（H10:7） 

周台遗址陶罐

图版一一

1. Db 型 I 式 (J1:14)

2. Db 型 II 式 (J1:9)

3. Dc 型 I 式 (H21:10)

4. Dc 型 II 式 (J3:11)

5. Dc 型 III 式 (J2:2)

6. Dd 型 I 式 (J3:14)

周台遗址陶罐

图版一二

1. A型Ⅰ式缸（J1:10）

2. A型Ⅲ式缸（J1:16）

3. A型Ⅳ式缸（J1:5）

4. B型缸（H21:9）

5. 筒瓦（F2:6）

6. 排水管（G5:1）

周台遗址陶器

图版一三

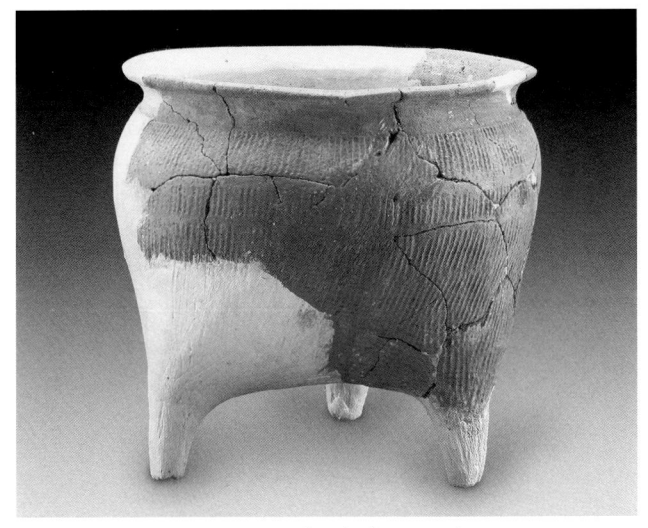

1. A型Ⅱ式鬲（H6∶2）

2. 鼎（H5∶16）

3. Bb型Ⅰ式豆（T7③∶4）

4. Bb型Ⅲ式豆（T11②∶7）

5. A型Ⅰ式盆（H5∶15）

6. B型Ⅰ式罐（H6∶5）

小马家遗址东周陶器

图版一四

1. I 式鬲（M163:1）

2. II 式鬲（M165:3）

3. 簋（M163:7）

4. I 式盂（M156:2）

5. I 式盂（M157:1）

6. I 式盂（M163:3）

彭岗墓地陶器

图版一五

1. Ⅱ式盂（M165∶2）

2. A型豆（M163∶2、M163∶4）

3. B型豆（M159∶18）

4. A型Ⅰ式罐（M156∶1）

5. B型罐（M159∶5）

6. B型鼎（M157∶2）

彭岗墓地陶器

图版一六

1. A型Ⅰ式鼎（M160∶1）

2. A型Ⅱ式鼎（M166∶1）

3. A型Ⅲ式鼎（M159∶7）

4. C型鼎（M159∶8）

5. 盉（M159∶15）

6. 盘、匜（M159∶17、M159∶3）

彭岗墓地陶器

图版一七

1. Ⅱ式敦（M164:2）

2. Ⅱ式敦（M166:3）

3. Ⅲ式敦（M159:1）

4. A型壶（M165:1）

彭岗墓地陶器

图版一八

1. B型Ⅰ式壶（M163∶5）

2. C型壶（M160∶2）

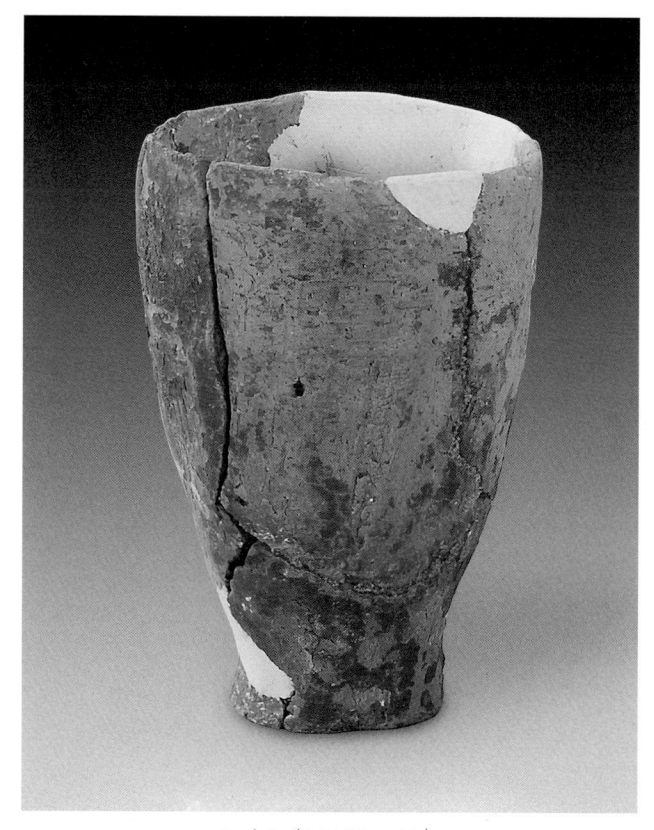

3. 杯（M159∶11）

4. 高足小壶（M159∶12、M159∶16）

彭岗墓地陶器

图版一九

1. B 型青白釉盒（荆 T1 ③：13）

2. 白釉红彩碗（运 T3 ④：1）

3. 贴花黑釉盏（运 T4 ⑤：48）

4. B 型黑釉罐（运 H8：24）

5. 青釉单耳罐（运 H8：27）

6. 白釉洗（南 T2 ⑤：11）

襄阳城内遗址宋代瓷器

图版二〇

1. 宋代 A 型碟（运 T2 ④：23）

2. 宋代 B 型碟（运 H11：7）

3. 宋代罐（运 H10：2）

4. 宋代 B 型小罐（运 H10：3）

5. 宋代 B 型瓶（荆 T1 ③：10）

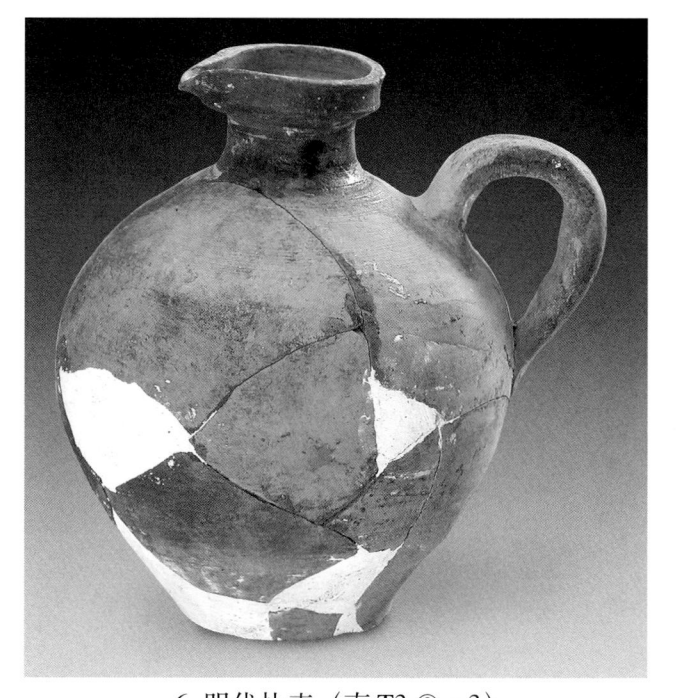

6. 明代执壶（南 T3 ③：3）

襄阳城内遗址陶器

图版二一

1. Ⅰ式鼎（M12：21）
2. Ⅱ式鼎（M19：1） 
3. Ⅲ式鼎（M36：4） 
4. Ⅰ式盒（M22：10） 
5. Ⅱ式盒（M31：1） 
6. Ⅲ式盒（M26：1） 

付岗墓地陶器

图版二二

1. A 型壶（M24∶2）

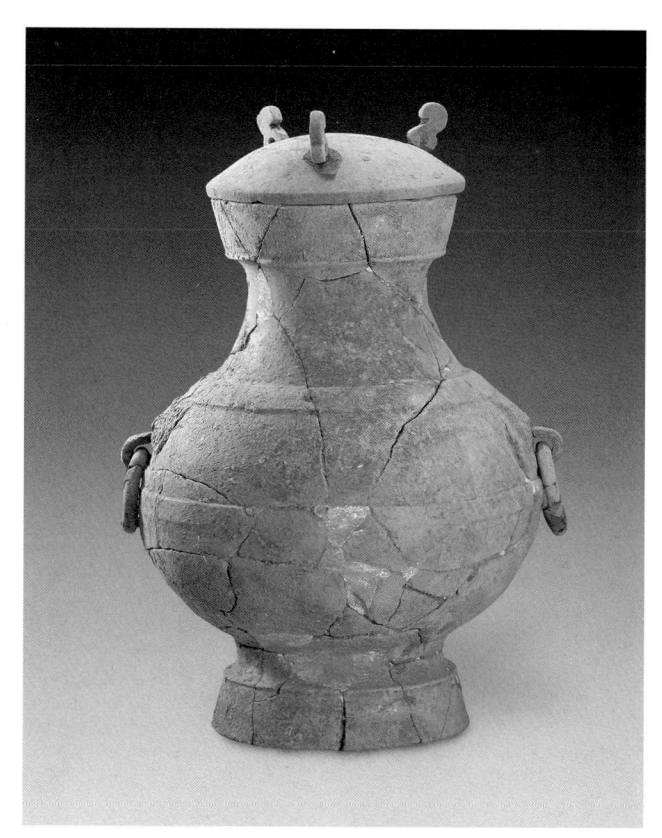

2. B 型壶（M19∶3）

3. B 型壶（M22∶3）

4. 钫（M26∶4）

付岗墓地陶器

图版二三

1. A型Ⅰ式（M23∶1）

2. A型Ⅱ式（M21∶3）

3. A型Ⅲ式（M16∶1）

4. B型Ⅰ式（M10∶5）

5. B型Ⅱ式（M12∶7）

6. B型Ⅲ式（M24∶1）

付岗墓地陶罐

图版二四

1. C 型罐（M32：5）
2. D 型罐（M12：5） 
3. A 型 I 式瓮（M10：17） 
4. A 型 II 式瓮（M12：24） 
5. A 型 III 式瓮（M32：2） 
6. B 型 I 式瓮（M12：16） 

付岗墓地陶器

图版二五

1. B型Ⅱ式瓮（M19:2）

2. C型瓮（M15:3）

3. A型囷（M13:1）

4. B型囷（M12:13）

付岗墓地陶器

图版二六

1. 鍪 (M18:2)

2. Ⅰ式釜 (M18:3)

3. Ⅱ式釜 (M21:2)

4. 盂 (M28:7)

5. 鐎斗 (M12:1)

6. 熏炉 (M10:6)

付岗墓地陶器

图版二七

1. 瓶 (M12:3)

2. 磨 (M28:2)

3. 圈 (M28:6)

4. Ⅱ式灶 (M13:2)

5. Ⅲ式灶 (M19:4)

6. Ⅳ式灶 (M32:4)

付岗墓地陶器

图版二八

1. 狮子岗窑址全貌（北—南）

2. 曾家巷宋墓石门

狮子岗窑址、曾家巷宋墓

图版二九

1. 鼎（M4:1）

2. A型罐（M5:1）

3. B型罐（M5:2）

4. C型罐（M7:2）

5. 瓮（M14:1）

6. 盂（M7:6）

通城河墓地陶器

图版三〇

1. 陶盘（M4:7）

2. 陶井（M4:2）

3. 陶灶（M4:4）

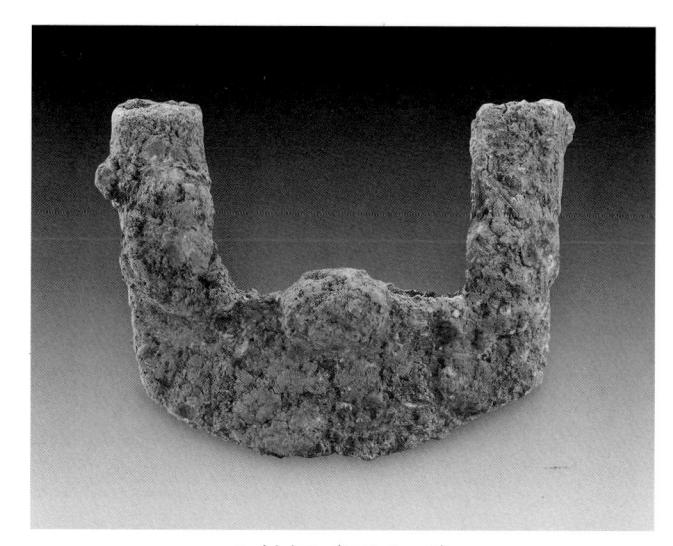

4. 铁锸（M14:2）

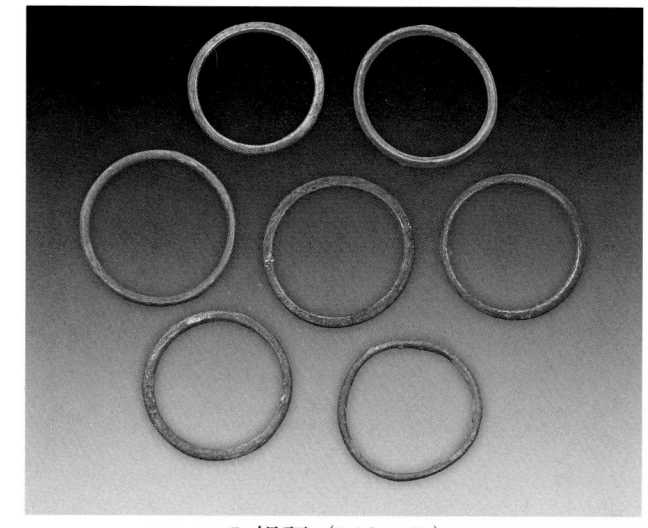

5. 银环（M6:2）

6. 银镯（M6:3）

通城河墓地陶、铁、银器

图版三一

1. 壶（M31：16）

2. 仓（M29：26）

3. 奁（M31：5）

4. 博山炉（M31：19）

5. 井（M29：25）

6. 圈（M29：8）

松鹤路墓地陶器

图版三二

1. Aa型Ⅰ式（M3∶3）

2. Aa型Ⅱ式（M7∶11）

3. Ab型（M7∶13）

4. Ac型（M6∶3）

东街墓地陶罐

图版三三

1. Ca 型 I 式罐 (M7:1)

2. Ca 型 II 式罐 (M4:3)

3. B 型 I 式罐 (M2:1)

4. B 型 II 式罐 (M8:26)

5. 盘 (M8:11)

6. 盂 (M8:17)

东街墓地陶器

图版三四

1. Ⅱ式钵（M8：20）

2. 碗（M8：32）

3. 耳杯（M8：29）

4. 多子盒（M8：18）

5. A型碓（M4：17）

6. B型碓（M8：12）

东街墓地陶器

图版三五

1. A型Ⅰ式仓（M7:2）

2. A型Ⅱ式仓（M2:7）

3. B型仓（M8:15）

4. 蹄形器（M8:41）

东街墓地陶器

图版三六

1. A型Ⅰ式灶（M3∶10）

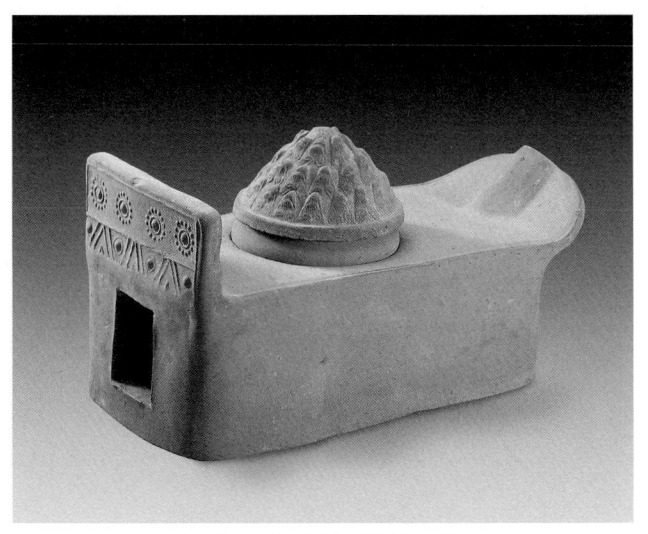

2. B型Ⅰ式灶（M2∶9）

3. B型Ⅱ式灶（M8∶27）

4. A型Ⅱ式磨（M2∶4）

5. B型磨（M8∶30）

6. 手提式火炉（M8∶19）

东街墓地陶器

图版三七

1. A型Ⅰ式（M3∶5）

2. A型Ⅱ式（M7∶4）

3. A型Ⅲ式（M2∶5）

4. A型Ⅳ式（M4∶14）

东街墓地陶井

图版三八

1. A型Ⅰ式圈厕（M3∶11）

2. A型Ⅱ式圈厕（M2∶2）

3. B型圈厕（M4∶19）

4. 厕所（M8∶35）

5. 圈（M8∶44）

6. 猪（M8∶42）

东街墓地陶器

图版三九

1. Ⅲ式狗（M8:9）

2. Ⅰ式鸽（M2:10、M2:11）

3. Ⅱ式鸽（M4:12、M4:13）

4. 鸭（M8:24）

5. 镇墓兽（M8:39）

6. 龙（M8:14）

东街墓地陶器

图版四〇

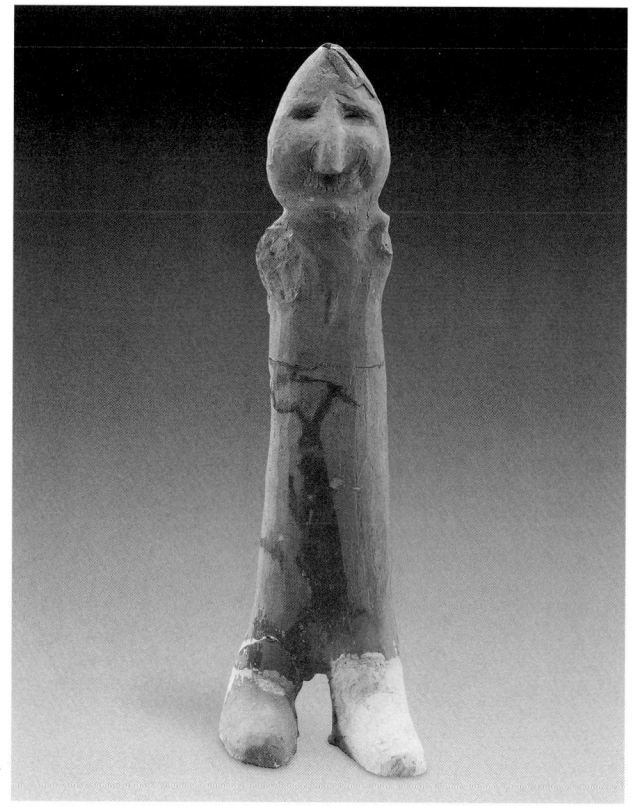

1. 男侍（M8：47）

2. 女俑（M8：40）

3. 舞女正面（M8：38）

4. 舞女侧面（M8：38）

东街墓地陶俑

图版四一

1. Ⅰ式瓮（M13：23）

2. A型Ⅰ式罐（M13：22）

3. A型Ⅲ式罐（M15：3）

4. A型Ⅴ式罐（M15：2）

5. 钵（M18：13）

6. 樽（M7：16）

贾巷墓地东汉陶器

图版四二

1. 东汉Ⅲ式陶灶（M15∶10）

2. 东汉Ⅲ式陶圈（M18∶14）

3. 东汉陶羊（M7∶21）

4. 东汉硬陶釜（M11∶1）

5. 东汉Ⅱ式硬陶罐（M18∶22）

6. 六朝瓷盘口壶（M4∶2）

贾巷墓地陶、瓷器

图版四三

1. 六朝Ⅱ式陶罐（M147：10）

2. 六朝陶榼（M147：6）

3. 六朝瓷盖罐（M147：4、M147：5）

4. 隋唐Ⅲ式陶罐（M166：1）

5. 隋唐Ⅳ式陶罐（M191：1）

6. 宋代瓷碗（M194：1）

檀溪墓地陶、瓷器

图版四四

1. 六朝Ⅱ式瓷盘口壶（M104∶1）

2. 隋唐Ⅱ式瓷盘口壶（M143∶3）

3. 隋唐Ⅲ式瓷盘口壶（M192∶1）

4. 隋唐陶文吏俑（M170∶2）

5. 隋唐陶男侍俑（M170∶4）

6. 宋代陶瓶（M190∶4）

檀溪墓地陶、瓷器

图版四五

1. 唐代陶罐（M3:2）

2. 宋代陶执壶（M11:1）

4. 宋代陶碟（M8:1）

5. 宋代瓷碗（M7:1）

3. 宋代瓷瓶（M12:1）

6. 宋代瓷碗（M7:2）

上岗墓地陶、瓷器

图版四六

1. 宋代瓷碗（M9∶1）

2. 宋代瓷碗（M10∶2）

3. 宋代瓷碗（M11∶2）

4. 宋代瓷碗（M11∶3）

5. 宋代瓷碗（M12∶2）

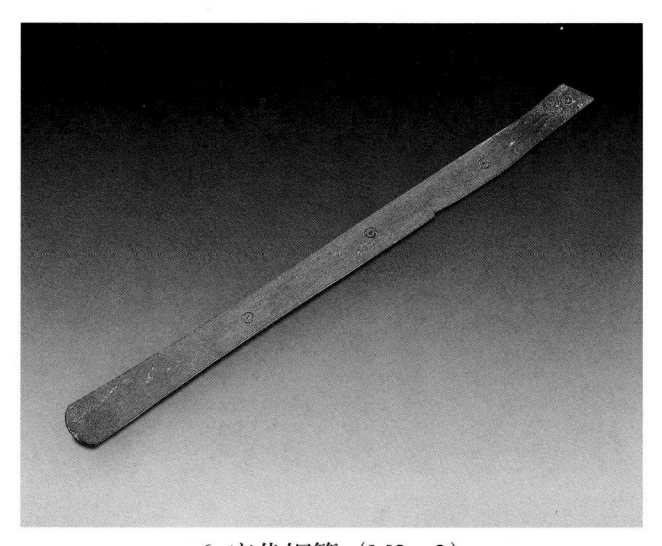

6. 唐代铜簪（M2∶2）

上岗墓地瓷、铜器

图版四七

1. 唐代陶镇墓兽（M24：10）

2. 唐代B型瓷碗（M24：1）

3. 宋代A型Ⅱ式陶罐（M20：1）

4. 宋代陶执壶、杯、杯托（M12：3～M12：8）

5. 宋代C型青白釉瓷碗（M22：2）

6. 宋代Ⅱ式青白釉瓷盘（M20：3）

羊祜山墓地陶、瓷器

图版四八

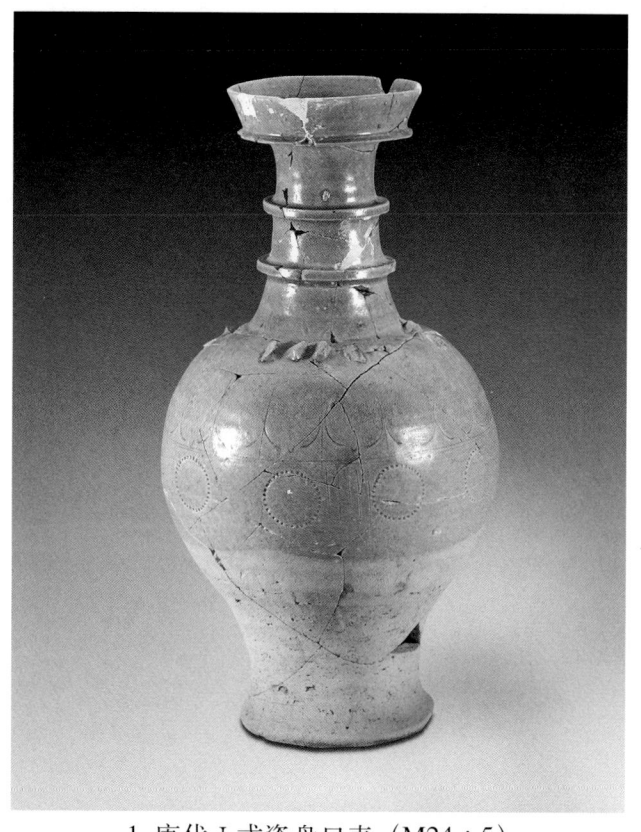

1. 唐代Ⅰ式瓷盘口壶（M24：5）

2. 唐代Ⅱ式瓷盘口壶（M24：7）

3. 唐代陶俑（M24：11）

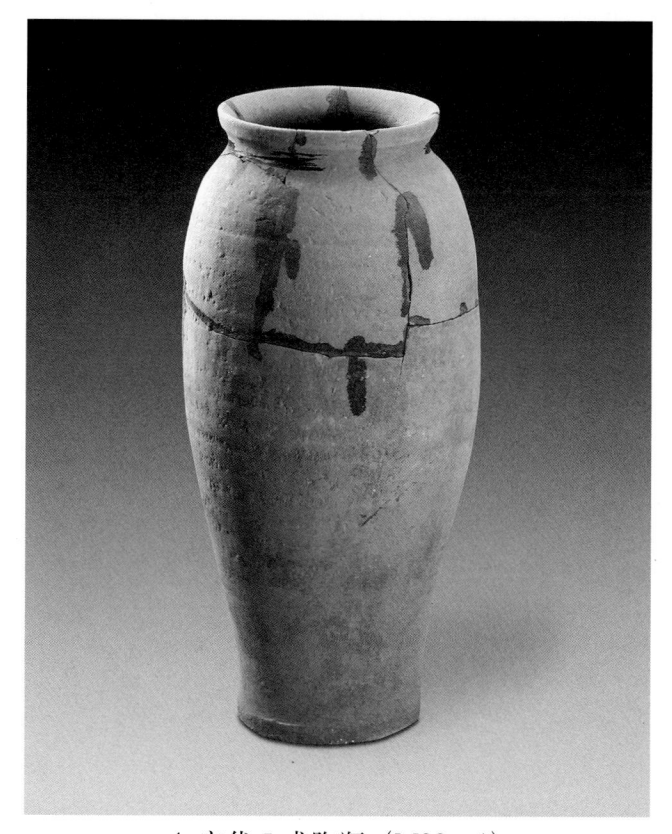

4. 宋代Ⅰ式陶瓶（M23：4）

羊祜山墓地陶、瓷器

图版四九

1. A 型青釉碗（M31∶1）

2. A 型白釉碗（M11∶2）

3. 白釉碟（M22∶3）

4. A 型褐釉碗（M35∶2）

5. B 型褐釉碗（M35∶1）

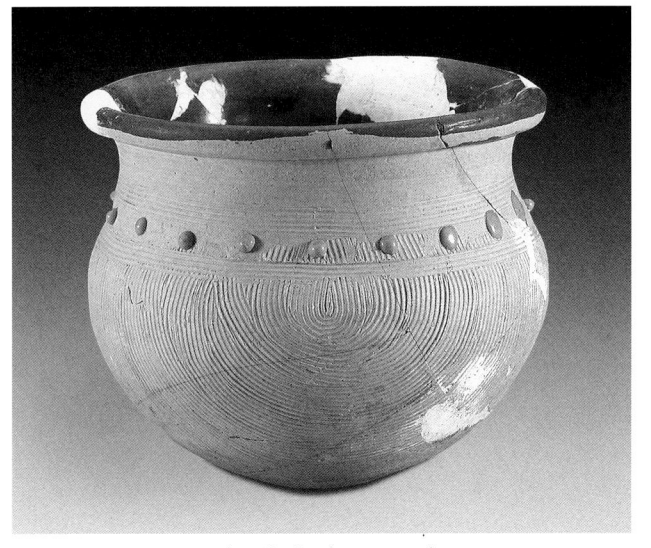

6. 褐釉罐（M25∶1）

羊祜山墓地瓷器

图版五〇

1. 宋代铜环形饰（M30∶1）

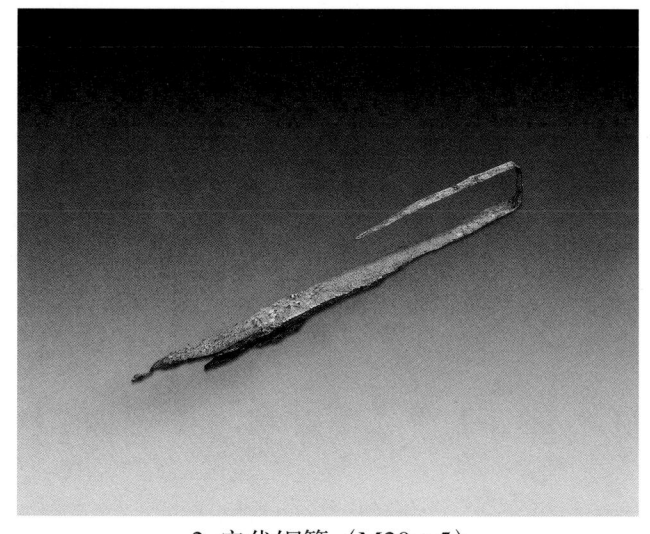

2. 宋代铜簪（M20∶5）

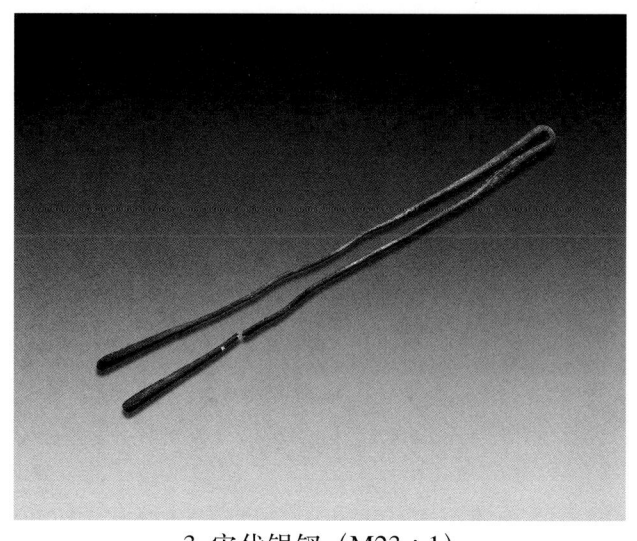

3. 宋代银钗（M23∶1）

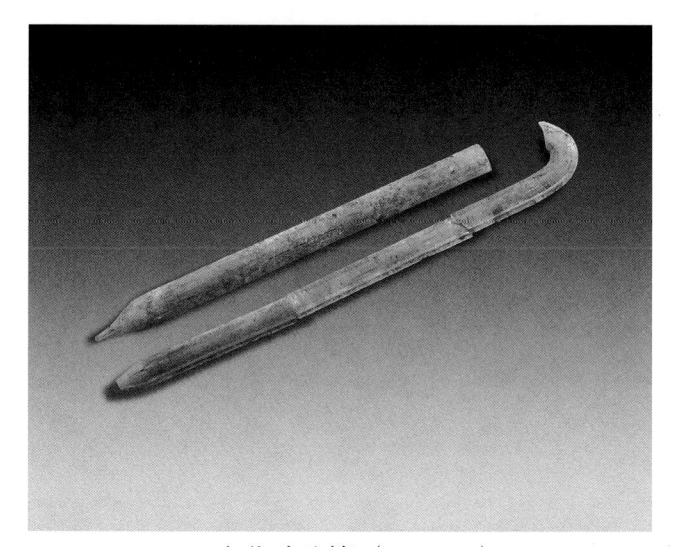

4. 宋代玻璃簪（M25∶3）

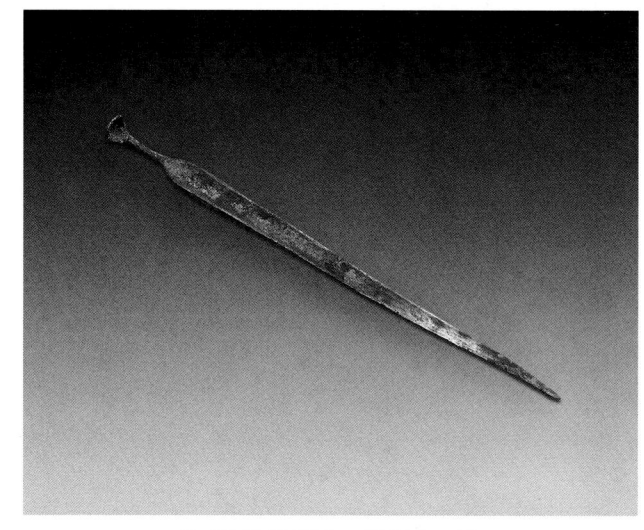

5. 明代银耳勺（M15∶1）

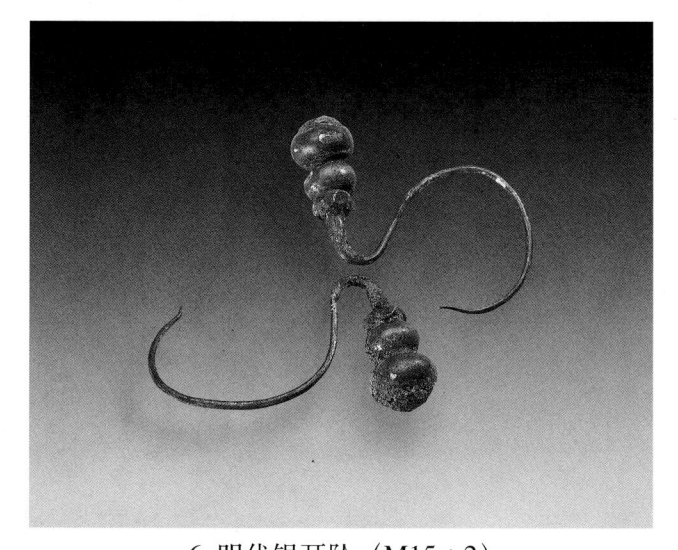

6. 明代银耳坠（M15∶2）

羊祜山墓地铜、银、玻璃器

图版五一

1. A型Ⅰ式（H9∶6）
2. A型Ⅱ式（H11∶32） 
3. A型Ⅱ式（T3③∶7） 
4. B型Ⅱ式（T2⑤∶49） 
5. B型Ⅱ式（H9∶8） 
6. B型Ⅱ式（H12∶10） 

民主路遗址青花瓷碗

图版五二

1. B型Ⅲ式碗（H11∶31）

2. C型碗（T2⑤∶51）

3. A型Ⅱ式盘（T2③∶27）

4. B型Ⅱ式盘（J1∶11）

5. C型Ⅰ式盘（H11∶33）

6. B型Ⅱ式杯（H10∶2）

民主路遗址青花瓷器